ANALES
DE
CATALUÑA:
Y EPILOGO BREVE
DE LOS PROGRESSOS, Y FAMOSOS HECHOS DE LA NACION CATALANA, de sus Santos, Reliquias, Conventos, y singulares Grandezas; y de los mas señalados, y Eminentes Varones, que en Santidad, Armas, y Letras han florecido desde la primera Poblacion de España Año del Mundo 1788. antes del Nacimiento de Christo 2174. y del Diluvio 143. hasta el presente de 1709.

DIVIDIDOS EN TRES TOMOS.
TOMO SEGUNDO.
CONTIENE LOS SUCESSOS DESDE EL AñO 1163. hasta los de 1458.

SU AUTOR

DON NARCISO FELIU DE LA PEñA Y FARELL, CAVALLERO DEL Orden de San-Tiago.

CONSAGRALE

A LA MAGESTAD DEL CATOLICO MONARCA

CARLOS SEGUNDO.
Y POR SU MUERTE,

A LA MAGESTAD DE NUESTRO VENERADO, Y DESEADO MONARCA

CARLOS TERCERO,
(*QUE DIOS GUARDE*,)

REY DE ESPAñA, Y LEGITIMO SUCESSOR DE CARLOS SEGUNDO.

CON DOS COPIOSOS INDICES.

EL PRIMERO DE LOS LIBROS, Y CAPITULOS: Y EL SEGUNDO DE todo lo particular, y notable por el orden Alfabetico.

CON LICENCIA DE LOS SUPERIORES.

BARCELONA: Por JAYME SURIà Impressor, Año 1709.

A costa de { JUAN PABLO MARTÌ, JUAN PIFERRER, JAYME BATLLE, JOSEPH LLOPIS, Y JAYME SURIà, } Libreros.

Vendense en sus Casas en la Libreria, Plaças del Angel, y San-Tiago, y Calle de la Paja.

A LA

SACRA, CATOLICA, Y REAL MAGESTAD DE NVESTRO AMADO SEÑOR, Y MONARCA CARLOS SEGVNDO, CONDE DE BARCELONA, Y REY DE LOS REYNOS DE LA MONARQVIA ESPAÑOLA.

SEÑOR.

CATOLICO, y Fidelissimo el Principado de Cataluña, rendido á Dios, y finissimo con sus Reyes, todas sus acciones dirige á la gloria de Dios, y servicio de sus Monarcas, porque la Divina Fè, y constante Lealtad arde siempre viva en su Catolico Pecho, y amante Coraçon. Siguiendo estos seguros veſtigios, ſacrifiquè el primer Tomo deſtos Anales de Cataluña, como á primera obligacion, á Dios para todos Crucificado. Eſte ſegundo Tomo conſagra mi fiel, y rendido afecto á V. C. R. Mag. como á mi Rey, y ſubſtituto de Dios. Quedo aſſegurado que el fino, y paterno amor de V. C. R. Mag. admitirá guſtoſo eſta prenda, de ſu mayor aprecio por el acuerdo de los hechos gloriosos de Vaſſallos, que conſiguieron á coſta de ſus vidas, y haziendas exaltar á V. C. R. Mag. de Conde de Barcelona á Invictiſsimo Monarca de los Dominios de la Monarquia Eſpañola; y que no deſpreciará la fineza de ſus Primogenitos, y primeros Vaſſallos, aſſegurandolo en los meritos que ſe refieren: y con mayor aprecio no dudo (Señor) admitirà el brillante ardor, y ſoberana comprehenſion de V. C. R. Mag. eſte rendido, y verdadero obſequio, por las Virtudes, y Proezas de ſus Invictos Progenitores, y de ſus fieles Vaſſallos, repreſentadas en eſte mal delineado Compendio como en Eſpejo, en el qual podrá mirar, y admirar, como en competencia glorioſa Reyes, y Vaſſallos con cuidados, deſvelos, trabajos, ſudores, heridas, y muertes conſiguieron las primeras Sillas del Templo de la Fama, è inmortalidad en la memoria de las acciones glo-

rioſas.

riosas. Espero (Señor) que esta Clicie vuestra, y amada Provincia, (que solo vive á la luz de su adorado Sol) bolverá à luzir, (que es su vivir) con los benevolos influxos, y apacibles rayos de V. C. R. Mag. y revivirà vistosa pompa en el Jardin de Europa, á mayor gloria de Dios nuestro Señor, servicio de V. C. R. Mag. y bien vniversal desta Catolica, y combatida Monarquia. El Señor assista, y favorezca à V. C. R. Mag. como yo, y todos sus finissimos Vassallos, deseamos, y hemos menester.

SEñOR.

DE V. CATOLICA, Y REAL MAGESTAD

Menor Vassallo

Don Narciso Feliu de la Peña y Farell.

A LA

A LA

SACRA, CATOLICA, Y REAL MAGESTAD DEL SOBERANO, Y DESEADO MONARCA CARLOS TERCERO,

(QVE DIOS GVARDE,)

LEGITIMO SVCESSOR DEL SEÑOR REY CARLOS II. CONDE DE BARCELONA, Y REY DE LOS REYNOS DE LA MONARQVIA ESPAÑOLA.

SEÑOR.

A Carlos Segundo venerado, y amado Monarca nuestro, consagrè este segundo Tomo de los Anales de Cataluña; y aviendo passado à mejor Reyno antes de sacarle à luz, entendida su muerte, luego le ofrecì à V. C. R. Mag. assegurado en la fineza, fidelidad, y firme voluntad desta Provincia, que

con

con leal impaciencia deseava el feliz dia de favorecerla V. C. R. Mag. exalando encendidas, y amorosas llamas del activo volcán de su abrasado coraçon. Consagrèle (Señor) á V. C. R. Mag. (despreciando riesgos, y vanos recelos) como al mismo Rey Carlos Segundo, y como á Fenix renacido de sus cenizas, y legitimo sucessor suyo, á actividades de los lucientes, y apacibles ardores del Augustissimo Señor Emperador Leopoldo Ignacio Padre de V. C. R. Mag. y Sol de este Emisferio; aprobando V. C. R. Mag. despues de su entrada en Barcelona, ambas Dedicatorias. Con particular consuelo, humilde, y reconocido obsequio suplico (Señor) sea de su mayor servicio admitir esta prenda de mi verdadero, y heredado afecto á su Augustissima Casa, y muy en particular mio á la Real Persona de V. C. R. Mag. como el menor Vassallo, y que mas á deseado emplearse en quanto fuere del mayor servicio de V. C. R. Mag. Y yá que no por mi, por los relevantes meritos, è intenso amor desta Provincia (mayor quanto mas oprimido) devo assegurarme no despreciarà V. C. R. Mag. mis sudores, y tarèas, en el terso, y cristalino espejo en que se representan los gloriosissimos progressos, y prodigiosos hechos de los Invictos Antecessores

de

de V.C. R. Mag. y de la Nacion Catalana. Verá en èl (Señor) como favorecidos del Altissimo, (intercediendo los Santos Tutelares) de pequeña piedra fabricaron el elevado monte, è inmensa fabrica de la Monarquia Española. Verá (Señor) la senda, y penoso camino por el qual entraron en el Templo de la Fama, è inmortalidad en la memoria de los hechos ilustres. Admirará (Señor) la constancia en la recuperacion de Cataluña opressa de la tiranìa Mahometana, la tolerancia en los trabajos, la gloria de las conquistas, y recuperaciones; el valor en la recuperacion de Aragon, conquistas de Mallorca, Menorca, Ivissa, Valencia, Murcia, Sicilia, Cerdeña, Corcega, Malta, Gerbes, Provincias del Reyno de Napoles, Athenas, Neopatria, Acaya, Morèa, Asia, y Costas de Africa; el zelo catolico, y fina atencion à la recuperacion de Castilla; logrando tan celebrados triumphos, y gloriosas conquistas, consiguiendo assistir con sus siempre triumphantes Armas á librar aquellos Reynos, y Provincias, en varias ocasiones, del infame yugo Mahometano. Admirarà (Señor) el brillante ardor, y Catalana bizarrìa de las Armadas Maritimas destos vencedores Martes, y nunca vencidos Cesares Catolicos, y diestros Neptunos,

tunos, dominando los Mares à fuerça de ſu valor heroìco, y amaeſtrada inteligencia contra làs mas fuertes, y belicoſas Naciones de Europa, y Africa. Eſpero (Señor) que al ſoberano influxo de los plauſibles rayos, y deſeada preſencia de V.C. R. Mag. renacerà Cataluña á las antiguas glorias, añadiendo Coronas á las de V. C. R. Mag. Perdone (Señor) mi atrevimiento, que por mi ſolo no dudo lo fuera à no tener por cierto que por mi el minimo, admitirá cariñoſo Padre las finezas de eſta Fidelìſsima Provincia, que aſſegura ſu credito, luſtre, gloria, eſtabilidad, y progreſſos en el ſoberano patrocinio de V.C.R. Mag. que la Divina guarde, y favorezca como lo deſeo, y ſuplico.

SEñOR:

DE V. CATOLICA, Y REAL MAGESTAD

Humilde Vaſſallo

Don Narciſo Feliu de la Peña y Farell.

TABLA
DE LOS LIBROS, Y CAPITVLOS contenidos en este segundo Tomo.

LIBRO XII.

dia

tamara

Hecho

LIBRO XIV.

LIBRO XVI.

baxa-

Reyna

FEE

FEE DE ERRATAS.

PAG. 3. col. 1. lin. 49. ferre lee fuerte. pag. 26. col. 1. lin. 49. jugo lee yugo. pag. 73. col. 2. lin. 34. los ſentimientos, lee continuavan los ſentimientos. pag. 77. col. 2. lin. 49. marinero, v Capitan, lee marinero, y Capitan. pag. 88. col. 2. lin. 6. Gorfù lee Corfù. pag. 104. deſde los años 1289. lee 1286. pag. 109. col. 1. al margen. num. 1. lee 7. pag. 110. col. 1. lin. 32. mejor lee mayor. pag. 134. col. 1. lin. 53. & col. 2. lin. 3. Palermo lee Paterno. pag. 165. col. 2. lin. 33. Eſtarull lee Enſerall. pag. 194. col. 2. lin. 29. reſervcſe lee reſervoſſe. pag. 241. col. 2. lin. 6. Coron lee Cotron. pag. 322. col. 1. lin. 50. Conde de Ampurias lee Conde de Armenaque. pag. 329. col. 2. lin. 15. Buçò lee Buçót. pag. 376. col. 1. lin. 32. pareciesse lee pereciesse.

TOMO

TOMO SEGUNDO DE LOS ANALES DE CATALUÑA.

CONTIENE LOS SUCESSOS DEL AÑO 1163. HASTA EL DE 1458.

LIBRO XI.

REFIERENSE POR MAYOR LOS SUCESSOS del Reynado del Rey D. Alonso I. hasta los del Rey D. Pedro II. inclusivè, y desde el año 1163. hasta el de 1285.

CAPITULO I.

Muda la Reyna el Nombre de Ramon en Alfonso à su Hijo, cedele el Reyno: Cortes en Huesca: Vitorias en la Proença: Muerte de su Conde en Niza: Toma el Rey la possession de aquellos Estados, por no suceder hembra, y los assegura: Guerras en Castilla: Vitorias en Aragon: Saca los Moros de los Montes de Prades, de S. Raymundo, y varias gracias: Succession de Bearne: Muerte de D. Hugo de Cervellò: Fundacion de Teruel, San Martin de Gerona, Lledò, Escala Dei, y del Convento de Bellpuig de las Avellanas.

AVIENDO cumplido la Reyna con el entierro del Principe en Ripoll, cuyo Santo Cuerpo llevò el Conde de la Proença, con el lucido sequito de Cataluña, à aquel Ilustre deposito de la antigua fè, constancia, valor, y zelo de nuestros antiguos Señores, que aun las frias cenizas han dado Vitorias Ilustres, assegurada defensa de su Patria, solicitò la Reyna mudasse el Rey el nombre de Ramon, en Alonso; paraque los

D. Alonso I. Rey de Aragon, y Conde de Barcelona XI.

los Aragoneſes no le miraſſen eſtraño, y aſſegurada, que los Catalanes le tendrian por proprio, y natural, ſin reparos de queſtiones de nombre; aconſejòle la Reyna el viage de Caſtilla, como lo executò, aunque muy tierno, llegando à Agreda, adonde firmaron aliançàs, y eſtrecha confederacion los dos Reyes, contra los Enemigos de entrambas Coronas; (1) eſtas, y otras particularidades, no refieren las Hiſtorias de Aragon, porque no es facil acertar en las antiguedades de la Corona, ſin el norte del Real Archivo de Barcelona, que es depoſito de todas. Por eſte Sereniſſimo Señor Conde, ya Rey, me ha parecido dar principio à eſte ſegundo Tomo, deviendole tener en la añadida Corona à la Glorioſiſſima Caſa de los Sereniſſimos Condes de Barcelona.

(1) *Real Archivo de Barcelona, Armar. de las Concordias, entre Aragon, y Caſtilla ſaco O. num. 897.*

Cuydadoſa la Reyna del govierno de los Eſtados, tomò por ſu cuenta el de Aragon, y encargò al Conde de la Proença Primo del Rey, por Catalan el de Cataluña, embiò al Arçobiſpo de Tarragona Don Bernardo Tort, à Ingalaterra, para participar à aquel Rey la muerte del Conde, y ſu vltima voluntad, en la confiança de la defenſa de ſus Eſtados, fiada en la continuada correſpondencia de entrambas Coronas: Aviendo la diſcreta Reyna cumplido con eſtas atenciones, congregò Cortes Generales en Hueſca, de Catalanes, y Aragoneſes, refiriendo en ellas los ya nombrados en el Cap. antecedente, mediante juramento la vltima voluntad del Conde ſu Señor, y ſu Real orden, paraque la participaſſen à todos ſus Vaſſallos; tomò con la relacion la poſſeſſion del govierno de Aragon la Reyna, y el de la Proença el de Cataluña (2) aprobandolo los Vaſſallos.

Cortes en Hueſca.

(2) *Real Archivo de Barcelona, lib. 1. de los feud. fol. 487.*

Año 1163. De Zaragoça partiò la Reyna à Barcelona, y hallandoſe de aſſiento en aquella Ciudad, elegida por ſu Corte, mientras viviò, teniendo ya doze años ſu Hijo Don Alonſo, le cediò, è hizo donacion del Reyno de Aragon, à inſtancias de los Obiſpos de Barcelona, y Zaragoça, del Santo Arçobiſpo de Tarragona Don Hugo de Cervellò, del Conde de Pallàs, Pedro de Caſtelleſvelo, Pedro Ortis, Blaſco Romeu, Ximeno de Artoſello, Odon de Alcala, Fortunyo Maſſa, Guillen Ramon de Moncada, y de Guillen de Caſtellvell, aprovando tambien el teſtamento del Conde ſu Marido. (3) Eſte año ſe halla noticia de los Canonigos, y Prior de Lledò, porque à vn Canonigo deſta Caſa ſe concediò la Igleſia de San Martin de Gerona; conque antes avia de ſer fundada la de Lledò. (4) Es depoſito del Cuerpo de San Lamberto Obiſpo, y Martyr.

(3) *Diago Condes de Barcelona, lib. 3. cap. 1.*

(4) *P. Gaſpar Roig, Reſum. fol. 332.*

Cargòſe la peſada, aunque apacible carga de ſus Eſtados el Rey Don 1164.
Alonſo, con el conſejo de ſu Primo el Conde de la Proença, manteniendola, y ſuportandola tan valeroſamente cuerdo, como ſi ſe hallàra en la edad mas varonil, proſiguiendo con acierto por sì, como lo avia executado, aſſiſtido del de la Proença, 1165.
que preciſado de las novedades de aquella Provincia, partiò de Barcelona para aquietarlas, llegò à aquellos Eſtados, confederòſe con el Conde de Toloſa, emprendiò la guerra contra el inobediente Sequito de la Caſa de Baucio, y en diferentes encuentros, y Batallas, refrenò ſu impetu, caſtigò ſus movimientos, y ſe hizo obedecer de todos, temido, y amado de proprios, y eſtraños por ſu heroìco valor.

Alentado de los buenos ſucceſſos el Conde de la Proença Don Ramon Berenguer, emprendiò ſugetar à los de Niza, que encontrados en campal Batalla, aunque vencedor, muriò deſpues de ella de vna mortal herida, recibida en el Militar conflicto, dexando vna ſola Hija avida de la Condeſa Emperatriz ſu muger; llegada la noticia al Rey, por deverſele el feudo de aquellos Eſtados, y no ſuceder Hembras en la 1166.
Real Caſa de Barcelona, tomò como ſu Padre, el titulo de Marquès de la Proença, y hallandoſe en Gerona, de conſejo de los Cavalleros de ſu Corte, partiò luego juntada ſu Armada de Cataluña para la Proença,

previ-

previniendo con el valor, y diligencia las artes del Conde de Tolosa, que pretendia para su Hijo con la Hija del muerto Conde de la Proença el dominio de aquellos Estados.

(5) Carbonell Cor. de Esp. fol. 55. Zurit. tom. 1. l. 2. c. 25. Abarc. t. 1. fol. 214.

(5) Este año à los 5. de las Nonas de Febrero, los Condes de Urgel Armengol, y Dulce su Muger fundaron el celebre Convento de nuestra Señora de Bellpuig de las Avellanas, del Orden Premostratense, edificandole Iglesia, y dotandola con algunos Lugares, concediòles otros à los Religiosos el Señor de Bellpuig; consta de las escrituras autenticas de dicho Convento.

Convento de Bellpuig de las Avellanas.

1167. Hallandose nuestro Rey fuerte en la Proença por sus vitoriosas Armas, y mas por el justificado pretexto, Gualterio de Millars, y los Feudatarios de la Proença le entregaron sus Castillos, reconocieron Señor, prestandole el devido homenage, y reconocimiento.

Mataron à trahicion sus Vassallos à Trencavello Visconde de Beses, y Señor de Carcassona, que tenia estos Estados por el Conde de Barcelona, concediòles el Rey á Roger en feudo.

Asseguradas las dependencias de la Proença, partiò el Rey para Barcelona, passò de alli á Zaragoça con el Exercito de Cataluña, legitimo descendiente de tan Ilustres Progenitores, para concluir con la Mahometana Secta atrabajava al Reyno de Aragon, agregaronse al Exercito las Aragonesas Milicias, y juntas se dirigieron al oposito de los Enemigos, arrojandolos vencidos, de los Fuertes, y Riberas de Algàs, Matarraña, Guadalob, Calanda, Martin, y Alambra, dominando con grande sudor, y sangre de los nuestros, y con exterminio, y destroço de los

1168. Moros, los Pueblos enriscados de aquellas comarcas; adelantòse el vitorioso Rey al Acedio de la fuerte Villa de Caspe, ganada à viva fuerça, saliendo muy premiados destas Conquistas los Religiosos de San Juan, y Calatrava por sus meritos, y acciones heroicas. Este año fundò nuestro Rey para credito de su Patria, la Real Cartuxa de Escala Dei, primera de España, y Madre de las mayores; deseando el Rey fundar en Cataluña esta Santa Religion, eligiò aquel lugar, que ya llamavan Monte Santo, embiando para reconocerle algunos Cavalleros, que hallaron vn Pastor que le enseñò, y vn Pino del qual dezia aver visto vna escalera que llegava al Cielo, y que subian, y baxavan Angeles; con esta relacion fueron al Rey, que embiò à buscar Religiosos à la Gran Cartuxa, y fundò dicho Santuario: (6) Sienten algunos, y lo asseguran los Religiosos, fundados en la tradicion, aver ya venido los Cartuxos llamados del Conde Berenguer IV. en su tiempo, y que por el Rey fueron trasladados de la Conreria al lugar del Convento, obligado de la maravilla.

Convento de la Real Cartuxa de Escala Dei.

(6) Solis Descr. de la Cartuxa de Escala Dei. Marsil. Crisis de Catal. fol. 201.

Pelai Perez Maestre de Santiago, con algunos de sus Cavalleros, llevado de la fama destas vitorias, acudiò valiente à servir à Dios en tan Catolica expedicion, señalòle el Rey por Plaça de Armas à Alcañis, en la guerra solicitava introducir à los Reynos de Valencia, y Murcia, sentido con nuestros Paysanos de la perdida de su General Guillermo Despugnolo, y de la Batalla en aquellos Campos; quedò esta guerra en correrias, y cortas empresas, por la guerra se emprendia por parte de Castilla. (7)

(7) Zurita t. 1. l. 2. c. 25. Abarc. t. 1. fol. 214.

Este año hallandose el Rey en el Condado de Ribagorça, con los Obispos de Barcelona, y Zaragoça, el Conde de Pallas, y su Hijo Ramon Mir, Berenguer de Entença, Ramon de Eril, y muchos Aragoneses, y Catalanes, alcançò del Obispo, y Cabildo de Lerida la Cabeça de San Valero Obispo de Zaragoça, trasladandola á esta Ciudad, de la Iglesia de San Vicente de Roda, para que el Santo fuesse venerado en su Patria. 1169.

Convinieron tambien el Obispo, y Capitulo en la Traslacion del Santo Cuerpo de San Ramon antiguo Obispo de Roda, que floreciò en todas virtudes, y en la gracia de particulares maravillas, creo por el Nombre, y

S. Ramon Obispo de Roda.

(8) Obiſpado ſer Catalan, y porque no
Zurita,t.1. le pretenden otras Naciones. (8)
lib.2. c.26. Partiò el Rey de Roda, à Hueſca, y de alli à Jaca, adonde le preſtò el devido juramento de fidelidad, por el Viſcondado de Bearne, y Eſtados de la Gaſcuña, la Viſcondeſa Maria, como le avian preſtado ſu Padre, y
1170. mayores, à los Padres de nueſtro Rey los Sereniſſimos Condes de Barcelona, como conſta del Real Archivo de Barcelona, concediò deſpues eſtos feudos el Rey à Don Guillen de Moncada; pero no tuvo efeto por la ſucceſſion del Viſconde Don Gaſton, Hijo de la Viſcondeſa Maria, à quien con aquellos Eſtados, diò el Rey en feudo el Condado de Bigorra.

Muy recebido es en las Hiſtorias de Cataluña, y en algunas de Francia, como refieren Pedro Thomich, y Elias de Pamias en la Hiſtoria de los Condes de Foix, que eſtos Eſtados de la Caſa de Bearne, llegaron à la de Moncada, en tiempo del Conde Don Ramon Berenguer III. y del Rey Don Pedro Primero de los Aragoneſes, aviendo faltado la linea de los Viſcondes de Bearne; pues los Vaſſallos de aquellos Eſtados por la fama de las Proeſas de aquella Iluſtre Caſa, decretaron elegir Señor de tan celebre Familia, y vinieron à Cataluña à pedir à vno de ſus tres Hijos à Don Pedro de Moncada, eligiendo entre Don Gaſton, Don Guillen Ramon, y Don Pedro, à Gaſton por ſu Real aſpecto, y animo generoſo, y liberal, duda en eſto Zurita *lib.2. cap.27. tom.1.* de ſus Anales, ſin mas razon que pretender ſer el primer Señor de la Caſa de Moncada en Bearne, Don Guillen de Moncada, que muriò en la Conquiſta de Mallorca, en tiempo del Rey Don Jayme el Primero, fundado que eſte casò con la Viſcondeſa Gerſenda, Señora de aquellos Eſtados, y eſto no quita, antes aſſegura ſer de la Caſa de Moncada del tiempo antiguo, y que por no perderlos llegando la ſucceſſion à Hembra, hallaron en la miſma Familia la continuacion del dominio apetecido de los Bearneſes.

Aviendo dado el Rey la devida providencia à los Eſtados de Francia, llamò ſus fieles Vaſſallos, y con ſus vitorioſas Armas entrò en Caſtilla, llevando en ſu Pendon ſolas las quatro Barras de Cataluña, diviſa de ſus Glorioſiſſimos Padres, y dexando las Armas antiguas de Aragon; como lo continuaron ſus celebres Deſcendientes, admitiendo por proprias, y de ſu Familia las Barras triunfantes de los Sereniſſimos Condes de Barcelona ſus Progenitores: (9)
(9) Peleòſe en las Fronteras con valor, dirigiòſe nueſtro Exercito al Aſſedio de Calahorra, de cuyos Foços le apartò Don Gutierre Fernandez de Caſtro General de Caſtilla, hallandoſe la Plaça en los vltimos periodos, logrando con la Vitoria librarla de las manos de nueſtro Rey, que juntada ſu gente deſpues de la Batalla ſe mãtuvo ſin particular progreſſo, dando oìdos à la Concordia, y confederacion con Caſtilla, paſſando con grande, y lucido ſequito à Saagun; y de alli los dos Reyes de Aragon, y Caſtilla à Zaragoça, adonde eſperò el Caſtellano à ſu Eſpoſa Doña Leonor, Hija del Rey de Ingalaterra, y ratificaron la Concordia, que concluyeron, y juraron por parte de nueſtro Rey, Ramon Folch, Ramon de Moncada, y Guillen de San Martin; y por el de Caſtilla, Armengol Conde de Urgel, y los Condes Don Nuño, y Don Lope. (10)

Blancas, en las vidas de D. Ramon, y de D. Alonſo II. Carbonell, Coron. de Eſp fol. 55. Ribera, Capilla Real, §.2. Dormer Sala, de la Deputacion de Aragon, inſcrip. del Rey Don Alonſo II. Diago Condes de Barcelona, l.2. cap.140.

(10) *Zurita l.2. c.28.t.1. Abarca, t.1.fol.215.*

Deſpues de celebrado el Matrimonio del de Caſtilla en Zaragoça, deſpedidos los Iluſtres Hueſpedes, bolviò nueſtro Rey à las fieſtas heredadas de ſus mayores en la guerra contra los Moros, dirigiendo ſus hueſtes à los Lugares, que aun mantenian en las Riberas de Alambra, y Guadalamar; y en eſpacio de quinze meſes continuos, con Catalana conſtancia, recuperados los Lugares, y fuerças, los arrojò vencidos, y fugitivos al Reyno de Valencia, ſalvandoſe algunos por las Coſtas del Mar; y concluyò con la expulſion de los Moros de todo lo que es aora Aragon. Rebelaronſe eſte año los Moros avian quedado Vassallos en las Montañas de Prades, acudiò el Rey con sus Huestes puntual, paraque no se engrossaran, entrò por aquellos empinados Montes venciendoles en las mismas malessas, y castigòles con quitarles los Lugares, y sacarles de estos Reynos.

1171. Mataron este año por defender su Iglesia al Santo Prelado Don Hugo de Cervellò Arçobispo de Tarragona, la ocasion fue la Infeudacion hizo San Olaguer de la Ciudad de Tarragona al Principe Roberto Aguilon, y como el Principe huviesse cedido sus derechos con consentimiento del Pontifice, y voluntad del Arçobispo al Conde Don Ramon Berenguer Quarto, quedando à los Arçobispos los redditos, y rentas de tiempo de San Olaguer, y la Ciudad, y Campo divididos entre el Conde, y Arçobispo, pretendia Guillermo Aguilon ser invalida la cession del Padre, y porque defendia los derechos de su Iglesia como buen Prelado fue muerto el Santo Arçobispo, por dicho Guillen, y otros hermanos suyos, con vniversal disgusto de Cataluña, y de la Corte Romana. Este mismo año tambien padeciò martirio por su Iglesia San Thomas Brecheto Arçobispo Cantuariense, quedando su memoria consagrada, y la de nuestro Santo Prelado olvidada, por el descuydo de nuestros mayores.(9)

Hugo de Cervellò Arçobispo de Tarragona.

(9) *Domenech Santos de Cataluña l. 2. fol. 82. Cons. de Tarragona.*

Poblò este año la Plaça de Teruel nuestro Rey, para adelantar sus fronteras contra los Moros de Valencia, fue despues Ciudad, y concedida en Feudo à Berenguer de Entença paraque la defendiesse: està vnida à la Real Corona.(10)

(10) *Zurita t. 2. lib. 2. c. 31.*

(*,*)

CAPITULO II.

Vitorias en Valencia, y Navarra: Sucession de Ruisellon: Fundacion de Vallbona: Diferentes pazes con Castilla: Casa el Rey con su Infanta, y la de Constantinopla con el Señor de Mompeller: Muerte de la Reyna Doña Petronilla, y su entierro en la Seo de Barcelona: Vitorias en Navarra, y Proença: Conquista de Cuenca: Vida del Santo Obispo de Barcelona Bernardo de Berga: Prodigio de la Santa Cinta de Tortoza: Invencion de las Santas Imagenes la Virgen de Xixena, y de las Sogas: Vitorias en Francia: Muerte del de Vrgel: Vitorias de Castilla: Pazes, y liberalidad del Rey; su muerte, y la del Arçobispo de Tarragona Don Berenguer de Vilademuls.

CON la fortificada Teruel, hallò la puerta abierta el Rey para la entrada, que executò valeroso en el Reyno de Valencia hasta la misma Ciudad, talando sus tierras, y arrasando sus casas de campo: hallandose el Rey Moro de Valencia circuìdo de tan luzido Exercito, con temores de perder la Ciudad, ofreciò duplicado el tributo que pagava el Rey Lobo su antecessor al Conde de Barcelona, y assistir con sus Tropas à la Conquista del Reyno de Murcia; acceptò el Rey los partidos, y admitiò Vassallo al Moro, passò adelante contra la fuerte Plaça de Xativa, circuyòla fortificandose en sus Quarteles, quitandola la esperança del socorro, pero aunque tan empeñado el Rey en esta conquista, la huvo de dexar, y levantar el sitio por la novedad del Rey de Navarra, que logrando la ocasion, entrò poderoso en Aragon; acudiò diligente Alfonso à defender lo proprio, oponiendose à la invasion del Navarro, que viendo sobre su campo al que juzgava lexos, y empeñado, se retirò como pudo, y dividiò sus Soldados por las Plaças, dexando el dominio de la campaña à nuestro Rey, que le assegurò, entrando hostilmente por Navarra, talando la campaña,

1172. y demoliendo las Plaças, reservando solo el Castillo de Higuedas, bien presidiado para continuar sus entradas mas adentro del Reyno, quando le pareciesse conveniente.

Succession de Rossellò.

Hallandose Guitardo vltimo Conde de Ruissellon enfermo, y sin esperanças de remedio, juntò sus Vassallos en Cortes, propusoles su peligro, y falta de sucession, y les pidiò declarassen de quien querian ser Vassallos, ò del Rey de Francia, ò del de Aragon, que por lo que les amava formaria su Testamento, y dexaria los Estados al que eligiessen, y vnanimes todos nemine discrepante los de Ruissellon respondieron, que querian ser del Rey de Aragon, y bolver à vnirse con la Real Casa de los Condes de Barcelona, de donde avian salido, y sido seperados por el Serenissimo Conde de Barcelona Miron; vista la Catalana resolucion de sus Vassallos, hizo su Testamento el Conde, nombrando heredero al Rey de Aragon, y Conde de Barcelona, y muriendo passados algunos dias bolvieron aquellos Estados à vnirse con Cataluña (1) Recomendò el Conde de Ruissellon, Padre de sus Vassallos con clausulas expressivas de su amor à Berenguer Dorlà, Pons de Tassò, y Guillen de San Llorens, y à todos los Poblados en los Condados.

(1) *In probem. lib viridi in Archivo Perpiniani lib. de la Vniversidad de Perpiñan fol.10. y fol. 16.*

Este año el Noble Monge, ò Hermitaño de Poblet Pedro de Vallbona
1173. na fundò el Celebre Monasterio de Vallbona de Religiosas de San Bernardo, en el Lugar de Vallbona, à instancias de Berenguela de Cervera, viniendo Erga su primera Abadessa con algunas Religiosas del Monasterio de las Tulebras de Navarra. (2)

Convento de Vallbona.

(2) *Carbonell, Coron. fol. 56 Angel Mãrique Anal. Cist. cap. 7. p.550. Beuter. Coron. de España lib. 2. cap. 18.*

Firmaron aliança este proprio año los Reyes de Aragon, y Castilla contra Navarra, repartieronse los Lugares de aquel Reyno, y las conquistas de las Tierras ocupavan los Moros en España, y las del Señor de Albarracin; entregaronse algunos Lugares en Rehenes, y entre otros entregò el Rey de Aragon el Castillo de Hariza, quedandose con la Villa, de la qual se apoderò el Castellano con culpable ardid, por medio de Nuño Sanchez Castellano del Castillo, con tan grave disgusto de nuestro Rey, que le empeñò à romper los conciertos del Casamiento con la Infanta de Castilla Doña Sancha, que avia ajustado su Padre el Conde de Barcelona, y embiar à pedir al Emperador de Constantinopla Manuel su Hija la Princessa Matilde, el qual por la fama del Rey, sin aguardar otros Embaxadores, ni poderes, para llevar la Princesa, la embiò servida de sus Vassallos, atravessando los Mares de Constantinopla à Francia, llegando con tan contraria sazon à Mompeller, como despues de ajustados los disgustos de Castilla, y celebradas las Bodas del Rey con la Infanta, burlada la ligereza de los Griegos, casaron à la Princesa con el Señor de Mompeller, para que de su Hija Doña Maria lograssemos la gloria de darnos vn Rey, como el Señor Rey Don Jayme Primero, y la conveniencia del dominio de aquellos Estados.

A los 13. de Octubre deste año passò à mejor vida dende Barcelona la Reyna Doña Petronilla, mandose enterrar en la Catedral, y es de admirar el descuydo de nuestros mayores, pues ni del Sepulcro de la Reyna, ni del nunca bastantemente alabado Conde Don Ramon Borrell se hallan ni aun indicios en la Iglesia Cathedral de Barcelona. Prestò juramento de fidelidad al Rey Bernardo Aton por la Ciudad de Rodès, y por el Condado: leasse en el libro 2. de los Feudos del Real Archivo de Barcelona fol.302. y se hallaran los motivos.

Bolviò el Rey à la porfia de la 1174.
Guerra contra Navarra, entrò vitorioso en aquel País, ocupò el fuerte Castillo del Milagro, que mandò demoler, partiò à Zaragoça, celebrò las Bodas con la Infanta Doña Sancha, concediendole algunos Lugares en Cataluña, y Aragon para sus gastos, y mantener la grandeza en caso de su muerte; vnidos con el Casamiento los Reyes de Aragon, y

Castilla

Castilla continuaron la Guerra contra Navarra, cuyo fruto fuè el Castillo de Legin, por aver hallado su remedio el Rey de Navarra, en la diversion solicitò, encendiendose la Guerra en la Proença por el Conde de Tolosa, y su sequito; puntual el Rey en la defensa de sus Estados partiò de Navarra presidiadas las Plaças, y passò à la Proença con sus Catalanes, y fue vno llegar, vencer, y aquietar la Provincia.

1175. Por este tiempo favoreciò à Barcelona su Patria el Zelozo Obispo Don Bernardo de Berga, acerrimo defensor de la Iglesia, alcançò del Pontifice Alexandro III. en 12. de Julio año 1176. confirmacion de los terminos, y rentas del Obispado, à las quales añadiò el termino de Mollet, y concediò en Feudo à Arnaldo de Ribes los Castillos de Ribas, y Sitges, dotò, y fundò la Iglesia Parroquial de Santa Coloma de Gramanet. (3)

Don Bernardo de Berga.

(3) *Diago, Con. de Bar. l. 3. cap. 2.*

1176. Assegurado el Rey en la Proença, concediò por sus servicios à Manfredo Marques de Buscha el Señorio de Drola hasta los limites de Lombardia en Feudo; (4) concluyeronse las Pazes, y casamiento de la hija del Conde de la Proença Sobrina del Rey con el Conde de Tolosa, que con facilidad se consiguiò todo por hallarse vitorioso, y armado nuestro Rey, renunciò sus pretensiones el Conde de Tolosa en lo tocante à la Proença, reservandose los derechos de los Condados de Gavaldan, y Melgor à la declaracion de los Juezes nombrados, concluyòse la Paz, y Concordia por medio de Fr. Hugo Jofre Maestro General de los Templarios, Don Ramon de Moncada, Arnaldo de Vilademuls, y de la Vizcondesa de Narbona; prometiò el Rey al de Tolosa tres mil, y cien Marcos de Plata, dando seguridad hasta la paga, pero aunque se estuvo à lo acordado, pero no en quanto al Matrimonio, que no se efectuò. Hallandose el Rey en la Proença, ocupò la Reyna todos los Castillos, y Plaças del Condado de Ribagorça,

(4) *Real Archivo de Bar. lib. 2. de los feudos fol. 312. 137.*

1177. que pertenecian à la Corona Real, y possehian particulares, (5) los nombres de los que sirvieron al Rey en estas Guerras hallarán al margen letra *A*.

(5) *Zurita t. 1. lib. 2. c. 34.*

Emprendieron los Reyes de Castilla, y Leon la guerra contra los Moros en la conquista de la importante Ciudad de Cuenca, acudiò nuestro Rey con lucido, y numeroso Exercito de Catalanes, y Aragoneses, ardientes en la libertad de los Reynos de Castilla, llegaron à las campañas de Cuenca, y con repetidos choques, y varios avanses despues de nueve meses de fatigado assedio, consiguieron la Plaça, ganada por nuestro Rey, y sus Vassallos, porque el de Castilla se huvo de apartar de las lineas para celebrar Cortes en Burgos, en las quales le negaron vn nuevo tributo para mantener aquella guerra; en esta ocasion se eximiò Zaragoça, y las otras Plaças del feudo de Castilla. Presidiò à Cuenca el de Castilla, passaron à Alarcon, y le sujetarō, dividieronse los Reyes, y valiente el nuestro con sus fuertes Vassallos continuò la guerra contra los Moros en el Reyno de Murcia, hasta llegar à Lorca, y descaecido el Moro Rey de Murcia, asegurò los tributos, y confirmò el vassallaje, y sugecion devida à los Condes de Barcelona, como se avian obligado al Serenissimo Conde Don Ramon Berenguer IV. Padre del Rey. (6)

(6) *Abarca Anal. t. 1. fol. 216.*

A Los Condes de Vrgel, y Empurias. Los Vizcondes de Castellbo, y Rocaberti, de Cardona, y Cabrera, Gaston de Mōcada, Guillen Ramon de Cervellò Ramon de Anglesola, Pedro Galcerān de Pinòs, Berenguer de Puigvert Huguet de Torroella, Ramon de Canet, Pedro de Odena, Guillen Durp, Ramō de Termens, Aymar de Mosset, Alberto de Torò, Ramon de Totsò, Ramon de Vilademuls, Dalmao de Crexel, Arnaldo de Salsas, Bernardo Zapostella, Pedro de Vilademany, Guillen de Sanvicens, Ramō Dōs, Ra-

Dieron estos buenos sucessos aliento al Rey para la conquista, y recuperacion de Mallorca, Menorca, è Ivissa; movido de las instancias, y ofrecimientos de los Catalanes, hizo assiento con Alonso Capitan del Rey de Sicilia Guillermo, paraque le assistiesse con su Armada, que junta con la de Cataluña, con el divino favor esperava el logro de tan importante empresa, pero no cumpliendo los Sicilianos, se malogrò la conquista por falta de la comodidad del passage, y para esperarla, y favorecer à los Antigos Vassallos reunidos à Cataluña passò à Ruisellon, aumentò, y fortificò à la Fidelissima Villa de Perpiñan, propugnaculo, y presidio fuerte de Ca-

taluña,

Ramon de Maldà, Pedro de Torrellas, Bernardo de Lupià, Ramon de Ribes, Guillen de Cabrera, Bernardo de Villafranca Arnaldo de Reyadell, Galceran de Cruilles, Pedro de Cartellà, Berenguer de Vilamari, y Pedro de Pau.

taluña, en nuestros tiempos enagenado por justos juizios del Cielo, prestaronle el Juramento de fidelidad los Rossellonenses; (7) bolviò à entrar à Cataluña, y consagròse este año à 28. de Noviembre el Templo de Tortosa dedicado à la Virgen nuestra Señora ya concluida la fabrica.

(7) *Real Archivo lib. 2. de los feudos fol. 324.*

Consagracion de la Iglesia de Tortosa, y decenciò de la Virgen, con la Santa Cinta.

Por esta circunferencia de tiempo, ò en este proprio año favoreciò la Emperatriz de Cielo, y Tierra à su querida Ciudad de Tortosa, con la rica, y preciosa prenda de la Santa Cinta, que baxò del Cielo; testigo abonado de su Materno amor. Hallavase en el Coro de la Santa Iglesia de Tortosa el Monge en oracion entre las onze, y doze de la noche, oyò vozes Angelicas, que con dulce suspension atrahian, y suspendian los
1178. afectos en sabroso, y dulce extasi, advirtiò que por la puerta de la Iglesia, que sale al Claustro, entrava lucidissima, y solemnissima Procession, y que los que la componian tomavan agua bendita de la Pila, que se conserva en la Iglesia, delante la puerta celebrada con el Santissimo nombre de JESUS, y que como entravan componian dos plausibles, è iguales coros en las dos partes de la Iglesia; à lo vltimo de tàn magestuosa solemnidad venia vna hermosissima Señora adornada de preciosissimo ropage, y coronada de riquissima, y sagrada Diadema baxo de hermoso Palio, assistida à los lados de dos venerables ancianos, y cortejada de innumerable multitud de Paraninfos Celestes, esta era la soberana Emperatriz que al llegar à la Pila tomò agua bendita como los antecedentes, y llegò al Altar Mayor con los dos venerables Ancianos à sus lados, entonando luego la Capilla celeste el *Te Deum Laudamus*, prosiguiendo con la Antifona: *Ave Domina Mundi Maria*, llegò, estando el Cielo festejando, y celebrando à su Reyna, vn Santo Clerigo para assistir à los Maytines, oyò el Te Deum, juzgò aver llegado tarde, entrò en la Iglesia, admiròla circuida de Angelicos coros, que divididos en dos, con velas encendidas en las manos le admitieron celestial Ministro, y dandole vela de blanca cera como la tenian los Angeles, consiguiò devoto entrar en el celeste coro, llegando con la bien ordenada Procession al Altar Mayor, mandaron los Angeles al Sacerdote subiesse à adorar à la Señora estava baxo el Palio, obedeciò puntual, y preguntòle la Señora si la conocia, respondiò el devoto Clerigo: *Aunque lo sospecho no me atrevo à determinarme*, respondiò la Señora, *yo soy la Madre de Dios, à la qual tu sirves, y estos que estàn à mis lados son los Principes de los Apostoles San Pedro, y San Pablo*, devotamente aturdido el Clerigo se postrò al suelo, diziendo: De donde me viene à mi indigno Sacerdote veros à vos Señora en esta mortal vida? *Levantate*, dixo la Piadosa Madre, *y no temas, porque como siempre me has servido, has merecido verme en vida, y estar entre los Coros de los Angeles, y por quanto esta Iglesia està edificada à honra de mi Hijo, y mia, y vosotros los de Tortosa teneys gran cuydado en venerarme, y servirme, en prenda del amor que os tengo, os doy esta Cinta de que voy ceñida hecha por mis proprias manos, y os la dexo sobre el Altar, daràs relacion de todo lo que has visto al Obispo, Clero, y Pueblo.* Respondiò el Clerigo: Señora como soy solo podrà ser, no ser creido; respondiò la Soberana Virgen: *Aqui tienes por testigo al Monge mayor, que se halla en el Coro que lo ve todo, y entrambos hareys lo que os digo*, y desapareciò la vision, y se hallò el Clerigo al Sementerio, y las Puertas de la Iglesia las advirtiò cerradas: llegàda la mañana, refirieron el prodigio los dos dichosos Sacerdote, y Monge; juntaronse Clero, y Pueblo rindiendo à la Virgen en devotos, y fervorosos obsequios las gracias del soberano favor; que depositaron en el Sagrario de la Iglesia, y en nuestros tiempos se fabrica sumptuosissima Capilla por deposito del precioso Thesoro. (8)

(8) *Breve de Tortosa Officio de la Santa Cinta à 3. lectione. Martorell de Luna, historia de Tortosa, l. 2. à cap. 11. Camos Iardin de Maria à fol. 141.*

Entrò este año el Rey con numeroso Exercito en el Reyno de Valencia, por dilatar el Moro Rey la 1179.

paga

paga del tributo devido, por ser Vassallo de los Serenissimos Condes de
Barcelona; costandole cara la dilacion, por la tala de la campaña, y
quema de los Lugares, y Quintas,
deseando assegurarse el Rey con la
fuerte Plaza de Morviedro atacada
con estrecho acedio, que huvo de
levantar, por instar el tiempo para
las vistas con el Rey de Castilla en
Cazola, adonde se ratificaron las
alianças, y bolvieron à dividirse las
Conquistas de los Moros, señalandose à nuestro Rey hasta la Ciudad, y
Reyno de Denia: bolviendo tambien
à dividirse Navarra, y emprendiò
nuestro Rey la guerra, contra
aquel Reyno. No cumpliendo por su
parte el Rey de Castilla, acordò de
consejo de los Ricos hombres embiarle por Embaxadores à Berenguer Obispo de Lerida, al Abad de Montaragon su hermano natural, y à Ramon de Moncada, para requirir al
Castellano en su nombre desistiesse
de la guerra contra el Rey de Leon,
y entregasse la Villa, y Castillo de
Hariza; y para dar calor à la Embaxada, entrò con exercito en Castilla,
consiguiendo armado las Pazes de
los Reyes, y quanto pretendia.

Aviendose en el antecedente
año sugetado los Pueblos de Francia, y aviendo prestado juramento de fidelidad el Conde de Bisterris, el de Carcassona, y Rodes con
los Vassallos de Carcassona, y Lymoges; (9) asseguradas ya las dependen-
dencias de España, hallò comodidad el Rey para el viage de Francia,
que deseava para castigar la rebelion
de Arnaldo Aton Visconde de Nimes, y de Roger Visconde de Beses,
que negavan el antiguo feudo devido à los Serenissimos Condes de
Barcelona. En todo importa la presencia Real, pero mas en la guerra;
1180. vno fue acudir el Rey à castigar el
orgullo de los inobedientes, y sugetarles: entrò vitorioso en Nimes,
obligò à viva fuerça à entregarle las
Plazas, y Castillos de aquel Estado,
passò à Carcassona, recibiòle humilde, y obsequioso el Visconde de Beses, puso sus Estados en manos del
Rey, como el de Nimes, perdonòles
piadoso, y liberal, y à entrambos les
bolviò los Estados con el mismo feudo, y obligacion q̃ los avian posseh-
do por el Conde D. Ramon Berenguer
su Padre. (10) Celebrò Concilio este
año en Tarragona Don Berenguer de
Vilademuls su Arçobispo, y decretose por los Padres, que de alli adelante en la fecha, y data de las escrituras, se calendase por el año de la
Encarnacion del Señor, y no por el
año del Rey de Francia. (11)

Bien quiziera el Rey desembaraçado de la guerra de sus Vassallos,
imitando à sus invictos Progenitores, cumplir con su vnico deseo de
librar del todo à España de la tyrania Mahometana; pero atreveſose el
inescusable empeño de proseguir la
guerra en Francia contra el de Tolosa, por la alevosa muerte de Beltran
de Baucio, al qual el Rey devia atenciones de Tio, y finezas de Vassallo
en las guerras de la Proença: principalmente hallandose cercado en el 1181.
Castillo de Alberon por el Conde de
Tolosa, pues llegò tan puntual su Tio,
y tan veloz, que antes de perficionarse
el Sitio, pudo conseguir sacar al Rey
del Castillo, y al Conde de sus trincheras vencido. Retiraronse los homicidas al Castillo de Morull, adonde llegò el Rey con su Exercito, y le
entrò vitorioso, castigando la alevosia; y aun no vengado, entrò en el
Condado de Tolosa talando los 1182.
campos, y quemando los Lugares
hostilmente, llegando à plantar su
Campo delante la Ciudad, y levan-
tandole vitorioso para passar à Burdeus à verse con su gran amigo
el Rey de Ingalaterra Henrico, adonde quedò por algun tiempo firmando alianças, y concluyendo Pazes,
para la quietud, y abrigo de sus Vassallos; rindiòsele al Rey, y se le hizo 1183.
Vassallo el Visconde de Bisterris. (12)

Este año manifestò el Cielo la Santa Imagen de la Virgen de Xixena
del Obispado de Lerida, que el año
antecedente avia desaparecido de la
Iglesia Parroquial del Lugar, y juzgando averla robado, la manifestò
Dios en vna Isla, que se halla en el

(9) *Real Archivo de Barcelona, lib. 2. de los feud. à fol. 309.*

(10) *Real Archivo de Bar. lib. 2. de los feudos, à fol. 305. ad 309. Donde se hallaràn los juramentos de fidelidad de los Particulares del Carcassona, y Lymoges.*

(11) *Tarafa, de Reg. Hisp. cap. Sanchis. Manescal, Serm. del Rey D. Jayme, fol. 45. Garibay, Caron.*

(12) *Real Archivo de Barcelona, lib. 2. de los feud. fol. 318.*

Nuestra Señora de Xixena, y fundacion de su Iglesia, y Convento de Religiosas de S. Juan.

estanque de aquel parage, por medio de vn Toro, que passando el estanque, se quedava en la Isla fixos los ojos en el lugar adonde se hallava escondida la Santa Imagen, sin que bastasse arte para apartarle; atento vn Pastor advirtiò adōde mirava el Toro, y entre aquellos abrojos, y zarças descubriò el Preciosissimo Thesoro, que depositaron en la Iglesia, de donde se apartò otra vez; y bolviendo al mismo lugar, entendido el milagro por nuestro Rey, mandò consagrarle Templo, y despues año 1196. edificaron el Rey, y la Reyna el Monasterio de Religiosas de San Juan. (13) Este año lleno de meritos consiguiò el eterno premio el Papa Alexandro III.

(13) *Campos Iardin de Maria fol. 172.*

Entrò con lucido Exercito en Valencia contra los Moros, en ausencia
1184 del Rey, Armengol Conde de Urgel; y bolviendo vitorioso, y cargado de despojos, diò en vna zelada cerca de Requena, quedando muerto en el Campo con Galceran de Salas su hermano, y otros Cavalleros Catalanes, que ofrecieron bien sus vidas en el conflito; (14) fue esta desgracia muy sentida del Rey, pero no pudo vengarla por la obstinada guerra del Conde de Tolosa, que le precisò à la Concordia con el Rey de Castilla, y vltimamente à la conclusion de la
1185 Paz con el de Tolosa por juzgarle vezino poderoso, è inquieto. Nombraron el Rey, y el Conde, Juezes arbitros para la Concordia al Arçobispo de Tarragona, à Bernardo Galceran de Pinòs, y à Ramon de Argolt, (15) y aun no assegurado el Rey confederòse por lo venidero con favorables condiciones con Ricardo Principe de Ingalaterra, y Conde de Putiers, obligandose los Ingleses contra el Castellano, y Navarro.

(14) *Abarca, t. 1. fol. 217.*

(15) *Real Arch. de Barcelona, lib. 2. de los feud. fol. 376.*

Renovò este año el Visconde de
1186 Bearne Gaston de Moncada el antiguo homenage de Vassallo, como le devia à los Serenissimos Condes de Barcelona, y muriò el Papa Lucio III.

Passò todo este año el Rey en
1187 Huesca, dando providencia à los interesses del Reyno de Aragon, y falleciò el Papa Urbano III. y su successor Gregorio VIII. Al siguiente tuvo Cortes à los Aragoneses, y por sus Embaxadores dispuso las Pazes
1188 de Leon, y Portugal, recibiendo la Embaxada del Portugués: y sentido por el descuydo del Rey de Castilla en la assistencia de la guerra contra Navarra, tratò de dar con la Paz, feliz fin à tan inutil guerra, y en el siguiēte año con dictamen politico empren-
1189 diò formar Concordia, y aliança con los Reyes de Leon, Portugal, y Navarra contra el de Castilla, que se executò al Setiembre, produciendo solo cuydados al de Castilla, y poco fruto à nuestro Rey.

Cortes en Aragon.

1190 Este año con particular prodigio se edificò la Iglesia de nuestra Señora de las Sogas, de la Parroquia de Belvis, Obispado de Urgel, dando el Cielo la prodigiosa Imagen; fue el caso, que faltando harina en casa de Juan Amoròs, fue este vn Sabado à los Molinos de Balaguer con trigo, y bolviendose à su casa con la mula cargada de harina, vino tanta copia de agua, que le impossibilitava el continuar su viage; encomendòse en este lanze el Labrador à la Virgen, y con mayores veras viendo que la mula avia dado en vn lago de agua donde se hundia; y luego advirtiò cerca de sì vna Señora con vn niño en la mano, serenado ya el Cielo, que le mandò entrar en el lago, romper la cuerda, y quitar la carga à la azemila; rompiò la cuerda en tres partes, y hallòse enxuto, y sin daño: ayudò la Señora al Labrador, à cargar, vniendo los pedazos de la soga; y agradecido al beneficio, preguntòle el Labrador quien era: respondiò ser la Madre de Dios, y le mandò fuesse al Lugar diziendoles, que era su voluntad, que en aquel puesto se le dedicasse Iglesia para favorecer à los fieles devotos; y paraque le creyessen tocòle con los dedos en la mexilla, formando vna señal, de la qual salian brillantes luzes; dandòle con esto credito en el Lugar, y obedeciendo à la Virgen, fueron al puesto, que manifestò el Labrador, y hallaron en èl la Imagen de la Virgen, à la qual consagraron

Nuestra Señora de las Sogas.

Tem-

(16) Camòs Iardin de Maria fol. 244. Lamberto Dominguez hist. desta Santa Imagen. Templo, que es Convento de Trinitarios. (16)

Este año entrò hostilmente en Aragon el de Castilla, acudiò el nuestro puntual à la defensa, alcançòle en la Frontera cargado de despojos, diòle la batalla, y rompiòle con muerte de la major parte de su Exercito, con quatro mil prisioneros, recuperados los despojos de sus

1191. (17) Abarc. t. 1. fol. 219. Carbonell, Cor. fol. 55. Vassallos, y llenos nuestros Paysanos de los del Enemigo. (17) Este año muriò el Papa Clemente III.

No passò adelante esta guerra, ni era bien començasse en daño de los

1192. Christianos, y en favor de los Moros dueños aun de la Andaluzia; razon que obligò al Romano Pontifice à embiar Legado à España con severos ordenes, paraque se concluyesse la Paz entre estos Principes, y se prosiguiesse la guerra contra los Infieles. Obedecieron al Supremo Oraculo de la Iglesia los Reyes, concluyeronse las Pazes entre Aragon, y Castilla, y convinieron Leon, y

(18) Abarc. t. 1. fol. 219. Navarra en quedar vnidos para la entera libertad de España. (18)

Para esta importante accion, partiò devoto el Rey à visitar à nuestro Santo Apostol en Galicia, y obedeciendo al Pontifice Celestino, con el sudor de tan dilatado viage, consiguiò la Paz de la Christiandad de

(19) Carbonell Cor. fol. 55. España. (19) En premio de los grandes servicios de Armengol Conde de Urgel, le confirmò el Rey los feudos de Lerida, Ayrona, Albesa, Gebur, y Mequinenza.

Al Visconde de Bearne concediò

1193. el Condado de Bigorra, menos el Valle de Aran incorporado al Condado de Barcelona, casòle con la hija del Conde de Comenge: y sumamente liberal en remunerar servicios, y alentar los buenos Vassallos, concediò à las ordenes del Temple, y San Juan, algunas Villas, y Castillos en Aragon. Sucediò este año en Cataluña, y casi en toda la tierra tal diluvio, è inundacion, que se llevaron las aguas los sembrados, y casas

Llueve sangre en Cervera. de los campos; ocasion de la hambre del siguiente año, en el qual, con pasmo vniversal, lloviò sangre en Cervera Villa Ilustre del Principado, clamando en este tiempo los Pueblos aver llegado la fin del Mundo, y la venida del Antechristo. (20) (20) Carbonell, Cor. de Esp. fol. 56.

Muerte de Don Berenguer de Vilademuls Arçobispo de Tarragona. Logrò la suerte de morir por su Iglesia el Santo Prelado Don Berenguer de Vilademuls Arçobispo de Tarragona, de la Ilustre Familia de Vilademuls del Principado de Cataluña, eminente en santidad, y dotrina, elevado à la Silla de Tarragona por muerte de Don Guillen de Tarroja tambien Catalan: fue inseparable Comiliton del Rey en las guerras contra los Moros, hallòse en la Conquista de Cuenca, tuvo varios disgustos con el Visconde de Cabrera, Guillen Ramon de Moncada, y Galceran de Pinòs, por defender varonilmente el Patrimonio de su Iglesia, y embiandole à Roma por su Embaxador el Rey, fue muerto à traicion cerca de Moncada à 16. de Febrero deste año, juzgaronse agressores los nombrados; pero no hallo prueva paraque se deva assegurar, ni creer; (21) aunque se refiere que en penitencia fundò el Visconde el Convento de San Salvador de Breda, y el Moncada ofreciò al Monasterio de San Cucufate el lugar, adonde se halla edificada la Iglesia de nuestra Señora Puig de Creu con sus honores. (21) Const. Tarrac. Domenech Flos Sant. de Cataluña l. 2. fol. 83.

Hallavase nuestro Rey en Cataluña con perfeta Paz, adorado, y aplaudido de sus Vassallos por su moderado Govierno, visitò sus Reynos cariñoso Padre, para remediar las necessidades de los suyos, y aliviarles el insuportable trabajo de la hambre, favoreciendo à vnos de su Real hazienda, alentando à otros para tolerar el trabajo, y acudir à los agenos males; llegò à Perpiñan adonde tuvo General Parlamento, paraque del Comun se diesse el necessario sustento à los menesterosos; hallandose aun en esta Villa, llegò la funesta noticia de aver entrado Juzef Mahozamut Señor del Africa, y Andaluzia con numeroso Exercito ocupando las Plaças de Castilla, de la frontera de Andaluzia. Disponiase el Rey à la defensa de Castilla, quando le 1194. Parlamento en Perpiñan. 1195.

le previnò su vltima enfermedad: acudiò devotamente contrito al Rey de los Reyes, firmò su Testamento, dexando los Estados de Aragon, Cataluña con los feudos de Valencia, Murcia, y algunos de Francia à Don Pedro su Majorazgo; al segundo Don Alonso el Marquesado de la Proença, y al tercero Don Fernando destinò para la Iglesia; quedaron las hijas dotadas como de su liberalidad, estas fueron quatro, Constança casada con el Rey de Ungria, y despues con el Emperador Federico, Leonor, y Sancha con los Condes de Tolosa padre, è Hijo, y Dulce destinada para Monja de Xixena. Muriò aviendo cumplido con la obligacion de Catholico, y Rey en Perpiñan à 5. de Abril año 1196. de 44. años, Reynò 33. fue llevado su cuerpo al Real Monasterio de Poblet, que avia fundado su Padre, dotado, y dilatado Realmente nuestro Rey: fue muy devoto del divino Culto, fundò muchas Iglesias: magnifico, pio, liberal, y por excelencia llamado Casto, porque jamas faltò à la fe del Matrimonio; rara virtud en vn Rey mozo, y Soldado. Las Familias que se dieron à conocer en este tiempo fueron: *Aymar de Mosset, Gimberto de Tort, Ramon de Tosa, Ramon de Vilademuls, Arnaldo de Saluses, Guillen de San Vicens, Ramon Doltus, Ramon de Marcà, Berenguer de Llupià, Ramon de Ribes, Galceràn de Cruilles, Berenguer de Vilamari, Pedro de Santa Pau, Guillen de Entença, y Nobles de Entença, Pedro de Argentona.*

Nombranse algunos de los que se dieron à conocer en este tiempo.

CAPITULO III.

Sucede Don Pedro Primero à su Padre Don Alfonso: Iuranle, y admitenle en Cataluña, y Aragon: Defiende à Castilla: Fundacion de la Orden de la Santissima Trinidad: Vida de San Iuan de Mata: Guerras en Navarra: Redificase San Salvador de Breda: Fundase Santas Cruces: Guerras de los Condes de Vrgel, y Foix: Disgustos, y Concordia con la Reyna: Casamiento de la Infanta Doña Leonor: Guerras en Navarra, y Pazes: Fundase la Religion de San Iorge de Alfama: Matrimonio del Rey: Embaxadores de Gerusalem: Guerras en la Proença, y Cataluña, y Concordia: Cortes en Barcelona, y Cervera: Parte el Rey à Roma, es Coronado por el Pontifice: Alcança grandes gracias: Haze al Reyno feudatario, no consienten los Vassallos: Fundacion del primer Convento de Trinitarios de Vinguña, y del de Lerida, &c.

1196. Despues de la muerte del Rey Don Alonso, creciò en Cataluña la hambre, siguiendo à esta las otras fantasmas de la vida, Peste por los dañosos alimentos, y guerra entre los Condes de Urgel, y de Foix, para añadir esta penalidad à las desgracias desta disgustada Provincia. Hallavase el nuevo Rey Don Pedro afligido por la muerte del Padre, y contratiempos; y aviendo cumplido con el devido obsequio del entierro, y funebres demostraciones, deudas de su Real obligacion, consolò los Pueblos, y jurò Conde de Barcelona, passò à Aragon, y en Huesca tomò la possession del Reyno; y heredero del valor, y catholico zelo de sus antecessores, viendo à Castilla en los vltimos aogos, por la desgracia de su Rey Don Alonso vencido por el Moro Abenjuzech en la infeliz jornada de Alarcos, aviendo sugetado à Madrid, dominado Alcalà, y otras Plaças, y encaminandose vitorioso à Toledo (sin moverse los vezinos Reyes de Leon, y Navarra à la comun defensa, ideando en la caìda de Castilla, la exaltacion de

Don Pedro Primero Rey, y Conde XII.

sus

sus Estados. VII Politica contra la Religion.) No sufriò nuestro Rey pereciesse Castilla, y assi à los diez y siete años de su edad, juntò Exercito de sus atrabajados Vassallos, que creyeron el alivio en la defensa de la Fè: tal es la de Cataluña, por el favor divino. Alistò pues nuestro Exercito para la libertad de Castilla, encaminòse à la defensa de los Catholicos de aquellos Reynos, olvidando sus males, para remedio de los agenos juzgandoles proprios, siendo Por la Santa Fè, y Religion Catholica padecidos: sirva de exemplo à los presentes, y venideros esta gloriosa proeza de nuestros mayores.

1197. Llegò el Rey este año à vnirse con el Exercito de Castilla, y temeroso el Moro abandonò lo adquirido, y con descredito proprio diò la buelta à la Andaluzia, mas huyendo que retirandose. (1) En el mismo à 22. de Noviembre passaron à Roma San Felix de Valoys, y San Juan de Mata, para la fundacion de la Orden de la Santissima Trinidad, apareciendoles en el camino vn Angel, assegurandoles felicidad en su Santo Instituto, y el Cielo encargò al Pontifice los dos Anacoretas. El año siguiente de 1198. à los 20. de Enero dieron cuenta à su Santidad de sus intentos, y el dia de Santa Inès, fuè el Pontifice con los dos Santos à la Basilica de San Juan de Lateran, en donde celebrò Missa, y levantando la sagrada Ostia, viò vn Angel vestido de blanco con Cruz de colores carmesi, y celeste al pecho, y dos Cautivos, vno Moro, y otro Christiano arrodillados à sus pies, y como que trocava vno por otro. Instituyoles el Papa el Orden, con nombre de la Santissima Trinidad Redencion de Cautivos, y diòles el Abito, con la Cruz conforme se avia visto en el Angel. Desta revelacion se infiere el gusto del Señor en el trueque de los Cautivos, y en la guerra contra los enemigos de la Fè; pues sin ella no se hallaran Esclavos Moros para trocar con los Christianos Cautivos, y es obligacion Catholica defender nuestros mares, y tierras, paraque los Enemigos no logren el Cautiverio de los Catholicos; y si por nuestro descuydo, ò pecados lo consiguẽ, paraque tengamos de los suyos, adquiriendoles cõ nuestro valor, para trocarlos; y si estos no bastan, valga el dinero: que es muy justo, para dar libertad, y consuelo à las almas, y cuerpos de nuestros hermanos; pero que esta Santa obra, solo se logre con el dinero, es dar poder, y fuerças à los Enemigos de la Fè en nuestro daño: que vno, y otro quiere Dios, la guerra contra sus enemigos para trocar los Esclavos, y la aplicacion de nuestras haziendas, quando falten Moros con que trocarles; pero no que se olviden las Armas Catholicas de cumplir à su obligacion.

(1) Mariana, lib. 11. c. 19. Abarca, t. 1. fol. 221. Carbonell, Cor. de Esp. fol. 58.

Orden de la Santissima Trinidad.

San Juan de Mata, aunque por averse criado en Francia le juzgan algunos Francès; pero en la realidad como sienten otros, y con algun fundamento, fue Catalan, ò bien por sus Padres, ó bien como refieren algunas historias de su Religion, de la Villa de Falcò del Condado de Cerdaña; aunque otros dizen de Falcò de la Proença: algunos afirman ser este Santo de la familia de Mataplana; cuyo apellido solo de Mata le declarà Catalan, por ser Catalan este apellido, y no Francès; assegura tambien ser Catalan la aficion del Santo à Cataluña, la assistencia grande en esta Provincia, y los Conventos, que èl proprio fundò en ella: Fueron sus padres Eufemio de Mata, y Maria de Fonollet, que passaron con el Conde Berenguer IV. à la Proença, y quedaron alli sirviendo en las Guerras, y despues Eufemio en la Tierra Santa, y contra los hereges Albigenses en Francia, por cuyos servicios le concediò Luis VII. de Francia el Condado de Monfort, y esta es la razon de juzgarle Francès; mas convencen lo contrario de los Autores citamos (2) las Escrituras del Real Archivo de Barcelona, llamarse el Santo Mata como le nombra la Iglesia, y en Cataluña aver sido yà en aquel tiempo illustre la familia de Mata; como en el homenage prestò Bernardo Conde de Besalu 6. Idus Octobris año 48. de

San Juan de Mata, refierese su vida, y pruebase ser Catalàn.

(2) Andrada, vidas de S. Iuã de Mata, y S. Felix de Valoys p. 1. c. 1. Marsil, Crisis de Cataluña, fol. 187 Bonen Eacho, Anal. de la SS. Trinidad.

de Felipe, en el qual firma Bernardo Ramon de Mata; y en el Testamento de Gausberto de Peralada 17. Kal. Novembris año 25. Ludovici firma Pedro Ramon de Mata, &c. embiaronle sus Padres à la Vniversidad de Paris, en donde consiguiò el grado de Doctor Teologo; y buscando à Dios passò al desierto, y hallando en èl à San Felix de Valoys, fundaron la Religion, como hemos referido.

1198. Aunque devian los Reyes de Aragon, y Castilla continuar la guerra contra el Moro, que se les avia escapado de sus manos, no lo hizieron, antes irritados contra el de Leon, y Navarra por no averles socorrido, desfogaron su saña contra aquellos pobres Reynos, concediendo al Moro las treguas, que le importavan, por el levantamiento del Alcayde de Marruecos en la Africa: solicito el Pontifice embiò Legado para la reconciliacion de los Reyes, y precepto à los de Leon, y Navarra, paraque assistiessen à los de Aragon, y Castilla en la defensa de España; consiguiòse el intento con el de Leon, pero no con el Navarro, contra el qual dirigieron sus huestes los dos Reyes, y no con grande fruto; porque sus proprios interesses llamaron à nuestro Rey à estos Reynos.

Convento de San Salvador de Breda, deposito de los Cuerpos de San Acisclo, y Santa Vitoria.

Este año Ponce Visconde de Cabrera, reedificò el antiguo Monasterio de San Salvador de Breda de Benitos Claustrales, que ya avian fundado sus padres: fue antiquissimo este Convento, y se juzga de tiempo del Emperador Constantino Magno, entregado en el de los Godos à los Monges Carmelitas, ò de San Antonio, destruido en la entrada de los Moros, y redificado por los Viscondes de Cabrera, y este año nuevamente redificado, y enriquecido cō los cuerpos de S. Acisclo, y Santa Vitoria: hallase situado en el Viscondado à poco mas de quatro leguas de Gerona.

Convento de Santas Cruzes.

Por este mismo tiempo, se edificò la Iglesia, y Convento de Santas Cruzes en el lugar en q̃ se halla al presente, por Guillen Ramon de Moncada, Pedro Alemany de Cervellò, y Galceran de Pinòs: (3) pero segun la mas veridica opinion ya passaron à esta Casa los Monges año 1190. desde la casa de Valdaura, y el año 1160. tuvieron donacion del Lugar, aunque controvertida en parte, como vimos en la fundacion desta Real Casa.

(3) Argays perla de Catal. fol.364. Trist. Coron. Benedict. fol.357. Beuter. hist. de Val. Thomich. Cor, cap.35.

No desistieron de sus vandos los Condes de Foix, y de Vrgel, aunque la guerra se encendia contra Navarra; pues este año con sus Aliados entrò el de Foix en Vrgel, puso acedio à la Ciudad de Balaguer, y la ganò por combate, y acudiendo con sus amigos el de Vrgel, para su recuperacion, la consiguiò en daño del comun, y particular de entrambos partidos; prosiguiendose la guerra los siguientes años con encono hasta la prision del de Foix.

Cortes en Barcelona.

Celebrò este año el Rey Cortes en Barcelona, para acudir à los daños ocasionados por la peste, y hambre, para las assistencias de la guerra, y concordia con su madre; (4) y muriò el Santo Pontifice Celestino III.

(4) Real Archivo de Bar. Arca g. grande. Bosch tit. de honor. fol. 524.

Movieron algunos Consejeros de la Reyna, ciertas discordias, que pararon en rezelos, y destos procediò apartarse de su hijo, fortificarse en 1199. sus Lugares fuertes, y admitir el sequito de los que pretendian novedades; acudiò promto el Rey al remedio, assegurando à la madre de su cariñoso respeto, y para aquietarla passò à Castilla, y despues à Hariza, en donde convinieron los dos Reyes con la Reyna, que dexasse esta los Lugares que posseìa en Aragon, à las fronteras de Castilla, sospechosos, y admitiesse en equivalente à Tortosa, y otros Lugares assegurados en Cataluña, y con esto se diò fin à los referidos disturbios. (5)

(5) Zurita t. 1. l.2.c.49. Abarca.t.1. fol.222.

Casò este año la Infanta Doña Leonor, con el Conde de Tolosa, y bolviò la Madre à los rezelos del hijo, y à no estar à lo 1200. acordado; interpusose Cataluña, y los otros fieles Vassallos, y bolvieron madre, è hijo à la antigua vnion por medio de Berenguer de Entença, Guillen de Castellesvelo

Guillen

(6) Real Archivo de Bar. Arca primera grande, y lib. 3. del Inventario del R. Archivo.

Guillen de Cardona, Alberto de Castellvell, Ramon de Vilademuls, y Garcia Romeu. (6)

Bolviò el Rey este año por los mismos respetos, y guerra contra Navarra, á celebrar Cortes en Barcelona á la Nacion Catalana, que le ofreciò la assistencia de dineros, y soldados para la guerra contra aquel Reyno, que comensò intrepido, deviendola escusar, y huviera mas acertado contra Infieles, que dar ocasion al Navarro á llamarles en su defensa, passando personalmente á Marruecos; entrò nuestro Rey en Navarra, ganò à Roncal, y el valle, con la Villa de Aybar. Vino de Africa en este tiempo el Rey de Navarra, y assegurado del animo noble, y liberal de nuestro Rey, desembarcando en Alicante, passó à Aragon, paraque le favoreciesse contra el de Castilla, que le avia ocupado la Guipuscoa, y muchas otras Plaças: Deseava el de Aragon compassivo con el huesped, las Pazes, favorecer al Navarro, y buscar ocasion de apartarse de la aliança de Castilla, ò conseguir tambien las pazes del Navarro con aquella Corona; logrò en fin su intento con el pretexto del casamiento que deseava con la Hija del Rey de Navarra; y viendo el de Castilla el empeño de nuestro Rey en favorecer al Navarro, prometiò las pazes, y soltar la presa de lo que tenia ocupado al Navarro, con tal que este le jurasse primero el matrimonio, y las treguas; admitiò las proposiciones el Navarro, y jurò convenir con el matrimonio, con juramento aparente, si no obstava el parentesco.

1201. Este año embiò el Rey de Navarra Embaxadores al Pontifice para conseguir la dispensacion del matrimonio de su hija con el Rey de Aragon, que no pudo alcansarse de la entereza, y rectitud del Papa. Y en el mismo, en vna casa de campo de Pedro Belvis, entre Aytona, y Seròs, con licencia del Obispo, fundò San Juan de Mata su primer Convento de España de Vingaña, con titulo de nuestra Señora de los Angeles: consta de la Escritura firmada por el Rey á 7. de Enero; que se halla en dicho Convento, y año 1239. entraron Monjas, y en el de 1535. bolvieron los Religiosos.

Convento de Vingaña de Trinitarios Calçados.

Fundacion, aprobacion, y vnion del Orden Militar de San Jorge de Alfama.

Fundose assimismo en Cataluña la Religion Militar de San Jorge de Alfama á los 24. de Setiembre por nuestro Rey, que agradecido á los favores, q avia recibido en las batallas la Nacion Catalana de su Santo Patron, instituyò este Militar Orden, para Presidio contra Infieles en las invasiones maritimas, haziendo donacion à Juan de Almenara, y à Martin Vidal, y à sus successores en la Orden, del desierto de Alfama à cinco leguas de Tortosa, adonde fabricassen Iglesia, y Castillo, para suplicar al Santo continuasse su Patrocinio, y pudiessen defenderse de los Enemigos; siguieronles en el instituto muchos Nobles de Cataluña, que eligieron por su Maestre á Juan de Almenara tambien Catalan; y con algunos donativos de la Piedad Catalana tomaron habitacion en el Coll de Balaguer, para con mayor prontitud rechazar las entradas, y hostilidades enemigas; aprobò la Religion el Ordinario, no confirmandola el Pontifice, hasta el año 1373. en el qual á los 15. de Mayo Gregorio XI. con su Bula Pontificia aprobò la Religion, y su instituto, baxo la Regla de San Agustin. Era su insignia la Cruz del Santo Martyr Jorge; vniòse esta Sagrada Religion con la de Montesa año 1399. à instancias del Rey Don Martin. (7)

(7) Samper, Montesa Ilustrada, p. 1. num. 378. Marsil, Cris. de Catal. fol. 181.

1202. Encendidos los vandos en Cataluña, en el campo de Agramunt, se diò batalla entre los vezinos de aquella Villa, y su sequito, y Ramon de Cervera, quien, desecho, y roto su campo, quedò muerto en la Militar Palestra.

Muerte de Ramon de Cervera.

Embaxadores de Gerusalen.

Los Grandes del perseguido Reyno de Gerusalen, assegurando su restauracion en el valor del Rey, y de sus fieles Vassallos, aconsejaron à las Reynas Nieta, y Abuela, llamadas Maria que procurassen el matrimonio del Rey, con la Joven Reyna Maria Señora de aquellos Estados, y para

la

la execucion embiaron sus Embaxadores, que llegaron à la ocasion que el Rey tratava su casamiento con otra Maria Señora de Mompeller, no pudiendo lograrse accion tan importante al Christiano Gremio.

Cortes en Cervera.

Obligado de sus liberalidades, y de los continuados gastos de la guerra, acudiò el Rey à su Patria, que siempre la hallò madre para assistirle, è hija para respetarle; celebrò Cortes en Cervera, promulgaronse en ellas justas leyes para el Govierno, diòse remodio à los vandos, y consiguiò el Rey las assistencias para el matrimonio, para el viage que queria emprender, y para mantener sus Exercitos. (8)

(8) *Real Archivo de Barcelona, Arca 1. grand.*

Redencion de 207. Cautivos por S. Juan de Mata.

Este año hizo en Valencia San Juan de Mata Redencion de 207. Cautivos, dandole la Virgen nuestra Señora el dinero que le faltava, diziendo Missa, siendo el Santo Ministro del primer Convento de Vingaña. Veasè el P. Marraci, *cap.6.*

1203. Concluyòse, y celebròse este año el matrimonio del Rey con Maria, Señora de Mompeller, aunque se pretenda se concluyò al siguiente; todo puede ser, por el descuydo de los antigos en la relacion de los sucessos. Hallòse el Rey casado, y arrepentido, por aver ignorado el matrimonio clandestino de la Reyna con el Conde de Comenge, que le diò motivo para apartarse; ofrecieronse al Rey dos ocasiones en que pudo colorar el designio, las vistas con el Rey de Castilla, para dividir los terminos de Aragon, y Castilla, y la guerra de los Condes de la Proença, y Focalquer en Francia, deviendo acudir à su hermano el Infante Don Alonso Conde de la Proença, que necessitava de socorro.

Cathedral de Lerida redificada.

Mandò este año el Rey edificar muchas Iglesias, y demoler la Mesquita de los Moros de Lerida, bolviendola à erigir Cathedral, y puso en ella la primera piedra.

1204. Continuavan aun por este tiempo las guerras de los Condes de Urgel, y Foix en Cataluña, dieronse batalla à 26. de Febrero, y fueron desechos, y presos el de Foix, el de Castellbo, y otros Barones de su vando, por el vitorioso Conde de Urgel.

Convento de Trinitarios Calçados de Lerida.

Fundò este mismo año San Juan de Mata el Convento de Lerida en vn Hospital de Peregrinos: Consta del Martyrologio Hispanico, *tom.6. fol.551.* ha producido insignes varones à su Religion, y à Cataluña, siendo entre otros, celebrados Fr. Galceràn de Parrillos, y Fr. Pedro Dalmau, llamado Benjamin de San Juan de Mata.

Passò el Rey à las vistas con el de Castilla en Susano, entre Agreda, y Tarazona, dividieronse los terminos, y quedaron en perfeta amistad vnidas las dos Coronas; bolviò à Barcelona para el viage de la Proença, adonde se encaminò para componer las discordias referidas, por el peligro corria, de que no prendiessen las llamas deste fuego en Cataluña, por hallarse en ellas empeñado el Conde de Ruissellon Don Sancho su Tio, con otros Ricos hombres: llegò el Rey al lugar de aguas muertas, y serenòse la tempestad, dexando ambas partes sus derechos en su rectitud, nombrandole arbitro; y para el Consejo fueron llamados algunos Obispos, con los Condes de Tolosa, y Narbona, quedando por su medio quietos, y en paz aquellos Estados.

Titulo de Catolicos de los Reyes de España: Rey de Aragon Alferez de la Iglesia: Estandarte, y Pendientes de las Bulas con los colores de la Casa Real de Barcelona.

Con esta feliz Concordia determinò el Rey emprender el viage de Roma con color de poner en paz à los Ginoveses, y ser Coronado de mano del Pontifice; pero en la realidad, para romper el vinculo del matrimonio, esperanzado en la gracia del Papa; mandò para este efeto armar sus Galeras, y con luzida, y numerosa Corte de Catalanes, y Proençales, tomò rumbo para Genova, embiando antes Embaxadores al Pastor de la Iglesia, suplicandole eligiesse Legado para assegurar la Concordia, y que passasse à Genova para el tratado; à lo que respondiò el Pontifice, que supuesto el Rey tomava el rumbo de Italia, seria mas acertado llegasse à Roma para ser instruido en la forma, y conveniencias de las Pazes, de su boca mesma, ma, que podria concertar a la buelta, obedeciò el Rey à la insinuacion del Papa, desembarcò en Genova, partiò para Roma, llegò à Hostia, recibiendole algunos Cardenales con el Senado Romano, y otros Señores, y acompañandole, y sirviendole hasta Roma, y en ella al devido obsequio del Sumo Pontifice, que le recibiò Padre cariñoso, y hospedò en su Palacio; y el dia de la Presentacion de nuestra Señora en la Iglesia de San Pancracio, con assistencia del Colegio de los Cardenales, y Corte Romana fue el Rey vngido, y Coronado por el Pontifice, al qual prestò juramento de fidelidad, y de defender la Iglesia, persiguiendo á sus Enemigos: de San Pancracio passò el Papa con el Rey, y toda la Corte à la Iglesia de San Pedro, puso la Corona sobre el Sagrado Altar, y recibiò la espada, y fue armado Cavallero de manos del Pontifice, al qual se ofreciò feudatario, pagando à San Pedro duscientos y cinquenta massmodines, y cediò al Pontifice el Patronazgo de las Iglesias de sus Reynos; concediòle el Papa el Titulo de Catholico por sì, y por sus successores, y que fuessen Coronados por mano del Arçobispo de Tarragona, nombròle Alferez, ò Confaloner de la Iglesia, y por honra de la Real Casa, mandò, que el Estandarte de la Iglesia fuesse divisado con los colores de las Armas de los Serenissimos Condes de Barcelona, y que los Cordones de las Bulas Apostolicas tuviessen los proprios colores, como se observa; y assistido el Rey de la Corte Romana se embarcò passados algunos dias en el Tiber, y vino à la Proença, sin passar à Genova, porque las guerras de la Proença le instavan.

En este tiempo llegaron à Cataluña, y Aragon las noticias de la devota liberalidad del Rey, y protestaron invalidas las cessiones, y reconocimiento, por no poderse executar sin el consentimiento de los Vassallos, formaron sus Escrituras, y las remitieron à Roma, y al Rey. Los originales de las concessiones Apostolicas, y de las Protestaciones se hallan en el Real Archivo de Barcelona. (9)

(9) Real Archivo de Barcelona, in Regist. lib. Cartarum, à fol. 205. Carbonell, Cor. de Esp. fol. 57. Zurita, t. 1. lib. 2. c. 51. Abarca, t. 1. à f. 225.

CAPITULO IV.

Buelve el Rey de Roma, quiere imponer el derecho del Monedaje: Fundase la Iglesia de San Iuan de Barcelona: Concluye el Rey las Pazes en España: Vitorias en Aragon, y Valencia: Cortes en Puigcerdan: Nacimiento del Infante Don Iayme: Muerte del de Vrgel, y su succession: Muerte de la Reyna Doña Sancha madre del Rey, y de la Reyna Doña Constança: Guerras, y Vitorias en Valencia: Fundacion del Carmen de Peralada, de Trinitarios de Anglesola, y Piera, y Bernardos de Escarp, &c.

AUnque saliò de Roma tan lleno de bendiciones, y privile- 1205.
gios el Rey, pero no logrò el fin de su viage, que era la declaracion de la nulidad de su matrimonio, abraçando con gusto la guerra de Francia, porque le apartava de la obligacion, desembarcò en la Proença, y juntandose à la Armada de Cataluña los fieles Proençales, pudo el Rey poderoso buscar à los Enemigos, justamente indignado por la traydora, y vil accion del Conde de Focalquer, que sin respeto à lo acordado prendiò con engaño al de la Proença, de cuyas manos le sacò el Rey, con las insignes vitorias, ocupando la Plaça adonde se hallava el hermano detenido; y aun no satisfecho con su libertad, passò vengativo à talar, y quemar los Lugares del atrevido Conde, para acuerdo de lo que siente el agravio la Catalana Nacion. (1)

(1) Zurita l. 2. c. 51. t. 1. Abarca, t. 1. fol. 226.

Bolviò el Rey vitorioso à Cataluña, passando à Jaca para recibir en ella al Rey de Ingalaterra recien venido para confirmar las alianzas antiguas; hospedòle con tan prodiga liberalidad, muy natural en su Real animo; que le obligò, exausto destos gastos, y de la guerra de Francia, à imponer vn nuevo tributo llamado monedage, que era vn sueldo por libra de los bienes muebles, y raizes estimados;

timados, no consintieron los Pueblos à la carga por no poderse imponer sin su consentimiento; formaron su vnion los Aragoneses, y moderaron el dictamen del Rey los Catalanes, que despues la admitieron por tiempo determinado, y con moderacion.

Iglesia de S. Juan de Barcelona.

Este año los Cavalleros del Orden de San Juan, fundaron la Iglesia de San Juan de la Ciudad de Barcelona, con la Real aprobacion, consentimiento del Obispo, y voluntad del Comun. (2)

(2) *Diago, Con. de Bar. fol.* 280.

1206. Este año fundò San Juan de Mata, el Convento de Anglesola, concediendole Berenguer, y Angela de Anglesola el Hospital que avian fundado. (3)

Convento de Trinitarios de Anglesola.

Este mismo año juntó nuestro Rey en Alfaro à los Reyes de Castilla, Leon, y Navarra, para la paz de España, que se consiguiò con la vnion contra Moros, por su liberalidad, zelo, y aplicacion; dexando excluido al Señor de Viscaya, que ofendido de los Christianos, se passò à los Moros de Valencia, y de alli entrò hostilmente contra Aragon, para vengar en quien no le avia ofendido, las ofensas del Castellano, y Leonés.

(3) *Martyr. Hisp. f.* 551.

Acudió diligente el Rey Don Pedro armado de su valor, y assistido de numeroso Exercito de Catalanes, y Aragoneses à defender su Reyno, rebatiò el orgullo del Christiano, y de los Moros de su sequito, venciendoles, y derrotandoles con impetu Militar, y siguiendoles al alcance hasta la Ciudad de Valencia, que atacò con estrecho assedio, y avançò con su intrepido valor; del qual alentado sin prevenir el riezgo se empeñò por su persona à embestir, por la abertura del muro, defendida por el Señor de Viscaya, entrando dentro, de forma, que aviendole muerto el cavallo, se hallò empeñado à pie contra los Enemigos; y tan adentro, que circuido dellos peligrava su vida, ò libertad, si el Señor de Viscaya con singular exemplo cumpliendo como Catholico, no huviera divertido à los Moros, y apartado el lance, del que advertidos, preguntandole la ocasion, respondiò: *No quiera Dios sea yo causa, que el nieto del Emperador quedasse prisionero*, entendiendolo por el Rey Don Alonso, llamado Emperador, y satisfizo el Rey al beneficio, incluyendo à su libertador en la Concordia que se tratò otra ocasion con los Reyes.

Vitorias del Rey en Valencia, y sitio de Montalvã.

Prosiguiò nuestro Rey en la tala de los campos del Reyno de Valencia, conquistò algunas Fuerças, y Castillos, y passò con el Maestre de Santiago Don Gonzalo Fernandez de Marañon, que se le avia juntado con sus Cavalleros, al assedio de la fuerte Plaça de Montalvan; y buscando la defensa los Moros en la diversion, entraron con su Exercito en Aragon; pero no lograron sus designios, porque atento el Rey en defender lo que posseehia, y en cobrar lo que le pertenecia, dexando al Maestre con parte de su Exercito para continuar el Sitio, partiò con el residuo contra los Enemigos, que deshizo intrepido, dando lugar al Maestre, aunque con trabajo, à ganar la Plaça, concediendola el Rey sumamente liberal à su Orden de Santiago.

Notoria es la equivocacion de Zurita en el matrimonio del Rey, que refiere este año despues del viage de Roma, siendo cierto le emprendiò para conseguir la nulidad, y esto supone ser executado.

Convento del Carmen de Peralada.

Este año se fundò en Peralada el Convento de nuestra Señora del Carmen, por Fray Gabriel Novero, y se trasladò en el lugar en que se halla, al de 1346. (4)

(4) *Corbera, Cat. Illustr. fol.* 452.

Precisado de sus gastos, y liberalidades el Rey, bolviò à Cataluña à pedir nuevos socorros, juntando à este fin Cortes en Puigcerdan, y le assistieron como pedia el estado de la guerra. (5) Passò despues à Mompeller, para acudir à aquellos Vassallos, pero no para assistir à la Reyna, que jamàs se pudo conseguir. En este tiempo por todos los Estados de la Corona, se hazian publicas rogativas para conseguir del Cielo la deseada succession, esperandola de Dios, y llamando à Dios como verdaderos Ca-

Cortes en Puigcerdan

(5) *Real Archivo de Barcelona, Arca 1. grande.*

1207.

Catholicos, sin el vano rezelo del desaliento de los Vassallos, ni de los movimientos por los derechos estrangeros. Hallandose pues el Rey en Mompeller, se aficionò à cierta Señora de la misma Ciudad, que no pudo conseguir; lo que entendido por los de Mompeller, fieles con el ansia de la succession Real para la quietud de sus Estados, llamaron à vn gran Privado del Rey, y le propusieron que con su favor pretendian conseguir la Real Succession, assegurandole que sabian, hallarse el Rey prendado de vna Dama de aquella Ciudad; y que le podian dezir, avia consentido al intento del Rey, y à entrar en su Real Camara, si se hallasse sin luz, y que ellos introducirian à la Reyna. Pareciòle bien al Cavallero, y prometiò favorecer el empeño: Promulgaronse ayunos, y rogativas por siete dias, empeçando el Sabado, implorando el favor divino en el Santo Sacrificio de la Missa, previniendo que el Domingo à la mañana, dia en que se avian de hallar juntos el Rey, y Reyna, todo el Pueblo concurriesse en las Iglesias para suplicar al Señor el logro de sus justos deseos. A la noche del Sabado fin de los siete dias de rogativas, prevenido el Rey por su Privado, aguardò à su Dama, y llevaronle à la Reyna en lugar de la que deseava, la acompañaron para la accion los Consules de Mompeller, doze Ciudadanos de los mas autorizados, doze Matronas, y doze donzellas de lo mejor de la Ciudad, dos Escrivanos, el Vicario General, dos Canonigos, y quatro Religiosos, que la introduxeron al Real Aposento, adonde là esperava el engañado Rey. Quedaron todos en Palacio con sus velas encendidas en las manos en continua, y fervorosa oracion, suplicando al Señor assistencia en tan importante hecho; y llegada la mañana, è introducidos por el Privado, entraron en el Real Retrete en Procession con sus velas, y Rosarios en las manos, y aturdido el Rey de ver tanta gente en su aposento, saltò de la cama, empuñò su espada, y todos se arrodillaron, y le suplicaron advirtiesse con quien avia estado aquella noche; bolviò la cara la Reyna, y viòla el Rey, y ellos refirieron el hecho, y respondiò su Magestad: que pues era assi, que suplicassen al Señor viessen cumplidos sus buenos deseos, y partiò luego de Mompeller con su Corte, para Cataluña; haziendo escritura antes, delante del Rey, de lo sucedido, los dos Escrivanos, fueron testigos los nombrados, que quedaron todos en Palacio con la Reyna, con seys Cavalleros elegidos por el Rey, los nueve meses, hasta que la Reyna pariò. (6)

(6) *Montaner, Cor. cap. 3. 4. y 5. Señor Rey D. Jayme en su Hist. cap. 2.*

1208. Concluyòse este año el matrimonio de la hermana del Rey Doña Constança, viuda del Rey de Ungria, con Federico Rey de Sicilia por medio del Pontifice.

Convento de Bernardos de Escarp.

Por este tiempo fundò nuestro Rey el Real Monasterio de Escarp de Monges Bernardos à orillas del Rio Cinca cerca Lerida. (7)

(7) *Real Archivo de Barcelona, lib. 2. de los feudos, en la Real Geneologia. Menescal, Serm. del Rey D. Jayme, fol. 47.*

Este año à 2. de Febrero, llegò la hora del parto à la Reyna del fruto conseguido aquella dichosa noche, que tratò con el Rey, concediòle el Cielo vn hijo para glorias de la Fè, y exaltacion del Christiano nombre, Capitan General de las Milicias Catholicas, Hercules Christiano, gloria de Cataluña, y fausto de toda España; y para darle nombre la Santa Reyna, siguiendo la ceremonia de la Imperial Casa de Constantinopla, mandò celebrar el Santo Sacrificio de la Missa, y encender doze velas, rubricando en cada vna el nombre de vno de los doze Apostoles, para elegir, y ponerle al hijo, el nombre de aquella que mas durasse; Y tomò para sì la gloria desta accion nuestro Santo Apostol, y Patron San Jayme, introduciendo su nombre en la Real Casa de Barcelona, como la avia favorecido con su Patrocinio en las prodigiosas vitorias, no aviendole antes logrado ninguno de sus celebrados Progenitores. Concluida la devota ceremonia, llevaron à Bautizar al tierno Infante, y passando, ò entrando por cierta Iglesia, cantavan el *Te Deum Laudamus*, y llegando á otra, que devia ser la Parroquia adonde avia de recibir el Santo Bautismo, entonavan en el Coro: *El Benedictus Dominus Deus, &c.* En vaticinio de lo que avia de ser de aquel Infante, al qual ya la Iglesia, como á otro Juan, celebrava tan de antemano, acreditandole el Cielo empeñado en favorecerle contra las infernales, mas que humanas furias, haziendo menudas piezas la piedra grande, que echaron sobre la cuna del inocente niño, para hazerle pedazos. (8) Montaner, Carbonell, y Marineo Siculo, llaman la Iglesia del Bautismo, Santa Maria, y otros San Fermin; pero lo cierto, y acreditado por estos Autores, y mas por Montaner que fue de aquel tiempo es, ser la de Santa Maria de les Taules de Mompeller.

(8) *Menescal, Serm. del Rey Iayme, fol 47. Marin. Sic. de rebus Hisp. l. 10. c. Cavebit. Carbonell, Cor. de Esp. fol. 57. Rey D. Iayme en su Hist. cap. 1. Abarca, t. 1. fol. 227.*

Muerte de Armengol vltimo Conde de Urgel, y su succession.

Este año muriò Armengol vltimo Conde de Urgel, de los que descendian de los Serenissimos Condes de Barcelona, por el Conde D. Borrell; dexò heredera de sus Estados á su hija Doña Aurembax, baxo la tutela de su madre Doña Elvira, que temerosa no le quitasse sus Estados el Visconde de Cabrera casado con la hermana del de Urgel, que los pretendia por su muger, hizo dellos donacion al Rey, poniendo á la hija baxo su tutela, y la casò con Guillen de Cervera Señor de Juneda: entrò armado el Visconde en los Estados de Urgel, no queriendo estár á derecho con el Rey, ocupando muchos Lugares con la Ciudad de Balaguer; y enfadado el Rey del atrevimiento, junto los Paysanos de Cataluña, formò su Exercito contra el Visconde, puso sitio á Balaguer, y la rindiò, passò al Castillo de Llorens, adonde se avia acogido el Visconde con su familia, y tomòle, con prision del Visconde, de su muger, è hijos; que mandò el Rey llevar á Aragon al Castillo de Loarre; tratòse de la Concordia con el Rey, dispuesto siempre á favorecer, concediendola, con que entregasse el Visconde sus Castillos á Hugo de Tarroja, y á Guillen de Moncada, para assegurar el cumplimiento de lo que se acordaria; y con esto fueron puestos el Visconde, y demás en su libertad, y el Rey ocupò todas las tierras del Condado de Urgel, bolviendo al Visconde lo que le pertenecia. (9)

(9) *Zurita t. 1. lib. 2. c. 57.*

Muerte de la Reyna Doña Sancha madre del Rey.

Muriò este año en su Monasterio de Xixena Monja Professa, la Reyna Doña Sancha, madre del Rey, y fue enterrada en la Iglesia del mesmo Monasterio.

1209.

Convento de Trinitarios Calçados de Piera.

Este año antes de bolver á Roma San Juan de Mata, fundò el Convento de su Orden de Piera; refierelo el eminente, y erudito Varon el P.M.Fr. Joseph Rodriguez en su manuscrito de los Conventos de Cataluña, que se halla en el de Barcelona.

Aunque avia concedido el Cielo tan opimo el fruto de su matrimonio al Rey, no pudo la alegria del hijo borrar la aversion tenia a la madre, llegando á introducir abiertamente en Roma pleyto por la nulidad del matrimonio, teniendo con esto escusa de vivir apartado de la Reyna; y para no dar contra sì argumento, no reconociò por hijo á Don Jayme, tratando á sus hermanos como herederos de las Coronas, tan en daño del bien publico, que despues de su muerte perturbaron al Rey, y Reynos, no obstante la declaracion de ser valido el matrimonio.

Viage de la Infanta Doña Constança á Sicilia, muere en Palermo, y dexa sus hijos á la tutela del Rey.

Passò á Sicilia para casarse la Infanta Doña Constança, acompañada del Infante Don Sancho Conde de la Proença, la qual muriò en Palermo, dexando á Don Ramon Berenguer su hijo muy niño, y vna hija, que casò con el Conde de Saboya, baxo la tutela del Rey.

Concluyòse este año la paz con Navarra, solicitada por el Rey de Castilla, paraque pudiessen favorecerle contra los Moros, que atrabajavan su Reyno.

CAPI-

CAPITULO V.

Cortes en Barcelona, y Lerida: Vitorias en Valencia: Batalla, y vitoria de las Navas, en que fue Comandante Dalmao Crexel Catalan: Institucion de la celebridad del Triunfo de la Cruz: Entrega del Infante Don Jayme, al Conde Simon de Monfort: Presta fidelidad al Rey con otros de Francia: Guerra de los Hereges Albigenses en Francia, y la tragica muerte del Rey: Fundacion del Convento de Trinitarios de Tortosa, &c.

1210. Cortes en Barcelona, y Lerida, y servicio grande de los Catalanes.

ESte año para assistir à la defensa de Castilla, que peligrava con toda la Christiandad de España, y para la guerra contra los Moros de Valencia, juntò el Rey Cortes en Barcelona, y à la fin del año bolviò à juntarlas en Lerida, por pedirlo assi el immenso poder, con que avian entrado en Castilla los Moros de Africa: fueron tan fieles, y Catholicos los Catalanes, que ofrecieron, y cumplieron servir por sus Personas todos los hombres de cuenta, y nombre del Principado, los Comunes, y Particulares, con los feudatarios de Francia, con passados de veynte y cinco mil hombres, pagando el gasto la Provincia, y tan bien logrado, como se comprovò en la vitoria que dieron à la Iglesia en las Navas, como veremos; concedieronle el monedage, y bovage, que en la vida del Rey Don Jayme explicarèmos. (1)

(1) *Real Archivo de Bar. Arca grande. Abarc. t. 1. fol. 229. n. 6 en el fin.*

Entrada del Rey contra los Moros de Valencia, y sus vitorias.

Ardiente el Rey en perseguir à los Moros, mientras se disponia el Exercito para defender à Castilla, entrò con los que ya tenia alistados Catalanes, y Aragoneses, al Reyno de Valencia, destruyendo quanto encontrava, ganando en esta expedicion los Fuertes Castillos de Adamús, Castelfavib, y Sartella, prosiguiendo la guerra con notable gloria de Fr. Pedro de Montagut Maestre de la Cavalleria del Temple, y de todos sus Religiosos.

1211. Avia ya por este tiempo entrado Mahomat Enaçer, llamado el Verde, Tyrano del Africa, y Supremo de los Regulos Moros de España, con el mayor, y mas formidable Exercito que avian visto los siglos, despues del de Xerxes: Componiase esta monstruosa maquina de treynta Reyes, con ciento y sesenta mil Cavallos, y un sin numero de Infantes, que jamàs pudo averiguarse, y con el tren de ingenios Militares, y bastimentos correspondiente à la copia de las Milicias. Este Barbaro pues, juntadas las fuerças todas de su vil Secta esperava la ruina, no solo de la Christiandad de España, si del Orbe todo, amenaçando, y desafiando con publicos carteles, pregones, y cartas à toda la militante Iglesia; con este poder emprendiò la conquista de Salvatierra, y la consiguiò.

Entrà Mahomat Enacer, llamado el Verde, en Castilla, y gana à Salvatierra.

Viendo el Rey Don Alonso de Castilla el assombro de tan immenso nublado sobre su Reyno, previno al Orbe Christiano à la comun defensa, y en el interin entretuvo este año la guerra con brillante espiritu, impidiendo los progressos al Enemigo: Los Reyes de Portugal, y Leon, que devian ser los primeros en favorecer, no acudieron; el de Portugal Don Sancho, muriò, y el de Leon por disgustos particulares, faltò à la causa publica, y aun no contento, con guerra abierta recuperò algunos Lugares que le avia ocupado el Castellano; pero cumpliò en algo el hijo del Portuguès, embiando un Regimiento de aquella Nacion.

Solo à la combatida Castilla quedava el patrocinio, que jamàs faltò en las ocasiones, de nuestro Rey, y belicosa Nacion; y para averiguar el riesgo, y conferir los medios de la guerra con el de Castilla, passò el mismo Rey al Campo de Cuenca, y con valor, y sinceridad Catholica, dispusieron los medios, y se previnieron para glorias de la Fè, y Exaltacion de nuestra Santa Madre Iglesia: Llegò el Rey puntual à estos Reynos, y bolviò à Castilla pronto, con lucido, valiente, y numeroso Exercito. (2) Componiase, segun D. Diego de Saavedra referido por el P. Abarca, de diez mil Cavallos, y treynta

(2) *Archiep. Tolet. de rebus Hisp. l. 2. cap. 8.*

treynta mil Infantes, y que destos, diez mil, fueron Aragoneses. (3) Lo cierto es, como refieren los Autores, que en Cataluña no quedò hombre conocido que no assistiesse à esta Santa Guerra; y siendo tantos, y tan poderosos, como los Obispos, los Condes de Ruissellon, Urgel, Ampurias, Pallàs, los Viscondes de Cardona, de Bas, de Cabrera, Vilamur, Rocaberti, y las Casas de Moncada, Pinòs, Aguilo de Tarragona, Cervera, y las demàs, que juntavan muy lucidas Tropas à sus costas, parece no ser grande el numero que le expressa de nuestros Paysanos; si del Obispo de Barcelona D. Berenguer de Palou, pues se refiere, que assistiò en esta guerra con quarenta Cavallos, y mil Infantes à su sueldo: (4) Devese inferir fue muy crecido el Exercito de los Catholicos, pues sirvieron à Dios en esta guerra, assì los mas poderosos de Castilla, como de Cataluña, no faltando hombre de cuenta; y aun los mas infimos, quisieron lograr la gloria de defender su Fè, su Rey, y su Patria. El Rey de Navarra, y el Señor de Viscaya olvidando sus particulares, acudieron à la causa comun.

(3) Zaavedra Abarc. t. 1. Anal. fol. 229. col. 3.

(4) Diago Condes de Barcelona, fol. 280.

1212. Participò el de Castilla el ahogo de la Catholica España al Santo Pontifice Innocencio III. el qual publicò Jubileo, y Cruzada por toda la Iglesia, y executò vna devota Procession de toda la Corte Romana, sin excepcion de edad, ni sexo, separado vno del otro por la decencia, todos à pie descalço, hasta el mismo Pontifice, llevando en sus manos el Precioso Leño de nuestra Redencion: hizo vna humilde, y fervorosa oracion, y celebrò Missa en S. Juan de Letran à los hombres, y el Cardenal de Santa Cruz à las mugeres en su Iglesia; encargòle el ayuno continuo, menos à los enfermos, y con tal perfeccion, que solos los mas flacos pudiessen comer hierbas.

Publica el Papa por toda la Iglesia Jubileo, y Cruzada: y haze en Roma Procession, y encarga el ayuno por los ahogos de España.

Hallavase en evidente riezgo la Christiandad de Europa, y assi acudieron de toda ella los Fieles, de Italia, Alemania, y Francia con lucida copia: Salieron de Toledo à 20. de Junio los dos Reyes de Aragon, y Castilla con su Exercito, llevando la Vanguardia los Estrangeros, guiados por el Señor de Viscaya, la batalla los Catalanes, y Aragoneses con nuestro Rey, y la Retraguardia los de Castilla con su Rey: Dirigieronse à los Assedios de Magalon, y Calatrava, que ocuparon; y cansados, ò ofendidos los Estrangeros dexaron la guerra en los mayores riezgos, quedando solos los Españoles; que no turbados, antes alentados por nuestro Rey, passaron à Alarcos adonde encontraron al Rey de Navarra con sus Tropas, y acordaron los Reyes de llamar à Dalmao Crexell Cavallero Catalan, que se hallava detenido en Cataluña, sin duda por el Real Servicio, para que con su acreditado valor, y arte llevasse el peso honroso de governar, y disponer el Exercito, llegò puntual al obsequio de su Rey Dalmao Crexell, y se le encargò el mando.

Acuden en grande copia los Estrangeros al Exercito: y dase el mando à Dalmao Crexell Catalan.

Fiadas en el favor divino, y Patrocinio de Maria Santissima, cuya Imagen llevavan pintada en todos los Estandartes, salieron las Catholicas Esquadras, aunque disiguales en numero, a encontrar las Enemigas, que se hallavan detenidas en Jaen dudosas del modo de executar la guerra, temiendo aunque tan superiores, al socorro de los Estrangeros; pero advertidos, de que estos se avian apartado del Exercito, y que padecia falta de viveres, alentados con la vitoria que juzgavan cierta, resueltos à la pelea, ocuparon la estrechèz del puesto llamado las Navas de Tolosa, y subieron à ocupar las Colinas de los Montes, para estrechar al Exercito Catholico; que alentado se opuso à los designios de los Enemigos, y sobre ocupar vn Monte fue el primer conflito, en que quedaron los Moros vencidos, y los nuestros dueños del puesto, en el qual, y en la falda formaron, y fortificaron sus Esquadrones; pero como los Moros eran tantos, embistiendo por todas partes causavan notable inquietud à los nuestros: Subieron los Reyes al Monte,

para

para disponer el transito de embestir al Enemigo: hallavase el Moro tan cierto de la vitoria, que escriviò à sus Alcaydes de Andaluzia: *Que tenia cerrados en vna calça à los tres Reyes Christianos*: Entraron en Consejo los Reyes con su General, y Cabos, fueron varios los pareceres; pero prevaleciò el mas acertado, de acometer al Enemigo.

Vitoria de las Navas de Tolosa, en que fue Comendante Dalmao Crexell Catalan.

Armaronse los Reyes, y armòse su Exercito, mas que de sus armas, con la triunfante de la Cruz, y à los 16. de Julio, dia de Maria por Sabado, oyeron Missa al amanecer, y confessaron, y comulgaron con todo el Exercito dividido en Tropas, clamando à Dios fervorosos, que les oyò misericordioso Padre. Dispuso el Exercito en tres partes el General Dalmao Crexell, entregando la Vanguardia al de Castilla, la Batalla al Rey de Navarra, y la Retraguardia al nuestro con sus Catalanes, y Aragoneses; y sentido nuestro Rey del agravio que le parecia aver recebido de su Vassallo en el puesto poco honroso, se lo advirtiò enfadado: asseguròle Dalmao Crexell, que le avia dado el lugar de mayor gloria, y que sin duda èl con los suyos conseguirian la vitoria; y para assegurarla, que tuviesse dos mil Cavallos, y parte de su Exercito puestos en zelada, y que viendo la batalla encendida, diesse en los Enemigos por las espaldas, que sin duda, respeto de la multitud, romperian la Vanguardia, y que por seña llevasse enarbolado el Pendon de San Jorge.

Sucediò como avia previsto Dalmao Crexell, rompieron los Moros la Vanguardia, quedando solo Don Diego Lopez de Haro firme con vn Esquadron de quarenta: llegò à este tiempo nuestro Rey con los suyos, como refiere la Historia General de Castilla, y diò en los Moros nuestra Retraguardia, abriendo camino en los Esquadrones Enemigos, y deshaziendoles, y el Rey por los lados, con que los Moros se vieron perdidos; y dexada la ordenança començaron à huir, y derramarse; y paraque no juzgassen deverse este triunfo al valor humano, apareciò en el ayre el Estandarte triunfante de nuestra Redencion, como le viò Constantino Magno: Hallandose pues el Miramolin Mahomat en el ahogo de ver roto su Campo, puesto en su cavallo, diò nuevo espiritu à los desalentados Barbaros, que inflamados de su corage bolviero à hazer rostro, y no solo detuvieron el impetu de los vencedores Christianos, si descompusieron la ordenança: acudieron los Reyes à su fuerte Belona, Generalissima de sus Milicias Maria Santissima, que nunca mas visiblemente favoreciò à los suyos: estos alentados de la hermosa presencia desta Patrona de España (cuya Imagen, à mas de estar pintada en los Estandartes, llevavan de bulto en medio de los tres Estandartes Reales) primero resistieron, y luego derrotaron à los Enemigos, que cubiertos de lanças, y alcançados de las flechas, fueron puestos en infame fuga.

Con esta descubrieron à los nuestros otra mayor dificultad en vn fortissimo Palenque, ò Plaça de Armas, circuido de gruessas cadenas de hierro, fabricado de planchas del mesmo metal, y defendido de vn espesso numero de lanças: Saltaron la estacada los Catalanes, Aragoneses, y Navarros, acudieron los Castellanos, y dieron todos en los Moros, con tal valor; que con muerte de vn immenso numero, desesperado el Miramolin sin las esperanças de su Palenque, buscò su remedio en la huìda por los mismos caminos que avia entrado tan vano, y soberbio: y mientras huyò el Moro con el sequito de sus fugitivos Soldados, sacaron las Naciones Catalana, Aragonesa, Castellana, y Navarra divididas à los Moros, que se hallavan fortificados en los Montes, y sus Colinas, matando à millares de los Enemigos. Viendo los Prelados, y Sacerdotes assegurada la vitoria, rindieron à Dios las gracias, entonando el *Te Deum Laudamus*, que diò nuevo aliento à los Christianos en el alcance, y desaliento à los

Moros

Moros en su fuga. Quedò cumplida la vitoria por el Campo Catholico, dueño de tiendas, bagaje, armas, joyas, ropas, dineros, y demàs despojos del Campo Enemigo: fue tan crecido el numero de los muertos, y esclavos, que gastandose las flechas, y lanças en dos dias por leña para todo el Campo Christiano, no pudieron consumirse la mitad.

(5) *Bleda hist. de los Moros, lib.4. cap.1. Menescal, Serm. del Rey D. Iayme, fol. 46. Archiep. Tolet. de rebus Hisp. lib. 8. c. 1. vsque ad 11. Rodericus Sanchius Hist. Hisp. part 3. c. 35. Carbonell, Cor. de Esp. fol. 68. Tomich en la vida del Rey D. Pedro. Beuter, Cor de Esp. lib.2. c.20. Fr. Anton de Santa Maria Patrocinio de la Virgen, cap.7. Abarca, tom.1. á fol. 229. Zurita t. 1. l.2. c.61.*

Refierense ciento y cinquenta mil esclavos, y duscientos mil muertos de los Moros, y de los nuestros no llegaron à veynte y cinco, contando el General Dalmao Crexell, que glorioso diò la vida por la defensa de la Fè, y correspondieron los Reyes à los meritos del difunto Heroe, llevando sobre sus ombros las andas en que iva cadaver, para darle honorifica sepultura, premiando con esta vltima demostracion los meritos de su valor, y la gloria de la vitoria.

Las ropas, dineros, thesoros, y alajas del despojo fueron sin numero: repartieronse entre los dos Reyes, presentando el nuestro al Pontifice la parte, que se le señalò del despojo, con el Pendon del Miramolin, quedando el de Castilla con la gloria de la vitoria. (5) Embiòse relacion al Sumo Pontifice, que agradecido consagrò à Dios la solemnidad de la Fiesta, y rezo, con titulo de Triunfo de la Cruz, en memoria de la vitoria. Justa quexa pueden tener Cataluña, y Aragon en la relacion, y en la Historia del Arçobispo de Toledo, que no explican las circunstancias del valor de la Nacion, y la disposicion del Comandante; y mayor deve ser la de las Liciones de la Festividad de la Virgen de la Merced, pues siendo cierta su Descencion en Barcelona, para la Fundacion de tan Santo Instituto, bastando para assegurarla la Carta de San Raymundo, que se guarda en el Archivo del Real Convento de la Merced de Barcelona, como bastò para su Canonizacion à San Pablo primer Hermitaño el vnico testimonio de San Antonio, no obstante leemos, omitiendo à Barcelona, que descendiò la Virgen en España, sin individuar el lugar: sobrado es para ignorarse; pero en esto, sola es culpable nuestra omission, pues es infalible que representandose á su Santidad las escrituras antiguas, y calificados Autores que la asseguran, confirmaria la gloria que Barcelona consiguiò en aver sido Trono Sagrado de la Virgen nuestra Señora en esta Prodigiosa Descencion, como veremos en su lugar.

Celebridad del Triunfo de la Cruz.

Logravon los Reyes los frutos de la vitoria en las Conquistas de Velez, Ferral, Baños, Tolosa, Baeça, y Ubeda. Aunque assistieron pocos Aragoneses á estas guerras, y vitorias, porque se escusaron, como refiere Tomich; pero concurriò fina Cataluña: Los que nombran las Historias, se hallaràn à la fin del Capitulo letra *A*.

Plaças conquistadas, efetos de la vitoria.

1213.

Por este tiempo prestaron juramento de fidelidad al Rey diferentes Vassallos de Francia, y entre ellos el Conde de Monfort, por Barrades, y Carcasses, que le avia concedido en feudo el Rey, por medio del Romano Pontifice; y movido de su genio liberalissimo favoreciò el Rey à muchos Catalanes con grandes feudos, y Señorios: consta del Real Archivo de Barcelona. (6) Parece aver siempre seguido à los Reyes la fortuna de Cataluña, pues quando tienen assegurados sus Titulos por Mompeller, y algunos Estados de Francia, y por Ruissellon de Cataluña en el Real Archivo, los ocupa el Francès en daño de Cataluña.

(6) *Real Archivo de Barcelona, lib.2. de los feud. en los vltimos fol. Carbonell, Cor. fol. 69.*

Continuava por este tiempo la causa de la nulidad del matrimonio del Rey, partiò à Roma la Reyna, deduxo sus razones, y diò Sentencia el Pontifice en su favor, declarando valido el matrimonio, y mandando al Rey coabitasse con su Esposa, embiando para este efeto Legado Apostolico.

Por donacion de N. Gisbert à los 21. de Enero, y aprobacion de Don Ponce de Torrella Obispo de Tortosa fundaron el Convento de Trinitarios en dicha Ciudad Fr. Guillelmo Vetulo, Fr. Guillermo de Sarriá, y Fr. Raymundo de Royira; dizelo el

Convento de Trinitarios de Tortosa.

el Cron. de Figueras fol. 592.

Guerra de los Hereges Albigenses, en la qual muere el Rey, y su entierro en Xixena.

Por este tiempo hallavase el Conde Simon de Monfort, Vassallo, y muy favorecido del Rey en Carcassona, y le suplicò le entregasse el Infante Don Jayme para educarle, casarle con su hija, y darle sus Estados, à lo que convino el Rey, y fue llevado el Infante al Conde. Por este mismo tiempo se hallava el Rey en Cataluña, y el Conde de Monfort con los Catholicos perseguia los Hereges Albigenses, cuyo Caudillo era el Conde de Tolosa con grave daño suyo: escriviò el Rey al Pontifice, paraque el de Monfort desistiesse de la guerra contra el Conde su Cuñado; pero no lo quiso executar el Conde de Monfort. Partiò contra èl, armado nuestro Rey, persuadianle sus Vassallos escusasse esta guerra, por ser en beneficio de los Hereges, no diò oìdos el Rey à estas humildes suplicas, assegurando que solo queria favorecer à su hermana, paraque no fuesse desheredada de sus Estados: Llegò à Francia el Rey, quisose poner en sus manos el Conde de Monfort para estar à su obediencia, y no le admitiò: retiròse el Conde en el Castillo de Murel, y vista la Real resolucion, y que segun refiere el Señor Rey Don Jayme en su Historia, era inducido su Padre por los Vassallos del Conde, que querian bolver à la Corona, embistiò desesperado el Conde al Quartel del Rey con solos mil Cavallos, y añaden otros ochocientos Infantes, y diò la batalla; y aunque pudo escusar el lance el Rey, persuadido por el Conde de Ruissellon, Don Guillen de Moncada, y la Visondesa de Bearne que esperasse los Catalanes que venian à incorporarse con su Exercito, no los quiso esperar, antes colerico acomètiò sin orden, peleando desconcertados los suyos; y puesto el Rey en los mayores peligros, fue herido cõ la lança, ò flecha de alguno de aquellos, que aunque fieles, parecian desesperados. Muriò el Rey en esta refriega à los 13. de Setiembre año 1213. de 40. años, Reynò 17. y segun Carbonell año 1214. añadiendole vn año mas à su Reynado. Fue llevado su cuerpo à enterrar en Xixena, en donde estava enterrada su madre. Refiere este hecho el Señor Rey Don Jayme en su Historia averlo entendido assi de Guillen de Cervera, de Arnao de Castellbo, y de Dalmao Crexell hijo del que muriò en las Navas. (7)

(7) *Señor Rey Don Iayme en su Hist. cap. 5.*

Nombranse algunos de los que se dieron à conocer en el Reynado del Rey D. Pedro.

Asseguran las Historias, que emprendiò esta hazaña el Conde de Monfort, impelido del zelo de Santo Domingo, y del Legado del Pontifice, assistiendo à esta funcion San Pedro Nolasco. Las Familias que sirvieron al Rey, y se dieron à conocer, fueron: *Pedro de Vernet, Ramon de Vives, Ramon de Torrellas, Arnaldo de Banyuls, Galceràn de Salrà, Bernardo de Cabanas, Ramon Xammar, Guillen de Bordils, Berenguer de Barutell, Frances de Oris, Rafel Rossellò, Ramon Mompensat, Ramon de Monells, Ramon de Monlui, Bernardo de Malla, Pedro de Tagamanent, Galceràn de Papiol, Marimon de Plegamans, Iayme Dufort, y Pedro Queralt.*

Nombranse los que assistieron en las guerras, y victorias de Andaluzia, contra Moros.

A. Galcerán de Papiol, Pedro de Mombuy, Bernardo de Tous, Arnaldo de Rejadell, Guillen de Talamanca, Pedro de Senmenat, Guillen de Vilaflor, Pedro de Planès, Guillermo Folch Visconde de Cardona, Ponce Visconde de Cabrera, Vguet Visconde de Bas, Pedro de Moncada, Guillen de Cervellò, Ramon Alemany, Ramon Galceràn de Pinós, Vgo de Mataplana, Galceràn de Anglesola, Ramon de Cervera, Guillem Doms, Ponce Zaguardia, Bernardo Zaportella, Ponce de Santa Pau, Ramon de Alemany, Marco de Vildemany, Ramon de Monells, Bernardo de Enveig, Ramon de Manlleu, Bernardo de Malla, Gisperto de Castellet, Dalmao de Mediona, Bernardo de Centelles, Pedro de Belloch, Pedro de Tagamanent, Dalmao Crexell General, el Conde de Ruissellon, el de Pallàs, el de Ampurias, el de Foix, el de Vrgel, el Señor de Montesquiu, el de Miralpeix, Bertrando de So, Guillen de Castellnou, Ramon de Canet, Aymar de Mosset, Pedro de Vernet, Andres de Castellrossellò, Guillermo de Oms, Guillermo de Cabestany, Ramon de Vives, Ramon de Torrellas, Pedro de Barbarà, Thomàs de Lupià, Arnaldo de Bañuls, Iosfre Visconde de Rocaberti, Bernardo

nardo de Santa Eugenia, Guerao de Sarrià, Bernardo de Cabanes, Galceràn, y Gaston de Cruilles, Bernardo de Foixà, Ramon Xammar, Pedro de Pau, Pedro Galceràn de Cartellà, Iofre Vallgornera, Otger de Dorrius, Guillen de Bordils, Pedro Asbert de Zatrilla, Galceràn de Puigvert, Hugo de Troya, Oliver de Termens, Amoròs de Ribelles, Guerao de Espes, Ramon de Peralta, Gisperto de Guimerá, Guillen de Moyà, Ramon de Fluvià, Bernardo de Monsonis, Guillen de Rubiò, Pedro de Oluja, Ramon de Pinell, Galceràn Zacosta, Bernardo de Pons, Guillen de Alentorn, el Visconde de Vilamur, Guillen de Bellera, Roger Arnaldo de Orcau, Arnaldo Alemany de Toralla, Serverò de Puigvert, N. Server, Ramon de Monpençat, y otros muchos que no se nombran.

CAPITULO VI.

Sucede el Rey Don Iayme: Guerras en Francia; Embaxada al Pontifice: Entrega del Rey: Sentencia en Roma à favor de su madre, por el Señorio de Mompeller: Vandos en Aragon: Sale el de la Provença, y despues el Rey de Monson: Es recebido en Cataluña: Varias Cortes: Guerras, y vitorias en Tolosa: Viene San Francisco à Barcelona, y funda su primer Convento: Fundase el de Iunqueras: Viene la Orden de Predicadores: Descencion de la Virgen en Barcelona, y fundacion de la Orden de la Merced, y del Convento del Carmen de Perpiñan, &c.

Sucede al Rey D. Pedro I. el Rey Don Jayme I. su hijo, y Códe XIII.

MUriò el Catholico, liberal, magnanimo, y valiente Don Pedro Primero à fuerça de su destino, digno por su heroìco valor de muerte en mas gloriosa empresa. (inescrutables son los juizios de Dios) Aunque combatido de las pretensiones de los Tios, llegò à la Corona el Capitan General de las Milicias de Dios, el Aquiles Catholico, el nunca vencido Cesar, el siempre vencedor Marte el Serenissimo Señor Rey Don Jayme el Primero, aclamado el Conquistador, por los Reynos que reüniò vitorioso al apacible jugo de la Militante Iglesia, Justo, perfecto, verdadero, amado, y temido aun de los Enemigos, Columna de la Fè, y Escudo de los Fieles, cuchillo contra los infieles, delicias de España, gloria de Cataluña, y digno Successor, y con mejor fortuna de su Padre el Catholico Rey Don Pedro el Primero, que muerto à manos de su infeliz, ó sobrada valentia, quedaron en Francia apesarados, y vengativos los Catalanes, y Aragoneses, quiones desde Narbona lo llenaron todo de estragos, y sangre, picados del estimulo de las finezas devidas à la liberalidad del Rey, y como Nobles se detenian con la verguença de bolver vivos à estos Reynos sin la Persona de su adorado, y querido Monarca: tan natural es el amor de la Nacion Catalana à sus Reyes. Eran muy para temidas las fuerças de nuestro Exercito, quedando sin aver recebido daño las de Cataluña, porque solo se hallaron en el conflito algunos de la Corte del Rey, y assi mismo las de Aragon, aunque murieron algunos; porque los que padecieron el naufragio, fueron los Franceses Albigenses, que se descompusieron con la fuga, y quedaron anegados en el Rio.

Los mas reportados detenian el impetu destos afligidos Vassallos, representandoles à su nuevo, y niño Rey en manos de su Enemigo, que aũque Vassallo, por desesperado, podia temerse segundo daño à vista del primero motivado del rigor del muerto Rey en no aver querido recebir à merced al Conde de Monfort, cercado en el Castillo de Murel; de donde saliò el Conde aunque desesperado del favor humano, esperançado en el divino, para executar lo que motivò el justo descõsuelo de todos, y no menos del mismo Conde, que obligado respetava à su Rey fiel Vassallo, y solo defendia la causa de la Fè contra los Hereges, no aviendo sido su intento ensangrentarse en los Catholicos, como lo manifestò con sus rendimientos al Rey su Señor.

Quietò los animos ofendidos esta prudente representacion, y de co-

mun

mun acuerdo eligieron dos Catalanes, y dos Aragoneses, que fueron Guillen de Monrodon Maestre de los Templarios, Guillen de Cervera, Ximeno Cornel, y Pedro Ahones, paraque con solemne Embaxada en nombre de todos fuessen à los pies del Papa Innocencio III. suplicandole mandasse al Conde de Monfort, entregar à sus Vassallos la Persona del Rey, y en caso de dilatarlo el Conde, dieron poderes à Pedro Ahones paraque en nombre de todos desafiasse al Conde retandole de traydor, è infiel Vassallo: Entraron en Roma los Embaxadores llenos de luto, mas en lo interior, que en el exterior vestido, acudieron à la Reyna Doña Maria, que se hallava aun en Roma, à darle el pesame de su tragica viudèz, y aliento en los temores de madre, por las señas dava de quien avia de ser su hijo: Tuvieron Audiencia del Pontifice, y escusaron la guerra, por la soberania del Rey en aquellos Estados de Tolosa, y por su sinceridad, que como tan Catholico solo pretendia librar à los Condes sus Cuñados, paraque emendados se apartassen de los Hereges: Suplicaronle les mandasse restituir à su Rey, y retaron por traydor al Conde en la misma Audiencia. Diò el Pontifice gratos oidos, y favorecida respuesta à la Embaxada, y mandò al Conde entregar la Persona del Rey à los Catalanes, y Aragoneses: obedeciò el Conde puntual, y obsequioso, poniendo al Rey en poder del Cardenal Legado, que avia embiado su Santidad para la execucion. Llegò el niño Rey à Cataluña, acompañado del Cardenal Legado, y de su Primo Don Ramon Berenguer Conde de la Proença de edad de nueve años, siendo la del Rey de seys, y quatro meses.

No contentava à todos la diligencia de los Catalanes, y Aragoneses, antes la mayor parte de Aragon avia ya tomado la voz por el Infante Don Fernando Tio del Rey, queriendole excluir; y no faltaron otros en el mismo Reyno, que tomaron la del Conde Don Sancho; pretendiendo ser primero en la linea de los Condes de Barcelona, y Reyes de Aragon. Serenò estos nublados en parte la restitucion del Rey, y autoridad del Romano Pontifice.

Este año molestava à la Reyna en el dominio de Mompeller con pleyto delante el Pontifice, su hermano bastardo Guillen de Mompeller, y fue excluìda su pretension, y declarado à favor de la Reyna.

Sentencia en Roma à favor de la Reyna, sobre el Señorio de Mõpeller.

Y en este mismo se fundò el Convento del Carmen de Perpiñan, dedicado à la Concepcion, y se hospedò en èl San Francisco. (1)

Convento del Carmen de Perpiñan, hospedò à San Francisco.

(1) Lexana año 1213. Catal. Ilust. de Corbera, fol 451.

1214.

Saliò à recebir à su Rey Cataluña, y parte de Aragon, y fueron con el Legado à Lerida, adonde se congregaron Cortes de Catalanes, y Aragoneses, y alli con nueva ceremonia para dar gusto al Papa, y desengañar à los pretensores del Reyno, fue jurado Rey por los Catalanes, y Aragoneses el Señor Rey Don Jayme, que por ser tan niño le tenia en sus braços el Arçobispo de Tarragona Aspargo, recibiendo en nombre del niño Rey aquella demostracion verdadera de la innata fidelidad de sus Vassallos, que nunca avia tenido otro vinculo que su constante, y verdadero amor.

Cortes de Catalanes, y Aragoneses en Lerida, donde con nueva ceremonia juran por Rey al Rey D. Jayme.

Y como los dos Tios del Rey inquietassen los Pueblos con pretensiones à la Corona, pretendiendo apoderarse de la Persona del Rey, fue entregado, y encargada su educacion à Guillen de Monrodon Maestre del Temple, paraque le instruyesse en las artes de reynar, y le defendiesse en el fuerte Castillo de Monzon: y para acudir al govierno de los Estados, assegurada la Persona del Rey, nombrò la Corte tres Governadores, vno para Cataluña, y dos para Aragon, que no admitieron los Pueblos assegurados con el Govierno General del Conde de Ruisellon D. Sancho, al qual la Corte avia nombrado Governador, y Tiniente General en todos los Estados, juzgandole mas detenido, y de grado mas apartado de la succession à la Corona; pero con estos honores no dexò de tener dividido Aragon por sus pretensiones, como no se quietò el Infante Don Fernando en las suyas, seguido de sus parciales en el mismo Reyno.

Juan de Rupecisa gran Filosofo Catalan.

Por este tiempo ilustrò à Cataluña el gran Filosofo Juan de Rupecisa, admiracion del Orbe, como lo asseguran Vileta, Lizara, y otros.

San Francisco de Assis, funda en Barcelona su primer Convento de su Orden en España.

Este año llegò à favorecer à Barcelona el dechado de humildad, espejo de la pobreza Evangelica, y compendio de las virtudes San Francisco de Assis, deseoso de la Laureola de Martyr, en su viage à Marruecos: admirado de su vida penitente, le hospedò el Senado de Barcelona en el Hospital de San Nicolàs, destinado por primer Convento de la Orden en España, alli acudiò la Ciudad à enfervorizarse en el divino amor, con las ardientes palabras de aquel volcan de caridad perfeta, de cuyo Oraculo entendiò el eminente grado de la Gloria de nuestra Santa Tutelar Eulalia celeste Querubin, y Serafin abrasado, tan cercana al sumo Trono de la Beatifica Trinidad, y como quedava Barcelona siempre assegurada en su Patrocinio, y poderosa intercession con Dios, de quien se hallava tan cerca. Año 1247. por el Señor Rey, Reyna de Cypre, y Ciudad de Barcelona se dilatò el Convento, y en el de 1297. à 15. de Julio se Consagrò la Iglesia por San Luis Obispo de Tolosa. (2) Barcelona favorecida de Dios fue la primera de España en los favores del Serafin humano, y en la fundacion de su penitente Religion.

(2) *3. part. de la Coron. de S. Francisco, f. 1107. Diago Condes de Barcelona, fol. 281. y 295. Vvadingo, Annal. Minor. anno 1214.*

Convento de Santiago de Barcelona de Religiosas de su Orden. Es deposito de dos Cuerpos Santos de la Legion Tebea.

Fundòse este año el Convento de San Vicente de Junqueras, en la Parroquia de Junqueras en el Vallès, entregando la Iglesia Parroquial, y sus derechos el Señor Obispo Don Berenguer de Palou à Maria de Terrassa su fundadora, y à otras Señoras, que siguieron el Instituto con la Regla de San Benito. Año 1233. dotò, y favoreciò mucho à este Convento la Viscondesa de Bearne Garsenda, mudòles el Instituto el Obispo, mandando guardassen la Orden de fè, y paz, y que el Comendador, y las Señoras estuviessen à la obediencia del Obispo de Barcelona. Trasladòse este Convento à dicha Ciudad, baxo la Orden de Santiago por concession del Obispo al Canonigo Berenguer de la Piedra Administrador de la Orden de Santiago, año 1269. y se concediò licencia para fundacion de la Orden en aquella Casa, y Convento, y es el que hasta el dia de oy se llama Junqueras, (3) el año 1334. que fue la vltima Traslacion de las Reliquas de nuestra Santa Patrona Eulalia, ya avia muchos años que se hallavan las Señoras en el Convento de Santiago de Junqueras de Barcelona, pues assistieron à la Procession, como consta de la Escritura en el Archivo del Cabildo de Barcelona, y año 1600. fueron entregados à este Convento dos Cuerpos de los Santos Martyres de la Legion Tebea; consta de la Escritura del Archivo del Convento.

(3) *Diago Condes de Barcelona, fol. 280. y 286.*

Convento del Carmen de Perpiñan.

Este año, y quieren algunos el antecedente se fundò en Perpiñan el Convento del Carmen, consagrado à la Concepcion de nuestra Señora, y ha sido siempre mineral de virtud, y letras. (4)

(4) *Corbera, Cat. Illustr. fol. 451. Lexana, anno 1213.*

Este año, ardian las discordias, y
parcialidades de los Infantes Don
Sancho, y Don Fernando, y para poner remedio à estos daños, y otros
de la Corona, embiaron à Roma por 1215.
Embaxadores à Guillen de Cervera, y à Pedro Ahones, y favoreciò el Pontifice quanto pudo à estos Reynos.

Pretende el Arçobispo de Toledo la Primicia de España, y se opone el Obispo de Vique.

Este año en el Concilio Lateranense, que se congregò en Roma, fue privado el Conde de Tolosa de sus Estados, por fautor de los Hereges; y pretendiò el Arçobispo de Toledo la Primacia de España, à cuya pretension se opuso el Obispo de Vique, que se hallava en el Concilio, en nombre del Arçobispo de Tarragona, formòse pleyto, y no huvo declaracion. (5)

(5) *Zurit. tom. 1. fol. 107.*

Embravecidos en Aragon los van- 1216.
dos de los Infantes, solo Ximeno Cornel con corto sequito seguia la parte de la justicia en la obediencia al Rey, pero todo era en notable daño de la cobrança de las rentas Rea-

les;

les; aunque vno, y otro vando querian Rey al Infante, seguian el estimulo de la conciencia que les movia á procurar tener la Persona del Rey, para assegurarse: contradicion notable, querer al Rey, y querer dar el Reyno á otro, pero lo cierto es la procuravan vnos, para destruir á los otros; y con color del bien publico, le visitavan para persuadirle dexasse aquella custodia, que llamavan carcel: los del sequito del Rey, juzgando necessaria su presencia para serenar la tempestad, y hallandose del mismo sentir Fr. Guillen de Monrodon, acordaron que el Rey embiasse à persuadir al vando del Infante Don Fernando, que le siguiesse en la resolucion q̃ avia tomado de visitar sus Reynos, obedecieron estos, y juntos con el Arçobispo de Tarragona, Obispo de Tarazona, Visconde de Cardona, Guillen de Moncada, y Ximeno Cornel, decretaron la salida del Rey, quedando casi desecho el vando del Infante Don Fernando: diò prissa à la execucion aver salido de Monzon el Conde de la Proença Don Ramon Berenguer, el qual avisado de los Nobles, y Pueblos de la Provincia, que tenian en Salou vna Galera para su passage, partiò acompañado solo de su Ayo Pedro Auger, y de dos Escuderos, y se embarcò para tomar possession de sus Estados.(6) Muriò este año el Santo Pontifice Innocencio Tercero.

(6) *Señor Rey Don Iayme en su Hist. cap.6.*

Muere Innocencio III.

1217. Vista por el Maestre la determinacion del de la Proença, temiò la del Rey aunque de onze años, y diò prissa á la deliberacion acordada. No se ocultavan estos tratados al Conde Don Sancho, que assegurado en sus fuerças, nunca quiso dar credito à la empresa; pero presto se viò burlado, pues saliendo el Rey delante de los suyos armado, y hallandose el Conde en lugar que le pudo estorvar el viage, se retirò atento con respeto noble á la Dignidad Real: partiò el Rey à Huesca, de alli à Zaragoça, y luego à Cataluña à celebrar Cortes à los Catalanes en Villafranca, y en Lerida á los Aragoneses, y en vnas, y otras renunciò el Conde sus pretensiones con la Tenencia General. En aquellas, se concediò al Rey el servicio del Bovage, pagandole Eclesiasticos, y Seglares; era este servicio de alguna cantidad por cada junta de Bueyes, y por las cabezas de Ganados mayores, y menores, mas, ò menos segun la necessidad, que ocurria. (7)

Cortes en Villafranca, y Lerida.

1218. Sirven las Cortes al Rey con el Bovage, y explicasse, en que consistia este servicio.

(7) *Real Archivo de Barcelona, Arca 1. grande.*

Hallavase por este tiempo aun en Cataluña vivo el sentimiento de la tragica muerte del Rey Don Pedro, que todos los Catalanes con continuo dolor lloravan corridos de aver perdido tal Principe, con que vengativos assistian al Conde de Tolosa contra sus Enemigos: quexoso el Papa destas assistencias, lo advirtiò al Rey por sus Cartas, correspondio el Rey quanto pudo á la obediencia del Pontifice; pero no pudo detener el imperu colerico de la Nacion Catalana, que impelida de su enojo, no se quietò hasta conseguir la vengança de la muerte de su Rey, con la muerte del Conde Simon de Monfort, y de su segundo hijo Conde de Bigorra, derrota de sus Enemigos, y reintegracion de los Estados del Conde de Tolosa. No alabo esta guerra por ser en favor de Hereges, aunque con el pretexto de vengança de la muerte del Rey, y favorecer á sus Cuñados. (8) Aunque se mostrava el Pontifice mal satisfecho por estas acciones, satisfizole la verdad, calidad del tiempo, y mas la constante piedad de las ilustres direcciones del Rey á gloria de Dios, y credito de la Catholica Iglesia.

(8) *Rey D. Iayme en su Hist. Abarc. t. 1. fol. 239. c. 3. Zurita t. 1. lib. 2. c. 70.*

Celebrò este año otras Cortes el Rey en Barcelona para el acertado govierno de la Provincia, y assistencias para la guerra contra Infieles, y confirmòsele el Bovage. (9)

Cortes en Barcelona, y se le concede otra vez al Rey el Bovage.

Aviendo salido de Roma para su Patria Barcelona el Santo Obispo Don Berenguer de Palou, passò à Bolonia, adonde leìa Canones el Prodigio de la Gracia su Compatricio San Raymundo de Peñafort, á quien reduxo bolviesse à Barcelona. Y prendado del olor fragante de virtudes, con que suavizava los animos fieles

(9) *Real Archivo de Barcelona, Arca 1. grand.*

Venida de la Orden de Predicadores à Barcelona madre de los Conventos desta Religion en España.

fieles la nueva Religion de Predicadores, trasplantó algunas Plantas del Celeste Jardin de Bolonia, en el ameno penzil de su Patria Barcelona, adonde dieron celebres, y opimos frutos de Catholica, y verdadera doctrina, pudiendose gloriar Barcelona de fecunda madre deste Sacro Instituto de verdad, para dilatarle à las otras Ciudades, y Reynos de España. (10)

(10) *Diago, Hist. de la Orden de Predicadores de la Provincia de Aragon, lib. 2. c. 1.*

Elogia se Barcelona.

Barcelona Ilustre Patria de sus amados Condes, ya Reyes, à quienes assistia cariñosa Madre, y servia obsequiosa, y querida hija, y apreciada Vassalla, fue este año campo de las divinas misericordias; pues en ella quiso el Cielo manifestarlas al Rey, y à la Ciudad, paraque vniformes en las glorias de la Fè, y ruina de sus Enemigos, y siempre constantes en los trabajos, participassen conformes las divinas maravillas, como celebrando los reciprocos triunfos que avia la divina proteccion de conceder al Rey por las armas de la Ciudad, y à la Ciudad por los meritos, y valor del Rey; pues en ella descendiò el Cielo en Maria, en ella lucieron celestes Astros Francisco, sus hijos, y los de Domingo, dexando como vinculada la devocion à estas Santas Familias en los descendientes del Rey, y de los Vassallos, y de ella salieron con el aura celeste, como del Cavallo Troyano, las Armas, Armadas, y Campeones valientes para aniquilar la infame secta de Mahoma en España.

Desciende Maria Santissima à Barcelona, y fundase en ella su Orden Militar de la Merced Redentora.

Baxò el Cielo à Barcelona, ò fue Barcelona Cielo, pues en ella descendiò Maria Santissima. Hallavase el Rey en Barcelona en el retrete de su Palacio, y los Santos Raymundo de Peñafort, y Pedro Nolasco en sus casas à la noche media entre el primero, y segundo dia de Agosto deste año 1218. quando vieron la Gloria del Cielo en Maria, que servida de Celestes Coros, les previno à cada vno en particular, quan del gusto de su Hijo seria, que fundassen vna Religion para librar los Cautivos Christianos del infiel jugo de los Enemigos de la Fè. Llegò à la mañana San Raymundo à hablar al Rey, comunicavanse entrambos el orden de la Virgen quando llegò San Pedro Nolasco, que refiriendo el favor, quedaron vniformes los tres en la certeza de la maravilla, y en fundar la Religion: llamò el Rey al Obispo de Barcelona Don Berenguer de Palou, y eligieron el dia de San Lorenzo para la fundacion: acudiò el Rey, la Ciudad, toda la Corte, y Pueblo à la Cathedral; publicò el prodigio San Raymundo, fundòse la Religion Militar, dieron el habito el Rey, el Obispo, y San Raymundo en el modo que refiere la Historia antiquissima manuscrita de dicho San Raymundo à San Pedro Nolasco. (11) Eligieronle blanco por la limpieza de la Virgen, concediòles el Rey su Escudo con las Armas de los Serenissimos Condes de Barcelona sus Invictos Progenitores, y el Cabildo la Cruz blanca heredada de nuestro Apostol Santiago: è imediatamente despues de vestido San Pedro Nolasco, diò este el habito à Guillen de Bas, à Bernardo de Corbera, y à otros Cavalleros en la misma Cathedral. Diò San Raymundo à la nueva Religion ciertas Leyes para governarse, hasta que bolviò de Roma aviendo conseguido de Gregorio IX. à 17. de Enero año 1230. la confirmacion de dicha Orden, y Regla de San Agustin. (12.

(11) *Archivo del Real Convento de Barcelona, in Arca ferrea, ibi: Episcopus autem, & Rex accipientes Scapularium pro anteriori parte, & Raymundus posteriori tres pariter Nolascum induerunt.*

(12) *Archivo de la Merced, Carta de S. Raymundo en un libro del Capitulo General, de Fr. Nadal Gaver. Roman Republica del Mundo, fol. 304. Corbera, Histor. de Santa Maria Socos, cap. 23. Carbonell Cor. fol. 64. Zurita, t. 1. lib. 2. c. 71. Abarca, t. 1. f. 240. Indice de los hechos de los Reyes de Aragon, año 1218.*

Grande es el batallon de los Autores, divididos en averiguar el año deste Prodigio, vnos señalan el año 1213. otros el de 1223. y otros el de 1228. pero este de 1218. es el mas seguido de no pocos, autorizado con las escrituras antiguas, y declarado por la Santa Sede Apostolica. Fundada la Religion concediò el Rey à los Militares Religiosos su Palacio por morada à la parte de la baxada de la Calonja, hasta que año 1232. se fundò el Convento, y se fabricò la Iglesia en el lugar en que se halla, aviendo junto à esta construìdo la devocion de Raymundo de Plegamans vn Hospital con titulo de Santa Eulalia, para hospedaje de pobres Cautivos, à los quales assistia

el

el Santo con sus Religiosos. (13) La fundacion deste Convento se halla assegurada con las escrituras autenticas, la de los demàs desta Religion solo se puede provar con notas, que pueden juzgarse ciertas por la antiguedad. Siendo cierto que dicho Rey Don Jayme, y otros Reyes sus Successores fundaron muchos Conventos de dicha Religion.

(13) Archivo de la Merced de Barcelona, instrumento, cuya data es, à los Idus de Enero de 1234. y otro de 2. de las Calend. de Setiembre de 1232.

Con esta prodigiosa Descencion de la Virgen, se confirma la divina voluntad, de que las Catholicas Armas se empleen en defença del Pueblo Christiano, previniendo que no puedan los Infieles lograr la esclavitud de los Catholicos, y si acaso la consiguen, se rediman con el hierro; y no bastando este, valga el oro de la limosna de los Fieles; pues à esta Religion la quizo Dios Militar, para la defença, y Religiosa para el rescate.

CAPITULO VII.

Muerte de la Reyna Doña Maria, y su Testamento, por el qual son los Condes de Barcelona herederos del Imperio de Oriente: Fundaciones del Convento de Predicadores de Barcelona, de la Merced de Gerona, Tarragona, Lerida, Tarrega, y Perpiñan: De San Francisco de Gerona, Lerida, y Balaguer: Y Bernardas de Lerida: Cortes en Tortosa, y Barcelona: Vandos en Cataluña, entre el de Bearne, y Ruissellon: Movimientos contra el Rey en Aragon, se rinden al Rey: Guerras por la Succession del Condado de Vrgel: Casamiento, y divorcio del Rey: Invencion de la Virgen de Puigcerver: Decretase, y se executa la Conquista de Mallorca, &c.

1219. PAssò à mejor vida la Reyna Doña Maria Madre del Rey en Roma con grande opinion de Santa por sus Eminentes virtudes, y por ellas se le diò entierro cerca del deposito de las Reliquas de Santa Petronilla, en la Iglesia de San Pedro: dexó en su Testamento baxo la tutela del Papa al hijo, y Reynos, hizole heredero de Mompeller, substituyendo sus dos hijas del primer matrimonio, à estas Ramon Gaucelin, y vltimamente Arnaldo de Rocafull, y sus Descendientes; en los dos Testamentos, que formò, dize ser hija de Matilde Emperatriz del Oriente, legitima successora del Imperio, por la muerte sin hijos del Emperador Emanuel Comneno; con que de derecho pertenece el Imperio de Constantinopla à nuestros Serenissimos Condes de Barcelona.

Muerte de la Reyna Doña Maria en Roma.

Los Condes de Barcelona herederos del Imperio de Oriente.

Fundòse à expensas de Pedro Gruño Ciudadano de Barcelona, y del Santo Obispo Don Berenguer de Palou, favorecido del Rey el primer Convento de la Corona de la Orden de Predicadores en Barcelona en las casas, que diò en la calle de Santo Domingo dicho Pedro Gruño, y año 1223. à 31. de Octubre se mudaron los Religiosos en el Sacro Areopago de virtudes, y letras del Real Convento de Santa Catalina Martyr, adonde residen. (1)

Convento de Predicadores de Barcelona.

(1) Diago, Con. de Bar. fol. 281. y en la hist. de la Orden de Predicadores.

Fundò el Rey el Convento de la Merced de Gerona.

Convento de la Merced de Gerona.

Y cuydando el Pontifice de la quietud del Rey, y bien de los Reynos, le encargò al Arçobispo de Tarragona, à Guillen de Cervera, à Ximeno Cornel, y à Pedro Ahonès; pero se hallavan aun tales los animos de algunos Aragoneses, que fue precisso al Rey entrar en Aragon armado contra Rodrigo de Lizana, ocupandole sus fuerças, y passando 1220. contra el Señor de Albarracin bien defendido en su Plaça, que aunque no la ocupò el Rey, se le sugetò obediente el de Albarracin.

Este año con autoridad del Pontifice Honorio III. por sus Bulas dadas en Viterbo à los Idus de Mayo 1220. indictione 8. se fundò el Convento de Bernardas de Lerida, consagrado à San Hylario, año 1234. se fundò en Tarrega otro Monasterio llamado del Pedregal, que despues fue vnido al de San Hylario, y año 1641. por las guerras fue derruìdo el Convento, que se hallava fuera de Lerida, y entraron las Monjas à la Ciudad en el Convento, adonde residen.

Convento de Bernardas de Lerida.

Este

1221. Este año celebrò el Rey sus bodas con la Infanta de Castilla Doña Eleonor hija del Rey Don Alonso, sin el reparo del parentesco, que diò motivo despues al divorcio: Armòse Cavallero el Rey, celebrando las ceremonias Militares, y Reales en Tarazona. (2)

(2) Rey Don Jayme en su Hist.

1222. Llegò el Rey à Cataluña para dar fin â la guerra, que de leve causa, y pequeña centella encendieron en grande fuego el Conde de Ruisellon, y el Visconde de Bearne, y no aprovechando su autoridad, y apacible agasajo, con el baston logrò la quietud destos Vassallos; puso sitio à Castellon, y le ocupò, pero no escarmentò el de Bearne, que colerico entrò en Ruissellon, talando aquel fertil Pais, acudiò el de Ruisellon menos prevenido à la Real Proteccion, ofreciendo estar à derecho con el Visconde en el juizio del Rey, quien luego mandò requerir al de Bearne, paraque dexasse la guerra, y esperasse la justicia de su rectitud; valieron poco las instancias del Rey, con quien se hallava tan prevenido, y armado, entrando no obstante en Ruisellon, vitorioso de los de Perpiñan, que avian salido à ocuparle los passos.

1223. A este tiempo acudiò el Visconde de Cardona à la proteccion del de Ruisellon con numeroso sequito de sus amigos, y Vassallos; y noticioso el Rey destas locuras, y que se hallavan los Exercitos vezinos para llegar à las manos, partiò con impetu justo contra el de Bearne inobediente; y con la parte de Cataluña libre de estos vandos ocupò los Castillos, y fuerças de la Casa de Moncada, y de los que seguian su partido: ciento, y treynta dize el Rey fueron las Fuerças que ocupó, y con ellas el fuerte Castillo de Cervellò en quinze dias de assedio, y avances. Avia acudido ya el Visconde à remediar sus daños, y temiendo la perdida del Castillo de Moncada, se encerrò en èl, assegurado de su fortaleza: llegò à ella puntual el Rey, y requiriòle se la entregasse, respondiò el Visconde lo haria, quando viniesse armado mas de su Real Autoridad, que de las Armas: excluìdo el Rey, tentò con la fuerça dominar el Castillo, y logrò el desengaño, que solo el tiempo, y la hambre podian darle la Plaça; empleò el tiempo, pero no logrò los ahogos en los cercados, porque los Catalanes, que amavan la quietud, no deseavan la ruìna del Visconde, y fue preciso al Rey con esta piedad levantar el cerco.

Este año queriendo el Rey dilatar su Orden, fundò el Convento de la Merced de Tarragona. Convento de la Merced de Tarragona.

Apartado que fue el Rey, saliò detenido Torrente el Visconde, inundando de incendios, y ruìnas las tierras de sus Enemigos: en el interin con el color hermoso del beneficio publico, y de componer los vandos se juntaron contra el Rey algunos Aragoneses, cuyos Cabos eran el Infante Don Fernando, el Señor de Albarracin, y Pedro Ahones, dando oìdos à estas novedades las Ciudades de Zaragoça, Huesca, y Jaca, sobornadas del aparente pretexto de remediar los desordenes del Govierno. Hallavase el Rey en Alagon, adonde acudieron estos para 1224. ofrecerse de palabra à su servicio, y en la realidad para apoderarse de la Persona del Rey, y disponer del Govierno del Reyno, y obligaronle à partir con ellos à Zaragoça, adonde estuvo detenido, hasta que temerosos de la Concordia del Rey con el Visconde de Bearne, le dieron lugar de passar à Monzon, para acercarse à los suyos; de alli les obligò 1225. el Rey con razones à bolverle à Zaragoça, de esta passò à Tortosa, y ya assegurado, se detuvo en Huerta en donde libre de los Coligados, que con temor del castigo formaron mas estrecha vnion, despachò Cedulas à todos los Feudatarios, paraque acudiessen à Teruel, adonde queria juntarles para la guerra contra los Moros de Valencia, y en la realidad contra los Christianos Coligados: logrò el prudente Rey Maestro en el arte en tan tiernos años vno, y otro empeño, apartandole de sus intentos

los

los que inquietavan el Reyno, viendo armado á su Rey, y consiguiò la entrada contra los Moros; sirviendo al Rey en esta guerra el Obispo de Barcelona Don Berenguer de Palou con quarenta cavallos, y ochocientos Infantes, el de Lerida con casi igual sequito, el Visconde de Bearne, Ramon de Moncada, Ramon de Cervera, Guillen de Cervellò, y los del sequito de Moncada, cumpliendo el residuo, de los Feudatarios de Cataluña; de Aragon solo se hallan nombrados el Obispo de Zaragoça, Blasco de Alagon, Artal de Luna, y Antonio de Foces, sobresaliendo Pasqual Muñoz.

Diò principio à la expedicion el Rey con el cerco de Peniscola, esperando à los Aragoneses, que no parecieron, obligando al Rey à levantar el Sitio, con el tributo que le ofreciò del quinto de sus rentas, y Reynos el Rey Moro: costò la vida à Pedro Ahones la detencion de los Aragoneses, por juzgarle Autor desta sinrazon, muriendo al bote de la lança de Sancho Martinez de Luna: Passò el Rey á ocupar los Lugares fuertes de Sobrarbe, y Ribagorça, para quitar los nidos à los altaneros pajaros; pero con esto, y la muerte de Pedro Ahònes se encendieron los animos de los conspirados, añadiendoseles con el Obispo de Zaragoça la mayor parte del Reyno; à los quales puso en razon el Rey, por el valor, y consejo del Visconde de
(3) Cardona, Guillen de Cardona, y otros Catalanes, venciendo à los Enemigos, y cortandoles las alas con el rendimiento de la fuerte Plaça de las Cellas, obrando valeroso Blasco de Alagon, Artal de Luna, y Rodrigo de Lizaña Aragoneses. (3)

(3) *Señor Rey D. Iayme en su Hist. Abarca, tom. 1. á fol. 242.*

Convento de la Merced de Lerida.

Este año agradecido el Rey à la Virgen, fundò el Convento de la Merced de Lerida.

Cortes en Tortosa de Catalanes.

Para concluir con las inquietudes de Aragon, y tener assistencias para esta civil guerra, celebrò Cortes el Rey à los Catalanes en Tortosa, en que quedò servido, y engrossado el Exercito que governava el de Cardona. (4)

(4) *Real Archivo de Bar. Arca 1. grande.*

Llamaron las Ciudades, y Ricos hombres de Aragon, que todas concurrieron á estos disturbios, sino Calatayud, al Visconde de Bearne; pero como eran diferentes los fines del Infante Don Fernando, y de su vando, que eran aspirar à la Corona, y del Visconde obedeciendo al Rey vengarse de sus Enemigos, les fue antes de estorbo, que de favor, no pudiendo assegurarse de los comovidos Pueblos, que el hermoso color del bien publico les avia vnido contra su Rey, y su propria Patria. Tramaron los Coligados para coger al Rey en la red, burlar la candidez de la Ciudad de Huesca cansada de los disturbios, y solicitaron embiasse al Rey, ofreciendo la Plaça, y los coraçones; assegurado en su valor, y afiançado en la Magestad Real, emprendiò nuestro Ilustre Joven entrarse en medio de sus Enemigos; pareciò demasiada la confiança, pues no dexaron las Armas aquellos Ciudadanos: para romper el Rey los peligros, en que le avia puesto su ardimiento, mandò llamar à la Ciudad, y puesto á cavallo en medio de todos les previno su obligacion, la confiança q̃ avia hecho de aquella Ciudad, que era su Rey, y queria mantenerles en quietud, y acertado govierno: respondieron q̃ tomarian resolucion, retiraronse á la Casa de Montaragon, querian los fieles obedecer al Rey, los culpados temian en sì el castigo merecido por sus desafueros: mostravanse vencedores los buenos, quando se esparciò voz por el Pueblo, de que venia el Visconde de Cardona con el Exercito de Cataluña, con animo de destruir la Ciudad, y dar libertad à su Rey, y con este vano rumor se levantaron, y dexaron al Rey los que le assistian, atentos solo à guardar sus vidas, y la Ciudad, y compassivo el Rey, fuè tras de ellos, y les dixo: *De quien huìs? De mi que soy vuestro Rey? No estareys con Nos mas seguros? Han de obrar mis Capitanes contra nuestro dictamen! Que no puede ser arruinaros.* Con las Reales palabras se quietaron los animos, y bolvieron à disponer el 1226.

modo de servir à su Rey; quando avisados del peligro, acudieron Guillen de Entença, Ramon de Mompeller medio hermano del Rey, con alguno, aunque pequeño sequito: diòse el Pueblo con esta novedad por engañado, acudiò à las armas, defendiò sus puestos, puso guarnicion en los muros, y travezias en las calles, y retiròse el Rey en su Palacio con los suyos, y burlò el impetu del Pueblo saliendo de la Ciudad à incorporarse con el de Cardona que le esperava, y logrò la ocasion sin ser seguido. Temeroso el Pueblo del Exercito del Visconde de Cardona, se vnieron las Ciudades de Aragon para defenderse, y tratò el Rey por medio del Arçobispo de Tarragona pariente de entrambos poner paz en los vandos del de Bearne, Ruissellon, y Cardona, para tenerles vnidos en su servicio; aunque la conclusion de la Paz destos se dilatava, pero no los recelos del Infante Don Fernando, y de sus Aragoneses, que consumidos de los gastos, por no perderse en deservicio del Rey, ofrecieron servirle, y obedecerle como devian. (5)

(5) *Señor Rey D. Iayme en su Hist.*

Convento de S. Francisco de Gerona.

Este año, se fundò el Convento de San Francisco de Gerona, aun viviendo el Santo. (6)

(6) *Gonzaga, Cor. de San Francisco, fol. 1111. y 1121.*

Convento de S. Francisco de Lerida, oy de Religiosas del mismo Orden.

Y en Lerida fundò Convento de San Francisco, Raymundo Baria, y dexandole los Religiosos, la Ciudad le entregò à las Religiosas que llegaron à fundar de Pedralbas, y Gerusalen de Barceloña año 1576.

Muere el Papa Honorio III.

Passò desta à la eterna vida este año el Papa Honorio III.

Para concluìr la acertada resolucion de obedecer al Rey, el Infante,
1227. y el Visconde, embiaron à suplicarle con demostraciones rendidas fuesse servido darles audiencia, porque deseavan servirle, y les pesava de los hierros passados: admitiò el Rey cariñoso Padre à estos inobedientes hijos, y eligiò la Sierra de Alcalà para la conferencia, llegò el Infante, y dixo: *Señor os suplico, que empecemos cuentas nuevas, y que olvideys las antiguas, y me perdoneys como à Tio vuestro, que siempre ha deseado serviros*, y añadiò el Visconde: *Señor vos sabeys el deudo, que mi Linage tiene con los Serenissimos Condes de Barcelona vuestros Progenitores, y mios; Yo pensava en todas mis acciones averos servido, y pues vos no lo entendeys assi, yo me doy por engañado, suplicoos me perdoneys, y à los que me han seguido.* Aviendo concluìdo su oracion el Visconde, se arrojaron los dos à los pies del Rey, y les respondiò: *Nosotros tendremos Consejo*; acordado el perdon, diòles las manos el Rey como Señor, y los braços como à Padre amoroso, que los deseava amigos; comprometieronse las diferencias, y daños en el dictamen del Arçobispo de Tarragona, del Obispo de Lerida, y de Guillen de Monrodon Maestre del Temple, que rompieron la escrupulosa Liga de las Ciudades de Zaragoça, Huesca, y Jaca. (7)

(7) *Señor Rey D. Iayme en su Hist.*

Nuestra Señora de Puigcerver.

Por este tiempo manifestò el Cielo en la Villa de Alforja la Santa Imagen de la Virgen de Puigcerver, por medio de vnas luzes que observaron muchas noches, à la Ave Maria, baxar del Cielo sobre el monte llamado Puigcerver: avisaron al Lugar los que avian visto el prodigio, y en solemne Procession buscaron en el monte la maravilla, que hallaron en la Imagen de la Virgen baxo vn Cerval: quisieronla llevar, y tres vezes bolviò al lugar, adonde le consagraron dicho año Capilla à expensas de Bernardo dels Archs, y de su muger, Señores de Alforja. (8)

(8) *Iardin de Maria, f. 8.*

Convento de la Merced de Tarrega, y Franciscos de Balaguer.

Este año agradecido à la Virgen, fundò el Señor Rey Don Jayme el Convento de la Merced de Tarrega; y los de Balaguer fundaron el de Jesvs de aquella Ciudad del Orden de San Francisco. Y parece ser este año por su antiguedad, pues es de los primeros de Cataluña; y por no constar del consentimiento del Conde de Urgel, pues este año se hallava en duda el Estado, como veremos, (9) no se puede averiguar.

(9) *Gonzaga, Cor. de San Francisco, 3. part. fol. 1112.*

Reverdecieron en el Visconde de Cabrera las antiguas esperanças de la sucession del Condado de Urgel por la Condesa su muger, y no obstante

que

que la Condesa viuda del Conde Armengol, y su hija se hallavan baxo la Proteccion Real, ocupò algunos Lugares con la Ciudad de Balaguer: acudiò al Rey la Condesa, pusole en sus manos la Ciudad de Lerida, y jurò fidelidad por los feudos de la Casa de Urgel: jurò el Rey favorecerle, citò al Visconde, y à su hijo; y presentòse por ellos el de Cardona, respondiendo no devian acudir por ser possehedores legitimos del Estado: viendo el Rey el
1128. proceder del Visconde, llamò al de Bearne, los otros Moncadas, Guillen de Cervera, y los demás de su Consejo, y aunque Catalanes, y los mas deudos del Visconde, aconsejaron, y siguieron al Rey en la ocupacion de los Estados de Urgel, y defensa de las Condesas: ocupò el Rey todos los Lugares, rendidos vnos à su autoridad, y presencia, y otros à sus armas: defendiòse Balaguer, adonde se hallava el Visconde de Grao, que desesperando de la empresa saliò de la Plaza, mandando se entregasse al Rey, que la ocupó introducido de sus Ciudadanos: embiò sus mensageros la Villa de Pons, ofreciendo la entrega al Rey, quien con los reparos de que la Plaza estava por el Visconde de Cardona, entregò su Exercito à la Condesa, y à los Moncadas, para que la admitiessen en su nombre; pero fueron tan honrados los de Pons, que no quisieron entregarla sino al Rey, como lo avian ofrecido; y aunque amenaçados del Exercito, se mostraron mas finos, y obstinados; ocasion que obligò al Rey, para no arruinarlos, à mudar de dictamen, y recebirlos, ofreciendo estar à derecho con el Visconde de Cardona, por sus interesses; quedando con esto en quieta possession de los Estados la Condesa, (10) que casò con el Infante Don Pedro de Portugal, y por falta de sucession entrò en los dichos Estados de Urgel el hijo de Grao, quien, ò llamado de Dios, ò enfadado del Mundo avia entrado en la Orden de los Templarios.

(10) Señor Rey D. Jayme en su Hist.

Aviendo el Rey assegurado en sus Estados à la Condesa de Urgel, y compuestos los vandos del de Ruisellon, y del de Bearne, que tan dividida tenian à Cataluña, deseoso de dilatar la Fè, queria con todo esfuerço emprender la Conquista de Mallorca, quando hallandose en Tarragona, fue combidado con sus Cavalleros à comer, por Pedro Martel de Tarragona el mas diestro Capitan de aquellos tiempos, del qual gustava mucho el Rey aprender para amaestrarse en la Militar inteligencia. Avia sucedido en esta ocasion la toma de dos Navios de Barcelona executada por los Moros de Mallorca, y sentido de los daños de la Nacion sobre mesa, representò al Rey, siguiendole los combidados, la importancia de la Isla de Mallorca, los daños que padecian sus Estados por esta ladronera, y lo que avian executado los Moros en la presa de los dos Navios, sin aver dado, ni aparente satisfacion. Aviendole bien ohido el Rey, dixo: vaya luego Persona en nuestro nombre, que desafie al Rey de Mallorca, sino restituye los Navios, y sino nos paga tributo como Vassallo. Dieron nuevo aliento à esta determinacion del Rey los Embaxadores de Barcelona, que le suplicaron fuesse servido favorecerles para recuperar sus Navios, embiòse Embaxada al Rey de Mallorca en nombre del Rey, y de la Ciudad, à la qual no correspondiò el Barbaro pues mandò sin otra respuesta partiesse à Cataluña el Embaxador; de q̃ irritado el Rey, partiò à Barcelona, en donde celebrò Cortes à los Catalanes, y decretòse la Conquista de Mallorca, sirviendo Barcelona con todas las Galeras, y Navios armados, y Barcas para la conduccion de los pertrechos, y con lucidos Tercios de Soldados; y el residuo de Cataluña Comunes, y Particulares con sus embarcaciones; el Arçobispo de Tarragona con cien cavallos, y mil Peones; el Obispo de Barcelona con ciento y treynta cavallos, mil Peones, y vna Galera; el Obispo de Gerona con treynta cavallos, y trecientos Peones; el Arcediano de Barcelona

PedroMartel Catalan Capitan insigne.

Cortes en Barcelona, decretan la Conquista de Mallorca, y assistencias de los Catalanes.

con diez cavallos, y duscientos Peones; el Sacristan de Gerona, y los Prelados de Cataluña sirvieron con diferente numero, segun sus caudales; el Visconde de Bearne con quatrocientos cavallos, y las Tropas de sus Vassallos; el Conde de Ruisellon con las Tropas de sus Condados, que fueron duscientos cavallos, y multitud grande de Peones; el Conde de Ampurias con ochenta cavallos, y veynte ballesteros à cavallo; Guillen Ramon de Moncada con veynte y cinco cavallos, y vn lucido Tercio; Bernardo de Santa Maria con veynte cavallos, y vn Tercio de Peones; y seguidamente el residuo de los Feudatarios con sus Personas, y Vassallos. Formòse luego el Exercito, y armada maritima, diòse orden à Raymundo de Plegamans natural de Barcelona paraq previniesse la Armada para el viage, y se eligieron con el Real beneplacito por Juezes para la division de los heredamientos, y despojos el Obispo de Barcelona, los Condes de Ruisellon, y Ampurias, los Viscondes de Bearne, y Cardona, y Guillen de Cervera, y dispusieronse todos para el viage, (11) acudiendo voluntarios algunos Aragoneses, Castellanos, Franceses, è Italianos movidos de fervor Catholico de assistir à la Santa Guerra.

(11) *Real Archivo de Bar. Arca primera grande. Rey Don Iayme en su Hist. c. 35. Privil. Regis Iacobi, primi Idus Ianuarii 1230. in Arch. Civitat. Barc. Carbonell, Cor. fol. 65. Abarca, à fol. 248.*

1229. Detenia en este tiempo al Rey el divorcio que pretendia de la Reyna por no aver dispensado el Pontifice en el parentesco, quando se executò el matrimonio; embiò para este efeto Legado el Pontifice, el Cardenal de Santa Sabina, que juntò Concilio en Tarazona, y declarò de consejo de los Prelados invalido el matrimonio, y legitimo el hijo Don Alonso que tenian; y acceptando el Rey, y Reyna la Sentencia, que confirmò Gregorio IX. se partiò la Reyna à Castilla.

Convento de la Merced de Perpiñan. Fundòse este año à instancias del Rey, y con su Patrocinio el Convento de la Merced de Perpiñan, y partiò el Rey à Tarragona à esperar la Armada, alentado de los dos volcanes de caridad San Raymundo de Peñafort, y San Pedro Nolasco, que le siguiò en la empresa: llegò à armada Cataluña mas de su fè, que de sus armas para el alivio del Pueblo Christiano en la Conquista de Mallorca: antes de partir confessados, y devotamente contritos recibieron el divino Sacramento en la Iglesia de Tarragona, protestando que se armavan para vencer, ò morir: hizo su testamento el Rey, y nombrò sucessor al vnico hijo Don Alonso, substituyòle el Conde de la Proença su Primo, y faltando estos, sin atender à los otros grados, dispuso que el Principado de Cataluña, y Reyno de Aragon eligiessen Rey como les pareciesse convenia; y concluidas tan justas prevenciones, embarcaronse todos, y surtiò la Armada de Salou al primero de Setiembre deste año.

CAPITULO VIII.

Conquista, y Vitorias de la Isla de Mallorca, y rendimiento de Menorca: Fabrica el Rey la Cathedral, è Iglesias en todos los Lugares, pueblalos de Catalanes: Fundacion de la Merced de Tortosa, de nuestra Señora de los Prados; y de Predicadores de Lerida: Aparece Sant Iorge: Hielos, y hambre en España: Milagro de los Panes de la Casa de Moncada, &c.

Apenas la Armada vfana dominava el salobre elemento, ya en alta mar en cinco horas de navegacion, quando saliò furioso Eolo de sus cavernas, commoviendo el mar en desecha borrasca: bramava el elemento, chillava el viento, gemian los pobres navegantes con temor de sumergirse, solo el Rey en su Nave que llevava la Vanguardia, governada por Nicolàs Bonet de Barcelona constante, afianzado en Maria, alentado de San Pedro Nolasco compañero en los peligros, y assegurado de las oraciones de San Raymundo, que aunque avia quedado en Barcelona, de ella subian al Cielo ardientes volcanes: para vencer mayores peligros, alentava à vnos, y assistia à otros, no queriendo Conquistà de la Isla de Mallorca.

viendo admitir la suplica de los Pilotos, que le persuadian la buelta à Cataluña; con este contratiempo navegò la Armada impelida de los vracanes toda la noche, hasta las dos de la tarde del siguiente dia, en que aviendo ofrecido à la Estrella del Mar Maria la Iglesia mayor de Mallorca con la duodecima parte de las Conquistas, se quietò el mar, y mudò el viento, pudiendo encaminarse al Puerto de Pollença: aqui quizo Dios probar segunda vez la constancia Catholica de nuestro Heroe en otra tormenta movida de los vientos Proençales que soplavan fuertes, bolviendo à repetirse los primeros ahogos: assistiò à los suyos la divina Protectora, y mandò al mar, y al viento se moderassen, para tomar puerto la Armada en la Palomera, distante treynta millas de la Ciudad de Palma; y enfrente de la Isla Dragonera desembarcò primero el Rey, y aguardò alli toda la Armada, que estava dividida por la tormenta del mar: passò despues à la de tierra, hallando diez mil Moros que defendian la entrada. El Rey con su Exercito, dadas à Dios las gracias, mandò al Conde de Ruisellon, y à Ramon de Moncada, que con dos Galeras reconociessen los puestos vezinos à la Ciudad, y bolviendo diligentes refirieron ser el mas à proposito el Puerto de Santa Ponça: executò el viage el Rey, aunque queria descansasse el Exercito, persuadido de vn Moro que le asseguró la Isla en su diligencia; y fue tal, que partiendo la Armada à media noche, llegaron, y desembarcaron al amanecer sin oposicion, por hallarse los Moros descuydados en sus tiendas: el primero que saltò en tierra, fue Bernardo de Riudemeyà, que despus se llamò de Argentina, al qual por los servicios desta guerra diò el Rey el Lugar de Santa Ponça: siguieron à este valiente Catalan, el Conde de Ruisellon, Ramon de Moncada, el Maestre del Temple, Bernardo de Santa Eugenia, y Gilabert de Cruilles, y hasta ochocientos, y cinquenta de sus Soldados, que luego ocuparon, y fortificaron la montaña: miravan los Moros el desembarco sin huir, ni acometer. Viòlos Ramon de Moncada con los que le seguian, de los quales nombra Aclot solo à Guillen de San Marti, Guerau de Cervellò, Ramon Alamany, Guillen de Claramunt, Uguet de Mataplana, Guillen de San Vicens, Ramon de Belloch, Bernardo de Centellas, Guillen de Palafox, y Berenguer de Santa Eugenia, aviendo quedado con el Conde de Ruisellon, y Obispo de Barcelona Guillen Ramon de Moncada, Ramon de Solsona, Ramon Montañà, Arnaldo Desvilar, Jofre de Rocaberti, Oliver de Termens, Ramon Roger, Guillen Asbert, Ponce Vernet, Pedro de Barbarà, Bernardo Español, Bernardo Oliver, Bernardo de Montesquiu, y dos ricos hombres de Castilla voluntarios, que no se nombran. Alentado pues Ramon de Moncada con los de su sequito, embistiò à los Moros, y los retirò, quedando en el alcance muertos mas de mil, y quinientos. Refieren Zurita, y Abarca, que aviendo llegado hasta vnos veynte y cinco Cavalleros de Aragon sentidos de aver llegado tarde, pidieron licencia al Rey, que la concediò para entrar tierra dentro, y encontrando quatrocientos Moros los derrotaron, mandando el Rey à los suyos cargassen por su parte contra los Enemigos, que fue ocasion de quedar el Rey solo con tres Cavalleros, que acometidos de vn valiente Moro, pudo peligrar la Persona Real, siendo menester los quatro para rendir al Moro, por querer el Rey viviesse por su valor; pero no pudo lograr la piedad por la desesperacion del Barbaro.

Bernardo de Riudemeyà Catalan, el primero que desembarcò en la Isla de Mallorca.

Alegraronse los Capitanes, y Soldados con la vista de su Rey, y le suplicaron no se empeñasse tanto en los peligros, y discurrieron el modo de sacar los Enemigos de Porto Pi, adonde se hallavan fortificados, y mandò el Rey se ordenasse el Exercito para la batalla: huvo en esto vn empeño con el de Ruisellon, y el

Visconde

Visconde de Beatife, por la Retraguardia, que avia de ser Vanguardia el siguiente dia que le juzgavan el de la batalla, y se engañaron pues se huvo de dar el mismo dia, porque nuestros Soldados ordinarios viendo los Cabos en sus debates, y á los Moros dilatando sus Esquadras para ocupar los Montes, sin Cabos, ni orden embistieron á los Enemigos: advirtiendo el Rey el desorden, acudiò solo acompañado de vn Cavallero llamado Rocafort, luego siguieron los Moncadas sin esperar la gente del de Ruisellon, obligando la temeridad de los Soldados á pelear el Exercito sin orden, con daño notable: tres vezes se vieron los Moros vencedores, y tres vezes pudieron rehazerse los nuestros, y vencerlos; pero acudiendo siempre mas Barbaros descansados, y de refresco con su Rey, ya casi celebravan la vitoria. Entonces los dos Moncadas, el Visconde, y Ramon con los suyos, á glorias de la Fé, y credito del nombre Catalan, sacrificaron sus vidas para remediar los daños, arrojandose alentados á la batalla, y detuvieron el impetu de los Enemigos, y los arrojaron divididos, ocupando vn Monte que pretendian dominar los Moros. Bolvieron segunda vez los Enemigos determinados, encontraron con el Visconde, y Guillen de Mediona, que se les opusieron, y despues de perdido el cavallo, falto de vn pie siempre peleando, muriò el Ilustre Moncada, passado de muchas flechas. Igual fortuna corria Ramon, que deteniendo el tropel de los Enemigos, fue muerto con otros muchos Catalanes: acudiò en tal conflito el Rey con el de Ruisellon, y sus Esquadras, y tomando el Rey la loriga de Beltran de Nayá, entrò á favorecer á los suyos; y encontrando á Guillen de Mediona, que salia á curarse de vna herida recebida en la batalla, le dixo: *Vn buen Cavallero mas deve tomar corage de la herida, que salir de la batalla*, á la qual bolviò sin cuydar del peligro, obligado de las palabras del Rey, quien quiso luego acometer á los Moros, aunque en numero tan excessivo; pero reportado de su Tio el de Ruisellon, se dispuso el orden, y embistieron. Era tal la multitud de los Enemigos, que hazian retirar á nuestros Payzanos, pero algunos de los mas alentados clamaron: *Verguença Cavalleros, que os ve el Rey*; y fue tan poderosa esta voz, que alentò á vnos, y á otros demanera, que se bolviò al conflito con tal valor, que detuvieron el impetu de los Moros, dando tiempo al Rey paraque con su batalla retirasse á los Enemigos ocupandoles sus lugares, pero no siguiendoles por hallarse cansados los cavallos. Descansado vn rato, marchó el Exercito azia á la Ciudad, juzgando el Rey coger en medio á los Moros, porque ignorava el daño de la Vanguardia, que governavan los Moncadas; pero advertido del Obispo de Barcelona se detuvo, y aquartelò en Porto Pi, adonde llegando á la tienda de Oliver de Termens tomò vn ligero refresco, quedandole al lugar el nombre de Alqueria de bon dinar. Fueron de alli á ver los cuerpos de los Moncadas, y de los otros Catalanes difuntos, y con verdaderas lagrimas, y dolorosos gemidos lloraron sobre los fuertes de Cataluña, que gloriosamente cayeron para sustentar la Patria, la Religion, y la Corona. Fueron los muertos en esta batalla de la gente de cuenta diez Cavalleros de la Casa de Moncada, contando el Visconde, y Ramon, Ugo de Mataplana, y Ugo Desfar: consolò el Rey compassivo á los Catalanes, assegurando que avia mas perdido que ellos, y que cuydaria de los que quedavan; el dia siguiente, el Rey, los Obispos, y Exercito depositaron los Cadaveres de los vencedores difuntos para trasladarles en Santas Cruzes adonde descansan.

Sentido, y afligido el Rey por la perdida de tan Ilustres Vassallos, vengativo se arrojó á los muros de Mallorca, y al assedio de la Ciudad, molestandola con las maquinas de ingenios militares de aquellos tiempos.

tiempos. Por los daños que recebia nuestro Exercito de las piedras que echavan las Algarradas de la Ciudad, se fortificò, trabaxando Nobles, y Plebeyos à porfia, con vna honda cava de trinchera tan levantada, que formava otra Ciudad: assistia à la obra con el exemplo, y dotrina el Santo Varon Fr. Miquel Fabra de la Orden de Santo Domingo, que con fervorosas Platicas dava nuevo aliento al de sus Paysanos, y nuestros: Para remediar sus ahogos pretendieron los Moros quitar el agua de vna fuente que la dava al Exercito, y lo lograron saliendo mas de cinco mil, y rechazados del Conde de Ruisellon con trescientos cavallos, bolviò el agua de donde salia con ruina de los Moros, muerte de 500. con su Capitan, cuya cabeza mandò el Rey arrojar à la Ciudad para atemorizar à los cercados.

Diò esta vitoria al Rey muchos Pueblos de la Isla, que dieron la obediencia, y siguieron con bastimentos: ya los trabajos, y minas llegavan al afeto de bolar murallas, y Torres, hallavase cegado, y terraplenado el fosso, quando atendiendo à su remedio el Rey Moro, ofreciò al nuestro el gasto de la Armada; y respondiendole que no avia de bolver el Exercito à Barcelona sin Mallorca, embiò segunda Embaxada ofreciendo la Ciudad, con que quedassen en la Isla los que quisiessen, y que se le concediesse passar à Barberia, con los que gustassen seguirle, pagando por cada vno cinco Besantes, que valia real y medio, y quatro dineros.

Besante moneda.

No podia el Rey desear mas cumplida vitoria, y sin riezgo, quando los Catalanes acudieron al Rey, y en nombre de los de la Casa de Moncada, y demas del Exercito, hablò Ramon Alemany, y suplicò al Rey en nombre de la Nacion: *Que tuviesse memoria de los Vassallos que avia perdido, y que no les embaraçasse su vengança.* Con esto apartòse el Rey de dar oìdos à la Concordia, y desesperados los Moros procuraron defenderse obstinados, y à los nuestros con el empeño les creciò el animo; exortavanse vnos à otros, y todos por orden del Rey juraron que el dia del avance pena de traydor nadie se apartaria de su ordenança, sino que estuviesse herido de muerte: quiso el magnanimo Rey concurrir en el juramento, pero no lo permitiò el amor de los Vassallos.

Avisado el Rey, que flaqueavan las guardias de la Ciudad, fue persuadido mandasse acometerla à la noche del dia 30. de Deziembre, y no lo permitiò hasta al amanecer del dia 31. y entonces junto su Exercito dixo, invocando el Santissimo Nombre de Jesvs: *Amigos arremeted*, repitiendolo dos vezes; y viendo estavan quedos, dixo: *Ea Varones que dudays?* Moviòse el Exercito, y desta primera envestida entraron quinientos, recibiendolos el Rey Moro con lo mejor de los suyos, impidiendo el passo à los demàs: embistiò la Cavalleria cubriendo la Infanteria, viòse delante de todos nuestro Patron San Jorge montado en vn cavallo blanco en abito de Cavallero anciano, armado de sus armas, y gloriosa divisa, que ponia en orden nuestro Exercito; fue igualmente visto de Moros, y Christianos.

Aparacion de San Jorge.

Defendia el Rey Moro el puesto con los suyos, quando alentada nuestra Cavalleria del Celestial Capitan deshizo, y descompuso el fuerte Esquadron de los Moros con tal espanto de la Ciudad, que por dos puertas huyeron à porfia sus Ciudadanos à ampararse de la montaña, siendo el Rey Moro el vltimo que la desamparò; dando lugar à nuestro Rey à seguirle, y tomarle por la barba, como avia jurado. Sucediò la Conquista de Mallorca dia de San Sylvestre à 31. de Deziembre, dia en que agradecida la Ciudad de Mallorca llamada Palma, celebra fiesta, y ofrece sufragios por el alma del glorioso vencedor. (1)

(1) *Señor Rey Don Iayme en su Hist. cap. 55. Carbonell Cor. fol. 56. Montan. Cor. fol. 6. Aclot en su Hist. Abarca, t. 1. f. 253. Zurit. tom. 1 lib. 3. cap. 8.*

Quiso el Rey concluir enteramente con la Conquista de la Isla, embarassava mucho el contagio que se avia introducido en el Campo, de que murieron muchos, y otros se bol-

bolvieron á Cataluña à curarse, quedando constantes los Barceloneses con su Armada, como lo refiere el Rey en el Privilegio referido del
1230. año 1230. Con estos, y los que quedaron, limpiò, y dominò las montañas, y la Isla; y aviendo quedado en gran numero los Moros en vnas cuevas, de ellas pidieron partido reduciendose à que si dentro ocho dias no eran socorridos, deforma que el socorro obligasse á levantar el assedio, se pondrian à la obediencia del Rey, que esperò los seys dias.

Milagro de los Panes de la Casa de Moncada.

Entonces faltando el pan en el Exercito, y en la estancia Real, fue avisado el Rey, que Guillen de Moncada hijo del Visconde tenia algunos en su choza, partiò à la estancia de Guillen con el Conde de Ruisellon, y mas de cien Cavalleros: viendo al Rey Guillen le dixo: Que es esto Señor? Respondiò el Rey: Vengo à comer con vos, porque me han dicho teneys pan; entonces el Moncada quitòse la capa, pusola por manteles, y mandò sacar siete panes, de los quales dada la bendicion por el Capellan, sobraron para abastecer à mas de ciento y cinquenta que se hallaron con el Rey, y con Guillen. Llegaron los ocho dias, rindieronse los Moros, y fue grande el despojo, (2) tomando desde entonces la Casa de Moncada por Armas los siete Panes, dexando las de Baviera de cuyo solar descendia.

(2) *Señor Rey Don Iayme en su Hist. Beuter. Coron. lib. 2. cap. 21.*

Armas de Moncada.

Fundacion de los Conventos de la Merced de Tortosa, de nuestra Señora de los Prados, y de Predicadores de Lerida.

Aviendo el Rey dado providencia á la defensa de la Islà, y heredamientos de los Conquistadores, y dexado por Virrey, y su Lugartiniente à Bernardo de Santa Eugenia al qual diò el Lugar de Pals, partiò para Tarragona, y passò à Poblet à dar las gracias de la victoria à la Virgen: alli compuso la pretension de la Iglesia de Barcelona sobre la jurisdicion espiritual de Mallorca, diò orden para el magestuoso Templo de aquella Cathedral, y mandò fabricar Iglesias en todos los Lugares de la Isla: fundò despues los Conventos de la Merced de Tortosa, y el de nuestra Señora de los Prados, y el de Predicadores de Lerida. (3)

(3) *Domenech Flos Sant. de Cataluña p. 2. fol. 88.*

Este año sucediò vna helada, y frios tan fuertes, que murieron arboles, y zemillas, siguiendose à esto la hambre en España, y Francia.

Deseoso el Rey de conservar lo 1231.
proprio, no admitiò lo ageno en la succession del Reyno de Leon que le ofrecia aquel Rey con su hijo, en daño del hijo Don Fernando el Santo: pudo en este tiempo apartar al Rey del santo proposito de perseguir los Moros, la guerra de Navarra; pero permitiò el Cielo que se concluyesse con la paz, y adopcion de los Reyes para bien de la Iglesia.

Tuvo aviso el Rey, que el de Tunez passava á Mallorca à recuperar la Isla, bolviò à juntar su Armada, y passò à Tarragona, adonde casò á la Condesa de Urgel con el Infante de Portugal, y le diò la Isla de Mallorca conmutandola con el Condado de Urgel, con obligacion de defenderla; y no cumpliendo, se viò precisado el Rey al segundo viage de Mallorca, en el qual no compareciendo la Armada del Rey de Tunez, sugetò por medio de vn Moro llamado Xuarp (al qual, y à quatro parientes suyos heredò el Rey en la Isla) à los Moros que se avian levantado en los Castillos de Pollenza, Santueri, y Oloron.

(4) *Señor Rey D. Iayme en su Hist. cap. 99. Montaner, Cor. cap. 8.*

Mallorca poblada de Catalanes antiguos.

Dispuso el Rey su Poblacion, y la hizo toda de Catalanes antiguos, y de calificadas Casas; dexò para la defensa con Bernardo de Santa Eugenia â Pedro Maça; (4) y restituyòse el Rey à Cataluña, y de aqui à Aragon para verse con el Rey de Navarra.

Llegaron à este tiempo Bernardo de Santa Eugenia, y Pedro Maça, que todo el Invierno avian proseguido la guerra contra los Moros que se avian fortificado en las montañas, para representar al Rey, que los Moros, (aunque puestos en el vltimo aprieto) avian respondido à estos Capitanes, que no se rendirian sino al mismo Rey, y quanto importava dexassen aquellos Lugares, tan desesperados Barbaros para poder seguramente passar los nuestros à la Conquista de Menorca.

Oyò el Rey la Embaxada destos

Cava-

Cavalleros con grande gusto, y luego partiò para Tarragona à emprender el tercer viage de Mallorca: apenas llegò à Tarragona, quando bolviò à disponer de los Reynos en segundo Testamento, dexando en èl por heredero à Don Alonso su hijo, substituyòle el Conde de la Proença, y à este los de la Casa Real por sus grados: puso al hijo baxo la proteccion de la Sede Apostolica, nombrò Tutores al Arçobispo de Tarragona, à los Maestres del Temple, y de San Juan, y à Guillen de Cervera: mandò le educassen en Monzon, como lo avia executado el Maestre del Temple Guillen de Monrodon con su Persona: Esto dispuesto embarcòse, y llegó en tres dias à Mallorca, y al desembarcar fuè à la Iglesia Mayor à rendir à Dios, y à su Santissima Madre, y Protectora nuestra obsequios por tan repetidos, y multiplicados favores: Juntò al siguiente dia Consejo, y de acuerdo de los suyos, mandò partir à Menorca al Maestre del Temple, Bernardo de Santa Eugenia, Pedro Maça, y à Salido Gudal, paraque persuadiessen à los Moros su entrega sin sangre, puesto que se hallavan sin Rey, y el nuestro lo era de Mallorca; que aun la piedad no faltò à este buen Rey con los Infieles, solicitando convertirles mas con el cariño, que con el fuego: Llegados los Governadores juntaron Consejo los Menorquines, que se governavan como Republica despues de la perdida del Rey Moro de Mallorca: atendieron à la Proposicion, advirtieron las consequencias, y pidieron lugar para resolverse, como lo executaron, embiando algunos de los ancianos à Mallorca para ponerse en manos del Rey, y suplicandole no los sacasse de la Isla, como lo consiguieron de su bondad, logrando con esta vitoria tan segura la quietud de Mallorca, sugetandose los Moros de las montañas, vnos esclavos, otros destinados à las obras publicas, y otros menos culpados heredados en la Isla. Detuvose en ella el Rey dos me-
1232. ses en fabricar Castillos, Torres, y Atalayas, en dar nuevo aumento à las Poblaciones, y dividir las tierras à los Poblados segun sus meritos, y bolviò à Barcelona recebido como vencedor Marte, y triunfante Cesar Christiano. (5)

(5) Confirmalo todo el Señor Rey D. Martin en las Cortes de Perpiñan.

CAPITULO IX.

Conquistas de Morella, Peniscola, y otras Plazas: Fundacion, y concession del Santo Tribunal de la Inquisicion, y del Convento de Santa Clara de Barcelona: Vidas de las Venerables Sor Inès, y Clara: Conquista de Yvissa: Vida del Santo Prelado Don Guillen de Mongrì: Cortes en Tarragona; y en Monzon: Vitorias del Puig: Manifestacion de la Virgen: Aparicion de San Iorge: Assedio, y Conquista de Valencia, su descripcion: Pueblase de Catalanes: Fundaciones de los Conventos de la Merced de Vique, Castellon, y de Bernardas de Valldonzella: Glorias particulares del nombre Catalan, &c.

VIendo ya el Rey reintegrada Mallorca al Catholico Gremio, deseoso de adelantar la Fè en el florido Reyno de Valencia para librarle de los Moros, movido de los daños de las fronteras de Cataluña, y Aragon, y por escusarse el Rey Moro de pagar el feudo, determinò emprender aquella Conquista, para cuyo logro pidiò consejo à los suyos, y admitiò el de Arnando Diez de Aux, que le aconsejò se apoderasse de Morella antes de empeñarse, quitandola à Blasco de Alagon, confirmandolo con fuertes razones. Marchò el Rey para ocupar la Plaza, advertido Blasco quiso entrar en ella, y detenido por las Guardias avançadas, fue puesto en la presencia del Rey que le pidiò la Plaza por lo mucho que le importava, y se la entregò por no perder la recompensa que le ofrecia el Rey. Este año alcançò San Raymundo hallandose en Roma, la fundacion, y concession Apostolica, paraque el Rey fundasse el Santo Tribunal de la Inquisicion para todos sus Reynos, eligiendo primer Inquisidor à San Raymundo, y

Concession Apostolica paraque el Rey funde el Santo Tribunal en todos sus Reynos.

y despues el Santo nombrò à Fr. Pedro Toneres, y à Fr. Pedro de la Cadireta con autoridad del Pontifice. (1)

(1) *Domenech, Flos Sanct. de Catal. lib.2. f.26.*

En el mismo llegaron al Puerto de Barcelona las Santas Virgines Sor Inès, y Sor Clara parientas de Santa Clara, en vna Barca sin remos, ni
1233. velas: acudiò la Ciudad à admirar el Prodigio, informòse de la causa de su venida, y respondieron las avia embiado desde Assis Santa Clara para fundar: entregòles la Iglesia de San Antonio Abad, edificada en el lugar en que se halla el Convento de Santa Clara, y favorecidas del Rey, y de lo mejor de la Ciudad fundaron el Monasterio; y como resplandecian en todas virtudes lucientes astros, se les aficionaron muchas Nobles Señoras, entregandoles sus hijas, siendo en poco tiempo muchas las Religiosas: Diòles la Regla de San Benito con su Bula Apostolica, la Santidad de Innocencio IV. Fue la Santa Virgen Inès la primera Abadessa, espejo de humildad, y paciencia, imitandola su Santa compañera Clara: comprobò el Cielo sus virtudes con la gracia de particulares maravillas, que continuan sus venerados Cuerpos en los Sepulcros. Llamò Dios para la Corona à la Santa Virgen Inès à los 17. de Setiembre año 1281. siguiendo à su Santa hermana dentro pocos años, la Santa Virgen Clara. Fueron sepultados sus cuerpos en el huerto del Convento, y manifestò el Cielo sus Reliquias en el año 1460. por medio de grandes luzes que à las noches vehian las Religiosas sobre cierto lugar del huerto; pues cavando en el puesto hallaron los preciosos Tesoros de los Santos cuerpos; el de la bendita Sor Inès entero, y el de Sor Clara algo consumido: Fueron trasladados à la Capilla de San Juan del mismo Convento; obrando el Señor en esta traslacion por medio de sus Santas grandes prodigios; despues à 28. de Enero del año 1601. con solemne Procession, y assistencia del Obispo de Barcelona Don Alonso Coloma, y muchos Abades fueron trasladados al lugar donde se veneran. (2)

Convento de Santa Clara de Barcelona, y vida de de las Santas Virgines Inès, y Clara.

(2) *Domenech, Flos Sanct. de Catal. lib.2. f.68. Tristany, Cor. Benedict. cap. 10. §.18. Escrituras del Archivo de Santa Clara. Diago Condes de Barcelona, lib. 3. fol.282.*

Passò el Rey à ocupar la Plaza de Ares, y de alli entrò en el Reyno de Valencia, seguido de numeroso Exercito de Catalanes, y Aragoneses; mas no se halla en esta, ni en las venideras Conquistas el numero cierto con que sirvieron los Comunes, y particulares de Aragon, contentandose sus Anales con referir algunos particulares que lograron la fortuna de ser nombrados. Concurrieron las Ciudades de Barcelona, Lerida, y Tortosa con sus Tercios; el Obispo de Barcelona con sesenta cavallos, y setecientos Peones, (3) el Arçobispo de Tarragona con igual numero, el Conde de Ampurias con cinquenta cavallos, y los demàs feudatarios mas, ò menos segun sus fuerças: Talò el Rey la vega de Exerica, y passò al assedio de Burriana, assistido tambien de su Tio Bernardo Guillen que avia acudido con lucido concurso de sus Vassallos, diò fieros avances à la Plaza, rebatido de los defensores, y herido de quatro saetas; del Castillo que mandò fabricar para dominar la Plaza, hizieron los Moros menudas piezas con sus ingenios: Passòse à abrir las trincheras, y à batir el muro, que con obstinacion defendian los cercados: padecia ya necessidad el Exercito quando llegaron dos Galeras de Bernardo de Santa Eugenia, y Pedro Martel de Tarragona con vituallas, y limpiaron el mar de Enemigos, dando abundancia al Exercito, y aliento para continuar el sitio: vacilavan algunos aconsejando al Rey tomasse el dinero que le ofrecia el Moro; pero siguiò el parecer de su Consejo en continuar el sitio, ofreciendose Bernardo Guillen à passar las maquinas hasta el fosso, y le costò sangre la hazaña rebatido de los Moros, y de vna surtida de los Enemigos; y acudiendo el Rey al remedio, quitò la flecha de la herida del Tio, y le pidiò se retirasse, pero no lo permitiò su valor, diziendo que tambien podia curarse alli, como en su tienda; y continuò las defen-

(3) *Diago, Con. de Bar. fol. 280. Carbonell, Cor. fol.61. Privilegio de Tortosa à 2. de las Kalend. de Mayo 1220. Archivo de Tortosa lib. Instrum. fol.131. ad 133.*

Conquista del Reyno de Valencia.

sas,

sas, resistiendo á los fuegos de los Enemigos varias noches aunque cansado, y fatigados los Soldados, por cuyo descanso, hasta el Rey se hallò de guardia vna noche en las trincheras. Advertidos desto los Moros, salieron con impetu, que resistiò el Rey con solo nueve Soldados, dando lugar à que se armasse el Exercito, y con los nueve solos puso en desorden al Enemigo, siguiendole hasta meterle en la Plaza; tan apurado de la resistencia, que dos vezes descubriò el pecho, paraque la herida fuesse decoroso pretexto de levantar el assedio; pero favoreciòle Dios, dando valor à los nuestros paraque entre muertes, y estragos la consiguiessen con pacto de salir los Enemigos de la Plaza con su ropa. (4)

Una noche se halla el Rey de Guardia en las trincheras.

(4) Señor Rey D. Iayme en su Hist. cap. 67.

Bolviòse el Rey a Aragon, y de alli passò à Peniscola, que se la entregaron los Moros inducidos de Ximeno de Urrea, que avia quedado al Govierno de Burriana contra el dictamen del Obispo de Lerida, y de Guillen de Cervera, que aconsejavan al Rey la desmantelasse por los gastos de defenderla: Passò el Exercito à la Conquista de otras Plazas menores que ocupò.

1234. Este año celebrò dos vezes Cortes el Rey à los Catalanes en Tarragona para las assistencias de la guerra contra Valencia, ofrecieronle las Ciudades sus Tercios, y los Feudatarios su assistencia con la de sus Vassallos, y á mas desto le cócediò la Corte el Bovage de Cataluña, y los Comunes, y Particulares ofrecieron sus Galeras, Navios, y Barcas para la Armada, y transporte de las municiones; la Ciudad de Barcelona vn numerosissimo Tercio, que fue el que mas se señalò, y el que puso sus tiendas mas cerca de la Ciudad de Valencia; la de Lerida con otro casi igual, que fue el primero à entrar en la Plaza; Tarragona, Gerona, y Tortosa, y los demàs Lugares correspondieron con algunas Compañias de Soldados; el Arçobispo de Tarragona con su gente logrò otra empresa; el Obispo de Barcelona sirviò con sesenta cavallos, y ocho cientos Infantes; el de Lerida con menor numero; el Conde de Ampurias con cinquenta cavallos; el Conde de Ruisellon se hallava disgustado con el Rey, pero ya concordes sirviò con sus Vassallos en la Conquista; el Visconde de Cardona, y los otros segun su possibilidad, que fuera largo referir. (5) Acudieron Zaragoça, Teruel, Daroca, y Calatayud con sus lucidos Tercios, y de todos juntos se formò el Exercito.

Cortes en Tarragona, y assistencias de los Catalanes para la guerra contra Valencia.

(5) Real Archivo de Barcelona, Arca 1, grande. Señor Rey D. Iayme en su Hist. lib. 11.

En el interin que se disponia el Exercito, passò el Rey á Castilla à las vistas con el Santo Rey Don Fernando para los interesses de la Reyna Doña Leonor, y logrò la Villa de Hariza: avia de socorrer à su Primo Don Ramon Berenguer Conde de la Proença contra sus Rebeldes, al qual assistiò San Luis Rey de Francia casado con Margarita hija mayor del Conde, que vniò aquellos Estados à la Corona de Francia, deviendose à los Serenissimos Condes de Barcelona en falta de la linea masculina de aquellos Condes; pero el Rey, y su Sucessor D. Pedro se hallaron tan empeñados en otras guerras por sus proprios Estados, que dissimularon los derechos de la sucession por no empeñarse en otras; pero siempre el dominio de aquellos Estados es de nuestros Serenissimos Condes, por la varonia, y linea masculina, aunque Francia tenga la possession.

El Santo Sacristan de Gerona, gloria de Cataluña, electo Arçobispo de Tarragona Don Guillen de Montgrì, juntando sus deudos, y amigos, assistido de los Condes de Ruisellon, y Urgel, armando vna buena Armada de Vaxeles, y Galeras Catalanas passò à la Isla de Iviza, y despues à la Formentera, y las ocupò, echando vencidos à los Moros de las Fortalezas, y poblò à Iviza de Catalanes. Fue este Santo Prelado eminente en todas las virtudes, y con singularidad en la humildad, no permitiendo ser consagrado Arçobispo por juzgarse indigno: Assistiò con lucido sequito de Soldados en todas las guerras contra Moros, 1235.

Conquista de Iviza, y vida de D. Guillen de Montgrì.

(6) *Trist. Coron. Benedict. fol 357. Abarc. t. 1. fol. 260. Zurita t. 1. lib. 3. c. 20.*

comprò el Lugar del antiguo Monasterio de San Pol, y le concediò à los Monges Cartuxos. Año 1265. muriò como avia vivido, y concediòle Dios el premio de sus obras. (6)

Adelantòse el Rey en la vega de Valencia, ganò la Torre de Moncada, y la mandò demoler, conquistò la de Muserós, entregando à Guillen Zagardia à los sesenta defensores por el rescate de Guillen Aguilò su Sobrino, que en aquellas guerras le avian hecho prisionero los Moros.

Concluyeronse este año las diferencias del Conde de Ruisellon con el Rey, que cediò de sus derechos, por ver que avian de recaer aquellos Estados à la Corona, faltandole hijos al Conde; fueron arbitros de la Concordia el Señor de Viscaya, y Guillen de Cervera, y tercero el Mastre del Temple. Passò el Rey à Barcelona à recebir, y celebrar sus bodas con la Reyna Doña Violante su Esposa, hija del Rey de Ungria.

Importandole al Rey tener vnidos los Catalanes para la Conquista de Valencia, concluyò las Pazes del Conde de Ampurias con el Viscon de de Rocaberti, y Oliver de Termens, y se concertò con Ponce de Cabrera por las pretensiones del Condado de Urgel; pues vno, y otro dava motivo à la division de los naturales de la Provincia. Fundò el Rey el Convento de la Merced de la Ciudad de Vique, ofreciendo à la Reyna del Cielo, y Tierra las pazes, y las vitorias.

Fundacion del Convento de la Merced de Vique.

1236.

Despues de las sumptuosas fiestas de sus bodas, partiò el Rey de Barcelona à Monzon à celebrar Cortes à los Catalanes, y Aragoneses para continuar el empeño contra los Moros de Valencia, como refieren las historias de Aragon; pero no he hallado estas Cortes en el Real Archivo de Barcelona, ni las hallò Bosch *tit. De honor. de Cataluña*, *lib. 5. cap. 10. §. 11.*

Cortes en Monzon.

Entrò el Rey otra vez à la vega de Valencia para ocupar el Castillo de Encsa, que oy se llama el Puig de Santa Maria, demolido por los Moros, reedificado por el Rey, y entregado para defenderle à su Tio Bernardo Guillen, y bolviò à Cataluña, ò por las assistencias del Exercito, ò por celebrar las Cortes referidas, si se celebraron. Con la ausencia del Rey, se alentò el Rey Zaen de Valencia para quitar à los nuestros el Castillo del Puig, à este fin juntò de sus Presidios hasta quarenta mil Infantes, y seyscientos cavallos; eran los defensores con Guillen, y Berenguer de Entença hasta dos mil Infantes, doscientos cavallos, y cien hombres de armas, que determinaron no aguardar el assedio, sino valientes salir à batalla con los Enemigos, armados mas de los Santos Sacramentos de la Penitencia, y Eucaristia, que de sus armas. Propusoles el General la justicia de la causa, la defensa de la Fè, las glorias de sus mayores, el credito de la Nacion, la confiança en Dios, el Patrocinio del Invicto Capitan, y Tutelar San Jorge: y assegurandoles en Maria Santissima la vitoria, salieron alentados al conflito, y empezando la batalla, se hallaron por frente, y costados circuìdos del numero grande de los Enemigos, cargados tan fuertamente, que huvieron de retirarse con buen orden: à esto llegò Guillen que con las obras, y palabras diò aliento à los nuestros, bolviendo à recobrar el campo, y oyendose en este tiempo vnas vozes salidas del Puig: *Los Moros huyen, los Moros son vencidos.* Alentados los nuestros con el Santissimo Nombre de Maria, y con las vozes que salian de su Santuario, dieron contra los Moros, y empezando à huìr su Retraguardia, cargaron en la Vanguardia, desordenandola del todo: à este tiempo llegò Guillen de Aguilò con parte de su cavalleria, y acabò de confundir à las ordenanças de los Moros, derramandose en afrentosa huìda. Acudiò compassivo nuestro Patron San Jorge à esta tan desigual empresa, gloriosa por su Patrocinio, logrando los vencedores verle armado, y servir à su Reyna, y nuestra para assegurar

Vitoria del Puig.

Aparicion de San Jorge.

guraz

(7) Señor Rey Don Iayme en su Hist. Zurita t.1. lib. 3. c. 27. Abarc. t.1. fol. 261.

gurar à sus Devotos: siguieron los nuestros à los Enemigos hasta vna legua de Valencia con muerte de grande numero, siendo casi igual el de los que perecieron atropellados, y ahogados de su miedo; pues se contaron mas de diez mil tendidos en el campo sin hallarles herida; logròse esta vitoria aunque con algunos heridos de parte nuestra, con solos tres muertos, que consiguieron la dicha de morir por la Religion. (7) Este

1237. año 1237. sucediò en el Obispado de Huesca Don Garcia Gudal Catalan Ilustre, muy estimado del Rey Don Pedro I. otro Catalan de grande opinion Vidal de Cañelles eminentissimo letrado, dispuso, y puso en orden los antiguos fueros de Aragon, escriviò el libro *In Excelsis*, aclamaronle los Aragoneses. (8)

(8) Aynsa hist. de Huesca, lib. 3. c. 14. Beuter. p. 1. lib. 2. c. 41. Blancas, p. 166. y 167. Zurita, t. 1. lib. 2. c. 64. Molina, in Repert. verb. Furtum.

Llegò el Rey al Puig à dar el parabien de la vitoria à su Tio Guillen, y à los Conmilitones, concediendoles enteramente el despojo, favoreciendo à Guillen, à Berenguer de Entença, y à Guillen Aguilò con relevante recompensa por la perdida de 80. cavallos, y dexando bien presidiado el Puig se bolviò à la frontera. Aviendo llegado à Burriana le alcançò por mar Guillen Aguilò con el aviso que marchava el Moro con mayores fuerças contra el Puig, de que advertido, sin pedir tiempo al descanso, bolviò à defender sus Vassallos, y su Castillo; mas, sabiendo ser arma falsa embiò sus tropas al Puig, y diò la buelta con diez y siete Cavalleros; y encontrando numerosa tropa de Moros les quiso embestir, puestos en orden sus Cavalleros; pero avisado su Tio del peligro del Rey, embiò socorro, que le desempeñò de tan peligroso lance.

Nuestra Señora del Puig en el Convento de la Merced.

Hallandose San Pedro Nolasco en el Puig, vieron todos los Soldados vnas luzes, que descendian del Cielo al lugar de la vitoria, y oyeron el sonido de vna campana: mandò el Santo cavar en aquel lugar, y hallaron en lo interior de la tierra vn antiguo Templo; y dentro de vna campana, vna antiquissima Imagen de nuestra Señora, à la qual agradecido el Rey dedicò Templo, y Convento de su Orden de la Merced. (9)

(9) Domenech Flos Sant. de Cataluña lib. 2. fol. 73. Guimerà en su hist. Corbera, Santa Maria Socòs, fol. 64.

Llegò su vltima hora al valiente General Bernardo Guillen de Mompeller; de la qual avisado el Rey, partiò à las exequias, y ceremonias del deposito hasta el entierro, que se le diò en Escarp, confirmando al hijo Guillen de Entença las gracias, y lugares, que son la antigua Baronia de Entença, y diò la Tenencia del Puig à Berenguer de Entença; y queriendose partir el Rey, algunos Cavalleros, y Soldados del Presidio dixeron, se avian de salir de la Plaza, porque juzgavan no poderse mantener apartandose el Rey; quien para assegurarles les jurò no apartarse de aquel Reyno hasta conquistada Valencia, teniendole assegurada en los Santos Raymundo, y Pedro Nolasco el qual del Cielo tuvo la noticia infalible; con que no pudieron apartarle de la empresa la Reyna su hija, su Tio Don Fernando, ni los que pretendian dissuadirle.

Convento de Bernardas de Vall Donsella.

Fundose el Monasterio de Religiosas Bernardas en Vallvidrera, que fue trasladado à Valldonsella fuera los Muros de Barcelona en el año 1269. (10) y à 17. de Setiembre del de 1670. con acto en poder de Ramon Vilana Perlas Escrivano de Barcelona, concediò el Abad de Poblet la Iglesia, y Priorato de Nazaret de Barcelona à las Religiosas, al qual se trasladaron, por hallarse derruido su antiguo Convento.

(10) Diaro Condes de Barcelona, lib. 3. fol. 282.

1238.

Convento de la Merced de Castellon de Ampurias.

Este año Ponce Vgo Conde de Ampurias fundò el Convento de la Merced de Castellon de Ampurias.

Conquista de la Ciudad de Valencia.

Diò principio feliz al cumplimiento de su palabra el Rey, con la Conquista de Almenata, y otros siete Castillos, que à fuerza de la sangre de los suyos dominò vitorioso, abriendo camino al assedio de Valencia, que emprendiò con 140. Cavalleros, 150. Almugavares, y mil Infantes; assegurado de los Pueblos, y Feudatarios de Cataluña, que acudirian como lo avian prometido en las Cortes, y de la misma forma de los Aragoneses. Assentò su pequeño

campo

campo á vn quarto de hora de la Ciudad, assi apreciava el Rey el valor de los suyos, y despreciava à los Infieles. Saliò el de Valencia con diez mil Infantes, y quatrocientos cavallos, y no se atreviò acometer al pequeño numero de los nuestros; ni el Rey tampoco por no malograr la empresa. Pero como nuestros Almugaveres, se arrojan intrepidos à los peligros, y nunca ha sido facil sugetarles à ordenes, sin otro q̃ su gusto, se empeñaron à ocupar vna fuerte casa llamada Rusafa, y lo hubieran passado mal circuìdos de los Moros, à no acudir el Rey con el residuo del Exercito, que los deshizo ocupando la casa. Engrossavase el Exercito con la gente de las Ciudades, y Feudatarios de Cataluña, y Aragon, y llegando vltimos los numerosos Tercios de la Ciudad, y Obispo de Barcelona con su cavalleria, ocuparon la vanguardia del Exercito en el lugar mas cercano à la Ciudad hasta el qual lugar se ampliò con el tiempo nombrandole calle de Barcelona, en memoria de la hazaña de los Barceloneses: por la gloria desta ruìdosa empresa vinieron muchos Franceses y Ingleses, y quien mas se señalò fuè el Arçobispo de Narbona.

Hallavanse ya los Enemigos cerrados en el recinto de la Ciudad, y los nuestros, desembocado el fosso, solicitando, y abriendo con las maquinas dilatada brecha en el Muro, quando llegó la Armada del Rey de Fez, del qual esperavan los Valencianos Moros su rescate; tenia el Rey bien defendido el Grao, y no pudiendo los de Tunez lograr el desembarco, solicitaron alivio à Valencia en la diversion, passaronse à Peniscola batiendo la Fuerza, que defendieron valientes Fernan Perez de Pina, y Fernando Ahones; saliò entonces, de Tortosa la Armada Catalana, que constava de veynte, y vn vaso, y se retirò la de Tunez, logrando la nuestra limpiar el mar, y acudir con las vituallas al Exercito que se mantenia sobre Valencia.

Gloria del nombre Catalan.

Desde este tiempo se exaltò tanto el nombre Catalan, que fue temido, y respetado de todas las Naciones, de calidad, que los Vassallos del Rey eran conocidos, y estimados mas por el solo nombre Catalan que por el de Españoles, y à todos los Exercitos de Italia, Grecia, Africa, y Francia llamavan de Catalanes, (11) permaneciendo esta gloria trescientos años. Por la fama deste nombre el Pontìfice Gregorio IX. y las Ciudades de Lombardia solicitaron con fervor que passasse el Rey à Italia para favorecerles contra el Emperador Federico II. llegaron los Embaxadores al campo de Valencia, consertose el viage, y no se efetuò por la conciliacion del Emperador con el Pontifice, logrando el Rey la amistad de las Ciudades del vando Pontificio.

(11) *Zurita t. 1. lib. 3. c. 32. Anonimo, dis. de la expedicion de la tierra Santa. Montaner Cor. Señor Rey Don Martin en las Cortes de Perpiñan. Carbonell, Coron. fol. 251. Marsil, Crisis de Cataluña, f. 242.*

Constante perseverava el Rey, apretando, y estrechando á los cercados, quando llamò à los Soldados de las Ciudades que se hallavan en los ataques, y de comũ acuerdo ofreciò à la Ciudad que primera por su quartel, abierta brecha competente, entrasse dentro la Plaza concedersela para poblarla: lograron la dicha los Ciudadanos de Lerida de la brecha, mas no de la entrada, que tambien huvieran executado, sino huviesse entregado la Ciudad el Rey Moro; y porque quanto à ellos lograron el acierto, à los de Lerida les concediò el Rey poblarla, embiar mil mancebos con otras tantas donzellas para este efeto, concediò tambien á Lerida dar las medidas, y pesos, y vna flor de Liz de las quatro que tenia por divisa, quedandose desde entonces con tres, y con el Glorioso nombre de madre de Ciudad tan principal, que gozosa se precia de ser hija de tan valiente madre. (12) Poblaronla tambien los Barceloneses, y otros Lugares de Cataluña. (13) Viendose Zaen Rey de Valencia, aunque simulando valor en la defensa, impossibilitado de mantenerse, embiò el Moro Halialbatan para tratar la entrega, q̃ se concluyò por medio de la Reyna, saliendo los Moros que quisiessen con lo que podrian llevar, assegurandoles hasta Cullera, y Denia: no se atreviò el Rey à participar los pactos

(12) *Marineo siculo de reb. Hisp. l. 10 cap. multis Escolano, hist. de Valencia, lib. 4. cap. 21. num. 7. Beuter, Cor. de Esp. lib. 2. c. 40.*

(13) *Miedes, lib 11. cap. 9. hist. del Rey Don Iayme.*

Pueblan à Valēcia los Ciudadanos de Lerida, y otros Lugares de Cataluña.

pactos al Exercito, participòles à su Tiò, y à los de mas graduacion; y dandose estos por sentidos, juntò à todos los Cabos, y les reduxo à lo que era justo se executasse: Mandò al siguiente dia enarbolar nuestras vencedoras Barras, en el Real Estandarte antiguo de sus Gloriosissimos Progenitores los Serenissimos Condes de Barcelona; y postrado con todo el Exercito ofreciò à Dios la vitoria, y Ciudad, suplicandole la perpetuidad de la Fè. Valencia en su Reyno tiene de circunferencia 130. leguas, de ancho 25. de largo 66. con seys Ciudades, y 800. Poblaciones. (14)

(14) *Atlas minor. fol.24. Peñalosa fol.2.*

Saliò el vencido Rey; assegurando la entrega de los Castillos, y Villas, juraron los pactos el Rey, el Conde de Ruissellon, el Infante Don Fernando, los Arçobispos de Tarragona, y Narbona, los Obispos de Barcelona, Tortosa, Vique, Zaragoza, Huesca, Taraçona, y Segorbe, y el Conde de Pallás: entrò el Rey en la Ciudad vispera del Arcangel San Miguel Capitan de la Iglesia, que se celebra à 29. de Setiembre, y mudòse aquel Paraizo de Mahoma, en el Celestial Paraizo, y delicias de la Fè.

Mandò el Rey formar nuevos fueros, y leyes particulares para el Reyno de Valencia, y aunque se disgustaron los Catalanes, y mas los Aragoneses poblados por no querer el Rey igualarlos con las exemciones de Cataluña, y Aragon; por vltimo se consolaron concediendo à los Aragoneses vivir segun el fuero de Aragon, que en lo venidero diò materia à grandes disgustos. (15) Despues de rendida Valencia fue valerosa la accion de Pedro de Clariana que aunque vencido su compañero, venciò al Moro, que le avia desafiado.

(15) *Señor Rey D. Iayme en su Hist. cap. 60. Blancas, Abarca, Zurita, Carbonell, Montaner, en sus Lugares. vida del Rey D. Iayme.*

CAPITULO X.

Ereccion del Obispado de Valencia: Fundacion, y dotacion de Iglesias: Entrada en Murcia: Vitorias de Chio: Aparicion de San Iorge: Milagro de los Santos Corporales de Daroca: Cortes en Gerona, Lerida, y Barcelona: Fundacion del Convento de la Merced de Monblanc, y Agramunt: Executase la Formacion de la Inquisicion: Martyrio de Guillen de Mompeller: Conquista de Xativa: Division de los Reynos: Guerras del Principe: Fundacion del Convento de San Ramon Nonat de la Merced, y de San Francisco de Tarragona, y Cervera, y de Religiosas de Vingaña: Conquista de Sevilla: Martyrio de Fr. Ramon de Blanes, y Fr. Luis Blanch: Imagen de nuestra Señora de los Cyprezes: Conquista de Biar, y lo demás de Valencia: Fundacion de Religiosas del Orden de San Iuan del Guayre de Agustinas de Perpiñan, y Peralada, &c.

Iglesia de Valencia Sufraganea de Tarragona.

POblada la Ciudad, y divididos los heredamientos, nombrò el Rey Obispo à Ferrer de San Marti Pabordre de Tarragona, de la qual Iglesia mandò fuesse Sufraganea la de Valencia, y encargò al Arçobispo de Tarragona, al Infante D. Fernando, Maestres del Temple, y San Iuan Nactruch de Belmonte, y Vgo de Focalquer, y à Ramon Folch la dotacion, y la de todas las Iglesias de aquel Obispado. Entregò la Plaza al cuydado de Guillen Aguilò, al qual, y al Infante Don Fernando, à los Maestres del Temple, y Hospital de San Iuan, à Berenguer de Entença, y à Ximen Perez de Tarazona nombrò Generales para continuar la Conquista del Reyno; que executaron con los rendimientos de grandes Plazas, y Castillos: à este tiempo, aviendo llegado tarde el Visconde de Cardona con los suyos; para desahogarse pidiò licencia al Rey para entrar en el Reyno de Murcia, y concediendola, hizo la entrada acompañado de Artal de Alagon, que era platico del Paiz: entraron por com-

bate

bate à Villena, se apoderaron de dos partes de la Villa, executaron lo mismo en Saix, adonde fue muerto Artal: y cargados de despojos desampararon vno, y otro lugar por la multitud de los Moros que avia acudido à defenderlos; y despues de ocho dias de la muerte de Artal, se bolviò el Visconde con la presa à
1239. Valencia, y el Rey partiò para Cataluña, y de alli à Mompeller para el exterminio de los vandos que logrò feliz con la piedad, y castigo. Guillen Aguilò con los Soldados de la guarnicion de Valencia, en la ausencia del Rey, adelantava sus conquistas, y con las continuas salidas molestava à los Enemigos, y aun à los Moros vassallos; de que embidiosos los otros Cabos quisieron entrar à la par, y hazer vn cuerpo deseosos de las riquezas que avia conseguido. Vniendose Guillen, y Berenguer de Entença, entraron robando en el valle de Albayda, que era el mas poblado, y mas rico de los Moros, combatieron el Castillo de Chio, que dava segura entrada al valle, y à la conquista de Xativa: defendieronse los cercados, y dieron aviso à la vecindad, y avergonçados del corto numero de nuestros Paysanos, que no passavan de mil, salieron à encontrarles en campaña, y buscaron el castigo, y escarmiento, desechos, desbaratados, y muchos muertos en el conflito; llegaron los Pueblos vezinos al socorro con veynte mil hombres bien armados, tomaron los puestos, circuyeron à los nuestros, y fueron à encontrarles en el collado de Codol adonde se avian fortificado.

Entran las Religiosas Trinitarias en el Convẽto de Vingaña.

Este año dexaron los Religiosos Trinitarios su Convento de Vingaña, y entraron las Religiosas, siendo la primera Abadessa Doña Constança hija del Rey, la qual Priora, ò Abadessa dotò el Convento con Berenguela de Moncada. Ilustraron este Convento las V.M. Sibila de Moncada, Saurina de Foix, Catalina Ortoneda, Alexandra de Foix, Francisca
1240. de Moncada, y Catalina Ferrer, de eminentes virtudes, y de vida muy exemplar, consta en las Escrituras del Convento, y en la Coronica de Figueras.

Corporales de Daroca.

Con militar, y prudente oracion alentavan Berenguer de Entença, y Guillen Aguilò à los suyos con el exemplo de las vitorias de sus mayores, exaltacion de la Fè, y credito de la Nacion, quando fueron avisados, que el Sacerdote mossen Matheo Martinez Cura de la Iglesia de San Christoval de Daroca estava para celebrar la Missa, acudieron todos à Dios en el Sacrificio, y en la Santa Eucaristia: avia prevenido el Sacerdote seys Formas para darlas à los Cabos, no aviendo lugar para los demàs porque los Moros se hallavan dispuestos à embestirles, oyeron todos la Missa; y aviendo ya sumido el Sacerdote, bolviendose para dar la Santa Comunion à aquellos Cavalleros, llegaron los Infieles con todo su poder, y grande algazara à subir el collado; è invocando à Dios que tenian presente, y à nuestro Patron San Jorge, dexaron à Dios por Dios para defender su Fè los Capitanes Catholicos, oponiendose al orgullo Mahometano, en tres horas milagrosamente desecho, escapando pocos de la muerte natural, ò civil. Los que de los Moros lograron la dicha de salvarse, se recogieron à sus lugares bolviendose los Christianos con los Esclavos, y despojos à sus estancias; y queriendo agradecidos ofrecer las gracias, y corazon contrito à Dios en su Santissimo Sacramento, pidieron al Clerigo les favoreciesse con la Santa Comunion, respondiò el buen Sacerdote, que en los mesmos Corporales avia escondido las Formas baxo vna grande piedra junto à la raiz de vna Palma: dispusose el Exercito en Procession, y con las luzes que tenian, fueron à visitar aquel deposito de Dios: llegò el Sacerdote, apartò la losa, descubriò los Corporales, y viò las Santas Formas teñidas en parte, de sangre, y pegadas à los Corporales sin poderse desazir; aturdido, ò devotamente embelesado en suave extasi de las divinas maravillas immobil el Sacerdote, diò cuydado al

Exercito

Exercito, y mas al General Berenguer, que se levantò, y dixo al Clerigo: Buen Padre, que es esto? Bolviò en si el Sacerdote, y hizo manifiesto el Prodigio: quedaron devotamente admirados los Christianos, perseverando constantes en la contemplacion de la maravilla, certeza infalible del Divino Sacramento, y concluyente sylogismo contra los perfidos hereges que le niegan. No cabiendo el consuelo en el pequeño vaso de su coraçon, se derramò por los ojos en ardientes lagrimas, y por la boca en fervorosos actos de Fè, y caridad, clamando todos à Dios que tenian presente, misericordia, y favor: bolvieron en si del divino arrobo, entonaron el *Te Deum*, y otros canticos; y tanto se detuvieron, que viendo los Moros no ser seguidos, se rehazieron, y alentados con nuevo socorro, juzgando à los nuestros muy desminuidos de la passada refriega, bolvieron segunda vez à embestirles. Entonces los Christianos formaron vn Palio con sus varas, entregandolas à los mas Ancianos, pidieron al Sacerdote reservasse el Divino mysterio en vn vaso de Plata, que llevasse en sus manos baxo el Palio, acompañado de algunos con luzes en las manos, y que se pusiesse en vna eminencia adonde pudiessen ver al Señor por quien peleavan, y luego acudieron al oposito de los enemigos; que muertos los mas, y seguidos los otros hasta el Castillo de Chio, quedaron nuestros Catholicos con el cumplimiento de la vitoria sujetados los Moros con el Castillo, que se demoliò paraque no sirviera de Adarga Mahometana; bolvieron los vencedores à rendirse con la vitoria al Dios verdadero de los Exercitos: suscitòse devota, y piadosa contienda sobre el lugar que avia de ser venturoso deposito, y Custodia Sagrada del Sacramento: los Catalanes poblados en Valencia le pedian para Valencia, pues en ella avia obrado Dios la Maravilla: los Poblados en Cataluña querian esta Gloria para su Patria, y los Aragoneses para Aragon; concertaronse todos en que pusiessen el Divino Misterio sobre vna mula estrangera que no huviesse passado à Cataluña, ni Aragon, ni huviesse andado por los Lugares Catholicos de Valencia, y que sin freno ni persona que la guiasse, la llevasse Dios al lugar que tenia dispuesto para enriquezerle con este soberano Thesoro: hallada la mula, con devocion, y humildad le pusieron encima la preciosissima carga, dexando su curso à la divina disposicion: siguieron los Cabos, y algunos del Exercito con velas por el camino, y llegando cerca Xativa entonaron los Angeles, Celestes Avecillas en el ayre el Gloria in excelsis; passò cerca de Algezira, y rindiòse el demonio, confessando à Dios en el Divino Sacramento por la boca de la criatura à quien atormentava, sujetandose los pecadores confessando sus culpas; y despues de grande circuito, llegò la mula con la feliz carga al Hospital de San Marcos de Daroca, y entrando en la Iglesia se arrodillò, y muriò, aviendo logrado el empleo, paraque la avia elegido Dios, acudieron los Vezinos, y dando gracias del supremo favor, llevaron el Santo Mysterio à la Iglesia Mayor, adonde favorece à los Fieles, y resplandece con continuas maravillas. (1)

(1) *Gaspar Miguel de la Cueva, hist. de los corp. de Daroca.*

Iusticia del Rey igual para Christianos, y Moros.

Rabiosos los Moros de las derrotas, acudieron al Rey contra los Generales, suponiendo q̃ avian faltado à lo que se les avia prometido: ofendido el Rey saliò de Mompeller, llegò à Valencia, retiraronse los Capitanes, vnos à Cataluña, otros à la frontera de Castilla, solo Guillen Aguilò aunque mas culpado por aver movido la guerra, assegurado en sus servicios que entonces valian, esperò al Rey; pero aunque diò razon de si, y de la ocasion de la guerra, no hallò apoyo en la Iusticia del Rey, igual para Christianos, y Moros, Amigos, y Enemigos, mandando confiscarle dos Lugares que le avia dado, para distribuir el precio à los quexosos; pero como aquellos, ya se hallassen empeñados por los gastos de la guerra, se huvieron de consolar con la la restitucion de los Esclavos, y con algunos despojos, quedando satisfechos los Moros de la Iusticia del Rey.

(1) Real Archivo de Bar. Area primera grande.

No fue en vano el viaje del Rey, pues ocupò con sus Tropas las Plazas, y Castillos de Bayren, Villena, Saix, y otros assegurandolos con nuestros Almugavares; y vino à Cataluña à celebrar Cortes en Gerona para continuar la guerra, formaronse leyes muy santas particularmente contra los Vsureros.(2) Bolviò à Valencia avisado de la desgracia de D. Pedro de Alcalà, que avia sido desecho, y preso en vna salida contra los Moros de Xativa: diò motivo esta venida del Rey, à Berenguer de Entença, que se avia retirado à Xativa por el disgusto del Rey, à ofrecerse à su servicio, à quien admitiò reprehendiendole la descõfianza que avia formado de su amor, y benignidad; con la venida de tan Ilustre General passò alegre el Rey à Valencia, y determinò la conquista de Xativa: llamò sus gentes al Lugar de Barragua, y otro dia despues que llegò al lugar, dirigiò su viaje à Xativa: espantado el Moro Alcayde de la diligencia del Rey, embiò sus Mensajeros, disculpandose del choque, y culpando à los Capitanes del Rey: este despachò sus Embiados al Alcayde assegurandole que guardaria Iusticia, y mandandole restituhir los prisioneros, y no obstante continuò su viaje para Xativa, alegrandose con su vista, admirado de la fortaleza, y amenidad del Paiz. Respondiò el Alcayde al Rey que no estavan en su poder los prisioneros, y que pedian tanto por el rescate, que no lo podian pagar; à vista desta respuesta continuò el Rey su empeño: y espejo de Reyes expuso su quietud, salud, y vida por la libertad de quatro Vassallos; abriò fossos, fortificò sus quarteles, talò la vega, quemò los Molinos, y dirigiose à los avanzes: y mas humilde el Moro Alcayde ofreciò los prisioneros; respondiole el Rey que no partiria sin ser Señor de Xativa: acudiò al Rey el Conde de Ampurias con cinquenta cavallos, y vinieron otros à favorecer el empeño. Previendo su perdicion el Alcayde, pidiò al Rey partidos ofreciendo servirle: respondiole que le aceptaria, entregandole el Castillo de Xativa, ò el de Castellon, y los prisioneros sin precio, obligandose à reconocerle Señor, y admitirle su guarnicion: concluyòse el ajuste como lo pedia el Rey, y quedò la Plaza à su devocion, entregandose enteramente año 1249.

Cortes en Gerona.

Este año fundò el Rey los Conventos de la Merced de Monblanch, y Agramunt.

Convento de Monblanch, y Agramunt de la Merced.

Muriò este año el Santo Papa Gregorio IX. y su successor Celestino IV.

1241.

Partiò el Rey de Valencia, vino à Cataluña, y passò à Mompeller à donde se detuvo hasta el año siguiente, visitado de los Condes de Proença, y Tolosa; y ya por algunos disgustos, como tambien para concordar la causa de divorcio del de Tolosa con la Reyna Doña Sancha, dilatò su viage.

Muriò este año el Conde Nuño Sancho vltimo de los Condes de Ruisellon, eligiò heredero al Rey Don Iayme I. En la concordia referida ya avia quedado ajustado, y se vè claro aver sucedido la muerte del Conde este año, porque hallamos al Rey con la possession del Condado de Ruisellon, aunque como dize Bosch antes avia renunciado el Condado Don Sancho.(3)

(3) *Regist. lib. man de Perpiñan, f. 10. y 16. Archivo de Elna diet deste año lib. antiguo 3. fol. 6. Lib. verde mayor de Perpiñan fol. 50. menor fol. 28. y 29. Lib. vermejo de la Corte del Bayle f. 27.*

Este año aviendo ya venido de Roma San Raymundo con la concession del Santo Tribunal de la Inquisicion, y llegado à Barcelona se le diò forma, y exercicio; con la autoridad, y assistencia del Arçobispo de Tarragona, y de otros Prelados; fundandose en Lerida el primer Tribunal de la Fè de España.(4)

(4) *Diago Condes de Barcelona, lib. 3. fol. 284. y en la vida de S. Raymundo c. 4. Paramo de Offic. Sancta Inquis. tit. 2 cap. 8.*

Este año en la noche de la Ascension de nuestro Señor viò el Rey vna imensa luz que baxava del Cielo, y llenava la redondez de la tierra, y admirado dixo à los suyos: sin duda que Dios obra algo grande esta noche, y fue la del Martyrio de Guillermo Arnaldo de Mompeller In-

quisidor

(5) *Abarca t. 1. fol. 270. col. 4.*

quisidor General de la Francia, y de diez Predicadores Catholicos en el mismo Palacio del Conde de Tolosa. (5)

Cortes en Gerona, y Lerida.

Bolviò el Rey à Barcelona, y tuvo Cortes en Gerona, y otras en Lerida, formò Leyes para el buen govierno, y dispuso la successiõn del Infante Don Pedro su segundo hijo, y primero del segundo Matrimonio, (del qual apacionado, le preferia al amor de los otros hijos,) al Condado de Barcelona, y à algunos Estados dependientes; señalando los limites de Cataluña desde Salsas à Cinca, comprehendiendose en Cataluña la Ribagorça, y Fraga, confirmandola en sus limites, y confines verdaderos, como tenemos referido, *tomo 1. lib. 1. cap. 1.* y siempre esto es Cataluña. (6)

(6) *Real Archivo de Bar. Arca 1. grande. Constit. de Catal. vol. 1. tit. de Paus, y Treguas. Processo en el Archivo de la Deput.*

1243. Diò, ò consignò el Rey à su hijo primogenito, en las Cortes de Daroca, el Reyno de Aragon; pero quexoso de la porcion moviò inquietudes en la Monarquia favorecido de Aragoneses, y Castellanos. Retiròse el Principe à Calatayud, adonde acudieron sus Parciales alentados con el favor del Principe de Castilla Don Alonso. Advertido el Rey de la tempestad que le amenaçava, quiso hallarse prevenido, y con sus fieles Vassallos que nunca le desampararon, partiò de Cataluña para Valencia con color de proseguir la guerra contra los Moros, y à la verdad para oponerse al de Castilla, que se hallava armado en la Frontera; y logrò vno y otro designio, pues quitò à los Moros Algezira, y quietò el animo del Castellano con el Matrimoniò de su hija Doña Violante con el Principe de Castilla.

1244. Año 1243. fundò el Rey el Convento de Predicadores de Perpiñan, y este de 1244. el de la Merced en el Lugar de Segarra en que se halla venerado el Santo Cuerpo de San Ramon Nonat; no puede dudarse aver favorecido el Rey esta fundacion, pero deve creerse q̃ concurrierõ los Viscondes de Cardona, mas no se hallan claras las noticias: culpa del descuydo ordinario. Fundò el

Convento de Predicadores de Perpiñan.

Convento de la Merced de San Ramon.

Rey el Convento de San Francisco de Cervera dedicado à Santa Maria de JESUS, redificòle el Rey Don Iuan II. año 1460. (7) 1245.

Convento de Menores de Cervera.

(7) *Gonzaga 3. part. Cor. fol. 1113.*

Este año 1246. ya se halla fundado el Monasterio de Religiosas de la Orden de los Canonigos de San Agustin de Perpiñan, y se estava fabricando el Convento, consta de la Bula de Inocencio IV. à los 12. de las Kalendas de Abril año 5. de su Pontificado, y año 6. otra Bula de las Kalendas de Marzo, como se pueden ver en el Archivo de dicho Convento. 1246.

Monasterio de Perpiñan de Religiosas de San Agustin.

Este mismo año se halla noticia del antiquissimo Convento de Religiosas Canonigas de San Agustin de Peralada, por Bula del dicho Inocencio IV. de 5. de las Kalendas de Junio: hallavanse las Religiosas este año en su antiquissimo Convento de Belloch con titulo de S. Bartholome, fueron trasladadas deste al de Peralada año 1391. en el qual permanecen, à expensas del Visconde de Rocaberti Phelipe, y de la Viscondesa Esclaramunda, y de los Consules de la Villa: la antiguedad del Convento de Belloch no se halla por averse quemado, ò perdido los papeles en los contratiempos antiguos. Hallase agregado à este Monasterio el de Benitas de nuestra Señora de Vilanera, por concession de Benedicto XIII. à 15. de las Kalendas de Desiembre año 9. de su Pontificado; el de Padardell, entre Pau, y Castellon en lo antiguo edificado, fue vnido à este à 3. de Agosto año 1408. Vltimamente año 1581. por el Obispo de Gerona Don Benito Toco tambien le fue vnido el antiquissimo de Benitas de San Nicolas de Campredon: todo consta en el Archivo del Convento de Peralada. (8)

Monasterio de Canonigas de Peralada, y otros.

(8) *Arch. del Convento de Peralada las Bulas escrit de 23 Iunio 1391. por Luis Carbonell Escrivano escrit. de 1. de Mayo 1404. por Antonio Mitigni Escrivano. Escrit de 3. de Agosto 1408. por Pedro Pellicer. Escritura de 14. de Noviembre 1581. Escrivano Iuan Figueres.*

Cerenòse la tempestad de la civil guerra, y estuvo oculta en los corazones todo el año 1246. hasta que el siguiente, juzgando quietados los animos, declarò el suyo el Rey en la division de los Reynos deliberada en las Cortes de Gerona, y Lerida con vniversal consentimiento, de los Catalanes; concediò pues al

1247. Infante Don Alonso despues de sus dias el Reyno de Aragon, al Infante Don Pedro à Cataluña con las Islas: significando con este nombre como refieren las historias de Aragon, *lo cierto, y lo dudoso, y algo mas* como quererlo todo para el Infante Don Pedro, (9) al Infante Don Iayme señalò el Reyno de Valencia, al Infante Don Fernando Ruisellon, Mompellier, Conflent, y Cerdaña con los Estados de Francia, y al vltimo Don Sancho destinò para la Iglesia: fundaron en esta division su defensa los Aragoneses por aver seguido al Principe Don Alonso contra su Rey; quien sin atender à la oposicion fiado en quien devia à 19. de
1248. Henero año 1248. mandò publicar esta division hallandose en Valencia, que fue armar contra si el sequito del Principe, el qual no assegurado pidiò favor al Castellano contra su Rey; y aunque le juzgò cierto en el Rey Don Fernando, no lo logrò por causa del Principe de Castilla Don Alonso, que pretendia del Rey Don Iayme algunos Lugares para la conquista que juzgava pertenecer à Castilla.

(9) *Abarca, tom. 1. fol. 271. col. 3.*

Conquista de Xativa.

Emprendiò nuestro Rey el assedio de Xativa que la quiso limpia de los Moros, de los quales se podia fiar poco: procurò el Principe de Castilla introducir en Xativa vn Cavallero Castellano para persuadir al Alcayde le entregasse la Plaza mientras se entretenia con su Exercito sin acercarse à nuestro Rey, logrando por trato la Villa de Enguera dependiente de Xativa: enfadado el Rey passò à ella su Exercito; talò la campaña, y mandò se le entregasse el Lugar, y por la renitencia del Alcayde, en su presencia, mandò passar à cuchillo diez y siete Esclavos del Lugar amenazando à los demas con el mismo suplicio: pretendiò el Principe divertir al Rey su Suegro, y le pidiò vistas en Algezira, y respondiò el Rey que no queria vistas sino satisfaciones: executaronse vnas, y otras por medio de la Reyna, del Maestre de Santiago, y del Señor de Viscaya, quedando conformes, y divididos los Reynos de Valencia, y Murcia, y sus conquistas; la de Valencia por el Rey, y la de Murcia por el de Castilla: passò el Rey quexoso contra el Alcayde de Xativa, à batir el Castillo, y à continuar el sitio, que se concluyò feliz con la entrega que hizo el Alcayde. Los Catalanes que mas obraron en estas guerras se hallaràn al fin del Capitulo letra *A*.

Conquista de Sevilla.

Convento de la Merced de Sevilla.

Bolviò à la Iglesia el Santo Rey D. Fernando de Castilla, aquella piedra preciosa de la Ilustre Ciudad de Sevilla, con assistencia de San Pedro Nolasco, y de algunos Catalanes, que dexando los Civiles rencuentros fueron à buscar para Gloria de Dios la de tan celebre vitoria; y en premio les favoreciò el Rey con la fundacion, y dotacion de Iglesia, y Templo de la nueva Religion de la Merced en dicha Ciudad consagrado à nuestra Barcelonesa, y Capitana Santa Eulalia, evidente indicio de su Patrocinio en esta conquista, y de la assistencia de sus Paysanos; y para mas favorecer à San Pedro Nolasco le entregò la Milagrosa Imagen de la Virgen, que avia capitaneado el Exercito en la conquista, y llevava el Santo Rey en las guerras; para que fuesse venerada la Madre en la Iglesia de la hija, entrambas inexpugnables Torres, y Tutelares fuertes de Barcelona. (10)

(10) *Salmeron hist. sigillum 1. f. 39. Fray Antonio de Santa Maria Patroc. de nuestra Señora, f. 60.*

Convento de Menores de Tarragona.

Este año el Arçobispo de Tarragona diò al Obispo de Vique vna Hermita de San Salvador junto à los Muros de Tarragona, y el Obispo la diò à los Padres de San Francisco, y fabricaron el Convento de Tarragona, hallase en la Coronica *part. 3. fol.* 1109.

Entrò el Rey en Xativa este año, y diò forma à la Poblacion, y defensa, dexò por Governador à Ximeno de
Tovia. No desmayò en este tiempo 1249.
el Principe Don Alonso con sus sequazes, aunque desausiado de las assistencias de Castilla; antes con las armas, juntandosele el Infante de Portugal, pretendiò mejorar su partido; pero el Rey aunque constante en lo decretado no agradandole la guerra
interna, pidiò consejo para la quie- 1250.

tud

tud de los Reynos à los Catalanes, y Aragoneses, que estavan juntos en Alcañiz ofreciendo estar à derecho con el hijo: nombraronse Arbitros, y embiaron à requerir al Principe, que se hallava en Sevilla paraque se conformasse con lo ajustado; cuya respuesta correspondiò al deseo de la quietud de todos. Determinaron los Arbitros que el Rey diesse al Principe la Tenencia General de Aragon, y Valencia, reservando para el Infante Don Pedro à Cataluña, y los demas Estados; con que quedò poco mejorado el partido del Principe.

Fr. Ramon de Blanes, y Fr. Luis Blanch Religiosos de la Merced Martyres.

Padeciò martyrio este año en Granada Fr. Ramon de Blanes Catalan hijo del Convento de la Merced de Barcelona, que fue el Protomartyr de la Orden: siguiòle Fray Luis Blanch tambien de Barcelona, y del mismo Convento açotado, y echado al mar, refierenlo Corbera, y el Bulario de la Orden, y fundò el Rey el Convento de la Merced de la Villa de Berga, dedicado à Santa Maria Madalena.

Convento de la Merced de Berga.

Este año la insigne Religion Militar de San Juan fundò el Convento de sus Religiosas de nuestra Señora del Guayre en dicho Lugar, Obispado de Lerida: decretòse la fundacion en la Asamblea à 11. de las Kalendas de Agosto deste año, y luego se diò principio à la obra, que por la antiguedad se hallava en mal estado en este tiempo; y por esta causa, y paraque mejorasen de lugar las Señoras Religiosas à los 9. de Abril de 1699. fueron trasladadas à Barcelona por orden del gran Maestre, y se les concediò la Iglesia antigua de San Juan con la casa de la Encomienda de Barcelona.

Monasterio del Guayre de Religiosas de San Juan.

Apassionado el Rey por el Infante Don Pedro, y assegurado de los Catalanes, congregò Cortes en Barcelona, y en ellas con consentimiento vniversal hizo donacion de Cataluña al Infante Don Pedro, bolviendo otra vez à designar à Cataluña sus terminos de Salças al Rio Cinca, y al Infante Don Jayme diò Mallorca, Menorca, Ivissa, Mompeller, y Valencia; prestaronles juramento los Catalanes, y los Procuradores de los otros Reynos en estas Cortes. (11)

Cortes en Barcelona.

Limites de Cataluña.

(11) Archivo, Real Arca 1. grande.

Este año manifestò el Señor la Imagen de su Santissima Madre, con particular maravilla en el Santuario de Poblet, hallada en vno de los Cipreses que hasta oy se conservan à los lados de la Capilla, adonde es venerada la Santa Imagen. (12)

Nuestra Señora de los Cipreses.

(12) Camòs Jardin de Maria, fol. 8.

Viendo el Principe Don Alonso declarado el amor del padre en favor del Infante Don Pedro, solicitò para la guerra socorros del nuevo Rey Don Alonso de Castilla que avia sucedido por la llorada muerte en toda España del Santo Rey Don Fernando su Padre, al qual el nuestro apreciava como à hermano, y venerava como à Santo: celebradas en Valencia, adonde se hallava nuestro Rey las vitimas demostraciones de cariño, en las Reales Exequias, embiò sus Embaxadores al nuevo Rey su hierno, al qual amava como à hijo, ofreciendose Padre, y Amigo, rogandole, no se olvidasse de las virtudes de su difunto Padre, y que imitandole, le asseguràva en su proteccion; esperando en Dios que juntos concluirian con los Moros, que quedavan en España. No correspondiò el de Castilla à las Santas exortaciones del Rey Don Jayme, pues à los primeros passos de su Reynado hizo Treguas, y amistad con el Moro Rey de Granada, cortando las bien fundadas esperanzas de nuestro Rey en la estirpacion de la infame Secta. Sin obstar la accion del de Castilla, emprendiò nuestro Rey ocupar el residuo del Reyno de Valencia, viniendole al parecer la ocasion con la oferta que le hizieron los Moros de Biàr, de su Castillo en las Fronteras de Murcia, que le deseava el Rey de Castilla; pero esperavanle alevosos entre celadas, y con buenas prevenciones de guerra. Enfadado el Rey de la burla, emprendiò la conquista de veras, para castigarla: costò mucha sangre, y varios avances, y choques en cinco meses de Assedio esta Plaza; pero rendida al valor del Rey, se le sugetaron las otras que ocupavan

1252.

Conquista de Biàr.

van en Valencia los Moros, temiendose atropellados de las virtudes, y fortuna del Rey. (13) Insigne fue este año N. Armengol muger de N. Armẽgol, que descubriò el levantamiento de los Moros de Origuela, y los venciò con su marido N. de Aruños, y N. de Riudoms. (14)

(13) *Señor Rey Don Iayme en su Hist. cap. 60.*

(14) *Escolano hist. val. lib 6. cap. 6.*

Nombranse algunos de los que se dieron à conocer en estos tiempos.

A. Arçobispo de Tarragona, Obispos de Barcelona, Lerida, y Tortosa, las Ciudades de Barcelona, Lerida, Tarragona, Tortosa, Vique, Gerona, y Manresa. Los Condes de Ampurias, y Pallàs, el Visconde de Bearne Guillen Ramon de Moncada, el Prior de Cataluña Fr. Pedro de Moncada, Berenguer de Anglesola, el Visconde de Rocabertì, Guillen de Cervellò, Bernardo de Santa Eugenia, Hugo de Mataplana, Guillen de Oros, Thomàs de Lupià, Bernardo de San Iuan, Dalmao Desfar, dos mugeres de Sarrià en Mallorca, Pedro de Tagamanent, Marimòn de Plegamans, Pedro Marquet, Guillen de Viladecans, N. de Carros, Pedro Burguet, Guillen Durfort.

CAPITULO XI.

Vitorias en Andaluzia: Conquista de Almerìa: Guerras, y Pazes: Convento de Religiosas de Montalegre: Vida de Don Berenguer de Peralta: Invencion del Santo Christo de Balaguer, y Fundacion del Convento de Franciscas de dicha Ciudad: Vitorias en Valencia: Movimientos en Aragon: Guerras en Cataluña: Vnion con Francia: Martyrio de Fr. Bernardo Traveseres, y Vida del Santo Prelado Don Fr. Berenguer de Castellbisbal: Vitorias del Principe, su casamiento, y del Infante: Guerras en Navarra: Preheminencias de la moneda de Barcelona: Cortes en Lerida, y Tarragona: Convento de Predicadores de dicha Ciudad, y de Gerona, &c.

POr este tiempo suplicando el Rey de Castilla al Rey Don Jayme que moviese guerra al Rey Moro de Granada acetò la propuesta, siendo para nuestro Rey la mejor fiesta: llamò à nuestros Paysanos, dispuso que se armasen los Vaxeles, y Galeras de Cataluña; y juntos que estuvieron en el Puerto de Barcelona, bien pertrechados, embarcòse para la Andaluzia, à ocasion que ya el Rey de Castilla se hallava sobre Granada, estrechandola con la opugnacion: llegò nuestro Rey à desembarcar su Exercito en Andaluzia, dirigiòle al assedio de Almerìa que avian recobrado los Moros, dispuso sus ataques, y fueron tan fuertes los avanzes que obligaron à los Moros à retirarse al recinto de los Muros: acercose el Rey, y con las maquinas abriò Brecha amenazando la vltima ruina à la Ciudad: suplicaron al Rey los Moros que no continuasse los avanzes ofreciendose Vassallos con tributo competente: respondiò el Rey, que era costumbre de los suyos llevarse las puertas de las Plazas, y despues acetar el Tributo: sujetaronse à todo los Moros, y quedò la Plaza por el Rey. Embidiòsos los de Castilla de ver que los nuestros en quinze dias avian conseguido tal vitoria, quando ellos en quatro meses nada avian podido adelantar, persuadieron à su Rey à las Treguas, y amistad con los Moros, y à levantar el assedio, porque era afrenta suya la gloria nuestra: sentido el Rey de la injusta paz, entrò con hostilidad por Castilla, devastandola toda: emprendiendo con mayor corage la guerra, que contra los Moros; pero sobreviniendo la Reyna de Castilla su hija satisfizo al Padre, y reconciliòle en parte con el Rey su marido. (1)

Conquista de Almerìa.

Haze Castilla pazes cõ los Moros.

(1) *Marin Sicl. de reb. hisp. lib. 10. cap. non omitan.*

Disgustado el Rey de Castilla por los daños recebidos, quizo separarse, y disolver el Matrimonio de la Reyna su muger, con pretexto de no tener hijos, y concertò casarse con Christina Infanta de Noruega, que llegò à ocasion que ya la Reyna se hallava en Cinta, y faltò el pretexto para disolver el Matrimonio.

1253. Diò materia à nuevos disgustos la guerra de Navarra, procurando el de Castilla ocupar aquel Reyno, y nuestro Rey defenderle para el Pupilo Theobaldo II. encargado por el difunto Rey Theobaldo I. à la piedad de nuestro Rey sin las sospechas de las antiguas, y bien fundadas pretenciones

ciones á aquella Corona como de los Reyes de Aragon.

Convento de Predicadores de Tarragona, y Gerona. Con la Real assistencia, y á expensas de la Ciudad, y Cabildo, se fundò el Convento de Predicadores de Tarragona; se fundò tambien el de Gerona este año.

1254. Entrava ya con numeroso Exercito el de Castilla, quando nuestro Rey con los nuestros se le opuso en la Frontera: no se atrevieron los Castellanos aun con mayor numero á hazer frente á nuestro Exercito: retiraronse, y dividieron sus gentes en los Presidios, y executò lo proprio el Rey continuando la proteccion de Navarra hasta la edad de quinze años de Theobaldo su Rey.

La debilidad del Rey de Castilla, ò la tibieza en assistirle, obligò al Principe Don Alonso á firmar las donaciones de los Reynos hecha por el Rey á los otros hermanos hallandose todos en Barcelona.

Los rumores de la guerra de Castilla, y Navarra dieron aliento á los Moros de Valencia para levantarse, inducidos por su caudillo Alazdrach astuto, y engañoso Moro, el qual ofreciò al Rey que se bolveria Christiano, y le entregaria el Castillo de Regnar, si le casava con vna parienta de N. Carròs Señor de Rebolledo: hazia esta oferta el Infiel para matar al Rey en el camino, quando partiesse á la pocession del Castillo, teniendo prevenidas siete emboscadas para que no escapasse el Leon Real. No sospechando el Rey la trahicion partiò con solos veynte y cinco, embiando delante diez y siete que cayeron en la trampa; avisado el Rey de las vozes, alentado con los suyos embistiò á los enemigos, y saliò libre deste no premeditado peligro; pero el Moro viendo frustrada su alevosìa commoviò á los Moros, ocupò algunos Castillos, y puso en arma todo el Reyno: hallavase el Rey con su Exercito en Valencia, quando congregò los Prelados, ricos hombres, y Pueblo, para assegurarse en la expulsion que pretendia hazer de los Moros; concordes los Prelados, y Ciudadanos en la voluntad del Rey, resistieron los ricos hombres al designio de la expulsion, por lo que logravan de los Vassallos Moros. En este tiempo los Moros, juntandose mas de sesenta mil, llenavan las casas, y Lugares de incendios, quando saliò el Rey á campaña presidiando las Plazas, y ocupando los lugares, y puestos: viendose impossibilitados de defenderse, temiendo al Real Exercito, ofrecieron los Moros partirse del Reyno, y dar la mitad de lo que llevavan; contentòse el Rey de la partida, pero no quiso acetar cosa de su hazienda. Entraron los Infieles á Castilla, alli les pecharon en vn Besante por cabeza, y se dividieron en Murcia, Toledo, y Granada, y de alli molestavan el Reyno; pero fueron derrotados sobre el Castillo de Peñacadel con su Caudillo, retirandose los que se pudieron librar á la Plaza de Alazdrach, adonde en el discurso de tres años dieron que merecer á los nuestros, pero quedaron por vltimo destruidos. En Napoles muriò á 12. de Deziembre el Papa Inocencio IV.

Concediò el Rey este año el govierno del Reyno de Valencia al Principe, y obligòle á seguir sus dictamenes apartandose de los tratos con Castilla.

Tratose la Paz del de Castilla con nuestro Rey por medio de Bernardo Vidal de Besalú de quien fiava el Rey Don Jayme lo mas intimo, y secreto en su consejo de Estado: quedaron los Reyes concordes; pero en poco tiempo caminaron los empeños, mas al rompimiento, que á la concordia. 1255.

Aunque parecia extinguido el fuego de la guerra de Castilla, bolviò á humear, saliendo de las cenizas por continuar su empeño el de Castilla contra Navarra estando empeñado el Rey Don Jayme en defenderla: tuvo nuevos estimulos el Rey de Castilla en las vistas del Infante Don Enrique su hermano, y del Señor de Viscaya haziendose este su Vassallo, recibiendo repetidas gracias Guillen de Moncada hijo de Don Ramon que muriò en Mallorca, por estos tra-

tados,

tados, y en este tiẽpo recibiò del Rey la Villa de Fraga en recompensa
1256. de los derechos de Lerida.

Este año el Obispo de Barcelona D. Arnaldo de Gurb fundò el Monasterio de Monjas de Montalegre baxo la regla de San Agustin, diòles la Parroquia de Cabañas; trasladòse el Convento à Barcelona à la calle de Montalegre, adonde vivieron las Religiosas hasta que se extinguieron año 1598. formando del Convento Colegio para Estudiantes el Obispo Don Juan Dimas Loris. (2)

Convento de Montalegre.

(2) *Diago, Con. de Bar. lib. 3. fol. 286. Argaiz perla de catal. f. 147. Massot f. 135*

Muriò Electo Obispo de Lerida el Santo Canonigo de aquella Iglesia Don Berenguer de Peralta, natural de Monzon, eminente en dotrina, y de santidad prodigiosa, hallase venerado su cuerpo en la Iglesia de Lerida favorecida con continuas maravillas que obra el Señor por la Intercession deste Santo assi llamado en las antiguas Escrituras. (3)

El Santo Obispo de Lerida D. Berenguer de Peralta.

(3) *Domenech, Flos Sanct. de Catal. f. 88. part. 2. Instrum. in Arch. Cath. Ilerda.*

Confirmaronse las pazes, tantas vezes rompidas por el de Castilla; pero no le empeñaron à no continuar en favorecer al Moro Alazdrach rebelde à nuestro Rey, pues permitiò que los Pendones de Castilla fuessen vistos defender à los Castillos del Moro, y à empeñarse con embaxada à pedir treguas por el Infiel Pagano: desempeñòse atento nuestro Rey advirtiendo al Rey de Castilla su error, con estas palabras: *Mucho me maravillo que el Rey de Castilla mi hijo tenga tanta cuenta con este Ruin Moro*: y castigando al Moro le ocupò los Castillos, obligandole à passarse pobre, y desnudo al Rey de Castilla su amigo paraque se bolviesse à alegrar con su Corte cõ el picante del Infiel, que preguntado si sabia caçar, respondiò, siendo V.A. servido caçarè Castillos del Rey de Aragon; y siguiendo la methafora respondiò nuestro Rey à la embaxada de Castilla, que advertia al Rey su hermano, que aquellos dias avia andado à caça, y en solos ocho, avia volado diez, y seys Castillos. Devieronse estas vitorias à la actividad, y valor de Ramon de Cardona, y de Guillen de Anglesola con sus tropas favorecidas del Rey.

Muriò este año Ponçe de Cabrera Conde de Urgel, y sucediòle Alvaro 1257.
su hijo que quedò con su hermano Guerao, baxo de la Tutela de Jayme de Cervera, quien compuso las diferencias, y pretenciones de los Condes de Foix, y Viscondes de Castellbò, que avian motivado tantos disgustos en Cataluña.

Este año desengañado à su costa el Rey de Castilla, se apartò de los vanos consejos de sus Vassallos, y sinceramente vniò con nuestro Rey la voluntad, è interezes. (4)

(4) *Zurita t. 1. lib. 3. c. 55. Abarc. t. 1. fol. 75. col. 4.*

Por concordar las historias, y ser tradicion antigua que las Monjas Franciscas del Mata de Balaguer son de las mas antiguas Religiosas de la Orden en Cataluña, y porque despues de fundado el Convento llegò por el Rio el Santo Christo, pongo vno, y otro este año, aunque no se halle cierta la noticia: el Convento fue fundaciõ de los Condes de Urgel, y concedido à Franciscas Claustrales: ya fundado el Convento, vieron los vezinos de Balaguer grande luz sobre el Rio Segre, y oyeron suaves acentos de la celeste Capilla: llamados del Prodigio acudieron al Rio, adonde admirados, vieron venir Rio arriba vn Santo Crucifixo, que se detuvo en vn escollo, que aun se divisa: acudiò el Clero, y Ciudad con Procession, y entrando dentro del Rio para tomar la Santa Imagen que les enviava el Cielo, no pudieron lograrlo, entrandose la Santa Imagen por el agua: llegaron las Monjas, y permitiò lograsse la suerte feliz la Abadessa, que sacandole del Rio, consiguiò llevarle al Convento, adonde se halla adorado del Orbe Christiano: es el Santuario de los mas insignes, y perenne manancial de divinos favores: tambien es tradicion ser esta Santa Imagen fabricada por Nicodemus, (5) celebrò Cortes el Rey en Lerida por las dependencias del Principe, y por las de Urgel. (6)

Monasterio de Franciscas de Balaguer, y venida del Santo Crucifixo.

(5) *Escritura antigua del Convento, y de los Milagros, &c. Domenech, Flos Sanct. de Catal. part. 1. fol. 107.*

Cortes en Lerida.

(6) *Real Archivo de Barcelona, Area 1. grande.*

Este año passò el Rey à Mompeller adonde acudiò San Luis Rey de 1258.
Francia casado con la hija mayor del

Con-

Conde de la Proença sobrina del Rey: quedaron en conforme paz comprandola nuestro Rey con la cession de los Feudos de Carcassona, Foix, Narbona, y otros que conservaron, y defendieron los Serenissimos Condes de Barcelona sus Padres, y Abuelos; y con la cession, que hizieron entrambos Reyes à Beatriz hija postrera del Conde de la Proença casada con Carlos de Anjou hermano de San Luis, del Condado de la Proença, y Focalquer; que aunque proprio del Rey por la linea masculina de los Serenissimos Condes de Barcelona, le concediò à Beatriz, y à Carlos de Anjou por el casamiento, recompensando San Luis esta grande liberalidad del Rey, con la cession de lo que podia competirle por el antiguo Feudo del Condado de Barcelona; pero como este ya se avia concedido à Vuifredo II. por el Emperador Carlos Calvo, importava poco la ratificacion: tal fue el ardor de nuestro Rey por la libertad de España, pues diò tales Estados solo para hallarse desambarazado, para poder lograrla.(7)

(7) Real Archivo de Barcelona, lib. 2. de los feud. fol. 379 se halla la donacion del Emperador.

Comprò la paz con el hijo, dissimulando la desatencion de los Aragoneses, pues le embiaron à suplicar les desagraviase por la division de los Reynos, y sabia el Rey que no avia para que: pues los Catalanes eran los que avian ganado palmo à palmo su tierra, con su sangre, armadas, y dinero: conquistado Mallorca, y Valencia Poblados entrambos Reynos en general; y aun que de Aragon se hallavan vnos, ò otros particulares, y comunes, pero en numero muy inferior al de Cataluña: que avian concurrido enteramente para la libertad de Aragon con los Reyes antiguos de aquel Reyno como hemos visto, y despues con los Serenissimos Señores Conde Don Ramon Berenguer IV. Reyes Don Alonso, y Don Pedro todos Catalanes, que assistidos de su Nacion, libraron enteramente à Aragon; y assi no tenian los Aragoneses fundamento para la quexa, si emperò los Catalanes, pues se dividia lo que avia conseguido su valiente espiritu; y si estos callavan, y se conformavan con la voluntad del Rey, devianla obedecer aquellos; y mas si advertian que el Cabildo del Santo Sepulcro de Gerusalen, y los Maestres del Temple, y de S. Juan à quienes avia dexado el Emperador D. Alonso el Reyno de Aragon, le avian cedido al Conde de Barcelona D. Ramon Berenguer IV. en su persona; (8) porq aunque es verdad, que no podia aquel alienar el antiguo Reyno de Sobrarbe, y Montañas de Aragon, pero bien podia dar, los llanos, y Ciudades de Zaragoça, Calatayud, Daroca, y demàs Lugares que avia conquistado sacando dellos à los Moros à sus expensas, y assistido de los Catalanes: Aunque no ignorava el Rey la solidez destos fundamentos, consolò al Principe, y à sus sequazes con la vnion de los Reynos de Aragon, y Valencia, y con el Ilustre nombre de Primogenito.

(8) Real Archivo de Barcelona, Armario de Aragon, saco A. n. 229.

Bien entendia el Rey que ni aun 1259
con esto cessarian los disgustos, pues quedava entera la ocasion de la separacion del Principado de Cataluña, y avia de mantener la Corona, y assi con cuydado, no prendiesse alguna chispa de aquel fuego en esta su Provincia, zeloso del Conde de Vrgel, que tenia sus Estados tan cerca de Aragon, y que podia acordarse del desheredamiento, aunque justo de su Tio, le embiò à mandar le entregasse sus Castillos: obedeciò al Rey el Conde; pero viendo que passados los diez dias, que segun la ley podia detenerlos, no se los bolvia, le embiò sus quexas, y le protestò en la forma que era permitido. Sentido el Visconde de Cardona porque el Rey le avia mandado tapiar vna puerta del Castillo de Monblanch, y le embargava el Fonebol que era ingenio de madera para disparar piedras con vna honda, como insignia Real, no permitiendo le llevasse el Visconde en las guerras, se vniò con el de Vrgel: y podia temerse la vnion destos Principes con el Primogenito Don Alonso, à no

no averlà impedido Dios con su temprana muerte sucedida año 1260
1260. en las mismas alegrias de sus bodas, que celebrava por el concluìdo Matrimonio con Constança de Moncada hija del Visconde de Bearne.

Vnieronse con mayores vinculos de paz los Reyes de Aragon, y Castilla, concediendo el Rey à los nuestros por medio de Galceran de Pinòs, que pudiessen libremente acudir à servir al Rey de Castilla contra los Moros: pero no lograron licencia Bernardo de Santa Eugenia, Jofre, y Gilabert de Cruillas que querian passar à Tunez à favor del Infante Don Enrique, por no dar motivos de disgusto al Rey de Castilla, en cuya desgracia se hallava el Infante.

Armado el Conde de Vrgel, recuperò algunos de sus Castillos, y entrò en Aragon para compensar en daño de los Vassallos, las quexas que tenia del Rey: opusieronse à la defensa los Aragoneses; y estando, por esto, y por las diferencias del Principe Don Pedro, y del Infante Don Jayme, muy comovidos los Pueblos, formaron en Aragon la vnion de las Ciudades, con el pretexto de perseguir los malhechores: y no entrò jamàs en esta vnion el Condado de Ribagorça, por ser de Cataluña, y governarse segun sus Constituciones, y por Vegueria como Cataluña.

Tratò de casar este año el Rey al Principe Don Pedro con Constança hija del Rey Manfredo de Sicilia, y embiò à Barcelona sus Embaxadores el Rey de Sicilia, que concertaron el Matrimonio: y el nuestro embiò à S. Raymundo del Orden de Predicadores para que suplicasse al Papa bolviesse à su gracia al Rey Manfredo; pero no solo no lo consiguiò sino que pretendiò el Pontifice apartar al Rey de la amistad de Manfredo, y del tratado Matrimonio, que no obstante el disgusto del Papa, se concluyò.

Muriò este año martyr en defensa de la Fè, y de su oficio de Inquisidor en los Estados de Francia Fray Bernardo de Travesseres, que entrò en la Orden de Predicadores para Ilustrarla con su Dotrina, virtudes, Milagros, y Martyrio, que se le dieron los herejes à cuchilladas en el territorio de Urgel: hallase su Santo Cuerpo venerado en la Cathedral, adonde acuden sus devotos para conseguir los favores, que concede liberal el Cielo por su intercession. (9)

Fr. Bernardo de Travesseres, Martyr.

Rebelaronse tambien este año los Moros de Valencia, favorecidos de los Reyes de Granada, y Murcia; y para dar remedio à estos desordenes, y conquistar à Murcia celebrò el Rey Cortes à los Catalanes en Tarragona ofrecieronle servir Comunes, y Particulares como en la de Valencia. (10) Mientras se disponia el Exercito, ocuparon los Moros algunos Castillos, corriendo sin oposicion la tierra con notable ruina: avisado el Rey, mandò que luego partiesse de Cataluña el Principe Don Pedro con la gente que se hallava prevenida para el socorro de Valencia, y que llamasse à los de Aragon: obedeciò puntual el Principe, y con la Armada de Cataluña passò à Valencia, y de aquella Ciudad à Xativa à 1261.
encontrar el Exercito de los Enemigos, que se hallava dividido en Alcoll, y Desconfilos: diò sobre los de Alcoll, y no escaparon de muerte, ò esclavitud: luego sin reposar partiò contra el otro Exercito, y logrò la misma fortuna en la cumplida vitoria de los Moros; y no contento, con los Almugavares corriò las Montañas, que eran las ladroneras, desalojàdo à los aturdidos Moros, y obligandoles à cerrarse en el fuerte Castillo de Monteza: acudieron alli los del Reyno de Valencia, que con el Exercito le combatieron, y rindieron, y con el aura del viento prospero cobraron todos los Lugares que se avian levantado: bolviendo segunda vez à conquistar à Valencia, sujetada por el valor, y direccion del Principe assistido de la militar inteligencia de nuestros Cavalleros, y Almugavares, que fueron los que mas obraron. (11) Muriò este año el Papa Alexandro IV. Em-

(9) *S. Antonino 3. p. hist. tit. 23. cap. 10. §. 5. Diago hist. de la Ord. de Predic. lib. 1. c. 4. Domenech Flos Sant. de Cataluña lib. 2. fol. 36*

(10) *Real Archivo de Barcelona, Arca primera grande.*

(11) *Señor Rey Don Iayme en su Hist. cap. 68. Montan. Cor. fol. 8.*

biò

biò el Rey à Sicilia al Infante Don Fernan Sanchez su hijo, y à Guillen de Torrellas para ratificar el matrimonio de Doña Constança, y firmar aliānças con aquel Rey. Este año se halla noticia de la Imagen de nuestra Señora del Coral, hallada antes por las señas que diò vn Toro en el corazon de vn Robre, de la Parroquia de Miralles, Obispado de Elna, del Termino de Prats de Mollò, en el qual lugar se halla fabricada la Iglesia.

Nuestra Señora del Coral.

1262. Concluyòse el Matrimonio de Isabel hija del Rey, con Phelipe hijo primogenito de San Luis, y el de la Princessa Doña Constança con nuestro Principe; y hallandose ya el Rey con sus hijos en Barcelona entre la alegria, y fiesta de las bodas duplicadas, pues tambien celebrò las del Infante Don Iayme con la hija del Conde de Foix, heredò entrambos hijos, concediendo à Don Pedro à Valencia, Cataluña, y Aragon, y à Don Iayme Mallorca, Menorca, Ivissa, Mompeller, Ruisellon, y Cerdaña, con algunos Estados de Francia, con reconocimiento al Rey de Aragon, y Conde de Barcelona, obligandole que en todos los Estados se juzgasse segun los vsajes, y constituciones de Cataluña, y que corriesse, y siempre se admitiesse la moneda de Barcelona que llamavan de Terno. (12)

(12) Señor Rey D. Iayme en su Hist. [illegible]

Aunque el Principe en lo exterior admitio la division de los Reynos, pero en secreto avia declarado su animo delante de San Raymundo, del tura de los Emulos del Confessor, confessandolo arrepentido, y contrito el Rey otro penitente David, y verdadero conquistador de si mismo, en el Concilio de Lerida delante de todos los Prelados, admitiendo arrepentido la publica reprehension, y cumpliendo fiel la penitencia à que le obligaron. O prodigioso, y catholico exemplo de Reyes Christianos! Amas de la penitencia quiso satisfacer al Vassallo agraviado, con el honor del Obispado de Gerona, para que constase mas su inocencia.

Fuè Fray Berenguer de Castell Bisbal, natural de Barcelona, Religioso de Santo Domingo, eminente en dotrina, y mayor en Santidad, sumamente venerado de los Reyes, y Obispos, y muy estimado de San Raymundo, y del Santo Varon Fr. Miguel Fabra, con el qual assistiò al Rey en las conquistas de Mallorca, y Valencia, y muriò santamente en Gerona, Obispo de aquella Ciudad. (13)

Fr. Berenguer de Castell-Bisbal, de Predicadores.

(13) *Diago Condes de Barcelona, lib. 3. fol. 283. Abarc. t. 1. fol. 279.*

CAPITULO XII.

Dividense los Terminos de Aragon, Valencia, y Castilla: Iurisdicion del Senescal de Cataluña: Academias para convencer à los judios, y disputa publica de Fr. Pablo Christiano, Fr. Arnaldo Sagarra, y Fr. Ramon Martin: de los judios Moysen, y Bonastruc: Assistencia, y Vitorias de los Catalanes contra Murcia, y su Conquista: Fundacion del Convento de Cartuxos de Montalegre, y de Monjas Fran-

[illegible]

1263.

[illegible]

do de Mauleon: partiòse el Rey, asseguradas las Fronteras, à Barcelona, adonde tuvo Literaria Palestra à favor de la Fè.

Fray Pablo Christiano, Fr. Arnaldo Sagarra Fr. Ramon Martin Ilustres en la inteligencia de la lengua Hebrea.

Avia el Rey à instancias del ardiente zelo de San Raymundo fundado Academias para que los Ecclesiasticos aprendiessen la lengua Hebrea para la conversion de los judios, floreciendo en este Santo Instituto Ilustres Varones de Barcelona: siendo los mas celebrados Fr. Pablo Christiano, Fr. Arnaldo Sagarra, Fr. Ramon Martin, San Raymundo, y otros de las Ordenes de Predicadores, y Menores; que clarines de la Divina palabra, Angeles del nuevo Testamento confundian los Sequazes de la Ley antigua de Moysen: era el Maestro, y Caudillo de todos los Sequazes vn judio natural de Gerona llamado Moysen, el qual por sus escritos, y comentarios sobre Job, y sobre el Penthateuco, le davan el primer lugar entre todos sus Antiguos, y Modernos: Viendo el Santo Obispo de Gerona Don Berenguer, que de la reduccion deste docto judio, pendia la conversion, ò confusion de los demas, embiò à Barcelona à buscar à Fr. Pablo Christiano para que le convenciesse publicamente en su sinagoga: executòlo el Religioso, y quedò à la luz de la verdad, rendido el Rabino erudito; pero como los otros judios que se hallavan en Cataluña, convenciendoles dezian, que su Maestro responderia por ellos, embiòle à llamar el Rey, y señalò dia para publica disputa en su Real Palacio, y fue tambien convencido como en Gerona, siguiendole otro docto judio que se llamava Bonastruc, el qual fue desterrado con Real sentencia por las blasfemias que avia publicado contra nuestro Dios, y Señor Iesv-Christo, siendo publicamente quemado su infame libro: (1) estas eran las fiestas, y descanço de nuestro Magnanimo Rey.

Moysen, y Bonastruc doctos judios.

(1) *Real Arch. de Barcelona, hist. del año 1263. letra T. fol. 120. y col. 264.*

Pidiò el Rey de Castilla à nuestro Rey favor contra los Moros de Murcia rebelados, y contra el pujante Exercito de los Reyes de Granada, y Marruecos, que avian entrado en Castilla en grave daño de aquellos Reynos: promto el Rey en acudir à la defensa, llamò à los Catalanes para que le sirviesen en aquella guerra. Refieren las Historias de Aragon, que celebrò Cortes en Barcelona, y que los sequazes del Conde de Urgel, y Visconde de Cardona pedian antes desagravio al Rey, de que disgustado quiso partirse de dicha Ciudad, y estimulados desto los nobles corazones de los Catalanes cedieron de su empeño, por la justificada causa de la defensa de la Christiandad de Castilla, y ofrecieron servirle Comunes, y Particulares, y para los gastos ofrecieron el servicio del Bovaje: (2) no se hallan en el Real Archivo estas Cortes, me persuado aver sido solo para las assistencias de Castilla, y que no se formò constitucion alguna, con que no importò la Custodia de lo decretado, ò no se concluyeron, y lo verisimil es fue solo Parlamento.

(2) *Zurit. tom. 1 lib. 3. cap. 66. Abarca, tom. 1. fol. 280.*

1264. Partiò el Rey à Zaragoça à las Cortes que avia mandado congregar à los Aragoneses, representòles los daños de Castilla, el peligro de Valencia, y la ruina del Pueblo Christiano, y assi les pedia le serviessen como Cataluña, que olvidò sus intereses por la causa comun de la Iglesia Catholica: no hizieron fruto estas santas palabras del Rey, (alentadas con la fervorosa oracion de vn Religioso de San Francisco) en los ricos hombres, y Cavalleros de Aragon; que formando quexas por el servicio que se pedia à exemplo de Cataluña clamavan ser cosa muy distincta; porque Cataluña era tres vezes mayor de Poblacion, de diferentes leyes, siempre mas atendida, que le avia vnido el Rey la Ribagorça, añadiendo otras muchas cosas; y se ausentaron de Zaragoça, y de las Cortes, juntandose en Alagon, de donde embiaron al Rey en vna lista los agravios que juzgavan aver recebido; satisfizoles el Rey con la eleccion de los arbitros, ofreciendo observar lo que declarassen justo. (3)

(3) *Zurita, Blācas, y Abarca.*

Por este tiempo partiò el Rey à Valencia à recebir al Rey de Castilla, y à la Reyna su hija que les agasajò, y obligò con la certesa de defenderles sus Reynos, y para que la diligencia lograsse el efeto, mandò al Principe Don Pedro, que con el Exercito de Cataluña entrasse en el Reyno de Murcia, que puntual lo executò seguido tambien de algunos Aragoneses, y Valencianos, talando las campañas de aquel Reyno, dominando los Castillos hasta el de Montagudo en la huerta de Murcia: Saliò el Moro Rey à la defensa, puesto à la otra parte de la azequia, y jamás se atreviò à acometer à los nuestros; que valientes passando adelante lograron felizes reenquentros, y cargados de Esclavos, y despojos, mil cabezas de ganado grande, y veynte mil de pequeño esto es carneros, y cabras, llegaron à Valencia, ofreciendolo al Rey, que pagado del valor del hijo diò à Dios las gracias y al Pontifice con los Principes Christianos, entre los quales dividiò los Esclavos; participando con militar fausto lo gloria de la vitoria del hijo. (4) Falleció en Viterbo el Papa Vrbano IV.

Entra el Principe D. Pedro al Reyno de Murcia, y su Vitoria contra los Moros.

S[illegible] D. [illegible] en [illegible] cap. 32. [illegible] 12. [illegible] 6. [illegible] 11. [illegible] Cō- [illegible] de

Los mal Contentos de Aragon continuaron sus quexas sin que la razon pudiesse obligarles al servicio del Rey, que enfadado, llamò à Pedro de Moncada, y à los Catalanes, los quales entraron en Aragon combatiendo, y ganando algunos Castillos de los mal Contentos, que viendo mal dispuesto su empeño cedieron sus pretensiones à la voluntad del Rey, y de los Arbitros, dando con esto lugar à la junta de Cortes en Exèa adonde el Rey les concediò parte de lo que pedian, y se quietaron por entonces.

Emprendiò el Rey defender à Castilla con todo empeño por su persona, juntò la gente de Cataluña con la que se le vniò de Valencia, adonde avia passado; sirviendo solo de Aragon Blasco de Alagon, y [illegible] fiel zelo la Ciudad de Teruel: encargò el Exercitò à sus hijos Don Pedro, y Don Jayme, al Visconde de Cardona, y à Ramon de Moncada: entraron estos por el Reyno, y con alago, y temor ocuparon para sus dueños, à Villena, y Petrer, por trato à Crevillen, y otros Castillos; recuperando desde Villena à Alicante, y Origuela.

Emprende el Rey la defensa de Castilla.

Ocupa el Rey para sus dueños muchos Lugares, y Castillos de Castilla, y Valencia.

Entendiendo en Origuela que los Moros caminavan con 800. cavallos, dos mil Peones, y dos mil azemilas para introducirlos en la Ciudad de Murcia, diligente acudiò el Rey à estorvarles la entrada; mandò marchar su Exercito que llegò al amanecer à vista de Murcia, de la qual saliendo el Exercito de los Moros que era muy numeroso, y superior al nuestro, determinò darles la Batalla: ordenò su Exercito diestro Capitan, encargò la vanguardia à sus dos hijos, la Batalla al Maestre de Santiago, à Pedro Nuñez de Guzman, y à Alonso Garcia que avian venido à servir à Dios, à su Rey, y à su Patria en esta guerra, y tomò para si la retraguardia, porque era de mas peligro, pues devia hazer cara al Exercito de la Ciudad, quando los otros solo devian oponerse al socorro. Aunque se viò el Rey en medio de los enemigos que venian à la Ciudad, y de los que avian salido della, no desalentado, mandò que el Exercito hiziese cara à entrambos, passò à la vanguardia, llamò à sus hijos, y les dixo. Solo vengo à deziros: *que os acordeys cuyos hijos soys, y sino lo mostrays, jamàs os tendrè por tales.* Bolviò à su puesto alentado con la noble respuesta de sus hijos que la cumplieron bien, derrotando solos la vanguardia à los Enemigos que desordenados buscaron su libertad en la infamia de la fuga: no quiso el Rey seguir à los fugitivos porque tenian promto el refugio de la Ciudad, y los socorros de Alama: contento con la vitoria bolviò à Origuela, y passò à Alcarràs para verse con los Reyes de Castilla sus hijos y dar la forma de continuar la guerra. (5)

Vitorias del Rey contra los Moros en Murcia.

(5) *Señor Rey D. Jayme en su Hist. Cascal. hist. de Murcia disc. 2. Abarc. t. 1. fol. 281.*

Bolviò el Rey à Cataluña, de alli passò à Mompeller para acudir à aquellos Estados, dexando Lugartiniente de Valencia al Principe Don Pedro, que sin dar vn instante de treguas à los Moros les tenia en continuo desvelo,

velo, derrotandoles, y sujetandoles sin bastar fuerças contra su brillante Espiritu, que le tenian presente quando le juzgavan mas lexos, abriendo con estas vtiles correrias la Puerta para la entera conquista de Murcia, y libertad de Castilla. (6)

(6) *Montaner, Cor. c. 14. y 15.*

Continuavan este año los Religiosos Dominicos, y Franciscos la conversion de los Judios, aviendo señalado el Rey Iuezes para castigar las blasfemias, al Obispo de Barcelona, á San Raymundo, á Fr. Arnaldo Sagarra, á Fr. Raymundo Martin, y á Fr. Pedro de Genova de la Orden de Predicadores, empleando á Fr. Pablo Christiano en la Mission de la conversion de los Judios de sus Reynos. (7)

(7) *Real Archivo de Bar. deste año f.105. Diago, Con. de Bar. fol. 287.*

Convento de Montalegre, y de San Pol.

Este año comprò el Santo Arçobispo Electo de Tarragona Don Guillen de Mongri el antiguo territorio de San Pol adonde se hallava el Monasterio de Benitos de San Pablo Maritimo, y le concediò á los Monjes Cartuxos, que vivieron en èl desdel año 1269. hasta el de 1433. que se vnieron con el de Montalegre, deviendo este tomar la antiguedad de aquel. (8)

(8) *Alfaro, del origen de las Casas de la Cartuxa. Trist. Coron. Benedict. fol 557.*

Nuestra Señora del Bosque.

Aunque no se puede assegurar, parece que en este año, ò en esta circunferencia de tiempo descubriò el Cielo la Santa Imagen de la Virgen del Bosque de San Cucufate del Vallès, por medio de vnos Toros, que acudian á aquel lugar arrodillandose y con los bramidos publicavan la Maravilla encubierta, que se hizo patente acudiendo el Pueblo á adorar la Imagen hallada dentro del bosque. (9)

(9) *Camòs Iardin de Maria, fol. 68.*

1266.

Assedia nuestro Rey à Murcia, y se rinde.

De Cataluña passò el Rey á Valencia, y de alli con el Exercito entrò en Murcia, y con la Armada de Cataluña impidiò los socorros por Mar, ocupò los Castillos que se avian rebelado, puso Sitio á la Ciudad de Murcia: formaronse los Quarteles, y el que lo disponia puso el del Rey á tiro de Ballesta de la Ciudad, pensando hazerle obsequio, dixole el Rey: *Muy locamente nos alojays, pero pues aveys señalado este lugar le defenderemos, ò nos costarà caro.* Mandò adelantar el Rey el trabajo de las Trincheras, y apretar á los cercados con las maquinas, que lo executaron con calor los nuestros, por el riesgo del Rey constante en no desamparar el puesto peligroso: pudieron tanto los trabucos, maquinas, y continuados avances con la oferta q̃ hizo el Rey á los cercados, de la seguridad, y perdon del Rey de Castilla; que le entregaron la Plaza sin llegar á las vltimas experiencias: mandò entrar el Rey en ella cinquenta cavallos, y ciento y veynte Ballesteros de Tortosa á ocupar las Torres, y levantar en ellas el nunca vencido Estandarte de las triunfantes Barras: dividiò la Ciudad entre Christianos, y Moros, consagrò la mesquita mayor á la Virgen nuestra Señora, y poblò la Ciudad de Catalanes con la concession de sus fueros, y Privilegios: diò aviso al Rey de Castilla de las vitorias, y le pidiò que embiasse á defender lo conquistado: no obstante como se hallava el de Castilla empeñado á defenderse del Rey de Granada, dexò en Murcia diez mil hombres de los suyos governados por Berenguer de Anglesola, Galceran de Pinos, Artal de Luna, y Ximeno de Vrrèa, y partiò á Valencia. (10) El Reyno de Murcia tiene veynte leguas de largo, y veynte y tres de ancho, siendo las principales poblaciones Murcia, y y Cartagena. (11)

(10) *Señor Rey D. Iayme en su Hist. c.104.124. 135.y 147. Montaner, Coron. f.14. Cascales, hist. de Murcia, disc.2. c.2. y disc.4. cap.2.*

(11) *Atlas Minor. f.24.*

1267.

Detuvose el Rey este año en Valencia descansando de los trabajos de la guerra. Fundòse en Castellon Convento de Religiosas Franciscas á expensas de vna devota Señora de aquella Villa. (12) Vino á los vltimos deste año el Rey, á Cataluña, y hallandose en Perpiñan llegò vn Embaxador del Tartaro que le ofrecia favores, y asistencias para la guerra de la Tierra Santa, y vinole desafio de Ferriz de Lizana por concluirse las treguas que le avia concedido por sus Castillos; partiò el Rey á Aragon á castigar el atrevimiento, rindiò el Castillo de Lizana, passò á filo de espada á los defensores, y retornò la embaxada al Tartaro.

(12) *Gonzaga, Cor. de San Francisco, p.3 f.1119.*

Monasterio de Franciscas de Castellon.

Embaxada del Tartaro, que ofrece assistir al Rey para la Guerra de la Tierra Santa.

Heredero el Rey de la sangre, y
valor

valor de sus Progenitores los Serenissimos Condes de Barcelona caminò
1268. por la senda del continuo movimiento en beneficio de sus Pueblos, passò à Castilla para assistir à la Missa nueva del Infante Don Sancho su hijo ya Arçobispo de Toledo; y divertido entre las fiestas, y agasajos de Castilla llegò el Embaxador que avia embiado al Rey de Tartaria, con el aviso que aquella Magestad avia embiado otros dos Embaxadores que le esperavan en Cataluña, quedando en ella tambien los del Emperador de Constantinopla: partiò luego à Valencia, passò à Barcelona, oyò à los Embaxadores, prometiòles la assistencia contra los Turcos, y mandò prevenir la Armada, partiendo en el interim à Mallorca para pedir socorros que le concedieron, dandole los Mallorquines cinquenta mil sueldos, y los de Menorca mil Vacas. Aviase llevado el Rey en este vltimo viaje de Mallorca por su Padre, y Confessor à San Raymundo de Peñafort, el qual por no quererle absolver del pecado, y ocasion proxima por el trato con vna muger que se avia llevado, y puede ser como lo creo, fuesse Doña Berenguela Alonso que la avia traido de Castilla en su compañia, pretendiò dexar al Rey, y bolverse à la Patria; embargòle el viaje, diligente el Rey, pero mas lo fue el Santo, el qual echando la capa al Mar, y sirviendo el Escapulario de vela, el baculo de Arbol, y vn Santo Christo de Timon, en seys horas passò el Mar, de Mallorca à Barcelona, adonde llegò sin aversele atrevido el salobre elemento aun à la ropa; y seguido del Pueblo entrò à puertas cerradas en la Iglesia de su Convento. (13) Muriò este año el Papa Clemente IV.

Viage de San Raymundo de Mallorca à Barcelona.

(13) *Francisco de Peña, lib.2.c.1. Diago, l.3. fol. 280. y 291. Domenech, Flos Sanct. de Catal. part.2.f.28. Fray Blas Verde lagrimas de S. Madalena, y Navegacion, de S. Raymundo.*

Dieron sentencia los Inquisidores Fray Pedro Toneres, y Fray Pedro de la Cadireta, contra la memoria del Visconde de Castelbo, y de la Condesa de Foix Ermesenda declarados herejes, mandando desenterrar sus huessos, y echarles fuera de las Iglesias. (14)

(14) *In Arch. Cath. Vrgel, lib. de las Dotaciones.*

Bolviò el Rey à Barcelona, y partiò à quatro de Setiembre deste año con su Armada, que consistia en treynta Navios grãdes, y algunas Galeras todas Catalanas, con ocho cientos hombres de armas, copioso numero de Almugavares, y Ballasteros, y hasta trecientos ricos hombres, y Cavalleros: no permitiò Dios llegasse la Armada entera à aquella Santa Tierra, moviendose cruel tormenta, que la dividiò, y obligò al Rey persuadido del valiente, y experto Capitan de Barcelona Ramon Marquet, à tomar tierra; que con trabajo pudo conseguir en el Puerto de aguas muertas de la Proença; bolviendose de alli à Cataluña con la parte de la Armada que avia podido recoger; passando lo restante, de la Tierra Santa al Puerto de
Acre; del qual, aviendo esperado en 1269.
vano al Rey, no pareciendo los Tartaros, ni viendo Exercito de Turcos, bien que con lastima de la poca prevension de los Christianos, y sobrado poder de los Turcos que ya tenian ocupadas muchas Plazas, bolviò à la Patria. La ocasion de la retirada de los Turcos fue el arribo desta parte de Armada; pues con la noticia de la venida del Rey, y nombre celebre de la nacion Catalana, superior à los Ginoveses, de los quales se hazia alli tanta quenta, y con confessar los mismos Ginoveses, excederles en valor la nacion Catalana, y que los pocos que en aquel tiempo avian salido de Cataluña para favorecer à los Ginoveses contra los Venecianos, les avian dado vna grande vitoria, se alentaron los Christianos, y se amedrentaron los Turcos en aquellos Reynos de forma, que se retiraron, y no continuaron la guerra como la avian comenzado. (15)

Parte el Rey con su Armada à la Tierra Santa, y no puede continuar el viage por vna tormenta.

Particular alabança de los Catalanes en boca de Ginoveses.

(15) *Benter, Cor. de Esp. lib.2. c.52. Hist. Sacra lib.4. c.12. Marsil, Crisis de Cataluña, f.270. Abarca, tom.1.f.25.*

CAPITULO XIII.

Assiste el Rey à las bodas de su Nieto: Viene el Rey de Castilla á pedir socorro contra los suyos, contra algunos de Aragon, y contra los Moros: Fundacion del Convento de la Merced de Santa Coloma, de Franciscos de Castellon, y de Predicadores de Vrgel: Guerras del Principe en Tolosa, en Aragon, y contra su hermano: Cortes en Lerida, y Exéa: Guerras contra Navarra, y Moros de Castilla: Vitorias de los Catalanes en Zeuta: Muerte del Conde de Vrgel, y pretensiones: Defiende el Rey à Castilla: Vence à los Moros: Varias vitorias en Valencia contra los levantados: Parte al Concilio: Guerras en Aragon, y Cataluña, y Concordia: Defende otra vez à Castilla, vitorioso, y el Principe de los de Valencia: Muerte del Rey: Prision, y libertad del de Foix. &c.

PArtiò el Rey à Castilla por las bodas del Principe de Castilla D. Fernando su nieto con Blanca hija de San Luis, y despues de la celebridad bolviò à estos Reynos servido, y cortejado de los Reyes de Castilla, y su Corte, hasta llegar à Tarazona: apenas bolviò el de Castilla à su Reyno, quando le hallò alterado por sus rebeldes apadrinados de los Reyes de Navarra, y Granada, que assistidos de los Moros de
1270. Africa, dieron que llorar à la pobre Castilla, mas combatida de los suyos que de los Moros: viendose aquel Rey perseguido de tantos, y sin medios para resistirles, passò con su muger à Valencia, para hallar consejo, y favor en la prudencia, y valor de nuestro Rey, que puntual acudiò al remedio, y consuelo; dissimulando la queja del Rey de Castilla contra algunos Nobles de Aragon que tambien se avian confederado con los Moros, sin acordarse de la obligacion de Christianos: advirtiò al de Castilla cuydasse que los Eclesiasticos, y Pueblos se hallassen satisfechos, y contentos, porque sin ellos poco podian obrar los Grandes.

El Rey de Castilla pide socorro á nuestro Rey, contra los Rebeldes, y contra los Moros, y le assiste.

Fundaron este año los de la Casa de Queralt Señores de Santa Coloma el Convento de la Merced de aquella Villa.

Convento de la Merced de Santa Coloma.

1271. Murieron los Condes de Tolosa Alonso, y Juana sin dexar hijos; y no obstante, que en fuerça del pacto del casamiento recaìan aquellos Estados â la Corona de Francia, como sus naturales se avian hallado bien con el dominio en muchos Lugares, y Proteccion en todos, de los Condes de Barcelona, quisieron vnirse à esta Corona: no se atrevieron à declararse con nuestro Rey por su entereza, y llamaron al Principe D. Pedro de cuyo ardor esperavan prompto el alivio, y no se engañaron; pues diligente acudiò con Exercito bastante de sus amigos de Cataluña, y Aragon para estorvar la possesion al Francès: bien que se malograron los gastos de las bien fundadas esperanças del Principe, y de los del Lenguadoch, por el aviso que dieron los Emulos del Principe al Rey, el qual luego mandò al Exercito que desistiese de la empresa; y como sabian que no admitia vanos estorvos su Iusticia desampararon al Principe, y à su empeño los mas, obligandole à bolverse à Cataluña. (1)

(1) *Zurita t. 1. lib. 3. c. 79. Abarc. t. 1. fol. 284.*

Desfogò el enojo el Principe contra su hermano Don Fernan Sanchez, que le juzgava apassionado de Carlos Rey de las dos Sicilias, y enemigo suyo, porque lo era de la Reyna Doña Constança, y de su casa: juntava gentes el Principe, y no se descuydava su hermano; para el remedio juntò el Rey Cortes en Exèa, y mandò à los Catalanes, que tenian por su natural al Conde de Foix, no le assistiessen contra el Rey de Francia, para que con la ocasion de la guerra forastera, no se hallassen armados en la civil.

Cortes en Exèa.

1272. Determinò el Rey valer à la parte mas debil de Don Fernan Sanchez, quitò al Principe el vso de la Tenencia General, llevòle consigo à Valencia, de la qual se apartò seguido solo de tres de sus Cavalleros: partiòse à Algezira, de alli acusò à su hermano de infidelidad, nombrando do complices à la mayor parte de Aragon: respondiò el Rey llamaria al hijo delatado, y que sino salvava su honor le castigaria; pero como al Principe le era sospechoso el juizio del Padre contra su hijo, formava Exercito en Algezira, para la vengança. Colerico el Rey, que en la obediencia de los suyos fixava la seguridad de su Corona, juntò Cortes, y llamò Exercito para el cumplimiento de sus decretos: serenò la tempestad la suavidad, y gracia del Obispo de Valencia, desenojando al Padre, y obligando al hijo al devido respeto, y obediencia. Este año fue exaltado à la Silla Episcopal de Huesca el Erudito Varon Don Jayme Roca natural de Barcelona, Canciller del Rey, y Maestro del Rey Don Pedro su hijo. (2)

(2) *Aynzabist. de Huesca.*

Llevava el Principe en su pecho el fuego ardiente de la ira, y vengança, y para su execucion pidiò al Rey licencia para venir à Cataluña al fomento: concediòsela; pero no hallò los animos dispuestos, por las quexas que tenian los Cavalleros Catalanes por los lances del Condado de Vrgel; bien que el amor de su Rey ya avia borrado aquellos empeños que procedian de la muerte de Alvaro de Cabrera Conde de Vrgel: queria el Rey tener aquellos Estados porque se le avian empeñado para pagar las deudas de los antiguos Condes: defendia el Visconde de Cardona en la Possession à Armengol de Cabrera hijo de Don Alvaro, pero concluyòse la lite, y diòse fin à la guerra con la Concordia firmada por el Rey, y Grao de Cabrera.

Guerras contra Navarra, y luego Treguas.

Moviò guerra el Rey contra el Reyno de Navarra por sus derechos, y como los empeños de los hijos le embargavan sus fuerzas, conviniò en la Tregua, y embiò à Navarra à Don Gilabert de Cruillas para el ajuste de los interesses. Sucediò este año la guerra, y prision del Conde de Foix, executada por el Rey de Francia, mandò el Rey al Visconde de Cardona defendiesse las Plazas del Conde, y requiriò al Rey de Francia por su libertad, y no la consiguiò sin entregar los Castillos de aquel Estado, y pareciendole justo al Rey, mandò al Obispo de Barcelona, à N. de Castellnou, y à Guillen su hermano, que avia embiado à Francia para este empeño, que desistiessen, y à Guillen Ramon de Josa que defendia aquellos Castillos, que los entregasse al Senescal de Carcasona: logrò el Conde la libertad, y despues sus Estados.

Guerra, y Prision del Conde de Foix.

Logra el Conde de Foix la libertad, y despues sus Estados.

Determinò el Rey la guerra contra los Moros que afligian à Castilla: requiriò al Visconde de Cardona, Pedro de Berga, Galceran de Pinòs, Guillen, y Maymon de Castellaulì, Berenguer de Cardona, Guillen de Rejadell, y otros en fuerça del vsaje, para que le siguiessen: resistiòse el Visconde fundado en la ley que no le obligava à servirle fuera Cataluña, y que esto era gracia, y no justicia; no obstante resuelto el Rey à la jornada, diò forma al govierno de sus Reynos: nombrò en todos Lugarteniente General à Don Bernardo Olivella Arçobispo de Tarragona, diò la Procuracion General de Aragon à Ramon de Moncada, y la de Cataluña à Guillen Ramon de Moncada: assentò amistad con el Rey de Fez que quedava obligado por averle embiado la Armada de Cataluña de diez Naves, diez Galeras, y treynta Navios, con quinientos Cavalleros, y hombres de Paraje, à mas de la Armada, que vencieron los Moros contrarios del de Fez; y ganaron Ceuta. Fundò el Santo Martyr Fr. Pedro de la Cadireta el Convento de Predicadores de la Ciudad de Vrgel. Passò el Rey con los que le siguieron de Cataluña, y Aragon à Murcia; de alli bolviò à Valencia, y en Algezira diò audiencia à la Embaxada del Papa que le pedia la assistencia en el Concilio de Leon: ofreciòse prompto à servir, y obedecer à la Santa Sede: requiriò el Rey al Visconde de Cardona segun las leyes de Cataluña q̃ le entregasse sus Castillos por la renitencia de no seguirle: respondiò el Visconde que por amor, y buena voluntad le seguiria; pero no por obligacion, y que por la entrega de los

Guerra contra los Moros de Castilla.

1273.

Vitoria de los Catalanes en Cepta, ò Ceuta.

Fundacion de Predicadores de Urgel.

1274.

los Castillos; y la assistencia de la guerra forastera estaria à derecho con el Rey delante la Corte de Barcelona, y que segun las leyes no estava obligado à salir del Condado de Barcelona: bolviò à instar el Rey la entrega de los Castillos segun las leyes, y obedeciò el Visconde en parte, dexando de instar el Rey respeto del viage que emprendiò para el Concilio.

Viage del Rey para el Concilio de Leon.

Llegò à este tiempo el Rey de Castilla con la Reyna, y sus hijos, llegaron à Valencia, vinieron con el Rey à Barcelona, y de aqui à Mompeller; de donde partiò el Rey para el Concilio: hallandose à vna hora de Leon, saliò el Colegio de los Cardenales con toda la Corte, y Prelados, y acompañaron al Rey hasta los pies del Pontifice: fue recebido con cariño, respeto, y admiracion, como verdadero Atlante de la Fè: tratòse en el Concilio de la vnion de la Iglesia Griega con la Latina, y defensa de la Tierra Santa: fue seguido, y admitido el parecer del Rey como de Oraculo: bolviòse disgustado por no averle querido coronar el Papa en el Concilio, como por las Bulas de sus Antecessores se concediò la licencia al Arçobispo de Tarragona: diò ocasion al disgusto, la liberalidad del Rey Don Pedro I. Padre del Rey, no admitida destos Reynos, sin cuyo expresso consentimiento no podia el Rey imponer tributos, escusandose justamente nuestro Rey del reconocimiento, al qual no le avia podido obligar su Padre. (3)

A vna hora de Leon sale el Colegio de los Cardenales con toda la Corte, y Prelados à recebir al Rey.

(3) *Señor Rey D. Iayme en su Hist. à cap. 24. ad 37. Montaner, Coron. c. 23. y 24. Zurita t. 1. lib. 3. c. 84. ad 87.*

Buelto el Rey del Concilio à Cataluña, continuò los requirimientos contra el Visconde por la entrega de los Castillos, respondiò que avia mas de trecientos años que los tenian sus Mayores en franco alodio, y que jamàs se avian entregado: juntaronse al Visconde los Condes de Pallàs, Vrgel, Ampurias, los Señores de Anglesola, y otros, por los proprios interesses; y sentidos del Principe que les pedia los titulos de algunos Feudos, alentò el fuego Don Fernan Sanchez, y moviò la indignacion Real Beltran de Canyelles, que aviendo muerto al Iusticia de Aragon, se acogiò à la defensa del Castillo de Cardona: escusava el Rey desembaynar la Espada por no añadir leña al fuego de Aragon, y Castilla, aunque de otra especie; y mientras se obrava con papeles, embiò al Principe Don Pedro à Navarra por los interesses de aquel Reyno, que avia recaìdo en Iuana niña de dos años.

Buelto el Principe, de Navarra, bolviò à la guerra contra el hermano, y al combate del Castillo de Antillon defendido de Jordan de Peña con esperança del socorro; pero no se movieron los Aliados de Don Fernan Sanchez; y el Rey por dar tiempo à la resolucion, advirtiò à los Señores de Cataluña, que segun la ley no podiā moverse de treynta dias en daño de la tierra, y ofreciòles estar à derecho en las Cortes de Cataluña. Instaron los Catalanes no apassionados, zelosos del servicio del Rey, para que diesse corte à los disgustos, y alguna recompensa à los pretendidos agravios: concediò el Rey Treguas à los Barones, y nombrò al Arçobispo de Tarragona, y à los Obispos de Barcelona, y Gerona, al Abad de Fuenfrida, à Ramon de Moncada, à Pedro de Berga, à Jofre de Rocabertì, y à Pedro de Queralt, Arbitros de la concordia, pudiendo sin rezelos acompañar à su hermano Don Alonso, que passava à Francia para renunciar la pretension del Imperio en poder del Papa.

Para quietar los mal contentos de Aragon, y concluir la concordia con los de Cataluña, celebrò Cortes en Lerida: no quisieron hallarse en ellas Don Fernan Sanchez, ni los Aragoneses de su vando, ni menos los Condes de Cataluña, que embiaron sus Procuradores, y no fueron admitidos, y declarò la Corte tener obligacion de obedecer al Rey, y acudir en persona; pero como se estuviessen firmes, armò el Rey al Principe contra el hermano, que vencido fue arrojado por los Soldados al Rio Cinca: quietados los ricos hombres 1275.

Cortes en Lerida.

Ara-

Aragoneses, passò el Rey à Cataluña contra los Barones, y primero embistiò al Conde de Ampurias, que mas humilde con el Visconde de Cardona, prometiò estar al Iuizio de las Cortes, que no se concluyeron por el empeño del Principe en querer defenderse publicamente de lo que avia obrado contra aquellos Cavalleros.

Siempre resuelto el Principe Don Pedro, emprendiò con poco sequito defender al Visconde de Castellnou, contra Arnaldo de Corsavì su hermano, al qual favorecian Guillen de Canet, Ponce Zagardia, Galceran de Pinòs, y Ramon Roger de Pallàs: saliò el Principe de Figueras, llegó à Ceret, y de allià Monbaulò, adonde se hallava el Exercito de los contrarios, embistiòles valiente, y deviò la vitoria à Guillen de Canet; el qual reconociendo el pendon del Principe, juzgandole en el conflito, fiel, y atento desamparò con los suyos la batalla, concediendole su respeto la vitoria. (4)

(4) *Desclot, en su hist. Zurita t. 1. lib. 3. c. 29.*

Entrà en Castilla el Rey Moro de Marruecos.

En este año llamado del Rey de Granada, emprendiò entrar en Castilla el Rey Moro de Marruecos, el qual temiendo el magnanimo espiritu de nuestro Rey, pretendiò quitarle los rezelos, y para assegurarle, le suplicò le embiasse socorro contra vn Moro que se avia apoderado de Ceuta, ofreciendo la paga à los Soldados, y cierto tributo al Rey; que aunque ofreciò la assistencia, presto advirtiò el engaño con la noticia de hallarse los Moros de Africa ya en Castilla, corriendo las campañas de Sevilla, y Cordova vencedores del Principe de Castilla, el qual despues de aver peleado con valor Español quedò muerto en la batalla: y fue deshecho su Exercito con mayor daño, por la noticia de la prision, y muerte de Don Sancho su hijo Arçobispo de Toledo, que con piedad Real, y Pontificia, acudiò à defender, y librar à los Christianos, que llevavan Cautivos los Moros, dando la vida por su instituto de Redemptor.

Muerte del Principe D. Sancho Arçobispo de Toledo.

Apesarado el Rey de la perdida de tales prendas, y sentido de los daños de la Infeliz Castilla, hollada de los Moros, y de sus vivoreznos, mandò al Principe partiesse luego à la defensa con mil cavallos y cinco mil Infantes, y que juntasse las fuerças de Murcia, mientras que con todo el poder de Cataluña, y Aragon se disponia para acudir à la defensa de Castilla, mas combatida de sus hijos, que de los Moros.

El Rey manda al Principe vaya à defender à Castilla.

Ardiente el Principe, arrebatado de su valor luciente rayo, entrò en el Reyno de Granada sin esperar al Rey, llenandole todo de fuego, y muertes, sin poderle resistir los Moros, que temerosos de perder à Malaga, acudieron allà para su defensa; retirandose el Rey de Granada azià Algezira, porque el Rey de Marruecos con su Exercito, aun no bastava à conducir los viveres.

1276. Enternecido el Rey de los daños de Castilla, y de la muerte de su hijo el Infante Don Sancho, quiso concluir con sus bien empleados dias en defensa de la Iglesia, y en lo vltimo de su vejez alentado, gustò de Capitanear sus Catholicas Esquadras, y mandò que la Nobleza, y Pueblos de Cataluña, y Aragon que avian ofrecido seguirle, se hallassen juntos en Valencia, por la Pasqua de Resurreccion: este belicoso rumor infundiò temores en los Moros Reyes de Granada, y Marruecos, y viendo en el valor de nuestro Rey, y de sus Vassallos su ruina, solicitaron la diversion embiando socorros de gente, y dineros à los Moros de Valencia, para que levantados, detuviessen el passaje al Rey, que devia apagar el incendio de su casa; deteniendose alli recuperando las fuerzas que avian ocupado los rebeldes, derrotò los Moros con muerte de su caudillo Alasdrach en el combate de la Villa de Alcoy: salieron Pedro de Moncada, y Garcia Ortiz en busca de los Moros, derrotando vna partida de mil, y siguiendo à otros dos mil que ivan à ocupar los desprevenidos Lugares, y les prendiò à todos Don Pedro Fernandez hijo del Rey. Saliò el Rey con el residuo, del

Quedan derrotados los Moros por nuestro Rey en el combate de la Villa de Alcoy.

del Exercito, y por los calores, y su mucha edad, quebrada la salud, le obligaron los nuestros con temor de perderle à retirarse à Xativa para su curacion, y alivio.

Aviendo ya partido el Rey, fueron en busca de los Moros el Moncada, y Ortiz, que sin dar treguas al descanso les acometieron, ofreciendoles la vitoria su sobrado aliento, aunque à costa de mucha sangre: muriò en el conflito Ortiz, y quedò mal herido el Moncada: llegò la fatal noticia al Rey, que le aumentò la enfermedad, y sentido de no averse hallado en la batalla, pues de todas avia salido vencedor, y triunfante cō el favor divino, levantò los ojos al Cielo, y dixo: *Señor pues quereys que me halle en este estado, saldràn las triunfantes Barras en mi Estandarte, y saldrè, yo en unas andas contra vuestros enemigos, y espero continuareys los favores.* Mandò executarlo el Rey, pero el Principe siempre alentado previno los riesgos del padre, y con la gente que pudo recoger, diò desigual batalla à los Moros que eran quatro por vno de los nuestros: concediòle el Cielo tan cumplida vitoria, que roto el Exercito Morisco, quedaron en el campo presos, ò muertos todos. Conseguida la vitoria vieron los nuestros su gloriosa divisa, y descubrieron las andas en que venia el Rey: acudiò quexoso el Principe por el riesgo de la salud del padre, culpòle el no mirar por si, y la desconfiansa que avia tenido de su valor: respondiò el Rey que dexasse las quexas, y le diesse razon de los Moros: respondiò el Principe que todos eran vencidos: diò gracias à Dios el buen Rey, besò al hijo, y diòle su bendicion, bolviò à Xativa con el hijo, de alli à Algezira, y agravandosele la enfermedad, llamò al hijo recebidos los Sacramentos, y despues de aver oìdo Missa le dixo: que advirtiesse las gracias que liberal le avia concedido Dios, que las esperasse mayores si continuava en servirle, y ser buen Rey, que le dexava la Corona de sus Padres aumentada en autoridad, y fuerças, que acudiesse à su

Estando enfermo el Rey manda le lleven en vnas andas à vna batalla contra Moros.

Vitoria del Principe D. Pedro contra los Moros.

hermano Don Jayme, y à sus Estados, sin disgustarse de la separacion de Mallorca, y demàs: encomendòle à Don Jayme Roca su Canciller Obispo de Huesca, al Sacristan de Lerida su hermano, y à Hugo de Mataplana con los otros Ministros: mandòle depositasse su cuerpo en Algezira, ò Valencia, y que le enterrasse en Poblet, y diòle su Espada, diziendo: *Tomad hijo esta Espada, la qual por la virtud de la diestra de Dios siempre me ha sacado vencedor, llevadla con vos, y obrad varonilmente.* Vistiò luego el Habito de Bernardo, y prometiò vivir Religioso: despidiòse el hijo para continuar la guerra, fue llevado el Rey à Valencia, adonde muriò santamente à los 27. de Julio 1276. (5) de 68. años, y à los 63. de su Reynado, ò 62. diez meses, y onze dias: fue traìdo à Poblet su Cadaver, acompañado de toda Cataluña, que en esta vltima honra manifestò su verdadero afecto. Tuvo el Rey del primer matrimonio al Principe Don Alonso, del segundo de Doña Violante à Don Pedro que sucediò en los Reynos de Aragon, Valencia, y en el Condado de Barcelona à su Padre, Don Jayme al qual nombrò Rey de Mallorca, è Islas, y Mompeller, Don Fernando Conde de Ruisellon, y Cerdaña, al qual sucediò Don Jayme, y Don Sancho Arçobispo de Toledo, y cinco hijas Doña Violante Reyna de Castilla, Doña Constança casada con el Infante Don Manuel de Castilla, Doña Isabel Reyna de Francia casada con Philipo el Audaz, y Doña Sancha Virgen, y Santa, como veremos; y la vltima Doña Maria, que muriò Religiosa: del tercer oculto matrimonio con Doña Teresa Gil de Vidaure tuvo à Don Jayme que dexò heredado en Aragon con la Baronia Exerica, y à Don Pedro con la de Ayerbe: de otras dos Señoras tuvo à Don Fernan Sanchez, del qual desciende la Casa de Castro, y de la otra à Don Pedro Fernandez de Hijar, origen de la Casa de los Duques de Hijar: assistiò siempre vitorioso en treynta y dos Batallas campales, y aun refieren 34.

Da consejos el Rey al Principe D. Pedro, despues de recebidos los Sacramentos.

Entrega el Rey al Pincipe D. Pedro su Espada siempre vencedora.

(5) *Montaner Cor. cap. 26. 127. El Señor Rey en su hist. à f. 234*

Muere el Rey Santamente, y fue llevado su Cadaver à Poblet.

contra

contra Moros, fundò Benifaça, y mas de dos mil Iglesias consagradas à la Virgen: por el bien de la Christiandad abandonò sus Estados de Francia: en fin fue Columna de la Fè, açote de Mahoma, siempre invicto, siempre grande, y siempre vitorioso. Los que se dieron à conocer en estas guerras van letra *A*.

Convento de Franciscos de Castellon.

Los naturales de la Villa de Castellon de Ampurias fundaron por este tiempo el Convento de San Francisco de Castellon de Religiosos Claustrales, y es de Observantes aora. (6) Muriò este año el Santo Papa Gregorio X. y su sucessor Inocencio V. y assi mismo Adriano V. electo en lugar de Inocencio.

(6) *Gonzaga, Cor. de San Francisc. 3. part. f.* 1112

Nombranse algunos de los que se dieron à conocer en estos tiempos.

A. Guillen Ramon de Iosa, Ferrer de Abella, Ponce de Oluja, Berenguer de Aguilo, Guillen de Montolin, Bernardo de Corbera, Pedro Roger de Planella, Ramon de Rexach, N. Coloma, Pedro de Llordat, Frances de Salbà, Galceran de Peratallada, Bernardo de Mompeò, Beltran de de Gelida, Franci de Vilagut, Pedro de Fercià.

CAPITULO XIV.

De los Insignes Varones en Santidad, y letras que concediò el Cielo à Cataluña en el Reynado del Señor Rey Don Iayme I.

CAtaluña fecunda Madre de Santos ofreciò ilustres Heroes à la Militante, ya lucidos Astros en la Triunfante Iglesia, y por su grande numero, y no confundir la Historia, me ha parecido formar este capitulo de sus prodigios.

San Raymundo de Peñafort del Orden de Predicadores.

Sea el Primero San Raymundo de Peñafort rayo del Mundo, pasmo del Orbe, gloria de Cataluña, y de la Christiandad toda, naciò en Barcelona año 1176. de la Ilustre Familia de Peñafort, cuyo solar es Convento del Santo en el territorio de Villafranca, adonde se hallava la antigua Olerdùla, Parroquia de Santa Margarita: muchacho leyò Artes en Barcelona, fue à Bolonia à estudiar Leyes, y Canones. Su inteligencia le diò la Cathedra de Canones de aquel Emporio de letras: Ilustrò mas con sus heroicas virtudes que con su sabiduria aquella Ciudad: prendado del suave olor de su virtud, y letras trajòle consigo à Barcelona, con mandato del Papa, el Santo Obispo Don Berenguer de Palou: dieronle en Barcelona Canonicato, y Pabordia: Padre de Pobres favorecia à todos, fundò la fiesta de la Anunciata, y con San Pedro Nolasco, y el Señor Rey Don Jayme la Religion de la Merced: diòle ciertas leyes, consiguiò la aprobacion del Pontifice, logrò la felicidad de ver descender la Virgen à su Patria Barcelona para la fundacion de la Orden: deseoso de mayor perfeccion tomò el Habito de Santo Domingo, fuè electo Maestro General, y renunciò el cargo: Fuè Embaxador del Rey al Pontifice, Capellan, y Penitenciario Sumo, Confessor del Pontifice, y del Rey, Fundador de la Inquisicion en España, y su primer Inquisidor: renunciò el Arçobispado de Tarragona, recopilò los Decretales, compuso la primera Suma de casos de conciencia, y vn Tratado para los Mercaderes: mandò à Santo Thomàs sacasse à luz el Libro contra Gentes, formò Academias para la inteligencia de la Lengua Hebrea, convirtiò muchos Iudios, y grande numero de Moros: diò seguridad, y soberanos favores al Rey en sus conquistas, logradas por sus oraciones: clarin sonoro de la Ley Evangelica, assistido visiblemente de su Angel de la Guarda, visitado de la Virgen, que por su intercession obrò infinitos Prodigios: passò el Mar, de Mallorca à Barcelona sobre su capa: llamòle Dios al eterno Premio el dia de Reyes año 1275. de 99. años: assistieron à la enfermedad, y transito glorioso los Reyes de Aragon, y Castilla con su Corte: obrò el Señor particulares Maravillas que las continua, no solo en el Sepulcro, pero en la tierra donde primero fue depositado Mineral Sagrado de divinas Misericordias. Acuda el Devoto à visitar su Santo Cuerpo en el Convento de Barcelona, y hallarà remedio para todo achaque

que: fue puesto en el Catalogo de los Santos à 29. de Abril año 1601.

San Pedro Nolasco Fundador de la Real, y Militar Religion de la Merced.

El Santo Patriarca San Pedro Nolasco, aunque no fue Catalan, fuè Vassallo de nuestro Rey, naciò cerca Carcasona en el Lugar de las Santas Puelles año 1193. de Ilustre familia, y fue toda su vida Ciudadano de Barcelona: eligiòla por Patria Catholica, dexando la propria contaminada de la heregia, ofreciòse à la Virgen en Monserrate, y à Santa Eulalia en Barcelona, todo de Dios en sus Pobres, buscavales por las calles, y casas, serviàles en el Hospital, empleava su hazienda con ellos, y con los Cautivos redimiendo mas de dos mil en 8. redenciones que executò antes de fundar la Religion, las seys de su patrimonio, y las dos de limosnas que recogiò de los Fieles. (1) Manifestòle el Cielo en vn combatido olivo, la permanencia de su Religion venidera, apareciòsele la Virgen baxando del Cielo à Barcelona para fundar la Religion, de la Merced: fue de esta militar Religion Fundador, favorecido con ver segunda, y tercera vez la Virgen en el Coro, y dormitorios del Convento de su elegida Patria Barcelona: aqui le visitaron Santa Eulalia, Santa Madrona, San Severo, y San Olaguer dandole el parabien por los favores que liberal repartia la Virgen à la Patria y al Santo: assistiò, y asseguró al Rey Don Jayme en las conquistas de Mallorca, y Valencia, y al Santo Rey Don Fernando en la de Sevilla: assistiò personalmente en el Santo Instituto de redimir en 9. redempciones en que librò à muchissimos Esclavos, y por su orden se hizieron muchas redempciones: (2) Quedò en prendas en Argel, y fue echado al Mar en vn Barquillo roto, que le conduxo milagrosamente à Valencia: llamòle Dios desta terrena Patria à la eterna año 1256. fue enterrado su Santo Cadaver en la Cathedral, ò en su Convento: concedanos el Cielo la gracia de manifestarle para enfervorizarnos en su Patrocinio: fue declarado Santo, y concedido el Rezo à 30. de Setiembre año 1628. por el Pontifice Vrbano VIII. bien que año 1624. ya se avia conseguido Iubileo para su fiesta.

(1) *Bullarium Ordinis in Cathalog. Redemptionum. fol. 2. num. 7.*

(2) *Bullarium Ordinis in Cathalog. Redemp. à num. 8.*

San Ramon no nacido, del Orden de la Merced.

San Ramon Nonacido, en Catalan Nonat, naciò en el Lugar de Portel del Principado de Cataluña, sacado del vientre de su Madre despues de passadas veynte y quatro horas de su muerte: fue en su niñez, y juventud exemplo de modestia, santidad, y humildad: deseoso de servir à Dios entrò à la Hermita de San Nicolàs, y apareciòle la Virgen, y le dixo que siguiesse el Instituto de Nolasco: vino à Barcelona, recibiò el Habito, dando nuevas luzes de virtudes en la Religion, que le empleò Redemptor en Argel, y Bugìa, padeciendo muchos trabajos, quedando en prendas en Argel: nombròle Cardenal Gregorio IX. obrò el Señor innumerables maravillas por sus meritos, vino su vltima enfermedad en Cardona, diòle el mismo Señor su Divino Sacramento: llevòsele al eterdo descanso año 1240. y disputandose el lugar del entierro pusieron la preciosa carga del Santo Cuerpo en vna mula ciega que le llevò à la Hermita de su vocacion, adonde es venerado del Christiano gremio en la Iglesia, y Convento de la Orden que se edificò.

Santa Maria Socòs del Orden de la Merced.

Naciò segunda Estrella del Mar, y dominante astro contra las tempestades Santa Maria de Cervellò, llamada del Socòs por su encendida caridad, y gracias que liberal reparte su Patrocinio: saliò à luz esta Maravilla de la gracia en Barcelona año [illegible] para dar nuevos lauros à su Patria, y nuevas glorias à la Illustrissima [illegible] de Cervellò: niña fue prodigio, ya mayor, pasmo de santidad, toda de Dios, y nada del mundo: desechando sus vanidades eligiò el Cielo de la Religion de la Merced, y en ella por su Angel, y Padre al Santo Varon Fray Bernardo de Corbera, repartiò su hazienda con los Pobres, y Cautivos: assistia verdadera hija de Nolasco al Hospital, y Pobres de la Carcel, no olvidava las mayores, y ocultas necessidades de los Pobres Vergonzantes: su oracion continua,

su

ſu recogimiento perpetuo: profeſsò en la Orden, ſiguieron la luz de Maria otras devotas Señoras de Barcelona: confirmò el Cielo la Santidad deſta Virgen con raras maravillas en Tierra, Mar, y Vientos, en naufragios, inundaciones, y todas enfermedades: llena de gracias, concediòle Dios la diſcrecion, y profecia, con ciencia infuſa de entrambas Theologias: llamòla ſu eſpoſo para coronarla Reyna, prevenida con dilatada enfermedad, que le logrò el Triumfo en ſu dichoſo tranſito año 1290. Santa viviendo, Santa muriendo, Santa deſpues de muerta, y declarada por la Igleſia en el año 1692. por la Santidad de Inocencio XI. ſiempre aſpirando ſuaves olores de miſericordia ſu entero, y Virgen Cuerpo en la Igleſia de la Merced de Barcelona, adonde ſe halla venerado.

El Infante D. Sancho, Arçobiſpo de Toledo, martyr, Religioſo de la Merced.

Don Sancho fuè hijo de los Reyes Don Jayme, y Doña Violante, por ſu virtud inclinòle el Rey à la Igleſia, tomò el Habito de la Merced en Barcelona, elegido deſpues Arçobiſpo de Toledo, muriò en defenſa de la Fè, y de los Pobres Cautivos, cortaronle la cabeza, y mano derecha los Moros, paraque no fuera conocido, aviendole vencido, y preſo, fue ſu vitoria año 1275. (3)

(3) *Fr. Alonſo Ramon Cor. General de la Merced lib. 4. c. 2.*

La Infanta Doña Sancha.

La Infanta Doña Sancha hija de los meſmos Reyes, fue eſpejo de perfeciones, ſiempre permaneciò Virgen: huyendo la grandeza, y ſu Real eſplendor paſsò encubierta à la Tierra Santa, y ſirviò muchos años à los Pobres en el Hoſpital de la Santa Ciudad: no permitiò Dios que la luz ſe encubrieſſe, manifeſtòla con grandes maravillas en vida, y muerte, que logrò feliz en el Hoſpital entre los Pobres del Señor.

Ramõ Lull de la tercera Orden de S. Franciſco.

Fuè tambien Catalan el Santo Martyr Ramon Lull; no es dudable ſer de Barcelona alomenos ſu Padre, pues en ella eſtà la caſa deſta Noble Familia, naciò año 1235. hizo dèl mucha eſtimacion el Rey D. Jayme; nõbròle Gran Seneſcal; llamòle Dios à la Religion de Franciſco en la Tercera Orden, grande Theologo, y Philoſofo, compuſo varios Libros de entrambas Facultades; muy eſtimado de los Pontifices, admirado de la Vniverſidad de Paris, ponderado por el Rey de Francia, peregrinò varias Provincias, Clarin de la ley Evangelica, por cuya predicacion fue preſo en Bugìa, y apedreado, formò de las piedras eſcala para ſubir al Cielo año 1315. Su cuerpo entero fue llevado à Mallorca, adonde ſe halla venerado: no es declarado ſu Martyrio por la Igleſia. (4)

(4) *Garcia vida de San Olaguer fol. 155. Dr. Iuan Segui vida de Ramon Lull.*

Don Berenguer de Palou Obiſpo de Barcelona.

El Santo Barcelonès, y Obiſpo de Barcelona Don Berenguer de Palou Padre de Pobres, aſſiſtia à todos, fundò la limoſna de ſu Cathedral, favoreciò à todas las Religiones de ſu tiempo ſolicitando ſus Fundaciones para luſtre de ſu Patria, que defendiò con el Santo Tribunal: ſirviò à Dios en las guerras de las Navas, de Burriana, de Peniſcola, de Mallorca, y de Valencia, conſiguiò el premio en ſu ſanta muerte à los 24. de Agoſto 1241.

El Sãto Fr. Bernardo de Corbera del Orden de la Merced.

Iluſtrò à Barcelona ſu Patria el Santo Varon Fray Bernardo de Corbera, el qual fue de los primeros à quienes diò el Habito S. Pedro Nolaſco, aſſiſtiò caudillo de Dios en la guerra contra ſus enemigos, otro Pablo en la Cathedra, atrahia à los fieles, y convertia los Infieles: lleno de todas virtudes conſiguiò la Corona de ſus bien empleados ſudores año 1275. eſtà venerado ſu entero, y Santo Cuerpo en el Altar mayor de la Igleſia de la Merced de Barcelona, à la mano drecha de ſu eſpiritual hija Santa Maria Socòs.

El Sãto Fr. Miguel Fabra, del Orden de Predicadores.

El apellido de Fabra declara Catalan al Santo Fray Miguel, y el aver recebido el Habito en Toloſa de manos de Santo Domingo, porque no ſe hallavan otros Eſpañoles, que Catalanes, en las guerras de la Francia: vino à Barcelona, aſſiſtiò al Rey en las conquiſtas de Mallorca, y Valencia, aſſegurãdole de parte de Dios la vitoria: fundò el Convento de ſu Religion de Valencia, adonde muriò ſantamente, y ſe halla venerado, por las gracias, que por ſu Patrocinio concede Dios à ſus devotos.

Fuè

El Sãto Fr. Pedro Cendra del Orden de Predicadores.

Fuè el Beato Pedro Cendra Catalan, y Religioso de Santo Domingo por la eminencia de su virtud, y letras estimado del Rey, pregonero de la ley Evangelica, y no bastando las Ciudades, otro Iuan la publicava en los campos, confirmando el Cielo con milagros su dotrina: diò pies à coxos, vista á ciegos, virtud á paraliticos, salud à desauciados: consiguiò de San Luis Rey de Francia la Santa Espina que se halla venerada en el Convento de Santa Catalina de Barcelona: bolò al nido ave celeste año 1244. se halla venerado su Santo Cuerpo en la Iglesia de Santa Catalina Martyr de Barcelona.

El Sãto Fr. Romeo del Orden de Predicadores.

El Santo Varon Fray Romeo fue natural de Livia de Cerdaña, Religioso Dominico, Prior de Leon, y Burdeus, y Provincial de la Proença, celebre por su virtud, letras, y prodigios: assistieronle los Angeles en su vltima enfermedad, despertòle vn Angel cantando el verso: *Cum dederit dilectis suis somnum.* Entendiò el aviso, y dispusose para el eterno desposorio, que alcansò año 1261. Enterrado su Santo Cadaver despues de veynte y quatro años fue hallado entero, y puesto en sumptuoso Sepulcro para la veneracion en la Iglesia de Dominicos de Carcasona.

El Santo Martir, Fr. Ponce de Planella del Orden de Predicadores.

Fray Ponce de Planella, fue Catalan, Religioso de Santo Domingo, è Inquisidor de Vrgel adonde era mayor el mal por los Hereges de Tolosa, que se recogian en aquellos Lugares, acerrimo contra los Hereges, persiguiendoles con la luz de la Dotrina, dieronle veneno en Castellbò, y consiguiò la Laureola de Martyr año 1242. Saliò el Obispo, Cabildo, y Ciudad de Vrgel à buscar el Cuerpo del bendito Martyr, y como se hallava lexos, y avia de faltar el dia, milagrosamente se detuvo el Sol seys horas mas de lo que acostumbra á lucir hasta que fuesse enterrado el Santo, viniendo al mismo instante la noche: (5) està venerado su S. Cuerpo en la Cathedral de Vrgel.

(5) *Guidon. in prin. lib. c. General. Sorio trat. de Claros Varon de la Orden de Predic. Domenech, Flos Sanct. de Catal. part. 2. fol. 23.*

Fray Ponce Carbonell, del Orden de S. Francisco.

Naciò en Barcelona el Santo Varon Fr. Ponce Carbonell, recibiò el Habito de San Francisco, lumbrera grande de su Religion, sacò à luz varios tratados, y comentarios sobre la Sagrada Escritura, fue Maestro de San Luis Obispo de Tolosa; excedieron las virtudes à sus muchas letras, calificòlas Dios con particulares maravillas, logrò el premio año 1290. en Santa vejez: està su Cuerpo sepultado en San Francisco de Barcelona.

Para esmalte de Barcelona naciò Hugo en esta Ciudad, tomò el Habito de Santo Domingo, por su virtud, y eminente dotrina nombrado Cardenal: fue el primero que dividiò los Libros en capitulos, comentò toda la Escritura, emprendiò sus concordancias: todas las Historias le confiessan Barcinonensis, que es Barcelona, y no Barceloneta, como con novedad, se pretende. (6)

(6) *Mariana, Hist. de España lib. 13 cap. 2. Genebrardo, año 1242. Tritemio de Escrip. Ecl. Benter. lib. 2. cap. 15. Covarrub. Thesoro de la lengua Cast. Verbo, concordancia. Sixto senen. Bibliotec. S. Patrum lib. 4. Alonso de Ventero, pag. 156. Manescal, Serm. del Rey Don Iayme. Crisis de Cat. num. 429.*

CAPITULO XV.

Sucede en Cataluña, Aragon, y Valencia al Rey Don Iayme I. su hijo el Rey Don Pedro II. y en Mallorca, y demàs Estados Don Iayme: Guerras, y Vitorias en Valencia: Vitorias por Mar de los Catalanes: Fundacion del Carmen de Lerida, y de la Encomienda de San Antonio Abad de Cervera: Disgustos, y concordia en Cataluña: Martyrio de Fr. Pedro de la Cadireta: Fundacion del Convento de Franciscas de Tarragona, y de Franciscos de Conflent: Sandalia de la Virgen nuestra Señora en el Convento de las Avellanas: Vistas de los Reyes: Vitorias en Africa: Consules en Tunez, y Bugìa: Embaxadas al Papa, y Portugal: Inquietud, y libertad de Sicilia: Prevencion de la guerra: Vida de Santa Isabel, y de la Infanta Doña Violante, &c.

Rey Don Pedro I. el Grande, XIV. Conde de Barcelona.

Difundiòse el valor de vaso en vaso en esta Real, y belicosissima familia de los Señores Condes de Barcelona: al Rey Don Jayme sucediò su hijo Don Pedro, jurò Conde de Barcelona: Coronòse Rey en Aragon en fuerça de la concession de Inocencio III. para que recibiesse la Corona de mano del Arçobispo de Tarragona; *Protestò que recebia la*

Corona de mano del Arçobispo, en nombre de la Iglesia Romana, no por ella, ni contra ella. Coronò el Arçobispo tambien à la Reyna Doña Constança. Despues de jurado el Principe por successor, partiò el Rey à Valencia, para dar fin à la guerra, y castigò à los Moros rebeldes: à los quales diò treguas la buelta del Rey à Aragon para recebir à su hermana la de Castilla, y defender à sus nietos los Infantes despues llamados de la Cerda, perseguidos de Don Sancho segundo hijo del Rey, que ocupò el Reyno contra su Padre, assistido de lo mas florido de Castilla. Vamos à la Relacion de los Prodigios, y valerosos hechos del Rey Don Pedro, y de la nacion Catalana: testigos de la verdad de quanto se referirà seràn el mesmo Rey, Desclot testigo de vista, Rafael Cervera en la traduccion desde la vida del Señor Rey Don Pedro, Montaner Coronica de los Reyes otro testigo de vista, que concurriò en las proezas, à capitulo 19. y Carbonell Archivero del Real Archivo de Barcelona à *fol.71.*

1277.

Quita el Reyno el hijo al Padre, al hermano mayor, y à sus hijos en Castilla.

Continuava el Rey la guerra contra los Rebeldes Moros, que vencidos con perdida de los ocupados Castillos, se retiraron à Montesa hasta treinta mil: Passò alli el Rey para sitiarles, los quales viendose apretados, prometieron la entrega que no cumplieron avisados que venia el Rey de Marruecos en su socorro: Mandò el nuestro para continuar el assedio llamar los Pueblos de la Corona, que concurrieron promptos, y sabiendo ser engaño la venida del de Marruecos, embistiò la Plaza, y quitò à los Moros la Montaña; aviendo mandado à su Almirante Pedro de Queralt que limpiasse el Mar cõ nuestras Galeras: Diò fuertes, y repetidos avances à la Plaza, que obligaron à los Moros à rendirse à discrecion, y se sujetaron todos los levantados con sus Castillos, avista del sangriento estrago de Montesa.

Assedio de Montesa, queda rendida al Rey, y se le sujetan los que se avian levantado cõ otros Castillos.

En este tiempo, como los Reyes de Tunez, y Tremecen Vassallos del Rey dilatassen embiar los tributos, mandò el Rey à Corral de Lança que con quatro Galeras Catalanas passasse à Barberia, el qual entrando en los Puertos destruyò los Lugares, y saliò cargado de despojos, y continuando su viage llegò à Alebiba en donde encontrò diez Galeras del Rey de Marruecos: No desalentò à los Catalanes el numero de las enemigas Galeras, esperando con valor la batalla, admiraronse los Moros del atrevimiento, advirtiòles su General, que avia ya provado el valor de los Catalanes, y que huviera sido mejor no encontrarles: Adevinò el Infiel su desgracia, pues despues de larga batalla fueron desbaratadas las Galeras, y muertos, ò prisioneros los Moros, bolviendose los vencedores con las Galeras Enemigas, y esclavos à Valencia, ofreciendo à Dios en devidos cultos las gracias de la Vitoria, premiando el Rey el servicio à los vivos, y à las mugeres, ò hijos de los muertos.

Quatro Galeras Catalanas vencen à diez de Moros.

Fundò el Rey este año el Convento del Carmen de Lerida con Real Privilegio de 3. de las Kalendas de Abril. (1) A 17. de Setiembre Ferrer de Merola, y su muger Arsendis hizieron donacion de la Iglesia, y Hospital de Cervera à la Religion de San Antonio, y à la Encomienda que se halla en dicha Villa, consta del Archivo de dicha Encomienda.

Convento del Carmen de Lerida.

1278.

(1) *Corbera, Cat. Illustr. fol.453.*

Los sentimientos de aver partido el Rey de Barcelona sin tener Cortes, aver quedado en las de Lerida en tiempo del Rey su Padre, por su respeto, indecisa la question, si los feudatarios en fuerça del *Vsage Princeps namque*, devian seguir al Rey en las Guerras forasteras; y si obligados de la ley devian entregar sus Castillos, y con especialidad el de Cardona, concurriendo las pretensiones del de Vrgel en algunos Lugares que ocupavan el Rey, y el Obispo: armaronse para el recobro de los Lugares, los Condes de Foix, Pallàs, Vrgel, Vis conde de Cardona, y otros, opusieronseles por orden del Rey, mientras se hallava ocupado por los interesses de Castilla, Ramon de Moncada, y Ferriz de Lizana, y la gente de Cataluña, y Aragon pero con cortos pro-

1279. gressos; aviendo dado el Rey providencia à la seguridad de sus sobrinos los Infantes de Castilla, y trahiendoles consigo vino à Cataluña rogando con la paz à aquellos Principes, que con cuydado de su venida se avian entrado en Balaguer, y no se querian fiar de la Iusticia del Rey; pero no pudieron hazer rostro en campaña por la desigualdad de las tropas. (2)

(2) *Real Archivo de Barcelona, Carta del Señor Rey entre las Cartas, y instrum.*

El Santo Martyr Fr. Pedro de la Cadireta del Orden de Predicadores.

Consiguiò la Corona del Martyrio el Santo Varon Fr. Pedro de la Cadireta Inquisidor General de todos los Estados del Rey, fue de nacion Catalan, ignorase el lugar, Religioso de Santo Domingo, Ilustre en santidad, y letras: como el Rey Don Jayme huviesse erigido à mas de la de Barcelona, Academias en Tunez, y Murcia para que los Religiosos aprendiessen la lengua Hebrea, y Arabiga, fue embiado este Santo Varon por San Raymundo para este instituto, logrando con la inteligencia de las lenguas la conversion de los Judios, y Moros: aviendo salido tan consumado, y zeloso Ministro, fue elegido Inquisidor General, acerrimo defensor de la Fè, cumplia con las obligaciones de su oficio sin respetos humanos, confirmò Dios su dotrina con raras maravillas: no pudiendo los ciegos herejes sufrir tanta luz solicitaron apagarla, y de aqui luciò Estrella del firmamento, y en el Empireo: fue su triunfo año 1279. formandole las piedras, de que muriò apedreado qual otro Estevan, Piramide Ilustre de su vitoria, hallase venerado su Santo Cuerpo en la Seo de Vrgel, adonde por sus meritos favorece Dios à sus devotos. (3)

(3) *Domenech, Flos Sanct. de Catal. part. 2. f. 38. Martir. de Predic.*

El Monasterio de Santa Clara de Monjas Franciscas de Tarragona por su antiguedad, aunque no con certesa, parece averse fundado este año por los mismos Ciudadanos. (4)

(4) *Gonzaga, Cor. de San Francisco, 3 p. f. 1119.*

1280. Continuaron los Barones en buscar con las armas la defensa de sus Privilegios, atreviòse el Visconde de Cardona à llegar armado hasta las Puertas de Barcelona; y apartandose cargado de despojos, salieron los Barceloneses con Gombal de Benavent su Veguer, y le desordenaron, y quitaron las pillas, y lo passara mal, si el Veguer huviesse passado Lobregat siguiendo al alcanze. Cuydadoso el Rey de poner remedio con la concordia, ò las armas, passò con su Exercito à Lerida, y de alli diò sobre Balaguer, que no queriendo oponersele sus vezinos obligaron à los Condes à fiarse de la rectitud del Rey, el qual mandò llevar al Castillo de Siurana al Conde de Foix mas culpado, y los otros les entregò al Principe Don Alonso para que les guardasse en Lerida; siguiendose à esto la concordia, con que entregassen sus Castillos, y Villas en manos del Rey, bolviendoseles en feudo, y quedaron concordes Rey, y Vassallos, que lo fueron en lo que antes se juzgavan soberanos: los principales que se rindieron van nombrados al fin del Capitulo letra *A*.

Passa el Rey con Exercito à Balaguer, y se le sujetan los Barones de Cataluña, y cessan los disturbios civiles.

Quitados los motivos desta guerra civil, passò el Rey à Tolosa adonde se hallarõ los Reyes de Castilla, y Francia para la concordia de los interesses de aquellos Reynos, y derechos de los Infantes Sobrinos del Rey, y nietos del de Castilla, y aun para asegurar al Rey de Mallorca Don Jayme en los Estados de Mompeller, en los quales le movia disturbios el Frances; pero la realidad destas vistas fueron los cuydados de descubrir los Reyes los pensamientos que tenian de la guerra de Italia; pero aunque no pudo colegir cosa el Frances por la sagacidad, y silencio de nuestro Rey, y el Rey advirtiò el empeño del de Francia en apadrinar à Carlos de Anjou apoderado de Sicilia, no obstante se renovaron las amistades antiguas de la Casa de los Reyes de Aragon, y Condes de Barcelona con Francia: desistiò esta de las novedades contra Mompeller, y quedò indeciso el punto de los Infantes de Castilla.

Este año Armengol, y Aldonça Condes de Vrgel ilustraron el Convento de nuestra Señora de Bellpuig de la Orden Premostratence, que en Cataluña se llama de las Avellanas, dando

Sandalia de N. Señora en el Convento de las Avellanas.

dando à los Religiosos su Palacio, ò casa de campo, que distava vna hora del Convento que ya tenian antes en aquel territorio desde el año 1166. y enriquezieron estos Ilustres Señores à su Convento, con la preciosa Reliquia de vna Sandalia de la Reyna de los Angeles. (5) Fundòse esta Religion en Alemania año 1119. (6)

(5) Camòs Iardin de Maria, fol. 255.

(6) Roman Repub. del Mundo lib. 6. c. 10. fol. 294.

Convento de Franciscos de Vila Franca de Conflent.

Este año falleciò el Papa Nicolao III. En Vila-Franca de Conflent à expensas de sus vezinos se fundò el Convento de Franciscos de aquella Villa. (7)

(7) Gonzaga, part. 3. Cor. de San Frãcisco f. 1116.

Este año en el lugar del Campillo huvo vistas de nuestro Rey con el de Castilla, que le ofreciò la conquista de Navarra, y la admitiò en lo aparente llevado de mas gloriosa empresa nuestro Rey. Acordãdose el Rey que su Vassallo el Rey Moro de Tremecen, que avia sucedido à Mostanazar llamado Miraboabs Rey de Tunez, no le remitia el tributo, mandò armar diez Galeras Catalanas, y por General nombrò à Coral de Lanza, que passò à la Africa con las Galeras, entrò vitorioso en Tunez, quitò el Reyno à Miraboabs, y diòle à Mirabusach su hermano, con obligacion del tributo, de admitir dos Consules Catalanes en Tunez, y Buxìa nombrados por el Rey, à los quales estuviessen sujetos los Vassallos que residiessen, ò comerciassen en aquellos Reynos, que los derechos del vino fuessen del Rey, y que el Exactor fuesse Catalan elegido por el Rey. Concluidos los pactos, atravezò la Armada la Barberia hasta Ceuta, dominando aquel Mar, y tomando algunos Vaxeles, y todos los vasos que encontrò de Moros; y con copioso numero de Esclavos, y riqueza, bolviò con la vitoria à los pies del Rey, que se hallava en Valencia.

1281.

Vitorias en Africa, Cõsules en Tunez, y Bugia.

Ardia en muertes, estragos, robos, y crueldades Sicilia, frutos de la tirania Francesa, vinieron muchos Nobles de aquel Reyno à ponerse baxo la sombra de nuestro Rey, como legitimo heredero de Sicilia, como veremos. Vino entre otros Iuan de Proxita al quàl heredò el Rey de muchos Lugares en Valencia: este en nombre de la mayor Nobleza le asseguro aquellos Estados, pero aun no contento de sus obras, impaciente por la libertad de la Patria, passò à Roma, concertò con el Pontifice la vnion con nuestro Rey, y expulsion de los Franceses: de alli tomò su camino à Constantinopla, entrò en la liga aquel Emperador, y bolviendo à España assegurò al Rey de Castilla en la vnion contra Francia. Mucho obrò el Proxita en la vnion destas Coronas, pero mas fruto cogiò en Sicilia excitando los animos à la venganza, y expulsion de los Franceses, y dispuso en mucha parte la solemnidad de las Visperas Sicilianas; pero estos sudores, y trabajos de Proxita para librar la Patria fueron en vano, por la muerte del Pontifice Nicolao alma de la vnion; y sucediendo Martino IV. Frances mas en la aficion, que en la sangre, huvo de lograr la gloria de librar à Sicilia, sòlo nuestro Rey como à Señor de aquellos Estados.

Libra el Rey à Sicilia, de los Franceses.

Por medio de Hugo de Mataplana su Embaxador pidiò el Rey al Pontifice la Canonizacion de San Raymundo de Peñafort, aviendo ya concedido el antecessor à Fr. Berenguer de Cruilles el despacho paraque se recibiesse juridica informacion, à la qual suplica no solo respondiò el Papa con la pretension del Feudo, que no pudo imponer el Rey Don Pedro abuelo del Rey, y que no esperasse gracias de la Iglesia quien no fuesse amigo del Rey de Sicilia Carlos; sino que tambien mandò embargar la decima de las rentas Eclesiasticas concedidas al Rey por el Pontifice Nicolao para la guerra contra los Moros: mandò el Rey prevenir la Armada de Cataluña, y todos los Leños que se hallassen en ella, y en Valencia, diò el cuydado, y cargo de Almirante à Ramon Marquet de Barcelona, y mandò que su Armada estuviesse à punto para la Primavera siguiente, y llamò à los Vassallos para que le sirviessen.

Embiò à Conrado de Lanza, y à Beltran de Vila-Franca Camarero de la Iglesia de Tarragona, para concordar al Rey de Portugal Don Dionis, (con el qual avia concertado el Matrimonio de su hija Santa Isabel) con el Infante Don Alonso su hermano.

Santa Isabel Reyna de Portugal.

Santa Isabel Reyna de Portugal hija de nuestro gran Rey Don Pedro todo Catalan, y Catalana porque es mas provable aver nacido en Barcelona adonde tuvo su residencia, casi continua su Madre la Reyna Doña Constança hasta su viage a Sicilia, porque aunque la he hallado en Zaragoça, era solo para su Coronacion, alivio fue de sus Padres la Santa, consuelo, y fausto de Cataluña, criada en el Real Palacio de Barcelona, y espiritualmente educada por su Confessor el P. Fray Pedro de Serra Religioso del Real Orden de la Merced. (8) Varon doctissimo, y Catalan como lo manifiesta su apellido, el qual acompañò la Santa al Reyno de Portugal por su casamiento con el Rey Don Dionis, para favorecer Astro brillante con su benevolo influxo à aquel Reyno, que le sabe corresponder obligado: fue espejo de todas las virtudes, prodigio de paciencia por las travesuras del Marido, pasmo de humildad en su conocimiento, exemplo de obediencia en las atenciones al Rey, Madre de Pobres desnudandose hasta sus vestidos Reales para socorrerles, maravilla de la gracia en divinos arrobos, y favores celestes: verdadera hija de Francisco del qual siguiò el instituto en su tercera Regla, pero mas su vida Serafica, diòle el Cielo alivio à los trabajos en el descanso eterno, assegurando su inculpable vida, y prodigiosa santidad el sumo Oraculo de la Iglesia en su culto.

(8) *El Señor Obispo Cornejo en su Coron. del Orden Francis. 4. p. l. 2. cap. 3.*

Infanta Doña Constança.

Imitò à su Santa hermana, Doña Constança, que casò con el Duque de Calabria, à la qual llaman Doña Violante, y corriò en pocos años à la perfeccion; que solo le faltaron para llegar con el tiempo al Culto, y Altares de su Ilustre hermana. Esto es del P. Abarca.

A. Roger Bernardo de Moncada Conde de Foix, Armengol Conde de Vrgel, Alvaro, y Ramon Roger hermanos del de Vrgel, Arnaldo Roger de Pallàs, Raymundo Folch Visconde de Cardona, El Visconde de Vilamur, Ponce de Ribelles, Ramon de Anglesola, Pedro de Moncada, Berenguer de Puigvert, Guerao Alemany de Cervellò, Bernardo Roger de Eril, Hugo de Torroja, Guillen Ramon de Iosa, Iayme de Peramola, Guerao, y Berenguer de Espés, Gisperto de Guimerà, Guillermo de Bellera, Ponce de çacosta, Raymundo de Boxados, y otros.

CAPITULO XVI.

Derechos à la Corona de Sicilia, su descripcion con la de Napoles: Visperas Sicilianas: Embaxadas del Rey al Papa, y de Sicilia al Rey: Vitorias en Africa: Defensa de Sicilia: Vitoria contra Carlos: Librase Mecina, y desampara el Frances à Sicilia: Alabanzas de los Catalanes: Vitorias de Mar, y Tierra en la Catona, y otras partes por los Catalanes, &c.

SEntido el Rey del obrar del Papa, y de las tiranias que padecian los de Sicilia, decretò interiormente favorecer aquellos desamparados, y cobrar aquellos Estados, que eran patrimonio de la Reyna Doña Constança su muger, como hija de Manfredo vltimo Rey de Sicilia: fueron aquellos Estados, de Sicilia, Calabria, Apulia, Taranto, y demàs de Italia del Emperador Federico, que por las guerras que tuvo con la Iglesia, fue privado de ellos, pero bolviendo al gremio, y absuelto de la excomunion con la penitencia que cumpliò de assistir à la defensa de la Tierra Santa se le restituyeron aquellos Estados: buelto de Palestina huvo nuevos motivos para la guerra con el Papa, y muriò Federico dexando los Estados de Alemania à su hijo Corradino; los de Corsega, y Cerdeña à Eùs, y los de Italia à Manfredo: no quiso el Pontifice Clemente IV. Frances tener à Manfredo por Rey de Sicilia, antes diò la investidura de aquellos Estados à Carlos de Anjou Conde de la Provença, que

venciò

venciò à Manfredo quitandole en vna batalla el Reyno, y la vida: corriò la misma fortuna su hermano Corradino que llegò à Sicilia para vengar la muerte del hermano, y con mayor desgracia, pues diò la cabeza à vn infame Verdugo en Napoles, y apoderòse Carlos de las dos Sicilias; cuya tirania, y mal trato obligò à los Sicilianos à implorar la magnánimidad de nuestro Rey, y al Rey à cobrar los Estados de su muger, hija de Manfredo: estos son los derechos de Sicilia, y ocasion de la guerra.

La Isla de Sicilia fertil abundante, y muy rica es celebrada por el Etna, y Mongibelo: la Isla de Malta es de su dependẽcia, la concediò à la Religion de San Iuan el Señor Emperador Carlos V. año 1530. Como el Rey dominò muchas de las Provincias del Reyno de Napoles, y todas el Rey Don Alonso IV. con la Nacion Catalana, es preciso entender que estas Provincias son, Abrusso Capitanata, Bari, Otranto, Basilicata, Calabria Citerior, y Vlterior, Principados, Tierra de Labor, y otros Estados dependientes, como la Pulla, y Condado de Molissi. Vease Atlas mayor *tom.3. fol.86.* donde descrive su longitud, latitud, y circunferencia.

Prevenia el Rey tan grande Armada, que puso en sospechas à todos los Reyes Christianos, y à los Moros, embiandole sus Embaxadores para explicar sus designios, que tuvo tan ocultos, que ni à su hermano el Rey de Mallorca quiso comunicarles, ni responderle à la proposicion que era sobrado el esfuerzo contra Africa, y à favor del Señor de Constantina, pues poco avia que con diez Galeras avia dominado mayores Fuerzas, continuò sus prevenciones el Rey assegurando en el secreto su ventura.

1282. Cansados los Sicilianos de padecer y desconfiados por la que juzgavan, iresolucion de nuestro Rey, buscavan ocasion para desahogo de su ira contra Franceses: vino esta à los conjurados que se hallavan con armas ocultas en la Iglesia del Espiritu Santo de Palermo congregados para las solemnes Visperas del tercer dia de Pasqua de Resurreccion, dia penultimo de Marzo deste año; pues se atreviò vn desvergonzado Frances llamado Drochero à la honestidad de vna muger con color de reconocer si llevava armas escondidas para su marido: llegò vn Mancebo Siciliano llamado de las vozes que dava la muger defendiendo su honestidad quitò la Espada al Frances, y le matò, con esto descubrieron las Armas los Conjurados, embistieron à sus enemigos, acudieron los Ministros Franceses, y tras de ellos la Nobleza Siciliana, saliendo armada de la Iglesia; y à vna voz de *mueran los Franceses*, se comensò la mas fiera matança que refieren las Historias, sin excepcion de edad, sexo, ni respeto à lo Sagrado de los Templos, ni de la dignidad Ecclesiastica; pues aun los Religiosos con sacrilego horror mancharon sus manos, y Habitos con la sangre de los mesmos Religiosos Franceses: passò el repique de campanas à las segundas Visperas de Mecina, y de alli à lo residuo de la Isla, no quedando Frances con vida, sino solo algunos, y bien pocos que se acogieron al pequeño, aunque fuerte Lugar de Esperlinga que no concurriò al levantamiento, y Guillen de Porceleto Provençal Governador que avia sido de Palermo, por el buen govierno de su tiempo: bolò la fama deste sangriento hecho por el Orbe: juntaronse los Sicilianos, levantaron los Estandartes de la Iglesia, y suyos en los Pueblos, y acudieron al Rey para su defensa.

Visperas Sicilianas.

Tenia ya el Rey prevenida la Armada de Cataluña, què constava de ciento, y cinquenta velas, nombrò Almirante de todas à su hijo D. Jayme Pedro, y vice Almirante al famoso Marinero, y celebre Capitan Ramon Marquet de Barcelona, fiando el cuydado de la Marineria, y Armada à Berenguer Mallol tambien Barcelonès: concurrieron todas las Ciudades, y Lugares, Nobles, y Plebeos de Cataluña con tanta copia,

que

que mandò el Rey à los mas bolverse à sus casas, y solo eligiò veynte mil Almugavares, y Soldados menudos, como los llamavan, Ballesteros hasta mil, y dos mil cavallos, governados por la Nobleza, assistiendo tambien los Aragoneses, y Valencianos; pero confiessan las Historias de Aragon, que nunca Rey se hallò mas bien servido de sus Vassallos, que el nuestro de los Catalanes, y lo assegura el Rey con sus reales palabras: *Sirviendome con el amor, y voluntad que Rey lo ha sido jamas.* (1) No pudo el Rey de Francia con su embaxada lograr la noticia de la intencion del Rey, ni el de Mallorca, al qual solo mandò quedarse para el govierno de los Reynos, ni su grande amigo el Conde de Pallàs en nombre de toda la nacion Catalana pudo conseguir otra respuesta, que: *Si mi mano izquierda quisiera saber lo que ha de obrar la derecha, yo mismo me la quitaria.* Hizo donacion de todos sus Estados al Principe Don Alonso su hijo, previniendo lo que obraria el Pontifice Martino Frances; pero para mas fundar su razon, antes de partir embiò por Embaxador al Pontifice, à Galceran de Timor, para suplicar la indulgencia de la Cruzada, para la guerra que emprendia contra los Infieles; bolviò à desazonar à nuestro Rey la respuesta del Papa, que no quiso conceder la Cruzada, y dixo al Embaxador que la empresa del Rey no era contra Infieles, sino contra el Rey Carlos.

(1) *Zurita t.1. fol.267. Descl. t. testigo. Cervera Hist. del Rey D. Pedro II. lib. 3. cap. 18. in Archivo Civit. Barchinonæ dicti anni in Registro. Martorel de Luna, hist de Tortosa f.273. Montaner, à cap.45.*

Partiò el Rey con su Armada de Portfangòs, y mandò à su Almirante tomar el camino de Menorca, y dar vnos pliegos sellados à los Capitanes de las embarcaciones con orden pena de la vida, que à diez millas à la Mar mas allà de Menorca los descubriessen, y executassen el orden: llegò la Armada à Menorca, y poniendose con la Isla el Reyezuelo que la dominava, en mano del Rey, avisò à Bugìa, y Constantina que sin duda se encaminava allà para dominar la Africa. Entendiendose el viaje del Rey en Constantina, conspiraron los Moros contra su Señor Brugon, y sus Consejeros, y les mataron, embiando al Rey de Bugìa para la defensa de la Plaza: no erraron el lance los Moros, pues Brugon avia prometido al Rey convertirse à la Fè, y entregarle aquella tierra, y este era entonces el motivo de la Armada, y silencio del Rey para que no fuesse descubierto el concierto con el Señor de Constantina.

Conspiràse los Moros de Constantina contra su Señor, y le matan, y se dispone el Rey para el castigo de los amotinados.

Partiò la Armada del Puerto de Maon de Menorca, y llegò al Puerto de Alcoll de Africa; tuvo alli noticia de la desgraciada muerte de Brugon, y sus amigos: desembarcò el Exercito con poca oposicion, fortificòse con alguna, dividiò su Exercito, y operaciones, y dispusose à la conquista, y castigo de los Moros amotinados: Quiso hallandose en Africa añadir justicia à su razon, embiò segunda Embaxada al Pontifice nombrando Embaxador à Guillen de Castellnou para que suplicasse al Pontifice los favores de la Cruzada, assistencias para poner aquellas Barbaras Provincias baxo el suave yugo de la Iglesia: partiò el Embaxador, y llegò à Cataluña la noticia del feliz arribo del Rey à Africa: Zelosa Barcelona como acostumbra de las crezes de la Fè, y del verdadero servicio de su Rey despoblòse casi para assistirle, vnos con las armas, otros con bastimentos, y viveres, bolviendose aquella basta campaña otra abundante Barcelona.

Embia el Rey Segunda embaxada al Pontifice.

Asistècias de Barcelona para la guerra.

Mandò el Rey à dos mil Almugavares que entrassen tierra adentro à buscar los Moros que se avian retirado: fueron acometidos de dos mil cavallos à vna legua del Real, pero se defendieron fuertes ganando la Montaña para dar lugar al Rey de socorrerles: acudiò el Rey pronto, venciò, y matò à los enemigos, entrò à buscarles otras quatro leguas mas à dentro, bolviò con Esclavos, mil vacas, veynte mil cabezas de ganado menor, para enriquezer à los suyos.

Vitorias del Rey cõtra los Moros.

Acudiò toda la Africa à la defensa de sus tierras, y de su falsa dotrina, era inmenso el numero de los enemigos; è igual el de las batallas, y de

estas

estas las vitorias, peleando los nuestros siempre valientes, y mostrandose en todas el Rey, digno Rey de tales Vassallos.

Advertidos los Moros de su ruina, pretendieron con ardid el daño de nuestro Exercito, y embestir con todo su poder al Quartel del Conde de Pallàs, el qual avisado del Rey por la noticia que le participò vn Moro Valenciano, le hallò prevenido para el conflito; pero como era tan grande el poder de los enemigos, fue necessario que el Conde de Vrgel, y Bernardo, y Vidal de Sarrià imitando su valiente Padre Vidal de Sarrià acometiessen con los suyos, conservando el Quartel, y venciendo à los Moros, aunque el de Pallàs recibiò vna peligrosa herida. Llegaron à este tiempo à la campaña de Africa Embaxadores de Sicilia para suplicar al Rey tomasse aquella empresa, pues era propria por su muger, è hijos, y se hallava elegido de aquellos Pueblos: fueron los Embaxadores de Sicilia por la Nobleza Iuan Proxita, y Guillermo de Mecina, y por las Ciudades Nicolàs Copula, y Romeu Portella Catalan: los quales con dolorosa aunque elegante oracion propusieron al Rey sus derechos, justicia, ahogos, y lastimas de aquellos Vassallos; à quienes respondiò el Rey que les favoreceria en quanto pudiesse; pero no prometiò el socorro.

Embaxadores de Sicilia al Rey para que emprenda la cōquista de aquel Reyno.

Embistieron segunda vez los Moros, y fueron rechazados, y deshechos por nuestro Exercito con admiracion, y alegria de los Sicilianos, que clamavan: *Si esta gente viene en nuestro socorro asssegurados quedaremos, y seràn los Franceses muertos, ò vencidos.* Bolviò à este tiempo Guillen de Castellnou con la dura respuesta del Pontifice, que no pretendia en cosa alguna favorecer al Rey.

Hallavase por este tiempo ya con poderoso Exercito Carlos de Anjou sobre Mecina estrechada con riguroso assedio, quando desconfiados de sus fuerças los Mecineses pidieron al Legado del Papa intercediesse por el Perdon con el Rey Carlos, ò consiguiesse la absolucion de las Visperas: respondiò enojado Carlos al Legado: *Que no pensassen en pactos los Mecineses, que se defendiessen quanto pudiessen, que avian de morir con sus hijos.* Suplicaron al Legado entrasse en la Ciudad, el qual no como Legado, si como enfurecido Capitan amenazò al Pueblo con las censuras Eclesiasticas sino sujetavan sus cuellos al cuchillo del Rey Carlos; como si las censuras Eclesiasticas huviessen de ser carniceria de inocentes, y culpados; no obstante propuso algunas condiciones el Legado, que no admitiò Carlos: entonces desesperados los Mecineses obraron con superior coraje.

Assedio de Mecina por el Rey Carlos de Anjou.

Viendo la Isla sus trabajos embiò otros Embaxadores, que con vivas lagrimas suplicaron por su libertad à nuestro Rey, el qual vista la respuesta del Papa, los llantos de los Sicilianos, las instancias de todo su Exercito, determinò passar à favorecer à Sicilia, y à tomar la possession de aquellos Estados,

Favorece el Rey con su Exercito à los Sicilianos.

Mandò embarcar su Exercito, y partir dos Barcas à Sicilia con el aviso de su venida, que fueron auroras de la venida del Sol sobre aquella tierra; si se alegraron los Sicilianos por la venida, no menos los Moros por la salida del Rey, pudiendo bolverse à sus Tierras, aunque pocos.

Bolavan las Naves como Aves ligeras, y en cinco dias llegaron al Puerto de Trapana; de alli passò el Rey à Palermo à recebir la Corona de Sicilia: luego embiò con Guillen Aymerich segun Desclot testigo de vista, ò segun refiere los Analistas de Aragon, con Pedro de Queralt, Guillen de Castellnou, y Ruy Ximenez de Luna, à requerir al Rey Carlos que dexasse aquel Reyno, y cesasse de molestar à sus Vassallos; à que respondiò Carlos, que el Rey avia emprendido cosa, de que presto le haria arrepentir: dispuso el Rey socorrer à Mecina; pero antes de llegar con el Real socorro embiò delante dos mil Almugavares, los quales con su zurron, y armas entraron sin riesgo

Entran los Almugavares Catalanes en Mecina por orde del Rey.

dentro

dentro de Mecina: alegròse summamente la Ciudad con la venida de los Catalanes, que entraron de noche; pero à la mañana bolviòse en llanto la alegria de los Mecineses, por ver tan mal arropados à los nuestros; y con llantos, y sollozos dezian que gente es esta tan mal vestida, que van casi desnudos, y no llevan para su defensa, ni adarga, ni Escudo? Si tales son los otros del Rey de Aragon corto serà el alivio: advirtieron los Almugavares los epitetos, y solo diziendo à los Mecineses, *presto vereys quien somos*, arrebataron sus armas, salieron de la Ciudad, dieron sobre el campo del Francès, rompieronle, mataron màs de diez mil hombres, con retirada del Rey Carlos que juzgò ser todo el Exercito de nuestro Rey, el que embestia: Vitoriosos los dos mil Almugavares del copioso Exercito enemigo, tomaron quanto precioso pudieron llevar del campo de los enemigos, y entraron triunfantes en Mecina, sin aver recebido daño; alegres los Mecineses salieron à recebir sus redemptores; y ya desde este tiempo aquel pobre vestido fue temido, y respetado del Orbe, y aquellas viles abarcas apreciadas como coronas por las que consagravan à su Rey. En prueva del valor de los Almugavares refiere Bernardo Desclot Historia de Cataluña *lib.*2. *cap.*11. particulares hazañas, y entre otras dos muy admirables: la primera que en Calabria prendieron los Franceses à vn Almugavar, y llevado delante del Rey de Napoles, hizo desprecio el Rey Francès con su Corte, de la persona, y humilde trage del Almugavar: enfadòse este, y dixo que le bolviessen sus armas, y que saliesse el mas valiente, armado, y à cavallo, que ofrecia vencerle, y sino que le matassen, y si vencia que se le concediesse la libertad: saliò vn Frances armado, y à cavallo, venciòle el Almugavar, y le concediò la vida: diòle en premio el Rey de Napoles la libertad, y buen vestido: Llegò el Catalan delante nuestro Rey, y referido el sucesso, embiò diez Franceses prisioneros al Rey de Napoles, diziendole que tantas vezes como diesse libertad à vn Almugavar en trueque le bolveria diez Franceses. La segunda de otro natural de Tarrega en Cataluña, el qual à pie peleò con cinco de cavallo bien armados, matò à los quatro, y dexò al quinto mal herido. Confirmòse la gloria del nombre Catalan conque eran nombrados los Exercitos del Rey: porque aunque es cierto que concurrian Aragoneses, Valencianos, y Mallorquines; pero como era mayor el numero de los Catalanes, y los Cabos lo eran, y principalmente los Reyes, gloriavanse todos del Ilustre nombre, y Blason siempre vitorioso en tres cientos años, desde el Reynado del Rey Don Jayme hasta el del Señor Rey Don Fernando el Catolico, porque siempre salieron vitoriosos en la tierra, y fueron dueños absolutos del Mar. (2)

Dos mil Almugavares Catalanes derrotan el Exercito Frances con muerte de mas de diez mil hombres.

Glorias del nombre Catalan.

Valor Singular de dos Almugavares.

(2) *Señor Rey Don Martin en las Cortes de Perpiñan. Señor Rey Don Pedro III. en las de Monçon. Ruesta. desengaño del Mundo, p.5 cap.21. Novio in sua Hispania cap.88. Anonimo, discur. de la expedicion de la Tierra Santa. Abarc. t.1. epist. dedicatoria. Zurita t.1. lib.4.c.24. Carbonell, Cor. fol.251.*

Aturdido Carlos de la perdida de los suyos, y mas de la noticia del corto numero conque lograron la vitoria nuestros Catalanes; por temor del Exercito del Rey dexò à Sicilia en poder de su enemigo, y retiròse con poco credito à Calabria; pero avisados los Catalanes de la retirada de Carlos, salieron de Mecina contra los perezosos, que pagaron la dilacion de embarcarse con la vida; consiguiendo los nuestros las riquezas del Real enemigo, de forma, que con los despojos enriquezierō à Mecina para muchos años, y los nuestros cargados de oro, mas que antes de bellon, le derramavan liberales, ò prodigos con todos.

Carlos Duque de Anjou temeroso del Exercito del Rey se retira de Sicilia à Calabria.

No contentos los Catalanes de tales vitorias (que nunca à los que lo son parece mucho lo que obran por la grandeza de su Rey, siempre anelando à exaltarle mas) partieron para el puerto de San Salvador de Napoles, adonde tenia Carlos mas de ciento y cinquenta, entre Galeras, y Terridas, y las quemaron todas; siendo tal el estrago que se oyò el estruendo, y se viò la luz del fuego por todo Napoles, y Sicilia: vino el aviso al Rey, que aunque lo fingiò

Derrotan los Catalanes la Armada Francesa en el Puerto de San Salvador de Napoles.

ciò por no poder lograr la ocasion de pelear con Carlos, ofreciò à Dios la vitoria, como de su poderosa mano.

Llegó el Rey à Mecina para favorecer aquellos nuevos Vassallos, y el Rey Carlos desembarcò en la fuerte plaza de la Gatuna, ò Catona, passò de alli à Rixoles mandò fortificar las Plazas de Calabria juzgando que el Rey passaria allà para dominarlas, y despidiò sus embarcaciones para que bolviessen à sus Puertos: partieron las Galeras de Carlos, treynta àzia Pulla, y ochenta azià Napoles: viendolo el Rey desde Mecina, llamò à su General Jayme Pedro su hijo, y le mandò que en su lugar saliesse Pedro de Queralt, y N. Cortada à quien avia nombrado Vicealmirante por la buelta de Marquet à Cataluña, con veynte y dos Galeras Catalanas contra la Armada de los enemigos que se retirava: pasmados los Sicilianos acudieron à los pies del Rey suplicandole escusasse embiar las Galeras, porque era perderlas, embiar veynte y dos Galeras contra mas de ciento y cinquenta entre Galeras, y Barcas: respondiòles el Rey: hijos ya vereys el poder de Dios, dexadme hazer, que mis Vassallos van seguros: consolaronse los de Sicilia, y partieron las veynte y dos Galeras de Mecina para encontrar la Armada del Rey Carlos, que aùn no se avia dividido navegando àzia Nicotera, y descubrieron las nuestras entrando en el Golfo de Nicotera; y vista nuestra pequeña flota pusieronse delante de Nicotera, no juzgando que nuestras Galeras las acometiesse; pero erraron el discurso, pues estas à boga apressurada fueron à buscar las enemigas, que acovardadas, ya empezaron à huir diez Galeras de Pisanos, siguieron à estas las Galeras Francesas; retirandose solo quarenta, y cinco Galeras con las Barcas armadas àzia Nicotera: embistieron à estas las Catalanas, las rendieron con muerte de muchos enemigos, y prision de mas de seys mil, haziendose dueños de las quarenta y cinco Galeras, de todas las Barcas, y embarcaciones menores, y de todas las provisiones de guerra, y boca; y aun no satisfechos saltaron à tierra los nuestros, assaltaron à Nicotera, rindieronla con muerte de los defensores, y de dos cientos cavallos que avian embiado los del Exercito de Carlos para la defensa: saquearon à Nicotera, embarcaron quanto hallaron à proposito, y à media noche dieron la buelta à Sicilia.

Vitoria de 22. Galeras Catalañas, contra 120. de Francesas, è Italianas.

Llegaron nuestras veynte y dos Galeras con todas las enemigas, y todos los leños de la Armada Francesa à la vista de Mecina al salir del Sol: quando los Mecineses vieron tan grande Armada, juzgaron que bolvia contra ellos la del Rey Carlos, y que avia rendido nuestras Galeras: llenòse de clamores, y llanto la Ciudad, oyòlo el Rey desde su Palacio, y preguntò la causa del alboroto: respondieronle sus Criados, Señor, dizen en la Ciudad, que buelve la Armada enemiga con mayor poder: levantòse el Rey, montò à cavallo, fue por la Ciudad, acudiò à todos los tropeles de hombres, mugeres, y niños, alentòles assegurandoles ser sus Galeras que avian rendido las del Rey Carlos: respondia el Pueblo: Santo Señor, quiera Dios sea assi. Saliò el Rey de la Ciudad seguido del confuso tropel de hombres, mugeres, y niños, ya confortados con la presencia Real: llegò à la Marina, y al descubrir tal numero de vasos, temiò algo, y dixo: *Señor, vos me aveys trahido aqui, vos me defendereys, y à este vuestro Pueblo.* Mientras el Rey se hallava vacilante en su discurso, vino vn Leño armado, y ricamente empavessado con el Real Estandarte de las triunfantes Barras; que apenas las divisaron, quando alegres Rey, y Vassallos corrieron à la lengua del agua, saliò del Barco el Vicealmirante Cortada, llegò à los pies del Rey, y refiriò la cumplida vitoria que avia concedido el Cielo à las armas Catalanas. Desmontò luego el Rey, arrodillaronse todos, rindieron al Cielo gracias, y à Maria la gala cantando la Salve: mandò el Rey entrar las Galeras, las quales triunfantes, y vfanas llegaron al Puerto de Mecina enarbolando los Estandartes, llevando cada vna tras si quinze prisioneras, entre Galeras, y Barcas, con los Estandartes enemigos arrastrando por el Mar: celebròse con vniversal alegria la vitoria, y desahogando sus corazones dezian à Dios los Sicilianos: *Señor seays bendito, que gente es esta que nos aveys embiado para nuestra libertad? Esta Señor es la propria vuestra, este es vuestro Pueblo escogido, estos no son hombres, sino Leones, y como tales Reyes dignos de los otros hombres.* (3)

Alabansas de la Nacion Catalana.

(3) *Montan. Cor.*

Desalentado Carlos con sus Franceses por la noticia de la perdida de su Armada, gemia con los suyos diziendo: *Señor que es esto? Que gente es esta? Estos no son hombres, sino demonios, libradnos de sus manos por vuestra misericordia*, y cuydò de retirar su corto, y amilanado Exercito. (4)

Valor de los Catalanes en boca de Carlos su enemigo

(4) *Montaner, Cor.*

Quando nuestros Paysanos del Exercito vieron la vitoria, y riquezas de los de la Armada de Mar, heridos de la embidia (comun Lunar de nuestra Nacion, ahora no culpable por ser de gloria) acudieron al Rey los Almugavares, y Soldados ordinarios que llaman Desclot, y Montaner gente menuda, y maynada, representando la gloria de los del Mar, suplicandole les concediesse licencia para imitarles en gloria de su Magestad, y de la Nacion: alegrose el Rey de los alientos de su gente menuda, y con risa en la boca, como por gracia les dixo: *Que hareys vosotros? Que?* Respondierõ resentidos: *Ganaremos la Catona adonde se halla el Conde de Alanson hermano del Rey de Francia con todo el poder del Exercito, y vengarèmos las desgracias de vuestro Suegro el Rey Manfredo.* Respondiò el Rey, que le agradava la bizarria, y que la executassen; pero que obrassen atentos, y con consejo para que no les saliera mal la empresa. Respondieron: *Que no temiesse, pero que les concediesse entero el despojo de los enemigos, sin cuenta, ni derechos reales*: Bolviò el Rey à reirse, y abraçandoles, les concediò quanto pedian, bolviendoles à prevenir el modo que devian tomar para el acierto: Arrodillaronse todos suplicando al Rey que les bendixesse: bendixoles el Rey, ofreciòles à Dios, y despidiòles para la accion; tal era la bondad, y sencillez de nuestros mayores, y por ella eran siempre assistidos de Dios en quanto emprendieron.

Embarcaronse pues à la noche estos Ilustres, aunque menudos Heroes, con las Galeras, y Barcas, saltaron en tierra, bolvieron las Galeras por nueva gente, que tambien desembarcò antes del dia, tomaron sus Puestos, embistieron al rayar del Alva, derrotaron à los Franceses, llegaron al Quartel del hermano del Rey de Francia adonde avia acudido el mayor numero de los enemigos para defenderle, derrotaronles los nuestros, rindieronse los Franceses, pidieron la vida del Conde de Alanson, y de su Corte, no quisieron concederla los Almugavares, passaron à cuchillo al Conde, y à todos los Franceses, saquearon el Lugar, bolvieron à Mecina ricos, y cargados de tesoros: Saliò el Rey à recebir sus antes pequeños, ya grandes Soldados, apreciò, y agradeciò la hazaña, que infundiò tal valor en los Sicilianos en credito de la nacion Catalana; que si cinquenta de ellos tenian consigo diez Catalanes, no temian, antes envestian à ducientos de los enemigos: Quedò Carlos, con su Corte, tal de esta accion, que solo cuydò con el ingenio ver como podia halgo mantenerse, supuesto que en sus armas no hallava defensa. (5)

Credito de los Catalanes.

(5) *Montaner, Cor.*

CA-

CAPITULO XVII.

Desafio del Rey Carlos: Embaxadas, ajustes, firmas, tramas de Francia: Descomulga el Papa al Rey, privale de los Reynos, y los concede al hijo del Rey de Francia: Nombra el Rey à los Cavalleros para la Batalla, no la quiere assegurar el Ingles: Va el Rey à Burdeus: Da libertad à los prisioneros: Embia la Reyna à Sicilia, y su Coronacion: Vitorias de Roger de Lluria, y de Berenguer de Vilaragut: Cortes en Tarragona, Zaragoça, y Barcelona: El Señor Soberano de Cataluña, solo puede nombrarse Conde de Barcelona: Hecho valeroso del Infante Don Iayme: Conquistas en Calabria, Pulla, Otranto, y Capua: Proeza de los Catalanes: Confirmacion de sus leyes: assistencias al Rey: Embaxadas al Papa, y Rey de Francia: Falta en los Aragoneses, &c.

Aconsejaron sus Consejeros al Rey Carlos para dar treguas à sus males, que desafiasse à nuestro Rey, el qual mas fiado de su valor, que prevenido del engaño Francès, acetò el duelo, logrando los Franceses no perder à Napoles como avian perdido à Sicilia: admitiò Carlos el consejo, embiò à desafiar al Rey por dos Religiosos (indigno ministerio de su Santo Instituto) no les diò credito el Rey por la Embaxada contraria à su Profecion: remitiò à Carlos al Visconde de Castellnou, y à Pedro de Queralt para la averiguacion, con orden de que si fuesse verdad el reto de los Religiosos, acetassen la Batalla: fueron estos al Rey Carlos, que asegurò el empeño, quedò ajustada la Batalla, ciento à ciento: embiò Carlos sus Embaxadores à nuestro Rey para firmar el concierto, elegir lugar, y armas: eligieron à Burdeus, y previnose para la Marcial Palestra, embiò el Rey à Beltran de Cañelles, y à Reynaldo de Limogis al Rey Carlos para disponer el orden de la execucion: juraronla los Reyes con quarenta Cavalleros de cada vno de los dos Reyes. (1) Los que juraron por parte del Rey van à la fin del Capitulo letra *A*.

Desafia el Rey Carlos à N. Rey, y se señala Burdeus por Palenque.

(1) *Real Archivo de Barcelona, Escritura autentica del concierto, y firmas, sellada con doze Sellos. Carbonell, Cr. fol. 78.*

Aun no assegurado el Rey Carlos, con temor de los nuestros passò à Napoles, y de alli à Roma, para buscar las armas Eclesiasticas en su defensa, que las tenia bien asseguradas en la aficion del Papa Martino, el qual luego formò processo contra nuestro Rey, promulgò censuras, entredicho en los Reynos, y privacion de ellos, absolviendo à los Vassallos del juramento de fidelidad.

A instancia de Carlos, promulga el Papa censuras contra el Rey, y le priva de los Reynos

Mandò nuestro Rey para vengarse de las instancias à Roma del Rey Carlos, llamar à su Almirante, y le mandò que diesse libertad à mas de doze mil hombres que tenia prisioneros de guerra, de las vitorias antecedentes, que diesse à cada vno vestido, calçado, camisa nueva, y vn florin de oro, que les mandasse embarcar, y bolver à sus tierras à gastos del Real Patrimonio: executòse el orden saliendo à ver como se embarcavan los prisioneros; los quales viendo al Rey, arrodillados dieronle las gracias del supremo favor, y con festivas vozes llamavan al Cielo para que favoreciesse siempre à tan liberal Principe, y le concediesse la Corona del Orbe, y que siempre quedasse vitorioso de sus enemigos; y las Barcas les dexaron en sus tierras de Francia, y Napoles, bolando la gloria desta accion por toda Europa.

Singular liberalidad del Rey con los Prisioneros, y agradecimiento de estos.

Executada tan piadosa liberalidad passò el Rey con su Exercito à Calabria para combatir con Carlos que ya avia passado à Roma, llegò à la Catòna, embiò parte de sus Soldados à Rijoles, ocuparonle, llegò el Rey à Rijoles admitido, y festejado como pudiera en Barcelona: siguieron el exemplo de Rijoles, con la Ciudad de Girachi muchas Plazas, y Lugares. Saliò el Rey de Rijoles disfraçado, con vn solo Cavallero, y treynta Almugavares para reconocer las fuertes Plazas de Sinopoli, y Semenara, en las quales se hallava lo mas lucido del Exercito enemigo: exploradas las Plazas, llegò à Sola-

Conquistas del Rey en la Calabria

1283. no elegida para executar tan grande empresa: para dividir, y engañar al enemigo, mandò à parte de los Almugavares que procurassen ganar á Guruzana defendida de quinientos Franceses, los quales executando el orden, llegaron, assaltaron la Plaza, y la ganaron, aunque con briosa resistencia, con muerte de la mayor parte de los defensores.

Mientras se peleò en Guruzana saliò el Rey con su Exercito contra Semenara à la noche de treze de Marzo, llegò, ocupò los puestos, assaltaron la Ciudad dos mil Almugavares con quarenta cavallos, entraron, ocuparon vna Puerta, y Torre antes que los Franceses advertidos del daño pudiessen acudir à la defensa, la qual fuè tan fuerte, y varonil, como vana assi en los Muros, como en las calles de la Ciudad; pues quedaron rendidos en los Muros, y Defensas al valor de Arnaldo de Botonac, que governava la empresa, y en las calles sujetados por el arte, y braveza de Bernardo de Peratallada hijo del celebre Gilabert de Cruillas, del qual fiò el Rey este arduo empeño. Conquistadas estas Plazas, sujetòse la Calabria, dexòla el Rey bien defendida, y bolviò á Sicilia para esperar à la Reyna, y bolverse à Cataluña segun dizen algunos; pero para bolver à Cataluña, y passar à Burdeus al desafio como refiere Montaner, por cuya causa la Reyna dilatò su partida de Barcelona.

Disposiciones del Rey antes de partir deSicilia para Barcelona, y desafio.

Antes de partir el Rey quiso llevarse consigo para compañero de la Batalla à su hijo Jayme Pedro, nombrò en su lugar por Almirante el de Imortal fama Roger de Lluria, alentò à los Sicilianos con la venida de la Reyna, è Infantes, nombrò Vicario, y Governador de aquellos Estados, á Galcerán de Cartellá, el Govierno de la Reyna, è Infantes encargò à Alaymo de Lentin Siciliano, las Armadas à Roger de Lluria, nombrò Canciller de aquel Reyno à quien tanto devia Juan de Proxita, assegurando en estas fuertes columnas el peso de Sicilia, y Calabria.

Llamò el Rey á Roger de Lluria, y le mandò, que armasse luego veynte y cinco Galeras con Soldados todos Catalanes, los del remo Italianos, y los Marineros en igual numero Calanes, è Italianos, diziendole: quiero passar à Cataluña, dando este orden publicamente, y en secreto le dixo que entre las veynte y cinco armasse quatro de Catalanes sin admitir Italiano alguno, y luego partiesse à Trapana, adonde acudiria: llegò el Rey à Trapana, y las Galeras con vn Leño armado, partiò luego el Rey llevando consigo por Capitanes á los Ilustres Barcelonèses Ramon Marquet, y Berenguer Mallol, à los quales diò orden que las Galeras fuessen por las costas de Africa: llegò al Coll de Constantina, adonde le refirieron como los Moros que avian muerto en las Batallas eran mas de quarenta mil, y que si huviesse continuado se huviera el Rey hecho Señor de toda Barberia: salieron las Galeras de Africa, y llegaron con prospero viento à Cullera, y de allì partiò el Rey por tierra à Valencia, de donde embiò sus letras à los Cavalleros que avia elegido para la batalla de Cataluña, y Aragon, que fueron, cinquenta de Cataluña, quarenta de Aragon, y los demàs de Valencia, è Italia; no queriendo admitir al Infante de Marruecos, que se avia ofrecido con promesa de bolverse Christiano, ni à los Principes de Castilla, de Alemania, ni de Italia, que solicitavan este honor militar. Los nombres de los Catalanes van à la fin del Capitulo letra *B*.

Escusa se Carlos de salir al desafio.

Mientras el Rey se prevenia para la batalla, el Rey Carlos solicitava escusarla: alcançò del Pontifice Bula para el Rey de Ingalaterra, mandandole no asseguraffe el campo de la batalla; hallase la Bula en el Real Archivo de Barcelona, registro de las Bulas, y la trahe Zurita, *tom.* 1. *fol.* 254. De Roma partiò à Francia para pedir à aquel Rey socorro contra el nuestro, llevando tambien Bula del Papa, en la qual absolvia al Rey de Francia del juramento hecho en las Pazes con nuestro Rey, y rogavale favoreciesse á Carlos: fuè muy liberal

Bulas del Papa contra el Rey D. Pedro.

de

de gracias el Pontifice contra el Rey Don Pedro: admitiò el Francès el Decreto Pontificio porque le deseava: emprendiò la guerra contra el Rey, y concertò con Carlos, quando se hallassen en la campaña partir con Exercito para prender al Rey de Aragon, que se hallaria desarmado, è ignorante de la trampa.

Emprende el Rey de Francia la guerra contra el Rey à favor de Carlos.

Nombrò el Pontifice Legado para Francia, è Ingalaterra al Cardenal de Santa Cecilia, para que el Francès ocupasse à Cataluña, y los Reynos, de los quales ofrecia la investidura; y para que el Inglès estorvasse la batalla no assegurando el campo al Rey: y no queriendo la investidura de los Reynos el Rey de Francia, permitiò se diesse à Carlos de Valoys su hijo, al qual llamavan los Franceses por donayre: *Rey de Chapeu*, por el Bonete que le puso el Legado en señal de la investidura.

Da el Papa la investidura de los Reynos de la Corona à Carlos hijo del Rey de Francia.

Noticioso el Rey de lo que se obrava, embiò por su Embaxador al Rey de Ingalaterra (que le avia prometido hallarse en Burdeus para assegurar el campo) à Gilabert de Cruillas, que llegò à Burdeus; y no hallando al Rey, le previno el Senescal de orden de su Rey, que avisasse al nuestro para que no llegasse allì, porque no le podria assegurar, pues el Rey de Francia se hallava prevenido con grande Exercito para prenderle, ò matarle; y assi que luego diesse el aviso, porque ya tenia orden de embiarle Embaxadores que le disculpassen. Puntual el de Cruillas participò al Rey lo que passava; el qual intrepido en los peligros, eligiò exponer sus Reynos, y su vida, por no faltar al honor de su Real Palabra, y de hallarse en Burdeus el dia señalado en la Escritura, aunque no le assegurasse el Rey de Ingalaterra el campo. Embiava el Rey continuados correos al Senescal, y à Gilabert de Cruillas, y siempre respondian que no emprendiesse tal empeño, llamò el Rey à Bernardo de Peratallada hijo de Gilabert para que le acompañasse à Burdeus descubriendole su resolucion: partieron encubiertos los dos, previno el Rey vn moço Aragones que solia llevar à Francia mercadurias, y era practico del camino, para que les acompañasse como Señor, fingiendose el Rey, y el Peratallada sus criados: executòse, y llegaron à Burdeus en la casa de vn amigo de Domingo (que este era el nombre del Aragonès:) llegaron el dia de la batalla, y el proprio dia partiò el Rey à cavallo, y con los dos entrò dentro del Lugar de la batalla: embiò por Domingo à llamar à Gilabert de Cruillas, el qual luego llegò para ver à su Rey, y à su hijo en tan no imaginado riesgo: mandòle partir el Rey para el Senescal para que le requiriessen en su nombre que le asegurasse el campo: partiò el Senescal à verse con el Rey de Francia, diziendole que con su licencia daria respuesta à vn Cavallero embiado por el Rey de Aragon: concediòla el Rey Frances, y partiò el Senescal al campo con su Escrivano, y seys Cavalleros testigos: requiriòle el Rey por la seguridad del campo, respondiò el Senescal que no la podia conceder: pidiò el Rey le diesse certificacion de averse hallado en el campo el dia de la batalla, y de no averle asegurado el campo, que luego se executò por el Escrivano, tomando por testigos à los seys Cavalleros que conocian al Rey; y formando dos copias vna para el Rey, y otra para el Senescal, partiò luego el Rey, y por Castilla entrò en Aragon recebido de la Reyna, y de los Infantes que le esperavan con cuydado. (No son dignas de reflección algunas Novelas Francesas que se oponen à las Bulas Pontificias remitidas à los Reyes de Francia, è Ingalaterra) Entendieron el Rey de Francia, y el de Napoles la prodigiosa hazaña de nuestro Rey por el Senescal de Burdeus, que les manifestò la Escritura; de que pasmados, con temor de ser prevenidos del valor del Rey, se retiraron à Tolosa adonde hallaron el Legado del Papa con los hijos del Rey de Francia, al qual refiriendole el hecho, respondiò: *Ay Dios! Grande pecado hizo el Papa, y nosotros quando negamos el favor*

Se escusa de assegurar el campo el Rey de Ingalaterra por la trampa del Rey de Francia.

Està resuelto el Rey de exponer su vida antes que faltar à su Real palabra.

Llegà el Rey à Burdeus con Bernardo de Peratallada hijo de Gilabert de Cruillas.

Compàrece el Rey en el lugar de la batalla, pero no el de Francia, ni Carlos.

Buelve el Rey à Aragon cõ certificacion de aver cõparecido en el lugar de la batalla.

Retiranse el de Francia, y Carlos à Tolosa por temor del Rey.

vor à este nuevo Alexandro, repitiendolo mas de cien vezes: leasse Montaner testigo de aquel tiempo.

Por este tiempo, con las armas llevaron à Italia los ingenios Catalanes la Poesia vulgar, la qual desta Provincia se dilatò à las otras; consiguiendo despues el Petrarca, dar propriedad, y dulçura à sus versos con las obras de George Valenciano: leasse Escolano, *lib.* 1. *cap.* 14.

Mientras el Rey se hallava circuldo de las tramas Francesas, y vanas industrias Italianas, Roger de Lluria pensava en dar nuevas vitorias, y Reynos al Rey: avia mandado armar el Rey Carlos en Marsella veynte y cinco Galeras para encontrar las Catalanas con su Almirante, que costeavan las Riberas de Calabria, y otras Provincias del Reyno de Napoles, ocupando Lugares, y Castillos sin considerable oposicion: bolviase ya cansado de vitorias, y despojos à Mecina, quando encontrò à la boca del Faro tres Galeras Francesas, y vn Leño que ivan à explorar nuestra Armada: advertido el Almirante se adelantò à encontrarlas con otras tres Galeras, rindiò à las enemigas, y entendiò de los prisioneros, que las otras se hallavan en Malta: partiò à encontrar las veynte y dos Galeras, y Leños de los Franceses, con veynte y vna nuestras; que aunque las hallò hechas cadaveres en el Sepulcro del sueño, no pretendiò vitoria de los dormidos, y descuydados, sino que aguardò el dia, con gusto de nuestros Paysanos, despertò à los dormidos con los Clarines, y musicas, diò con sus Galeras en las enemigas, rindiòlas todas con algunos Leños, escapando algunos para dar la noticia de su perdida à los Franceses, y Napolitanos, y el Almirante por vn Leño participò à nuestro Rey la noticia de la vitoria. Celebrò Cortes el Rey à los Aragoneses en Taraçona, y Zaragoça, y por sus disgustos no quisieron concederle las assistencias que pedia para la guerra que le amenazava.

Vitoria de las Galeras Catalanas governadas por Roger de Lluria.

Cortes en Taraçona, y Zaragoça.

Partiò disgustado à Barcelona, convocò à los Catalanes, representòles la entrada cercana de sus enemigos, y pidiòles se previniessen à la defensa: deseava esta ocasion Cataluña por la quema del Archivo de Barcelona, que consumiò muchos de los Antiguos Privilegios, executada (segun se sospechò) de orden del Rey, para dilatar su soberania en Cataluña: dissimulò esta para coronarse de la mas gloriosa accion que celebran antiguas, y modernas Historias: llegò el dia de la muestra, acudieron todos nuestros Paysanos; pero con las lanças, y flechas sin hierros, y las vaynas sin espadas, dando à entender al Rey, que sus armas eran sus Privilegios, y que sin ellos no las tenian, ni nombre, ni valor Catalan fundado en sus exempciones: Admirò al Rey esta rethorica muda, mandò congregarse los mas inteligentes, y sabios para ver los Privilegios que faltavan; y comprehendiò en vno la confirmacion de quantos avia conseguido la sangre, y el oro de nuestros Antiguos, recopilado en el Privilegio: *Recognoverunt proceres.* (2)

(2) *Real Archivo de Barcelona, en lo Calf. Privil. Recognoverũt Proceres. Carbonell, Coron. fol.* 77. *D. Fabricio Pons hist. de Gustavo Adolfo, fol.* 44. *Bosch, tit. de honor de Cataluña, lib.* 1. *f.* 41.

Congregaronse las Cortes en Barcelona, publicose el Privilegio, y se admitiò ley, confirmò el Rey todos los de Cataluña: dize Zurita, *tom.* 1. *fol.* 267. *Vsò el Rey de la gratificacion que devia à la Nacion Catalana, porque nunca Principe fue mejor servido, que lo fue el Rey de los Catalanes en las empresas de Sicilia, Calabria, Pulla, y Principado de Capua, por Mar, y Tierra, à quien principalmente se deve la gloria de la conquista.* Decretòse en las Cortes el viage de la Reyna, è Infantes à Sicilia, que el Señor Soberano de Cataluña no pudiesse tomar otro titulo que el de Conde de Barcelona, y se previno el Principado para la vezina guerra, (3) embiando antes de concluir las Cortes, Embaxadores al Pontifice, y al Rey de Francia para representarles los derechos del Rey, y la obligacion de la guerra defensiva; pero no logrò otra cosa esta Embaxada que apresurar la guerra contra el Rey, para que lograsse los frutos de la vitoria.

Cortes en Barcelona.

1284.

(3) *Real Archivo de Bar. Arca* 1. *grande.*

Despues de despedidos los Embaxadores, y concluidas las Cortes llegò mò el Rey à sus buenos amigos, y fieles Vassallos Ramon Marquet, y Berẽguer Mallol, y les mandò armar dos Naves las mejores de Barcelona, quatro Galeras, dos Leños, y dos Barcas, con la guarniciõ de la mejor gente de Barcelona: y à mas de los Soldados ordinarios, mandó el Rey embarcar à cien Cavalleros para servir à la Reyna, y acudir à la defensa de Sicilia: embarcóse la Reyna con los Infantes en Barcelona, y llegaron con prospero viaje à Palermo, recebidos con las demostraciones de afecto verdadero, proprio de aquellos Vassallos: despacharon luego al Rey el aviso Ramon Marquet, y Berenguer Mallol, que le agradeciò con gusto por tener asseguradas à sus queridas prendas.

Embarcase la Reyna con los Infantes en Barcelona, para Sicilia.

Quando obrava el Rey en Barcelona à favor de Sicilia para conservarla, proseguia sus vitorias Roger de Lluria, entrò en Malta (que à la primera vista de los Catalanes se avia entregado;) y dexando al Assedio del Castillo à Conrado de Lança hasta su rendimiento, que fue luego, passò à la Isla del Gosso, y la dominò; de alli llegò à Lipari, y la conquistò; quedando aquellas Islas, y Castillos al dominio del Rey. La Reyna visitava la Isla mientras la Armada Catalana dilatava su dominio, llegó à Mecina, Coronòse por Reyna, y el Infante Don Jayme por successor, en las Cortes que mandò juntar en Palermo. Tenia el Rey juntos los Catalanes para la entrada contra el Frances por Navarra, temieron los vnidos Aragoneses no diesse el temporal sobre ellos, y embiaron vna Embaxada al Rey protestandole que se defenderian si entrava armado en Aragon: dissimulò el Rey, y les respondiò que partiria à Zaragoça con los mismos Embiados; pero no pudo acudir por la novedad de aver entrado en Aragon armado D. Juan Nuñez de Lara haziendose fuerte en Albarrazin: acudió el Rey con el Exercito de los Catalanes, cuyos Capitanes eran el Principe D. Alonso, el Conde de Vrgel, el Visconde de Cardona, Ramon de Anglesola, y Ramon de Moncada. Quãdo Don Juan Nuñez, aunque bien acompañado de Castellanos, Franceses, Navarros, y algunos Aragoneses, viò contra si empeñada la persona del Rey, temió tanto, que saliò encubierto de Albarrazin para Navarra; pudiendo lograr los vezinos entregarse à la piedad del Rey despues de largo assedio, y muchos combates. Desembarazado destos enemigos passò el Rey contra los Franceses de Navarra, obligandole el rigor del invierno à levantar el assedio de Tudela, para talar los campos, y arruynar los pobres Lugares, pagando estos la culpa de la ambicion Francesa; dandole lugar estas vitorias para acudir à Zaragoça à remediar los disturbios de la vnion.

Vitorias de Roger de Lluria en Malta, y Cerdeña.

Coronase la Reyna en Mecina, y el Infante D. Jayme por successor en las Cortes de Palermo.

Para compensar con alguna lucida accion sus daños, armò el Principe hijo del Rey Carlos treynta y seys Galeras, defendidas con grande numero de Barcas armadas, buen Exercito con muchos Grandes, y mas de trescientos Cavalleros para introducirles en Sicilia, y derrotar à nuestra pequeña Armada; pero avisada esta partiò à encontrar la enemiga à las Costas de Calabria, y encontrada, abordòla con solas veynte y ocho Galeras, rindiò veynte y cinco, y todas las Barcas, pudiendo escapar las demàs, aunque muy derrotadas: quedaron presos, ò muertos quantos ivan en ellas, con el Conde de Monfort, vno de sus hermanos, y dos Primos, y estos murieron; rindiendose prisioneros los otros Grandes, y Cavalleros. Partiò el Almirante con su vencedora Armada, y la vencida para Mecina, donde fue bien admitido, y celebrado de la Reyna, è Infantes, los quales luego participaron al Rey la noticia de la vitoria.

Vitoria en el Mar.

Por este tiempo Agustin Davalls rico hombre Frances, con veynte Galeras inquietava los Mares de Sicilia, tomò tierra, y saqueò à Augusta, pero con la noticia de la vitoria de la Armada Catalana, licenciò sus Galeras, que se recogieron en Brindis, faltando en tierra la guarnicion, y

quedò

quedò con algunos para defender à Augusta. Juntò sus Almugavares, y Soldados el Infante Don Jayme, y dirigiòse à librar la Ciudad, mandando al Almirante que con la Armada tomasse la misma derrota: llegò el Exercito à Augusta, y sin fortificarse, ni disponer Quarteles embistiò, y entró en la Ciudad, y començò à batir el Castillo: desconfiados los Franceses de mantenerse, Monsiur Agustin embiò à suplicar al Infante le dexasse salir con su gente, y armas, ofreciendo jamas tomarlas contra el Rey, ni el Infante: respondiòle luego el Infante D. Jayme: *que avian de salir sin armas, pero prometiendo que en adelante le harian quanto mal pudiessen.* Admirado el Francès del valor del Infante, y de su Nacion, entregòse con su gente à merced, logrando provar la cortesia Catalana, que le bolviò sus armas, le presentò diez cavallos, y llevòle con sus tropas seguras, y bien tratadas, à los Lugares que posseìa el Francès en las Provincias de Napoles. Viendo los Franceses la bizarria clamaron: *Que haze el Papa, y los Cardenales como no hazen Señor del Mundo al Rey de Aragon, y à sus hijos?* Passò à Napoles el agradecido Francès, refiriò al Principe Carlos la liberalidad Catalana; y pasmado de las perdidas, y admirado de la accion, dixo: *En que piensa mi Padre el Rey Carlos? Como no haze pazes? Que si continua la guerra todo està perdido.*

Hecho valeroso del Infante D. Iayme.

Liberalidad Catalana.

Conseguida esta vitoria de Augusta, para tenerla assegurada el Infante, la fortificò, y poblò de Catalanes, y mandò al valiente Catalan Berenguer de Vilaragut, que con doze Galeras fuesse en busca de las veynte enemigas que avian escapado: partiò Vilaragut, llegò con sus Galeras à Cotron donde se hallavan tres Naves, y muchas Barcas cargadas de viveres: embistiòlas, rindiòlas, y embiòlas à Mecina: prosiguiò su viaje, saqueò à Galipoli, llegò à Otranto, tomò muchos Navios, y Barcas que se hallavan en la Playa, llegò à Brindis donde se hallavan las Galeras encerradas dentro del Puerto con la cadena que no pudo romper, derrotò toda la Marina de la Pulla, ò Apulia, y remitiò à Mecina todos los Navios, y vasos que avia rendido, para passar desembarazado à la Isla de Gorfù que dominò, y con quantos vasos hallò, bolviò vitorioso à Mecina recebido de la Reyna, è Infantes como merecia su valor.

Vitorias del valiente Catalan, Berenguer de Vilaragut.

A. El Conde de Pallàs, el Conde de Vrgel, Don Pedro Fernandez hermano del Rey Don Iayme, Pedro su hijo, Don Lope Ferrench de Luna, Ponce de Ribellas, Sancho de Antillon, Pedro Arnaldo Botonach, Alaymo de Lentin, Baldovin de Veyntemilla, Federico Musca, Orlando de Apello, Gualter de Calatagiron Sicilianos, Bernardo Roger de Eril, Roger de Lluria, Bernardo de Monpeò, Pedro Garcès, Beltran de Belpuig, Garci Garcès de Arasuri, Guillen de Bellera, Ximen Lopez de Ambun, Ramon de Molina, Simon Desllor, Basco Massa, Gil Ruiz de Montuengu, Garci Arnal de Cil, Berenguer de Osigato, Beltran de Villa-Franca, Ramon Cortada, Iayme Oblita, Guerao de Ascon, Estevan Nuñez, y Blasco de Alacia, Los seys de parte del Rey para el lugar, y armas fueron, Guillen de Castellnou, Pedro de Queralt, Ximenez de Luna, Ximeno de Artieda, Rodolfo de Manuel, y Reynaldo de Limogis.

B. El Infante Don Iayme Pedro, el Conde de Ampurias, Dalmao de Rocabertì, Bernardo de Centellas, Aymerich, y Gilabert de Centellas, Ramon de Moncada Señor de Fraga, Ramon de Moncada Señor de Albalat, Pedro de Moncada, Don Guillen de Peralta, Ramon de Vilamur, Arnaldo de Corsavi, Bernardo Hugo de Serralonga, Iasberto de Castellnou, Guerao de Cervià, Ponce de Santa Pau, Berenguer de Vrriols, Arnaldo Guillen de Cartellà, Arnaldo de Vilademany, Ramon de Cabrera, Guerao de Cervellò, Berenguer de Entença, Alemany de Cervelló, Berenguer de Puigvert, Guillen de Anglesola, Bernardo, y Galceràn de Anglesola, Ramonet, y Ramon de Anglesola, Ramon de Cervera, Marco de Santa Eugenia, Iayme de Besora, Guillen de Caulers, Arnaldo de Foixà, Ramon Folch, Ramon Roger, Galceràn de Pinòs, Ramon Durg, Guillen Ramon de Iosa, Berenguer de Moncorvis, Guillen de Almenara, Ramon

Alemany

Alemany, Guerao de Aguilò, Bernardo de Mauleò, Pera Mola, y Iayme de Peramola, Pedro de Meytat, Bernardo de Spes Guillen de San Vicens, Acart de Mur, y Gombal de Benavent.

CAPITULO XVIII.

Buelven los Embaxadores con mal despacho del Papa, y Francia: Cortes, ò Parlamento General en Barcelona: Prevencion del Rey: Vistas en Castilla: Liberalidad de los Catalanes: Vitorias en Italia: Prision, y rota del Principe de Napoles: Defensa de Rijoles: Conquistas en Calabria, Apulia, Otranto, y Principado: Vitorias de Berenguer de Entença, y de Roger de Lluria: Conquista de Gerbes: Prision del Rey de Tunez: Vitorias en la Romania: Sentencia contra el Principe de Napoles, va preso à Barcelona: Libertad de los prisioneros: Muerte del Rey Carlos, y del Papa: Invencion de la Virgen de Consolacion, &c.

LLegaron los Embaxadores despachados del Papa, y del Rey de Francia como les podian despachar los mayores enemigos del Rey, à quien refirieron la dura respuesta del Pontifice, y el aver dexado alli su apelacion; y el Rey bolviendose à Dios dixo: *Padre, y Señor en vuestras manos, y à vuestra sentencia me pongo con mis Reynos, y Vassallos,* y fue con su acostumbrado ardimiento à defender las Fronteras de Aragon à donde avia entrado con poder el Francés, el qual se retirò por la venida del Rey que quedò con fuerte sentimiento por no aver podido llegar à las manos con los enemigos: Partiò despues desto, fortificadas las Fronteras, para Barcelona, llamò à todos los Catalanes à Cortes, ò à Parlamento General para prevenirse para la guerra: embiò orden à los Sicilianos para que se hallassen armados para proseguir la guerra dentro de Italia.

Acude el Rey à defender las frõteras de Aragon, y se retira el Francès por la venida del Rey.

Cortes, ò Parlamento general en Barcelona.

Llamò à Ramon Marquet, y à Berenguer Mallol, y les mandò armassen solo diez Galeras para la defensa de Cataluña: representaron al Rey estos insignes Catalanes, que teniendo mas de ciento y veynte el Papa, el Rey de Napoles, y el de Francia, no era facil poderse defender Cataluña con diez, y assi podian armarse otras, pues tenia su Magestad mas de ochenta en Sicilia, y en Cataluña muchas mas. Satisfizo el Rey à la representacion de aquellos Ilustres Capitanes, con dezirles, que si los enemigos advertian que solo se hallava con diez Galeras despreciarian su poder, y vendrian con pocas; y para vencerlas, podia entonces armar otras en Cataluña, y si convenia, embiar à buscar las de Sicilia; pero que si los enemigos viessen toda su Armada junta, vnirian la propria, y vendrian con todo su poder, y se veria obligado à exponer à la discrecion de la fortuna, sus Armadas, y Reynos, que se asseguravan con la aparente flaqueza, para vsar del poder quando importasse.

Industria del Rey.

Quedando assegurado del Rey de Castilla, el qual en las vistas de Ariza le prometiò favor contra sus enemigos que no cumpliò en la ocasion, y mal contento de los Aragoneses, y Valencianos por sus disturbios, no advirtiendo estos los daños que amenaçavã à estos Reynos, acudiò el Rey à los Catalanes juntos en Barcelona, previnoles el poder de los enemigos, y quanto importava assistirle con las armas, y consejo. Respondiò por todo el Estado Eclesiastico el Arçobispo de Tarragona, diziendo: *Que su Magestad se hallava descomulgado, y que le suplicava no quisiesse consejo de los Eclesiasticos, pero que les permitiesse vivir de las rentas que les quedassen, con solo el mas estrecho, y necessario modo para mantenerse.* Entendiò la Corte la intencion de los Eclesiasticos, que era cobrasse el Rey las rentas, y se valiesse de los bienes sin consentimiento publico: agradecièles el Rey su verdadero amor, y fidelidad, concedièles licencia para no concurrir en el congreso: los Nobles, y Pueblos ofrecieron al Rey sus Personas, vidas, y haziendas sin reserva, y bolvieronse à sus

Liberalidad de Cataluña con el Rey.

sus casas para prevenirse ; y el Rey partiò à Gerona para ver à su hermano el Rey de Mallorca , y discurrir como se devian defender los Reynos, de la cruel avenida que les amenaçava.

Mientras en Cataluña buscava medios el Rey para defenderse, la Armada Catalana vitoriosa en Italia, corria por todo el Reyno de Napoles con solas veynte y ocho Galeras: Carlos Principe de Salerno Mayorazgo del Rey Carlos, para remedio de los daños, armò sesenta Galeras, y muchos Leños, y con toda su Nobleza se embarcò para encontrar à sus enemigos, que no fue dificil pues le buscavan con doze Galeras mas que avia mandado vnir à las veynte y ocho el Infante Don Jayme. Con esta

Prision del Principe de Napoles, y su Nobleza, derrota de su Armada, y prision de sus Galeras por Roger de Lluria.

Armada Roger de Lluria tomò, y rindiò el Puerto de San Nicolàs con quatro Naves, y muchas Barcas, y vasos: passò à Policastre Ciudad fuerte, que saqueò, y quemò con otros Lugares, y partiò à la vista de Napoles à encontrar à los que la buscavan: amaynò nuestra Armada delante de Napoles, saliò el Principe con la suya tan superior, mandò Roger de Lluria hazer vela à la nuestra, como que se retirava, para obligar al enemigo à seguirla, y apartarla de la ventaja de la Plaza: no entendieron los Franceses el Ardid, pues à boga apressurada fueron como à vitoria cierta: entonces puesto en vn esquife el Lluria alentò à los nuestros con el empeño del Rey, y obligacion del nombre Catalan, y assegurandoles los ricos despojos de los Franceses, y Napolitanos empezò la batalla con igual fortuna: aferraronse vnas Galeras con otras peleando como à pie firme; pero presto el numero se rindiò al valor y Arte, entrando los nuestros en las Galeras enemigas con muerte de sus defensores, pudiendo algunas lograr la huìda àzia Napoles llenas de horror, y muertes. Se aferrò nuestra Capitana con la del Principe, entraron los nuestros llenandola de horror, y muertes: los Nobles que assistian al Principe no querian rendirse ; pero mandò Roger dar barrenos à la Capitana, y entonces se rindiò el Principe con toda su Nobleza, dando à nuestras armas cumplida vitoria : tomaronse quarenta y dos Galeras, grandes despojos, rara riqueza, y montò mas la fama de la vitoria, que los frutos, aunque Reales. Consiguiò Roger de Lluria la libertad de la Infanta Doña Beatriz hermana de nuestra Reyna, hija de Manfredo, à la qual jamàs avia querido dar libertad el Rey Carlos, y se logrò tambien el castigo de algunos Sicilianos que se avian passado, muertos delante del Principe à manos del verdugo. Para nueva gloria de su triunfo passò con su Armada Roger de Lluria, y con los vasos, y prisioneros enemigos, delante de Napoles, llegò à Mecina para ofrecer à la Reyna el Noble, y rico despojo de tan celebre vitoria.

Despues de tres dias de la batalla llegò el Rey Carlos à Gaeta con veynte Galeras Francesas, (tardo socorro para assegurar la vitoria) acercòse à la Playa de Napoles, adonde oyò el confuso tropel del Pueblo, que en vivas vozes clamava : *Muera Carlos de Francia , y viva Roger de Lluria*, cuyos clamores con la noticia de su desgracia en la perdida de su Armada, le obligaron à no entrar en la Ciudad ; queriendo abrasarla ; y aunque reportado, lo pagaron mas de ciento y cinquenta de los Ciudadanos.

Valor de los Catalanes en la defensa de Rijoles.

Arrebatado Carlos de los contrarios afectos de odio, y amor por la rota, y prision del Principe, juntò Armada con el poder de Francia, è Italia de sesenta Galeras, y muchos Vasos, y Exercito de diez mil cavallos, y quarenta mil Infantes que se hallavan prevenidos contra Cataluña, y entrò en Calabria para ocupar à Rijoles: defendiòla bien nuestro Ilustre Catalan Guillen de Pons con los suyos, obligando à Carlos à levantar el sitio con perdida de reputacion, y tiempo ; sucediendole lo proprio en la Catòna, de donde le sacò el temporal, y su desgracia: quiso entrarse azia la Pulla al tiempo

que

que el Almirante se hallava reforzado con catorze Galeras, que avia embiado el Rey desde Barcelona con el nunca bastantemente alabado Ramon Marquet, para mantener el dominio del Mar.

Alentado Roger con el socorro de las Catalanas Galeras de Ramon Marquet, emprediò la hazaña de salir al oposito del poder de Carlos, poniendose á vista de su Armada, dando á entender que á su vista queria salir á dominar la tierra: tuvo con esto suspensos á los Franceses, y á la noche con diez Galeras partiò sobre Nicotèra defendida de quinientos cavallos, y dos mil Infantes Franceses, que assaltada, y entrada de noche sirvió para exemplo de descuydados, y escarmiento, aunque tarde, de confiados, quedando rendida la Plaza con muerte, ó prision de sus defensores.

Vitorias en Calabria, Pulla, Otrato, y Principado.

De aqui partiò el Almirante á juntarse con el residuo de su Armada, saliò en tierra con tres cientos Almugavares, assaltò, y ganò Castelvestro: con mil entrò la segunda noche, y tomò á Castrovilar, despues con Exercito formado á Cotron, y se le rindieron todos los Castillos, y Lugares de Basilicata; y dexandola bien defendida con Matheo Fortuny y dos mil Almugavares que ganaron á Murano, visitada, y pertrechada Calabria, passò á Sicilia con su Armada, corriendo á la posta las vitorias de los Catalanes en Italia. Alterado el Pueblo de Sicilia contra los Prisioneros Franceses quisieron muriesse el Principe, y matar á los otros, en vengança de la muerte de Conradino: quietaron el rumor la Reyna, è Infantes con la resolucion del Parlamento que juntaron en Mecina, en el qual, no obstante la contradicion de la Reyna, fue condenado á muerte el Principe, pero librado del duro trance por la benignidad de la Reyna, è Infantes, que propusieron no era justo executar la sentencia sin la noticia del Rey, al qual embiaron despues al preso Principe, para que deliberasse lo justo, que fue mandarle guardar en Barcelona. Quiso el Infante Don Jayme despues de remitido el Principe prisionero á Barcelona á la orden del Rey, passàr á Calabria con las Galeras del Almirante, y otras que tenia prevenidas en numero de quarenta con Barcas, y otras embarcaciones, y Exercito competente, y desembarcò en Calabria, dominòla enteramente, rindiò la Ciudad de Otranto, y todo el Principado haziendo grandes prohezas en Apulia. De alli saliò Berenguer de Entença á la Isla de Corfú, á la Morea, y Esclavonia, señoreando los Mares, y llenandoles de horror, y muertes, dominando en Mar, y Tierra las Naves, y Lugares; y bolviendo vitorioso, llegò á Calabria para ofrecer con el Infante Don Jayme los despojos de las vitorias á la Reyna.

Vitorias en la Morea Corfù, y Esclavonia.

Passò Roger de Lluria cansado de vencer en Italia, á la guerra de Africa contra los Moros, emprendiò la conquista de la Isla de los Gerbes, llegando á ella dispuso algunas de sus Galeras entre la Isla, y tierra firme para que no escapassen los fugitivos: saltó de noche en tierra, quemó las Alquerìas, cautivando los descuydados enemigos: á la mañana vieron los Moros á los nuestros ya dueños del campo de la Isla: quisieron los Moros hazer cara para su defensa, pero presto provaron su ruina. Murieron de los Moros quatro mil, fueron seys mil los prisioneros, quedó toda la Isla por el Rey, que la concedió al Almirante por sus servicios. Fue celebre esta empresa por la prision del Rey de Tunez, no menos que por la conquista de la Isla. Passava á su Corte el de Tunez, quando avisados los Catalanes que se hallavan en tierra, se pusieron en celada, observando vna Galera en el Mar la marcha: dió Margano Rey de Tunez en la celada, y hecho prisionero, fue llevado con la Armada á Sicilia, y guardado en el Castillo de Matagrifon.

Vitoria de los Gerbes, y prision del Rey de Tunez.

Siempre deseosos los Catalanes de nuevas Glorias, partieron de Sicilia con su Armada a la Romania, en donde quiso el Almirante correr las Islas

Vitorias en la Romania, y conquistas.

Islas de Maseli, Corfù, y las del Archipielago, tomó à Andria, Malvesia, y otras Ciudades, passó à Sefalonia, y dominóla: se llevó quanto encontró bueno, bolviendo rico, y vitorioso, y nuestros Paysanos tan llenos de plata, que solo apreciavan la moneda de oro.

1285. Llegó al principio deste año el orden del Rey tan valiente contra los fuertes, como compassivamente liberal con los rendidos, mandó traher el preso Principe à Barcelona, y dar libertad à todos los Grandes, y Cavalleros con promesa de no militar cōtra sus Armas, q̄ no cumplieron: grandeza de nuestra Nacion, y lunar de la Frances. Acudiò al Papa, y al Rey de Francia el desgraciado Carlos de Napoles, que aunque le alentaron con nuevos socorros, no pudieron assegurarle contra la muerte, que con el mortal veneno de sus passiones, y desgracias, cortò el hilo de su vida al mes de Enero: dieron la noticia al Rey de la muerte de su enemigo, y sin mudarse en el semblante, solo dixo: *Ha muerto el mejor Cavallero del mundo.* Gloria es alabar al enemigo vencido.

Muerte del Rey Carlos de Napoles.

Muriò tambien à veynte y nueve de Marzo otro emulo, y mayor enemigo nuestro, el Papa Martino IV. que concediò tantas Bulas, è Indulgencias à favor de los que tomavan las Armas contra nuestro Rey, que por si, y sus Gloriosos Progenitores los Serenissimos Condes de Barcelona avia librado del Infiel Yugo Mahometano, à Cataluña, Aragō, Valencia, Murcia, Castilla, y Andaluzia, con la sangre, y oro de sus Vassallos, aviēdo plantado el Estandarte de la Fè en Mallorca, Menorca, y Costas de Africa, siempre peleando en defensa de la Iglesia; tratado, y maltratados como pudiera el mayor Infiel, y Cismatico, solo por no permitir las tiranias de los Franceses en Sicilia, y librar de la muerte aquellos pobres desamparados: creo fue buena su intencion, pero delante del Tribunal Divino viò patente la Iusticia.

Muerte del Pontifice Martino IV.

Lo que puede advertir el discurso humano es, que Dios liberal con nosotros, sin mas meritos que desearle servir, multiplicó favores, obró maravillas, nos libró de la guerra, y concedió siempre vitorias; y el sucessor del Pontifice Martino revocó la sentencia, absolvió de la excomunion al Rey, como refiere Carbonell, en su Coronica citando la Bula, en el Real Archivo, la qual no he podido hallar. Fue vaticinio cierto de consuelo, y de las vitorias que avia de conceder Dios en los Mares de Cataluña, la prodigiosa invencion de la Virgen de Consolacion en el Mar delante Rosas donde naufragavan seys Naves Ginovesas, que hallandose en los ahogos, acudieron à la Estrella del Mar, que les favoreciò cō vnas luzes que se vieron en alta Mar, y llegaron à los Naufragos, sosegandose la tempestad: venian estas luzes con vn Barco, y dentro del, la prodigiosa Imagen de la Virgen que fue llevada à Xerez, adonde se halla venerada con titulo de Consolacion, y de nuestra Señora Catalana. (1)

Nuestra Señora de Consolacion.

(1) *Camòs Iardin de Maria, fol. 235.*

CAPITULO XIX.

Requiere el Rey al de Castilla, Aragoneses, y Valencianos por socorro, y no llega: Entra el Francès en Cataluña, y con que Exercito: Vitorias en los Collados: Passa por el de Massana: Choque en èl: Vitorias èn Ampurdan: Bula, y Cruzada por los que siguen al Francès: Quema de Peralada, y valor de Mercadera vezina de dicha Villa: Entrega de Castellon: Sitio de Gerona: Vitorias de los nuestros por Mar, y Tierra: Alabanças de los Catalanes: Reuquentro, y vitoria del Rey: Orden de capitular Gerona, &c.

Viendo el Rey la entrada del Francès que tan poderoso se acercava, embiò à requerir al Rey de Castilla por el ofrecido socorro, que fue de inutiles escusas, y ligeros pretextos: llamó à los Aragoneses, y Valencianos, que embarasados en sus disturbios no llegaron, pero advirtió à los Aragoneses que defendiessen las fronteras de Navarra, y Gascuña: passó à Ruisellon, ocupó,

y

y presidiò las Plazas; pero temiendo à su hermano vnido con el Francès, y que ya le avia ofrecido passo, absolviò à los Vassallos principalmente à los de Perpiñan del juramento de fidelidad, y les previno la importancia de no empeñarse en inutil, y perniciosa defensa, y que consintiessen el pasaje de los enemigos.

Consejo prudēte del Rey à sus Vassallos de Perpiñan.

Executadas estas prevenciones bolviò el Rey à su amada Patria, y de los Reyes, Barcelona: mandò saliessen todos con sus armas, celebròse solemne fiesta para implorar el favor Divino, alentò el Rey à los nuestros que ya con anelo solicitavan partir contra los enemigos, embiò los ordenes por Cataluña, que se hallasse junta en el Collado de Panissàs: acudieron todos saliendo el Principe Don Alonso governando la Cavalleria, dispuso alli el Rey que el Conde de Ampurias defendiesse el Collado de Panissàs, el Viscõde de Rocabertì el Portùs, y el Rey con su Exercito quedò en el llano para acudir adonde importasse.

Se dispone el Exercito contra los Franceses.

Entrò el Francès con el Legado del Papa publicando las Indulgencias, y fiado en el mayor Exercito, y Armada, que jamàs se viò en estos Mares, y Tierra: constava la Armada de tres cientos Vasos grandes entre Galeras, Vaxeles, y Barcas: consistia el Exercito en todo el poder de Europa, con diez y ocho mil y seiscientos cavallos; y entre ellos ocho mil y seiscientos de los Grandes, Cavalleros, y Gentiles hombres de todas Naciones, ciento y cinquenta mil Infantes, cinquenta mil Peones para guarda del bagaje, quarenta mil provehedores para conduzir los viveres defendidos de mil cavallos: con todo este poder vanos los Franceses dezian à los de Ruisellon: *Que harà el Rey de Aragon contra tales fuerças?* A que respondian: *Dios assistirà.* Iusta confianza Catalana prevenida con sus Armas.

Entra el Francés cō grãde Exercito, y Armada maritima, à Cataluña.

Siempre es valiente el amor, y la fidelidad connatural à la Nacion Catalana: aunque prevenidos del Rey, y à vista de tal poder no acovardados los de Perpiñan, Elna, y Colibre se defendieron fuertes, y no quisieron entregarse al Francès; pero viendose desesperados de socorro se sujetò Perpiñan con honestas condiciones, y Elna, y Colibre sufrieron la desgracia por no perderse.

Intentó el Francès con su imenso Exercito entrar en Cataluña, pero no hallò tan libre el passo como le juzgava: detuvose quinze dias à la otra parte dentro Ruisellon, acudieron alli los Catalanes llegando hasta las tiendas, matando, y prendiendo a los enemigos, que ya comensaron à temer al valor Catalan: hallavanse ya los Franceses en estado que no sabian como devian obrar, multiplicavanles las pesadas burlas los Catalanes noticiosos de los passos teniendoles en arma continua: ya no podian apartarse del Exercito, pues se hallavan muertos, ò prisioneros, ya les impedian llegar los viveres, tomandoles los comboyes: en vna destas salidas, aunque derrotò à los enemigos, se hallò prisionero de los que acudieron de refresco, el Conde de Ampurias, saliò à defenderle su hermano, y con solos cinquenta cavallos y cien Peones librò al hermano, derrotò el poder de los enemigos, y fueron presas, y desbaratadas mil y quinientas azemilas.

Oposicion de los Catalanes al poderosissimo Exercito Francès.

Viendo el Rey de Francia, y el Legado el mal hospedaje de Ruisellon, y la falta de viveres que padecia el Exercito, comensaron à maldezir al que los avia aconsejado la empresa: quisieron mejorar de fortuna provando la entrada por el Collado de Panissàs, pero viendo à nuestra gente en orden, quedaron mas confusos, mas el empeño les obligó à provar el vado, y subir à la Montaña donde quedaron muertos los mas elegidos para el efecto, bolviēdose, los que pudieron salvarse, con las manos en la cabeça; perdieron en este conflito mas de mil cavallos Franceses, y Peones sin numero, quedando los nuestros bien arropados con el despojo.

Arrepientese el Francès de aver entrado en Ruisellon, por el daño que recebia de los Catalanes.

Quando el Rey de Francia viò venir su gente herida, y tan mal tratada

(1) *Montaner, Coron.*

tada, dixo: *Señor que es esto? Què serà de nosotros? Que nos han trahido al deguello.* (1)

Retira el Francès su Exercito à Colibre.

Temiendo el Rey de Francia las continuas surtidas de los nuestros, retirò su Exercito desde Elna à Colibre, alli se detuvo otros quinze dias sin deliberacion, ò con animo de bolverse à Francia; pero no quiso Dios lograssen tan barata la entrada de Cataluña, y assi permitiò que quatro Monges Benitos que residian en vno de los Conventos de la frontera, Franceses de Nacion, naturales de Tolosa, enseñaron al Rey vn oculto camino por el Collado de Massana, ò como refieren algunos llegò esta noticia al Rey de Francia por medio del Rey de Mallorca hermano del Rey: con este aviso dirigiò su Exercito à aquel parage, y ocupò el encubierto passo à la ocasion que los nuestros assegurados del Collado de Panissàs, y de Bañuls temian poco la entrada del Francès; pero este à la noche con dos mil hombres ocupò el passo, guiandoles los Monges que dieron luego aviso al Rey de Francia, quien con el Exercito acudiò al puesto, y en quatro dias allanò el passo, y formò camino para los bagajes. Hallavanse algunos cinquenta Almugavares por aquella parte por

Entràn en Cataluña los Franceses por el Collado de Massana.

donde entravan los Franceses, acudieron à defender el passo, peleando valientes, con muerte de grande numero de los enemigos hasta quedar muertos en la Palestra, y solo se libraron los que fueron à dar aviso al campo, de la novedad. Moviose el campo que se hallava en Castellon, con el Conde de Ampurias: los que estavan de guardia al Collado de Bañuls acudieron al de Massana; pero como vieron tanto tropel de enemigos, que ya avian tomado los puestos, dieron aviso al Rey, que lo juzgò impossible, y para assegurarse embiò mil Almugavares, los quales viendo ya al enemigo que con su poder dominava la Montaña, entrando en consejo resolvierõ no dar aviso al Rey sin pelear antes con los enemigos, y que por los prisioneros que creian hazer entendiesse aver sucedido lo que no juzgava facil.

Al rayar del Alba salieron los Almugavares contra los Franceses, y dieron en ellos con tal valor, que con muerte de muchos, se retiraron los mas: acudiò el Rey de Francia con su Exercito, juzgando tener sobre si à toda Cataluña, y viendo el destrozo de los suyos juzgavase ya perdido: entonces alentados dos mil Franceses del Lenguadoch mantuvieron su puesto con suma gloria, no pudiendoles jamàs romper los nuestros; pero llegado el dia, con la luz del Sol advirtieron los Franceses el corto numero de los nuestros que les avia puesto en desorden con daño tan grande; y bueltos en si embistieron à los Almugavares, los quales viendo tal avenida de los enemigos, con diez, ò doze prisioneros de cuenta se retiraron para dar la noticia al Rey de lo que avia sucedido, quedando en la Montaña muertos mas de tres mil Franceses.

Dan los Almugavares contra los Franceses, y les retiran.

Por la noticia de los prisioneros mandò el Rey partir à sus lugares la gente de Cataluña; y con el Conde de Pallàs, Viscondes de Rocabertì, y los Nobles de Cataluña, con la cavalleria, y Almugavares se retirò à Peralada, adonde le llegò aviso de los Monges de San Quirze que el Rey de Francia se hallava alli detenido esperando que la Armada de Mar entrasse en la Vaia de Rosas para asegurar su Exercito.

Entra el Francès en el llano del Ampurdan.

Entrò el Francès en el llano del Ampurdan con su inumerable Exercito, que ya pasava de duscientos mil hombres de pie, y mas de veynte mil cavallos, por que todos los dias acudia grande numero de sus Aliados: aqui comensò el Legado à publicar las Bulas Apostolicas, las Indulgencias, y la investidura de los Reynos à favor de Carlos hijo segundo del Rey de Francia, consta destos procedimentos en el Real Archivo de Barcelona donde se guardan por la memoria. (2)

(2) *Real Archivo de Barcelona, entre las Cartas, y Bulas Pontificias.*

Quando el Rey viò en el Ampurdan tal Exercito, confiando en Dios dixo al Principe Don Alonso, que juntasse la cavalleria, y parte de Almugamugavares, y que con los Condes de Vrgel, y Pallás, Viscondes de Rocabertì, y Cardona, con Guillen de Anglesola, y otros Nobles envistiesse a los enemigos; quedando con el Conde de Ampurias, y residuo del Exercito para el socorro. Salió el Principe, envistió à las tropas avançadas, y derrotólas: passó al Exercito, puso fuego en las Tiendas con muerte de grande numero, dieronse los nuestros al pillaje: vinieron de socorro à los vencidos Franceses los Condes de Foix, y Armenaque con copioso sequito, y detuvieron à los vencedores, obligando el Conde de Pallás al Principe à retirarse con orden, cargados del poder de los enemigos. Saltò el Rey con sus tropas para asegurar la retirada que fue con todo orden, y sin daño, dexando muertos en la campaña mas de ocho cientos cavallos, y grande numero de Infantes Franceses consiguiendo esta vitoria con quinze de los nuestros, que invictos dieron la vida por la Patria.

Passado este conflito se detuvo el Rey cinco dias en Peralada, salieron los nuestros contra los enemigos teniendoles en arma continua con daño notable, no solo en las surtidas, si en las salidas por los viveres; pues de los que salian del Exercito enemigo ninguno bolvia, y si escapavan de nuestro Exercito, davan en los Almugavares que siempre se hallavan en la ocasion que menos temia el Francès.

Valor de Mercadera muger Catalana de Peralada.

Digna es de la Historia vna muger de Peralada llamada Mercadera, que saliendo à su huerto con Espada, y Rodela, encontrada de vn Cavallero Francès que con la Lanza la hiriò en las piernas, le envistiò con su Espada, diò con ella en la cabeça del cavallo, tomòle por las riendas, pusole la punta al pecho del Cavallero, obligòle à rendirse, llevòle à Peralada, y presentòle al Rey, el qual admirado del valor, concediòle las armas, y rescate del prisionero, que fue de duscientos florines de oro.

Aconsejaron al Rey los Catalanes que dexasse à Peralada, porque no era segura, ni se podia defender de tantos enemigos, y saliesse a bolver à llamar los Pueblos de Cataluña, que embiasse al Visconde de Cardona à governar Gerona, que Arnaldo de Corsavì, y Dalmao de Castellnou partiessen à defender sus Castillos, el Conde de Ampurias à Castellon, y que quedassen en Peralada el Conde de Pallás, y Guillen de Anglesola con mil Almugavares, los quales, apenas partido el Rey, pusieron fuego à la Villa por el deseo que tenian de combatir con los enemigos en campaña, por el provecho del pillaje: sintiòlo el Rey por lo que podia defenderse, y viendose sin aquella Plaza, mandò al Conde de Ampurias, y à los de Castellon, que en llegando el Francès al assedio pacteassen por no exponerles à la ruina, y assi lo executaron.

Cuydò el Rey de dexar al Visconde de Cardona buena guarnicion en Gerona, à mas de los naturales; y diò nuevas fuerças de gente, y municiones à Besalù, y à los Castillos al circuito de Gerona: encargò el Exercito de Cataluña al Principe Don Alonso, dexandole por cabos principales al Conde de Ampurias, al Visconde de Rocabertì, al Visconde de Castellnou, à Arnaldo de Corsavì, à Guillen de Anglesola, y Galceràn de Cartellà que avia venido de Sicilia.

Llega el Francès à cercar a Gerona.

Llegò el Francès à cercar à Gerona, obraron maravillas los nuestros en las continuas surtidas de la Ciudad, y de los Castillos vezinos, con daño tan grande de los enemigos, que se hallavan espavordidos por los muchos que quedavan tendidos en aquellos campos: el Principe con su Exercito les tenia en arma continua, hallandose envestidos por muchas partes, y estrechados de forma, que para los viveres avian de salir con grande numero del Exercito para assegurar la conducion; lo mas era hallarse en las mas ocasiones prisioneros, con tal ganancia de los nuestros, que refieren Montaner, y Desclot, que jamàs gentes quedaron

mas

mas ricas, que los Catalanes del Exercito, y Plazas.

Partiò el Rey à Barcelona para de alli acudir à los suyos con socorros, y pensando el mejor, llamò à Berenguer Mallol, y à Ramon Marquèt, y les mandò, que con sus Galeras envistiessen à las del enemigo; porq aunq en Cataluña se hallavan ciento y sesenta, las tenia el Francès divididas, vnas en San Feliu, otras en Cadaquès, otras en Rosas, y muchas que conducian los viveres desde Marsella. Deseò saber el Rey el animo de estos Generales, y se le manifestaron diziendole que tenian doze Galeras, y quatro Barcas armadas, porque avian añadido dos à las diez, y que con ellas juzgavan tomar veynte y cinco que entonces tenia el Francès en Rosas: aprovòlo el Rey, partieron à la execucion, quedandose el Rey con vna Galera, y dos Barcas para dar orden al Almirante de Sicilia Roger de Lluria que partiesse con su Armada à encontrar la Francesa. Executòse todo, llegaron à Rosas nuestras Galeras, dieron sobre las enemigas, envistieronlas, y despues de larga pelea entraron en ellas, y las sujetaron con muerte de quatro mil hombres de la guarnicion, y de los que entravan de refresco de Rosas para socorrerlas: partieron con las rendidas Galeras, cerca de Cadaquès saltaron en tierra, y tomaron alivio de los sudores, costando solo esta vitoria algunos cien Catalanes. Dos Barcas Francesas, que avian escapado de los nuestros partieron à encontrar cinquenta Galeras Francesas, y muchas Barcas que se hallavan en Aguafria de la Proença para referirles la prision de las veynte, y cinco Galeras: salieron luego las Francesas contra las nuestras, llegaron à Rosas, y à los Puertos donde juzgavan tener la Armada, y los hallaron desamparados: entonces las cinquenta Galeras Francesas fueron tras las nuestras, y como estas ya se hallavan en alta Mar, y tenian ganado el viento, pudieron seguras retirarse à Barcelona, donde se celebrò con aplauso la vitoria; mandando el Rey, que con veynte, y dos Galeras esperassen al Almirante para combatir con el resto de la Armada enemiga, y dado este orden partiò el Rey de Barcelona para el Exercito.

Vitoria en el Mar delante Rosas.

Quando llegò la noticia al Rey de Francia, y al Cardenal Legado de la perdida de sus Galeras tuvieronse por perdidos, y dixo el Cardenal: *Que hombres, ò demonios son estos que tal daño nos hazen?* Respondiò el Rey de Francia: *Cardenal, estos son la gente mas leal à su Señor del Mundo, que antes los podriays matar à todos, que permitiessen que su Señor perdiesse la tierra; y assi por Mar, y por Tierra vereys muchas de aquestas proezas; y assi os digo que loca empresa avemos tomado yo, y vos; y vos soys la olla deste guizado, que la aveys compuesta con el Rey Carlos mi tio, al qual esta gente con sus hechos à dado la muerte de dolor, quiera Dios no nos suceda lo mismo*: y ordenò para resguardo de la Armada que avia quedado, que se conservasse junta en Rosas, y San Feliu para defenderse.

Montaner, Cor. del Reys de Aragò.

Elogios de Cataluña en boca del Francès.

El dia de la Assumcion nuestra Señora partiò el Rey del Exercito para Besalù con sesenta cavallos, y duscientos Almugavares que ivan por la Montaña, y el Rey descuydado se complacia de las proezas de los suyos, de los daños del Francès, y de las grandes riquezas que avian conseguido con las vitorias, quando cayò en vna celada de quatro cientos Cavalleros Franceses que le acometieron conociendole: envistiò el Rey con los pocos que ivan consigo, y al primer golpe matò al que iva delante de los enemigos, y metiendose por la batalla matò por su mano al Conde de Nivers: acudieron los Franceses contra los pocos cavallos nuestros, y Almugavares, y lo passàran mal, si el Rey con algunos pocos que tenia cerca de su persona no diera sobre los enemigos, infundiendo valor en los suyos, y desaliento en los contrarios; pero aunque ya vencidos, se acercò vno al Rey, y queriendole dar con la Espada, cortò las riendas al cavallo con notable peligro

Vitoria del Rey contra los Franceses.

peligro del Rey por las descomposturas del bruto, que corrigieron quatro Almugavares, vniendo las riendas, ò componiendolas con vnos fuertes cordeles: entonces diò el Rey sobre el que le avia cortado las riendas del cavallo dandole tal golpe, que jamàs se levantò. Alentados los nuestros obraron prodigios, concluyendo con los vencidos enemigos, pues solo pudieron escapar de sus manos ochenta Cavalleros: perdiò en esta ocasion el Francès la mejor Nobleza de su Exercito comprando los nuestros la vitoria con la vida de doze; quedando tan contento el Rey con los suyos, como descontento el Rey de Francia, y su Exercito.

Manda el Rey al Visconde de Cardona que capitule con el Rey de Francia sobre la entrega de Gerona.

Defendiase valiente en este tiempo el Visconde de Cardona en Gerona, quando advertido el Rey del corto numero del Exercito enemigo, y de los muchos enfermos, juzgando con el tiempo consumir los mas, no queriendo exponer la guarnicion, y Paysanos de Gerona à la vltima prueva del arrojo Francès, mandò al Visconde de Cardona, capitular con el Rey de Francia, que si en veynte dias no era socorrido entregaria la Ciudad, y capitulò el Visconde veynte, y seys dias para dar lugar al Rey; el qual le avisò que si le parecia conveniente le socorreria, y previniendo sacassen los Paysanos lo que avia quedado de provecho: capitulò como queda dicho el Visconde; pero antes quiso provar las artes de los enemigos en los avanzes, como veremos en el Capitulo siguiente.

(*†*)

CAPITULO XX.

Combate el Francès, rechazado con grande perdida à Gerona: Orden del Rey, y forma de la entrega de Gerona: Ingratitud de Alaymo de Lentin: Conquista de Taranto: Derrota de la Armada Francesa, y prision de 54. Galeras: Vengança de los Catalanes, que toman Rosas, Cadaquès, y 25. Galeras: Entrega de Gerona: Vitorias de los Catalanes: Destruccion de los Franceses: Milagro de San Narciso: Muerte del Rey de Francia: Retirada de los Franceses: Muerte del Cardenal Legado: Razonamiento del Rey: Empresa de Mallorca: Muerte del Rey: Fundacion de San Francisco de Villa-Franca: Memorias de las Venerables Madres Colagia, Maria de Requesens, Isabel Berti, Eulalia Pins, Isabel, y Iustina Mercenarias, &c.

Combatiò el Francès à Gerona, con grandissimo daño de su Exercito, por el valor de sus defensores: avia ya abierto brecha capaz en el Muro, quando prevenido el Rey diò el orden al Visconde de Cardona; el qual assegurado de poder cumplir con la voluntad del Rey, en mayor daño de sus enemigos quiso empeñarles contra el segundo Muro, ò cortadura que avia fabricado: tentaron los Franceses con vnos maderos que llamavan Gatos dar contra el segundo Muro; pero en vna venturosa surtida de los de la Ciudad con daño del enemigo quedaron hechos ceniza todos los ingenios; quisieron provar los Castillos de madera; pero dellos les sacaron los de la Ciudad con muerte de grande numero: viendose assi rebatidos los Franceses, y quemados, y sin provecho sus ingenios, apelaron al valor envistiendo la Ciudad con vna, y otra escalada, pero siempre rechazados con daño notable.

Valor de los de Gerona contra los avances de los Franceses.

Ya conocian los Franceses la grande diminucion de su Exercito, assi por los daños recebidos en los avances de la Ciudad, como por los con-

Discurre el Rey de Frãcia sobre retirar su Exercito.

tinuos choques con los que salian de Besalù, y de las otras Plazas, y por la arma continua que les dava el Rey con su Exercito, que se hallava en las Mallorquinas, y despues en Hostalrique; siendo lo mas sensible para los Franceses las grandes enfermedades, de que se hallava afligido su Exercito, por ser aquel terreno sepulcro de estrangeros; aviendo muerto de las enfermedades los mas nobles, y regalados. Desesperado el Rey de conseguir la Plaza, tratava de mandar retirar su Exercito; pero detuvose prevenido de los suyos, y movido de la razon que los defensores se hallavan sin duda igualmente fatigados, y faltos de viveres por no aver entrado en la Ciudad, con que seria facil admitiessen las honrosas condiciones que les propondrian, y agradò al Rey este consejo. Sabida la resolucion de los Franceses, el Conde de Foix embiò al Visconde de Cardona para persuadirle la entrega de la Plaza con las condiciones que quisiesse proponer. Como ya el Visconde tenia orden del Rey, y no podia aventurar la Plaza al ultimo lance, ni exponerla à la desesperacion Francesa que temia, tomò seys dias de plazo para saber la intencion del Rey; y passados estos, capitulò que si dentro de veynte, no era socorrido, entregaria la Ciudad, que devia quedar con todos sus honores, que passados los veynte, en otros seys no pudiessen entrar los Franceses, y que en estos dias fuesse licito à los de la Ciudad, y guarnicion salir con sus cavallos, armas, ropas, alajas, y quanto quisiessen sin embargo, ni ofensa, quedando vnos, y otros aguardando el plazo: assi avia Cataluña humillado el poder de Europa.

Aconsejan al Rey de Francia los suyos que persevere en el assedio de Gerona.

Capitulaciones que pide el Visconde de Cardona al Rey de Frãcia.

Ingratitud, y Alevosia de Alaymo de Lentin, y perdon del Rey.

En este tiempo Alaymo de Lentin tan favorecido del Rey que le avia dado tantos premios en Sicilia, tratava entregarla, con los Governadores Franceses de Apulia, y se hallaron cartas suyas escritas al Rey de Francia: embiòle la Reyna preso à Barcelona; donde fue tal la clemencia del Rey que le perdonò, diziendole que confiava no seria ingrato à los favores que avia recebido; pero presto descubriò el Rey, que fue de poco fruto su clemencia, pues entrando Ramon Marquet en vn aposento de su casa, en la qual se aposentava Alaymo, descubriò el terreno movido, y mandando sacar la tierra, hallò enterrado el Secretario de Alaymo, que avia escrito las cartas: avisado el Rey mandò prender Alaymo, dos sobrinos, y sus criados que confessaron en el tormento la traicion, y fue llevado Alaymo al Castillo de Siurana.

Otra traicion de Alaymo, por la qual es llevado preso al Castillo de Siurana.

Hallavase el Almirante sobre Taranto quando recibiò el orden del Rey de venir à Cataluña; y despues de conquistada la Plaza, y asseguradas las demàs de Italia, tomò el camino de Cataluña, y de alli avisò al Rey, de su viage, y pidiò el orden que devia guardar: Fiòle el Rey à la discrecion de Ramon Marquet, y de Berenguer Mallol, los quales, como sienten Zurita, y Abarca, fueron con sus Galeras à encontrar el Almirante, y partieron con èl para Barcelona, adonde llegò para besar la mano al Rey, el qual para hablarle dexò el Exercito, y vino con solos tres criados à la Ciudad; pero segun Montaner llegaron las Galeras de Barcelona à juntarse con la Armada del Almirante, despues de vencidas las Galeras de Francia. En fin siguiendo à Montaner, avisaron Berenguer Mallol, y Ramon Marquet al Almirante que tomasse la via del Puerto de Agua-Fria de Francia, que encontraria las Galeras enemigas, y que partirian ellos con las que tenian en Barcelona, al mismo lugar. Eran las enemigas ochenta Galeras, el Almirante con mayor cuydado que no se le escapassen, que dudoso de la vitoria, eligiò veynte y cinco Galeras para envestir las enemigas, y las diez y ocho que le quedaron dispuso que tomassen puesto entre la tierra, y Armada enemiga: diò orden, que si encontrassen las enemigas de noche, cada vna de nuestras Galeras para ser conocida llevasse vn Farol: encontraronse de noche las Galeras de

vna,

vna, y otra Armada, dieron las veynte y cinco en las enemigas, nombrando Aragon: repetian el mismo nombre los Franceses, y aviendo las nuestras encendido los Faroles, encendieronles tambien las enemigas por no ser conocidas, cargadas ya mas de temor que de armas; pero no les valiò el ardid, pues despues de reñida batalla fueron entradas, y presas cinquenta y quatro, con muerte de mas de quatro mil hombres; logrando salvarse las Ginovesas que se retiraron en alta Mar para assegurarse, y diez y seys de Pisanos, que dieron en la arena, salvandose la guarnicion con perdida de las Galeras, y de quanto llevavan.

Vitoria en el Mar.

Mandò Roger, que à ducientos, y setenta de los Prisioneros, que no estavan heridos les quitassen los ojos, y les embiò al Rey de Francia en retorno de los ojos, que avian quitado los Franceses à otros prisioneros Catalanes. No alabo la accion de nuestra Nacion con los vencidos, aunque defendida con aver obrado los Franceses semejante atrocidad contra algunos Catalanes Prisioneros.

Entregò las Galeras vencidas, y heridos prisioneros à Ramon Marquet, y à Berenguer Mallol para que fuessen triunfo en Barcelona, y partiò à Rosas donde rindiò otras veynte y cinco Galeras: ocupò Rosas, librò Cadaquès, y tomò vna Nave cargada de riquezas del Duque de Brabante, que trahia dineros para la paga del Exercito Francès, y vltimamente respondiò al Requirimiento del Rey de Francia que le pedia guardasse la tregua de los veynte dias para el socorro, ò entrega de Gerona; que se entendia por tierra, y no por Mar, continuando en ella sus victorias.

Llegó el tiempo de la entrega de Gerona, y aunque el Rey la podia ya socorrer visto el valor de su gente, y la debilidad de la enemiga, fue su intento que quedassen los Franceses en el Ampurdan vencidos mas al duro cuchillo de la peste, que à los filos de las espadas Catalanas: viendo ya assegurada la vitoria no permitiò se expusiessen los Catalanes al peligro, y assi teniendo assegurado quanto avia en Gerona, y fuera sus Ciudadanos, mandò al Visconde que entregasse el Cadaver de la Ciudad por faltarle sus naturales; pero siempre viva, siempre Ilustre Concha Sagrada, y Relicario Santo de nuestro Divino Moyses S. Narciso, para acabar con los enemigos que quedavan, por medio de la plaga de las moscas.

Entrega de Gerona al Francès por orden del Rey.

Saliò el Visconde triunfante con los suyos, armados, y Banderas al ayre, para entregar la Ciudad, que avia de ser monumento del poder de Europa, reduciendole Dios à lo sumo de las miserias por medio de nuestro Santo, para escarmiento de atrevidos, y sacrilegos.

Del Exercito, retiraron los Franceses à Peralada su Rey Phelipe tocado del pestifero mal, y como refiere Montaner à vna casa de campo de Simon de Vilanova, à donde muriò, segun siente Carbonell llevandole à Perpiñan, y segun otros en Castellon; y entraron à Gerona, desahogando su colera ya que no podian en los hombres, en lo sagrado de los Templos, y en el mismo Cuerpo del Glorioso San Narciso Patron de aquella Ciudad, y Tutelar de España, al qual arrastraron, dexandole en vn inmundo lugar, del qual salieron las Moscas en inumerables enxambres, segun Desclot del tamaño de vna bellota, que con la herida davan mortal ponçoña à hombres y cavallos; quedando muertos de las heridas quarenta mil hombres, y mas de quarenta mil cavallos. (1)

Milagro de San Narciso en Gerona contra los sacrilegos Franceses.

(1) *Zurita t. 1. Carbonell, Coron. fol. 75.*

Dexaron los Franceses Gerona, y se retiraron à Peralada adonde se hallava su Rey ya à los vltimos de su enfermedad, aumentada por tan continuos daños. Mandó passar muestra del Exercito, y no hallaron aun tres mil cavallos sanos, y los infantes tan debiles, y disminuidos, que se juzgaron ya por perdidos todos, y mas con la noticia que nuestro Rey con los Catalanes tomavan el camino de los Montes para acabar con ellos en la retirada.

Dexan los Franceses Gerona, y se retiran à Peralada.

Hallandose ya Phelipe III. Rey de Francia con las ansias de la muerte, mandò llamar à su hijo successor Phelipe, y le dixo: *Hijo vos aveys sido mas sabio que Nos, que si os huviessemos dado credito no moriria yo aqui, ni huviera perdido tan lucido, y numeroso Exercito por mi culpa, y assi os rogamos que bolvays à sus Señores Castellon, y los Lugares circunvezinos que teneys ocupados, sin daño alguno, y os encargo que luego secretamente remitays Embaxadores al Rey de Aragon vuestro Tio, y le pidays os conceda el passo libre, porque si él quiere, no bolverà persona del Exercito à Francia, porque todos sereys muertos, ò Prisioneros, y espero por lo que os quiere el Rey, os lo concederà, y salvareys vuestras Almas, y dareys grande alivio à la mia; tambien os pido no os disgusteys con vuestro hermano Carlos por aver acetado la Investidura, &c.*

Muerte del Rey Phelipe III. de Francia.

Muriò dentro pocas horas el Rey de Francia, mandó guardar el nuevo Rey el secreto de la muerte del Padre, y embiò sus Embaxadores al nuestro, que se hallava con nuestros Paysanos en el Collado de Panizàs para la tragica retirada de los Franceses, suplicandole que por la commiseracion noble de tantos males, le asseguràsse la retirada, con estas palabras: *Dezid, que el Rey mi Padre està para morir, y no puede escapar, ni pensar en mas que salir de Cataluña; y assi yo acudo al Rey mi Tio, à quien siempre he amado, y ruego por quienes, y le requiero por su cortesia, no quiera impedirnos el passo, sino assegurarnos à todos, pues todos le dexamos desembarazada su tierra.*

Phelipe heredero de Francia pide al Rey el passo seguro para su Reyno.

Respondiò nuestro Rey à la Embaxada: *Yo assegurarè à mi sobrino, como à Principe que merece ser honrado, y por su respeto à todos los suyos, esto ofresco por mi, mis Cavalleros, y gente de Parage, pero no por los Almugavares, y gente menuda, y desmandada por las Sierras, porque, ni yo podrè detenerles, ni creo que ellos me obedeceràn en esto.* (2)

Responde el Rey à la Embaxada.

(2) *Montaner, Cor.*

Juntò el Rey à todos los Catalanes, agradeciendoles las finezas de sus trabajos, representandoles la miseria de sus Enemigos, y participandoles la piedad que queria executar con ellos, y pidioles con estas palabras, que la aprobassen: *Yo os ruego tengays misericordia de ellos, como nuestro Señor la ha tenido en nuestras cosas.*

Pide el Rey à los Catalanes tengan piedad con los Franceses.

Dexaronse persuadir los Nobles, y Ciudadanos, de la heroica, y humana accion del Rey; pero los Almugavares, y gente menuda con el sussurro, y semblantes dieron demostracion de su afecto; y aunque en lo aparente concordes no contradixeron, pero à la noche declararon su animo, pues no se hallò razon para obligarles à dexar libres los puestos que ocupavan; y embiò el Rey à mandar à su hermano el de Mallorca que juntasse los Paysanos de Ruisellon, y que acudiesse à la Montaña para assegurar los Franceses en quanto pudiesse.

Los Nobles convienen con la piedad del Rey; pero los Almugavares no desamparan sus puestos.

Manda el Rey à su hermano que junte los Paysanos de Ruisellon para assegurar el passo à los Franceses.

Partiò el nuevo Rey de Francia con el Cadaver de su Padre, con su Exercito, y con el Cardenal para el Pertùs, en su retirada infausta ya por la vispera en los muchos daños, y muertes executadas en la noche por los Almugavares, y gente menuda, que varias vezes envistieron las alas del Exercito, y ya por lo que se les esperava por la mañana: Mandò el Rey pregonar por su Exercito, que todos siguiessen el Real Estandarte de las vencedoras Barras, y que ninguno hiriesse los Enemigos pena de muerte: pusose el Rey à la frente de los suyos, y dexó passar al Rey de Francia, al Cardenal, y à su Corte: entonces clamaron los Almugavares, y Pueblo de los Soldados: *Señor Rey verguenza, demos en ellos;* y el Rey con afan iva deteniendoles con grande trabajo; embiando à sus Cavalleros para quietarles, logrando la seguridad del Rey de Francia, y de su Corte. Emprendieron el passaje el Exercito, y Azemilas entonces rompiendo el orden, sin que aprovechassen amenazas, ni ruegos, à vna voz clamaron: *Señor Rey verguenza, hiramosles;* y dieron en los pobres Franceses con tal furor, y codicia, que les despedazaron sin remedio, y tomando las Azemilas, las desbalixaron, cargando con todo lo precioso. Acudieron à la fiesta

Parte el nuevo Rey de Francia con el Cadaver de su Padre, y su Exercito para su Reyno.

Los Almugavares envisten à los Franceses.

los

los Ballasteros, Marineros, y Catalanes de la Armada de Mar, que se hallava en aquella parte de Colibre, deseando ser participes del provecho de sus Paysanos, como lo avian sido en los trabajos, y vitorias: llegò el rumor, y griteria à los oìdos del Rey de Francia, de su Corte, y del Cardenal Legado, el qual de buena voluntad huviera absuelto à nuestro Rey, à poder assegurarle la vida, y dixo al Rey de Francia: *Señor todos somos muertos*: Respondiòle el Rey: *No temays, no aveys visto el trabajo que ha tenido nuestro Tio en detener los suyos quando passavamos? Ahora crehed que no ha podido mas, y juzgad que del Exercito no quedarà hombre vivo.*

Tuvo segundo susto el Cardenal Legado, quando viò venir al opposito, del llano de Ruisellon otro Exercito, y dixo al Rey: *Señor que haremos, que el Rey de Aragon nos ha tomado la delantera?* Respondiòle el Rey: *No temays, que es nuestro Tio el Rey de Mallorca que viene à assegurarnos, y acompañarnos.* Llegò el de Mallorca, partieron à Perpiñan, y de alli à Francia, adonde mejorò de vida el Cardenal Legado, perdiendo el temor con la vida.

Entonces el pobre, y moribundo Exercito peleava mas con sus males, que con los Almugavares, y gente de mar, que en continuado tropel herian, matavan, y hurtavan, ò se aprovechavan, no pudiendo en todo el dia los Franceses caminar mas de media legua: avançaron como pudieron su infeliz viaje, siempre seguidos de los nuestros, hasta el Llano de Ruisellon; donde los que lograron la fortuna de librarse, se acogieron en los Lugares: todos quantos se hallaron de nuestros Paysanos, bolvieron llenos de joyas, dineros, alajas, ropas, y riquezas, de forma que jamàs fueron pobres. Dura aun la memoria desta tragedia en los animos Franceses, y durarà con el acuerdo de los daños padecidos en Cataluña, que no se olvidan de quien es Cataluña, jamàs.

Restituyeron los Franceses Gerona, bolviò el Rey triunfante à Barcelona recebido con las mayores demostraciones que haya executado jamàs la Nacion Catalana, en gloria, y obsequio de sus Reyes, siendo tantas, y tan repetidas: deviòse à la Nacion restaurar, reedificar, y fundar de nuevo la Monarquia, que avian principiado, y exaltado sus mayores.

Y para confirmarlo, y dar las gracias à los Catalanes, mandò el Rey que se hallassen juntos en Barcelona, y con estas palabras cumpliò con la gratitud devida à su Nacion: *Amigos queridos nuestros, la merced que Dios nuestro Señor nos haze, no por nuestros meritos, sino por su infinita misericordia, es muy colmada, pues aviendo como sabeys, entrado el Rey de Francia en esta tierra con el triunfo que se viò jamàs, sale con gran dolor, y corrimiento, y mayor daño, y quebranto: Yo reconozco que por sola mi opinion en muchas ocasiones he sido causa de mucho daño, y perdida de muchos Vassallos mios, padeciendo sin culpa, y perdiendo quanto tenian: que escusàra, si yo, como era justo, siguiera vuestro parecer, y consejo, dado con verdaderas entrañas de lealtad, y fe: confiesso que tuve mal govierno, y que el buen sucesso de nuestros hechos ha venido encaminado por la mano de Dios, que aborrece los sobervios, y favorece los humildes: los trabajos, y desventuras que aveys padecido no los creherà quien no los ha visto, de todo salimos bien con el favor de Dios, y vuestra ayuda, sirviendome con el amor, y voluntad mayor que Rey lo ha sido jamàs; esta me incita à rogaros perdoneys los disgustos dados.* (3) Las familias nombradas por Tomich que se señalaron en estas guerras, van à la fin del Capitulo letra. *A.*

(3) *Desclot. testigo en la vida del Rey. Cervera lib. 3. cap. 18. Hist. del Rey D. Pedro II.*

Avia ya Dios vengado, y librado nuestro Rey de sus Enemigos: faltavale à este castigar como a mas obligado al de Mallorca su hermano, por el favor que avia dado à los Franceses, y en pena pretendiò privarle de sus Estados: embiò à Mallorca para tratarlo con los Mallorquines à Berenguer de Vilalta, y mandò al Almirante Ramon Marquet, y à Berenguer Mallol, que dispusiessen la Armada, determinado à passar con ella à Mallorca; que no

pudo

pudo por hallarse quebrantado de los trabajos padecidos: partiò à Tarragona, mandò embarcar al Principe, General de toda la Armada, con orden de llevarse para introducirles en Mallorca, y ganar los animos de los Ciudadanos, Coral de Lanca, y Esberro de Mediona, fiado en la integridad eloquente de entrambos; y partiòse à Barcelona para curarse con el celebrado Medico Arnaldo de Vilanova, Catalan de Nacion, natural de Cervera, pasmo del Orbe en la noticia de las naturales ciencias, è inteligencia de la Medicina: compuso este varios tratados, y libros en vna, y otra facultad; però quanto ganó en estas, perdiò en los errores que entretexiò en su Theologia. (4)

Arnaldo de Vilanova, Medico Catalan.

(4) *Vileta, in probem. art. part. Lizara, Canon. Tirrasonen. Escolano, hist. de Valencia, lib. 3. cap. 105. & seq.*

Hallandose mejorado el Rey, quiso partir de Barcelona à Xativa para disponer vengarse del Rey de Castilla entrando por el Reyno de Murcia en sus Reynos, por averle faltado à la palabra de assistirle en la guerra; pero aviendo llegado à Villafranca se le agravò la enfermedad, y diò señas de mortal: desengañado de sus Medicos, llamò al Arçobispo de Tarragona, à los Prelados, y Nobles que le seguian, y dixo estas palabras al Arçobispo delante de todos: *Aunque veo que el Papa ha procedido contra mi, y contra mis Reynos, muy exorbitantemente, y contra todo derecho en la Sentencia de Privacion de mis Reynos, mandé guardar el entredicho en ellos; assi pido delante de todos al Arçobispo de Tarragona, ante quien se puso la Apelacion, me absuelva de la Excomunion, porque justa, ò injusta deve temerse. Yo juraré estar à lo que en derecho determinare la Santa Sede Apostolica, y partirè à escusar mi inocencia delante del Papa.* Tomóle el juramento el Arçobispo, y absolviòle.

Se le agrava al Rey la enfermedad en Villafranca, y dà singular exemplo de su Christiandad.

Llamò despues al Obispo de Valencia Asbert; à los Abades de Poblet, y Santas Cruzes, y à Hugo de Mataplana, encargandoles por lo que les avia querido, que le assistiessen, y aconsejassen en aquel tranze, no como à Rey con respetos, sino como amigo, y hombre que avia luego de morir: confiriò con ellos las dependēcias de sus Reynos, y de su conciencia, y mandò por sus letras dar libertad al Principe, ya Rey de Napoles, y à todos quantos Prisioneros tenia en sus Estados.

Llama el Rey à diferentes para que le exorten en la hora de su muerte.

Llamò al Guardian de San Francisco de Villafranca, y à Fray Galceran de Tous Monge de Santas Cruzes, y confessó con entrambos por mayor humildad: recibiò con piedad Catolica los Sacramentos de la Santa Eucharistia, y Extremauncion con fervorosos actos de dolor, amor, y conformidad, continuados hasta el vltimo vital aliento, que sucediò à diez de Noviembre de mil ducientos ochenta y cinco, à los quarenta y nueve años de su edad, y nueve de su Reynado; fue llevado su cadaver à Santas Cruzes con vniversal sequito, y dolor de Cataluña, adonde descansa su cuerpo; queda bastantemente elogiado nuestro gran Rey Don Pedro II. con los sucessos de su vida, referidos.

Recibe los divinos Sacramentos el Rey con grande humildad, y piedad Catolica.

Muerte del Rey, es llevado su Cadaver à Santas Cruzes.

Ya el año antecedente se hallava fundado el Convento de San Francisco de Villafranca, y se adelantò en este por el zelo, y caridad de muchos Nobles, y otros de la Villa, cuyas Armas se hallan en sus Sepulcros. (5)

San Francisco de Villafranca de Panadès.

(5) *Gonzaga, part. 3. fol. 1113.*

Quedaron de Don Pedro II. quatro hijos, y dos hijas legitimas, Don Alonso que sucediò en el Condado de Barcelona, y Reynos, Don Jayme, y Don Fadrique Reyes de Sicilia, y Don Jayme tambien lo fue de Aragon, por suceder à su Hermano Alonso, Don Pedro que casò con Doña Guillerma de Moncada, Santa Isabel, y Doña Constança, que casò con el Duque de Calabria.

En este Reynado, y en el antecedente en Barcelona florecieron en singularissima virtud, y exemplo muchas devotas, y nobles Señoras que siguieron las soberanas luzes de Santa Maria de Socòs, siendo las primeras Religiosas que vistieron el Habito de la Merced de mano del Santo Fray Bernardo de Corbera, à los quarenta y siete años de fundada dicha Real, y Militar Religion,

y

(6) El M. Fr. Alonso Ramon, Cor. de la Merced. Rojas Cadena de exemplos, y milagros, fol. 462.

y aunque fueron muchas, solo se hallan noticias de las siguientes. (6)

Las Venerables Madres Isabel Bertì, y Eulalia Pins Catalanas, de la Merced.

Las Venerables Madres Isabel Bertì, y Eulalia Pins, viudas fueron ambas de dos Cavalleros de Barcelona: toda su vida fue vna continua oracion, y penitencia, en que perseveraron hasta la muerte, dexando en ella el credito de Santas, con que avian vivido, de nuevo adelantado, y aclamado en la piedad Christiana de todos.

La Venerable Madre Colagia natural de Barcelona, Religiosa de la Merced.

Santa Colagia discipula de Santa Maria Socós, fue natural de Barcelona, no de menor espiritu que su Maestra, á quien sucediò en el govierno del Convento, despues de su feliz transito. Cada noche se tomava cuenta de las obras de aquel dia, y hallandose cargada con algunas imperfecciones, que á su humildad parecerian pecados graves, se dava vna sangrienta disciplina, y derramando muchas lagrimas en voz de pregonero, dezia: *Esta es la justicia que manda hazer Dios nuestro Señor, mi Criador, y mi Esposo, en esta vil criatura desagradecida à los beneficios que oy ha recebido de su mano.* Con estos castigos, y otras grandes penitencias, passò esta Santa Virgen su vida muchos años, hasta que la llevò consigo su Esposo: Quedò su cuerpo despues de difunto, resplandeciente, y hermoso, fue trasladado al Convento de Santa Eulalia de Barcelona, donde todos la veneraron por sus grandes maravillas.

La Venerable Madre Maria de Requesens de Barcelona, Religiosa de la Merced.

La V. M. Maria de Requesens, naciò en Barcelona: era de nobilissima prosapia, hizo voto de Castidad desde muy niña. De edad de veynte y dos años tomò el Habito de la Merced: y para esto repartiò en tres partes su hazienda; vna diò á pobres, otra á los Hospitales, otra á la fundacion de vna memoria para casar huerfanas; y reservando para si nada, hizo voto (con licencia de sus Confessores) de sustentarse de la labor de sus manos: fue muy penitente, y tomava cinco disciplinas sangrientas cada semana. El demonio la afligiò mucho con tentaciones, apareciendosele varias vezes, para derribar la muralla de sus virtudes, pero siempre quedava triunfante. Viviò cien años, y muriò como avia vivido.

Las Venerables Madres Justina, é Isabel naturales de Barcelona, Religiosas de la Merced.

Las Venerables Madres Isabel, y Justina naturales de Barcelona, aunque se ignora el apellido, los Historiadores de la Religion de la Merced las ponen en el numero de las mugeres de heroicas virtudes, que esta esclarecida Religion ha tenido. En la Coronica de la Merced del Maestro Fray Alonso Ramon se hallara con mas extension su noticia.

Familias que se señalaron en este Reynado, y guerras.

A. Los Condes de Vrgel, Ampurias, y Pallàs, los Viscondes de Ager, de Rocabertì, de Castellnou, de Cardona, y de Cabrera, Gaston de Moncada, Guerao de Cabrera, Ramon Roger de Pallàs, Guillen de Anglesola, Guillen de Moncada Senescal de Cataluña, Galceran de Pinós, Berenguer de Puig vert, Ramon Durg, Guerao de Cervellò, Alemany de Cervellò, Berenguer de Entença, Ramon de Iosa, Ponce de Cervera, Gilabert de Cruillas, Gilabert de Centellas, Icart de Mur, Arnaldo de Corsavì, N. Bernat, Hugo de Cabrera, Pedro Arnaldo de Botonach, Arnaldo de Sagna, Bernardo Roger de Eril, Bernardo de Cabrera, Ponce de Santa Pau, Marcos de Santa Eugenia, Pedro de Queralt, Pedro Galceran de Cartellà, Berenguer de Abella, Guillen Ramon de Montoliu, Alemany de Toralla, Iayme de Peramola, Guillen de Castellaulì, Asberto de Mediona, Bernardo de Boxadòs, Bernardo de Rejadell, Bernardo de Vilademany, Guillen de Caldès, Ramon de Paguera, Arnaldo Guillen de Foix, Bernardo de Talamanca, Berenguer Desverg, Berenguer de Monsonis, Guerao de Aguilò, Galceran de Oluja, Iayme de Brescà, Berenguer de Vilamarì, Bernardo de Corbera, N. Coloma, Pedro de Seumenàt, Ramon de Rexach, y otros.

LIBRO XII. DE LOS ANALES DE CATALUÑA.

CONTIENE LO SUCEDIDO DESDE EL REYNADO DEL REY DON ALONSO II. hasta el del Rey Don Iayme II. y desde los años 1289. hasta los de 1328.

CAPITVLO I.

Sucede al Rey Don Pedro en Cataluña su hijo Don Alonso, y en Sicilia Don Iayme: Vnion de Mallorca à la Corona: Aviso de la muerte del Rey: Passa à Barcelona Don Alonso al juramento, despues à Santas Cruzes, y à la Coronacion à Zaragoça: Recibe la de Sicilia Don Iayme: Sus vitorias por sì, y por Berenguer de Sarrià: Encomios de los Catalanes: Disgustos del Rey en Aragon: Vitorias de Roger, y Iuan de Lluria contra Franceses: Embaxadas diferentes, y treguas: Conquista de Menorca: Apariciones de San Iorge, y de San Antonio Abad: Prodigio en Porto Pi, y fundacion de San Francisco de Momblanch, &c.

Rey Don Alonso II. el liberal Conde de Barcelona 15.

AL gran Rey Don Pedro II. sucediò en el Condado de Barcelona, y Reynos de Aragon, y Valencia, su hijo Don Alonso II. el Liberal, por serlo en extremo con los buenos, como acerrimo contra los malos; y en la de Sicilia el Infante Don Jayme; hallavase Don Alonso en la Isla de Mallorca para conquistarla, y bolverla à vnir à su Corona, que lo consiguiò con facilidad, por comprehender los Mallorquines la justicia del Rey, y lo poco que podian esperar del Rey Don Jayme de Mallorca.

Buelve Mallorca à vnirse à la Corona por el Rey Don Alonso.

Llegò à este tiempo la noticia de la muerte del Rey Don Pedro à Mallorca, sentida igualmente de todos, pero con mas verdaderas demostraciones del hijo por la perdida de tal Padre, y à tiempo que era mas importante su valor, y consejo. Sabida la muerte del Rey, el Almirante Roger de Lluria en nombre del Rey Don Jayme de Sicilia, recibiò la promesa, y juramento, de valerse vno, y otro hermano, contra qualquier Potencia 1286.

en

en la defensa de los Reynos, y partiòse luego à Sicilia con sus Galeras: diò aviso el nuevo Rey a Cataluña, Aragon, y Valencia de aversele entregado Mallorca; en la qual dexò por Virrey à Asberto de Mediona, y embarcòsse para Cataluña: llegò con su Armada à Ivissa, la qual ofreciò seguir en todo à los Mallorquines, y de alli fue à desembarcar à Alicante; y passò à Barcelona à Jurar Conde, y recebir el Juramento de fidelidad; de Barcelona tomò su viaje à Santas Cruzes para celebrar las exequias del Rey su Padre, assistido de todos los Prelados, Nobles, y de numeroso Pueblo de Cataluña; de alli partiò à Lerida, y à Zaragoça para recebir la Corona de manos del Obispo de Huesca Don Fray Jayme Carròs de la Orden de la Merced, de Nacion Catalan, el qual le Coronò por ausencia del Arçobispo de Tarragona.(1)

Jura el Rey en Barcelona, y le prestan el juramento de fidelidad los Comunes.

(1) *Montaner, Cor. c. 147. 151. y 153. Aynsa Hist. de Huesca.*

Llegò la noticia de la muerte del Rey à Sicilia, sentida con extraordinarias demostraciones, por lo mucho que se hallavan obligados de su Rey, y Redemptor: dieron luego la Corona al Infante Don Jayme, jurado ya en vida del Padre: con anelo de imitarle, mandò luego armar veynte Galeras, nombrando General à Berenguer de Sarrià, fiando de su valor el credito de las Armas, mandandole que costeasse Napoles, y las Costas de sus Enemigos, paraque le venerassen digno Successor de su valiente Padre. Llegò à la Isla de Capri, rindiòla con la Ciudad: passò à Napoles, tomò en todos los Lugares las Galeras, y vasos que encontrò; de alli passò à la Isla de Proxita, que se le entregò: discurriò toda la Costa del Principado, dominòle con prision de muchas Galeras, y Barcas, y algunas Naves. Dirigiòse à Gaeta, llegò à Astura Ciudad rica, y la conquistò: diò la buelta por la Marina de Napoles, quemò sus caserias, talò, y se llevò quanto topò en los Terminos de Sorrento, y Pasitano, y en los feudos de los Enemigos, bolviendo vitorioso à Mecina, rico de los enemigos despojos. Llegò el rumor de las vitorias, y el tropel de los que huìan à los oìdos del Papa, el qual preguntò que cosa era? Y le respondieron que era vn Cavallero Catalan, que con veynte Galeras avia conquistado muchas Plazas, y avia destruìdo todas las Costas de Napoles, y de los feudos del Pontifice Honorio IV. que clamò con estas palabras: *Que es esto? Con tales demonios ha de contrastar quien contrasta con la Casa de Aragon, que cada vno de aquellos Cavalleros Catalanes es vn demonio encarnado, que no se les puede oponer nadie, ni por mar, ni por tierra, à Dios pluguiesse, reconciliarles con la Iglesia, que son gente con los quales conquistariamos todo el Mundo, y dominariamos todos los Infieles; Ruego à Dios dè paz con ellos à la Iglesia, y Dios perdone al Papa Martino que assi les tratò; mas si podemos, en breve con el favor de Dios les reconciliaremos, porque son muy valientes, y de grande bondad, que no ha mucho que han perdido à su Señor, que era el mejor Cavallero del Mundo, y juzgamos que tales seràn sus hijos pues assi empiezan.* (2)

Los Sicilianos dan la Corona al Infante D. Jayme.

Vitorias de Berenguer de Sarrià General del Rey D. Jayme de Sicilia.

Encomio de los Catalanes.

(2) *Montaner, Cor. c. 149.*

Despues de aver embiado el nuevo Rey de Sicilia Don Jayme al Almirante Roger de Lluria à Barcelona con parte de sus Galeras para dar aviso à su hermano del estado de las cosas de Italia, mientras Berenguer de Sarrià peleava en las Costas, entrò el mismo Rey con los Catalanes, y Sicilianos por tierra en la Calabria, llevandose algunas Plazas que mantenian los Enemigos, llegando hasta treynta millas mas allà de Salerno, y lo dominò todo; y sin duda huviera en esta ocasion ganado à Napoles si se huviera hallado con las Armadas del Almirante, y de Berenguer de Sarrià; pero contentòse con lo adquirido, y con las riquezas que avian logrado los suyos, y bolviòsse à Mecina donde llegò despues Berenguer de Sarrià.

Llegò à Barcelona el Almirante, partiò à Zaragoça, en donde estava el Rey disgustado por los movimientos de la vnion tan repetidos, que escusaremos referir por no ser de esta historia. Aviendose visto con el Rey el Almirante, y dado razon de su Embaxada, pidiò licencia para correr con la Armada la Costa de Francia: conseguida, bolviò à Barcelona, y de alli à la Proença, desembarcò sus Soldados, llegò à Seriñan, la saqueò: partiò para Beses; y previnose la Francia para resistir al poco nùmero de los nuestros, juntando hasta treynta mil hombres. Llamò el Almirante à los suyos, previnòles el Real servicio, credito de la Nacion Catalana, y concediòles los despojos de los Enemigos, con pena de traydor al què se ocupasse en la pilla hasta finida la Batalla: llegaron los Enemigos como à vitoria cierta, quedando burlados por el valor de trescientos cavallos nuestros, y dos mil Almugavares, que dieron feliz dia con la vitoria à las Armas Catalanas, con notable perdida de los Enemigos, que se refugiaron los que pudieron, en los Lugares de la Marina, y en Beses. Passò à los otros Lugares sujetandolo todo, corriò la Proença, llegò à Ayx su Metropoli, ocupòla, quedando en ella quatro dias para cargar con los despojos. Passò à la Marina, embarcò su gente, llegò al Puerto de Aguas Muertas, tomò las Naos, Galeras, y leños, remitiòlos à Barcelona; de alli passò al Cabo de Leocata, y de este al Grao de Narbona, tomò veynte barcas cargadas de ropa; mandando dar barreno, y echar à pique las Galeras, y vasos que hallò en entrambos Lugares, bolviendo con los trofeos à Barcelona.(3)

(3) *Montaner, Cor. c.152.*

Llegaron à este tiempo Embaxadores de los Reyes de Castilla, è Ingalaterra para las Pazes con Francia, y vnion con el Pontifice: respondiò el Rey agradecido al de Ingalaterra, y con disgusto al de Castilla; y tratò de partir à Ruisellon para la defensa de sus Estados.

Passò antes à Lerida, y de alli llamò à los Catalanes para que se hallassen en Barcelona para resistir al Rey de Mallorca apadrinado de los Franceses, que avia entrado con buen Exercito en Cataluña, y tenia cercado à Castellnou, llegò el Rey con su Exercito à Ruisellon, y retiraronse los Franceses.

Por este tiempo los de la vnion de Aragon apuravan con peticiones muy extraordinarias, diòles largas el Rey, con la respuesta que embiaria por los sujetos que eligiria. Concluyòse la Tregua entre nuestro Rey, y el Francès por vn año, por medio del Rey de Ingalaterra. Embiò al Pontifice el Rey para darle la obediencia, y la disculpa, y motivos de la guerra, à Gilabert de Cruìlles, Ramon de Reus Arcediano de Lerida, Pedro Costa, y Rui Sanchez de Calatayud. Los Aragoneses con su vnion proseguian en las consultas, y requirimientos: diò providencia el Rey à la Custodia del Principe ya Rey de Napoles preso en el Castillo de Siurana.

Vnion de los Aragoneses.

Embaxadores del Rey al Pontifice.

En este tiempo Juan de Lluria Sobrino de Roger, (al qual avia encargado su Armada el Almirante, mientras estava cerca del Rey, paraque con el ocio no se minorasse el valor) en las Costas de Africa tomava quantas embarcaciones encontrava de los Moros, desde Tunez à Argel: quemò los Lugares, llevòse muchos esclavos, y ricos despojos, (4) y llegò à Valencia agasajado de su Tio, el qual luego partiò para Sicilia con toda la Armada; pero quiso antes dar otra Arma à Africa, llegò à los Gerbes, sujetò otra Isla llamada Rixo, passò à la Ciudad de Colometa, y la conquistò: tomò muchas Naos, y Barcas cargadas de especieria, y otras mercadurias, que venian de Alexandria de Egypto, y las embiò con los Esclavos à Mecina. No satisfecho de los triunfos de Africa, passò à Candia, destruyò las Costas de Romania, llegò à Matagrifo, venciò vn grande Exercito de Franceses, y naturales, con muerte, ò prision de todos, pudiendo con esta vitoria disponer de la Morèa: dominò Clarensa Ciudad rica, sujetò la Sefalonia, y la Isla de Corfù: bolviòse à Italia, llegò à Brindis, saltò en tierra, venciò al Exercito de ochocientos cavallos, y grande

Proezas de Juan de Lluria en Africa.

(4) *Montaner, Cor. c.155.*

Continuan las proezas de Juan de Lluria en diferentes conquistas, y batallas.

grande numero de Infantes Franceses, que se estavan al oposito de Berenguer de Entença que governava Otranto, con muerte de quatrocientos cavallos, y vn sin numero de Infantes; salvandose los demàs en Brindis, seguidos hasta la Plaça: refrescó su gente en Otranto, y llegò à Sicilia à sacrificar al Rey Don Jayme sus vitorías. (5)

(5) *Montaner, Coron. cap. 159.*

Llegaron à este tiempo Embaxadores del Pontifice, y Rey de Francia à nuestro Rey para solicitar la Paz, y libertad del Rey Carlos de Napoles; y bolvieronse à sus Señores, quedando convenìdos en juntarse en Tolosa para conferir conformes lo que deliberassen sus dueños.

Juntò à la fin deste año su Exercito el Rey Don Jayme de Sicilia para conquistar Napoles, y Gaeta.

Decretase la conquista de Menorca.

Aunque el Rey se hallava atrabajado por la Sentencia de Excomunion del Papa contra su hermano el Rey de Sicilia, de los amagos contra su Persona, y Reynos, de la Liga de Francia, y Castilla, y mas de la pertinacia de la vnion de Aragon; acomodadas estas dependencias con las Embaxadas, y las de Aragon con las Cortes de Huesca, y vltimamente convenìdos el de Urgel, y Cardona, determinò la conquista de Menorca, por el daño que recebian los Christianos de aquellos Moros, y por averse obligado el Rey Don Pedro su Padre à executarla: quien la avia querido emprender, por la trahicion del Reyezuelo de Menorca, quando diò aviso à los Moros de Africa, del passaje del Rey Don Pedro; y como à dicho Rey ya le avian ofrecido assistencias los Catalanes, y otros, quiso empeñarles à esta conquista el Rey Don Alonso. Las assistencias ofrecidas fueron; del Conde de Ampurias, cinquenta cavallos, cien Ballesteros, y ducientos Soldados ordinarios; del Visconde de Cardona cinquenta cavallos, y cien Infantes, ducientas anegas de cevada, y ciento de trigo; del Conde de Prades trescientos hombres con escudos, cien Ballesteros, y cien anegas de trigo; del Conde de Urgel quinientos Infantes, ducientas anegas de trigo, y ducientas de cevada; del Visconde de Rocabertì ducientos cavallos governados por su persona; del Arçobispo, y Ciudad de Tarragona diez Galeras con su guarnicion; de la Ciudad de Barcelona quinze Galeras con su gente; de la de Tortosa, y del Obispo cinco Galeras, quatro Barcas armadas, y todas con presidio, cien Ballesteros, y ducientos Escuderos; del Obispo de Urgel ciento y cinquenta Ballesteros, y trescientas anegas de trigo; del Obispo, y Ciudad de Lerida mil hombres; de la Ciudad, y Cabildo de Mallorca diez Galeras, cinco Naves, y ducientos sesenta hombres de desembarco; del Obispo, y Ciudad de Zaragoça veynte y cinco cavallos, trescientos Infantes, y quinientos florines de oro.

Las demàs Ciudades, Villas, y Particulares de Cataluña ofrecieron diferentes socorros, que fuera largo referirlos; los nombres de algunas familias que antes passaron à Sicilia, y ganaron à Menorca, van à la fin del Capitulo letra *A*. (6)

(6) *Carbonell, Cor. fol. 83. Tomich, Hist.*

Pero aviendo sido estas ofertas para la conquista de Menorca, quiso el Rey Don Alonso revalidarlas, y assi con su Armada ordinaria de Cataluña, y con la assistencia de los referidos congregò Armada de ciento veynte y dos velas, entre Galeras, Navios, y Barças. Saliò de Portfangós, llegò à Mallorca, partiò para Menorca; y como Dios gusta de provar à los suyos para que se vea la fineza, provò la constancia del Rey, y de nuestra Nacion con otra semejante tempestad, à la que sobrevino al Señor Rey Don Jayme su Abuelo en la conquista de Mallorca. Dividiòse la Armada en muchas partes, vnos à Porto Petro, otros à Porto Colom, otros à Cabrera, y el Rey con pocos vasos à Mahon, de donde saliò à la Isla que se llama del Rey, para esperar su dividida, y atrabajada Armada: detuvose doze dias, y faltando agua cavaron, y nunca la pudieron conseguir: viendo el Rey perecer sus buenos Vassallos, de-

Milagro que obrò el Señor por medio del Rey Don Alonso.

fed, fe arrodillò, y fuplicò al Señor favorecieffe à fu Pueblo, como le avia alentado por Moyfes en la piedra del defierto: tomò el Agadon, y al tercer golpe, en raudal copiofo faltò el agua de las divinas mifericordias; y hafta nueftro tiempo fe conferva en aquel lugar dulce, y milagrofa para teftigo fiel de lo que favoreciò el Cielo à la Nacion Catalana, y para acuerdo de los beneficios divinos: en el criftal perenne viò el Rey, que Dios era con fu Exercito, y que tenian affegurada la vitoria: confirmò en el valor à fu Armada, que ya avia llegado fin daño: faliò de la Ifleta, y defembarcò en Menorca à la parte de Tramuntana, ò Norte.

Defembarca el Rey en Menorca.

Como el Reyezuelo de Menorca fabia la Armada que fe prevenia en Cataluña contra Menorca, acudiò à Africa para focorros: fe los embiaron los Reyes de Bugia, Tremecen, Bona, y Conftantina, llegando ya à la Ifla antes que nueftra Armada, nuevecientos cavallos, y cinco mil Infantes Africanos para defender la Ifla, del Gran Leon Rey de Aragon como le llamavan los Moros. Defembarcado el Rey, con parte de la Armada, emviftieron los Moros con aliento notable; pero fueron detenidos, y con la gente que iva defembarcando rechazados, y defpues vencidos, retirandofe con grande perdida à vn Puche en que oy dia fe halla vna Alqueria, llamada de San Jorge: acometieronles los nueftros, aunque fe hallavan los Moros mejorados de puefto, matandoles, è hiriendoles con aliento divino: defamparon los Moros el Puche, y con nuevo focorro fe difpufieron à dar batalla à los nueftros en el llano: alentóles el Rey con el acuerdo de pelear por la Fè, y por el credito de la Nacion; y al Gloriofo, y afectuofo nombre de San Jorge, juntandole el de San Antonio Abad, cuyo dia fucedieron eftas batallas, dieron tan fuertemente en los Moros, que ya no pudiendo fufrir el valor Catalan, dexaron fus ordenanças, y luego con infame huida cuydaron de defender fus vidas en la fragofidad de los Montes, y en el Puche del Verger.

Derrota de los Moros en Menorca.

Aparecieron en eftas Batallas Capitanes de nueftra Nacion, San Jorge en vn briofo cavallo con veftido blanco, y Cruz colorada, y San Antonio Abad que con la mano derecha dava la bendicion à los Chriftianos, y con el Baculo que tenia en la izquierda heria à los Moros: vieron efte prodigio Chriftianos, y Moros. A eftos divinos favores devemos la gloria de las vitorias, al valor del Rey, y al de Juan de Sinifterra valiente Catalan, el qual aun (quitada vna pierna) peleò con tal valor, que le infundia nuevo en fus compatricios, todos alentados de los celeftes conmilitones: faltaron de los nueftros mejorados en el Cielo ciento y fetenta, y de los Moros tres mil trefcientos y quatro.

Aparicion de San Iorge, y San Antonio Abad.

Valor de Iuan de Sinifterra.

Hallandofe el Rey con el cuydado de dar el vltimo honor à los fuyos en el fepulcro, y de mandar apartar, y enterrar los Moros que murieron en la Paleftra, canfado queria defcançar con fu Campo, à tiempo que vn Catalan llamado Berenguer de Tornamira con otros que juntò, partiò fin orden al Puche donde fe hallava todo el tropel de los Moros ya vnidos, imprudente con pocos pretendiò la vitoria del exceffivo numero de los Mahometanos, hallofe à poco efpacio circuido, y con peligro de perderfe, fi el Rey avifado no huvieffe partido con el Exercito à librarle: Renovòfe aqui la batalla cruel, porque los Moros defefperados, ya no temian morir; pero como efta era guerra por cuenta de Dios, concediò mifericordiofo à los fuyos la vitoria, con muerte de pocos Chriftianos, pereciendo mas de tres mil de los Enemigos.

Otra vitoria contra los Moros.

Llamó luego à Berenguer de Tornamira paraque pagaffe fu imprudencia con la cabeça; pero folicitaron, y configuieron el perdon los del Exercito poftrados à los pies del Rey: el qual mandò dar decente fepultura à los que con fu vida gloriofos nos dieron aquella Ifla, y luego en el mifmo lugar mandò celebrarles las funerales pompas, y Miffas

de

de la Virgen nuestra Señora. Avançòse el Exercito del Rey á la Plaza, y Castillo de Menorca: embiò el Reyezuelo sus Embaxadores ofreciendo desamparar la Isla con los Moros, pagando siete doblones, y medio por cada vno que quisiesse partir con sus averes, y que aquel que no pudiesse pagarlos quedasse cautivo: convino el Rey, salieron los Moros, y poblò de Catalanes á Menorca: mandò fabricar á Mahó: al Almirante que bolviesse á Cataluña sus embarcaciones, y á Sicilia las de aquel Reyno; y partiòse con quatro Galeras á Mallorca; de alli á Iviza, y despues á Barcelona, recebido con glorioso triunfo: llegò el Almirante á Mecina, libre de vna grande tormenta: esta relacion se ha sacado del Archivo de Ciutadella de Menorca. (7)

(7) *Archivo de Menorca original de lo referido dado á 11. de Febrero 1287. Carbonell, Cor. fol. 86. Montaner, Coron. cap. 120. y 121.*

Castigo de Dios con vn Almúgavar en Mallorca, y prodigio en su curacion.

Sucediò en este viaje del Rey á Menorca, en Porto Pi vn caso muy prodigioso, y fue, que hallandose diez Almugavares en el Atrio de la Iglesia de San Nicolás de Porto Pi, quizo vno comer vn quarto de carnero azado la vispera de Navidad á la noche: persuadieronle los camaradas no lo executasse, y temerario quizo comer, quando al primer bocado apareciòle vn fiero Gigante, dandole tal bofeton, que le echò amortecido en el suelo, quedando assi hasta media noche: bolviò en sì á la media noche, pero ciego, y debil de sus miembros sin poder valerse de ninguno: dixo, llamassen al Cura, confessò, y le llevaròn á la Iglesia Mayor de Mallorca: pidiò le echassen cerca del Altar mayor, adonde estuvo hasta el primer dia de Enero, suplicando á los que acudian que rogassen á Dios por èl: lo que consiguiò con la entera salud, despues de averse predicado las maravillas del Mysterio de la Circuncision, pidiendo el Predicador al Pueblo que rezasse vna Salve á la Virgen; que aun no concluida, le vino grande temblor en todos sus miembros, y concediòle Dios por medio de su Santissima Madre el vso perfeto de ellos, y la vista, alabando el Pueblo los divinos atributos de Justicia, y Misericordia. (8)

(8) *Montaner, Coron. c. 171.*

Convento de S. Francisco de Montblanch.

Este año con las limosnas de los vezinos de Mont-Blanch fue edificado el Convento de San Francisco de aquella Villa. (9)

(9) *Gonsaga, 3. part. Cor. fol. 1116.*

A. Guillen de Fluvià, Francisco de Requesens, Iayme de Mompassat, Romeo de Gurb, Ramon de Puig Pardines, Iayme Alemany, Bertran de Castellet, Ponce de Grañena. Los Viscondes de Cabrera, y Bas, Ramon de Cervera, Guillen de Anglesola, Ramon de Moncada, Guerao de Cabrera, Ramon de Anglasola, Arnaldo de Corsavì, Gaston de Peratallada, Galceran de Cruilles, Hugo de Sarrià, Guillen Ramon de Iosa, Bernardo de Monpeò, Gisperto Alquer, Guillen de Belloch, Ramon Artal, Maymon, y Guillen de Castellaulì, Ferrer de Vila-Franca, Bernardo de Subirats, Ramon de Gallinès, Arnaldo Dartessa, Guillen de Soler, Ponce de Estallar, Ramon Iutge de Castellmir, Ramon Almenara, &c.

CAPITULO II.

Vitorias de Don Berenguer de Vilaragut, y del Almirante en Napoles: Entran los Franceses en Sicilia, rinden á Agosta: El Almirante rinde la Armada Francesa, y passa á Napoles: Recupera á Agosta el Rey Don Iayme: Tragedia de Alaymo de Lentin: Vistas en Oloron: Movimientos en Aragon, y concordia: Entrada, y retirada del Rey de Mallorca: Pazes, y libertad del Rey Carlos II. Fundacion de Predicadores de Puigcerdan, &c.

POr este tiempo aviendo salido á los vltimos del año 1286. Berenguer de Vilaragut con veynte Galeras de Mecina, limpiò los mares, de las embarcaciones enemigas: Llegò á Corfú ya presidiado de Franceses, que pelearon fuertes en su defensa; pero en vano, pues fueron muchos muertos, y echados los otros de la Isla, sujetada á Berenguer, que haziendola Plaza de Armas, de ella corriò los mares de aquel Levante hasta Grecia, descomponiendo las prevenciones enemigas, empobreciendo sus comercios, y quitandoles sus Embarcaciones.

Berenguer de Vilaragut conquista la Isla de Corfú.

El

El Rey Don Jayme de Sicilia con su gente tomò la via de Salerno, y el Almirante las Costas de Malta, y limpiaron aquellos mares: passò à Napoles el Almirante, rindiò quantas naves, y barcas se hallavan dentro del Puerto, quedandose nuestra Armada tres dias delante de la Ciudad para tenerla en arma, y rezelos: passò à Iscla, saqueòla; y de alli puso en grandes ahogos à Gaeta assediada con estrechez; pero huvo de levantar el Sitio, llamado de mayor empresa. (1)

(1) *Montaner, Coron. cap. 165.*

Ganan los Franceses á Agosta.

Irrritados los Franceses, y sus Aliados, de tan grandes perdidas, el Legado, el Principe de Napoles, y el Conde de Artoys juntaron numeroso, y lucido Exercito, que dividido en dos, vno se arrojò de repente sobre Agosta, y la dominò con el Castillo por trato, bolviendo à vnirse con el otro Exercito para entrar en Sicilia.

El Almirante Roger de Lluria enmudece sus emulos con la relacion de sus vitorias.

Con este mal sucesso se alegraron los emulos del Rey, y los del Almirante con razones aparentes de que por robar lo ageno, avia desamparado las Costas proprias del Rey: avisado el Almirante, que se hallava en los Atarazanales previniendo mejor nùmero de Galeras, saltò como Leon herido, partiò à Palacio en la forma que se hallava, mal vestido, cubierto de lodo, y señido con vna toalla; y delante del Rey, y su Corte hizo magestuosa ostentacion de sus glorias en tan repetidas vitorias, y de los desvelos, trabajos, peligros, y sangre con que las avia logrado, quando otros seguian sus regalos, festejos, y bayles: quedò muda la embidia à la fuerça del justificado valor, y bolviò Roger de Lluria à lo que importava para prevenir su Armada, que la tuvo bien pertrechada en pocos dias, con quarenta Galeras, partiendo à encontrar los Enemigos.

Entra el Rey con solos diez Cavalleros en Catania.

Intrepido el Rey Don Jayme, con solos diez Cavalleros quizo entrar en Catania para detener à los Enemigos, no pudiendo quitarle esta gloria los ruegos, y representaciones de los suyos, principalmente del Conde de Camarana el màs antiguo Capitan. Entrò el Rey con diez de los nuestros en Catania, alegraronse los Cataneses quedando tan alentados con la vista del Rey, que no se attevieron los Enemigos à emvestirles, tomando la via de Agosta, pero con desgracia; porque seguidos de la gente del Rey, que ya avia acudido, pagaron muchos con la vida el arrojo de la entrada de Sicilia.

Recobran el Rey, y el Almirante Roger à Agosta.

Luego el Rey mandò seguir al Francès para encerrarle en Agosta: el numero glorioso de nuestros mal vestidos Almugavares (que aunque ricos de vitorias, y dineros, no avian mudado su habito, y modo de vivir, razon de no variar su fortuna) fue prevenido del incansable desvelo del Almirante, el qual con el desembarco recobrò en poco tiempo à Agosta; è informado de los prisioneros, de que la Armada de mar de los Enemigos huyò à Marsala, assegurado de no hallar oposicion, partiò luego à encontrarla: diò el aviso al Rey, el qual luego fue contra los Enemigos, que aturdidos del encuentro quedaron los mas victimas del valor Catalan, recogiendose los que escaparon à la Armada, que con las Galeras Ginovesas que avian sobrevenido de socorro se alentaron para bolver otra vez sobre Marsala; pero hallaron la misma resistencia, y fortuna.

Vitoria de nuestra Armada con quarenta Galeras, de ochenta y quatro de los Franceses, y muchos vasos.

Por estas bueltas de la Armada Francesa, no aviendola hallado el Almirante, partiò à Agosta para lograr noticias: dirigiòse el Rey con su Exercito al assedio del Castillo, que le entregò la hambre, y sed, crueles fantasmas de la vida. No se hallava el Almirante en el assedio, porque con impaciencia buscava la Armada Enemiga, que encontrò cerca Castelamar; y aunque la admirò, por el numero de ochenta y quatro Galeras, y de grande copia de Barcas, y leños armados, presidiada con lo mejor de Francia, è Italia, no la temiò; antes bien alentados los suyos con las quarenta Galeras emvistieron la Enemiga: la qual aunq̃ tan superior en numero, como no era igual

en

en el valor, y arte del Capitan, en la destreza de los Marineros, ni en el coraje, é intrepidèz de los Soldados, fue vencida; pues los nuestros dieron, despues de reñido conflito, la vitoria à nuestras Armas, con prision de quarenta y quatro Galeras, y en ellas, de los Condes de Avellino, Teati, Brena, Monopoli, del Aguila de Sancàla, de Monfort, y de otros Principes, y Cavalleros sin numero, y de mas de cinco mil Soldados; y con huìda, y dicha de las demàs Galeras, que pudieron librarse por el arte de Henrique de la Mar: Montaner refiere esta vitoria mas dilatadamente.

Quiso el Almirante hazer honrosa ostentacion de su vitoria, poniendose con su vencedora Armada delante de Napoles, que sin duda se rindiera à nuestras Armas, sino se hallaran dentro el Legado del Papa, y el Conde de Artoys, que para detener la accion esparcieron vozes de Concordia, y Pazes, en el Pueblo.

Mientras en Sicilia obravan las Armas, pretendiò el Rey dar feliz Fin à la guerra con la negociacion: Embiò por Embaxadores al Rey de Ingalaterra, con los Capitulos para tratar la Paz con el Papa, y Rey de Francia, à Gilabert de Cruìlles, Ramon de Reus, Juan Zapata, y Pedro Martinez, que no concluyeron cosa.

Castigo de Alaymo de Lentin, y de sus Sobrinos.

Con rezelo del animo piadoso, y liberal del Rey, le embiò su hermano el de Sicilia à Beltran de Cañelles, para que le entregasse la persona de Alaymo de Lentin, y sus Sobrinos, convencidos de Lesa Magestad, y vil ingratitud en tiempo del Rey Don Pedro Padre de entrambos Reyes: entregòles el Rey, y dieron satisfacion à Sicilia, y al Rey ofendido, con la muerte que padecieron echados vivos en el mar.

Vieronse el Rey Don Alonso, y el de Ingalaterra en Oloron de Francia para tratar de las Pazes, y libertad del Rey Carlos, lo que ya con impaciencia solicitavan el Papa, y Rey de Francia, por los malos sucessos que avian padecido en Italia; y tambien para tratar de casar al Rey con la hija del Rey de Ingalaterra. Concluyòse la libertad de Carlos, con que entregasse al Rey en rehenes sus tres hijos, y sesenta Cavalleros à la discrecion del Rey; y que las Ciudades, y Villas Principales de la Proença se governassen por Ministros del Rey, hasta el cumplimiento de lo ofrecido; que dentro de vn año deviesse poner en Rehenes à su Primogenito Carlos, pena de cinquenta mil marcos de plata; que alcançase tregua de tres años del Papa, y Rey de Francia con las Coronas de Aragon, y Sicilia, y no consiguiendo la Paz vniversal en los tres años de la tregua, incurriesse en pena de cien mil marcos de plata, y perdida de los hijos, y Cavalleros; y que no cumpliendo Carlos las condiciones, deviesse bolver à la Prision dentro de vn año; dando el Rey en Rehenes para la seguridad de entregar los Rehenes del Rey Carlos despues de aver cumplido, al Infante Don Pedro su hermano, à los Condes de Urgel, y Pallás, y al Visconde de Cardona, deviendoles entregar al Rey de Ingalaterra; y tambien se ajustò el casamiento de la Princessa Inglesa con el Rey.

En este tiempo ardia Aragon en divididos vandos motivados de la vnion, que escuso referir, por no ser desta historia. Partiò el Rey de aquel Reyno, muy disgustado, y vino à Cataluña, à donde declarò su real animo à cerca de las donaciones, y gracias concedidas à Zaragoça, Valencia, y Ciudades de aquellos Reynos, con algunas que concediò à Particulares; hecha escritura en Tarragona con noticia de Pedro Marquet, y Juan Zapata testigos, que despues se publicò en las Cortes de Monçon año 1289, como veremos.

Treguas en Italia por medio del Almirante, que no las admiten los Reyes de Aragon, y Sicilia.

Concluyeronse las Treguas en Italia por medio del Almirante por vn año, entre el Papa, Francia, Napoles, nuestro Rey, y el de Sicilia; por las quales quedaron disgustados los Reyes de Aragon, y Sicilia con el Almirante, culpandole mucho, y no queriendolas admitir nuestro

Rey,

Rey inducido del de Sicilia, el qual no guardandolas entregò al Conde de Monfort à su enemigo el Rey de Ingalaterra; y los Señores, y Cavalleros prisioneros de la batalla de Castelamar fueron rescatados en grandes sumas de dinero.

Con la eleccion del Pontifice Nicolao IV. à los 22. de Febrero deste
1288. año; aviendo muerto en el antecedente Honorio IV. esperaron nuestros emulos descomponer las ventajas de los tratados de Oloron, con varias artes; y para descubrirlas, nuestro Rey embiò por Embaxadores al Rey Inglès, à Guillen Lunfort, ya Conrado de Lança.

Continuavan los de la vnion de Aragon los disturbios; y para vnirles con el Rey, y dar fin à tan grandes daños tan contrarios al Comun de los Reynos, y à la defensa de sus poderosos Enemigos, llegaron à Zaragoça Arnaldo Roger Conde de Pallàs, Berenguer de Puigvert, Pedro Fernandez de Ixar, y Galceran de Timor, trataron con los vnidos; y despues de varios lances, y replicas, se concluyò la Concordia, concediendo el Rey dos Privilegios à la vnion, que despues cancelò la sangre.

Concordia en Aragon, y concede el Rey Privilegios à la vnion.

Mandò el Rey se ratificassen las Treguas firmadas por el Almirante, y las ratificò como à premissas de las Pazes que se deseavan.

Entrò por este tiempo el despojado Rey de Mallorca en el Ampurdan, y puso Sitio al Castillo de Cortaviñon con el numeroso Exercito de Franceses, que se retiraron llegando el Rey con el nuestro en el Ampurdan. Siguiòles con cuydado, para concluhir con su Tio Enemigo domestico, y para que los Franceses bolviessen à escarmentar; pero detenido de los Embaxadores del Rey Inglès, con la representacion de que el daño de los Enemigos seria la espada, que cortaria las bien fundadas esperanças de la Paz, convencido el Rey mandò retirar el Exercito, y bolviòse à Barcelona, de donde embiò sus instrucciones à los Embaxadores que tenia con el Rey de Ingalaterra, paraque meditassen los Capitulos de la Paz.

Entra en el Ampurdan, el despojado Rey de Mallorca.

El Pontifice Nicolao IV. siendo General de San Francisco, avia passado por Barcelona viviendo el Santo Rey Don Jayme que le presentò sus hijos, y nietos paraque les diesse la bendicion, la qual el Rey con su prole recibiò devoto, y arrodillado: acordandose desta accion el Rey, embiò à Roma los Guardianes de San Francisco de Barcelona, y Zaragoça para dar la enorabuena con la obediencia al Pontifice, y fueron recebidos con particular demostracion de cariño. Instaron los emulos de nuestro Rey al Pontifice que anatematizasse al Rey, Reynos, y Principes de la Casa Real, como lo avia executado el Papa Martino, y respondiò cariñoso Padre: *No quiera Dios, que maldigamos à los que vna vez dimos nuestra bendicion.* Pero no obstante, despachò breve à Sicilia paraque bolviessen à la obediencia de Carlos, y al Rey Don Alonso vna carta de 15. de Marzo, en que le pedia la libertad de Carlos, que no socorriesse à Sicilia, y que se presentasse en Roma. (2)

(2) *Real Archivo de Barcelona, entre las Bulas, y Cartas Apost.*

Para vengarse el Rey, del de Castilla Don Sancho, diò libertad à los Infantes de la Cerda Don Alonso, y Don Fernando, hijos del Principe de Castilla Don Fernando, Coronando Rey en Jaca à Don Alonso, jurado de los Castellanos de su parcialidad, hallandose el Rey en Jaca para las vistas de las Pazes.

De Barcelona passaron à Confranc à la Frontera de Francia los Legados del Papa: acudieron los Reyes de Aragon, è Ingalaterra, fue trahido aqui Carlos Rey de Napoles, los quales despues de algunos dias de conferencias concluyeron las Pazes con la libertad del Rey Carlos en la forma ajustada, dando lugar el Rey de Francia al passaje de los Rehenes. Este es el milagro de la libertad de Carlos, y no la ficcion fundada en ignorante piedad de averle librado Santa Maria Madalena, passandole vna noche à vna legua de Narbona: lo que parece cierto es, aversele aparecido

(3) Montaner, Cor. c. 167. Abarca, tom. 2. f. 13.

recido la Santa, y enseñado el lugar que era deposito de sus Sagradas Reliquias, que buscò, y hallò Carlos, conseguida su libertad. (3)

Convento de Predicadores en Puigcerdà.

Este año se fundò en Puigcerdan el celebre Convento de Predicadores de aquella Villa.

CAPITULO III.

Cortes en Monçon: Desafio al de Castilla, y guerras: Credito de los Letrados de Barcelona: Llegan los Rehenes de Carlos: Desafio del de Mallorca: Vitorias del Rey de Sicilia en Calabria, y otras partes: Vitorias de Roger de Lluria: Sitio de Gaeta, y treguas con Franceses: Embaxada de Sicilia: Cortes en Barcelona para las Pazes: Socorre el Rey de Sicilia à Tolemayda: Gana el Almirante à Tolometa: Vandos en Cataluña: Cabezas de San Iayme Apostol menor, y San Henrique Emperador en el Convento de Predicadores de Puigcerdan: Fundaciones, de la Merced de Prades, y de Predicadores de Colibre: Invencion de las Imagenes de nuestra Señora del Milagro, del Puchegracioso, y de Bellvitge: Pazes con exclusion de Sicilia: Ratificacion: Muerte del Rey, &c.

1289.

Cortes en Monçon.

Al principio deste año mandò el Rey congregar à los Catalanes en las Cortes de Monçon, para las assistencias de la guerra que emprendia contra el Rey de Castilla, à favor de los despojados Infantes de la Cerda hijos del primogenito del Rey Don Alonso el Sabio. Sirvieronle los Catalanes à medida de su gusto; y para mas obligarles, manifestò en las Cortes la escritura oculta que avia firmado en Tarragona, revocando publicamente las donaciones, y gracias concedidas à Zaragoça, à Valencia, y à otras Ciudades, y Villas de dichos Reynos, y à los Condes de Urgel, y Pallàs, al Viscconde de Cardona, à Pedro Fernandez de Ixar, à Blasco de Alagon, à Pedro Jordan de la Peña, y à otros, motivadas de su noble, y liberal condicion, pero en daño de la Corona, y contra el comun beneficio. (1)

(1) Real Archivo Arca 1. grande. Carbonell, Cor. fol. 81.

Embiò luego el Rey à desafiar al de Castilla por Pedro Asnar Cavallero de la Familia Real, y embiò por Embaxadores al Pontifice à Galceran de Timor, à Gilabert de Crullas, al Dr. Pedro Costa, y al Dr. Bernardo Guillen de Pinells de su Consejo con comission, que si acaso pareciese à los Letrados de Barcelona aver de estar à derecho delante el Papa, y ponerse à su juizio, y determinacion, que ellos en su nombre se obligassen. (2)

Credito de los Letrados de Barcelona.

(2) Zurita t. 1. l. 4. c. 105.

Llegaron à este tiempo de Napoles los Infantes Luis, y Roberto, hijos del Rey de Napoles, quedando alli Ramon Berenguer hijo tercero por su indisposicion, compensado con quinze Cavalleros de la Proença, à mas de los sesenta, que tambien llegaron à Barcelona con los Infantes: fueron dichos Infantes de Napoles, puestos en custodia en el Castillo de Ciurana, y los otros Rehenes se dividieron entre Barcelona, Lerida, y Monblanch para su resguardo.

Fuè el de Castilla à Navarra para concluir la Aliança con el Rey de Francia, contra nuestro Rey, el qual con su Exercito passò à Aragon; de alli por Montagudo entrò à Castilla contra el Exercito de los Castellanos, y Aliados que se hallava en la Frontera; pero vnos, y otros escusaron la batalla, dando lugar los de Castilla à poder passar el Rey al Castillo de Moron, que entrò à viva fuerça; partiò el Rey de Castilla à presidiar à Almaçan, para detener, y empeñar à los nuestros, y retiròsse à tiempo que el Rey deseoso de batalla le embiò vn militar recado: *Que esperasse, que se darian la batalla.* Escusò el trance el Castellano Rey, y prosiguiò su viaje, juzgando el acierto en no ser vencido, y no en la esperança de vencer.

Desafia el Rey al de Castilla, y este escusa la batalla.

Levantò el Rey el assedio de Almaçan, dexando la mayor parte de su Exercito al Infante de Castilla, llamado de la guerra que movia contra Cataluña el Rey de Mallorca favorecido de Francia; pero llegado el Rey à Barcelona deshizo se la tempeſtad en inutiles vapores, prevenciones, y amenaças para el ſiguiente año.

Urdieron vna los Franceſes contra el Rey para tenerle lexos, que no la lograron, con el deſafio del Rey de Mallorca, el qual deſafiò al Rey, y à Ramon Roger hermano del Conde de Pallás, para Burdeus delante el Rey de Ingalaterra: Reſpondiò el Rey al Menſajero: *Dezid à mi Tio que tiene poca gana de reñir, pues ſeñala lugar, y eſſe Burdeus, de donde el Rey mi Padre ſe bolviò burlado del Rey Carlos, y de los Franceſes.*

El Rey de Mallorca deſafia á nueſtro Rey para Burdeus, y ſu reſpueſta.

Los Franceſes con ſus artes, y Carlos con ſus laſtimas, movieron al Papa à no convenir con los pactos de la Paz firmada por medio del Rey de Ingalaterra; pero no les valiò el ardid de la venida de Carlos armado entre la Junquera, y Paniſsás, como avia penſado para librar los Rehenes, y la obligacion de las Pazes, juzgando, que ſi venia armado ſe podia preſentar en aquellos Lugares, y bolverſe por no hallar quien le recibieſſe; pero el Rey Don Alonſo ſoſpechando eſta ſutileza Franceſa tuvo prevenidos los Pueblos de la Frontera, no pudiendo lograrſe la ſutil invencion, aunque deſpues pretendiò aver cumplido, ſolo con aver llegado ſin declararſe; pero Eduardo Rey Inglès le advirtiò no aver ſatisfecho à ſu palabra, y al honor de entrambos.

Sutileza Franceſa burlada de nueſtro Rey.

Hallavaſe el Rey en medio de las Armas de Caſtilla, y Francia todas poderoſas, y circuìdo de entrambas; pero glorioſo, y temido con el favor divino: quiſieron mejorar de fortuna los Franceſes, y Aliados provando la mano en renovar la guerra de Italia; y como deſpreciandola el Rey Don Jayme de Sicilia, executò dos reſoluciones proprias de ſu Real Animo: la vna fue, que à los 4. de Abril deſpidiò ſu Embaxador al Rey Don Alonſo, por el qual le cedia los derechos de ſus Aliançás, y le empeñava en la Paz con el Pontifice, y Francia, como no permitieſſe à ſus Vaſſallos pelear contra Sicilia: y la otra fue, paſſar á encontrar ſus Enemigos con quarenta Galeras, y diez mil hombres, con los quales tomó tierra en Calabria, rindiò à Semenara, Santa Chriſtina, Bubalino, y Sinopoli, Lugares que aun ſe conſervavan por Francia; y luego juntandoſele la Armada que governava Roger de Lluria, paſsò à Monteleon, y con eſcalada ocupò la Plaza con admiracion, y paſmo de los Enemigos, que por atajarle el raudal de tantas conquiſtas, llegaron à la viſta de nueſtro Exercito con todas ſus Tropas, governadas por el Conde de Artoys General de la Liga, el qual aunque llegò atrevido, pero reportado quiſo aſſegurarſe en la Roca, Plaza importante: deſafiaron nueſtros cavallos à ſus Friſones con las talas, y quemas de los vezinos Lugares: ſalieron del Exercito Francès los cavallos, y hombres de armas, los quales fueron deſcompueſtos, y vencidos de la ligereza de nueſtros cavallos, y valor dieſtro de los Soldados: ſalieron de refreſco de la Roca algunos, para ſocorrer à los ſuyos; pero no pudieron impedir el curſo de nueſtra vitoria.

Viendo el General Francès la deſgracia de los ſuyos, quiſo mudar fortuna en la diverſion, y paſsò al aſſedio de Eſquilache con eſperança en las inteligencias que tenia con algunos Payſanos: recelandolo el Rey, mandò entrar à la defenſa tres Iluſtres Capitanes gloria de aquel tiempo, Guillen Galceran de Cartellà, y Bernardo, y Vidal de Sarrià, que llegaron con ſus Tropas quando el Enemigo ya ſe hallava ſobre la Plaça; y aunque el numero era inferior, alentados de ſu empeñado valor dieron en los Enemigos con tal furia, que deſcompueſtos, y rompidos, no pudieron evitar el que penetraſſe à ſu Exercito la determinacion Catalana, haſta llegar à la Plaza: ſe rehazieron los Enemigos, y cortaron à Bernardo de Sarrià, que peleava entre los vltimos, y le hizieron priſionero: no lo pudo ſufrir ſu hermano Vidal, el qual intrepido bolviò à renovar la batalla, y logrò feliz la libertad del hermano, y la defenſa de la

Aſſedia el Francés à Eſquilache.

Manda el Rey entren en la Plaça para ſu defenſa tres Iluſtres Catalanes.

Plaza

Plaza con la retirada del Francès rezeloso de perder la Ciudad de Napoles.

En este tiempo el Rey Don Jayme, y el Almirante con su Armada acometieron al coraçon del Reyno de Napoles, rindiendo, y reduciendo los Pueblos, hallando solo resistencia en Sangenaro por el valor de su Señor, del qual prendado el Rey dexò la empresa para otra mayor, que fue el sitio de Gaeta.

Assedio de Gaeta, el qual assegura la Tregua en Italia.

Era Gaeta la primera, y capital Plaza, que conservava el Rey Carlos de Napoles, y viendola ya no solo assediada, si de peligro por la constancia, y valor de la opugnacion, por no perderlo todo, determinò por su persona socorrerla, amparado de las fuerças de Italia, Francia, y Aliados llamados de los favores de la Bula de la Cruzada, que se publicò contra el Rey Don Jayme, como solia contra el Soldan de Egypto. Llegò todo este numeroso Exercito; y no desalentado Don Jayme pretendiò continuar los avanzes de la Plaza, y defender sus Quarteles, del Exercito Enemigo, assegurado de la retirada del Mar, del qual era arbitro. No dà lugar la brevedad que intento à ponderar los prodigios, y gloriosos progressos de la Nacion Catalana, y de las otras que se hallaron en este lance; porque à porfia todos à vn mismo tiempo bueltos à la Ciudad, y al Campo Enemigo avançavan aquella, como si huviesse de ser su resguardo, y se defendian, y ofendian à este, como sino tuviessen su libertad en el mar. Siempre Gaeta fue las Treguas de Italia, y preludio de la Paz: solicitaron las Treguas el Rey Carlos, y Aliados, no tanto à instancias del Papa, como à fuerça del temor de perderse; y se concluyeron con pacto, que los Franceses primero se retirassen à Napoles, y el Rey Don Jayme despues se embarcasse para Sicilia.

Reciben equivocacion las Historias Eclesiasticas, que refieren quedò sentido el Legado del Papa, por no averse aconsejado el Rey Carlos para pedir las Treguas; lo que se convence de inverosimil, y passion nacional, por la correspondencia de Carlos con el Papa, por el honor del Rey Don Iayme en la retirada, y por la necessidad que tenia Carlos de no exponerlo todo; y por la mayor del Pontifice obligado del bien de la Christiandad à valerse de las Armas, virtudes, y fortuna del Rey Don Jayme para la guerra Santa, como veremos, que todo lo moviò la consciencia del Papa.

Este año requiriò el Rey Don Alonso à los Pueblos, y Ciudades de la Proença se tuviessen por sus Vassallos; y para la Paz embiaron sus Embaxadores al Papa los Reyes de Aragon, Sicilia, è Ingalaterra: fueron los de nuestro Rey Galceran de Miralles, Bernardo de Fonollar, Guillen Aymerich, y Guillen Jafert; y del Rey de Sicilia Iuan de Proxita, y fueron recibidos benignamente. Nombrò el Papa Legados al Cardenal Colona, y al de Santa Sabina, y dixo à los Embaxadores, que nuestro Rey se viesse con el Rey Carlos: con esta noticia partiò el Rey à la Iunquera del Ampurdan, y alli acudiò el Rey Carlos, y solo concluyeron las Treguas; y los Legados pidieron à nuestros Embaxadores que solicitassen con el Rey, que primero el de Sicilia embiasse los suyos con poderes à la Iunta de Tarascon, à donde se avian de hallar los Plenipotenciarios de las Coronas, y que se viessen con los Legados antes de llegar los Plenipotenciarios de nuestro Rey, juzgando ningunas las Pazes, sino convenian antes con el Rey de Sicilia: embiò este sus Embaxadores Iayme Gispert de Casteller, y Beltran de Cañelles dirigidos à nuestro Rey con instruccion de no admitir Pazes aviendo de ceder Don Iayme los derechos de Sicilia, y passaron à verse con el Rey, que se hallava en Valencia. 1290.

Parlamento en Barcelona.

De Valencia partiò el Rey à Barcelona para conferir con los Catalanes los medios proporcionados de la Paz, y con su parecer, y acuerdo concluirla: mandò llamar los Eclesiasticos, Cavalleros, y Pueblos à Barce-

Barcelona para Parlamento: Iuntaronse en el Convento de Santa Catalina, de donde se llevavan al Rey las deliberaciones, y acuerdos de las Cortes: concordes en los capitulos passaron á nombrar Embaxadores, y Plenipotenciarios para la conclusion de las Pazes: fueron los nombrados Ramon de Anglesola Arçobispo de Zaragoça, Berenguer de Puigvert, Guillen Lunfort, y Bernardo Guillen de Pinells, á los quales añade sin nombrarles Montaner, á Maymon de Castellaulì, que se señalò entre todos: aprobò el Rey la eleccion, y les diò sus poderes, y partieron para Tarascon; no concurriendo con ellos los Embaxadores del Rey de Sicilia, que ni se vieron con el Legado, ni se hallaron en la Junta: dizen fue orden de nuestro Rey, paraque las pretensiones de Sicilia no estorvassen la Paz. (3)

(3) *Montaner, Cor. c. 172. Zurita t. 1. l. 4. c. 120.*

Por este tiempo con recelos de las artes Francesas, y para assegurar las Pazes, armado el Rey escriviò à su hermano Don Jayme, à la Reyna su madre, al Almirante, à Juan de Proxita, à Ramon Alemany, y à Guillen Galceran de Cartella que governavan Sicilia, que supuestas las Treguas de Sicilia, le embiassen veynte Galeras armadas, y otras veynte para armar en Cataluña, con las quales pretendia aumentar su Armada, para defensa destos Reynos, de los quales pendia la de Sicilia: consiguieron la Reyna, y los Cavalleros à los quales avia escrito el Rey, licencia del Rey Don Jayme paraque partiessen catorze à favorecer à su hermano.

Se vale el Papa del Rey, y de los Catalanes para la defensa de la Tierra Santa.

En este tiempo por los ahogos de la Christiandad de la Tierra Santa, (perseguida del furor del Soldan de Egypto, que avia quitado à los Christianos la importante Ciudad de Tripol, con sumo estrago de los defensores, y naturales, Plaça que à nuestros mayores les avia costado tanto ganarla, y defenderla,) no hallando el Pontifice favor en sus Aliados, buscò la defensa de aquellos pobres, y desamparados Christianos, en el valor del Rey Don Jayme, y Catalanes de Sicilia; à los quales antes avia tratado como à Enemigos: dudò à los principios el Rey, pero movido de Zelo Catolico, y de la Justicia de la causa, mandò partir à la defensa de aquellos Santos Lugares al Almirante con su Armada, assegurado de los Nuncios que embiò el Pontifice guiados, y apadrinados de vn Religioso Catalan.

Embiò luego delante siete Galeras armadas para alivio de los pobres Christianos encerrados en Tolemayda, y al Almirante despues con diez y seys Galeras, el qual magnanimo quiso antes correr las Costas de Africa, llevandose à Margano Rey de los Arabes, que avian antecedentemente cautivado las Galeras Catalanas, el qual con engaño, è inteligēcias se entrò en Tolometa Plaza importante: acudiò alli con nuestra gente el Almirante, y combatiò, consiguiò, y saqueò la Plaza, y bolviòse al mar para proseguir su viage. Fueron de grande alivio, y defensa nuestros Paysanos en la Tierra Santa; pero como Tolemayda estava circuida de todo el poder de los Moros, y los Principes Christianos embaraçados en sus guerras, no cuydaron de socorrerla: se perdiò, ò se desamparò la Plaça, embarcandose sus defensores, dexandola, aunque desierta, al arbitrio de los Infieles.

Se consigue, y se saquea Tolometa.

Por este tiempo afligian à Cataluña con sus Vandos Guillen de Moncada, y sus amigos, y Berenguer de Entença con los suyos: hizieronse cruda guerra entrando vnos à los Lugares de los otros; pero quedaron ajustados por la autoridad, y aplicacion del Rey.

Vandos en Cataluña ajustados con la autoridad del Rey.

Este año à expensas de la Villa de Prades fue fundado el Convento de la Merced de dicha Villa; y en la de Colibre se fundò el de Predicadores.

Conventos de la Merced de Prades, y de Predicadores de Colibre.

Enriqueciò San Pedro Armengol al Convento de Monblanch de su Orden de la Merced con la prodigiosa Imagen de la Virgen del Milagro que la rescatò el Santo, de Barberia; (4) y tambien segun antigua tradicion

(4) *Camòs Iardin de Maria, fol. 20.*

NuestraSeñora de Milagro.

tradicion favoreciò Dios à Cataluña con las manifestaciones de las devotas, y prodigiosas Imagenes de la Virgen de Puche Gracioso de la Parroquia de Montmany, y de Bellulla en el Termino de Canovellas; halladas por medio de vnos Bueyes, que acudian al lugar à donde estava encerrado el Precioso Tesoro, arañavan la tierra, y con bramidos llamavan à los hombres à que solicitassen el feliz hallazgo: en tantas ocasiones lo executaron, que movieron los coraçones à buscar el lugar, y fuente de los divinos favores: hallòse en vn Bosque la de Puche Gracioso; y la de Bellulla dentro vna Caxita de Plomo: fabricaronse con el tiempo Iglesias, à donde acuden los fieles para lograr los favores de su piadosissima Señora. (5)

Nuestra Señora de PucheGracioso.

Nuestra Señora de Bellulla.

(5) *Camòs Iardin de Maria fol. 72. y 73.*

El Rey Don Jayme de Mallorca favoreciò al Convento de Predicadores de Puigcerdan con las Reliquias de las Santas Cabezas del Apostol San Jayme el menor, y de San Henrique Emperador de Alemania: consta del auto de la dotacion en el Archivo del dicho Monasterio, del qual auto, se infiere averle dotado, y fundado el mismo Rey en el Lugar en que se halla, y que en la primera Fundacion devian tener pobre habitacion los Religiosos.

1291. Hallaronse juntos en Tarascon los Legados del Papa, y Embaxadores de los Reyes sin los de Sicilia, que residian en Barcelona; concluyeron las Pazes con estas condiciones: que el Pontifice recibiesse al Rey, levantasse el entredicho, quitasse las censuras, revocasse la Sentencia de privacion de los Reynos contra el Rey Don Pedro; que Carlos de Valoys renunciasse la investidura, que Mallorca quedasse por el Rey dando otros Estados al hijo del Rey de Mallorca, y que quedassen amigos los Reyes, que pagasse el Rey el censo ofrecido à la Iglesia por el Rey Don Pedro I. que no diesse socorro à Sicilia mandando salir de aquellos Estados à sus Vassallos, que iria à favor de la Iglesia con 200. cavallos, y cinco mil Infantes, que passaria à la conquista de la Tierra Santa, y persuadiria à su madre, y hermano dexar à Sicilia, y se valdria de sus fuerzas, y despues de aver venido el Legado del Papa à quitar las censuras destos Reynos pondria en libertad à los rehenes del Rey Carlos. (6)

(6) *Real Archivo de Barcelona, entre los Capitulos de Pazes.*

Llegaron con estos Capitulos los Embaxadores del Rey à Barcelona, quexandose los Catalanes Embiados por el de Sicilia, y con mayor fervor Beltran de Cañelles, representando los derechos de Sicilia, obligacion de valer à madre, hermano, Reyno, Sicilianos, y à los Vassallos destos Reynos empeñados en la defensa de aquellos pobres, que èl, ni los otros Catalanes no desistirian: protestò al Rey, y partiòse à Sicilia.

Disgustos de los Embaxadores de Sicilia por los tratados de Pazes.

Oyò nuestro Rey la justa quexa, y reprehension de sus Vassallos sin mudanza exterior, pero no pudo consolarles por el empeño de las concluìdas Pazes: llegaron à Sicilia los Embaxadores con las noticias de las Pazes, que alteraron los animos de los Sicilianos de forma, que faltò poco no echassen de aquellos Reynos al Rey, y à nuestros Paysanos, los quales les quietaron con la palabra de continuar en su defensa hasta la muerte: veasse lo referido en Montaner.

Eligiò el Rey por sus Embaxadores al Papa en cumplimiento de lo ajustado à dos Ilustres, y doctos Varones, Gloria de Cataluña en aquel tiempo, Don Ramon de Anglesola, Arçobispo de Zaragoça, y Berenguer de Puigvert Paborde de Solsona, y Canciller de Cataluña; y al Rey de Castilla para las treguas, à Guillen de Castellvì, y à Bernardo de Sagalà.

Embaxadores del Rey al Papa, y al de Castilla.

Ratificaronse las Pazes con las vistas de nuestro Rey con el Rey Carlos en el Lugar del Puig de la Atalaya entre Panissàs, y Portùs, asegurandolas al Rey Carlos, y à los suyos en nombre del Rey con juramento, el Conde de Pallàs, Berenguer de Puigvert, el Visconde de Castellnou, Iofre de Rocabertì, Ramon, y Galceran de Anglesola, Pedro de Queralt Arnaldo de Corçavi, Berenguer de

Cardona, Galceran de Cartellà, Guillen Dufort, Berenguer de Cabrera, Galceran de Miralles, Arnaldo de Cabrera, Lope Gurrea, y Juan Zapata: tomòles el juramento el Abad de San Gil: juraron la misma seguridad Don Ramon Coll Arçobispo de Tarragona, Ramon de Anglesola, Berenguer de Puigvert, y otros Prelados de Cataluña.

Buelto el Rey á Barcelona, embiò à Sicilia al Abad de Poblet para dar satisfacion à su madre, y hermano, de las Pazes; y al Rey de Ingalaterra para disponer las bodas, y cobrar el adote à Berenguer de Bellvìs Sacristan de Vique, à Juan Zapata, y à Guillen Dufort de Barcelona, y despues destos al Visconde de Cardona seguido de la Nobleza destos Reynos para servir, y acompañar la Reyna à Barcelona, à donde se prevenian gloriosos Trofeos, Ilustres aparatos, vistosos, y ricos adornos para recibir la Reyna Doña Leonor hija del Rey de Ingalaterra, ya esposa del Rey. Hallavase divertido el Rey entre fiestas, bayles, y torneos, que acostumbra la Nacion en los festejos Reales: quando le llamò Dios á mejor Reyno, herido de vna Landre, passando desta vida á la otra en tres dias de enfermedad: fue su muerte à diez y ocho de Iunio 1291. de veynte y siete años de edad, y en el sexto de su Reynado: mandò enterrarse con el Habito de San Francisco, y en el Convento de su Orden de Barcelona: nombrò heredero á su Hermano Don Jayme, substituyòle Don Fadrique, y à este, Don Pedro vltimo hermano. Los que se señalaron en este Reynado à mas de los referidos, son los siguientes:

Muerte del Rey

Bernardo de Tvorra, Iayme de Montargull, Ramon de Gurp, Luis Meca, Galceràn de Massonellas, Iayme Descallar, Dalmao de Aroles, Bartholome de Fonollar, Simon Monbuy, Bartholome de Vilafraser, Pedro de Vilella, Iuan de Duran.

CAPITULO IV.

Sucede el Rey Don Iayme II. Llega à Barcelona: Iura, y celebra Cortes: Recibe la Corona en Zaragoça: Passa à Valencia: Vistas de los Reyes de Aragon, y Castilla en Calatayud: Entrega de la Infanta esposa del Rey: Pazes con Genova: Vitorias de Don Blasco de Alagon, y del Almirante: Embaxada à Sicilia, y de Sicilia: Fundacion de San Francisco de Perpiñan: Tratos de Castilla: Ajustes, y vistas con el Rey Carlos: Vandos ajustados de Cataluña: Pazes, y casamiento del Rey: Va Don Fadrique al Papa: Fundacion del Carmen de Gerona: Del Ilustrissimo Fr. Bernardo de Olivella, de los Venerables Padres Fr. Vicente Prats, y Fray Pedro Amerio, y de Fr. Pedro de Calidis, &c.

POlitico discurria el Dante que à aver vivido mas el Rey Don Alonso, bien se comprovara averse derramado el valor de Vaso en Vaso en la Real Prosapia de los Serenissimos Condes de Barcelona, como se avia experimentado en todos: sucediò al muerto Rey Don Alonso mas en el valor, que en los Reynos el Rey Don Iayme II. digno hijo del Gran Rey Don Pedro II. Luego que muriò el Rey Don Alonso partiò con el aviso à Sicilia Ramon de Manresa, que era gran Privado del Rey Don Iayme de Sicilia: juntaronse los Catalanes en la acostumbrada junta de Brazos, y encargaron el govierno destos Reynos al Infante Don Pedro, que se hallava Procurador de Aragon: convinieron todos los Reynos en la eleccion, y al Rey D. Iayme le embiaron al Conde de Ampurias acompañado de grande número de Nobles destos Reynos para servirle, y suplicarle viniesse luego à Cataluña: hechas las devidas ceremonias, y lutos por la muerte del hermano, llamò Don Iayme à los Sicilianos à Cortes, asseguròles de su constante animo en defenderles; encargòles la Persona del Infante Don Fadrique, al qual dexava el govierno General de

Cortes en Sicilia.

de los Estados de Italia, despidiòse de Madre, hermano, y de los Vassallos, partiò de Mecina con quatro Galeras, llegò à Trapana, à donde ya se hallava la Armada de quarenta Galeras: saliò de Trapana, llegò à Mallorca, y de alli à Barcelona, recibido con demostraciones finas de verdadero afecto. Congregò luego à los Catalanes à Cortes en la misma Ciudad, jurò Conde de Barcelona, y recibiò el juramento de fidelidad, no intitulandose Conde de Barcelona, ni Rey de Aragon, hasta aver jurado en entrambos Reynos. Ordenòse lo que importava al buen govierno de la Provincia, defensa, y quietud de los Reynos, y muy en particular de Sicilia: (1) veasse Montaner.

Rey Don Jayme II. Conde de Barcelona XVI.

Cortes en Barcelona.

(1) *Real. Archivo de Bar. Arca primera grande.*

Partiò luego à Zaragoça, jurò los fueros, recibiò la Corona, con la protesta que no la recibia con reconocimiento en lo temporal à la Santa Sede Apostolica, tambien declarò no admitirla por el hermano, sino por el testamento de su Padre, con que asseguarava à Sicilia, excluida por las Pazes: passò à Montagudo, lugar destinado para las vistas con el de Castilla, concluyò las Pazes, y ajustò su matrimonio con la Infanta Doña Isabel hija del Rey de Castilla.

Concordò el Rey los vandos de Cataluña, y Aragon, pero no pudo conciliar los animos del Almirante, y de Bernardo de Sarrià, emulos del valor, y embidiosos de las glorias, vno del otro (achaque Catalan); pudiendo entrambos contentarse de que sobresalian en valor, y diciplina militar, à todos los de su tiempo.

Instavan los Franceses al Papa contra el Rey, escusòse el Pontifice con la representacion, y exortacion que le avia embiado, y con la esperança de concordia importante al bien del Orbe Christiano. Passò el Rey à Valencia, y jurò sus Leyes.

Partieron los Reyes de Aragon, y Castilla para Calatayud, donde entregò à nuestro Rey el de Castilla à su hija, celebrandose las Bodas con grande regosijo de musicas, bayles, justas, y torneos, en las quales se

Matrimonio del Rey con la Princessa de Castilla.

mostrò Roger de Lluria superior en las apariencias, como en las veras, y realidades de la guerra.

Embiò el Rey à Genova por sus Embaxadores, y Plenipotenciarios à Guillen Dufort, y à Bernardo Fonollar de Barcelona, para tratar Pazes con aquella Señoria, por lo que conducian à los interesses de Italia: concluyeronlas con igual gusto, y aprobacion del Rey, y de aquella Republica.

Pazes con Genova.

Llevòse Dios à su eterno descanso al Ilustrissimo Señor Don Fr. Bernardo de Olivella Catalan, è hijo de Habito del Real Convento de la Merced de Barcelona, muy zeloso de la honra de Dios, y caritativo con los pobres; por sus virtudes, y ciencia estimado, y venerado de los Reyes Don Jayme, y Don Pedro, à quien coronò en Zaragoça, siendo Arçobispo de Tarragona, à cuya suprema Dignidad avia ascendido, desde la Santa Iglesia de Tortosa que governò algunos años. (2)

Don Fray Bernardo de Olivella Arçobispo de Tarragona, del Orden de la Merced.

(2) *Bul. Ord. B. M. de Mercede, fol. 6. & 21. Const. Syn. Tarrac. in Cath. Archiep. f. 27.*

Assegurada la Paz con Genova, embiò el Rey para Governar las Armas de Calabria à Blasco de Alagon Aragonès: reusaron admitirle Vidal de Sarrià, Guerao Puigvert, y Ponce de Queralt, que tenian los primeros empleos en aquella Provincia: recogiòse en la Roca de Monteleon, admitido de los vezinos, de donde juntò muchos soldados, y acudieron los mas llamados de la entrada del Francès, que tenia cercado à Montalto: Juntò su gente, diò principio à la guerra desde la Roca con daño notable de los Franceses: avisado de los de la Roca de Monteleon, entrò à la Plaça pressidiandola de soldados, y municiones, con que obligò à los Franceses à levantar el sitio; pero campeando estos en daño notable de la Provincia, se les opuso Blasco con los suyos, y llegando à las manos con los Franceses, quedaron estos rotos, y desechos con prision de su General Guido de Primerano, y de los mas principales: acusaronle despues desto sus emulos à Blasco de aver quebrantado la Tregua, de batir moneda, y de

Vitoria de Blasco de Alagon Aragonès.

de algunos daños de Calabria; y partiò à defenderse delante del Rey, ofreciendo al Infante Don Fadrique bolver para servirle despues de aver provado su buen proceder.

Este año se celebrò Concilio en Tarragona, y se confirmaron las Censuras promulgadas antes contra los Ordinarios que permitiessen llevar la Cruz alta, y exercer jurisdicion de Primado al Arçobispo de Toledo, hallase este decreto en el Archivo de Tarragona.

1292. Para assegurar à Calabria, y aquellas Provincias mandò partir el Rey al Almirante con la Armada, del Puerto de Barcelona à Mecina, porque la muerte del Pontifice Nicolao IV. sucedida este año à 5. de Abril, tenia en confusion las dependencias de Italia: passò de Sicilia à Calabria para oponerse al Francès, que con nuevas fuerças governadas por Guillen Esteudardo Principe Francès inquietava aquella Provincia, y avia ocupado à Cotron por trato: avisado el Francès de la venida de nuestra Armada, previnòle fuerte celada cerca Cotron, juzgando à los nuestros descuydados en el desembarco; pero como eran soldados, siempre caminavan con orden, como si se hallaran delante del Enemigo, y no aviendoles impedido el desembarco, no valiò la celada: cayeron los escondidos en las manos de los descubiertos, que obligaron al Exercito Francès por socorrer à los suyos à empeñarse al tranze de la batalla, que ganaron los nuestros con grande destroço de los Enemigos, retirada de su General, y prision de Ricardo de Santa Sophia, que avia entregado à Cotron, pagando la traicion con la cabeça.

Vitorias de la Calabria, y Romania.

Assegurada Italia con esta vitoria, passò el Almirante à la Romania, costeò la Morèa, tomando quantos vasos encontrò dentro, y fuera de los Puertos: llegò à la Ciudad de Malvesia, entròla, y saqueòla, dexandola cadaver: saliò al oposito de nuestro Exercito delante Modon el del Principe de la Morèa, y quedò vencido, y desbaratado: llegò à la Isla de Xio, entròla, hizo prisioneros, llevòse las riquezas de mar, y tierra, y todos los Navios; dando con estas vitorias nuevas fuerças à nuestro Rey, y firmeza à las dependencias de Italia.

Embiò el Rey para conferir las proposiciones de Paz que le ofrecian los Franceses por medio del Rey de Castilla, con el Infante Don Fadrique, y Sicilianos, à Asberto de Castellet, principal Baron de Cataluña, el qual aviendo desembarcado en Mecina, y propuesto su Embaxada, dexò tan desconsolados aquellos Vassallos, que luego embiaron solemne Embaxada al Rey con los mas principales de Sicilia, para desviarle de la concordia, suplicarle no desamparasse à Sicilia, y en caso se viesse precisado, là entregasse al Infante Don Fadrique: llegaron à Barcelona, fueron para encontrar al Rey à Lerida donde se hallava para dar providencia à la guerra contra algunos ricos hombres de Aragon: propusieron su Embaxada, y detuvo el Rey à los Embaxadores con las esperanças de quedar Sicilia por el Infante Don Fadrique.

Este año ya se hallava fundado el Convento de San Francisco de Perpiñan: pretenden algunos ser la fundacion deste tiempo, y otros mas antigua, viviendo San Francisco. (3)

Convento de S. Francisco de Perpiñan.

(3) *Gonsaga, 3. part. Cor. fol.* 1108.

Por las fingidas instancias, y aparentes capitulos de Paz, propuestos por el Rey de Castilla, passò nuestro Rey armado de su valor, y solo defendido de la gala de sus Cortesanos à Logroño, à donde se hallava el de Castilla armado como contra enemigo, y prevenido de los Franceses, para obligarle à vna menos decorosa Paz, ò prenderle para entregarle à sus enemigos: à las primeras vistas entendiò el Rey la trama por el modo, y proposiciones menos decentes, y advirtiò à los suyos, que si hablando con el de Castilla tardava, fuessen à buscarle: executaronlo, saliò el Rey de Logroño con su Esposa, con la qual no avia consumado el Matrimonio, esperando la dispensacion que no concediò el Pontifice, con 1293.

que

que dexandola en Castilla, tomò el Rey el camino de Aragon. (4) Añade Zurita, que con temor que no le obligasse el de Castilla con violencia à los capitulos que le proponia, llamò nuestro Rey à Ramon de Vilanova, Thomàs de Proxita, Ramon de Manresa, y Pedro Costa, de los quales fiava, y delante de ellos protestò no ser su voluntad convenir con las Proposiciones del de Castilla, ni levantarle el homenaje, y juramento que le avia hecho de valerle. (5)

(4) Carbonell, Cor. fol. 87.

(5) Zurita t. 1. l. 5. c. 7.

Viendo el Rey no ser practicables los propuestos Capitulos, vino à Cataluña, traxòse consigo los hijos del Rey de Napoles al qual solo llamavan Principe de Salerno, y los demàs Rehenes, à Barcelona, donde los tenia assegurados, entregandoles al cuydado de Arnaldo de Mompeò, y de Guillen de Puigvert; y desde entonces deliberò concluir las Pazes con el Rey Carlos por su persona, en las vistas que le concediò entre el Collado de Panissàs, y la Junquera; quedando conformes, porque se hallava Carlos desengañado, por no averse logrado lo que le avia ofrecido el de Castilla: quedò secreto lo ajustado, hasta conferirlo con el Pontifice que saliesse electo.

Se previno no obstante nuestro Rey para la guerra, por si contradecian los Aliados de Carlos, y viendo que la fuerça de sus armas consistia en las assistencias promptas, y ciertas de Cataluña, y que mal podria cumplir, hallandose toda dividida en vandos por la guerra que tenian, de vna parte Armengol Conde de Urgel, Ponce Hugo Conde de Ampurias, Aluaro Visconde de Ager, Guillen, y Pedro de Moncada, y de otra el Visconde de Cardona, el Conde de Pallás, Ramon de Anglesola, Dalmao de Rocabertì, Hugueto de Ampurias, y el Visconde de Bas, los quales tenian en guerra los Pueblos, y Particulares, mandò requerir à todos, que segun lo decretado en las Cortes de Barcelona año 1291. cumpliessen con las treguas de dos años para dar lugar à las Pazes, y decision de las pretensiones; los quales obsequiosos dexaron las armas, y dieron lugar al derecho. (6)

Vandos en Cataluña.

(6) Real Archivo de Barcelona, Arca primera grande.

El Santo Fr. Pedro Amerio hijo de Barcelona, y de Habito del primer Convento de la Merced, quarto Maestro General Militar, verdadero imitador de Christo, subiò a participar de sus glorias, por la imitacion de sus penas, aviendo quedado en prendas por 20. esclavos que peligravan en la Fè en Marruecos, siendo exemplar de paciencia en los trabajos, desprecios, y tormentos, que padeciò en la esclavitud. Fue sumamente venerado de los Principes, y de toda Cataluña, por el concepto grande que se avia formado de su eminente zelo, virtud, sabiduria, y prudencia, que movieròn al Serenissimo Señor Rey Don Jayme el I. à nombrarle su Embaxador à los Reyes de Castilla, y Portugal, y de su Consejo de Estado: quedò su cadaver en sumptuoso sepulcro en el Convento de su Orden del Puche de Valēcia donde muriò à 10. de Junio. (7)

El Santo Fr. Pedro Amerio del Orden Militar de la Merced, Catalan.

(7) Bular. de la Orden, pag. 6. §. 4. num. 1. Rojas Cadena, de exemp. y milag. pag. 457.

Llegò el año 1294. en el qual el Rey se ocupò en digerir, y dirigir el tratado de las Pazes en su Real Palacio de Barcelona: embiò desde ella à Sicilia à Ramon de Vilanova su Camarlengo, paraque confiriesse los tratados con su madre, y hermano, esperando la conclusion favorable de la Santidad de Celestino V. elevado à la Cathedra Suprema de S. Pedro, à quien venera la Iglesia con nombre de San Pedro Celestino: este Santo Pontifice luego que fue electo, embiò dos Nuncios à Barcelona Corte del Rey: el Rey de Francia embiò al Condestable de Francia, y à Pedro de Hita, los quales concluyeron, pero no publicaron las Pazes, por la renuncia del Pontificado executada por San Pedro Celestino, al qual sucediò Bonifacio VIII.

1294.

San Pedro Celestino Papa.

En este año para tener todo el dominio de Tortosa, concediò el Rey à Berenguer de Cardona Maestre del Temple en estos Reynos, las Villas de Peniscola, Ares, y otros heredamientos, por la cession del derecho de la parte que competia à la Religion sobre Tortosa, y diò à Guillen de de Moncada, Vallovar Zaidi, y los censos que posseìan los Templarios en Fraga, cedidos al Rey, por la Açuda, y tercera parte de las rentas de Tortosa que cediò a favor del Rey, el Moncada.

1295. Con la eleccion del Pontifice Bonifacio VIII. que con calor solicitò las Pazes, començò este año; y para concluirlas con voluntad del Pontifice, embiò nuestro Rey à la Corte Romana por Embaxadores, y Plenipotenciarios à Gilabert de Cruìllas, Guillen Dufort, Pedro Costa, y Guillen Galvany que era grande Letrado de Barcelona: embiaron tambien los suyos el Rey de Francia, y su hermano, que fueron el Obispo de Orleans, y el Abad de San German. Concluyeronse las Pazes con estas condiciones: que el Rey de Aragon casasse con Doña Blanca, hija del Rey Carlos con cien mil marcos de Plata de adote: que bolviesse al Rey Carlos, sus hijos, y Prisioneros: que restituyesse Sicilia, Calabria, y las otras Provincias de Napoles à la Iglesia: que la defendiesse contra los Sicilianos: que restituyesse sus Estados al Rey de Mallorca: que el Pontifice revocasse las Censuras, y Sentencias contra el Rey, y Reynos: que le concediesse à Cerdeña: que el de Francia, y su hermano se apartassen de todas las pretenciones: y el Rey Carlos absolviesse à nuestro Rey de los treynta mil marcos de Plata, que entregò en prendas al Rey Don Alonso: estos fueron los capitulos que se tuvieron secretos para dar lugar al Pontifice de reducir à los Sicilianos: otros capitulos se disputaron, y concluyeron que no son de nuestro instituto. (8)

Capitulos de las Pazes.

(8) *Real Archivo de Barcelona, entre los tratados de Pazes, original destas Pazes firmado, y sellado con el Sello Real de los Reyes.*

Embiò en este tiempo el Pontifice à pedir al Infante Don Fadrique que se viesse con èl: obedeciò el Infante con disgusto de los Sicilianos, llevòse al Almirante, y à Juan de Proxìta, y recibiòles con alegria, y amor paterno el Pontifice, entre Velitre, y Anania, á las primeras vistas admirando la Magestad, valor, lozanìa, y prudencia del Infante; y advirtiendole armado, le preguntò: *Qual es la causa hijo carissimo, que casi desde vuestra niñez vos aveys aficionado à las armas?* Y sin esperar respuesta dixo al Almirante: *Eres tu aquel adversario, y enemigo de la Iglesia, que ha quitado la vida à tanta multitud de gentes?* Respondiò el Almirante sin embaraço: *Padre Santo ello es hecho à grande cargo, y culpa de vuestros Predecessores, y vuestra.* Entrò el Papa à solas á persuadir al Infante con el hermoso pretexto del casamiento de Madama Catalina, Sobrina del Rey Carlos, hija, y nieta de Philipo, y Balduhino, vltimos Emperadores de Constantinopla de la Casa de Francia, y heredero de los derechos al Imperio, contra Andronico, assegurandole que el Rey Carlos le assistiria en la conquista: y llamados los Sicilianos, en publico les dixo: que nò se admirava de su levantamiento contra Carlos, sino de que no lo huviessen executado antes; pero que por las Pazes, quedavan Vassallos de la Iglesia, recomendados del Rey Don Jayme, y que les assistiria, y favorecerià. No pareciò bien la propuesta à los Sicilianos por verse sujetos à la vengança de los Franceses: conociò el Infante Don Fadrique, que el casamiento no era facil executarse, y muy dificil conseguir el Imperio, y advertido partiò à Sicilia.

Embiò el Pontifice al Obispo de Mecina Legado à Sicilia para absolver à los Sicilianos de las Censuras, encaminarles, y persuadirles lo que pretendia; pero no pudieron lograrse sus buenos oficios, resistido aunque con respeto: peor lo passaron vnos Religiosos que partieron à Sicilia para la vnion, los quales recibidos en Melasò, como à cossarios de Francia, apenas pudieron escapar del furor del Pueblo.

Advertidos los Sicilianos de los tratados de las Pazes, tan en daño de aquellas Provincias, juntos en Cortes en Palermo embiaron Embaxadores al Rey para suplicarle no admitiesse las Pazes, privandose de Sicilia, representandole la injusticia de entregarles à sus Enemigos, la

im-

impiedad de exponer la madre, y hermano à tales desayres, y el desagradecimiento à tan finos Vassallos, desamparando à los Catalanes, y Aragoneses que se hallavan alli poblados, y defendiendo las Provincias, y que esto se executava hallandose vencedor, y triunfante. Llegaron los Embaxadores à Barcelona, refirieron al Rey la Embaxada, apadrinados de todo el Principado que sentia mal se entregasse prenda que avia comprado con tanta sangre, y riquezas: diò gratos oidos el Rey à la Embaxada con toda serenidad; y al despedirse los Sicilianos les dixo: *Yo os ruego que encomendeys à los Sicilianos de mi parte, quanto mas caramente pudieredes à mi madre, y hermano*; y añadiò: *del Infante Don Fadrique mi hermano no os pido, ni ruego nada, porque como Cavallero sabe lo que deve hazer, y vosotros tambien sabeys lo que aveys de obrar*. Despedidos los Embaxadores, passò el Rey à Figueras à recibir su Esposa, llegaron à Barcelona festejados de los Pueblos, y en ella se duplicaron las Reales Pompas por la venida de sa Reyna, y Bodas del Infante Don Pedro hermano del Rey con Guillerma de Moncada, hija de Gaston Visconde de Bearne, y publicaronse las Pazes en Villabertran.

Convento del Carmen de Gerona.

A los 17. de Febrero se fundò el Convento de nuestra Señora del Carmen de Gerona. (9)

(9) *Corbera Cath. i lust. fol. 454.*

Fr. Pedro de Calidis Catalan, del Orden de la Merced, Theologo eminente.

Gloria fue de Cataluña por esta circumferencia de tiempo Fr. Pedro de Calidis del Orden de la Merced, celeberrimo Theologo, tan eminente en esta facultad en aquellos siglos, que sus papeles, y escritos se buscavan, y eran tenidos, y estimados en mucho; y assi no solo se halla su nombre en las Coronicas, y libros de la Merced celebrado, si tambien en los Escritores estrangeros, por uno de los hombres mas doctos de su tiempo. (10)

(10) *Fr. Alonso Ramon hist. de la Merced, t. 1. l. 4. c. 14. Bull. Ord. in Cath. Gener. §. 1. num. 22.*

No lo fue menos el Venerable Padre Fr. Vicente Prats Catalan tambien de Nacion, clarin sonoro de la Ley Evangelica, haziendo grande fruto en su Patria, porque à mas de ser insigne Letrado, vivia una vida

El Venerable P. Fr. Vicente Prats del Orden de la Merced, Catalan de Nacion.

inculpable, y era publico aver hecho, y obrado Dios por èl en diferentes ocasiones muchos, y muy crecidos milagros: acceptò el oficio de Redemptor con singular alegria, como que deseava padecer algo por aquel Señor, que avia ido à buscar, y à servir en la Religion tan Santa, como es la de la Merced, y logrò sus fervorosos deseos en desprecios, tormentos, sustos, borrascas, favorecido de Santa Maria Socòs, que se apareciò visiblemente sobre el arbol mayor del Navio en que iva Redemptor à Argel, ahuyentando las nubes con un açote en la mano, y serenando la tempestad tan horrible, que les avia obligado à los Marineros à resolver echar la ropa del Redemptor, y el dinero de la Redempcion al mar, con cuyo favor pudo lograr el empleo de la mayor caridad en la Redempcion de noventa y siete Cautivos, con que triunfante bolviò à Barcelona, donde viviò aventajandose en todo genero de virtudes, siendo notoria en toda España la opinion, y fama de su grande santidad, con que acabò en el Convento primero de su Orden, para gozar eternamente de Dios. Los dos fueron hijos de Habito del Convento de Barcelona. (11)

Milagro de Santa Maria Socòs.

(11) *Fr. Alonso Ramon, hist. de la Merced, tom. 1. lib. 5. cap. 14. Bull. Ord. §. 4. n. 14. Rojas cad. de exemp. y milagr. fol. 458.*

†

CAPITULO V.

Embaxadas de Sicilia al Rey Don Iayme: Retiranse, y salen los Catalanes à seguir à Don Fadrique electo Rey de Sicilia: Bernardo de Sarrià se apodera de las Fronteras de Castilla: Embaxada del Papa mal recibida en Sicilia: Requiere el Rey Don Iayme à los Catalanes que entreguen las fuerças al Papa: Vitorias de Don Fadrique: Insta el Papa al Rey Don Iayme passe à Sicilia: Nombrale General de la Iglesia: Vitorias en Castilla, en la qual se Corona Alonso Infante de la Cerda por Rey; y de Brindis por el Almirante: Mueren el Infante Don Pedro, y otros en el Sitio de Mayorga: Conquista de Alicante, y Murcia: Autoridad de la Nacion Catalana: Parlamento en Caça: Embaxada à Sicilia, y de esta al Rey, y à Cataluña: No admite pactos Don Fadrique: Disgustos del Almirante: Passan la Reyna, y el Rey à Roma: Reciben la Investidura de Cerdeña, y Corcega: Buelve el Rey à Barcelona: Consagrase la Iglesia de San Francisco de dicha Ciudad: Noticias del Obispo Pelegrì, &c.

POr los Embaxadores de Sicilia que llegaron à la Isla, entendieron los Sicilianos la vltima resolucion del Rey Don Jayme de desamparar à Sicilia; y no juzgandola cierta, Ramon Alemany, y los otros Cavalleros Catalanes se retiraron à sus Castillos, esperando mas entera noticia, temiendo ser traza del Infante Don Fadrique para coronarse Rey, no pudiendo creer que el Rey Don Jayme vencedor, y bien fundado, dexasse à los Catalanes, Aragoneses, y otros Vassallos, y à los mismos Sicilianos, al arbitrio de sus enemigos, en quienes no avian hallado mas que muertes, y estragos.

Con la segunda Embaxada averiguada la verdad, saliò de su Castillo Ramon Alemany, y le siguieron los otros Catalanes, ofreciendose à seguir al Infante Don Fadrique.

Eclipse de Sol. Por el Noviembre, sucediò vn Eclipse de Sol, que quedò obscuro el dia, como si fuera la noche. Este mismo mes juzgando el Rey Don Jayme cierto el rompimiento con Castilla, mandò à Bernardo de Sarrià partiesse con Exercito à apoderarse de los Castillos del Valle de Ayora, quitandoles à los Castellanos que los governavan, poniendo Vassallos del Rey, y le mandò assegurar las Fronteras.

Este año à 15. de Enero en el Parmento General de Catania à donde concurrieron los Catalanes, Sicilianos, Calabreses, y las otras Provincias, assistiendo Blasco de Alagon, el qual secretamente se avia passado à Sicilia con los Embaxadores, se confirmò la eleccion de Rey de Sicilia en la persona del Infante Don Fadrique, hecha en el de Palermo à 11. de Deziembre año 1295. con general consentimiento de los Sicilianos: recibiò la Corona en Palermo, con la mayor pompa, y concurso que jamàs viò Italia: llegaron à Roma las luzes deste encendido volcan de Sicilia: embiò el Pontifice para apagarle al Obispo de Urgel, juzgando que como Catalan seria bien admitido: diòle por compañero al Maestre de la Orden de San Juan; pero no fueron admitidos en Mecina, à donde desembarcaron, respondiendo por todos los Mecineses Pedro de Ansalon: *Que los Sicilianos procuravan la Paz, no con palabras, ni instrumentos, sino con esta en la mano* (empuñando su espada) *y os amonesto pena de muerte salgays luego de la Isla.* 1296.

Coronase por Rey de Sicilia en Palermo el Infante D. Fadrique.

Diò el nuevo Rey Don Fadrique providencia à la defensa de Sicilia, nombrò Almirante à Roger de Lluria, Generales de las Provincias à Guillen Galceran de Cartellà, ya Conde de Catançaro, à Fr. Pedro de Pons, y à Blasco de Alagon, el qual luego partiò à Calabria.

Embiò el Rey Don Jayme à Sicilia en cumplimiento de las Pazes à mandar à Ramon Alemany Maestro Justicier, y à Vilaragut Maestro Portolà, primeros en el govierno de Sicilia: que ellos, y todos los Catalanes que se hallassen en Sicilia entregassen las Plaças que tenian en govierno,

vierno, à los què embiaria el Pontifice, y sino avia quien las recibiesse, que llamassen tres vezes : Si avia quien quisiesse recibir los Castillos por el Padre Santo ? Y como ninguno salió, dexaron las Plazas, entregando las llaves à los Paysanos, que luego las recibieron por el Rey Don Fadrique, y algunos Governadores bolvieron à Cataluña, y fueron recibidos con agasajos, del Rey, y premiados por lo que avian obrado, y dexado: (1) otros, y los mas, siguieron al Rey Don Fadrique, con el exemplo de Hugo de Ampurias.

(1) *Montaner, Coron. cap.* 184.

Llegó Blasco à Calabria, emprendiò el Assedio de Esquilache: llegaron el Rey Don Fadrique, y Almirante para estrechar la Plaza, peleòse fuertemente; pero cedieron los defensores à la fortuna, y valor de los nuestros, rindiendose à la discrecion del Rey, el qual executò su piedad, en perdonarles la entrega de su Señor. Ganado Esquilache passò el Rey à Catançaro, buscando lo mas arduo por la Fortaleza, defensas, y Presidio; y aunque no aprovaron la empresa el Almirante, y los mas del Consejo, resuelto el Rey Don Fadrique, mandò poner su Exercito delante la Plaza, la qual despues, de vn fiero combate dado por los Almugavares, y gente de la Armada, rindiò juzgandose impossibilitado en la defensa el Conde de Catançaro con todas las Plazas del Condado, con pacto de quarenta dias de treguas, para esperar el socorro; el qual no llegò, y se executò la entrega de todo el Condado.

Vitorias del Rey D. Fadrique, y de los suyos.

Durante los quarenta dias de la tregua llevò el Rey su vitorioso exercito delante Cotron, obligado à capitular como Catançaro: dexò presidiada la Roca Imperial, y partiò à Pelicoro, entròle, y diòle à saco por su pertinacia : aun no cumplidos los dias de las treguas se disgustaron los Naturales de Cotron con la Guarnicion Francesa, llamaron à su favor à los Marineros de la Armada, entraron à favorecerles, dieron vnos, y otros contra los Franceses, los quales sin reparar quien les embestia, desordenados se retiraron al Castillo, seguidos de nuestros Marineros, los quales lograron la dicha de conseguir Plaza impenetrable al hierro, y que solo podia dominarla la hambre. Sintiò mucho Don Fadrique el desman, entrò desarmado en la Plaza, detuvo à los suyos con valor, y mandò satisfacer à los Franceses, pagando de su Real hazienda lo que se les avia hurtado; y como no podia dar vida à los muertos, por cada vno de los Franceses que murieron en el renquentro, mandò entregarles dos Esclavos de los que tenia al remo, y quedóse con la Plaza, y Castillo. Sintiò el Almirante esta liberalidad del Rey, y tomòla por motivo para renunciar su cargo, aunque sin este pretexto estava ya resuelto à dexar à Sicilia, y passar à Cataluña à servir à nuestro Rey Don Jayme; pero como tratava sus particulares interesses, para passar à servirle, no dexò tan presto el servicio del Rey Don Fadrique, continuando su exercicio no obstante el disgusto; y assi prosiguiendo sus vitorias, llegò à San Severino, y le ocupò: passò à Rossano, y dominòle. Bolava la fama, y el temor destas vitorias por todos los Lugares del Reyno de Napoles, concurriendo à porfia à ser los primeros à entregarse al vencedor; y sin duda todo el Reyno de Napoles huviera adorado la fortuna del Rey, si su mismo hermano, y nuestra Nacion no la huviera malogrado contra si misma, dividiendose como en dos opuestas, y enemigas Naciones.

Por este copioso raudal de vitorias juzgaron el Pontifice, y los Franceses, que se inundaria todo el Reyno de Napoles à no detener la corriente nuestro Rey Don Jayme, y nuestra misma Nacion; conque aviendole ya el Pontifice nombrado Confalonero, y General de la Iglesia para la conquista de la Tierra Santa, aora le instava por la reduccion de Sicilia en fuerça de los capitulos de las Pazes.

Cumpliò el Rey como pudo, embiando sus naturales que se hallavan

en

en Sicilia, à mandarles dexassen aquellas Provincias; pero como estavan empeñados, no se lograron las diligencias. Ultimamente mandò el Rey prevenir su Armada para passar à verse con el Papa, y obrar lo que pudiesse para reducir à Sicilia.

Vitorias contra Francia, y Castilla, y se Corona por Rey de Leon, y Castilla el Infante de la Cerda D. Alonso.

Conspirava todo el poder de Europa contra nuestra Nacion vitoriosa en todas partes, y assi mientras el Rey Don Fadrique dominava Italia, nuestro Rey Don Jayme peleava contra Castilla, y Francia, que estavan vnidas: defendia el Rey Don Jayme à Don Alonso, llamado el Infante de la Cerda en la pretension de Castilla, contra el Rey Don Fernando: valia à este la Casa de Francia: embiò el Rey à favor de Don Alonso à su hermano el Infante Don Pedro con mil Cavallos, y cinquenta mil Infantes todos Catalanes, y Aragoneses; (2) los quales entraron à Castilla, sujetando grandes Pueblos; y passando al Reyno de Leon, despues de valerosa defensa ganaron la Ciudad de Leon, donde coronaron por su Rey al Infante Don Alonso. Bolvieron à Castilla, ocuparon Sahagun, y le coronaron Rey de Castilla: dispusose en el Consejo el continuar la guerra dentro Castilla, ò ganar antes à Mayorga para assegurar à Leon, pues se halla à cinco leguas desta: prevaleció la conquista de Mayorga, y fuè nuestro Exercito à la empresa, que hallò dificil, por averla presidiado los Castellanos, estando avisada la Reyna de Castilla de la resolucion de nuestro Consejo de Guerra (que ya devia en aquel tiempo publicarse lo secreto de los Consejos.) Al fin sitiaron à Mayorga, y durò tanto el Assedio, què costò las vidas del Infante Don Pedro, de Ramon de Anglesola, y de otros muchos Soldados, heridos de enfermedades pestilenciales, que entraron en nuestro Exercito; el qual huerfano de General bolviò triste, aunque vitorioso, à estos Reynos, con los Cadaveres del Infante, y de Ramon de Anglesola.

(2) *Montaner, Cor. c* 187.

Mueren el Infante D. Pedro, y otros en el Sitio de Mayorga.

Entrò con mayor fortuna el Rey Don Jayme en Murcia con su Exercito, y Armada de las Galeras de Cataluña, tomò à viva fuerça à Alicante, embistiò à su empinado Castillo, abriòse brecha, quiso ser el primero à entrar: acudiò al riesgo de su Rey, el valeroso Catàlan Berenguer de Puigmoltò, poniendose escudo fuerte delante del Rey para defenderle, y recibir el daño que se dirigia à su persona. Alentado el Rey, con Berenguer, y otro compañero, entrò en la Plaza, siguieronle los nuestros, y la ganaron con muerte del Alcayde Nicolàs Perez de Murcia; el qual eligiò perder la vida, antes que las llaves de la Plaza. Concediòla como era justo à Berenguer de Puigmoltò, y passò à las otras Plazas, hasta la Ciudad de Murcia, que se le rindiò como à nieto de su Conquistador el Rey Don Jayme Primero, y se previno para el viaje de Italia.

Conquistas de Alicante, y Murcia, y noble accion de Berenguer de Puigmoltò.

Mientras nuestro Rey vencedor triunfava de Castilla, y sus Aliados, no descansava el Rey Don Fadrique en Italia, antes con el Almirante incansable Capitan, corriò los mares, y Costas de sus Enemigos: entrò, y saqueò à la Ciudad de Leche, rindiò, y fortificò à Otranto, y llegando el año 1297. saltò al Puerto de Brindis, adonde se desmandaron los nuestros en la Campaña para el provecho. Advertidos los Franceses fueron à ocupar vn Puente medio entre los divididos, y la parte de la gente vnida con el Almirante, el qual saliò resuelto para recoger sus Soldados, y defender el Puente, de los Enemigos. Aqui se travò la Batalla con igual coraje; pero no ventura, y valor, porque los nuestros defendieron, y conservaron el Puente, retiraron à los Enemigos, y les destrozaron con muerte de su General Gofredo de Jauvialò, muerto à manos del Almirante, el qual diò la vitoria cumplida à los nuestros, con perdida de los mas de los Enemigos, y retirada de los que buscaron su defensa en la velocidad de sus pies: esta es la celebrada vitoria de Brindis, que fue terror de Francia, è Italia.

1297.

Vitoria de Brindis.

Bolviò el Almirante à Meçina con mas vitorias, que años, y llegaron

ron los Embaxadores de nuestro Rey, el Obispo de Valencia su Canciller, y Guillen de Namontaguda, para pedir al de Sicilia su hermano se viessen en vna de las Islas de Iscla, ò Proxita; y aviendo dado su Embaxada, respondiò Don Fadrique, que tomaria consejo de los suyos: replicò Guillen de Namontaguda, que el Rey su Señor avia tomado á cargo aquella empresa, y que no podia escusarse: respondiò D. Fadrique: *Que no se podia tener por desafiado por el Rey su hermano, ni por sus naturales, que ninguna culpa tenian los que le seguian, y que si al Rey pareciesse tenerla, él con los Sicilianos, de buena voluntad estarian à juizio de la Corte de Barcelona*; Y luego despachò à dicha Ciudad à Arnaldo de Ormella, y à Ximenez de Olit con cartas para el Rey su hermano, y para los Nobles, y Universidades de Cataluña, y Aragon, para saber la intencion de nuestro Rey, y pedir à nuestros Paysanos le representassen la justicia, y credito de la Nacion en la defensa de Sicilia.

Autoridad de la Nacion Catalana.

Mandò juntar Parlamento en Caçà el Rey Don Fadrique; y aqui el Almirante, queriendo dexar à Sicilia, con dilatada oracion pretendiò obligar à Don Fadrique à verse con su hermano, ponderando que ni los Catalanes, ni las otras Naciones que se hallavan en Sicilia (que todas se comprehendian en el nombre Catalan) podrian pelear contra su Señor natural; y que para conservar el dominio del mar, y defensa de Sicilia, era preciso no dividir en vandos la Nacion, sino buscar modo como convenir con el Rey de Aragon, que al fin era su hermano, y Señor de los que residian en Sicilia, como de los proprios de dentro Cataluña. Respondiò à esto Don Fadrique, que su hermano, por las artes de sus Enemigos, y por el interès de conseguir à Cerdeña, y Corcega, venia resuelto à entregar à Sicilia, y que era mejor vna muerte noble, que vn infame destierro, y assi no tenian que venir à Parlamento. Convencieron estas razones mas que à los entendimientos, á las voluntades de todos, y convinieron con el Rey Don Fadrique en escusar medios de concordia, y prevenirse para la defensa, diziendo que no obstava à las Constituciones de Cataluña, y fueros de Aragon defender su justicia. Pidiò licencia el Almirante al Rey para visitar sus Lugares, y en el interin que dava providencia à su hazienda, le descompusieron sus emulos con el Rey, fingiendo el falso pretexto de quererse passar à los Enemigos; y temiendolo en parte, no le recibiò à la buelta con el agasajo acostumbrado; de que sentido el Almirante, preguntó la causa de la novedad, à que le respondiò el Rey Don Fadrique: que no era de los suyos, ni sabia de quien, pues se confederava con sus Enemigos, y assi que se quedasse en Palacio. Saltò la ira del Almirante, diziendo: Nadie en el Mundo serà poderoso contra mi libertad, mientras el Rey de Aragon mi Señor la tenga, y este es el galardon de mis servicios: tuvose por preso, pero Manfredo de Claramunt, y Vinchiguerra de Palici con voluntad del Rey le llevaron à su posada; pero no quiso quedarse alli, antes se retirò à su Castillo de Castellon.

Parlamento en Caça.

En este tiempo viendo los Embaxadores del Rey Don Jayme, que no convenian los Sicilianos con acuerdo alguno, executaron el segundo punto de la instruccion, pidiendo licencia al Rey Don Fadrique para que libremente pudiessen salir la Reyna Doña Constança su madre, y la Infanta Doña Violante su hermana, que avian de passar à Roma por el casamiento de Doña Violante con el Duque de Calabria heredero del Rey Carlos, por averse entrado en la Religion de San Francisco, Luis hijo primero de Carlos, aviendo tomado esta deliberacion con el Infante de Mallorca en Barcelona, dexando ambos las Coronas transitorias por la eterna. Fue Luis Arçobispo de Tolosa, venerado con la Diadema de Santo Obispo, y Confessor, con la qual le adora la Iglesia. Concediò la licencia el Rey Don Fadrique, partieron Madre, y Hermana à Roma,

San Luis Arçobispo de Tolosa.

ma, servidas de nuestros Embaxadores, del Almirante, y de Juan de Proxita, los quales dexaron los grandes Patrimonios que les avian concedido los Reyes en Sicilia, para seguir la fortuna, y gusto de nuestro Rey Don Jayme.

No pudo tan presto el Rey Don Jayme partir para Roma, aviendo de dar providencia à la guerra de Castilla, y cuydar de la defensa del Conde de Pallàs en Cataluña, por la entrada de Bernardo de España, y Roger de Comenje su hijo, pretensores del Condado de Pallàs, apadrinados de Francia, contra la Condesa Lascàra Señora de aquel Estado, y contra sus hijas: para oponerseles mandó al Veguer de Puigcerdan passasse à defenderlas; pero no bastando, embiò con Exercito à Phelipe de Saluses, y encargò à Bernardo de Eril, à Guillen de Castellvell, al Bastardo de Pallás, y à Acart de Mur se le agregassen con la gente de sus Lugares, mandando al Conde de Urgel, y al Visconde de Ager que no favoreciessen à los Enemigos de la Condesa; y para la quietud, y paz de Cataluña, embiò à requerir al Rey de Francia, que durante la Tregua no permitiesse entrar los Franceses al Principado.

Asseguradas las dependencias de sus Reynos, partiò el Rey de Barcelona para Roma con la Reyna su consorte: llegó à aquella Corte toda de fiestas por las entradas del Rey, del de Napoles, y casamiento de la Infanta: absolviò el Pontifice à la Reyna Doña Constança, à Roger de Lluria, à Juan de Proxita, y à los que avian seguido el partido de Sicilia. Diò al Rey las insignias de General, y Confaloner de la Iglesia, la Investidura de Cerdeña, y Corcega, añadiendo enemigos al Rey, y à la Nacion Catalana por posseer los Ginoveses, y Pisanos aquellas Islas. Despidiòse el Rey, del Papa, bolviòse à Barcelona, dexò Madre, y Esposa en Roma, y tratò de prevenirse contra el Hermano.

Dà el Papa al Rey la Investidura de las Islas de Cerdeña, y Corçega.

Por la noticia del feliz arribo del Rey à Barcelona, vino San Luis Arçobispo de Tolosa à visitarle, y consagrò la Iglesia de San Francisco de dicha Ciudad. Floreciò en esta era el Santo Obispo de Barcelona Don Fr. Bernardo Pelegrì compañero de San Francisco, y verdadero imitador de sus virtudes. (3)

Consagra la Iglesia de S. Francisco de Barcelona San Luis Arçobispo de Tolosa.

D. Fr. Bernardo Pelegrì Obispo de Barcelona, Catalan.

(3) Diago, Con. de Bar. fol. 294. y 295.

CAPITULO VI.

Prevencion del Rey Don Jayme: Vitorias del Rey Don Fadrique: Passa el Almirante à Cataluña, cedele el puesto Bernardo de Sarrià: Embaxada de Sicilia sin fruto: Assistencias de Cataluña: Vitorias de Bernardo de Sarrià, y de Berenguer de Vilaragut: Pazes con Francia, y con el Rey de Mallorca: Llega el Rey Don Jayme à Roma, de alli à Sicilia donde es vencido, y buelve à Cataluña: Guerras, y Treguas con el Conde de Foix: Fabrica de la Cathedral de Barcelona, y del Convento del Carmen: Cortes en Barcelona, y sus servicios: Passa segunda vez à Sicilia el Rey, y buelve vencedor: Entran los Franceses à Sicilia, ocupan algunas Plazas, y son vencidos por el Rey Don Fadrique, y sus Capitanes: Nacimiento del Infante Don Alonso: Muerte de Juan de Lluria sobrino del Almirante: Del Obispo, y Martyr San Pedro Pasqual: Relacion del Santo Paño de Lerida, y de la Santa Duda: Nuestra Señora de Sernoles: Del Santo Cardenal Fr. Domingo de San Pedro, &c.

PRevenia en este tiempo el Rey Don Jayme la Armada para Sicilia, despidiò à los Embaxadores de su hermano, y tratò que los Catalanes continuassen en servirle, como en la conquista de Murcia: por otra parte ardia en Sicilia la guerra contra el Almirante, declarado enemigo del Rey de Sicilia, y de la Patria, ocuparonle sus heredamientos, y Castillos, quedando solo Castellon, que despues de algunos avances se rindiò al Rey de Sicilia, con solo la gracia de poder partirse à Napoles Roger, y Juan de Lluria, hijo, y sobrino del Almirante, con sus familias.

Lle-

Llegò el Almirante à vnirse con el Exercito del Rey Carlos en Calabria, donde con arte, y con su autoridad procurò atraher los Pueblos á la devocion del Francés, y logrò se le entregasse Catançaro; y el Castillo combatido con pertinacia pactò, que si en treynta dias no era socorrido con tal socorro que pudiessen salir los cercados à vista de los Enemigos, se entregaria: acudieron Blasco de Alagon, Guillen Galceràn de Cartellà, y Ramon de Moncada con solos ducientos hombres de armas que pudieron promtamente juntar, al lugar destinado para campo de la batalla: assistieron algunos Almugavares, travòse nuestra pequeña Tropa con la grande de los Franceses, peleòse con vigor; pero como el Almirante juzgasse ignominia no vencer luego, como solia Capitan de nuestra Nacion, se empeñò en los peligros, y fue herido, y muerto su cavallo; y alentandose los Catalanes embistieron al Esquadron del Almirante, è hirieron al que llevava el Estandarte, el qual juzgando muerto al Almirante, hallò escusa para la fuga, siguiendole los demás, y à su alcance los nuestros, derrotando enteramente à los Enemigos, y apenas pudo librarse el Almirante favorecido de Pedro Satallanda, y de la noche.

Bolviòse Don Blasco à Esquilache, de donde avia salido, y entrò Don Galceràn á Catançaro desamparado de los Enemigos. Enfadado el Almirante acusò à los Franceses de viles, y apocados, porque en medio de la batalla con afrentosa huida avian dexado á su Capitan, y representò al Papa, y al Rey Carlos, q̃ no podrian vencer sin el Exercito que esperavan del Rey de Aragon; y èl impaciente por la tardança se embarcò para Cataluña, passando à Teruel donde se hallava el Rey detenido para dar providencia à la guerra de Castilla; para la qual dadas las ordenes, partiò con el Almirante à Barcelona à prevenir la Armada destinada contra Sicilia; y para favorecer à Roger de Lluria le diò el titulo de Almirante de Aragon, con gusto de Bernardo de Sarriá, que tenia el cargo.

Cede Bernardo de Sarriá el Puesto de Almirante de Aragon à Roger de Lluria.

Este año, Arnaldo de Solsona Ciudadano de Lerida entregò al Obispo de dicha Ciudad el Santo Pañal, en el qual fue primero embuelto por la Virgen, el tierno cuerpecito de Christo nuestro Señor despues de averle parido en Belen: consta por escritura autentica de 4. de Deziembre de dicho año, recibida en Lerida por Guillen de Pingueli Escrivano Publico, presentes por testigos diferentes sujetos: la qual escritura refiere como vino el precioso tesoro en manos de dicho Solsona, y fue; que el Soldan de Babilonia le tenia, por aversele llevado sus antecessores de Jerusalen quando entraron en aquella Santa Ciudad, y le avia concedido á vna hija del Rey de Tunez, que avia passado à Meca en romerìa, y despues el de Tunez le venerava, y apreciava mas que todos los tesoros del Mundo: fueron hechos esclavos Arnaldo de Solsona, su muger, y vna hija, y llevados à Tunez: enamorado el Principe casò con la muchacha, y bolviendose con libertad los Padres à Cataluña diò la hija á su madre el Santo Pañal, y la madre en su vltima enfermedad à su esposo, y este al Obispo de Lerida, despues de aver padecido mucho por no querer entregarle al de Tunez, que lo instava. Tambien se venera en dicha Ciudad en el Convento de Jesus de Menores otra maravilla en la Santa Duda, que es vna forma convertida en carne, porque dudando vn Sacerdote diziendo Missa, si la Hostia consagrada se convertia en el Cuerpo de nuestro Señor, al instante para assegurarle se convirtiò la Hostia en carne.

El Santo Pañal de Lerida: refierese como vino à dicha Ciudad.

La Santa Duda de Lerida.

Embiò el Rey Don Fadrique à Cataluña este año à Montaner Perez de Sosa, para tratar con el Visconde de Cardona el modo de apartar al Rey Don Jayme de la empresà contra Sicilia, y de requerir à los Nobles, y Comunes del Principado, paraque favoreciessen su justicia delante el Rey, representando que era injusto 1298.

armarse contra su hermano, y à ellos seguirle contra sus hijos, hermanos, y parientes, que se hallavan en aquellas Provincias: no fue de fruto esta Embaxada por la prevencion del Rey, que mandò al Visconde no se encargasse de la comission, y el Embaxador huvo de partirse de la Provincia.

Servicios de Cataluña agradecidos del Rey.

Resuelto el Rey de favorecer à sus Enemigos contra sus naturales, pidiò à los Catalanes continuassen en servirle con la Armada que tenian en pie, y que avia logrado las vitorias de Castilla: concedieronlo, y à mas desto le sirvieron con ducientos mil escudos, que en aquel tiempo eran mas, que dos millones en este: agradeciò el Rey el no esperado servicio, y suma liberalidad de los Catalanes, remitiendoles el Bovaje que pagavan para los gastos de la guerra. (1)

(1) *Zurit tom. 1 lib. 5. cap. 35. Abarca, t. 2. fol. 34. num 4.*

Antes de partir el Rey nombrò General à Bernardo de Sarrià, y le embiò delante con veynte Galeras Catalanas, y mandò que le siguiesse Berenguer de Vilaragut con algunas Galeras, y Navios: Llegò Bernardo de Sarrià à la Isla de Pantalerea ocupada de Moros, y la entrò, llevandose muchos Cautivos, y riquezas, passò contra las Islas de Malta, y del Goso, y Berenguer passeò los mares, y Costas de Calabria.

Concluyò el Rey Don Iayme las Pazes con Francia, le restituyeron los Navarros à Lerda, Vi, y Filera, y passò à Ruisellon: bolviò al Rey de Mallorca su Tio sus Estados con el reconocimiento que le devia como à Vassallo; y concluìdas las dependencias de España, y Francia se restituyò à Barcelona donde se embarcò para Italia, llevando ochenta Galeras, y grande numero de Navios, y Barcas armadas: llegò nuestra Flota à Ostia; de alli partiò el Rey à Roma para visitar, y besar el pie al Pontifice; de Roma à Napoles para visitar à su Madre, y Muger que se hallavan alli, y para conferir con el Rey Carlos el orden de la guerra: decretaron se juntassen las dos Armadas, la de nuestro Rey, y la de los Aliados que era numerosa, y luego partiò el Rey à embarcarse en su Armada para vnirse con la de los Aliados. Los nombres de los principales que acompañaron al Rey en el viaje de Roma, y le sirvieron en las guerras, segun Tomich fol. 50. van à la fin del Capitulo letra *A*.

En este tiempo prevenido el Rey Don Fadrique con cuydado no se vnissen las dos Armadas, ocupò con la suya, y nuestra, por ser tambien de nuestros Paysanos, à Iscla en frente de Napoles, por donde avia de passar la del Rey Don Iayme para incorporarse con la de los Aliados Franceses, è Italianos: dispuesto Don Fadrique à la batalla tuvo aviso del Rey Don Iayme su hermano, mandandole dezir: *Que se bolviesse à Sicilia, y no tentasse tan temerariamente fuera de su Casa los sucessos dudosos de la guerra, pues los solian reusar los que estavan en su possession.* Admitiò el consejo del hermano enemigo Don Fadrique, bolviò à Sicilia, fortificò sus Plaças seguido de su hermano, que desembarcò en Pati, ocupandole con algunos Castillos; pero no pudiendose mantener por falta de puerto, determinò el Rey Don Iayme conquistar à Zaragoça, que le tenia capaz: hallavase la Plaça bien defendida, y abastecida por Iuan de Claramunt, huvo en este assedio varios lances de valor, y fortuna, peleando Cataluña contra Cataluña, los de la parte de Don Fadrique vencieron à los del Rey Don Iayme, que passavan à ocupar Petra Porcia, con prision entre otros del Visconde de Ager, y de Ramon de Cabrera; padeciendo la misma desgracia la Armada de mar, quedando vencidas, y presas diez y seys Galeras, de veynte que governava Iuan de Lluria, por veynte y dos del Rey Don Fadrique.

A vista de los desgraciados sucessos, embiò el Rey Don Iayme à su hermano à pedirle las Galeras, y Prisioneros, ofreciendo no bolver à Sicilia, viendose obligado à levantar el Sitio de Zaragoça: participò Don Fadrique à los Sicilianos solos la Embaxada, pidiendoles consejo, assegurandoles, que solo su intencion era cuydar de su alivio, sin que el cariño de hermano, ni natural inclinacion de su Nacion le pudiessen apartar de favorecerles: fueron varios los pareceres; llamò el Rey à los Catalanes de su Consejo; pero divididos en opiniones ponian en obscuro laberinto el entendimiento del Rey Don Fadrique: hablò Vinchinguera de Palici, y como Siciliano atento al bien de su Patria, con dilatada, y fervorosa oracion aprobò la entrega de las Galeras, y Prisioneros à nuestro Rey, assegurando à Sicilia con la certeza de no bolver a ella el Rey nuestro Don Jayme, y que la Nacion Catalana, y Aragonesa no pelearian contra sus hermanos, menos que obligados de su Rey, porque todos tenian muy presente à su gran Rey D. Pedro, y el credito de la Nacion Catalana: opusose à este sentir Conrado de Lanza, aunque tan obligado del Rey Don Jayme, y avivando las llamas Hugo de Ampurias, y Gombal de Entença persuadieron al Rey Don Fadrique la guerra, pues que con la victoria, que juzgavan cierta, tendria asseguradas las Provincias de Italia.

Siguiò este sentir Don Fadrique por ser de sus naturales, y à favor de los Sicilianos, y à los primeros de Enero deste año se embarcò para
1299. dar la batalla à su hermano, el qual conociendo que no devia esperarle, passò à la Ciudad de Napoles, de esta à Valencia, y llegò à su amada Patria, y de los Reyes Barcelona. Hallandose antes el Rey en Napoles, pariò la Reyna al Infante Don Alonso, que fue Rey, y Conde de Barcelona despues de la muerte del Rey Don Jayme su Padre.

Nacimiento del Infante Don Alonso, hijo del Rey D. Iayme.

Ausente de Sicilia, y Calabria Don Jayme, cobrò con poco trabajo las Plaças ocupadas el Rey Don Fadrique, el qual mandò cortar la cabeza por sentencia à Iuan de Lluria sobrino del Almirante, por aver tomado las armas contra su Rey D. Fadrique.

Muere degollado Iuan de Lluria sobrino del Almirante.

Por este tiempo entrò el Conde de Foix en el Condado de Pallàs con numeroso Exercito de Franceses, ocupò algunos Lugares; opusosele Bernardo de Sarrià, el qual governava las armas, ya buelto de Sicilia, y socorriò à los Castillos de Liort, y Aguilareny, tomò el Castillo de Biure, y encargò à Liort, y aquella frontera a Bernardo Roger de Eril, que entrò con nuestros Paysanos dentro los Estados del Conde de Foix, que receloso concertò treguas por medio del Visconde de Cardona.

Este año se diò principio por las Kalendas de Mayo à la sumptuosa fabrica de la Cathedral de Barcelona en la forma que permanece por el natural afecto, y devocion del Rey, concluyendose año 1430. por el Patriarca de Jerusalen, y Obispo de Barcelona D. Francisco Climent. (2)

Seo de Barcelona.

(2) *Piedra de la Cathedral à la parte del Real Palacio.*

Segun refiere Diago, citando vna escritura autentica, este año ya se hallava fundado en Barcelona el Convento de nuestra Señora del Carmen, pues en dicha escritura se refiere que à 16. de Iulio del año 1294. Pedro de Cervera dotò dos lamparas, paraque dia, y noche ardiessen delante la Virgen del Carmen en su Iglesia; (3) conque se infiere, que el año 1294. ya estava fundado, y que la fundacion que refiere el P. M. Fr. Ioseph Gomez en la Cataluña Ilustrada de Corbera fol. 453. sin duda serà reedificacion, (4) hecha el año 1493. bien que de diferente Instituto, ò Regla.

Diago Condes de Barcelona fol. 295.

Convento del Carmen de Barcelona.

(3) *Diago Condes de Barcelona, fol. 296.*

(4) *Corbera, Cat. Ilustr. fol. 453.*

Hallandose el Rey en Barcelona llamò à Cortes à los Catalanes en dicha Ciudad para consultar, y decretar el viaje, y guerra contra Sicilia, como lo deseava el Rey para cumplir con su palabra Real: hallavanse algunos sentidos del daño antecedente, y asi facilmente siguieron el Real gusto, y sirvieron como en el primer passaje; reconociò el Rey à la Ciudad la suma de trescientas mil libras dadas por la Ciudad en dinero à èl, à su hermano, y Padre para las guerras de Sicilia, y le hizo donacion, y servicio de todo la Ciudad de Barcelona. (5) Confessando el Rey averlas recibido para desempeño del Real Patrimonio.

Cortes en Barcelona.

(5) *Real Archivo de Bar. Arca primera grande. Archivo de la Ciudad de Barcelona, Priv. in Pri. vermilio f. 1. & in primo virido fol. 293.*

Servicios de Barcelona.

Partiò el Rey de Barcelona con su Armada, llegò à Napoles, tratò de la guerra, y de partir á Sicilia con la Armada de los Aliados; pero antes instaron los Catalanes se diesse libertad à Berenguer de Entença prisionero del Rey Carlos en Ayersa: otorgó la peticion el Rey Carlos, dexando la seguridad á la disposicion del Rey de Aragon, y fue, que Berenguer pena de dos mil marcos de plata, se obligasse en diez años à no tomar armas contra el Rey Carlos, dando por fiadores al Conde de Urgel, á Guillen de Entença, à Ramon de Cervera, y à Pedro Ximenez de Samper; y partiò el Rey con su Armada, y de los Aliados, à Calabria.

Batalla, y vitorias del Rey Don Jayme, contra su hermano Don Fadrique.

Movido de las instancias de los Sicilianos partiò D. Fadrique à encontrar la poderosa Armada de su hermano, con solas quarenta Galeras, governadas por el proprio Rey, assistido de Hugo de Ampurias, de Blasco de Alagon, de Gombal de Entença, y de Ramon de Ribellas: embiòle à pedir el Rey Don Jayme, que escusasse la pelea, y se restituyesse à Sicilia; no lo consintieron sus Capitanes: repitiòle segunda amonestacion con vn leño armado, pidiendole el Embaxador en nombre del Rey escusasse la batalla, que su hermano cuydaria no recibiesse daño Sicilia; pero sordos los Sicilianos à estos saludables consejos instaron al Rey Don Fadrique se expusiesse al trance de la batalla, y los Catalanes al Rey Don Jayme la evitasse por ser la guerra contra sus Vassallos, y en daño suyo, ó ya fuesse vencedor, ò vencido: no le pareciò á nuestro Rey admitir este consejo de sus Vassallos por el empeño de su palabra, y alentò à los nuestros con la probabilidad de que los Catalanes que seguian á Don Fadrique no pelearian contra su Rey. Aunque no siguiò el consejo de sus Vassallos el Rey Don Jayme, huvo de ceder Don Fadrique al temerario arrojo de los suyos, dieronse pues vistas las dos Armadas, dispusieronse vna contra la otra, siendo de vna misma Nacion: campeavan en todas los Reales Estandartes de nuestras gloriosas Barras: vinieron contra sì mismos, vnos, y otros, Padres contra hijos, hermanos contra hermanos, y todo en daño de nuestra Corona: embistieronse las Armadas como de enemigos mortales, peleando mucho tiempo con igual fortuna, hasta que el Almirante reconociendo cansadas, y cargadas las Galeras de Sicilia, mandò entrar seys de las suyas de refresco: alentaronse las del Rey Don Jayme, y desmayaron las del Rey D. Fadrique: fue herido este de vn dardo, que le diò en el pie el Rey Don Jayme, y prosiguiò la batalla: y paraque no lo advirtiessen los suyos pisò la flecha, y pusola baxo el pie herido, immobil hasta el fin del conflito: hermano mas en el valor, que en la sangre Don Fadrique, dixo à los suyos: *Llamad à Blasco, paraque entremos en lo mas peligroso de la batalla, y muramos como devemos à quien somos*; Pero acossado del trabajo, y dolor cayò à poco rato sin sentidos en la Galera: queria escusar Bernardo Ramon de Ribellas los daños de continuar la batalla, y propuso llevar la espada de Don Fadrique al Rey Don Jayme, como en señal de vitoria, para remedio de los daños; pero leal, y valiente Hugo de Ampurias, dixo: *Yo no entregarè à mi Señor en manos de sus enemigos.* Y mandò salir de la batalla la Galera del Rey, y assegurar su Persona, defendida de las otras Galeras, que se retiraron como pudieron, quedando diez y ocho en poder de nuestra Armada. Executaron nuestros Paysanos algunas crueldades en los vencidos Sicilianos, en grande nota de la Nacion Catalana, y exageradas de los emulos de aquel siglo, pero es cierto fueron efectos de la vengança del Almirante.

Con la noticia del daño de su Armada, y de la muerte del Rey Don Fadrique, que juzgavan cierta, quedò absorta, y confusa Mecina; pero alentada con la venida, y vista de su Rey, bolviendo en sì alegre clamò: *Nuestro Rey es vivo, nada se ha perdido*, corrieron todos à saludarle, ofreciendole sus corazones, vidas, y ha-

haziendas, y bolviendo el Rey de aquel parentesis de la vida, llamò à sus Vassallos, y les dixo: *Bolvedme donde estàn mis Enemigos, no muera con tanta deshonra*; pero consolado, saltò à defender las Plaças, y valeroso à congregar, y vnir los Pueblos à la comun defensa.

Conseguida la vitoria, dixo el Rey Don Jayme à sus Vassallos: *Harto hemos hecho contra vn hermano, vencido le dexamos, si saben podràn lograr la vitoria sin mi.* Hasta aqui las historias de Aragon; pero añaden las nuestras, que algunos Consejeros del Rey Don Jayme apassionados, ò interessados aconsejavan al Rey que publicasse por sus enemigos à los que se hallavan con su hermano; y respondiò el Rey con su rectitud: *Que no lo haria, porque aquellos mismos linages quedavan en sus Reynos, y que no avia de aver traydor en Cataluña, ni Aragon, ni en todos sus Reynos.* Entrò en Sicilia donde ya se hallava el Legado del Papa, que le persuadiò fuesse à vn Castillo vezino del Campo, por aver prometido el Castellano entregarle: partió el Rey, entregòle el Alcayde el Castillo, y mandòle ahorcar en pena de su traicion; y passando à otro, con la mano hizo señas al Alcayde paraque se defendiesse, conque no logrò la possession; y cansado del daño de Sicilia, quiso partirse para Cataluña, con pretexto de importarle passar à aquella Provincia: Embiò para escusarse con el Pontifice; y à Beltran de Cañelles à Napoles para dar noticia al Rey Carlos de su viaje forçoso à Cataluña, y paraque le entregasse su Madre, y Esposa: respondiò el Rey Carlos al Embaxador: *El Rey de Aragon no ha procedido leal, porque si huviesse querido huviera ganado à Sicilia.* Respondiò Beltran de Cañelles: *Qualquier que lo diga miente, y estoy yo aqui para defenderlo contra todos, vno por vno, y que mi Rey ha obrado bien, y como devia.* Dissimulò el Rey Carlos, entregò à Beltran la Madre, y Muger del Rey, y salieron de Napoles à encontrarle. Luego que se apartò del Rey Carlos

Valor de Beltran de Cañeles.

Beltran de Cañelles, dixo el Rey Carlos à sus Cortesanos: *No es grande verguença mia, y vuestra, que delante de mi, y de vosotros me aya desmentido aquel Cavallero Catalan, y ninguno aya hablado? No huviera assi sucedido à los Cavalleros del Rey de Aragon.* Y entonces todos se ofrecieron, y respondiò Carlos: *No es tiempo, que ya ha partido.* (6)

(6) Carbonell, Cor. fol. 89.

Llegò con felicidad el Rey Don Jayme con las Reynas à Barcelona, ya resuelto de no empeñarse mas contra el hermano, y Vassallos, à favor de sus naturales, y heredados enemigos, que todos anelavan al daño de la Nacion que temian.

Manifestò el Cielo la prodigiosa Imagen de nuestra Señora de Sernoles, hallòla vn venturoso Pastorcillo, circuida de Angeles encima vna peña, y baxo de ella vn ciervo que avia huido del caçador, llevòsela el Pastor à Os, y bolviò otras vezes al lugar, acudieron los de la Villa, y edificaronle Capilla en el lugar del hallazgo en Cerdaña.

Nuestra Señora de Sernoles.

Aunque San Pedro Pasqual del Orden de la Merced fue natural de la Ciudad de Valencia, como por orden de San Pedro Nolasco, assistió varias vezes en Barcelona ilustrandola con los rayos de su doctrina, pretendiendole tambien Obispo su Santa Iglesia Cathedral quando la de Jaen consiguiò la gloria de tan Santo, y eminente Prelado, es preciso no omitir sus excelencias. Naciò de Padres Christianos, quando dominava en Valencia la tyrania de los Moros: por intercession de San Pedro Nolasco logrò esta corona la luz que ilustrò varios Reynos con los celestiales resplandores de su virtud, y doctrina: diòle Dios à la Cathedral de Valencia para Canonigo; à la Religion de la Merced para su hijo, extendiendola en diferentes Provincias, y Reynos; à la Universidad de Paris para Maestro, Dotor, y Cathedratico, concurriendo con Santo Thomàs de Aquino, y San Buenaventura; à los Cautivos para Redemptor de encendidissima caridad, llegando à nueve mil los

1300.

San Pedro Pasqual del Orden de la Merced, Obispo, y Martyr.

esclavos que librò de las crueles mazmorras en diferentes Redempciones, en que padeciò inumerables trabajos; al Arçobispado de Toledo para Governador con titulo de Obispo de Granada por ser nombrado Prelado de aquella Iglesia el Principe Don Sancho su Dicipulo, antes de los 24. años de su edad; al Obispado de Jaen para vigilantissimo, y piadoso Pastor, exponiendo la libertad, y la vida muchas vezes por sus ovejas, quedando en Granada en rehenes para darles libertad, empleando en ella los copiosos rescates que remitia su Iglesia para la Redempcion de su Pastor, cuya encendida caridad le premiò Jesu-Christo favoreciendole en habito de Esclavo; à la Iglesia, para lumbrera mayor en las maravillosas conversiones que obrò con los rayos de su doctrina, en los tratados, y libros que compuso en la obscura carcel de Granada, assistiendole con luz vna inteligencia celeste; à la Virgen Santissima, para acerrimo defensor de su Pureza en el primer instante, defendiendo publicamente la opinion piadosa, persuadiendola, y predicandola; finalmente al Empireo para coronarle con la Laureola de Martyr, dando en Granada la vida à los filos de vna cruel espada estando celebrando el Santo Sacrificio de la Missa à 6. de Deziembre de este año, à los 73. años de su edad; declarado su Martyrio, y puesto en el Cathalogo de los Santos por la Santidad de Clemente X. (7)

(7) *Colombo, vida de San Pedro Pasqual. Bul. Ord. in Cath. Gener. fol. 4. num. 2. Vita in principio operum D. Petri Paschasii. Sapena vida del Santo. La Candida flor del Turia.*

Entraron los Franceses al principio de este año en Sicilia, con poderosissimo Exercito: fue su primera empresa el cerco de Rendasso, que se resistiò con valor, frustrando las artes, y diligencias Francesas: durante el cerco se entregaron al amòr del Almirante, Castellon, y la Rochela, y levantado el sitio de Rendasso, con perdida de tiempo, y reputacion, passaron los Franceses con el Duque de Calabria, y el Almirante à Palermo, que infamemente le entregò Manfredo de Malata, olvidado de los favores del Emperador Federico, y Rey Manfredo. Siguieron à Palermo otros Lugares de menos monta: en el assedio, y rendimiento de Clamonte, que despues de valerosa defensa fue ocupado, no queriendo dar oìdos à pactos, se vsaron tales atrocidades con los vencidos, que son indignas de referirse en guerra, que se hazia con la autoridad de la Iglesia: culpa de los Generales.

Mal lo passaron en el assedio de Chassa los Franceses, porque por la suma importancia, entraron en ella Guillen Galceran de Cartellà, y el Abad Palmerio, que no solo defendieron la Plaça, sino que obligaron à los Enemigos à retirarse con grande perdida: aunque maltratados passaron los Franceses à Catania, defendida de Hugo de Ampurias, y antes de Blasco de Alagon, y socorrida del Rey, pero vilmente entregada por el Siciliano Virgilio de Scordia Concitador del Pueblo, con prision de Hugo de Ampurias, de la qual se librò passando à Tavormina.

Bolò la fama destos progressos, dando ya por perdido nuestro partido, embiò el Pontifice al Cardenal Gerardo para absolver à los que se entregassen, y el Rey Carlos otro Exercito governado por su hijo Philipo Principe de Taranto: ensanchosse el Catalan coraçon del Rey Don Fadrique en estos aprietos: no se ahogaron los nuestros, antes intrepidos pidieron salir al oposito del Francès Exercito; mas primero quiso mostrarse Rey, y Capitan en governar la accion digna de su valiente espiritu: dispuso su Exercito, y su Armada de Mar para encontrar à los Franceses, dexando à Guillen Galceran de Cartellà con los Catalanes, y algunos Sicilianos en la Frontera contra el otro Exercito que governavan el Duque de Calabria, y el Almirante, y partiò con el residuo en busca de otro Exercito que governava el Principe de Taranto.

Llegò delante de los Enemigos el Rey Don Fadrique assistido de sus Generales Blasco de Alagon, Ramon

mon de Moncada, y Berenguer de Entença; y encargando à Blasco de Alagon la vna parte del Exercito que avia dividido, quedò el Govierno de la otra à la diciplina Militar del Rey. Viendo los Franceses acercarseles los nuestros dispusieron su batalla, y embistieron à la parte de Blasco, persuadidos de no aver otro Exercito, el qual invicto Leon entrò en los Enemigos con tal valor, que rebatido, y castigado el primer impetu de los Franceses, diò lugar al Rey de entrar con su parte, rompiendo à los Napolitanos; aqui fue grande el peligro, y destrozo, y tal, que obligò à vn principal Varon que no se nombra, à persuadir al Rey se apartasse de la batalla para assegurar su vida, y Corona, el qual verdadero hijo, y descendiente de aquellos magnanimos Principes los Serenissimos Condes de Barcelona, y digno hijo del gran Rey Don Pedro, respondiò: *Yo he puesto mi persona por mi justicia, y fieles Vassallos, y assi vos, ò los que piensan imitar á los traydores huyan si quisieren.* Y luego mandò descubrir las triunfantes Barras de su Real Estandarte, y diziendo: *Este negocio ya es mas de vengança, que de competencia*, arremetiò à los Enemigos, alentando à sus Vassallos sin detenerle las heridas del rostro, y braço derecho, con cuyo Real exemplo obraron prodigios, principalmente los Almugavares vencedores de la Cavalleria Enemiga: en medio dèl conflito encontrò al Principe de Taranto, el Rey Don Fadrique, y le hiriò, y venciò con su fuerte braço, y le encargò à Martin Perez de Oroz Aragonès, el qual le queria matar, y lo estorvò el Rey entregandole à Domingo Gil, y à Arnao Fuster para que le guardassen, y favoreciò Dios à estos Catalanes para mantener la accion, logrando con esta piedad la Paz de Sicilia en lo venidero. Con la prision del Principe de Taranto, perdieron el animo los Franceses, y con su fuga dieron cumplida vitoria al Rey Don Fadrique: los dos referidos le presentaron al Principe, tratòle con Real agrado, y mandò llevarle al Castillo de Cefalú, y dividir los otros Prisioneros en varias Plaças: acudiò à este tiempo el Duque de Calabria para coger à los nuestros en medio, pero avisado de la desgracia del Principe, cayeronsele las armas de la mano, y se le elò el coraçon, quedando su Exercito hecho estatua de temor; cogiò los frutos de la vitoria el Rey Don Fadrique, recuperando algunas Plaças, y passò el Almirante aconsolar al viejo Rey Carlos, y à pedir nuevos socorros al Pontifice, que se escusò diziendo, era forçoso tratar Pazes con Don Fadrique por no malbaratar los tesoros de la Iglesia. (8)

(8) *Montaner, Coron. fol. 153. c. 192.*

Deseando el Duque de Calabria alguna recompensa à los passados daños, con el nuevo socorro de trecientos Cavalleros Franceses, que avian llegado con grande sequito, governados de quatro Grandes de aquel Reyno, para vengar las muertes de sus parientes, y amigos, à los quales llamavan los Cavalleros de la muerte, quiso emprender tomar el Castillo de Gallano, por trato que tenia con su Alcayde Montaner de Sosa, que para coger en la trampa à los Franceses les avia brindado con la Plaça: quiso el Duque partir con todo su Exercito, detuvole la Duquesa su muger, partieron los Condes de Brena, Beamonte, y los Cavalleros Franceses con sus Tropas, entendieronlo Guillen Galceran de Cartellà, y Blasco de Alagon, que solo se hallavan con ducientos Soldados de Cavallo, y trecientos de á pie Catalanes, y Aragoneses: Salieron al encuentro à los Enemigos, derrotaronles con muerte, ò prision de todos, salvandose solos cinco hombres de Catania, que servian de guias; logrando esta vitoria con la perdida de treynta y dos Infantes, y algunos veynte y dos Cavallos: con este triunfo alentados los nuestros corrian toda la campaña con vn campo bolante de hasta mil hombres, sin que se atreviesse el Exercito Francès à embaraçarles. (9)

(9) *Montaner, Cor. c. 191.*

Muriò

El V. Cardenal P. Fr. Domingo de San Pedro Mercenario.

Murió este año el Venerable Cardenal, creado por Bonifacio VIII. Fr. Domingo de San Pedro del Real Orden de nuestra Señora de la Merced, natural de la Ciudad de Barcelona, insigne penitente que mortificò la carne con tan extraordinarios castigos, que fue vn pasmo de mortificacion, paraque viviesse eternamente su espiritu.(10)

(10) *Rojas, fol. 458. P. Alduino in Cat. Cardinalium.*

Nombranse algunos de los que se dieron à conocer en esta guerra.

A. Armengol Conde de Vrgel, el Conde de Ampurias, el Visconde de Cabrera, el Visconde de Rocabertì, Guillen de Moncada, Ramon de Anglesola, Guillen de Cervellò, Galceran de Pinòs, Guillen de Anglesola, Berenguer de Puigvert, Alemany de Cervellò, Hugueto de Ampurias, el Visconde de Bas, Berenguer de Entença, Pedro de Queralt, Gisperto de Castellnou, Arnaldo de Corçavì, Guillen de Bellera, Arnaldo Roger de Eril, Arnaldo de Orcau, Ramon de So, Ramon Alemany, Galceràn de Cartellà, Icart de Mur, Ferrer de Abella, Ferrer de Vilafranca, Bertran de Castellvì, Alberto de Vernet, Berenguer de Aviñò, Ponce de Oluja, Guillen de Soler, Pedro de Barberà, Galceràn de Masdovellas, Galceràn Despapiol, Ramon de Alentorn, Gilaberto de Cruilles, Bernardo de Centellas, Iayme de Estalar, Ramon Besora, Dalmao Darolas, Bernardo de Sanvicens, Pedro de Sancerni, Bernardo de Fonollar, Simon de Monbuy, Ramon Torrelles, Ponce de Santa Pau, Ramon de Sarrià, Arnaldo de Areny, Bernardo de Monpassàt, Berenguer de Vilafreser, Guillen de Bordils, Ponce de Montpaò, Guillen de Malla, Pedro de Malla, Pedro de Vilella, Iayme Dufort, Pedro Burgues, Guillen de San Climent, Guillen Romeu, Iayme Grony, y otros que no se nombran.

CAPITULO VII.

Embia el Papa à Francia por socorro: Vitorias de la Armada de Sicilia, es vencida por Roger de Lluria: Vitorias del Rey contra Franceses: Solicita Roger la paz en vano: Traicion castigada en Sicilia: Origen, y Vitorias de Roger de Flor: Valor de Don Blasco de Alagon, y de D. Guillem: Socorro de Mecina: Piedad del Rey Don Fadrique: Cortes en Lerida: Fundase su Vniversidad: Del Reverendissimo Fr. Arnaldo Amer Mercenario: Cisma de Francia: Vitorias contra el Duque de Anjou en Sicilia: Muerte de la Duquesa de Calabria, y de su madre la Reyna Doña Constança: Embaxada del Papa: Requirimiento del Rey à los de Sicilia: Conquista de Lorca: Treguas en Sicilia: Cortes en Lerida: Iuran al Infante Don Iayme: Pazes de Granada, y tratanse en Castilla: Desiendese Sicilia de Franceses: Concluyense las Pazes: Nuestra Señora de Vidabona, &c.

VArios son los sucessos de la guerra, varia la fortuna que juega los lances à su alvedrio, fabula inventada de la gentilidad: Ilustrados los Catolicos, despreciada la instabilidad de la fortuna, consagran à Dios los principios, y fines de sus obras, con certeza infalible de que solo Dios es quien concede, y quita Reynos, quien dà vitorias, y trabajos, en premio, y castigo de nuestros meritos, ò demeritos. Ya avia elevado Dios à lo sumo de las proezas à la Nacion Catalana, quiso provar el oro de su constancia en las adversidades, para concederla Reynos que con brillante ardor defendieron assistiendo el Cielo. Por los malos sucessos de las armas de los Aliados contra el Rey Don Fadrique, embiaron el Pontifice, y Rey Carlos II. à Francia Embaxadores para que aquel Rey les assistiesse con nuevos socorros, y embiasse à su hermano Carlos, General de sus Tropas: admitieronse en Francia las proposiciones, decretòse la partida del Infante, con el poder de aquella Monarquia.

Dueños

Dueños del Mar corrian por las costas los Soldados del Rey de Sicilia con su Armada, sufriendolo el Almirante hasta la venida de las Galeras Catalanas, que à instancia del Papa le avia embiado nuestro Rey Don Iayme: hallòse ya con cinquenta y nueve Galeras, Catalanas, Napolitanas, y Ginovesas, y partiò à encontrar las Catalanas, y Sicilianas del Rey Don Fadrique; y aunque devian escusar bolver à exponer aquellos Reynos, temerarios, (aunque menores en numero) admitieron los de Sicilia la Batalla; en que fueron vencidos con prision de veynte y ocho Galeras, y de muchos Cabos, y Soldados, victimas dedicadas al furor del Almirante, contrario al clementissimo valor de nuestro Rey, y de su hermano Don Fadrique, que à ambos ofendió la ferocidad del Almirante.

Vitoria cõtra el Rey D. Fadrique.

Iuzgavanse los Franceses con esta vitoria arbitros de Sicilia, pero engañòles su confiança, pues no solo no pudieron conseguir lugar de monta por ser defendidos todos del valiẽte espiritu de Berenguer de Entença, y de la solicitud, è incansable aplicacion del Rey Don Fadrique, que luego recobrò los pocos que avian ocupado, pero aun fueron echados de la Isla, vencidos, y derrotados por el valor de los Condes Hugo de Ampurias, y Manfredo de Claramunt, logrando solo el Almirante la libertad, escondido en vna casa de campo, de la qual saliò entrandose triste, y colerico en la Armada, para suportar nueva desgracia en el Mar, à embates de furiosos Vracanes, que dividieron su Armada, de la del Duque de Calabria de veynte y cinco Galeras, quedando las otras mal tratadas del rigor del Mar, y furia de los vientos.

Vitorias del Rey cõtra Franceses.

Juzgando el Almirante que avia de prevalecer el Rey Don Fadrique, tentò à Blasco de Alagon paraque le propusiesse algunos Capitulos de pazes, pero no fueron admitidos de Blasco, porque no temian perder à Sicilia, y esperavan conquistar à Napoles. Descubriòse por este tiempo la conspiracion de Pedro de Calatagiron, y otros Sicilianos contra el Rey Don Fadrique: pagò la traicion con la vida Calatagiron, y comutóse la pena de muerte de los complices en destierro por la clemencia del Rey.

Traicion castigada en Sicilia.

Por este tiempo eran muy celebradas las vitorias de Roger de Flor natural de Brindis, hijo de Ricardo de Flor Falconero del Emperador Federico, y heredado en Sicilia, que muriò quando fue vencido Conradino por el Rey Carlos I. dexando de su muger à Roger, y à otro hijo, que vivian con pocas comodidades en Brindis por averles confiscado la hazienda del Padre el Rey Carlos: llegando à los ocho años invernò en el Puerto de Brindis vna Nao de Templarios, cuyo Capitan se aficionó al despejo del niño, pidiendole à la madre, y llevòle consigo, amaestrandole en el arte de navegar, en el qual, y en el Militar aprovechò de forma, que fue tenido por el mas experto Piloto, è inteligente Capitan: obligado de los servicios diòle el gran Maestre el Habito del Temple, encargandole la Nave, con la qual consiguiò muchas vitorias, y copia de riquezas, que liberal repartia con los superiores, y sus camaradas. Sucediò la desgraciada perdida de Acre hallandose en el Puerto Roger con su Nave, en la qual embarcò multitud de los Paysanos de Acre, que le llenaron de riquezas: acusaronle algunos emulos delante el Maestre de no aver dado quenta de los beneficios, y de tener escondidas grandes riquezas: mandò prenderle estando en Marcella: fue avisado; dexò la Nave, passò à Genova, donde con lo que le favorecieron sus amigos, comprò, y armó vna Galera: con ella partiò al Duque de Calabria, que no le admitiò, y llegò à los pies del Rey Federico de Sicilia, que le favoreciò, obligado de su valor: partiòse de Mecina donde se hallava el Rey; y con su Galera rindiò vna Nave Francesa, y con la Nave, y Galera diez Vasos cargados de viveres,

Roger de Flor refierese quien fue, y lo que hizo.

veres, que remitian los Franceses à su Exercito: llegò con estos à Augusta, repartiò los bastimentos, y socorriò à las Plazas de Sicilia, que se hallavan con falta de viveres: vendiò lo demàs, y armó quatro Galeras de Catalanes, con ellas corriò las Costas de Napoles, prendiò vna Nao de Barcelona, y mas de treynta Embarcaciones, dando la parte al Rey, y del residuo socorriò las guarniciones de Sicilia, y regalò à nuestros Paysanos: nombròle el Rey Vice-Almirante, dexòle vna compañia grande cavallos, y por Capitanes à Berenguer de Monroy, y à Roger de la Marina: passò con sus Galeras à la Morèa, rindiò quanto encontrò en la Romania: bolviò à Sicilia, de alli passò à la Africa, y destruyò sus Costas: diò la buelta à España, de alli à Francia, llegò à Genova dominando todos aquellos Mares: llegò á Trapana, dividiò los provechos, pagò por seys meses à los Soldados del Rey, y socorriò á Mecina, como veremos. Importa la noticia deste valiente Heroe porque le hallaremos General de nuestra Nacion en la Grecia. (1)

(1) *Montaner, Cor. c 194.*

Iuzgando el Duque de Calabria, que el Rey de Sicilia no podria oponersele en el Mar por la derrota referida, sitiò à Mecina por Mar, y Tierra, apretandola, y estrechandola con aliento notable, juzgandola ya sujeta à sus Armas: no permitiò el valor de Blasco, de Galceran de Cartellà, y de los otros de nuestra Nacion que diesse en manos de los Franceses la Plaza: juntaron hasta tres cientos cavallos, y dos mil Almugavares, y publicaron la hora, y dia que avian de entrar en Mecina como assegurados de la vitoria: supo el movimiento el Duque, y los Capitanes que le governavan, y perdido el animo no se atreviò à esperarles, y ritiròse á Calabria perdiendo con esta retirada à Sicilia, como la avia perdido su Abuelo el Rey Carlos por el temor de nuestros Almugavares: aviendo desembarcado los Franceses en la Catona, bolviò su Armada de Mar à circuir à Mecina; y teniendola en los mayores ahogos de la hambre, por hallarse consumido el Pais vezino, y no poder esperar del Mar el necessario sustento, socorriò esta necessidad Roger de Flor, entrando en la Plaza con doze Galeras cargadas de bastimentos, passando, ò atravessando la Armada enemiga, quedando tales los Franceses, è Italianos, que aun siendo superiores no se atrevieron à admitir el desafio de Blasco, y de Guillen de Cartellá, de pelear entrambos Exercitos, aunque les asseguraron el desembarco.

Cortes en Lerida, y su Vniversidad.

Mientras Marte ayrado dominava à Italia pretendiò nuestro Rey Don Jayme en Cataluña los favores de Minerva: llamò à los Catalanes á Cortes en Lerida, para tratar de la guerra de Sicilia, para satisfacer al Pōtifice que le hazia cargo de no aver continuado la guerra de aquel Reyno, para las pazes, y treguas del Principado, y varias concordias, y para fundar, ò reedificar la Vniversidad de Lerida, (2) que se hallava destruida del tiēpo de los antiguos Romanos, en el qual es cierto fue celebrado el estudio general de Lerida. (3)

(2) *Real Archivo de Barcelona, Arca 1. grande.*

(3) *Horatio Epist. 10. lib. 1. D. Antonio Agustin. Dialog. 6. pag. 428.*

Escuso referir las Constituciones que se promulgaron porque estas ya se hallan en el volumen de las Constituciones de Cataluña. Para satisfacer al Papa se diò licencia que partiessen algunas Galeras Catalanas à vnirse con la Armada de los Aliados, y embiò el Rey á requerir à Hugo de Ampurias, Guillen Galceran de Cartellà, Blasco de Alagon, Ramon de Moncada, Martin de Olit, Bernardo Ramon de Ribellas, Ponce de Queralt, Guerao de Pons, Pedro de Puigvert y à Bernardo de Queralt, que eran los principales que se hallavan en Sicilia, que saliessen de aquellas Provincias, y que no obedeciendo procederia contra ellos, y sus haziendas; pero quedòse esto en amago, porque no procediò contra ellos, antes entrègò las haziendas à los deudos mas propinquos: concordaron los de la Casa de Pallàs con el Conde de Foix, y el Rey con Guillerma de Moncada su cuñada, por los

Estados

Vniversidad de Lerida. Estados del Infante Don Pedro su marido. Fundò, y dotò el Rey la Vniversidad de Lerida, encargando los Estatutos, y forma de govierno al Reverendissimo Fr. Arnaldo de Amer General de la Merced Embaxador al Rey de Castilla, sujeto de los primeros desta Provincia en zelo, prudencia, valor, inteligencia, y por estas Prendas de grande autoridad en el Real aprecio. (4) A dado dicha Vniversidad à la Iglesia, y à la Monarquia celebres partos fecunda Madre, valiendo por todos San Vicente Ferrer, y Calixto III. (5)

(4) *Corbera S. Maria Socos fol. 106. Salmeron Hist. Bul. Ord. B. M. de Mercede §. 6. num. 1.*

(5) *Mendo de jure academ. lib. 1. quest. 6. à num. 103. Marci. Crisis de Catal. fol. 289.*

Conquista de Lorca. Passò el Rey à Zaragoça, despues à Valencia, entrò en el Reyno de Murcia, y conquistò à Lorca: los que mas se señalaron en esta empresa fueron el Infante Don Iayme Pedro Señor de Sobrabe, el Visconde de Castellnou, Bernardo de Sarrià, Asberto de Mediona, Artal de Luna, y Artal de Huerta.

1301. Bolvamos à Sicilia Militar Palestra de la Nacion: faltòle por este tiempo en Blasco de Alagon vn fuerte presidio, vn valiente, y afortunado Capitan, glorioso Fausto de Aragon: defendiase valiente el Rey Don Fadrique, terror de los enemigos, y cariñoso Padre de sus Vassallos, pues refiere Montaner que viendoles en Mecina atormentados de la hambre por la falta de la abundancia antigua de Sicilia, entrò en la Ciudad, y de Capitan hecho guia, sacò los pobres, y menesterosos, conduciendoles por su persona, y dividiendoles en las Plazas, y Castillos que se hallavan abastecidos.

Piedad del Rey Don Fadrique.

Pagòle de contado Dios verdadero padre de los pobres esta singular clemencia entregandole la fuerte Plaza de Castellon, y con ella muchos Castillos; salteando con estas vitorias la hambre à las Plazas, y campo enemigo, que le precisaron à retirarse; y para executarlo con pretexto, como sino lo fuera la hambre, pidiò el Duque por medio de su muger, vistas con el Rey Don Fadrique, y convinieron todos en algunos meses de treguas, para poder bolver mas prevenidos los Franceses; pero entendiendolo Don Fadrique, tomò à Aydon por combate, y à Ragussa por trato, para tener mas asseguradas sus tierras.

Concluyeronse este año pazes entre el Rey Don Jayme, y el Rey Moro de Granada, porque no valiesse este al Rey de Castilla contra los Infantes de la Cerda, y embiò Embaxadores al Rey de Francia paraque le favoreciesse, pero no aprovechó el viage.

Pazes de Granada.

Bolviò el Rey à celebrar Cortes à los Catalanes en Lerida, paraque le assistiessen contra algunos mal contentos de Aragon, y para la guerra contra Castilla, y mas particularmente para que jurassen por sucessor à su Primogenito el Infante Don Jayme, ya Principe con aprobacion de las Cortes. (6)

Cortes en Lerida.

(6) *Real Archivo de Barcelona, Arca primera grande.*

1302. Trataronse pazes este año entre el Rey, y el de Castilla, que no se concluyeron por salirse de la tutela de la Madre el Rey Don Fernando de Castilla de edad de siete años. Este proprio año hallandose el Rey en Gerona recibió el juramento de fidelidad del Infante Don Sancho de Mallorca por aquel Reyno, y los otros estados. (7)

(7) *Carbonell, Cor. sacada del Real Archivo de Barcelona.*

Sucedió en este tiempo la cisma de Francia, y negar la obediencia al Pontifice Bonifacio aquel Rey, que embiò Embaxadores al nuestro para inducirle contra el Pontifice, el qual Catolico no quiso condescender, si solo ofrecerse para la cōcordia à cuyo fin embiò sus Embaxadores, que no concluyeron cosa.

Cisma de Francia, y niega su Rey la obediencia al Papa.

A este tiempo llegò à Sicilia Carlos de Anjou hijo del Rey de Francia con grande Exercito, solo los cavallos eran quatro mil, juntosse con el Exercito del Papa, y Rey Carlos sobrando juntos para mayor, y mas gloriosa empresa: entrò este formidable Exercito en Sicilia, llegó à Termini que poco prevenido, fue sacrificado al primer impetu Frances: reportaronle, y le apaciguaron con su daño Catabo defendido de Juan de Claramunt, y Corellon de Hugo de Ampurias, y de Beren-

Entra Carlos de Anjou con Exercito à Sicilia, y es derrotado por los Catalanes.

guer de Entença, que vengaron la perdida de Termini, aun con vſuras. Concluyeron caſi con el Frances Exercito Simon de Vallgornera, y Federico Inciſa en la defenſa de Jaca, lugar ſolo fuerte por el valor de los defenſores, perdiendo en los foſſos deſta Plaza quarenta dias de tiempo los Franceſes, y el mayor, y mas lucido numero de ſu Exercito.

Queda D. Fadrique pacifico Rey de Sicilia.

Saliò leon invicto el Rey Don Fadrique para clavar ſus vñas en el naufragante Exercito enemigo; y para evitar ſu total ruina, moviò tratados de Pazes Carlos hijo del Rey de Francia, que ſe concluyeron con credito del Rey Don Fadrique, y ſuma gloria de la Nacion Catalana, quedando D. Fadrique pacifico Rey de Sicilia, y caſado con la Infanta Doña Leonor hija del Rey Carlos: convino el Rey de Francia, y quedò dudoſo el Pontifice por el poco credito de los Aliados, y quiſo añadir algunos Capitulos para autoridad de la Igleſia Romana. (8)

(8) *Bula del Papa Bonifacio de 6. de Diziẽbre año 1302.*

Mejorò de Corona la Duqueſa de Calabria en el Empireo por ſus excelentes virtudes, mas hermana por ſu exemplar vida que por la ſangre, de Santa Iſabel Reyna de Portugal, hijas entrambas del gran Rey Don Pedro II. y hermanas de los Reyes Don Iayme, y Don Fadrique, y muriò en Barcelona la Reyna Doña Conſtança ſu Madre, y del Rey, y fue enterrada en el Convento de San Franciſco de eſta Ciudad. Cerca de Ripoll en vna alta Montaña ſe venera en ſu Igleſia la Imagen de nueſtra Señora de Vidabona; tan antigua en aquel lugar, que ya eſte año à veynte y nueve de Julio mandaron Pedro Rodonelſa, y Sibila ſu muger en la venta de vna heredad, que pagaſſen los compradores diezmo á la Igleſia de nueſtra Señora de Vidabona: quando milagroſamente deſcubriò el Cielo eſta Santa Imagen, ſe hallaron con ella enterradas dos Campanas, la vna eſtà en ſu Igleſia, y la otra en Ripoll. (9)

Nueſtra Señora de Vidabona.

(9) *Camòs Iardin de Maria, fol. 306.*

CAPITULO. VIII.

Expedicion, prodigioſas vitorias, y conquiſtas de la Compañia de los Catalanes, en el Imperio Griego, Aſsia, y Armenia, contra Turcos, Griegos, Ginoveſes, y Franceſes, dividido en tres §.

§. I.

Vitorias, Conquiſtas, y Proezas, contra Ginoveſes, y Turcos.

CAmpo dilatado del valor Catalan fueron en eſtos tiempos las campañas de Grecia, Chipre, Morèa, Aſſia, y Armenia, y no pudiendoſe entretexer tan elevadas proezas en la corriente tela de nueſtra Hiſtoria de los ſucessos de nueſtros Sereniſſimos Condes, y Nacion en eſtos Reynos, por no cõfundirla, he formado Capitulo à parte deſta celebre expedicion, con la proteſta que baxo el nombre Catalan ſolo conocido en aquellos tiempos, ſe comprehendian los Aragoneſes, y otros Vaſſallos de nueſtros Reyes, aunque los Pontifices, Reyes, y Autores ſolo hagan memoria de los Catalanes, como de la Nacion mas numeroſa, y principal; y para que hazañas ſuperiores al curſo ordinario, y mayores que las fuerças humanas, no puedan por la eſtrañez degenerar en dudas eſcrupuloſas de la admiracion, van aſſeguradas por los Pontifices, y Autores Griegos, y Latinos de aquel tiempo, por Montaner, que ſe hallò en todas, y otros de la primera autoridad citados en el margen. (1)

Concluida con tanto credito de la Nacion la guerra de Sicilia, cuydadoſo Roger de Flor de ſu perſona, de la quietud del Rey, y provecho de los Reynos (de ſu perſona, por hallarſe acabada la guerra expueſto à que la Religion de los Templarios le llamaſſe exponiendo al Rey à renovar la guerra por defenderle; del Rey que agradecido, y deudor de tantos ſervicios no podia ſatisfacer à todos

(1) *Clemente 5. Bula dada en Montells á 14. de Enero 1314. Conſulta al Rey de Frãcia Philipo año 1232. Anonimo diſcu. de la*

expedicion de la Tierra Santa. Oxtreman, de Excidio Græcorum cap 3. Niceforo Hist. Romana lib. 7. Pachimerio Hist. Græc. Bronio, y Odorico Raynaldo año 1214. Bizaro Hist. rerũ Persicarum lib. 8 p 284. Gregoras, Hist. Bisãt lib 7. Crispinianus de Cæsaribus p. 627. Montaner, Coron. à c. 194. D. Francisco de Moncada Marques de Aytona Expedicion de Catalanes, y Aragoneses. Bosch, tit. de honor de Cat. lib. 1. cap 13. § 6. Argaiz Perla de Catal. c. 32. num. 5. Mariana, Hist. de España lib. 15 cap. 14. Abarca, tom. 2. f. 45. Zurita An. de Aragon tom. 2. à fol. 1. Marsil. Crif. de Catal. à f. 219. Blancas, Blasco, Esc

todos en los premios, como merecian los servicios por aver la guerra aniquilado los medios; y de Sicilia, si antes expuesta à las invasiones enemigas, ya por la paz hecha Teatro de representaciones poco apacibles, por la codicia, y humor belicoso de los Soldados amigos, que no pudiendo saciar su apetito cõ los despojos de los vencidos enemigos, tomavan lo que avian bien menester los Sicilianos exaustos de la passada guerra,) con grande eficacia ponderó dichas razones à nuestros Paysanos, añadiendo la gloria, y riquezas que avian de conseguir en el passage de la Grecia, defendiendo aquel Imperio de la tirania de los Turcos; y mayormente no pudiendo ya Italia ser Militar Palestra de su valor, les persuadiò el credito desta empresa, y pareciò à todos bien la proposicion de Roger, y juzgandole capaz de executarla por su valor, y grandes riquezas, de comun acuerdo le eligieron General, y ofrecieron poderes en nombre de la Nacion para pedir licencia al Rey Don Fadrique, que la concediò gustoso, y agradecido; y para concluir el pasaje, y pactos con el Emperador Andronico, que fueron nombrarle Magaduque, que es General del Imperio, casarle con vna sobrina, y dar sueldo à todos los Soldados de su compañia. Recibidos los Capitulos firmados juntaronse por cabos principales Berenguer de Entença, Bernardo de Rocafort, Garcia de Berga, Guillen de Siscar, Perez de Caldès, Corboran de Lehet, Ramon Montaner, Pedro, y Sancho de Oròz, Martin de Logran, Garcia, Palacin, y otros Catalanes, y Aragoneses: no pudieron juntar à todos los que avian ofrecido passar, porque Berenguer de Entença aguardò su gente, que avn no estava prevenida, y Berenguer de Rocafort, con la suya se detenia en las Plazas de Calabria, hasta que pagasse el Rey Carlos lo que avia prometido en las pazes.

Salieron los demàs de Mecina con quatro mil Almugavares, otros tantos Soldados mozos, y criados de los Cavalleros, y mil, y quinientos cavallos en diez, y ocho Galeras, quatro Naos grandes Catalanas, y numero grande de Barcas, à expensas del Rey Don Fadrique; con este corto poder partieron aquellos que fueron tan formidables, y que causaron tanto temor à la Assia, y Europa.

colano en sus hist. Pineda Monarquia Eclesiastica p. 3. lib. 22. cap. 13. § 2. Carbonell, Cor. à f. 251. Señor Rey D. Martin en las Cortes de Perpiñan. Real Archivo de Barcelona, Arca primera grande. Relacion manuscrita desta expedicion por D. Berenguer de Entensa.

Llegò nuestra Armada con prospero viage à Constantinopla, y recibida como Tutelar del Imperio, cumpliò luego el Emperador con Roger, casandole con su sobrina, diòle el baston de General y à Corboran de Lehet el de Senescal. Mientras se hallava alegre Constantinopla con los festines de las bodas, los Ginoveses que se hallavan en servicio del Emperador hizieron burla con mucha risa del pobre, y militar habito de vno de nuestros Almugavares (que aun conservavan el antiguo, despues de tantas Vitorias.) El Catalan ofendido de los picantes, mas largo de manos que de lengua, acometiò à todo el tropel de los Ginoveses con espada en mano, salieron otros à defenderle, sacaron su Bãdera los Ginoveses, juntòse su Nacion, quisieron embestir à los Quarteles de los Catalanes: saliò nuestra cavalleria, luego los Almugavares: pelearon vnos, y otros con obstinacion hasta la muerte del General de los Ginoveses Roseo del Final: retirandose los Ginoveses, dieron sobre estos los Catalanes, matando quantos les venian delante, y acabaran con todos à no salir el Emperador à mitigar el furor, y à estorbar à los nuestros. Despues de vencidos los Ginoveses de Constantinopla, passaron à Pera Plaza de los Ginoveses, para demolerla, obrando la aplicacion de los Capitanes quanto pudieron para reprimir el impetu vengativo de la Nacion: murieron de los Ginoveses mas de tres mil en este renquentro.

Vitoria contra Ginoveses.

Para evitar otro semejante lance pidiò el Emperador à Roger passasse à Assia contra los Turcos, que miserablemente oprimian aquellas Provincias, nombròles para la Armada Almirante à Fernando Ahones, para

tener

tener assegurados los socorros del Mar : partiò nuestra gente à Assia con Maruli Capitan de los Griegos, desembarcò al Cabo Artacio à cien millas de Constantinopla, donde se hallavan los Turcos tentando en vano tomar vna muralla por su fortaleza : dispusose nuestro Exercito para acometer à los enemigos, governada la vanguardia por Roger, y Maruli con los Estandartes del Imperio, y de Roger, y la retaguardia guiada por el Senescal Corboran de Lehet con los Estandartes del Rey de Aragon Señor natural, aunque disgustado por la defensa de Sicilia, y del Rey de Sicilia su bienhechor: devido respeto, y fidelidad Catalana, añadir tropheos à nuestras Reales, y Coronadas Barras, y esto fue tambien pactado con el Emperador, que adonde llegassen sus armas, llegasse la autoridad, y Real divisa, que en nuestra Nacion se venerò siempre por invencible.

Vitoria primera cõtra Turcos.

Passaron à la noche, à donde se hallava el casi immenso campo de los Turcos poco prevenido para la visita dieron los diligentes en los descuydados, dispertaronles con heridas, y estragos : acudieron los Turcos para su defensa; pero en vano, pues el valor, y gallardìa de nuestra gente ya lo ocupava todo, logrando cumplidissima vitoria. Fueron muertos de los enemigos, tres mil cavallos, diez mil Infantes, y solo quedaron vivos los que à tiempo se pusieron en segura huida: fue rica, y copiosa la pilla, y el numero de los niños Cautivos, à los quales solo concedieron la vida; no siguiò nuestro Exercito à los que huian por no ser practicos del païs los nuestros. Refiere Niceforo Griego, que quedaron tan atonitos los Turcos, del valor, y diciplina Militar de los Catalanes, que huiendo llegaron hasta los antiguos limites del Imperio.

Con la noticia de la vitoria llegò la embidia à apoderarse de los Griegos, y el Exercito alojò en Assia menor, y la Armada en la Isla de Xio: passò Roger con su muger à Constantinopla, y de alli bolviò à su Exercito con dinero para pagar à todos sus Soldados. Disgustòse el Aragonès Fernan Ximenez de Areños, y bolviendose à Sicilia quedòse en servicio del Duque de Athenas.

Avian ya llegado los Alanos con orden del Emperador para vnirse con nuestro Exercito, que se hallava de partida al socorro de Philadelphia, quando vn Almugavar inquietò à vna muger Alana : dos Alanos llegaron à defenderla, de las palabras llegaron à las manos en daño de aquella Nacion, que perecìera toda à no ampararse de las casas en que alojavan : partieron los que avian quedado disgustados, permaneciendo solo mil de dichos Alanos en compañia de nuestro Exercito.

Segunda vitoria cõtra Turcos.

Emprendiò este el camino de Philadelphia, y ocupò à Germe, y llegando ya cerca de la Plaza salieron los Turcos de sus lineas con ocho mil cavallos, y mas de doze mil Infantes, acometieron à los nuestros al amanecer, y hallòse dudosa la batalla hasta medio dia; en que Roger, y Corboran con nuevo, y vnido esfuerzo de nuestros Paysanos, fatigaron, y postraron la colera vengativa de los enemigos, con tanto daño, que solo pudieron salvarse mil, y quinientos, con su General mal herido, faltando de los nuestros solo ochenta cavallos, y cien Infantes.

Desampararon los Turcos las Plazas vezinas de Philadelphia, y entraron los nuestros à dar libertad à aquellos pobres Christianos, saliendoles à recebir con agradecido obsequio el Obispo, Clero, y Pueblo; de alli passò Roger à librar algunas Plazas, y despues à Culla àzia Levante: bolviò à Philadelphia, de donde se fue ofendido Nastago por los daños de las Provincias, y passò à representarlo al Emperador, y nuestro Exercito à Nicia, y de ella à Magnecia, de donde partiò à socorrer à Tiria que distava treynta y siete millas : embiò Roger à Corboran de Lehet con parte del Exercito, que entrò en la Ciudad : saliò Corboran al amanecer contra los Turcos, y derrotòles con muerte del mayor nume-

ro,

ro, y retirada de los otros á la Montaña, á la qual subiendo Corboran para el alcanze muriò herido de vna Flecha en la cabeza, que llevava desarmada. Por la perdida del Capitan dexaron los nuestros de perseguir á los fugitivos, y trataron con vniversal sentimiento de dar sepultura honrosa al Cadàver del Senescal en vna Iglesia de nuestro Patron San Jorge, donde estava su Santo Cuerpo: enterraron con Corboran á otros diez que con sus vidas consiguieron la vitoria, sacrificandolas valientes. Moderò el disgusto de la perdida de Corboran la llegada de Berenguer de Rocafort, á quien otros llaman Bernardo, con dus cientos cavallos, y mil Almugavares á su costa, y llegò á incorporarse con los nuestros en Epheso, donde fue recibido, nombrado Senescal, y casado con hija de Roger.

Ephèso sepulcro de San Juan Evangelista.

Era Epheso Ciudad muy principal en la menor Assia, condecorada con el Sepulcro donde fue puesto San Juan Evangelista, del qual en su vigilia, y dia salia vn Manna como arena, que devotos recogian los fieles por medicina celeste, y remedio de todos achaques; de Epheso partiò nuestro Exercito á Ania donde ya se hallava la Armada: llegó vn numeroso Exercito de Turcos que devastavan la campaña: salieron nuestros Soldados, sin esperar orden de sus Generales, ofendidos del atrevimiento de los Barbaros, dieron en ellos, derrotaron su Exercito con muerte de mil cavallos, y dos mil Infantes, salvandose los demás en la fuga.

Tercera Vitoria cōtra Turcos en Ania.

Dexadas algo presidiadas las Plazas, partió el Exercito Catalan á la Provincia de Caria, corriò todo aquel inmenso espacio de Provincias desde la Armenia al Mar Egeo sin oposicion, dominandolas todas, alentando á los fieles para defender la Fè contra los enemigos: alegraronse los Christianos de ver armas Catolicas en su defensa, que jamás avian conseguido por la floxedad de los Griegos, y las lograron por el Catalan valor.

Caminò nuestro Exercito por el dilatado Campo de tan diferentes Provincias hasta llegàr á las faldas del gran Monte Tauro, que divide la Cilicia de la Armènia: descançò en aquel fertil Pàis, embiaron los Generales exploradores para adquirir noticias del poder de los Turcos, que juntos se hallavan en aquellos Valles: eran diez mil cavallos, y passados de veynte mil Infantes: bolvieron con el aviso nuestros exploradores, previnose el Exercito á la batalla, diò en los Turcos, que pelearon con coraje, haziendo por horas dudosa la vitoria: alentaronse los nuestros enfervorizaronles los Capitanes, bolvieron con mayor animo á la batalla, inclinada ya á favor nuestro, apellidaron vitoria, lograronla con tal furia, que no concedieron la vida á los vencidos: pelearon los Turcos desesperados hasta morir: retiraronse los que pudieron, seguidos de los nuestros hasta que la noche, y el cansacio de matar dieron fin al alcanze, y batalla. Quedò nuestro campo toda la noche en el lugar de la batalla: con la luz del Sol descubrieron el fatal estrago, quedaron muertos de los enemigos seys mil cavallos y doze mil Infantes; y los nuestros contentos con los despojos, y vitoriosos instaron á sus Capitanes, que atravessassen la Armenia con sus triumphantes Estandartes, y llegassen á los vltimos fines del Imperio Romano, recuperando en breve tiempo lo que en tantos siglos havian perdido los Emperadores; pero los Generales midiendo la accion con las fuerças, moderaron el imprudente zelo de los Soldados, con la representacion de su corto numero, y de ninguna esperança de socorro para mantener, y mantenerse en tan dilatadas Provincias, y tan apartadas del comercio de sus naturales.

Quarta Vitoria cōtra Turcos.

Por falta de guias no passò adelante nuestro exercito, con que asseguradas como se pudo aquellas Provincias, bolviò á Ania, y encaminandose á Magnesia, donde tenia Roger sus riquezas, le vino aviso, que

los

los Ciudadanos, y Alanos avian muerto parte de los Catalanes, y parte tenian presos levantandose contra la guarnicion, y que le avian tomado sus Tesoros: acudiò Roger con todo el Exercito à vengar la injuria, que no pudo conseguir, aunque diò algunos avanzes à la Plaza, porque llamado con engaño del Emperador, por la embidia, y rezelo de nuestras vitorias, huvo de desamparar à Magnesia, y obedecer el orden: Refiere Niceforo, que Andronico fue la causa que no restaurasse nuestra Nacion todo lo que avia perdido el Imperio.

Roger con renitencia del Exercito, obligado de los Capitanes, partiò por las Provincias maritimas, hasta llegar al cabo de Ania, ò al estrecho que divide à Europa de Assia: aqui le llegò aviso del Emperador, que no tenia que moverse, porque avia cessado la causa, por la qual le avia mandado partir: todo fue engaño de los Griegos, que para su daño impidieron el curso de nuestras vitorias, y la libertad del Imperio, para que fuesse despues pisado de los Turcos por justo juizio de Dios, y en castigo de sus errores contra la Fe. Sucediò lo referido desde el año 1303. hasta el de 1305.

§. II.

Vitorias, y Conquistas contra Griegos, y sus Aliados.

SIempre huvo en los Griegos poca fe, y mas en esta ocasion: picados de los estimulos de la ambicion, y embidia, que los llevaron desbocados à su precipicio: comensò Andronico à manifestar su designio en daño nuestro: embiò à nuestro Exercito à su hermana Irene y à su sobrina Maria, suegra, y muger de Roger, para que los Catalanes embiassen mil hõbres para assistir à Miguel Paleologo hijo del Emperador en la Vulgaria, y que con el residuo de su Exercito bolviessen à la Assia. Respondiò Roger de consejo de los Cabos, que no entendia poder conseguir de los Catalanes que se dividiessen, y assi bolviò la suegra con esta respuesta al Emperador, y nuestra Gente llegò à la Tracia Chersonesa, y eligieron por Plaza de Armas à Galipoli, donde passaron el rigor del Invierno, y Roger con quatro Galeras passò à Constantinopla bien recibido del Emperador, aunque quedò disgustado por la peticion de las pagas del Exercito, que instò Roger, juzgandole el Emperador pagado con los despojos de los vencidos enemigos en tan dilatadas Provincias, y de lo que les contribuìan las mismas Provincias; pero esto sirve mas para el gusto, que para la necessidad, y se distribuye con largueza, y se pierde en juegos, y divertimientos; pero la paga siempre se estima como precio de la sangre, y trabajos; y es muy sensible esta falta, aplicando la Real Hazienda en otros tal vez vanos, y poco importantes empleos, en daño del vassallo que sirve, y del vassallo que mantiene al que sirve, teniendolo bien menester, con que no se escusa la instancia.

Detuvòse Roger en la Ciudad, solicitando à los Ministros de la Hazienda del Emperador, que maliciosamente ocultavan el dinero, y ponian dificultades en los medios, que dependian de su arbitrio; artes muy ordinarias de los que manejan la Hazienda de los Principes. Llegò à este tiempo à Gallipoli Berenguer de Entença con trescientos cavallos, y mil Almugavares, todos amaestrados en la escuela de Cataluña, y exercitados en las Palestras de las dos Sicilias, diò aviso Berenguer de su arribo à Roger, que luego le escriviò llegasse à Constantinopla, porque el Emperador lo deseava: llegò alli Berenguer, y acompañado de toda nuestra Nacion, y de algunos principales Griegos, fue à besar la mano à Andronico, que le recibiò con aparente agrado, ocultando el rezelo que tenia del poder de los Catalanes, conseguido con tan celebres, y dilatadas conquistas: pidiò licẽcia Roger al Emperador para renunciar el Oficio de Magaduque

en

en Berenguer suponiendo le merecia por su valor, y por el esplendor de su Real sangre: en honrosa recompensa suplicò el de Entença que el honor de Cesar, que le avia ofrecido el Emperador antes de partir de Sicilia, se empleasse en Roger, digno de tan alto grado por sus elevados meritos: cumpliò con todos el Emperador nombrando Cesar à Roger de Flor, y General, ò Magaduque à Berenguer de Entença: sintieronse los Griegos de la eleccion de Cesar, cargo ya olvidado en aquel Imperio, y que sabian era lo proprio que successor dèl; y conservaron oculto en sus corazones el disgusto, hasta que lograron la ocasion de manifestarle alevosamente contra nuestra Nacion.

Conociendo los recelos del Emperador no solo los Griegos, si el mismo Principe Miguel, y los Ginoveses, ofendidos de nuestras glorias, instaron al Emperador rompiesse con los Catalanes: escusose por su obligacion, y quietòles con dilatarlo para su consejo. Perro rabioso siempre muerde la embidia, no hallando cabida en Andronico, buscóla en Miguel su hijo, ponderandole el descredito del Imperio, y que ya los Catalanes tenian los tres primeros cargos de Cesar, Magaduque, y Senescal, y que à estos se añadia Almirante para el dominio del Mar, no quedando á los Griegos, y demàs Vassallos del Emperador mas que lo aparente de los menores puestos, teniendo los Catalanes lo sumo del Imperio, que con facilidad conseguirian en daño, y descredito suyo: pudieron estas Artes tanto con el moço, y engañado Principe, que le declararon contra nuestra Nacion, para conseguir la ruina que le amenaçavan nuestros emulos.

De Miguel llegaron facilmente estas quexas à Andronico, el qual para quietar los disturbios, y apartar à los Catalanes de la Grecia les concediò las Provincias de Assia en Feudo, y que se las distribuyessen à su arbitrio: no obstante esta gracia pedian los Catalanes sus pagas porque mal podian passar à tan remotas Provincias sin dinero; acudieron los dos Generales Roger, y Berenguer al Emperador, que respondiò que primero partiessen à la Assia, y que alli les remitiria las pagas: llegò esta noticia à nuestro Exercito, que se hallava en Galipoli, alborotòse todo, y saliò à tomar la satisfacion de las Plazas, y Lugares del Imperio, que no la devian; y los Soldados, ya sospechosos de los Capitanes, dezian que se querian levantar con sus sudores para hallarse grandes en el Imperio: al fin para sossegarles diò parte de las pagas el Emperador, partiò con ellas à Galipoli Berenguer, repartiòlas con el Exercito, que se contentò por entonces: dexò las Plazas del Imperio, y bolviò à sus estancias de Galipoli, adonde ya avia llegado Roger con su suegra, y muger para tener resguardo en las prendas del Emperador.

Con la paga de nuestras milicias se multiplicaron los disgustos, porque los Griegos fabricaron moneda de plata de menos valor, quitandole el justo peso, por el qual era admitida en el Imperio: quisieron nuestros Paysanos con su moneda pagar sus deudas, no quisieron admitirla los Pueblos por el defecto: avian de comer los Catalanes, no pudiendolo conseguir con dinero, fueron precisados à tomarlo con las armas, resistieron los Pueblos, y alteraronse Soldados, y Paysanos: No altere la moneda, ni le quite de su valor intrinseco, ò recibido, el que govierna la Republica, sino quiere exponerla à disturbios, y á su ruina: temiòla el Emperador, y embiò à llamar á Roger, escusòse este con que se haria sospechoso à los suyos: embiò segundo orden el Emperador por Maruli Capitan Griego à Irene, y à Roger para que llegassen à Constantinopla, y escusandose entrambos, bolviò Maruli à Constantinopla desengañando al Emperador, de que sin dineros buenos, no avia que tratar de concordia.

Daño de alterar la moneda.

Instò tercera vez Andronico por medio de Irene para que Roger passasse fasse à librar à Philadelphia otra vez combatida de los Turcos, pero ni esto se logrò. Por este tiempo se hallava otra vez Berenguer de Entença en Constantinopla procurando los medios para su Nacion, y advirtiendose sospechoso à entrambas, porque los Griegos le tenian por Catalan, y los Catalanes por Griego, por lo que se detenia en la Corte, determinò acudir à su primera obligacion, y preferir à su particular aumento el publico honor, y credito de su Nacion, pidiendo licencia al Emperador para bolver à los suyos; y aunque no se la concediò, partiò con dos Galeras, y embiò al Emperador algunos vasos de plata, y otras dadivas, que le avia presentado, y arrojò las insignias de Magaduque al Mar, llegò à Galipoli en donde solo hallò sospechas, y recelos.

Gloria dela Nacion Catalana, en Romania, y en su Imperio.

Viendo el Emperador que en vano porfiava contra los nuestros, para tenerles lexos bolviò à ofrecerles todas las Provincias de Assia en Feudo con obligacion de darles para la guerra cada año treynta mil escudos, y ciento, y veynte mil modios de trigo, con las pagas atrassadas: firmosse la concordia, y juraronse los pactos delante la Imagen de la Virgen nuestra Señora. Esto fue lo mas insigne desta expedicion, y la mayor gloria de la Nacion Catalana, porque si los Romanos la tuvieron por mayor en su conquista de Assia despues de tantos años, aviendola los nuestros conquistado en menos de dos, y vltimamente concedido libremente al Imperio despues de averla librado, manifiesta es la preheminencia de nuestra Nacion à la Romana, y es cierto la huviera conservado à no atajarla con traiciones, y engaños.

Embiò el Emperador à los Catalanes la gracia de Assia, firmada, y sellada, el dinero, y aviso de hallarse prevenido el trigo, con orden que partiessen luego: quiso Roger antes de partir al Assia obedecer al Principe Miguel, que le llamava para conferir los medios de la guerra, y à la verdad para ensangrentarse tiranamente en el que le avia librado el Imperio: temian esta tragedia la suegra, y muger de Roger, y disuadieronle el viage: vnidos con mas calor, y aliento le representavan el riesgo los Capitanes, y con mayor autoridad Ramon Montaner, al qual estimavan, y respetavan todos como à Padre: fue la desgracia de Roger fiarse de su valor, despreciar los contrarios, y no seguir el consejo saludable de los Capitanes. Partiò con vniversal sentimiento para Andrinopoli Corte del Principe con poco sequito, adonde llegò, recibido con hypocritas demostraciones de cariño, que quitada la mascara, descubriò la realidad del odio, y embidia contra nuestra Nacion, executados en lo sagrado del Palacio del Emperador, y en la inmunidad de su mesa, donde estando comiendo con el mismo Emperador, y Emperatriz entraron George General de los Alanos, y Meleco de los Turcoples, è infamemente en la misma mesa quitaron la vida à Roger, y à su familia, bien descuydada de la traicion, acompañandoles mas de ducientos Catalanes que se hallavan en la Ciudad, y Lugares vezinos, salvandose solos tres que se hizieron fuertes en vna Torre cuyos nombres fueron Ramon Alquer, Guillen de Tous, y Berenguer de Roudor, librados por orden de Miguel por parecerle que con esto borrava la mancha de su traicion, no pareciendo complice en la tragedia. No lograron à poca costa esta accion cruel los Griegos, y Complices, porque, aunque se hallavan divididos, y descuydados los Catalanes, vendieron muy caras sus vidas, y à costa de grandissimo numero de las de sus Enemigos.

Traicion de los Griegos contra Roger de Flor, y Catalanes.

Llegò la fama deste horrible hecho à Constantinopla, y de allì con los ordenes à todo el Imperio Griego para que se ensangrentasse en la Ilustre sangre Catalana, atreviendose los emulos hasta à los q̃ se alojavan cerca Galipoli, adonde llegò la noticia del execrable sacrificio por medio de los que se libraron en la desecha

borrasca:

borrasca: avian embiado à Constantinopla Berenguer de Entença, y Bernardo. de Rocafort tres Embaxadores, despues de la partida de Roger, que fueron Rodrigo Perez de Santa Cruz, Arnaldo de Moncortes, y Ferrer de Torrellas, para solicitar el cumplimiento de lo ajustado antes de partir à Assia, losquales con el Almirante Fernando Haones fueron tambien victimas de la venganza, y odio de los Griegos.

No ay duda que excediò la venganza Catalana à la maldad de los Griegos, pues irritados con la noticia de la tragedia de los suyos, la executaron en los vezinos de Galipoli, y Lugares cercanos, sin reservar edad, ni sexo. Iuntaronse à Consejo para buscar el modo de defenderse, que era tan dificil como hallarse dentro de Plaza abierta, y sin bastimentos: alentaronles la injuria, y necessidad, fortificaron los Arravales, y trataron de prevenirse à la defensa.

A la ocasion que sucediò el sangriento estrago en Andrinopoli mandò Miguel passar à Galipoli todo el Exercito que tenia prevenido, numeroso como de catorze mil cavallos, y treynta mil Infantes de las tres Naciones, Griegos, Alanos, y Turcoples, poniendose delante de Galipoli con este poder: dispusieron su defensa los nuestros, y embiaron Embaxadores al Emperador para apartarse de su servicio, y retarle de la traicion cometida: executaron este hecho, aunque atrabajados, por el credito de la Nacion, que se atendia con puntual observancia en aquellos tiẽpos, y por esto lograva tan excelsos triumphos. Aunque se hallava tan poderoso el enemigo en la campaña, moderaronle el orgullo los nuestros con su acostumbrado valor, y con sus surtidas le fatigaron, y disminuyeron sus fuerzas con sangrientos estragos, y se apartó Miguel por entonces. Consultaron los Capitanes para su defensa, y venganza el modo de hazer la guerra: eligiòse el parecer de Berenguer de Entença, (y no el mas acertado que era el quitarse primero los enemigos que les afligian, que buscar à los que les avian hecho daño,) como se resolviò, con decretar passasse Berenguer de Entença con la Armada à acometer las Islas, y Costas del Imperio; à este tiempo llegò à Metelin del Archipielago el Infante Don Sancho de Aragon con diez Galeras, embiaronle à pedir llegasse à favorecerles, acudiò el Infante à Galipoli, y le reconocieron por Superior, y cabeza.

Llegaron à este tiempo los Embaxadores de los Catalanes à Constantinopla, propusieron su Justicia en vn Manifiesto à las Naciones Latinas que se hallavan alli, trataronlo con el Emperador, buscaronse medios para la paz, y no se hallaron, por estar los animos irritados: pidieron licencia, y salvo conduto los Embaxadores al Emperador, que se les concediò con vn Comissario, y Gente, que executaron la Inhumanidad con desquartizarlos vivos en las publicas carnizerias de Rodesto, à treynta millas de Constantinopla. Sabida esta barbara crueldad en Galipoli, anelando socorros, y venganza, eligieron Señor al Rey Don Fadrique de Sicilia, prestando el juramento, y recibiendole Garzi Lopez de Lobera de la Casa Real, al qual embiaron con Ramon Marquet, y Ramon de Copons al Rey para darle aviso, y suplicarle assistencias.

Inhumanidad de los Griegos.

Aunque avia prometido el Infante seguir la fortuna de su Nacion, no lo cumplió, y partiò con sus Galeras; y Berenguer de Entença con cinco, dos Grandes Leños, y diez y seys Barcas, ochocientos Infantes, y cinquenta cavallos; desembarcó en la Mamorra, llamada Prepontide, ocupò los Pueblos, y con espiritu de venganza degollò à los Moradores, no valiendo Privilegios de edad, y sexo, y mandò quemar lo q̃ le pareciò no ser de provecho; de la Prepontide passò à Tracia, tomò muchos Navios de los enemigos, acometiò à Recrea Ciudad grande, y Rica, y entrada à viva fuerza padeciò la misma desgracia

desgracia que los de Prepontide: llegò el triste aviso al Emperador, mandò à su hijo Calo Juan, que con quatro cientos cavallos, y la Infanteria de aquellos Estados se opusiesse à las vitorias de Berenguer: entendiòlo este, saltò en tierra con su gente, fue à encontrarse con los Griegos, peleò valiente, venciòles Magnanimo, y vengativo no les perdonò las vidas, librandose Calo Juan con pocos para dar el aviso à su Padre del valor de los enemigos, que se avia solscitado con su inconstancia.

Con la feliz aura de su fortuna determinò nuestra pequeña Armada envestir la de Constantinopla dentro del Puerto, y al emprender el viage descubriò diez y ocho Galeras Ginovesas: Saludaronse, y el General de la Republica Eduardo Doria ofreciò seguridad al de los Catalanes, y le pidiò passasse à su Galera para tratar puntos importantes de la guerra: entrò el descuydado Berenguer, y hallò la prision en poder de los Ginoveses peores que los Griegos, acometieron fementidos à nuestras descuydadas Galeras, y rindieron quatro con muerte de ducientos Ginoveses; y defendiendose la quinta, governada por Berenguer de Vilamari hasta la muerte de todos los defensores, compraron el Buque los Infieles enemigos con muerte de mas de trescientos de los suyos. Con esta indigna accion bolviò à Genova el General Doria, no queriendo entregar la persona de Berenguer, ni aun con cinco mil escudos que le ofrecieron los nuestros.

Con estas desgracias juzgarà quien no conoce à la Nacion Catalana, descaecidos à los que quedavan estrechados en Galipoli; pero quien no ignora su valor intrepido en los mayores peligros, bien creerà lo que executaron, y fue que viendose reducidos al corto numero de ducientos cavallos, y mil y ducientos Infantes, para que no buscassen su defensa en la retirada por el Mar que tenian libre, sino que la deviessen à sus valientes braços, mandaron los Capitanes dar barreno à toda la Armada, obligandose à pelear hasta morir: eligieron luego General à Berenguer de Rocafort, nombrandole doze Consejeros para el acierto, formaron sello para el despacho, con letras que dezia: *Sello de los Francos que Reynan en Tracia, Macedonia, &c.* no queriendo poner el nombre Catalan particular, si el vniversal de todos los Latinos, assi llamados en el Imperio Griego: eligieron Patron à San Pedro, porque peleavan contra Cismaticos, y dedicaronse todos à la Virgen nuestra Señora, entonaron la Salve, y con patente milagro admitiò baxo de su Patrocinio la Celeste Aurora à sus afligidos hijos, pues hallandose el Cielo sereno, al començar la Salve se levantò, y formò nubecilla celeste sobre el Coro de nuestros fieles, que destilò apacible rozìo, alegria, vigor, valor, y aliento en los ya alegres, y confortados coraçones de aquellos devotos Fieles.

Milagro de nuestra Señora.

Alentados del supremo favor, ya no esperaron en la Plaza los avanzes del enemigo, si magnanimos partieron à buscarle en sus lineas con los Estandartes tendidos, y levantados: llevava el del Rey de Aragon, Guillen Pedro de Caldès; el del Rey de Sicilia, Fernando Gori; el de San Jorge Ximenez de Albarez; el de Rocafort, Guillen de Tous: con buen orden dieron valientes en el primer cuerpo cerca Galipoli, compuesto de ocho mil cavallos, y otros tantos Infantes; y aunque à los principios fue dudoso el conflito por la multitud enemiga, pero presto se cōfessaron rendidos; retirandose al campo con desecha huìda: saliò à defender à los suyos la mayor parte que quedava del Exercito enemigo, que detuvo à los vencedores; pero alentados con el Glorioso nombre de nuestro Patron San Jorge, que infundiò milagrosamente nuevos brios à los pocos, y cansados nuestros, pudieron intrepidos derrotar à los enemigos, y seguirles en la vergonçosa huìda por espacio de veynte y quatro millas, siempre matando, y destru-

yendo

yendo, aun no perdonandoles echados en el Mar, que allì los buscaron, y ocuparon su Armada: murieron de los enemigos seys mil de acavallo, y mas de veynte mil de apie, tomaronse tres mil cavallos buenos, y los bastimentos, oro, plata, vaxilla, y Armas: fuerõ tales q̃ en ocho dias aun no pudieron recogerlo, y para credito del Prodigio desta vitoria, solo murieron de los nuestros vno de acavallo, y dos de apie.

Vitoria cõtra Griegos.

Desta vitoria aturdidos Andronico, y Miguel, juntaron todas las fuerças del Imperio para prevenirse contra los Catalanes, antes que socorridos de Sicilia pudiessen con facilidad ocuparle: entendieron los nuestros por vna Espia Griega la tempestad prevenida contra ellos: determinaron buscarla para deshazerla, partieron de Galipoli todos, y fueron tres mil con los que avian acudido, que antes se hallavan divididos: caminaron tres dias por la Tracia, destruyendo quanto encontraron, descubrieron el formidable Exercito enemigo à la otra parte de vn monte entre Agios, y Cipsèla: fortificaronse los Catalanes con los divinos Sacramentos, y el dia siguiente subieron al monte à pelear con sus enemigos, empezaron la batalla los Almugavares, que à fuerça de sus valientes brazos pusieron en vergonzosa huida à los Alanos, y Turcoples, y no como siente Nicephoro, por entenderse con nuestra gente que no puede ser verosimil por el encono de las tragedias antecedentes: à estos siguieron los Infantes Griegos, à los Infantes la cavalleria de Tracia, y Macedonia, que abrigada de alguna Infanteria, se mantuvo algo, pero siguiò luego à los que huìan: acudiò el Emperador Miguel rogando, mandando, y reprehendiendo, bolviò los Griegos à la batalla, y con los de sus guardias, embistiò en lo mas cerrado de nuestros esquadrones: y encontrandose con vn Marinero llamado Berenguer Ferrer, juzgandole Capitan señalado, le hiriò en el brazo izquierdo, y el Marinero, rebolviendose con su maza, le destrozò el Escudo, è hiriò en el rostro, quedando en sumo peligro, porque le mataron el cavallo, y librado por los suyos, con la fuerza del dolor de ser vencido, bolviò segunda, y tercera vez à empeñarse; pero en vano, porque los suyos quedavan, ò muertos, ò huidos, con que huvo de tomar el partido de salvarse con los que huìan. No les siguieron los nuestros por aver llegado la noche, recelozos de alguna emboscada: quedaron firmes en el lugar de la batalla hasta la mañana, que con la luz del Sol conocieron la grandeza de la vitoria, pudiendo contar muertos de los enemigos diez mil cavallos, y mas de quinze mil Infantes, con sola perdida de nueve cavallos, y veynte Infantes. Si grandes fueron los despojos de la primera batalla, mayores fueron los de la segunda, porque concurria en ella el Emperador con lo mejor del Imperio, del qual hizieron arbitros à nuestros Paysanos, sus grandes vitorias continuadas hasta los Arravales de Constantinopla.

Vitoria cõtra Griegos Alanos y Turcoples.

Con la noticia desta vitoria se alentaron sessenta Catalanes, que se hallavan prisioneros en Andrinopoli desde la tragedia de Roger, à romper los grillos, hazerse dueños de la Carcel, y romper la puerta, que no consiguieron, porque acudieron los Ciudadanos à impedirles: defendieronse con las armas que pudieron, con muerte, y grande daño de los Ciudadanos, que para escusarle mayor pusieron fuego al edificio donde perecieron, aunque defendiendose con las piedras que arrancavan, hasta el vltimo aliento; quedaron vnos muertos en el incendio, y otros saltando de la Torre à manos de los Griegos.

Hazaña de Andrinopoli.

Buelto à descansar el Exercito de los Catalanes à su Plaza de armas de Galipoli, trataron de continuar su venganza: salieron otra vez con su Exercito contra Rodesto, lugar donde fueron desquartizados sus Embaxadores, llegaron, vencieron, asaltaron, y entraron la Ciudad, condenados

nados los Moradores al Cuchillo, no perdonando aun á los Irracionales, quedando entre los Griegos por adagio: *La vengança Catalana te alcanze*: sufriò el mismo estrago Paccia, destinadas ambas por Plazas de armas contra Constantinopla, fin de su venganza.

Llegò la plausible noticia de las vitorias de sus Antiguos Conmilitones, á Fernando Ximenez de Arenòs, que se hallava aun en Athenas; y para participar de la gloria partiò con ochenta Soldados á encontrar nuestro Exercito, y saliò dél para Constantinopla con tres cientos Infantes, y sessenta cavallos, abrasò los Pueblos, y talò los campos vezinos á la Ciudad, que temia ser destruìda; pero avisado el Emperador del pequeño numero que causava los daños, recobrado mandò saliessen de dentro ocho cientos cavallos y dos mil Infantes, que fueron derrotados, y muertos casi todos.

Viendose ya tan poderosos los Capitanes de nuestro Exercito, trataron de dividirle en tres; Rocafort como General quedò con el mayor numero en Rodesto, y Pavìa; Fernan Ximenez en Modico, que avia conquistado con su gente, y valor, despues de ocho meses de assedio, Plaza importante, con fortissimo Castillo; y Ramon Montaner partiò á Galipoli oficina de los triumphos, alivio de los Soldados, seguridad, y Plaza de armas de todos: emprendieron la guerra desde sus Plazas de armas, Rocafort, y Fernan Ximenez contra el desgraciado Imperio por Mar, y tierra inundandole de muertes, ruinas, y destrozos, prendieron quantos Vasos encontraron, y quemaron en Estanara, Atarazanal del Imperio, ciento, y cinquenta Vaxeles, reservando solo quatro Galeras, que eran de su Armada; y cargados de despojos partieron á Galipoli para tratar los puntos de su conquista, y luego bolvieron á sus estancias.

Conquista de Modico.

Vitorias maritimas cōtra Griegos.

Apenas avian buelto á sus Plazas de armas los Capitanes, quando supieron que los Masagetas, ò Alanos bolvian á su Patria, y como se hallavan tan ofendidos los nuestros de aquellos, como de los Griegos, pareciòles ser obligacion vengarse de aquella feroz, y barbara Nacion: para empeñarse en esta empresa desampararon todos sus Plazas, menos Ramon Montaner que quedò governando á Galipoli, obligado de los ruegos de todos, para guarda de mas de dos mil mugeres, y copia grande de niños, y Capitan de ciento y treynta y quatro Infantes y siete cavallos, que le dexaron por presidio; partiendo el residuo á encontrar á los Alanos.

Por este tiempo passava à verse con el Emperador, Jorge Cristopol principal de Macedonia con ochenta cavallos, y sabiendo la poca guarnicion de Galipoli, quiso provar la mano en la campaña: avisado Montaner saliò de la Plaza con catorze cavallos que se hallaron en ella, con los siete que avian dexado, y algunos Almugavares, encontrò á los enemigos, derrotòles con muerte de treynta y seys, librandose los demàs por la ligereza de los cavallos; bolviò á Galipoli, y dividiò el despojo entre los Soldados.

Mientras Montaner defendia á Galipoli, llegaron los Catalanes á encontrar á los Alanos antes de atravessar el monte Hemo, en numero de tres mil cavallos, seys mil Infantes, y grande numero de viejos, mugeres, y niños, con copioso carruage, y bagage, y mozos que lo guiavan: hallandose todos á las faldas del Hemo defendidos, y fortificados con los carros al circuito del Exercito, descansaron vn dia los nuestros en sus Alojamientos, presentaron la batalla el segundo dia á los Alanos, que la admitieron admirados, y no espantados del caso, por exceder en numero á los nuestros, y ser la Nacion mas belicosa de Levante: Diò principio al Militar conflito George General de los Masagetas (que fue el que matò á Roger) con mil cavallos: oponiendose á los nuestros, pelearon cavallos con cavallos, Infantes con Infantes cō igual fortuna hasta medio dia, y aunque los migos eran superiores en numero, y fortificados, se hallavan ya casi en lo vltimo de su defensa, quando mataron los nuestros al General enemigo sugeto principal de los odios, y venganza de la Nacion Catalana, y se declarò la vitoria à su favor hallandose los enemigos ya casi deshechos, aunque firmes en la batalla, porque les mantenian los dos contrarios afectos de odio, y amor; odio à nuestra Nacion, y amor à sus hijos, y mugeres, que para defenderlos, obraron extravagancias, y prodigios en fuerza del amor; pero estos afectos llevaron antes al precipicio à los Infelices, pudiendo solo salvar sus vidas con la fuga trescientos, quedando los demás en el campo victimas de la Catalana vengança, dexando en poder de nuestra Nacion sus tesoros, y quanto avian alcançado de los Griegos en tantos años de servicios, perdiendolo todo en vn dia; conseguida esta vitoria bolvianse ricos, y alegres à Galipoli, quando supieron que se hallava en peligro la Plaza, por tenerla oprimida los Ginoveses que se huvieron de apartar de ella vencidos del valor de Montaner, y de las mugeres.

Vitoria cōtra Alanos.

Fue el caso, que Antonio Espinola con veynte y ocho Galeras Ginovesas, y siete Griegas ofreciò con ciertos pactos al Emperador Griego sacar à los Catalanes de Galipoli, adonde llegò entrando de paz, y pidiendo sobervio desamparassen la Plaza, respondiò reportado Montaner, instò confiado el Ginoves, y desafiòle: enfadado Montaner, obligòle à salir de la Plaza, y à bolver à sus Galeras: viendo el peligro Montaner, alentado del valor de las mugeres Catalanas, encargòles la defensa de las murallas, formando esquadras de diez de ellas, governadas por vn Mercader Catalan en cada esquadra, y saliò à impedir el desembarco al enemigo con siete cavallos, y ciento, y treynta quatro Infantes, à cuya vista desistiò el enemigo, y passò las Galeras lexos de los nuestros, y logrò el desembarco: opusose Montaner con la pequeña tropa à la grande multitud de enemigos, siempre defendiendose, y retirandose con orden al abrigo de la Plaza, con grande daño de los que le seguian, y sentimiento de los nuestros por verle herido de cinco heridas penetrantes, que no le estorbaron governar à los suyos, y pelear contra los enemigos en los repetidos assaltos que dieron à la Plaza; que se defendiò constante por el hermoso valor de las mugeres, que aunque heridas en los rostros arrojavan de las escalas con sus espadas, y lanças à los desdichados Ginoveses, que emprendieron esta guerra con desprecio del corto numero de los nuestros, y la prosiguieron con teson, y verguença de la resistencia: la dexaron con perdida de grande numero, y de honra, y muerte de su General Espinola, seguido de Montaner, en la retirada: acompañaron à su General en la tragedia quatrocientos cavallos, y à Antonio de Rocanegra quarenta Soldados, que cortados de los nuestros no pudieron lograr embarcarse.

Valor, y defensa de Galipoli por las mugeres Catalanas.

Despues desta vitoria bolviò Montaner à Galipoli, y llegò el Exercito vitorioso vencedor de los Alanos, para celebrar duplicados triumphos: entraron los vencedores Catalanes hasta las mismas Galeras enemigas con muertes, y daño de los Ginoveses, que avergonzados no se atrevieron à bolver à Constantinopla; y es cierto que si Montaner huviesse tenido mas gente, sin duda huviera rendido todas la Galeras.

Sucedieron estos hechos desdel año 1305. hasta el de 1308.

§. III.

§. III.

De la guerra, y discordia Civil de los Catalanes: Conquista de Athenas, Neopatria, Beocia, Acaya, Thesalia, &c. y reflexion à las imposturas, y cargos de los estrangeros contra nuestra Nacion en estas Conquistas: y Estado de los Catalanes hasta la perdida de Athenas.

DEspues que los Ginoveses consiguieron con engaño la prision de Berenguer de Entença, y no quisieron entregarle à Ramon Montaner, llegò la noticia à Galipoli que le tenian en indigna Carcel en Genova; entonces los Catalanes embiaron à Garcia de Bergua, Perez de Arbe, y Pedro Roldan por Embaxadores al Rey Don Jayme, para que pidiesse la persona de Berenguer à la Republica con los daños, y gastos: executòlo el Rey, convinieron los Ginoveses con ciertos pactos, y consiguiò la libertad Berenguer: pidieron los Embaxadores al Rey assistencias entregandole aquellas Provincias como à su Señor, escusòse, partieron al Papa, y al Rey de Francia, no consiguieron cosa. Berenguer hizo los mismos oficios, y solo logrò cansacio, y gastos: desesperado de favor llegò à Cataluña, empeñò su hazienda, juntò quinientos hombres, y passò con ellos à Grecia en socorro de sus Conmilitones.

Dexemos surcar el salobre elemento à Berenguer, y bolvamos à Grecia, donde los Catalanes se prevenian, aun despues de tantas vitorias, para defenderse del poder del Imperio, y conservar lo adquirido; por esto viendo su pequeño numero; y que sus Reyes Don Jayme, y Don Fadrique no cuydavan de favorecerles, admitieron el socorro que les ofrecian los Turcos que por la traycion de los Griegos, y su pusilanimidad desampararon la Assia ellos mismos eligiendo antes entregarla à los Turcos, que conservarla en la libertad que la avian puesto los Catalanes, y que cumplirles la promessa para mantenerla. Admitieron solo los Catalanes dos mil Infantes Turcos, y ocho cientos cavallos: censurada accion en las historias estrangeras; pero con poca razon, como veremos. En este mismo tiempo los Turcoples ofendidos del Emperador quisieron passarse à los Catalanes, respondiòseles serian admitidos con las mismas condiciones que los Turcos, y con mayor afecto por ser Christianos: con estos socorros ya se hallava segura, y arbitra del Imperio nuestra Nacion, si el vicio de la emulacion, y embidia, que la predomina, no la dividiera para su daño, y contra el vniversal provecho de la Iglesia.

Llegò Berenguer de Entença con sus Soldados à Galipoli, lleno de finezas con su Nacion, y de esperanças de exaltarla, y vengarla con el Baston de General, que se le devia: resistiò Berenguer de Rocafort, que le avia tenido en su ausencia, y hecho famoso en el mundo por su valor, y vitorias, diziendo que el estado de las dependencias se avia mudado; y por convenir, se dividieron en aficiones, y facciones, dexando al arbitrio de los Capitanes, y Soldados, seguir à vno, ò à otro General: divididos los animos, dividieronse los Soldados, y luego los Exercitos: Berenguer con los suyos partiò al assedio de Megarix Plaza importante, y Rocafort à Nona sesenta millas de Galipoli, y treynta de Megarix.

Por este tiempo llegò à Galipoli con vn Navio Ticin Iaqueria Ginoves, disgustado con los otros: ofreciò servir, y ayudar à ganar el Castillo de Fruila: fue admitido, llegò à la Plaza con vna Galera, y quatro Navios, y por Cabos de la accion quatro Catalanes del Consejo de la Compañia: llegaron ya de dia, no obstante entraron el Castillo defendido de quinientos Ginoveses, con muerte de ciento y cinquenta; y muchos prisioneros; ocuparon la Villa, y tomaron quanto bueno, y rico hallaron, y lo mas precioso vn pedazo de lignum Crucis que lleva-

va

va San Juan Euangelista, vna Alba labrada por manos de la Virgen, y el Apocalipsis escrito de letra del Santo.(1.) Conseguida la vitoria desmantelaron la Plaza, bolvieron á Galipoli; y dividieron las reliquias y despojos, tocando á Montaner el preciosissimo Tesoro del Sagrado Madero: alentado el Ginoves con la vitoria, pidiò assistencias à Montaner para otras empresas; y concedidas, passó á la Isla de Tarsó, ganò vn fuerte Castillo, y le mantuvo con la assistencia de nuestra Nacion.

(1) *Montaner, Coronica.*

El Rey Don Fadrique de Sicilia no quiso empeñarse à favor de su Nacion quando le pedia socorro, por temer su ruina, y ya que la viò superior al Imperio, admitiò el dominio, y embiò en su nombre General, y Lugarteniente al Infante Don Fernando de Mallorca, sin advertir que el ofrecimiento se avia hecho estãdo la Nacion conforme, y que avian ya passado cinco años: esto no obstante con la esperança de ser admitido, llegò el Infante à Galipoli con quatro Catalanas Galeras, y fue admitido del Montaner, de Berenguer, y de su sequito; y Jurado Lugarteniente del Rey de Sicilia, Rocafort acostumbrado à mandar, se le hizo aspero obedecer; pero no atreviendose à oponerse al Infante por el gusto que advertia en el Exercito de admitirle, para ganar tiempo, respondiò à la carta que le remitiò el Infante, que el cerco de Nona se hallava muy adelantado, y que le suplicava passasse con su Exercito à consolarles, que le darian toda satisfacion. Partiò luego el Infante, acompañado de mucha gente, y de solo Montaner, y de los Cabos principales, por no irritar los zelos, y melancolica condicion de Rocafort: llegò à los fossos de Nona el Infante, y Rocafort previno à su Exercito de las dificultades que se devian ponderar en admitir al Infante por el Rey de Sicilia, y el Infante instò luego à Rocafort que leyesse las cartas del Rey al Exercito, à lo q̃ obedeciò à mas no poder; pero representò à los suyos las fuerças con que se hallava, la poca atencion que devian al Rey de Sicilia en seys años de guerra, pues jamàs se avia acordado de favorecerles, exaltò las prendas relevantes del Infante, y que era mas acertado elegirle Rey, para tener alli de la misma Real Casa quien los governasse, y premiasse. Con facilidad convence à la ignorante multitud el hermoso disfraz de las paliadas razones, y assi cediò el Exercito à las de Rocafort, y decretaron admitir por su Señor al Infante; el qual no quiso faltar à la confiança del Rey su Primo, ni à las obligaciones de su Real sangre, no pudiendole jamas persuadir executasse accion que la juzgava poco decorosa à su Real esplendor; pero atento al bien de su Nacion, no quiso desampararla hasta verla vnida, como importava para conservarse, y mantener lo adquirido.

Con la venida del Infante se alentaron los nuestros, y perdieron el animo los Assediados Griegos de Nona, y Megarix, y entregaron sus Plazas à la clemencia de los vencedores, que aunque la executaron con las personas, no la consiguieron las haziendas, que ya apetecian con codicia los nuestros. Conseguidas estas Plazas, trataron los Capitanes por la penuria de Tracia, passar à la abundante Macedonia, dispuso el Infante que Montaner con la Armada acarreasse à los viejos, mugeres, y niños, y que el Exercito de Rocafort precediesse vna jornada al de Berenguer de Entença, y Fernan Ximenez, porque encontrandose, no desfogassen el odio Capitanes, y Soldados en daño de la causa publica: saludable consejo, si se huviesse logrado: malogrose la prevencion advertida deteniendose en los regalos del Pais el Exercito de Rocafort, y caminando de mañana el de Berenguer por guardarse del Sol, llegò à emparejar con el de Rocafort, que viendole venir rompiendo el orden, juzgò que venia à acometerle: con esta impression, armado de todas armas encaminò sus Soldados contra los de Berenguer, peleando Catalanes con Ca-

Catalanes: llegò la noticia del renquentro al Infante, y Generales, adelantòse à todos Berenguer desarmado, para sossegar la pendencia con su autoridad: llegaron Gispert de Rocafort, y Dalmao de San Martì, que cruelmente desatentos le atravessaron con dos lançadas; cayendo muerto à manos de sus mismos naturales, el que les avia dado tantas vitorias, y padecido tales trabajos para su alivio: dieron à su Cadaver honroso Sepulcro en vna Hermita de San Nicolàs en medio de las enemigas Provincias: apaciguaron como pudieron el encono de los Soldados el Infante, y Rocafort, pero no tan à tiempo que no quedassen antes en la campaña muertos ciento, y cinquenta de acavallo, y quinientos de apie de entrambas partes: Fernan Ximenez con los que le quisieron seguir, no fiandose de Rocafort, se fortificò en vn vezino Castillo, y de alli se ajustò con el Emperador Andronico, exponiendose antes à la dudosa Fe de los Griegos, que à los daños de los Civiles disturbios.

La tragedia de Berenguer, retirada de Fernan Ximenez de Arenòs, y Vandos del Exercito, quitaron las fuerzas à las conquistas de la Nacion, porque el Infante se embarcó para Sicilia con sus Galeras, governadas por Jayme Despalau, y Dalmao Serrat; y para quitar del todo el acierto à nuestras armas, llevòse consigo à Montaner, alma, y espiritu de todo el Exercito, y padre respetado, y obedecido de todos, por su edad, y prudencia: los aficionados à Berenguer se embarcaron para Sicilia, y Cataluña, y los amigos de Fernan Ximenez siguieron su fortuna, quedando la menor parte con Rocafort.

Llegò con sus Galeras el Infante à la Isla de Tarso, recibiòle en el Castillo el Ginoves Iaquería, y entregòle las llaves, como à Señor: bolviòselas el Infante, y partiòse à Negroponte, y quiso desembarcar à costa de su libertad, que la perdiò à manos de los Franceses, y Venecianos, los quales no obstante el salvo conduto, y palabra, preso le entregaron al Duque de Athenas, disgustado con el Infante, por los daños que avian recebido sus Costas, de nuestras Galeras: prendieron tambien los Franceses à Montaner, y à Garcia Gomez de Palacin, à los quales llevaron à Rocafort, para agasajarle, y obligarle à que se vniesse con el Exercito de Carlos de Valoys, al qual el Pontifice avia concedido la conquista del Imperio de Oriente. Recebido el presente, Rocafort mandò quitar la cabeza à Palacin, y no se atreviò à Montaner por ser venerado de todos, y peligrava su persona sino le huviesse tratado con amor: instó à Montaner Rocafort q̃ quedasse en el Exercito, pero no quiso fiarse Montaner: pretendiò como devia bolver à servir al Infante, embarcòle Montaner, y de Macedonia passò à assistir al Infante, el qual le mandò partir à Sicilia à dar noticia al Rey su Primo del estado en que se hallava, el qual mejorò con la libertad conseguida por la autoridad de nuestro Rey, del de Sicilia, y Mallorca.

Hallandose ya Rocafort casi supremo, apartados los Cabos principales, y juzgando que ni el Rey de Aragon su Señor, ni el de Sicilia le assistirian, ofendidos de la muerte de Berenguer, y de la repulsa de la soberania de aquellas Provincias, obligò para su daño à convenir al Exercito con los largos partidos que le ofrecia el General de Francia: juntandose con su Exercito, firmò la liga Rocafort de los dos Exercitos, para apoderarse del Imperio Griego, y juraron entrambos Generales los pactos: procediò valiente siempre Rocafort, pero con aumentos de crueldades, y tales que obligaron à sus mismos Soldados à quexarse al General Francès: no diò oidos este, bolvieron segunda, y tercera vez à instar, dudò en el hecho por la autoridad de Rocafort, vltimamente juntò los Cabos despues de aver prevenido à Rocafort de las quexas, solicitando moderarle con blandura, pero no consiguiendolo atendiò al sentir de los Capitanes: bolvieron estos à sus instancias, de las quales advertido Rocafort, pretendiò con lo horrible de su ceño atropellar con todos: enfadaronse los Cabos, le acometieron, y prendieron, y presentaronle à Tibaldo General de Carlos de Valoys, el qual le entregò con su hermano al Rey Roberto de Napoles, que vengativo por los daños que avia recibido de Rocafort, los embiò presos al Castillo de Aversa, donde murieron desgraciadamente de pura hambre: indigna muerte de tal Varon, y de tales hazañas, à no averlas desllustrado con su crueldad, y avaricia; pero es cierto fue vno de los mejores, y mas afortunados Capitanes que avian visto muchos siglos: por la entrega de Rocafort à los Franceses, siempre emulos, y enemigos de los Catalanes, se sintieron tanto los Almugavares, y otros Soldados, que arrebatando las armas sacrificaron las vidas de catorze Capitanes, que juzgavan complices en la tragedia de Rocafort; y de grande numero de Soldados; y apaciguandose despues se apartaron del acuerdo con los Franceses, y formaron su Republica aparte; y Tibaldo General con su Armada bolviò à Francia.

Muerte desgraciada del insigne Capitã Rocafort.

Venganza de los Almugavares por la muerte de Rocafort.

Para el govierno de su Exercito, y Provincias à falta de sus Generales, eligiò el Comun de los Catalanes à dos Cavalleros, à vn Adalid, y à vn Almugavar, para que estos quatro se añadiessen al Consejo antiguo de los doze, formando de todos el supremo Consejo, para el acierto de sus operaciones: passaron todo el invierno del año 1310. en su Plaza de Armas de la antigua Casandria de Macedonia, aqui les embiò por Embaxador el nuevo Duque de Athenas, Conde de Brena, (que avia sucedido à aquellas Provincias) à Roger Deslau Catalan para ofrecerles los mismos partidos que les avia ofrecido el Emperador, si quisiessen passar à defenderle: acceptaron, y capitularon los partidos, y dispusieronse à passar à la Atica; pero como era dificil sin Armada, por hallarse tan adentro de las Provincias del Imperio, y tener aquella Provincia tan destruida por la crueldad de la guerra, para remediar la necessidad de viveres, y passar al socorro del Duque, se arrojaron con diligencia sobre Thesalonica Ciudad rica, poderosa, y bien presidiada, que por la falta de viveres no pudieron ocupar, y passaron à Tracia, que la hallaron qual la avian dexado, pero con todo el poder del Imperio para impedirles el passo: bolvieron por Macedonia, llegaron à Thesalia, passaron entre los celebrados Montes Olimpo, y Ossa, detuvieronse à las riberas del Rio Penèo, y en el ameno valle Tempe, assegurandose en la Thesalia; y fortificando los passos, se burlaron de los Griegos, porque con tan grande Exercito no se les avian atrevido.

Llamandoles ya el tiempo, dexaron aquel alegre Pensil, y fabulosa recreacion de los fingidos Dioses de la Gentilidad, y entraron adentro de la Thesalia: combidóles su Principe con buenos partidos de alojamientos, viveres, dineros, y guias para llegar à Athenas, con que quedasse su Provincia libre de las hostilidades de la guerra: dexaron libre à Thesalia, passaron por los Montes de Blaquia, siempre peleando, vencedores contra los Griegos, pero huvieron de gastar todo el verano en esta militar, y embarazósa marcha. Llegaron al Otoño à Acaya, Provincia del Ducado de Athenas, passaron el invierno alojados en sus Lugares, y en los Pueblos Locrenses: admirò à todo el Orbe esta vitoriosa, y gloriosa Marcha de nuestra Nacion, excediendo en ella à quanto avia obrado, y fue la mayor gloria Militar de la Nacion; y entendiendola todos los Principes de aquel Levante, solicitaron su amistad, y confederacion, con sumptuosas, y solemnes embaxadas; pero prevaleciò la palabra dada al Duque de Athenas, y el afecto de la Religion, por ser Latino, conocerle los mas, quando estuvo preso en Sicilia, y hablar con gran claridad el lenguaje Catalan; que siempre concilia las voluntades el natural Idiòma.

Notable marcha de los Catalanes.

Recibiò el Duque con festivas demostraciones á nuestro Exercito, y juzgandosse ya vencedor de sus enemigos, que le tenian vencido, y arrinconado en Athenas, emprendiò la guerra contra todos juntos, que eran el Emperador, el Principe de los Blacos, y el Despoto de Lara, todos poderosos, y vencedores de sus armas; pero ya vencidos del valor de nuestra Nacion en diferentes batallas, que sumariamente las refieren los Autores Griegos. Fueron sin duda muchas las vitorias, pues consiguiò el Duque defender sus estados, cobrar mas de treynta Plazas, que le avian ocupado, entrar, y ganar algunas de los enemigos, y concluyr pazes muy honrosas, favorables, y aventajadas, en gloria de nuestra Nacion, que siempre es poco afortunada en la relacion de proezas tan memorables, que estas solo pudieran eternizar su estimacion en los venideros siglos.

Ingratitud del Duque de Athenas contra los Catalanes.

Hallaron las vitorias de los Catalanes en el Duque de Athenas otro segundo ingrato, y desconocido Andronico, que olvidado de los beneficios, correspondiò con ingratitudes, faltò á lo pactado, se ofendiò que le pidiessen sus sueldos, y pretendiò con agravios satisfacer beneficios; y bien amaestrado en el valor de la nacion, y en lo poco que sabia tolerar los agravios, pretendiò con color de favor, arruynar el Exercito, dividiendole las fuerzas: para esto eligiò ducientos de acavallo y trescientos de apie, á los quales heredò decentemente en los Lugares de sus Estados, que lo agradecieron por juzgarlo fin de sus trabajos, y principio del premio de los demàs; pero presto se quitò la mascara, pues apenas fueron separados estos quinientos del Exercito, quando intimò á los demás el destierro de sus Estados, pena de muerte, ò esclavitud. Acudieron los nuestros con todas las demostraciones de humildad á suplicarle les favoreciesse como obligado, y solo consiguieron ofenderle, indignarle, y ensobervecerle mas. Viendo los nuestros que no conseguian con la humildad, y respeto lo que se devia á sus obras heroicas, llenos de valor, con aliento de animo noble, y Militar le avisaron que defenderian su honra, y le obligarian á que la tuviesse hasta perder todos las vidas en la campaña; y para mantener el desafio ocuparon algunos Pueblos, y los fortificaron, y se mantuvieron de las contribuciones del Pais todo el invierno del año 1313.

Accion hõrada de los Catalanes.

Honrados como siempre los quinientos Catalanes heredados en los Estados del Duque, con generoso desprecio de sus haziendas, y descanso, juntos fueron á despedirse del Duque, y renunciarle sus bienes, diziendo no los tenian por tales sin la compañia de su Nacion, por cuyo valor avian conseguido aquellos premios de su mano.

A esta accion cortès, y pundonorosa de los nuestros, respondiò desatento, y descortès el Duque, echandoselos de delante con imprudentes amenazas, y luego juntó su Exercito de seys mil y quatrocientos cavallos, y mas de ocho mil Infantes; juzgando con estos, passará cuchillo nuestro Exercito, y dominar á Constantinopla: detuvieron su impetu, y apaciguaron su colera nuestros Paysanos, que siempre avian ignorado el temor, y ser vencidos, salieronle al encuentro con solos tres mil y quinientos Cavallos y quatro mil Infantes: anegaron el terreno los nuestros con el agua de vna Azequia, para que no pudiese obrar con tanto acierto la cavalleria enemiga, dexando algunas calles, y Lugares enxutos para las entradas de la nuestra, y ordenanza para esperar la batalla: quisola empezar el siguiente dia el Duque con ducientos cavallos Franceses: salieron al oposito los nuestros, y á este tiempo los Turcos, y Turcoples que seguian nuestras Banderas, se apartaron del Exercito, temiendo ser fingida la guerra, y solo en su daño para acabarles, no pudiendo juzgar que el Duque moviesse guerra á los que le avian defendido sus Estados, y comprado con

su

su sangre la paz: no se turbaron los nuestros, ni se persuadieron quedarse los que se apartavan, porque solo era tiempo de pelear, y assi lo executaron con valor: aunque algun tiempo quedò dudosa la vitoria, pero acometidos los enemigos por vn costado, de los Almugavares, estos les desordenaron, y cayendo la cavalleria en la trampa del Pais anegado, con las caidas de los cavallos empeçò à vaciliar, y retirarse; pero continuando los Almugavares con sus dardos, la destruyeron en parte, y entre los primeros al Duque de Athenas, que pagó su ingratitud con la vida: viendo entonces los Turcos, y Turcoples que iva de veras el negocio, bolvieron, y arremetieron con tal furia en los vencidos enemigos, y con tan cruel carnizeria, q̃ solo escaparon Bonifacio de Verona Italiano, y Roger Deslau Catalan, que servian al Duque.

Muerte del Duque de Athenas, y cõquista de su Ducado.

Con el calor de la vitoria llegaron los nuestros à Athenas, dominaronla con toda la Provincia, que luego se les sujetò: passaron à Thebas, la rindieron, y todas las fuerças de los Estados del Duque: concedieron el govierno de las Provincias à Bonifacio de Verona que no admitiò, y eligieron à Roger Deslau, que casaron con la Viuda del Señor de Vola, y ellos con las hijas, y mugeres de los que murieron en la batalla, determinados de quedarse en aquellas ricas, y fertiles Provincias, en premio de sus trabajos; y de alli prosiguieron la guerra contra las vezinas Provincias, de las quales ocuparon toda la Beocia, y Acaya, quedando en estas, y en las de Atica, y Neopatria que vulgarmente entre los Cosmografos se llama Patria, y es parte de la Provincia de Acaya, poblados: quisieron los nuestros premiar los servicios à los Turcoples Christianos, poblandoles con ellos en aquellas Provincias, y eligieron la Servia, obligados del agasajo del Principe de aquella Provincia: pidieron à los Turcos admitiesen algunos Lugares apartados; pero ellos con deseo de bolver à sus casas se escusaron, y despues de bien pagados, y premiados, en numero de ocho cientos Infantes, y mil y trescientos cavallos partieron por Macedonia à la Natolia, pero no pudieron lograr su viage, muriendo à manos de los Griegos.

Quedaronse ya firmes, y seguros los nuestros en las referidas Provincias governadas por Roger Deslau, para assegurarlas, y defenderlas, y no menos para tener ocupados à los Catalanes, porque es cierto han de emplearse en alguna guerra estrangera, para evitar las disenciones, y civiles empeños, que suele la ociosidad dispertar en la fuerza de su alentado natural; empleàronse pues contra el Griego Emperador contra el Principe de la Morèa, y contra los Despotos de Lara, y Braquia; ya peleando contra los vnos, ya contra los otros, y haziendo treguas con los vnos para pelear libremente contra los otros. Sucediò lo referido en este §. desdel año 1308. hasta el de 1314. inclusive.

Las conquistas, y vitorias destos ricos, y abundantes Estados dispertaron la embidia de los Franceses, y Aliados contra nuestra Nacion, y llenaron los oydos del Pontifice Clemente V. de estraño sentimiento, por las quexas que propusieron de los daños executados contra Franceses, y de la ocupacion destas tierras poseìdas del Duque de Athenas por su naturaleza Francès. Diò credito el Pontifice à las quexas de sus Paysanos, y despachò dos Bulas à los catorze de Enero año 1314. vna dirigida al Patriarca de Constantinopla que se hallava en Negro Ponto, y otra à nuestro Rey Don Jayme, que contenia los ruegos, que con ansiosa piedad le pedia: *Mandasse à toda aquella formidable Compañia salir de las tierras de Athenas, porque siendo Vassallos del Rey esperava le obedecerian.* Respondiò el Rey Don Jayme cortès al Pontifice, escusandose con estas razones: *Que seria muy duro mandato para los vencedores, y posseedores, intimarles el despojo voluntario de sus conquistas, militares domicilios; que seria*

ria exponer el Rey su autoridad con Vassallos que no lo eran tanto como lo avian sido, y no esperavan serlo, por aver peleado contra su persona, y Armada en la defensa de Sicilia, y que ellos no obedeciendo no podian temer castigo, ni esperar el premio digno de tan ardua obediencia, y voluntaria pobreza, que no se podia dudar de la arrogancia, y condicion de los Soldados; pero que el Duque de Athenas avia merecido, ò no desmerecido aquella su tragica fortuna, por faltar à la fe, y palabra, no solo escusando pagar lo que justamente tenian ganado los Catalanes, si queriendoles echar de sus Provincias con indignaciones, y vfanias; y que su Santidad pusiesse en su pia consideracion, que no era justo desdeñar, ni irritar aquella vitoriosa, y brava gente, que como Catalana seria siempre el brazo derecho de la Iglesia contra los separados Griegos, que tanto la temian por sus vitorias; principalmente contra Turcos enemigos comunes; y que para que obrasen contra los enemigos de la Fè, pondria sus fuerzas, empeñaria su autoridad, y ofreceria los medios para lograr fin tan justificado. (2.) Con esta respuesta se apartò el Rey del empeño en que queria ponerle el Pontifice; y quedaron los Catalanes assegurados en sus dominios; y es digno de ponderar que este Pontifice Francès se valiesse de la autoridad del Rey de Aragon, y no del Rey de Sicilia amado, y amante de aquellos Soldados, y que no ignorava les favorecia.

Alabança de los Catalanes.

(2) *Abarca, anal.*

Numerosa caterva de los Autores Franceses, y Griegos, desaogan su odio contra nuestra Nacion culpandola de los daños, y robos executados en Assia dominada casi de los Turcos: no disculpo la avaricia, y militares desafueros de los Soldados de nuestra Nacion, pero advierto, que no huvieran procedido mas atentos los que les culpan, y que los de Assia devian tolerar algunas licencias por averles librado del Infame yugo de los Turcos, y defendido la Religion, y los Griegos no tenian ocasion de ponderar Quarteles de Assia, quando ellos por medio de nuestras armas recuperaron el dominio perdido de aquellas Provincias.

A la segunda impostura que es la extravagante, cruel, y vengativa guerra de los nuestros contra los Griegos; se responde, que estos dieron la causa en faltar à la fe, y juramentos, en negarles las pagas, en las viles muertes que con traicion dieron à Roger de Flor, y à los que pudieron de nuestra Nacion, en faltar al derecho de las gentes en la muerte de nuestros Embaxadores, y en las atrozidades referidas; y vltimamente eran herejes los Griegos, y bien podian los nuestros ocuparles sus tierras siendo Catolicos, y ofendidos, y no tener otro medio que vencer, ò morir: à las guerras, y conquistas de los Estados del Duque de Athenas, que es el tercer cargo, ya respondiò por la Nacion, su Rey Don Jayme, y de lo referido, consta averse comprado su desgracia el Duque con su ingratitud.

Al vltimo cargo mas sonado, y ponderado de la passion de los estrangeros con visos de piedad Christiana; se responde que dudamos, si los que culpan à nuestra Nacion se hallaran en el estado que se hallava en la Grecia, huvieran sabido mantenerse, y conservarse en los justos limites que se conservò la Catalana? Culpanla pues de aver admitido à los Turcos en su Exercito; y no parece culpable, porque hallandose los nuestros reducidos al numero de cinco mil, y menor, teniendo contra si el imenso tropel de enemigos, pues lo eran todos los del Imperio, los Ginoveses poderosos entonces, y todas las otras Naciones Latinas, que se hallavan en Grecia, para no perderse, y poder obrar en su justa defensa, podian admitir à los Turcos, aunque enemigos de la Fè, pues tambien lo eran los Griegos, contra los quales peleavan; y huvieran tenido justa ocasion de quexa los Catolicos, si los Catalanes huvieran admitido numero superior, ò igual destos Comunes enemigos en su defensa, porque entonces no se podian sugetar, y peligrava no introduxessen su secta; pero siendo estos auxiliares menos, pues solo admitieron

dos

dos mil y ocho cientos sugetos todos á la obediencia del General Christiano, y obligados á sus ordenes, no peligrava la Religion, mayormente admitiẽdo á los Turcoples finos Christianos; con que los Turcos aun no eran la quarta parte del Exercito, y no les permitian obrar cosa sin la obediencia de nuestra Nacion, que se hallava tan superior á todos; y de tropas Auxiliares de Herejes, y Paganos mientras sean pocas en numero se hallan grandes exemplares en las guerras de los Catolicos; conque no parece tan impio, como lo ponderan los estraños, porque la natural defensa obligò á nuestra Nacion; y no obstante sus ahogos solo permitiò tan corto numero para tenerle obediente, y sujeto, como siempre lo consiguiò, particularmente aviendo hecho las diligencias antes para solicitar favor con el Papa, y Principes Christianos.

Hallandose ya asegurados los Catalanes en sus dominios, muerto Roger Deslau, ò queriendo mudar de govierno, y asegurarse con mas fuerte presidio, embiaron sus Embaxadores á Sicilia para pedirle al Rey Don Fadrique al Infante Manfredo su hijo para jurarle Señor de aquellas Provincias, y con poder de admitirle, y prestarle el Juramento, si lo acceptava el Rey: el qual cariñoso admitiò el liberal agasajo de su Nacion, y por la poca edad del Infante, embiò en su nombre por Lugarteniente, y Capitan General del hijo, á Berenguer Estañol, tambien Catalan, el qual governò con acierto muchos años, y dominò las vezinas Provincias, dilatandose á la Thesalia; á la qual quiso embiar poderoso Exercito el Emperador Andronico año 1321. pero no tuvo efecto, porque hallandose los Catalanes muy poderosos, ocuparon la parte occidental del Imperio; y no pudieron los Griegos por sus civiles guerras acudir á defenderse de tantos enemigos como les perseguian.

Por este tiempo muriò Berenguer Estañol, embiaron los Catalanes por nuevo Virrey al Rey de Sicilia, el qual por el aprecio de la Nacion, y de aquellas dilatadas Provincias; nombrò á su hijo natural Don Alonso Fadrique, Lugarteniente del hermano, que dentro poco tiempo muriò, y mandò el Rey Don Fadrique admitiessen Señor á Don Alonso; pero lo cierto es quedò por Governador, dexando el dominio para el Rey de Sicilia, por quererlo assi nuestros Paysanos. Criavase Don Alonso en Barcelona, Corte del Rey D. Jayme, partiò de la Ciudad cõ diez Galeras, y mucha gente de Cataluña, de todos Estados, y llegò á Athenas, donde le casaron con hija de Bonifacio de Verona, vniendo á aquellas Provincias la tercera parte de Negroponto, y muchos Castillos, y Fuertes en tierra firme.

Corrieron con prospero viento las conquistas de los Catalanes hasta el año 1325. en el qual como exalaciones entraron los Albaneses por la Balaquia en las Catalanas Provincias con daño notable; pero rebatidos con valor, salieron escarmentados, y bolvieron á su antiguo lustre las Catalanas Armas; y assi año 1340. en el Consejo del Emperador se discurriò, que para librar al Imperio, de sus enemigos, se avia de declarar fuerte guerra contra los Catalanes, y que si estos eran vencidos, ó vnidos al Imperio, seria facil lograr el castigo de todos los Barbaros, y bolver á su antiguo esplẽdor el Imperio. (3)

(3) *Marino sanuto carta á Ingrano. Abarca tõ. 2. fol. 63.*

Permanecieron estos Estados vnidos á la Casa Real de Sicilia hasta el tiempo de nuestro Rey D. Pedro III. los quales por la muerte del vltimo Rey Don Fadrique de Sicilia dieron la obediencia á nuestro Rey Don Pedro año 1382. hallandose continuadas las glorias de sus Padres, y Abuelos, antiguos Conquistadores, haziendose pagar tributo de los Emperadores, al qual por la decencia llamavan estipendio, aun hasta este tiempo.

Permanecieron, y continuaron en su antiguo esplendor los descendientes de los Antiguos Conquistadores hasta el año 1452. en que Mahomet Segundo antes de la funebre conquista de Constantinopla los lle-

nò

nò de estragos, y muertes, por el valor conque se defendieron, olvidados de todos: y es evidente prueva de la constancia, el fatal castigo de la Ilustre Ciudad de Athenas, que mandò el Barbaro demoler hasta los cimientos, indicio de lo que le costò dominarla, y de temor que no bolviesse à dominar en lo venidero: desde este tiempo no llegaron noticias de los sucessos de los que escaparon con vida del sangriento naufragio: han corrido algunas relaciones, que no refiero por inciertas, y son, que los que escaparon de las manos de los Turcos, bolvieron à pelear contra sus enemigos hasta su total exterminio.

CAPITULO IX.

Encuentros del Rey de Francia con el Pontifice: Defiendele el Rey: La Nacion Catalana le libra, y castiga à sus enemigos: Paz con los Reyes de España: Vida, y Martirio de San Pedro Armengol: Ereccion de Governador de Cataluña: Muerte de Roger de Lluria: Embaxadas à Roma, y de Genova al Rey: Cortes en Monblanch: Assistencia à Castilla: Cayda de los Templarios: Rendimiento de Centa, y vitorias en Almeria, &c.

1303. MOviòse por este tiempo (al qual devemos bolver, y al estado en q̃ dexamos los sucessos en el cap. 7) vn disgusto muy grande entre el Pontifice Bonifacio, y el Rey de Francia por la prision de Bernardo Obispo de Apamia, acusado de varios delitos contra la Corona de Francia: sintiò el Pontifice Zelosissimo de la inmunidad Eclesiastica la detencion del Obispo: embiò Legados à Francia, y escriviò al Rey diesse libertad al Obispo, y le restituyesse los bienes, con otras clausulas mas expresivas de enojo: ofendiò al consejo de Francia esta ardiente embaxada, y tomando el Conde de Artoys las letras de mano de los Legados, las echò al fuego, y mandò el Rey saliesse luego de la Corte. Destos principios de tanto disturbio se estremecieron entrambos Orbes, que fuera largo, y no es de nuestra Historia referirlo. Pretendiò el Rey de Francia por medio de los Embaxadores verse con nuestro Rey para vnirle contra el Pontifice, y con Castilla à favor de los Infantes de la Cerda: respondiò el Rey al de Francia que le dolian mucho las discordias con el Papa Padre comun de los Christianos, por el respeto que le deven los Principes, y que no le avia participado cosa el Pontifice, pero que si lo hazia, le responderia como importava à todos; y en lo tocante à los Infantes de la Cerda, abriòse conferencia en Narbona, que no obrò cosa importante, por querer los Franceses primero tratar de la vnion de los Reyes contra el Papa, cosa muy agena de la piedad de nuestro Rey: aqui se derramaron los Franceses en su junta de Paris en tan horrendas imposturas, que ofendian los oìdos Catolicos: cotejense estas con las sumiciones, reverente obsequio, y filial obediencia de nuestra Nacion, y de las otras de esta Corona en los Reynados del Rey Don Pedro II. y Don Alonso II. no obstante el rigor con que fueron tratados, de aquellos Pontifices, en estos Reynados.

Estas irreverentes, è indignas acusaciones, dieron alientos à los Sequazes de Francia para obrar la sacrilega accion de prender al Pontifice el dia de la Natividad de la Virgen nuestra Señora en Anania, siendo los Executores vn Francès llamado Guillermo Noguerol, y el Italiano Sarra colona, apadrinados de algunos Cavalleros del lugar, y segun la voz comun, siendo complices algunos Cardenales: obraron à favor de la Iglesia los vezinos de Anania alentados por los Catalanes què servian en Sicilia, librando la persona del Pontifice de la tirana Carcel, y le acompañaron à Roma, (1.) donde maldixo al Rey de Francia, y à sus fautores, y despues de poco tiempo, ahogado mas de sus humores alterados de tanta tempestad, que de los descreditos de su honor, enfermò, y diò fin à sus dias, y trabajos.

Los Sequazes de Francia prenden al Pontifice y los vezinos de Anania alentados de los Catalanes le libran de la Carcel.

(1) Rey Don Martin en las Cortes de Perpiñan. Carbonell Cor. fol. 252.

Persiguieron à este Pontifice sus Emulos

Emulos aun mas allà de la muerte, tratandole de Herege, Cismatico, y otros delitos; de la impostura de los quales le libraron valientes N. de Carròs, y Guillen de Euol, Ilustres Catalanes, los quales publicaron Carteles por el Orbe, empeñandose à defender con las armas, y provar en batalla contra qualesquiera, la fe, è innocencia del Pontifice Bonifacio; y el Rey Don Jayme embiò à Clemente V. por su Embaxador à Bernardo de Fonollar Catalan para defender las operaciones de Bonifacio contra los ciegos empeños del Francès, año 1305. como veremos.

Defensa del Pontifice por los Catalanes.

Los Sobrinos del Pontifice defendidos de trescientos Catalanes vengaron muy bien sus desayres, con daño notable de sus enemigos, y ocuparon la Provincia de Campaña. (2.)

(2) *Juan Vilano Hist. en la vida de Bonifacio Zurit tom. 1. lib. 5. fol. 414.*

Poco antes de su muerte embiò el Põtifice Bonifacio à Cerdeña, y Corsega al Obispo de Valencia para que persuadiesse à los Obispos, y Barones diessen la obediencia al Rey de Aragon, que ya se prevenia à partir para aquellas Islas con la gracia de los diezmos de sus Reynos por tres años: dilatò el Rey esta empresa para tener antes seguros sus Reynos, deseando la Concordia con Castilla.

1304. Este año al primero de Enero erigiò el Rey el cargo de Portant veus de Governador General, que llamamos Governador de Cataluña, que no lo es sino Teniente del Principe, que es el Governador General, explicalo Bosch, tit. de honor de Cataluña à fol. 324.

1305. Este año se afectuò la conferencia de los Reyes de Aragon, Castilla, y Portugal en el lugar del Campillo, concluyeronse las pazes, y vnion con entrambos Reyes en Torrellas: al Agosto se acabaron de convenir el de Castilla, y el Infante Don Alonso, dicho de la Cerda, concediendole el de Castilla algunos Estados, pero muy divididos, compensando con ellos el derecho de los Reynos: formòse la confederacion contra el Rey de Granada, y entregò nuestro Rey al Castellano el Reyno de Murcia, reservandose Origuela, Alicante, y muchas Villas, y Castillos. Concluyeronse los tratados del casamiento de la Infanta Doña Leonor de Castilla con el Infante Don Jayme Primogenito del Rey, que no se efectuò; y vltimamente dividieronse las conquistas contra Granada.

Logrò el premio de su Martirio, y heroicas obras el Santo martir San Pedro Armengol con su preciosa muerte este año, fue San Pedro Armengol Catalan, natural del Lugar de la Guardia Arçobispado de Tarragona, de la Real familia de los Condes de Vrgel, Ilustre rama de tan fecundo Arbol; profetizòle su fortuna el Venerable Fr. Bernardo de Corbera, hallandose en su Nacimiento, diziendo: *A este Niño vn Patibulo, ha de hazerle Santo.* Diò señas en la puericia de lo que avia de ser, mayor; pero estragado en la juventud, hasta llegar à Capitan de Bandoleros, y preso por su mismo Padre, para que arrepentido buscasse el amparo de la mejor madre, asegurado à su sombra, baxo el Santo Instituto de la Merced; de cuya Religion recibiò el Habito en el Real, y primer Convento de Barcelona, donde nuevo hombre borrò sus passados delitos, y à graves culpas hallò raros modos de satisfacerlas, con continuos ayunos, fervorosa oracion, perennes lagrimas, perpetuo cilicio, y silencio, extraordinariamente domando su carne, pareciendo suma de todas las virtudes. Eligiòle primera, segunda, y tercera vez la Religion en Redemptor, quedò en prendas con sus compañeros en Argel, embiaron el dinero, bolviò à Barcelona, y embiòle la Religion à Bugia, rescatò 119. Cautivos, y no bastando el dinero, quedò otra vez Armengol en prenda: partiò el compañero Fr. Guillermo Novèlo con los Cautivos, y Armengol predicava, y enseñava à aquellos Barbaros, confirmando su doctrina con grandes maravillas: enfadados los Moros del grãde fruto de la doctrina de Armengol, echaronle en vn Calabozo, donde estuvo ocho meses,

San Pedro Armengol Martyr del Orden de la Merced.

martirizado todos los dias, con palos, y açotes; y á lo vltimo viendo que tardavan los mil escudos, en los quales estava empeñado, pidieron los Moros al Rey mandasse ahorcarle: diò su descargo el Santo, y bolvieronle à la Carcel, pero privaronle del forzoso alimento, para que pereciesse de hambre: passados algunos dias, juzgandole ya difunto, entraron en la Carcel, y lo hallaron mejorado de aliento, fuerças, y color, porque Dios por medio de sus Santos Angeles le avia ministrado el sustento: visto el prodigio bolvieron à maltratarle, y condenarle al indigno patibulo, y participòle la Virgē la alegre nueva, visitandole en la misma hora: llevaron al Santo á su apetecido Talamo, dexaronle pendiente, y juzgandole ya ahogado, partieron los Moros contentos, y los Christianos lastimados.

Ocho dias estuvo pendiente de la horca, sin que permitiesen los Barbaros acercarsse alguno, para que fuesse pasto de las fieras: llegó á este tiempo el compañero con el dinero, pidiò licencia al Rey para llevarse las Santas Reliquias, concediòlas, partiò al Lugar acompañado de los Christianos, advirtieron las Guardas que parecia vivo, y que de su cuerpo salia muy suave olor, y rayos de divina luz que salian de su rostro: acercòse el compañero, y oyòle elevado en suave extasi hablar con Dios ponderando sus imensas misericordias: buelto el Santo del extasi, llamò á su compañero, y le dixo llegate hermano carissimo, y baxame deste lugar, que quiere Dios que viva, para que cante sus maravillas perpetuamente, ayudame á darle gracias, y saluda á su madre Santissima que està presente, assistida de innumerable compañia de Angeles, y Virgines. Admirados del prodigio se convirtieron muchos Barbaros, llegò el Santo Martyr à Barcelona, venerado de todos, que por escusarlo partió al Convento de nuestra Señora de los Prados, donde acumulò meritos à sus prodigiosas obras, y logrò la Corona en el Empireo á veynte y siete de Abril. Venerase su Santo Cuerpo en la Iglesia de la Guardia de Monblanch, en vna sumptuosissima Capilla, y Retablo que mandò fabricar el Ilustrissimo, y Reverendissimo Señor D. Fr. Ioseph Linàs Arçobispo de Tarragona del Orden de la Merced, adonde se trasladò año 1701. à 4. de Setiembre.

Avia embiado el año 1303. al Pontifice Bonifacio el Rey por sus Embaxadores à Vidal de Vilanova, y à Guilen de Ceria para reconocer el directo dominio de las Islas de Cerdeña, y Corsega, y assistir al Pontifice: este año despues de ajustadas las pazes, mandò à estos Embaxadores participar la concordia con el Rey de Castilla, al de Napoles; y embiò por Embaxador extraordinario al nuevo Pontifice Clemente V. à Bernardo de Fonollar eminente sugeto de nuestra Nacion para oponerse, y resistir à los ciegos empeños de Francia, contra la memoria del Papa Bonifacio, y quitarle las impressiones vanas que los Emulos de Bonifacio avian impresso en su entendimiento; que assi han acostumbrado los Catalanes defender à los Romanos Pontifices, como lo dirá el curso de la Historia. 1305.

Muriò aquel excelso Marte, vigilante Mercurio, è inteligente Neptuno, nunca bastantemente elogiado Roger de Lluria, fue entorrado en Santas Cruzes, à los pies del Rey Don Pedro II. como à inseparable Conmiliton de sus Vitorias. Muere Roger de Lluria.

Este año por el recelo que tenia la Republica de Genova del passage del Rey à la conquista de Cerdeña, embiò Embaxadores para tratar pazes; y Francisco Conradino, y el Marques de Malaspina principales en Cerdeña embiaron sus Mensageros al Rey en Barcelona ofreciendose con sus Estados para aquella conquista; lo mismo executaron el Rey D. Fadrique de Sicilia, y otros muchos particulares; y embiò el Rey à prestar el homenage al Pontifice Clemente por las Islas de Cerdeña, y Corsega, y embiò al Rey de Napoles à Gilabert 1306.

bert de Centellas para enterarse del favor que le darian para la empresa, los de la parte Guelfa, y que seguian al Papa.

1307. Cortes en Monblãch. Este año congregò el Rey à Cortes los Catalanes en Monblanch para disponer la forma, y assistencias de la conquista de Cerdeña, y de la defensa de Castilla, y tratar de conservar la autoridad Real por algunas pretenciones de los Eclesiasticos; para cuyo efecto celebrò Guillen de Rocabertì Concilio en Tarragona, assistiendo todos los Obispos Sufraganeos, y demàs Prelados: embiò el Rey à Bernardo de Fonollar, para que procurasse, no se innovasse cosa, y à los Jurados de Zaragoça mandò embiassen sus Procuradores con poder de apelar, si con pretexto de la libertad Eclesiastica recibian ofensa los Pueblos, y Ministros; y vltimamente se tratò de la horrenda acusacion de los Templarios. (3)

(3) *Real Archivo de Barcelona, Arca 1. grande.*

El Rey de Castilla perseguido de los Moros pidiò licencia à nuestro Rey para levantar Soldados en estos Reynos para la defensa de Castilla, concediòla el Rey, y encargò à Bernardo de Sarriá su Almirante, que alistasse la gente, y se armasse como si fuesse para su Armàda, y servicio: desta manera acudia nuestra Nacion à los ahogos de Castilla.

Extincion de la Religion de los Tẽplarios. Viene seguida la caìda del mas fuerte, y vistoso edificio de la Militar Religion en la demolicion desde sus cimientos de la Orden de los Templarios, que para mayor claridad referiremos seguidamente: la Religion de los Templarios, primera entre las Militares, por su autoridad, Nobleza, Riquezas, y valor, en ciento y ochenta años desde su fundacion, puso hondos fundamentos de autorizada firmeza, que empeçaron à estremecerse, y vacilar por el vniversal rumor de su relaxacion año 1306. y con los robos no solo de las Provincias Cismaticas de Levante, si de las Catolicas, y posseìdas por nuestra Nacion escandalizaron el Orbe: confirmado el credito de los murmurados delitos en los vicios, y publicos escandalos, fabricaron en la Francia vn Eràrio de grandes Tesoros donde recogieron, y amontonaron todas sus riquezas, no exponiendolas al peligro de la guerra, y derramandolas en sus disoluciones.

Ofendidas las Provincias Christianas, clamavan, que todo se habria de sujetar à la avaricia de los individuos de aquella Religion, que ya se hallava con mas de dos Millones de rentas comunes, y quarenta mil ricas Encomiendas, por las quales, y sus riquezas, ò por sus disoluciones eran aborrecidos con interior, y exterior odio, principalmente en aquellas Provincias: diò motivo à rebentar la Mina del oculto fuego contra la Religion, vna pequeña centella que bolò tan levantado edificio.

Sucediò el año 1307. que el gran Maestre mandò prender al Prior de Montefalcon, notado de herege, y à otro Cavallero Florentino, los quales fueron condenados à carcel perpetua: estos, impacientes por el horror del lugar, acusaron al gran Maestre, y à toda la Religion de atrocissimos crimines, y monstruosas maldades delante del Papa; y à treze del mes de Octubre, por decreto del Papa, y diligencias del Rey de Francia, fueron presos todos los que se hallavan en Francia, con asombro del Mundo, que, aun con toda la embidia, no sospechò vicios tan enormes, como se provò aver cometido aquellos Religiosos. Dirigiòse el decreto à todo el Orbe Christiano, en Francia fue cometida la causa à los Inquisidores, en estos Reynos à instancia del Papa, y Rey de Francia se procediò contra los Religiosos con decreto del Rey por los Inquisidores; en vnos, y otros Reynos provaronse delitos enormes contra la Fe, y buenas costumbres: embiaronse los processos al Concilio General de Viena, despues de presos los que se avian defendido en los Castillos de Miravet, Monzon y en otras fuerças de la Religion, que fueron ocupadas, y secrestadas con todos los bienes: En este Conciliò se extinguiò la Orden de los Templarios año 1312. aunque no se condenaron

ron todos; antes bien muchos ſe declararon por buenos. (4) En los nueſtros, y en los otros de Eſpaña; no prendiò en General el contagio como en los demàs, pues infinitos vivieron deſpues, aunque ſin el habito, en piedad, y exemplo Chriſtiano, y otros ſe retiraron à las ſoledades de los montes, donde acabaron ſu vida penitente, muriendo en Chriſto. Quien guſtare ver por extenſo los meritos, y demeritos deſtos Religioſos, lo encontrarà en el Proceſſo, que ſe halla en el Real Archivo de Barcelona en el Armario de los Templarios. Lo cierto es, que las heregias, y otras ſuciedades, que ſe probaron, merecieron el caſtigo, que les diò la Igleſia. (5) En Cataluña la ruina de los Templarios, fue cuna de la Orden de Monteſa, y dilatacion de la de San Juan, rica con la extincion de la otra; y para credito de Cataluña, no devemos olvidar no averſe hallado complices en los delitos ſus Templarios, pues conſta por Bula del Papa Juan XXII. dirigida al Arçobiſpo de Tarragona para que los examinaſſe, el qual, juntado Concilio, decretò hallarſe libres de error: conſta en el Archivo de Tarragona, inſtrumento de 7. Kalendas Novembris anno 1312. No obſtante la averiguacion del Concilio, embiò otra Bula el Papa, mandando, que no obſtante que ſe hallavan libres, de los delitos comunes que ſe avian probado contra ſu Religion, ſe les mandaſſe dexar el habito, y entrar en otra Religion: executòſe eſta Bula à 24. de Enero ano 1321. dirigiòſe el mandato à Dalmao de Timòr, Beltrã de Vilallonga, Ramon Senjuſt, Berenguer de Montoliu, Pedro de Llobera, Arnaldo de Bañuls, Pedro Bonana, Bernardo Rovira, Dalmao de Rocabertì, y otros: conſta del Archivo de Tarragona, y lo refiere el Canonigo Andrès Blanch en ſu Epiſcopologio.

(4) *Nicolini Epit. Hiſt. §.196 pag. 346. Mẽdo, Ord. Milit. diſp. 1. §. 6. n. 27. Cerub. Bullar. t. 1. cap. 7. §. 4. num. 3.*

(5) *Bulla Clement. d. anno. Abarca, Anal. de Aragon, t. 2 fol. 70.*

1308. Eſte año vinieron à nueſtro Rey Embaxadores de Piſa con ciertos capitulos para la conquiſta de Cerdeña, y no pareciendo bien al Rey, ſe bolvieron mal deſpachados; por cuyo efecto, para aſſegurarſe de los Dorias poderoſos en Cerdeña, embiò el Rey à ſu Almirante Bernardo de Sarriá con la Armada à Cerdeña, el qual conſiguiò ſirvieſſen al Rey en dicha conquiſta, que aun no ſe executò eſte año por la diſcordia del Rey Don Fadrique, y del Rey Carlos de Napoles, de los quales eſperava el nueſtro aſſiſtencias; y para convenirles, mandò paſſar à Sicilia à Bernardo de Sarrià, y à Napoles à Pedro Boyl: ſolicitò el Rey la quietud de Italia, y los favores de los dos Reyes de Sicilia, y Napoles, y tambien de las Republicas de Florencia, Sena, y Luca, con los de las otras Ciudades de la parte Guelfa, por medio de ſus Embaxadores Pedro de Vilarraſa, y Fortuno Martinez; aſſentadas eſtas inteligencias, quiſo el Rey antes de la empreſa de Cerdeña, favorecer à Caſtilla oprimida de los Moros de Granada: para eſto ſe congregaron los Reyes en Monreal, y diſpuſieron ſu jornada con los promptos ſocorros de Indulgencias, y Cruzada, proprios de la Santa Sede en tan juſta guerra,

Saliero, nueſtro Rey cõ ſu Exercito, y nueſtra Armada con ſu General el Viſconde de Caſtellnou: à eſte mandò el Rey paſſar à Ceuta ocupada del de Granada, y rendida à nueſtras armas, por la diligencia del General, en el combate, y esfuerzo de los aſſaltos, quedando nueſtros vencedores, ricos con los deſpojos, y Eſclavos. Mientras ſe peleava con proſpera fortuna en Africa, emprendió por tierra ſu viage el Rey àzia Andaluzia, llegò à ponerſe delante de Almerìa, tantas ocaſiones librada, y otras tantas ocupada de los Moros: Eſta ſe hallava dominada de aquellos enemigos, y eſtrechada de nueſtro Rey, ya en los vltimos periodos; con que el Rey de Granada obligado de las inſtancias de los ſuyos, partiò con poderoſo Exercito para librarla. Saliò nueſtro Rey con parte del Exercito al opoſito de los enemigos, dexando al Infante Don Fernando en las trincheras para defenderlas, de los cercados: Embiſtiò primero el Rey 1309.

Conquiſta de Ceuta.

Valor del Rey, y fidelidad Catalana.

puesto

puesto à la frente de los suyos, y viendole en tanto peligro Guillen de Anglesola, y Asberto de Mediona Generales del Exercito, le rogaron se apartasse, y que no llevasse á todos con el recelo de los riesgos de su Real persona; y como el Rey se escusasse, baxando de cavallo cogieron las riendas del cavallo del Rey, y con justa, y leal violencia, vsando de su oficio, le apartaron del peligro. Travosse la Batalla con grande encono de entrambos Exercitos, pero presto los Moros cedieron al valor, y militar diciplina de los nuestros, que rompiendoles passaron á filo de espada grande numero, siguiendo despues à los que avian huìdo à la montaña, donde perecieron los mas, contando los vencedores, mas de seys mil de los Paganos tendidos en el campo. Mas trabajo tuvo en vencer à los assediados el Infante con su poca gente, pero con el favor Divino defendiò sus lineas, venciò à los enemigos con muerte del hijo del Rey de Guadix, y de grande numero, que le acompañò en la desgracia.

Con estas vitorias se hallava la Plaza sin defensa, ya obligada à rendirse; y para que no lo executasse puso su vltimo esfuerzo el Rey de Granada, bolviò à juntar las Tropas de todo su Reyno, y presentò segunda vez batalla à nuestro Exercito, alentado del numero de tres mil cavallos, y quarenta mil Infantes: diò con este poder sobre nuestras trincheras, que las defendieron nuestros Paysanos con tal valor, que no solo las libraron del impetu enemigo, pero le rebatieron, y vencieron, siguiendo à los que huìan, tres leguas por las Montañas, con muerte de mas de dos mil, y esclavitud de mucho mayor numero; y la cavalleria enemiga no pudo lograr el ardid de dividirse en pequeños batallones para introducirse en la Plaza como lo pensava, por la constante, y diligente oposicion del Rey.

En estado tan infeliz se hallavan los Moros, quando los Castellanos parte por sus odios, y parte obligados del Rey de Granada, vnos dexaron á su Rey; y otros le persuadieron levantar el assedio de Algecira donde se hallava, y retirarse á Castilla, para que acudiesse todo el poder de los Moros contra nuestro campo; que advirtiendolo el Rey Don Jayme, y confirmandolo con la noticia que le diò vn Moro, quiso apartarse con el honor proprio de nuestra Nacion, y concertò con el de Granada le entregasse los Cautivos que tenia Vassallos suyos; y bolviòse á Valencia, y de alli á Cataluña ofendido del sucesso. (6)

(6) *Carbonell, Cor. fol. 90. Abarc. t. 2. fol. 72.*

Los que mas se señalaron en esta guerra, de nuestra Nacion fueron el *Infante Don Fernando, Guillen de Anglesola, Asberto de Mediona, Guillen, y Ot de Moncada, Bernardo de Centellas, Bernardo de Cruilles, Guerao de Cervellò, Berenguer de Puigmoltò, Berenguer de Portella, Ponce de Rejadell, Pedro de Sant Vicens, Bernardo de Espes, Pedro de Queralt, Icart de Mur, Dalmao de Castellnou, y el Visconde de Castellnou.*

CAPITULO X.

Muerte de Carlos Rey de Napoles: Sucede Roberto: Tratanse pazes: Nombra el Rey de Castilla General al Visconde de Castellnou, que gana Ceuta favorecido de los Catalanes: Fundacion de San Agustin de Barcelona: Muerte de la Reyna Doña Blanca: Convento de Estarull: Cortes en Barcelona, y Iuran al Infante Don Iayme: Trata casar el Rey con la de Chipre: Cortes en Zaragoça, y declaran ser Fraga de Cataluña: Embaxada al Concilio de Viena: Bodas del Infante de Castilla con Maria hija del Rey: Pide el Duque de Austria à la Infanta Doña Isabel: Restitucion del Valle de Aran: Embaxadas al Papa: Homenaje del de Mallorca: Guerras de Sicilia, y Vitorias: Derechos al Imperio de Oriente: Guerras de Gerbes, Sicilia, y Moréa, &c.

MUriò Carlos Rey de Napoles este año 1309. fue Coronado Roberto su hijo, embiò el Pontifice al Rey paraque mandasse salir á los Venecianos, de sus Reynos, y embiò tambien à nuestro Gran Medico

Catalan, y gran Privado Arnaldo de Vilanova porque le queria instruir el Rey Don Jayme, paraque tratasse las pazes entre el Rey de Sicilia, y el de Napoles: por este tiempo encargò su Armada, y nombrò General el Rey de Castilla al Visconde de Castellnou, que lo era de la nuestra, ofendido de Don Diego Garcia de Toledo porque no avia acudido à la toma de Ceuta, y bolviò el Visconde à España despues de algun tiempo, dexando en Ceuta por Alcayde, y Governador de la gente de Guerra à Bernardo Seguì Catalan: y en este tiempo con el amparo de nuestra Armada ganaron los Castellanos à Gibraltar.

Ganan los Castellanos à Gibraltar con el amparo de la Armada Catalana.

Convento de S. Agustin de Barcelona.

Fundòse en Barcelona el Celebre Convento de San Agustin, por el Venerable P. Fr. Bonanet de Zagual, y otros Religiosos.(1)

1310. Continuò este año el empeño de Francia, contra la memoria del Pontifice Bonifacio, y el de nuestro Rey en defender su Justicia, y entereza de Fè: Tratòse el casamiento del Infante Don Pedro de Castilla con la Infanta Doña Maria, hija de nuestro Rey.

(1) *Cervera, in Cron. Manuscrita. Diago Condes de Barcelo. f. 296. Masset. f. 31*

Muriò en Barcelona la Reyna Doña Blanca muger del Rey Don Jayme, y fue llevado su Cadaver à enterrar en Santas Cruzes.

Muerte de la Reyna Doña Blanca.

Quedó despoblado de los Templarios el Convento de Santa Madalena de Enserall serca de Segre, à quatro horas de la Seo de Vrgel, que oy es Vicaria perpetua, fundòle San Paulino, y diòle el Conde Don Ramon Berenguer IV. con la Villa, que se halla à dos horas de la Seo de Vrgel, à los Templarios, y vivieron en èl hasta este año,(2) ò no le ocuparon otros, que es lo cierto.

(2) *Masset cõpendio fol. 329.*

1311. Celebrò Cortes el Rey à los Catalanes en Barcelona, jurò en ellas el Infante Don Jayme como à Primogenito, y successor del Rey las Constituciones, y Privilegios desta Provincia,(3) y el Rey tratò casarse con Maria hermana del Rey de Chipre: embiò por sus Embaxadores à aquel Reyno à Matheo de Lichà Comendador del Hospital de Barcelona, y à su hermano Juan de Lichà Prior de Christmarino de San Juan de Rodas, ambos Cavalleros del Habito de San Juan, de que infiero que el Hospital era de la Orden de S. Juan, y le tenian en Barcelona como en Jerusalen.

Cortes en Barcelona.

(3) *Real Archivo de Bar. Arca primera grande.*

Por sus Embaxadores, instaron al Rey las Señorìas de Luca, y Florencia para que passasse à la conquista de Cerdeña; y el Rey mandò à Gilaberto de Centellas, que concluyesse la concordia con aquellas Republicas, y solicitasse le assistiessen con dineros.

Celebrò el Rey tambien Cortes à los Aragoneses, pretendiò entrar en ellas Guillen de Moncada, por tener algunos Lugares en Aragon, y fue excluido atento, que era Catalan de sus Padres, y Abuelos, y que tenia su domicilio en Cataluña, porque le tenia en Fraga, que era de Cataluña, y fuera de los limites de Aragon, y de la otra parte de Cinca, que todo era Cataluña. Fue tambien proferida sentencia en el Tribunal del Justicia de Aragon, que no devia ser admitido por ser Catalan, y domiciliado en Fraga, que era Cataluña, porque la Villa, y mayor parte del termino se hallavan à la otra parte de Cinca, y de la Clamor de Almacellas.(4)

Fraga de Cataluña por declaracion de las Cortes, y sentencia del Justicia de Aragon.

(4) *Zurita t. 1. lib. 5. c. 94.*

Embiò el Rey desde Barcelona al Concilio de Viena de Francia, por Embaxadores à Pedro de Queralt, Pedro de Boyl, y Guillen Aulomar Catalanes, para pedir q̃ de las rentas de los Templarios destos Reynos, se fundasse en ellos vn Maestrazgo de la Orden de Calatrava, y tambien, para que pidiessen assistencias para las conquistas de Cerdeña, y Corsega, y de Granada, que aunque pertenecia al Rey de Castilla, siempre nuestros Serenissimos Condes, cuydaron con diligencias, sangre, y tesoros de la libertad de los Pueblos de Castilla, como se ha visto en toda esta Historia.

Embaxadores Catalanes al Concilio de Viena.

Celebraronse en Calatayud (adonde concurrieron los Reyes) las bodas del Infante Don Pedro de Castilla, y de la Infanta Doña Maria hija del

Rey

Rey, y llegò Embaxador del Duque de Austria para pedir la Infanta Doña Isabel, para casar con aquel Duque: en el Real Archivo de Barcelona, se halla esta Embaxada con el origen, parentescos, Estados, y razones para solicitar este casamiento la Casa de Austria; y para corresponder, y concluìr el matrimonio, embiò el Rey à Ramon Francisco de Xarque: (5) por medio de Ramon de Cardona nombraron Arbitro à nuestro Rey, los de Castilla, y Portugal en sus reciprocas pretenciones.

(5) *Zurita t.1, lib.5. c.93. Real Archivo de Barcelona, en la instruc. desta Embaxada*

1312 El Rey de Francia restituyò al Rey Don Jayme el Valle de Aran, y vinieron à Barcelona los Syndicos de las Villas, y Lugares à prestar el homenage, y Juramento de fidelidad al Rey. Vino tambien à la Corte del Rey Barcelona el Rey Don Sancho de Mallorca, que avia sucedido este año à aquellos Estados por muerte del Rey Don Jayme su Padre: hizo el reconocimiento de Vassallo, y prestò el Juramento de fidelidad por todos sus Estados à nuestro Rey en presencia, y testimonio de los que van nombrados à la fin del Capitulo letra *A.* y ratificò el Rey de Mallorca delante de los mismos Cavalleros la concordia hecha con el Rey su Padre, y todo lo acceptò el Rey segun la costumbre. (6)

Restituye el Rey de Francia al Rey el Valle de Aran.

(6) *Zurita, t.1. lib.5. c.98.*

Moviòse en Italia grande rumor de guerra, que cõ algunos daños dessogò en los siguientes muy à disgusto del Rey, que procurava quietarle, aunque las inquietudes del Emperador Henrique, que queria passar à Roma con pretexto de su Coronacion, y el empeño de Roberto Rey de Napoles en estorbarlo, pudieran anticiparlos, à no obrar diligente el Pontifice; para cuyo efecto embiò Doberto à su Mariscal, ò General, que dizen era Catalan, con seyscientos Catalanes, y varias tropas de Florentines, Luqueses, y Seneses, que pudieran obstarle, à no aver acudido prudente el Pontifice al remedio Coronando al Emperador, y quietando los contrarios, concediendo con esto, treguas à las passiones de Italia.

Embiò este año el Rey al Papa, por sus Embaxadores à Vidal de Vilanova, à Dalmao de Pontons Vicecanciller, y à Bernardo de Ponte, para oponerse à la vnion, que pretendia el Pontifice hazer de las rentas, y Lugares de los Templarios à la Religion de San Juan; y paraque instasse como lo executaron los que embiò al Concilio, por la nueva fundacion de la Orden de Calatrava, en estos Reynos, y no pudo lograrse el justo deseo del Rey, por la irresolucion del Pontifice, aunque bolvio segunda vez solo, Vidal de Vilanova.

Embaxada del Rey al Põtifice para la Fundacion de la Orden de Calatrava en estos Reynos, que no se logra.

Rebentò el Volcan de Sicilia abrasando las fertiles Provincias del Reyno de Napoles este año, en el qual entrò el *Rey* Don Fadrique llenando de muertes, è incendios la Calabria: ganò la Ciudad, y Castillo de *Rijoles* à viva fuerça, entregandose à merced: sugetò la invencible Fuerça de Calana, y dominò las principales Plazas de la Provincia; y huviera concluìdo con toda, à no aver venido el Conde de Modica, con orden del Emperador para que se suspendiesse la guerra de Calabria, y passasse con su Armada à Gaeta, para poner la guerra en el coraçon del *Reyno*: partiò Don Fadrique con cinquenta Galeras, y no logrò progresso alguno en Napoles, por la muerte del Emperador Henrique; variando el estado de Italia en vn dia, pues el *Rey Roberto*, que se hallava sin medios, ni esperanzas de defenderse, tuvo alientos, no solo de assegurarle, si tambien de entrar con sus esquadras dentro de Sicilia. 1313.

Conquistas del Rey D. Fadrique de Sicilia en Napoles.

Llegaron à Barcelona los Plenipotenciarios del Duque de Austria, para concluir el matrimonio del Duque con la Infanta Doña Isabel; y *Rodolfo* de Lintenrrehin, y Henrico de Valse se desposaron por los poderes de aquel Principe: vistiòse de Gala como acostumbra Barcelona en las *Reales* Fiestas, y embiò el *Rey* la Infanta à Viena acompañada del Obispo de Gerona, y de Philipo de Saluces; y fue nomprado en este tiempo el de Austria *Rey* de *Romanos*

Casamiẽto del Duque de Austria con la Infanta Doña Isabel.

por

por los Electores, dè la qual eleccion procedieron las guerras de Alemania.

Dexa la Infanta Lascara Emperatriz de Constantinopla heredero al Rey de aquel Imperio.

La Infanta Lascara Emperatriz de Constantinopla, que muriò año 1306. dexò heredero de todos los Estados de aquel Imperio (que le pertenecian por el Emperador Calo Juan) al Rey, que este año embió à Constantinopla al Emperador Andronico, à Juan Bonanat por su Embaxador, con poderes para concordar las pretenciones que tenia al Imperio; pero no se concluyò cosa, respeto de las guerras que tenian los Catalanes contra aquel Emperador.

Vitorias contra los Moros rebelados de Gerbes.

Siguiendo las pisadas de sus Gloriosissimos Progenitores el Rey Don Fadrique, aunque embarazado en las guerras de Italia, Zeloso de la propagacion de la Fe, dilatava sus vencedoras armas en Africa contra sus enemigos, premiandole Dios con prodigiosas vitorias: rebelaronse los Moros de la Isla de los Gerbes, por culpa de los Governadores, contrá Roger de Lluria hijo del Almirante: passò en defensa de los Sublevados el Rey Moro de Tunez, con grande Exercito, y puso Sitio al Castillo, en el qual percistiò ocho meses: Roger pidiò socorro al Rey Don Fadrique, concediòle seys Galeras, y muchos Leños, passò à la Isla, hallandose muy apretado el Castillo, dispusose para embestir à los enemigos, que no le esperaron, y levantando el assedio, bolvieron à Tunez; y Roger bolviò à ocupar la Isla, castigando à los culpados: y passando à Napoles muriò de su vltima enfermedad, y succediòle su hermano Carlos de Lluria.

1314. Este año los Moros de Mistona, y Losdorques con el favor de los de tierra firme, se rebelaron, sabiendo la muerte de Roger de Lluria: bolvieron al assedio de la Plaza, acudiò Carlos de Lluria, que con el favor del Rey de Sicilia bolviò à quietar la Isla: muriò este año Carlos, y dexò vn pequeño Infante, de su muger Saurina de Entença, llamado Rogerò; y en este tiempo, moviòse cruel guerra entre las parcialidades de Africa, de Mistona, y Mohabia armandose los vandos en los Gerbes; y Simon de Montoliu Governador dé la Isla favoreció à la parte de Mohabia; pero no obstante se hallava en peligro la Isla, que para remediarla suplicò Saurina de Entença al Rey Don Fadrique embiasse su Armada à la Isla, governada por Jayme Castellar, que en aquel tiempo era de los mas celebres Capitanes, que tenia la Nacion Catalana: partiò Castellar, y en vna batalla, que tuvo con los Moros, logrò la dicha de morir en defensa de la Fè, y acompañaronle quinientos de los nuestros; peligrando perderse enteramente la Isla por esta desgracia. Muriò el Papa Clemente V. à veynte de Abril.

Advirtiendo el mal estado de la Isla, partiò Simon de Montoliu à Sicilia à representar al Rey el sucesso, y suplicarle favor: dexando en la Isla á vn Sobrino, passò à Calabria, hablò à Saurina de Entença, que solicitò socorros del Rey de Napoles, y no los consiguiò: acudiò al Rey Don Fadrique, Saurina acompañada de Conrado de Lança, y prometiò socorrer las dos Islas, de los Gerbes, y Querques, por ser todos Vassallos, y los que defendian los Castillos ser Catalanes: cedieron los Castillos al Rey los Tutores de Roger de Lluria, y mandò armar diez y ocho Galeras con cien cavallos y mil y quinientos Infantes, vnos, y otros Catalanes, y diòles por General à Peregrin de Pati Siciliano, que acompañado de Simon de Montoliu, llegó, y desembarcò en la Isla de los Gerbes: descansaron los Soldados en el Castillo, y dividieronse por la Isla con tal desorden, como si no huviesse enemigos en ella: advertidos los Moros del descuydo de los nuestros; juntaron todas sus fuerças, y embistieron à los Soldados divididos; que viendo el peligro acudieron à sus Banderas haziendo frente á los Moros; pero como no es facil el orden hallandose delante los enemigos, y superiores, fueron, aunque con daño de los Moros, desbaratados los nuestros, muriendo del Exercito, y de los que

ya

ya se hallavā̃ en la Isla setenta cavallos, y 2500. Infantes Catalanes, y Sicilianos, quedando prisionero Pelegrin de Pati, que se rescató con el dinero que llevava para los Soldados de la Isla; y bolvieron á Sicilia las Galeras, y los que se salvaron del militar conflito; quedando en el Castillo Pelegrin de Pati, con poca Reputacion, y los Moros vencedores dominando toda la Isla.

Llegaron las Galeras, y llegò Montoliu, con el aviso de la desgracia, que fue de particular disgusto del Rey, el qual para recuperar la Isla, y vengar la muerte de los suyos llamò á Ramon Montaner, solo capaz en aquella era para el acertado govierno de aquella militar empresa: este se hallava de partida para Cataluña, y le encargò la recuperacion de los Gerbes, la defensa del Castillo, y de la Isla de los Querques: partiò Montaner para la Isla, seguido solo de Catalanes con sus Naves, porque los Italianos no le quisieron seguir, diziendo no querian morir en la Isla, y le bolvieron el dinero, que les avia dado para el viage. Llegó á la Isla, y hallò circuido el Castillo de la cavalleria de Tunez, y de todos los Moros de la Isla: logrò la dicha de ẽtrar en la Plaza, con su gẽte para hallar peor guerra dentro, en la division, y civiles discordias de los Soldados, los quales con la destreza de Montaner quedaron todos conformes, y vnidos. Despues de aver prestado el Juramento de fidelidad, luego embiò las cartas, y ordenes del Rey á los Moros, para que dexassen las armas, y acudiessen al Castillo, perdonandoles lo passado: executaronlo algunos; pero los mas siguieron á su Capitan Alef, con el qual peleò Montaner varias ocasiones siempre vencedor de los Moros, con muerte de muchos, prision de ochocientos, durando estos repetidos encuentros diez y ocho meses; á lo vltimo obligò á los Moros á retirarse á vn pequeño Angulo de la Isla, de donde pereciendo de hambre, saliò para buscar socorro Alef: dieronsele los Alarbes, de ocho mil hombres: previno Montaner para impedirles la entrada dos Leños, y quatro Barcas governadas por Ramon Godà, y Berenguer de Espingalls, q̃ no esperaron á los enemigos, por verles tan superiores, pues llevavan catorze Barcas, y se retiraron al Castillo: de cuya pusilanime accion sentido Montaner, dexò en la defensa del Castillo á Simon de Montoliu, y partiò á encontrar á los enemigos con su pequeña flota, juntandole dos Barcas mas. Venian los enemigos con veynte, y vna Barcas, embistiòles con sus Leños Montaner, y derrotóles, tomandoles diez y siete Barcas, con muerte de muchos, y prision de los mas: rindieronse todos los Moros de la Isla, y los Capitanes de los Alarbes pagando cinco mil onzas de oro por su libertad, y pasaje á su tierra, quedando los Isleños quietos, revalidado el Juramento de fidelidad.

Vitorias de Montaner contra los Moros.

En este tiempo, que ya era el año 1315. quisierõ Alef, y los de la parte de Miscona rendirse á Ramon Montaner, el qual no los quiso admitir sin orden del Rey de Sicilia, que no quiso perdonarles tantas rebeliones, y embiò para castigarlas á Conrado de Lança con veynte Galeras: entrò con su gente al Castillo de los Gerbes, y á la vispera de la Ascencion del Señor saliò Conrado con mil Catalanes y duscientos, y veynte cavallos, y diò en los Moros de Alef, que eran mas de diez mil de apie, y veynte y dos de acavallo: pelearon con valor los Moros, haziendo dudoso el lance desde la hora de tercia á la de nona; pero á este tiempo fueron desbaratados los enemigos, y passados á cuchillo: passaron nuestras vencedoras armas á la fortaleza, ocuparonla con muerte de sus defensores, y prision de mas de diez mil mugeres, y niños: bolviòse Conrado con el despojo á Sicilia, y quedò Montaner General de las Islas, concediendole en premio el Rey las rentas, y frutos de ellas por tres años; y dexando por Governador de las Islas, á su primo Juan Montaner, partió á Sicilia, y de alli á Cataluña. (7)

(7) *Montaner, Cor. à cap. 248.*

Assentó pazes Ramon Montaner, por medio de Guillen Aulomar Embaxador de nuestro Rey, y del de Sicilia con el Rey de Tunez, pagando el Moro à nuestro Rey todos los años cinco mil doblones de tributo: tenia en este tiẽpo nuestra Nacion exercito en aquellas partes de Africa, fixo contra los Moros, governado por Guillen Ramon de Moncada, y en su lugar por Teniente General Bernardo de Fons. (8)

(8) Zurita t. 2. lib. 6. c. 12.

Partieron de Cataluña este año Berenguer de Sarrià, con trescientos cavallos, y mil Infantes Catalanes, y Dalmao de Castellnou con cien cavallos, y duscientos Infantes, y muchos Cavalleros de Cataluña, à favor del Rey de Sicilia: llegaron à la Isla, y el Rey Don Fadrique encargò al de Sarrià la defensa de Palermo, y à Dalmao de Castellnou eligiò General de Calabria, dignos desta confiança por aver empeñado sus haziendas, y Berenguer de Sarrià dexado los favores del Rey Don Jayme.

Buelve el Rey Roberto de Napoles contra Sicilia.

Passò el Rey Roberto de Napoles à Sicilia para bolver la visita al Rey Don Fadrique, pero muy mejorado de fuerças, llevando à su favor el poder de Francia, Italia, y Genova, en ciento y veynte Galeras, y otros tantos Navios, y Barcas armadas defendidas de la Nobleza de aquellos Reynos, y numerosa multitud de Soldados: tomò tierra en Sicilia, y ocupò por trato à Castelamar, que le entregò Ramon Blanch, engañado de Berenguer Çarrós General de la mayor parte de la Armada del Rey Roberto, al qual tambien servian algunos Catalanes, que avian quedado heredados en las Provincias de Napoles del tiempo de las conquistas referidas, y siendo su Rey el de Napoles, devian seguirle: pagò su error Ramon Blanch con la vida, que pudiera gloriosamente conservar.

Parte el Rey Roberto al assedio de Palermo, que levanta por el valor de Berenguer de Sarrià.

Partiò al Assedio de Palermo, el Rey Roberto, y le huvo de levantar con daño, y poco credito, por el valor de Berenguer de Sarrià: de Palermo quiso provar fortuna Roberto en el Assedio de Trapana, que se hallava presidiada de mil Catalanes, governados con la demás milicia de la Plaza, por Simon de Vallgornera, y Berenguer de Vilaragut, que eran celebrados por su valor, y diciplina entre los muchos Capitanes, que tenia la Nacion Catalana: combatieron con tal encono los enemigos à Trapana, que bien importò que se hallassen en la defensa tan excelentes Capitanes, y tan valientes, y expertos Soldados: mientras Trapana se defendia con valor, el Rey Don Fadrique, mandò juntar las Tropas de Sarrià, y de Dalmao de Castellnou, y con las que tenia de la Isla, saliò de Castellnou, para divertir à los enemigos, de la opugnacion de Trapana, y embiò delante al Infante Don Fernando de Mallorca, y à Berenguer de Sarrià, con su gente, los quales tuvieron en arma continua al Exercito del Rey Roberto, con tal corage, que todos los dias embestian diez, ò doze vezes à los enemigos, por diferentes partes de sus lineas, con grande daño, y destrozo, de tal forma que se disminuyò notablemente el numero del Exercito del Rey Roberto. (9)

Assedia el Rey Roberto à Trapana, y se defiende con valor.

Queda minorado el Exercito del Rey Roberto por los Soldados del Rey Don Fadrique.

(9) Montaner, Coron. cap. 206.

Por este tiempo embiò el Rey Roberto à Berenguer Carròs cõ sessenta Galeras, para ocupar la Isla de Gerbes; y no executò su designio, porque le embiò à buscar el Rey, para defenderse de la Armada, que avia prevenido el Rey de Sicilia, para acabar con la suya, y desminuido Exercito. Venia poderoso el Rey Don Fadrique, aviendo juntado à su Armada prevenida en Palermo, los Soldados de Berenguer de Sarrià, de Dalmao de Castellnou, de Ponce de Castellar, y de todos los Capitanes Catalanes; y esperando las Tropas del Infante Don Fernando, al qual avia mandado, dexassé à los enemigos, y fuesse à juntarse con los gruessos de la Armada, como lo executò, partiò de Palermo la Armada governada por el Almirante Juan de Claramunt, quedando en la Isla el Rey Don Fadrique con su Exercito: llegò la Armada à dos de Noviembre

viembre delante Trapana, y embiò orden el Rey al General que embistiesse por Mar, quando èl con su Exercito embistiria al campo de los enemigos: pero quiso Dios no llegassen à las manos los Exercitos, ni Armadas, por vn recio temporal, que obligò à la nuestra à bolverse à Palermo; y el Rey de Sicilia advertido del sucesso de la Armada, no executò su designio de embestir à los enemigos, logrando estos tiempo para salir libres de Sicilia, por las Treguas, que se concordaron entre ambos Reyes por medio de la Reyna Doña Sancha hermana del Infante Don Fernando, y de la Reyna Madre del Rey Roberto; aunque los Franceses, Ginoveses, Napolitanos, no se libraron del odio de los nuestros en la retirada, ni de vna cruel tempestad en el Mar, con daño grande de su Armada.

Recāe el Cōdado de Vrgel en la Casa Real.

Concluyòse el Matrimonio del Rey con Maria hija del Rey de Chipre. Muriò Armengol Conde de Vrgel, vltimo de la casa de Cabrera, dexò sus Estados al Rey, con condicion que los entregasse à D. Alonso hijo Segundo, casandole con la Sobrina del Conde, Teresa de Entença, hija de Gombal de Entença, y que si llegava à ser Rey el Infante Don Alonso, sucediesse en los Estados de Vrgel el Segundo hijo del Rey Don Alonso, y que tomasse el titulo, y Armas de los Condes de Urgel, solas, y assi recayeron aquellos Estados à la Real Casa de los Condes de Barcelona, de donde avian salido.

1315. Este año llegò à Barcelona aviso al Rey como venia su Esposa, de Chipre con quatro Galeras, y mucho acompañamiento: embiò el Rey à Ruisellon, donde avia de desembarcar, al Obispo de Barcelona, y à Vidal de Vilanova, y partiò el Rey à Gerona, donde se celebraron las bodas.

Conquista de la Morea.

El Infante de Mallorca Don Fernando casado con Isabel Señora de la Morèa, con la assistencia de los Catalanes, conquistò la Ciudad de Clarencia, principal de la Morèa, y luego se le sugetò toda la Provincia, y la governò con la equidad, y Iusticia connatural à su Real familia, y ascendencia; (10) aviendo dominado antes esta Provincia, y otras del Imperio Griego los Franceses, pero perecieron todos à manos de los Catalanes sin librarse ni vno. (11)

(10) Montaner, à cap. 261.

(11) Zurita t. 1. lib. 2. c. 19.

Este año bolvieron à tomar las armas en Sicilia contra el Rey de Napoles, formò Exercito el Rey Don Fadrique, nombrò General à Bernardo de Sarrià, que intrepido puso el assedio à la gran Plaza de Castelamar del Golfo, y la entrò por sangriento combate: tratòse paz, que no se consiguiò, entre estos Reyes, y la Armada del de Napoles se huvo de retirar de las Costas de Sicilia, sin poder ocupar lugar alguno, por el vigilante cuydado del Rey, y valor de nuestra Nacion. Embiò el Rey D. Jayme à Ponce Obispo de Barcelona, y à Vidal de Vilanova à prestar al Pontifice el Juramento de fidelidad por las Islas de Cerdeña y Corcega, para cuya conquista se prevenia, y tambien para proponer varios medios de paz, ò treguas entre los Reyes de Sicilia, y Napoles, que las deseava el Pontifice, y empleò su talento para la quietud de Italia con paterno afecto: consiguieron estos Embaxadores, del nuevo Pontifice Juan XXII. lo que jamàs pudo lograr el Rey, del antecessor Clemente, que fue la vnion de las rentas de los Templarios en parte, para la fundacion de la nueva Orden de Montesa, y de la orden de Calatrava en estos Reynos. 1316.

Buelve la guerra de Sicilia contra Napoles.

Bernardo de Sarrià Conquista à Castelamar.

Embaxadores del Rey al Papa, logran las rētas de los Tēplarios en parte para las Fundaciones de Montesa, y Calatrava en nuestros Reynos.

A. Armengol Conde de Vrgel, el Vizconde de Cardona, Phelipe de Saluzes, Ot de Moncada, Bernardo de Cabrera, Ximeno Cornel, Berenguer de Anglesola, Arnaldo de Corsavi, Pedro de Fenollet, Guillen de Canet, Dalmao de Castellnou, Guillen de Eril, Asberto de Mediona, Bernardo de Fonollar, Dalmao de Crexell, Galceràn de Curt, Gonzalo Garcìa, Pedro de Boyl, Guillen de Berga.

CAPITULO XI.

Fundaciones de Predicadores de Castellon, y Agustinos de Perpiñan: De nuestra Señora de Gracia: Canonizacion de San Luis: Treguas de Sicilia: Concordia de Mompeller: Fundacion de Montesa, de Predicadores de Manresa, y Cervera: Venida del Brazo de Santa Tecla: Leyes de Cataluña respetadas: Guerras entre Don Alonso, y el de Cardona: Cortes, y renuncia los Reynos el Infante Don Iayme: Monasterio de Santa Clara de Gerona: Guerras de Italia: Consagracion del Infante Don Iuan, y empeños del Arçobispo de Tarragona: Embaxada al Papa: Colegio de Tortosa: Cortes en Gerona para la conquista de Cerdeña: Casamiento del Rey: Ribagorza de Cataluña: Rota de Don Ramon de Cardona: Brazo de San Iuan: Assistencias contra Cerdeña, y del primer passaje: De Fr. Guillermo Giralt, Fr. Diego de Narbona, y Fr. Henriq de Austria, &c.

1317. ESTE año en Castellon de Ampurias se fundò el Convento de Predicadores à expensas del Conde de Ampurias, y Comun de Castellon; y Fundaron los Religiosos de San Agustin el Convento de nuestra Señora de Gracia de Perpiñan, tuvo su principio en Vernet cerca Perpiñan, y año 1325. fue trasladado à dicha Villa fuera los Muros con Real Privilegio de veynte de Setiembre 1325. siendo Fundador Fr. Francisco Català; y año 1542. por orden del Señor Emperador Carlos V. entraron los Religiosos en la Villa, entregandoles el antiquissimo Convento de Mongas de San Agustin, y las Religiosas fueron trasladadas al Convento de la Eura de Bernardas. (1) Ilustra al Convento la Prodigiosa Imagen de nuesttra Señora de Gracia, que de innumerables años se hallava venerada en vna Capilla fuera de la Villa: el Convento de la Eura es aora Priorato de Monjes Bernardos, por aver faltado las Monjas en aquel Convento.

Convento de Predicadores de Castellon.

Convento de Agustinos de Perpiñan.

(1) Archivo de dicho Convento. Massot fol. 279. y 295.

Nuestra Señora de Gracia.

Fue Canonizado S. Luìs Obispo de Tolosa Cuñado de nuestro Rey, diòle la noticia el Papa Juan XXII. con carta de 17. de las Kalendas de Mayo, año primero de su Pontificado, con palabras expressivas de lo que merecia el Rey con la Iglesia. (2)

(2) Real Archivo de Barcelona, Registro de las Bulas, y cartas Pontificias.

Concluyeronse treguas por medio del Papa, de nuestro Rey, y de la Reyna de Portugal, entre Sicilia, y Napoles; y pretendiò el Rey Luìs de Francia continuar la pretension de su Padre Philipo, pidiendo al Rey de Mallorca el dominio de Mompeller, citandole al Parlamento de Parìs: opusose nuestro Rey à la Instancia, por pertenecerle el directo dominio de aquellos Estados, y embiò à Guerao de Rocabertì, y à Martin Lopez de Rueda à representar su agravio al Rey de Francia: los quales por la muerte del Rey de Francia, no passaron de Gerona: y luego que sucediò à aquel Reyno Philipo Conde de Putiers, embiòle à requerir revocasse los procedimientos de sus Antecessores, hechos contra el Señor de Mompellet, porque el Rey lo era, y el de Mallorca solo fendatario: fueron con esta Embaxada à Parìs Ferrer de Vilafranca Veguer de Barcelona, y Sancho Muñoz Juez de Corte, y acordaron con el Rey de Francia se suspendiessen los procedimientos, y se concordasse la causa por Arbitros que nombraron los Reyes.

Se aplicaron obedeciendo al Decreto Pontificio las rentas de los Templarios à la nueva Orden de Calatrava, llamada de Montesa, que se avia de fundar en estos Reynos, quedando algunos lugares, y rentas para la de San Juan: concediòles el Rey la Villa de Montesa, y la Villa de Vallada con escritura dada en Barcelona, y el Papa la Retorìa.

Orden de Mõtesa fundada en Barcelona.

Mandò el Pontifice fuesse el primer Convento, y titular de la Orden en el Castillo de Montesa; para el efecto embiò à Barcelona el Maestre de Calatrava à Frey D. Gonzalo Gomez, para que en su nombre admitiesse à la Religion Freyles Cavalleros, y Freyles Clerigos, y fundòse el Convento; dispusose el orden, y ajustaronſe las dependencias, y dudas eſte año, y el ſiguiente; y hallandoſe ya todo diſpueſto ſeñalò dia, y lugar el Rey para la Fundacion, y recibir el Habito los Cavalleros que avia elegido: el dia fue veynte, y dos de Julio año 1319. y el lugar la Real Capilla del Palacio de Barcelona. Acudiò el Rey con el Comendador de Calatrava, y toda ſu Corte, y deſpues de celebrada la Miſſa, diò el Comendador en nombre del Maeſtre el Habito à Guillen de Eril, à Galceràn de Bellera, y à Grimau de Aroles, que eran de la Orden de San Iuan, y de lo mas calificado del Principado: luego les admitiò à la Profeſſion el Reverendiſſimo Abad de Santas Cruzes, que avia celebrado la Miſſa, y tenia el poder de ſu Santidad, ſiendo eſta Religion como hija de Santas Cruzes; con cuya autoridad nombrò deſpues de la Profeſſion Maeſtre, y ſuprema cabeza de la Orden de Monteſa à Guillen de Eril, y luego el Rey preſentò al nuevo Maeſtre ocho Cavalleros de las Nobles familias de Cataluña, para que les admitieſſe à la Religion, y dieſſe el Habito, como ſe executò: fueron eſtos primeros Religioſos, Bernardo de Monçonìs, Berenguer de Eril, Bernardo de Aramont, Guillen de Aguilar, Bernardo Roca, Berenguer de Torrent, Arnaldo de Perdiza, y D. Pedro, ò Fernando de Aragon hermano del Rey; quedando con eſto fundada la Orden con titulo de nueſtra Señora de Monteſa, è Iluſtrada, y glorioſa Barcelona, Fecunda Madre de tan celebre Inſtituto. (3) Vnióſe eſta Orden a la de San Jorge de Alfama año 1399. como queda referido en la Fundacion de la de San Jorge.

(3) *Sàper. Hiſt. de Monteſa part. 1. Boil. Hiſt. del Puig c. 10. Angel Mãrique cenſ. 1103. cap. 2. num. 3. Marſil. criſ. de Cataluña fol. 179. Bulla Ioannis 22. à los 4. de los Idus de Iunio año 1317 Molina lib. 1. cap. 32.*

1318.

Diligente, y vigilante Paſtor, y cariñoſo Padre el Pontifice, ſolicitava la paz de Italia, y vnion de los Reyes de Sicilia, y Napoles, que no conſiguiò por la temeridad del de Napoles: no obſtante le proponia el de Sicilia decentes medios para dar guſto al Pontifice; pero no admitiendoles el de Napoles, ſe encendiò la guerra con trabajos, y daños grandes de dicho Rey embeſtido del brillante Eſpiritu del Rey Don Fadrique apadrinado de las Ciudades Gibelinas de Italia.

Conventos de Predicadores de Manreſa, y Cervera.

Fundaron los Padres Predicadores los Conventos de Manreſa, y Cervera, con el favor de los naturales de aquella Ciudad, y de eſta Villa.

Brazo de Santa Tecla, Traſlacion à Tarragona, y fieſtas.

El Cabildo, y Ciudad de Tarragona embiaron à Barcelona, à Guillen de Montoliu Sacriſtan, y à Bernardo de Calafell Arcediano, à Galceran Ricart, y à Bernardo Ginyet de dicha Ciudad, para ſuplicar al Rey embiaſſe à pedir al Rey de Armenia el Brazo de Santa Tecla Patrona de la Ciudad, y Arçobiſpado, pues de la Santa no ſe hallava otra Reliquia, mas que la del Brazo que tenia aquel Rey: movido el nueſtro de piedad, y devocion à la Santa, embiò à Armenia por ſus Embaxadores à Simon Salced de Barcelona, y à dos Clerigos de Tarragona: llegagaron à Armenia, concediòles el Rey la Santa Reliquia, quedandoſe con el dedo pulgar de la mano: bolvieron contentos con la precioſa prenda à Barcelona, fue llevada à Tarragona, con ſumo conſuelo, y devocion de Cataluña: llamò el Rey para la celebridad à todos los Obiſpos, Abades, y Eſtado Ecleſiaſtico de Cataluña, concurrieron los Nobles del Principado, y ſe celebrò la venida del Precioſo Teſoro con ſumptuoſiſſimas, y Reales fieſtas, confirmando Dios à ſus Fieles en la devocion de la Santa, con particulares maravillas, y celebres Milagros. (4)

(4) *Real Archivo de Barcelona, in Regiſt. Ioan. 2. año 1318. f. 184. Archivo de Tarragona, Domenech Flos Sant. de Cataluña par. 1. f. 48.*

1319.

Eſte año ſe moviò cruel guerra entre el Infante Don Alonſo, y Raymundo Folch Vizconde de Cardona, por la pretenſſion de algunos Lugares del Condado de Vrgel: mediò entre ellos el Infante D. Juan hijo del Rey, que eſte año fue elegido Arçobiſpo de Toledo, y no pudo conſeguir la quietud: entonces valiòſe el Rey de los medios juridicos, y mandòles ceſſar en ſus diſturbios, y eſtar à derecho, que de otra forma procederia contra ellos, principalmente

mente contra el Vizconde, conforme los vsages, y constituciones de Cataluña, veneradas de Reyes, y Vassallos, y medio vnico de la quietud desta Provincia, porque se executan sin respetos, y con toda igualdad, y rectitud.

Ya buelve el credito de la Nacion Catalana à exaltarse con la Historia que compuso, y escriviò de su mano el Rey Don Pedro III. como quedò assegurado con la que escriviò de su tiempo el Rey Don Jayme Primero, y con las relaciones del Rey Don Pedro Segundo, logrando nuestra Nacion à sus proprios, y naturales Señores por Coronistas de sus heroicos hechos, y hallaremos adelante otro calificado testigo en el Señor Rey Don Martin, à cuyos ciertos, y supremos oraculos no puede negarles credito, aun la misma emulacion, y assi desde este tiempo hasta los Reynados del Rey D. Alonso III. y Rey D. Pedro III. referiremos lo que escriviò el proprio Rey Don Pedro, sacado de su original Historia, que se halla en el Real Archivo de Barcelona, transcrita por Miguel Carbonell Archivero en su Coronica à fol. 100. y de los instrumentos autenticos de dicho Real Archivo, que se refieren al margen. (5)

(5) *Real Archivo de Barcelona, Hist. de el Rey D. Pedro en dicho Archiv. Libro de ordinaciones de dicho Sr. Rey. Process contra Bernardo de Cabrera. Regist. Curia 1377. y 1379 f. 116. y 162. Regis. 1378. y 1379*

Ya tenemos referido como el Infante Don Jayme hijo mayor del Rey fue Jurado, y Jurò Primogenito; pero movido de su natural melancolico, quiso renunciar el Reyno, y el siglo, para condescender con su melancolia, ò dar este disgusto à su Padre, que procurò apassionado quitar la impression al hijo, y para suavizarle pidiòle efectuàse el Matrimonio con la Infanta de Castilla, que se hallava ya en Gandìa: escusòse el Principe, y resolviò no casarse con q̃ la Infanta Doña Leonor huvo de bolver à Castilla: perseverò constante el Rey en disuadir à su hijo la renunciacion de la succession, hasta ofrecerle renunciarle los Reynos, y entrarse à ser Religioso en el Real Convento de Santas Cruzes, por cumplir con los Vassallos. De las privadas, quiso el Rey passar à las demostraciones publicas; llamò à Cortes en Riudoms del Campo de Tarragona à toda la Provincia, y delante todos los Vassallos continuò con extraordinarias demostraciones de dolor las instancias con el hijo, inflexible à las caricias, y afectuosos ruegos del Padre, que desengañado partiò con su Corte à Tarragona, emancipò al hijo, admitiò su renuncia, y convino que recibiesse el Habito de San Juan, que trocò con el de Montesa, en el qual perseverò hasta la muerte. (6) Fue luego Jurado por Primogenito el Infante Don Alonso, Segundo hijo del Rey, por los Catalanes, y partiò el Rey à Zaragoça para que le admitiessen los Aragoneses.

Cortes en Riudoms, y Tarragona.

(6) *Real Archivo de Barcelona, Instrum. renunciationis regist. Reg. Iacobi II. Arca 1. grande.*

El Infante Don Juan Arçobispo de Toledo fundò el Monasterio de Santa Clara de Gerona de Monjas Franciscas. (7)

(7) *Gonzaga t. 3. Coron. f. 1119.*

Llegò el Rey Don Fadrique con 1320.
su Armada à poner Sitio à Genova, despues de aver discurrido la Calabria, y destruido à Policastro: se armaron el Papa, y el Rey de Napoles para defender à Genova: saliò la Armada de Sicilia contra la de Napoles, pusose en Iscla, y dividiòse la Armada de Napoles: bolviò la de Sicilia à Genova, estrecharon la Plaza, dieronle varios avanzes, rechazados por la constancia de los defensores, la qual, y la falta de viveres, y dinero, precisò al de Sicilia à dexar à Genova, y desahogar su encono contra los Lugares vezinos, principalmente contra Vulturi, entrado por combate, pero llegando el Noviembre huvo de retirarse à Sicilia.

El Rey D. Fadrique assedia à Genova, no la logra, pero si à Vulturi.

En Lerida fue Consagrado el Infante Don Juan Arçobispo de Toledo por el de Tarragona: opusieronse este, y el de Zaragoça, (que ya aquella Iglesia se hallava erigida en Arçobispado desde el año 1318.) à la pretencion del Infante en la Primacìa de España: protestaronle, è hizieron sus requirimientos: descomulgòle el de Zaragoça: apelò à Roma el Infante: escriviò quexoso el Rey contra los Obispos desta Provincia: consolòle,

Competencia entre los Arçobispos de Tarragona, y Toledo.

y

y disculpòles el Pontifice: pretendiò el Infante el vso de la Primacìa, solo en su persona, y durante su vida, no quiso concederla el Pontifice: provò, y defendiò su Primacìa el de Tarragona, quedò el pleyto indeciso, y hasta ahora no concluido; pero decretado por el Pontifice, que durante la causa, el de Toledo no vse de Primacìa en estos Reynos, ni los Obispos de ellos descomulguen al de Toledo, como largamente queda referido *tom.*1. *lib.*7. *cap.*12.

Embiò el Rey à Simon de Belloch por su Embaxador al Pontifice suplicandole la conclusion de las Pazes con su hermano el Rey de Sicilia, y respondiò el Papa con agrado, y cumplimiento.

1321. Este año bolvieron à su empeño, y civiles disturbios el Infante D. Alonso primogenito del Rey; y el Vizconde de Cardona: dividiòse Cataluña en estas dos parcialidades, con daño de los Lugares de vno, y otro parrido, y mayor del Vizconde: mandò el Rey à su hijo dexasse esta guerra, y estuviesse à derecho con el Vizconde segun las leyes de Cataluña; y obedeciendo, fueron estas como siempre lo han sido, el Iris desta Provincia.

Disturbios entre el Infante Don Alonso, y el Vizconde de Cardona.

Moviòse dentro Barcelona vn sangriento enquentro entre los Judios, y los Criados de la Reyna Doña Maria, no hallandose en la Ciudad la Reyna, con daño de la familia Real: pareciò à la Reyna no se avia castigado el atrevimiento por la Ciudad como merecia el escandalo, escriviò al Rey que se hallava en Barcelona ofendida de los Oficiales Reales, mandò su Magestad recibir informaciones, y castigar los culpados. Partiò la Reyna à Tortosa, donde le vino la enfermedad de la qual muriò al Março deste año; y fue enterrada en el Convento de Predicadores de aquella Ciudad; de que se infiere que ya este año se hallava fundado el Convento, y que despues año 1367. se erigiò el Colegio como refiere la Historia de Predicadores de la Provincia de Aragon, y año 1545. con decreto Pontificio, y Real fue privilegiado, como los principales de España. (8)

Muerte de la Reyna.

Convento, y Colegio de Dominicos de Tortosa.

Llamò el Rey à los Catalanes à Cortes, para tratar de las conquistas de Cerdeña, y Corcega, pidiendo à la Provincia las assistencias para conseguir la possession deseada: congregaronse en Gerona, acudiò como era su obligacion el Rey de Mallorca Don Jayme, prestò el Juramento de fidelidad, y prometiò servir con veinte Galeras: la Ciudad de Barcelona, con las suyas, Navios, y Barcas de los particulares, con quinze mil escudos, y con todo el trigo que fuesse menester para el Biscocho de la Armada: (9) la de Tortosa con dos Galeras, y numero grande de Soldados à sus costas: (10) Tarragona, las otras Ciudades, y Villas concurrieron con sus Barcos, para llevar lo importante: los Prelados, y Nobleza, con grande numero de sus Vassallos, y hazienda; y la Nobleza con sus personas; quedando el Rey enteramente satisfecho, y obligado. (11) Diòse fin à los Vandos de Ruisellon entre Ramon de Perellós, y Guillen de Canet: prometiò Perellós acudir à la empresa de Cerdeña con su persona, y Vassallos.

(8) *Diago hist. de Predic. lib.*2.

*Martorel de Luna, lib.*1.*c* 15.

Cortes en Gerona.

Assistencias de Cataluña para la conquista de Cerdeña.

(9) *In Archivo Civitatis Barcin dicto anno.*

(10) *Archiv. de Tortosa, Privil. Regij Iacobi, in lib. instr. fol.* 147. *y* 149.

(11) *Real Archivo de Bar. Arca primera grande.*

Hechos estos ofrecimientos partiò el Infante Don Alonso à Barcelona, para prevenir la Armada, y el Rey passò à Tarragona para disponer las assistencias: hallandose el Rey en Tarragona casò con su tercera muger Doña Elisen de Moncada hermana de Ot de Moncada; y el mismo dia mandò el Infante Don Alonso sacar en Barcelona el antiguo, y vencedor Estandarte de sus gloriosissimos Progenitores los Serenissimos Condes de Barcelona, con la ostentosa Magestad conq̃ solia exponerse en el Real Palacio en las empresas de los Reyes. Concluida la Real ceremonia de la publica manifestacion del Estandarte, partiò el Infante à Zaragoça, y Valencia para lograr los socorros con los quales acudieron finos aquellos Reynos, y apaciguar los vandos de Teruel por medio de Berenguer de Jorba, Bernardo de Pons, y Guillen Moliner, arbitros electos del Rey,

Señor Rey Don Pedro III. en su historia.

1322.

Casa el Rey con Doña Elisen de Moncada.

Assistencias de Aragon, y Valencia para la conquista de Cerdeña.

Rey, y que por su edad se hallavan excluidos del passage à Cerdeña, y consiguieron de Teruel, y su Comarca ciento y veynte mil sueldos de socorro para la empresa de Cerdeña.

Partiò el Rey de Tarragona à Tortosa, para proveher, y mandar armar las embarcaciones de aquellas Costas, y de Valencia; y embiò à Florencia, y Luca al Dr. Pedro de Vilarasa para solicitar el socorro que avian ofrecido: partiò de Tortosa el Rey, y passò à Lerida, y dia veynte de Mayo concediò à su hijo el Infante Don Pedro los Condados de Ribagorza, y Ampurias, por aver el de Ampurias recaido en la Casa Real por muerte de su vltimo Conde Malgaulin: otorgosse al Infante Ribagorza segun los vsages de Barcelona, y constituciones de Cataluña, declarando ser desta Provincia. (12)

Ribagorça es Cataluña.

(12) *Real Archivo de Barcelona Regist. Regis Iacobi II. d. A. Zurita t. 2. lib. 6. c. 40.*

Bolviò el Rey à embiar à Simon de Belloch à Aviñon, donde se hallava el Rey Roberto de Napoles proponiendo varios medios para lograr la paz de su hermano, por lo que importava para la empresa de Cerdeña; y aunque el Pontifice no omitiò diligencia, no pudo lograrse la Embaxada por la irresolucion del de Napoles, por la qual, conociendo los motivos el Rey Don Fadrique, para assegurar la Corona en su descendencia, y familia consiguiò en vn Parlamento General congregado en Zaragoça, que los Sicilianos admitiessen por corregnante à su Primogenito Don Pedro; frustrando con esta accion las fantasticas ideas del Rey Roberto, y de sus Parciales: casò al nuevo Rey su Padre Don Fadrique con Isabel hija del Duque de Carinthia, que se nombrava Rey de Bohemia; y quedò contenta, y assegurada Sicilia.

Aunque Catalan, era General del Exercito del Papa, Rey Roberto, y Guelfos de Italia, Ramon de Cardona, y por este tiempo fue vencido, y desbaratado por el Exercito del Rey Don Fadrique, y vando Gibelino: perdiòse tambien el campo de Federico Emperador hierno del Rey, y quedò prisionero de su enemigo el de Baviera: embiò luego el Rey, entendida la desgracia, al Pontifice, y Rey de Napoles à Vidal de Vilanova para solicitar la libertad del hierno, al qual amava como à hijo, y con su carta le alentò con la esperança de los socorros: sucediò esta desgracia à veynte y ocho de Setiembre.

Fue muy milagrosa, y mysteriosa, segun parece por las Historias, y Anales de las Provincias de los Francos, y Saxones, y por las de la Orden de la Merced, la Vocacion del Santo Fr. Henrique de Austria, de la Augustissima Casa de Alemania, apareciendosele la Virgen Santissima vestida del Habito de la Merced, mandandole entrar à su Religion, cuyo precepto obedeciò en el Convento de Perpiñan, tomandole de Militar (aunque despues se ordenò de Sacerdote) año 1322. trasladandole luego al primer Convento de su Orden: fue cosa de admiracion ver à este Santo Varon quan de veras procurava ser callado, obediente, humilde, y sufrido: en las obras del espiritu, vivia siempre todo hecho vna contemplacion de oracion continua: en las obras penales, y del cuerpo tan grande penitente, que era menester irle à la mano, moderandole las diciplinas, y ayunos: viviò con admirable pureza, conservandola desde que naciò, con pasmo de quantos le conocian: aviendo buelto à Barcelona despues de aver executado dos Redempciones con inexplicables excessos de su encendida caridad, en cumplimiento de su voto, fue tal el credito de Santo que tuvo en la Ciudad, que no salia del Convento, que no le besassen la ropa, y se la cortassen à pedaços por las maravillas que obrava Dios por este siervo suyo, referidas en las Coronicas de la Merced: llegòle en Barcelona la hora de su dichoso transito, revelandosela Dios: llenòse la celda al querer espirar de vna soberana fragrancia, y olor, continuando hasta darle sepultura en la

El Santo Fr. Henrique de Austria del Orden de la Merced.

Igle-

Iglesia de su primer Convento, y su rostro de vn resplandor celestial, que dava à entender el premio con q̃ en el Cielo le avia honrado Dios, dandole lugar entre los inumerables Santos que à tenido, y tiene la siempre amada, y venerada de esta Provincia, la Augustissima, è Imperial casa de Austria. (13)

(13) Fr. Alonso Ramon t.1. lib.7. c.13. 14. y 15.

Por esta circumferencia de tiempo muriò tambien en el mismo Convento el Santo Fr. Diego de Narbona, hijo de esta Ciudad, y de habito del Convento de Perpiñan: fue su vida siempre muy exemplar, y santa, y sus costumbres inculpables: obrò Dios por su intercession raros prodigios: fue nombrado Redemptor à la Ciudad de Bona, donde fue cruelmente açotado, por averse convertido à santa vida vna Cautiva Española por sus santas exortaciones; y por dedicarse à predicar à los Moros en los campos, y aduares la Fè de Jesu-Christo, fue apaleado, y echado en vna Mazmorra donde padeciò vn año aprisionado, extraordinarios tormentos: diòsele libertad à instancias del Rey Don Jayme el Segundo; y llegò à Barcelona, con ciento y ocho Esclavos; oyendose en el ayre vnas vozes muy concertadas, y sonoras como de musica Celestial al mismo instante que diò el alma à aquel Señor que la criò para gozar del sin fin. (14)

El Santo Fr. Diego de Narbona del Orden de la Merced.

(14) Fr. Alonso Ramon hist. Gen. de la Merced, t. 1. lib.6. c.11. Bargas lib. 1. cap 37. Bul. Ord. in Cath. Gener. §.6. n.5.

1323. Este año favoreciò Dios à Cataluña, y con especialidad à Perpiñan con el Precioso Tesoro de la Santa Reliquia del Brazo, y mano izquierda de San Juan Bautista, hallandose Prior del Convento de Predicadores de aquella Fidelissima Villa el Santo Varon Fr. Pedro de Aleña, al qual llegò vn hermoso Mancebo en trage de Peregrino, y le encomendò vna Caxita, assegurandole guardava prenda de mucho aprecio, y que se la encargava por la aficion que tenia à la Orden de Predicadores, pidiendole no la entregasse à nadie aun con carta suya, sino à èl en persona, quando bolviesse de Santiago, y en caso que no bolviesse hazia donacion de la Prenda al Convento: como passassen algunos años sin noticias del Peregrino, consultò el caso el Prelado, y delante de algunos Religiosos abriò el Relicario de madera, que aun se conserva, y tiene palmo, y medio de largo, y de alto, y ancho medio palmo: vieron que en la cubierta estava pintado el Santo Precursor con alas de Angel; y vn libro abierto en la mano derecha, y vnas letras Griegas, que traducidas en Castellano dizen: *Clama Precursòr Ministro de la Palabra*: en la Siniestra vna cabeza con otro letrero Griego, que vertido dize: *S. Juan Precursor*: y à los pies otro letrero, que traducido dize: *Que te llamaremos? Profeta, Angel, Apostol, ò Martir?* Al rededor nueve versos en Griego, que los traduxeron los Arçobispos de Athenas, y Thebas: con que conocieron ser del Divino Precursor el Brazo; y lo confirmò el Cielo con raros prodigios: y entre otros, el Obispo de Albi Legado del Pontifice, para assegurarse, quiso poner en vn brasero la Santa Reliquia en la Sacristia del Convento, y al tomarla, dieron en tierra los arcos, y cruzeros de la boveda, quedando esta entera, y bien enterado el Legado diò gracias al Santo, quedando assegurado de la Santa Reliquia, sin otra prueva: (15) refiere Domenech que parte del dedo pulgar se halla en el Convento de Predicadores de la Seo de Urgel, y en la Iglesia de San Juan de Barcelona, venerada la mayor parte del Brazo derecho de dicho Santo.

Brazo de San Juan Bautista.

(15) Dos Procesos del Archivo del Convento. Domenech, Flos Sanct. de Catal. fol.162. Diago hist. de Predic. lib.2. c.88.

Por el mes de Octubre deste año estavan prevenidas las Galeras, Vaxeles, y otras embarcaciones de las Ciudades de Barcelona, Tarragona, Tortosa, Mallorca, y Valencia, y la gente à punto de partir: previno el Rey à los Catalanes que concluyessen sus cuentas, y saliessen de Genova, y Pisa, antes que partiesse la Armada para Cerdeña, (digna atencion de Rey, cuydar de las Personas, y haziendas de los Vassallos) asseguró à su devocion al Juez de Arborèa poderoso en aquella Isla, ofreciòle conservarle en todos sus Estados despues de conquistada; y para obrar con acierto, mandò à Frances de Monsonìs, à Berenguer de Mompahò, à Bernardo Renat, y à Guillen Desfor, se detuviessen en Genova, para darle noticias de los designios, y fuerzas de sus Enemigos.

De Barcelona partiò el Rey para Tarragona, y de alli mandò juntar toda la Armada de Cataluña, con los socorros de Mallorca, y Valencia en Port Fangòs, y llamò à todos los Cavalleros de Cataluña, Aragon, y Valencia, que avian prometido passar con el Principe à Cerdeña: los que mas se señalaron en esta conquista, y mas nombrados en ella, van notados à la fin del Capitulo letra *A*.

Instò por este tiempo al Pontifice, por las ofrecidas assistencias Vidal de Vilanova Embaxador del Rey, pero dilatòlas por recelos, que con la poderosa Armada que prevenia, no pretendiesse dominar à Italia, y con estos recelos dixo el Rey de Napoles: *Que el Principe Don Alonso imitava à sus Abuelos, que apuntavan à vna parte, y tiravan à otra*; de que apurado el de Vilanova se despidiò de la Audiencia del Pontifice, diziendo: *Que el Rey de Aragon, y sus Naturales estavan muy acostumbrados à aventurarse en sus empresas, y por la gracia de Dios nuestro Señor siempre avian salido con honra, y estimacion, de todas ellas.*

Palabras notables de Vidal de Vilanova.

Desengañado el Rey de la esperança de los socorros del Pontifice, y partido Guelfo, resolviò, con sus buenos Vassallos, emprender la conquista; y para darle feliz principio, antes de la partida de la Armada, embiò à Cerdeña à instancias del Juez de Arborèa (que ya avia empuñado las armas contra los Pisanos con daño de aquella Republica) al Vizconde de Rocabertì, à Dalmao de Rocabertì, à Beltran de Castellet, y à Hugo de Santa Pau, con los Catalanes que pudieron recoger, y los Vaxeles que se hallavã en Barcelona, porque toda la Armada ya se hallava en Portfangòs; no obstante refiere Montaner que se juntaron ducientos de acavallo, y dos mil de à pie: partieron de Barcelona, llegaron à Cerdeña, desembarcaron en Oristan, y con valor defendieron el partido del Rey, mientras tardava la Armada, que ya à toda prissa despachava el Rey assistido de sus Vassallos.

El Venerable P. Fr. Guillermo Giralt del Orden de la Merced.

El Venerable Padre Fr. Guillermo Giralt Catalan de Nacion, del Orden de la Merced, fue vno de los Varones Santissimos que ha tenido esta Religion, entre los muchos hijos del Convento de Barcelona ilustres que la han engrandecido: fue singularissimo su zelo al bien de las almas, exercitandose en todo genero de virtudes, y obrando Dios por su intercession muchas maravillas, y conversiones, assi en Barcelona, como en Argel, donde quedò en rehenes por la Redempcion de los Cautivos, predicando fervoroso la Ley Evangelica, que ohian los Moros con veneracion: puesto en el Catalogo de los insignes Varones en Santidad, que à tenido el Orden de la Merced, cuyas cenizas se ocultan en su Iglesia de Barcelona. (16)

(16) *Bargas, Cor. de la Merced, l. 2. cap. 1. Bul. Ordin. in Cath. Gener. §. 7. n. 5.*

Como este Capitulo comprehende el año 1317. y en este mudò de govierno la Militar Orden de la Merced nacida en la Ciudad de Barcelona, me à parecido preciso no omitir la relacion de esta novedad, como tambien la de algunos sujetos estrangeros ilustres en santidad, hijos de Habito del primer Convento de la Orden; suponiendo se ha omitido, y se omitarà la de los mas, assi naturales, como estrangeros, en el discurso de la Historia, por el grande descuydo de los antiguos Mercenarios totalmente empleados en la Redempcion de los Cautivos.

Aviendose pues governado la Militar Orden de la Merced, desde el principio de su Fundacion por el Maestro General Militar con jurisdicion sola sobre lo temporal, y por el Prior General Sacerdote, que era el de Barcelona, con sola jurisdicion sobre lo espiritual en toda la Orden; año 1317. por orden del Sumo Pontifice à 10. de Julio fue electo en el Convento del

Puche

Puche de Valencia vn Maestro General Sacerdote, con jurisdicion espiritual, y temporal sobre toda la Religion, y fue el Santo Fr. Raymundo Albert; de quien à su tiempo se referiràn las virtudes. Quedaron con esta eleccion excluìdos los Cavalleros, del govierno de dicha Religion, y concluìda la primer Centuria de la Merced con esta novedad.

Fue esta Centuria de mucha gloria para el primer Convento de la Militar Orden de la Merced, y assi lo fue tambien para todo el Principado; pues à mas de los insignes Varones naturales de Cataluña, florecieron en virtud, muchos sujetos naturales de otros Reynos, y Provincias, hijos de Habito de dicho primer Convento.

Los que à podido descubrir mi desvelo son los siguientes: San Serapio, Inglès de Nacion, el qual en breve tiempo se adelantò tanto en todo genero de virtudes, que à quantos le conocian, era, no solo exẽplo, sino espanto; y assi lo fueron los repetidos favores que recibiò de Dios en los frequentes extasis, y revelaciones; en las conversiones, y milagros que obrò el Señor por su intercession: Empleado por su ardiente caridad en varias ocasiones en el exercicio de Redemptor, passò à Escocia para dilatar en aquel Reyno su Religion, donde vnos hombres sediciosos à quienes predicava el Santo para reducirles al servicio de Dios, y de su Rey, le maltrataron año 1239. con cruelissimos açotes, puesto despues en vna Aspa, ò forma de Torno, donde abriendole los pechos, y vientre, le fueron haspando las tripas, partidos todos los miembros de su cuerpo, hasta que passò à coronarse en el Empyreo con la Laureola de Martyr.

San Serapio Martyr.

El Santo Martyr Fr. Raymundo de San Victor Sacerdote, fue vno de los primeros Religiosos de la Merced: ignorase su Patria; pero no que la humildad, y caridad fuessen dueños de su coraçon, empleado por ella en diferentes Redempciones, en las quales manifestò su exemplar paciencia: en la vltima en que San Pedro Nolasco le diò por Compañero à Fr. Guillermo de San Leonardo, hijo de Habito tambien del Convento de Barcelona, les robaron el dinero los Moros de Cartagena, y Lorca, despojandoles, maniatandoles, açotandoles, y apaleandoles à los dos, hasta llevarles à vna mazmorra muy obscura de Lorca, donde constantes en defensa de la verdadera Ley de Jesu Christo rindieron sus cabeças à la crueldad de los alfanges Mahometanos, año 1242. logrando los dos juntos la Corona de vn mismo Martyrio, como la avian deseado.

El Santo Martyr Fr. Raymundo de San Victor.

El Santo Fr. Guillermo de San Leonardo Martyr.

El Santo Martyr Fr. Jayme de Soto, natural de Toledo, Sacerdote, fue tan exemplar, que mas parecia Angel, que hombre: fueron raras sus penitencias, floreciò con singularidad en la virtud del Silencio, Retiro, y Caridad, por la qual fue nombrado año 1244. Redemptor para Granada, de donde bolviendo à Barcelona con ciento setenta y tres Cautivos, diò en manos de vn Alcayde Moro muy altivo, y sobervio; que ofendido por aver dado el Rey de Granada libertad à los Esclavos, diò contra ellos à palos con la lança, quebrandola en la cabeza, y espaldas del Redemptor, à quien cargado de hierros en vna mazmorra, mandò açotar con crueldad, pretendiendo desviarle de la Fè de Jesu-Christo; à cuyos tormentos añadiò el Tyrano muchas puñadas en la boca del Santo, y que con instrumentos de fuego le cauterizassen, y señalassen todo el cuerpo, como lo executaron; logrando coronarse Martyr en el Empyreo.

El Santo Martyr Fr. Jayme de Soto.

Aunque se ignora el lugar del nacimiento del Santo Martyr Fr. Fernando Perez, se sabe fue en Castilla, y que le embiò su Orden à la Africa para redimir; pero por no aver podido tomar tierra en sus Costas, diò en manos de vnos Moros cossarios, que robandole el dinero, y no pudiendo lograr que faltasse à la Fè de Jesu-Christo, despues de muchos tormentos, escupiendole

El Santo Martyr Fr. Fernando Perez.

dole al rostro, mesadole las barbas, echandole dos grandes pesas al cuello, pendientes de vnas cadenas, y cordeles fuertes, le ahogaron, y le echaron al mar.

El Santo Martyr Fr. Teobaldo.

El Santo Martyr Fr. Teobaldo, cuyo apellido se ignora, natural de Narbona, fue vno de los Militares que mayores penitencias hizo por aquellos tiempos, de cuyas mortificaciones se contavan cosas muy raras: fue embiado Redemptor à Tunez, donde aviendo logrado la libertad de ciento vèynte y nueve Cautivos (conducidos à Barcelona por su compañero Fr. Fernando de Portalegre Español, el qual en otra Redempcion que hizo en Argel alcançò la Corona del Martyrio atado à la entena de vn Navio, asseateado, y echado despues al mar) quedò por ocasion de vn falso testimonio que le levantaron los Moros, los quales no pudiendo lograr que dexasse la Fè de Jesu-Christo, le echaron en vna terrible hoguera; pero se apartò la llama dexando libre del incendio al Santo: quisieronle librar algunos aturdidos de la maravilla, pero otros mas obstinados, à cozes, y à palos otra vez arrojaron al Santo Martyr entre las llamas, logrando la Corona de Martyr en el Cielo.

El Santo Martyr Fr. Fernando Portalegre.

El Santo Martyr Fr. Guillermo Novèlo.

El Santo Martyr Fr. Guillermo Novèlo fue natural de Florencia: por su excessiva caridad le encargò la Religion diferentes Redempciones en que con invicta paciencia tolerò innumerables trabajos, y con singularidad en la vltima que executò en Argel, quedando en rehenes por diferentes Cautivos que peligravan en la Fè; donde muriò puesto en vna Cruz por los Judios, y Moros en oprobrio del nombre de Christo, y porque predicava su Evangelio.

El Santo Martyr Fr. Pedro Camino.

Por camino milagroso trajò la Virgen à su Religion al Santo Martyr Fr. Pedro Camino de humilde linage, en vna pequeña Villa del Ducado de Albret, apareciendosele la Virgen sobre las ramas de vn arbol, mandandole seguir el Instituto de San Pedro Nolasco, que abraçò, ò en Perpiñan, ò en Barcelona; que para todo ay fundamento, despues de aver estudiado Canones, y ordenadose de Sacerdote. En el primer Convento fue norma de penitentes, mortificados, y contemplativos: de donde partiò año 1284. Redemptor para las Costas de Africa, donde le robaron el dinero vnos cossarios, maltratandole de palabra, y de obra, y echandole al remo de vna Galera: despues aviendole desembarcado en las Costas de Africa, açotado, y maniatado, desnudo le echaron en vn grande oyo en la arena, donde fue asseateado, sacados los ojos, metidas las puntas de las eañas por entre las vñas de los dedos de los pies, y manos, cortada su cabeça en odio de la Fè de Jesu-Christo que predicava, y defendia constante entre tan crueles Martyrios: fue echado su santo cuerpo al mar, y passò su alma à Coronarse de Gloria.

El Santo Fr. Guillen de San Julian.

Naciò el Santo Fr. Guillen de San Julian en la Ciudad de Cuenca; y aunque pretendia passar à Portugal para seguir el rumbo de la Milicia en aquel Reyno, la Virgen Santissima le diò à conocer que le queria en la Milicia espiritual de su Orden, donde se adelantò tanto en el estudio, que parecia su ciēcia mas infusa, que adquirida, con que enfervorizava à los fieles clarin sonoro de la ley Evangelica, obrando raras maravillas en la conversion de muchas almas: su muerte fue en Barcelona, llena de maravillas, y mysterios, dexando grande opinion de Santo.

El Santo Fr. Alonso de Sevilla.

El Santo Fr. Alonso de Sevilla, natural de esta Ciudad, es aquel, de quien hablando Rafael Volaterrano en su Antropologia, le llamò ilustre, y claro en santidad en el *lib. 21. en el cap. de las Ordenes Militares*, por abstinente, y caritativo, y singularissimo en prodigios, y milagros: fue Religioso Lego, y su muerte tan preciosa, y agradable à los ojos de Dios, que muchos de los que se hallaron presentes oyeron canticos de Angeles en el ayre quando espirò:

muchos

muchos años estuvo su cuerpo incorrupto en Barcelona en la Iglesia de su Orden al lado del Evangelio, pero despues á ocultado Dios tan apreciables Reliquias.

Los Venerables Padres Fr. Pedro Oscavir, y Fr. Juan Clarecato.

Los Venerables Padres Fr. Pedro Oscavir, y Fr. Juan Clarecato, fueron muy ilustres en sãtidad, y clarissimos en todo genero de virtud: El primero tuvo perpetuo don de lagrimas, siendo su continuo exercicio derramarlas por los Cautivos de los Infieles, y del pecado: El segundo en materia de Observancia, en razon de espiritu, y contemplacion, en oracion mental, en raptos, y extasis maravillosos, en actos del amor de Dios se adelantó en pocos años á muchos Maestros suyos que estavan muy adelante con Dios: ignorasse la Patria de entrambos.

El V. Fr. Ferrer.

No menos es celebrado en las Historias de la Merced el V. Fr. Ferrer, cuya Patria se ignora, á quien se le diò el Habito para servir á la Comunidad en oficios humildes: fue rara su sencillez, su obediencia premiada del Cielo, substituyendo en sus ministerios los Angeles: muriò en Barcelona con singular exemplo de santidad, sucediendo grandes maravillas en su muerte ponderadas por los Historiadores de su Orden.

El Santo Fr. Leonardo.

El bendito Varon Fr. Leonardo Francès de Nobilissima Familia, fue vno de los primeros Cavalleros de sa Orden, cuya vida fue tan exemplar, que la Religion le fió los cargos de mas importancia; tan caritativo con los Cautivos, que al oir sus trabajos se hazia su rostro vn mar de lagrimas, y assi toda su ansia era que se recogiessen limosnas para la Redempcion: los Historiadores, y Escritores que tratan dèl, jamàs le llamaron con menor titulo que de Santo, y Bienaventurado: cuentanse despues de su muerte algunas maravillas que obrò Dios para honrar á su siervo.

El Santo Fr. Bernardo de San Roman.

El Santo Fr. Bernardo de San Roman de Nobilissima Familia en la Francia, tomó el Habito de Militar de manos de San Pedro Nolasco: fue singularissimo en la paciencia, sufrimiento, pureza, y caridad, llamado por los Barceloneses Padre de Pobres; y assi en los tres años que governò toda la Religion, mandò hazer siete Redempciones; finalmente adornado de todo genero de virtudes, año 1272. de Barcelona passò al eterno descanso: obrò el Señor diversidad de maravillas despues de su muerte por aquel Santo Cuerpo, que estava incorrupto en la Iglesia de su primer Convento año 1591. como afirma averle visto el Obispo de Jaca en la Historia de su Orden que imprimiò por aquellos años.

El Santo Fr. Juan Yerco.

Ignorase la Patria del Santo Varon Fr. Juan Yerco, solo se sabe fue de los primeros Sacerdotes de la Orden: dedicado á la conversion de las almas, obrò raras maravillas por acompañar á su doctrina, vna virtud admirable, zelo de la honra de Dios, rarissimas penitencias, y mortificaciones: fueron tantas, y tan prodigiosas las conversiones que logrò en la gente del mar, que en llegando Galeras, y Navios, era cierto pedir á vozes los Passajeros, Marineros, y Soldados que les traxessen el Santo, el Padre, y Patron de todos; viendose en algunos Navios de los Estrangeros pintada la Imagen deste Varon Santo, como si fuera su Santelmo, con vna letra à los pies que dezia: *A finibus terræ vsque ad mare charitas eius*: Lleno de meritos le llamò Dios al eterno descanso en Barcelona, quedando su rostro lleno de resplandor, y la celda de vn olor, y fragrancia del Cielo.

El V. Fr. Carlos Català.

El V. Fr. Carlos Català Sardo de Nacion, tomò el Habito para Militar, se refiere que le concediò Dios don de Profecia: por su sabiduria quantos le consultavan, y oìan, le miravan como á vn Angel del Cielo: Passò á Caller para dilatar su Religion, donde muriò, dexando singular opinion de su virtud, obrando el Señor muchos milagros con los que tocaron sus Santas Reliquias, que se depositaron en el Claustro de de aquel Convento.

Fue el V. P. Fr. Fernando de la

Cruz

El V. P. Fr. Fernando de la Cruz.

Cruz natural de Leon de Francia, celebre en entrambos Drechos, Canonico, y Civil, muy celebrado en la Universidad de Lerida, de donde vino à Barcelona para tomar el Habito para Sacerdote: como Maestro aventajado de espiritu, fue copiosissimo el fruto que cogió de sus palabras, sentencias, y escritos en numerosas conversiones de pecadores: perseverò incansable hasta el fin de su vida en mortificaciones, dedicado à la oracion: tuvo noticia de la hora de su muerte, que correspondió à su santa, y penitente vida, lleno su rostro de tan extraordinario resplandor, que no podian llegar à conocerle los muchos que le assistian: fueron depositadas sus Reliquias en el Claustro del primer Convento.

(17) *Bargas Coron. t.1 l.1. cap.22. 23. 24. 26. 29. y 34. Zumel de Vir. illustr. fol. 76. 77. 79. y 84. Bul. Ordin. in Cath. Gener. §. 1. 2. 3. 4. 6. 7. y 8. Fr. Alonso Ramon histor Gener. t.1. l.3. cap. 20. 21. 22. y 24. lib. 4. cap. 5. 6. 7. 13. 14. 19. 25. 26. y 28. lib. 5. cap. 11. lib. 6. cap. 7. 8. 9. y 10. lib. 7. cap. 7. y 8. Natal Gaver hist. B. M. de Mercede, in Arch. Convent. Barcin. à fol. 37. Illustr. Guimerà en la Historia de la Merced.*

De otros muchos hijos de Habito del Convento de Barcelona, en la primer Centuria hazen memoria los Historiadores de la Merced; pero los referidos son los que acabaron la tarèa de su vida con mayor opinion de santidad, y de quienes han escrito con mayor extension. Veanse los Autores que van al margen. (17)

Nombres de los que assistieron en la Conquista de Cerdeña.

A. Dalmao Vizconde de Rocabertì, Guerao de Rocabertì, Guillen Berenguer, Arnaldo de Anglesola, Amorós de Ribelles, Ramon de Ribelles, Beltran de Castellet, Guillermo Guillermin, Berenguer Arnau, Ramon Berenguer de Cervelló, Pedro, y Guillen de Queralt, Dalmao de Castellnou, Ramon de Cardona, el Vizconde de Cabrera, Ramon de Cordova, Ramon Alemany, Gilabert de Centellas, Hugo de Santa Pau, y Galceran de Santa Pau, Ferrer de Abella, Thomas çacosta, Iayme Peramola, Guillen de Clariana, Francisco de Monbuy, Dalmao de Thimor, Galceran de Castellvell, Berenguer de Copons, Guillen de Cervera, Berenguer de Mascarata, Armengol de Puylans, Iofre Guerao, Guillen Moliner, Ramon Moliner, Guillen de Namontaguda, Guerao de Clariana, Berenguer, y Galceran de Puigvert, Pedro de Mompahò, Huguet de Fluvià, Berenguer de Otina, Bernardo Cespujadas, Ramon de Perellòs, Guillen de Boxadòs, Benito de Boxadòs, Guillen de Montoliu, Pedro de Castellvell, Berenguer de Iorba, Dalmao de Rejadell, Pedro de Grañana, Simon de Lamarial, Guillen Bernardo de Rialp, Bernardo de Anglesola, Roger de San Vicens, Arnaldo de Torrellas, Pedro de Tous, Pedro de Hostalrich, Guillen de Foxà, Arnaldo de Maurellans, Pedro, Arnaldo, y Bernardo de Ballestar, Ramon Bernardo de Riaria, Ramon Cort, Pedro de Foxà, Ramon de Peralta, Guillen Olomar; y de los Catalanes poblados en Valencia, sò los nombrados los siguientes: Francés Carròs Almirante, y Nicolàs Carròs, Arnaldo de Riusech, Iayme Escrivà, y Ramon Montaner, que juntaron la gente q̃ vino de Valencia, Dalmao de Vilaragut, Phelipe Boyl, Alonso de la Morera, Bernardo de Boxadòs, Iayme Serra, Francisco Desplugues, Ramon de Vilanova, Iuan Lançol, Beltran de Masdovelles, Cami de Copons: otros muchos se señalaron, pero tuvieron desgracia en el olvido de sus nombres; y otros se nombran en el discurso de la guerra, como constará en sus lugares, à los quales añade Tomich, Pedro Galceran de Caldès, Dalmao de Rejadell, Pedro Sans, Pedro Guell, Iuan de Vilamarì, Iuan de Vilarnau, Guillen de Belloch, Ponce de Oluja, Asberto Zatrilla, Francì Coloma, Francì de Rexach, Pedro de Tagamanent, Arnaldo de Vilalba, y los Palous, Marquets, Burguesos, Sanclimènts, Romeus, y Queralts de Barcelona.

CA-

CAPITULO XII.

Encomicos del Estandarte de Cataluña: Conquista de Cerdeña, y Corcega: Descripcion de las Islas: Vitorias en Iglesias, y Caller: Convento de Predicadores de Balaguer: Valor del Principe y de Ramon de Senmenat: Hecho celebre de Boxadòs: Vitorias en el Mar: Rebelion, y castigo de Ginoveses, y Pisanos: Carmen de Valls: Martyrio de dos Mercenarios: Infante Don Pedro Religioso Francisco: Guerras en Italia: Concordia con Mallorca: Disgustos del Infante Don Iuan: Vandos en Cerdeña: Vitoria contra Ginoveses, y por Mar: Tratados de Pazes en Sicilia: Muerte del Rey, y de la Princessa: Hijos del Rey: Su entierro: Fundacion de Pedralbas, y dignidades de Barcelona: De Fr. Iayme Soler, y Fr. Diego de Bagà, &c.

Conquista de Cerdeña.

PRevenida la Armada, y prevenido el Principe General Don Alonso para partir, abraçòle su Padre, y como à tal le advirtiò como avia de proceder, y le entregò el Real, y antiguo Estandarte de los Serenissimos Condes de Barcelona, que llevavan en las guerras, con estas palabras: *Hijo Yo os entrego la Bandera nuestra antigua del Principado de Cataluña, la qual tiene vn singular privilegio, que es menester guardeys bien, el qual privilegio no està falsificado, ni improvado, antes es puro, limpio, y sin falsificacion, ò macula alguna, y sellado con sello de oro, y es este: es à saber, que ninguna ocasion que nuestra Bandera Real aya estado en Campo alguno, jamàs fue vencida, ni desbaratada: el qual privilegio devêys bien guardar, y es menester que me le bolvays entero, y bueno, como os lo he encomendado.* (1) Partiò el Principe acompañado de su muger Doña Teresa de Entença; y llegò à Palma de Sols de Cerdeña, aunque con varia, y peligrosa navegacion, y con perdida de sola vna Galera de Mallorca: desembarcò el Exercito, y de consejo de los Capitanes, diò principio à la empresa con el assedio de la Villa de Iglesias, principal en la dilatada Isla, que importa descrivir para la noticia desta guerra, con la de Corcega, q̃ fue tambien campo feliz de nuestras vitorias.

Elogio de Cataluña.

(1) *Señor Rey Don Pedro III. en su hist. Señor Rey Don Martin en las Cortes de Perpiñan.*

Descripcion de las Islas de Cerdeña, y Corcega.

Jace Cerdeña en el Mar Ligustico, Isla de las mayores, y mas ilustres del Mediterraneo, à igual distancia de Italia, y Africa como de quarenta y quatro leguas, tiene de circuìto ciento, ochenta y ocho leguas, es abundante de granos, vinos, ganados, minas, y olivos, aunque se benefician poco, por descuydo de los Paysanos, parcos en comer, y vestir: abunda de caça, y cavallos; y es cierto no cediera à Sicilia, si fuesse igual la industria de los Moradores: no engendra lobos, ni animales ponçoñosos: parte de la Isla es de buen temple, otra de Cielo triste, y ayre enfermo, porque la tierra se hallà inficionada de malissimas lagunas, que jamàs se han aplicado a agotarlas en beneficio de la salud, y aumento de la Isla: hallase medianamente poblada en siete Ciudades, y quatro cientas treynta y dos Villas, y Lugares. (2)

(2) *Plinio nat. hist. lib. 3. cap. 7. Pio 2. Cosmograf. & Henr. Clareani Episc. Peñalosa excelencias de los Españoles, fol. 62.*

la Isla de Corcega se halla en el proprio Mar Ligustico, es abundante de vino, tiene tres cientas, veynte, y dos millas de circunferencia, y se halla medianamente poblada: tienen estas Islas otras muchas menores, y las mas inabitables: (3) dominavan à estas Islas los Ginoveses, y Pisanos en sus Colonias, y contra estos se huvo de emprender la guerra, para tomar la possession del dominio que avian concedido los Pontifices Gregorio, y Bonifacio à nuestro Rey; y esto entendido bolvamos à nuestra Historia.

(3) *Plin. nat. hist. l. 3. c. 6.*

Assedio de Iglesias Plaça de Cerdeña.

Dispuso los Quarteles el Principe delante de Iglesias, y circuìda començò à estrecharla, quando ya se hallava el Vizconde de Rocabertì con los que avian llegado en su compañia, de Barcelona, delante Caller, y avançava aquella Plaça, defendida de tres cientos cavallos, y diez mil Infantes; del qual numero advertido el Principe, embiò à engrossar el Exercito del Vizconde al Almirante Francès Carròs, con veynte te Galeras, y los bastantes Soldados de desembarco; quedando el Principe con el residuo de sus Tropas delante Iglesias. Llegò al Exercito para besar la mano al Principe, prestarle el juramento de fidelidad, y confessarle el feudo de sus tierras el Juez de Arborea, acompañado de luzida tropa de sus Vassallos: llegaron tambien al campo Bernabè Doria con los de su Casa, el Marquès de Malaspina, y los Syndicos de la Ciudad de Sacer, que se entregaron al Principe en nombre del Rey; y luego embiò el Principe à Sacer por Governador à Guillen Moliner, recibido con demonstraciones afectuosas de los Ciudadanos, y disgusto igual de los Ginoveses.

El Juez de Arborea con otros, y la Ciudad de Sacer se rinden al Principe.

Diòse vn avanze à la Plaça de Iglesias, que saliò muy contrario por no aver reconocido bien el fosso: diòse segundo avanze con perdida de ambas partes, no pudiendo los nuestros dominar la Plaça; con que viendo las defensas, y copia grande de defensores se resolviò en Consejo de Guerra rendir la Plaça con el duro cuchillo de là hambre. En este tiempo para que el Almirante pudiesse lograr mejor sus designios, que eran no llegasse socorro por mar à Caller, que la tenia apretada el Vizconde, y costear las Islas de Cerdeña, y Corcega, embiòle el Principe à Ramonet de Peralta, y à Bernardino de Cabrera con sus Compañias, y algunos Almugavares, que entrando en las Galeras, luego partieron al Puerto de Ullastre, y se les rindiò el Castillo; de alli passaron à Terranova, y aunque ganaron vna Torre, no consiguieron la Plaça: costearon à Corcega, y el Invierno, y cuydado de Caller les bolviò à Cerdeña.

Disponese rendir à Iglesias por hambre.

Entrò el Almirante con sus Galeras en el Puerto de Cañelles, donde se hallava nuestra Armada; pero tan expuesta al peligro por las grandes enfermedades, que à no llegar este socorro peligrava, porque à este tiempo llegaron treynta y cinco Galeras de Pisa para introducir socorro en Caller: las quales à vista de nuestra Armada, se retiraron sin otra prueva. En el Campo que se hallava sobre Iglesias prendiò el contagio, è intemperie de la Isla, de forma, que apenas se librò ninguno, de la dolencia, y fueron muchos los muertos; y lo mas sensible fue, la enfermedad del Principe, aunque la tolerò con tal valor, que jamàs se apartò del Campo, ni dexò de acudir à los actos Militares, llevando sobre sì el rigor de la calentura.

Intemperie en nuestro Campo, y aliento del Principe.

Avisado el Rey del estado de su Exercito en Cerdeña, y que avia consumido el mal à la mitad de los Soldados, y Capitanes, embiò nuevo socorro al hijo, con Guillen Aulomar de Barcelona, llevando en las Naves de los Particulares mil y trescientos Catalanes, y con el Castellan de Amposta Martin Perez de Oròs, alguna gente; y luego para assegurar la conquista, armò en Barcelona diez y ocho Galeras, y mandò apercebir à Berenguer de Anglesola, Bernardo Ramon de Ribelles, Guillen de Bellera, Ramon de Cardona Señor de Torà, Arnaldo de Eril, Pedro Fernandez de Vergua, y Blasco de Vergua para Capitanear la gente que prevenia en Cataluña.

El Rey envia socorro al Exercito.

En este tiempo ofendido el Rey de la derramada vida del Infante Don Jayme, y no pudiendo con medios suaves lograr la enmienda, mandò al Infante Don Pedro le trajesse à Barcelona para vivir en su compañia; à Arnaldo de Soler Maestre de Montesa, y à Guillen de Santa Coloma que le removiessen la familia, y que estos, con otros quatro Cavalleros, y vn Monge le acompañassen sin jamàs dexarle; pero obrò poco este remedio en la estragada vida del Infante, que pareciò solo renunciar la Primogenitura para vivir mas libremente.

Solicita el Rey remediar los desordenes del Infante Don Jayme.

Hallavase el Principe Don Alonso en el trabajoso assedio de Iglesias, constante en no apartarse sin la Plaça, y cuydadoso de la Conquista de Caller, que era la primera Fuerça de la Isla; y para conseguir vno, y otro, sufriò los trabajos del Campo sobre Iglesias, y embiò à Guillen de Cervellò velló à Caller con algunas Compañias de Cavallos, para aumentar aquel Exercito: tratóse en el Consejo del Principe de la defensa contra la Armada numerosa que embiavan los Pisanos: no pudierõ acertar el medio por la debilidad de fuerças, y estas divididas por los disgustos del Juez de Arborea, y de Bernabè Doria, del Almirante con el Vice Almirante de Mallorca; que aunque quedaron olvidados por la autoridad del Principe, dieron ocasion al descuydo de nuestra Armada, que por sus contiendas, llegando la Pisana, y topandola dividida, pudo conseguir llegar al Puerto de Cañelles, tomar algunos Navios, quemar las municiones, y bastimentos que estavan alli prevenidos; y huviera sido mayor el daño, si Ramon de Senmenàt Governador de Gociano no defendiera la Plaça con valor notable en servicio del Rey, y daño de los Pisanos, obligados à levantar el sitio con notable perdida.

Daño de nuestra Armada por los Pisanos en Cañelles.

Valor de Ramon de Senmenàt.

Cargò sobre el Almirante el daño que recibiò nuestra Armada en Cañelles, culparonle delante del Rey, el qual respondiò, que quando constasse tener culpa, podia el Principe proveer el Oficio: disculpòse el Almirante de tal suerte, que no solo fue declarado libre, sino aver procedido como buen General, no obstantè q̃ tenia al Principe contrario: tal era la rectitud de aquellos tiempos. Escriviò el Rey à su hijo, que solicitasse con el Rey Don Fadrique diesse licencia à Guillen Ramon de Moncada para passar à Cerdeña, porque su valor, y pericia seria de importancia en lugar del Almirante. Este año se fundò el Convento de Dominicos de Balaguer.

Convento de Predicadores de Balaguer.

1324. Despues de siete meses, y dias, por falta de viveres se rindiò la Plaça de Iglesias, y entrò nuestro Exercito en ella, dexòla presidiada el Infante Don Alonso, y en ella à su muger, y familia, y partiò con su Exercito à vnirse con el que se hallava en el Assedio de Caller; y apenas avia llegado, quando le dieron aviso de venir muy poderosa segunda vez la Armada de los Pisanos, aumentada de quatro cientos Cavallos, dos mil Ballesteros, y mucho mayor numero de otros Soldados: era General Manfredo Conde de Nar, y otro Conde Rayner. No perdiò el animo el Principe, aunque los que avian quedado de su Exercito se hallavan enfermos, y convalecientes, antes alentado, con veynte Galeras, y los que se hallaron con disposicion de entrar en ellas, partió intrepido à encontrar la Armada Enemiga al Cabo de la Sentalia; y viendo el General Pisano el valor, al qual ya entonces llamavan desesperacion de los nuestros, escusó el conflito, y se apartò haziendo vela al Lugar de Santa Maria Madalena, donde se hizo el desembarco. No pudiendo el Principe con sus Galeras mal armadas, y faltas de remèros seguir la velocidad de las Enemigas, desembarcó su enferma Esquadra, y embiò algunas Tropas para observar el designio de los Enemigos, que facilmente entendieron con las marchas, ser el socorro de Caller, hallandose nuestro Exercito en tal estado, que mas estava para descansar, que para pelear.

Rendimiẽto de Iglesias por falta de viveres.

Assedio de Caller.

No obstante el debil estado de nuestras Milicias, aconsejaron los Capitanes al Principe que saliesse al oposito de los Enemigos, antes que se hallassen en medio de sus Tropas, y de la numerosa Guarnicion de Caller: Siguiò este parecer Don Alonso, partiò del Castillo de Buen Ayre con quatro cientos hombres de armas, ciento y cinquenta Cavallos ligeros, y dos mil Almugavares, y sirvientes; y dexò para el oposito de Caller al Almirante con las Galeras, y el residuo del enfermo Exercito, y tomò su camino para encontrar à los Enemigos; y viendoles ya cerca dispuso su pequeño Exercito en Vanguardia, y Retaguardia, fiando la primera al experimentado valor de Guillen de Anglesola, y assegurando la segunda con su Real Persona, armado, y defendido de nuestro vitorioso Estandarte: encontraronse los Exercitos en el Campo Lucocisterna,

cocisterna, embistieronse con estraño valor, y constancia; travandose tan fieramente, que muriendo algunos de los nuestros, y mas de los Enemigos, los Pendones de todos los ricos hombres dieron en tierra, menos el de Guillen de Cervellò; y fue importante para defender su Vanguardia llegar el Principe con su Retaguardia, hiriendo con coraje à los Enemigos, que no solo los detuvo, y reprimiò, pero castigò, y ofendiò fuertemente. En este estado, como refiere el Señor Rey Don Pedro cayò el Real Pendon de la mano del que le llevava, por averse le desenfrenado el cavallo, y le tomò vn Cavallero Enemigo, avivandose la batalla con encono, vnos por cobrar el Estandarte, y otros por defenderle; y empeñado el Infante Don Alonso en cobrar su Pendon, despues de muertos mas de tres cientos Cavalleros de los Enemigos, arriesgò su Persona en el mayor peligro, cobrò su Estandarte; y muerto su cavallo, y èl caìdo en tierra, siempre peleando le defendiò, hasta que llegò Bernardo de Boxadòs, que desmontando de su cavallo, subiò en èl à su Principe, y le defendiò valiente, assistido de los que acudieron al peligro, que fueron como refiere el Rey Don Pedro, Juan Ximenez de Urrèa, Garcìa Biscarra, y Ruiz Sanchez de Ayvar: Premiò luego el Principe à Bernardo de Boxadòs la proeza, entregandole el Pendõ, assegurado de q̃ sabria defender la Insignia, quien avia librado la Persona Real. Cobrado el Estandarte, dieron con tal animo los nuestros en los Enemigos, que los desbarataron totalmente, y dexadas sus ordenanzas buscaron su salud en la agilidad de los pies; però valiòles poco, porque seguidos, perecieron los mas, y no se huvieran librado los pocos que pudieron recogerse en el Castillo de Caller, à no aver acudido los nuestros al Principe, que peligrava por la mucha sangre vertia de la herida que tenia en la cabeza, que le puso en estado de no poder mantenerse à cavallo; pero no obstante la herida no quiso apartarse, hasta la cumplida vitoria, y quiso ser el vltimo en dexar el Campo de sus gloriosos hechos. Murieron de los nuestros, solas seys personas señaladas; y agradecido el Principe al favor de nuestro Patron San Jorge mandò dedicarle Capilla en el lugar donde se hallò en el peligro.

Insigne vitoria, valor del Principe D. Alonso, y proeza de Bernardo de Boxadòs.

Alentado el Almirante con la noticia de la vitoria, embistiò con sus Galeras à las Enemigas, que se le escaparon à fuerçà de remos, dexando en prendas de la vitoria las Naves, y Vaxeles cargados, que importaron à nuestro Exercito. Llegaron à este tiempo el Juez de Arborea, y Phelipe de Saluzes à nuestro Real, que ya avia buelto à la empresa de Caller; y para lograrla, mandò el Principe fabricar vn grande Castillo en el mismo lugar del assedio, que llamò de Buen Ayre, pudiendo con esto los assediados advertir quan de assiento tomava la conquista.

Por estas vitorias dieron al travès las fuerças de los Pisanos, no solo en Cerdeña, pero en Italia, peligrando aun su Ciudad, perseguida de las fuerças de Castrucio Governador de Luca, amigo, y Aliado de nuestro Rey.

Dàn al travès las fuerças de los Pisanos.

Ramon de Cardona General de la Iglesia, ganò muchas Plaças en Italia, puso cerco à Milan, y fue vencido de los Vicecomites de Milan: tambien advertidos los Pisanos de la Armada que embiava el Rey desde Barcelona para aumentar la dé Cerdeña, desampararon la Isla, y se asseguraron en Puerto Pisano: llegò à este tiempo la Armada de Barcelona, de diez y ocho Galeras, governadas por dos celebres Capitanes de aquellos tiempos, Pedro de Belloch, y Miguel Marquèt, en cuya Familia fue hereditaria la pericia Militar, y arte de la navegacion.

Para mejorar de estancia, quiso el Principe que la Princessa su muger passasse de Iglesias à Monreal, servida de Bernardo de Centellas, y de Guillen de Namontaguda, con ciento y cinquenta Cavallos ligeros

del

del qual viaje avisado Manfredo General de Pisa, que governava à Caller, saliò aunque herido, de la Plaça con quinientos Cavallos Tudescos, y mucha Infanteria, para compensar sus daños con la prision de la Princessa: llegaron los avisados contra los descuydados: al principio pusieronles en desorden; pero acudiendo los mas alentados á ocupar vn Puente de vn fuerte Real, que avian de atravessar los Enemigos, defendiendole fuertes, dieron lugar à que se llamassen, y acudiessen socorros de los vezinos Lugares, que juntos rechazaron à los Enemigos, con muerte de tres cientos, y de los nuestros, de los dos mas principales Bernardo de Centellas, y Guillen de Namontaguda, que sacrificaron sus vidas por la libertad de su Princessa.

Rindese el Castillo de Caller.

Desesperados de socorro los del Castillo de Caller, se rindieron al Principe, por aver muerto antes su General Manfredo, y malogrado la surtida que hizieron de la Plaça contra nuestro Exercito; y escarmentados por los recibidos daños, y muerte de tres mil y ducientos, y mas por el valor de los nuestros, particularmente de Gilaberto de Centellas, que entrò en la Plaça siguiendo à los que huìan, y saliò à fuerça de su brazo, consiguiò el Principe las Pazes con la Señorìa de Pisa, concediendole en feudo el Castillo de Caller, y las Villas de Estampache, y Vilanova; quedando aquella, antes formidable Republica, Vassalla de nuestra Corona: embiò la noticia destas Pazes el Principe al Rey, que las ratificò por medio de Pedro de San Climent. Concluìda la guerra, dexò el Principe por Lugarteniente, y Capitan General en Cerdeña à Phelipe de Saluzes, y segun Carbonell fol. 93. à Phelipe de Luçà, que governava à Sicilia: à Berenguer Carròs por General de la gente de guerra del Castillo de Buen Ayre, y à Ramon de Senmenát por Governador de Sacer; y embiò à Bernardo Boxadòs, y à Guillermo Colomer, de Barcelona à Pisa, para recibir el juramento de fidelidad; y partiò con su Armada à los 18. de Julio: llegò à Barcelona á 2. de Agosto, donde fue recibido con la magestad, y triunfo que se acostumbra, quando vienen sus Señores vitoriosos de las militares empresas.

Pazes con Pisa, y queda su Republica Vassalla del Rey.

Buelta del Principe à Barcelona vitorioso.

Rindense al Rey algunos Castillos de Corcega.

Despues de la venida del Principe à Barcelona, por medio de Bernabé Doria se entregaron al Rey algunos Castillos, y fuerças de Corcega, y se abriò camino para dominar enteramente la Isla. Bolviò à soplar el ayre contagioso de Cerdeña en los humores melancolicos de los Ginoveses, alterando la Isla, que diò motivo á nuestra Nacion para murmurar de la buelta temprana del Principe, culpandole sin razon de querer bolver à las delicias de Barcelona; y no fue esta la causa, sino defender la justicia de sus hijos, contra la pretencion del Infante Don Pedro, que instava por la succession despues de la muerte del Principe, solicitando ser preferido á los hijos del Principe Don Alonso: disputòsse el punto delante del Rey, el qual para assegurar la quietud en lo venidero, resolviò pedir à Cataluña, que jurasse à su Nieto por successor, despues de la muerte del Padre, consintiendo, aunque à los principios renitente, el Infante Don Pedro, por lo que le avian persuadido; pero fue tan bueno, y santo, que cumpliò bien lo jurado, pues trocò las grandezas, y esperanzas de terrenos Reynos, por el vasto sayal de San Francisco, entrando en su Orden, donde viviò, y muriò santamente.

Infante D. Pedro Religioso Francisco.

Los Ginoveses commovedores de Sacer.

Vomitaron su odio los Ginoveses en Sacer, alterandose, y commoviendo el Pueblo: acudiò prompto el Governador: sossegò el motin, y aprisionò las principales cabezas; muriò despues deste caso, el Virrey Phelipe de Saluzes, y nombrò el Rey á Berenguer Carròs: diò el Rey el Condado de Prades à su hijo el Infante Don Ramon Berenguer, vinculandole à la Casa Real; y por la muerte del Rey de Mallorca sin hijos, y succession del Infante Don Jayme, hijo del Infante Don Fernando de Mallorca su Sobrino, pretendiò recaer aquellos Estados à su Corona: consultòlo en Barcelona, y para mas assegurarse quiso oìr los pareceres de sus Vassallos, y llamò para Lerida à los Syndicos de Barcelona, Zaragoça, Valencia, Lerida, Tortosa, Gerona, y Huesca; al Arçobispo de Tarragona, al de Zaragoça, à los Obispos de Barcelona, Tortosa, Lerida, Vique, Valencia, y Tarazona; à algunos Abades, y Personas de los Estados Eclesiastico, y Militar de Cataluña, y Aragon: propuso el Rey su duda, y saliò indecisa por la variedad de pareceres.

1325. Este año embiò el Rey à Aviñon al Infante Don Pedro, para suplicar al Pontifice remitiesse el feudo de Cerdeña: consiguiòlo en parte; y lo que no se consiguiò, lo remitiò el Rey por Bernardo de Boxadòs Mayordomo mayor del Principe, al Pontifice.

Carmen de Valls.

Fundòse el Convento de Carmelitas de Valls; (4) y padecieron Martyrio en Marruecos Fr. Francisco, y Fr. Jayme, Catalanes, del Orden de la Merced, fueron crucificados, les cortaron las lenguas, las manos, y despues las cabezas, porque predicavan la Ley Evangelica. (5)

(4) *Corbera, Cat. Ilustr. fol. 455.*

Fr. Francisco, y Fr. Iayme Martyres, Mercenarios.

(5) *Corbera, Santa Maria Socòs, fol. 89. Bul. Or. §. 18 n. 6.*

Desde la buelta del Principe hasta la muerte del Rey Don Jayme, omite el Rey Don Pedro los sucessos en su Historia, con que precisado seguirè à Montaner, Carbonell, Zurita, y à los Analistas de Aragon, en lo que referirè.

Buelve la guerra entre el Rey Don Fadrique, y el de Napoles.

Bolvieron à los empeños, y rompimientos de guerra el Rey Don Fadrique, y el Rey de Napoles, quexoso del de Sicilia, porque favorecia à la parte Gibelina de Italia: previno à su Enemigo el de Sicilia, embiando à Blasco de Alagon, nieto del primer Blasco, y à Bernardo de Sinisterra con buen Exercito à Calabria, que la corrieron toda, ganaron à Terranova, y otras Plaças: previnòse el Rey Roberto para la venganza, y defenza, armando ciento y veynte y quatro Galeras, onze Vaxeles, y grande numero de Barcas, entrando en ellas tres mil Cavallos, y grande numero de Infantes, governados todos por el Duque de Calabria.

Gana el de Sicilia algunas Plaças en la Calabria.

Previenese el Rey Roberto de Napoles.

Avista de las fuerças Maritimas de Napoles, no le pareció acertado al Rey Don Fadrique arriesgar las suyas, y assi dividiò su Exercito en Mecina, Palermo, Trapana, y otras Plaças Maritimas: entregò vn Campo bolante de Catalanes, y Aragoneses à Simon de Vallgornera, vno de los mas diestros Generales entre los muchos que tenia la Nacion Catalana, para que impidiesse el desembarco; y no pudiendolo lograr por la copia grande de los Enemigos, se retiró con los suyos dentro Palermo, donde ya se hallavan Juan de Claramunt, Blasco de Alagon, y Pedro de Antioquia, que defendieron valientes la Plaça, de los avanzes de los Enemigos, empeñados en rendirla. Despues de rechazados con grande perdida los Enemigos en tres avanzes, juntaron sus fuerças de mar, y tierra: defendieron nuestros Capitanes el Puerto, y Murallas vitoriosos, dexando escarmentados à los Enemigos con la muerte del Almirante de Genova, acompañado de mil de su Nacion, y de mas de dos mil de las otras de Italia.

Defensa de Palermo con daño de los Enemigos.

Despues de tres dias de descanso, quisieron segunda vez provar fortuna los Enemigos, y la hallaron contraria, y con mayor daño que en el primer esfuerço, porque, aunque eran tan superiores en numero, eran muy inferiores en arte, y valor.

Viendo el Duque de Calabria quan poco lograva su empeño contra Palermo, partiò con su Exercito à Matsàra, y mandò le siguiesse la Armada de Mar; pero salió de esta Plaça, como avia salido de Palermo, por el vigilante cuydado de Simon de Vallgornera, que entrò para defenderla: de Matsàra partiò à Xaca, de alli le sacó Vallgornera, siguiendole, è impidiendole los assedios que intentò de Calatabellota, Modica, Iscla, Catania, Zaragoça, y otras Plaças; obligado no solo à dexarlas con daño, sino tambien à mantener siempre su Exercito vnido, porque

Simon de Vallgornera con su Exercito impide al Enemigo el assedio de las Plaças.

percian

perecian los que se desviavan: viendose tan poco afortunado en las empresas el de Calabria, partiò àzia Mecina, y passando muestra de su Exercito, hallòle disminuìdo en la mitad, y muy cansado el que le quedava; con que advertido de la venida del Exercito del Rey Don Fadrique, escusando la batalla, embarcò sus Tropas, y por mar passò à Calabria, quexoso de su adversa fortuna. (6)

(6) *Montaner, Coron. cap.* 282.

Levantanse en Cerdeña los Pisanos, y Ginoveses.

Por este tiempo los Pisanos, y Ginoveses, fingiendo disgustos, que ellos ocasionavan, se levantaron en Cerdeña, procurando daños à nuestra Nacion, y fingiendo quexas delante del Rey para entretenerle, y lograr con facilidad recuperar à Cerdeña: entendiò el artificio el Rey, y embiò à Bernardo Cespujadas Vice-Almirante, con doze Galeras Catalanas para aumentar la Armada de Cerdeña, y mandò al Almirante Francès Carròs juntar su Armada, contra estos ingratos, que no se acordavan de los favores recibidos del Rey en las Pazes: Cespujadas encontrò dos Naves grandes de Pisanos cargadas de vituallas, y las rindiò, y el Almirante puso cerco por mar, y tierra al Castillo de Caller, que por las Pazes posseìan en feudo los Pisanos.

Juntase la Armadada del Rey contra los Ginoveses, y Pisanos de Cerdeña.

Concordanse las dependencias de Mallorca, Ruisellon, y Cerdaña.

Concordaronse las dependencias de la succession de Mallorca, concediendo el Rey aquellos Estados al Infante Don Jayme en feudo; y los de Ruisellon, y Cerdaña cedieron à sus pretenciones de reùnirse à la Real Corona por medio del Principe Don Alonso, de Arnaldo, Ramon Roger de Pallàs, Bernardo de Cabrera, Ot de Moncada, Berenguer de Vilaragut, con Pedro de Bellcastell, y de Guillen Cesfons, que ajustaron la entrega de Perpiñan, y admitieron con voluntad de los Ruisellonenses al Infante D. Phelipe por Governador, y Tutor del nuevo Rey Don Jayme de Mallorca.

1326. Este año hallandose disgustado en Castilla renunciò el Infante Don Juan Arçobispo de Toledo la Cancilleria de Castilla, vino à Cataluña, y resignò el Arçobispado, ajustandose que Don Pedro de Luna Arçobispo de Tarragona passasse àl de Toledo, y el Infante admitiesse la administracion del de Tarragona, con titulo de Patriarca de Alexandria, y se executò como se dispuso.

El Infante Don Iuan passa de Arçobispo de Toledo, à Tarragona.

Vnense Ginoveses, y Pisanos contra Cerdeña, para socorrer à Caller.

Unieronse Ginoveses, y Pisanos contra Cerdeña, embiaron veynte y ocho Galeras, seys Vaxeles, cinco Saetìas, vna Nave, y muchas Barcas, para socorrer à Caller: antes que lo pudiessen executar, previno el Almirante Carròs sus veynte y dos Galeras, y Leños, juntandoles seys de Mercaderes Catalanes, con doze Naves grandes Catalanas, y vna de Francia, y otra que avia tomado de Ginoveses; y con esta Armada partiò contra la Enemiga; encontraronse delante Caller: embistiò el General de la Enemiga Gaspar Doria à la nuestra, perdiò siete Galeras, huyeron las demàs, y quedò impossibilitado el socorro de Caller, y nuestra Armada vitoriosa.

Vitoria contra los Ginoveses.

Nombrò General del Exercito de Cerdeña el Rey à Ramon de Peralta, quedando el govierno de la Armada de mar, por el Almirante Francès Carròs: partiò para la Isla Ramon de Peralta, acompañado de mas de ciento y cinquenta Cavalleros, y muy escogida gente desta Provincia, en dos Naves Catalanas, las quales el temporal dividiò cerca de Buen Ayre, de Cerdeña: hallavase en el Golfo de Caller la Armada Ginovesa, y Pisana, reforçada de los Puertos vezinos, y compuesta de treynta y dos Galeras, y algunos Leños: descubrieron del Golfo las dos Naves divididas, partieron con doze contra la que se hallava mas en alta mar, y no pudieron lograr embestirla, por el favorable viento que detenia las Galeras, y favorecia à la Nave: dexaronla à no poder mas, y bolvieron à su Armada, llevaronse otras cinco Galeras, y tres Leños, juntandose para acometer à la otra Nave, que por falta de viento se hallava en estado de ser combatida: acercaronse se las Galeras, dieron tres avanzes á la Nave, rechazados con valor, y perdida grande de los Enemigos. Vista la defensa Catalana, pretendiò el engaño Ginovès, vencer con tal arte la Nave, como en otras ocasiones lo avia logrado: no estava olvidado el sucesso de Berenguer de Entença; conque solo al Parlamento pretendido del General de Genova, se respondiò: *Que no era tiempo de hablar, sino de pelear, y que los Enemigos hiziessen lo que pudiessen, y que los nuestros harian lo que devian.*

Prodigiosa hazaña de vna Nave Catalana.

Ofendidos de la valerosa resistencia de la Nave, dieron la quarta batalla, divididos en cinco partes, y rechazados en todas, con perdida de vna Galera, y tres derrotadas: muriero de los Enemigos mas de ducientos, quedando otros tantos heridos; y de nuestra parte vno muerto, y algunos quarenta heridos. Vencidos los Enemigos en este largo conflito, que durò del amanecer hasta hora de visperas, se retiraron escarmentados, y celebraron los nuestros la vitoria. Diò lugar el tiempo à la otra Nave para juntarse con la vitoriosa, llegaron juntas à Cerdeña, saltaron en tierra los Soldados, y vnidos con el Exercito del Almirante, dieron sobre Estampache, Villa donde tenian sus bienes, y familias los Pisanos, entraronla, y la saquearon, passando à cuchillo casi à todo aquel miserable Pueblo, y partieron con el rico despojo à Buen Ayre, en donde dispusieron estos Capitanes fabricar vna Iglesia, y Convento de San Francisco, por el que se hallava en Estampache, y llamaron Religiosos Catalanes por Conventuales, mandando que en toda la Provincia no se admitiessen otros en los Conventos de todas las Ordenes.

Experimẽtan los de Estãpache todo el rigor de la guerra.

Atraçò el fruto destas vitorias la embidia, tan culpable en nuestra Nacion, que dividiò en vandos à los Soldados, siguiendo el melancolico humor de sus Generales: armandose como Enemigos dentro la Plaça de Buen Ayre, dieron vengança à sus Enemigos, con los estragos, y muertes de los parciales de vno, y otro vando; y es cierto perecieran todos, à no aver puesto los Sardos peligroso cuydado en dividirles, temerosos de no ser despojo, y burla de Ginoveses, y Pisanos: dieron aviso al Rey deste desman, quitó luego à los dos Generales los cargos, mandòles comparecer à juizio, nombrando en su lugar por Almirante à Bernardo de Boxadòs, y General de las Islas à Phelipe Boyl, encargandoles, que en Navios distinctos fuessen traìdos à Cataluña los dos despojados Generales. Llegò Carròs à Cataluña, y Ramon de Peralta partiò à Sicilia, donde fue heredado por sus servicios; y descienden deste Cavallero los Condes de Calatabellota, y Esclafana.

Discordia entre los Catalanes, desvanecida por los Sardos.

Continuaron los dos nuevos Generales el assedio del Castillo de Caller, y le sugetaron; y concediò el Rey Paz à los Pisanos, entregando las Villas que les avia concedido, y dandoles otras apartadas del Mar. Redujeronse tambien todos los de la casa de Doria, y quedò la Isla enteramente quietada con la prision del Marquès de Malaspina, y entrega de Sacer à la discrecion del Rey, el qual luego puso en ella su Guarnicion defendida con la Plaça por Ramon de Mompahó.

Rindese el Castillo de Caller, y Paz con los Pisanos, y queda Cerdeña quieta.

Vinieron despues desto à la Corte del Rey Barcelona los Condes de Donoratico, favorecidos de la Reyna de Napoles, suplicando al Rey mandasse restituirles algunas Villas, y Lugares, que les avia confiscado el Principe; pero como estos por sus servicios se avian concedido à Miguel Marquèt de Barcelona, se remitiò la suplica à la determinacion del Principe.

Mandò el Rey à Bernardo Cespujadas, que previniesse veynte Galeras para socorrer à Sicilia; pero antes de partir embiò al Rey Roberto por sus Embaxadores para tratar de Pazes à Gaston de Moncada Obispo de Huesca su Canciller, à Guillen de Anglesola, y à Ramon Vinader: suspendieron la guerra los Reyes de Sicilia, y Napoles; y el de Napoles embiò à Barcelona por Embaxador

à

Solicita el Rey las Pazes entre el de Sicilia, y Napoles, y no se consiguen.

à Bonfillo de la Guarda para el mismo efecto, y el Rey Don Fadrique embiò por sus Embaxadores al Rey à Pedro Castany, y Arnaldo Desplà para informarle en los Capitulos de las Pazes que se instavan: propusieronse varios medios, que no admitiendose, bolvieron los dos Reyes à la guerra, sin valer los oficios del Obispo de Huesca, y de Berenguer de San Vicens, Embiados al Rey Don Fadrique desde Napoles por el Rey.

Los Venerables Padres Fr. Iayme Soler, y Fr. Diego de Bagà del Orden de la Merced.

Florecian por este tiempo en Barcelona en virtud, y letras, dos insignes Religiosos de la Merced, Catalanes de Nacion, Fr. Jayme Soler, hijo de Habito del primer Convento, y Fr. Diego de Bagà del de Tarragona, entrambos de aprobada virtud, y santa vida, y doctissimos en las facultades de Theologia, y Canones, pues con singular aplauso avian regentado Cathedras de estas facultades en las Universidades de Paris, y Lerida: Murieron en el Convento de Barcelona con opinion de Santos à la buelta de la Redempcion que executaron con encendida caridad, tolerando muchos oprobrios en las Ciudades de Bona, y Tunez. (6)

(6) *Bul. Ordin. in Cath. Gener. §. 8. n. 2. Fr. Alonso Ramon hist. Gener. t. 1. l. 7. c. 20.*

1327. No aviendose conseguido las Pazes, llegò à Sicilia el Duque de Calabria con la Armada de Napòles, y Aliados, compuesta de treynta Galeras, treynta y siete Vaxeles, y grande numero de Soldados: encargò la empresa al Conde de Andria, que entrando en Sicilia no consiguiò Plaça alguna, y se retirò à embarcarse à la primera noticia de la venida del Exercito de Sicilia: bolvieronse à proponer varios medios de Paz, y tampoco se admitieron: llegó el Rey, apassionado à favor de su hermano, à querer comprarle la Paz, y quietud con el precio de Cerdeña, entregandola al de Napoles; à lo que contradixeron el Principe, y nuestra Nacion por lo que avia costado; y quedaron las dependencias de Italia en su pristino estado.

Juntóse en este tiempo el de Castilla con el Rey Moro de Granada; y cuydadoso el Rey de q̃ no fuesse con daño suyo, mandò prevenir à Guillen Ramon de Moncada, General de aquellas Fronteras; y fue tambien embiado à Cerdeña Bernardo de Boxadòs Governador de la Isla, para tratar con el Juez de Arborèa, y con los Obispos de Pomplin, y Massa, que prestassen la obediencia los Marqueses de Massa, y Corcega.

Trataronse varios casamientos en la Casa Real, y se concediò licencia à Ramon Cornel, para que fuesse à servir en la guerra al Rey de Ingalaterra, llevandose quinientos Cavallos, y quatro mil Infantes, alistados de los naturales destos Reynos, por la confiança grande que tenia el Inglès en su diciplina, y valor.

Moviòse guerra en Valencia, entre el Señor de Exerica, y su madre, por querer ambos ocupar los Lugares del difunto Padre, y Esposo: mandò el Rey poner la mano en esto à su Procurador Real Bernardo de Sarrià; y luego le embiò à Ramon de Villafranca, para que no procediesse contra las tierras del Señor de Exerica, y comprometieron las Partes al arbitrio del Rey. Moviòse mas peligrosa guerra en Cataluña, entre el Conde de Pallàs, y el Vizconde de Cardona: pretendiò concordarles el de Rocabertì, y puso sus oficios Ot de Moncada; y como el Principe favoreciò al de Pallas, fue facil lograr la suspension, y decision de las dudas al acordado ajuste en el Lugar de Ayrona.

Muriò la Princessa Doña Teresa à 21. de Octubre: tuvo del Principe Don Alonso cinco hijos varones, Don Alonso, que muriò niño en Balaguer, Don Pedro, que naciò en Balaguer, y sucediò en los Reynos à su Padre Don Alonso, Don Jayme, que fue Conde de Urgel, Don Fadrique, y Don Sancho, que vivieron poco; y dos hembras, Doña Constança, que casò con Don Jayme Rey de Mallorca, y Doña Isabel, que muriò en la Infancia.

Muerte de la Princessa Doña Teresa.

Refierense los hijos del Principe Don Alonso.

Muriò tambien nuestro Rey Don Jayme en Barcelona à 2. de Noviembre, mandòse enterrar en Santas Cruzes, dexò por Testamentarios à sus

Muere el Rey Don Iayme.

sus dos hijos el Principe, y el Infante Don Juan, al Arçobispo de Zaragoça, Obispo de Valencia, Ot de Moncada, Bernardo de Cabrera, Vidal de Vilanova, Ximeno Cornel, y Gonzalo Garcia: fue depositado en el Convento de los Religiosos Menores de Barcelona, porque el Principe se hallava en Zaragoça; y viniendo de allì à Barcelona, acompañò el Cadaver de su Padre à Santas Cruzes, assistido de lo mas florido de Cataluña.

Antes de la muerte del Rey le presta el de Mallorca el juramento de fidelidad.

Antes de morir el Rey, prestòle el juramento de fidelidad el de Mallorca, en presencia de los Infantes Don Pedro, y Don Ramon Berenguer Condes de Ampurias, y Prades, de Gaston de Moncada Obispo de Huesca, de Don Sancho hermano del Rey Castellan de Amposta, de Fr. Ramon de Ampurias del Orden de San Juan, de Ramon de Cervellò Comendador de Ascò, de Ot de Moncada, Bernardo de Cabrera, Guerao de Anglesola, Berenguer de Vilaragut, Aymar de Mosset, Ponce de Caramany, Ramon Melan, y Ximen de Tobìa.

Refierense los hijos del Rey.

Viviò el Rey Don Jayme Segundo sesenta y seys años, y Reynò treynta y seys: tuvo diez hijos entre varones, y hembras, de su segunda muger Doña Blanca: el primero el Infante Don Jayme, que renunciò la Primogenitura, el segundo Don Alonso, que sucediò al Condado de Barcelona, y Reynos, el tercero fue Don Juan Arçobispo de Toledo, y despues Patriarca de Alexandria, y Arçobispo de Tarragona, el quarto el Infante Don Pedro Conde de Ribagorça, y Ampurias, que recibiò el Habito de Menores en San Francisco de Barcelona, el quinto el Infante Don Ramon Berenguer Conde de Prades: fueron las hijas, Doña Maria, casada con el Infante Don Pedro de Castilla, la segunda Doña Constança, muger del Infante Don Juan, la tercera Doña Isabel, casada con el Archiduque de Austria, la quarta Doña Blanca, Monja en Xixena, la quinta Doña Violante, que casò con el Principe de la Morèa: salieron en todo, los hijos deste gloriosissimo Principe, vivas copias de tan celebre original. Entre las virtudes heroìcas que ilustraron el valiente espiritu de tan grande Rey, campeò la justicia, unida con la clemencia, igualando à todos sus Vassallos sin excepcion; y por esto fue muy enemigo de pleytos, y vanos debates: imitò en todo à sus magnanimos, y Catalanes Progenitores. Los conocidos en este Reynado, à mas de los referidos, son los siguientes: Francisco Zacirera, Pedro de Sans, Arnaldo de Vilalba, y Asberto de Satrilla.

Monasterio de Pedralbes.

Luego que fueron celebradas las Reales Exequias, tratò la Reyna de mejorar de Esposo, eligiendo al Rey de Cielo, y Tierra por el terreno que avia perdido en este mundo; y fundò el Real Convento de Pedralbes, de la Orden de San Francisco, cerca de Barcelona, en la Parroquia de Sarriá: recibiò el Habito la prudente Reyna Doña Elisen de Moncada, acompañada de catorze Señoras desta Provincia, que quisieron imitar à su Reyna: dotò Real, y liberal el Convento, dandole renta para sesenta Religiosas, y doze Sacerdotes para celebrar los sacrificios, y para consuelo de las Monjas: los seys, Clerigos, y los otros, Religiosos de San Francisco: muriò santamente la Reyna en su Convento, y està sepultada en la Iglesia. (7)

(7) *Diago Condes de Barcelona, fol. 297. Gonzaga, Coron. de S. Francisco, 3 p. f. 1117.*

En este tiempo era Obispo de Barcelona Don Ponce de Gualbes, que aumentò las rentas de los Canonicatos; y ordenò de nuevo los Arcedianatos de Santa Maria del Mar de Barcelona, el del Panadès, y el del Vallès; uniendoles al de Santa Maria, su Iglesia; al de Panadés la de Villafranca; y al del Vallès la de Caldes de Mombuy.

LIBRO XIII. DE LOS ANALES DE CATALUÑA.

CONTIENE LO SUCEDIDO DESDE EL REYNADO DEL REY DON ALONSO III. hasta el del Rey Don Juan I. y desde los años 1328. hasta el de 1395.

CAPITVLO I.

Succession, é hijos del Rey Don Alonso III. Toma la possession, y jura en Barcelona: Coronase en Zaragoça: Guerras, y vitorias en Sicilia: Casamiento del Rey: Vnion de los Reynos: Embaxadas diferentes: Martyrio de Fr. Tomàs Vives: Noticias del S. Fr. Raymundo Albert, del V. Fr. Iorge de Lluria, del V. Cardenal Fr. Raymundo de Tolosa, y de la Venerable Sor Isabel Guillen, de la Orden de la Merced: Rebelion de Cerdeña: Pueblanla los Catalanes, y Aragoneses: Senescalìa de Cataluña: Armada contra los Rebeldes: Assegura las Islas: Passa à Genova: Devasta la Campaña: Nuestra Señora de la Sierra: Consagrase la Iglesia de Tarragona: Concilio en dicha Ciudad: Assistencias de Cataluña, y feudatarios, contra Ginoveses: Alabanza de Catalanes: Diferentes reencuentros en Cerdeña, y Sicilia: Donaciones del Rey, y disgustos: De Guido de Terrena: Cortes en Cataluña: Guerras de Castilla: Muerte de Santa Isabel Reyna de Portugal, del Infante Don Iuan, y del Rey, &c.

D. Alonso III, Rey, y Conde de Barcelona XVII.

UCEDIò al Rey Don Jayme, su hijo Don Alonso, el qual, celebradas las funerales honras en el Real Convento de Santas Cruzes, partiò à Monblanch, donde se moviò la duda, si devia antes partir à Zaragoça, ò jurar primero en Barcelona? Y determinò el Rey con consulta de su Consejo, dever primero jurar en Barcelona, porque avia sido primero Conde de Barcelona, que Rey, y assi lo avian executado inviolablemente sus gloriosos Antecessores, concediendo esta preheminencia à su Patria: estuvo en Barcelona, hasta el Enero deste año: jurò las Constituciones, y Privilegios de la Provincia, y esta le 1328.

prestò el Jurameto de Fidelidad, y los feudatarios los homenages; y fue reconocido por Rey, y Conde de Barcelona, como refiere el Rey Don Pedro. De Barcelona partiò à Lerida, y de alli à Zaragoça, para Coronarse Rey, servido de lo mas lucido de Cataluña: Diòle la Corona en ausencia del Arçobispo de Tarragona el de Zaragoça, tomandola el Rey del Altar, y adereçandola en su cabeza los Infantes Don Juan, Don Pedro, y Don Ramon Berenguer: siguieronse otras demostraciones festivas, que escuso referir: bastarà para comprehender la solemnidad del acto, lo que refiere Montaner, que con las Embaxadas de Castilla, Navarra, Bohemia, de los Reyes Moros de Tremecen, y Granada, de la Nobleza del Principado de Cataluña, de los Señores de Gascuña, Proença, y Francia, passavan de treynta mil de acavallo: diò su Embaxada el Embaxador de Bohemia; instò en nombre de aquel Rey la amistad del nuestro, ofreciendo assistirle para conquistar à Granada: correspondiò el Rey al agasajo del Bohemio por medio de su Embaxador Ramon Melan, informandole del estado de los Moros de Granada.

Coronaciõ del Rey en Zaragoça, y festivas demostraciones.

A este tiempo el Rey de Sicilia embiò à su hijo el Principe Don Pedro con cinquenta Galeras, contra Napoles, discurriò la Calabria con daño notable de aquella Provincia, passò vitorioso à Iscla, de aqui à Gaeta, y ganò à Astura, Plaza fuerte en la Playa Romana: de alli partiò à Luca, entrò en ella, libròla de la tyrania de los hijos de Castrucio, y diò libertad à Ramon de Cardona, que despues le sirviò; y bolviendo a Sicilia, perdiò parte de su Armada, por ocasion de vna terrible tormenta; de la qual librandose con quatro Galeras, llegò à tomar Puerto en Mecina.

Conquistas del Principe Don Pedro, hijo del Rey D. Fadrique de Sicilia.

Tratòse, y concluyòse el Matrimonio del Rey, con la Infanta Doña Leonor de Castilla, por medio del Conde de Trastamara, embiando para el efecto el Rey de Portugal à nuestro Rey, à Ramon de Montornès Catalan, que le servia en sus guerras.

Concluyese el Matrimonio del Rey con la Infanta Doña Leonor de Castilla.

Estando el Rey en Cariñena, llegò su Almirante Bernardo de Baxados, de Cerdeña, acompañado de los Embaxadores de Tunez, y Bugìa, para dar la obediencia al Rey; aviendo concluìdo las Pazes, y obligacion del feudo, el Almirante con nuestra Armada.

Embaxadores de Tunez, y Bugìa para dar la obediencia al Rey.

En las Cortes de Tarragona del año 1319. deliberò el Rey Don Jayme de consejo, y aprobacion de las Cortes, ò Parlamento General, que ni èl, ni sus successores pudiessen separar, ni dividir del Condado de Barcelona los Reynos de Aragon, y Valencia; sino que siempre estuviessen vnidos. (1) Jurò el Rey el Estatuto este año en el Parlamento de Tarragona, corroborandole con mandar, que no pudiessen dividirse estos Reynos, ni los dominios de Mallorca, Islas, Condados de Ruisellon, y demàs Estados; y que todos los Reyes en la possession de la Corona jurassen el Estatuto: reservese el Rey para sì, y sus successores, poder dar Villas, y Castillos à sus hijos, y à los sugetos dignos de premio: mandò tambien que desta obligacion se hiziessen quatro instrumentos; y que vno se pusiesse en su Archivo Real de Barcelona, donde se halla; otro se entregasse à los Jurados de Zaragoça, otro à Valencia, y otro à Cataluña: prometiò tambien el Rey, que en diez años no enagenarìa Lugar alguno de sus Reynos.

Vnion destos Reynos.

(1) Real Archivo de Bar. Arca primera grande. Privilegio de la vnion, Archivo de la Ciudad de Barcelona, y Deputacion.

Hallavase el Rey de Sicilia Don Fadrique, Tio del Rey, vnido con el Duque de Baviera pretensor del Imperio, y admitido Emperador en Italia: Embiò el Rey por su Embaxador al Maestro Fr. Guillen Costa, Prior del Convento de Santa Catalina de Barcelona, para apartar à su Tio de aquella amistad, porque obstava à la quietud de la Iglesia: mandò el Rey salir à todos los Religiosos estrangeros, de Cerdeña, y embiò al Infante Don Pedro à Aviñon, para tratar diferentes dependencias con

el

el Pontifice i executò todo lo referido estando en Lerida, y de alli vino à Barcelona para recibir el Juramento de Fidelidad del Rey Don Jayme de Mallorca, que le prestò à 25. de Octubre deste año.

El Santo Martyr Fr. Thomàs Vives, del Orden de la Merced.

Muriò Martyr apedreado en Tunez, Fr. Thomàs Vives, hijo de Habito del Convento de la Merced de Barcelona, logrando la Corona de la Gloria, adornada de las piedras, ya preciosas por la sangre derramada, despues de aver padecido cinco años de prision crudelissima. (2)

(2) *Corbera, Santa Maria Socòs, fol 89. Bul. Ordin. f.9.§.8.n.4.*

Celebrose en Tarazona la boda del Rey con la Infanta Doña Leonor de Castilla, y determinò emprender la guerra contra el Rey Moro de Granada para favorecer à Castilla:
1329 embiò à Murcia, y à todas aquellas Fronteras à Jofre Gilaberto de Cruìllas, para disponer las assistencias, y assegurar las Plazas, y recibir, de las Ciudades de Andaluzìa à la Frontera de Granada, los Juramentos de fidelidad, y de no favorecer à aquel Rey.

Otra Rebelion de los Ginoveses, y Pisanos de Cerdeña.

Dieron principio este año à su reiterada rebelion los Ginoveses, y Pisanos de Cerdeña, con dos Galeras Ginovesas, entrando en las Costas de la Isla: mandò salir quatro el Almirante, y se libraron las dos: con esto; viendo que no se hallavan con fuerças para lograr sus designios, embiaron al Rey los Dorias, y otros Ginoveses à prestar el Juramento de Fidelidad: mandò el Rey viniesse à Cataluña vno dellos: pidieron la restitucion de los Lugares confiscados, y fueron remitidos à lo que seria de derecho; por esto, y por las diferencias que tenian los Dorias con el Conde de Donoratico, hallandose siempre armados, tuvieron lugar de conmover al Pueblo de Sacer, contra los Oficiales Reales: acudiò prompto Bernardo de Boxadòs, sujetò à los rebeldes, prendiò à muchos, librandose algunos; y mandò salir à todos los Ginoveses, y Pisanos, de Sacer; y avisado el Rey embiò à Cerdeña à Berenguer de Vilaragut, y à Bernardo Gamir con muchos Catalanes, y Aragoneses para poblar à Sacer, y Caller, mandando que en estos Lugares no se admitiessen otros pobladores, sino Catalanes, ò Aragoneses; y este fue el principio de la cruel guerra de Catalanes, y Ginoveses, en grande daño de Genova.

Pueblan à Sacer, y Caller Catalanes, y Aragoneses.

Guerra de Catalanes, y Ginoveses.

Diò el Rey la Senescalìa de Cataluña al Infante Don Pedro su hermano por muerte sin hijos de Guillen de Moncada, Señor de Fraga, queriendo que oficio tan preheminente estuviesse vnido à la Casa Real. Se emprendiò la sumptuosa fabrica del Templo de Santa Maria del Mar de Barcelona, que aun permanece, con la grandeza, y assistencia que admiramos. (3)

Templo de Santa Maria del Mar de Barcelona.

(3) *Diago, Condes de Barcelona, fol. 297. Camòs Iardin de Maria, fol. 85.*

Este año Berenguer de Vilaragut, y Bernardo Gamir recibian sus informes contra los rebeldes de Cer-
deña; y se concertaron los del Linage de Doria, con Ayton de Doria, el qual con nueve Galeras, y algunas Barcas corrìa las Costas de Cerdeña, y Corcega, para ocupar el Castillo, y Lugar de Sacer; pero no tuvo efecto, por el vigilante cuydado de Gilaberto de Cruìllas, Governador de Vall de Iglesias, y de Bernardo Cespujadas, Governador de Caller. Nombrò à 24. de Abril el Rey, hallandose en Barcelona, por Virrey de Cerdeña à Ramon de Cardona, y le mandò apressurar su viage: reclutò su Armada Ayton Doria, y con diez y seys Galeras, y algunas Barcas, tenia en trabajo à Cerdeña: intentò ocupar el Castillo de Cinercha, y saliò desecho, y escarmentado: apressurò su partida el Virrey, y mandò el Rey salir de Barcelona la Armada de aquella Ciudad, aumentada con el socorro de algunas Galeras de Mallorca; y mandò à Ramon de Cardona passar à Corcega, dominar la Isla enteramente, y conquistar el Castillo Pisano, para quitar el abrigo à los Enemigos. 1330

Convento de S. Francisco de Berga.

Por medio de nuestro Rey, y à expensas de los Vezinos de Berga, se fundò el Convento de San Francisco en aquella Villa: dexaronle los Religiosos, y bolvieron à èl por empeño del Rey. (4)

(4) *Gonzaga, Coron. de S. Francisco, 3.p.f.1116.*

El Santo Cardenal Fr. Raymundo Albert Catalan, del Orden de la Merced.

Nació en Barcelona el Santo Fr. Raymundo Albert, y tomò el Habito en el primer Convento de la Orden de la Merced, fue consumado en el exercicio de las virtudes: insigne, y eminente en sabiduria, que acreditò oraculo de los Reyes, y Principes en los negocios mas arduos, y de mayor peso, nombrado del Consejo del Rey Don Jayme II. y su Embaxador à otros Principes, y Reyes, y no menos en el libro que intitulò: *Acclamationes catholicæ circa Ecclesiasticos honores*; como tambien en las muchas, y maravillosas conversiones de los Judios de la Africa, donde passò Redemptor en quatro ocasiones, confirmando su caridad, y realzando su paciencia en los muchos trabajos, y tormentos perseguido de los Infieles; que fue labrarle Dios para entregarle la Prelacia mas superior de su Orden, en que fue norma, modelo, y exemplar de Superiores, obrando Dios muchas maravillas por sus humildes suplicas: Fue creado Cardenal por la Santidad del Pontifice Juan XXII. Llamòle Dios à 19. de Noviembre para la Corona en el Convẽto de Valencia de su Orden, en cuyo feliz transito advirtieron los Religiosos vna celestial luz que coronava su cabeza; quedando tan grande suavidad de fragrancia, y olor en toda la celda, y tal compostura, y adorno en su rostro, y persona, que en la hermosura, y alegria del cuerpo, se echava de ver el aventajado lugar que en el Cielo gozava su alma: depositòse en la Capilla mayor del Convento de Valencia de su Orden, hasta que año 1334. fue trasladado su incorrupto cuerpo à la Iglesia de la Virgen del Puche, donde se veneran sus reliquias. (5)

(5) *Fr. Alonso Ramon hist. de la Merced, t.1. lib. 7. à c.1. ad 12. Illust. Guimeran, in hist. Ord. part 3. c.2. Bargas Coron. Ordin. l.2. c.3. Bul. Ord. in Cath. Gener. §.8. n.1. & fol.38. Zumel in vitis Patr. Ord. à pag. 92. ad 101. Domenech Flos Sant. de Cataluña fol.343. P. Alduino in Cath. Cardinalium.*

1331.

Parlamento en Tortosa.

Este año llegaron à Barcelona Embaxadores de Francia, è Ingalaterra, para instar al Rey la empresa contra los Moros de Granada: llamò à Parlamento General à los Catalanes en Tortosa, para que le aconsejassen lo que devia responder à aquellos Reyes, y viessen como se podrian emplear en aquella guerra, sin apartarse de la que tenian contra los Ginoveses, y Pisanos. Embiò nuestro Rey al de Francia, al Infante Don Pedro, y à Juan Ximenez de Urrea con la respuesta de lo que se avia resuelto en el Parlamento de Cataluña; y se reducia à que el Rey, y la Provincia admitian con gusto el socorro ofrecido por los Reyes de Francia, è Ingalaterra; pero, que temian que el Rey de Castilla recibiria disgusto de que otros Principes tomassen esta empresa. Anticipòse el Rey de Granada, y con poderoso Exercito embiò à su General Reduan, el qual à fuerça de armas ganò à Guardamar de Murcia, y talò la campaña de Origuela: mandò el Rey à Gilaberto de Cruïllas juntar sus huestes, defendiò à los Lugares, y retiraronse los Moros.

Retiranse los Moros de Granada por el valor de Gilaberto de Cruïllas.

Llegò la Armada de Barcelona à Cerdeña, y Corcega, y asegurò aquellas Islas: partiò a Genova, y Sahona, para vengar las rebeliones de Cerdeña, dominò los mares de Italia, desembarcò la gente el General Cardona delante Genova, talò toda la campaña, quemò las casas de campo, y Lugares, y bolviò vitorioso à Cerdeña.

Venga el General Cardona las rebeliones de Cerdeña en Genova.

Manifestò Dios la Santa Imagen de la Virgen de la Sierra de la Parroquia de San Andrés de Ramiñò, à vna Pastorcilla por el instincto de vn Buey, que descubriò el lugar del sagrado deposito: edificaronle los Vezinos Iglesia, donde concurren los fieles para alivio de sus males. (6)

Nuestra Señora de la Sierra.

(6) *Camòs Jardin de Maria, fol.56.*

Consagrò este año la Iglesia de Tarragona, que oy permanece, el Infante Don Juan su Arçobispo. 1332.

Consagrase la Iglesia nueva de Tarragona.

Mandò el Rey al Vice Almirante Bernardo Cespujadas prevenir todas sus Galeras contra los Ginoveses, para defensa de las Islas: llamò à todos los feudatarios que tenian heredamientos en Cerdeña, paraque segun su obligacion acudiessen con sus personas, y Soldados pagados: Ramon de Cardona General de la empresa previno la gente, que avian levantado los Comunes de Cataluña, y con los feudatarios, y sus Tropas, partiò con la Armada de Gale-

Asistencias de Cataluña contra los Ginoveses de Cerdeña.

ras,

nas, y Vaxeles desta Provincia, siguiendole algunas Barcas de Particulares. Los feudatarios que assistieron à esta guerra, van à la fin del Capitulo letra *A*.

Llegò la Armada à Cerdeña: presidiaronse las Plazas maritimas, no encontrando à la Armada Ginovesa, que formada de sesenta Galeras, y muchos Navios, avia tomado la buelta de Mallorca, y de alli passó à las Costas de Cataluña, vengando en algunos Lugares abiertos los daños que avia recibido Genova, de nuestra Armada. Encontrò delante Barcelona cinco Galeras Catalanas, que ivan à juntarse con las otras, que se hallavan en Cerdeña: emvistiòlas la Armada Ginovesa: retiraronse con orden, siempre peleando, logrando el desembarco, y salvar su gente; pero quedaron las Galeras con la chuzma en poder de los Ginoveses.

Venganza de la Armada Ginovesa en los Lugares abiertos de la Costa de Cataluña.

Avisado el General de nuestra Armada, de la empresa de la Ginovesa en las Costas de Cataluña, se previno para encontrarla, y no fue facil, porque se retirò à Genova. Desde este tiempo emprendiò la Nacion Catalana proseguir la guerra con todo empeño contra los Ginoveses: hablen por mi Zurita, y Abarca, que no podrà moverles el natural afecto à la Patria, dizen pues: *De aqui empeçò la competencia entre Catalanes, y Ginoveses, que la tuvieron larga, y sangrienta por dos siglos; peleando no mas por el interès, que por la honra del dominio del Mar, en el qual, y en las virtudes con que la merecieron sin duda à juizio de todas las Gentes, se adelantaron los Catalanes, no solo à los Ginoveses, sino à todas las otras Naciones del Orbe; tal fue la virtud de su animo, la fortaleza de sus cuerpos, la Pericia Militar de las Batallas Navales, y el rigor de las leyes de la diciplina Maritima, que condenava à muerte al que con vna Galera, huìa de dos; y ha admirado con razon à los hombres de juizio, que aviendo sido los Catalanes los vencedores, y dado à sus Reyes, antes, y despues, tantos triunfos en los Mares de Cerdeña, Italia, Oriente, y Cataluña, hayan quedado con tan poca aficion, ò aplicacion à la Marinerìa, y Milicia Naval, como si huvieran sido los vencidos, tanto puede el tiempo.* Y añade Zurita: *Que apenas puede saberse como pudieron perder tanta honra, y reputacion, sin aver recibido jamàs daño notable, de sus Enemigos*; que es lo que causa mayor admiracion, y la razon desta falta de aplicacion todos la comprehendemos, y la tengo ponderada en el Fenix de Cataluña cap. 9. (7)

(7) *Zurita t. 2. lib. 7. c. 15. Abarc. t. 2. f. 84. col. 4.*

En este tiempo treze Galeras Ginovesas, quisieron emvestir à algunas Naves que se hallavan en el Puerto de Caller: perdieron vna Galera, y salieron las otras derrotadas con perdida de mucha gente: deviòse esta vitoria al arte, y valor de Bernardo Cespujadas. Por la division de la Casa de Doria, tratò Cassano vender al Rey los feudos de Castel Ginovès de Doria, de Monteleon, y Alguer; y no admitiò el Rey la proposicion, entendiendo que ellos obrarian de modo, que lo perderian presto.

Hizo donacion el Rey à la Reyna Doña Leonor, de la Ciudad de Huesca, y de algunas Villas; y al Infante Don Fernando su hijo, de la Ciudad de Tortosa, declarando con autoridad del Pontifice, no aver sido su animo en el Estatuto de no alienar cosa de la Corona en diez años, comprehender à la Reyna, y à sus hijos; porque siempre entendiò reservarle el poder para heredarles. Diò al mismo Infante en Aragon Albarracin, y en Valencia, y Murcia otros Lugares; y à instancias del Rey ratificaron, y juraron estas donaciones todos los Nobles desta Corona, menos Ot de Moncada, que jamàs le pudieron obligar à consentir à estas alienaciones: opusieronse à estas donaciones, Tortosa, y Valencia; y esta con mayor animo, porque los Jurados de Valencia, con su Consejo, propusieron al Rey los inconvenientes destas donaciones; y hablando por todos Guillermo Vinateta, dixo: *Que antes passarian por la muerte, que por esta desunion, por ser contra las Leyes, y que no avian de retroceder,*

Oposicion de Tortosa, y con singularidad de Valencia à las donaciones del Rey.

troceder, aunque les cortassen las cabezas; y que si alguno recibia daño, le vengarian, exceptuadas las Personas Reales. Y buelto el Rey á la Reyna, dixo: *Reyna esto aveys querido oir?* Y la Reyna, dixo: *No consentiria Don Alonso de Castilla nuestro hermano, que èl no los degollasse à todos;* Y respondiò el Rey: *Reyna, Reyna, el nuestro Pueblo es franco, y no està subyugado como el de Castilla, porque ellos nos tienen à Nos como à Señor, y Nos à ellos como à buenos Vassallos, y Compañeros.* (8)

(8) *Señor Rey Don Pedro en su histor. Carbonell Cor. fol.* 113.

Revoca el Rey las donaciones, y persigue la Reyna à los Consejeros.

A vista de la instancia de los Vassallos, revocò el Rey las donaciones, y emprendiò la Reyna perseguir á los Consejeros del Rey, desterrando á algunos, de la Corte; y para librar al Infante Don Pedro hijo mayor del Rey, del odio de su Madrastra, le llevaron à las Montañas de Jaca Garcia Loris, Vidal de Vilanova, Miguel Gurrèa, y Miguel Perez Zapata; pero desenojado el Rey, bolviò el Infante á la Corte, y á governar los Reynos con la Tenencia General: de Valencia partió el Rey à Tarragona, donde avia mandado juntar Concilio à los Prelados.

El Ilustrissimo Señor Fray Guido de Terrena Carmelita, varon insigne en virtud, y letras.

Ilustrò por este tiempo á Perpiñan su Patria, y à Cataluña, Guido de Terrena Religioso Carmelitano, insigne en virtud, y letras, General de su Religion, Obispo de Mallorca, despues de Elna, llamado para assistir al Pontifice en Aviñon, aclamado Censor de la Fè, Elias por el zelo de la Casa de Dios, compuso varios libros: Summa contra Hereges, Correctorium juris, otro de Perfectione vitæ, y muriò en Aviñon. (9)

(9) *Oderico Reynaldo, año* 1332. *num.*28. *Corbera, Cat. Illustr. fol.*451.

1333. Muerte de la Reyna de Portugal Santa Isabel.

Muriò este año nuestra Santa Isabel Reyna de Portugal, y entrò el Rey de Marruecos á favor del de Granada, contra Castilla, que peligrava por la vitoria de los Moros, y conquista de Gibraltar.

Cortes en Monblanch à favor de Castilla, y contra Ginoveses.

Avisado el Rey à lo ultimo del año 1332. del peligro de Castilla, llamò à los Catalanes à Cortes en Monblanch, para defenderla, y continuar la guerra contra Ginoveses: acudiò á uno, y otro Cataluña: la Ciudad de Barcelona sirviò con diez Galeras armadas, y pagadas con assistencia de su Conseller quarto Galceran Marquèt, al qual nombrò el Rey General Almirante de toda la Armada: Tortosa cō algunas Galeras, con todas sus Barcas, y con grāde copia de dinero, quedando empeñados el Comun, y Particulares, y de la misma forma Tarragona, y los otros Pueblos, y Nobles de la Provincia. (10) Embió el Rey socorro á Gibraltar, donde huvo diversas batallas, y reencuentros; y ultimamente se ajustaron el Rey de Granada, y el de Castilla, que temiò su ruina, por la alteracion con la qual tenian aquellos Reynos divididos, Don Juan Nuñez, y Don Juan Manuel, declarados contra su Rey.

(10) *Real Archivo de Barcelona, Arca* 1. *grande. Archivo de Barcelona, Dietario de este año. Archiv. de Tortosa, Privil. Regis Alfonsi, in lib. instr. fol.*149.

1334. Castelamar entregada por un Ginovès al Rey Roberto.

Este año diò motivo á renovar la guerra de Sicilia, y Napoles, la entrega de Castelamar, Plaça capital de Sicilia, entregada por trato con el Rey Roberto, por un Ginovès llamado Juan de Floriach, el qual con la gente que embiò el Rey Roberto, matando al Alcayde, y prendiendo á los descuydados, ocupò la Plaça: acudiò luego el Rey Don Fadrique al recobro, y le consiguiò à fuerça de los valientes braços de su Exercito. Por este tiempo embiò à Ramon de Cardona con Berenguer de Reyadell à representar al Rey quanto importava sacar de raiz á los Ginoveses, de Cerdeña, porque sus reales ordenes no solo eran menospreciados de los Dorias, sino que tambien avian muerto al Obispo de Sorra, è impedian la possession al de Ampurias, por ser Catalanes.

Andava el Infante Don Pedro exerciendo su preheminencia de Primogenito, y Governador General; y hallandose en Lerida, mandó al Veguer de Gerona que prendiesse á Hugo de Cabrens, de la qual prision se siguieron disgustos en Cataluña, por la voz que corria de ser el orden del Infante, porque Hugo de Cabrens instava al Rey no confirmasse la donacion que avian hecho al Infante, de la Ciudad de Gerona: diò tambien orden el Infante á Guillen de Cervellò, á Pedro de Aguilò,

y

y à Bernardo de Falchs, que procediessen contra algunos Cavalleros de Vilarrodona, è instò al Obispo de Barcelona castigasse algunos de aquel Lugar, que era del Obispado: escusóse el Obispo por el rigor sobrado con que procedia el Infante. Muriò este año el Infante Don Juan, Patriarca, y Arçobispo de Tarragona, ilustre en Santidad, confirmada con raras maravillas, fue enterrado en aquella Ciudad. (11) Muriò tambien en casa del Prior de Tarragona el Infante Don Jayme hermano mayor del Rey, que avia renunciado los Reynos, y fue enterrado en dicha Ciudad.

Muerte del Infante D. Juan.

(11) *Archivo de Tarragona, Constit. de Tarragona. Domenech, Flos Sanct. de Catal. p.2. fol.84.*

Los Ginoveses inobedientes de Cerdeña, lograron la ocasion que esperavan de ocupar algun Lugar del Rey; y no logrando la empresa de Quirra, ocuparon a Terranova, desprevenida, y otros Castillos de menor nombre; y à instancias del Papa diò oìdos à las Pazes con Genova el Rey: para esto concordaron, que el Rey embiasse à Aviñon sus Embaxadores con poderes; y fueron, Bernardo de Boxadòs, Francisco Gruni, y Pedro Clasqueri, que se bolvieron de Aviñon à Perpiñan por no aver llegado los Plenipotenciarios de Genova, y no passò adelante la Concordia por la muerte del Pontifice, sucedida en este tiempo. Alentaronse los Ginoveses, porque con su Armada avian ganado quatro Naves Catalanas, y pusieron en grandes recelos à Cerdeña, no obstante el valor de Ramon de Cardona, que para assegurar la Isla embiò à pedir al Rey de Sicilia embiasse su Armada à Cerdeña con Ramon de Peralta, para oponerse à la Armada de Genova.

Convento de Trinitarios de Balaguer.

Se fundò el Convento de los Trinitarios (no se nombra el Fundador) de Balaguer: refiere en su manuscrito el P.M. Rodriguez tener mayor antiguedad este Convento.

El V. Cardenal Fr. Raymundo de Tolosa del Orden de la Merced.

Fr. Raymundo de Tolosa, hijo del Conde de Monfort, y de Habito del Convento de la Merced de Barcelona, tomandole para Militar en edad tierna con milagrosa vocacion, fue raro en la humildad, deseando ser despreciado de todos: llegando à la edad de Varon, se resolviò à seguir la vida Monacal mas estrechamente ordenandose de Sacerdote, y professando los estudios; saliendo tan eminente, que hizo aventajados frutos en el Pulpito con su doctrina, saliendo vitorioso, y triunfante en diferentes disputas que tuvo con los Judios Maestros de la Ley Mosaica en dos Redempciones que hizo en la Africa, donde reduxo muchos Infieles à nuestra Santa Fè Catolica, persuadidos de su doctrina, y enamorados de sus loables costumbres. Muriò en Barcelona con opinion de Santo; creado Cardenal por la Santidad de Benedicto XII. (12)

(12) *Fr. Alonso Ramon t.1. lib. 6. c.5. y 6. Bul. Ord. pag.39. P. Aldnino in Cath. Cardinal.*

Pocos años antes avia passado à mejor vida en Barcelona Sor Isabel Guillen Valenciana, llamada Isabel de Santa Maria al tomar el Habito de las Religiosas de la Merced en dicha Ciudad: por sus singulares virtudes, y extraordinarias penitencias, fue sumamente venerada, como tambien por lo que admiravan sus sentencias, y edificavan à los muchos que la consultavan en negocios muy arduos: quedò, despues de difunta, vn resplandor al rededor de su rostro, que parecia estar vestida de los rayos del Sol: refierense muchos milagros que obrò Dios para credito de la Santidad de su Sierva; cuyas Reliquias se depositaron en la Iglesia del primer Convento de Religiosos de su Orden, delante las gradas del Altar Mayor. (13)

La Santa Sor Isabel de Santa Maria Religiosa de la Merced.

(13) *Fr. Alonso Ramon t.1. lib.5.c.13.*

1335. Al Pontifice Juan XXII. sucediò Benedicto XII. Embiò el Rey al Infante Don Ramon Berenguer Conde de Prades para darle la obediencia, y suplicarle la remission del feudo de Cerdeña, y otras cosas particulares; y tambien embiò al Pontifice al Infante Don Pedro, paraque no dispensasse al Rey el Juramento de no alienar feudos de la Corona por la quietud, y Paz.

Rebelòse el Conde de Modica, y siendo condenado à muerte, ausente, por el Rey Don Fadrique, passò à servir al Rey de Napoles, fue con su Armada contra Sicilia, y no pudiendo do lograr la empresa de la toma de Licata, por el industrioso valor de Pedro de Lança, llegò á costear á Palermo, defendido de nuestra Armada, que se avia dispuesto contra Ginoveses, y viendo malogrados sus designios, dexò las Costas de Sicilia, y servicio del Rey de Napoles, y passòse à Alemania.

El Santo Fr. Iorge de Lluria Catalan del Orden de la Merced.

Consiguiò el eterno descanso el Santo Fr. Jorge de Lluria, sobrino de aquel nunca bastantemente alabado Almirante Roger de Lluria: vistiò en el Convento de Barcelona el Habito de la Merced: su vida penitente admirava à las fuerças de los mayores Gigantes, su silencio, y recogimiento sin exemplar, su contemplacion continua, y como la de otro San Geronimo, considerandose en el Juìzio delante el Tribunal de Dios: dexò en toda la Corona de Aragon grande fama de la memoria de su vida exemplar, y santa, que se confirmò despues de difunto, pues se hallò su celda cubierta de polvo, en señal que siempre estava arrodillado en vn rincon della: en su cuerpo dentro de las mismas carnes vna cota, ó lorigon de malla de hierro, que espãtò à todos los que le vieron, y ya hechas tan grandes cortezas, y costras, como que avia muchos años que la llevava sin quitarsela: se ha venerado siempre por vno de los muchos Varones Santos, y mas penitentes que ha tenido el primer Convento de su Orden, y el Principado de Cataluña. (14)

(14) *Fr. Alonso Ramon histor. de la Merced, 1. p. l. 6. c. 6.*

Rebelion de la Isla de Gerbes.

Rebelaronse por este tiempo los Moros de la Isla de Gerbes, passó à recobrarla Ramon de Peralta con cinco Galeras, y algunos Navios, logrò la vitoria con muerte de grande numero de los Moros, dexò municiones, y viveres en el Castillo: à este tiempo llegaron las Galeras, y Armada de Genova, con algunas del Rey de Napoles: antes de poder entrar gente de socorro al Castillo emvistieron à nuestras Galeras, que tuvieron lugar de retirarse, dexando los Vaxeles en poder de los Enemigos, que tomaron las armas, y las vendieron à los Moros, para continuar su rebelion, y ocupar el Castillo, como lo lograron.

1336.

Hallavase el Rey muy enfermo en Barcelona, y para assegurarse la Reyna en sus heredamientos, pretendiò entregar algunos al Rey de Castilla; Prevenido el Infante Don Pedro, ocupò aquellos Lugares; y viendo ya cercana la muerte de su Esposo, partiò la Reyna, temiendo la condicion del Antenado, de Barcelona para Castilla; y aunque fue seguida de orden del Infante, llegò sin riesgo à aquellos Reynos; y al Rey se le acercò su vltima hora à 24. de Enero, de edad de treynta y siete años, à los nueve empeçados de su Reynado: està su cadaver en San Francisco de Barcelona, à la parte de la Epistola del Altar Mayor, teniendo la del Evangelio el Rey Don Alonso II. su Tio: quedaron de su primera muger Doña Teresa, el Infante Don Pedro, que sucediò al Condado de Barcelona, y Reynos, el Infante Don Jayme Conde de Urgel, y Doña Constança muger del de Mallorca: tuvo tambien à Alonso, Sancho, è Isabel, que murieron niños: de la segunda, Doña Leonor, el Infante D. Fernando, y el Infante Don Juan.

Muerte del Rey.

Refieren Zurita, y Carbonell, que el Rey avia mandado enterrarse en San Francisco de Lerida; pero no obstante le enterraron en el Convento de Barcelona; y siendo esto cierto, ya este año se hallava fundado el Convento de los Menores de Lerida; y se engaña Gonzaga en su Coronica *part.* 3. *fol.* 1110. que la atribuye al año 1464. aunque puede ser esta, reedificacion, y despues fueron trasladados al Convento de Jesus año 1480. que aun permanece.

Convento de Menores de Lerida.

Entre las virtudes, y prendas deste buen Rey, sobresaliò la humanidad, rectitud, y cortesia. Los sugetos que se dieron à conocer nuevamente en este Reynado por su valor, fueron: Frances Sagarriga, Bernardo Togoras, Bernardo Descoll, Jofre Canadal, N. Rocabruna, N. Vilaritg.

A. Francés, Berenguer, Francisco, y Iayme Carròs, Ramon Cornel, Don Iayme me de Aragon hermano del Rey, Iofre Gilabert de Cruïllas, la Condessa de Pallàs, Bernardo Boxadòs, Bernardo Cespujades, Berenguer de Cruïllas, Pedro de Mompahò, Sancho Duerta, Ramonet de Senmenat, Pedruelo Boyl, Garcìa Loris, Gombal de Ribelles, Bonanàt Pera, Perico de Libia, Miguel Marquèt, Pedro March, Iayme Burgués, Guillen de la Abadìa, el Heredero de Berenguer de Vilademany, Thomàs Costa, Pedro de Sancliment, Guillen de Montgrì, Arnaldo de Caciano, Pedro de Subirats, Ramon Mompahó, Dalmao de Aviñò, Gallart de Mauleò, Gomez Azever, Ramon de Sinisterra, Ponce de Vilaragut, Rodrigo de Luna, y los Herederos de Diego Zapata.

CAPITULO II.

Embaxada de la Reyna, y respuesta del Infante: Entrega Bernardo de Sarrià Xativa al Rey: Succession del Infante Don Pedro á la Corona: Protesta de los Catalanes: Su preheminencia: Dicha de Cataluña, fundada en la Virtud: Coronacion del Rey: Valor de Ot de Moncada: Disgustos en Cataluña, y se componen: Iura el Rey en Lerida: Protesta Barcelona: Vitorias en Cerdeña, y tratados de Pazes: Trata Casamiento el Rey, y se desposa con la de Navarra: Disgustos de la Reyna Doña Leonor: De Fr. Nicolas Aymerich, y Fr. Nicolàs Rossell: Muerte del Rey de Sicilia: Pazes con la Reyna: Guerras de Sicilia, y varias Embaxadas, &c.

Don Pedro III. Rey, y Conde XVIII.

Embaxada de la Reyna al Infante, y su respuesta.

HAllavase el Infante Don Pedro en Zaragoça governando aquel Reyno, quando Dios llevò á mejor vida á su Padre, y luego desde Fraga le embiò la Reyna á Fr. Juan de Monfort su Confessor Religioso Menor, á darle noticias de la muerte del Rey, y suplicarle admitiesse en su proteccion á su persona, y las de sus hijos, y Lugares, assegurandole, que solo deseava su quietud, y bien vniversal de la Corona. Respondiò el Infante con palabras generales; pero asseguròse del Reyno de Valencia, por donde se juzgava passaria là Reyna á Castilla, por el recelo de los Lugares que posseìa en aquel Reyno, que el Infante avia dispuesto reùnirles à la Corona; y con esta atencion muriò Bernardo de Sarrià Governador del Castillo de Xativa, y de aquella frontera, entregando à la hora de su muerte las llaves à su Lugarteniente Bernardo de Mataró, encargandole tuviesse aquella Plaça por el Rey, no obstante que se avia dado à la Reyna.

Entrega de Xativa al Rey.

Prehéminencia, y constancia de Cataluña en la Coronacion del Rey.

Celebrò el nuevo Rey Don Pedro las funerales honras à su Rey, y Padre, y recibiò los pesames, y parabienes, (reverente culto devido à los Reyes, que son capazes de parabien, y pesame, efectos de la muerte, y succession:) y como siempre han sido los Catalanes muy prevenidos en mantener sus Leyes, Privilegios, y costumbres, viendo que se hallava el Rey en Aragon congregaronse à Parlamento, que es, no aviendo Jurado el Rey, Junta de Braços, y determinaron embiar á suplicar, y requerir al Rey que llegasse á Barcelona, antes de su Coronacion en Aragon, para ser Jurado Conde de Barcelona, y de alli tomar la Corona de los Reynos, por aver sido primero Conde de Barcelona, origen de su Monarquia, y que esto era justo, y assi lo avian executado inviolablemente los Reyes sus antepassados despues de la vnion de Aragon al Condado de Barcelona. Llevaron al Rey esta Embaxada, y requirimiento publico, y presentaronle en nombre del Principado los Infantes Don Pedro Conde de Ribagorça, y Ampurias, el Infante Don Ramon Berenguer Conde de Prades, Don Arnaldo Cescomes Arçobispo de Tarragona, Don Ponce de Gualbes Obispo de Barcelona, el Conde de Pallás, Vizconde de Rocabertì, Sancho de Aragon Castellan de Amposta, Fr. Arnaldo de Oms Prior de Cataluña, Ot de Moncada, Ramon de Cardona, Guillen de Cervelló, los Syndicos de Barcelona, y de las Ciudades, y Villas del Principado. Respondiò el Rey q̃ tomaria acuerdo, è instado

instado de los Aragoneses por razones que dize el Rey, y escusa referir, determinò, supuesto que se hallava en Zaragoça, recibir la Corona, y despues passar à Cataluña para recibir, y ofrecer el Juramento.

Replicaron los Catalanes al Rey diziendole, que avia sido mal aconsejado en querer innovar sobre punto tan establecido, y executado de los Reyes, que jamás avian imaginado esta novedad, y que la razon se hallava assegurada por el Principado; pero firme el Rey en su resolucion, apartaronse los Catalanes disgustados, de tal manera, que no quedaron con el Rey, sino Ot de Moncada, y Ramon de Peralta, partiendose los demás, hasta sus Tios, à Cataluña sin querer hallarse en la Coronacion, que executò el Rey, tomando de su mano la Corona, no conviniendo con lo que pedia el Arçobispo de Zaragoça, que en ausēcia del de Tarragona pretendia Coronarle, siendo deste sentir todos los Aragoneses: à los quales solo se opuso Ot de Moncada, que importò se hallasse vn Catalan en aquella solemnidad, diziendo: que no devia recibir el Rey la Corona de mano de Prelado, por no dar motivo à renovar pretensiones, y pues Dios liberal se la avia concedido por el valor de sus Vassallos, ganando à los Moros de palmo en palmo la tierra, sin otro favor humano, tomasse el Rey la Corona que Dios le avia dado: siguiò este sentir, tomò la Corona del Altar, è hizieron los Prelados las otras ceremonias.

Prevalece Ot de Moncada à todos los Cōsejeros del Rey.

Nombrò el Rey Oficiales en Cataluña, no quiso admitirles la Provincia: diò su razon, que era para obligarle à venir à Barcelona: admitiò el Rey la disculpa, prometiò venir luego, y quedò todo en paz poco tiempo, porque llegò el Rey à Lerida, quiso jurar en aquella Ciudad, porque le importava passar à Valencia, para assegurarse de los Lugares de su Madrastra, y hermanos. Llegò Cataluña, recibiò el Juramento del Rey; y prestòle, como es costumbre el de fidelidad: protestò Barcelona, instando deverse executar la solemnidad de aquel acto en dicha Ciudad Capital de la Provincia, hizo sus requirimientos, protestò nulidades, y quedaron muy pendientes los disgustos, que quietò el Privilegio de 4. Idus Julii deste año, de no dever atender al Rey, *hasta aver jurado en Barcelona.* (1)

Disgustos de Cataluña.

Iura el Rey en Lerida, y protesta Barcelona.

(1) *Archiv. Civit. Barcin. Privil. Regis Petri 4. Idus Iulii 1336.*

Avia por este tiempo, segun refiere el Rey, embiado à estos Reynos el Rey Roberto de Napoles à sus Embaxadores para darle el parabien, acompañados de dos grādes Astrologos, paraq̃ le informassen de la ventura que tendria el Rey en su govierno, y estos le respondieron, que la hora del nacimiento del Rey, y de su Coronacion le denotava vencedor de sus Enemigos, y que de todos se honraria; y assi que escusasse tener debates con la Casa Real de Aragon: refierolo por referirlo el Rey, porque Dios es quien dà las vitorias, y lo govierna todo independente de humanos juizios. No viene fuera de proposito referir el sentir del Rey Don Sancho de Mallorca, que con estas palabras assegurava las vitorias de nuestros Reyes, dezia: *Que jamàs queria ser enemigo de los Reyes de Aragon, porque à ninguno le podia venir bien el ser enemigo, por tener el Condado de Barcelona, el qual ha sido siempre poblado de buenos Christianos, temerosos de Dios, y por esto bien afortunado, y por esto està escrito, aunque no se ha de dar entero credito, que la Ciudad de Barcelona fue fundada en constelacion afortunada.* (2)

Ponderacion de la fortuna de Cataluña.

(2) *Señor Rey Don Pedro en su histor. Carbonell, fol. 93. 117. de su Coronica.*

Venciò en Cerdeña Ramon de Cardona à los Ginoveses, con daño tan notable, que obligò à los que se hallavan en Cerdeña à ponerse à la obediencia del Rey, y al Comun de Genova à solicitar las Pazes por medio del Papa, y Rey de Francia: bolviò despues de la vitoria à Cataluña, y eligiò el Rey en su lugar, Lugarteniente General de Cerdeña, y Corcega à Ramon de Mompahò; y embiò por sus Embaxadores, y Plenipotenciarios para las Pazes con Genova à Aviñon, à Ferrer de Canet, y à Francisco de San Climent, aviendo antes tomado consejo, y

Ramon de Cardona vence à los Ginoveses en Cerdeña.

determinado los Capitulos, è instrucciones de los Embaxadores, de los Conselleres de Barcelona, y de algunos Cavalleros Catalanes, por lo que interessava està Provincia en la Paz, supuesto que la guerra se hazia à sus Costas.

Tratò casarse este año el Rey con la Infanta Doña Maria, hija del Rey
1337. de Navarra, pactòse en los Capitulos, que à falta de hijos de la Reyna, heredasse el Rey à Navarra, (3) y eligiò Governador de las Islas de Cerdeña, y Corcega à Ramon de Ribelles, el qual sujetò à todos los Rebeldes de aquellas Islas.

(3) *Real Archivo de Barcelona, Capitulos Matrimoniales Reg. dic. anni.*

Favorecida del Rey de Castilla avia querido ocupar la Reyna sus Lugares del Reyno de Valencia, fueron presos en vn renquentro el Vizconde de Cabrera, Gilabert de Cruïllas, y otros; y para su libertad embiò el Rey, al de Castilla vn Religioso Francisco, que se llamava Fr. Sancho de Miravet: escusaronse el Rey de Castilla, y la Reyna, conque les avian podido prender, porque no tenian orden de assegurarles Roger de San Climent, y Pedro de Lumbierre: instò el Rey: interpusose medianero de las Pazes entre el Rey, y el de Castilla, y la Reyna, el Infante Don Pedro Conde de Ampurias: para la conclusion embiò sus Legados el Pontifice, trataron las dependencias, y no se concluyeron las Pazes. Renovò la guerra el Rey; y los nuestros sin esperar orden dieron en los Enemigos, y llenaron de incendios aquellas Fronteras de Castilla: prendiòse fuego en nuestro Campo, y tiendas, peligrava la del Rey, à no acudir Pedro de Tous, y continuòse la guerra con encono.

Fr. Nicolas Aymerich, y Fr. Nicolas Rossell del Orden de Santo Domingo.

Floreciò en este tiempo, eminente en virtud, y letras Fr. Nicolàs Aymerich de la Orden de Santo Domingo, natural de Gerona, Capellan del Pontifice, Inquisidor General, por la Promocion al Cardenalato de Fr. Nicolàs Rossell de la misma Orden, escriviò varios libros sobre los Evangelios, Filosofia Natural, Logica, y Physica, otro contra Raymundo Lull, el Directorio de los Inquisidores, y otros muchos. (4)

(4) *Crisis de Cataluña del P. Marsillo fol 353. Diago hist.*

1338.

Muerte del Rey Don Fadrique.

Muriò este año el Rey Don Fadrique de Sicilia, dexò heredero al Rey Don Pedro su hijo, substituyòle sus hermanos servado orden de Primogenitura, y à estos el Rey de Aragon, y descendientes, de grado en grado, excluyendo à las hembras, de la succession à la Corona de Sicilia: mandò le enterrassen en el Convento de San Francisco de Barcelona, pero hasta ahora no se ha executado, y reposan sus cenizas en Catania de Sicilia.

No suceden hembras en Sicilia.

Estrecharonse los tratados de Pazes con la Reyna, y sus hijos, mudado el Parlamento de Burriana en Gandìa, y se concluyeron, mostrando el Rey disgusto de lo acordado; de que se presumiò no ser permanente la concordia.

Prevenciones del Rey à favor de Castilla contra los Moros de Marruecos.

Por este tiempo vacilava España por la fama de la venida del Rey de Marruecos, assistido de todo el poder de Africa: determinaron en el Consejo del Rey, juntar vna grande Armada de Cataluña, y Mallorca para defensa de Castilla, è impedir la entrada de los Moros: para lograr el armamento, embiò à Ramon Boyl el Rey al Pontifice suplicandole le concediesse las decimas de sus Reynos por seys años, comprehendidas las haziendas de los Eclesiasticos, y que procediesse contra los Ginoveses fautores del Rey Moro de Marruecos. Prevenida la Armada passò à las Costas de Andaluzia, governada por Jofre Gilabert de Cruïllas, que assegurò à España de los recelos, venciendo la poderosa Armada del Rey de Marruecos.

Armada del Rey de Marruecos vencida por la de Iofre Gilabert de Cruïllas.

Pretendiò en este tiempo confederarse con nuestro Rey el de Ingalaterra para proseguir la guerra contra Francia, y se escusò el Rey, proponiendo las Treguas, ò concordia, para la qual se ofrecia mediar: tratòse la vnion, y concordia con Castilla para defenderse vnidos ambos Reyes, de los Moros: admitiò el Castellano la oferta, y pidiò que antes se ajustassen las diferencias sucitadas con la Reyna, y sus hijos.

 Ce-

Matrimonio del Rey con la Princessa de Navarra.

Celebrò el Rey su Matrimonio con la hija del de Navarra en la Villa de Alagon; y dispusose para acudir à la defensa de Sicilia, que por este tiempo se hallava atrabajada por la rebelion de los Condes de Veyntemilia, y Federico de Antioquia, amparados del Rey de Napoles, al qual entregaron sus Castillos; y sin hazer otra prueva bolviò à Napoles su Armada, que reforçada bolviò segunda vez à Sicilia sin fruto, porque no pudo lograr à Termini Plaza fuerte, que se defendiò varonilmente, y resistiò al hierro, y hambre, ni menos otras de menor monta, y se retirò con poco credito por temor del Exercito del Rey Don Pedro de Sicilia; que cobrò los Castillos entregados por los Rebeldes, condenò por traydor al de Veyntemilia, y perdonò al Conde de Claramonte. Muriò el Conde Veyntemilia despeñado, y entregaronse todos sus Castillos, y Lugares, con sus joyas, y tesoros al Rey: el Rey Roberto passò à Napoles, dexando sus Plaças el Conde Federico de Antioquia al de Sicilia.

Rebelion en Sicilia, defiendese su Rey.

A 4. de Febrero la Reyna de Sicilia Doña Isabel muger del Rey Don Pedro, pariò à Luis, que por muerte de su Padre fue Rey de Sicilia, y bolviò la Armada de Napoles con cinquenta Velas, y buen Exercito, governado por Carlos de Artoes, y se le entregaron vilmente quatro Castillos, el de Golisano, Grater, Brucato, y el Monte de San Angelo: el Rey Don Pedro acudiò con su Exercito à recobrar sus fuerças, cobrò á San Angelo con daño de los Enemigos, defendiò á Termini cercado, obligandoles á retirarse con perdida notable, continuada hasta el embarcarse para bolver à Napoles, disminuìdos, y escarmentados; y à vista desta vitoria rindieronse los otros Castillos que se avian entregado à los Enemigos. Embiò por este tiempo el de Sicilia Embaxada à nuestro Rey para que instasse al Pontifice, fuesse servido recibir el homenage de Sicilia, y concederle la Investidura: diòle gusto el Rey, y determinò embiar al Papa al Infante Don Ramon Berenguer Conde de Ribagorça, y Ampurias, porque avia mandado al Infante Don Pedro Conde de Prades passar á Castilla para tratar la Concordia con aquel Rey para defenderle de los Moros, è inobedientes.

Llegan Legados del Papa à Sicilia, y no son admitidos.

Llegaron à este tiempo Legados del Papa á Sicilia, con color de tratar Pazes, y no fueron admitidos en Mecina por venir en las Galeras del Rey Roberto, y llevando sus Estandartes: retiraronse las Galeras con los Legados à Calabria, dexando publicadas letras de entredicho; que diò motivo à nuestro Rey, noticioso desta novedad, de mandar à Jayme Escrivá llevasse la Embaxada al Papa en lugar del Infante, y que le suplicasse, prorogasse el termino prefijado al Rey, para prestar el juramento de fidelidad por Cerdeña, y Corcega, y la dispensacion para el casamiento del Infante Don Ramon Berenguer con la Infanta Doña Leonor, hija mayor del Rey de Sicilia; y el Pontifice se escusò de vna, y otra suplica.

CAPITULO III.

Defensa de Castilla, y prevenciones: Disgustos del Rey de Mallorca: Gracia à Barcelona: Traslacion de las Reliquias de Santa Eulalia: Feudo de Cerdeña: Iglesias del Estany, y Manlleu: Guerras en Sicilia: Vitoria en Africa: Muerte del Almirante: Sirven los Catalanes al Inglès: Varias Embaxadas: Rebelion de Cerdeña, quietada: Passan los Moros à España: Vitorias de nuestra Armada: Perdida de la de Castilla: La gran vitoria del Salado: Baylia General: Procurador Real de Ruisellon: Nuestra Señora de Sernoles, de la Ribera, y Coll: Empeños de Mompeller: Processo contra el Rey el qual es citado: Cortes en Barcelona: Privilegio de la moneda, &c.

1339. Bolava la fama del poder de Africa contra España, con vniversal terror, y desconsuelo de los naturales, prevenianse sesenta mil Cavallos,

vallos, è innumerable multitud de Infantes, que las memorias, è historias de este tiempo tuvieron, ó por impossible, ò superfluo señalarla, constando que en estas empresas los Moros arrojavan sobre España todos los Reynos enteros de Africa: por este daño, y temor vniversal, cediò nuestro Rey de sus pretēsiones contra Castilla, y contra su Madrastra; y pactaron ambos Reyes quedar finamente vnidos à la comun defensa. Diò orden el Rey à Gilabert de Cruïllas su Almirante, de partir con nuestra Armada a vnirse con la de Castilla, para defender el Estrecho: dividiò nuestra gente en los Presidios de la Frontera de Granada, y en los Lugares que mas peligravan: encargò à Consentayna al cuydado de Alonso Roger de Lluria, Moxen al arte de Gonzalo Garcìa, Tibi à Alonso Martinez de Morera, Albayda al valor de Bernardo de Vilaragùt, Luxen al de Olfo de Proxita; encargó Tous à Francès Carròs; à Pedro Zapata, y à Matheo Lañol, Villaluenga; à Bernardo de Boxadòs, Oudara; Juan Rius de Corella quedò en la Frontera, Vidal, y Ramon de Vilanova en Mesa, y Pop, y Pedro Escrivá en Rafsal; conque asseguradas las Plaças, partiò el Rey para Valencia, y embiò à requerir al Rey de Mallorca viniesse à prestar el juramento de fidelidad à Barcelona: pidiò este prorogacion del termino, y no se le concediò, conque huvo de partir, y venir à Barcelona, donde prestò el juramento en la Capilla Real, assistiendo los Concelleres, y toda la Corte del Rey, que para el reconocimiento mandò ponerle almoada muy inferior à la Real, que diò principio à los disgustos de aquel Rey, y à la perdicion de su Reyno.

Defensa de Castilla.

Disgustos del Rey de Mallorca.

Concedió el Rey à 14. de las Kalendas de Noviembre, otro privilegio particular à Barcelona, obligandose por sì, y sus successores à jurar antes de la possession del govierno, en dicha Ciudad, y no exercer jurisdicion antes de jurar.

Gracia à Barcelona.

A este tiempo por los favores recibidos del Patrocinio de nuestra Santa Protomartyr Eulalia, à la qual confessava dever el Rey sus vitorias, y aviendose concluido la fabrica de su Capilla, baxo del Altar Mayor de la Seo, siendo Obispo de Barcelona Don Fr. Ferrer de Abella del Orden de Predicadores, Arçobispo que fue de Athenas, que era la principal, y Corte de los Catalanes en Grecia, aviendose tambien juntado Concilio en dicha Ciudad, quiso el Rey se efectuasse la Traslacion del cuerpo Santo desde la Sacristia, hasta su Capilla: concurrieron à este solemnissimo obsequio con nuestro Rey, la Reyna su muger, Rey, y Reyna de Mallorca, la Reyna Doña Elisen de Moncada, los Infantes Don Pedro, Don Ramon Berenguer, Don Jayme, y Don Fernando, Bernardo de Albì Cardenal Legado, con todos los Obispos, Cabildos, Abades, y Estado Eclesiastico de Cataluña, los Concelleres de la Ciudad, toda la Nobleza, y grande Pueblo de Cataluña, muchos de Aragon, Valencia, Mallorca, Sicilia, y de otros Reynos, llamados de la fama de esta solemnidad. Sacaron el precioso tesoro Viernes à la hora de Visperas de los 7. de los Idus de Julio de la Sacristia, à ombros de los Reyes, y Prelados, y pusieronle en el Altar Mayor, donde le depositaron, hasta el Sabado con ostentosa Magestad, cantando Visperas, y Completas los Prelados, Clero, Religiosos, y Religiosas: acudiò devoto lo Noble, y Plebeo à ofrecer varios, y ricos dones à su Santa: continuòse la solemnidad toda la noche, cantaron Maytines, y Laudes los Canonigos, Clero, y Religiosos, despues destos los Musicos, y Niños de la Cattedal, hasta dia claro: celebrò de Pontifical el Obispo de Barcelona; y despues los Señores Reyes, Infantes, y Prelados tomaron el Santo cuerpo sobre sus ombros, y empeçòse la Procession. El orden fue este: primeramente para desembaraçar el lugar por donde avia de passar la Procession, el Veguer de Barcelona Pedro de Tous, Pedro de Fiviller Sotsveguer, y Pedro de San Climent, y Pedro

Traslacion vltima del Santo cuerpo de Santa Eulalia, sus Fiestas, y Procession.

Bussot

Buffot Obreros: luego la Bandera de la Santa, llevandola à cavallo el Paborde de Setiembre, y Canonigo Guillen de Torrellas: imediatamente los Niños de la Ciudad, vnos con banderillas, otros con sobrepellices, y tunicas: despues las Parroquias, luego el Prior, y Convento de la Mercèd, Prior, y Convento del Carmen, Prior, y Convento de San Agustin, Prior, y Convento de Dominicos, y Franciscos, los Monjes de San Pablo, Frayles, ò Canonigos de Santa Ana, las Monjas de Junqueras, las de Valldonzella, y las de San Pedro: seguianse los Monges de Santas Cruzes, Poblet, y Valdigna, los Monges, y Abad de San Cucufate, de San Pablo, de Santa Eulalia del Campo, de Santa Maria de Fontroch, y de Santa Maria de Casserres; y consecutivamente por su orden todos los Abades, Obispos, y Arçobispos vestidos de Pontifical, y todos con sus velas: luego ocho cientos cirios de ocho libras de peso cada vno, y diez y seys de dos quintales, llevados por hombres vestidos de paño colorado: seguiase el Santo cuerpo, que llevavan los Reyes, Principes, Cardenal, Arçobispo de Tarragona, Obispo de Barcelona, y Arcediano de Santa Maria, baxo del Palio, que llevavan los Infantes, y Concelleres; y despues del Santo cuerpo las Reynas, y toda la Nobleza destos Reynos. Llegando la Procession à la Plaça del Trigo, oy del Angel, pusieron en vn Altar el Santo cuerpo, cantaron alegres canticos à gloria de Dios, y alabança de la Santa: prosiguiò la Procession por la Boria, calle de Moncada, y llegò à Santa Maria: dexaron los Reyes la rica prenda sobre el Altar Mayor, alli se celebrò solemne Missa por el Arçobispo de Tarragona: estava otro Altar en el Cementerio delante la puerta Principal, celebrò de Pontifical el Abad de Poblet, y predicò Fr. Dalmacio Mausulin de los Menores: otro Altar en el Cementerio à la parte del Born, celebrò en èl de Pôtifical el Obispo de Lerida, y predicò Fr. Arnaldo de Requesens Dominico; y todo esto importò para que todo el concurso pudiesse lograr la solemnidad; que concluìda, bolviò la Procession à la Seo: depositaron la Santas Reliquias en el Mauseolo, donde sõ veneradas; y al sacarlas de la vrna antigua, para ponerlas en la nueva, llenarõ todo el ayre de celeste olor de aromas de Gracia, que alentò, confortò, vivificò, y enfervorizò à todo el concurso, que postrado diò à Dios, y à su Santa, en rendido culto, repetidas gracias. (1)

(1) *Arch. de la Cathedral de Barcelona instr. Traslat.*

Feudo de Cerdeña.

Celebradas estas fiestas, partiò el Rey à Aviñon, para prestar el juramento de Fidelidad al Papa por las Islas de Cerdeña, y Corcega; y executado, bolviò à Barcelona.

Santa Maria del Estany, y Santa Maria de Manlleu.

En este tiempo ya se hallava fundada la Abadìa del Estany, como queda referido, que fue secularizada año 1596. como las demàs del Orden de San Agustin. Santa Maria de Manlleu de Canonigos Reglares es de este tiempo, y fue de las fundaciones antiguas de la Orden de San Agustin, (2) aunque solo ahora advertida.

(2) *Massot, fol. 264.*

Guerras en Sicilia.

Pelearon este año delante Lipari la Armada Catalana, y Siciliana de Sicilia, con la superior del Rey de Napoles, fue la nuestra vencida, y la de Napoles derrotada por vna tormenta que la llevò à las Costas de Cerdeña, y vna Galera à Pisa: salvaronse muchas personas, y parte de las Galeras, que con los prisioneros pudieron despues de la tormenta llegar à Napoles, donde los guardaron en diferentes Castillos.

Entran los Moros en Andaluzia, y son vencidos.

Entraron los Moros con su formidable Exercito en Andaluzia, passaron à Castilla, y fueron vencidos por el Rey, y por el Maestre de San-Tiago: partiò nuestra Armada de Barcelona, governada por Jofre Gilabert de Cruïllas Almirante, y Galceran Marquèt Vice-Almirante, passaron al Estrecho para vnirse con la Armada de Castilla, defendieron el Estrecho, tomaron quantos Navios, y Galeras venian de Africa para socorro de los Moros, obligados por la falta de viveres, y estragos recibidos à desamparar à Castilla. Con el

calor

calor destos buenos sucessos, quisò partir Jofre Gilaberto de Cruìlles, cõ solas ocho Galeras Catalanas, à las Costas de Africa para vengar los agravios de Castilla: llegò à Zeuta, hallò en el Puerto treze Galeras de Moros, vna de Ginoveses, siete Leños, y algunos Navios dispuestos para passar à España: Emvistiòles valiente, con sus ocho Galeras, destroçò las Enemigas, ganò algunas, y parte de los Leños, y bolviò con la presa, y vitoria à España, librada deste refuerço por su valor: diò esta vitoria aliento à Gilaberto de saltar en tierra contra los Moros que se hallavan fortificados en Algezíra: acometiòles con nuestra gente resuelto; pero halló la muerte en el militar conflito, herido de vna flecha, dando motivo à nuestra gente de bolverse à las Galeras, y venir à Valencia para esperar el orden del Rey, el qual con la noticia de la desgracia, concediò la Tenencia de Iglesias en Cerdeña à Jofre de Cruìlles, hijo del Almirante, y diòle licencia para enterrar al Padre, porque vsava en aquel tiempo, no enterrarse los Generales, ni Governadores, hasta que el Rey concediesse licencia, y les absolviesse del Juramento de Fidelidad: nombrò Almirante à Pedro de Moncada, y mandòle que con Galceran Marquèt Vice-Almirante, y otros muchos que avia mandado juntar en Cataluña, bolviesse à la defensa de Castilla.

Vitoria en Africa, y muerte del Almirante.

Ceremonia en el entierro de los Generales.

1340. Servia en este tiempo nuestra Naciõ à Eduardo Rey de Ingalaterra, contra Philipo Rey de Francia en las obstinadas guerras dentro de Francia, de aquellos dos Reyes: davase por ofendido el Francès, desahogando su apassionado animo contra el Infante Don Jayme Conde de Urgel, impidiendole la possession del Condado de Comenge, y Vizcondado de Turs, que le pertenecian por su muger la Condessa Doña Cicilia: tomò por proprio el empeño de su hermano el Rey; y desde Barcelona embiò à Francia por sus Embaxadores à Bernardo de Tous, y à Arnaldo de Torrents para pedir al de Francia mandase poner en possession de aquellos Estados al Conde de Urgel; pero no tuvo efecto el empeño del Rey, por el disgusto del Francès.

Sirven los Catalanes al Inglès.

Bolvieron à su antigua tema los Ginoveses, y Pisanos de recobrar à Cerdeña: juntaronse con el Vizconde de Milan, y con los Dorias de Cerdeña: asegurò la defensa de la Isla el Rey en la militar pericia de Guillen de Cervellò, que por la defensa de España contra los Moros, no pudo passar à aquella Isla: nombrò el Rey en su lugar à otro no menos inteligente General, que fue Bernardo de Boxadòs, que assegurò, y defendiò aquella Provincia, no obstante la potencia de las Republicas, y conspiracion de algunos que avia descubierto Ramon de Mompahò Teniente de Governador en Cerdeña, el qual defendiò bien à Sacer, y Lugodor, acompañandole Don Jayme de Aragon en la defensa de Caller. Vino en este tiempo à Barcelona el Obispo Alerense para suplicar al Rey emprendiesse con esfuerço la entera Conquista de Corcega: escusòse de proseguir aquella empresa en tiempo que peligrava España por las fuerças de Africa, que bolvian à invadirla.

Ginoveses, y Pisanos pretenden recobrar à Cerdeña, y la defiende el Rey por sus Generales.

Herido de sus tristezas, con deseo de vengar las derrotas referidas, juntó el Rey de Marruecos à los Reyes de Tunez, y Bugía, el qual tambien con las Tropas auxilares del Soldan de Egypto, passò à España con Armada correspondiente al numero de su poderosissimo Exercito, q̃ todas las Historias cõcuerdã en el de la Cavalleria, ser de sesenta mil: y sola la Historia General de Castilla, cuenta quatro cientos mil en la Infanteria; quando las otras dexan de referir el numero por faltarles guarismo, y temer exponer su credito en la relacion, casi impossible de contarse el immenso tropel de Barbaros. Avisado el de Castilla del passage de los Moros, culpò à su Almirante de descuydado, el qual sentido de la Real Carta, quiso exponer su corta Armada en experiencia bien costosa para la Patria, y para su Rey: acometiò à la

Entra el de Marruecos poderosissimo en España.

Perdida de la Armada de Castilla.

la Armada Enemiga, superior siete vezes. Costòles mucho à los Moros esta arriesgada experiencia de Don Alonso Thenorio Almirante de Castilla; pero mas costosa fue à Castilla, que perdiò veynte y quatro Galeras, y algunos Navios, y su General, que ni con la muerte dexó su Estandarte de las manos. Salvaronse solo siete Galeras, y pudieron los Paganos entrar à tomar tierra en Andaluzia, donde desembarcaron como para poblar, trayendo sus familias, mugeres, è hijos; juzgando no poder resistir España à su inumerable Exercito.

Socorre con su Armada el Rey al de Castilla.

Por la derrota del Almirante de Castilla, perdida de su Armada, y entrada de los Moros, instò el Rey de Castilla al nuestro, que le embiasse sus Tropas, y Armada, para impedir el passage, y viveres que de Africa avian de llegar para el sustento de los Enemigos: partiò nuestra Armada de Barcelona, con doze Galeras, y vn Leño, y despues siete, que antes no estavan aprestadas; y llegò con toda felicidad al Estrecho, impidiendo el passo à los socorros de viveres, y tomando muchos Vaxeles, y Barcas: dividiò el Rey sus Tropas en Xativa al Govierno de Don Sancho de Aragon Castellan de Amposta, de Don Alonso Perez Maestre de Calatrava, de Vidal de Vilanova, de Fr. Pedro de Alquer Teniente del Prior de Cataluña, de Fr. Pedro Tous Maestre de Montesa, que governava la Cavalleria, y de Pedro de Exerica: con otra parte del Exercito se puso entre Origuela, y Alicante, por no comprehender donde caerìa el rayo de tan formidable Exercito, y para hallarse prevenidos para socorrerse vnos à otros: llegaron los Moros à Algezira, y diò el rayo sobre Castilla, passando à poner Sitio à Tarifa: mandò el Rey de Castilla à Pedro de Moncada ponerse con su Armada à la guarda del Estrecho delante Tarifa, para impedir la entrada de los socorros al campo de los Moros; y sin esperar los socorros de Aragon, y Portugal, quiso librar à Tarifa, embiando al Prior de San Juan por mar con quinze Galeras, y doze Naos, que pusieron en trabajo à los Moros; no pudiendo lograr su bien comensada empresa, porque el rigor de vna tempestad apartò su Armada, del puesto, y parte la arrojò à Cartagena, y à Denia; y parte diò al travès.

Assedia el Moro à Tarifa.

Libres los Moros de los continuos rebatos de la Armada de Castilla, alentaronse para conseguir à Tarifa; llegò à vnirse con el sobervio campo el Rey Moro de Granada con sus Tropas: temiendo el Rey Don Alonso de Castilla la perdida de Tarifa, aviendo ya llegado el Rey de Portugal con su Exercito, sin esperar al nuestro, fiado en la infinita misericordia de Dios, quiso partir à librar la Plaça: consiguiòlo con la vitoria en el passo del Rio Salado, à vna legua de Xerèz: derrotò à los Enemigos con muerte de ducientos mil, logrando esta gloria con la vida de veynte y cinco Christianos, consagrandola entre los primeros, dos Mallorquines. Escaparon los Reyes Moros à vña de cavallo: repassò el Estrecho el de Marruecos: bolviòse vencido el Granadino: quedaron muchos Esclavos de quenta; y el Rey de Castilla vencedor restaurò la Patria, defendiò la Religion, y conservò la libertad de España.

Vitoria en el Salado.

Sucediò esta milagrosa vitoria à 28. 29. y 30. de Octubre, bolviendo Dios Padre de infinitas misericordias à librar à España, como la librò en la gran batalla de las Navas tan semejante à esta; y de vna, y otra podemos inferir los imminentes riesgos à que està expuesta España por las invasiones de Africa, si olvida la constante defensa de las Plaças, que mantiene à la otra parte del Estrecho.

Culpan sin razon algunas Historias à nuestro Almirante, porque el dia de la batalla no saltò en tierra con los de su Armada; y si lo huviera executado, faltàra à su cargo, al orden que le diò el Rey de Castilla, y diera en el error tan culpado en su antecessor Jofre Gilaberto de Cruilles, que perdiò la vida, descompuso

la

la gloria conseguida en el mar, y falto à su homenage; y bien favoreció a los Christianos nuestra Armada, impidiendo el passage de municiones, y de nuevos Enemigos, logrando tantas vitorias, quantos fueron los comboyes que derrotò, y tomò.

Baylia General.

Este año estando el Rey en Barcelona, erigiò la Baylia General de Cataluña, en dicha Ciudad, y el Oficio de Procurador Real de Ruisellon, bien que no se admitiò en Cortes, hasta el año 1423. por Constitucion de la Reyna Doña Maria. (3)

(3) *Real Pregmatica del Rey Don Pedro dada en Barcelona à los Idus de Iulio 1340. Constit. 1. tit. de Bayle General.*

Nuestra Señora de Sernoles.

Manifestòse por este tiempo la Imagen de nuestra Señora de Sernoles en los Montes de la Villa de San Miguel de Os, Archiprestado de Ager, à vn venturoso Pastorcillo, viendola sobre el Montecillo, assistida de Angeles, que en acordes acentos cantavan celestes Villancicos, y de vn Ciervo à los pies de la Imagen: Seguia al Pastor vn Caçador, el qual advirtiendo la caça, y no el prodigio, quiso herir al Ciervo, y al apuntar perdiò la vista: apartòse de aquel lugar el Caçador, y tomò el Pastor la Santa Imagen, encerrandola en el çurron, y llegando al Lugar, no la hallò: bolviò al del dichoso hallazgo, y otra vez se llevò la Imagen: y aviendo otra vez desaparecido, como en la primera, siempre fue hallada en su proprio lugar: visto el prodigio, acudieron con Procession el Abad de las Avellanas, el Conde de Urgel, y todo el Pueblo, y le consagraron Capilla en el proprio lugar donde fue hallada. (4)

(4) *Sobrarias, histor. desta Santa Imagen. Camòs Iardin de Maria, f 423.*

Nuestra Señora de la Ribera.

Por este mismo tiempo, ò cerca deste año, tambien se consiguiò la felicidad de venerar la Imagen milagrosa de la Virgen de la Ribera, en la Pobla de Segur, Condado de Pallàs, hallada por medio de vnos Bueyes, que todos los dias concurrian à la Ribera del Rio de Noguera, y se postravan à la orilla delante vnas ramas, y arboles de vna Isleta del Rio, donde se hallò la Santa Imagen: advirtiólo el Pastor al Pueblo, que con el Retor fueron al lugar con Procession: passaron à la otra parte del Rio, cerca de vn Lugar llamado Gorga, de donde se la llevaron con toda veneracion; y hallandose à tiro de arcabuz del Rio, quedando immobil la Santa Imagen, determinaron labrarle Capilla, donde se halla medicina, y antidoto celeste contra todas enfermedades.

Nuestra Señora del Coll.

Este año hallamos Prior de nuestra Señora del Coll, Iglesia, y Priorato de la Orden de San Benito, à vna hora de Barcelona, à la parte del Septentrion, à Fr. Gerardo de Peñafort; aviendose ya hallado milagrosamente la Imagen en vna fuente, que dista vn tiro de pistola de la Iglesia: Favorece Dios à los fieles en este Santo Lugar, por medio de su Santissima Madre con raras maravillas. Està este Priorato sujeto à la Santa Sede Apostolica, y vnido à la Iglesia de San Juan de Lateran. (5)

(5) *Diago Cond. de Barcelona, fol. 272. Camòs, Iardin de Maria, fol 50.*

1341.

Embiò este año el Rey à Juan Escrivà à Castilla, para dar la enorabuena à aquel Rey de la vitoria cõtra los Moros, y libertad de aquellas Provincias, y partió de Barcelona para Momblanch à passar el Estio: pidiòle alli favor el Rey de Mallorca contra el Rey de Francia, y sus Ministros, para defenderse de algunos agravios, que avia recibido por mantener, y conservar la Soberania de Mompeller, que era propria del Rey, concedida por el Rey Don Jayme I. su Soberano, à su hijo el Rey Don Pedro II. y à sus Sucessores. Respondiòle el Rey de Consejo del Infante Don Pedro, del Conde de Terranova, de Ot de Moncada, y de otros, que embiaria al Rey de Francia, paraque escusasse molestarle; y que si proseguia, le favoreceria determinado de llevar el empeño por las armas. Bolviò à instar el de Mallorca por medio de Pedro Codolèt su Embaxador, y por esta instancia deliberò el Rey llamar à Cortes à los Catalanes en Barcelona, paraque en ellas, con la assistencia del Rey de Mallorca, que devia venir como Vassallo de Cataluña à sus Cortes, se decretasse con la aprobacion de ellas, la guerra, ò tratar de de los medios de la Concordia; y para mas fundar su justicia, embiò antes à Francia por sus Embaxadores à Bernardo de Tous, Ferrer de Canèt, y Arnaldo de Vivers, para pedir al Rey de Francia tratasse de componer las diferencias que tenia con el de Mallorca, con medios suaves: remitiòles el de Francia à sus Consejeros, y no lo consintieron los Embaxadores: ocupò el Rey de Francia à Mompeller, sin atender à la instancia: avisò el de Mallorca à nuestro Rey, el qual con la dilacion de las Cortes, y otras aparentes razones se escusò de favorecer al de Mallorca, porque ya se hallava muy disgustado por lo que se referirà, y estava anelando reùnir aquellos Estados à la Corona.

En el intermedio que corrian estos tratados, embiò diferentes Embaxadas el de Francia à nuestro Rey sobre estas dependencias, las quales desviò con arte en sus equivocas respuestas. Conciliò el Rey las discordias de Ot de Moncada, y Jordan de Illa, para tenerles vnidos à la accion que deseava executar; y para dar alguna aparente satisfacion al de Mallorca, despues de aver embiado à dezirle escusasse la guerra, y justificasse su modo de obrar, quiso tomar consejo de algunos Particulares desta Provincia, consultandoles el modo de favorecer al de Mallorca: para esto llamò à los Infantes Don Pedro, Don Ramon Berenguer, y Don Jayme, los Arçobispos de Tarragona, y Zaragoça, los Vizcondes de Cardona, y Rocabertì, Guillen de Cervellò, Ot de Moncada, Berenguer de Rejadell, Berenguer de Falchs, Berenguer de San Vicens, Don Pedro de Exerica, y à los Syndicos de Barcelona, Zaragoça, Lerida, y Valencia, al Monasterio de Poblet; pero antes que se juntassen, el Rey de Francia repartiò su gente en guarniciones por la Frontera, y el Rey embiò al Obispo de Huesca para tratar de la Concordia con el Rey de Francia, y el de Mallorca.

Hizo otras instancias el Rey de Mallorca à nuestro Rey por medio de otro Embaxador llamado Ramon Roch: la respuesta fue escusarse el Rey, que despues citò al de Mallorca para las Cortes de Barcelona; y no compareciendo, ni por sì, ni por sus Procuradores, con consentimiento de las Cortes se passò à citarle juridicamente, para que dentro de veynte y seys dias compareciesse, ò se presentasse delante del Rey à juìzio, por las causas que contra su Persona llevava en el Real Consejo; y no compareciendo formòse processo, y provòse la instancia, y acusacion de aver fabricado moneda en sus Estados, y admitido la de Francia, no pudiendo valerse de otra que de la de Barcelona, segun las convenciones antiguas, y obligacion de aquellos Estados, dispuesta por el Rey Don Jayme el primero. Refierelo el Rey Don Pedro en su historia, con estas palabras: *Como no sea permitido à alguno batir moneda en Cataluña, sino à Nos, y que esta sea moneda Barcelonesa, y que se fabrique en la Ciudad de Barcelona; la qual se llama moneda de Terno, y es firme Concession, y Privilegio de los Reyes antecessores nuestros; y aun Nos no podemos mandar batirla, sin consentimiento de aquella Ciudad; y por la contumacia del de Mallorca, formamos nuestros Processos, segun los Vsages, y Constituciones de Cataluña, las quales son las Leyes de la Tierra.*

Cortes en Barcelona.

Privilegio de la moneda de Barcelona.

En el Real Archivo de Barcelona se halla el original Processo contra Don Jayme de Mallorca, los pactos con los quales diò el Rey Don Jayme I. à su hijo Don Jayme el Reyno de Mallorca, Condado de Ruisellon, Mompeller, y los otros Estados, la Concordia del Rey Don Pedro II. con su hermano Don Jayme Rey de Mallorca, el Processo contra Don Jayme por la entrada del Francès en Cataluña, la confiscacion de sus Estados ocupados por el Rey Don Pedro, la reintegracion hecha de los Estados al Rey Don Sancho de Mallorca por el Rey Don Jayme II. los capitulos acordados por medio de Guillen de Canèt, y Nicolàs de Senjust, el juramento, y promesa

hecha

hecha por Don Sancho en las Cortes de Gerona, y generalmente los procedimientos contra el vltimo Rey de Mallorca.

CAPITULO IV.

Guerra, y Concordia en Chipre: Quexas de la Religion de San Iuan: Pide el Rey de Castilla mas gente Catalana: Concilio en Tarragona: Embaxada à Roma: CerVellon goVierna Cerdeña: Guerras de Sicilia: Vida de Fr. Dalmacio Moner Dominico: Muerte del Rey de Sicilia: Vitoria contra Moros: Disgustos, Processo, Sentencia, execucion, y despojo del Rey de Mallorca: Excelencias de la Senescalia de Cataluña: Elogio à los Reyes de Aragon: Legados del Papa à faVor del Rey de Mallorca: Concluye Treguas: NueVo socorro de Castilla: Lonjas de Barcelona, y Perpiñan: Monstruo en CerVera: Vida de Fr. Berengario Cantul, del Orden de la Merced, &c.

Guerras de Chipre, y su Concordia.

Este año se sucitó empeño, que prorumpiò en guerra entre el Rey de Chipre, y el Infante Don Fernando hermano del Rey de Mallorca, casado con la Primogenita de Chipre, y se ajustò por medio del Rey, que representò al de Chipre que no acostumbrava esta Real Casa tolerar desatenciones. Sucedieron tambien los disgustos del Rey, con la Religion de San Iuan, por la provision de la Castellania de Amposta, que tenia su hermano Don Sancho de Aragon: procediò ofendido de la deposicion del hermano contra algunos Comendadores, è instò à los Maestres, que las Encomiendas se diessen à personas bien vistas, y del agrado Real.

Pide el Rey de Castilla nuevos socorros al Rey.

El Rey de Castilla despues de la vitoria del Salado entrò vencedor en los Lugares del Reyno de Granada, servido de algunos Catalanes, que governava el Vizconde de Cabrera, al qual embiò à nuestro Rey para pedirle nuevos socorros para proseguir la guerra contra Moros, el qual se escusò con color de favorecer al Rey de Mallorca contra el de Francia.

Concilio en Tarragona.

Avia el Arçobispo de Tarragona Don Arnaldo Cescomes, juntado Concilio en dicha Ciudad para reformar el Estado Eclesiastico, y defenderle de algunos agravios que pretendia aver recibido de los Reales Ministros: Embiò el Rey al Concilio à Pedro de Espès, para requerir à los Prelados no innovassen cosa, y que si se quejavan de agravios, acudiessen à su Real Autoridad para conseguir la enmienda.

Embaxada à Roma.

Publicò el Rey à imitacion de sus Mayores, querer emprender la guerra contra Moros: embiò para el empeño à suplicar el favor al Pontifice de la decima destos Reynos, y remission del Feudo de Cerdeña, por Don Sancho de Aragon, y Ferrer de Canèt; y por muerte de Bernardo de Boxadòs, bolviò à elegir Governador de Cerdeña, y Corcega à Guillen de Cervellò, ya libre de los negocios destos Reynos.

Guillen de Cervellò, Governador de Cerdeña, y Corcega.

Guerras de Sicilia.

Bolviò Sicilia à la guerra, tan costosa à nuestra Nacion, movieronla los Señores de Palici, rebeldes al Rey, favorecidos del de Napoles, entrando en la Isla con grande Exercito, que condujeron quarenta Galeras, y muchos Navios: fueron los Enemigos sobre Melasso, y previnose el Rey de Sicilia para socorrer la Plaça.

Vida del Santo Fray Dalmacio Moner Dominico.

A los 24. de Setiembre passò de la militante, à ser en la triunfante astro benevolo, y brillante para Cataluña el Santo, y prodigioso Varon Fr. Dalmacio Moner, natural de Santa Coloma de Farnès, Obispado de Gerona; recibiò el Habito de Santo Domingo en Gerona, venerado por Santo Enacoreta por su penitencia, y mortificacion, Profeta en el acierto de sus vaticinios, Apostol en la predicacion Evangelica, confirmada con raras maravillas, favoreciòle el Señor con suaves extasis, assistencia continua de sus Santos Angeles, y otras muy particulares gracias: hallase venerado su Santo cuerpo en la Iglesia de su Convento en magestuoso sepulcro de marmol, con vn retablo de los prodigios que obrò el Santo, y que Dios obra

obra por su intercession en todos los afligidos.(1)

(1) *Arch. de Predicadores de Gerona. Domenech, Flos Sanct. de Catal. p.2. fol.39.*

1342. Este año passò con su Exercito al socorro de Melasso el Rey Don Pedro de Sicilia, que por su enfermedad se huvo de retirar à Calataxibeta, donde muriò, y fue llevado à enterrar à la Iglesia Mayor de Palermo. Sucediò al Reyno Luis su hijo; y por no aver cumplido cinco años, governò los Estados como Tutor el Infante Don Juan su Tio, el qual prudente, y valiente sujetò las rebeliones de la Isla, recobrò las Plaças, y castigò à los rebeldes.

Muerte del Rey D. Pedro de Sicilia.

Consiguiò vitoria el Almirante Pedro de Moncada de las Galeras de los Moros de Allende, tomò quatro, dos dieron al travès, y lograron salvarse las demàs con la fuga.

Vitoria contra Moros.

Por medio de Bernardo Olsinellas, comunicò el Rey con los Infantes Don Pedro, y Don Iayme, con los Conselleres de Barcelona, Prelados, y Barones de Cataluña, el estado de las dependencias del Rey de Mallorca, pidiòles consejo para el acierto en la execucion, y nombrò su Procurador Real para esta causa à Arnaldo de Eril.

Disgustos contra el de Mallorca.

Vacilante en sus desgracias el de Mallorca, acudiò al Pontifice para lograr su quietud, el qual le admitiò Padre benigno, y consiguiò del Rey Don Pedro salvo conduto paraque el de Mallorca assegurado pudiesse venir à la Corte de Barcelona, y partiò el Rey para Valencia con dos Leños, obligòle el temporal à desembarcar en Tarragona, partiò por tierra à Valencia, y de alli con quatro Galeras governadas por Matheo Mercer bolviò à Barcelona, adonde llegaron el Rey, y Reyna de Mallorca, y se aposentaron en el Convento de San Francisco, donde tenian fabricado vn Puente desde el Mar al Convento, que diò motivo al Rey de creer en el engaño, que le asseguraron tramava el de Mallorca por el Puente contra su Persona, à la ocasion que visitasse à su hermana muger del de Mallorca, teniendo prevenida gente para prenderle, y no soltarle, hasta aver conseguido la remission del feudo de los Estados. Si esto fue verdad, no tuvo escusa el de Mallorca, y si fue impostura, fue muy culpable el proceder del Rey: fuesse verdad, ò ficcion el engaño del de Mallorca, obrò el Rey como si fuera cierto, mandò à Matheo Mercer que con sus Galeras estuviesse prevenido contra las de Mallorca, y fingiendose enfermo embiò al Infante Don Jayme su hermano, paraque avisasse à la Reyna de Mallorca que le fuesse à ver, aunque no lo consintiesse su marido: executò el mandato el Infante, y llevòse la Reyna al Palacio Real, quedando disgustado el de Mallorca; el qual sentido se presentò, y despidiò del Rey, negando la obligacion de los feudos, y partiò à Mallorca: mandò luego que llegò à la Isla prender, y confiscar los bienes à los Vassallos del Rey Don Pedro, disponiendose à la defensa, y particularmente de la culpa que le imputaron de querer prender al Rey su Señor; pero no valieron escusas, ni los oficios del Legado, que desesperado de la concordia partiò de Barcelona, ni la autoridad del Pontifice que obrò con el zelo de su Soberana Dignidad, y con el afecto de Padre, para quietar el animo de nuestro Rey.

Llegan el Rey, y Reyna de Mallorca à Barcelona.

Buelvese el Rey de Mallorca.

Previno el Rey desde Barcelona al Infante Don Jayme, que juntasse Exercito para entrar en Ruissellon, y mandò al Almirante Pedro de Moncada, que se hallava con veynte Galeras defendiendo las Costas de Andaluzia, venir à Cataluña para la guerra contra Mallorca: despues de algunas replicas, consintiò el Rey de Castilla à la partida de nuestras Galeras, con que nuestro Rey le embiasse otras por la necessidad que tenia de guardar el Estrecho, contra las avenidas de los Moros de Africa. Llegò à estos Reynos nuestra Armada, y embiò à Castilla el Rey à Matheo Mercer con diez Galeras para oponerse à las Embarcaciones de los Moros. Este año muriò el Papa Benedicto XII.

Prevenciones contra Ruissellon, y Mallorca.

El Infante Don Iayme obedeciendo al Rey, desde Barcelona embiò à

Arnaldo

Arnaldo de Eril, y á Guillen de Bellera con algunas Compañias de Cavallos, paraque governassen la gente de las Veguerias de Ripoll, Berga, y otros Lugares, y entrassen à Cerdaña: ganaron por combate la Fortaleza de las Cuevas, que era muy fuerte à la entrada del Valle de Ribas, y dexandola con buena guarnicion, partieron à descansar à Ripoll.

1343. Comensò este año con la Promulgacion, y publicacion de la Sentencia contra el Rey de Mallorca declarado reo de Lesa Magestad, y confiscados sus Estados, si dentro vn año no se presentasse, y purgasse de los cargos contra su proceder: publicòsse la Sentencia en la Corte de Barcelona delante del Rey, de los de su Consejo, y de los Concelleres de Barcelona; y despues la publicaron los Vegueres de Cataluña en sus Veguerias, como era costumbre. (2) Llegaron Embaxadores de la Reyna de Napoles à Barcelona para suplicar al Rey, diesse algun decente medio para la concordia con el Rey de Mallorca, y no produxo otro efecto la Embaxada, que la buelta de los Embaxadores à Napoles.

Publicase la Sentencia contra el Rey de Mallorca D. Jayme.

(2) *Real Archivo de Barcelona, Processo contra el Rey de Mallorca. Rey D. Pedro en su historia.*

Hallavanse los Vassallos del Rey de Mallorca con deseo de reünirse á Cataluña, quexosos del trato de su Rey, porque dezian no les guardava sus Privilegios, ni obsérvava como estava obligado, las Constituciones de Cataluña, que devian mantenerse en todos sus Estados, motivo que tambien avia tomado el Rey para apoderarse de aquellos Estados; con que hallandose todos de vn sentir, no fue dificil seguir vnidos el empeño del Rey en la tragedia del de Mallorca: embiaron para conseguirla los Mallorquines à Barcelona à Miguel Roch, con poderes para tratar con el Rey el modo de reünirse à la Corona: concluyòse el ajuste, concediendoles el Rey la observancia de las Leyes de Cataluña, que los Vegueres, Bayles, y Oficiales fuessen naturales, y obligados à tener, y purgar Tabla, que es la residencia; y que los cargos de Virrey, ò Governador, y Procurador Real los eligiesse el Rey á su alvedrio, mientras fuessen de la Nacion Catalana: asseguròles el Rey los bienes, y heredamientos, y otras cosas particulares. Intervinieron en la concordia con Miguel Roch, el Infante Don Jayme Conde de Urgel, el Infante Don Pedro Conde de Ribagorça, y Prades, el Arçobispo de Zaragoça, Galvany de Anglesola, y Lope de Luna. (3)

Ajustase la Reünion de Mallorca à la Corona, á instancia de los Mallorquines.

(3) *Zurita, Anal. t. 2. lib. 7. c. 65.*

Juntò el Rey en Barcelona à toda la Nobleza, y à los Syndicos de las Universidades para tratar de la guerra contra el Rey de Mallorca, y decretòse el viage del Rey con su Armada à la Isla: concurrieron todos con assistencias; señalòse Barcelona con sus Galeras, numeroso Tercio, assistido de dos Concelleres, y algunos Nobles Ciudadanos, y treynta y cinco mil libras de donativo, cantidad considerable en aquellos tiempos: (4) à imitacion de Barcelona correspondieron los otros Lugares de forma, que pudo el Rey juntar ciento y diez y seys Velas de Galeras, Naves, y Vaxeles; (5) y con este poder partiò de Barcelona à 18. de Mayo: arribò la Armada, aunque fatigada de desecha borrasca, delante la Palomera: tuvo alli su Consejo de Guerra el Rey para determinar el lugar del desembarco: llamò al Infante Don Pedro Senescal de Cataluña, y como à tal General del Exercito, el qual aunque se hallasse la Persona Real, llevava la Vanguardia, por preheminencias del cargo, y à los otros de su Consejo, y con parecer de los Comitres se determinò el desembarco en Paguera: hallavase este lugar, y el de Santa Ponça defendido de muchas Compañias de apie, y de acavallo, para impedir el desembarco. Tentando el Rey provar los animos de los Mallorquines, embiò con vna Galera à Gilaberto de Corbera, y à Francès de Finestras de Barcelona, para preguntarles como se hallavan armados contra el Rey? Y respondiendo los de Mallorca, que por orden de su Rey se hallavan alli dispuestos à impedir el desembarco, bolvieron con el aviso; y luego el

(4) *Archivo de Barcelona, Dietario de este año.*

(5) *Rey D. Pedro en su histor.*

Conquistase Mallorca.

Preheminencias de la Senescalia de Cataluña.

Rey,

Rey, aviendo llegado N. de Bertrallans de Barcelona, al qual avia embiado à reconocer toda la Isla, mandò à Pedro de Moncada su Almirante, que con seys Galeras reconociesse las Costas, y poder de los Enemigos, y con su relacion se executò con felicidad el desembarco en Santa Ponça, y Paguera, saltando en tierra primero el Rey con la gente de su Galera, y luego el Infante Don Pedro con el Exercito; hallandose divididos el Almirante Pedro de Moncada con catorze Galeras delante de vn Cerro, en medio de donde se hallava el Rey, y el Infante, Don Pedro, y Phelipe, y Juan de Boil, y Bernardo Ripoll con quatro Galeras, que acometieron à Santa Ponça. Hallandose ya nuestro Exercito en tierra, embistiò à los de Mallorca, que se retiraron à la experiencia de nuestras Armas: dixo el Rey de Mallorca à Arnau Ballester, natural de Barcelona, que dixesse al Rey: *Que aora vehia, y conocia que él tenia cumplidamente, y plenamente la virtud que Dios avia concedido à los Reyes de Aragon sus predecessores, es à saber de vencer à sus Enemigos, y ser siempre vitoriosos.* (6)

Elogio de los Reyes de Aragon. (6) *Señor Rey en su histor.*

Llegò entonces nuestro Exercito à ocupar el lugar donde tenian las Tiendas los de Mallorca: hallò las mesas puestas, los Soldados tomaron las vaxillas, y otras cosas que hallaron; y refiriò Beltran de Fonollet, que fue preso por los Mallorquines en el desembarco, que no fiando el de Mallorca de su Exercito, avia determinado salir de la Isla para salvar su Persona. Passò el Rey con su gente delante Paguera, detuvòse alli para descansar: llegaron Embaxadores del Rey de Castilla en vna Galera que avia armado Frances Carròs, y de la Ciudad de Mallorca vinieron à pedir salvo conduto dos Religiosos Dominicos para los Embaxadores que queria embiar la Ciudad, para entregarse al Rey: el qual concediò lo que le suplicavan, y fueron Alberto de Fonollar, Guillen Miquel, Guillen Zacosta, Jayme Roch, Arnaldo Zaquintana, y Pedro Mosqueroles: los quales dixeron al Rey, que se admiravan del modo que avia passado en daño de la Isla, sin averle ofendido: respondiò el Rey, averle ofendido el de Mallorca, que solo avia passado à castigarle, que le pesava porque el Rey de Mallorca era de su Casa, y Sangre, y los Mallorquines eran todos Catalanes, y sus naturales subditos; y assi les rogava cumpliessen con el homenage hecho al Rey Don Jayme su Abuelo. Apartaronse los Mallorquines para tomar acuerdo, y el Rey juntó su Consejo: quisieron los Mallorquines defender à su Rey, remitiòles el nuestro à Arnaldo Zamorera Vicecanciller, paraque les informasse de su justicia; però aun no satisfechos los Syndicos de Mallorca, bolvieron à la Ciudad, acompañados por orden del Rey, al qual vinieron à prestar la obediencia los Lugares de Andrach, Calvino, y Puigpuñent, y partiò el Rey con su Exercito à la Ciudad de Mallorca; saliendo despues de algunas conferencias à besarle la mano, y entregarle la Ciudad con los Capitulos ajustados con Beltran Roch, Arnaldo de Santa Cecilia, Ponce Guillen Soriu, Arnaldo Burguès, Ramon Salelles, Pedro de Aibucias, N. Descals, Jurados de Mallorca. Entrò el Rey de Paz en la Ciudad, y diò à Dios las gracias de la feliz conquista en la Capilla de Santa Ana. El dia siguiente mandò sacar de la Prision en que les tenia detenidos el Rey de Mallorca, à los Ruisellonefes, Pedro de Fonollet Vizconde de Illa, Aymar de Mosser, Ramon Totsò, Frances de Bellcastell, Pauquet de Bellcastell, Guillen Albert, y Pedro Borrò, los quales ya libres, con el Vizconde de Canet, y Dalmao Totsó, prestaron el juramento de fidelidad al Rey, y partieron para Cataluña; y el Rey concluyò con la entera conquista de todos los Castillos, y Lugares de la Isla.

Entrà el Rey en Mallorca, y su festivo recibimiento.

Embió (conseguida Mallorca) à Gilaberto de Corbera con cinco Galeras à Menorca, y à Jofre de Treballs con otras cinco à Ivissa, para requerir

El Rey, Señor de Mallorca, Menorca, è Ivissa.

requerir à los Isleños se pusiessen à su obediencia; los quales executaron el orden por sus Syndicos, y quedó el Rey Señor de las tres Islas. Assentadas las dependencias de las Islas, fue a la Cathedral, assistió à los Oficios, refirió al Pueblo la ocasion de aver ocupado las Islas, y bolvió al Palacio baxo Palio, servido de su Corte, y de los de Mallorca. Deseando bolver à Barcelona, nombró Governador de Mallorca à Arnaldo de Eril, de Menorca à Gilaberto de Corbera, y de Ivissa à Martinez de Arbe, y se embarcó para Cataluña, llegando con prospero viage à 29. de Julio al cabo de Llobregat. Entraron la Galera en q̃ venia el Rey, y las demàs en la Playa de Barcelona; y antes de desembarcar, fueron en nombre de la Reyna, los del Consejo del Rey, que avian quedado en Barcelona, y de la misma Ciudad, Frances Gruñi, Bernardo de San Climent, Galceran Carbó, y otros, para suplicar al Rey antes del desembarco, partiesse con la Armada à Colibre para ocupar à Ruisellon, como avia sido acordado; pero escusandose el Rey con el pretexto de la falta de provisiones, desembarcó, entrando en Barcelona sin admitir recibimiento, ni triunfo, como era costumbre en las venidas vitoriosas de sus Progenitores.

Buelve el Rey triunfante à Barcelona.

Luego que se halló el Rey en Barcelona, mandó partir à defender las Costas de Andaluzia à Jayme Escrivà con doze Galeras Catalanas, y embió orden à Matheo Mercer, paraque viniesse con las diez que tenia en el Estrecho; y para entrar en Ruisellon, y Cerdaña mandó juntar la gente de todos los Lugares de Cataluña, que se previno con toda diligencia para la execucion.

Antes de partir el Rey con la gente de Cataluña para Ruisellon, llegó à Barcelona el Cardenal de Rodès del titulo de San Siriaco, acompañado del M. Fr. Bernardo Oliver del Orden de San Agustin, Obispo de Huesca, que despues lo fue de Barcelona, y de Tortosa. Embiò por Legado à Latere el Pontifice al Cardenal, por ser del Real agrado, como Catalã, siendolo tambien su Padre, y natural del Vizcondado de Cardona, y como tal juzgò el Pontifice conseguiria algun genero de ajuste en las guerras contra el Mallorquin. Saliò el Rey à recibir al Legado, y despues à otro dia fue à proponer al Rey su Legacia, acompañado de todos los Prelados de la Corte; pero escusòse el Rey de conceder lo que pedia el Papa por medio del Legado; y el Rey partiò de Barcelona, hizo noche en Grañollès, y de alli tomò su camino para Gerona, adonde acudieron todas las Milicias del Principado; y el Legado partiò de San Seloni para Vilabertran. Avia ya llegado el Infante Don Jayme con la gente que avia passado à Cerdaña, y ocupado à Puigcerdan, y otros Lugares, y tratava de passar adelante, quando vino vn Religioso de San Agustin, que se llamava Fr. Antonio Nicolau con cartas del Cardenal, y Consules de Perpiñan: partiò el Rey de Gerona à Figueras, fue vn Clerigo con carta del de Mallorca, y de palabra pidiò seguridad para ponerse el de Mallorca en manos del Rey; el qual no lo quiso conceder, aconsejado de sus Ministros. Partiò el Rey, de Figueras para la Junquera, acompañado de los Infantes Don Pedro, y Don Jayme, Phelipe de Castro, Guillermo de Bellera, el Vizconde de Vilamur, Simon de Mur, Galceran de Anglesola, Ramon de Abella, Acart de Mur, Galceran de Bellpuig, Artal de Foces, Gilaberto de Centellas, Pedro de Exerica, Blasco de Alagon, Ximenez de Urrèa, Pedro Dalmau, Sancho Perez de Pomar, Miguel Perez Zapata, y otros muchos Catalanes, que no refiere el Rey; aviendose partido à sus casas con su licencia, de los que avian assistido à la conquista de Mallorca, Ramon de Anglesola, Juan de Arborèa, Alonso de Lluria, Gonçalo Garcia, Jayme de Esplugues, Ramon Cornel, Olso de Proxita, y Gonçalo Ximenez de Arenòs. Siguieron al Rey mil y ducientos de acavallo Catalanes, y mas de quatro mil de apie de las Veguerias

Cardenal de Rodes Legado del Papa.

Pretende el de Mallorca ponerse en manos del Rey.

guerias de Gerona, Manresa, Besalù, y otras: Al arribo del Rey à la Junquera, llegò el Religioso Agustino con otra carta del de Mallorca, que acompañada de otras dos, vna del Cardenal, y otra de los Consules de Perpiñan, fueron igualmente despachadas en la exclusion de lo que se pedia. Entrò nuestro Exercito en Ruïsellon, defendiòse Bellaguarda: passò adelante el Rey, aviendo dexado algo atràs, en guarda del Bagaje, à Artal de Cabrera, y à Galvany de Anglesola: adelantòse la Vanguardia à ocupar la Torre de Nidoleres, y logrò la accion antes de la assistencia del Rey, y de su Retaguardia.

Entra nuestro Exercito à Ruïsellon.

Hallandose nuestro Exercito acampado en el lugar referido, llegò el Obispo de Huesca con Hugo de Arpajo à continuar las instancias à favor del Mallorquin, y solo logrò despedirle, favorecido del Rey por sus meritos; pero no alivio para el de Mallorca. Passò el Rey al Assedio del Castillo de Canet, aqui vino el mismo Legado, y solo consiguiò quexas del empeño de la Corte Romana à favor del Rey de Mallorca, quando devia tanto la Iglesia à la Casa del Rey por las vitorias conseguidas de sus Enemigos. Embiò despues desto el Rey à su Secretario Francès Foix, y à Ramon de Vilafranca à la Plaça, para requerir al Vizconde la entregasse, como tenia ofrecido: entregòla el Vizconde, no obstante la diversidad de pareceres de Guillot Cesfonts, y de Francès de Oms, Cabos de la Guarnicion, que despues convinieron en dexar la Plaça. Ocupò la gente de Manresa otro dia à fuerza de sus braços el fuerte Castillo de Santa Maria del Mar, cerca Canèt; encargòle el Rey à Ximeno de Esparça: ganò el Rey los Castillos de Ruïsellon, que fue la antigua Rusino, y de Cestellarnau Subirà: mandò fortificar à Canèt, y entregòle al govierno de Fr. Guillen de Guimerà Cavallero de San Juan.

Conquistas en Ruïsellon.

Partiò el Rey de la Villa de Canèt à estrechar à Perpiñan, y aviendo puesto su Campo entre vna casa que se llamava Basoles, y la Villa, salieron los Perpiñaneses contra vn Quartel de nuestro Exercito, y bolvieron rechazados de Juan Ximenez de Urrèa, de Jayme de Romani, y de los otros de aquel Quartel, siguiendoles hasta encerrarles en la Villa, de la qual no se atrevieron mas à salir. Requiriò otro dia el Rey à los de Perpiñan por Ramon de Copons, y Francès Foix, le entregassen la Villa, y le obedeciessen como à su Señor natural; y no queriendo responder, mandò el Rey talar toda aquella fertil campaña de aquel alegre, y abundante Pais. Tuvo aviso el Rey, que llegava por la parte de Cerdaña, socorro à Perpiñan: mandò salir al oposito al Vizconde de Illa, à Pedro de Exerica, à los Soldados de Manresa, y à otros de aquellas comarcas: advirtiendolo los Enemigos, se retiraron sin otra prueva; pero despues entraron ocultamente en Perpiñan. Prosiguiò el Rey en la conquista de los Lugares fuertes de Ruïsellon, ocupò à Soles, San Estevan, y otros Castillos, y partiò para Clayrà, adonde llegò el Cardenal continuando sus oficios à favor de Don Jayme de Mallorca, y consiguiò del Rey suspension de Armas, desde 19. de Agosto, hasta todo el venidero Abril, con que el de Mallorca no hiziesse daño en las tierras del Rey, ni en las de los Vizcondes de Canèt, è Illa, ni de Aymar de Mossèt, Dalmao, y Ramon Totsò, Pauquer de Bellcastell, Guillen Albert, Thomas Marçà, Arnaldo de Fonollet, ni à los demàs que seguian al Rey; y determinòse bolver à Barcelona, aviendo dexado para el govierno de la gente de Cataluña à Pedro de Fonollet Vizconde de Illa, embiando siete Galeras à Mallorca con Galceran Marquèt Vice-Almirante, y dexando la otra Armada en la Costa de Ruïsellon à los ordenes de Aymerich Belvey: llegò à Barcelona à 27. de Agosto, agradeciò los servicios à estos finos Vassallos, y pagòles lo que devia à los que avian acudido à su sueldo.

De Barcelona partiò el Rey para Valencia,

Valencia, y Aragon à pedir socorros à aquellos Reynos para proseguir la guerra contra el de Mallorca: diò providencia à las alteraciones de Cerdeña, y embiò con Iayme Escrivà, y Matheo Mercèr muchas Tropas de Cataluña en socorro del Rey de Castilla, que tenia assediada à Algezira, y bolviòse por Lerida à Barcelona, donde repitiò el de Mallorca las instancias al Rey, suplicandole fuesse servido oirle, pero aun no pudo alcançar respuesta à su carta.

Monstruo en Cervera.

En Cervera naciò vn niño con dos cabezas, dos caras, y quatro piernas, y fue enterrado vivo, con voluntad de sus padres; y procediòse contra ellos como à homicidas.

Lonjas de Barcelona, y Perpiñan, y sus elogios.

A las Kalendas de Março con Real Privilegio, se diò principio à los Magistrados de la Lonja del Mar de Barcelona, y Perpiñan, empezando la fabrica de las casas que se hallan en nuestro tiempo; siendo la de Barcelona maravilla del arte, y adorno de la Ciudad: adelantòla el Rey Don Juan con Privilegio dado en Barcelona: Ennobleciò a vna, y otra casa para la defensa de las Costas destos Reynos, y cuydado de las Armadas el Rey Don Martin con Privilegio dado en Barcelona à 15. de Enero 1401. (7) Por estos Magistrados fue tan celebre el nombre Catalan, y admirado su Govierno maritimo, admitiendo sus leyes las principales Ciudades, y Provincias, como Roma, Acri, Mallorca, Pisa, Marsella, Almerìa, Genova, Brandi, Rodas, la Morèa, Constantinopla, Alemania, Sicilia, Napoles, Parìs, y Soria; admirandolas, y aprobandolas la Persia, y Egypto en los Consulados que tenia la Nacion Catalana: (8) y no deve admirar este aplauso, quando Venecia solicitò, y consiguiò las leyes de Cataluña para el acierto de su politica Republica; y de todos los Reynos, y Ciudades principales de Europa venian à porfia à Barcelona para amaestrarse en el arte de governar, para aprender, y llevar sus leyes, y forma de govierno à sus Patrias. (9) Esto fueron los Catalanes antiguos: reconozcanse los presentes: vnas mismas son las leyes; en la observancia, y aplicacion, veo la diferencia de lo antiguo à lo moderno: emiendolo Dios como puede, y por su infinita misericordia assista à los naturales desta Provincia, como liberal favoreciò à nuestros Progenitores; y es cierto lo conseguiremos, si cuydamos imitarles, y para esto contemplemosles en el retrato que nos dexò tan primorosamente pintado Lucio Marineo *lib.* 13.

(7) *Archivo de Barcelona en el lib.* 1. *vermil. fol.* 149. *y de la Lonja, lib. Privil. à fol.* 48. *Constit.* 1. *de causes Mercantivols.*

(8) *Libre del Consulado, impresso en Venecia año* 1576. *Ripoll de Consul. Logiæ Maris, cap.* 2. *Fontanella tom.* 2. *decis.* 403. *Constit.* 5. *tit. de Privilegis.*

(9) *Señor Rey Don Juan I. Privil.* 22. *Iulii* 1392. *Lucio Marineo Siculo, de Rebus Hispania lib.* 13. *Señor Rey Don Alonso IV. Privil* 30. *Septembris* 1450. *en el Archivo de la Ciudad de Barcelona.*

El Santo Fr. Berengario Cantùl del Orden de la Merced, Catalan.

Mejorò de vida en la eterna à 2. de Noviembre el Santo Fr. Berengario Cantùl, Obispo electo de Barcelona su Patria, de nobilissimo linaje, hijo de habito del primer Convento de la Merced, y General de su Religiõ, à quien fiaron los Reyes Don Alonso, y Don Pedro los negocios mas arduos de su Reyno, por el concepto tan alto que tenian formado de su virtud, sabiduria, juizio, pecho entero, y desapassionado; tan lleno de clemencia, y compassion, y desnudo de todos los respetos humanos, como le deve tener aquel de quien fia su consejo vn Principe, y Rey poderoso; empleandole en diferentes Legacias à otros Reyes, y Principes, fiando de su entereza los aciertos; como tambien el Pontifice, en el govierno de la Iglesia, en cuya defensa escriviò especiales tratados, remitidos sus traslados à los mas de los Principes de la Christiandad, y mas eminentes Cathedraticos de todas las Universidades, celebrada su erudicion por peregrina, como de toda España su caridad, en especial con los Cautivos, sacando en su govierno mil seyscientos sesenta y quatro, de la penosa esclavitud: Llegòle la vltima hora en el Convento de Barcelona, donde muriò con vniversal desconsuelo de esta Ciudad, que esperava grandes consuelos, y aumentos en el govierno de su Pastor: depositòse su cuerpo en la Capilla de San Eloy, con assistencia de toda la Ciudad. (10)

(10) *Fr. Alonso Ramon hist. de la Merced lib.* 8. *à cap.* 1. *ad* 10. *Bullar. Ordin. in Cathal. Gen.* §. 9. *num.* 1. *Bargas Coron. de la Merced, lib.* 2 *c.* 5. *Zumel, in vitis Patr. Ord. f.* 101.

CAPITULO V.

Vnion de Mallorca, Ruïsellon, y Cerdaña, hasta la entera conquista, y retirada à Francia del de Mallorca: Puente de Monistrol: Conventos de Cartuxos, Valle del Paraìso de Terrassa, Montalegre, y San Pol: Vitorias de Cataluña, y contra Ginoveses en Corcega: Pide el de Sicilia à la Infanta Doña Constança al Rey para Esposa, y licencia para levantar Soldados desta Provincia: Origen de los cargos de Cansiller, Vice-Cansiller, y Maestro Racional: Varias Embaxadas: Convento de Predicadores de Linares: Convento del Carmen de Manresa: Invencion de la Imagen de nuestra Señora, y Prodigio, y manifestacion del Mysterio de la Santissima Trinidad en el Convento del Carmen de la Ciudad de Manresa, &c.

AL principio de Enero deste año embiò el de Mallorca al Rey
1344 vn Religioso Agustino, para suplicarle conviniesse en vna decente concordia, y bolviò mal despachado à Perpiñan: procurò el Rey por sus espias prender al de Mallorca; y embiò orden para la execucion al Bayle de Figueras; y para desesperanzarle, en la Real Capilla de Barcelona à los 29. de Março delante los Prelados, Cavalleros, Syndicos de las Universidades de Cataluña, y Mallorca, y de algunos de Aragon, y Valencia, con solemne juramento por sì, y sus Successores prometiò no restituìr los Estados al Rey de Mallorca, ni dividirlos del Condado de Barcelona por ningun titulo, ni concederlos en feudo à alguno de sus hijos, ni de los Reyes sus Successores; sino que siempre el Reyno de Mallorca, Condados de Ruïsellon, y Cerdaña avian de estàr vnidos, é inseparables de Cataluña, Aragon, y Valencia: otorgò á sus Vassallos que pudiessen, y deviessen defender esta vnion con las armas, contra qualquier de los Successores que pretendiesse deshazerla; y obligò à sus descendientes al juramento de observarla; y que los naturales destos Reynos no fuessen obligados à prestar el juramento de Fidelidad, ni à reconocer al nuevo Señor, hasta que huviesse prestado el juramento de la inseparable vnion destos Estados: quiso el Rey firmassen esta obligacion todos los Estados de sus dominios. (1)

No pueden dividirse los Reynos, y Estados de la Corona.

(1) *Real Archivo de Barcelona, Reg. d. anni. Señor Rey Don Pedre en su histor. Bosch, tit. de honor de Cataluña, fol. 108. que refiere los Privilegios de todos los Reyes que confirman esta inseparacion.*

Previno su Exercito el Rey para concluìr la ocupacion de Ruïsellon: acudiò à Barcelona Ramon Roger de Pallàs, que pretendia suceder en aquel Estado por la muerte sin hijos del Conde Hugo: pusole en possession el Rey, y el Conde prestò el juramento de Fidelidad, cediendo el Rey al comisso, y haziendo donacion el Conde de las cantidades que avia recibido el Rey por el secresto. Vino à este tiempo Matheo Mercer con nuestras Galeras, del Estrecho, donde obraron tan gloriosos hechos en defensa de la Christiandad, y daño de los Moros, que ya vencidos, pudieron llegar á defender nuestras Costas, de las Galeras del despojado Rey de Mallorca.

Diòse principio à la guerra de Ruïsellon por Fr. Guillen de Guimerà Governador de Ruïsellon, motivado de vna salida de los de Perpiñan contra Canèt, los quales fueron desbaratados, y seguidos hasta la Villa: viendo el Rey abierta ya la Campaña, apressurò su viage; y quiso antes ponerse à los Santissimos Pies de nuestra Señora de Monserrate, à la qual presentò vna Galera de Plata: Hallavase Prior de Monserrate Fr. Raymundo de Vilaragut, insigne en virtud, y letras, el qual concluyò la obra admirable del Puente de Monistrol. (2) De Monserrate partiò el Rey à Gerona, y alli perdonò al Infante Don Ramon Berenguer Conde de Ampurias el delito de aver librado de la Carcel à Berenguer de Vilaragut, à Bernardo de Sò, y à otros Cavalleros de Ruïsellon, que avian sido presos por Arnaldo Ladrera, y Berenguer Palau, porque seguian el partido del de Mallorca; y agradecido el Infante entregò al Rey el Valle de Bañuls, y algunos

Fr. Raymundo de Vilaragut Monge Benito.

Puente de Monistrol.

(2) *Argayz, Perla de Cataluña.*

Guerra de Ruïsellon, disposicion del Exercito del Rey.

algunos Castillos de Ruisellon, que governavan sus amigos; y luego partiò el Rey à Figueras à esperar las Tropas de Cataluña, y socorros de Aragon, y Valencia: aviendo llegado, partiò à la Junquera, y ordenò su Exercito, concediendo la Vanguardia à los Infantes Don Pedro, y Don Jayme, al Vizconde de Canèt, à Guillen de Bellera, à Berenguer de Ribelles, y à otros: el cuerpo del Exercito ocupò el Rey con el Conde de Pallàs, Vizconde de Cardona, Phelipe de Castro, Pedro de Fonollèt, y Bertran de Fonollèt, Hugo de Pallas, Roger Bernardo de Pallàs, Gilaberto de Centellas, Pedro de Queralt, Galceran de Pinòs, Ramon de Cardona, Galceran de Bellpuig, Guerao de Cervellò, Artal de Fosses, Guillen Galceran de Cabrenys, y otros; y Ramon de Anglesola la Retaguardia con numero bastante para assegurar el Exercito.

Entrò con el referido orden el Rey en Ruisellon, y llegò hasta las huertas de Elna, donde acampò su Exercito. Pedro de Queralt de orden del Rey fue à ocupar la Torre del Obispo, que estava junto à Elna, y la consiguiò, y dexò por Governador à Ponce Descallar. Fr. Ponce de Guimerà rindiò à Vilallonga, y presidiòla el Rey. Dalmao de Totsò Veguer de Gerona, fuè à poner cerco à Colibre, comensò à combatirla; y para reforçar la opugnacion, embiò el Rey al campo de Colibre à Ramon de Puigsech con algunas Tropas; y partiò con el residuo del Exercito à estrechar à Argilés, Plaça importante, que se defendiò con valor, que cediò al tiempo, y constancia de los opugnadores, que para conseguirla huvieron de formar sus Quarteles, tomandole el Rey desde la parte de Elna, hasta la Torre del Pujol, que era del Abad de Fuenfrida, y no quiso se combatiesse, sin que primero se pidiesse al Abad la entregasse. Mandò tambien el Rey al Prior de Cataluña Fr. Pedro Alquer, que sacasse del govierno de los Lugares de la Religion à Pedro Garau de Oms, y a Pedro Arnaldo de Pareftortes, que eran afectos al de Mallorca, y embiasse otros sugetos; y tambien admitiò la platica de passarse à su servicio Bernardo de Sò, que era principal Baron de Ruisellon.

Conquistas en Ruisellon.

Con estos tratados no olvidava el Rey el assedio de Argilès, antes para conseguir la Plaça, la mandò estrechar, poniendo al Infante Don Pedro à la parte de la Ribera de Tech, al Infante Don Jayme à la Montaña, el Rey con Pedro de Moncada a la mano izquierda de la Plaça, y à Guerao de Cervellò, y Vizcondes de Cardona, è Illa à la derecha, teniendo por refuerço à Pedro Galceran de Pinòs; y vltimamente embiò à Pedro de Queralt à ocupar la otra parte de la Montaña: con estos Cabos, y en tantos Quarteles dividiò el Rey su Exercito: dieron los Soldados del Rey varios avanzes con poco fruto: provaron diversas maquinas de aquellos tiempos, y no consiguieron sucesso muy favorable, hasta que se valieron de vn ingenio que llamavan Marjanel, que se executò muy en daño de los cercados.

Assedio de Argilès.

Durante el Sitio de Argilés, pretendieron los del Lugar de la Brulla bolver à la obediencia del Rey, aviendose entregado al de Mallorca: embiò el Rey para governar la Plaça, y la possession à Guillen de Comadolans; y tambien vinieron con socorro de Aragon Pedro de Exerica, y D. Juan Fernandez de Luna; y de Valencia Nicolàs Carròs, siendo el socorro ducientos cinquenta Cavallos, que mandò el Rey se pusiesen al camino que va à Colibre.

Viendo el Rey la defensa de Argilès, llamò à Consejo à los primeros de su Exercito, para proseguir el Sitio, y talar la campaña de aquella parte de Ruisellon: los que acudieron à este Consejo de Guerra fueron, como refiere el Rey, los que van en el fin del Capitulo letra A. Los quales resolvieron se diesse el avanze à la Villa, y al otro dia se emprendiese la tala de la Campaña de Ruisellon: emprendiòse primero com-

combatir la casa fuerte del Pujol, y despues la de Amoròs, con el ingenio mayor de Barcelona: embistiò despues la gente á la Villa, y la huviera entrado á no llegar la noche; y aunque no lograron la conquista, consiguieron desalentar à los cercados, que al siguiente dia 2. de Junio, embiaron para entregarse al Rey, no obstante que los Ginoveses que se hallavan de guarnicion contradecian: concluyòse la entrega, con los decentes pactos que podian desear los cercados: combatiòse, y ganòse la casa del Pujol, y dexò el Rey por Governador de Argilès á Fr. Guillen de Guimerà; y passò à estrechar à Colibre; embiando á Gilaberto de Centellas à Canèt con mayor numero de Soldados, para assegurarla con los que tenia ya en aquella Plaça Riambao de Corbera.

Rendimiento de Argilès.

Llegò á este tiempo de Granada Pasqual Cirera con carta de aquel Rey, en la qual pedia convinieße el nuestro con las Pazes ajustadas con Castilla, y las aprobò por diez años.

Assedio, y rendimiento de Colibre.

Fueron varios, y lustrosos los hechos de armas sobre Colibre; pero à mas no poder entregò la Plaça al Rey con los pactos de Argilès el Governador Pedro Ramon de Codolet, despues de los lances que referiremos. Llegò por este tiempo al Real Exercito el Cardenal de Ambrun, para solicitar la concordia con el de Mallorca, propuso se entregaria à la clemencia del Rey con sus hijos, assegurada su Persona: pareciòle bien al Rey, y mal al de Mallorca, y dexòse la negociacion. Entretanto parte por gusto, y parte por fuerça vinieron à la obediencia del Rey las Fuerzas de Ruìsellon, y Perpiñan; y esta solo esperava la venida del Exercito para entregarse; y assi no solo se opusieron los Perpiñaneses à la quema de la casa del Tinte, que se hallava fuera de los Muros, que pretendia executar el de Mallorca, sino que fortificaron vna Iglesia para defenderse del mismo Rey. Nuestro Exercito tomò el camino de Perpiñan; sucediendo por falta de dinero, representar al Rey, que no le podrian seguir los Soldados: embiò à Tunez á cobrar el tributo à Rodrigo Ortiz, y à renovar la Paz que tenia aquel Rey Moro, con el Rey de Mallorca: partiò de Barcelona con dos Galeras Ramon de Alentorn à llevar dinero, se dieron las pagas al Exercito, y passò el Rey al Assedio del Castillo de la Roca, que le ocupò. Francès de Servià, y Ramon de Sinistерra ganaron á Montesquiu. En la Roca quedò por Governador Berenguer de Roca Salva; quedando en su poder preso Pagano hermano del Rey de Mallorca; hasta que se diesse libertad à Pedro de San Marti, y à otros que tenia presos el de Mallorca: rindieronse despues muchos Castillos, y passò el Rey á Elna, y durante el cerco se le entregò Maurellàs, Otrera, y la Torre de Madaloch; y respondiò à los Mensajeros de Arnaldo de Rocafull Cavallero Francès, que ofrecia servir al Rey con gente Francesa, que se lo agradecia, pues aquella guerra era contra el Rey de Mallorca su Vassallo, y la queria proseguir solo con sus naturales, y que tenia muy presentes los servicios de la casa de Rocafull en las conquistas de Valencia, donde estavan domiciliados los de aquella Familia: continuòse el cerco de Colibre, huvo varios enquentros entre los Paysanos, y Soldados de guarnicion, entraron los nuestros por escalada en la Plaça, mandò el Rey se retirassen para librar al Pueblo, y rindiòse el Castillo, quedando la Plaça à la obediencia del Rey.

Rindense diferentes Plaças, y Castillos à la obediencia del Rey.

Por medio de Pedro Ramon de Codolet, y salvo conduto que le diò el Rey, convino el de Mallorca à entregarse á la obediencia del Rey, y lo executò, escusando su proceder: respondiòle Codolet: *El Rey tendrà misericordia, de forma que todos conozcan la ha executado*; Y luego embiò orden de palabra el de Mallorca à Mosen Zaragoçá, paraque entregasse el Castillo de Perpiñan; y lo executó con diferentes protestas de los naturales: quedò por Governador de Colibre Ramon de Barberà, de Palau, Guillermo de Aliò; en Mon-

Entregase el de Mallorca á la obediencia del Rey.

Plaças de Ruìsellon à quien se entregarō.

Montesquiu, Bernardo de Cenescales; Berenguer de Rocasalva, de la Roca; y Jayme Escuder rindió su fortaleza à Gilaberto de Centellas, que eligiò Governador à Arnaldo de Canèt.

Entrada del Rey en Perpiñan, rendido todo el Ruìsellon.

Entrò el Rey en Perpiñan à 16. de Julio con grande alegria, y afecto de aquellos naturales viendose reunidos à Cataluña: partieron los Franceses que avian venido de socorro al de Mallorca; y llegando delante Salsas, saliò nuestra gente governada por el Conde de Pallàs, y embistiòles, haziendoles daño muy notable; y huviera sido mayor, à no detener los suyos el Conde: nombrò el Rey Bayle de Perpiñan à Guillen Albert, y por Lugarteniente de Ruìsellon, y Cerdaña à Ramon Totsò; y llamò à Parlamento General à los de los Condados para el primero de Agosto en Perpiñan.

No faltava en este tiempo quien en Ruìsellon pretendia tener vivo el partido del de Mallorca, esparciendo vozes, que el Rey le bolveria sus Estados, el qual para assegurar à aquellos naturales, mandò dezir al de Mallorca, que cumpliesse lo prometido, y no esparciesse aquellas vozes, porque no le obligasse à vsar alguna descortesia; y tambien mandò à los que assistian al de Mallorca, tuviessen cuydado con su persona, paraque no se fuesse à Francia. Mientras obrava la negociacion, no se olvidavan las Armas: Juan de Sò Vizconde de Evol, ocupò, y saqueò el Lugar de Enz, y en Bellaguarda huvo vn renquentro con los Almugavares, que passavan à esta parte de Cataluña: quiso el Rey assegurarse bien de Ruìsellon, y Cerdaña; y para el efecto encargò à Gilaberto de Centellas, y à Berenguer de Vilarrasa, que recibiessen los homenages de Conflent; à Berenguer de Rocasalva, de Puigcerdan; à Bernardo Fabra, de Salamancas; à Ramon Riusech, de Capsir; y à otros, de otros Lugares: y en la Iglesia de San Juan jurò, y confirmò la vnion de los Condados de Ruìsellon, y Cerdaña con el Condado de Barcelona, y con los otros Reynos,

Iura el Rey la vnion al Condado de Barcelona de los Condados de Ruìsellon, y Cerdaña.

quedando con esta accion assegurados aquellos Estados.

Moviòse guerra en Cataluña entre el Vizconde de Cardona, y Pedro Galceran de Pinòs: mandòles el Rey suspender la guerra, y motivos, hasta su entrada en Cataluña, para poder componerles; y todos obedecieron.

Viòse el de Mallorca con el Rey, suplicòle mirasse por sus interesses, y dependientes: asseguròle el Rey, de sus conveniencias, y de sus Aliados, mientras procediesse leal: con esto bolviò el Rey à Perpiñan, y el de Mallorca passò à Berga: partiò de Perpiñan el Rey, dexando por Governador de aquellos Estados à Guillen de Bellera; y passò à Conflent, para castigar los complices en la muerte de Pedro Adrover Syndico de Puigcerdan. Mandò convocar Parlamento en Lerida para los empeños del de Mallorca, passò à Puigcerdan, bolviò à jurar la vnion de aquellos Estados: de alli partiò para Barcelona, donde llamò à Parlamento segunda vez à los Catalanes para dar vn Corte à las dependencias del Mallorquin, y revocò la convocacion para Lerida: desengañò al de Mallorca de la pretencion del recobro de sus Estados; y el Parlamento de Barcelona resolvió, que se diessen al de Mallorca diez mil libras de renta annual, mientras se tardasse en darle Estados competentes à su calidad, con atencion à lo que avia posseìdo. Embiósele la resolucion, y escusóse admitirla, protestando de la injusticia; y el Rey dió providencia en la defensa de Ruìsellon, y Frontera de Francia, entrando en Colibre Ramon de Barberà, Arnaldo de San Marçal en Opol Plaça fuerte, que antes avia defendido por el de Mallorca, y despues entregado Arnaldo de Llupià.

Parlamento en Barcelona.

Huvo en este tiempo grave disgusto, que parò en desafio, entre el de Mallorca, y Pedro de Exerica, sobre la palabra que diò en nombre del Rey al de Mallorca, à favor del qual se declararon, Artal de Pallàs, Juan de Mallorca, Pedro Ramon de Codolèt,

dolèt, Berenguer de Oms, Jofre Estandart, Ramon de Vilarnaldo, Perrino de Balma, Dalmao Desvolò, Ramon Pallarols, Francisco Lopez, y otros, que trataron mal de palabra à los que avia embiado el Rey para el ajuste: huvo varios lances, y desafios, que dissimulò el Rey; pero todos cessaron con la partida del de Mallorca disgustado: el qual procurando con algun pie de Exercito recobrar à Cerdaña, hizo su viaje de Foix à Urgel, y enderecòle à Cerdaña: saliòle al oposito Berenguer de Rocasalva Veguer de Puigcerdan con alguna gente; pero no juzgandola capaz de impedir el passage al Mallorquin, se encerrò en Puigcerdan, de donde saliò con los Consules, y gente de cuenta; recibiendo los demàs al de Mallorca, que de Puigcerdan embiò à la expugnacion de Livia à Artal de Pallàs, el qual se retirò sin fruto.

Pretende el de Mallorca recobrar à Cerdaña.

Aviendo llegado estas noticias al Rey, mandò à los Condes de Urgel, y Pallàs, à Ponce de Cabrera, al Tutor del Vizconde de Rocabertì, à Ponce de Cabrenys, y à Gilaberto de Cruïllas; que con la Cavalleria que pudiessen juntar, y la de aquellas Veguerias vezinas, socorriessen à Cerdaña: partió el de Mallorca à ocupar à Livia, y defendiòla valientemente Berenguer de Rocasalva, obligàdole à retirarse à Puigcerdan: de alli emprendiò la conquista de Villafranca de Conflent, que no pudo lograr por el valor con que se defendieron Aymar de Mossèt, y Guillen Despuig: retiròse el de Mallorca al Hospital de la Percha; y Guillen de Bellera, el Vizconde de Canèt, y Pedro de Queralt partieron con la gente de Ruïsellon à socorrer à Cerdaña; y el Rey mandò al Infante Don Ramon Berenguer Conde de Ampurias passasse à Ruïsellon, entrando en Perpiñan para seguridad de aquella Plaça. Publicò el Rey el Usage Princeps namque, llamando à Cataluña, paraque le siguiesse à librar à Cerdaña: los de Puigcerdan se arrepintieron de aver admitido al de Mallorca, impidieronle la entrada en la Villa: aconsejòle Fr. Ramon de Canèt Dominico, se apartasse de la empresa de entrar en la Villa: partiòse desesperado à Francia, y hospedòle, y favoreciò el Conde de Foix: reduxose Puigcerdan à la obediencia del Rey, y se diò fin à esta guerra.

Defiende el Rey à Cerdaña.

Fundò en Terrassa el Convento de San Jayme de Cartuxos, llamado Valle del Paraìso, Doña Blanca de Centellas, en el qual vivieron los Religiosos, hasta el año 1415. que fueron trasladados à Montalegre, donde aora residen, comprando el lugar al Hospital de Barcelona vltimo possessor: despues año 1433. fue vnida à Montalegre, la Cartuxa de San Pablo Maritimo, ò San Pol, que fundò Guillen de Mongrì año 1265. extinguyendo este Convento: llamase *Montalegre*, mas por la alegria espiritual de aquellos Angeles humanos, que por lo delicioso del Paìs: vea el curioso à Alfaro *fol.67. y 125.* y vn manuscrito del Convento.

Conventos de Cartuxos, Valle del Paraìso de Terrassa, Montalegre, y San Pol.

Bolviò el Rey à Perpiñan, donde acudiò à besarle la mano Aymerich Vizconde de Narbona; y llegò alli desde Barcelona la Reyna, con las Infantas Doña Constança, y Doña Juana recien nacida en dicha Ciudad, al Noviembre deste año, para vivir con el Rey.

Por este tiempo la Armada de Cataluña hizo grande daño en las Costas de Corcega, y entrò en el Puerto, y territorio de Bonifacio, que era de Ginoveses: quexòse la Republica: diò aparente satisfacion el Rey, que en la verdad deseava sacar à los Ginoveses de toda la Isla, y los Catalanes avian executado esta empresa con el Real beneplacito: vino à este tiempo de Sicilia Ramon de Vilaragut à pedir al Rey la Infanta Doña Constança para casar con el Rey Luis; y tambien permisso para levantar seyscientos Cavallos, y quatro mil Almugavares, y que se armasse en Cataluña Armada para passar à Sicilia; respondiò el Rey con agrado, quedando à su cuenta alcançar la dispensacion.

Halla-

Hallamos este año Canciller, y Vicecanciller en Cataluña, siendo Vicecanciller Arnaldo Zamorera; y estos dos puestos eran los del Consejo del Rey por las ordinaciones Reales ya antes deste tiempo, pues se advierten constituìdos año 1319. el Canciller para Presidente de los Consejeros, que nombrava el Rey á su alvedrio, y por su indisposicion el Vicecanciller: dilatóles la jurisdicion el Rey Don Martin, y quedaron con la que exercen por las Constituciones de las Cortes. (3)

(3) *Const. 1. tit. de la Audiencia. Const. 1 tit. de Canceller. Constit. del tit. de Canceller, y Vicecanceller. Archivo de Perpiñan, lib. de Orden. fol. 50. Oliba, de jure Fisci, c. 4. n. 394.*

Erigió el Rey el Tribunal del Maestro Racional de la Corona, que reside en Barcelona, corresponde al cargo de los Romanos, de Procurador del Cesar: pertenece á este cargo tomar las cuentas de todos los Oficiales Reales, de la Administracion de la hazienda Real, y de sus derechos. (4) Erigiò Capitan General, con jurisdicion, y Tribunal, vease Bòsch, *fol. 339*.

(4) *Archivo del Racional, lib. colorado, fol. 51.*

En el principio deste año, huvo solemne, y ostentoso triunfo en Per-
1345. piñan, como si el Rey huviera logrado vitoria del mayor Enemigo: en medio de la fiesta llegó Diego Garcìa de Toledo, con Embaxada del Rey de Castilla, á favor de los Infantes Don Fernando, y Don Juan hermanos del Rey, y no concediò la concordia. Tambien llegó á este tiempo Fr. Ramon de Masquefa, embiado de Don Juan Manuel de Castilla, para suplicar al Rey casasse á Don Fernando su hijo con alguna Señora de la Casa Real; y mandó el Rey al Infante Don Ramon Berenguer Conde de Ampurias le diesse su hija Doña Juana, efectuandose el matrimonio con alegria muy particular. En este mismo tiempo embiò el Pontifice al Arçobispo de Neopatria, y á Rodulfo Loseira, para pedir al Rey favoreciesse con la Armada desta Provincia á Luis de España que llamavan Principe de la fortuna, descendiente de los Infantes de la Cerda, al qual avia concedido el Pontifice la conquista de las Canarias, y otras Islas Fortunadas: Vino despues el Conde de Telamon á Cataluña, le favoreció el Rey para la empresa. Embió otra Embaxada el Pontifice para favorecer al de Mallorca, y mandar bolverle su muger Doña Constança: favoreció este empeño el Rey de Francia por sus Embaxadores; pero fueron de poco fruto estos oficios, porque el Rey por medio de Ramon de Totsó Governador de Gerona, y de Francès de Bellcastell, propuso á su hermana, quanto era de su mayor consequencia quedarse en Cataluña; y para satisfacer al Pontifice, y pedirle assistencias contra los Moros de Andaluzia, remission de la parte del feudo de Cerdeña, y Corcega, remedio a los daños que hazia la Armada de Napoles, y para que concediesse dos Capelos, vno al Obispo de Barcelona, y otro al de Lerida, embió el Rey por sus Embaxadores à Aviñon al Conde de Terranova, á Juan Fernando Muñoz Maestro Racional, á Bernardo de Olsinellas Tesorero, y á Miguel Perez Zapata, que consiguieron lo que le suplicavan, menos la detencion de la Reyna de Mallorca, la qual mandò el Pontifice entregar á su marido, y se viò precisado el Rey á obedecer, y á entregarla al Nuncio del Papa.

Declaròse el Rey de Francia contra nuestro Rey, á favor del de Mallorca, porque Ponze de Santa Pau con buenas compañias de Catalanes servia al Rey de Ingalaterra contra Francia, muy en daño de aquella Corona; y para principio de la guerra revocó la salvaguardia que tenian los Vassallos del Rey para comerciar en Francia: sentido desta novedad, y no pareciendole conducia romper con Francia, embiò el Rey desde Barcelona á Thomas Marçà por su Embaxador á Francia, para quexarse, satisfacer, y solicitar confederacion con aquella Corona, logrando moderar el disgusto del Francès.

Hallamos noticias de la Prodigiosa Imagen de la Virgen de Linares, á media hora de Benavarre, hallada milagrosamente: consagraronle Iglesia, y concediò Indulgencias Cle-

Nuestra Señora de Linares, Convento de Dominicos.

Clemente VI. à 20. de Mayo año 1413. entraron los Religiosos Dominicos fundando su Convento, por concession de Benedicto XIII. y del Conde de Ribagorça Don Alonso de Aragon: fue antes de Benitos. (5)

(5) *Camòs, Iardin de Maria, fol. 87.*

Prodigio en Manresa, fundacion del Convento del Carmen, y manifestacion de la Imagen.

Tambien se admira el Prodigio del Convento del Carmen de Manresa, que cavando en vna Capilla se descubriò la Imagen de la Virgen, que se colocò en el Altar Mayor. Sucediò en este Convento al fabricarse vna Capilla, vna particular maravilla, en manifestacion del inefable Mysterio de la Santissima Trinidad: fue pues, que el Religioso que la mandava fabricar, la queria dedicar à los Santos Apostoles San Simon, y Judas; y à la noche de 21. de Febrero sintiò vna voz que le dixo, que Dios queria fuesse consagrada à la Santissima Trinidad: provòse la revelacion vna, y otra noche, y siempre se oyò la misma voz, añadiendo: *Tu veràs por quien la haràs*: prosiguiòse la fabrica, y al concluirse, vn dia à la hora de Tercia, embiò el Cielo desde las Montañas de Monserrate à Manresa vna luz, que excedia, y ofuscava la del Sol: llegó à la Iglesia del Carmen, tocaron luego por sì las campanas, y entrò la luz en la Iglesia, poniendose en la llave del Altar Mayor, y de aqui llegò à la Capilla nueva; y de la luz saliò otra igual, que partiò à otra Capilla del Santo Christo; y destas se viò otra luz igual, que saliò de la llave del Presbyterio, y se puso delante de las que estavan en las Capillas: juntòse la luz de la Capilla del Santo Christo con esta que se hallava en medio de las Capillas, y juntas entraron en la Capilla nueva, y se vnieron las tres luzes, no pareciendo mayores, ni esparciendo mayor luz todas juntas, que manifestava cada vna de por sì, y divididas: estando en esta forma, à vista de toda la Ciudad sucediò esta vnion, y separacion tres vezes, y bolviòse la luz venida, à la Santa Montaña de Monserrate, donde desapareciò, y dexaron de tocar las campanas; y el Clero, y Pueblo vnido entonò varios Hymnos al Inefable Prodigio, que se autenticó con trescientos testigos, y le aprobó en Aviñon por Letras Apostolicas el Pontifice Clemente VI. y concediò muchas Indulgencias: (6) este Convento se fundò año 1300.

(6) *Escrituras del Archivo de la Ciudad, y Convento. Camòs, fol. 323. P. Roig, Epit. c. 12. 713.*

Los mas señalados en el Consejo de Guerra.

A. El Infante Don Pedro Conde de Prades, el Infante Don Iayme Conde de Vrgel, Pedro de Exerica, el Vizconde de Cardona, el Conde de Pallàs, Pedro de Fonollet Vizconde de Illa, el Vizconde de Vilamur, Ramon de Anglesola, Phelipe de Castro, Roger de Pallàs, Pedro de Moncada, Iuan Fernandez de Luna, Gilaberto de Cruïlles, Galceran de Pinòs, Gilaberto de Centellas, Guerao de Cervellò, Ponce de Santa Pau, Iayme de Aragon, Bertran de Fonollet, Lucas de Fonollet, Galceran de Bellpuig, Artal de Cabrera, Francisco de Servià, Guillen Galceran de Cabrenys, Guillen de Bellera, Berenguer de Ribelles, Arlomar de Mosset, Pedro Dalmau, Raymundo de Copons, Raymundo de Mompahò, Raymundo de Sinisterra, Garcia Loris, Phelipe Boil, Rodrigo Diaz, Ramon de Torsò, Berenguer de Rocasalua, Dalmao de Torsò, Berenguer de Mombuy, Ramon de Castellvì, Guillen de Cornellà, Ferrer de Vilafranca, y otros, que no refiere el Rey.

CAPITULO VI.

Conspiracion en Ruisellon: Embaxada de Venecia: Vitoria en Sicilia: Fundacion de Menores de Tortosa, y Agustinos de Igualada: Movimientos de Cerdeña: Conquista de Melasso: Intencion del Rey para la sucession de la hija: Muerte de la Reyna: Embaxada à Portugal, y casamiento del Rey: Revoca la governacion al Infante Don Iayme: Disgusto desta Provincia: Vnion de Aragon, y Valencia: Varios disturbios: Cortes en Zaragoça: Guerras en Ruisellon, y Cerdaña: Armada en su defensa: Movimientos en Cerdeña, &c.

Este año hallamos al Rey en Perpiñan, tuvo aviso que algunos Mallorquines llamavan al de Mallorca 1346.

Algunos Mallorquines llaman al de Mallorca para entregarle la Ciudad.

llorca para entregarle la Ciudad, y que se hallavan en Ruisellon otros vnidos para quitarle la vida, y que se avian de juntar, y recoger en la casa de Frances de Caldès: hizo su averiguacion el Rey, mandò prender á Frances de Oms, Juan de San Juan, N. de Vernet, y Guillot de Clairá, y algunos de menor nombre, que fueron embiados á Barcelona, donde padecieron algunos. Passò Pedro Galceran de Pinòs Governador del Castillo de Perpiñan con algunas Compañias á Cerdaña; y al mismo tiempo Arnaldo de Sagarra con la gente de Cerdaña se previno por el rezelo de la entrada del Francés.

Embaxadores de Venecia.

Llegaron á Perpiñan Embaxadores del Duque, y Señoría de Venecia para confirmar la Paz, que avia ajustado con el Rey, y la Republica Guillen de Cervellò Governador de Cerdeña: á Ramon de Mompahò encargò el Rey la Concordia, perdon, y restitucion de Estados á los de la casa de Doria de Cerdeña, si juzgava ser de su servicio, y que procederian leales.

Entra en Sicilia la Armada del Rey de Napoles.

Entrò en Sicilia con grande Armada el Rey Andrès de Napoles, puso sitio á Mecina, previno su Armada Ramon de Vilaragut General de Sicilia, que constava de treinta Galeras: emprendiò acometer por mar, y tierra á los Assediadores, que para huìr la batalla, de noche se apartaron de la Plaça, y se embarcaron para Calabria, seguidos de la Armada de Sicilia, que les tomò dos Naves, y vna Galera, y saltando en tierra la gente devastò á toda aquella fertil Provincia. Sucediò en este tiempo, quando mas se hallava atrabajado Napoles, la muerte violenta del Rey Andrès, con sospecha de aver sido complice la Reyna Juana, que diò motivo á las guerras sangrientas de los Ungaros, y Napolitanos.

Convento de Menores de Tortosa.

Guillermo de San Miniato, con assistencia de la Ciudad de Tortosa, fundò en ella el Convento de Iesvs de Menores, en vna Hermita de San Bernabè, de la qual hizo donacion el Dr. Pedro Guarret. (1)

(1) *Gonzaga Cor. 3. part. fol. 1110.*

1347.

Convento de Agustinos de Igualada.

Este año se hallavá fuera de la Villa de Igualada la Capilla, y casa de Santa Maria Egipciaca, fundada por Ramon Sagrera, la qual año 1393. se concediò á los Religiosos de San Agustin, y es el Convento que tiene la Orden en aquella Villa. (2)

(2) *Massot, fol. 265.*

De Perpiñan vino el Rey á Barcelona para passar el Invierno, diò orden que las Galeras costeassen las marinas de Cataluña, y Valencia: previno Armada para la defensa de Cerdeña, que se hallava amenaçada de la Armada Ginovesa de quarenta Galeras, y otras Embarcaciones, y de los movimientos de los Ginoveses que se hallavan poblados en la Isla, aumentando los recelos las civiles discordias de Gombal de Ribelles con Iuan de Arborea, por la possession del Puerto de Euñano: diò el Rey providencia á estos disturbios mandò residir en la Isla los Feudatarios; y por el recelo de la entrada de Don Iayme de Mompeller, al qual mandò el Rey nombrar con este apellido, quitandole el de Mallorca, mandò al Conde de Ampurias, y al Vizconde de Canèr, con su Exercito defender á Ruisellon, y á Pedro Galceran de Pinòs á Cerdaña. Hallandose en Valencia, aviendo partido de Barcelona, tuvo aviso que la Reyna se hallava enferma en Poblet, y passò á aquel Santuario.

Previenese la defensa de Cerdeña amenaçada de los Ginoveses.

Toma de Melasso.

En este tiempo el Infante de Sicilia Don Iuan Duque de Athenas, ganò la fuerte Plaça de Melasso, quitandola á los Franceses, y Napolitanos; y moviòse grande disgusto entre el Rey, y el Infante Don Iayme su hermano por sospechas de favorecer al de Mallorca, y por esto, ò por odio pretendiò quitarle la tenencia, y govierno General, que le pertenecia como immediato á la Corona.

Intenta el Rey que sucedan las Hembras en estos Reynos.

Quiso intentar el Rey sucediessen las Hembras en estos Reynos; para esto nombrò veinte y dos Letrados de Barcelona, Zaragoça, Lerida, Valencia, Perpiñan, y Manresa, para que le aconsejassen sobre este punto: tuvo la noticia de la novedad el Infante Don Iayme: passò á Valencia, donde

donde se hallava el Rey, represèntòle su justicia, y que por los Testamentos de la Reyna Doña Leonor, de los Reyes Don Iayme I. y II. y Don Alonso III. padre del mismo Rey se hallavan excluìdas las Hembras, de la Corbna, y que no obstava la sucession de la Reyna Doña Petronilla en el Reyno de Aragon, porque fue necessaria para la quietud del Reyno, y que para fundar la exclusion de las mugeres en este mismo caso, se pactò en los Capitulos, que muriendo sin hijos la Reyna, sucediesse el Conde de Barcelona, y la misma Reyna con parecer de los Vassallos en su Testamento nombrò sucessor al Conde, en caso que no le quedassen hijos Varones. No obstante esta representacion, mandò el Rey proseguir á los Letrados en sus juntas; y encargò à Aymar de Mosset, y à Francisco de Prohom recibiessen los pareceres, aunque huvo muchos en Cataluña, y en los Reynos que defendian el derecho del Infante Don Iayme, y de la Linea Masculina, aunque bien advertian declarada la voluntad del Rey à favor de la sucession de la hija Doña Constança, señalandose entre todos Arnaldo de Morera, aunque Vice-Canciller del Rey; pero no faltaron argumentos á favor de la Infanta, ni Letrados que siguieron el gusto del Rey, pues de los veinte y dos, solos tres defendieron constantes no poder suceder à la Corona las Hembras; y assi el Rey siguiendo à los que convenian con su dictamen diò aviso de la declaracion à todos los Reynos, los quales no la admitieron, y se disgustaron, principalmente todo el Principado de Cataluña, teniendose por agraviado; pero quiso el Cielo serenar este nublado con el parto de là Reyna, concediendole hijo; que por su muerte con la de la Reyna durò poco la quietud, y bolvieron los empeños de la sucession à su pristìno estado; y aunque mandò enterrarse la Reyna en Poblet, fue enterrada en el Convento de San Vicente de Valencia, porque sucediò en aquella Ciudad su muerte.

Muerte de la Reyna.

Temiendo el Rey al hermano disgustado, mandò á Bernardo Vilarix Governador del Castillo de Perpiñan, y à Guillen Albert que se previniessen, y por sus espias entendiessen lo que se intentava, y quitòle là Procuracion General, mandandole no entrar en Barcelona, Zaragoça, y Valencia; el qual aunque lo prometiò, no lo cumpliò, pues partiò luego para Zaragoça.

Casase el Rey con la Infanta de Portugal.

Embiò à Portugal despues de la muerte de la Reyna, à Lope de Gurrèa, y à Pedro Guillen de Estaybos de Ruìsellon, para pedir á aquel Rey la Infanta Doña Leonor su hija para casarse con ella: efectuòse el Matrimonio, no obstante la oposicion del Rey de Castilla, y concertòse que viniesse por mar à Barcelona, donde se avia de celebrar la Boda.

Rovocan la Governacion al Infante Don Jayme, y disgustos desta Provincia.

Para favorecer el Rey la sucession de la Infanta Doña Constança, revocò los Oficiales de la Regencia, y governacion General, que eran hechuras del Infante Don Iayme; y nombrò à otros sus dependientes por la Infanta; de que se bolvieron á disgustar todos los Reynos, por la novedad jamás imaginada en los antecedentes siglos; y para mas fundarla à 7. de Abril emancipò el Rey à la Infanta en presencia del Obispo de Vique, de Pedro de Tous Maestre de Montesa, de Pedro de Fonollet, Pedro de Exerica, Aymar de Mosset, Galceran de Bellpuig, y de Gonzalo Diaz de Arenòs; y este mismo dia jurò el Infante Don Pedro Tio del Rey, y Tutor de la Infanta tenerla por Primogenita, si fuesse declarada capaz de suceder, y excluìdo el Infante Don Iayme; juraron en la misma forma el Obispo de Vique, el de Elna, de Taraçona, Pedro de Tous, el Conde de Terranova, Pedro de Exerìca, el Vizconde de Illa, Aymar de Mosset, Pedro de Moncada, Galceran de Bellpuig, Ferrer de Canèt, Gonzalo Diaz, Artal de Fozes, Pedro Iordan de Urrìes, Ramon de Boìl, Pedro de Queralt, y otros muchos con los Alcaydes de los Castillos. Por esta novedad, desde Fuentes escriviò el Infante

fante Don Iayme á los principales de Zaragoça, que llegados á su presencia decretaron la entrada del Infante en la Ciudad, y llamaron á los Infantes Don Fernando, y Don Iuan, y á los Cavalleros de Aragon para que se juntassen á oponerse á la novedad de pretender introducir las Hembras á la sucession de la Corona, y á muchos agravios, y desafueros que pretendian ser executados contra los Privilegios. Concurrieron á esta junta los mas Nobles de Aragon, Cavalleros, Ciudades, y Pueblos, menos Teruel, Daroca, Calatayud, y Huesca, jurando todos esta vnion con pretexto de guardar, y defender sus fueros, y Privilegios: mandaron labrar vn Sello grande, que llamavan de la vnion, en el qual Sello estava esculpida la Imagen del Rey sentado, y de baxo, el Pueblo con las manos levãtadas, como que pedia Iusticia: nombraron Cabos, y Conservadores, y escrivieron al Rey paraque llegasse á tener Cortes en Zaragoça para dar providencia al Reyno, y aprobar la vnion como importante al Real servicio. Viendo el Rey la desecha tempestad, quiso apartarse de Valencia, donde ya se embravecia el temporal, y tomar seguro Puerto en la madre de los Reyes Barcelona, para la qual emprendiò su viaje, saliendo de Valencia; y apenas la desamparò, los Valencianos llamaron á los tres Estados del Reyno, para vnirse con los Aragoneses para el mismo efecto. Avisaron al Rey de la accion Ramon de Riusech, y Ramon de Vilanova, que aunque de la familia Real, avian quedado en Valencia. Advertido el Rey para moderar los efectos quiso quitar la causa, porque bien conocia que los Reynos no permitirian sucediesse Hembra á la Corona, y que aunque Cataluña no intentava novedad, se hallava con el proprio sentimiento; Conque revocò el govierno en nombre de la Infanta, mandando á todos los Governadores governassen en su nombre solo, teniendose por sus Oficiales, sin reconocer á la Infanta.

Union de Aragoneses, y Valencianos.

Continuando el Rey su camino para Barcelona, embiò á Zaragoça á Miguel Perez Zapata para quietar los animos; pero no pudo lograrlo, pidiendo al Rey los Aragoneses, que llegasse á celebrar Cortes, y para este efecto le embiaron sus Embaxadores, hallandose ya en Tarragona, suplicandole passasse á Zaragoça, supuesto que avia sido servido llamar á Cortes á los Aragoneses para aquella Ciudad. Por este tiempo tuvo aviso el Rey, que el de Mallorca se prevenia en Francia para entrar en Ruisellon, y que aun le avian quedado amigos en aquel Condado: llamò á sus Consejeros para deliberar lo mas importante: huvo varias opiniones en el Consejo del Rey, vnos instando partiesse á Aragon, otros viniesse á Cataluña, los quales cedieron á la determinacion del Rey, que con estas palabras, vertidas de Catalan en Castellano, manifestò su Real animo: *Nos ya vemos prendido el fuego en todo Aragon, y devemos acudir à Cataluña, paraque no entre en ella; y assi devemos partir para Barcelona, porque si la preservamos de la vnion, tendremos assegurada à Cataluña, y con Cataluña podemos vencer el peligro de Aragon, y acudir à todo; y juntamente resistir, y vencer al de Mallorca,* al qual llamava Iayme de Mompeller.

Credito, y fuerte asistencia de Cataluña.

Partiò el Rey firme en su dictamen para Barcelona, y de alli á Figueras para defender á Ruisellon, suponiendo esto mayor consequencia por ser guerra forastera, y contra Enemigos de la Corona, y la de Aragon contra Vassallos, que era facil bolverles á su servicio con concederles en parte lo que deseavan; però viendo mas commovidos los animos de los Aragoneses, por no apartarse de Cataluña llamòles á Cortes á Monçon, Frontera de Aragon para 15. de Agosto; y á los de Valencia, que se avian de juntar en Villareal, á Lerida, llamando al Maestre de Montesa, Pedro de Exerica, y otros para hallarse mas poderoso contra las novedades de la vnion.

Cortes en Monçon de Aragoneses, y en Lerida de Valencianos.

Entrò el de Mallorca á Conflent, Y

Entra el de Mallorca à Conflent, defensa del Rey.

y ocupò con sus gentes à Vinçà, y dexandole bien presidiado, passò à ocupar los vezinos Lugares. Llegò la noticia al Rey, y luego mandò por sus Reales Letras al Conde de Pallàs, Vizconde de Cardona, Berenguer de Rocasalva, Guillen de Pervès, y à otros Barones Catalanes entrassen à defender à Cerdaña, con el mayor numero que pudiessen juntar: defendian à Ruisellon por el Rey Arnaldo de Eril Governador de Ruisellon, Miguel Amarell Governador de Thuir, el Vizconde de Illa, con otros Cavalleros, y las Compañias de los Paysanos de Cataluña, las quales fueron à oponerse al Enemigo, dieron sobre Vinçà, y aunque le assaltaron varias vezes, no le ganaron; pero mataron à muchos de los defensores, los quales temiendo otro avanze, à la noche dexaron el Lugar, y entraron los nuestros, passando à cuchillo à los que avian quedado dentro. Llegò por este tiempo à Figueras Gilaberto de Centellas Governador de Xativa, ofreciendo en nombre de los Paysanos seguir al Rey contra la vnion de Valencia, y suplicandole condecorasse aquella Villa con privilegio de Ciudad; y el Rey lo concediò liberal.

Xativa Ciudad.

Con el aviso del buen sucesso de Vinçà, partiò el Rey de Figueras con el Infante Don Pedro Conde de Ribagorça, y Prades, con el Vizconde de Cabrera, y Pedro de Queralt, siguiendoles el Exercito: Llegaron à San Iuan cerca del Bolò, donde tuvo la noticia, que el de Mallorca se encaminava à dar la batalla al Exercito que governava Arnaldo de Eril, que se hallava cerca Codolet: embiò al Vizconde de Cabrera con algunos Cavalleros, y sessenta Cavallos para juntarse con Arnaldo, y prosiguiò su viage con el Exercito, hasta Thuir, y alli entendiò se avian entregado à Arnaldo los Lugares de Prada, y Codolet, &c. y que el de Mallorca avia buelto de Cerdaña, obligado à levantar el sitio de Puigcerdan. De aqui se dispuso el Rey à seguir à los Enemigos para darles la batalla; pero en el camino entendiò que por los Montes avian buelto à Francia, dexando presidiado el fuerte, y antiquissimo Castillo de Arria, solar de sus magnanimos Progenitores: detuvose à cobrar algunos Castillos que seguian al de Mallorca, y dexò cercado el de Arria (que despues se rindiò,) y partiò à Perpiñan donde por tiempo de vn mes diò providencia para la defensa de aquellos Estados, y embiò à Francia à Galceran de Anglesola su Mayordomo mayor, para dar quexas à aquel Rey por el favor que hallava el Mallorquin en los Generales de Francia: embiò la satisfacion el Rey de Francia à nuestro Rey por el Senescal de Carcassona.

Declara el Rey su animo por lo tocante à la vnion de Aragon.

Hallandose el Rey en Perpiñan, hizo decreto en declaracion de su animo, que si acaso concedia alguna cosa à los Aragoneses tocante à nuevas gracias, y Privilegios, declarava que no tuviesse fuerça, pues lo concederia contra su voluntad: embiò despues à llamar à los Cabos de la vnion, y no se atrevieron à comparecer: tomò su camino para Barcelona, llamò à toda Cataluña con color de la defensa de Ruisellon, y à la verdad para la ofensa de Aragon, y Valencia.

Llegando à Granolles, presentaronse al Rey algunos Cavalleros Aragoneses, y Valencianos, que fueron Miguel Gurrèa, Garcia de Loris, Pedro Jordan de Urries, Pedro Ximenez de Pomar, Lope de Gurrèa, Iuan Escrivà, Matheo Mercer, Nicolaz Perez de Oteiza, los quales ofrecieron servirle, y protestaron, que si firmavan la vnion seria contra voluntad, y obligados de la fuerça. Llegò el Rey à Barcelona, llamò à Consejo à los Catalanes, y à los demas que le seguian; y todos le suplicaron fuesse à Zaragoça à tener Cortes, como siempre le instava la vnion, que con esso la disolveria: admitiò el consejo, y mandò prevenir la Real Familia para el viaje de Aragon.

En este tiempo Pedro de Exerica que seguia al Rey en Valencia, juntò los de su partido en Villareal, de

alli

alli ganò algunas Villas, Lugares, y Particulares, para el Real Servicio, y se dispuso à defenderse de los vnidos: quedaron algunos Pueblos neutrales; pero vnos, y otros se hallavan en suma confusion, y Valencia à peligro de perderse: Instaron los que seguian al Rey, que llegasse à aquel Reyno, que con su presencia, y poca gente le pondria à la devida obediencia.

Vnense Valencia-nos, y Aragoneses.

Firmes los de la vnion de Valencia, y mas los de Aragon, embiaron estos à Valencia para de las dos formar mas fuerte vnion: convinieron en los pactos, formaron su Corte, Ministros, y Ordinaciones, procediòse en desafios, corrieron retados del Rey à la vnion, y desta al Rey, y otras Particularidades que no son desta historia: hallavase el Rey, quando sucedieron los referidos lances en Lerida, y de alli passò à Monçon, donde tuvo aviso que venia la Infanta Doña Leonor de Portugal, y luego despachò el aviso à los Prelados, Cavalleros, Ciudades, y Villas de Cataluña, y Mallorca, paraque acudiessen à Barcelona, para solemnizar el arribo de la nueva Reyna, y se hallassen en la ostentosa magestad de las fiestas.

Parte el Rey muy instado à Zaragoça, para desvanecer la vnion.

Partiò el Rey de Monçon para Zaragoça, y aviendo conferido con Miguel Perez Zapata, llegò à aquella Ciudad, aposentandose en la Aljaferia donde le dexaron con sola su familia: declarò queria celebrar las Cortes en la Iglesia de San Salvador: juntaronse los Braços, entrò à las Cortes, y con elegante oracion declarò su animo en lo tocante à la vnion: respondiò el Obispo de Huesca, y el Infante Don Iayme por el Reyno: bolviò à Palacio, y deliberò proseguir las Cortes en el Convento de Predicadores: entendiòse que venian algunos armados, prorogaronse las Cortes, diòse remedio: bolvieron à convocarse, y entrò el Rey en ellas, acompañado del Arçobispo de Tarragona, de Bernardo de Cabrera, y de los Catalanes que le servian; y luego le suplicaron, y requirieron los Aragoneses mandasse saliessen, concediendolo el Rey muy contra su gusto, y del Infante Don Iayme Conde de Urgel: fueron varias las pretensiones de los Aragoneses, pidieron confirmacion de los Privilegios de la vnion, particularmente del que concediò el Rey Don Alonso II. que sacasse de los cargos de Palacio à Bernardo de Cabrera, Iayme Esfar, Guillen de Planella, y à todos los Catalanes, que tambien les excluyesse de su Consejo, y que no pudiessen entremeterse en el Govierno, ni dependencias de Aragon, y otras cosas particulares. Aconsejado el Rey de Bernardo de Cabrera, pretendiò con la dilacion mitigar el ardor de los animos, y con el tiempo ganar à muchos notables sugetos, como lo consiguiò; pero llevado de su natural ardiente, y apurado de la demasìa de las pretensiones, bolviò à desazonar los animos en las Cortes, hablando contra el Infante Don Iayme, y contra la vnion, culpandole mas en la respuesta, de forma, que irritados vnos, y otros, los sequazes del Rey, y los de la vnion, dividiendose, empuñaron las espadas, y retiròse el Rey con los de su sequito al Palacio.

Cortes en Zaragoça.

Pretenciones de los Aragoneses en las Cortes.

Alteracion de los Ginoveses en Cerdeña.

Hallandose el Rey en los civiles disturbios de Aragon, cobraron animo los Ginoveses para alterar à Cerdeña: apoderaronse los de la Casa de Doria con su sequito, y con el aliento del que esperavan de Genova, de Alguer, y de Castelginovès, rebelandose declaradamente: intentò Guillen de Cervellò Virrey de Cerdeña, por advertir al Rey tan ocupado, reducirles con medios suaves: llegòse à Parlamento, y concediòles el Rey, advertido de sus pretensiones, quanto pedian, con que dexassen las Plaças ocupadas: escusavanse de restituirlas, con dilaciones, para esperar el socorro de Genova; de que enfadado el Rey, embiò socorro de gente Catalana à la Isla con quatro Naves, y tres Leños, llevando Cavalleria, y muy lucida Infanteria: fueron los Cabos Huguero de Cervellò, que governò la Cavalleria, Gombal de Ribelles, Iayme Talarn,

Beren-

Berenguer de Eril, Ramon de Timor, Bernardo de Vilardida, Ramon Gari, Ramon de Corbera, Berenguer de Rajadell, Dalmao de Aviñò, Guillen Despuig, Guerao, y Ramon de Clariana, Iayme, y Aleman Carròs, Aradante de Moncada, Frances Vilarrasa, y otros que no se nombran: llegaron à la Isla, entendiò el Governador, que los Enemigos tenian ocupados los puestos, y estavan muy fuertes para impedir vnirse nuestro Exercito: determinò bolver à Sacer, y para assegurar el viaje por medio del Iuez de Arborea intimó à los Dorias que no le impidiessen el camino en daño del Real Servicio: respondieron los commovidos, que no se moverian, mientras la gente del Rey no inquietasse à sus Lugares, y juntamente pidieron algun tiempo de treguas para tratar de sus interesses, que no les quiso el Governador conceder por no dar tiempo à la Armada de Genova de llegar para aumentar el daño de la Isla, y executò la temeridad de entrar en las tierras de los Enemigos; passando delante dellos acampados en el Lugar de Sanctuídu, divertida, y desmandada la Vanguardia, sin que los Enemigos se moviessen; y juzgando Guerao de Cervellò hijo del Governador, que governava la batalla, que aver dexado passar la Vanguardia era vileza de los Enemigos, acometiòles, travando vn cruel choque en daño de los nuestros, y muerte de Guerao. Viendo el Governador el mal recado de su gente, acudiò con la Retaguardia, y advirtiendo el sobrado numero de los Enemigos, empeçò à retirarse con Gombal de Ribelles: advirtiendo el Iuez de Arborea, que se retirava la gente del Governador, recogió la suya, fortificòse en vna eminencia, y esperó recoger la gente esparcida del campo, que con buen orden junta se retirò à pesar de los Enemigos à las tierras del Iuez de Arborea. Muriò en este conflito el Governador Guillen de Cervellò fatigado del trabajo, y ahogado de sed, que por no hallarse agua no pudieron alentarle: enterraron à Guillen; y Gombal de Ribelles con los que se avian librado en la Batalla, entrò en Sacer para defender la Plaça, y mantener la Isla baxo la obediencia del Rey, el qual avisado de la desgracia, diò providencia à la defensa, mandò juntar Armada, diò el govierno à Don Iayme de Aragon, paraque con Gombal de Ribelles, y el Iuez de Arborea defendiesse la Isla, mientras llegava el socorro: Encargò al Infante Don Pedro que tratasse con el Conde de Pallás, con Ramon de Anglesola, ò con Guillen de Bellera, ò con Riambao de Corbera, que eran de los mas expertos Generales que tenia la Nacion Catalana, que alguno de ellos admitiesse el govierno de Cerdeña, (siendo elegido Riambao de Corbera, y General de la Armada Ponce de Santa Pau,) y pidiesse à Cataluña acudiesse à este contratiempo, y que juntasse sus Pueblos para entrar en Ruisellon en defensa de aquel Condado, que se hallava amenazado por la entrada que se publicava del Mallorquin, assistido de los Franceses.

CAPITULO VII.

Guerras, y disgustos de la vnion de Valencia, y Aragon sujetada por el Real Valor: Del Cardenal Fr. Domingo Serrano: Fraga de Cataluña: Sus elogios, y confianza: Vitorias en Sicilia: Treguas con Napoles: Persecucion contra los Catalanes por los vnidos: Oficios de Cataluña para la Paz, y empeño de defender al Rey: Peste vniversal: Alteraciones en Cerdeña, y Sicilia contra Catalanes, y muerte de la Reyna, &c.

Viendo el Rey el estado de Cerdeña, los recelos de la invasion de los Franceses, y el mal estado de las dependencias de Aragon; para quitarse este embaraço, despues de varias consultas, determinado de sujetar con las Armas à los de la vnion, bolviò la Procuracion General al Infante Don Iayme, concediò quanto pedian los Aragoneses, y partiò ocultamente de Zaragoça; y aunque algunos de los de la vnion le figuieron hasta la Barca de Gallego, reprefentandole fus intereffes, y difculpando fu obrar, fe huvieron de bolver por las palabras, y mal femblante del Rey, que continuò fu viaje hasta llegar à vista de Fraga: en donde por alegrarle le dixo Bernardo de Cabrera: Señor, veys aquel Lugar? Y refpondiò, que le advertia: profiguiò Bernardo, Señor ya es de Cataluña: alegròfe el Rey, como refiere en fu historia, y dixo: *O tierra bendita, y poblada de lealtad, bendito fea Dios que nos ha dexado llegar, y falir de aquella, &c.* Y añade Zurita: *Era esta general aficion de los Reyes, porque defde que fucedieron al Conde de Barcelona, fiempre tuvieron à Cataluña por fu naturaleza, y antiquifsima Patria, y en todo conformaron con fus leyes, y costumbres, y la lengua de que vfavan era la Catalana, y de ella fue toda la cortefania de que fe preciavan en aquellos tiempos.* Estando el Rey en Fraga, aconfejado de fu gran Privado Bernardo de Cabrera, mandò que no fe obraffe fin el fentir del Infante Don Pedro Conde de Prades fu Tio, y embiòle à Berenguer Zatrilla para informarle de los fuceffos de Aragon, proceder del Infante Don Iayme fu hermano Conde de Urgel, el qual fe avia hecho cabo de la vnion, para darle noticias de los que tenia ganados en Aragon, y paraque juntaffe los Barones, y principales de Cataluña, contra el Infante Don Iayme, que venia à esta Provincia, y que le detuvieffen en ella; encargandole que la prifion del Infante folo la comunicaffe con el Obifpo de Vique Don Miguel de Riçoma de Granollès, y con el Vizconde de Illa; y fentido del agravio recibido en los Catalanes, que no permitieron fe hallaffen en las Cortes de Zaragoça, como era costumbre, instando las Cortes falieffen de la Ciudad, diò comiffion à los Confelleres de Barcelona, y al Infante Don Pedro que con los Catalanes que les pareciesse juntar, hizieffen contra este agravio las Constituciones que les parecief-

Fraga de Cataluña, y notable elogio desta Nacion.

fen justas, y las premeditaffen para las Cortes, que efperava juntar en Cataluña. Iva el Rey obligando à los Catalanes, paraque le firvieffen contra la vnion; y para grangearles, pafsò à Lerida, para tenerles Cortes en aquella Ciudad; pero juzgando que el Infante Don Iayme por Catalan, y tener el domicilio en ella, tendria algunos dependientes, deliberò juntarles en Barcelona, que fe hallava toda à fu difpoficion.

Llegò à Lerida el Infante Don Iayme con los Syndicos de Valencia, pidiendo demafias: defpidiòles el Rey con pretexto de las Cortes de Barcelona, y conclufion de fu Matrimonio en aquella Ciudad, affegurandoles que paffaria defpues à dar providencia à lo que pedia Valencia.

Llegò el Rey à Barcelona, y defpues de pocos dias el Infante Don Iayme muy enfermo de fu vltima enfermedad, de la qual muriò, y no fin fofpecha de veneno: fue enterrado en la Iglefia de San Francifco de Barcelona: el dia de la muerte del Infante llegò la Armada de Portugal con la Reyna, y luego celebrò el Rey fu defpoforio.

Muerte del Infante D. Jayme, y Defpoforio del Rey con la Infanta de Portugal.

Por este tiempo la vnion de Valencia à cara defcubierta declarò la guerra contra los Servidores del Rey, y Lugares que no querian firmar la vnion: previnieronfe para oponerfeles Gilaberto de Centellas Governador de Xativa, Pedro de Exerica, y Andrez Guillen Efcrivà Lugarteniente de Governador de Valencia, el qual fe adelantò con fu gente fin efperar la de Pedro, y de Gilaberto, y fue defecho, y muerto por los de la vnion, que profiguiendo vitoriofos, vencieron, y retiraron al Exercito de los referidos, figuiendoles hasta el rio Nova; y talando la campaña de algunos Lugares, bolvieron à Valencia.

La vnion de Valencia declara guerra contra los fervidores del Rey, y Lugares que no querian firmar la vnion.

Embiò el Rey à pedir al de Castilla no favorecieffe à los de la vnion, y esta, affi en Aragon, como en Valencia, tuvo varios progreffos contra las Ciudades que no la querian firmar: vencieron los de Valencia à los

los de Teruel, y fueron vencedores otras vezes estos de los de Valencia, recibiendo entrambos partidos, graves daños, con que quedaron iguales en la desgracia: huvo algunas embaxadas, y negociaciones para la quietud, de que se adelantaron los disgustos, por el favor que diò el de Castilla al Infante Don Fernando hermano del Rey, llamado de la vnion, y pretensor de la Governacion General por la muerte del Infante Don Iayme. Viendo el Rey tan commovidos los animos, y que tenia fuerças el Infante Don Pedro, que avia embiado à Valencia, prorogò con voluntad de los Catalanes las Cortes de Barcelona: Embiò à Pedro de Queralt al Infante con vna Compañia de gente de Cavallos: mandò juntar la gente de Cataluña, diò el orden, y dinero para la paga à Pedro Bosch. Señalaronse con sus gentes, Bernardo de Cabrera, Pedro de Fonollet, Aymar de Mosset, Ramon Pedro de Queralt, el Conde de Pallàs, y Pedro de Melans, elegidos para el socorro; y el Rey partiò para Morviedro, que fortificò.

Los que se señalaron en servicio del Rey.

1348. Por este tiempo Ramon de Peralta, General de la Armada de Sicilia, ganò el Castillo, è Isla de Lipari: passò à Capua, sujetò al Principado: prosiguiò vencedor, poniendose delante de Napoles: alborotòse el Pueblo, pidiendo Pazes: obligada la Reyna Iuana de Napoles, concluyò treguas con Ramon, en nombre del Rey de Sicilia, consintiendo el Pontifice, y bolviò la Armada vitoriosa à Mecina.

Vitorias de la Armada de Sicilia en Napoles.

La vnion de Aragon, entendiendo que se hallava el Rey en Morviedro con el Exercito de los Catalanes, embiò socorro à los de Valencia, sacando la Vandera de Zaragoça Iuan Ximenez de Urrèa, que partiò con su gente por Alcañiz à Morella: detuvose mucho tiempo el Rey en Morviedro; y por ser grande el Exercito de Cataluña que le seguia, y no poder ser assistido, diòle licencia de bolver à la Patria, mandando solo detenerse en su servicio los Ministros, Cavalleros de su familia, y algunos Particulares, juzgando con su presencia quietar à Valencia. En este tiempo proseguian su viaje los vnidos de Aragon, aunque divididos los Cabos, respeto de obedecer las ordenes del Consejo de la vnion, à la qual se opusieron en este tiempo Daroca, y algunos Particulares vnidos contra la vnion, con Teruel, y Calatayud. En este tiempo los de Morviedro de acuerdo del Infante Don Fernando, y de Valencia se alborotaron contra los Catalanes, particularmente contra Bernardo de Cabrera, y Berenguer de Abella, que eran los primeros Consejeros del Rey, y se huvieron de apartar con los demàs de su Consejo, quedando solo Pedro de Fonollet Governador del Castillo, y General de la gente de Cataluña: quedarò con el Rey el Conde de Pallàs, el Vizconde de Cardona, el de Cabrera hijo de Bernardo, el Vizconde de Illa, Ramon de Anglesola, Pedro de Queralt, Pedro de Moncada, Roger de Pallàs, Bernardo de Sò, Pedro de Melans, Gilaberto de Cruïllas, Gispert de Castellet; aunque no los refiere el Rey por la brevedad de su historia, y refiere Zurita, se halla en los manuscritos de aquel tiempo, (1) y es verosimil, porque no pudo quedar el Rey solo.

La vnion de Aragon socorre à los de Valencia.

Alboroto de los Valencianos, contra los Ministros del Rey Catalanes.

(1) Zurita, tom. 2. fol. 214.

Deseava el Rey no mover las Armas contra sus Vassallos, porque todo recahia en daño de su Corona, y ver antes si con medios suaves podia reducirles à su obediencia, aunque se hallavan muy obstinados por el calor que les dava el Infante Don Fernando hermano del Rey, que avia ya entrado en Valencia con socorro de Soldados Castellanos. Para la quietud, mandò à sus Vassallos obedientes, y à su Exercito suspendiesse las hostilidades de la guerra, y para esto embiò sus ordenes à Alonso Roger de Lluria, y à los que en Valencia se hallavan à su obediencia, no obstante que para assegurarse, mandò à Morella, Castelfavilo, y à los Lugares de su obediencia, que juntassen dos mil hombres, y à Teruel, y à los obedientes de Aragon

seys

seys mil Infantes, y cien Cavallos con color de resistir à Lope de Luna, y que se encaminassen à Morviedro: juntaronse los de la vnion de Aragon con la gente de Valencia, y Castilla que conducia el Infante Don Fernando, y segun las memorias de aquel tiempo constava el Exercito de la vnion de tres mil Cavallos, y sessenta mil Infantes.

Entretenia, y dissimulava el Rey el disgusto que tenia en su pecho contra los Infantes Don Fernando, y Don Juan por los disgustos que fomentavan en Aragon, y Valencia, dando lugar à los oficios, que para la quietud executavan el Pontifice, y el Principado de Cataluña; y para la conclusion embiò por su Nuncio el Papa al Abad de Amer: y el Principado de Cataluña, y Ciudad de Barcelona nombraron por sus Embaxadores al Rey, y à Valencia, à Fr. Bernardo Oliver Obispo de Tortosa, al Abad de Ripoll, Ferrer de Manresa, Romeo Zarrovira, Bernardo de Sant-Climent, y al Doctor Barthotomè Plana: embiò tambien Mallorca sus Syndicos, que fueron Pedro de Torrella, Pedro Monçon, y Ramon Zafortesa: trataron con el Rey, alcançaron la suspēcion, passaron à Valencia, que tambien convino en la quietud, y el Rey otorgò al Infante Don Fernando la Procuracion General, y embiò à Castilla paraque aquel Rey mandasse al Infante despidiesse las Tropas Castellanas.

El Pontifice, Cataluña, y Mallorca por medio de sus Embaxadores solicitan con el Rey la quietud de Aragon, y Valencia.

Bolviò por este tiempo la guerra de la vnion de Aragon contra los sequazes del Rey: tuvieron algunos reequentros, y continuò en la inquietud aquel Reyno: no era menor en Valencia, no obstante la aplicacion del Nuncio, y Embaxadores de Cataluña, los quales aconsejaron al Rey, porque veian la vnion con grandes fuerças, que cediesse algo al tiempo; y assi determinò de firmar la vnion de Valencia, y Aragon, en quanto à defender, y mantener sus fueros, con pacto que entrassen en ella, (para tener dependientes, y buenos Vassallos para encaminar à los demàs) los Infantes Don Pedro, y Don Ramon Berenguer sus Tios, Don Pedro hijo del Infante Don Jayme Conde de Urgel, el Vizconde de Cardona, Pedro de Moncada, Guillen Ramon de Moncada, Gilaberto de Centellas, Lope de Luna, Pedro de Exerica, Olfo de Proxita, Ximenez de Urrèa, y los demás que quisiessen entrar en ella: contentòse el Rey, que quedassen excluídos de su Consejo, y de los Oficios de la Casa Real el Obispo de Vique, y sus hermanos los Riçomas, los de Ruisellon, que avian sido elegidos tres años antes, Bernardo de Cabrera, el Vizconde de Illa, Pedro Exerica, el Maestre de Montesa, los de la Casa de Tous, Galceran de Anglesola, Pedro de Queralt, Gilaberto de Centellas, Ramon Riusech, Rodrigo Diaz, Juan Escrivà, Matheo Mercer, Berenguer de Codinachs, Juan Martinez de Entença, Pedro de Ciutadella, Beltran de Lanuça, Jayme Roch, Guillen de Planella, Berenguer Zatrilla, Ruì Sanchez de Calatayud, Jayme, y Bernardo de Esplugues, Pedro, y Berenguer de Boil, Ramon, y Pedro Zanoguera, y Guillen Colon: concediò amàs desto otras cosas particulares, que escuso referir.

En este tiempo aviendo el Rey firmado los despachos, intentaron Bernardo de Cabrera, y Pedro de Exerica sacarle de Morviedro, y que revocasse lo que contra su voluntad avia concedido à la vnion, y que partiesse à Teruel; y teniendolo ajustado, estando para partir, fue descubierto el trato, y detenido el Rey, cerrandole las puertas de la Villa: acordaron passasse à Valencia, y lo executò contra su gusto: acompañaronle los de Morviedro hasta el Puche: recibieronle los Jurados de Valencia, luego el Infante Don Fernando con los de la vnion: entrò en Valencia, y despues de algunos dias entrò la Reyna, recibida con ostentosa Magestad. Hallandose el Rey en Valencia, quiso tomar consejo de Vidal de Vilanova,

Passa el Rey à Valencia contra su gusto, y dictamen.

nova, antiguo Consejero del Rey Don Jayme su Abuelo, determinando seguir su dictamen. Proseguian, no obstante los recelos, las fiestas à la venida del Rey, disponiendo grandes danças, y bayles, delante el Real, que es el Palacio donde residia el Rey: hallandose en medio de las fiestas, vn criado del Rey, hijo de Lope Contut, desordenò vna dança, llamandoles traydores: quisieron vengarse los de la fiesta, empuñando las espadas para matar al que les ofendia: saliò à defenderle Francès Mir, que hiriò à vno de la vnion, y se alborotò la Ciudad: cerraron el Palacio, rompieron las puertas los de la vnion, y entraron para matar à los Catalanes: encomendò el Rey la Reyna à Pedro de Moncada, y à otros; saliò à quietar el alboroto, y con vna Massa en las manos se opuso à la vnion, y dixo: *Traydores, à Nos?* Y todos clamaron viva el Rey, el qual subiendo à cavallo seguido del Pueblo, que le aclamava, llegò à la Rambla: acudiò al alboroto el Infante Don Fernando con los Castellanos: pusieronse entonces los Valencianos delante del Rey, diziendo à vozes, que no se acercassen los Castellanos: saliò de entre ellos solo el Infante, llegò à besar la mano al Rey, que le recibiò afable, passaron juntos por la Rambla, y se sossegò el alboroto, acompañando al Rey al Palacio, en el qual aquella noche entraron mas de quatro cientos con vna dança, y obligaron al Rey, y à la Reyna à acompañarla; poniendose en medio de los dos vn Cirujano llamado Gonçalbo, cantando esta letra: *Malaya qui sen irà encara, ni encara.* Y dissimulò el Rey esta burla, hasta la ocasion.

Disturbio muy grave en Valencia, que sossegò el Rey.

Por este tiempo Bernardo de Cabrera, como buen ministro, y diestro Capitan, instava al Rey en sus cartas, que se apartasse de Valencia, representandole el desdoro de la Magestad en la detencion, alentandole con la obligacion de Rey, que devia proceder con valor, y no con arte indigna de su Soberania; que no era justo con color de Paz quisiessen los Vassallos tiranizar à su Principe, acordòle el valor de sus Invictos Progenitores, y que se devia exponer todo para mantener la autoridad Real. Viendo Bernardo de Cabrera, que no valian estas razones, paraque el Rey saliesse de Valencia, passò à Barcelona, tratò con aquella Ciudad, y las demàs de Cataluña, se tuviesse Parlamento para defender la Autoridad Real. Concorde Cataluña, decretò favorecer la justicia, y no permitir novedad en la Casa Real, y respondiò al requirimiento de Valencia que pedia se nõbrasse lugar paraque juntos ordenassen la Casa, y Real Consejo, que el Rey devia proseguir las Cortes de Cataluña, que consintiò se prorogassen en beneficio de aquel Reyno, y assi que devia venir el Rey à Barcelona, la qual tambien determinò instar al Rey viniesse à Cataluña, y si lo impedia la vniõ, con las armas passar à librar à la Persona del Rey; pero esta deliberacion estuvo secreta de orden del Rey, hasta que huviesse salido de Valencia, porque las cosas ivan con tal tiento, y advertencia, como lo acostumbra la Nacion para servir à su Rey. (2)

Insta Bernardo de Cabrera al Rey que salga de Valencia para decoro de la Magestad.

Insta Cataluña la venida del Rey à Barcelona, y favorecer la justicia del Rey.

(2) *Zurita, tom. 2. fol. 219.*

Huvo este año contagio vniversal, venido de Oriente, del qual murieron infinitos hombres en toda España, particularmente en Barcelona, que de cinco Conselleres, murieron los quatro, mostrandose el Obispo de Barcelona, que lo fue de Vique Don Miguel Riçoma de Granollès, verdadero Pastor, assistiendo, y cuydando de sus ovejas, exponiendo su vida por su salud, y favoreciendo à todos sin temor del mal; (3) siendo esta la ocasion de moderarse la colera Catalana. No obstante la Peste, para oponerse à la vnion, se juntaron las Ciudades, Villas, y Nobleza del Principado en Santas Cruzes, y despues los primeros de Cataluña por industria de Bernardo de Cabrera en San Pedro de Orós, y decretaron la empresa, aviendo entendido por el Infante Don Ra-

Contagio vniversal.

(3) *Diago Condes de Barcelona fol. 303.*

No obstante el Contagio, junta Cataluña contra la vnion.

mon Berenguer, que el Rey seguiria á Cataluña, hasta la muerte. Embiaron á este tiempo á Cataluña Pedro de Exerica, Lope de Luna, y los que seguian al Rey en Aragon, y Valencia, sus Procuradores para confederarse con el Principado de Cataluña para el Real servicio, y dar razon de como se hallavan las dependencias de aquellos Reynos; no dexando de instar al Rey Bernardo de Cabrera, paraque saliesse de Valencia, y en este tiempo con mayor empeño por la novedad que sucediò en Barcelona contra los Judios, en daño muy considerable de aquella gente; pero el Rey entretenia à todos con dilaciones, aconsejado de Vidal de Vilanova.

Amor del Rey à Cataluña.

Embiò el Rey á Castilla por su Embaxador á Berenguer de Abella, para que el de Castilla no favoreciesse á los vnidos, y socorriesse á la Real Justicia: provaron los de la vnion embaraçar estos oficios, solicitando rompiesse el Rey con el de Castilla, por aver ocupado Favanella el Adelantado de Murcia, por ser dentro de las tierras del Rey: escusòse con que la recuperacion devia executarse por el Infante Don Fernando, y los de la vnion, por aver sido cosa particular, y sin orden del Rey de Castilla: conocieron los de la vnion aver entendido el Rey el ardid, y respondiò vno con tal desatencion, que obligò al Rey á poner mano en su puñal: detuvole el Infante Don Fernando, y aunque el natural del Rey era prompto, consiguiò reprimirle en beneficio de sus Reynos. Valiendose de arte para lograr sus designios, embiò á Aragon à Gilaberto de Corbera Governador de Menorca, paraque con Garcì Fernandez de Castro, pusiesse treguas en Aragon, hasta que pudiesse llegar à aquel Reyno: consiguiòlas por todo el mes de Mayo; y con esto logrò dividirle en la execucion de Valencia: determinò el Rey salir desta Ciudad, y diòle pretexto el contagio, que se encendia de forma que morian mas de tres cientas personas cada dia, con que pudo partir à Aragon, aunque con poco sequito.

Insta el Rey al de Castilla no favorezca la vnion, si su Real Justicia.

Como los Rebeldes de Cerdeña advertian al Rey tan metido en estos civiles disturbios, avanzaron su partido, padeciendo aquella Isla notables daños por la Peste, y guerra: quisieron apoderarse de Sacer, tuvieronla cercada mucho tiempo, defendiòse con valor, y obraron valientes los Corsos, á los quales concediò el Rey fuessen tratados como Catalanes.

Los Rebeldes de Cerdeña intentan avanzar su partido.

Alteròse en este tiempo Sicilia por la muerte del Infante Don Juan, Tio del Rey Luis de Sicilia, y su Governador: diòse el cuydado del Rey, y Reyno à Don Blasco de Alagon: opusose la Reyna con el Conde de Palici: congregaron estos algunos Sicilianos, y determinaron mover guerra, y perseguir á la Nacion Catalana de Sicilia. Declaròse primero Palermo amotinada, y armada contra los Catalanes, diziendo que muriessen; de allì passò la commocion à Trapana, Marsala, Xaca, y à todo el Val de Mazara: mataron à quantos Catalanes no supieron apartarse del furor: recogieronse los nuestros en Catania, formaron los Enemigos Exercito en Palermo, pusieron sitio à Catania, que se defendiò con el valor proprio de la Nacion.

Alteracion de Sicilia contra los Catalanes.

Passò á mejor vida el Cardenal Fr. Domingo Serrano, natural de de Mompeller, descendiente de la Noble Familia de los Serranos de la Ciudad de Avila en España, hijo de Habito del primer Convento de la Merced, Cathedratico de Prima de Leyes en la Universidad de Parìs, insigne Maestro en esta facultad, estimado, y venerado de los Reyes de Aragon, y Castilla, Napoles, y Francia, que acudian à èl como à oraculo en los negocios mas arduos; por cuyos aciertos logrò entre los Autores Españoles, y estrangeros el titulo de: *Doctor insignis, & magnę auctoritatis*: con su virtud esmaltò à su grande sabiduria, llegando por entrambas à Maestro General de su Orden, y à Cardenal, electo

El Cardenal Fr. Domingo Serrano del Orden de la Merced.

electo por la Santidad de Clemente VI. manifestando en estos empleos su mucha virtud, y talento. (4)

(4) *Fr. Alonso Ramon Hist. Gen. tom. 1. lib. 8. à cap. 12. ad 16. Bul. Ord. §. 11. n. 1.*

Ponense en arma los de la vnion de Aragon cõtra los del partido del Rey.

De Valencia tomò el *Rey* su camino para Teruel, y el Infante Don Fernando entrò en Zaragoça: pretendiò el *Rey* quietar los animos, embiò à aquella Ciudad à Lope de Gurrèa, y à Francisco de Prohom para procurar la Paz del *Reyno*: concertaronse treguas, que luego se rompieron: pusieronse en Arma los de la vnion contra los que seguian al *Rey*, el qual declarò su animo contra la vnion. Saliò el Exercito de esta, de Zaragoça, con color de oponerse al socorro que venia de Castilla à Lope de Luna Cabo de los que seguian al *Rey*; y à la verdad era para el assedio de Epila, lugar contrario de la vnion: partiò Lope con su Exercito al socorro de la Villa, encontrò, y venciò à los Enemigos, quedando herido, y preso el mismo Infante Don Fernando, que fue llevado à Castilla por temor del *Rey*: los que escaparon deste conflito bolvieron huyendo à Zaragoça. Luego que llegò la noticia al *Rey*, de la vitoria, mandò juntar sus tropas, y las de las Ciudades, y Villas que le seguian, cometiò el castigo de los culpados à Jordan Perez de Urrìes su Bayle General en aquel *Reyno*, y dirigiòse à entrar con las armas en las manos en Zaragoça; pero hallandose en Cariñena, llegaron Embaxadores de la Ciudad, que le suplicaron entrasse como *Rey*, y Padre amoroso, suplicandole castigasse à los culpados, ofreciendo renunciar por tiempo de vn año à sus fueros: tuvo su Consejo el *Rey*, y aunque ofendidos los Consejeros, le suplicaron vsasse de clemencia, contentandose con el castigo de los mas culpados.

Entra el Rey en Zaragoça, castiga los culpados, y haze mercedes à los fieles.

Entrò el *Rey* en Zaragoça, promulgò edicto para establecer la justicia, y su autoridad, diò orden al castigo de los delinquentes, executaronse algunos, que no importa referir, y por este respeto ni las mercedes à los que siguieron al *Rey*. Celebraronse Cortes en Zaragoça; revocaron la vnion con Valencia; quemaronse los Privilegios de la vnion; y queriendo el *Rey* con sus manos romper vno con su puñal, al executar el golpe se hiriò en la mano, y dixo: *Que Privilegio que tanto avia costado, se devia escanselar, y romper con sangre Real.* Por la pestilencia passaron las Cortes à Teruel, que la condecorò Ciudad, y muriò la *Reyna* sin sucession en Xerica, donde avia passado: celebradas las exequias de la *Reyna*, partiò para Segorbe el *Rey* con animo de sujetar à Valencia, como avia sujetado à Aragon: no obstante las prevenciones *Reales*, entraron los de la vnion en *Ribarroja*, que era de *Ramon* de *Riusech*, y despues en Morviedro con daño: tenian en Castellon su Cavalleria, y en oposito destos se hallava Guillen de Bellera, con gente de apie, y de acavallo para defender la Plaça: passaron los de Valencia à ocupar el Lugar de Paterna, y pusieron sitio à Benaguazil: embiò el *Rey* al socorro à Don Pedro de Exerica con el qual se juntò Galceran de Tous hermano del Maestre de Montesa con su gente, los quales obligaron à los de la vnion à levantar el cerco, y retirarse à Valencia divididos, y con descredito. Avisado el *Rey* del sucesso, mandò à Don Pedro, y à Galceran que prosiguiessen su viaje à Valencia, y llamò à los Catalanes que le servian finos, mandò que en Barcelona se armassen las Galeras, que se hallavan en el Atarazanal, y que todos partiessen à juntarse con Pedro de Exerica.

Cortès en Zaragoça.

Rompe el Rey vn Privilegio con vn puñal, y se hiere.

Muerte de la Reyna.

Sujetado Aragon, parte el Rey à sujetar à Valencia.

Toman las armas los de la vnion de Valencia, defiendense, pero les rinde el Rey.

Hallandose el *Rey* en Segorbe, los Valencianos fortificaron su Ciudad, empeñados en defenderla: embiaron à Castilla para solicitar favor en el Infante Don Fernando, y no lo consiguieron por respeto del *Rey* de Castilla, que apreciava la amistad del nuestro por sus particulares fines: partiò el *Rey* desde Segorbe à Puçol, Lugar del Obispo de Valencia, y Cansiller Hugo de Fonollet, que le rindiò, contento con el

castigo

castigo del que governava el Lugar: de alli partiò al Puig, donde ya se hallava con parte de Exercito el Conde de Terranova, y passò al assedio de Valencia; en el qual passaron famosos hechos, en ofensa, y defensa, hasta que fueron vencidos los de Valencia por el Real Exercito, y apoderado el Rey del Real, que es el Palacio, que tenian fortificado: de alli emprendiò sus avanzes contra la Ciudad, la qual viendose en el vltimo ahogo, embiò à suplicar al Rey se sirviesse admitir à sus Mensajeros, para entregarse à su voluntad, y que fuessen recibidos à merced: concediòlo el Rey; pero antes embiò à la Ciudad para informarse de algunas particularidades al Castellan de Amposta, y à Bernardo de Olsinellas su Tesorero, y aviendo buelto, admitiò à los de Valencia, que le suplicaron perdonasse à la Ciudad. Juntò el Rey su Consejo, y como refiere èl mismo en su Historia, fue su intencion abrasarla, y sembrarla de sal: moderaron el enojo Real los Catalanes de su Consejo, y los otros que avian seguido al Rey, fieles Ministros, que antepusieron el beneficio publico, y Real servicio à su particular injuria, de ser excluìdos del Consejo, y Casa Real à instancias de los mismos que defendian. (gran fineza para Catalanes, olvidar la vengança) Movido el Rey de las razones, y suplicas de los suyos, perdonò à la Ciudad, castigando à los mas culpados, de los quales exceptuò, y en algunos se executò vn cruel castigo, que fue derritir el metal de la campana, que llamava al Consejo de la vnion, y darle à bever à los pobres condenados; quedando con esto establecida la justicia, y quietado todo el Reyno; y para mas assegurarle, mandò à Ponce de Santa Pau, que con parte de Exercito defendiesse la Frontera, por si se intentava novedad de la parte de Castilla.

Entra el Rey en Valencia, y castiga los culpados.

1349.

CAPITULO VIII.

Vniversidad de Perpiñan: Embaxada à Francia: Prevenciones de Guerra en Cataluña contra el de Mallorca: Vitoria, y muerte de aquel Rey: Vitorias en Cerdeña: Assistencia de Castilla, y Sicilia à favor de los Catalanes: Varias Embaxadas, y reconocimientos: Principio de contar los años por Navidad: Casamiento del Rey: Cortes en Perpiñan: Nace en Perpiñan el Infante Don Iuan: Empeños al jurarle Primogenito: Tratos con Francia: Liga con Venecianos contra Ginoveses: Vitorias en la Romania: Fundacion de los Conventos de Monte-Sion de Barcelona, y Santa Clara de Puigcerdan: Martyrio del Abad Biure: Muere Clemente VI. Treguas con Genova: Vitorias en Cerdeña: Convento del Carmen de Camprodon: Cervera eregido Condado: Armada contra Ginoveses, &c.

Este año solicitò el Rey los favores de Minerva, moderado el rigor de Marte, en la fundacion de la Universidad de Perpiñan, confirmada con Bulas de los Pontifices Clemente VII. y Benedicto XIII. (1)

Universidad de Perpiñan.

(2) *Mendez de jure Academ. lib. 196. num. 112.*

Arch. de Perpiñan, y Privilegios de los Dotores.

Tratòse en este tiempo confederacion con Francia, por medio del casamiento de la Infanta Doña Constança hija del Rey, con Juan Duque de Normandia, hijo Primogenito del de Francia: Embiò para este efecto à Francia por su Embaxador à Thomàs de Marça; pero suspendieronse los tratados, respeto de la Guerra que amenaçava à Cataluña el de Mallorca, favorecido de la Reyna de Sicilia: para la defensa nombrò el Rey General de Cataluña al Infante Don Ramon Berenguer su Tio, mandandole que con la gente de Cataluña entrasse à defender à Ruisellon: mandò siguiessen al Infante, con sus Vassallos Pedro de Moncada, Galceran de Pinòs, Galceran de Castellnou, los Vizcondes de Illa, y Canet, el Conde de Pallàs, y su hermano Artal de Pallàs.

Embaxada à Francia.

Disponese el Rey para la guerra, que el de Mallorca amenaçava à Cataluña.

Pallas. Sucediò en este tiempo que los rebeldes de Cerdeña tenian assediado à Sacer, y aviendo venido à Cataluña Riambao de Corbera Governador de Cerdeña para pedir socorro, quiso Hugueto de Corbera hijo del Governador con nuestra gente librar la Ciudad, del Assedio: tuvo reñida batalla con los Sitiadores con daño muy notable de ambas partes; pero mayor nuestro por el peligro de la Plaza. Sucediò lo referido en el mes de Agosto, y en este tiempo se entendiò el designio del de Mallorca, que era cobrar aquella Isla; y para defenderla, mandò el Rey à Pedro de Moncada su Almirante que prevenia la Armada para passar à Sicilia en defensa de los Catalanes perseguidos, que partiesse à Mallorca para defenderla: formòse la Armada de quinze Galeras, y algunas Naves, parte à gasto del Rey, y dos Naves armadas, y pagadas por la Ciudad de Barcelona; (2) acudiendo la de Tarragona, y Tortosa, y Bernardo de Cabrera, el Castellan de Amposta, Berenguer de Abella, y Ramon de Riusech, embiandoles el Rey à Galceran de Tous, para darles orden de partir, y encontrar la Armada del de Mallorca.

Assedio de Sacer por los Rebeldes de Cerdeña.

Pretende el de Mallorca cobrar aquella Isla, y defiendela el Rey.

(2) *Archivo de Barcelona, Diet. de dicho año.*

Hallavase Governador de Mallorca, Gilaberto de Centellas, que con el aviso de la venida de la Armada poderosa del de Mallorca, saliò à impedir el desembarco con mil y quinientos Cavallos, y onze mil Infantes; y porque en este tiempo muriò Gilaberto de Corbera Governador de Menorca, embiò à la Isla à Umberto de Siscar, con ciento y cinquenta Ballesteros para refuerço de la Guarnicion: llegò à este tiempo à Mallorca Riambao de Corbera, con la Armada que avia podido juntar en Cataluña de Cavalleria, è Infanteria para Cerdeña: tomò Puerto, y desembarcò en el Muelle de Mallorca, aviendo ya desembarcado su Exercito en otra parte de la Isla el de Mallorca. Entendiendo por sus espias Gilaberto de Centellas, que el de Mallorca queria acercarse à la Ciudad, sin aguardar la Armada que venia de Cataluña, con su gente, y la que avia llevado Riambao de Corbera, saliò con silencio de la Ciudad à encontrar los Enemigos, que les hallò en el Campo: estavan los Franceses del Exercito del despojado Rey muy en orden; y con valor dieron principio à la batalla, que fue muy sangrienta, durando desde la mañana, hasta passado medio dia, començando à cejar, y perder el animo los Franceses, que fueron acometidos, y derrotados con mayor encono, y valor de los nuestros: Solo el de Mallorca perseverò valiente en el conflito, seguido de los Cavalleros que le servian; pero à mas no poder, verdadero Catalan, perdiò lleno de heridas la vida, vitoria, y Reyno, queriendo antes morir en su dominio antiguo, que peregrinar pobre en el ageno: (digno de mejor fortuna por su valor, y nacimiento) fue recogido su cuerpo, y llevado à Valencia, y enterrado con magestad en la Iglesia Mayor: deviòse esta vitoria al valor Ilustre, principalmente de Riambao de Corbera: (3) el Infante hijo del de Mallorca fue trahido al Castillo de Xativa, y despues al Palacio menor de Barcelona, que llamamos de la Condessa.

Muertè del Rey de Mallorca en la Batalla.

(3) *Zurita, tom. 2. fol. 234.*

De Mallorca prosiguiò Riambao de Corbera su viage à Cerdeña, desembarcò la gente que le avia seguido de Cataluña, que junta con los que ya se hallavan en Cerdeña, assistidos del Juez de Arborèa, y de Juan de Arborèa, vencieron à los Ginoveses, y libraron à Sacer, del Sitio que avia padecido ocho meses; y con esta vitoria se alentò el Rey para declararse contra Genova.

Librase Sacer del Assedio que durò ocho meses.

Embiò sus Embaxadores el de Castilla al Rey para pedirle favor contra los Moros, concertar el Matrimonio de la Infanta Doña Constança, y que no processasse al Infante Don Fernando, ni à los Aragoneses, y Valencianos que se avian retirado à Castilla. Embiò el Rey à Casti-

Assistencias à Castilla.

Castilla à Bernardo de Cabrera con la resolucion de las pretensiones, à Ramon de Vilanova con quatro Galeras, y al Vizconde de Cabrera con otras quatro, para defensa de aquel Reyno: renovòse la confederacion de Navarra, y embiòse à aquel Reyno à Miguel de Gurrèa para ajustar los limites de Aragon, y Navarra.

Embiò el Rey à Sicilia à Galceran de Anglesola su Mayordomo, à Matheo Mercer, y à Lope de Gurrèa Camarero, para pedir en casamiento à la Infanta Doña Leonor, hija del Rey Don Pedro de Sicilia, que la concediò la Reyna su Madre con algunas protestas, y fue llevada à Valencia, donde se desposò. Vino con la Reyna de Sicilia Bonanat Jafer, que alcançò licencia del Rey para armar en Cataluña, y Valencia Galeras, y Navios para llevar la gente que quisiesse passar en socorro de los Catalanes de Sicilia: dexòle el Rey sus Galeras, y nombrò General de la Armada para Sicilia à Pedro de Moncada, que llegò à Catania con nueve Galeras, y de alli à Mecina, à donde entrò para la quietud de la Isla, que no consiguiò, por el engaño del Conde de Palici, que llamò las Galeras de Genova: dizen algunos que embistieron à las nuestras, quedando vencidas, y otros refieren vencedoras; pero reciben equivocacion, porque no se encontraron las Armadas, y la nuestra bolviò à Cataluña. Prosiguieron los civiles disturbios de Sicilia, quedando los Sicilianos vencidos por el arte, y valor de Orlando de Aragon, y Frances de Vallgornera, que consiguieron entera vitoria de los Enemigos, y quedaron Señores del Campo: Blasco de Alagon siempre leal al Rey, y constante muro de la Nacion, embiò à Federico de Mantua, Guillen Arnaldo, Jayme Mitjavila, Bartholomè Castellò, y Pedro Nadal Catalanes, paraque el Rey favoreciesse à su Nacion, y cuydasse de la defensa de aquel Reyno, que era de su Real Familia.

Disturbios en Sicilia, sossegados.

Embiò à Francia el Rey al Vizconde de Fonollet, para requerir al de Francia le assegurasse los feudos de Mompeller, Omelades, y Carlades, que eran desta Corona, y la propriedad del Infante Don Jayme hijo del de Mallorca; siendo de ningun valor el empeño que avia hecho su Padre de aquellos Estados, y pidiò se restituyessen al hijo, y en su nombre à su Tutor. Embiò el Rey de Francia al Rey el Dean de Paris, para informarle de los derechos del Infante: disputòse el caso en el Consejo del Rey, y vltimamente se tomò acuerdo de que quedassen aquellos Estados por Francia, con que pagasse lo que quedava deviendo al de Mallorca: firmaronse Aliançàs, y confederacion con ambos Reyes, prosiguiòse el tratado del casamiento de la Infanta Doña Constança con el Duque de Normandia, y disputaronse las condiciones. De Valencia partiò el Rey à Daroca, Calatayud, y Zarogoça, y de alli à Huesca: embiò à Pedro de Tarrega su Secretario al Rey de Navarra, para ratificar la Paz, y confederacion: partiò el Rey à Barcelona, y estando en esta Ciudad vinieron Embaxadores de Pisa à ofrecerse al Rey contra Genova, y tratòse, que algunos feudatarios de Cerdeña sirviessen fieles contra los Dorias, y demas levantados. En este tiempo Riambao de Corbera reconsiliò à los Dorias, bolviendo al Real Servicio Manfredo, Brancaleon, y Matheo; quedando en su dureza Nicolao, y Morruel, que mantenian à Alguer con el favor de la Republica de Genova. Contra estos procediò valiente Corbera, ocupandoles muchos Lugares, y passando despues la guerra à Genova, consiguiendo muchas vitorias en aquella Ribera.

1350.

Varias Embaxadas, y reconocimientos.

Vitorias contra Ginoveses.

De Barcelona partiò el Rey à Perpiñan, à donde llegaron Embaxadores de Genova, para conseguir la pacifica possession de Alguer, y Paz con el Rey, el qual convino se dexasse al Pontifice la forma de la Concordia.

A los 16. de Deziembre promulgò

En Cataluña tiene principio la cuenta por los años de la Natividad del Señor.

gò Edicto el Rey en la Villa de Perpiñan, mandando cessar la cuenta que llevavan los Escrivanos en sus Escrituras de tiempo del Rey Don Alonso Primero, de la data de los actos por la Encarnacion del Señor; ordenando que en adelante se contassen los años por el del Nacimiento, y esta cuenta fuesse seguida en todas las Escrituras: llamò à Cortes à los Catalanes à Perpiñan, y en ellas se aprovò el Edicto, y se le diò fuerça de Ley à 14. de Março año 1351. (4)

Cortes en Perpiñan.

(4) *Real Archivo de Barcelona, Arca primera grande.* *Carbonell, Coron. f. 56.* *Zurita, t. 2 f. 240.*

1351.

Nacimiento del Infante Don Iuan.

Este año à los 27. de Deziembre pariò la Reyna en Perpiñan al Infante Don Juan, que fue Rey despues de la muerte de su Padre: llenòse toda Cataluña de particular alegria, publicada en las sumptuosas demostraciones de fiestas: quiso particularizarlas el Rey por aver nacido la Paz destos Reynos en su Primogenito, y à los 21. de Enero le diò titulo de Duque de Gerona, mandando que todos los Primogenitos de los Reyes en adelante tuviessen este titulo por Primogenitos, como en Francia el de Duques de Normandia, y despues Señores del Delfinado. Llamò à los Reynos que le jurassen Primogenito, y embiassen sus Procuradores à Perpiñan: resistieron los Aragoneses, assegurando que esta solemnidad se devia executar en Zaragoça por el Reyno de Aragon, y en Barcelona por Cataluña, Mallorca, è Islas vnidas à Cataluña: representaron la pretencion de Cataluña de querer que el nuevo Principe jurasse en Barcelona primero que en los Reynos, como primera de sus Dominios: pareciò bien al Rey se executasse el Juramento en las Ciudades Capitales. Llamò el Rey à los que tenian Estados en el Reyno de Valencia, à todos los Poblados, y Universidades, paraque se previniessen para la defensa contra el Exercito que juntava de Castellanos el Infante Don Fernando su hermano, por las pretensiones que tenia en estos Reynos, terminandose esta guerra solo con el amago.

Duque de Gerona titulo de los Primogenitos.

Bolviòse à tratar el Matrimonio de la Infanta Doña Constança, y el ajuste de las dependencias de Mompeller, y Estados de Francia: nombraron Arbitros ambos Reyes: eligiò el Francès al Dean de Parìs, à Guillen Duran Canonigo, al Mariscal Juan de Levisa, à Arnaldo Señor de Rocafull, y à Roberto Balahart; y el Rey à Bernardo de Cabrera, y à Pedro de Fonollet, que convinieron con el casamiento de la Infanta Doña Juana hija segunda del Rey, con el Conde de Anjou hijo del de Francia, con que el Francès diesse al hijo los Estados que se disputavan, y con otros pactos que en Barcelona juraron por parte del de Francia el Obispo de Cambray, y por la del Rey Galceran de Anglesola. Por este tiempo embiò el Rey à Napoles al Abad de Ripoll, à Bernardo de Cabrera, à Bernardo Olsinellas, y à Lope de Gurrèa, para concordar à la Reyna Juana con su marido el Rey Luis, y paraque casasse la hija Primogenita de aquellos Reyes con el Infante Don Juan, dandole en adote todos sus Estados, sino tuviessen hijo varon; y en caso que fuesse infructifero el Matrimonio del Infante Don Juan, quedassen, la Proença, y otros Estados de Francia que fueron de los Serenissimos Condes de Barcelona, vnidos à la Corona de Aragon; pero como la hija destos Reyes muriò muy niña, no se efectuò el Matrimonio; y esto lo calla el Rey.

Moviòse en este tiempo cruel guerra en Italia, entre Venecianos, y Ginoveses: embiò la Republica de Venecia Embaxada al Rey, paraque la favoreciesse: Instavan los Ginoveses por la Concordia, y confederacion, tambien por temor de las fuerças del Rey, vnidas con las de Venecia.

Llamò el Rey à los de su Consejo de Estado, que eran el Conde de Terranova, Pedro de Moncada, Pedro de Fonollet, Bernardo de Cabrera, Aymar de Mosset, Galceran de Anglesola, Ramon de Riusech, Bernardo de Sò, Bernardo de Codinachs

Confederase el Rey con los Venecianos, contra los Ginoveses.

nachs Maestre Racional, Ferrer de Manresa, Bernardo de Olsinellas Tesorero General, Jayme Esfar, y Garcìa Loris de Aragon: huvo varias opiniones, pero conformòse el Rey con la de Bernardo de Cabrera, de confederarse con los Venecianos, contra los Ginoveses; y hallandose en Gerona despidiò los Embaxadores de Genova, y desafiò à su Republica.

Partiò el Rey à las Cortes que tenia convocadas en Perpiñan: decretòse la guerra contra Genova, armaronse treinta Galeras, y muchos vasos à expensas desta Provincia, que ofreciò el donativo para proseguir la guerra. Sirviò Cataluña con gran liberalidad, y la Ciudad de Barcelona à mas de las Galeras, hizo donativo al Rey de cien mil libras: nombraronse Tesoreros para cobrar el dinero; y eligiò el Rey con parecer de las Cortes, General de la Empresa à Ponce de Santa Pau: diòle por Consejeros, y Cabos principales, à Ferrer de Manresa, Bonanat Descoll, Francès Finestres, y Guillen Morell de Barcelona, que eran los mas diestros en el arte, y disciplina maritima; (5) y encargò à Andrès Olivellas, y Andrès Boscà que concurriessen con los nombrados, para la mejor expedicion, y acierto de la Armada, por ser muy diestros en la disciplina: armaronse veinte y quatro Galeras, y luego seys, que tomaron la via de Mahò, governadas por Bernardo Ripoll Vice-Almirante de Valencia; y Vice-Almirante de Cataluña Bonanat Descoll, y de Mallorca Rodrigo de San Martì; à mas de estas, tenia el Rey tres en Colibre, para defensa de aquellas Costas, armadas de los Paysanos de Ruisellon, las quales governava Francès Perellòs. Llegò nuestra Armada à Caller, y de esta à Sicilia, donde encontrò veinte Galeras de Venecia: juntos los Generales deliberaron passar à Grecia, à encontrar la Armada de Genova que constava de sesenta Galeras: llegaron à la Costa de Epiro, y al Cabo, que llaman de Santa Maura, y al partir, hallandose en alta mar, sobrevino fiera tempestad, que dividiò la Armada: abriòse vna Galera de Valencia, y quedaron todas muy maltratadas; pero favoreciòles el Cielo, logrando Puerto en Coron de la Morèa, donde se repararon.

(5) *Real Archivo de Barcelona, Arca primera grande. Archivo de Perpiñan, lib. de resoluciones, fol. 88. Archivo de Barcelona, lib. 2. de los Privil. fol. 83.*

Hallavase la Armada de Genova ya de sesenta y cinco Galeras en Negroponto sobre la Ciudad, y no pudiendo conquistarla, avisada de la venida de nuestra Armada, passò à Constantinopla, y los nuestros tomaron el mismo camino, y entraron en el Puerto de aquella Ciudad; y de alli salieron à encontrar los Enemigos, que se hallavan dispuestos à la batalla. Al quererse embestir las dos Armadas, se moviò fuerte temporal, que obligò à la Armada de Genova à retirarse à Pera: no obstante el temporal, siguiò la nuestra à la Enemiga, embistiòla delante de Pera, venciòla, y desbaratòla, ganando veinte y tres Galeras, echando à pique las demàs; costando esta vitoria, doze Galeras nuestras, (que se perdieron segun la relacion de Santa Pau) y la vida de Bernardo Ripoll, y despues de Ponce de Santa Pau, que quebrantado de las heridas, y golpes, muriò en Constantinopla por el mes de Março; aviendo sucedido el naval conflito à 13. de Febrero 1352. el qual durò desde hora de Completas, hasta la mañana del siguiente dia: honranse los Ginoveses, aunque vencidos desta batalla, por aver peleado contra tales Principes, y en las historias Griegas, Venecianas, y Ginovesas cuentan con variedad este hecho; pero nosotros creo acertamos en referir lo que escrive el Rey por relacion de su General.

Vitoria contra Ginoveses.

Fundò el Rey el Monasterio de Monjas Dominicas, con titulo de San Pedro Martyr, fuera los Muros de Barcelona, cerca la Atarazana, favoreciendo esta fundacion la Infanta Doña Maria, hija del Rey Don Jayme II. que està enterrada en el Claustro de Santa Catalina de Barcelona, la qual dexò toda su ha-

Convento de Monte-Sion, y de los que le habitaron.

zienda para la fabrica de Iglesia, y Convento, con que se deve tambien llamar Fundadora: estas Religiosas vinieron del Monasterio de Prullano: año 1370. passaron à la Ciudad al lugar donde se halla el Convento de Gerusalen: de aqui año 1423. entraron en el Convento de Monte-Sion en que residen: este Monasterio tenian los Religiosos de la Penitencia, ò de los Sacos de la Orden de San Agustin desde los años cerca de 1200. los quales fueron vnidos à los Hermitaños de San Agustin año 1274. y segun otros año 1255. passaron à este Convento los Canonigos de Santa Eulalia del Campo, que fundò San Quiricio; y despues año 1423. por el Papa Martino V. à instancias del Rey Don Alonso IV. y de la Reyna Doña Maria, fueron vnidos à Santa Ana, y llevados à aquel Convento: entrególe el Rey à las Dominicas: la primera Prelada, fue Sor Constancia de Bellera. (6)

(6) *Diag. Condes de Barcelona. fol. 303. Masset, fol. 85.*

Monasterio de Menores de Puigcerdan.

A 20. de Mayo, fundó el Rey el Convento de Santa Clara de Puigcerdan de Menores: faltaron Religiosas desde el año 1550. hasta el de 1628. en que embiaron algunas del Convento de Gerusalen de Barcelona, favorecidas de Bernardo Enveig, que dotò dicho Convento.

Muerte del Santo Abad de San Cucufate Ramon Biure.

Padeciò por defender la justicia el Santo Abad de San Cucufate del Vallès Arnaldo Ramon Biure: fue Catalan del Ilustre linage de Biure, natural del Lugar San George, en el Ampurdan: recibiò el Habito de San Benito: por sus relevantes meritos electo Abad, aumentando en virtudes, penitente, y misericordioso, liberal con los pobres, y acerrimo defensor de los derechos de su Convento. Sucediò, que vn Cavallero llamado Satells, no teniendo noticias de su vnico hijo, juzgandole muerto, diò su hazienda al Convento, y despues de la muerte del Padre, llegó el hijo, que se llamava Berenguer de Satells, y pidiò al Abad su hazienda: respondiendole que no la podia restituir sin participarlo al Capitulo, enfadado el Cavallero partiò con proposito de matar al Abad, y lo executò con otros complices, dentro del Coro de la Iglesia la noche de Navidad en los Maytines, dandole muchas cuchilladas en la cabeza, siguiendole hasta el Altar, de donde tomó la Cruz por Sagrado, à la qual perdiendo el respeto tan de obligacion Christiana, à cuchilladas quitaron las manos à la Imagen de nuestro Dios, y Señor Crucificado, y entonces otra Cruz del Altar, en la qual se venerava parte de Lignum Crucis, miraculosamente bolviò la reliquia azià donde se hallava el Abad, el qual perseguido de aquellos ministros de la Ira, bolviò al Coro, donde le acabaron de matar à cuchilladas al bote de vna lança: hallase en San Cucufate el Santo Christo, la alba, amito, y capa que llevava el Santo Prelado, todo ensangrentado: venerò el Rey la memoria del Santo Abad, y procediò contra los delinquentes con zelo Catolico. (7)

(7) *Constit. de Cat. volum. 2. Arch. Real Arca segunda grade. Instrum. Sancti Cucufat. Domenech, Flos Sanct. de Catal. p. 2. fol. 8.*

Anque la vitoria contra los Ginoveses en Romania sucediò este año, fue preciso referirla en el antecedente por continuar los sucessos de aquella expedicion: despues de la vitoria, escriviò al Rey la relacion Ponce de Santa Pau como hemos referido; y la Armada nuestra, y Veneciana con las Galeras que se hallaron à proposito, y los Soldados que recogió el valor, è industria de Bonanat Descoll, Guillen Morell, y Francès Finestres, passaron à Negroponto; y quedò por General en lugar de Ponce de Santa Pau, Bonanat Descoll, y por Vice-Almirante Ramon de San Martì. 1352.

Despues de la muerte de Ponce de Santa Pau, el Duque, y Señoria de Venecia embiaron el aviso al Rey, que con extravagantes demostraciones de sentimiento manifestò el aprecio en que tenia à tan grande Capitan, que es cierto fue el mayor entre los muchos grandes, que en aquel tiempo añadian glorias à la Nacion Catalana. Mandó luego para reparar la Armada, y la

per-

perdida de las doze Galeras, como refiere Santa Pau, ò catorze como escrive el Rey, que avian ido à pique, armar otras doze; concediendo el Govierno à Matheo Mercer, y mandòle passar luego à Romania; de alli embiò el nuevo General con algunas Galeras, cuyo numero no refiere el Rey, el cuerpo del de Santa Pau, y la Galera que le llevava, cuyo Capitan era Ramon de San Vicens, diò en manos de la Armada Ginovesa que se avia reclutado, salvandose las otras.

Solicita el Pontifice la Paz de Italia, que no se logra por ocasion de su muerte.

Solicitando el Pontifice la Paz de Italia embiò sus Embaxadores al Rey para concluirla, el qual respondiò que entregandole los Ginoveses lo que tenian vsurpado en Corcega, emẽdados, y satisfechos los daños de Cerdeña, trataria la Paz, consintiendo los Venecianos: bolviò à instar el Pontifice con segunda Embaxada, representandole que de su determinacion dependia la Paz vniversal; y que la instavan los Ginoveses por los daños recibidos de los nuestros en Romania: dilatò el Rey responder al Pontifice, hasta el mes de Setiembre, para dar lugar à los progressos de sus armas vitoriosas, y concluir la Paz con mayor ventaja: llegado el tiempo, embiò al Pontifice à Ramon de Copons, y à Francès Romà, con poder para concluir las Pazes con los Capitulos referidos: embiaron tambien los Ginoveses sus Embaxadores; nombrò arbitros el Pontifice Clemente VI. y no se efectuò la Paz, por suceder en medio de la conferencia su muerte à los 7. de Deziembre.

Muere Clemente VI.

Por la muerte del Rey Don Alonso de Castilla, y sucession del Rey Don Pedro su hijo, temiendo el Rey, que este favoreceria al Infante Don Fernando su hermano que se hallava en Castilla apartado de su amistad, mandò se previniessen los Catalanes, Aragoneses, y Valencianos para oponerse à la entrada que se dezia avia de executar por la parte de Aragon: los Cabos de la gente de Cataluña, que por orden del Rey formaron Exercito en el Llano de Urgel, para hallarse promptos à defender Aragon, ò Valencia, si entrava el Infante, fueron el Conde de Pallas, el Vizconde de Vilamur, Arnaldo de Orcau, Guillen de Bellera, Arnaldo, y Roger de Eril: y aviendo muerto en este tiempo estos Cavalleros, entraron à governar las Compañias Simon de Mur, Bernardo Roger de Pallas, Berenguer de Abella, y Acart de Talarn, los quales no hizieron movimiento, por no poder executar su empresa el Infante, estorvandolo el Rey de Castilla, que pretendiò Paz, y confederacion con el nuestro, y la consiguiò con el perdon del Infante Don Fernando.

Treguas con los Ginoveses à instancia del Pontifice.

A instancias del nuevo Pontifice Innocencio Sexto, concediò treguas el Rey à los Ginoveses; y embiò à Venecia à Ramon Lull vezino de Barcelona, para que la Republica diesse gusto al Pontifice.

Por la prision del hermano del Juez de Arborèa, se refuerça la rebelion de los Ginoveses en Cerdeña.

Por este tiempo se echò nueva materia al fuego de la rebelion de los Ginoveses de Cerdeña por el Juez de Arborèa, con la prision de Juan de Arborèa su hermano sin autoridad, ni jurisdicion, por no tenerla los Barones en Cataluña, ni en los Lugares que avian participado de sus fueros, contra los Cavalleros; y aunque les requiriò el Governador Real Riambao de Corbera, no pudo conseguir la libertad de Juan de Arborèa, y menos el Rey, porque ya se hallava el Juez con animo deliberado de levantarse con la Isla: entonces admitiò el Rey à su gracia al Marquès de Malaspina, que con sus Lugares bolviò à su obediencia. Riambao de Corbera ocupò el Castillo de Monteleon, y el de Terranova, y fabricò vna fortaleza en Rocafort, para sujetar los Lugares del Juez de Arborèa, que desde entonces se declarò contra el Rey, y favoreciò à los rebeldes.

Previenese Armada para quietud de Cerdeña.

Comprehendiendo el Rey los daños de Cerdeña, y que menos que con poderosa Armada no se podian remediar, determinò formarla tal, que con ella pudiesse conseguir la quietud de la Isla, y en el interim embiò desde Cataluña à Estevan de Aragon, hijo del Duque de Athenas, con algunas Compañias para engrossar su Exercito.

Proseguian con encono en Sicilia su guerra los Sicilianos, governados por los de la Casa de Claramonte, y Palici, contra los Catalanes: favoreciò à los suyos el Rey, y à los rebeldes el de Napoles, aumentandose con el favor los odios, en daño grande de la Isla.

Convento del Carmen de Campredon.

Con aprobacion de la Villa, y Decreto antecedente de Clemente VI. se fundò el Convento de Carmelitas de Campredon, cuyo Patronazgo tiene la Villa. (8)

(8) *Corbera Catal. Illust. fol.456.*

A lo vltimo deste año, hallandose el Rey en Peniscola, mandò llamar à los de su Consejo, à los mas inteligentes de Barcelona, Mallorca, y Valencia, para conferir el modo de castigar la rebelion de Cerdeña, proseguir la guerra contra los Ginoveses, y favorecer à los Catalanes de Sicilia: determinaron se armassen cinquenta Galeras, y formòse Exercito igual para superar à sus

1353. Enemigos: reduxeronse al Real Servicio Matheo, y Manfredo Doria en Cerdeña, perdonandoles el Rey la rebelion passada.

Cervera, Condado. Parlamento en Villa-Franca.

Al primero de Febrero erigiò en Condado à Cervera, diòle à su Primogenito el Infante Don Juan Duque de Gerona, y llamò à Parlamento General à los Catalanes para Villa-Franca de Panadès, paraque le aconsejassen, y sirviessen para la guerra: estuvo toda Cataluña junta à los 8. de Março; y de comun acuerdo decretò proseguir la guerra contra los Ginoveses: ofrecieron al Rey sus Personas, y todas las haziendas; entregaron todas las imposiciones de Cataluña por tres años; à mas desto Barcelona sirviò en esta guerra con cien mil y quatro cientas libras, Tortosa con cinco mil florines, y al respeto las demàs Ciudades. (9) Solo pidiò la Nacion Catalana por el empeño desta guerra, que eligiesse el Rey General à Bernardo de Cabrera, que se executò con alegria vniversal, y confiança de la vitoria, fundada en el valor del General.

(9) *Señor Rey en su histor. Arch. de la Ciudad de Barcelona, Dietario de estos años. Arch. de Tortosa, lib. Instr. fol.149.*

CAPITULO IX.

Parte la Armada à Cerdeña: Vitorias de Riambao de Corbera, y contra Ginoveses de Bernardo de Cabrera: Cobra Alguer, y muchas Plaças: Assegura à Cerdeña: Premiale el Rey: Otra rebelion de Cerdeña, y vitoria de Cataluña: Embaxada al Papa: Rebelion del Juez de Arborèa: Passa el Rey à Cerdeña: Sus vitorias, y Pazes con el Juez: Encomios del Cardenal Fr. Berenguer de Eril: El Obispo de Barcelona ofrece las Cabezas de algunas Santas à su Iglesia: Otra rebuelta en Cerdeña: Vitorias, y Pazes: Movimientos en Sicilia: Muere el Infante Don Fadrique: Estados de Athenas, y Neopatria vnidos à la Corona: Casa el Rey su hija con el de Sicilia: Parte à Aviñon: Imagen de nuestra Señora de las Letras: Vique Condado de Osona, &c.

Partiò el Rey de Barcelona à Valencia para dar calor al armamento que se hazia en aquel Reyno, y esperar alli la Armada, que avia mandado juntar en aquella Playa: embiò à Mallorca à su Governador Gilaberto de Centellas, para pedir assistencias à los Mallorquines, que las concedieron fieles, y liberales à su Rey: Juntò la Armada en Valencia, que constava de quarenta y cinco Galeras, quatro Navios, y cinco Naves: antes de embarcarse el General, mandò viniessen los Cabos, y personas notables à vna Plaça delante el Palacio, representandoles el empeño, credito de la Nacion, y justicia de la causa: mandòles obedecer al General, assegurandoles la vitoria en el favor Divino, y Proteccion de nuestra Santissima Madre, y Patron San Jorge, que siẽpre avia sido glorioso caudillo de la Nacion. Llegò à este tiempo Embaxada del Emperador, pidiendo al Rey Pazes con los Ginoveses, à la qual respondiò, que las accep-

Previene el Rey Armada para Cerdeña.

Embaxada del Emperador.

acceptava por atencion à la SantaSede, y al Emperador, con que los Ginoveses conviniessen en los Capitulos tantas vezes propuestos, y que para la conclusion embiaria sus Embaxadores.

Partiò la Armada de la Playa de Valencia à los 8. de Julio para Mahon, y hallandose alli passando muestra de la Milicia, llegò aviso que Riambao de Corbera avia ganado à Castel Ginovès, la principal fuerça que tenian los Ginoveses en Cerdeña. Con la alegria desta noticia, surgiò la Armada de Mahon, llegò feliz à Cerdeña, y puso sitio por mar, y tierra à Alguer; y llegando Riambao de Corbera con su gente, le encargò la que llevava de desembarco Bernardo de Cabrera; partiendo con la Armada à encontrar la de Genova, por la noticia que tuvo de hallarse en el Lugar de Linayre. Apenas avia tomado el viaje, quando descubriò la Armada de Genova, que constava de cinquenta Galeras, y cinco Navios: previnose nuestra Armada para el naval conflito; y no obstante que tenia contrario el viento, à fuerza de remo embistiò à la Enemiga; y del primer encuentro le echò à pique cinco Galeras: no perdieron el aliento, y pelearon con teson los Ginoveses, manteniendo la batalla desde la mañana hasta la tarde, en que fueron totalmente vencidos, con perdida de treinta y tres Galeras, escapando el General Ginovès con las demàs, no pudiendolas seguir las nuestras por la obscuridad de la noche. Fue esta vna de las insignes vitorias que consiguiò la Nacion Catalana, quedando por ella aumentada de honra, y estimacion por el Orbe, que celebrò el arte, valor, y prudencia de Bernardo de Cabrera, venerado por el mejor General de aquel tiempo. Murieron de los Ginoveses ocho mil, y quedaron prisioneros tres mil, y ducientos; costando esta vitoria à la Nacion Catalana, solo cinco personas de cuenta, y tres cientos y cinquenta Soldados ordinarios, y algunos dos mil heridos, y entre ellos el General en el rostro. Fue tal el temor de la Republica de Genova por la perdida de su Armada, y de la mayor parte de su Nobleza, que no solo cediò del todo el dominio del mar, si por temor de perder su Ciudad, y lo que posseìan en Italia, se entregaron à Juan Viceecomite Señor de Milan durante su vida, nombrandole Duque.

Vitoria contra Ginoveses.

Conseguida esta vitoria, bolviò Bernardo de Cabrera à proseguir el assedio de Alguer, que se le entregò à 30. de Agosto, dexò por Governador à Gisperto de Castellet, y participò al Rey la vitoria, embiandole los vencidos Estādartes. Rindiò luego las devidas gracias al Dios de los Exercitos el Catolico Rey, acompañado de Hugo de Fonollet Obispo de Valencia, y de toda su Corte. Embiò luego quatro de los mas principales Estandartes de Genova, y algunos de los mas Nobles prisioneros à Barcelona, que con la assistencia de Pedro de Moncada Procurador General en ausencia del Rey, de Pedro de San Climent Veguer, Conselleres, Nobleza, y Pueblo, fueron puestos en vn grande tablado, que se fabricò en medio de la Cathedral; ofreciendo à Dios la Nacion Catalana los frutos de sus vitorias.

Entregase Alguer, despues de largo assedio.

Passados estos obsequios, aviendo Bernardo de Cabrera assegurado à Cerdeña, citò al Juez de Arborèa acusado de fautor de los Ginoveses, el qual no atreviendose à presentarse, embiò à su muger Timbor de Rocabertì, juzgando que siendo Catalana lograria el perdon, y ventajas que pretendia, y huviera logrado su intento à no desbaratarlo Francès San Climent, Bartholomè Cespujades, y Francés Corral, obligando à la Timbor Condessa de Gociano à partir para su marido muy enojada, siendo esto motivo de otra rebelion, peor que la passada en Cerdeña.

Otro movimiento en Cerdeña à influxo del Juez de Arborèa.

Partió de Alguer para Caller Bernardo de Cabrera, y levantandose Alguer contra los Catalanes à instancias del Juez de Arborèa, siguiendole muchos Lugares, y Pueblos de de la Isla, descolgòse por el muro el Governador de Alguer, librandose del alboroto; y partiò a dar la noticia à Bernardo de Cabrera, el qual tenia junta su gente en Caller para defender aquel partido. El Exercito que ya avia juntado el Juez de Arborèa, cón tal atrevimiento llegò hasta el Castillo de Caller, como sino huviesse contrarios en la Isla. Llamó entonces Bernardo à Gilaberto de Centellas, Olfo de Proxíta, Ot de Moncada, al Vizconde de Villamur, Francès Perellòs, Matheo Mercer, y à otros principales Capitanes, mandandoles juntar su gente, partiendo à encontrar á los Enemigos, que venciò, y desbaratò delante de Quart, con muerte de mil y quinientos. Para assegurar á Sacer embió à Bonanat Descoll Vice-Almirante de Cataluña con ocho Galeras, dexando la gente necessaria para el Presidio: despues repartió parte de la Armada en los Lugares Capitales, y bolvióse á Cataluña, desembarcando en Barcelona, de donde passó à Valencia à besar la mano al Rey, que le recibió con el agrado, y estimacion devida à sus Proezas, favoreciendole con largos donativos, de Galeras, y Prisioneros, que le valieron veinte y siete mil, ochenta y quatro florines, gran riqueza en aquellos siglos.

Embaxada del Rey al Pontifice Innocencio VI.

Hallandose aun el Rey en Valencia, embió à Lope de Gurrèa, à Bernardo de Tous, y al Doctor Francès Romà por sus Embaxadores al Pontifice Innocencio VI. para prestarle la obediencia, el reconocimiento de Cerdeña, y tratar de las Pazes con Genova.

1354.

Disponese el Rey para passar á Cerdeña.

Al principio deste año, llamó el Rey à los primeros de su Consejo, paraque llegassen á Valencia à decretar el modo con que se avia de proceder contra el Juez de Arborèa: aconsejaronle llegasse personalmente à aquella Isla; pues la presencia Real era el vnico medio para quietar los Vassallos: tomado el acuerdo, partiò el Rey à Barcelona, y mandó disponer el viage, embiando antes doze Galeras à Cerdeña, governadas por Miguel Perez Zapata, para aumentar el Exercito de Riambao de Corbera, y de Artal de Pallàs, que defendian con valor el partido Real. Mandò despues sacar el Real Estandarte de sus antiguos Progenitores los Serenissimos Condes de Barcelona, que solo salia quando los Reyes governavan los Exercitos, ó los Principes de la Casa Real: bolvió á nombrar General à Bernardo de Cabrera, y armar cinquenta Galeras, y veinte Naves, con mil hombres de armas á cavallo, quinientos à la ligera, y diez mil Soldados. Los principales de Cataluña que nombra el Rey fueron: Bernardo de Cabrera General, el Vizconde de Cardona, el de Cabrera, el de Caner, el de Castellbó, Ot de Moncada, el Castellan de Amposta, Arnaldo Roger de Pallás, Ramon de Pallàs, Artal de Foces, Guillen de Bellera, Bernardo de Cruilles, Gilaberto de Cruilles, Ponce de Fonoller, Francisco de Cervià, Galceran de Pinós, y Galvany de Anglesola: quedaronse algunos por viejos, y otros para solicitar las assistencias para la guerra. Llamados del celebre nombre del Rey, y del rumor desta empresa llegaron à Barcelona para servirle vn Tio del Rey de Polonia con mucha gente, Juan de Grellí Capdal de Buch Cavallero Inglès con treinta Cavalleros, y quarenta Archeros à cavallo, y el Señor de Esparra grande potentado en Gascuña. Los que nombra Tomich van à la fin del Capitulo letra *A*.

Estando para partir el Rey de Barcelona su Corte para Rosas, de donde avia de tomar el viage, llegaron Mensageros del Juez de Arborèa, ofreciendo satisfacerle, pagando suma por los gastos de la Armada, y entregar su persona en poder del Infante Don Pedro, Tio del Rey, el qual juzgando ser esta oferta arte de diversion paraque se dilatasse el viage, no quiso acceptar lo ofrecido, y emprendió su viage, dexando al Infante por su Procurador

dor General en todos los Estados, y Reynos: nombròle Consejeros para obrar con acierto, y fueron el Doctor Bernardo de Olsinellas Tesorero General, Pedro de Moncada, Vidal de Blanes, Guerao de Palou, Jayme Esfar todos grandes Letrados, y Pedro de San Climent, mandando assistiessen en Barcelona para dar providencia al govierno. Llegó aviso de Cerdeña, que la Villa de Iglesias se avia entregado á los Rebeldes, y que solo los Catalanes mantenian el Castillo con el de Caller, de Joyosa, Guarda, Aguafreda, Oria, Osolo, y Sacer; pero con peligro de perderse, sino eran socorridos. Advertido el Rey del peligro de los suyos, apressuró su viage, partiendo de Barcelona á los 5. de Mayo: llegó á Rosas, donde hallò tan aumentada su Armada por el afecto con que obraron los Vassallos, que contò entre Vaxeles, y Galeras, hasta ciento: partiò á 5. de Junio, y llegò á Alguer con varia fortuna; pero libre su Armada desembarcò sin oposicion alguna, y luego se circuyò la Plaça por mar, y por tierra, y se prepararon las maquinas para los avanzes. En este tiempo llegando la Armada de Genova al socorro de la Plaça, saliò á desafiarla Bernardo de Cabrera; pero los Ginoveses fiaron su defensa en la ligereza de sus Galeras. Muriò en este tiempo el dia de San Pedro, Riambao de Corbera Governador de la Isla, con particular sentimiento del Rey por la perdida de tal Heroe, porque fue vno de los mas insignes Generales de aquellos tiempos.

Llega el Rey á Cerdeña.

Muerte de Riambao de Corbera.

Acometiò el Rey la Plaça por tierra, con daño de los cercados; pero no de grande consequencia, respeto de la debilidad del Exercito por las enfermedades, y falta de viveres, que todos se avian de llevar de Cataluña, porque Ramon de Riusech Governador de Sacer, corria, y devastava todos los Lugares que estavan por el Juez de Arborèa. Llegaron á este tiempo al Campo Embaxadores de Venecia, pidiendo que embiasse el Rey poderes á su Embaxador Ramon Lull para tratar las Pazes con el Duque de Milan, y Genova; y lo executò á contemplacion de aquella Republica, y porque juzgava que el de Milan obligaria á los Ginoveses á entregarle el Castillo de Bonifacio, y lo q̃ posseian en Corcega. Llegaron á este tiempo á juntarse con nuestra Armada treinta Galeras de Venecia, y quatro de los Catalanes de Sicilia, que venian para pedir favor contra los que les perseguian: proponiase que el Infante Don Pedro, que era el de mayor credito en la Casa Real, y en la Nacion Catalana, partiesse á Sicilia á quietar los tumultos, y á governar el Reyno, en la menor edad del Rey Luis. Admitiò el Rey la proposicion, con que la favoreciesse el Pontifice, y la admitiessen los Sicilianos; pero hallavanse tan ardientes contra la Nacion Catalana, que no se pudo lograr este medio, ni con la autoridad del Pontifice, ni por los buenos oficios del Cardenal de Urgel á favor de su Nacion, y solo sirviò de endurecerles, y buscar su defensa en Napoles, viendo que con tumultos no podian prevalecer contra los Catalanes. Para prevenir á sus Enemigos, embiò el Rey Luis (que ya se hallava servido de los mas que se avian levantado, porque mirando el bien de la Patria se apartaron de los que buscaron su defensa en los comunes Enemigos) á Orlando de Aragon su Tio, paraque el Rey embiasse parte de su Armada á favor de su Nacion; pero dilatòse favorecer al Rey de Sicilia, por lo que importava supeditar la rebelion de Cerdeña, y porque en Sicilia, ya se hallava fuerte el partido Catalan.

Por este tiempo enfermó el Rey, y perdiò la esperanza el Juez de Arborèa, de los socorros que esperava de Milan, y Genova, siendo la enfermedad motivo de admitir las Pazes el Rey, y perdonar al Juez, y á los que le seguian; consiguiendo la concordia las diligencias de Pedro de Exerica cuñado del de Arborèa, y la aprobacion de Bernardo de Cabrera, por

Enfermedad del Rey, y Pazes.

Alguer se entrega al Rey, y salen los Ginoveses de la Plaça.

por lo que importava salir el Rey de Cerdeña, para curar de su enfermedad. Revocaronse las sentencias, perdonaronse las rebeliones, concedieronseles algunos feudos que posseìan; y obligaronse à entregar al Rey, Alguer: salieron los Ginoveses de la Plaça, y entrò el Rey (aunque enfermo, pero mejorado) en ella à 9. de Noviembre; y para tenerla assegurada, mandò poblarla de Catalanes; de alli passò à Sacer; y de aqui à la Isla de Rossa, para tomar el camino de Caller.

El Cardenal Fr. Berenguer de Eril del Orden de San Benito.

Favoreciò à Cataluña su Patria en estas dependencias el Ilustre Prelado Don Fr. Berenguer de Eril, Prior de Monserrate, despues Obispo de Urgel, y de Barcelona, Cardenal de la Santa Iglesia Romana, eminente en virtud, y letras. (1)

(1) *Argayz, Perla de Cataluña, fol. 79. y en el Teatro de la Provinc. Tarrac. tom. 2.*

El Obispo de Barcelona Don Miguel de Riçoma, enriqueciò à su Cathedral con las ricas prendas de las cabeças de Santa Ursula, Santa Digna, Santa Benigna, y Santa Lefania Virgenes, y Martyres. (2)

(2) *Diago Cond. de Barcelona, fol. 303.*

1355.

Por el mes de Enero entrò el Rey acompañado de la Reyna, y su Corte en Caller, y se detuvo en aquella Ciudad para assegurar del todo la Isla.

Muley Abrahin Rey de Tunez, y Bugìa renovò en este tiempo el Vassallage que devia al Rey, por aquellos Reynos, ofreciendo pagar dos mil doblones al año por los feudos.

Cortes en Caller.

Celebrò el Rey Cortes en Caller, diòse forma à la seguridad, y defensa de Cerdeña: mandòse à los que tenian feudos q̃ residiessen en la Isla, y tuviessen sus domicilios en la misma forma que los tenian en Barcelona los Ciudadanos de aquella Ciudad, disponiendo el Govierno, siguiendo el orden de Cataluña. Y como jamàs se diò credito al arrepentimiento del Juez de Arborèa por aver escusado entregarse al Rey, y por las sospechas de su fingido obsequio, juzgando bolveria à su mal formada idea de dominar la Isla, se detuvo el Rey en Caller, para esperar nuevo socorro de Cataluña, à la qual avia pedido levantasse Soldados para reclutar el Exercito, y para acabar de sugetar al Juez de Arborèa. Mandò partir à sus Lugares tres mil Soldados, y tres cientos de à Cavallo con quinze Galeras: hallavase el Juez de Arborèa assistido de numeroso Exercito, que avia juntado con pretexto, que el Rey no le cumplia lo que le avia concedido; encaminandose con esta gente, segun se recelava, azia al Cabo de Lugodor. Paraque se hallassen advertidos, embiò el aviso el Rey à Bernardo de Cruïlles, à Pedro de Samper, y à Bernardo de Guimerà, que governava el pie de Exercito que se hallava en Lugodor, encargandoles el cuydado de Sacer, Alguer, Osolo, y Oria. No obstante estas prevenciones militares, procedia con fiel atencion Pedro de Exerica, paraque su Cuñado el Juez se reduxesse, como devia, à servir, y à obedecer al Rey; y con mas provechoso ardid Bernardo de Cabrera tratava con los Alcaydes de los Castillos que estavan por el Iuez, que los entregassen, perdonandoles su Magestad; y tenia inteligencias para prender al Iuez, y à su hijo, que era la conclusion de la guerra; pero saliendo vanos los tratados, descubiertamente se procediò à la guerra contra el Iuez, y Matheo Doria. Bernardo de Cabrera con su gente entrò en las Villas, y Castillos del Iuez, y talò toda la campaña: Artal de Pallàs con otra partida, desahogò la Catalana colera contra los Lugares que posseìan los Pisanos: y Bernardo de Cruïlles con su gente embistiò la que tenia Matheo Doria: tuvieron fieros renquentos, obligando à los rebeldes à sugetarse, y pedir la Paz, que consiguieron por medio de Lope de Gurrèa, de Francès de Perellòs, y de Berenguer de Oms, à los onze de Iulio. El Iuez de Arborèa, perdonandole el Rey, entregò luego algunos Castillos, y se concertò depositasse otros en manos del Obispo de Oristan, mientras el Pontifice tardasse à declarar el drecho del Rey, y el

Recluta el Rey el Exercito para acabar de sugetar al Juez de Arborèa.

Renquentros en Cerdeña favorables al Rey.

el que pertenecia al Juez, y por medio deste se puso à obediencia del Rey, Matheo Doria con los mismos pactos; pero fueron ambos poco fieles, y bolvieron presto al vomito de su rebelion. En estos renquentros solo hallamos aver muerto entre las personas de cuenta Berenguer de Monròs.

Entregaronse à Pedro de Sò, Castellpedres, y otros Lugares: mandó el Rey fortificar à Quirra, y encargola à Guillen Sala junto con el cuidado de otros Castillos, y à Pedro Martinez de Sara la Villa de Iglesias, deteniendose en dar los ordenes importantes hasta medio Agosto. En este tiempo murió Artal de Pallàs General que residia en la Isla: nombrò à Olfo de Proxità, y partiò à Alguer para assegurar bien todos los Lugares de aquel distrito. A cinco de Setiembre determinò bolver à Cataluña, no obstante el aviso del Juez de Arborea que los de Vrisa no gustavan entregar la Plaça à Pedro de Só, como era el orden, afirmando que la tenian por el Duque de Milàn; y despues de aver mandado al Juez obligasse à los Vezinos à entregar la Plaça supuesto eran sus Vassallos, y encargado à Berenguer de Oms, Pedro del Bosque, y à Blasco Fernandez de Heredia que quedavan en la Isla, instassen la entrega, y se procediesse à las armas en caso de renitencia, se embarcò para Cataluña, y llegó à Badalona à doze de dicho mes, y el dia siguiente à Barcelona, donde fue recibido como era costumbre.

Muere el Infante D. Fadrique.

Murieron este año en Catania de Sicilia el Infante Don Fadrique Duque de Athenas y Neopatria, y Don Blasco de Alagon, Cabos principales de la Nacion Catalana de Sicilia, que tan prodigiosamente obraron en la defensa de aquel Reyno, contra Napoles, Francia, y los mismos Sicilianos. Despues por el mes de Octubre murió el Rey Luìs de Sicilia de diez y seis años: Fue su Cuerpo enterrado en Catania: sucediole el Infante Don Fadrique su hermano; quedando vnidos el Reyno de Sicilia, Athenas, Neopatria, y demàs Estados de la Grecia, por aver sucedido tambien al Infante Don Fadrique su Tio Señor de aquellos Estados, y fue el primer Rey que los tomò por titulo que permanece entre los Grandes de nuestro amado Monarca. Por la menor edad del Rey nombraron los de la Isla Governadora à la Infanta Doña Eufemia su hermana mayor, con poca fortuna por los disturbios que procedieron de su Govierno, no solo entre Catalanes, y Sicilianos, si tambien entre los mismos Catalanes; de que advertido el Rey temiendo la ruina de Sicilia en la division, determinò defenderla por ser Patrimonio de su Real Familia, y que tanto costava à Cataluña. Parà lograr su bien fundado intento determinò casar à la Infanta Doña Constança su hija, prometida al Rey Luìs, con el nuevo Rey de Sicilia; y para conseguirlo, embiò à Aviñon al Pontifice, el Infante Don Berenguer Conde de Ampurias su Tio, por la dispensacion, y por las dependencias de Cerdeña, suplicando al Papa perdonasse los Censos devidos, y le hiziesse gracia de los venideros por diez años, participandole tambien el deseo ardiente que tenia de visitarle. Instava en este tiempo el Papa la Paz con Genova, y para que la admitiesse el Rey, le embiò la minuta de los capitulos; los quales advertidos, juzgó ser importante su presencia en Aviñon para las dependencias, y assi decretó el viage.

Vnion de Sicilia, Athenas, Neopatria, y demàs Estados de Grecia, à la Real Corona.

Por este tiempo hallamos memoria en vna Escritura hecha en Perpiñan à 13. de Enero, de la Santa Imagen de Nuestra Señora de las Letras de San Feliu del Munt Obispado de Elna. Fuè antiguamente Priorato de los Templarios, y despues de extinguidos, Retorìa. Vna buena Muger hallò la Santa Ima-

Nuestra Señora de las Letras.

(3) Camòs Jardin de Maria fol. 345.

Imagen en vno de algunos Charcos, que avia en vn Bosque cerca de la Iglesia. Sucede en la Ara del Altar de la Virgen la maravilla de las Letras, que aparecen todos los años dia de la Anunciacion, como esta referido en la primera Parte. (3)

1356. Parte el Rey para Aviñon para tratar con el Pontifice.

Partió de Barcelona el Rey para Perpiñan, acompañado de Don Alonso de Aragon su Primo hijo del Infante Don Pedro, de Bernardo de Cabrera, de Gilaberto de Centellas, de Juan Ximenez de Vrrèa, y de otros de su Corte; de alli passó à Aviñon, donde fue con ostentosa Magestad recibido del Pontifice, el qual en presencia del Rey celebrò Missa; y en la misma Capilla diò el Rey à Don Alonso de Aragon el Condado de Denia, con los Lugares que avian sido de Bernardo de Sarrià: despues fue Marquès de Denia, Conde de Ribagorça, Marquès de Villena, y primer Condestable de Castilla.

Tratose de Pazes con los Ginoveses, y de las pretenciones de los Señores de Milan y Dorias, disponiendose los capitulos, que no aprovecharon por la rebelion de Matheo Doria, quedando las dependencias de Cerdeña, y Genova en su primer estado de rompimiento. Consiguiò el Rey la dispensacion del Matrimonio de su hija con el Rey de Sicilia, y assegurar aquel Reyno en los tratados de Paz con la Iglesia, nombrando el Pontifice Plenipotenciarios à los Cardenales de Bolonia, Prevestino, y de Magdelona. Concluìdo su empeño, bolviò el Rey à Perpiñan, y de alli embiò por sus Embaxadores à Sicilia, à Armengol Martì, y à Berenguer Carbonell Secretario de la Reyna, para que el de Sicilia embiase al Papa sus Plenipotenciarios para las Pazes. Premió al primero de Março à Bernardo de Cabrera, parte de sus grandes servicios, erigiendo en Condado la Ciudad de Vique dandole vna legua al circuito de la Ciudad, llamandola Condado de Osona, y concediole à Bernardino Vizconde de Cabrera hijo de Bernardo de Cabrera.

A. *Los Condes de Pradès, Denia, y Ampurias, el Vizconde de Rocabertì, el Vizconde de Cabrera, el Vizconde de Cardona, el Vizconde de Illa, y Canet, el Vizconde de Castellnou, Ot, Gaston, y Roger de Moncada, Guerao de Cervellò, Berenguer de Anglesola, Galceràn de Pinòs, y Bernardo Galceràn de Pinòs, Guillen de Bellera, Arnaldo Roger de Eril, Arnaldo de Pallàs, Gilaberto de Cruilles, N. Aymerich, Pedro de Centellas, Pedro de Malany, Arnaldo de Orcau, Berenguer de Abella, Dalmao de Queralt, Ramon Alemany de Cervellò, Dalmao de Mur, Orriols de Foxà, Francisco Zagarriga, Arnaldo Alemany de Toralla, Guerao de Guimerà, Pedro de Palafolls, Pedro de Belloch, Bernardo de Togores, Bernardo Descoll, Juan de Mombuy, Galceràn de Senmenat, Pelegrin y Riambao de Corbera, Guillen de Cartellà, Francì Coloma, Bernardo de Vilademany, Matheo de Caldès, Ramon de Boxados, Asberto Zatrilla, Pedro Asbert, Guillen de Oluja, Bernardo de Llupià, Arnaldo de Bañuls, Jofre de Conadal, Pedro de Rocabruna, Pedro San Feliu, Guillen de Sancernì, Pedro Ramon de Copons, Bernardo de Vilarig, Guillen de Rejadell, Ramon de Paguera, Pedro de Barberà, Ramon de Monclar, Pedro de Sarrià, Grao de Espès, N. Juyà, N. Vilafranca, Ponce, Ramon, y Jayme Descallar, Bernardo de Talamanca, Pedro de Aragall, Guillen, y Ramon de Josa, N. de Monsoris, Guillen de Malla, Arnaldo de Vilalba, Pedro de Labia, Pedro de Luna, &c.*

†

CAPI-

CAPITVLO X.

Embaxadas del Rey à Francia : Guerras en aquel Reyno : Casamiento de las hijas del Rey : Armada de Catalanes à favor de Francia: General Francès Perellòs : Prision del Rey de Francia : Motivos de la Guerra de Castilla : Progressos de ella hasta la entrada del de Trastamara en Castilla : Guerras en Sicilia, y rebeliones : Vitorias de Catalanes en diferentes partes: Treguas que no cumple el Rey de Castilla : Descomulgale el Legado del Papa : Pazes con el Infante Don Fernando : Invencion de N. Señora de las Salinas : Parlamento en Gerona, &c.

ESte mismo año bolviò el Rey à embiar à Francia por su Embaxador à Francès Perellòs, el qual el año antecedente avia buelto de aquel Reyno sin concluìr los Tratados para que avia sido embiado; y assi aviendo dado el Rey la exclusiva al de Navarra del Casamiento que pretendia para el Principe de Galès Mayorazgo de Ingalaterra, por tener ajustado el Matrimonio de la Infanta Doña Constança, que solicitava el Inglés, con el Rey de Sicilia; y para no disgustar al Francès con el qual estava finamente vnido, embiò à Perellòs, para solicitar el Casamiento de la Infanta Doña Juana su hija con el segundo Genito de la Casa de Francia, y el de la Infanta de Mallorca con el Conde de Armenaque, y no menos para assegurar las Pazes, y vnion de ambos Reyes, que quedaron firmes sin la conclusion de los Casamientos.

Sucedieron en Francia graves, y crueles Guerras por la Prision del Rey de Navarra, y muerte del Conde de Areuncurt, del Señor de Grabela, y de otros. Pidiò el Rey la libertad del Navarro, y con mayor empeño, y Guerra declarada, la solicitaron el Inglès, y el Conde de Foix el qual no pudo atraher al Rey à su partido contra Francia; antes bien favoreciendole permitiò que armasse nueve Galeras, y otros Barcos en Cataluña, nombrando General à Francès Perellòs, al qual favoreciò el Rey de Francia nombrandole General Almirante de toda su Armada, quedando Ilustrado con el Titulo de Almirante de Aragon, y Francia. Passó Perellòs con nuestra Armada à Bretaña, donde era el peso de la Guerra, obrando maravillas en aquellos Mares.

Francès Perellós Almirante de Aragon, y Francia.

Faltò en este tiempo à lo que avia ofrecido al Rey, Matheo Doria, y levantandose sin rebozo, ocupò el Castillo de Oria: apurado de la contumacia el Rey, embiò para castigarla à Gilaberto de Centellas, eligiendole General de la Armada, que mandò aprestar en Barcelona, añadiendo à la que tenia desde su buelta de Cerdeña seys Galeras, substituyendolas en lugar de las que tenia en las Costas de Francia al Govierno de Francès Perellòs: hizose esta Armada à costa de Cataluña, y principalmente de Barcelona, costando à la Ciudad sola, passados de cien mil escudos, por hallarse el Rey muy falto de dinero, pues como refiere el mismo en su historia, para la buelta de Cerdeña le huvieron de buscar, y pedir en Cataluña el Procurador General, y el Thesorero Juan de Olsinellas, remitiendole para el viage. (1) Fuè Capitàn del Mar, y Almirante en esta empresa Galceràn de Fonollet, y Vice-Almirante Bonanat de Massanet: partiò la Armada de Barcelona à Colibre, donde estavan prevenidas las Milicias, y de alli à los primeros de Julio à Cerdeña, donde vnida con el Exercito que tenia el Rey en la Isla, quedaron alentados los lea-

Buelve otra vez à Cerdeña la Armada.

(1) *Señor Rey Don Pedro, en su Hist. Archivo de la Ciudad de Barcelona en este año, y 1353.*

leales, y castigados los rebeldes.

Exalò ardientes llamas el volcàn de los coraçones de los dos Reyes Pedros de Aragon, y Castilla, cuyas vorazes ascuas abrasaron, y consumieron parte de ambos Reynos, y con mas actividad al de Castilla, hasta la tragica muerte de su Rey. Hallavase el fuego de la ira oculto en los coraçones Reales, sentido nuestro Rey por la defensa de los Infantes Don Fernando, y Don Juan, sus hermanos, à quienes favoreciò el de Castilla, y este porque le parecia devia el Rey por su medio condescender à las pretenciones de los Infantes. Reprimiò su brillante espiritu nuestro Rey Don Pedro, (aunque ofendido en la entrega de Origuela, Alicante, y algunos Castillos, Patrimonio del Infante Don Fernando, el qual los avia puesto en poder del de Castilla para tenerle assegurado en su Proteccion) porque las Guerras de Cerdeña, y empeños contra los Ginoveses le tenian embaraçado. Obrò la negociacion, aplicaronse medios suaves para que restituyesse las Plaças el de Castilla; pero con poco fruto: llegò el lanze de exalar su rencor, y declararse ambos Reyes, y Vassallos: sucediò que passando con su Armada Francès Perellòs por las Costas de Andaluzia, cerca Cadiz encontrò dos Naves Ginovesas, rindiòlas, y tomó quanto llevavan: empeñòse el Rey de Castilla que se hallava en Sevilla, para que nuestro General bolviesse las Naves, y carga à los Ginoveses: no quiso condescender el de Perellòs, è hizose à la vela. Ofendido el de Castilla, que yà buscava motivos para la Guerra, embiò Embaxada al Rey que se hallava en Perpiñàn, mandò prender à los Mercaderes Catalanes que se hallavan en Sevilla, y secrestar sus haziendas. Refiriò su Embaxada publica delante del Rey, y toda su Corte, el Embaxador, quexósse de aver la Armada de Cataluña derrotado à la de Castilla à la boca de Guadalquivir con color de componerse la Armada de Navios Ginoveses, de no querer reconocer al Maestre de Calatrava nombrado por el Rey de Castilla los Comendadores de Aragon, de admitir en estos Reynos à sus Vassallos Rebeldes, y del sucesso de las Naves Ginovesas, entregò vna dilatada carta de su Rey, que traslada el nuestro en su Historia, pretendiendo prompta satisfacion.

Rompimiento de la Paz, entre Aragon, y Castilla.

Concluìda la Embaxada, llamò el Rey à sus Consejeros, que eran, Pedro de Fonollet Vizconde de Illa, Bernardo de Cabrera, Bernardo de Sò, Matheo Mercer, Ferrer de Manresa, Berenguer Doms, Jayme Esfar, y Pedro Zacosta: mandó leer la Carta, y dividiòse en dos opiniones el Consejo: la que admitió el Rey fuè no dar satisfacion, porque de la Carta se inferìa el desafio, y respondió al Embaxador, que dixesse à su Rey que no pretendia satisfacerle, pues no parecia lo queria, y que no le tuviesse yà por amigo.

Antes de publicar la Guerra, entraron los de Castilla por el Reyno de Murcia al de Valencia, y por la Señoria de Molina al de Aragon, de la qual novedad noticioso el Rey mandó juntar Aragoneses, y Valencianos, à la comun defensa, y embiòles desde Perpiñan à Francès Marradas con ducientos Soldados de Cavallo Catalanes, con orden al Conde de Denia que atendiesse solo à la defensa hasta que se previniesse Exercito, el qual devia ser numeroso, por la dificultad de las entradas de Valencia à Murcia, y era dificil mantenerle por la falta de viveres en aquellos Reynos, ocasion de mudarse la fuerça de la Guerra à la parte de Aragon. Mandò prevenido el Rey fortificar la Ciudad de Valencia, encargòla con el peso de la Guerra en aquella parte

te

te al vigilante cuydado de su Tio el Conde de Ampurias.

Los Aragoneses de Daroca, Calatayud, y Teruel juntos, no solo defendieron sus Terminos, si entraron en los de los Enemigos, con notable daño de las Fronteras de Castilla: por otra parte los Catalanes governados por el Conde de Vrgel, los Valencianos, con el Conde de Denia, y los Aragoneses con el Conde de Luna entraron por las Fronteras de Molina, y Requena, talando los campos en daño notable de aquellos Estados, derrotaron el Exercito de Castellanos, que governava Gutier Fernandez de Toledo, y quemaron mas de cinquenta Aldeas, y los Arravales de Requena. Viendo el Rey tan travada la Guerra determinó formar Exercito numeroso, embiò sus ordenes à los Comunes, y feudatarios de sus Reynos, al Infante de Navarra para que le remitiesse los quatrocientos Cavallos à que estava obligado para quando importassen al Rey, y al Conde de Foix, y Vizconde de Castellbó mandandoles juntar toda la gente de àpiè, y de àcavallo que pudiessen como devian por Vassallos.

Prision del Rey de Francia por Eduardo Principe de Ingalaterra.

Sucedieron en este tiempo crueles guerras, y civiles disturbios en Francia, con la prision de su Rey, vencido, y preso en la Batalla de Putiers por Eduardo Principe de Ingalaterra, que diò motivo al Rey de no efectuar el Matrimonio concertado de la Infanta Doña Juana con Luìs Conde de Anjou, hijo segundo del Rey de Francia; casandola con Juan Conde de Ampurias hijo del Infante Don Ramon Berenguer Conde de Ampurias.

Alteraciones en Sicilia.

Imitò Sicilia en sus repetidas alteraciones à la Francia, los levantados del Vando de Claramonte, tenian ocupado à Palermo, y entregaron por traìcion à Mecina à los Reyes de Napoles, estando en ella las Infantas Doña Blanca, y Doña Violante, hermanas del Rey Don Fadrique, que llevaron pressas à Napoles, quedando aquella Isla la mayor parte en poder de los Rebeldes, la qual restauró la Nacion Catalana Capitaneada por el invicto valor, y constancia de Don Artàl de Alagon. Por esta ocasion se solemnizó el Matrimonio en Perpiñan à 21. de Setiembre de la Infanta Doña Constança con el Rey Don Fadrique con poderes dados à su Embaxador, y fueron embiados por el Rey à Sicilia Francès de Bellcastell, y Berenguer Carbonell, para que ratificasse aquel Rey el Matrimonio, y executasse las Bodas; pero huvo de dilatarse por tres años el passage de la Reyna, por ocasion de las guerras de aquel Reyno.

Passa al servicio del Rey con otros el Códe de Trastamara, hermano del de Castilla.

Vino al servicio del Rey, y se hizo su Vassallo, desnaturalizandose de Castilla el Conde de Trastomara Don Henrique hermano natural del Rey de Castilla, y otros Cavalleros de aquel Reyno: heredòle el Rey en estos, dandole algunos Lugares del Infante Don Fernando, aunque con mucho trabajo por no querer admitir los Paysanos al Castellano Conde.

Desde Barcelona su Corte embiò el Rey sus letras à los Grandes, Nobles, y Pueblos de Cataluña, para que con sus gentes se hallassen en Lerida, elegida Plaça de Armas, para desde ella embiar los socorros à Aragon, y Valencia, (los llamados que nombra el Rey fueron el Infante Don Pedro Conde de Pradès, y Ribagorça, el Infante Don Ramon Berenguer Conde de Ampurias, Pedro Conde de Vrgel, Alonso Conde de Denia, Bernardo de Cabrera, Don Pedro de Exerìca, el Prior de Cataluña, el Maestre de Montesa, Gilaberto de Cruilles) y à todos los Nobles de Cataluña, Aragon, y Valencia, encargando à los naturales destos dos Reynos su defensa, assegurandoles que de Cataluña embiaria con numeroso Exercito al Vizconde de

Car-

Cardona, à Dalmao de Queralt, à Ramon Alemany de Cervelló, à Pedro Galceràn de Pinòs, y otros, con los quales no solo podrian defenderse, si tambien ofender à los Enemigos, porque llegarian bien acompañados.

Entra el Rey de Castilla à Valencia con poderoso Exercito de Castellanos, y Moros.

Entró el Rey de Castilla con poderoso Exercito de Castellanos, y Moros por el Reyno de Murcia al de Valencia: Llegó à Alcarraz, y entendiò los daños, que nuestro Exercito avia executado en Castilla: Juntòse en Torrijos con el Infante Don Fernando hermano de nuestro Rey: Dividieronse para hazer la guerra, el Infante con su piè de Exercito por la parte de Xativa, y el de Castilla con su gente por la parte de Requena en el Reyno de Valencia: Passó el Infante à la Vega de Biar, alli renunciò la fidelidad, y naturaleza devida al Rey su hermano. Quiso persuadir à los de Biar le admitiessen: respondieron intrepidos con las saetas, que disparavan de los Arcos, obligando al Infante à retirarse à Elda. Partiò el Rey de Barcelona à Lerida, donde se hallava nuestro Exercito, tomò el camino de Aragon, llegó à Zaragoça, y mandò partir à Valencia (donde se hallava el Infante Don Fernando, persuadiendo à los Pueblos le siguiessen, sin poderlo conseguir) à buena parte del Exercito de Catalanes, que llegaron tan à tiempo que no solo defendieron à Valencia, si tambien ganaron à fuerça de sus braços à Alicante, que el Infante avia entregado à los Castellanos, quedando en su defensa el Maestre de Montesa, y Pedro Arnaldo de Parestortes Prior de Cataluña.

Vitoria de los Catalanes en Valencia.

Fray Nicolàs Rossell Cardenal, del Ordē de Predicadores.

Creó el Pontifice Inocencio Cardenal à Fray Nicolàs Rossell Provincial de los Dominicos desta Provincia, solemnizando la gracia el Rey con festivas demostraciones, por lo que apreciava sus relevantes prendas de virtud, y letras.

1357. De Zaragoça partiò el Rey à Calatayud; y los Capitanes de aquella Frontera ganaron à los Castellanos el Castillo, y Villa de Ibdes, y llegò à Daroca, donde tenia congregado Cortes para defensa del Reyno. Entrò el Exercito de Castilla por Molina, corriò los Lugares de Fuzet, y robaron à Santander. Mandò el Rey desamparassen los Paisanos los Lugares de aquella Frontera, y se recogiessen en Lubel, donde se hallava por Governador Pedro Gibert Bru, y embiò para engrossar aquel piè de Exercito, y defender aquella Frontera al Conde de Trastamara. En este tiempo los Infantes Don Fernando, y Don Juan hermanos del Rey, que se hallavan en el Reyno de Valencia, combatieron à Bembola, y fueron obligados por los defensores à levantar el Assedio, con perdida de mucha gente. Nombrò el Rey General de su Exercito por la parte de Valencia, en oposicion de los Infantes, al Infante Don Pedro Conde de Pradès, y mandò le assistiessen con la gente de Cataluña, y alguna de Aragon, y Valencia, el Conde de Ampurias, los Condes de Osona y Denia, Pedro de Exerica, Pedro de Tous, el Vizconde de Cardona, el Prior de Cataluña, Dalmau de Queralt, Guillen Ramon de Moncada, Pedro Galceràn de Pinós, Berenguer de Ribelles, Francès de Servià, Gilaberto de Centellas, y Pedro Maça de Lizana; y aviendo dado providencia, y ordenes bolviò à Zaragoça, y solicitó las assistencias del Conde de Foix, Vizconde de Castellbò, Vizcondes de Narbona y Coserans, del Conde de Montlesay, y de algunos Principes Franceses.

En este intermedio, juntaronse los Exercitos del Rey de Castilla, y de los Infantes de Aragon. Despues de cortos progressos, y de buenas prevenciones de ambos Exercitos, llegò el de Castilla con su Campo sobre Cisamon, Castillo fuerte del Rey en las Fronteras de Molina:

Em-

Embió parte de su Exercito contra Cubel, y quedó con el residuo, estrechando à Cisemon, y fue obligado à dexar ambos Assedios por las novedades que sucedieron en Castilla, movidas de la viveza del Rey, que avia embiado con grande secreto à Lope de Gurrèa, à Berenguer Palau, y à Jayme Desfar, para tratar con el Maestre de San-Tiago, Don Tello Señor de Vizcaya hermano del de Castilla, el Conde de Telamon, Don Alvar Perez de Guzman, y otros, para que passassen à estos Reynos, ó moviessen guerra al de Castilla en los suyos. Convinieron à la proposicion, y obligaronse à declararse contra su Rey, con pacto, que si se conquistavan Sevilla, Cordova, Cadiz, y qualquier Ciudad del Reyno, quedásen por el Rey, y las Villas, y Castillos por estos Cavalleros de Castilla: Hizieronse Vassallos del Rey, que les prometiò recompensa en Cataluña, de los Lugares que perderian en Castilla, y pagarles ocho cientos Cavallos, y otros tantos Infantes: Executaron la empresa estos Cavalleros ocupando algunos Lugares de la Andaluzia, obligando al de Castilla para defender lo proprio à dexar la esperança de las conquistas de lo ageno.

Algunos Cavalleros de Castilla hazen guerra à su Rey haziendose Vassallos del nuestro.

Entrò en Castilla el Conde de Trastamara, ganò à Ciria, y el de Castilla dexando gente al oposito, bolviò à entrar en Aragon, y ocupò algunos Castillos. Mandó el Rey juntar las huestes de Aragon, y que con las de algunos Cavalleros Catalanes, y del Arçobispo de Zaragoça se pusiessen en Cetina para oponerse à los Enemigos.

Avia mandado juntar el Rey à los Catalanes en Lerida à Parlamento General para conferir, y resolver la forma de la guerra contra Castilla, en la qual hallandose muy empeñado, y no pudiendo assistir al Parlamento, embió al Obispo de Huesca su Canciller Don Pedro de Fonollet, Bernardo de Olsinellas Thesorero General, Bernardo de Toms, y Berenguer de Retal, de su Consejo, que confirieron con los Syndicos, y estos partieron à Sariñena, donde se hallava el Rey, concluiendo el modo de mantener la guerra, y las assistencias que devia dar Cataluña, conviniendo que en las nuevas imposiciones para mantener la guerra concurriessen el Rey, Reyna, è Infantes sin excempcion. (2)

Rey, y Reyna pagan los derechos.

(2) *Zurita tom. 2. lib. 9. cap. 10.*

Llegò à Zaragoça donde yà se hallava el Rey, el Cardenal de Santa Maria in Cosmedim por Legado à Latère para tratar Pazes con ambos Reyes: recibiole el nuestro con reverente obsequio, y aviendole dispuesto à la concordia, passò el Legado à tratarla con el de Castilla, que no la quiso admitir; y para disponerles concertò el Legado con ambos Reyes quinze dias de treguas, los quales cumplidos, bolvieron à sus militares empeños.

Viene el Legado del Papa para ajustar las Pazes entre los Reyes de Aragon, y Castilla.

Tenia el Rey divididas sus Tropas en las Fronteras, y el de Castilla congregado su Exercito; con que facilmente, y sin estorvo pudo passar al Assedio de Taraçona, que segun refieren las Historias de Aragon se defendiò bien; però como refiere el Rey malamente la entregò Miguel de Gurrèa, passandose por temor con su familia al Reyno de Navarra. Llamò el Rey à todos sus Capitanes para oponerse con formado Exercito al Castellano: llegaron el Conde de Trastamara con sus Castellanos, Don Lope de Luna, y Don Pedro de Exerica con las Tropas de las Fronteras de Castilla, y Murcia, y de Cataluña, el Conde de Pallàs, el Vizconde de Rocabertì, el de Canet, y Illa, Ramon de Anglesola, y otros Cabos de los Catalanes; però antes que se juntassen estas Tropas asegurò à Zaragoça fortificando la Aljaferìa. Embió al Prior de Cataluña, y à Pedro Fernandez, con buenas Compañias de àcavallo à Calatayud, para la defensa de aquella

Fron-

Frontera con las Compañias de la Almunia, y diò otros ordenes importantes à la defensa de las Plaças.

Llegò à este tiempo al Rey el Lugarteniente del Lenguadoque Embaxador del de Francia, pidiendo al Rey permitiesse que los que quisiessen, pudiessen partir à Francia à defender à aquel Rey del poder Inglès, y lo concediò aunque tan empeñado en sus guerras.

Disponense los dos Exercitos para Batalla, però el de Castilla se retira.

Saliò el Rey de Castilla con su Exercito de Taraçona para Borja: partiò al oposito el Rey de Aragon, juntadas sus Tropas en Magallon, y mandò al Conde de Luna, Gilaberto de Centellas, Fray Guerao Zatallada del Habito de San Juan, y à las Compañias de Calatayud que se fortificassen en la Almunia; y à Pedro Fernandez de Ixar, y à Don Martin de Luna, mandó passar con su gente à Epila: Llegó à incorporarse con nuestro Exercito el Conde de Foix con sus Vassallos: Caminaron ambos Exercitos al parecer alentados al conflito, y nuestro Rey con deseo de dar la Batalla: llegaron à verse en el Lugar llamado la Muela: Provaron su valor con algunas escaramuzas, y retirose sin querer provar fortuna el Rey de Castilla, aunque superior, à Taraçona, y à Magallon el nuestro triste por no aver logrado la Batalla pretendida.

Consigue el Legado treguas por causa de los Plenipotenciarios de Castilla.

Advirtiendo el Legado con las pruevas de la guerra, yà mas blando al de Castilla, bolviò à los tratados de Paz, y consiguió treguas para cerca de dos años, desde Navidad à San Juan, despues por todo vn año; y passado, por sesenta dias, entrando en las treguas tambien los Ginoveses; però no se lograron porque los Plenipotenciarios de Castilla pusieron dificultades en la restitucion de las Plaças, y en entregar las que devian, en poder del Legado; aunque se disculpavan con las sutilezas, como dezian, de Bernardo de Cabrera. No se encubriò al Legado quien faltava à la obligacion, pues descomulgò al Rey de Castilla, y puso entredicho en sus Reynos, señal evidente que por su causa no se executava lo ajustado.

Descomulga el Legado al Rey de Castilla, y pone entredicho en sus Reynos.

Embió el Rey al Legado que se hallava en Huesca el Obispo de dicha Ciudad, Bernardo de Cabrera, Francès Romà Vicecanciller, Bernardo Olsinellas, Bernardo de Tous, y Pedro Vrrìes, para que declarase el Legado aver incurrido el de Castilla en las penas impuestas al que faltase à lo acordado en las treguas; y se executò à 20. de Noviembre, declarando aver de pagar el de Castilla cien mil marcos de Plata, y bolvieronse à agravar las censuras.

Concordia del Rey con el Infante D. Fernando ajustada por el zelo de Bernardo de Cabrera.

Por el zelo al bien publico de Bernardo de Cabrera, diò grata audiencia el Rey à la concordia con el Infante Don Fernando, y el Infante se empeñò à reducirse al Real Servicio. Concluyeron la Paz Bernardo de Cabrera, Gilaberto de Centellas, Berenguer de Abella, Matheo Mercer, Ximen Perez de vn Castillo, y Pedro Fernandez de Ixar, nò obstante que no pudieron convenir con los nombrados de parte del Infante, que fueron Acart de Mur, Pedro de Cima, y Arnaldo de Francia: Solicitaron se viessen el Rey, y el Infante para la conclusion, como lo executaron, y despues publicamente vino el Infante, hallandose el Rey en Valencia, à rendirle obediente su persona, y bolver al lugar antiguo de hermano, Vassallo, y amigo del Rey.

Rindese obediente el Infante D. Fernando al Rey.

Por este tiempo manifestò la Virgen su milagrosa Imagen de las Salinas, cuya Iglesia se edificò à vna legua de Massanet de Cabrenys Obispado de Gerona: Fue hallada por los del Pueblo, llevados de los bramìdos de vn Toro de la Casa, que se llama Roure, que aun permanece, el qual apartandose de la manada, se ponia delante vna Cue-

Nuestra Señora de las Salinas.

va

(3) Camós Jardin de Maria fol. 18.

va del Monte, dando fuertes bramidos arrodillado: Tantas vezes lo executó, que admirados los Pastores entraron en la Cueva, y descubrieron el precioso Tesoro: labrosele luego Capilla à 250. passos de la Cueva poco mas, ò menos. (3)

Hallavanse en buen estado por el vigilante cuidado del Rey las dependencias de Cerdeña, y para assegurarlas casò à Bernardo de Guimerà con la hija de Branca Doria, y diole el Govierno del Cabo de Lugodor: mandò à dicho Guimerà, à Olfo de Proxita, à Berenguer Carròs, à Juan Carròs, à Manuel de Entença, à Vmberto Desgatell, à Ramon de Ampurias, y à Francisco de San Climent Cabos de la Isla, que advirtiessen el proceder de los Ginoveses, no fiando de sus promesas.

(4) Archivo de Barcelona lib. Privil.

Hallavase Sicilia theatro de miserias, perseguida de sus ingratos hijos, divididos en vandos, y vnidos para perder su Patria: No tenia otro recurso aquel Rey, y la Nacion Catalana Poblada en ella, que el del Rey, y de Cataluña, que assistiò como pudo, y la Ciudad de Barcelona con dos Galeras bien armadas, (4) que llegaron à tiempo de dar la vitoria à la Nacion. El Rey Luìs de Napoles, al qual los rebeldes avian entregado Mecina, con grande Exercito partiò à la conquista del fuerte Castillo de Yachi, y despues de plantadas las Baterìas, abierta brecha, diò algunos avanzes, rechazado con valor de los Catalanes, que se hallavan dentro de Guarnicion: Socorrioles el Rey de Sicilia, y para el acierto juntò la gente que pudo Don Artal de Alagon, vnido con los que eran fieles, y partiò à Catania, adonde avian llegado las dos Galeras de Barcelona: Entrò Don Artal en ellas, y con otra que tenia, y algunos Navios de remos, embistiò à cinco de los enemigos, tomò tres, y escaparon dos: al siguiente dia quiso Don Artal dar sobre los assediadores de

Vitoria en Sicilia contra el Rey de Napoles.

Yachi, los quales no esperando el renquentro, levantaron el Sitio, y partieron à Mecina: Siguieronles los Catalanes, y en el camino los desbarataron, y vencieron, muriendo muchos de los enemigos en la Batalla, y mas à manos de los Villanos de los Pueblos vezinos, que no perdonaron ni à vno de los que pretendian librarse con la fuga.

Este año irritado el Rey de Napoles por la derrota de su Exercito, juntò nuevas fuerças para proseguir la guerra; peró se hallò engañado, y obligado à dexar Sicilia, y passar à Calabria. 1358.

Tenia en este tiempo el Infante Don Fernando la Villa de Jumilla que pertenecia al Rey: requiriole el de Castilla mandasse entregarsela, y no lo permitió el Infante: Entrò el de Castilla en Aragon, rindiò la Villa, y Castillo; y passando el Moncayo, ocupó el Castillo de Ferrellon: En premio destas conquistas executadas por el Maestre de San-Tiago su hermano, le mandò matar; y pretendiendo executar la misma crueldad con el otro hermano Don Tello, se acogiò este à Bayon; y mas irritado contra su Sangre, mandò matar al Infante Don Juan hermano de nuestro Rey, y su Primo, en su mismo Palacio, mandando prender à la Reyna Doña Leonor Madre del Infante. Para vengar estos agravios, llamò el Rey à los Catalanes hallandose en Gerona, para que le sirviessen para proseguir la guerra: Acudieron al Parlamento, y empeñaronse en proseguirla: Ofreciò Barcelona 170. Cavallos pagados, (5) Tortosa 140. mil sueldos, (6) y à proporcion los otros Pueblos, y Barones. Con esta gente, y la que juntò Aragon, y Valencia, entrò el Conde de Trastamara à Castilla por Soria, ganò à Seron, y pussose sobre Alcazar Plaça fuerte, y de aqui se prosiguió la guerra con mayor encono.

Parlamento en Gerona, prevenciones contra Castilla.

(5) Archivo de Bar. lib. Privil. fol. 49.

(6) Arch. de Tortosa lib. Instrum. fol. 153. pag. 2.

CAPITVLO XI.

Desafia el Rey al de Castilla: Elige por Compañero à Bernardo Galceràn de Pinòs: Defensa de Alicante: Vandos, Paz, Cortes, y Servicios de los Catalanes: El Infante Don Pedro Conde de Pradès entra en Religion: Nacimiento del Infante Don Martin: Entra el Rey en Castilla: Sus Vitorias: Viene Legado para las Pazes, y no se ajustan: Defensa valerosa de Barcelona contra la Armada de Castilla; que huye de la nuestra: Vitoria en Araviana: trata paz el de Portugal: Entra nuestro Exercito en Castilla vitorioso: Batalla: Paz con Genova, perdida de quatro Galeras: Parte Doña Constança à Sicilia, &c.

Desafia nuestro Rey al de Castilla.

POR el estimulo del daño de sus Vassallos, y Reynos, conociendo el Rey que sus privadas enemistades eran motivo de la guerra, pretendiò concluirla en alivio de sus Pueblos, desafiando al Castellano, diez à diez, ò veinte à veinte, hasta ciento con ciento, en tierras del Emperador, ù del Rey de Francia, assegurando estos Principes el campo: No deviò de admitir este desafio el Rey de Castilla, pues el nuestro le bolviò à desafiar delante del Papa, y para el empeño, embiò à Aviñon à su Vicecanciller el Doctor Francès Romà, con orden que encargasse à Bernardo Galceràn de Pinòs executase el Reto delante el Pontifice, porque se hallava en aquella Corte desterrado de Cataluña por vna muerte, y tambien porque el Rey le avia elegido por compañero si el de Castilla admitia el desafio, assegurado de su gran valor, y destreza, que era admiracion de aquel tiempo. Aunque Bernardo se escusó, temiendo que el de Castilla nombraria persona Real por segundo, huvo de executarlo assegurado que el Rey en tal lançe le daria la graduacion de Rey de Mallorca: Publicó el desafio Bernardo de Pinòs varias vezes delante el Papa, y su Corte, diziendo: *Que si el Rey de Castilla osa afirmar que no es traydor, el Rey de Aragon se lo combatirà dos à dos.* Peró el de Castilla siempre hizo como que no entendia el Reto; (1) antes bien con doze Galeras proprias, y seis de Ginoveses, saliò de Sevilla contra Alicante, llegó à Guardamar, desembarcò la gente, combatiò la Villa, y la ocupó, retirandose los defensores al Castillo, que defendiò valiente Bernardo de Cruilles, obligando al de Castilla à levantar el Sitio, no solo por la constante defensa, si por la colera del Mar que le sorviò 14. Galeras, salvandose dos que aportaron à Cartagena: no refiere el Rey el sucesso de las dos, que faltan al numero de diez y ocho.

(1) *Thomich en en la vida del Rey Don Pedro. Zurita tom. 2. cap. 17. Abarca to. 2. fol. 123.*

Vandos en Cataluña sossegados por el Infante Don Pedro Conde de Pradès.

Hallavase el Rey en Barcelona pidiendo assistencias à los Catalanes para proseguir la guerra, sin cuyos socorros no podia continuarse: Hallavanse dificultades, no por falta de valor, y medios, si porque se hallava Cataluña armada en dos crueles vandos, siguiendo vnos al Conde de Ampurias, y otros al Vizconde de Rocabertì, y al Conde de Osona, à los quales favorecian los del consejo del Rey por empeño de Bernardo de Cabrera Padre del Conde. Continuavan en tan mal estado estos disturbios, que Gombal de Anglesola, y los que seguian al Infante Don Ramon Berenguer Conde de Ampurias no quisieron llegar à Barcelona al Parlamento, por no assegurarse del vando contrario. Importava para que Cataluña bolviesse sus armas à la defensa de Aragon, y Valencia, que no las manejasse contra si misma; y aunque el Rey, y sus Ministros no lo pudieron conseguir, lo alcançò la piedad, y valor del Infante Don Pedro Conde de Pradès hermano del de Ampurias, tierno amante

de

de su Patria, que para librarla de los estragos civiles emprendiò, y consiguiò la paz por la autoridad que tenia en entrambos partidos, y con esto pudo, asegurada, servir Cataluña à su Rey.

Infante D. Pedro Conde de Pradès, y Ribagorça, viste el Habito de San Francisco en Barcelona.

El Infante Don Pedro en este tiempo desechando las Reales Pompas, solo tratava de Dios, y con Dios, elevado en la contemplacion: renunciò sus Estados, acogiose al Sagrado de Francisco, recibiò su Santo Habito en el Convento de Barcelona, donde perseverò santissimamente, y mejorò de estado en la Gloria.

Para acabar de vnir los animos de los dos partidos, y conseguir el socorro de sus Reynos, partiò el Rey desde Barcelona à Perpiñan, y de alli bolviò à Barcelona, y embiò à Francia à Francès Perellòs, que avia venido à Cataluña dexando sus Galeras, y gente en Francia, para pedir al Francès quarenta mil florines, que quedava deviendo del Armamento, y para assegurar la confederacion con Francia; y assentadas las dependencias de Cataluña, partiò el Rey à Aragon à dar calor à la guerra.

Por este tiempo los Condes de Trastamara, y Don Tello ganaron los Castillos de Mesa, y Vilell, que se tenian por el Rey de Castilla; y el de Castilla entrando por Murcia, llegó à poner Sitio à Montagudo, que combatido se defendiò, y no pudiendole conseguir, se apartò del Assedio, partiendo à Sevilla dexando presidiadas sus Plaças. Naciò el Infante Don Martin hijo Segundo del Rey, que lo fue despues de la muerte del Rey Don Juan su hermano.

1359.

Cortes en Cervera.

Llamò el Rey à los Catalanes à Cortes en Cervera, vino à ellas, consiguiò las assistencias, y el Exercito que pretendia de la Provincia, y en particular Barcelona sirviò con trecientos y quarenta Cavallos pagados, quatro Galeras Armadas, con la guarnicion necessaria, y con treinta mil libras, (2) Tortosa para estas guerras con cinco mil florines, y con ducientos Ballesteros: (3) las otras Vniversidades han sido poco curiosas en la memoria de sus Servicios, però vendrà el Rey Don Martin que hablarà à favor de todas, como testigo de los Servicios hechos à su Padre. Bien que dize el Rey, y se saca de las Cortes que se dividiò el gasto desta guerra por los fuegos, que llamavan fogatges, esto es por las Familias. Junta la gente, concluìdas las Cortes, hallandose el Rey en Barcelona, partiò para Aragon, y de Calatayud por Terrer llegó al Lugar de Moros à 15. de Março, entrò en Castilla, puso Assedio al Castillo de Haro, y hallandose en los avanços, llegò de Cataluña el Infante Don Ramon Berenguer Conde de Ampurias, con lucido numero de gente, y muy escogida, entre la de la Provincia: Ganóse Haro, quemóse Escobar, rindiose Medina-Celi, y atravesó nuestro Exercito todo el Reyno de Toledo; siendole precisa retirarse à Aragon por falta de viveres, y porque entendiò el Rey que el de Castilla prevenia grande Armada contra las costas de Cataluña, y Valencia. Determinò llegar à Barcelona para poner en orden la suya en defensa destos Reynos, aviendo dado providencia à la defensa de las fronteras de Aragon, y Valencia: Partiò à Zaragoça, para hazer su viage à Barcelona, que huvo de dilatar por la venida del Cardenal Guido de Bolonia Legado à Latère para las Pazes, que solicitò, y no consiguió, porque el de Castilla nunca pretendiò concederlas, declarando bien su animo en las extravagantes, è injustas proposiciones que presentò para admitirla; que aun las menores fueron pedir se le entregasse Origuela, Alicante, y Guardamar, que yà eran proprias del Reyno de Valencia desde la conquista del Rey Don Jayme Primero, y por con-

Pazes excluìdas por las pretenciones del Rey de Castilla.

(2) *Arch. Real Arca primera Grande.*

Archivo de Barcelo. lib. Privil. antiq. à fol. 149.

(3) *Archivo de Tortosa lib. Instrum. fol. 130. 138. y 139.*

concierto, y declaracion entre el Segundo, y el de Castilla fueron adjudicadas à esta Corona por el Rey de Portugal arbitro nombrado.

Excluìdas las Pazes, puso en orden su Armada el de Castilla, y à su favor las suyas el Rey de Portugal, y el Moro Rey de Granada; y partiò nuestro Rey para Barcelona à dar calor al Armamento en oposito de tan extravagante vnion: Llegò la Armada del de Castilla à Cartagena, de alli al Reyno de Valencia: Ganado Guardamar, passò à la Playa de Valencia à la qual el Infante Conde de Ampurias con su gente fue comandado, y no entrò, por passar de largo la Armada; la qual sin otra prueva, prosiguiò su viage à Cataluña: Llegò à la boca del Ebro, alli hablò el de Castilla con el Legado, que se hallava en Tortosa, y le saliò con Barcas à visitar: Quedó algunos dias la Armada en aquel Mar, y llegaron para vnirsele diez Galeras, y vna Galeota de Portugal.

Vnion de Castilla con los Reyes de Portugal, y Moro de Granada contra nuestro Rey.

Al tiempo que prevenia el de Castilla tantas maritimas fuerças, bien podia el Rey juntar las suyas que se hallavan, parte en Cerdeña para defenderla de los Ginoveses, particularmente de Branca Doria que bolviò à rebelarse, no obstante que el Rey le avia dado los Lugares de su Tio Matheo Doria en feudo, segun las Constituciones de Cataluña; y parte en Sicilia para defenderla de Napoles, y de los mismos Sicilianos comovidos, y destinada tambien para el viage de su hija Doña Constança; pero estas circunstancias le precisavan à no apartarla de aquellas Islas; y assi fue forçoso juntar nueva Armada, que fue facil en aquel tiempo en Cataluña. Junta la Armada de Vaxeles, y Galeras cuyo numero no refiere, nombrò Generales desta nueva Armada al Conde de Osona, y al Vizconde de Cardona; y disponiendo el Armamento, escogiendo la gente, y obligandola à mas rigurosas leyes, que las que obligavan à la Nacion Catalana en los hechos de la guerra, (sobre ser bien fuertes, y severas) dispusieron la nueva ordenança de orden del Rey Bernardo de Cabrera Padre del Conde, Jayme Boscà, y Juan Llombart, por ser sugetos de la mayor inteligencia de Cataluña. Tardó en juntarse la Armada; con que antes que se hallasse prevenida, avia yà llegado el de Castilla con la suya à las costas de Tarragona: Entonces embió el Rey à mandar al Conde de Osona, à Gilaberto, y Berenguer de Cruilles, à Bernardo de Margarit, y à Pedro Albert, que luego entrassen en las Galeras que estuviessen prevenidas, para esperar el orden de lo que devian executar, y à los demàs Capitanes que se hallavan desde la costa de Barcelona àzia Ruisellon, que viniessen con los Vasos prevenidos à Barcelona; però despues advirtiendo que no seria facil por el embaraço de Castilla juntarse las Galeras que se hallavan à la parte de Poniente con el Conde de Osona con las que se avian armado al Levante de Barcelona, mudò el orden, y mandò à los que avian de venir à Barcelona que vnidos con dos Galeras del Conde de Ampurias se recogiessen à Colibre, esperando el orden, y dandole para que no se aventurassen, y no hiziessen las gallardìas que acostumbravan.

Previenese Armada contra la de Castilla.

Llegò la Armada del de Castilla, Portugal, y Granada, numerosa, de quarenta Naos, treinta Galeras, y algunos Leños armados delante la Playa de Barcelona à hora de Visperas de 9. de Junio: esperaron el Rey, y su Ciudad de Barcelona esta Armada poderosa, defendidos de solas diez Galeras, algunas Naos, y entre estas vna muy grande: con esta pequeña Flota armada de valor, salieron à presentarse delante la Enemiga, con este orden: Avançóse la Nave gran-

Salen à pelear las dos Armadas.

de

de desta parte de las Tascas delante San Francisco, assistiendole las pequeñas: ordenaronse las diez Galeras desde el trecho de San Francisco hasta el que corresponde à la Calle del Regomir; y para defensa de la Armada en el Arenal se plantaron quatro como Fuertes de madera, que llamavan Brigolas, fortificados con diestra, y numerosa Guarnicion: pusose el Pueblo en Arma, como es costumbre, con sus Capitanes, y Compañias formadas, y entraron tambien algunos Ballesteros del Vallès: nombrò el Rey por Cabos principales à esta gente para que obrassen con orden, à Ramon de Pujol, Ramon, y Bernardo de Planella, Bernardo de Perapertussa, Berenguer de Vilafranca, y à Vmberto de Bellestar.

Sentimientos justos de los Catalanes contra Castilla.

Sintiò mucho toda la Nacion Catalana este sucesso, porque avia assistido siempre à Castilla en todas sus guerras, defendiendola de los Moros, principalmente en el Mar, de cuyas Armadas se valian los Reyes de Castilla contra los Africanos, de los quales la Nacion Catalana consiguió tantas Vitorias; y mas hallandose Señora del Mar, ganado, y mantenido el Imperio contra el poder de las mas ricas, y fuertes Naciones de Europa, y Africa, como Franceses, Ginoveses, Venecianos, Pisanos, Napolitanos, y generalmente todos los Africanos: añadia la Nacion Catalana ser mayor la afrenta, atreviendose contra la Ciudad que era el centro del valor, Atarazanal de las Armadas, y Fragua de las Armas, y Armadas de sus Serenissimos Condes: formava destas razones fuerte conclusion el fogoso natural de la Nacion; con que fuè muy importante al Rey tener sugetos tan diestros è inteligentes, como se hallavan en Barcelona, y avia elegido para Capitanes de la defensa; y assi quietados los animos, passado el primer colerico impetu, obraron con el arte, y valor de que se precia la Nacion.

Dispuesta la ordenança de la Armada, y de los Fuertes, al siguiente dia embistiò toda la Armada de Castilla à nuestra Nao, y Galeras, que se defendieron con valor, y por ser tan copioso el numero de la Enemiga, entró por las Tascas: peleosse de cerca; y no obstante la desigualdad, obraron maravillas nuestras Galeras, y las de Castilla tambien peleavan con valor notable, vnas, y otras à vista de su Rey; y las nuestras à màs de la presencia Real, heridas del azicate de la honra de mantener el Dominio del Mar, aunque pocas. Murieron muchos de ambas partes; y mas de la Armada de Castilla: intrepidos los de la Ciudad herian á los Enemigos con grande daño: duró el conflito desde la mañana à la tarde; en que viendo el de Castilla que solo sacava muertes, y notable perdida mandò salir su Armada, de las Tascas, concluyendose la Batalla de aquel dia.

Pelean las dos Armadas con valor.

Al siguiente, los Capitanes de nuestras diez Galeras, sacando los heridos, y reclutando nuevos Soldados, se estrecharon màs para poder mas facilmente socorrerse vnas à otras: bolviò à passar las Tascas la Armada de Castilla para su daño, pues de nuestras Galeras, de los Fuertes, y de los lugares que ocupavan los de la Ciudad, con dardos, passadores, y lanças herian à los Enemigos con notable estrago, sin que siviessen mas que de burla los Trabucos, con que echava piedras la Armada Enemiga: no lo fuè la Bombarda, ò pieza de Artilleria, (que ya començava à vsar entonzes) que llevava la Nao grande pues con ella heria, y matava muchos hombres, y echava à pique las embarcaciones: disparò con acierto contra vna Nave grande de la Armada contraria, que quitandole los Castillos, y arboles, matò à muchos de la Guarnicion. Viendo el de Castilla el daño grande q̃ recibiò su Armada, sin poder conseguir cosa, repasò

Retirase la Armada de Castilla.

passò corrido las Tascas, partiendo con su Armada à Citjes: quiso en el camino tomar agua del Rio Llobregat: defendieronla los que avia el Rey embiado de Barcelona, con los Lugares de Llobregat: huvo aqui vna fuerte escaramuza con daño de ambas partes; bien que Don Pedro Ayala, y otras Historias de Castilla dizen que vencieron; però el Rey no refiere este sucesso: de Citjes passó la Castellana Armada à Tortosa, de alli à Ivissa donde desembarcò, y puso Cerco al Castillo.

El mismo dia que partiò la Armada de Castilla embiò ordẽ el Rey à Pedro Arnal de Parestortes Prior de Cataluña que con la gente que governava entrasse à defender à Valencia: despues de cinco dias llegò à Barcelona el Conde de Osona con toda la Armada que se avia juntado en toda Cataluña, y Valencia, numerosa de cinquenta Galeras, y Navios: entrò el Rey en ella, y aconsejado de Bernardo de Cabrera, Gilaberto de Centelles, Francès Perellòs, y de los otros Capitanes, partiò à Mallorca para passar à la defensa de Ivissa; pero no fuè menester, porque la Guarnicion de Ivissa se defendiò; y partiò la Armada de Castilla, luego que entendiò que la nuestra venia à encontrarla, para la Costa de Valençia, y Alicante, y de alli à Cartagena, donde se deshizo; apartandose la de Portugal; y el de Castilla passando à Sevilla, seguido de diez y seis Galeras Catalanas que encargò el Rey à Bernardo de Cabrera, hasta Almerìa: omito impugnar las Historias de Castilla, que refieren aver nuestro Rey con toda su Armada seguido à la Enemiga, y que à su vista desembarcò en Alicante, porque nuestro Rey que compuso la Historia sabia bien, si avia quedado, ò seguido.

Vitoria cõtra Castilla en Araviana.

Mas desgraciados fueron que su Rey los Capitanes del de Castilla, pues en Araviana à las faldas de Moncayo à 22. de Setiembre fueron vencidos, y desbaratados de nuestro Exercito; y solo se salvaron los que supieron huìr: recibió grande daño Castilla en esta Batalla, pues en ella fueron muertos, ò prisioneros los primeros Capitanes, y el Pendon de Castilla parò en manos de nuestro Rey. Zurità tom. 2. cap. 25. y Abarca tom. 2. fol. 125. refieren con individual noticia esta Vitoria, alli podrà verla el curioso.

Despues de la Vitoria de Araviana, juntò el de Castilla las fuerças de sus Reynos, y vniòse con el Rey Moro de Granada, renovando la guerra con mayor empeño: nuestro Rey desde Barcelona dava las providencias no solo para la defensa, si para atraher por medio del Conde de Trastamara varios Vassallos del de Castilla; y lo consiguió de algunos, con la entrega de Tarascòn que antes avian tratado Bernardo de Cabrera, Gilaberto de Cẽtellas, Pedro Jordan de Vrrìes, y Matheo Mercer; ofreciendo el Rey al Castellano que governava la Plaça quarenta mil florines, y al que mediava diez mil, lograndose en este tiempo la entrega, concediendo el Govierno de la Plaça el Rey à Pedro Ximenez de Samper. 1360.

El de Castilla se vne con el Rey Moro de Granada cõtra nuestro Rey.

Aviendo partido el Rey de Barcelona para Aragon, y hallandose en Zaragoça, vinieron Embaxadores del Rey de Portugal para tratar de Paz con Castilla: despachóles gratamente el Rey, ofreciendo por respeto del Portugès dissimular las sinrazones del Castellano, y tratar de concordia con la aprobacion del Pontifice, cuyo Legado se hallava en estos Reynos, aunque en vano para esta dependencia.

Embaxada de Portugal para la Paz sin fruto.

No obstante los buenos oficios de los Portugueses, embiò el Rey con buen Exercito contra Castilla à los Condes de Trastamara, y Osona; quedando en Aragon el Infante Don Fernando con Bernardo de Cabrera: entrò nuestro Exercito en Cas-

Entra nuestro Exercito en Castilla.

Castilla, ganò à Haro, passó à Pancoruo, entreteniendose fortificado algunos dias; de alli se retirò à Naxera entendiendo que venia el de Castilla con Exercito de cinco mil Cavallos, y diez mil Infantes; y de Naxera embiò el Conde de Trastamara à su hermano Don Tello à Aragon por sospechas de que pretendia passar con algunos amigos de su vando al Rey de Castilla su hermano.

En este tiempo llegó el Castellano Exercito à vista de Naxera, con proposito de dar la Batalla: previnieronse los nuestros para el conflito; y advirtiendose inferiores en numero, dexaron el mayor nervio de su gente en Naxera, ocupando con el residuo vn eminente Cerro donde se fortificaron, dandosse la mano con los de la Plaça: empeñòse el de Castilla con su Exercito ordenado para la Batalla, dirigiendose al lugar que ocupava nuestro Exercito: saliò este de sus reparos, sin atender à su corto numero: travòsse la Batalla, peleosse con valor; però obligado de la multitud huvo de retirarse, y entrar en Naxera; y aun no pudo conseguirlo por la puerta el Conde de Trastamara, siendole necessario entrar por el Muro. Mayor fuè el empeño de los nuestros, que aviendo tomado vna Colina, que llamavan Cabeça de los Christianos, assistiendo en ella algunos Castellanos que seguian nuestro Campo, embestidos del Exercito Enemigo se defendieron con gran valor, y daño de los Castellanos, que perdieron en vno, y otro rencuentro los Pendones de Sevilla, y del Maestre de Calatrava; y segun refiere Ayala perdieron el Conde de Trastamara, y Don Tello sus Pendones: murieron de la parte de Castilla los mas notables, con ciento y cinquenta Cavalleros de nombre, y de los nuestros, solos treinta, con cinquenta Soldados de àcavallo ordinarios.

Batalla entre los dos Exercitos con daño de vno, y otro.

No refieren las Historias antiguas, los muertos, y heridos de los Soldados ordinarios del Exercito Castellano; aunque siendo tantos los Nobles, bien se dexa inferir, quantos fueron. Aunque respeto de su crecido Exercito, al parecer no avian de hazerle falta ni vnos, ni otros para atacar la Plaça de Naxera, y rendir à los nuestros al hierro, ò hambre, temiò el Rey de Castilla en su Persona el daño executado en los demàs, movido de cierto aguero; con que diò lugar à los Condes Generales de nuestro Exercito à retirarse sin daño del superior Enemigo, que solo les siguiò con la vista hasta Navarra: llegando alli, dexò de provar segundo lanze, obligado de las razones del Cardenal Legado, que saliò de Aguilar para disuadirle el empeño: dividiò sus gentes el de Castilla en sus Fronteras, è hizo lo proprio el de Aragon: mandò el Rey al Conde de Trastamara que embiasse de su gente seiscientos Cavallos, y otros de apiè, à impedir las correrias de los Castellanos por las partes de Calatayud, Aranda, y Ariza, y à Pedro Albert que governava en Magallón que defendiesse aquel partido, y fortificasse Exéa con los Soldados Castellanos que le embiò, de los que seguian al Conde de Trastamara: dispuestas, y asseguradas las Fronteras à instancia del Legado embiò el Rey à Bernardo de Cabrera, y el de Castilla à Juan Alonso de Mayorga, para que con el Legado discurriessen los medios de la Paz entre ambos Reyes.

Deseavan los Ginoveses la Paz por los daños que recibian de nuestras Armadas, y tambien el Rey para assegurarse de Cerdeña, con que fuè facil elegir Arbitros: nombrò el Rey para que passassen à Lombardia para la conclusion à Francès Perellòs, Jasbert de Tergura, y à Ramon Lull, dexando sus diferencias à la disposicion del Pontifice, y de algunos Cardenales, ò bien del Marquès de Monferrato, en el qual com-

comprometieron el Rey, y la Señorìa despues de algunas dificultades, y èl sentenciò que Alguer se le entregasse; y que los Ginoveses entregassen Bonifacio quedando en su poder hasta que decidiesse à quien tocava, y se declarasse sobre las pretenciones de algunos Lugares de Cerdeña, y Corcega: declarò tambien que los Barones de la Casa de Doria bolviessen à la obediencia del Rey, que les perdonasse, y les restituyesse los Lugares que avian tenido ellos, y sus predecessores, en las Islas.

Socorre el Rey al de Tremecén contra el de Algarve.

Pidiò Socorro en este tiempo el Rey de Tremecèn à nuestro Rey contra el de Algarve: embióle quatro Galeras governadas por Matheo Mercer: passaron las Costas de Castilla, haziendo grande daño, y tomando quantos Navios encontraron: llegarõ à One de Tremecèn, donde fueron acometidas de cinco de Castellanos, y algunas de Ginoveses: defendieronse valientes; y à mas no poder desampararon las Galeras los nuestros, y se salvó en tierra la mayor parte, quedando las Galeras en poder de los Enemigos, con los que no quisieron desampararlas, y entre ellos Matheo Mercèr, que dizen vnos fuè llevado al Rey de Castilla el qual le mandò matar no atendiendo à la libertad que diò à aquellos Reynos con las grandes Vitorias que avia alcançado de los Moros, en su defensa en tiempo del Rey Don Alonso Padre del de Castilla; aunque otros refieren se salvó el General con los que saltaron à tierra.

Aviendo entendido el Rey la desgracia de las quatro Galeras, mandò armar otras para correr las Costas de Granada, y encontrar las cinco que avian tomado las suyas: nombrò General à Ponce de Altarriba, que corriò las Costas en busca de los Enemigos, y despues passò à Cerdeña para fortificar las primeras Plaças, y Castillos de la Isla: mandò tambien el Rey armar en Barcelona ocho Galeras, y dos Naos para passar su hija Doña Constança Reyna de Sicilia à aquella Isla; y para defenderla, nombrò General à Olfo de Proxita: llegò la Armada à Caller, desembarcò la Reyna, y se detuvo alli todo el Invierno.

CAPITVLO XII.

Varios Casamientos, y Embaxada à Francia: Llegan à Barcelona las Galeras de Chipre: Prosiguese la Guerra contra Castilla: Llega à Sicilia la Reyna, sujetanse los Rebeldes: Embaxadas à Castilla, que buelve à la Guerra: Parlamento en Barcelona, Aragon, y Valencia: Cortes en Monçòn: Defiende à los Reynos Cataluña; y acuerdo de los beneficios: Nacimiento del Infante Don Alonso: Rambla de Barcelona: Glorias de Cataluña: Casa el de Mallorca con la Reyna de Napoles: Muerte del Infante Don Fernando: Privilegio de Consejeros del Rey à los de Barcelona: Agustinos de Cervera: Invencion de la Imagen de Nuestra Señora de la Sierra, &c.

ESte año Casò el Infante Don Martin Segundo hijo del Rey 1361.
con Maria hija Mayor, y heredera del Conde de Luna, el primer Señor de Aragon, y de mayores Estados; y embió el Rey à Francès Perellòs al de Francia para concluir el Matrimonio de su hija Doña Juana con el hijo del de Francia; y no se executó, pues casò el Francès con la hija del Duque de Bretaña: llegaron dos Galeras de Chipre à Barcelona con vn grande regalo para el Rey: entre otras cosas extraordinarias que le presentaron en nombre del de Chipre fuè vn Leopardo exercitado en la caça de monterìa, ricos vestidos à lo Tartaro, Saetas emponçoñadas, y ricos Arcos.

Regalo del de Chipre à nuestro Rey.

Dis-

Dispone el Rey la cōtinuacion de la guerra contra Castilla, y defensa de Cataluña.

Disponia el Rey su Armada en Barcelona para proseguir la guerra contra Castilla, y concertóse por medio de Bernardo de Cabrera, Acart de Mur, Frances Romá, Arnal de Francia, y Juan Fernandez de Heredia, que emprendiesse esta guerra el Infante Don Fernando como immediato successor de la Corona de Castilla. Llamó el Rey á los Comunes, y Feudatarios de sus Reynos hallandose en Barcelona, para que acudiessen con el Infante á la guerra, y partió á Lerida para disponer la jornada, que dilatò. La prevencion grande de la Armada de Francia governada por el Conde de Armenaque para entrar contra Ruissellon, llamó al Rey á Cataluña: publicòse el vsage *Princeps Namque*, que es la obligacion de seguir al Rey en la defensa de la Provincia: nombrò General en Cataluña al Conde de Ampurias; y á Frances de Cerviá Governador de Ruissellon para que juntasse los Pueblos de aquel Condado en su defensa; pero entendiendose despues que no se hallavan los Franceses en estado de entrar por aquel tiempo, quedò Frances de Cerviá con parte de la gente en defensa de Ruissellon; y el Conde de Ampurias partiò con el residuo á Aragon, donde se hallava ya el Rey disponiendo la entrada de Castilla.

Llega la Reyna Doña Constança á Sicilia.

Llegò la Reyna de Sicilia Doña Constança á aquel Reyno con nuestra Armada, celebróse el matrimonio con el Rey Don Fadrique; y á vista de nuestra Armada, y de los socorros que temian de nuestra Nacion, se apartò la Reyna Juana de Napoles, de la guerra contra Sicilia, y todos los rebeldes se sugetaron á la obediencia del Rey, quedando enteramente obedecido de toda la Isla: naciò deste matrimonio la Reyna Doña Maria, que sucediò á su padre, y casò con el Infante Don Martin hijo del Infante Don Martin, y nieto del Rey.

Partiò el Rey con su Exercito á encontrar al de Castilla que tenia assediada á Ariza, y hallandose enfrente, ò muy cerca los dos Exercitos para dar la batalla, se interpuso el Legado, y moderò el ardor colerico de los Reyes; y el nuestro á contemplacion de la Santa Sede se retirò á Terrer, y de alli á Calatayud: nombrò por Arbitro de la paz á Bernardo de Cabrera, y el de Castilla á Juan Alonso de Mayorga: fueron terceros los Nuncios de ambos Reynos, y concluyòse la Paz, bolviendo ambos Reyes lo que avian ocupado en la guerra, con perdon general, y otros capitulos de menor monta: ratificaron los Reyes las Pazes, y se publicaron, aunque duraron poco por la extravagante condicion del de Castilla, y por no convenir con el perdon del Conde de Trastamara, y de los demás Castellanos que avian passado al servicio del Rey.

Pazes con Castilla que duraron poco.

Entra Exercito de Franceses en Ruissellon, y los Catalanes le obligan á retirarse á Francia.

Entrò el Exercito de los Franceses en numero de veinte y cinco mil, que se avian juntado despues de las Pazes con Ingalaterra para robar la Francia: visitaron á Ruissellon, y opusose la gente de aquellas fronteras: llamò á Cataluña el Rey hallandose en Barcelona: partiò á Gerona á disponer el Exercito: con solo el amago quedaron los Enemigos vencidos, retirandose con harta perdida á Francia por no acabar de perderse á manos de la gente que ya se hallava congregada con el Rey en Gerona.

Dilatava el Rey de Castilla cumplir el ajuste de las Pazes: embiò el Rey á Castilla para solicitarle al Conde de Osona, al Vizconde de Rocabertì, á Gilaberto de Cruilles, y al Doctor Bernardo de Palou; pero se escusò el de Castilla de restituir algunos Castillos, y bolvieron los Embaxadores: partiò segunda vez á Castilla Bernardo de Cabrera que era el Arbitro de la Paz, y guerra, mas por su valor, è inteligencia, que por favorecido del Rey, y bolviò aviendo ajustado las diferencias; dexando empero indecisas las dependencias de Junvila, y Vuilell, para las quales fueron nombrados Arbitros Ramon Castellà, y el Doctor

1362.

Alonso Muñòz; y viniendo con la exclusiva de la libertad de algunos Moros que tenia esclavos el de Castilla, prisioneros de las passadas guerras, para la libertad destos embiò el Rey à Castilla à Vidal de Vilanova, y para recibir el juramento de aquel Rey con el de los Prelados, y ricos hombres: Passaron tambien como Embaxadores de orden del Rey à Castilla el Conde de Osona, y el Vizconde de Rocabertí para conseguir aquellas Plaças, y la libertad de los Moros, y Judios Vassallos del Rey, y no consiguieron mas que los otros.

Como refiere el Rey, embiò à Bernardo de Cabrera al Pontifice, bolviendole embiar despues à Castilla sin referir la ocasion; Pero lo cierto parece lo que refiere Zurita, que fue para escusarse de la gente que pedia contra el de Granada; y que para confirmar la amistad se obligò à favorecer à Castilla con tres cientos Cavallos governados por Bernardo de Cabrera, y con ciento por Pedro de Luna. Partiò el Rey de Barcelona à Valencia, y despues de dicha Ciudad con dos Galeras para Colibre con los Infantes sus hijos; y llegò à Perpiñan, donde se detuvo por hallarse la Villa libre del contagio que padecian estos Reynos.

Cansado de la Paz el de Castilla, fingiendo correspondencia con el Rey, que se hallava quieto, y sin sospecha, ocultamente se confederò con Navarra, y Francia para renovar la guerra: embiò sin mas causa que su gusto, contra Aragon. Sucediò en este mismo tiempo otro caso, que diò harto cuydado, particularmente à Cataluña, y fue, que el Infante Don Jayme hijo del Rey de Mallorca, que se hallava preso en el Castillo nuevo de Barcelona, huyò de la Prision por medio de su Agente, el qual engañando las guardias, pudo entrar, y matar à Nicolàs Rovira, que le guardava: passosse à Napoles, casò con la Reyna Juana, ya viuda del Rey Luis, para dar mayores sospechas al Rey; el qual por este sucesso, y recelo de los Franceses, mandò llamar toda la gente que tenia prevenida Cataluña, y embiòla à la defensa de Rusellon, y Cerdaña.

Entrà con Exercito el de Castilla en Aragon.

Hallandose tan ocupado el Rey en Cataluña, entrò el de Castilla favorecido de los de Portugal, Navarra, y Francia contra Aragon: passò à poner Sitio à Calatayud. Juntaron Parlamento en Zaragoça de orden del Rey, el Governador de Aragon à los Aragoneses, los Condes de Ribagorça, y Denia à los Valencianos, porque se hallavan en aquel Reyno para su defensa, y el Rey à los Catalanes en Barcelona: diòse providencia à la defensa de Aragon en todos los Parlamentos: desafiò el Rey de Navarra al nuestro, y luego entrò con su Exercito en Aragon, y se puso sobre Sos: hallandose el Rey en Perpiñan, donde avia passado para assegurar aquellas fronteras se resolviò à bolver à Barcelona, donde se concluyò el Parlamento de consejo, y en presencia del Arçobispo de Tarragona, de Bernardo de Cabrera, de Francès de Cervià, de Artal de Foces: embiò à Francès Zacosta à Tremecen para prorogar la tregua con aquel Rey, pedir los Cautivos Christianos, y traher mil Cavallos para la guerra contra Castilla. Naciò en Perpiñan el Infante Don Alonso.

Parlamento en Zaragoça, Valencia, y Barcelona.

Nacimiento del Infante Don Alonso.

En este tiempo, con treinta y seys Maquinas, doze mil Cavallos, y treinta mil Infantes apretava à Calatayud el de Castilla: embiò el Rey para socorrerla al Infante Don Fernando, con la gente que pudo juntar: dispuso el Infante el socorro como pedia la necessidad; pero eran debiles las fuerças para oponerse à las enemigas: Escrivieron al Rey los de Calatayud, participandole el ahogo en que se hallavan: respondiòles agradecido al valor, y constancia, con la qual defendian la Plaça: asseguròles partiria luego à la defensa, y que embiaria al Conde de Osona para que entrasse dentro la Plaça: proseguia sus baterias el enemigo, y los avanzes, con grande furia, resistido con valor: ganaron

Dà sobre Calatayud el Rey de Castilla cō su Exercito.

los

los Castellanos el Monasterio de Predicadores, que se hallava fuera de los Muros, formaron alli otra bateria, y derribaron el Convento de Franciscos: partiò el Rey de Perpiñan à Barcelona, donde se hallava junta la Provincia para executar lo que importasse para formar el Exercito; y mandó partir al Conde de Osona al socorro de Calatayud: juntò su poca gente: los que se nombran fueron Don Pedro de Luna, Ramon y Vidal de Blanes; Gutierre Diàz y Artal de Luna: llegaron al Lugar de Miedes, hallandose Governador Guillen Astòr, que les diò dos guias para entrar en la Plaça; y aviendo llegado muy cerca, y embiado dos hombres à la Plaza para concertar la seña para entrar el socorro, y viendo no bolvian, ni se hazia seña alguna, ni movimiento en la Plaça, se retiraron; y llegaron al Lugar de Miedes, à donde llegó el de Castilla, y no pudiendose defender los nuestros por la debilidad del lugar, no valiendo el Ardid del Governados Guillen Astòr, se huvieron de rendir à merced por causa de los repetidos avanzes del de Castilla, y de los requirimientos de los vezinos de Miedes; y fueron llevados á Sevilla, no cumpliendoseles el tratamiento ofrecido, de donde les librò la continuacion de la guerra.

Rindese Miedes al de Castilla.

Estava Calatayud en los vltimos ahogos, superados con valor, y sin esperança de socorro, porque las fuerças que tenia el Rey en Aragon no eran proporcionadas á la empresa, y las de Cataluña, que podian obrar, se hallavan empleadas en Ruisellon; y paraque estas fuessen numerosas para defender à Aragon, y Cataluña, continuò el Rey el Parlamento de Barcelona, y mandó llamar à Cortes à los Aragoneses en Barbastro, à las quales no pudo acudir por importarle passar à Ruisellon para las dependencias de Francia, y tratar con el Conde de Trastamara que se hallava en aquel Reyno, que solicitasse traher para la defensa de Aragon alguna Cavalleria Francesa. Antes de partir de Barcelona para Perpiñan, acordòse en el Parlamẽto tener Cortes Generales en Monçon, embiar al Obispo de Barcelona y à Auberto de Fonollar à las Cortes de Barbastro para que los Aragoneses prosiguiessen en pagar la gente que tenian alistada para la defensa del Reyno. Aviendose la guarnicion, y vezinos de Calatayud defendido con valor en grande daño de los enemigos, viendo muertos, ò heridos la mayor parte de los suyos, impossibilitados de socorro, y malogrado el que avia emprendido el Conde de Osona, trataron de embiar al Rey de Castilla pidiendole quarenta dias de termino para avisar al Rey del estado de la Plaza, ofreciendo entregarla si en dicho tiempo no la socorria: admitiò el de Castilla la proposicion, partieron los Procuradores de la Villa al Rey, el qual despues de averles agradecido su constancia, les mandó capitular con el de Castilla, y lo executaron à su tiempo, conservando sus personas, bienes, y Privilegios.

Valor de los de Calatayud en el Assedio.

Se rindè Calatayud por orden del Rey con buenos pactos al de Castilla.

Entregada Calatayud, partiò el Rey de Castilla à Sevilla, y dexò Governador de la Plaza á Garci Alvarez de Toledo Maestre de Santiago, con el qual se movieron algunas Platicas de entregar la Plaça al Rey, y embió el Maestre à dezir à Bernardo de Cabrera por Fr. Gil Perez de Terrer Guardian de los Menores de Calatayud, que le rogava escusasse los tratados, y no pretendiesse cobrar Calatayud, como avia cobrado à Taraçona; pero que si lo queria intentar no viniesse delante sino que embiasse al Vizconde de Cardona que era su enemigo. Con esta embaxada se moviò Platica por los Embaxadores con el de Cabrera para inducirle à lo que pretendia el de Castilla, y esta sospecha de que se impressionò el Rey le quitò la vida.

A 16. de Octubre fundó Raymundo Serra el Convento de Agustinos de Cervera: Consta por escritura recibida por Raymundo Ramon Notario de Cervera, de dicho dia, y año. (1) Muriò el Papa Innocencio VI.

Convento de Agustinos de Cervera.

(1) *Masset, fol. 305.*

1363. En este tiempo disponia el Rey los medios para juntar las fuerças que pudiesse contra el de Castilla; y para quitarle el socorro de los Moros de Granada embiò al nuevo Rey Mahomet, à Bernardo San Feliu, mandandole hazer las diligencias para tener de su parte aquel Rey: nombrò Governador de Taraçona à Fr. Alberto de Juyà Cavallero de San Juan, aviendo quitado por sospechas el govierno à Pedro Perez Calvillo, y tambien eligiò Capitan General de Aragon al Conde de Prades. Este año se fabricò la muralla antigua de la Rambla de Barcelona. Vino el tiempo de las Cortes Generales de Monçon: congregaronse todos los Reynos, y antes de las proposiciones nombrò el Rey General del partido de Teruel, y Governador de la Plaza à Guillen Ramon de Cervellò dandole por compañero, ò Teniente à Garcia Gavesa, y despues de otro partido al Conde de Urgel. En las Cortes de Monçon determinò Cataluña con todo empeño defender à Aragon: formò Exercito numeroso à gastos de la Provincia; y amàs desto hizo donativo al Rey para lo que importasse, de ciento y veinte mil libras cantidad grande en aquel tiempo; y necessitando de mas dinero en el progresso de la guerra, hizo otro donativo de ciento y cinquenta mil libras. (2)

Rambla de Barcelona.

Cortes en Monçon.

(2) *Real Archivo de Barcelona, Arca primera grande.* *P. Roig y Jalpi, Epit. Hist. fol. 439.* *Arch. de la Deputaciõ Proces desras Cortes.*

La proposicion en dichas Cortes de Monçon del Rey Don Pedro III. à 11. de Febrero año 1363. va traducida de Catalan en idioma Castellano para la mas vniversal inteligencia, y es como se sigue:

Proposicion del Rey Don Pedro III. en dichas Cortes.

Dios nuestro Señor ha querido, que Nos fuessemos vuestro Rey, y Principe; y aunque no seamos dignos, lo hizo por su gran virtud; y sobre esto nos hizo dos gracias, la vna, que aunque el Rey nuestro Padre no naciò primero, sino el Infante Don Iayme, este renunciò el Reyno, y entrò en el Orden de Montesa, y en èl muriò, y el Reyno, y Primogenitura vino à nuestro Padre. Nos tampoco no nacimos primero, antes naciò primero el Infante D. Alonso, el qual muriò, y la Primogenitura, y los Reynos vinieron à Nos. Y pues que Dios no nos ha hecho grande de persona, pero la voluntad, y coraçon le tenemos tan grande como qualquier Cavallero que sea en el Mundo, para morir, ò vivir, ò defender nuestra Corona, y nuestro Reyno, al qual nuestros Predecessores con vuestra ayuda, y Nos siguiendo sus vestigios con vuestra assistencia hemos conquistado, y ganado. Ahora dariamos en gran desastre, y desventura, si lo que hemos procurado ganar en cinco años, lo perdiessemos en quinze dias no mas; porque segun los avisos que oy hemos recibido antes de comer, os intimamos que el Rey de Castilla se acerca con grande poder à estas partidas, y entendemos vendrà à Zaragoça, y que no es bien que nosotros todos estemos acà, y en Zaragoça haya tan poca defensa, y tan poco recado, como sabeys: Si se pierde, por consiguiente hemos de hazer cuenta que abremos de detener al Enemigo antes del Mar, ò antes de Barcelona, pues no es la Ciudad tal que pueda mantener largo Assedio, porque no està puesta en lugar que aya, ni pueda tener muchos mantenimientos, y se perderia à largo Assedio por falta de viveres; y esto no sucederia por culpa nuestra, ni vuestra, es à saber, que no tengays coraçon, y voluntad de servir bien, porque en todos tiempos vuestros Predecessores han bien servido à los nuestros; y assi mismo lo aveys hecho vosotros con Nos; mas todo esto sucede por esta desgracia de questiones, y debates que teneys entre vosotros, que cada qual quiere el bien proprio, y guardar vuestros Privilegios, y libertades, porque los Eclesiasticos, y los Cavalleros dizen que no deven pagar tanto como nuestros Hombres, y nuestros Hombres dizen que si: Y sobre esta question hemos estado desde el Octubre hasta la Primavera: Solo los Catalanes han convenido, y se han ajustado, y à la verdad lo han hecho mejor que todos los otros, *aunque no nos han concedido todo lo que pedimos, y sobre esta question Nos, y vosotros nos perdemos; y si las nuestras Gentes, y aquellos que os han embiado assi, sabian que esto sucede por vosotros que*

soys

foys los Tratadores, crehemos que clamarian todos desde Taraçona hasta Salsas, y Guardamar: mueran todos en mal, y pierdanse aquellos Tratadores; mueran pues assi quieren morir, porque aqui morir devemos. Pero por cierto no moriremos aqui, antes queremos que vosotros todos Prelados, Eclesiasticos, y Cavalleros, y Hombres de Ciudades, y Villas nos sigays à Zaragoça à Cavallo, ò à Pie, ò en camisa si sabriays todos andar; y que allà, ò por tener Cortes, ò por qualquier cosa nos hallemos para vivir, ò morir; y desto vos requerimos, y esto dezimos con toda aquella mayor expression de coraçon que podemos, y con grande dolor que tenemos de nuestra, y vuestra perdida. (3)

(3) Carbonell, Coron. fol. 250.

Acometio el Rey de Castilla con parte de su Exercito al Castillo de Somet; y teniendole muy estrechalo, concertaron los cercados entregarle, sino eran socorridos dentro de algunos dias: partieron al socorro el Maestre de Calatrava, y Pedro Gibert Bru que governava á Daroca con sus Tropas, y los Pueblos de aquel partido: libraron la Plaça, obligando á los Castellanos à levantar el Assedio: hallavase Epila que era la Plaça de armas en peligro, mandò el Rey entrar en ella cien hombres de Tamarit, y al Conde de Prades que embiasse algunas Compañias de Cavallos, y que domoliessen los Castillos que se hallavan à quinze leguas de Zaragoça para no tener la gente dividida en debiles Plaças: diòse providencia à la defensa de Daroca, que lo fue de todo Aragon, por su valor, constancia, è industria.

Levantan los Castellanos el Assedio à Somet.

Daroca defensa de Aragon.

Amenazava el de Castilla con su numeroso Exercito à Zaragoça; y mandò el Rey al Governador, y à los Jurados que fortificassen la Ciudad, y en el interin que juntava el Exercito de Cataluña entrassen en la Plaça con sus Tropas el Infante Don Fernando, el Conde de Urgel, Bernardo de Cabrera, y el Vizconde de Cardona; dando el cargo de Generales al Infante, y al Conde de Urgel. Diò el rayo de Castilla sobre Taraçona, Borja, y Magallon, estrechando à este, y oprimiendo à las otras Plaças: defendia à Magallon el Vizconde de Caner, Aymerich de Centellas con otros Catalanes, que por no ser socorridos huvieron de rendirse con la Plaça. Embiò desde Monçon el Rey à alentar à los que governavan Aragon, asseguirandoles que luego partiria à defenderles, que ya el Conde de Trastamara se hallava en Perpiñan, y el Duque de Gerona juntava el Exercito de Cataluña, que Ramon de Vilanova trahia mil Soldados del Conde de Foix; pero tardando el socorro, huvieron de rendirse algunos Castillos, y Taraçona se entregò al Castellano; pero esto no lo refiere el Rey.

Rindense algunas Plaças de Aragon al Rey de Castilla.

Llegò el Conde de Trastamara à Monçon: tuvo secreta Platica con el Rey, interviniendo solo Jayme Conesa Secretario de su Magestad, paraque le favoreciesse en la idea de levantarse Rey de Castilla: hallavase junto el Exercito de Cataluña, y partiò con el Rey desde Monçon para entrar en Aragon: ponderan Zurita, Abarca, Blancas, y demàs Autores Aragoneses como deve quedar siempre reconocido Aragon à Cataluña por los favores, y assistencias para su defensa: digalo por todos el Padre Abarca, *tom. 2. fol. 130. Llegò à Zaragoça el Exercito Catalan tan ennoblecido de Infantes, Grandes, Barones, y Cavalleros, que ni los podemos contar con mas distinccion, ni ella harà mucha falta; porque podemos dezir, que vino toda la Nobleza del Principado, y Condados, que siempre fueron tan fertiles de ella: deverà por tan relevante, y oportuno socorro Aragon à Cataluña eterno, y tierno agradecimiento, porquè nunca nuestro Reyno, despues que las Armas Christianas le arrancaron de los Moros, llegò à igual peligro, y fatiga.* Bien ponderan por su Patria los Autores de Aragon el agradecido obsequio devido à Cataluña por su defensa. Assegurado queda el acuerdo en lo venidero para reconocer su libertad, conservacion, nombre, y gloria, como consta de lo referido; la libertad

Encomio de los Catalanes.

Deuda de Aragon à los Catalanes.

tad pues se la diò la Nacion Catalana, assistiendo en sacar los Moros de Sobrarbe, de los Montes de Ribagorça, y de los de Aragon, venciendoles en Osma, y repetidas ocasiones en Aragon, librando à Zaragoça, Calatayud, Daroca, y Huesca, militando por los Reyes Don Pedro, y Don Alonso, arrancando del todo la infame semilla Mahometana governados por el Serenissimo Señor Conde Berenguer IV. y por su hijo el Rey Don Alonso Primero de Cataluña, y Segundo de Aragon, que le eximieron del feudo de Castilla, y le conservaron Reyno en las cessiones que consiguieron del Santo Sepulcro de Gerusalen, de los Templarios, y San Juan, à cuyas Iglesias, y Religiones avia dexado Señores del Reyno el Rey Don Alonso Primero, llamado Emperador: la conservacion, defendiendole en tan repetidos lanzes, de Moros, Franceses, Navarros, y Castellanos: nombre, y gloria, por ser conmilitones Ilustres de las Catalanas conquistas, logrando eternizar su Nombre, y Patria en el templo de la immortalidad, dilatandole en tantos, y tan elevados volumenes abonados testigos de la gratitud.

Los nombres de los principales del Exercito que formó Cataluña para defender à Aragon, se sacan de las Cortes de Monçon, pues todos se obligaron à seguir al Rey, y los refiere Zurita, *tom.2. lib.9. cap.44.* y para no dilatar la historia podran leerse en el fin del Capitulo letra *A.*

De Aragon parte el Exercito del Rey de Castilla à Valencia, y pone Sitio à aquella Ciudad.

Aterrado el Rey de Castilla del ruido del socorro Catalan, partiò de Aragon con felicissima celeridad, y entrò en Valencia consiguiendo escusar el trance de la batalla, y en el viage dominar à Teruel, Segorbe, y Morviedro, por hallarse aquel Reyno poco prevenido para defenderse de tan grande Exercito: passò el Rey de Castilla à poner Sitio à la Ciudad de Valencia: defendieróla valientes el Conde de Ribagorça, y Denia, con los Catalanes, y naturales que se hallavan en la Plaça; que no satisfechos de defender el recinto de ella, salian todos los dias vitoriosos de los Enemigos en repetidos renquentros. Avisado el Rey de la partida del Exercito Castellano, y peligros de Valencia, rodeò por Lerida, y repassò aquella parte de Cataluña con todo el Catalan Exercito para librar à Valencia, como avia assegurado à Aragon solo con la fama de su venida: sucediò lo proprio, pues apenas noticiado el de Castilla de la prissa con que caminava nuestro Exercito, levantò el Assedio de Valencia, y se acogiò à Morviedro, à donde le buscò nuestro Rey, desafiandole con vn Trompeta para la batalla, que escusò el Castellano; no atreviendose à salir de Morviedro, aunque los nuestros con los tornos, y bravezas militares empeñavan su colera, haziendo el desentendido, engañando el dolor de ver desde los Muros de Morviedro prisioneras quatro Galeras suyas, de seys de las Catalanas.

Valencia librada del Assedio.

Estrechava el Rey al Castellano Exercito, de forma que sin grande afrenta, y perdida de sus fuerças no podia escapar, ni salir para mantener su Campo, y librarle de la hambre que le afligia, por cuya ocasion el Nuncio de Castilla, y el Infante de Navarra, que se hallavan en el Exercito Castellano, trataron de Pazes con nuestro Rey, y se efectuaron no obstante los contrarios pareceres de los Consejeros, y generalmente de los Catalanes, que à vn tiempo lograron librar à Aragon, y Valencia, paraque dure en esta el reconocido afecto à Cataluña, y con mayores prendas de obligacion que Aragon, pues sobre la defensa, es deudora Valencia à Cataluña de su Fe, por averla librado enteramente del Infiel yugo, de averse los Catalanes amantes de su Patria, desnaturalizado de ella, para poblarla, haziendola participe de sus Leyes, y libertades: no olviden estas finezas Mallorca, Menorca, Ivissa, y Murcia, pues consiguieron el mismo favor: sea tambien acuerdo para Cerdeña, Corcega, y Sicilia, que

Pazes con Castilla.

Deuda de los Reynos de la Corona à los Catalanes.

que, aunque no las libraron de los Moros, las defendieron de otros Enemigos que sobradamente las molestavan: y demos todos á Dios las gracias de los aciertos, y vitorias que concediò liberal à la Nacion Catalana en beneficio de tantos Reynos; y baste esta digrecion, aunque no fuera del intento: no hablo de las Provincias de Napoles, aunque Cataluña las librò del dominio Francès, porque ellas mismas se han explicado.

Pacto contra la autoridad del Rey, y sè publica.

Por estas Pazes quedaron mal ambos Reyes; y peor el nuestro admitiendo pacto secreto, tratado con Bernardo de Cabrera de procurar la muerte del Infante Don Fernando, y del Conde de Trastamara, pretensores de la Corona de Castilla; siendo este pacto contra la Real Autoridad, y se publica que les asseguràva en estos Reynos.

Acciones injustas del Rey de Castilla.

Fue solo victima el infeliz Infante Don Fernando, consagrada al odio de ambos Reyes; particularmente del de Castilla no contento de aver mandado matar al Infante Don Juan, y á la Reyna Doña Leonor sin otra causa que ser desgraciada Madre de los Infantes de Aragon, y con tal impiedad que ni se halló noticia aun de su cadaver; del Rey por lo pactado paraque el Infante Don Fernando acompañasse en la tragedia à su Madre, y hermano: Fue el caso, que despues de concluìdas las Pazes de parte del Rey, por medio del Conde de Ribagorça, de Bernardo de Cabrera, de Ramon Alemany de Cervellò, y de Berenguer de Pau, à los quales se añadiò Guerao de Palou, y de parte del de Castilla por medio del Maestre de Santiago, Martin Sanchez, Matheo Fernandez, y Juan Alonso, en las Cortes que aun proseguian en Monçon se sucitò la duda, si devian admitirse los socorros de Francia del Conde de Foix, y mantenerse despues de la guerra? Eran de sentir los Prelados, y Pueblos, que devian admitirse, y la Nobleza, solo en caso que moviessen guerra dentro Castilla: medió el Rey entre los dos partidos, y prometiò al Conde de Trastamara mantenerle su gente Castellana, y no consentir se entregasse á otro Capitan, ò fue tambien acordado se pagasse primero esta con la que seguia al Infante, y despues los Franceses del de Foix. Hallandose en Cataluña los Castellanos que seguian al Conde de Trastamara, se passaron los mas á servir al Infante teniendole como á su Señor natural, no dudandose ser legitimo successor de la Corona de Castilla: no le pesò esto al Rey al principio, pues lo aprobò en presencia del Conde de Urgel, y Vizconde de Cardona sus amigos: acusó al Rey la palabra el de Trastamara, y para su credito mandò al Infante no recibiesse aquellas gentes: escusòse este con la determinacion de las Cortes de Monçon: favorecieronle los Catalanes, particularmente el de Urgel, y otros de Aragon: deste empeño pasò el Infante à otro mayor, que fue romper las arcas Reales de Zaragoça, para pagar su sequito: esto, y las sospechas de aver favorecido el Infante al Rey de Castilla, ofreciendole mandar dar la muerte al Conde Don Henrique, y hazer perder al Rey sus Reynos, y particularmente el odio del Rey, le movieron para mandar prender al Infante, que no quiso obedecer: fueron al Rey los Ministros: respondió dixessen al Infante que no le estava mal ser su prisionero: replicò este: mandò matarle el Rey sino obedecía: puso mano á su espada el Infante, y matò vn Escudero Castellano: acudieron los demás con los que avia embiado el Rey, y le mataron.

General sentimiento de los Reynos por la muerte del Infante D. Fernando.

Resultò desta tragedia grande alboroto en los Soldados, que se acomodò; pero no tan presto el general sentimiento de los Reynos, á los quales manifestò el Rey los motivos que le assistian para ocupar los Estados del Infante; pero no pudo desvanecer la comprehencion, de que no sus culpas, si el antiguo odio del Rey avia dado la muerte à este desgraciado Principe: sintiendose agraviada

viada la Provincia de la absoluta, pudiendo segun las Leyes averiguar las culpas que le imputavan al Infante, y con processo (como se avia executado con el Rey de Mallorca) condenarle por sus delitos: sucediò la muerte del Infante Don Fernando à los vltimos de Julio.

Los Consellers de Barcelona, Consejeros del Rey.

(4) In Archiv. Civit. Privil. Regis Petri 15. Desembris 1365. Privil. Regis Alfon. 25. Iunii 1425. Privil. Regis Ferdinand. 9. Aprilis 1517.

Nombrò à los 15. de Deziembre el Rey por sus Consejeros à los de Barcelona, con obligacion de aconsejarle en lo que les pareciesse importante al buen govierno, aunque los Reyes no les llamassen à Consejo: confirmò este Privilegio el Rey Don Alonso IV. à 25. de Junio 1425. Condecorò con esta honra à Barcelona, y confirmò las referidas gracias el Rey Don Fernando II. Privilegio de 9. de Abril 1517. hallanse varios exemplares. (4)

Nuestra Señora de la Sierra, Convento de Franciscas.

(5) In Archiv. Conv. Bull. 29. Maii 1363. Camos, Iardin de Maria, fol. 22.

Por este tiempo se logran noticias de la prodigiosa Imagen de nuestra Señora de la Sierra, que se venera fuera de la Villa de Montblanch, en vn encumbrado Cerro, donde se edificò Iglesia, y Monasterio de Monjas Franciscas: trahian la Santa Imagen en vn carro que venia de Zaragoça; y al llegar al lugar donde se venera, no pudieron passar adelante: Llamaron al Pueblo de Montblanch para ver la maravilla, y entregaronles la Preciosa Prenda, à la qual consagraron Iglesia, muy favorecida de los Pontifices. (5) No obstante lo referido, juzgo ser reedificacion esta, porque como se lee en las escrituras recondidas en el Archivo de dicho Convento, le fundò la Princessa Irene Lascara, que vino de Grecia à España año 1278. como refiere Zurita, *tom. 1. lib. 4. cap. 5. fol. 232.* de orden del Rey Don Jayme II. como consta del Archivo de dicho Convento. El motivo de la referida fundacion fue, que cerca los años 1292. la Cruz de piedra que està en este tiempo dentro la Iglesia deste Convento, se torcia à vna, y otra parte, como flexible vara impelida de los vientos siendo la estacion quieta, baxando al mismo tiempo brillantes luzes del Cielo para exaltar el Prodigio, à cuya novedad acudiendo el Pueblo, fueron curados los enfermos: publicòse la maravilla por toda España: acudieron los Pueblos à la fuente de prodigios: llegò llamado destos el Arçobispo de Tarragona; y aviendo mandado cavar à los lados de la Cruz, se manifestaron muchos huessos, y calaveras, juzgando por el suave olor que salia de ellos, ser de Santos Martyres, que padecieron por la Fè en las persecuciones que tuvieron los antiguos Catolicos; por cuya ocasion la devocion del Pueblo de Montblanch labrò Capilla à la Virgen de la Sierra, y à la Santa Cruz, incluyendo en ella el terreno de la Cruz, y lugar en que se ocultavan los huessos; de que se infiere, ser deste tiempo la Invencion de la Santa Imagen de nuestra Señora: y como se aumentasse la devocion de los fieles, para mayor veneracion de la Santa Cruz, y de la Virgen nuestra Señora, la Princessa Lascara mandò fabricar Convento, y puso en èl Monjas Menores. (6)

(6) Archiv. del Convento. Informacion, y Decreto del Rey Don Jayme II.

Nombres de los que defendieró à Aragon.

A. *El Conde de Ampurias, Don Iuan de Ampurias, el Infante Conde de Prades, el Conde de Pallàs, el Vizconde de Cardona, el de Castellbò, el de Rocabertì, el de Vilamùr, el de Evol, Gaston de Moncada, Guillen Ramon de Moncada, Ramon de Ribelles, Berenguer de Abella, Berenguer de Crulles, Arnaldo de Eril, Pedro Galceran de Pinòs, Guillen Ramon de Cervellò, Guillen Galceran de Rocabertì, Ramon Arnaldo Bellera, Ramon de Anglesola, Berenguer de Castellnou, Icart de Llordat, Vguet de Santa Pau, Frances de Servià, Iasbert de Castellet, Pons de Caramany, Gilaberto de Cruïlles, Pedro Melan, Berenguer de Cardona, Dalmao de Mur, Acart de Talarn, Ramon Alamany de Vrriols, Pedro Ramon de Copons, Guillen de Palafox, vn hijo de Berenguer de Castellaulì, Guillen de Barbarà, Iayme de Comella, Bernardo Guerao de Boxadòs, Bartholomè de Vilafranca, Bernardo de Senisterra, Iofre de Castellaulì, Pedro de Castellvì, Berenguer de Besora, Guillen de Crexell, Guillermo de Montoliu, Berenguer Doms, Frances Vives, Bartholomè Falchs, Galceran*

[Ser]ràn de Vilaritx, Bernardo Sort, Guillen de Togores, Guerao de Oluja, Iuan Berenguer de Rajadell, Ramon de Paguera, Iayme March, Bernardo de Tagamanent, Ponce de Llupià, Pedro de Montornès, Guillen Zacirera, y otros; sin los que ya se hallavan en la defensa de Aragon, y Valencia, como està referido.

CAPITULO XIII.

Pazes con Castilla; y rompimiento: Tratado oculto con el Navarro: Prision del Infante: Tratados con el Conde de Trastamara: Muerte de la Reyna de Sicilia: Entrada del Castellano: Cortes en Lerida, y servicios: Disponese el socorro de Valencia: Alianças con Navarra, y con el Conde de Trastamara: Ruina de Bernardo de Cabrera: Fundacion del Carmen de Tarrega, &c.

ESCusò el tranze de la Batalla el de Castilla con el tratado de las Pazes, à las quales convino por evitar su peligro; pero no con intento de continuarlas: descubrióse su animo en la execucion de lo acordado, pues los Plenipotenciarios de Castilla delante del Rey de Navarra nombrado arbitro, y executor, con frivolas dilaciones, y paliados pretextos dilataron executar lo que parecia justo al Navarro; dando con estas dilaciones lugar à su Rey, de bolver à formar Exercito para emprender la guerra, ocasion que precisò al Navarro à firmar alianças con el Rey, obligandose ambos Reyes à proseguir la guerra contra Castilla. Passò este, rompida la Paz, à Calatayud, y el Rey mandò à sus Tropas passar à las Fronteras de Exèa, y Tauste, para hallarse dispuestas contra el designio del Enemigo: firmaronse las Alianças con Navarra obligandose Bernardo de Cabrera al cumplimiento solo por obedecer al Rey, pero muy contra su voluntad; quedando el secreto entre los Condes de Trastamara, y Ribagorça, Bernardo de Cabrera, y Ramon Alemany de Cervellò participes de los conciertos: partiò el Rey para Huesca, y alli mandò estuviessen dispuestas sus fuerças por si el Castellano emprendia la conquista de Daroca.

Buelve el Rey de Castilla cõ Exercito contra Aragon.

En este tiempo fue preso por el Conde de Ribagorça en vn renquentro el Infante de Navarra, que dexò prenderse para encubrir los tratados de los Reyes contra Castilla: dió motivo esta Prision à los de Castellfavib, de ocupar el Castillo, entregandole al Rey de Castilla.

Aviendo assegurado el Rey las Fronteras, y Plaças de Aragon, y Valencia, y nombrado à Pedro Boil General de Valencia en lugar del Conde de Ribagorça, partiò à Barcelona para disponer su Armada, y solicitar nuevos socorros del Principado, para proseguir la guerra: en esta ocasion entendió el Conde de Trastamara la oculta condicion de las antecedentes Pazes en daño de su vida segun se refiere, y para conservarla se quiso apartar del servicio del Rey, y passar à la Proteccion de Francia: era importante la persona del Conde al Real servicio por las amistades, y alianças de Castilla, y assi procurò el Rey detenerle, y assegurarle por sì, y por sus Vassallos, ofreciendole cuydar de su honor, y no firmar Pazes con Castilla sin su consentimiento; para la seguridad ofreciò poner en rehenes en el Castillo de Opol al Infante Don Alonso su hijo, y à los hijos del Conde de Osona, de Ramon Alemany de Cervelló, de Francès Perellós, y de otros, jurandolo en manos de Don Pedro de Clasqueri Arçobispo de Tarragona: entregò el Conde de Trastamara à su hijo Don Juan, y à otros Cavalleros Castellanos para que se tuviessen en rehenes en el Castillo de Taltaull, y en otros Castillos: el de Opol governado por Francès Zagarriga, y el de Taltaull por Frances de Perellós, se entregaron para custodia de los rehenes del Rey, à Fernando Gomez Alvar Garzìa de Albornoz, y à Don Juan Martinez de Luna. En devido

devido agradecimiento desta concordia hizo donacion el Conde de Trastamara al Rey, del Reyno de Murcia, y de muchas, y notables Ciudades de Castilla, como si ya se hallasse Rey, esperançado, aunque hermano natural del Rey de Castilla, en la tirania, y assegurado por la muerte del Infante Don Fernando.

Muriò este año la Reyna Doña Constança de Sicilia, muger del Rey Don Fadrique, dexando à la Infanta Doña Maria hija vnica, que despues sucediò en el Reyno, y casò con el Infante Don Martin.

Al principio deste año entrò con su Exercito en el Reyno de Valen-
1364. cia el de Castilla, y ganò los Castillos de Alicante, Elche, y Crivillen, que estavan en poder de los Soldados del Infante Don Fernando, poniendo en notable peligro aquel Reyno: partiò el Rey de Barcelona à Lerida, nombrò Lugarteniente de Cataluña à la Reyna Doña Leonor su muger, y passò à Valencia, dexando asseguradas las fronteras de Aragon.

Mandò llamar à Cortes à los Catalanes el Rey à Lerida, y en su ausencia presidiò la Reyna Lugarteniente: tratòse de proseguir la guerra contra Castilla; y Cataluña continuò el servicio de las imposiciones para mantener su Exercito, que fueron tales que se empeñaron todos los Comunes en considerables sumas. (1)

(1) *Real Archivo de Barcelona, Arca primera grande. Arch. de Tortosa, lib. Instr. fol. 139. y 140. Roig Epit. fol. 439.*

Assedio de Valencia por el de Castilla, y socorro del Rey.

Llegò el Rey de Castilla con su Exercito delante Valencia, y à estrechar la Ciudad, que se hallava poco prevenida: desde Aragon determinò el Rey socorrer à Valencia, nombrò General para el socorro al Infante Don Iuan su Primogenito Duque de Gerona, y procurò estrechar la liga con el de Navarra, que en la execucion se dilatava por no entregar los rehenes de los hijos del Conde de Osona, no queriendoles entregar la Condessa por el cuydado de la salud de los niños: para assegurar la vnion de Navarra vino à Monçon el Infante Don Luis, y se concertaron vistas entre los Reyes de Aragon, y Navarra en Sanguessa, aviendo precedido la Embaxada de Ramon Alemany de Cervellò, y de Berenguer de Pau; y vltimamente para concluir con el lugar de las vistas, y aliançàs fue embiado Bernardo de Cabrera.

Assistentes, y Consejeros del Infante Duque de Gerona, para el socorro de Valencia.

Para el socorro de la Ciudad de Valencia, por la poca edad del Duque de Gerona, mandò el Rey que le assistiessen el Infante Don Pedro Religioso Francisco, el Conde de Vrgel, y el Vizconde de Cardona; y para la ocasion en que estos Grandes deviessen acudir à otro empeño, nombrò por sus Consejeros para el acierto del Infante à Berenguer de Abella, Bernardo de Sò, Guillen de Guimerà, y Thomas de Marça, todos naturales de Cataluña: partieron con vna Galera Gilaberto de Centellas, y Olfo de Pròxita, de Tarragona, y entraron en Valencia con la gente para alentar à los de la Plaça.

Pretende el Rey assegurar la Aliança cō el de Navarra.

Dispuesto el socorro de Valencia, atendiò el Rey à assegurar la Aliança de Navarra, que con arte suspendia el Conde de Trastamara ya esperançado de conseguir la Corona de Castilla, fiado en assegurarse de ambos Reyes, pretendiendo que las Aliançàs se lograssen à su favor.

Esto fue el motivo de la ruina de Bernardo de Cabrera arbitro de la Paz, y guerra, tan apassionado amante de la conservacion destos Reynos; quedando el qual en su devido lugar con el Rey, jamás huviera conseguido su designio el Conde Don Henrique, aunque con su artificio huviesse perdido al Legitimo Successor de la Corona, en el desgraciado Infante de Aragon Don Fernando, al qual se devia por su madre la Reyna Doña Leonor hermana del Rey Don Pedro de Castilla. No obstante las diligencias del Conde, los Embiados por el Rey concluyeron las vistas en Sanguessa:

Vistas de los Reyes en Sanguessa, y Capitulaciones.

acudieron alli los Reyes, y capitularon de nuevo no poder hazer pazes, ni treguas con Castilla sin el comun acuerdo; y en caso que el Navarro se ajustasse con Francia, entrasse el de Aragon en la concordia,

dia; obligandose con juramento al cumplimiento, de parte del Rey, como lo instò el de Navarra, los Principes de la Casa Real como los Infantes Don Pedro, y Don Ramon Berenguer, Don Alonso Conde de Ribagorça, Don Pedro Conde de Vrgel, y Don Iuan Conde de Ampurias hijo del Infante Don Ramon Berenguer; las Ciudades de Barcelona, Zaragoça, Lerida, y Tortosa, con la Villa de Perpiñan; y de los ricos hombres, y Cavalleros, Guillen Ramon de Moncada, Bernardo de Cabrera, el Vizconde de Rocabertì, Luìs Cornel, Ramon Alemany de Cervellò, Berenguer de Abella, Don Blasco de Alagon, Don Pedro Fernandez de Ixar, Jordan Perez de Vrries, Domingo Cerdan, Lope de Gurrèa, Pedro Jordan de Vrries, Berenguer de Pau, y Ramon de Paguera Mayordomo mayor de la Reyna: en nombre del Navarro juraron Don Juan Ramirez de Arellano, Pedro Ramirez de Arellano, Don Martin Enriquez, el Señor de Lusà, Rodrigo de Ortiz, Juan de Honacort, y Simon de Aurezo, con las Ciudades de Pamplona, Tudela, Estella, y otras: convino el Rey en dar al Navarro de contado cinquenta mil florines, y otras cantidades para proseguir la guerra, dandole prendas, y abonados fiadores.

Pactò tambien el Conde de Trastamara con el Rey de Navarra la guerra contra el Rey de Castilla, y para tener assegurado al de Aragon pactò tambien que entregasse el Infante Don Martin que se avia dado en Rehenes al de Navarra, no olvidandose de la seguridad de su persona, obligando à los Navarros, q̃ havian de entrar en Castilla à guardar los pactos con juramento. Aunque el Conde se asegurò del Navarro, no pudo como queria del Rey de Aragon, por no querer entregar sus hijos la Condessa de Osona; y era lo que mas instava el Conde por temor de Bernardo de Cabrera, al qual solicitò la ruina con fingidas desconfianças, y aparentes culpas que

Arte de que se vale el de Trastamara para la ruina de Bernardo de Cabrera.

bastaron à irritar al colerico, y sospechoso natural del Rey: confederose el mañoso Conde para privar al Rey del Consejo de Bernardo de Cabrera, con el Rey de Navarra, y con el Conde de Ribagorça, ambos enemigos de Cabrera, porque no podian conseguir del Rey sus extraordinarias pretensiones en daño de la Corona, hallandose à su lado Bernardo de Cabrera; y para lograr sus ideas, fueron tales las sospechas que infundieron en el coraçon del Rey, que le obligaron à llamar al Conde de Ribagorça, y à Bernardo de Cabrera, con pretexto de importarle sus personas para concluir los tratados con el Conde de Trastamara.

Conocia, y advertia bien Bernardo la Trama, y el Temporal, que le amenazava: determinò retirarse à su casa, (como lo avia executado en otra ocasion) logrando el descanso en la quietud de San Salvador de Breda, de la qual le sacò el Rey ahogado de sus grandes empeños: y desde Monsoriu respondiò que suplicava le dexasse descansar en su tan adelantada vejez: bolviò à instar el Rey; conque à su disgusto, dexò su quietud, y contra su voluntad, intervino en los tratados con el Navarro, y con el Conde Don Henrique, los quales siempre juzgò contrarios al Real servicio; y conociendo estos, que no inclinarian al Rey à sus pretensiones viviendo Cabrera, concertaron procurarle con todas sus Artes la muerte: tuvieron sus conferencias, entraron en ellas la Reyna de Aragon, el Conde de Ribagorça, Berenguer de Abella, emulos como Paysanos, y Don Juan Ramirez de Arellano enemigo por amigo del de Trastamara esperando ser su Vassallo.

Hallavase el Rey en Huesca, acudiò alli el de Navarra para executar su designio: passò de Huesca à Almudevar el Rey, y alli los conspirados contra Cabrera bolvieron à acusarle, y con arte embiaron vn Cavallero à Bernardo de Cabrera, que le informasse de las acusaciones que avian propuesto sus Enemigos al Rey. Con esta noticia, embiò à suplicarle se sirviesse su Magestad favorecerle en su posada porque se hallava indispuesto: acudiò el Rey: representòle Cabrera sus servicios, y el engaño de sus enemigos: quedando convencido el Rey al poder de la verdad, no aviendose logrado la trama, urdieron otra contra Bernardo de Cabrera fingiendo grande rumor, y recelos, el de Navarra, el Conde de Ribagorça, y Trastamara, acudiendo al Rey el Viernes Santo, en que muriò aun por los malos, y pecadores el justo, è inculpable: suplicaron al Rey les favoreciesse porque por el arte de Cabrera avian de perecer, ò tenian por cierto avian de matar à vno de ellos: mandò llamar el Rey à Cabrera por medio de Guillen Dos, y despues del Vizconde de Rocabertì: escusòse con su indisposicion; y temiendo su daño, saliò de Almudevar con vnas Compañias de Guillen Ramon de Moncada, y de Frances de Sanctiment:(error notable, dexar el cãpo à sus Enemigos, culpãdose con la huìda, deviẽdose aventurar en defensa de su justificado proceder, pues no es la vida estimable à precio del honor) embiò el Rey à prenderle vista la escusa: no le hallaron los Ministros: acusaronle culpado los Emulos, assegurados con su fuga: mandò el Rey seguirle, alcançaronle en Carcastillo de Navarra: requirieron los que llevavan orden de prenderle à los vezinos del Lugar en nombre de los Reyes de Aragon, y Navarra para que le detuviessen hasta otro orden: escriviò entonces Bernardo de Cabrera al Rey la ocasion de su fuga, fundada en los recelos que tenia de sus Enemigos, assegurando al Rey de su buen proceder, y suplicandole no diesse credito à sus Emulos, y que si dezian cosa contra su honor, que se presentaria à oponerseles.

Sabiendo el Rey de Navarra, que Bernardo de Cabrera se hallava detenido en Carcastillo, mandò le llevassen al Castillo de Murillo, y le embiò à dezir que le guardaria contra qualquier persona; lo que no cumpliò, pues diò lugar à que le llevassen preso à Novales, y con harto escandalo, y rumor, pudiendolo executar con quietud, hallandose en Navarra, y apartado de sus amigos, y dependientes.

Palabra no cumplida por el Rey de Navarra.

Juzgaron los Reynos principalmente el Principado de Cataluña, que aun se hallava congregado en las Cortes de Lerida, siempre atento à la conservacion de la Corona, ser grandes las culpas de Cabrera; y assi en Cortes fueron acusados por Pedro Zacosta Bayle General, y citados por la Corte, Bernardo de Cabrera, y el Conde de Osona su hijo: y con tal encono, que saliendo à la defensa como Procurador General Berenguer de Malla, no fue admitido, ni la proposicion del zero de muchos Nobles, que se obligaron en Cãpaña, à defender el honor de Cabrera contra todos los que se le atrevian, como era permitido en los vsages, y constituciones de Cataluña. Quitada la defensa, prosediò la Reyna con voluntad de las Cortes al secresto de los Estados de la Casa de Cabrera, y el Rey à formarle Processo: fueron tales los cargos, que de ellos se inferia el descargo, y justo proceder. Acusaron de ser la ocasion de las guerras de Aragon y Castilla; y estas procedian de la Antipatia de los Reyes, de los empeños de la Reyna Doña Leonor, del Patrocinio de los Infantes sus hijos, y del favor à la vnion de Aragon, y Valencia; y en todas estas guerras fue Bernardo de Cabrera el Iris de Paz, la qual siempre perturbó el inquieto animo del Rey de Castilla, como queda referido.

Cargos cõtra Bernardo de Cabrera, que por si mismos son justificaciõ de su leal proceder.

Que continuò la guerra contra Genova; y esta fue obligacion por las rebeliones de Cerdeña las quales sujetò con sus Ilustres vitorias, como tambien proceder contra el Juez de Arborea, mas rebelde, y contumàz quando mas favorecido, el qual prosiguiò su rebeldìa despues de la muerte de Bernardo de Cabrera.

Que tuvo siempre en continua guerra al Rey, paraque no se ocupas-

se

se en quitar los fueros, y libertades de Cataluña, y Aragon; y si esto huviera sido, no devian culparle los que devian agradecerlo; pero ni el Rey quitò, sino que concediò nuevos Privilegios à Cataluña; y si los rompiò à Aragon, culpen à su vnion, porque siempre Bernardo de Cabrera con sumo trabajo moderò el ardiente natural del Rey.

Que instò à Frances Perellos fuesse con sus Galeras à favorecer à Ingalaterra, y apoyò el daño de los Reynos de Castilla; y este fue tolerado, y apoyado del Rey, y mas en daño de los Ginoveses, que Castellanos, y no devia por estos atender à los Enemigos, que lo erã los Ginoveses aunque favoreciessen à Castilla, y podia justamẽte darles batalla, à donde les hallasse, en guerra declarada.

Que difiriò las Cortes de Monçon, y que el Conde de Trastamara con los Franceses, y Castellanos viniessen à servir al Rey: y esto pareciò à las Cortes bien, porque no eran necessarios los Estrangeros, sobrando los naturales.

Que concertò la Paz con Castilla; que siempre se juzgò convenia, y sabia el Rey quanto la deseavan, y solicitavan los Reynos.

Que procurò la muerte del Infante Don Fernando; y se executò por trama del de Trastamara enemigo de Cabrera, aunque mas por el odio que le tenia el Rey su hermano. Vltimamente, que tuvo tratos con el Rey de Castilla, el que siempre sirviò, y defendiò constante à su Rey, y Patria. Estos fueron los cargos que sin mas prueva que proponerse, assegurados por los Emulos, le condenaron sin dar lugar à la natural defensa de tan justificados descargos; sin que pudiesse ser culpado en la retirada, que fue necessaria para defensa de enemigos tan poderosamente irritados. Embiò la Reyna participe de la trama à avisar al Rey que los Catalanes concedian el servicio para proseguir la guerra; con que primero fuesse castigado Bernardo de Cabrera: no contenta desto, embiò à Berenguer de Abella à Novales à recibir la confession del Reo, el qual manifestò con facil respuesta, ser los cargos à bulto, inverosimiles, improvables, y sin fundamento: passò la Reyna à Zaragoça, y de alli embiò otra vez al mismo Abella para que el Rey de Navarra le entregasse; y porque le pareciò que Berenguer de Abella no tenia jurisdicion, cometiò la causa al Duque de Gerona su Primogenito con obligacion de dar tormento à tan Noble, y Venerable Anciano, para vengarse con su confession de Ramon Alemany de Cervellò, y de Berenguer de Pau, y que le acompañassen como en las Vitorias, en la Tragedia. Al fin pidieron à Bernardo de Cabrera al Navarro, que no quiso entregarle, sino es con la Real palabra, que le ofreciò de quitarle la vida: entregò el Navarro la persona de Cabrera, fue llevado à Zaragoça, y con estravagante monstruosidad fue destinado al Palacio del Arçobispo, siendo su Carcel el lugar que devia ser assilo de su Justicia. Hallãdose alli, se presentò D. Juan Ramirez de Arellano delante del Infante Duque de Gerona, y le requiriò en nombre de los Reyes de Aragon, y Navarra, que no procediesse contra Cabrera, sino que primero se viessen los Reyes; pero la Reyna instò al Infante, temiendo en el amor, y obligacion del Rey la libertad del Preso. Mientras con estas dilaciones se procedia en la causa, llegò el Rey à Barcelona; y en esta Ciudad sin intervencion de otro Juez, diò la sentencia de muerte contra Bernardo de Cabrera, no esperando defensas juridicas, fundado solo en las sospechas, de que le avian impressionado: embiòla al hijo à Zaragoça, para que la mandasse executar, el qual recibido el orden, mandòla participar al inculpable Reo por Berenguer de Abella, y Jayme Monel: respondiòles ser injusto condenarle sin oirle: respondieron: *Que él avia introducido essa costumbre executada en Juan Ximenez de Vrrea, y en Ramon Marquet.* Fue llevado à degollar en la Plaça de Zaragoça à 23. de Julio, fue

Solicita la Reyna la muerte de Cabrera

Muere ajusticiado en Zaragoça Bernardo de Cabrera, sin culpa, como despues lo confessò el Rey.

fue enterrado su cuerpo en San Francisco, embiando su cabeza al Rey, que se hallava aun en Barcelona: assi acabò el primer Vassallo, el primer Ministro, y Consejero, el mejor de estos Reynos, y sin culpa, como lo confessò el mismo Rey en el Privilegio que concediò à los Nietos de Bernardo de Cabrera, bolviendoles el honor, y Estados. Raro exemplo de la inconstancia de las mundanas glorias. Dize: *No tuvo culpa Bernardo de Cabrera, pues los cargos fueron otros tantos servicios, y la tuvo contra la Ley ultrajada en las muertes de Ramon Marquèt, y Ximenez de Urréa.* Castigòle la Ley privandole de su favor, vengandose por los mismos filos: venturoso pues que en la pena temporal pudo satisfacer à las Leyes de la Patria: desgraciados aquellos que se les espera el descargo en la eterna, y mas los que por sus cargos deven defenderlas.

Carmen de Tarrega. Este año con Real Privilegio à los 24. de Setiembre se fundò à expensas de los Devotos, el Convento del Carmen de la Villa de Tarrega. (2)

(2) *Corbera Catal. Illust. fol. 456.*

CAPITULO XIV.

Ocupa el Rey las rentas Eclesiasticas de los que vivian fuera de sus Reynos: Sientelo el Papa, y se compone: Sitio de Valencia, y socorro: Armada de Cataluña governada por el de Cardona: Sitio; y socorro de Origuela: Rehusa en tres ocasiones la batalla el de Castilla: Derrota de su Armada: Vitoria, y libertad de Caspe: Perdida de cinco Galeras Catalanas: Cortes en Tortosa: Lugarteniente, y Audiencia: Moneda de Barcelona no puede alterarse: Socorro de Francia à favor de Don Henrique de Castilla: Varias Embaxadas del Soldan de Babilonia, y à otros Reyes Moros Tributarios del Rey, &c.

Ocupa el Rey las rentas Eclesiasticas, y disgustase el Papa. MAs cargado el Rey de guerras, que de dineros, buscò arbitrio para tenerles, y tal que le pudo ocasionar notable daño: ocupò las rentas Eclesiasticas de todos los que se hallavan fuera de sus Reynos, y las de la Camara Apostolica: ofendiòse el Pontifice desta novedad, y quiso passar à privarle del Reyno de Cerdeña: disculpòse como pudo con la Corte Romana, y embiò à satisfacerla al Infante Don Pedro, y à Gisperto de Tregura, los quales serenaron el temporal; pero no pudieron el que se dilatò à Cerdeña, commovida por el Juez de Arborèa fiado en el disgusto del Papa, como veremos.

Sitio de Valencia, y socorro. Dispuso el Rey el socorro de Valencia, y como le era importante la Armada de Mar, y esta se hallava reducida à diez Galeras, pidiò à las Cortes de Cataluña (que aun se hallavan juntas para confirmar las imposiciones en continuacion de la guerra) que armassen otras diez Galeras, las quales con los Navios, y otras Embarcaciones que se pudiessen juntar, serian competentes para socorrer à Valencia, y dar batalla à la Armada de Castilla: convino la Corte en servirle, con que eligiesse General de la Armada el Rey al Vizconde de Cardona, y se executò previniendose la Armada para socorrer à Valencia.

Vizconde de Cardona General de la Armada.

En este tiempo estrechava fuertemente por mar, y tierra à la Ciudad el Castellano, y avia ocupado los Lugares de la circunferencia: hallandose el Duque de Gerona en Tortosa harto trabajado, esperando la gente de Cataluña, y la que pudiesse embiar Aragon, quiso poner buenas guarniciones en los Lugares de la Frontera, y el Conde de Prades embiò algunos de sus Ballesteros à fortificar Amposta, y para la defensa de Tortosa; de la qual desconfiava el Rey, respeto de los servidores del Infante Don Fernando: nombrò Governador à Fray Guillen de Guimerà notable Capitan; y mandò al Conde de Urgel, y al Vizconde de Cardona, que con su gente le esperassen en Tortosa. En este tiempo, furioso Marte en Valencia executava rigores en assediados, y assediadores, logrando aquellos grandes vitorias en las surtidas con notable daño destos: fue muy particular la de la puerta de San Vicen-

Vicente, en la qual murieron algunos principales de Castilla; pero este esfuerzo ya no valia à la Ciudad por hallarse falta de viveres; y por no dilatar el socorro, partiò el Rey con su Exercito desde Cataluña para Valencia: llegò à Montalvan, y alli entendiò que el Conde de Ribagorça avia ganado à los Castellanos el Castillo de Perales; y viendo que dentro de Castilla favorecia Marte, embiò para engrossar aquel Exercito à Juan de Ampurias, à Bernardo de Vilamarì, à Bernardo de Valls, y à Guillen Arnaldo de Palou, con sus Compañias, y con la gente de Liñan: partiò el Rey à Morella, y dexò Governador de Montalvan à Fr. Arnaldo de Bardaxì; de Morella passò à Castellon, y detuvose alli dos dias, para esperar la gente que dexò alli; y passò à Peniscola, à donde mandò se le remitiessen las Galeras de Cataluña, como se ivan armando, y teniendo juntas las Armadas de Mar, y Tierra, resolviò dar la batalla à los de Castilla, paraque de vna vez se acabasse la guerra.

Escusa el Rey de Castilla la batalla, y entra el Rey triunfante en Valencia.

Partiò el Rey de Peniscola à Burriana donde se hallava su Exercito para dar la batalla por tierra à los Castellanos, y librar à Valencia; y por consejo de Ramon de Vilanova, embiò delante la Vanguardia para que tomasse el passo del rio de Morviedro; donde se hallavan fortificados los Castellanos, que dieron muestra de defenderse; pero à la venida de los nuestros se retiraròn, no atreviendose al tranze de la batalla: tomò su camino el Exercito Castellano, seguido del nuestro, àzia Morviedro; al Grao del qual llegando los nuestros, se acogieron à la Plaça los de Castilla; à vista de los quales sin perder vn hombre entrò nuestro Rey Invicto dentro Valencia, librando enteramente à la Ciudad: llegaron las Galeras con los viveres, y la abastecieron como pedia la ocasion, y conflito.

Presenta el Rey Batalla dos vezes al de Castilla, y la rehusa, desafiale nuestro Rey, y no comparece.

Saliò el Rey, de Valencia, presentò dos vezes la batalla al de Castilla superior de fuerças, y siempre la rehusò por desconfiar totalmente de los suyos, diziendo las palabras que refieren las Historias de Castilla. Bolviò el Rey à Valencia desengañado de poder sacar à campaña el Exercito Castellano; pero antes desafiò al de Castilla embiandole à dezir que no tuvo razon de escusar la batalla, y que para que no la pudiesse escusar le esperaria el Sabado delante Morviedro; y aunque todo aquel dia, y el siguiente le esperò el Rey, no quiso entenderlo el de Castilla.

Juntòse la Armada de Castilla al Grao de Morviedro, poderosa por constar de quarenta Navios y veinte y quatro Galeras, que impedian llegar los viveres à Valencia; y para librarse el Rey de esta molestia, mandò al Vizconde de Cardona, que amàs de las veinte Galeras, armasse todas las Naves que se hallassen en Cataluña, y con las que se armavan en Barcelona, y Tarragona, que llegassen juntas à Tortosa, de alli partiessen à Mallorca à vnirse con las de aquella Isla, y que juntas con Bernardo de Tous Virrey de Mallorca, y Olso de Proxita viniessen à Valencia à combatir con la Armada de Castilla.

En este tiempo, viendo al de Castilla encerrado en Morviedro, se entregaron al Rey muchas Plaças y Castillos, y llegò el Vizconde de Cardona con diez y siete Galeras, y le recibiò en el Rio de Cullera, para acudir à donde importasse mientras llegava el residuo de la Armada: ya junta en Mallorca, passò el Rey à Cullera para defender sus Galeras, y los nuestros rindieron el Castillo de Andilla, con muerte de los Castellanos que le defendian: ocuparon otros Lugares, y la Villa de Penaguila, fuerte contra los Castellanos, que no solo les rechazò, sino que despues de rechazados, emprendieron los de Penaguila, y lograron la conquista de Sexona. Ramon de Castellàr, que tenia el Castillo de Ayora por el Infante Don Fernando, y le mantenia, le entregò al Rey, oponiendose los de la Villa, que

fueron

fueron vencidos, y socorrido el Castillo por el Vizconde de Rocabertì.

Pretende el Rey cobrar el Castillo de Alicante, que estava en poder de Castellanos.

Tratava el Rey en este tiempo con los de Alicante, de cobrar el Castillo, que se hallava en manos de Castellanos; pero no era facil por la dificultad del camino, hallandose el de Castilla en Morviedro, de cuyo lugar le avia de sacar la superioridad de fuerças de Mar y Tierra; y para tenerlas juntas el Rey, mandò à Garcìa Loris Governador de Valencia, que se hallava en Xativa, y à Vmberto de Fonollar Governador de Algezìra, que le remitiessen à Cullera (donde ya se hallava el Rey con nuestro Exercito) la mitad de su gente; y previno à Iuan de Ampurias, y à los que se hallavan en Burriana que advirtiessen quando saldria de Cullera, para vnirse con el Exercito, y assi mismo à todos los Presidios, y que con Faroles encendidos à las noches se avisassen las Plaças; y para entender la marcha del Exercito Castellano, se encendiesse vn Farol, sino se movia dos, si bolvia à Castilla vno, si tomava el viage de Teruel tres, y si emprendia el de Burriana quatro; correspondiendo à estas señas el Campanario de la Cathedral de Valencia, en el qual se dispuso otra seña, por si el Rey salia de Cullera contra los Enemigos, y eran cinco Faroles para que los presidios vezinos acudiessen al Rey en la ocasion, y no dexassen sin que, ni para que, expuestas las Plaças. Con este arte tuvo assegurado el Rey valerse de su Exercito, y Presidios à vn tiempo, para superar al Castellano, y tambien saber los designios, y viages que emprendia el Enemigo; y para que no faltasse la prevencion de dia, mandò que à los Faroles sucediessen las lladas. Buena fue la prevencion; pero no de importancia porque el Rey de Castilla dexando su gente en Morviedro, passó con su Armada engrossada de Ballesteros, contra nuestras Galeras que se hallavan en el Rio de Cullera, y al llegar echò apique tres Naves suyas, y las mandò poner en la boca del Rio para que no pudiessen escapar nuestras Galeras. Viendo el Rey el peligro embiò à Jasperto de Barbarà, y à Jayme Coll, à las costas de Valencia, mandandoles que con las primeras Galeras, y Navios que viniessen de la Armada, embarcassen los Soldados que se hallavan en Castellon, y Burriana: y à los Condes de Prades, Ribagorça, y Trastamara, y al Vizconde de Rocabertì, que se hallavan divididos en diferentes empresas, embiò à mandar que luego acudiessen con sus Tropas à Cullera, à donde llegassen promptos, y se dispusieron à la defensa de las Galeras; que las dispuso el Vizconde de forma que no padeciessen daño.

Detienese el Rey en Cullera con su gente, y Armada, intentando sugetar à los Castellanos.

Passa el Castellano la Cullera contra nuestra Armada, y le saca de aquel puesto vna tempestad horrenda.

Aviendo ya algunos dias que se detenia la Armada de Castilla delante Cullera, vino vna mañana tan cruel tempestad, que à la fuerça del Vracan se iva perdiendo la Armada, y llegó à tranze, que se le rompieron tres cabos, y perdiò otras tantas Ancoras la Galera en que venia el Rey de Castilla; que à no cessar la tempestad al ocaso del Sol, es cierto se dava funesto fin à la guerra; pero quietado el temporal sin otra prueva retirò su combatida Armada el de Castilla à Morviedro de donde fue en trage de penitente à rendir las gracias à la Virgen Santissima del Puche venerada en vn Convento Ilustre del Real Orden de la Merced.

Huvo en este tiempo varios pareceres en el Consejo del Rey sobre si devia apartarse de Cullera, y embiar las Galeras à Algezìra: favorecia esta opinion el Infante Don Pedro, aunque Religioso, de grande autoridad en el Consejo del Rey; pero prevaleciò la de los Condes de Vrgel, Ribagorça, y Trastamara, de que no hiziessen movimiento las Armadas; y ultimamente diò motivo á todos de levantar el Campo de Cullera la enfermedad del Rey de Castilla que le obligò à salir de Valencia, dexando buena parte de su Exercito en Morviedro, governado por Gomez Perez de Porres.

Partiò el Rey de Cullera, mandò de

demoler el Castillo, y Juan Mercer ganò à Gallinera: de Cullera passò el Rey à Valencia, refrescò su gente, y luego partiò à recobrar los Lugares que avian ocupado los Castellanos: ganò por primera empresa à Liria, y à todos los vezinos Castillos: passò al Socorro de los de Castellfavib, que se avian levãtado contra los Castellanos que ocupavan el Castillo, al qual entraron con muerte de los defensores; y porque el Maestre de Calatrava caminava para cobrarle, mandò entrar el Rey en la Plaça algunas compañias de Soldados, nombrando Governador à Sancho Lopez de Oroño: embiò à Garcìa de Loris, y à Juan de Vilaragut al Assedio del Castillo de Alicante; y passó con el resto del Exercito à Morviedro, del qual se apartò despues de repetidos, y fuertes avanzes, porque le defendìan bien los Cercados; y fuesse à Burriana, y de alli con las Galeras, de aquella Costa emprendiò su Viage para Barcelona, adonde llegò à los 17. de Julio.

Ocupa el Rey algunas Plaças que tenian los Castellanos en Valēcia.

Quiso partir à Portugal la Infanta Doña Maria Muger del Infeliz Infante Don Fernando: no lo permitiò el Rey: asseguròla tendria los Estados del Infante en Cataluña: no se lo persuadiò, y partiò escondidamente: detuvola el Justicia de Aragon, en el Castillo de Luna: de alli fuè llevada à Huesca, y vltimamente à vivir con la Reyna.

Quiere partir para Portugal la Infanta Doña Maria Muger del Infante Don Fernando, y la detuvo el Rey.

Aun durava en el coraçon del Rey el incendio contra los amigos del Infante: templaronle, ofreciendole que el de Portugal se apartaria de la amistad del de Castilla, si favorecìa à la Infanta: y para lograr la proposicion, y el casamiento de su hija la Infanta Doña Juana con el Infante Don Fernando hijo del Rey de Portugal, embiò à aquel Rey al Vizconde de Cardona, y à Olfo de Proxìta.

Por la muerte de Juan Rey de Francia tratòse Liga entre el Rey, y el Sucessor de Francia Carlos V. por medio de Francès Perellòs Camarero del Rey, de Francès Romà Vice-Canciller, y del Castellan de Amposta; però no fue de otro fruto que de daño de los Reynos, y ruìna del Rey de Castilla.

Liga con Francia en daño de Castilla.

Partió el Rey desde Barcelona à Zaragoça à celebrar Cortes, y el de Castilla convalecido de su accidente, desde Sevilla vino otra vez à estos Reynos; y con parte del Exercito acometiò à Visiedo, al qual partiò à defender el Conde de Vrgel con sus Tropas; y el de Castilla en Persona, colerico contra los de Castellfavib, partiò al assedio de la Plaça: emprendiò el Rey tambien por su Persona socorrerla, pero no llegò à tiempo porque los de Castellfavib yà avian capitulado quando nuestro Exercito llegó à Montalvàn distante tres Leguas de la Plaça.

Rindese Castellfavib al Rey de Castilla.

Rendido Castellfavib partiò el de Castilla al Reyno de Valencia, ganò à Ayora, abasteciò à Morviedro, y passó à Alicante para assediar à Origuela: constava su Exercito de siete mil Cavallos, y quarenta mil Infantes: con mucho menor Exercito el Rey partiò desde Aragon al socorro de Origuela, llegò, presentò la Batalla, socorriò la Plaça à vista del Enemigo, que no se moviò, y dixo en su disculpa el Rey de Castilla las palabras que refieren las Historias. (1)

Assedia à Origuela el de Castilla, y la Socorre el Rey.

(1) *Zurita tom. 2. fol. 339. Abarca, tom. 2. fol. 138. Carbonell. Coron. fol. 195. Señor Rey Don Pedro, en su Hist.*

Socorrida tan gloriosamente Origuela, passó el Rey à Valencia, siempre à vista del Exercito Enemigo, y sin daño de los suyos; y el de Castilla dirigiò sus Huestes al Assedio de Calpe, desde donde embiò al Maestre de Alcantara con grande copia de gente para abastecer à Morviedro su Plaça de Armas: avisado el Conde de Ribagorça, saliò à encontrarles con buenas Tropas, y les alcançó en las Alcublas, donde se dió la Batalla; y fueron vencidos los Castellanos con muerte del Maestre, y de otros de cuenta, y prision de Juan Martinez de Rojas,

Derrotado el de Castilla en vna Batalla, levanta el Assedio de Calpe.

y de muchos Nobles; ganando los nuestros todo el Comboy; y por esta derrota levantó el de Castilla el Sitio de Calpe con deliberacion de bolver á Sevilla.

Por este tiempo, aviendo encontrado la Armada de Castilla las Galeras del Vizconde de Cardona, combatieron, librandose todas menos cinco que fueron rendidas, y executó el Rey de Castilla en los prisioneros la crueldad de mandar darles la muerte.

1365. Este año celebrò Cortes el Rey á los Catalales en Tortosa, y á la fin del año otras en la misma Ciudad para continuar la guerra en defensa de los Reynos, que hallandose trabajados, avian de aumentarse las assistencias de Cataluña, la qual sirviò en estas Cortes al Rey con diez y siete cuentos de moneda Barcelonesa, disponiendo la paga en dos años, para que se asseguraffe el sueldo á las Milicias. (2) Fuè este servicio tan relevante, que sobiò para lograr la defensa de los Reynos, y superar á los Enemigos: creo que en esta suma estan comprehendidos los gastos de toda la guerra.

Cortes en Tortosa.

(2) *Real Archi. de Barcelona, Arca primera. Grande. Zurita, Abarca, y el Señor Rey Don Martin, en las Cortes de Perpiñan.*

Tambien en estas Cortes se decretò no poder alterarse la moneda de Barcelona, ni en peso, ni en valor segun los Privilegios de la Ciudad; dandose remedio á la alteracion que se avia antecedentemente executado en dicha moneda respeto de los gastos que suportavan el Rey, y Cataluña en la guerra contra Castilla: Vease la Constitucion Statuim, Cap. 6. tit. de moneda, valor, y forma.

Alentòse con esto el Rey á cobrar á Morviedro, embiò á Portugal á Fr. Guillen Cunill Prior de Predicadores de Barcelona, para dar aviso de la licencia que concedia á la Infanta Doña Maria de bolver á aquel Reyno, y juntamente procurar la confederacion; y embió orden á Francès Perellòs, y á Francès Romà para que con el Castellàn de Amposta, por su parte concluyessen los Tratados con Francia, confiriendose con el Conde de Anjou.

Apretó nuestro Rey, y estrechò à Morviedro, que se le rindió con pactos, y el de Castilla ganò á Origuela, y bolviò á Sevilla, de donde quiso armar contra Cataluña, y no tuvo efecto el Armamento.

Partiò el Rey para Valencia, nombrò su Lugarteniente al Conde de Vrgel, y Governador á Jayme Celma, y bolviòse á la Corte de Barcelona; en cuyo viage hallandose en Tortosa, tuvo la noticia que el Conde de Vrgel avia cobrado á Segorbe. Por la Constitucion 2. titulo de Privilegios, tuvieron principio, ò alomenos se hallan nombrados los Cavalleros con Privilegio: este nombre tuvo su oriente de los Romanos; y desde aquel tiempo se admitiò en Cataluña; la forma, y continuacion con los Privilegios se hallarà en Bosch tit. de honor de Cataluña lib. 3. cap. 3. á §. 9.

En las Cortes que continuò el Rey en Barcelona se admitiò el Puesto de Lugarteniente General, por no poder siempre el Rey residir en Cataluña, aunque antes yà le avia eregido por Decreto, como referimos, y tambien diò forma à la Real Audiēcia, en la qual solo intervenian Canciller, y Vice-Canciller: à estos se añadiò el Regente por el Rey Don Alonso IV. año 1422. y año 1493. por el Rey Don Fernando, en las Cortes de Barcelona, se nombraron Juezes Civiles, y de Corte; formandose las tres Salas año 1599. por el Rey Phelipe II. (3)

Lugarteniente, y Audiencia.

(3) *Constit. 1. y 2. tit. de la Audiencia Const. 1. tit. de la Eleccio. de Doc. Cortes año 1599. cap. 52. Bosch tit. de hon. cap. 280 ad 284.*

Vinieron este año copiosissimos los Socorros de Francia, embiò el Rey à Fr. Guillen de Guimerà del Habito de San Juan para conducirles hasta Lerida, de alli passaron à Aragon con mayor daño que avian ocasionado los Enemigos, pagaronlo Daroca, y otros Lugares saqueados: passaron por Zaragoça, prevenida para la quietud, à la qual llegò el 1366.

Rey

Rey, y firmó las aliançasCon el de Trastamara, y se concertò lo que se avia de dar al Rey, si el Conde conquistava à Castilla: concertose el matrimonio de la Infanta Doña Leonor hija del Rey, con Don Juan hijo del de Trastamara que tomò el titulo de Rey de Castilla, y recuperò todo lo que los Castellanos tenian ocupado de Aragon, y Valencia, porque el Rey Don Pedro de Castilla les mandó dexarlo, y abandonarlo, para su defensa.

Nuestro Rey arbitro de Castilla.

Passó el Exercito Francès con las Tropas del Rey à Castilla, y la dominò toda hasta Sevilla, huyendo el Rey Don Pedro al Inglès, que le favorecia con que quedò el Rey arbitro de Castilla.

Ciudades de Calatayud, y Daroca.

En premio de los grandes Servicios de Francès Perellòs le hizo el Rey gracia de Vizconde de Roda, y de las Villas de Roda, y Epila: dió titulo de Ciudad à Calatayud, y à Daroca por el valor con que procedieron en las guerras.

Embió à Castilla el Rey à la Infanta Doña Leonor: fueron embiados à Portugal Fray Guillen Cunill, y Alonso de Castellnou para assentar las aliançasC, y tratar el matrimonio del Rey de Sicilia con la Infanta Doña Isabel hija del de Portugal.

Tenia la Nacion Catalana en aquellos tiempos grandes contrataciones, y poderosas Armadas en toda la Africa, en Grecia, Romania, Surià, Egypto, Syria, y Persia, y era celebre, y temida en todas partes, y assi por ella eran tributarios del Rey los Reyes de Tunez, Bugìa, y Constantina. El Soldàn de Babilonia por una Vexacion hecha à la Nacion Catalana embiò sus Embaxadores al Rey, satisfaciendole; y para poner en Paz las diferencias embiò el Rey al Soldàn por sus Embaxadores à Vmberto de Fonollar, y à Jasperto de Campllonch, que bolvieron las dependencias à la quietud primera: embiò tambien el Rey à Guillen Roch à Tunez, Bugìa, y à aquellos Reyes de Africa, para cobrar los tributos, y assegurar aquellos feudos.

CAPITVLO XV.

Rebellon en Cerdeña: Socorre el Rey à los suyos: Liga con Francia, y Portugal: Vencidos los Ingleses en Jaca: Guerras de los Reyes de Castilla Don Pedro, y Don Henrique al qual favorecen los Catalanes: Varios tratados de Pazes, y Ligas: Es vencido Don Pedro de Luna en Cerdeña: Prevencion del Rey: Glorias de Francès de Perellòs: Entrega de Sacer: Disgustos con Castilla, y muerte de su Rey Don Pedro: Aliançascon Portugal, y Moros de Granada, y Fez: Varios Casamientos: Muerte del Rey de Chypre: Cortes en Barcelona: Senescalia de Cataluña: Dala el Rey al Infante Don Martin: Del Santo Varon Fray Arnaldo de Pinòs, &c.

DEsde Barcelona embió el Rey à Cerdeña con las Galeras, à Olfo de Proxita, y trecientos Catalanes, para defenderla del Juez de Arborèa, que se avia buelto à levantar, con Salebros de Doria: y para engrossar el Exercito que tenia Berenguer Carròs, yà Conde de Quirra, embió à Hugo de Santa Pau con cien Cavallos, y algunas compañias de Infantes, y nombrò Lugarteniente, y Capitan General de la Isla à Don Pedro de Luna. Passaron à este tiempo ducientos Valencianos para defender el Castillo de Caller; y Hugo de Santa Pau, aviendo llegado à Cerdeña, defendiò valiente, parte de la Isla, de los rebeldes, y guarneciò el Castillo de Fava; y Carròs por la parte de Alguer estava muy en orden; però eran pocos, para superar al enemigo que tenia casi comovida toda la Isla.

El Juez de Arborèa comueve toda la Isla de Cerdeña, y embia el Rey Exercito.

Por este tiempo por medio del Vizconde de Castellbò, Roger Ber-

Liga entre el Rey, y Duque de Anjou: se trata la de Francia, y Castilla, y quedan disgustados los Ingleses, y Navarros.

nardo de Foix, y del Vizconde de Roda Francès Perellòs, se concluyò, y firmò liga entre el Rey, y el Duque de Anjou, y se tratò la de Francia, y Castilla; de la qual conferencia sentidos los Ingleses, y Navarros entraron en Aragon, y assediaron à Jaca, que valerosa se defendiò de todos los avanços, con grande perdida de los enemigos, que se retiraron con descredito; però en daño de los Lugares por donde passaron en la retirada.

1367. Este año embiò el Rey à Portugal por Embaxador Extraordinario à Alonso de Castellnou para dar el pesame al nuevo Rey Don Fernando por la muerte del Rey Don Pedro su Padre, y firmar las alianças de entrambas Coronas: ajustose tambien por este tiempo la Paz con Granada, donde embiò el Rey à Francès Marradas para recibir el Juramento del Rey Moro.

El Conde de Trastamara obedecido en Castilla como Rey, prosigue la guerra contra el Rey Don Pedro su hermano.

Hallavase en este tiempo el Conde de Trastamara Don Henrique, Rey de Castilla, prosiguiendo la guerra contra el Rey Don Pedro su hermano; però aunque obedecido en Castilla, no cumpliò la palabra dada à nuestro Rey de entregarle Murcia, y otros Lugares de Andaluzia, y Castilla, no obstante que con juramento lo avia prometido la Reyna Doña Juana su muger en Zaragoça à 25. de Julio año 1366. presentes los Obispos de Gerona, y Vique, el Vizconde de Cardona, y Alvar Garcia de Albornòz, con Gonzalo Gonzalez de Lucio; de que se hallava muy ofendido el Rey, por cuya ocasion admitiò gustoso la proposicion del Principe de Galès, que le pedia treguas, y amistad con el Rey Don Pedro de Castilla; y para executarlas, ò dar recelos al Rey Don Henrique, embiò à Ramon de Paguera, y à Jayme Esfar à Burgos para platicar, y concluìr estas alianças, dexando en manos del Principe Inglès las pretensiones del Rey contra Castilla. Intervenian en las conferencias que tenia el Rey sobre las referidas dependencias, el Obispo de Lerida, el Conde de Vrgel, el Vizconde de Cardona, y el Castellan de Amposta, que aconsejavan diesse Estados en Cataluña al Infante de Mallorca, para obligar al Principe que le favorecia; però destas conferencias solo se consiguieron treguas entre el Rey, y el Rey Don Pedro de Castilla, el qual con favor de los Ingleses avia buelto à su Reyno, y recuperado lo perdido, despues de la vitoria que logrò contra el Rey Don Henrique por la qual se retirò à Francia.

Favorecen los Catalanes al Rey Don Henrique.

Aunque admitiò el Rey las treguas con el de Castilla, no olvidava al Rey Don Henrique, dudando à quien devia favorecer, hallandose suspenso por los contrarios pareceres de su consejo, pues vnos favorecian al Rey Don Pedro, como el Conde de Vrgel, y el Vizconde de Cardona, estimados de la Reyna; y otros, como el Infante Don Pedro, el Conde de Ampurias, Francès Perellòs Vizconde de Roda, y el Arçobispo de Zaragoça aconsejavan la vnion con el Rey Don Henrique de Castilla; y esta fue la que admitiò el Rey, embiando à Francès Perellòs para concluìrla en Francia, (donde se hallava el Rey Don Henrique para solicitar favor contra su hermano) y para tratar la entrada à Castilla por la parte de Ribagorça, que se executò, no obstante alguna contradicion. Seguian al Rey Don Henrique, (dissimulandolo el Rey) el Conde de Osona, el Vizconde de Illa, el de Vilamùr, Bernardo de Bearne con muchas lanças, y otros Soldados Catalanes: entrò en Castilla, y ganò à Burgos, prendiò al Infante de Mallorca que se hallava allì, y diole la obediencia la mayor parte de Castilla, y Leon: condicion ordinaria del vulgo, disgustarle el govierno presente, y movido de la novedad, fundar su alivio en lo venidero: con liviandad se mue-

ve,

Buelven à admitir los Castellanos à su Rey D. Pedro.

ve, y con la misma se aparta: no ay que fiar en la aura popular: esta llamó al Rey Don Henrique, arrojò à su Rey Don Pedro, bolviò à dexar à Henrique, y aora le buelve à admitir.

Por este tiempo, trataron vnirse el Rey, el de Navarra, y el Principe de Galès, para favorecer al Rey de Castilla: eligieron Plenipotenciarios, y juntaronse en Tarba de Gascuña: fueron nombrados por el Rey, Don Romeo Obispo de Lerida, el Castellan de Amposta, el Conde de Vrgel, el Vizconde de Cardona, Jayme Esfar, y Lope de Gurrèa: trataron con los del Navarro, y del de Galès, de requerir à ambos Reyes de Castilla, que les diessen ciertas tierras, y dinero, decretando favorecer al que admitiria el partido: mandò tratar el Rey à sus Plenipotenciarios dos Matrimonios; vno del Infante Don Juan con la Infanta Doña Constança hija mayor del Rey Don Pedro de Castilla, llevando en adote el Reyno de Murcia, con Requena, y sus Aldeas: otro del mismo Rey de Castilla con la Infanta Doña Juana hija del Rey, dandole en adote ducientos mil florines: favorecia este empeño con afectuosas demostraciones el Vizconde de Cardona, apassionado por el Rey Don Pedro de Castilla; peró no tuvieron efecto estos tratados por el rezelo politico de entrambos Reyes, particularmente del Principe de Galès, que con arte dilatava la resolucion por sus interesses.

Albarrazin vnido à la Corona Real.

Hallandose en este estado las dependencias de la liga, partiò el Rey de Lerida à Barcelona, donde vniò à la Corona Real Albarrazin, y sus Aldeas, presentes el Arçobispo de Caller, el Obispo de Barcelona, y los Vizcondes de Cardona, Illa, y Roda; y como advirtiò el arte del Principe de Galès, le embiò por Embaxadores, à Francès de San Climent, y al Doctor Berenguer Desprats, para que se firmasse la liga, juntandose los Plenipotenciarios en los Señorios del Rey, ù del Conde de Foix. Diò otra dilacion el politico Principe à la embaxada, escusandose con que esperava la resolucion de su Padre el Rey de Ingalaterra: fueron embiados los mismos para este intento à aquel Reyno, con instruccion de que assegurasen la amistad del Inglès con nuestro Rey Don Pedro.

Este año embiò el Rey à Don Pedro de Luna con su Armada à Cerdeña: al llegar à la Isla dispuso su campo contra el Juez de Arborèa, el qual no atreviendose à esperarle, aunque superior, se retirò à Oristàn, donde le tuvo cercado Don Pedro. Yà vanamente confiado de la vitoria, permitió algunas licencias à los Soldados, y el dilatarse por la comarca, quedando el campo debil, y mal guardado; este descuido advertido de los Sardos, les dió cumplida vitoria, saliendo con su Exercito de la Plaça contra nuestro desprevenido campo, al qual rompieron con muerte de algunos, y prision de muchos: esta es la pena de la falta de rigor de la disciplina Militar en los Generales. Entendiendo el Rey esta desgracia, dió providencia al socorro, y forma para assegurar à Sacer, y abastacer à Alguer que se hallava falto de viveres. 1368.

Embia el Rey su Armada à Cerdeña contra el Juez de Arborèa.

Quedan los Sardos vencedores de nuestro Exercito, por descuidado.

Deseava por este tiempo el Rey de Francia la concordia entre el Rey, y el Rey Don Henrique; y para que el Rey la admitiesse se sospechò que por su orden avian entrado los Franceses en el Valle de Aràn; por cuya novedad, con pretexto de cobrar de aquel Rey cien mil florines que devia al nuestro por la venta de Mompeller, embió à Francia al Vizconde de Roda, y à Jayme Esfar: diò el Francès dilaciones à la paga, y escusas por la entrada de los Franceses, concertando Alianças por medio de los Embaxadores con el Rey, contra el Rey Don Pedro de Castilla, y contra el el Juez de Arborèa. Nombró entonces con licencia del Rey, el de Francia Almirante de sus Reynos à Francès Perellòs Vizconde de Roda, el qual enteramente cumpliò con la confiança que tenia de su valor el Francès; pues le consiguió insignes Vitorias contra Ingleses, y fuè medio de la restauracion de Francia.

Francès Perellòs Almirante de Francia muy valeroso.

Por este tiempo entrò en el Condado de Pallàs vn Exercito desmandado, formado de aquellos que perseguian la Francia: entraron, y saquearon à Trem. Partió el Rey con Exercito, de Barcelona à Cervera; y à la noticia de la venida de los nuestros à aquella Villa, dexaron à Pallàs los Enemigos, y bolvieron à Gascuña passados algunos dias.

No obstante la concordia con Francia, se tratava en este tiempo con viveza tambien con el Inglès; peró deteniase la conclusion, porque el Rey no queria declararse contra el Rey Don Henrique de Castilla, ni el Inglès contra el Rey Don Pedro de Castilla su hermano.

1369. Este año hallandose el Rey aun en Barcelona diò el Condado de Besalù al Infante Don Martin su segundo hijo, y proseguia con encono la guerra en Cerdeña, motivo que le precisò à resolver passar à la Isla; para cuyo efecto mandò sacar el antiguo Estandarte Real de los Serenissimos Condes de Barcelona, exponiendole en publico en la misma Ciudad, por la Pasqua de Resurreccion, como era costumbre quando los Serenissimos Condes, y Reyes ivan personalmente à la Guerra; pero por causas importantes se difiriò hasta mejor ocasion el passage del Rey, cuya dilacion diò animo à los Rebeldes, de entregar à Sacer al Juéz de Arborèa; pudiendo solo lograr Berenguer Carròs, Jordàn Tolar, y los fieles al Rey, defender el Castillo, que peligrò màs por la division de los mismos Catalanes, que por falta de valor, y Soldados, cuyas diferencias se ajustaron embiando à Cerdeña el Rey à Jasperto de Campllonch su Tesorero para componerlas.

Por este tiempo sucediò la batalla, y desgraciada muerte del Rey Don Pedro de Castilla, por el engaño de Beltràn de Claquì Francès; de que enterado el Rey, desde Barcelona soliciò con el Rey Don Henrique, que no librasse al Infante de Mallorca, que tenia en su poder; però prevalecieron los doblones de la Reyna Juana de Napoles, Muger del Infante, à la obligacion, y gratitud devida al Rey: esto puede el interès, y razon de estado, que no alabo.

Muerte del Rey Don Pedro de Castilla.

Entregaronse al Rey los Lugares del Señorìo de Molina, que con arte avia concedido à Beltràn de Claquì el Rey Don Henrique: el qual disgustado por esta ocasion con el Rey, faltò à la palabra de socorrer à Cerdeña, no obstante las instancias del Vizconde de Rocabertì: al qual respondiò enfadado, que no solo no queria socorrer à Cerdeña; sino que entraria en Cataluña, ò Aragon para vengarse de la entrada que poco antes avia executado en Francia el Vizconde de Castellbò con los Catalanes, de los quales queria cobrar los daños que recibió la Francia.

Disgustase el Rey Don Henrique de Castilla con el Rey.

Avisado el Rey desta novedad, mandò à su Primogenito el Duque de Gerona, que juntasse la gente de toda Cataluña, y con ella passasse à Lerida, y que se fortificassen todas las Ciudades, y Lugares Capitales, como si estuveran en Frontera: acudieron los Vizcondes de Castellbó, y Cardona, con el Conde de Vrgel, que avian dado motivo al disgusto Francès, que se moderò, y no tuvo efecto la guerra por ocasion del diligente cuydado del Arçobispo de Zaragoça, y Castellàn de Amposta, que se hallavan en Castilla, por cuyo medio hizo cõprehender al Rey Don Henrique, el

Prevenciones para defenderse Cataluña, y Aragon, del Rey Don Henrique de Castilla.

el de Aragon, que no tenia derecho para dar los Lugares de Molina; y por mas justificacion convino el Rey que por medio de personas se terminasse la pretension, à cuyo efecto nombró al Obispo de Lerida, al Vizconde de Cardona, y à Ramon de Paguera, y si no les parecian bien estos, à Arnaldo de Orcau, y à Ramon de Planella, en cuyo poder depositarian à Molina.

Instava el Rey Don Henrique que se efectuasse su Matrimonio concertado con la hija del Rey, la Infanta Doña Leonor, que se diferìa hasta la entrega de Murcia; y para concluìr estas dependencias fuè embiado à Castilla el Doctor Bernardo Despont, el qual no pudiendo lograr el intento del Rey, requiriò à todos los Naturales destos Reynos que se hallavan en Castilla, que saliessen luego de ella, como por declaracion de la guerra.

Alianzas con Portugal, Pazes con los Reyes de Granada, y Fèz, y Casamientos por las ingratitudes del Rey Don Henrique.

Viendo el Rey, que olvidado de los favores, el Rey Don Henrique correspondia con ingratitudes, y que no queria cumplir lo que con tantos Sacramentos avia prometido, solicitò alianzas con Portugal, embiando à aquel Rey por sus Embaxadores à Juan de Vilaragut, y al Dr. Bernardo de Miracle, con orden de concluìrlas, y tratar Matrimonio para el Infante Don Juan, pidiendo la Infanta Doña Beatriz hermana del Rey de Portugal: tratóse tambien liga con el Rey de Navarra, y nueva confederacion con Ingalaterra, à cuyo Rey fueron embiados Juan Ximenez de Salanova, y Pedro Zacalons: trataron tambien Matrimonio estos Embaxadores entre el Duque de Alencastre hijo del Inglès, y la Infanta Doña Juana hija del Rey: de Portugal passaron à Granada Juan de Vilaragut, y Bernardo de Miracle, y assentaron Pazes con aquel Rey, y con el de Fèz.

Muerte del Rey de Chipre.

Muriò el Rey de Chipre Casado con la Infanta Doña Leonor hija del Religioso Infante Don Pedro, embiò el Rey para dar el pesame à la Viuda, y parabien al nuevo Rey, à Pedro de Lusiñano, à Francès de Vilarrasa, y à Jayme Fililler, con orden que passassen por Cerdeña à solicitar à Brancaleon de Doria, que hiziesse guerra al Juèz de Arborèa, siguiendo el partido del Rey.

Cortes en Barcelona.

Llamò el Rey à Cortes à los Catalanes en Barcelona, para las assistencias de sus guerras, particularmente contra los Rebeldes de Cerdeña: concediòle la Corte quanto deseava, bolvió à levantarse gente en Cataluña, y previnosse la Armada contra Cerdeña. (1)

(1) *Real Archivo de Bar. Arca primera Grande.*

Senescalia de Cataluña.

Nombrò el Rey Senescal de Cataluña al Infante Don Martin, decretando que el Senescal fuesse tambien Condestable de todos los Reynos, y que este Oficio le tuviesse siempre hijo de Rey, y en falta destos, vno de la Casa Real, (2) oy le possee la Excelentissima Casa de Moncada.

(2) *Bosch tit. de honor. f. 338. Ferrer 3. p. cap. 115. à num. 3.*

Hallavase el Duque de Gerona al Noviembre deste año en Zaragoça con su Exercito; y teniendo por cierta la guerra con Castilla, nombro Capitàn de toda la gente de guerra, que creo corresponde en nuestro tiempo à Governador de las Armas, à Fr. Berenguer de Monpaho Comendador de Orta.

1370.

Del Santo Fray Arnaldo de Pinòs del Orden de Predicadores.

Mejorò de vida este año el prodigioso Varon Fr. Arnaldo de Pinós, de la Ilustre Familia deste Apellido: nació en Bagà: recibiò el Santo Habito de Predicadores en el Convento de Puigcerdàn, donde se halla venerado su Cuerpo en el Capitulo del Convento: Ilustre en Prodigios, y modelo de todas virtudes: leasse Domenech Flos Sanct. de Cataluña 2. parte fol. 45.

CAPI-

CAPITVLO XVI.

Vitorias en Cerdeña: Nuestra Señora de Buenayre, y del Milagro, en Caller: Prevencion contra Castilla: Pazes con Navarra, y Portugal: Embaxada à Francia, y Casamiento: Rompimiento en Cataluña entre los Titulos, y Cavalleros: Cortes en Momblanch, y Tortosa: Concordia, y Origen del Braço Militar: Guerra en Cerdeña: Prevenciones para la defensa del Infante de Mallorca: Trata el nuevo Pontifice Pazes con Castilla: Fundacion de las Madalenas de Barcelona: Traslacion de las Santas Reliquias à Manresa: Pazes con Napoles: Casamiento del Infante Don Martin: Restitucion de los Estados à la Casa de Cabrera: Guerra en Cerdeña, y Casamiento con Castilla: Del Santo Varon Fr. Thomàs Carnicer: Embaxada de Ingalaterra: Muerte del Infante de Mallorca: Terremoto: Guerra con Genova: Iglesia de Templarios: Pazes con Castilla, y Casamientos: Casa de la Ciudad de Barcelona, y Hambre en estos Reynos: Erigese en Condado el Vizcondado de Cardona: Amenazas contra Ruisellon, &c.

1370. POR la desgracia de Don Pedro de Luna nombrò el Rey Capitàn General de Cerdeña à Berenguer de Carrós Conde de Quirra, y desde Tortosa donde avia passado para solicitar las assistencias para Cerdeña, mandò passar à aquella Isla algunas Galeras de Sicilia: en este medio tiempo Brancaleon de Doria venciò à los Rebeldes con grande aumento de la Causa Real; que para mas fortalecerla, bolvió à publicar el Rey su passage à Cerdeña, que no pudo executar por la guerra que se emprendia por Castilla contra Molina. Para assegurar las Fronteras, puso Guarnicion el Rey en Segorbe, y por Capitàn á Miguel Ruiz de Isuerre, en Castellòn á Juan Ximenez de Montornès, en Morviedro á Juan Muñòz, en Burriana á Pedro Galcerán de Serra, en Lerida à Dalmao Jafer, en Daroca, y su Frontera à Berenguer de Monpahò, en Calatayud al Arçobispo de Zaragoça, y por su Teniente á Fr. Guillen de Abella Comendador de Monçòn; con orden que estos Cabos con sus numerósas Guarniciones se assistiessen vnos á otros en la ocasion, formando Exercito para ir donde importasse.

Confirmóse la concordia con el Navarro á favor de Francia, Ingalaterra, y otros, contra Castilla: firmaronla por parte del Rey el Arçobispo de Zaragoça, los Obispos de Lerida, y Taraçona, el Castellan de Amposta, los Abades de San Juan de la Peña, y Montaragón, los Vizcondes de Cardona, y Castellbò, Ramon de Vilanova Camarero del Rey, Ramon de Paguera Mayordomo de la Reyna, Ramon de Montoliu, y las Ciudades de Zaragoça, Huesca, Calatayud, Taraçona, Daroca, y Teruel. Bolvió el Rey á Barcelona, y alli juró la Aliança con el Rey de Portugal, el qual no cumpliò la promesa del Casamiento con la Infanta Doña Leonor de Aragon, ni despues con la de Castilla, Casandose con Doña Leonor de Menesses, quitandola à su Marido Vasco de Acuña.

Confirmase la concordia contra Castilla.

Concluyeron el ajuste del Casamiento del Duque de Gerona con Madama la Infanta Juana hija de Philipo Rey de Francia, Lope de Gurrea, y Berenguer de Abella, embiados por el Rey à Francia, los quales sirvieron á la Princessa por el camino, en el qual le sobrevino la vltima enfermedad; de la qual muriò.

Sucitosse grave disgusto, que prorrumpiò en guerra, entre los Condes de Vrgel, y Ampurias, los Vizcondes de Cardona, y Castellbò, contra los Barones, y Cavalleros, porque los Grandes sin orden del Rey imponian derechos en sus Estados

Junta en Barcelona de la Nobleza para defender sus Privilegios con las Armas, contra los Grandes.

dos, y procedian Criminalmente, sin excepcion de Personas; y como esto era contra el Privilegio de la Nobleza Catalana, de estar solo sugetos al Rey, su Magestad la favoreciò, y fomentò, se juntase en Barcelona para conservacion de sus Privilegios; y determinò la Junta defender su Justicia con las Armas. Fueron los principales deste empeño contra los Grandes, los que van á la fin del Capitulo letra A.

Formaron Exercito ambos partidos, y hallandose en Martorell los Grandes con su Exercito, embiò el Rey à requerirles por Fray Pedro de Cima su Confessor, y por Francès de Zagarriga, para que desistiessen de su pretension, por ser contra las Leyes de la Patria: respondieron que no avian introduzido las imposiciones que se dezia, en sus Tierras, ni pretendian obrar contra la Real Autoridad, y que aquellas eran yà de sus Predecessores: no satisfizo al Rey, ni à su Consejo esta respuesta, y assi mandò citarles, porque los Cavalleros avian introducido la Causa en la Corte. Empeñóse el Rey con zelo ardiente de la preheminencia de Cataluña à tener solo autoridad sobre las Personas, y bienes de los Nobles segun las Constituciones, y Vsages: juzgaron poderse defender los Condes; però viendo no tenian fundado el derecho para recibir imposiciones del Estamento Militar, trataron de concordia, interviniendo por parte del Rey, y Nobleza, Jayme Esfar, y Ramon de Vilanova, los quales les desengañaron de su injusta pretension, y quedò constante no estar sugetos los Cavalleros à las imposiciones de los Barones. (1) Para decidir la otra duda si eran exemptos los Cavalleros, de su Jurisdicion, y si podian proceder los Barones Criminalmente contra ellos, se ajustò que se nombrassen Arbitros de entrambas partes. Zeloso el Rey de sus Regalias, solo para esto llamò à Cortes Generales à los Catalanes à Tarragona, y despues à Momblanch; haziendo la siguiente proposicion traducida de Catalàn en Castellano para la vniversal inteligencia.

(1) *Constit. de Cat. y Prag. tit. de Privilegi Militar. D. Jayme II Cortes de Barcelona, cap. 17.*

Cortes en Mõblanch.

Proposicion del Señor Rey Don Pedro III. en las Cortes de Tarragona, à 25. de Febrero año 1370.

HOC autem scitote quoniam si sciret Pater Familias qua hora fur veniret, vigilaret vtique, & non sineret perfodi domum suam, ideoque, & vos estote parati. Luc. cap. 12. *Todo Rey, y Señor, y todo hombre al qual està encargado Govierno de Gentes, deve tener dos condiciones para el Pueblo, y el Pueblo vna para el Señor: la primera que el Señor deve tener es que sea Justo, y prudente; la segunda que sea animoso, y valiente: la que el Pueblo deve tener à su Rey es ser leal, y obediente: dezimos primero que el Señor deve ser Justo, y prudente, porque como los Reyes son Lugartenientes de Dios Nuestro Señor en este Mundo, deven hazer lo possible de serle semejantes como mas puedan, y en particular en la virtud de Justicia que les es encomendada por èl. Por esto Salomon quando por nuestro Señor le fuè propuesto que pidiesse lo que quesiesse, viendo el cargo que Nuestro Señor le avia dado de governar el Pueblo, pidiòle Sabiduria, y luego la consiguiò, como consta 2. Reg. 3. Tu Señor me as echo Reynar à mi Siervo tuyo por David mi Padre, y Señor, soy tan ignorante, daràs pues Señor à tu Siervo Sabiduria, y entendimiento para governar tu Pueblo, y para distinguir el bien del mal; y esto agradò à Dios Nuestro Señor diziendole assi: Porque me as pedido Sabiduria, y no larguez za de vida, ni riquezas, ni vengança de tus Enemigos, te he dado Sabiduria, y entendimiento para governar, y regir el Pueblo, en tanto, que antes no aya avido semejante, ni despues de ti no aya otro, y tendràs cumplimiento de Riqueza, y Gloria sobre los Reyes Antecessores, y assi fuè; parece pues que todo Señor de Pueblo deve ser Justo Governador, Sabio, y prudente. A màs desto deve ser alentado defensor, y valiente: no fuera à proposito para Rey, sino siendo alentado para regir el Pueblo, y defenderle de sus Enemigos, pues en poco tiempo serian vencidos por sus Enemigos vezinos. Por esto el Rey David antes de ser Rey guardando, y defendiendo el Ganado de su Padre, del Leon, y del Osso, peleando con ellos quitandoles el Ganado que se llevavan, como està escrito 1. Reg. cap. 1. diò señas de lo que harìa, si le entregava Dios el Govierno de su Pueblo. Por esto Nuestro Señor viendo este Hombre que era alentado no dudando pelear con fieras, como el Leon, y Osso para guardar el Ganado de su Padre, conociendo que harìa mucho mas para defender su Pueblo si el govierno le era entregado, le placiò encargarle su Pueblo, y assi le hizo Rey de aquèl; parece pues que todo Señor de Pueblo, deve ser alentado, y valiente. Dezimos despues que el Pueblo deve ser à su Señor leal, y obediente: sin razon los Reyes del Mundo harian Ordinaciones en la Tierra para defender, y mantener los Reynos, si aquellas no eran seguidas, y obedecidas por sus Vassallos; especialmente lo necessitan aquellos Reyes que no son tan poderosos como sus Enemigos. Por esto Ezechias Rey de Judà, que no era Rey poderoso como el Rey Senacherib de Siria, por el qual fue amenaçado que le vendria à destruhir la Ciudad de Jerusalen, hizo las provisiones como à Sabio Rey, y fue por su Pueblo obedecido, segun que es contenido 2. Paralip. cap. 32. donde se cuenta, que como viniesse à oìdos de Ezechias Rey de Judà que el Rey Senacherib de los Assirios venia con furor de Batalla, tuvo Consejo con los Principes de Siria, y con los Barones fuertes que se hallavan en Jerusalen consintiendo todos que deviesse cerrar las Fuentes de fuera Jerusalen; y lo executaron, y dividieron el Rio que corre por el medio de aquella Tierra, porque si los Assirios venian, no hallassen la abundancia de aguas de que necessitavan; y con grande industria Ezechias edificò el Muro que era derruido, y Torres sobre el Muro, y fuera edificò otro Muro, y reedificò en la Ciudad de David una grande Torre, hizo toda suerte de Armas para la defensa, ordenò Principes de las Batallas en el Exercito, y convocòles à todos en la Plaça de la Ciudad, hablòles al coraçon, diziendoles hazed vuestro dever vigorosamente, estad confortados, no querays tener temor del Rey de los Assirios, ni de la grande multitud que està con èl, porque màs estàn con Nos, que con èl: el Braço, y poder humano es con ellos, y con nosotros està Nuestro Señor, que es nuestro defensor, y batalla por nosotros; quedando muy alentado en sus palabras el Pueblo del Rey Ezechias. Siguiòse la venida de Senacherib sobre la Ciudad de Jerusalen, y pusole Sitio, y dixo muchas amenaças contra el Pueblo de aquella, muchas blasfemias contra Dios, alabando su poder, y menospreciando el poder de Dios. Assi que viò Nuestro Señor este orgullo tan grande, puso confusion en su Exercito, por la qual razon se huvo de bolver confuso, y vencido à su Tierra, y fuè muerto por sus hijos en la Casa de sus Dioses, es à saber de sus Idolos, y fuè librada Jerusalen por las buenas direcciones del Rey Ezechias, y por la obediencia que le tuvo su Pueblo; parece pues que es necessaria obediencia del Pueblo à los mandatos del Señor. Aplicando estas palabras à nuestro proposito, podemos dezir que los Reyes de Aragon nuestros predecessores tuvieron estas dos condiciones, y su Pueblo la tercera sobredicha: la primera, porque aquellos Reyes de Aragon fueron Sabios, y Prudentes, para regir, y governar los Pueblos: la segunda porque fueron alentados, y valientes para defenderles: y la tercera que sus Pueblos fueron cerca de ellos obedientes en guardar sus mandamientos. Dezimos primeramente que los Reyes de Aragon fueron Sabios, y Prudentes en regir, y governar sus Pueblos. Si Nos queriamos contar el govierno de nuestros Predecessores en sus Reynos, no podriamos explicarles cumpliaamente, como ni muchas obras buenas que se*

han

han echo por ellos, pues de nuestra, ni vuestra memoria han sido contadas, ni escritas, ni las podriamos saber; però una señal tenemos porque governaron bien: y es que poblaron su Patrimonio maravillosamente, pues las Ciudades, y Villas nuestras todas estàn de tal calidad Pobladas, que dentro los Muros antiguos que hizieron los Moros, y Gentiles, no caben los Pueblos, como se vè en nuestras Ciudades, y Villas: pues sino huviessen sido buenos Governadores no fuera su Tierra poblada de gente; por esto si son pobladas, es por aver hallado Justicia, y quietud: parece pues que los Reyes nuestros Predecessores fueron sabios en el govierno de sus Pueblos. Dezimos màs, que los Reyes de Aragon fueron alentados en defender sus Pueblos: si Nos quisiessemos referir todos los echos de Armas de nuestros Predecessores, seria largo de contar; mas para abreviar hos quiero enseñar una señal como fueron grandes Guerreros, como de pequeños Reyes que eran, que no dominavan sino de Huesca adelante sobre Aragon, conquistaron todo el Reyno, y Condes de Barcelona que eran consiguieron por Matrimonio el Reyno de Aragon, y echos Reyes de Aragon, y Condes de Barcelona conquistaron, y ganaron de los Infieles, y Rebeldes de la Iglesia todo quanto oy dominamos, que por la gracia de Dios somos uno de los grandes Reyes; parece pues que los Reyes de Aragon nuestros Predecessores fueron valientes en la defensa de sus Pueblos. Dezimos despues que sus Pueblos fueron à dichos Reyes obedientes en guardar sus preceptos, pues los echos de Armas no los huvieran echo nuestros Predecessores, si sus Pueblos no le huviessen obedecido, pues no solo fueron obedientes en guardar su Tierra, sino tambien en aumentar la Corona; parece pues que sus Pueblos fueron obedientes en obedecer sus mandatos. Queriendo pues Nos ser semejante en las Hazañas à nuestros Predecessores, y que vosotros lo seays à los vuestros en la tercera condicion, dezimos que à nuestra parte pertenecen dos, y à vosotros la tercera: la primera que à Nos pertenece es seguir sus dictamenes que les hizieron Sabios, y Justos Regidores: la segunda que à Nos pertenece, es retener en nuestra memoria sus heroycos echos, pues fueron valientes Batalladores: la tercera que pertenece à nuestro Pueblo, es que nos quiera servir, como lo hizieron à nuestros Predecessores. Dezimos primero que à Nos pertenece seguir sus dictamenes con que fueron Sabios Regidores: si huviesse Dios querido que huviessemos tenido mas Paz en nuestro tiempo que avemos tenido, Nos huvieramos mas trabajado en el govierno de nuestros Pueblos, y en la Justicia que no podemos obrar, y no obstante los negocios que emos tenido, hos emos echo Justicia aun de Nos mismo, y de nuestros Ministros en bastantes Cortes, y fuera de ellas, tanto quanto emos podido, y esto es quanto à la primera. Dezimos despues que à Nos pertenece retener en nuestra memoria sus echos buenos, y como fueron valientes Combatidores. Cierto grandes negocios hemos tenido, y tenemos continuamente, y mediante la gracia de Dios de todos emos salido bien con los buenos servicios vuestros; y con los que nos aveys echo, y nos hareys, tenemos fè en Dios que proseguirà su gracia en nuestros empeños en adelante como hasta ahora lo ha echo, y esto es quanto à la segunda. Dezimos despues que à nuestro Pueblo pertenece que nos quiera servir como hizieron à nuestros Predecessores. Por la obediencia que tuvieron sus Pueblos à nuestros Predecessores es nuestra Corona exaltada como veys, y assi conviene que lo prossigays. Dize el Poeta que no es menor virtud conservar lo adquirido, que ganar de nuevo; por lo que os rogamos, por la conservacion de nuestra Corona que querays hazer tres cosas: la primera que vosotros Ciudades, y Villas nuestras os querays bien fortificar de Muros, y Fossos, ò Valles, y vosotros Prelados, y Clerigos, Ricos Hombres, y Cavalleros que mandeys fortificar nuestros Lugares, porque los Enemigos, y los Ladrones que se han juntado en el Mundo no os puedan quitar la honra, ni hazer daño como veys lo hazen en las Tierras por donde passan, y residen. Las otras dos que faltan, es à saber la segunda, os rogamos à todos, reservadas las Personas de vosotros Clerigos, que os querays proveer de Armas, y aderezos militares, de modo que con vosotros Nos hallemos en el Campo, y defendamos la tierra: la tercera os rogamos à todos para cumplir las cosas sobredichas, que nos querays hazer tal ayuda, que dentro los limites de Cataluña, ò donde serà menester con nuestra Persona, y con los buenos servidores que nos seguiràn podamos pelear para defenderos à vosotros como por cierto tantos son los Ladrones que en el Mundo se han levantado, y assi aparejados, que Nos, y nuestro poder es necessario para pelear con ellos, y por esto hemos dicho las palabras. Hoc autem scitote quoniam si sciret Pater Familias qua hora fur veniret, vigilaret utique, & non sineret perfodi domũ suam, ideoque, & vos estote parati, *que quieren dezir: sabed q̃ si el Señor de la Casa sabia la hora que el Ladron viniesse, velaria, y no dexaria agugerar su Casa, y assi estad aparexados. Estas palabras dezimos de nuevo à vosotros, que veleys para que los Enemigos, y Ladrones no os hallen durmiendo: mas velad porque os puedan dezir las palabras de Jesu-Christo à sus Dicipulos,* Luc. 12. *Bienaventurados son los Criados quando les halla velando el Señor: con que quiera Nuestro Señor que Nos velemos en nuestro Govierno, y vosotros obedescays por la gracia de Dios. Amen.* (2)

(2) *Carbonell, Coron. fol.* 254.

Dexòse la decision desta duda por las Cortes en manos del Rey, y de dos personas que nombrasse, que fueron el Vizconde de Cardona, y el de Illa; pero no pudiendo convenir, ni ajustarse los dos, quedaron en mayor rompimiento estas dependencias, y los dos partidos dispuestos à la guerra.

Quietòles el Rey, y el año siguiente de 1371. bolvió à tener Cortes à los Catalanes en Tortosa, para decidir este punto, y parà decretar el passage à Cerdeña: ofreció Cataluña las assistencias; y en quanto à la question de la Jurisdicion fuè resuelto, que se pusiessen en Treguas las partes por dos años, en el qual tiempo, se declarasse la Justicia. Nombraronse Personas en las Veguerias, para exercer Jurisdicion en los Cavalleros; y estos se congregavan para nombrar Regidores, y conservadores de sus Privilegios, y hazian sus Estatutos para mantenerles, origen del Braço Militar de Cataluña, sin la existencia de las Cortes. (3) Quedò decidida la exempcion de los Cavalleros, y Jurisdicion de los Barones, por el Rey, y por las Cortes siguientes, confirmada por los Successores, y por todas las Cortes, y assegurada con la continuada observancia. (4) Concediò el Rey Don Juan I. el Privilegio de poderse Juntar, en Monçon año 1389.

Cortes en Tortosa.

(3) *Arch. Real de Barcelo. Arca primera Grande.*

Origen del Braço Militar.

(4) *Constit. de Cat. Consti. 4. tit. de Jurisdic. de tots Jutges. Prag. 6 del mismo titulo. Señor Rey Pedro II. en las Cortes de Bar. cap. 44. y 55. Señor Rey Pedro III. Prag. 5. tit. de Privileg. Militar.*

En Cerdeña proseguian lentamente la guerra los Capitanes del Rey, avançandose los rebeldes; y no pudiendo embiar socorro grande, ni tener àpunto la Armada para passar à la Isla, acordó el Rey que Brancaleon dè Doria assentase tregua con el Juez de Arborèa, tardando el socorro que avia ofrecido el Francès, que no llegò à executarse.

En medio de tantos ahogos con que estava atribulada Cerdeña, milagrosamente embiò Dios cerca de este año para patrocinio, y consuelo de aquel Reyno, y de los muchos Catalanes que avian passado à favorecerle contra sus enemigos, el venerable, y majestuoso Simulacro de Maria Santissima, venerado en la Iglesia de la Villa de Buen-Ayre, que el Rey Don Alonso mandò reedificar, y dotar magnificamente año 1326. agradecido à la Virgen por la gloriosa vitoria contra Pisanos, y despues concediò con la casa fun-

Nuestra Señora de Buenayre, venerada en Caller.

fundando en ella vn Convento de la Merced, à dicha Real Religion cuya donacion confirmó el Rey Don Pedro con su Real Carta de Privilegio, su fecha en Lerida, à 15. de Junio de 1336.

Navegava los vezinos Mares de la Isla vna Nave, poniendola vna deshecha tormenta en evidente peligro de perderse: para no perecer submergidos los tristes passageros resolvieron aligerar la Nave hechando al Mar lo mas que se pudo de su carga: todo al punto se iva à fondo, excepto vna Arca, que tenia de largo 9. palmos, de ancho mas de tres, y otros tres de profundidad, sin saberse el puesto donde la embarcaron, ni por orden de quien, ni à cuya instancia se hizo; advirtieron los Navegantes, que permanecia encima de las aguas sin hundirse, y que se descubria luego manso, y tranquilo el Mar guiando la Arca milagrosamente à la Nave hasta dirigirla con impetu suave, y fuerça superior, sin advertencia de los Marineros, àzia la Playa de la Ciudad de Caller. Paró en la orilla del Mar en la Ribera de Buen-Ayre en frente del Convento de la Merced distante media milla de la Ciudad, y le fue precisó à la Nave dar fondo en aquel lugar.

Concurriò toda la Ciudad admirada del prodigio, deseando saber lo que encerrava aquella Arca, en la qual advirtieron los muchos que entraron al Mar vn Escudo de la Orden de la Merced gravado debaxo de la cerradura, y por mas diligencias, y artificio que se hizieron para arrancarla del Mar, no fue possible moverla hasta que de comun acuerdo por las siguientes vozes de vn Niño: *Pues essa Arca tiene el Escudo de la Merced, por ventura los Religiosos de la Merced, la sacaran à tierra*, entraron en el agua dos Religiosos de dicha Orden, y à penas la tocaron, diò muestras de moverse, pudiendo sin trabajo, ni dificultad sacarla à tierra: En cuya atencion los Jurados, y Ministros de la Ciudad resolvieron se llevasse, y fuesse del Convento de la Merced quanto encerrava.

Cargaron con ella los Religiosos en ombros llevandola à su Convento, donde presentes el Arçobispo, Jurados, y Ministros, abriendo el Arca, hallaron dentro la mas preciosa Joya que pudo imaginar el deseo en vna Sagrada Imagen de la Virgen.

Tenia el venerable Simulacro de la Reyna del Cielo en la mano diestra vna antorcha encendida que la hallaron ladeada à la Santa Imagen, y estava yà como chamuzcado, y quemando el piè del Niño, y la mano izquierda de la Madre, y parte del manto en que le tiene embuelto, y recogido; permaneciendo hasta oy la señal del incendio en la misma forma, que el dia que se abriò el Arca.

Fuè superior el gozo con que todos los circunstantes, devotos adoraron la Soberana Perla encerrada, y descubierta en aquella Concha; y premió Dios la devocion de los fieles, pues sanaron promptamente muchos lesiados, y enfermos de diversos achaques, alabando à Dios por sus excelentes obras, y dandole gracias por sus soberanas misericordias.

Colocaronla en vna Capilla immediata al Altar Mayor, porque en este se venerava entonces vna devotissima Imagen intitulada nuestra Señora del Milagro, por vno bien singular que obró Dios con aquella Santa Imagen, pues dandole con sacrilego atrevimiento vna cuchillada vn Soldado, saliò de la herida viva sangre, conservandose hasta oy la sangrienta cicatriz en la garganta para irrefragable testimonio del Prodigio; y por tres vezes sin ruido, ni estruendo en presencia de muchos destinados para averiguar el prodigio, mudaron sitio las Imagenes Santissimas, passandose la del Milagro à la Capilla, y la de Buen-

Nuestra Señora del Milagro venerada en Caller.

Buen-Ayre al Altar Mayor.

Diósele este nombre, ó porque la Iglesia donde vino milagrosamente se llamava de Buen-Ayre, ò por el caso que despues de pocos años sucediò, y fuè, que de tierras distantes aportò à Caller vna Muger en trage de Peregrina, la qual presentò à Nuestra Señora vna Navecilla de marfil, que serà su latitud de palmo, y medio; y colgada delante la Santa Imagen, desde aquel mismo dia se buelve à todos los vientos que corren en el Mar tan milagrosamente, que no ay quien lo perciba al tiempo de bolverse, aunque estè muy atento; cuyos movimientos obseivan los Marineros para navegar seguros por el Golfo; siendo tan intensa la devocion de los Navegantes à este mineral de beneficios, que no ay instante que no la invoquen, ni afliccion en que no la llamen; siendo dificil numerar à los que ha favorecido librandoles de tempestades, y naufragios, de esclavitud, y de peligros de muerte. (5)

(5) *Don Vicencio Squarzafigo Com. hist. Brondo hist. de Buen Ayre f. 64. Fr. Alonso Remon hist. de la Merced lib 9. ca. 13. Ilustrissimo Guimerà hist. de Imagenes de la Merced. Bargas Cor. de la Merced. fol. 161.*

1371. Embió el Rey este año à Cerdeña à Berenguer Ripoll con seis Galeras Catalanas para defender la Isla, el qual tomó algunos Navios Ginoveses cargados de trigo, con beneplacito del Duque de Genova, y desembarcaron en Caller. El Conde de Quirra concertò de orden del Rey el socorro de Cerdeña, passò luego à Aviñon, y concluyò el passage, y pagas de los Ingleses con notable disgusto de Cataluña, y de los Reynos, por los grandes tributos, y vidas que se ofrecian para mantener à Cerdeña; siendo muy grande el precio de prenda casi infructifera. Però el Rey constante en sustentar à Cerdeña, hasta que passase à su defensa embiò à la Isla al Conde de Quirra, y à Olfo de Proxita, nombrando Governador de Lugodorà Gilaberto de Cruilles, assistidos de algunas compañias, que bastaron à defender las Ciudades, y Plaças que obedecian al Rey.

El Infante de Mallorca en este tiempo hallandose en Aviñon, alistò Exercito de Franceses para entrar en Ruisellon, llamò el Rey à los Catalanes para defenderle; y nombroles por Capitan General al Vizconde de Illa.

Por muerte del Pontifice Vrbano al Deziembre 1370. fue elevado à la Suprema Silla Gregorio XI. que luego se aplicò en las Pazes de Aragon, y Castilla: nombrò el Rey Plenipotenciarios por su parte al Obispo de Lerida, y à Ramon Alemany de Cervellò, que governava Valencia: comprometieron con los electos por parte del Pontifice, y del Rey de Castilla, en dexar sus pretenciones ambos Reyes en manos del Pontifice, y Colegio de Cardenales; ratificandose este compromiso en Alcañiz por el mes de Enero de 1372. bolviendose à ratificar al Febrero siguiente; però el Rey de Castilla temiendo la Sentencia del Pontifice, propuso al Rey por medio de Pedro Boìl Embaxador en Castilla, que seria conveniente, y gustaria, que los dos Reyes sin el Papa, compusiessen, y ajustassen sus diferencias: admitiò el Rey la propuesta; però para assegurarse, no fiando del Castellano, embiò al Pontifice para proseguir el compromiso al Doctor Francès Romà su Canciller, y à Bernardo Olives Arcediano de Lerida. 1372.

Convento de Madalenas de Barcelona.

Se fundó en Barcelona el Monasterio de Monjas Agustinas de Santa Madalena, siendo Obispo de Barcelona Don Pedro de Planella: era antes casa, y recogimiento de Mugeres Arrepentidas, diò el Habito, y Regla de San Agustin à las Religiosas el Cardenal Legado Guidon Obispo Portuense. (6)

(6) *Diago Condes de Bar. fol. 312. Massot. fol. 136. Torrelli Scacu. Aug. tom. 1. fol. 695.*

Pazes con Napoles.

Concluyeronse las Pazes entre el Rey Don Fadrique de Sicilia, y la Reyna Juana de Napoles con aprobacion de la Corte Romana, se levantó el entredicho de aquella Isla, y casò el Rey con Madama Antonia hija del Duque de Andria, y Prima de la Reyna de Napoles.

Este

Casa el Infante Don Martin con la Condesa de Luna.

Este año por el mes de Junio se celebrò el matrimonio del Infante Don Martin con la Condesa de Luna en Barcelona, ostentandose grande, y liberal en las festivas demostraciones que consagra à sus Reyes esta Ilustre Ciudad; y concertose el matrimonio del Primogenito Duque de Gerona, el Infante Don Juan con Matha hermana del Conde de Armenaque, y fue fruto deste matrimonio la Infanta Doña Juana, que casò con el Conde de Foix, al qual veremos pretensor, y excluìdo de la sucesion de la Corona.

Por el mes de Agosto se presentaron en Barcelona delante del Rey los parientes de Bernardo de Cabrera Vizconde de Cabrera, y Bas, y del Conde de Osona su hijo que avia muerto en Castilla, defendiendo que fue injusta la Sentencia contra Cabrera, los processos nulos, y los cargos injustos, de que se seguia, que aunque no se podia bolver la vida al inculpable Vizconde, podìa el Rey bolver por su honor, y dar por no hecha, y de ningun valor la confiscacion de sus Estados: para defender su justicia avia passado Bernardino de Cabrera à Alcañiz, à quexarse al Rey que se hallava allì por las dependencias de la guerra: favoreciò al Nieto, estimulada de su consciencia la Reyna que avia procedido contra el Abuelo. Movido el Rey de la justicia, determinó darle grato oìdo; con que hallandose yà en la Corte de Barcelona à 22. de Agosto, oìdas las razones, se concertò el Rey con la Vizcondesa muger de Bernardo de Cabrera por medio de Guillen Galceràn de Rocabertì que instava por la Condesa de Osona, de Pedro Galceràn de Pinòs, de Bernardo y Berenguer Galceràn de Pinòs, de Aymerich de Centellas, de Jasbert de Castellet, y de Berenguer de Malla parientes del Vizconde, que con valor defendieron siempre la justicia: concluyòse el ajuste por parte del Rey con la autoridad del Obispo de Lerida, y de Berenguer de Relat Thesorero del Rey, bolviendose el honor al Vizconde, y los Estados à los Nietos, menos la Ciudad de Vique, y vna legua de su circunferencia, que se la reservó el Rey, y la incorporò à la Corona: hallanse èl Privilegio, y restitucion en el Real Archivo de Barcelona.

Restituyése el honor, y Estados à la Casa de Cabrera.

A 30. de Agosto fueron trasladadas à Manresa parte de las cenizas de los Santos Fructuoso, Augurio, y Eulogio naturales de Tarragona; quedando otra parte en Barcelona en la misma Vrna donde està el Cuerpo de Santa Madrona, y lo callan las Historias: trasladaronse tambien à dichà Ciudad de Manresa, los Santos Cuerpos de San Mauricio, y Santa Inès de orden del Cardenal Legado Guidon con informe del Arcipreste de Manresa, desdel lugar de San Fructuoso donde avian depositado las Santas Reliquias los Embaxadores que vnas las avian traìdo de Toledo, y de Viena de Francia las otras. (7) Hallanse veneradas en vna ilustre Capilla baxò el Altar Mayor de la Seo de Manresa.

Traslacion de Santas Reliquias à Manresa.

(7) *Domenech Flos Sanct. de Cat. f. 85. P. Roig, y Jalpi Epit. histor. fol. 245.*

Desde Barcelona alma de la Monarquia, dava aliento el Rey à la guerra de Cerdeña embiando socorros al Governador, y General Gilaberto de Cruilles electo por muerte del Conde de Quirra, à los Exercitos que tenia en Ruisellon por el rezelo del Infante de Mallorca, y à las fronteras de Castilla por las sospechas que tenia de aquel Rey; y para assegurarse, embiò à Aragon al Infante Don Martin, al Prior de Cataluña, y Castellan de Amposta, mandando que todas las Milicias de Cataluña, se juntassen en Lerida; peró estas gentes passaron à defender à Ruisellon del Exercito de Gascones, y otros Franceses, con que venia el Infante de Mallorca contra aquel Condado. 1373.

En

Elige el Rey nuevos arbitros en las Pazes de Castilla.

En este tiempo tratava de Pazes entre Aragon, y Castilla el Duque de Anjou, el qual, de arbitro buelto enemigo del Rey, dexó indeciso el tratado; por cuya causa nombrò nuevos arbitros el Rey, que fueron el Justicia de Aragon, Arnaldo de Orcau, y Bernardo Bonastre su Secretario; y no pudiendo concurrir Orcau por la guerra de Ruisellon de donde éra Governador, y el Justicia por indisposicion, nombró el Rey en lugar destos, al Arçobispo de Zarageça, y à Ramon Alemany de Cervellò, que aconsejaron al Rey comprometiesse en el Cardenal Legado, (lo que tambien pareciò justo al Rey de Castilla) con que en la deliberacion admitiesse el consejo de los nombrados, y del Obispo de Salamanca, y de Juan Ramirez de Arellano, electos por el Rey de Castilla; pero no obstante procedian los tratados de Paz delante del Legado: en Barcelona el Conde de Ampurias, y Arellano, ajustaron treguas hasta Pasqua de Pentecostes.

Embaxada del Rey Inglès por las pretènsiones de su hijo à la Corona de Castilla.

Embió Embaxada el de Ingalaterra al Rey para tratar de los derechos que pretendia el de Alencastre hijo del Rey de Ingalaterra en la Corona de Castilla, y confederarse con el Rey, el qual nombrò para la conferencia à Guillen Alemany, y nombrò Embaxador al Rey Inglès à Pedro de Aragall, para que de boca del Rey de Ingalaterra entendiesse las pretensiones, y el modo de proceder contra Castilla.

Del Santo Varon Fray Thomàs Carnicer.

Bolò al dulce, y deseado nido, Paloma candida, la alma del Santo Varon Fray Thomàs Carnicer, natural de Lerida, que vistiò el Santo Habito de Domingo en el Convento de aquella Ciudad: exemplo raro de virtudes, vencedor glorioso de los Demonios en todas las luchas, que fueron grandes: fue discipulo deste milagroso Varon, San Vicente Ferrer: concediole el Cielo la gracia de obrar grandes maravillas: entre otras se celebra, el castigo del Demonio por los tormentos que le avia dado varias ocasiones en forma visible: sucediò que vna ocasion para burlar al Santo, se paseava vn Demonio en figura de Jumento por el claustro del Convento: conociole el bendito Varon, desatose vna liga, y se la atò al cuello, y le entregò à vn criado del Convento, con orden de que trabajase sin reposo, y que no le quitase la liga; però passando vn dia por el Segre cargado de leña, hizo como que se le avia inchado el cuello, y pareciendo al criado que se ahogava, le desatò, y desapareciò, aviendo servido algun tiempo en la fabrica, y en lo que importava al Convento. Sucediò otra ocasion en el refectorio de Lerida, que deseosos algunos Religiosos de comer carne, lo executaron en el refectorio, y comiendola levantaron los ojos al techo, y vieron colgados cuerpos muertos, piernas, braços, cabeças, y quartos de hombres: quedando de la vision elados: entrò à puertas cerradas en el refectorio el Santo, reprehendiendoles, y corrigiendoles. Hallase venerado su Santo Cuerpo entero en la Capilla del Rosario de la Iglesia de Predicadores de dicha Ciudad. (8)

(8) *Sorio de Varones Ilustres de la Orden de S. Domingo. Justin. vida de San Vicente. Diago hist. de Pred. de Aragon. Domenech Flor Sant. de Catal. 2. par. fol. 47.*

1374.

Terremoto.

Este año à dos de Febrero sucediò horrendo Terremoto en los Pirinèos, cayeron grandes peñascos, se hundieron varias Torres, y Castillos, y pereciò grande numero de gente en los Montes, y sus faldas.

Buelven los Ginoveses contra Cerdeña, y queda la Isla defendida por Gilaberto de Cruilles.

Rompieron las Pazes los Ginoveses, y passaron con su Armada à favorecer à los rebeldes de Cerdeña, assediaron la Pola, que defendieron los nuestros con singular valor, y Gilaberto de Cruilles Governador, fuerte Capitan, conservò aquella Isla, defendiendola invicto contra tanto tropel de enemigos.

Por este tiempo queriendo el Rey de Ingalaterra confederarse con el Duque de Alencastre, pretensor

sor de Castilla, se valiò del Vizconde de Roda Francès Perellos, que partiendo de Francia en la costa de Granada fue preso por los Moros, y llevado al Rey que no quiso soltarle, y mandó prender à todos los Mercaderes Catalanes, y Valencianos que contratavan en aquel Reyno, para satisfacerse de la prision de vna Nave que avia tomado Pedro Bernal Capitàn de vna Galera Catalana: embiò el Rey por esta causa al Duque de Alencastre, à Ramon Alemany de Cervellò para que tratase de ajustar estas dependencias con el Granadino; y el de Alencastre se valiò del Vizconde de Castellbó, y de algunos Castellanos para que el Rey le favoreciesse contra el Rey Don Henrique de Castilla.

Pretende el Infante de Mallorca entrar en Ruisellon con Exercito de Franceses, è Ingleses.

Tenia el Infante de Mallorca congregado numeroso Exercito de Franceses, è Ingleses en Narbona para entrar en Ruisellon, nombrò el Rey Capitan General para la defensa à Pedró Galceràn de Pinòs Governador de Ruisellon, el qual con la gente de Cataluña puso en tan buen estado la defensa, que el Infante se retirò de Narbona à Tolosa, juntando mayor cuerpo de gente, y publicando avia de entrar en Cataluña, y Aragon à vn mismo tiempo.

Entraron en Ruisellon los Franceses, passaron por Perpiñan sin atreverseles, y passaron el Collado de Panissás: mandò el Rey entrar las compañias de Catalanes que se hallavan en Gerona para engrossar la guarnicion de Perpiñan: embiò Pedro Galceràn de Pinòs à Berenguer su hermano con las compañias de Cerdaña para que se juntase con el Vizconde de Illa, que governava la gente de Ruisellon, ò con el Vizconde de Rocabertì, que era Capitan de la gente del Ampurdan, y Bernardo de Sò con la gente de Pallàs, y de aquellas Montañas: vino la demàs gente de Cataluña cuyos Capitanes eran los Condes de Vrgel, y de Pradès, el Vizconde de Cardona, Bernardo Galceràn de Pinós, y Ramon de Anglesola, los quales acudieron al Rey en Barcelona para esperar los ordenes.

Previene el Rey crecida guarnicion en Perpiñan.

Embiò el Rey à correr las fronteras de Francia, y divertir al Exercito Francès à Dalmao, y Guerao de Queralt, con parte de la gente del Principado, y à Galceràn de Ortal à defender el Collado de Panissás, que le dispuso con tal arte que no se atreviò el enemigo à embestirle.

En este tiempo llegaron à Barcelona el Obispo de Salamanca, y Juan Ramirez de Arellano, que partian à Aviñon para tratar las Pazes: resolvieronse en ciertos medios; y para admitirles, y concluìr la Paz, nombrò el Rey de su parte al Arçobispo de Zaragoça, al Obispo de Lerida, à Ramon Alemany de Cervellò, à Dalmao de Mur, y à Ramon de Cervera Dean de Vrgel para que concurriessen con los que nombraria el Rey de Castilla.

Iglesia de Templarios.

Falleciò la Reyna Doña Leonor en Barcelona en el Palacio menor, que se halla junto la Casa, è Iglesia que fue de los Templarios: mandose enterrar en Poblet en los Reales Sepulcros.

Entra el Infante de Mallorca con Exercito en Aragon.

No pudiendo el Infante de Mallorca abrir camino por el Collado de Panissás para la entrada de Cataluña, determinò, apartandose de nuestro Exercito, con largas, y penosas marchas entrar con el que governava, à Aragon; con que por Ruisellon tomò su camino à Cerdaña, de alli à la Seo de Vrgel, y entró en el Reyno de Aragon: entendiendo el Rey el camino que emprendian los enemigos, partiò de Barcelona con sus Tropas, y vn lucidissimo Tercio que añadiò la Ciudad, y llegò à Cervera, elegida Plaça de Armas, prosiguiendo su camino para encontrar à los enemigos, y darles la batalla. El Duque de Gerona que governava à Aragon, partiò con las Tropas Aragonesas para engrossar el Exercito Catalan, y agregarse con el Rey su Padre, el qual en su historia no habla deste sucesso; ni en los registros del Real Archivo de Barcelona del tiempo del Rey, queda notado el sucesso destos Exercitos, però refierenle los Aragoneses.

Casa de la Ciudad de Barcelona.

Concluyòse la fabrica de la Casa Consular de la Ciudad de Barcelona, y empezaron à tener el Consejo de Ciento en la Sala grande donde se juntan en nuestro tiempo los del Consejo. (9)

(9) *Doct. Francisco Solér Disc. Polit. fol. 9.*

1375. Este año segun escrive Zurita de Don Pedro Lopez de Ayala, del qual lo trasladò, passò el Rey con nuestro Exercito à Lerida, y yà los enemigos se hallavan muy adentro de Aragon, los quales por la oposicion que hallaron, y por falta de viveres, desamparando à Aragon, passaron à Castilla, y repartieronse en las fronteras de Soria, donde muriò de enfermedad el Infante de Mallorca, y su Exercito bolviò à Francia.

Però emos de confessar fueron dos las entradas, ò esta relacion no ser del todo verdadera, porque el Rey en su historia refiere vna entrada del Infante de Mallorca por la parte de la Seo de Vrgel, que bolviò por el Valle de Aràn, y que luego muriò de vna ponçoñosa bevida. Por esta entrada añade Zurita, fueron culpados algunos Cavalleros del Rey, particularmente D. Juan Ramirez de Arellano, que aunque Castellano le servia, al qual retò en presencia del Rey en Barcelona el Vizconde de Roda, però no permitiò el Rey se executasse el desafio. (10)

(10) *S. Rey Don Pedro en su Hist. Zurita to. 2. lib. 10. c. 18.*

Pazes con Castilla.

A doze del mes de Abril se concluyeron, y publicaron las Pazes, y casamiento del Infante de Castilla con la Infanta de Aragon: cedieron ambos Reyes à sus pretensiones, y para que cediesse el Rey los gastos de la guerra le prometiò el de Castilla en ciertos plaços, ciento y ochenta mil florines, y no hallandose, se avia de pagar la cantidad en doblones, al respeto del valor de los florines, assegurandolo sobre Requena, Otiel, y Moya, que se avian de entregar en sequestro al Arçobispo de Zaragoça, y à Ramon Alemany de Cervellò: diò en adote el Rey à su hija aquellos docientos mil florines que avia dado al Rey Don Henrique para la guerra de Castilla. Juraron estas Pazes el Rey de Castilla, las Ciudades principales, y algunos ricos Hombres, y Cavalleros: juraronlas el Rey, algunos Obispos, Ciudades, y Cavalleros de Aragon, y Valencia; y por Cataluña las juraron Barcelona, Tarragona, Lerida, Gerona, y Perpiñan, los Obispos de Barcelona, y Lerida, los Condes de Ampurias, Vrgel, y Prades, el Vizconde de Cardona, y Ramon Alemany de Cervellò, ofreciendo jurarlas en las primeras Cortes. Sucediò esto à 10. de Mayo.

Casamiento del Infante de Castilla con la de Aragon.

Este dia se desposò Ramon Alemany de Cervellò como à Procurador de la Infanta Doña Leonor, con el Infante de Castilla Don Juan, y fue llevada la Infanta à la Ciudad de Soria por el Arçobispo, y Ramon Alemany de Cervellò, que la fueron sirviendo con lucidissimo acompañamiento hasta entregarla al Infante su marido.

Hambre.

Por la falta de lluvia del antecedente año huvo mucha falta de trigo en estos Reynos, y penosa hambre, porque solo se mantenian del trigo que venia de Africa.

No se acabaron las guerras contra Ruisellon por la muerte del Infante de Mallorca, antes parece renacieron de sus cenizas, avivandolas la Infanta Doña Isabel su hermana, que cediò el derecho que no tenia al Duque de Anjou hermano del Rey de Francia, por averle antes renunciado al Rey: embiò el Duque de Anjou à desafiar al Rey, y se dispuso para la guerra: velava nuestro Rey Don Pedro como el que tenia enemigos; y para de-

defenderse con acierto, llamò à Cortes generales à los Catalanes, Aragoneses, y Valencianos en Monçon, que se prorogaron, desde 25. de Noviembre del antecedente año hasta 17. de Março del corriente.

Cortes en Monçon.

1376.

A. *El Vizconde de Illa, Jaspert de Guimerà, Bernardo de Tous, Arnaldo de Cervellò, Pedro de Aviñò, Ramon de Perellòs, Guerao de Cervià, Pauquet de Bellcastell, Bernardo de Olsinellas, Ponce Descallar, Berenguer de Ortafà, Francès de Oms, y Guillen de Oms, Bernardo Alemany de Orriols, Ramon de Malan, Bernardo de Vilademany, Francès de Cervià, Jayme de Conella, Aymerich de Centellas, Guillen de Palafox, Guillen de Zacirera, Berenguer de Sanauja, Bernardo Galceràn de Pinòs, Berenguer de Anglesola, Francès de San Clement, Ramon Zacosta, Bernardo, y Ramon de Boxados, Ramon de Oluja, y finalmente toda la Nobleza de Cataluña.*

CAPITVLO XVII.

Cortes en Monçon, para defenderse del de Anjou, y à Cerdeña: Notable servicio de los Catalanes: Embaxada à Francia: Vitorias en Mar: Muerte del Rey de Sicilia: Embaxada al Soldàn: Cisma en la Iglesia: Arma el Rey contra Sicilia, y Cerdeña: Vitoria de Berenguer de Cruilles: Hazaña de Guillen Ramon de Moncada: Libra à la Reyna de Sicilia, passa socorro de Cataluña: Elige Rey de Sicilia el Rey al Infante Don Martin: Ofrecele la Reyna Moncada: No admite el Rey la de Napoles: Casa con Sibila de Forcià: Junta para dar la obediencia al verdadero Pontifice: Milagro de Santa Maria Socòs: Coronacion de la Reyna: Llega à Cataluña la Virgen de Gracia de Ampurias: Convento de Servitas, &c.

Congregadas las Cortes propuso el Rey la injusta guerra que emprendia el Duque de Anjou sin titulo, ni pretexto, pues no le avia podido dar la Infanta Doña Isabel, supuesto avia cedido el derecho de Ruisellon al Rey, quando la dotò, y casò con el Marquès de Monferrato: propuso tambien el estado de la Isla de Cerdeña, y pidió assistencias de dineros, para vna y otra empresa: hallavanse los Reynos trabajados por las antecedentes guerras, y estrañaron la proposicion del Rey en pedir dineros, quando solo era costumbre servir con sus personas, y defender con sus vidas la Corona; y quando ofrecian dinero, servia para mantener à los mismos que se hallavan en las campañas, y los acostumbravan sacarles de los Moros, y Judìos que toleravan en los Reynos: detuvose lo mas deste año el Rey en estas Cortes, decretose al fin à costa de todos la guerra contra Francia, y los rebeldes de Cerdeña. (1)

(1) *Real Archivo de Bar. Arca primera Grande. Zurita tom. 2. fol. 369.*

Celebrandose las Cortes, embió el Rey por sus Embaxadores à Berenguer de Cruilles, y à Bernardo Despont para quexarse con aquel Rey de la novedad que emprendia su hermano: respondiò el Francès, que el Duque de Anjou embiaria sus Embaxadores à Aviñon, y que alli se podrian tratar las Pazes, y que no concertandose, se proseguiria la guerra contra Cataluña.

Embaxada à Francia.

Padecian los nuestros en Cerdeña falta de viveres, y se hallavan determinados los del Castillo de Caller à bolarle, sino eran socorridos: discurria por la Isla con algunas Galeras el hijo del Juez de Arborèa, muy en daño de los Navios Catalanes que llevavan viveres à Cerdeña; peró fueron rendidas por las Galeras del Rey. Muriò en este tiempo Mariano Juez de Arborèa, cabeça de la rebelion, que prosiguió el hijo imitando à su Padre.

Muerte de Mariano Juez de Arborèa: prosigue la rebelion el hijo.

Murió este año en Mecina à 27. de Julio el Rey Don Fadrique de Sicilia: dexò heredera de sus Reynos, y Ducados de Athenas, y

1377.

Muerte del Rey D. Fadrique de Sicilia sin sucesion.

Neopatria à la Infanta Doña Maria su hija: dexò las Islas de Malta, y del Gosso a Don Guillen de Aragon su hijo natural, y le substituyò à su hija, y à este los Reyes, y descendientes de los Reyes de Aragon, y à estos los suyos, y descendientes de Guillen de Peralta, y de Doña Leonor hija del Infante Don Juan Duque de Athenas: nombrò Vicario General del Reyno, y le encargò à la Reyna, despues à Artal de Alagon, y en falta deste eligió à Guillen de Peralta.

Por la sucesion de la Infanta Doña Maria, sucitaronse crueles guerras entre los Barones del Reyno, de vna parte Artal de Alagon, y de la otra Manfredo de Claramonte: añadieronse los vandos del Conde Francisco de Veintemilla, y de Guillen Ramon de Moncada, ocupando vnos, y otros lo que pudieron del Reyno.

Embaxadores al Soldàn de Babilonia.

Embiò al Soldàn de Babilonia el Rey por su Embaxador à Bonanat Sapera de Barcelona para solicitar la libertad de los Reyes de Armenia, y de sus hijos, que fueron presos en la lamentable perdida de Armenia: se ignora el fruto desta Embaxada.

1378. Notable fue el daño que recibiò el Pueblo Christiano en la Cisma, y eleccion de dos Pontifices por la muerte de Gregorio XI. que muriò este año dia 1. de Abril: eligieron los Cardenales al Obispo de Bari, que se llamò Vrbano Sexto, y despues por quiebras, y Oficios de la Reyna de Napoles eligieron algunos de los mismos Cardenales à Roberto de Gevena Cardenal de los Santos Apostoles, y llamose Clemento Septimo: descomulgole Vrbano, y à los Cardenales que le avian electo; y algunos que avian quedado en Aviñon requirieron al Rey mandase publicar en sus Reynos el Processo, y Sentencia contra Clemente: tuvo el Rey varias conferencias con los Prelados de sus Reynos, de las quales resultò embiar Embaxadores à entrambos Papas, suplicandoles atendiessen à la quietud, y bien vniversal de la Iglesia Catolica; y para que entrambos le informassen de su justicia, fue embiado à Vrbano el Doctor Matheo Clemente, de su consejo; però no se declarò el Rey por vno, ni otro.

Cisma en la Iglesia.

Pretende el Rey suceder à Sicilia.

Declarose el Rey en este tiempo pretensor de Sicilia, por ser llamado à la Corona faltando Varones, y no poder suceder hembras à la Casa Real de Aragon: para este efecto avia embiado à la Corte Romana à Ramon Alemany de Cervellò quando se concluyeron las Pazes de la Iglesia, y Reyna de Napoles con Sicilia: protestando que faltando la linea masculina, queria el Rey serlo de Sicilia: y despues embiò al Obispo de Segorbe, y à Andres de Vallterra su hermano, para informar de su derecho al Pontifice Gregorio XI. que no favoreciò al Rey, ni el electo Vrbano quiso atender à las razones que se le propusieron; por cuya causa, viendo quan infructifera salia la negociacion, determinò con la Armada passar à tomar lo possession de aquel Reyno, y juntamente librar à Cerdeña, de rebeliones.

1379. Este año continuando la Cisma mandò el Rey sequestrar las rentas, y frutos de la Camara Apostolica, teniendolas en deposito hasta la declaracion del verdadero Pontifice.

Avia el Rey juntado grande Armada de Navios, y Galeras que constava de 30. Galeras 24. Naves, y Vaxeles, hasta el numero de 70. Vasos, para passar à Cerdeña; y à Sicilia, con deliberacion de llevarse el Infante Don Juan para amaestrarle en la militar disciplina: nombrò General de todas las Galeras à Bernardo de Cabrera Nieto de Bernardo de Cabrera. (Tales son las variedades de fortuna, y mudanças humanas.) Suspendiò su viage como refiere el Rey en su historia, movido de los Oficios, y artes de sus Conse-

Consejeros, que por amistad, ó vinculo de Sangre favorecian à los Barones de Sicilia.

Pretende Artal de Alagòn casar à la Reyna de Sicilia con el Señor del Estado de Milàn, y no lo consigue.

Pretendia Artal de Alagon, aunque sus mayores fueron Vassallos desta Corona, y naturales de Aragon, casar à la Reyna dè Sicilia, con Juan Galeaço, llamado Conde de Virtudes, y heredero del Estado de Milàn: y como lo intentò, pretendió executarlo, por tener en su poder à la Reyna.

Galeaço prevenido para tanto empeño dispuso su Armada, alistó mucha gente de guerra, y emprendiò el passage à Sicilia: nò dormia el Rey, que enterado de la trama, mandó à Gilaberto de Cruilles armar luego cinco Galeras, y que de Cerdeña partiesse prompto, y con secreto à pelear con la Armada de Galeaço, que la encontrò en Puerto Pisano, y la derrotò, quemãdo cada vna de las Galeras vn Navio, con que no pudo Galeaço proseguir su Viage, venturoso de hallarse aun en tierra, quando sucediò la Batalla: las Historias de Italia, y entre ellas la de Bernardo Corio, refieren, que las Galeras del Rey encontraron la Armada Enemiga, que la vencieron, y se retiraron los que pudieron lograrlo, à Pavia.

Notable Servicio de los Catalanes.

Por este tiempo Guillen Ramon de Moncada, como Catalàn, (que por mas que se hallan apartados de su Rey, nunca le saben olvidar: simpatìa fiel de la Nacion) viendo la intencion de Artal de Alagòn de dividir à Sicilia, llegò con vna Galera al Castillo de Catania, donde Artal de Alagòn tenia à la Reyna, y entrando escondidamente con los suyos, hallandola durmiendo, se la llevó al Castillo de Agosta, y de alli à Licata, donde la defendiò con las milicias Catalanas, que embiò el Rey à Sicilia, governadas por Roger de Moncada, hasta que pudieron lograr traherla à Cataluña, para que quedasse assegurada la Reyna, y Sicilia para esta Corona.

Nombró el Rey General de sus Galeras, y Armada al Vizconde de Rocabertì, con orden de defender à Cerdeña, y passar à Africa contra el Rey de Tunez, que rehusava pagar el Tributo; y se executaron ambas empresas con grande credito de la Nacion Catalana.

1380. Llegaron Embaxadores de la Reyna Juana de Napoles Viuda del Infante de Mallorca à Barcelona para pedir al Rey, la aceptasse en casamiento, à que la casasse con el Infante Don Juan, ofreciendo vnir Napoles con los Reynos desta Corona: no admitiò el Rey à la Reyna, ni para si, ni para su hijo, y se casó con Sibila de Forcià, Viuda de Artal de Foces, y hija de vn Cavallero del Ampurdàn, de la qual tuvo la Infanta Doña Isabel, que casò con el vltimo Conde de Vrgel.

Reyna de Napoles no la admite el Rey por Esposa, y casa con Sibila.

Hizo este año el Rey donacion del Reyno de Sicilia en Barcelona al Infante Don Martin su hijo, reservandose mientras viviesse el dominio de la Isla, nombrandole en el interin Vicario General de ella, para dar calor à los que seguian su partido en la Isla. (1)

Infante Don Martin Electo por el Rey, en Rey de Sicilia.

(1) *Arch. Real de Barcelo. Regist. Reg. Petri in hoc anno.*

Ofendida la Reyna de Napoles de la repulsa, y obligada à la natural defensa, por la nominacion de Rey de Napoles, que avia echo el Pontifice Vrbano en la persona de Carlos Duque de Duraço, privandola del Reyno como à primer mobil de la Cisma, eligiò en Sucessor, y adoptivo hijo al Duque de Anjou hermano del de Francia, de que procedieron crueles guerras en el Reyno.

Aviendo entrado en la possession de Castilla el Rey Don Juan por muerte del Rey Don Henrique su Padre, embiò à Barcelona à pedir al Rey conferencia para ver qual era el verdadero Pontifice, Vrbano, ò Clemente, y se le diesse la obediencia: mandò el Rey para tal empeño se congregassen todos los

Pre-

Prelados de sus Reynos en Calatayud, y eligiò à los principales Sugetos de sus Reynos, que van nombrados à la fin del Capitulo letra A. y para hallarse presente, partiò de Barcelona à Lerida, y alli se prorogaron las vistas, porque le pareciò justo al Rey embiar antes Embaxada à los dos Electos, y à algunos Cardenales indiferentes.

Milagro de Santa Maria del Socòs.

Antes de partir el Rey, de Barcelona à Lerida, quiso devoto ofrecer à Santa Maria de Cervelló, llamada del Socòs, vna riquissima Vrna, preciosa por la materia, y pedreria, y curiosa por la delicadeza del Arte, digna ofrenda de tal Rey, que la consagrava en agradecido obsequio por los favores, y vitorias que confessava humilde aver conseguido por el Patrocinio de su Santa Parienta, Compatricia, y Vassalla: llamò el Rey para que le acompañassen al devido culto, al Obispo de Barcelona, que lo era Don Pedro de Planella, por muerte de Don Berenguer de Eril, à los Conselleres, y à toda la Nobleza: aviendo celebrado de Pontifical el Obispo, abrieron la Arca en que estava depositado el precioso Tesoro, y hallòse entero el Santo, y Virginal Cuerpo, como aùn persevera. Tomòle en sus manos el Obispo con los Canonigos que le assistian, y trasladado de la antigua à la nueva, siendo mayor esta, creciò tanto el Santo Cuerpo, que no pudo caber en la Arca nueva, por mas que lo solicitaron: admiròse el concurso de la humildad Santa, y alabando al Señor bolvieron la Santa à su antiguo deposito, y dexaronle en la Capilla de Santa Catalina; de la qual se apartò el Santo Cuerpo, y fuè hallado otro dia en la Sacristia. (3)

(3) *Instrum. Trasla. en el Archivo de la Merced de Barcelo. Corbera, Santa Maria de Socòs fol. 186.*

1381. El Papa Clemente embió por su Legado à estos Reynos à Don Pedro de Luna Cardenal; y no queriendole el Rey admitir, passó à Castilla, donde fuè obedecido.

Celebrava por este tiempo el Rey Cortes à los Aragoneses en Zaragoça, y partió à ellas desde Lerida: hallandose en Zaragoça con la nueva Esposa, mandò la Coronassen Reyna, como fuè executado al principio de Enero.

Hallavase yà el Rey casi assegurado de Sicilia, por tener à la Reyna en poder de sus Vassallos, que la defendieron valerosos de la pretencion de Blasco de Alagòn; y encargando la Reyna à Roger de Moncada, y à los Catalanes, bolviò Guillen Ramon de Moncada à Barcelona, adonde ya avia venido antes de librar à la Reyna, con el Conde Henrico Rufo, para pedir favor contra el vando de Blasco de Alagòn, por cuya causa embiò el Rey las Compañias de Catalanes à Sicilia, que valientes defendieron la Reyna.

Llegado Moncada à Barcelona, pidió algunas mercedes al Infante Don Martin en premio de la libertad de la Reyna, y de pretender entregarsela para su hijo. No devió de corresponder el premio à lo que juzgava Moncada que se devia al servicio, porque disgustado se bolviò à Sicilia.

Este año se juzga por vna antigua escritura, que llegò à Castellon de Ampurias, la Prodigiosa Imagen de Nuestra Señora de Gracia: el modo como vino se ignora, solo se sabe fuè trahida de Castilla, y và se halla tener edificada Iglesia este año, y en esta Era es de los Religiosos Servitas. (4)

(4) *Escritura en el Coven. Camòs Jardin de Maria fol. 127.*

Convẽto de Servitas de Ampurias.

Electos por el Rey para dar la obediencia al verdadero Pontifice.

A. *El Maestre de Montesa, los Tenientes de Calatrava, y del Comendador de Montalvàn, con los Cavalleros destas Ordenes. Del Reyno de Aragõ, Cataluña, y Valencia, el Infante Don Martin, el Conde de Prades, los Vizcondes de Rocabertì, Castellbò, Illa, y Roda, Bernardo de Cabrera, Gastòn, y Ot de Moncada, Jordàn Perez de Vrriès, Lope Ximenez de Vrrèa, Blasco de Alagòn, Don Antonio de Luna, Garci Lopez de Sesè, Bernardo Galceràn de Pinòs, Lope, y Juan de Gur-*

Gurrèa, Aymerich de Centellas, Gilaberto de Cruilles, Dalmao de Queralt, Pedro de Centellas, Pedro Maça, Nicolàs de Vilarhgut, Nicolàs de Proxìta, Ramon de Riusech, Vidal de Vilanova, Pedro Boyl, y quatro Procuradores de cada Ciudad, y Villa.

CAPITVLO XVIII.

Entreganse al Rey los Ducados de Athenas, y Neopatria: De sus Vitorias, y defensa: Và por Virrey el Vizconde de Rocabertì: Assegura aquellos Estados, y encomiendalos à Ramon de Vilanova: Parte à Sicilia el Vizconde de Rocabertì: Vence al de Alagòn, libra à la Reyna, y à los Catalanes, y llevala à Caller: Cortes en Barcelona: Armada contra Cerdeña: Mejorasse la Causa del Rey: Quieren los Sardos formar Republica: Embaxada al Papa, y lo que le pide: Cortes en Monçòn: Debates, y Servicio: Vitorias en Napoles, de los Catalanes à favor del Duque de Anjou, &c.

1382. FElizissimo fuè este año para Cataluña, pues en èl admitiò, y conociò à sus antiguos hijos, apartados en la Grecia, Romania, y Sicilia, bolviendose à vnir con la comun Patria, para aumento de toda esta Corona; imitando à sus mayores estos Heroes, los quales aunque olvidados, (y por esto sentidos) del Rey Don Jayme el II. que jamàs les quiso conceder gente de Cataluña para defender la Assia, y acabar de dominar el Imperio de Oriente, no dexaron de reconocerle, llevando en sus Estandartes las siempre Triunfantes Barras; y hallandose excluydos de su Señor natural, le buscaron de la misma Estirpe en los Reyes de Sicilia, conservando el dominio de aquellos dilatados Estados hasta faltar la Linea Masculina en el Rey Don Fadrique; y movidos de su fiel naturaleza, bolvieron à buscar à su Señor, en el tronco de la Casa Real de los Serenissimos Condes de Barcelona, y Reyes de Aragon. Embiaron al Rey solemne Embaxada en nombre de los Barones, y Vniversidades de aquellos Estados, suplicandole, les admitiesse Vassallos, y favoreciesse Señor conservandoles sus antiguos Privilegios à vso de Cataluña, por aver faltado la Linea Masculina de Sicilia, à la qual libremente se avian sujetado. Vino en nombre de Athenas Antonio Zaragoçà, representò, como pudieron tantos años mantenerse, defenderse, y aun ofender à los Emperadores de Constantinopla, à los Despotos de Lara, y Romania, y à los Duques de Duraço, con los quales siempre estuvieron en continuas guerras: cuyos progressos à ocultado el descuydo natural de nuestros mayores. Luego que muriò el Rey Don Fadrique de Sicilia, fundados estos Pueblos en el Testamento del Rey Don Fadrique el Primero, q̃ excluìa las Hembras, y llamava los Varones de su Real Familia, y en la naturaleza que tenian en estos Reynos, juzgando se devian aquellos à nuestro Rey, levantaron los Estandartes en su nombre, y le declararon Señor: acudieron en este tiempo diferentes Compañias de Franceses, Navarros, y Griegos, entrando en el Ducado de Athenas, y en Batalla vencieron à los Catalanes, y entraron à viva fuerça en la Ciudad de Athenas con prision de Galceràn de Peralta, el qual librandose con el Conde de Mitre, y los Albaneses Vassallos del Ducado de Athenas que habitavan en la Helados, defendió con ellos, muchos Lugares, y Castillos, de la obstinada pretension de los Enemigos: no obstante se apoderaron estos del Castillo de Lebadia, aviendo muerto su Governador Guillen de Almenara, y tambien de otras Plaças por traicion de los Griegos: entonces Galceràn de Peralta, y Jofre Zarrovira con los demàs Catalanes, pudieron defender el

Los Catalanes de la Grecia, muerto el Rey de Sicilia, aclaman por su Rey al de Aragon.

el Castillo de Athenas, cobrar la Ciudad, echar à los Enemigos, y poner los Estados à la obediencia del Rey, el qual advertido de la fineza, y valor de sus antiguos naturales les admitiò Vassallos, y mandò que en Cataluña se previniesse vna buena Armada, nombrando General, y Virrey de aquellos Estados al Vizconde de Rocabertì, que llegò sin peligro à Athenas, recibido de aquellos hombres con sumo alborozo. Apoderosse en nombre del Rey, de todas las Plaças, dexandolas al Govierno de los que las avian defendido: procurò luego el Vizconde la amistad de Xor Migueli, que se llamava Emperador de los Romanos, y del Ballio de Negroponto: tratò con el Duque del Archipielago, con el Marquès de la Bandoniza, y con la Duquessa de Cefalonia que quedassen conformes con los Vassallos del Rey: acudiò al Vizcõde el Señor de Charitatha, y con mayores veras, por Vassallo Juan Fernandez de Heredia que era Gran Maestre de Rodas.

Previenese Armada para la defensa de Athenas, y demàs Estados.

Desde este tiempo admitiò el Rey entre sus Titulos el de Duque de Athenas, y Neopatria, que aun dura en los de nuestro Catolico Monarca. Aviendo assegurado la defensa de aquellos Estados dexada la Armada, partiò con quatro Galeras el Vizconde à Sicilia, donde le esperava otro glorioso empleo: dexò en su lugar por Governador à Ramon de Vilanova, que les mantuvo en Paz, y credito con les Fronterizos, aunque inquietos.

Fueron los principales de aquellos Estados, y que los entregaron al Rey, Don Antonio Ballester Arçobispo de Athenas, Don Luìs Fadrique de Aragon Conde de Sola, Don Juan de Aragon, Don Luìs de Aragon Conde de Malta, el Conde de Mitre, Galceràn de Peralta, Jofre Zarrovira, Andrès Zavall, Thomàs Despont, Misili Novelles, Galceràn, y Francès de Puigpardines, Antonio Roger, otro Roger, Nicolàs de Lluria, Guillèn de Vita, Guillen Fuster, Pedro de Ballestar, y Perot Juan. (1)

(1) *Zurita tom. 2. fol. 377. Abarca, tom. 2. fol. 148.*

Despues que (como queda referido) partiò disgustado de Cataluña Guillen Ramon de Moncada Conde de Agosta, llegò à Sicilia, y pretendiendo entrar en el Castillo de Licata, donde se hallava la Reyna, le cerrò las Puertas, y no le dexò entrar Roger de Moncada, receloso por avisado del disgusto de Guillen Ramon: el qual viendose excluìdo, bolviò con mayor sentimiento à Barcelona; y representandole al Infante Don Martin, le consolò con darle de su Patrimonio, los Lugares de Caldes de Montbuy, San Vicente de los Huertos, y Granollès, que los vendiò al Conde de Vrgel, y del precio armò algunas Naves, y juntò gente en esta Provincia, con la qual Armada costeò los Mares, no siempre en daño de los Infieles, y Enemigos.

En este tiempo hallavase Roger de Moncada con los Catalanes que defendian la Reyna en el Castillo de Licata con rezelo del Exercito que formava Manfredo de Claramonte, para apoderarse de la Persona de la Reyna; y temiendo de las fuerças Enemigas, y mas de la flaqueza de la Plaça, bolviò á la Reyna al Castillo de Agosta, que era mas fuerte, y seguro, por ser de Guillen Ramon de Moncada, de cuya sencillèz, y recto proceder, ya se avia assegurado Roger de Moncada. Apenas entraron en la Plaça, quando la circuyò por mar, y tierra Artal de Alagòn: (de cuyos progressos se han fingido por los Poetas las Novelas, Romances, y Comedias de los trabajos de Roger de Moncada, y de la Reyna, para entretener ociosos, y engañar ignorantes;) defendianse fuertes los cercados, llegando à estado de faltarles todos los bastimentos: hallavanse los pobres Catalanes en este trabajo con la Reyna, quando llegò el Vizconde de Rocabertì con solas quatro Galeras al

Vence al de Alagòn el Vizcõde de Rocabertì.

al Puerto de Zaragoça, y entendiendo el apretado estado de sus compatricios, partió à Cerdeña, y con dos Galeras que halló promptas, bolviò à Sicilia con intencion de dar en la Armada Enemiga, que no se atreviò à esperarle, y solo consiguiò retirarse à Catania, aunque seguida de nuestras Galeras. Retirada la Armada Enemiga, levantò el Sitio el Exercito, entró el Vizconde en la Plaça; y para mas assegurarse llevò en sus Galeras à la Reyna al Castillo de Caller de Cerdeña, donde esperò el orden del Rey. (2)

(2) *Sumontè Hist. de Napol. par. 2. lib. 4. cap. 3. Zurita tom. 2. fol. 378. Abarca to. 2. à fol. 148. Marsi. Crisi de Cataluña fol. 232.*

Cortes en Barcelona.

Llamó el Rey à Cortes Generales à los Catalanes à Barcelona, para tratar de dar la obediencia al verdadero Pontifice, para assistir à la Reyna de Sicilia, y defender aquel Reyno con los Estados de Athenas, y Neopatria, y principalmente para acabar de concluìr con los Rebeldes de Cerdeña: no hallo el servicio destas Cortes; lo cierto es que el Rey diò providencia à todo, (3) y se infiere aver sido el servicio muy considerable, pues bastó para formar grande Armada contra los Sardos, partiendo para disponerla desde Barcelona à Tortosa: nombrò General à Ponte de Sinisterra casado
1383. con Violante hija de Berenguer Carròs Conde de Quirra, à la qual diò el Rey el Condado.

(3) *Real Archi. de Barcelona, Arca primera. Grande.*

Armada contra Cerdeña.

Los Sardos se levantan contra Hugo Juez de Arborèa, y le matan.

En este tiempo favoreciendo el Cielo la causa del Rey, se levantaron los mismos Sardos contra Hugo Juèz de Arborèa, y le mataron; de que se infiriò la rendicion de los Rebeldes, ò la vitoria con poco trabajo; y para conseguirla, y alentar à sus buenos Vassallos, antes de tener junta la Armada, embiò el Rey algunas Galeras con buenas Compañias de Soldados à Cerdeña, y por Caudillo à Juan de Santa Coloma, que se hallava governando el Cabo de Lugodor.

Desde Tortosa para tener mayores assistencias, principalmente de dinero, que le importava para sustento de la Armada contra los obstinados Sardos, y contra los Ginoveses que les favorecian, llamó à Cortes Generales los Reynos de Aragon, Valencia, Mallorca, y Principado de Cataluña; y hallandose en Monçòn llegó Brancaleon Doria, y le ofreciò servir, y obrar en reduzir la Isla à su obediencia: agradeciòlo el Rey, le diò Titulo de Conde de Monteleon, y le hizo merced de la Baronia de Marmila.

Pretenden los Sardos formar Republica, ò entregarse à la de Genova.

Despues de la muerte del Juèz de Arborèa, mas contumaces los Sardos, pretendieron formar Republica, ò entregarse à la de Genova; y para estorvar este designio, embió el Rey al Papa Vrbano, à Pedro Guillen de Estamboys, y al Doctor Matheo Clemente, yà electo Auditor de Rota.

Embaxada al Papa, y lo que le pide.

En este tiempo los Barones de Sicilia, que eran poco afectos al Rey, publicaron que querian apartarla de la Corona, y casar la Reyna con el Rey de Castilla, y que para este efecto prevenia la Armada: embiò el Papa Vrbano Legado à Sicilia, para que assistiesse à los Barones, y el Rey embió comision à sus Embaxadores para que se informasse de los derechos de entrambos Papas; y para màs assegurarse embiò despuès à Roma dos Celebres Letrados de Cataluña, que eran Guillen de Vallseca, y Pedro Zacalòn, para que vistos los informes pudiessen con Justicia declararse: atendiò el Rey con estas dilaciones à ganar el animo del Papa para que le favoreciesse contra los Sardos, y que le remitiesse lo que devia del Feudo, y le diesse el de la Isla de Sicilia, y adjacentes: pretendia tambien el Rey conseguir el Patronato en sus Reynos de vna Dignidad, y dos Canonicatos en las Cathedrales, y de quatro Retorias en cada Diocesi, y la provisiõ del Maestrazgo de Montesa, Castellania de Amposta, y Priorato de San Juan de Cataluña, y las Decimas por diez años, fundar dos Obispados màs, vno en Xativa, otro en Daroca, y que el Arçobispo de de Tarragona pudiesse dispensar entre parientes en el tercer Grado de consanguinidad, ò afinidad.

Mandò el Rey detener con consejo de las Cortes à Brancaleon Doria, porque su Muger con gente procurava ocupar los Lugares del Juèz de Arborèa su hermano: obligòse à apartar su Muger, de la pretension; y por no poderlo conseguir, quedò detenido en el Castillo de Caller mientras el Rey viviò. Partió la Armada á Cerdeña con su General Bernardo de Siuisterra, llevando en ella bien guardada á la persona de Brancaleon Doria, que quedó en el Castillo de Caller.

Hallandose yá Congregados los Estados de los Reynos, y Principado al vltimo deste año en Monçón, con aquélla tan celebrada Proposicion, ponderó las glorias de los Serenissimos Condes de Barcelona sus Progenitores, y lo que avian aumentado Aragon, y la Corona echos Reyes de Aragon, que es la siguiente traducida de Catalán en Castellano para mayor inteligencia.

Proposicion del Señor Rey Don Pedro III. en las Cortes de Monçòn, à 12. de Junio año 1383.

ECCE ad sum quare vocasti me, 1. Reg. 3. cap. *A todo Pueblo es devido, y puede pedir la presencia de su Principe por tres cosas: la primera, para pedir gracias, y Privilegios; la segunda para pedir Justicia, y rectitud; la tercera para defender sus Lugares, y Heredades: dezimos primeramente, que à todo Pueblo es devido, y puede pedir gracias, y Privilegios à su Principe; y que lo puedan hazer tenemos exemplo* 3. Reg. 12 cap. *donde se lee, que muerto el Rey Salomon las doze Tribus de Israel se juntaron en Sichen para Coronar à Roboàm hijo de Salomon en Rey, que Reynasse despues de èl, y pedirle gracias, y Privilegios, diziendo que su Padre Salomon quando vivia puso grandes pechos, y cargas sobre nosotros, que no podemos suportar, por esto hazednos gracia de querer minorarles; y el Rey respondiò como que le placia, y como no es de nuestro intento sino referir la la gracia que le pidieron, dexarémos la respuesta; parece pues que al Pueblo es devido, y puede pedir gracias, y libertades à su Señor.*

Dezimos segundamente, que à todo Pueblo es devido, y puede pedir à su Señor Justicia, è igualdad, y assi lo leemos Ester 7. cap. *donde dize, que Amàn que era Principe, y Capitàn de la Cavalleria del Rey Asuero, y del Consejo, y tenia grande embidia à los Judios, queriendose vengar de ellos tratò con falsas letras selladas con el Sello Real, que Reynava sobre ciento y veynte y siete Provincias, embiar orden por todas las Tierras del Rey, que en vn dia, y en vna hora muriessen todos los Judios del Reyno, imponiendoles crimen de lesa Magestad: sabiendo esto los Judios, juntaronse, y vinieron à Mardocheo, que era Tio de la Reyna Ester, y contaronle la cruel Justicia que Amàn avia dictado contra ellos, y Mardocheo lo dixo à la Reyna que era Judia, y su Sobrina, y la Reyna suplicò al Rey que tomasse la Vara, porque entonces era costumbre que no se atrevìa nadie à hablar al Rey, sino q̃ con la Vara le hiziesse señal el Rey, y entonces la Reyna clamò al Rey contra Amàn que avia tratado tan cruel justicia contra los Judios; y el Rey hizo justicia à los Judios de Amàn, mandandole ahorcar en vna alta horca; parece pues que todo Pueblo puede pedir à su Señor Justicia, è igualdad.*

Dezimos terceramente que es devido, y puede pedir à su Señor que le defienda sus Lugares, y Heredades segun se lee 1. Reg. 8. cap. *que los hijos de Jerusalen pidieron à Samuel que les diesse Rey que les defendiesse, y se pusiesse delante en las Batallas para su defensa; y dixeronle tu eres viejo, y tus hijos despues de ti no seguiràn tus pisadas que has dado àzia nosotros; por lo que quieras constituir, y ordenar sobre nosotros Rey, con tal que nos haga Justicia, y gracias, pues todas las Naciones tienen Rey, assi queremos nosotros tenerle: no agradaron à Samuel estas*

estas palabras del Pueblo, y pusosse en oracion, y Nuestro Señor le respondiò, y le dixo, hiziesse la voluntad del Pueblo: parece pues que al Pueblo es devido, y puede pedir à su Señor que les defienda sus Lugares, y Heredades. Aplicad estas palabras à nuestro proposito: Nos podemos dezir que los Reyes de Aragon, y Condes de Barcelona han sido liberales con sus Vassallos, y en sus juizios justos, è iguales, y à sus Enemigos formidables, y triunfantes. Aprovarà la verdad desto, la primera es à saber, el aver sido para sus Vassallos largos, y liberales, el atender vuestros Fueros, Constituciones, Privilegios donde hallareys quantas donaciones les an hecho, y hallareys que soys los mas francos, y libres Pueblos del Mundo.

Que ayan sido en sus juizios justos, è iguales, atended sus hechos, y en ellos hallareys que han sido misericordiosos, y rigurosos assi, no mirando por su provecho.

Que ayan sido à sus Enemigos alentados, valientes, y triunfantes en defensa de sus Vassallos, mirad las Coronicas, y Privilegios por ellos en la Poblacion de qualquier Lugar concedidos, y hallareys que no solo fueron promptos en defensa de sus Vassallos, si en Conquistar de sus Enemigos, y hallareys que de la Montaña de Lucio que es sobre Huesca à Origuela, y de Tamarit del Campo de Tarragona à Taraçona, todo lo han Conquistado, de Infieles.

Porque Nos queriendo seguir sus pisadas hemos procurado à seguir sus pisadas, en qualquier cosa de las dichas; y si guardays vuestros Fueros, Constituciones, y Privilegios, hallareys que Nos hemos sido misericordioso, y riguroso, assi mesmo hemos puesto nuestra Persona por vuesta defensa en las Guerras, y hechos de Armas que emos tenido, y sabeys; con que no quiero dezir mas.

Assi, como por vosotros nos aya sido suplicado, è instado que viniessemos à celebrar las presentes Cortes, hemos assi venido, y concluyendo podemos bolver à las referidas palabras: Ecce ad sum quare vocasti me, *veysme acà, pues me aveys llamado, para dezirnos lo que quereys, pues estamos aparexados à oyros benignamente, y à hazer lo que podamos, &c.* (4)

(4) Carbonell, Cron. fol. 50. y 51.

Echa la Proposicion pidiò Socorro contra los Ginoveses, y Sardos; pero antes de deliberar sobre este punto, pidió al Rey en nombre de las Cortes el Infante Don Martin su hijo, que mandasse enmendar algunos abusos, è injusticias de su Casa Real, y de la del Primogenito, y aliviar á los Pueblos, de los tributos, acusando algunos de sus Consejeros que revelaron los secretos al Rey de Castilla, y á otros Enemigos, favoreciendo á los Barones de Sicilia, y procurado la entrada del Infante de Mallorca. Eligieronse Sugetos de cada vna de las Provincias para q̃ con el Infante D. Martin informassen al Rey, el qual nombrò las personas contra las quales se devia inquirir, y fueron Ramon de Vilanova, y Hugo de Santa-Pau sus Camareros, Pedro Jordàn de Vrrìes, y Ramon de Paguera Mayordomos, los Doctores de su Consejo, Manuel de Entença, Ramon de Cervera, Narciso de San Dionis, y Bernardo Bonastre Protonotario: de la Casa del Primogenito, Pedro Boyl, Francès, y Constança de Perellòs: quisieron á mas destos, proceder contra otros inculpables para que huviesse novedad en las Cortes, y discordia con el Rey, y que no se prosiguiessen por lo referido, y por aver mandado salir de ellas al Vizconde de 1384.
Roda, á Gastòn de Moncada, á Aymerich de Centellas, á Roger de Moncada, á Berenguer de Cruilles, á Juan de Bellera, y al Obispo de Vique; passando todo el año, y buena parte del que se siguió en requirimientos, y protestas sin dar vn passo en la pretension del Rey para el servicio, ni en las Cortes en los informes contra los delatados.

Continuaronse las Cortes, apaciguadas las controversias, y à instan-

-cias de la Reyna Doña Sibila, de voluntad del Rey aprobó la Corte las donaciones hechas, y que se devian hazer à la Infanta Doña Isabel su hija, para assegurarle su adote: aprovó tambien la Corte las donaciones echas à favor de Bernardo de Forcià hermano de la Reyna, de las Villas, y Castillos de Cubells, Vilanova, Fuenrubia, San Martin, Sitges, Foix, Borja, y Magallòn: concediò la Corte al Rey, à mas de lo que le avia servido la Ciudad de Barcelona, sesenta mil florines, y estos prestados, concurriendo todos los Reynos. (5)

(5) *Real Archivo de Bar. Arca primera Grande. Zurita tom. 2. fol. 391.*

Adviertase con sinceridad este servicio, y notense los antecedentes de las Cortes solas de Cataluña; y no podrà, ni aun en nuestro tiempo ponerse en duda, de que gente se componian los Exercitos, y Armadas de los Señores Reyes, ni con que dinero se sustentavan, y se assegurarà la infalible verdad de los Reales Privilegios hasta aqui citados, y de los que referiremos, de los quales hasta ahora se à compuesto la Coronica, y Corona de Cataluña.

Vitorias de la Nacion Catalana en el Reyno de Napoles.

Por este tiempo assistido de los Catalanes con Galeras, Navios, y Soldados avia entrado el Duque de Anjou en el Reyno de Napoles, y ganado à Bari, y mucha parte del Reyno; y llegando el Octubre aviendo repartido sus Tropas en las Provincias que le obedecian, muriò en Bari à los 10. de dicho mes: sucediòle en el derecho, y guerra su hijo; y continuò la Nacion Catalana en assistirle. (6)

(6) *Martin de Alpartil. Zurita tom. 2. fol. 392.*

†

CAPITVLO XIX.

Disgustos del Principe Don Juan, y su Casamiento: Guerras con el Conde de Ampurias: Vitoria contra Franceses: Defensa de Ruisellòn: Aumentanse los disgustos del Principe: No admite concordia con la Reyna: Privale de la Governacion: Concordia con los Sardos, y Ginoveses: Embaxada al Rey de Granada, y Soldan de Babilonia: Sucessos de Levante: Nombrase otro Virrey de Athenas: Fiestas en Barcelona por aver cumplido el Rey 50. años del Reynado: Guerras contra Tarragona: Vision de S. Thecla, y muerte del Rey: Encomienda de San Anton de Perpiñàn, &c.

El Infante D. Juan privado de la gracia del Rey, y porque?

Tiempo avia que el Infante Don Juan Duque de Gerona se hallava privado de la gracia, y favores del Rey su Padre; ò inducido de la Reyna, como se publicava, infiriendolo de algunos disgustos que avia dado el Rey, no solo al Infante Don Juan, si tambien al Infante Don Martin, y à sus Familiares; ó porque no le obedeciò el Infante Don Juan casando con la Reyna de Sicilia, por apetecer el Matrimonio de Violante hija del Duque de Bar, y de Maria hija de Juan Rey de Francia: llegò el lance à tal estado, que empeçò á quitarle el Rey la Governacion General, propria del Primogenito. Picado el Principe del azicate del agravio, y movido de su afecto, dexó á Barcelona, y recogiòse à las Tierras del Conde de Ampurias su Cuñado: allì concertò, y consumó su Matrimonio con Violante, assistido solo del Infante Don Martìn, de la Infanta Doña Iuana Muger del Conde de Ampurias, y del Conde: el qual con este agasajo al Cuñado irritò al ardiente coraçon del Rey para perseguirle, pues no deseava sino pretexto, por hallarse de antemano mal con el Conde por la resti-

restitucion que dilatava del Vizcondado de Bas, y mal con el Infante porque le favoreciò; ò se imprimió este concepto en su animo, quando le nombró con Bernardo de Forcià, para dar fin à esta dependencia; de la qual tomò pretexto para quitar la governacion General al Infante.

Persigue el Rey al Conde de Ampurias.

Sobre la referida quexa, añadiendose la fineza con el Principe, colerico el Rey quiso vengarse de entrambos, y publicó su jornada contra el Conde, llamando las huestes, y tropas de Cataluña: aconsejò el Principe Don Juan à su buen amigo, se pusiessen en su poder en Gerona, para ver si podian apagar el ardor colerico del Rey; aconsejandole, que si proseguia, se defendiesse, aunque llamase gente estrangera para su defensa: moderose al parecer la colera del Rey algun tiempo, però presto bolviò à su primer encono; y con pretexto de favorecer à Bernardo de Orriols, y à los de su linage, parientes de la Reyna, heredados en el Condado de Ampurias, entró armado en el Condado; y aunque podia el Conde embarazarle el passage, no lo quiso executar, ni acometerle, ni tomarle el bagaje, que podia sin daño porque iva la Reyna con aquel comboy; contento solo de aguardar el rayo en Castellon, à donde se retiró defendido de sus Vassallos, embiando por socorro à Francia.

Desde Figueras donde se hallava el Rey, passó à Peralada, y de alli embiava tropas contra los Lugares del Conde, ocuparonle los de Vilanova, Esfar, y Vilaseca, y combatieron à San Clemente: en este tiempo vinieron algunas compañias Francesas à favor del Conde, entrando en Castellon: el Rey passò su campo à Besalù, y pudiendole ofender el Conde, no permitiò que alguno de los suyos saliesse de la Plaça: llamò el Rey al residuo de las compañias de Cataluña, que promptas se congregaron en Besalù, à donde concurriò el Principe Don Juan con sus tropas, con harto disgusto del Conde, que pretendia con su proteccion assegurarse, y fiado en su palabra avia empuñado las armas para defenderse, embiandose esta amorosa quexa por dos Religiosos. No obstante proseguia el Rey su empeño, y passando con el Exercito por Gerona, embió con el mayor nervio à Bernardo de Forcià contra el Lugar de Verges, con arto disgusto del Principe, que deseava se fiasse à èl la empresa, para poder reducir al Conde; però no obstante le embiò à dezir que no fiasse de las milicias Francesas, porque tenian secretos tratos, y eran pocos contra el Exercito Real: y que si le parecia para assegurarse, en su defensa llamase otras milicias Francesas, que no fuessen numerosas, procurando sola la defensa, para poder lograr la quietud. Por este aviso confederose el Conde con el de Armenaque, y con el Conde de Comenge, comprandoles el socorro con sesenta mil florines: le executaron con ciertos pactos, y con voz de proseguir la empresa de la Infanta de Mallorca. Procedia en este tiempo Bernardo de Forcià vigilante, y fuerte en el Assedio de Verges, defendiendose varonilmente los cercados hasta el siguiente año, y el Rey con su Exercito se detuvo en Figueras à dar la devida providencia para oponerse à la invasion Francesa.

Defiendese el Conde de Ampurias.

1385. Detuvose el Rey en Figueras Plaça de Armas de todo el Catalan Exercito, para oponerse à los enemigos, indiferente por donde emprenderian la entrada en Cataluña; y queriendose assegurar de la defensa de Cerdaña, embiò à Ripoll con buena parte de su Exercito à Gaston de Moncada: entendiose que las compañias de gente de armas Francesas, que se hallavan en el Lenguadoch, se juntavan en Durban, quatro leguas de Perpiñan poco mas; y al oposito destas tropas quedava el Exercito que governava el Rey.

Por

Por este tiempo desengañado de conseguir el rendimiento de Verges, levantò el Sitio Bernardo de Forcià, y retirò con su gente à incorporarse con el Rey: el qual viendo la resistencia de los Vassallos del Conde, aprovò que el Principe Don Juan tratase de reducirle, y admitiendolo el Conde sin tratar de assegurarse, dexó el Principe pendiente la platica, porque con el aviso del Exercito Francès yà junto en Durban, sin concluirla partiò con su gente de Gerona à Figueras, y de alli por orden del Rey con grande secreto à Ruisellon, llegando con puntal diligencia à Durban, donde hallando los enemigos poco prevenidos para la visita, les desbaratò con muerte, y prision de muchos, que fueron traìdos à Perpiñan, en triumpho de la primera militar gloria del Principe, el qual llegó à Figueras con militar fausto, admirado, y respetado de todos, y mas del Rey, que no le avia juzgado capaz de militares empresas por su natural humano, y apacible. (1)

Primera Vitoria del Principe D. Juan contra Franceses.

(1) *Señor Rey Don Pedro en su hist. Archivo de Perpiñan, Kalendario del Libro Mayor. à 18. de Mayo 1385.*

Con esta vitoria, constante el Rey en su empeño de perseguir al Conde, mandò romper la platica del Principe, y no quiso admitirle à su gracia, antes prosiguiò con mayor encono la guerra hasta ocuparle la mayor parte de sus Estados, y obligar à los Franceses que les defendian à suplicarle les assegurase el viage para Francia. Advirtiendo el Principe el mal estado de las dependencias del Conde, le embiò à dezir que assegurase su persona que con el tiempo todo se emendaria, y el Conde de Vrgel le embiò vna Galera en la qual partió à Aviñon, donde se previno de gente para socorrer à Castellon, dilatando el socorro por el aviso que tuvo del Principe, aconsejandole lo dilatase, porque el Rey se hallava en Figueras enfermo, y de cuidado; però convaleciendo, prosiguió la guerra, y el Conde no pudo llegar à tiempo de defender algunas de sus Plaças, que se entregaron.

Por este tiempo sucediò la vitoria de Portugal, tan ponderada contra Castilla en Aljubarrota, por cuya causa embiaron Embaxadas el de Castilla, y el de Alencastre al Rey: el primero pidiendo socorro, y el segundo passo contra Castilla: pedia el Rey de Castilla Exercito de Catalanes, y que le embiase el Rey por General à Bernardo de Forcià hermano de la Reyna, grande Capitàn de aquellos tiempos: escusose el Rey con el de Castilla por la guerra contra el Conde de Ampurias, y consolole tratando pazes con el de Alencastre, para cuyo efecto embió Embaxadores, y dilatò à este la entrada contra Castilla, deteniendole con la platica de pazes, no obstante, que para mas obligarle tolerò entrase alguna gente Francesa por Aragon.

Vitoria de Portugal contra Castilla.

La edad y achaques avian mudado el ardor del natural del Rey, que yà se governava por la Reyna, y sus Consejeros, el que antes queria governarlo todo, pagando el Principe en su quietud, y persona los daños del debil estado de su viejo Padre, pues sin respeto al Padre, perseguia la Reyna en todo al hijo, obligandole à retirarse de la Corte, y acogerse en Castell-Follit con la Duquesa Doña Violante su Esposa, con el Obispo de Vique, y con los Vizcondes de Illa, y Rocabertì sus amigos; no pudiendo en aquellas Montañas estar quieto, ni seguro de la persecucion, pues en ellas le hallò el orden del Rey, que le mandava apartase de su casa al Obispo, Vizcondes, à Pedro de Artès, y à Constança de Perellòs Dama de la mayor estimacion de la Duquesa, con la qual sospechava el Rey queria casar al Conde de Ampurias viudo de la Infanta Doña Juana, y la noticia tambien del Processo que se formava de orden del Rey, por las sospechas de aliado del Conde de Ampurias.

Persigue la Reyna el Principe D. Juan.

Aun-

Aunque perseguido el Principe, no quiso le dexassen solo sus buenos servidores, oponiendose alentado à la sinrazon de querer privarle del consuelo de aquellos que finamente le servian; y la Duquesa respondiò al Rey, que antes dexaria à Cataluña, que permitiria quedar privada de la assistencia de su amiga Constança de Perellòs, que cuidava de sus hijos.

Temiendo los Consejeros del Rey al Sol que se hallava en su Oriente, aconsejaron à la Reyna concordase las diferencias que tenia con el Principe: y para esto se ordenaron ciertos Capitulos que no quiso firmar el Principe; de que mas apurado el Rey no permitiò le hablase el hijo, y la Reyna con recelos de la anciana edad del Rey, procurava la favoreciessen las principales Ciudades. Viendo la desecha borrasca el Principe, y que la Reyna era la arbitra de la Monarquia, cuidando de su defensa, fue embiado por el Principe el Conde de Ampurias à N. de Copons Cavallero de su Casa, para que le embiase algunas compañias de gente para defenderse, quedando otras para conservar las Plaças, que quedavan à la obediencia del Conde; y al Vizconde de Roda à Tolosa, y al Duque de Berri para formar compañias de Soldados.

Encomienda de San Anton en Perpiñan.

Este año Juan Cortì Comendador de San Anton de Perpiñan comprò tres Casas para la Encomienda, con que se supone ser yà fundada, y es la tradicion ser la primera, però se han perdido los Papeles.

1386. En este tiempo se rindiò al Rey Castellon: llegaron los Franceses à la frontera de Ruisellon, y llegó el Conde para solicitar la entrada: aguardaron en Cabestan al residuo de su gente; estando detenidos los Franceses llegò al Grao de Canet con vna Barca Juan Alonso de Exerica y Lluria para hablar con la Vizcondesa de Illa, à la qual mandò el General, y Governador de Ruisellon Gilaberto de Cruilles, entrar en Perpiñan, y à Ramon Zaportella, y à N. de Vilacorba, que defendiessen à Canet, y su districto, y lo executaron con valor, no atreviendose à proseguir su marcha los Franceses, antes bien cuidaron de retirarse; y el Principe embió à Narciso de Vilella al Cabo Francès, con orden que bolviesse el Conde à Francia, à la qual se retirò para conseguir nueva gente.

El Rey priva al Principe, de la Governaciõ General.

En este tiempo con publicos edictos avia privado el Rey al Principe de la governacion General, y recurriò al Justicia de Aragon, que le concediò inibitorias contra la declaracion Real.

Por medio de Bernardo de Sinisterra, y del Doctor Jaspert de Campllonch, se ajustó la concordia con Leonor de Arborèa, para las dependencias de Cerdeña, y la firmó el Rey en Barcelona al vltimo de Agosto; però por la muerte del Rey, no tuvo efecto, y quedaron los Sardos en su rebelion.

Berenguer de Abella en nombre del Rey, y Luquino Escaramupo en nombre del Duque de Genova, trataron ciertos Capitulos de paz, y dieron orden à la navegacion, y comercio, confirmando la concordia antecedente de Ramon de Vilanova, y Damian Cataneo: ratificola el Rey en Barcelona à 2. de Noviembre.

Embaxada al Rey de Granada, y Soldàn de Babilonia.

Fue embiado à Granada para librar los Vassallos del Rey Bernardo de Sinisterra, y por Embaxadores al Soldàn de Babilonia, Jayme Fiviller, Bernardo de Gualbes que era Consul de los Catalanes de Alexandria de Egypto, y Bernardo Pol, para firmar nuevas pazes con aquel Principe.

En este tiempo Ramon de Vilanova defendia valiente los Estados de Athenas, y Neopatria, y los conservava con quietud vniversal quando bolviò à Cataluña obligado del disgusto que tenia el Vizconde de Rocaberti con el Rey, por res-

respeto del Principe Don Juan, al qual servia: quedaron aquellos Estados encargados al Govierno de Roger, y Antonio de Lluria, que eran Nietos de Roger de Lluria, y la Neopatria al de Andrès Zavall: de orden del Rey en este tiempo renunciò el Vizconde el Virreynato, fue electo Bernardo de Cornellà, y despues fue nombrado Pedro de Pau, que governò aquellas Provincias hasta el Reynado del Rey Don Juan, el qual bolvió à elegir Virrey, y Capitàn General al Vizconde de Rocabertì.

Celebra con fiesta magestuosa el Rey el cumplimiento del año 50. de su Reynado.

Por la Pasqua de Resureccion, llamó el Rey en Barcelona à los Eclesiasticos, Nobles, y Pueblos de sus Reynos para que le assistiessen à la celebracion de vna Magestuosa solemnidad que deseava, consagrando en rendidos obsequios à Dios las gracias por aver cumplido el año cinquenta de su Reynado, y pidiò à todos particular servicio para los excessivos gastos destas fiestas. Tambien en la misma Ciudad, confirmó el Rey la concordia con Bernardo deCabrera Nieto de Bernardo de Cabrera bolviẽdo à declarar aver procedido cõtra justicia, y que se hallava libre de los cargos el justo culpado, refierelo el Rey en su historia.

Por este tiempo hallavanse en suma discordia los Estados de la Romania, y Oriente, por aver muerto sin hijo varon Luìs Federico de Aragon Conde de Sola, que era grande Estado en aquel levante, y muy poblado de Catalanes, y Griegos; y para conservarles à la Nacion Catalana, y à la obediencia del Rey, se avia concertado por Elena muger del Conde, y por el Vizconde de Rocabertì casar la hija heredera de aquel Estado llamada Maria con vn hijo del Vizconde de Rocabertì; peró apartado de aquellas Provincias el Vizconde por los empeños de Sicilia, y despues por los disgustos con el Rey, mudaron de estado las cosas de aquella Provincia, porque Reyner, gran Potentado en el Imperio Griegò, (el qual viviendo el Conde de Sola tenia guerra contra sus Estados,) viendole muerto se confederó con el Emperador de Salonique, y con el despoto de la Morèa, juntando grande Exercito con color de guerrear contra los Turcos que yà llegavan à las fronteras de Salonique, però en la realidad, para casar à la Condesa con vn su Cuñado, ù devastar aquel Estado. Entonces la Condesa viuda, teniendo en Cataluña al Vizconde de Rocabertì, para defenderse casó su hija con el Emperador, ò Señor de la Valaquia, con disgusto de los Catalanes, y Griegos, quedando las dependencias de aquellos Estados en mayores riesgos; siendo fundamento para que embiase el Rey por Capitàn General de todo aquel levante à Pedro de Pau, el qual le asseguró, y concordò las discordias, reùniendo los animos, antes divididos.

Guerra del Rey contra la Iglesia de Tarragona, y aviso de Santa Thecla.

Moviò el Rey guerra contra la Iglesia de Tarragona patrimonio de Santa Thecla, con pretexto de pertenecerle en la Ciudad, y Campo à mas del Soberano, el dominio directo, y vtil, y que por el Soberano le devian aquellos Vassallos prestar homenage: opusose constante à esta ceremoniosa, y fatal novedad el Arçobispo de Tarragona Don Pedro de Clasqueri assegurado en la donacion del Serenissimo Conde Berenguer III. à San Olaguer, y en la concordia del Arçobispo Bernardo con el Principe Roberto, que fue ocasion del martirio del Santo Prelado Don Hugo de Cervellò; peró no movieron estas al animo del Rey, antes tomò con las armas la possesion de los Lugares; y no pudiendoles defender el Arçobispo, y Cabildo acudieron al Dios de los Exercitos para que los amparase, citando al Rey delante su Divino Tribunal en el termino de sesenta dias: al vltimo de los quales apareciendole Santa Thecla, le dió vn golpe con la mano en la mexilla,

xilla, que fue castigo, acuerdo, y remedio para la conciencia del Rey, que deste instante se dispuso para bien morir. (2)

1387. Hallavase el Principe Don Juan en Gerona enfermo, y muy de peligro, y creyendo el Rey no podia escapar, embiò à mandar à los Jurados de aquella Ciudad, se apoderasen del Infante Don Jayme su Primogenito, y le tuviessen bien guardado para que no llegasse à las manos de la Duquesa Doña Violante su madre; però convaleciò el Principe, y el Rey llamado de Dios passó à darle cuenta de los dilatados años de vida, y Reynado que le avia concedido; aviendo antes satisfecho à Santa Thecla, mandando bolver al Arçobispo lo que le avia ocupado, y reintegrarle en la possession de sus antiguos derechos; mandando executassen luego su Real Decreto, (justo en no dexarlo para el sucessor) al Obispo de Barcelona su Canciller, à los Doctores de su Consejo Guillen de Vallseca, y Pedro Zacalm, y à Pedro Desvalls Maestre Racional, presentes los dichos, con el Obispo de Tortosa, Bernardo de Forcià, Hugo de Anglesola, Dalmao de Queralt, Berenguer de Abella, Pedro de Cortillas, y Pardo de la Casta: muriò como fiel, y Catolico Principe, con demostraciones de verdadero penitente en el Palacio menor de Barcelona à 5. de Enero año 1387. A mas de los referidos en la historia, los que se señalaron en este Reynado segun los Privilegios fueron Francès de Rebolledo, Ramon de Bages, Jorge Caramany, Bernardo de Boxadòs, Pedro Dos, Guillen Albert, Arnaldo Seguì, Castilion Potau, Pedro Olfinellas, Bernardo de Cornellà, Berenguer de Oms. Dexò heredero al Principe Don Juan, y à sus hijos varones, servado el orden de Primogenitura, y en falta desta linea llamó al Infante Don Martin, yà sus hijos, excluyendo las hembras como siempre se avia executado en el Condado de Barcelona, y Reynos desta Corona por los Serenissimos Señores Reyes sus antecessores. (3) Mandò al Principe juntase los Reynos, y segun las informaciones que avia mandado recibir, determinassen dar la obediencia al verdadero Pastor de la Iglesia, y le maldixo sino executava puntual quanto avia mandado en su testamento.

Concuerdan las historias en los años de su Reynado ser 51. però no en los de su vida, que vnos le dan 72. otros 67. y otros 69. y creo ser estos lo mas cierto, segun el año del principio de su Reynado: (4) fue depositado su Real Cadaver en la Santa Iglesia de Barcelona, y llevado despues à Poblet, donde reposa con sus Invictos Progenitores, y sucessores, para la memoria de los quales avia mandado labrar los sumptuosos Mauseolos en aquella Real Iglesia, que son verdaderamente Reales en lo sumptuoso, y primoroso: fue muy Sabio, Pio, Religioso, atento, curioso, y muy valiente; però muy ardiente, y prompto: à aver sabido dominar siempre los primeròs impetùs colericos fuera en todo idea de Principes: en el primer movimiento de su colera diò ocasion à la muerte de su hermano el Infante Don Fernando, y veneno con vn bofeton à su hija la Infanta Doña Juana porque defendia al Conde de Ampurias su marido, que sentida del agravio acabò presto sus dias, y trabajos: diò orden, y formò estatutos para el govierno de la Casa Real, y ceremonias de su Real Capilla, que se hallan en vn libro que se conserva en el Real Archivo de Barcelona. (5) Vniò los Reynos, y Condados con tan deliberada voluntad, y tales clausulas de expression, como se hallan en su Real Privilegio hecho, y firmado en Barcelona en la Capilla del Real Palacio à los 4. de las Kalendas de Abril año 1344. (6)

(2) *Abarca to. 2. fol. 150. Domenech Flos Sanct. de Cat. lib. 1. fol. 50.*

(3) *Real Arch. de Barcelo. Regist. del Señor Rey.*

(4) *Marin. Sic. de reb. Hisp. lib. 11. cap. Præfuit. Carb. f. 203 Abarca to. 2. fol. 150. Tarafa de regib. Hisp. cap. Petrus.*

(5) *Los servicios de este Reynado en Exercitos, Armadas, y donativos, que estàn referidos, y otros para reparo de la hazienda, fiestas, y adote de las Infantas, constan en el Real Arch. de Barcelo. Arca prim. grande. En los donativos de las Cortes. S. Rey Don Martin en las Cortes de Perpiñan, Archivo de Barc. Diet. y lib. Verd. y encarnado, en el de Perpiñan li. de Provisio. y en el mayor, y menor de los Kale. Archiv. de Tortosa lib. Ist. a f. 152 Archivo de Manresa li. Verde fol. 120. en los de Gerona, Lerida, &c.*

(6) *Arch de la Ciudad de Barcel lib. de los juramentos de lo Sere. Reyes y Condes de Barc. en el Llano de S. Francisco, antes de los juramentos de los Privilegios, que juran los Serenissimos Condes, y Reyes antes de su govierno, y de fidelidad de los Vassallos.*

El qual Privilegio se transcrive en el mismo Idioma Latino, para que no se altere en parte la propriedad de las vozes con la traduccion, y para la inteligencia de los que entienden la Lengua, y es como se sigue.

IN nomine Sanctæ Trinitatis, & unicæ Deitatis amen. Pateat universis quod Nos Petrus Dei Gratia Rex Aragonum, Valentiæ, Majoricarum, Sardiniæ, & Corsicæ, Comesque Barchinonæ, Rossilionis, & Ceritaniæ. Sedulè cogitantes, quòd ab Altissimo, qui ex sua clementia Majestatis nos Regnorum, & Terrarum culmine decoravit, ac honorificatis populis insignivit, præcipuè nobis imponitur, ut ea sic unita servemus, quòd nequaquam desolationem incurrant, nam juxta veritatis eloquium omne Regnum in se divisum desolabitur, Regna quoque debent unitatis constantia, & indivisibilitatis solidata gaudere, ut virtus unita sit fortior ad exercendum sine personarum acceptione justitiam, sine quà omnis terra periit, & habitatores ejus, comunis utilitas, & Princeps nequeat diu regnare; conflatis siquidem in unum viribus, quæ majori potentia fulciuntur, publicas res adversus hostiles incursus uberiori deffentionis, & pacis quietudine solidatur. Etenim docuit experientia temporibus retro elapsis qualiter attenta divisio Regnorum Aragonum, Valentiæ, & Comitatus Barchinonæ à nostris Progenitoribus nimirum paravit excidium, induxit scandalum, vehemensque periculum, formidavit sanè gloriosus Princeps Dominus Jacobus divinæ recordationis Rex Aragonum Abavus noster præmissa considerans, Regnis suis univit ex distinctione Conquistæ Regni Majoricarum, & ei adjacentes Insulas, quos, & quas ut Athleta magnanimus à manibus eripuit Paganorum. Et eandem unionem privilegijs, & legibus ex tunc successivis temporibus confirmavit. Et quamvis postea de Regno, & insulis memoratis cum certis Cathaloniæ partibus incisionem præjudicialiter attentasset; attamen Præexcelsus Princeps Dominus Petrus Proavus noster recordationis fælicis incisionem præfatam reduxit ad debitam unionem, quam Serenissimus Dominus Jacobus recolendæ memoriæ Rex Aragonum Avus noster per se, suosque successores ad imperpetuum denuo fecit, ordinavit, statuit, & sancivit cum Privilegio suo Bulla plumbea communito Datt. Tarraconæ decimo nono Kalendas Januarij anno Domini millesimo tercentesimo decimo nono, sicut in eo vidimus contineri. Nos autem, qui dicta Regna, Comitatus, & Terras, actore Domino possidemus, præfatum Regnum Majoricarum cum Insulis Minoricarum, & Ivisæ, ac alijs Insulis adjacentibus ipsi Regno, cujus directi dominij nobis superioritas antea competebat, & justis causis, & processibus adquisivimus, & cum utili dominio, ac suis juribus universis in proprietate plena, & possessione tenemus, idem Regnum, & Insulas, nec non Comitatus Rossilionis, & Ceritaniæ, & Terras Confluentis, Vallispirij, & Cauquiliberi convocatis per Nos, & congregatis in Civitate Barchinonæ Syndicis Universitatum, Civitatum, & Villarum Regalium Cathaloniæ, qui nobis super his ingentem instantiam faciebant, cum ea solemnitate, quà decuit Regnis Aragonum, Valentiæ, & Comitatus Barchinonæ præfatis duximus indissolubiliter unienda cum Privilegio nostro, seù publico instrumento facto, & clauso per Scriptorem nostrum, & Notarium infrascriptum in ipsa Civitate Barchinonæ duodecimo Kalendas Octobris anno Domini millesimo tercentesimo quadragesimo secundo prout in eo noscuntur hæc, & alia plenius declarari. Et ex tunc dum celebrabamus in Civitate Valentiæ Curiam Generalem Regniculis Valentiæ Regni, dictam unionem confirmavimus, & de novo fecimus roboratam firmis, & juramentis singulorum ad dictam Curiam vocatorum, qui solertem in his instantiam faciebant, cum Privilegio nostro clauso,

clauso, & facto per eundem Notarium in Ecclesia Cathedrali Beatæ Mariæ Sedis Valentiæ dum inibi publicabatur generalis Curia memorata pridie Kalendas Januarij prædicti anni, cumque post apprehensionem de Regno, & Civitate Majoricarum, & ei adjacentibus Insulis per nos vt prætangitur justè factam per ipsam Civitatem diadema nostrum, & Regalia portare providescemus insignia dictas vniones, quas inibi publicari fecimus præsente gentium copiosa multitudine confirmavimus, iterato tactis per nos ad earum corroborationem Cruce Domini, & Evangelijs Sacrosanctis cum carta nostra, seu publico instrumento facto in Ecclesia Cathedrali dictæ Civitatis Majoricarum decimo Kalendas Julij anni millesimi tercentesimi quadragesimi secundi per Notarium supratactum nunc quippè memorantes omnes vniones, & singulas supradictas, ac eas hujus serie confirmantes ad humilis, & ingentis supplicationis instantiam vestri fidelium nostrorum Guillelmi Zacosta, Francisci Omberti, & Arnaldi de Quintana Civium Majoricarum, ac Joannis Robolli habitatoris Villæ Ivisæ Syndicorum, & Nuntiorum, Juratorum, Conciliariorum, Proborum Hominum, & Vniversitatis Majoricarum ad hæc spetialiter constitutorum, nobisque missorum cum publico instrumento de quò fecistis in posse infra nominati Scriptoris nostri, & Notarij plenariam fidem; nec non etiam Syndicorum Civitatum, & Villarum Regalium Cathaloniæ prædictorum, quorum nomina inferius describuntur: Nec minus de expresso consensu inclitorum infantium, ricorum hominum, & Baronum, & aliorum pro vt nominantur inferius nominatorum. Thenore præsentis nostræ paginæ perpetuis temporibus inviolabiliter duratura, de certa scientia, & spontanea voluntate per nos, & omnes hæredes, & successores nostros præfatum Regnum Majoricarum cum Civitatibus, & Insulis Minoricarum, & Ivisæ, ac alijs adjacentibus ipsi Regno, & Comitatus Rossilionis, & Ceritaniæ, terras Confluentis, & Vallispirij, & Cauquiliberi, net non jura quævis nobis pertinentia quomodolibet in eisdem dictis Aragonum, & Valentiæ Regnis, ac Comitatui Barchinonæ adjungimus indissolubiliter, & vnimus; nec non etiam providemus, pronunciamus, ordinamus, statuimus, decernimus, & sancimus, quòd dictum Regnum Majoricarum cum Civitatibus, & Insulis supradictis, nec non comitatus prædicti cum Terris alijs memoratis, & locis vniversis, & singulis situatis in illis, & cum juribus vniversis ad nos pertinentibus in eisdem cum dictis Aragonum, & Valentiæ Regnis, & Comitatui Barchinonæ sic vnita perpetuo, & conjuncta sine medio, & sine aliquo intervallo, & sub vno solo nostro, & nostrorum successorum vniversalium dominio indivisibili, & inseparabili perseverant; ita quòd quicunque sit Rex Aragonum, Valentiæ, Comesque Barchinonæ, idem etiam sit Rex Majoricarum, & prædictarum, & adjacentium Insularum, & Comes dictorum Comitatuum, terrarum, nos enim per nos, & omnes hæredes, & successores nostros promittimus de certa sciencia, & expressè quòd dicta, Regnum, Civitates, & Insulas, Comitatus, & terras, sive Loca, Villas, Castra, Regalias, redditus, jura, devenimenta, Offitia, vsus, fructus, aut proventus eorum nos, vel ipsi hæredes, aut successores nostri nullo tempore, vel à se, vel etiam intra se dividemus, seu alienabimus, nec dividi, separari, seu alienari faciemus, vel quomodolibet permittemus in perpetuum, vel ad tempus à Regnis, & Comitatu prædictis, seu à nostra Corona Regia in totum scilicet, vel in partem, nec per nos, vel illos dari valeant ad feudum honoratum, vel proprietatem, vel possessionem per venditionem, cambium, vel absolutionem etiam prechario nomine, vel inter vivos, nec in vltima voluntate etiam in filium, filiam, nec seu alios descendentes, aut collaterales, aut alios quosvis vnum, vel plures, aut numeri cujuscunque, nec per arbitrium, transactio-

factionem, seu quamvis compositionem, nec per aliquam aliam rationem, quæ dici, nominari, vel excogitari posset nunc, vel etiam in futurum, quacunque etiam particulari alienatione de præmissis, & alijs in ipsis Regno, Civitate, Insulis, Comitatibus, Terris, & Locis eorum nobis pertinentibus quovismodo nobis, & nostris successoribus penitus interdicta. Promittimus etiam de certa scientia, & consultò, & per Nos, & omnes hæredes, & successores nostros decernimus, & firmiter statuimus quòd jura nostra dictorum Regni Majoricarum, Civitatis, Insularum, Comitatuum, Terrarum, Locorum, & aliorum superius distinctorum quæ dudum inclyto Jacobo de Majorica jure vtilis dominij pertinebant, nunc autem sunt nobis, vt prætangitur in pleno dominio adquisita, vel aliquod eorum nullatenus eidem Jacobo remittimus, renuntiabimus, dabimus, & concedemus, vendemus, permutabimus, vel alienabimus alio quovis titulo, sivè modo, nec filio, seu filijs ejus natis, vel nascituris, nec alijs, vel alijs personis extraneis, vel privatis etiam ratione concordiæ, sivè pacis, si forsan inter nos, & ipsum Jacobum tractaretur, fieret, vel firmaretur, nec ratione compromissi transactionis, aut pacti quòd de præmissis aliquatenus facere non possimus, nec ex alia quavis causa ad alicujus, vel aliquorum supplicationem, postulationem, nec motu proprio inter vivos, aut in vltima voluntate, nec alias modo aliquo, sivè causa. Volumus inquam, concedimus, decernimus, & sancimus quòd si forsàn, quòd absit, nos, vel nostri successores vellemus vnionem prætactam, quomodolibet violare, seu contra eam facere, vel venire, vel ipsam non tenere, vel observare pro vt superius continetur, inclyti Infantes Petrus Ripacursiæ, & montanearum de Prades Comes Patruus, Jacobus Comes Vrgelli, & Vicecomes Agerens Frater, & Raymundus Berengarij Impuriarum Comes Patrnus nostri charissimi, & successores eorum, ac Vniversitates prædicta, & eorum singuli non teneantur, nec possint nos, vel ipsos successores nostros in aliquo juvare in prædictis, vel contra ea, nec obedire nostris, vel eorum jussionibus quòad ea, quinimo dicti Infantes, suique successores subditi, Vassalli, & Vallitores, ac Vniversitates prætacta, nec non omnes habitatores dictorum Regni, & Civitatis Majoricæ, eique adjacentium Insularum, & ipsorum Comitatuum, & Terrarum, ac singulares ipsorum præsentes, & futuri possint, teneantur, & debeant ipsum Regnum, Civitatem, & Insulas Comitatus, & Terras viriliter adversus prædicta deffendere cum armis, vel etiam sinè armis, quoniam in hoc casu, quo ad hoc tamen ex nunc vt ex tunc absolvimus, & pro absolutis habemus, decernimus, & sentimus dictos Infantes, & eorum successores, nec non Barones, milites, subditos Vassallos, & Vallitores ipsorum, & quemlibet eorundem, ac Vniversitates Locorum Regnorum Aragonum, Cathaloniæ, & Valentiæ, & eorum quemlibet, & singulares ipsorum, & habitatores prætactos Regni Majoricæ, & Civitatis, & ei adjacentium Insularum, & Comitatuum, & Terrarum, & aliorum locorum de asmarinis præsentibus prædictorum ab omnibus homagio, sacramento, naturalitate, ac fidelitate, quibus Nos ratione dominij, vel feudorum, vel Cavalleriarum, seu infansoniarum, vel aliàs quomodolibet teneantur sic quòd eis non obstantibus deffensionem, tam comuniter, quam divisim valeant facere supradictam. Possint etiam in hoc casu pro deffentione prædicta si videbitur eis, concilium, vel concilia tam generalia quàm spetialia toties quoties, & vbi voluerint congregare, tenere, & celebrare, nec non impositiones proinde fiendas levare, seu levari facere per tallias, questias, vel alias exactiones, quas eis de licentia nostra per nos ex nunc præsentis auctoritate concessa liceat imponere, & colligere quando, & quoties, & pro vt fuerit eis visum, nosque, vel successores nostri per nos, aut Offitiales nostros, vel

eorum

earum de eis nullatenus intromittere non possimus exigendo computum, seu rationem ab universitatibus, vel habitatoribus memoratis, nec ab his etiam qui dictas tallias, vel collectas, seu exactiones alias imposuerint, vel levaverint, seu acordaverint, vel pecunias provenientes inde tenuerint, vel expenderint. Possint etiam exercitus, & cavalcatas, & armatas facere, tam per terram scilicèt, quam per mare, & ea, quæ dicti exercitus, cavalcatæ, seu armatæ ceperint, vel ocupaverint, efficiantur bona propria exercitus, cavalcatas, vel armatas facientium supradictas, nec de his etiam Nos, vel successores nostri nisi ab ipsis Vniversitatibus, vel habitatoribus indè requisiti non possimus. Valeant inquam Capitaneum, vel Capitaneos, & alios omnes Offitiales tam jurisdictionem exercentes, quam alios eligere, & in armatis, exercitibus, & cavalcatis ipsos mittere, & ponere, ac eos indè removere, & eligere alios, & ponere quando, & quotiescunque voluerint, ex nunc enim præsentis autoritate præfatis Capitaneis, & Offitialibus concedimus potestatem exercendi jurisdi ctionem omnimodam in ipsis armatis ' exercitibus, & cavalcatis, & personis earum, & alijs prout cæteris exercitus, & armatas excercentibus solitum est concedi, & alias prestare posint dictis habitatoribus Regni Majoricarum Locis, & Insulis, Comitatibus, atque terris, & ipsorum singulares super prædictis auxilium, consilium, & favorem absque impedimento aliquo, sivè metu nostro, seu Primogeniti nostri Procuratoris Generalis, & aliorum Offitialium regiorum, quorumcunquè pro tempore fuerint; quibus quò ad hæc non teneantur quomodolibet obedire, quinimo valeant in his sinè cujusvis incursu pœna resistere, si eos in præmissis etiam de facto aliquatenus impedirent, & si quid contra prædicta, vel aliqua prædictorum per Nos, vel nostros fuerit attentatum, eo ipso sit illud, ex nunc præsentis vigore decernimus, irritum, & inane. Vt ante omnia, & singula supradicta teneantur, observentur, statuimus, disponimus, & sancimus quòd quilibet hæres, & successor noster, & nostrorum in ipsis Regnis, Comitatibus, Terris, & Insulis, vnus videlicet post alium successive tempore sui novi dominij, seu nova successionis, vel etiam si antea jurari deberent antequam Prælati, Richi Homines, Masnaderij, Milites, Cives, & Burgesij, Hominesque Villarum, seu aliqui alij de dictis Regnis, Comitatibus, Insulis, sibi præstent, seu faciant juramentum fidelitatis, vel in aliquo sibi respondeant; & antequam aliquis ex prædictis requisitus expresse, vel non requisitus sibi faciant, vel facere teneantur homagium, vel aliquam recognitionem ratione feudorum, vel qualibet alia ratione, idem hæres, vel successor noster, & nostrorum in Regnis, Insulis, Comitatibus, & Terris prætactis, quicunque pro tempore fuerint per se, & suos laudet, approbet, renovet, & confirmet, ac publicè juret, conveniat, & promittat omnia, & singula superius, & inferius declarata tenere firmiter, & perpetuis temporibus observare: vsquequo verò dictam laudationem, approbationem, renovationem, & confirmationem prædictorum omnium fecerit, & pro ipsis firmiter observandis cum instrumento publico promissionem fecerit, & præstiterit juramentum, non faciant sibi, nec teneantur facere juramenta fidelitatis, vel homagia, nec per feudatarios prædictorum Regnorum, Insularum, & Comitatuum, & Terrarum in eorum Regem, vel comitem admittant, nec nominari superius, vel ex eis aliqui teneantur sibi in aliquo respondere, & si per aliquem cujusvis conditionis extiterit, sivè status hæredi nostro, aut successori universali prædicto, & novo domino quicunque fuerit temporibus successivis juramentum fidelitatis, vel homagium seu quævis alia obligatio facta foret antequam prædicta sicut præfertur laudata, jurata, promissa, & approbata existerent non valerent, & pro nunc factis penitus haberentur. Hæc igitur omnia supradicta, & singula facimus, paciscimur,

scimur, & promitimus per Nos, & omnes hæredes, & successores nostros vobis Guillermo Zacosta, Francisco Omberti, Arnaldo Quintana, & Joanni Robolli Syndicis memoratis, nec non alijs Syndicis supratactis, & inferius nominatis nominibus proprijs, & Vniversitatum prædictarum, & singularium, & etiam Infantibus, Baronibus, & alijs Prælatis, & subscriptis, & vobis etiam subscripto Notario tanquam publicæ personæ à nobis omnia, & singula stipulanti pro dictis, & eorum successoribus, & pro omnibus Syndicis Vniversitatum prædictarum, & pro habitatoribus etiam dictorum Regni Majoricarum, Civitatum, Insularum, Comitatuum, Terrarum, & locorum præsentibus, & futuris, & pro alijs etiam personis universis, & singulis quorum interest, & intererit, & interesse potest, & poterit in futurum inconcusse tenere, & inviolabiliter observare. Cæterum affectantes universa, & singula superius, & inferius comprehensa, irrefragabiliter perpetuis temporibus observari juramus per Nos, & nostros solemniter per Deum, & Crucem Domini nostri Jesu-Christi, ac ejus Sancta quatra Evangelia corporaliter manibus nostris tacta, prædicta omnia, & singula, vt superius dicta sunt, & distincta, tenere, complere, & inviolabiliter observare, & observari facere, ac tenere, & non contravenire vnquam in aliquo jure, quavis ratione, vel causa; firmiter inhibentes sub interminatione divini Judicij, ac divinæ maledictionis, hæredi nostro universali quicunque pro tempore fuerit, nec non alijs subsequenter in dictis Regnis, Comitatibus, Terris, & Insulis successivis, vt omnia, & singula supradicta incorruptibiliter observando, contra ea, vel aliquod eorum non veniant, faciant, vel attentent, aut fieri faciant, consentiant, vel permitant dicto, verbo, vel facto, seu alio quovismodo. Denique si diceretur, vel aliqualiter posset dici quod in casibus memoratis, vel aliquibus ex eis defficiet aliqua juris solemnitas propter deffectum eorum præsentiæ, qui dicerentur præsentes esse debere, vel aliàs Nos de nostra Regia plenitudine potestatis, omnem deffectum in eis præsentis autoritate suplemus, & damus Vniversis, & singulis hic contentis omnem roboris firmitatem. Hæc quoque prædictis omnibus, & singulis Prælatis, Richis Hominibus, Baronibus, Mesnaderis, Militibus, Civibus, Burgensibus, Hominibusque Villarum, & alijs quibuslibet subditis nostris dictorum Regnorum, Comitatuum, Terrarum, & Insularum præsentibus, & futuris, tenenda, servanda, & complenda imponimus, injungimus sub debito naturalitatis, & sub fide, homagio, fidelitate, & juramento, quibus nostræ Majestatis culmini stringuntur. Retinemus tamen expresse, quòd de Castris, Villis, & Locis, possessionibus, redditibus, fructibus, bonis, & juribus quibuscunque Nobilium, Militum, & Generosorum, & aliorum quorumlibet de dictis Comitatibus Rossilionis, & Ceritaniæ, Terris Confluentis, Vallispirij, & Cauquiliberi, & alijs asmarinis quæ ad posse nostrum, vel dominium pervenerint quomodolibet ratione rebellionis, & criminum commissorum per eos, vel qualibet eorum, vel alia qualibet ratione, vel causa possimus alienare pro libito voluntatis. Ad hæc Nos Guillermus Zacosta, Franciscus Omberti, Arnaldus Zaquintana, & Joannes Robolli Syndici, & Nuntij antefati, & etiam Nos Nuntij, & Syndici inferius nominati habentes ad hæc plenum posse, & spetialia mandata cum publicis instrumentis, de quibus subscripto Notario plenè constat, & alij etiam nominibus proprijs, & Vniversitatum subscriptarum, & singularium earundem, ac successorum suorum, nec non etiam Nos Infans Petrus, Jacobus, & Raymundus Berengarij supradicti, ac etiam Barones, Milites, Generosi, Cives, & alij nominati singulariter inferius, & descripti per Nos, & omnes hæredes, & successores nostros acceptantes præmissa universa, & singula cum exultationis applausu tanquam publica ea vtilitati multipliciter profutura de voluntate expressa, & mandato vestri Serenissimi Domini Nostri Regis prædicti laudamus, ratificamus, ac etiam aprobamus, vt ea vobis dicto Domino Regi promitimus, & etiam Notario infrascripto tanquam publica persona pro vobis, & hæredibus, & successoribus vestris universalibus, & pro alijs etiam personis, quarum interest, & intererit, & interesse potest, & poterit, stipulanti præmissa omnia, & singula tenere, & observare, attendere, & complere, & eis nullo vnquam tempore contraire, & facimus indè per Deum, & Crucem Domini nostri Jesu-Christi, & ejus Sancta quatuor Evangelia tacta per nostrum singulos corporaliter juramenta. In quorum testimonium, & notitiam præsentem, ac æternam memoriam futurorum, Nos Petrus Dei Gratia Rex prædictus præsens, scriptum nostrum, seu publicum instrumentum fieri mandamus Bulla nostra plumbea pendentis munimine roboratum; de quò, per subscriptum scriptorem, & Notarium tot similia fieri, & scribi, ac tradi jussimus, quòd sibi per eosdem Syndicos, vel alios fuerint requisita. Quòd est actum in Capella Palatij Regis Civitatis Barchinonæ, die Lunæ, quarto Kalendas Aprilis, anno Domini millesimo tercentesimo quadragesimo quarto A. Vic. Sig ✠ num Petri Dei Gratia Regis Aragonum, Valentiæ, &c. Sig ✠ num Infantis Petri Serenissimi Domini Jacobi bonæ memoriæ Regis Aragonum Filij, &c. Sig ✠ num Infantis Jacobi Illustrissimi Domini Alphonsi bonæ memoriæ Regis Aragonum Filij Comitis Vrgelli, &c. Sig ✠ num Infantis Raymundi Berengarij Serenissimi Domini Jacobi bonæ memoriæ Regis Aragonum Filij Comitis Empurianum, &c. Hæc laudamus firmamus concedimus, & juramus. Sig ✠ num Raymundi Conelli, &c.

CAPITULO XX.

Sucede al Rey, su hijo el Principe Don Juan: Disgustos, y Concordia con la Reyna: Algunos castigos, y perdones: Reintegrase el de Ampurias, y su prision: Jura el Rey en Barcelona, y sumptosidad de su Corte: Disgustos de Aragon: Passa à Coronarse: Cortes en Monçon: Decreto contra Carroza de Vilaragut: Prision del Arçobispo de Burdeus: Guerras, y Pazes: Entran Franceses, è Ingleses, son vencidos, y echados de Cataluña: Pazes con Sardos, Juez de Arborèa, y Brancaleon Doria: Autoridad de Barcelona: Don Fray Antonio de Ginabreda, &c.

AVnque son los hijos imagen de sus Padres, y de vna misma naturaleza, no siempre salen iguales en las costumbres. Sucediò al Padre en los Reynos, y Estados su hijo Primogenito el Principe Don Juan, que se hallava enfermo en Gerona, muy diferente en todo, del ardor, y aplicacion del difunto Rey: por su benignidad, y descuydo pudo perder lo que su Padre avia defendido con brillante ardor; però aunque dissimil, fuè semejante en los principios de su Reynado, entrando persiguiendo à su Madrastra la Reyna Doña Sibila, como su Padre lo avia executado con la Reyna Doña Leonor.

Vase la Reyna Viuda D. Sibila, de Barcelona, con algunos de su familia, temerosa de la vengança del Rey.

Advirtiendo la Reyna Doña Sibila que el Rey Don Pedro su Marido yà se hallava en los vltimos periodos de su vida, con rezelos de la vengança por los antecedentes agravios del Principe sucessor, vna noche partiò encubierta de Barcelona acompañada de su hermano Bernardo de Forciá, del Conde de Pallàs, de Berenguer de Abella, de Bartholomè de Limès, y de otros de su Familia. Aviendose à la mañana publicado la huìda, juntaronse en el Palacio donde se hallava moribundo el Rey, los Consejeros de Barcelona

lona, algunos Prelados, Nobles, y Sindicos de las Ciudades, y Villas, que avian sido llamados del Rey para componer las quiebras del Principe con el Rey, y Reyna, y deliberaron fuessen seguidos à repique de campana como culpados los que seguian à la Reyna, callando su nombre por veneracion devida à la Magestad.

Sigue por orden del Rey el Infante Don Martin à la Reyna, y à los de su comitiva.

Avisado el Principe, antes de la muerte del Padre, deste sucesso, nombrò al Infante Don Martin su hermano por su General, embiandole luego à Barcelona, con orden de seguir á la Reyna, y su comitiva, è inquirir contra los culpados, que avian dexado à su Rey en los braços de la muerte, y le avian robado su Palacio. (Invectiva injusta contra vna afligida, y Viuda Señora, que solo huìa de lo que no pudo evitar.) Con este pretexto hizo donacion el Principe à su Muger Doña Violante de todos los bienes de su Madrastra, afirmando que estava assegurado que la Reyna, y sus sequazes eran Reos de lesa Magestad, culpandola que con maleficios avia procurado su muerte, y la del Rey su Padre: (quan ciega es la ira, que no advierte la fuerça de la verdad) juzgando todos impossible quitasse la Reyna la vida al Rey, de cuya salud procedia su felizidad.

Cavalleros delatados con la Reyna.

Fueron delatados con la Reyna, Bernardo de Forcià, el Conde de Pallàs, Berenguer de Abella, Pedro Vguet de Anglesola, Berenguer de Vilaragut, Berenguer de Sinisterra, Bernardo de Vilademany, Bernardo Barutell, Pedro de Planella, Pedro de Val, Roger de Malla, Juan Togores, Bartholomè Limes, Antonio de Navès, Guillen Pons, y otros, todos favorecidos del Rey Don Pedro. Mandò tambien el nuevo Rey, que Arnaldo de Orcau, Berenguer Roger, y Arnaldo de Eril, con su gente tomassen los passos para que no entrasse la Reyna en Francia. Desde Barcelona diò providencia el Infante Don Martin para perseguir à la Reyna, y le vino la noticia que se hallava encerrada con los suyos en el Castillo de San Martin Zarroca: partiò alli con algunas Compañias, y hallò que ya tenian cercado el Castillo Fr. Juan de Guimerà Prior de Cataluña, Bernardo Galceràn de Pinòs, Ramon Alemany, y Guerao de Cervellò: juntaronse à estos el Conde de Cardoda, y Hugo de Anglesola, en vna Alquerìa llamada del Pujol, y alli determinaron embiar à Guerao de Cervelló acompañado de Francès de Zagarriga, y de Francès de Aranda à requerir à Bernardo de Forcià entregasse à los que defendia: el qual respondiò que la Reyna queria concordar con el Principe, y que todos obedecerian lo que mandasse: muriò el Rey en este tiempo, y la Reyna con todo su sequito se puso en manos del Infante Don Martin: fuè preso el Conde de Pallàs, y llevado al Castillo nuevo de Barcelona.

Aunque se hallava muy enfermo el nuevo Rey, quiso partir à Barcelona: recibiòle en Granollès el Infante, al qual diò el Ducado de Momblanch, para mas obligarle à perseguir à su Madrastra. Hallandose el Rey en Barcelona se le agravò el accidente, y por algunos Testigos de la deposicion de los quales se inferìa maleficio en la enfermedad del Rey, y por lo que le asseguravan algunos medicos, determinò con consejo de sus amigos, se diesse tormento à todos los presos hasta à la Reyna, para averiguar el maleficio. (Hecho indigno no dar lugar à la natural defensa.) Resistieron fieles, y constantes los Juezes de Cataluña, assegurados en las Leyes de la Patria, defendiendolas, del rigor del Rey, estando siempre firmes en que no se podia proceder á question de tormento hasta averse defendido el Reo; librando con esto à su Reyna, y Paysanos, de tan injusto rigor: llegò el rumor desta controversia à los oydos de la desconsolada Reyna, y temiendo los riesgos de su vida en

Justicia, constancia, y equidad de los Juezes de Cataluña.

la

la resolucion del Rey, determinò, y executò la entrega de todo quanto le avia dado el Rey su Marido, poniendolo en manos del Rey, que lo entregó à los Procuradores de la Reyna Doña Violante, (notense las inconstancias de las fortunas humanas) y con esta liberalidad temerosa, se aplacò la ira del coraçon del Rey. Procediòse Juridicamente contra los culpados, y fueron condenados à muerte Berenguer de Abella, y Bartholomè Limès: procediasse contra la Reyna, mandando el Rey tomasse Abogados, y Procuradores, que no quiso admitir, diziendo era manifiesta su innocencia, y que la fuga se executó por orden del Rey su Marido, però que no obstante ponia su justicia en manos del Rey. Viendo el Cardenal Legado, que se hallava en Barcelona, el inmoderado rigor, interpuso la Autoridad del Pontifice para aplacar al Rey, el qual se apartò de los procedimientos, y por la Persona del Legado participò à la Reyna su resolucion, que fue; que se apartava de la Inquisicion, y la perdonava, participando deste favor su hermano Bernardo de Forcià, y que se executava esta gracia por la atencion devida al Sumo Pontifice: hallaronse presentes en la platica del Legado, el Obispo de Barcelona, Berenguer Barutell, Bernardo de Sinisterra, Francès Zagarriga, y los Vilamarìnes parientes de la Reyna que fueron llevados aquella misma noche de la Casa de la Calle de los Huertos, passo de la Rambla, à la Casa de Barutell; y alli por los bienes que tomaron à la Reyna, y à su sequito, se dierõ à la Reyna por orden del Rey veynte y cinco mil sueldos de renta cada año durante su vida, que era cantidad considerable en aquellos tiempos.

Entrega la Reyna Viuda quanto le avia dado su Marido, en manos del Rey.

Suspende el Rey los procedimientos contra la Reyna Viuda por atenciõ al Papa.

No obstante estas remissiones, procediasse contra todos los nombrados, y favorecidos del difunto Rey, y particularmente contra Gilaberto de Cruilles Capitàn General, y Governador de Ruisellon, hazianse estos Processos con grande sentimiento de Barcelona, y de toda Cataluña, estrañando en el humano natural del Rey estos rigores; y mas quando vieron que no se librava su Primo, Cuñado, y grande amigo el Conde de Ampurias, que avisado del Principe, de la Succession al Reyno, partiendo para encontrarle en Gerona mandò levantar el Someten para perseguirle; però fiado el Conde en la inclusion antecedente, desviandose de los que le seguian, por otro camino entrò en Gerona, y alli satisfecho de algunas impressiones le mandò bolver à su Condado, entregandole quanto le avia ocupado el Padre.

A ocho de Março Jurò el Rey en Barcelona los Privilegios, Leyes, y costumbres de Cataluña, declarando su Real animo en no querer confirmar las donaciones echas por el Rey su Padre, y por su Persona, desdel año 1365. por ser en notable daño de la Corona: y à 18. de Março despues de aver Jurado la observancia de las Leyes, y Privilegios, le Juraron los Catalanes, como es inviolable costumbre, por Conde de Barcelona, y le prestaron el Juramento de fidelidad: nombrò luego el Rey por su Lugarteniente, y Capitàn General en los Estados del Imperio del Oriente al Vizconde de Rocabertì, al qual hizo reconocimiento Guerao de Rodonells, que avìa venido de aquellos Estados para hazerle al Rey, y con esto previno el Vizconde la Armada para partir à la Morèa.

Don Juan I. Rey, y Con. de XIX.

Concluyeronse las Pazes entre el Rey, y los Sardos, el Juèz de Arborèa, y Brancaleon Doria, con mayor credito, y conveniencia del Rey, que las que se ajustaron con su Padre; aunque pudieron recibir alguna quiebra, porque Guillen Ramon de Moncada con sus Naves avia tomado vn Panfil Ginovès: satisfacieronse los agraviados con el orden que se embiò à Cerdeña

Pazes con los Sardos, Juez de Arborèa, y Brancaleon Doria.

deña de no admitir en aquella Isla la Armada de Moncada: obró mucho en estas Pazes Ximen Perez de Arenòs, electo Governador de Cerdeña.

Por orden del Rey congregaronse en Barcelona todos los Prelados, y los mas eminentes Theologos, y Letrados para declarar à qual de los Pontifices se devia dar la obediencia, como lo avia mandado el Rey Don Pedro en su Testamento; y despues de vistos los informes, y averiguado el hecho, resolvieron deverse dar la obediencia al Papa Clemente: aprobò esta determinacion el Rey, y admitiòla el Pueblo con particular consuelo.

Prision del Arçobispo de Burdeus en Barcelona.

El Duque de Alencastre hallandose en Portugal para proseguir la guerra contra Castilla, embiò à Barcelona al Rey, el Arçobispo de Burdeus para requerirle cumpliesse la concordia que avia firmado el Rey su Padre, y que pagasse el dinero, que se obligó à pagar en ella: instò varias vezes al Rey, y en vna alargando las palabras sin las devidas atenciones à la Magestad, le mandò detener en Barcelona en prision decente à su Dignidad: dió esta prision motivo à los Ingleses para declararse contra los Catalanes, y tener varios encuentros, particularmente en el mar, y de este passaron los daños à la tierra, entrando con grande Exercito Franceses, y Ingleses en Cataluña: opusoceles por orden del Rey la Provincia, que les derrotò; y les acabó de vencer Gilaberto de Cruilles Governador de Ruisellon; (1) però estorvando à la Nacion Catalana esta guerra el Comercio que tenia en Assia, Africa, y Europa, à instancias de la Ciudad de Barcelona, y de algunos Barones dió libertad el Rey al Arçobispo.(2) Confunde Bosch este sucesso con la entrada del Conde de Ampurias.

Entran en Cataluña Franceses, y Ingleses, y les derrotan los Catalanes.

(1) *Bosch tit. de hono. de Cat. fol. 59.*

1388.

Autoridad de Barcelona.

(2) *Zurita tom. 2. fol. 393.*

Despues de convalecido el Rey de sus duplicadas enfermedades, solo tratava de divertimientos, bolviendose Barcelona su Corte Pensil de delicias, Parnaso Poetico, y Theatro de Musicas, y sumptuosissimas vanidades; bolando la fama de la Magestad, Grandezà, riqueza, y fausto de la Familia Real, no solo con excesso à sus mayores, sino à todos los Monarcas de Europa. Sentianse los Aragoneses, porque divertido no cuydava de passar à Zaragoça à Jurarles sus Fueros; y ressentidos de los divertimientos, y de la privança de Carroza de Vilaragut, con repetidas instançias consiguieron llegasse à Zaragoça à Coronarse, y Jurar los Fueros. Executado esto llamò los Reynos à Cortes Generales en Monçon, que se prorrogaron por la noticia que llegò de Cataluña de la prevencion del Conde de Armenaque para invadirla; dando esta noticia Ramon Zagarriga Governador de Ruisellòn, Guillen de Perapertuza, y vn Mariscal de Francia; y por la que vino de Cerdeña del nuevo movimiento de los Rebeldes; no executandose en dichas Cortes otro acto que el privar à Carroza de Vilaragut, de la Casa Real, y de los oficios que en ella posseìa. Esta privacion fuè tan grata à las Cortes, que la declararon por Capitulo de ellas por lo que avia tardado Cataluña à conseguir esta pretension; declarandose el Braço Real de ella, y de Mallorca contra dicha Señora, acusandola del mal orden de la Casa Real, y que por su medio se concedian gracias à quien no las merecia, y que se avia confederado con Francès de Pau en daño de las Leyes, y diminucion del Real Patrimonio. Declararonse con los Pueblos el Obispo de Tortosa, el Conde de Ribagorça, el de Prades, Bernardo de Cabrera, los Vizcondes de Illa, y Roda, Pedro de Queralt, Juan de Bellera, y Ramon Bages, que presentaron al Rey vn memorial de los cargos, que no permitiò leerse. Instaron se diese salvo conduto à algunos que se hallavan armados contra el vando de la de Vilara-

Coronase el Rey en Aragon.

Cortes Generales en Monçon.

laragut, y particularmente al Marquès de Villena, y à los de su sequito, que se concediò; y el privar à Carroza, de la familiaridad Real. Despues de tantos litigios, siguieronse otros que no son del intento, y solo lo es que el Rey prorrogó las Cortes, y bolviò à Barcelona para atender à la defensa de Cataluña. Murió en Monçòn el Infante Don Fernando hijo del Rey. (3)

(3) *Archivo de la Cathedr. de Barcelona, estancia 3. num. 39.*

1389. En este tiempo juntò Bernardo de Armenaque por orden del Conde su hermano innumerables Compañias de gente de guerra de todas lenguas, y Naciones, añadiendoseles los Ingleses, que avian quedado disgustados de la prision del Arçobispo de Burdeus, aunque ya libre. Eran los Infantes, y los Cavalleros, segun escrive Tomich Autor de aquel tiempo, diez y ocho mil: atravessaron los Enemigos por el Ruisellon, y entrando en Ampurdàn, ocuparon à Vascara, y otros Lugares menores: llegò el Rey à Barcelona, y publicado el Vsaje *Princeps namque*, determinó salir en Persona contra los Enemigos: concurriò Cataluña à su costa à servir à su Rey; però antes de executar la empresa embiò por sus Embaxadores al Rey de Francia al Vizconde de Roda, y à Asperandeu de Cardona, para requerirle la satisfacion de los daños que recibia el Ampurdàn, de aquel Exercito, y para que impidiesse la entrada de los Ingleses en Aragon, pidiendole hasta mil de àcavallo: embió tambien à los Ingleses à Pedro Marçà, y à Simon de Marimon, para disuadirles de entrar armados en estos Reynos: respondió friamente el Francès, que su Tio el Duque de Borgoña avia firmado las Alianças con esta Corona, que se informaria, y las cumpliria, y entretanto daria orden que ninguno de sus Vassallos favoreciesse à Bernardo de Armenaque, y que lo avia mandado à su hermano el Conde.

Estos oficios eran dilatados para impedir la diligencia de los Enemigos; y de su movimiento fueron en Cataluña culpados la Reyna Doña Sibila de Forcià, à la qual defendieron, y libraron las Cortes de Monçòn, de la Inquisicion, y persecucion que queria renovar el Rey; y el Conde de Ampurias, por los indicios de la Aliança antecedente, el qual no pudo librarse, aunque amigo del Rey, de la prision que se executò por el Real orden en Barcelona, aunque presto logrò la libertad.

Don Fray Antonio de Ginebreda Arçobispo de Athenas Catalàn.

El Ilustrissimo, y Reverendissimo Señor Don Fray Antonio de Ginebreda Catalan de Nacion tomò el Habito en el Convento de Santa Catalina Martyr de Barcelona: desde sus principios fue tan entregado al estudio de las Divinas letras, que en breve saliò celebre en virtud, y doctrina, y Predicador de gran fama. Fuè Prior de dicho Convento el año 1378. y en el diò el Habito al Padre Maestro Fray Felix Fajadell, venerado de los Principes por su virtud, y letras. Era tanto el caudal que se hazia de el P. Fray Antonio, que el Infante de Mallorca Don Jayme lo eligiò por su Confessor, para que governasse su consciencia, y haviendo nuevamente Conquistado los Catalanes la Ciudad de Athenas en la Grecia, y agregadola à la Real Corona de los Reyes de Aragon, el Papa Vrbano VI. le nombró su primer Arçobispo, y le Consagró el año 1382. passando alli movido de su gran zelo para consolar, y alimentar sus ovejas con el pasto de su Predicacion. Exercitò muchas cosas dignas de su espiritu, y fuè à descansar à la Eterna Patria à 22. de Setiembre del año 1390. (4)

(4) *Padre Fray Francisco Camp Rubì, en su manuscrito del Cõvento de Sãta Catalina lib. 1. cap. 6. Vicẽte Maria Fontana: Sacrũ Theatrum Dominicanum prima pars de Pastoribus Ecclesiæ Atheniensis, tit. 10. f. 59. Alonso Fernandez: Cõcertatio Prędicator. fol. 449. Diago en la Historia de la Provincia de Aragon, verbo Arçobispos.*

Aunque amigo de las delicias de la Corte el Rey, no degenerò del valor heredado de sus valientes Progenitores, è imitandoles con animo gallardo diò providencia à la defensa, y à la ruina de tan crueles Enemigos; diò primero orden de abastecer à Gerona, y à los otros Lu-

Lugares, mandando llevar los viveres à San Feliu de Guixoles para acarrearles à donde pidiesse la necessidad. Murió el Papa Vrbano VI.

1390. Dió orden el Rey para la defensa de los Lugares de la Vegueria de Manresa, de Bages, y Moyà, à Guillen de Argentona, con la gente de aquel distrito: encargò á Ramon de Abella, Torroella de Mongrì, y Palafurgell: Palamòs à Ramon Pallarès: embiò à Ruìsellon para reforçar el nervio de gente que tenia el Governador Gilaberto de Cruilles, à Fr. Martin de Lihori Castellàn de Amposta, con algunas Compañias de Cavallos: entendiòse que los Franceses passavan à Navata: diòse orden al Governador de Ruìsellon que dexasse cien hõbres en el Volò, y remitiesse todo su Exercito à Figueras: llegaron los Enemigos delante de Besalù, entró à la defensa Bernardo de Cabrera, y asegurò la Plaça.

Vitoria del Rey con assistencia de los Catalanes.

Alentado el Rey, con la assistencia de los Pueblos de Cataluña juntos, entró en Gerona, para que se encaminasse alli su exercito: en este tiempo embistiò Bernardo de Cabrera á los Enemigos, que se hallavan en Navata, rompiòles, y les tomò quatro cientos Cavallos: despues de este encuentro, Ramon de Bages, que fuè de los primeros Capitanes de la Nacion Catalana, delante Cabanas desbaratò las Tropas Francesas, que governava N. de Mastiña que fuè preso en este lance por Berenguer de Vilamarì: con estos buenos sucessos salió el Rey de Gerona à encontrar á los Enemigos á los quales venció, y los echò de toda Cataluña, (5) quedando muertos la mayor parte. Sirvieron al Rey en esta expedicion segun refiere Thomich los siguientes.

(5) *Thomich referido. Zurita tom. 2. fol. 397. Abarca, tom. 2. fol. 152. col. 4. Carbonell, Coron. fol. 204.*

El Vizconde de Rocabertì, el Vizconde de Illa, Pedro de Fonollet, Bernardo de Cabrera, Bernardo Galceràn de Pinòs, Gaston, y Roger de Moncada, Hugo Alemany de Cervellò, Gilaberto de Cruilles, Guerao de Rocabertì, Berenguer de Cruilles, Bernardo de So Vizconde de Evòl, el Vizconde de Roda, Ramon de Abella, Ramon de Bages, Guillen de Rebollet, y sus hermanos, Berenguer de Oms, Ponce, y Hugo de Santa-Pau, Berenguer de Vilamarì, &c.

CAPITVLO XXI.

Del Cardenal Fray Vicente de Ripis: Matrimonio de la Reyna de Sicilia con Don Martin, y de la Infanta Doña Vialante con el de Anjou: Derrota de Franceses: Entrada en Francia: Otra entrada de Franceses: Guerras dentro de Francia: Prevenciones contra Sicilia, y Cerdeña: Estrago de los Judios: Vandos en Castilla: Confederacion en Sicilia: Ajuste con los Lugartenientes, y rompimiento: Reliquias de la Cathedral de Barcelona: De Fray Jayme de San Martin: Imagen de nuestra Señora de Queralt, &c.

Cardenal Don Fr. Vicente de Ripis Monge Benito.

ILustrò este año à Cataluña Fr. Vicente de Ripis Prior de Monserrate, y Cardenal creado por Gregorio XII. eminente en la inteligencia de Canones, y Leyes; tan constante en la obediencia de Vrbano, y Bonifacio, que aunque toda Cataluña, y España la avia dado à Clemente, solo con los de Monserrate siempre mantuvo la obediencia à Vrbano, y despues à Bonifacio electo por la muerte de Vrbano. (1)

(1) *Perla de Cat. de Argayz fol. 82. Jepez hist. de San Benito, en la de Monserrate cap. 1.*

Concertòse este año en las vistas que tuvo el Rey de Francia con el Papa en Aviñon, el Matrimonio de la Infanta Doña Violante hija del Rey, y de Luìs Duque de Anjou hijo del de Francia; y por no poder el Rey concurrir à las vistas precisado à defender à Cataluña, embiò por sus Embaxadores al Obispo de Elna, á Ramon Alemany de Cervellò, y á Pedro de Berga, que le ajustaron para quando tuviesse edad la Infanta. En este mismo tiempo hallandose el Rey en Perpiñan siguienguiendo à los derrotados Franceses, concluyó el Matrimonio de Don Martin hijo del Infante Don Martin su hermano, con Doña Maria Reyna de Sicilia, aprobandolo el Papa, y Colegio de Cardenales.

Entran los Franceses en Cataluña, y se retiran.

Bolviò el Rey à Gerona, y los Franceses que libraron su vida, de la colera Catalana, bolvieron à juntarse para entrar como ladrones en Cataluña: procuraron ocupar con engaño, y à escala vista algunas Plaças de Ruisellon, de las quales se apartaron maltratados. Enfadado el Rey de enemigos tan importunos, hizo Liga con el Conde de Foix, y diole orden como à Vassallo, para que entrase con hostilidad en los Estados del Conde de Armenaque; y con acuerdo de su Consejo, mandó à Gilaberto de Cruilles entrase con nuestro Exercito à Francia para vengarse de los daños que avia recibido Cataluña en las entradas antecedentes, aunque los mas que avian entrado pagaron su temeridad con la vida. Obedeciò el Governador, y con parte de gente entró en Francia: avisado que el Señor de Fraxà principal caudillo de los Franceses avia llegado á su Lugar, llegò à combatirle, rindiòle, y quemòle con el Castillo; aviendo logrado la dicha de salvarse en Narbona el Señor de Fraxà antes que llegasse el Governador. Quemado aquel Lugar, se empeçò la guerra con gente que vino de refuerço de Ruisellon contra los otros cabos Frãceses, con felizes progressos: y para assegurarlos en lo venidero por la voz que corria que el Conde de Armenaque, y los Aliados no solo venian à defender sus amigos, y Lugares, sino que reforçados querian emprender otra entrada por Cataluña en los Valles de Aràn, y Andorra, mandò el Rey à Berenguer Arnaldo de Cervelló, y à Ramon de Bages que con los Soldados que tenian en Ruisellon passassen à la Frontera de Francia; y à los Vegueres de Cataluña que cuydassen de abastecer las Plaças, y ponerlas en defensa; que no fuè necessario, porque como vana exalacion se deshizo la Francesa nube, que amenaçava rayos.

No tuvo efecto la empresa del de Armenaque contra Cataluña, però no obstante entraron en Ruisellon muchas Tropas de inquietos Franceses residuo de los que avian escapado de las referidas derrotas; que como estavan en desgracia de su Rey, y solo podian vivir de lo que hurtavan, intentaron provar fortuna, llegando à la Puente de la Pera: retiraronse de las Tropas del Governador de Ruisellon, el qual para vengarse llamó las de Ramon Abella, y de Berenguer Arnaldo de Cervelló, y entrando en Francia, combatiò el Lugar de Raisquera, que era de Berenguer de Calms principal caudillo de los Franceses, Lugar fuerte, y con buena Guarnicion; aviendo, despues de largo tiempo de combate, de retirarse los nuestros, y con algun daño.

Para defender el Rey á Cataluña, destas invasiones, que sin orden del Rey de Francia, segun dezia, eran tan repetidas, y molestas, deliberó por medio de Asberto Zatrilla valerse de vn Gentilhombre de Albernia llamado Marigot Marxes, dandole algunas Compañias de Soldados Catalanes, con las quales fortificase vna Roca à tres leguas de Claramonte, de donde podia hazer guerra al Rey de Francia, y al Conde de Armenaque: saliò bien el ardid, y diòse tan de veras Marigot á la empresa, que tuvieron bien que entender el Francès, y Armenaque en defender sus Lugares, de los continuos assaltos de nuestro Amigo, y de nuestros Paysanos: tuvo arte para juntarse con los Ingleses, corrió todo el Estado de Rodès: ganó, y saqueò à Peyrussach, Plaça del Rey de Francia; de alli entrò en los Estados del de Armenque, y en el Lemosin, talando, y quemando. El Rey de Francia antes remisso en sacar

la

(1) *Dietario de Barc. en su Archivo.* *En el de Tortosa lib. inst. à f. 160* *Real Arch. de Barcel. Regist. num. 1389.* *Bosch tit. de hon. de Cat. fol. 59.* *Zurita tom. 2. à f. 396. ad 399.* *Thomich en este tiempo.* *P. Roig Epi. fol. 143.*

la gente inquieta, de sus Reynos, hallò medio de apartarla, y vnirla con el Conde de Armenaque para passar à Italia contra el Duque de Milàn que favorecia al Papa Bonifacio contra el Papa Clemente; y á vn mismo tiempo quedaron la Francia, y Cataluña libres, destos desmandados Salteadores, ó Soldados. (2)

Coronose el Rey Carlos de Navarra, assistiendo los Embaxadores del Rey, en la Cathedral de Pamplona, que eran el Obispo de Vique, Ramon Bernardo de Castellnou, y Francès de Pau.

1391.

Este año prevenia el Rey grande armada en Cataluña para passar contra los Barones de Sicilia, y temiendo los Sardos no se emplease en castigarles, se pusieron en arma contra los Oficiales Reales, alentados de Brancaleon Doria disgustado porque el Rey avia adjudicado por Real Sentencia el Condado de Quirra à Violante Carròs, que casò con Berenguer Beltran Ciudadano de Barcelona. No obstante la prevencion del Rey, que para assegurar la Isla embió à Juan de Montbui por Governador General, y dió orden à todos los feudatarios que en el espacio de quatro meses passasen à la Isla, embistieron los Rebeldes las Plaças del Cabo de Lugodor, que governava Galceràn de Vilanova gran Capitan, que con su hermano Manuel de Vilanova avia servido al Rey de Castilla con grande credito en sus guerras, premiandole aquel Rey con la merced de algunos Lugares: apoderaronse de Longosardo, Oliana, y Silguli, Plaças que devian entregar en virtud de las Pazes: ocuparon armados à Sacer, y llevaron tras sì toda la Gallura: embiò el Governador al Rey con esta nosticia à Arnaldo Porta, al qual mandò bolver à Cerdeña con Antonio de Pujalt, y quatro cientos Catalanes, para engrossar las guarniciones de las Plaças que le obedecian.

Ponense en arma los Sardos por temor de la armada que el Rey avia mandado aprestar para Sicilia.

Manda el Rey engrossar las guarniciones de las Plaças que le obedecian en Cerdeña.

Premió el Rey los servicios de su fiel criado, y buen amigo Ramon de Perellos Vizconde de Roda, erigiendo en Vizcondado à Perellos. A 5. de Agosto enfadadas las Ciudades de España de las vsuras, y malos tratos de los Judios, se levantaron los Pueblos de las mas principales, contra la perfidia Judaica hurtandoles, y saqueando las Juderìas, con grande derramamiento de sangre, y muertes de aquellos infelizes. En Cataluña fueron mayores los daños de las Juderìas de Barcelona, y Lerida: mandó castigar severamente el Rey à los Cabos del tumulto, y à los mas culpados.

Los Pueblos de las mas principales Ciudades de España se levantan contra los Judios con grave daño.

Por la muerte del Rey Don Juan de Castilla, sucedieron grandes disturbios en aquellas Provincias por el Govierno de la menor edad del Rey Don Henrique su hijo: dividiose el Reyno en crueles parcialidades: llamaron al Conde de Ribagorça Marquès de Villena, al qual avia nombrado el Rey Don Juan Governador con otros: escusose conociendo el genio de aquella Nacion, pidiendo que antes se le confirmassen las mercedes, y lugares que le avia concedido el Rey con el cargo de Condestable. Para mas obligarle, teniendo nececidad el Moço Rey del Conde, le concedió quanto pedia; però aun no quedò assegurado. Para remediar estos daños, embiò el Rey à Castilla à Guerao de Queralt muy estimado en aquel Reyno por su valor, y servicios en las guerras contra Portugal, y gran valido del Rey D. Juan, que le avia dado la Villa de San Felices en Galicia: importò tanto la prudencia de Queralt, que pudo quietar los animos, è induzirles à la concordia, que luego se trocò en discordia, y el Rey decretò valer à los que seguian la opinion de que en todo se executase el testamento del Rey Don Juan.

Disturbios en Castilla por la muerte de su Rey Don Juan.

Hallavase en este tiempo en Cataluña el Infante Don Martin dis-

discurriendo de vn lugar à otro para juntar su armada à fin de reintegrar à su hijo, y nuera en el dominio de Sicilia; y aunque la fama de este armamento fue tal, mas cuidado diò à los Sicilianos vnidos, que à los Sardos separados: congregaronse los Vicarios del Reyno de Sicilia Manfredo de Alayon, el Conde de Modica, Andrès de Claramonte, el Conde Guillen de Peralta, y el Conde Antonio de Veintemilla, con los Parientes, y Amigos sus Parciales con color de recobrar su Reyna Doña Maria, por averla sacado con violencia de Sicilia, logrando el empeño, y el obedecerla, resistiendo al Duque de Momblanch, y à su hijo; pero à la verdad los motivos eran el odio al Govierno Catalan, y el amor proprio de governarlo todo; y superò este amor, ò ambicion à la naturaleza, y amor de la Patria, que lo era de los mas, Cataluña, por sus ascendientes.

Disturbios en Sicilia.

A 4. de Deziembre el Infante D. Martin, Rey despues de la muerte de su hermano Don Juan, hizo donacion à la Cathedral de Barcelona de vna Espina de la Corona de nuestro Señor, y de vn Velo de la Virgen nuestra Señora de diez palmos de largo: lease Diago Condes de Barcelona lib. 3. fol. 318. que refiere todas las insignes Reliquias de dicha Iglesia, como seis pedaços grandes de Lignum Crucis, vestidura de San Juan Bautista, hueso de San Estevan, Flechas de San Sebastian, muslo del braço de San Jorge, y dedo de Santa Lucia.

Reliquias en la Cathedral de Barcelona.

1392. En este año hallamos noticia en vna Sentencia arbitral, de la Santa Imagen de nuestra Señora de Queralt, venerada en vna Iglesia muy curiosa, situada en la Montaña de la Parroquia de San Pedro de Madrona, sobre Berga; aunque segun otra Escritura juzgo que milagrosamente fue hallada poco antes del año 1386. descubriola vn Pastor de la Casa de Altarriba, que apacentava Bueyes en otro Monte llamado Vilaformia al lado del de la Iglesia: apartóse vn Buey de aquel Monte, y llegò à este, en el lugar del hallazgo: siguiòle el Pastor, y advirtiendole postrado con grande (al parecer) alegria, admirò la accion reverente del bruto, y vió delante à la Santissima Imagen: adoròla devoto, y llevosela contento al aprisco, poniendola en la Caperuza: llegando para enseñarla à sus camaradas, no la hallò, porq̃ se avia buelto à su lugar: bolviola à buscar, llevola à la Casa, y bolviò la Santa Imagen à su Cueva; en la qual fabricaron Capilla los devotos, admirados del prodigio, q̃ como de mineral divino los logran quantos acuden fieles à venerarla. (3)

Nuestra Señora de Queralt.

(3) *Camòs Jardin de Maria fol. 393.*

Teniendo aviso el Infante Don Martin del estado de Sicilia, hallandose en Sitjes para dar calor al armamento, quiso provar el medio suave de reduzir à los Sicilianos à la obediencia de sus hijos: embiò para este fin con poderes de la Reyna, y nominacion de Lugartenientes Generales, à Berenguer de Cruilles, y à Guerao de Queralt, los quales llegando à la Isla, asseguraron à Manfredo de Alagon, y à sus sequazes quanto podian desear; y ofrecieron prestar el juramento à Berenguer de Cruilles, como à Lugarteniente de la Isla, y jurarle Lugarteniente, ofreciendo que el Infante sacaria la Reyna, de Cataluña, y la llevaria à Sicilia, y cuydariã fuesse enteramente obedecida: hizo segunda instancia Manfredo en nombre de la Isla, que toda obedecia al Papa Bonifacio, y que la Reyna no avia de reconocer à Clemẽte: no huvo reparo para la quietud, en admitir la proposicion con estas condiciones: entró en Mecina Alagòn, y alli con los otros Barones se concertò con los dos Lugartenientes, que confirmaron en sus Estados á todos los Señores assi descendientes de Catalanes, como Sicilianos, asseguraandoles en los cargos, y oficios Rea-

Intenta el Infante D. Martin reduzir à los Sicilianos, y no lo logra.

Reales; però no obstante estas demostraciones publicas, luego se conjuraron para resistir al Infante, pudiendo mas en ellos la ambicion, y odio, que la fé, y justicia.

El Venerable P. Fray Jayme de San Martin Catalàn del Orden de la Merced.

Muriò en Barcelona este año el Venerable Padre Fray Jayme de San Martin natural de Barcelona, del Orden de la Merced, con opinion de Santo, exercitado en todo genero de virtudes, y penitencias, con que le engrandecen quantos an escrito de este Varon Santo, como que muriò con opinion de gran siervo de Dios, y de vn perfectissimo, exemplarissimo, y consumadissimo Varon: la virtud en que mas se singularizò, fuè la caridad con los Cautivos, Pobres, y Peregrinos, tanto que sus compatricios, y los magnates de Barcelona concurrian en numeroso concurso, solo para ver aquel milagro de Dios, y à comunicarle como à oraculo, encomendandose al fervor de sus oraciones; y gloriandose de tal compatricio, convidavan, y llamavan à quantos forasteros llegavan à Barcelona, à ver á dicho Santo Varon como à pasmo que era de caridad, los quales admirando sus elevadas virtudes publicavan ser mayor su santidad, que el famoso nombre con que era venerado por el mundo. (4)

(4) *Bargas Coron. de la Merced. lib. 2. cap. 9.*

CAPITVLO XXII.

Armada contra Sicilia: Vitorias, y obediencia à los Reyes: Junta el Rey Don Juan otra Armada para Sicilia, y Cerdeña y Socorro de esta: Varias Embaxadas: Matrimonios de las Infantas Doña Juana, y Doña Violante: Nuevo Socorro à Cerdeña: Otra Rebelion de Sicilia: Indeterminacion del Rey: Valor, y diligencia de Bernardo de Cabrera, y sus vitorias: Nuestra Señora del Milagro de Cervera, &c.

Armada cótra Sicilia.

AVia juntado su Armada el Infante Don Martin para passar à Sicilia assistido de comunes, y particulares de Cataluña con Vasos, Marineros, y Soldados, llegando al numero de cien Velas, las Galeras, Navios, y Naves: para esto concurriò Barcelona con las suyas, y veinte y siete mil libras, y à este tenor las otras Ciudades, y Villas: los principales que siguieron al Infante, y governaron la jornada à costa de sus haziendas, fueron el Duque de Momblanch, el Rey de Sicilia su hijo, el Vizconde de Rocabertì, Bernardo de Cabrera, Ramon de Perellòs Vizconde de Roda, Guerao de Queralt, Bernardo de Pinòs, Luìs Cornel, Berenguer de Vilaragut, Ramon de Moncada, Roger de Moncada, Ramon de Bages, Ferrer de Abella, Guerao de Cervellò, y Pedro de Fonollet Vizconde de Illa, los Retratos de los quales se hallan en el primer Claustro de Monserrate. No fueron estos solos, pues otros muchos sirvieron en esta empresa al Infante: los que han tenido fortuna de ser nombrados se hallaràn al fin del Capitulo letra A.

Nombrò el Infante, General de toda la Armada al Vizconde Bernardo de Cabrera, bolviendo à exaltar el nombre que tan glorioso fuè en su Abuelo: mandó juntase toda la Armada en Port-Fangòs, y entró en ella con su hijo, y Nuera la Reyna de Sicilia: llegaron con buen tiempo à Caller, de alli à Sicilia, desembarcando en Trapana, recibidos con grande Jubilo de los fieles Vassallos que mantenian aquella Isla.

Palermo Capital de la Isla era á la que defendian con mayor cuydado los Sicilianos, para que no entrasse la Reyna en su Possession: para mas empeñar á los Ciudadanos à la defensa, entraron dentro Andrès de Claramonte Conde de Modica, y Manfredo de Alagón. Por ser de tanta monta esta Plaça fuè la primera empresa del Duque de Momblanch, que con nuestro Exercito

la

la opugnò con valor, huvo algunos lances de escaramuzas, y surtidas; y en vna de ellas muriò el Baron de la Lacuna Guerao de Cervellò: rindiòse la Plaça, segun algunos à 18. de Mayo, y segun sienten otros à 18. de Junio, por el arte de Bernardo de Cabrera: fueron presos el Conde de Modica, Manfredo de Alagon, y otros, confiscados sus bienes, y degollado por traydor el Conde de Modica: hizo el Rey merced del Condado, y de los Estados à Bernardo de Cabrera, ilustrandose esta gloriosa Familia con el nuevo titulo que conserva: de los Estados de Manfredo de Alagon hizo merced el Infante, y el Rey à Hugo de Santa Pau, al qual sucediò su hermano Galceran de Santa Pau, y à este los de la Familia que se conserva en Sicilia. Con esta vitoria parecia quedar la Isla enteramente sugeta à sus Reyes, y librada de la tyrania de los Governadores; quando Artal de Alagon hijo de Manfredo se apoderò de Catania, con animo de defenderla, no obstante que las otras Ciudades, Castillos, y Nobles à porfia concurrian à dar la obediencia à la Reyna, por cuya ocasion temiendo perderse Alagon, desamparò à Catania, y se recogiò al Castillo de Yachi, de donde quiso mantener la guerra contra su Rey, embiando à pedir socorros à Genova, y Milan.

Servicios de Cataluña, y prevencion de su Armada contra Cerdeña.

Extraordinarios fueron los gastos de Cataluña en estas guerras, pues sobre mantener tan grande Armada en Sicilia, mandó juntar otra igual el Rey Don Juan para passar à Cerdeña, paraque se advierta el poder de la Nacion Catalana en aquellos tiempos. Sirviò la Ciudad de Barcelona en esta empresa con diez Galeras armadas, y pagadas, à su correspondencia Tarragona, Tortosa, y los otros Comunes, entregando sus Naves los Particulares, y Compañias, de las quales se formò vna grande Armada, bien que no he hallado el numero de Velas. Deliberò el Rey, aunque amigo de divertimientos, passar en Persona con la Armada à Cerdeña: enarbolòse el antiguo Estandarte de los Serenissimos Condes de Barcelona, como era costumbre quando salian los Reyes à Campaña, en aquella Ciudad: nombrò sugetos paraque en Barcelona dispusiessen la Armada, y recibiessen la gente de la Provincia: cuydòse de concluìr con las Galeras que se fabricavan, y de la breve expedicion de la Armada: fueron los electos, el Obispo de Lerida, Gilaberto de Cruïlles, Galceran Marquèt, Asberto Zatrilla, Bernardo Buçò, Guillen Torrent, Juan de Gualbes, Ferrer de Gualbes, Guerao de Palou, Bernardo Serra, Guillen Pujadas, Berenguer Simon, Arnaldo Branca, que eran todos Ciudadanos de Barcelona. Nombrò Capitanes para las Milicias que fueron, à Francès Zagarriga, Bernardo Margarìt, Vidal de Blanes, y Ramon de Abella; y el Rey partiò de Barcelona à Valencia por la noticia de que el Moro de Granada juntava Exercito para assediar à Lorca.

Resuelve el Rey passar à Cerdeña.

Embiò el Rey antes de la partida à Valencia, para engrossar las Guarniciones de Cerdeña, à Jordan de Tolon con buenas Compañias de Catalanes; y à Jorge de Planella Bayle General de Cerdeña, à Corcega; dando orden à Asberto de Zatrilla, que con quatrocientos Soldados passasse à alentar los que servian al Rey, contra los Dorias, y Mariano Juez de Arborèa. Fue embiado à Sicilia Estevan Salvador Camarero del Rey, para dar sueldo à algunas de las Galeras que tenia el Duque de Momblanch, para aumentar esta Armada, juzgando à Sicilia ya obediente: determinò tambien embiar à Ramon de Abella, y à Galceran Marquèt à las Señorìas de Genova, y Pisa, à Nisa, y Proensa, para que no favoreciessen à los rebeldes de Cerdeña.

Reales Matrimonios en Barcelona.

A 5. de Mayo en Barcelona, con Magestad ostentosa se celebrò el desposorio de la Infanta Doña Violante hija menor del Rey con Luis Duque de Anjou; y à 4. de Junio en la misma Ciudad el de la Infanta

Doña Juana hija mayor del Rey, de su primera muger Doña Matha hija del Conde de Armenaque, con Matheo Conde de Foix, y Vizconde de Castellbò en Cataluña; concurriendo à estas fiestas los mas de la Nobleza Francesa.

Suspende el Rey el viage à Cerdeña.

Por la guerra de Granada suspendiò el Rey el viage de Cerdeña, y embiò por General de las Galeras à la Isla, à Ponce de Ribellas, mandò passar grandes Compañias de à cavallo, y de à pie para su defensa, guarneciòse Caller, y embiaronse nuevas guarniciones à Aguafreda, y Longosardo: partiò à la defensa de Alguer, con algunas Compañias de à cavallo Rodrigo Ruìz de Corella. No obstante estas disposiciones militares tratava de concordia con los rebeldes Julian Garrius Tesorero del Rey, embiado para esta conferencia; y aunque se procedia en los tratados, adelantaronse los Sardos à poner sitio al Castillo de Longosardo, fiel, y varonilmente defendido, pero con grandes trabajos; de los quales lastimado el Rey, hallandose en Tortosa, buelto de Valencia, por averse desvanecido el Exercito Granadino, decretò su viage para 25. de Agosto, y nombrò General de toda la Armada à Gilaberto de Cruìlles, mandando passar la Armada à Mallorca, para esperar alli la Reyna, que avia de passar tambien à Cerdeña.

Movimiẽtos en Sicilia.

Hallandose en este estado el passage à Cerdeña, llegò de Sicilia Berenguer de Cruìlles con la noticia de la rebelion de los Barones de Sicilia, que olvidados de sus obligaciones, y de la fidelidad devida à su Rey, se avian levantado con las Ciudades, y Villas principales; quedando solo à la obediencia del Rey Mecina, Zaragoça, Catania, y Termini con otras de poca monta: que el Duque de Momblanch, y sus hijos se avian retirado al Castillo de Agosta Plaça de Armas, de donde con nuestra gente perseguian à los rebeldes: que aumentados estos, no siendo los Catalanes tantos que bastassen para las guarniciones, y campaña, se recogieron vltimamente à Catania, y que se hallavan en peligro notable circuídos de los rebeldes, si el Rey no embiava prompto socorro; y pues que no se hallava la Armada del todo aprestada, que embiasse las Galeras que destinava para las Costas de Cerdeña, y con ellas à Bernardo de Cabrera Conde de Osona y Modica, que avia llegado à Barcelona con segundo aviso para al Rey, y Principado, del peligro en que se hallavan el Duque, y la Nacion Catalana.

Conociendo el Rey el peligro de su Hermano, Sobrinos, y de su Nacion, mas por la venida de Bernardo de Cabrera, que por la representacion de Berenguer de Cruìlles, juzgando ser grande la causa que pedia la autoridad, valor, y cuydado de Cabrera, respondiò con palabras de afecto, y deseo de assistirles; pero no acabava de resolverse, hallandose la Reyna fuera de Barcelona, que era el alma de la execucion del Rey. Instavan Bernardo de Cabrera, y Berenguer de Cruìlles la promptitud del socorro; y conociendo el Rey la importancia, y necessidad, publicò su partida para 20. de Setiembre de Barcelona à Portfangòs, donde se hallava la Armada: difiriòse al Noviembre, que partiò à Tortosa, y alli la prorrogò hasta el primero de Abril: tal era su proceder, fundado en desconfiar de su dictamen, con que hazia inutiles sus prendas de zelo, valor, y prudencia, siempre sugetandose al dictamen ageno de la Reyna, y de sus Validos. 1393.

Prevenciones contra Sicilia, y partida de los Catalanes.

Viendo Bernardo de Cabrera con quanta frialdad se procedia, y quan remisso obrava el Rey en la dependencia de su mayor credito, y de su Nacion, escusò las instancias, llamò à sus amigos, empeñò lo que le quedava de sus Estados, en ciento y cinquenta mil florines, alistò con ellos, Soldados en Cataluña, llamò los voluntarios, y formaron vn mediano Exercito los Catalanes: los principales que le siguieron à sus costas con sus amigos, y Vassallos, fueron Pedro de Cervellò, Roger de Orcau,

Beren-

Berenguer de Vilamarì, Arnaldo de Orcaû, Francès Zagarriga, Juan Esfar, Riambao, y Juan de Corbera, Alemany de Foixà, y sus hermanos, Dalmao de Rocabruna, Juan Fernandez de Heredia, y otros; los quales con las Galeras en que avian venido Bernardo de Cabrera, y Berenguer de Cruïlles, y con otras, y Vaxeles de los particulares, pudieron promptamente partir de Tortosa à Sicilia, llegando à tiempo para defender al Duque, y sugetar a Sicilia, como lo veremos. Los que nombra Tomich van à la fin del Capitulo letra *B.*

Estos sucessos, y los que referiremos los refiere el mismo Rey Don Martin testigo de vista, y por quien se executavan, en las Cortes de Perpiñan: creo no seria Autor sospechoso por Rey Catalan. Estas son sus palabras, traducidas fielmente de Catalan en Castellano: *Señalado fue el servicio que los Catalanes nos hizieron en la conquista de Sicilia, que sólo por su valor nos assistieron, no siendo Yo Rey, ni pudiendoles obligar, ni fueron movidos de interés, premio, ni sueldo, porque teniamos empeñado todo nuestro Patrimonio; con que solo su valor les obligò, y bien lo mostraron; pues quan gloriosa fue la entrada! Con qual firmeza, y lealtad mantenian los assedios! Con que corage combatian las Plaças! Con que animo davan las batallas, y vencian à los Enemigos! O quan gloriosa era para mi aquella vista, que Yo viesse assi à mi Nacion tan valerosamente obrar! Yo puedo ser testigo verdadero, que apenas en los avances uno caia, quando otro se ponia en su lugar; obrando con el mismo valor en las escaladas, sin reparo que el Padre, hijo, ò hermano fuesse muerto, porque entonces mas se alentavan à la vengança en daño de los Enemigos.* Esto, y mucho mas dize el Rey, que se hallò presente en estas conquistas, y todo se ha sacado de las Escrituras que van citadas. (1)

Elogio de Cataluña.

(1) *Real Archivo de Barcelona, Arca primera grande. Señor Rey D. Martin en las Cortes de Perpiñan. Carbonell, Coron. fol. 251. Arch. de la Ciudad de Barcelona, Dietario de estos años. Tomich, en este tiempo testigo de vista. Zurita, Abarca, Escolano, Blancas, &c.*

Este año hallamos noticias de la milagrosa invencion de la Imagen de la Virgen del Milagro de Cervera: hallòse dentro de vn poço, en el puesto en que es venerada: publicò el hallazgo el dueño de la casa, determinò la Villa llevarla con procession à la Iglesia Parroquial, de la qual bolviò al mismo lugar: visto el prodigio, edificaronle Iglesia, que despues fue Hospital, y ahora Convento de Capuchinos: sucediò que en los tiempos del hallazgo desta Santa Imagen, ò poco despues, devastava vn fiero Dragon la campaña, con daño de los vezinos: suplicaron estos à la Madre de Misericordia les librasse de aquella crueldad, ofreciendo llamarla la Virgen del Milagro; y luego à pocos dias hallaron muerto al Dragon, y le colgaron en la Iglesia Mayor. (2)

Nuestra Señora del Milagro de Cervera, Convento de Capuchinos.

(2) *Pedro Gil sofre. hist. Sanct. Myster. Camòs, Iardin de Maria, fol. 385.*

A. Pedro, y Iayme hijos del Conde de Prades, Antonio, y Pedro de Moncada, Matheo, y Iuan de Moncada, Ot, Guillen, Ramon, y Pedro de Moncada, Bartholomè de Aragon, Guerao de Rocabertì, y Guillen Hugo de Rocabertì, Berenguer, Bernardo, y Iuan de Cruïlles, Hugo de Santa Pau, Guerao, y Berenguer Arnaldo de Cervellò, Pedro de Queralt, Guerao Alemany de Cervellò, Luìs de Mur, Guerao Anglesola, Hugo de Pallàs, Nicolàs, Francès, y Iuan de Abella, Guerao de Cervià, Francès, y Iorge de Caramany. Concurrieron algunos poblados en Valencia: Gilaberto, Pedro, y Iayme de Centellas, Olfo, Thomàs, y Gilaberto de Proxita, Ramon, y Berenguer de Vilaragut, Pedro Pardo, y Roque Pardo, Bernardo, y Galceran de Riusech. De Aragon: Antonio, y Iuan Martinez de Luna, Lope de Gurrea, Martin, y Pedro de Pomar, Miguel Ximenez de Ebun, Iuan, y Pedro de Arbèa, Garcìa de Latras, y Gabriel de Faulò: refierelos Zurita, aviendolos trasladado de Tomich; aunque dexa los que se siguen, que refiere Tomich testigo de aquel tiempo: El Vizconde de Rocabertì, Bernardo de Cabrera primer Conde de Modica, el Conde de Agusta, Ramon de Moncada, Ramon de Bages, Arnaldo Saguì, Guillen de Rebollet, y sus hermanos, Antich, y Bernardo Berenguer de Perapertuza, Ramon Xammar, Berenguer, y Bernardo de Oms, Iuan de Vilamarì, y sus hermanos, Asberto, Francì, y Bernardo de Alentorn, Ramon Talamanca, Ber-

Nombranse algunos de los que assistieron à la conquista de Sicilia.

nardo, Ramon, y Gisperto Talamanca, Pedro de Olsinellas, y su hermano, Francisco Simon, Vidal de Vallgornera, Bernardo, y Iayme de Cornellà, Pedro Darnius, Pedro Senmenat, Galceran, y Ramon de Senmenat, Pedro, Iorge, y Roger de Planella, Pelegrin, y Hugo de Corbera, Berenguer de Talamanca, Guerao de Guimerà, Luìs de Rajadell, Luìs de Blanes, Pedro de Palafolls, Pedro de Torrellas, Pedro, y Galceran de Marçà, Pedro de Aragall, Guillen de Cartellà, Ferrer de Montañans, Ramon de Palau, Francisco Taverner, Ramon, y Bernardo Rapaç, Alemany, y Guillen, Alemany de Bellpuig, Andrès de Biure, N. de Gurp, Berenguer de Biaga, Pedro de Claramunt, Arnaldo Sans, N. Pristany, N. Dortal, Bernardo de Vilaragut, Dalmao Sacuera, Pedro de Malarc, Guillen Ramon de Montoliu, Bernardo, Bartholomè, y Luìs de Requesens, Guerao Mallòl, dos hermanos Lloracbs, Berenguer de Aviñò, Guillen Franch, Francisco Boyl y Bondibella, Ramon de Riambau, Roger Daroles, Berenguer de Gapès, Lupian, Miguel, y Iuan de Tor, N. de Ribella, Rocafort, y Lupian de Clayrà, Otger Darnius, Berenguer, y Iuan de Carròs, Iuan de Sana, Iuan de Mombuy, Pedro Raymundo de Copons, Francì Tomich, Miguel de Marçà, y Miguel de San Iust.

Los que socorrieró al Duque de Momblanch.

B. Bernardo de Cabrera, Pedro de Cervellò, Roger, y Arnaldo de Orcau, y otros dos hermanos, Gerardo de Mallao y de Campeña, Guillen Ramon del Astu, Ramon Arnaldo Rocarasa, Colomat de Santa Coloma, Oliver de Gloria, Iuan de Pedro Ramon, Berenguer de Vilamarì, Bernardo de Ribas, Francì Zagarriga, y su hijo, Iuan Desfar, Riambao de Corbera, Iuan de Corbera, Iuan de Muntañans, Francì de Muntañans, Fr. Aleman de Foxà, Iuan, y Hugo de Foxà, Dalmao de Rocabruna, Pedro de San Feliu, Pedro de Vilallonga, Iofre, y Vicente de la Braçarola, Pedro de Cavadal, Pedro de Labia, Berenguer, y Pedro de Sant Esteva, Bernardo de Rechs, Galceran de Vilanova, Perico de Villalba, Bernardo de Colomes, Iuan, y Nicolas de Pineda, Bernardo Rexach, y otros que callan las historias; y de Aragon solo hallo á Iuan Fernandez de Heredia.

CAPITULO XXIII.

Fundacion del Convento de San Geronymo de Ebron, y noticias de sus Santos hijos: Llega la Armada Catalana à Sicilia: Sus vitorias: Armada del Rey, y prevencion: Embia el de Sicilia socorro à Napoles: Embia el Rey parte de su Armada à Sicilia: Va otra con Roger de Moncada: Llegan, vitorias, conquista de Catania, y cruel guerra: Socorro de Cerdeña: Eleccion del Pontifice Benedicto: Embaxadas: Fiesta de la Concepcion de la Virgen: Milagro en el Convento de la Merced de Barcelona: Ordinaciones del Rey: Iunta en Perpiñan, y su muerte: Hecho insigne del Vizconde de Perellòs: Del S. Martyr Fr. Arnaldo Arenchs, &c.

Fundacion del Convẽto de S. Geronymo de Val de Ebron cerca Barcelona.

ANtes deste año 1393. vivian en la montaña de Val de Ebron de la Parroquia de San Ginès de Orta, vnos Angeles, que lo eran por su admirable vida los Hermitaños, que en pobres chozas parecian mas Ciudadanos del Cielo, que moradores de aquel ameno, y delicioso Monte: tenian en èl, vna Capilla dedicada al Santo Doctor Geronymo, cuya vida, y exemplo seguian, è imitavan: buscava la Reyna el alivio de los negocios, y tarèa de la Corte en las delicias de la soledad deste Monte, y en la alegria, y amenidad de Jardines, y quintas de Orta: admirò varias ocasiones la exemplar, y penitente vida destos Hermitaños; y aficionada à la del Santo Doctor Geronymo, propuso fundarles Iglesia, y Convento deste Santo Instituto, que ya empeçava à conocerse en España: para lograr su santo proposito, consiguiò renta, y licencia del Rey Don Juan su marido; y obligandose à aumentarla de su Patrimonio en cinquenta y dos mil reales de renta, à mas de las ducientas, setenta y cinco libras Barcelonesas que ofreciò el Rey con el dominio de aquellos Bosques, suplicò la aprobacion del Romano Pontifice: el qual en su Bula de 27. de Junio embiò la comission al Obispo de Lerida, y Vicario General

ral de Vique, y Dean de Aviñon; y hecha la donacion al mes de Julio, á los 20. de Octubre se hizo la Fundacion, y se entregò el Lugar, y Casa a los Religiosos, que la Reyna avia solicitado viniessen del Convento de Cotalva del Reyno de Valencia: edificòles Iglesia, y Convento, enriqueciòle con grandes Reliquias, y continuò la obra; y favorecieron à este Real Convento la Reyna Doña Maria muger del Rey Don Alonso IV. y otros muchos devotos hasta llegar al estado en que se halla. Ha producido este Santuario, qual otro libano, Illustres, y eminentes Cedros de virtudes, y letras: sobresalen Fr. Iuan Balart, y Fr. Antonio Fitòs Legos, que supieron con sus grados eminentes de virtudes prodigiosas, subir à la Gloria eterna: Fr. Valerio Bernardo, Fr. Francisco Sans Fr. Agustin Serrano, Fr. Geronymo Onofre, Fr. Miguel Ardanes, Fr. Francisco Granell, Fr. Miguel Comalada, Fr. Angelico de Policino, Fr. Pedro Serra, Fr. Iuan Aguilò, y otros; refiere el antiquissimo Libro desta Real Casa sus Santas vidas, llenas de Prodigios, y de todas virtudes.:. podrá el devoto leerlas, y aprovecharse. (1)

(1) *Archiv. de S. Geronymo de Ebrò, Bula de Clemente. Donaciones de los Señores Reyes. Libro antiquissimo de la histor. desta Real Casa.*

1394. Llegò la voluntaria Armada de nuestros Catalanes, congregada por el ardor brillante, y diligente cuydado de Bernardo de Cabrera, como queda referido capitulo antecedente, este año à Palermo; y como se hallava en poder de los Rebeldes, passó à Termini, que se hallava defendido con buena guarnicion Catalana, de Gispetto de Talamanca, y de Ramon Riambau, que alegres admitieron á sus Paysanos. Determinò Bernardo de Cabrera con acuerdo de sus Capitanes emprender vna accion Catalana, que en este tiempo se juzgara temeraria, y fue con su Exercito atravessar toda la parte de la Isla, que se hallava en poder de los Enemigos, y muy numerosos, con excesso à los nuestros: tomò su viage desde Castro Juan hasta Catania, para socorrer al Duque; siempre en orden, y buena disciplina el Exercito, sin que pudiessen los Enemigos en tan dilatado camino romperles la ordenanza, ni hazerles daño: aturdiò à los Rebeldes esta prodigiosa hazaña; aunque su odio no les diò lugar à reconocer su ruina: libraron los nuestros al Duque, y Reyes, del Assedio del Castillo de Catania, y pusieronle à la Ciudad.

La Armada voluntaria de Catalanes llega à Palermo.

Hazaña gloriosa de los Catalanes en Sicilia.

En este intermedio junta la Armada del Rey, prompta para partirse, mandò pedir al Conde de Ampurias toda la Artilleria, Ingenios, Bombardas, y Armas de fuego de las quales se hallava aquel Estado, muy prevenido por aquellos tiempos, en que solo se empeçavan à fabricar en Europa, y corriò la voz de la partida, que no se executò.

No obstante el estado de las cosas de Sicilia, movido de su valor el Duque de Momblanch, embiò en socorro del Rey de Napoles Luìs Duque de Anjou, quatro Galeras muy bien armadas, y por Capitan de ellas à Pedro Planells Vicealmirante de Sicilia, y por General de las Milicias á Guerao de Queralt. Nuestro Rey se hallava con su Armada discurriendo indeterminado en este tiempo desde Amposta à Tortosa, y desta à Peniscola, y hallandose en Amposta resuelto à no passar á Sicilia, decretò embiar su Armada à aquella Isla, y à Cerdeña, encargada á Gilaberto de Cruilles, y á Pedro Maça, obligandoles con juramento à instancias de los Conselleres de Barcelona, à no hazer daño à los amigos del Rey, y Naciones Aliadas, con las quales comerciava la Nacion Catalana.

Socorre el Duque de Momblãch al de Napoles.

Parte la Armada de Cataluña á Cerdeña, y à Sicilia.

Haviendo partido la Armada à Cerdeña, Roger de Moncada Camarero de la Reyna para assistir al Duque de Momblanch, y à la Nacion que se hallava con trabajos por la falta de viveres, juntò vna Armada de Vaxeles, y partiò à Sicilia, llevando muchos voluntarios que le avian ayudado al Armamento: llegò esta Armada à Sicilia, entrò en el Puerto de Marsala: combatiò, entrò, y saqueò la Plaça, que estava por los Rebeldes: de alli passó à vnir-

Iunta Armada de Vaxeles Roger de Moncada para Sicilia en socorro del Duque de Momblanch, y Catalanes.

se con el Infante Duque de Momblanch, que aun se hallava sobre Catania, con harta falta de viveres. Por esta causa partiò el Duque à Mecina con quatro Galeras, para mandar acarrearles; cuyos Capitanes eran N. Molas, y N. Encases, Nicolas Danzò, y Antonio Falcò, llevando en su servicio solo de los hombres de cuenta, à Ramon Xàmar. Llegò à este tiempo la Armada Catalana, que embiava el Rey, acudiendo de Cerdeña à Sicilia, entrando en Zaragoça à donde llegò con la suya el Rey de Sicilia, y juntas apretaron à Catania; no obstante que Bernardo de Cabrera tratava su rendimiento con el Conde Artal de Alagon, que governava la Plaça, salvas vidas, haziendas, y Privilegios: tratòse con los de Catania: respondieron no ser ellos los que impedian al Rey el dominio de la Ciudad, sino su mismo Exercito por los daños que avia hecho, y que la entregarian como no entrasse en ella Catalan alguno, por los excessos antecedentes, que son creìbles en la Nacion, sino la tienen en la devida disciplina, y sino se executan sin reparos las leyes; y porque juzgavan estar los Catalanes separados de la Iglesia por obedecer al Papa Clemente, obedeciendo los Sicilianos al Papa Bonifacio. Hallavanse tan obstinados los Catanenses, por estar esperançados del grande Exercito que avian juntado los Barones para socorrerles, aviendoles avisado (como estavan resueltos) de querer dar la batalla al Duque de Momblanch; pero como se avia engrossado el Exercito Catalan con el socorro del Rey Don Juan, y el que llevò Roger de Moncada, sin otra prueva se deshizo el Exercito de los Barones, y la esperança de Catania; que combatida de los nuestros, en pocos dias se rindiò à partido, passando los Barones que la avian defendido, con quatro Galeras à Genova, desterrados de la Isla.

Rendimiento de Catania.

Sucediò en este tiempo, que el Conde de Veintemilla con medianas Tropas puso cerco à Nicoxia, que governava Berenguer Arnaldo de Cervellò: embiò el Duque de Momblanch en socorro de la Plaça à Guerao Alemany de Cervellò, y à Ramon de Bages con sus Compañias, y gente que governavan: llegaron à tiempo, socorriendo la Plaça à pesar de los Enemigos; y luego con su gente passaron à Castro Juan. Aumentado de fuerças el Conde de Veintemilla les ocupò el passò: llegaron à las manos, tuvieron reñida, y cruel batalla, en la qual fueron vencidos los Catalanes, y presos Cervellò, y Bagès; pero durò poco la Prision, porque aviendo juntado su gẽte Hugo de Sãta Pau para correr las Campañas de Chaça, entrò al campo del Conde, le desbaratò, y prendiò al Conde para trocarles con los dos Barones Catalanes: Refieren los Autores Aragoneses, que fue preso el Conde por vn Cavallero Aragonès que servia en la Compañia de Ramon de Bages, llamado Rodrigo Zapata: Ganada Catania, prosiguiò la guerra el Duque, con harto rigor contra los rebeldes.

Hallavanse en Cerdeña los nuestros apretados de los rebeldes, que tenian en los vltimos aprietos el fuerte Castillo de Longosardo: embiò el Rey algunas Compañias de gente en socorro de los cercados, los quales con los que se hallavan en la Isla, dieron batalla à los Enemigos: les vencieron, derrotaron, y libraron la Plaça.

Librase del Assedio Longosardo, quedando derrotados los Enemigos en vna Batalla.

Muriò este año en Aviñon à 16. de Setiembre el Papa Clemente, al qual reconocian estos Reynos, y fue electo en su lugar el Cardenal Don Pedro de Luna, que se nombrò Benedicto XIII. diò particular alegria, y consuelo à todos la eleccion de Benedicto, y el Rey la solemnizò en Barcelona con demostracion devota, assistiendo con la Reyna en la Procession, la qual de la Cathedral llegò à la Iglesia de Santa Maria del Mar, donde se rindieron à Dios en obsequiosos cultos las devidas gracias con magestuosas fiestas, y Reales ostentaciones: Aunque admitida de Francia esta eleccion, no faltaron disgustos, movidos de las de-

Se solemniza en Barcelona la eleccion del Pontifice Benedicto XIII.

dependencias de Estado, è interesses de aquella Corona, y de algunos particulares que motivaron al Rey à embiar por su Embaxador à Aviñon á Francès de Vilamarí, para alentar al Pontifice, passando despues à Francia à requerir al Rey que no intentasse novedad contra el Papa, porque no podia el Rey faltar á su honor, y servicio; y assi le suplicava le assistiesse, que de otra manera quedaria obligado con acuerdo de los Prelados, y Reynos, à defenderle, y assistir à lo que importasse al mayor servicio de Dios, y de su Santa Iglesia.

Hallandose el Rey en Perpiñan, embió el de Francia à escusarse con el Rey, de las novedades de Francia; y el Pontifice embiò para informarle del estado de la Iglesia, y de los medios que avia puesto para vnirla, y concluir la cisma, al Prior de Santa Ana de Barcelona, y Alonso de Tous, y despues destos à Don Berenguer de Anglesola Obispo de Gerona. Llegaron tambien, hallandose presentes los Embaxadores del Papa, á proponer medio los de Francia para la quietud de la Iglesia, y fin de la cisma, fundado en la resignacion de entrambos Papas, al qual medio no queriendo condescender el Rey, passaron à Castilla.

Fiesta de la Concepciō en la Corona à instācias del Rey.

El Rey con pia devocion tan antigua en Cataluña al Santissimo Mysterio de la Inmaculada Concepcion de nuestra Señora en su primer instante, solicitò, y consiguiò se celebrasse fiesta de precepto en todos sus Reynos, y Estados, aviendo sido antes de devocion. Se infiere, que ya en este tiempo avia sucedido en el Convento de la Merced de Barcelona el prodigio, referido, y tan celebrado por la Historia Lombardica impressa año 1496. y fue, que en el dia de la Concepcion de Maria faltò el pan para los Religiosos de dicho Convento; y dudandose entre ellos, si la Virgen se daria por ofendida de que en aquel dia se amassasse? Y juzgando alguno dellos que no, prepararon la massa para hazerle; pero al querer formarle, hallaron la massa quaxada en sangre, y convertida toda en suzio lodo: Corriò luego la noticia, y dió ocasion à la Ciudad de Barcelona, paraque en adelante no se encendiessen los hornos en tal dia. Dispuso el Rey las ordinaciones para quitar los abusos de la Casa Real. (2)

Prodigio en el Convento de la Merced de Barcelona.

(2) Real Archivo de Barcelona, regist. Reg. Ioannis.

Castigò el Cielo á Cataluña, y à Valencia con enfermedades contagiosas, muriendo dellas innumerable numero de personas; y como el mejor remedio deste mal es buscar la tierra distante, partiò el Rey con la Reyna à Mallorca, sirviendo para este viage parte de la prevenida Armada; aviendo passado antes, como queda referido, la otra parte que constava de veinte y cinco Galeras, à Sicilia con los Generales referidos. Detuvose el Rey despues de su arribo à Mallorca, por todo el Noviembre en aquella Isla, y diò desde ella providencia à Cerdeña, y Corcega, nombrando Governador en lugar de Juan de Mombuy que avia concluido su tiempo, à Roger de Moncada, embiandole á aquella Isla de Cerdeña con buenas Compañias de Soldados, que la defendieron con acierto, mejorando el partido del Rey, y de los leales.

Passa el Rey à Mallorca por causa de la Peste.

Partieron los Reyes à los primeros de Deziembre de Mallorca, y llegaron à Barcelona, libre de la Peste, à 9. de este mes, y seguidamente el Rey emprendiò otro viage para Perpiñan, y hallandòse en dicha Villa llamò à todos los Prelados, y hombres doctos de todos sus Estados para conferir el medio mas acertado en devido obsequio de la Santa Iglesia para remediar la division, y cisma que la molestava. Los que en este tiempo fueron muy nombrados son los siguientes Ferrer de Marçà, Ferrer de Montañans, Frances Taverner, Ramon Despalau, Andrès Biure, Pedro Desvalls, N. Marlès, Iuan de Meca de Malfet,

En este medio llegaron à Perpiñan Embaxadores de los Deputados del General de Aragon para representar al Rey los meritos del Pontifice Benedicto, los servicios, y esplendor

Embaxadores de Aragon à favor del Papa Benedicto.

plendor de sangre de la familia, la naturaleza que tenia en Aragon, y suplicarle le favoreciesse, y no tolerasse ofensa contra su dignidad, y persona en daño de la Iglesia, y que si el Francès prosiguiesse en darle disgustos, le amparasse el Rey en estos Reynos; pero todos estos oficios fueron de poco fruto, por la temprana muerte del Rey.

El Santo Martyr Fr. Arnaldo Arcchs Catalan, del Orden de la Merced.

El Santo Martir Fr. Arnaldo Arenchs hijo de la Ciudad de Manresa tomó el Habito de la Merced en Barcelona, caminando aventajadamente en todos exercicios de las virtudes que devia executar conforme su vocacion, por las quales fue embiado Redemptor à Granada, donde quedò en Rehenes por la libertad de dos Cautivos, y vna muger; y no llegando el dinero, echò mano del Santo, su cruelissimo Patron, dandole muchos palos, puñadas, cargandole de hierros, y cadenas, encerrandole en vna cruel mazmorra, de donde solo le sacava à la noche para maltratarle con golpes, y azotes; dandole de comer solo de tres en tres dias, y persuadiendole con amenazas horrorosas que dexasse la Fè de Christo: à que solo respondia el Santo; que alli le avia embiado Dios para dar la vida en defensa de su Fè, y por la libertad de sus hermanos los Cautivos; cuya respuesta encendiò al Moro en nueva rabia, que le precipitò à darle con vn palo tantos golpes en la cabeza, que le quitò la vida, logrando en la eterna la Corona del Martyrio: solicitò el primer Convento de su Orden la entrega de las Reliquias, que no pudo lograr, ni con muchos medios, trazas, y dinero; pues jamàs se pudieron hallar, aunque el Tirano Patron enseñava el lugar donde las avia enterrado; si bien otros dezian averlas echado al Rio Genìl, y otros aver quemado su cuerpo, y sembrado al ayre las cenizas. (3)

(3) *Fr. Alonso Ramon Hist. de la Merced, t. 1. lib. 9. c. 11. Bul. Ord. §. 13. n. 8. Rojas, Cadena de exemplos, y milagros, fol. 455.*

En este tiempo por la muerte del Rey de Chipre dexó de concluirse el Matrimonio de la Infanta Doña
1395. Isabel hermana del Rey, y hija del Rey Don Pedro, y de la Reyna Doña Sibila de Forcià; para conclusion del qual Matrimonio, avia en los antecedentes años llegado por Embaxador à Barcelona el Señor de Baruc, y embiado despues el Rey à Chipre à Ramon de Perellòs Vizconde de Roda, y à Ramon Fiviller, y despues à Ramon Alemany de Cervellò. No efectuado este Matrimonio, casó la Infanta con Don Iayme Conde de Urgel, que veremos con buen titulo al parecer, pretensor de la Corona; y excluìdo, y perdido por justos juizios de Dios, como lo dixo el Evangelico Clarin San Vicente Ferrer.

Passò el Rey la Primavera deste año segun la corriente de las Historias divertido en el Exercicio de la caça del qual era sumamente apassionado: discurriò por el Ruìsellon, y Ampurdan con la Reyna, y su ostentosa familia; y segun escrive Tomich Autor de aquel tiempo, se detuvo algunos dias en Torroella de Mongrì, y andando caçando dirigiendose à Barcelona, delante del Castillo de Vrriols en el Bosque de Foxà siguiendo à vna Loba muriò de repente: Otros escriven que apartado de los suyos encontrò vna Loba, y que se alterò, y temblando baxò del Cavallo, y muriò dentro de vna hora: Otros que ya cayò muerto del Cavallo: llegaron los suyos, y aterrados del lamentable espectaculo, con tristes ansias, y finas lagrimas destiladas de sus leales coraçones mas que de sus ojos, trageron el Cadaver à Barcelona de donde con la piedad, y grandeza acostumbrada, fue traìdo à Poblet, donde reposa con sus mayores.

Muerte del Rey.

Llevado del amor del Rey su gran Privado, y Camarlengo mayor Don Ramon Vizconde de Perellòs, y Roda, queriendo saber el estado en que se hallava la alma de su Señor por su lamentable muerte, passó à Hybernia, y entrò en el Purgatorio, donde, en el libro que escriviò del estado de la otra vida afirma, que la viò, y que estava en camino de salvacion. (4)

(4) *Gauberto Fabricio, hist. de los Reyes de Arag. fol. 125. Dr. Perez Montalvã, vida de S. Patricio. Arch. de S. Francisco de Perpiñan.*

Su-

1396. Sucediò este desgraciado sucesso à 19. de Mayo, viviò 44. años, y Reynò nueve años no cumplidos. Concediò à la Cathedral de Barcelona à instancia de la Reyna Doña Violante el Cuerpo del Santo Inocente que se venera en ella, que le avia presentado el Duque de Venecia, reconocido à los favores que recibiò del Rey, y de la Nacion Catalana: añadese por la tradicion que tenemos de Padres à hijos en esta Provincia, que fueron dos los Santos Inocentes que embiò Venecia, y que el vno se concediò al Señor Rey Phelipe I. para la Real Iglesia del Escurial, que avia fabricado: no he visto escritura que refiera esta donacion, ni tampoco que confirme la tradicion desta Provincia de aver embiado Venecia dos Santos Inocentes. (5)

Cuerpo del Santo Inocente, que se halla en la Cathedral de Barcelona.

(5) *Arch. de la Cathedr. de Barcel. estãcia tercia, n.39.*

Amante de sus Reyes Cataluña, manifestò su intenso amor, en los justos sentimientos, tanto por la muerte del Rey, quanto por su estraño, y lastimoso fin: No convengo con las historias, que ponderando la fineza, y lealtad Catalana, aun mas allà de la muerte de sus venerados Señores, la afiançan en el hecho del referido Vizconde de Perellòs y Roda; pues parece andan muy cortòs los que para ponderar lo sumo de la lealtad Catalana buscan exemplo particular, quando les aclaman las historias, leales aun mas allà de la muerte, por la que han guardado à los niños, y menores, por atenciones à sus Señores; no hallandose aun en las Infancias de los Principes herederos, jamàs movimiento de la Provincia, para impedirles llegar à la Corona; y siendo tan constante la Nacion en no admitir las hembras à la succession de la Corona, y assegurada esta costumbre por todos los Testamentos de los Reyes, desde la Reyna Doña Petronilla como hemos visto, y veremos en la elevacion del Infante Don Martin, y exclusion de las hijas del Rey Don Juan, admitieron la eleccion de Caspe; y à la Infanta Doña Juana hija del Rey Don Fernando el Catolico, solo movida de lealtad, y del grande amor que devian à aquel Principe, obrando con tanta fineza, que como veremos, viviendo la Madre, aunque impedida, costò mucho jurar à vn Carlos V.

Ya tenia el Rey Don Juan firmado su Testamento, nombrando en èl, heredero en todos los Estados al Infante Don Martin, excluyendo à sus dos hijas Doña Juana casada con el de Foix, y Doña Violante casada con el Rey de Napoles Duque de Anjou, siguiendo la costumbre de la Provincia, y los Testamentos de todos sus Invictos Progenitores Condes de Barcelona, y Reyes de Aragon.

Despues de la muerte del Rey, hallandose la Duquessa de Momblanch Doña Maria en Barcelona, fue luego venerada por Reyna, aclamado de la Ciudad por Rey el Infante Duque de Momblanch Don Martin que se hallava en Sicilia: aprovò, y admitiò la aclamacion el General de Cataluña, siguieronla los Reynos, y quedò Rey de todos el Duque con alborozo vniversal. La forma, y los sucessos veremos en el lib.14. que empeçarà en este Reynado.

Los Autores han recibido engaño en el año de la muerte del Rey Don Juan, que todos dizen muriò el año 1395. la verdad es, que sucediò à 19. de Mayo 1396. como consta en el Dietario de la Ciudad de Barcelona *fol.106. y en el libro de Deliberaciones, fol.* 114.

LIBRO XIV. DE LOS ANALES DE CATALUÑA.

CONTIENE LO SUCEDIDO EN EL REYNADO DEL REY DON MARTIN, y desde los años 1396. hasta el de 1412. fin del interregno.

CAPITVLO I.

Aclama la Ciudad de Barcelona por Rey al Duque de Momblanch Don Martin: Alienta à la Duquessa à que se trate como Reyna: Conviene la Junta General del Principado: Embia Embaxadores à Valencia, y Aragon: De Aragon, y Valencia à Cataluña: Esta embia à buscar al Duque: Prisiones de los Privados del Rey Don Juan: Prevenciones de Guerra: Embaxada del de Foix, y respuesta: Prision, y libertad del Conde de Ampurias, &c.

A desgracia, è infeliz tragedia de la muerte del Rey Don Juan Primero
1396. fuè la conclusion del Libro XIII. deste resumen de los Anales de Cataluña: darà feliz principio à este, el Reynado del prudente, y vigilante Don Martin, dignissimo Sucessor de sus Ilustres, y Magnanimos Progenitores, Familia la mas valiente, y dichosa que ha tenido el Orbe; porque vnos tienen hereditario el valor, como los Romanos Scipiones; otros la prudencia, como los Catones, otros la modestia, y bondad como los Pisones, y Metelos, fausto de aquella Republica; però en todas estas, al segundo, y quando mas al quarto Grado, descaecieron estos dotes en los descendientes; però en la Augustissima Familia de los Serenissimos Condes de Barcelona, vniendose todos, y comulandose en el magnanimo coraçon de Vvifredo Primero, se transfundieron como en Noria de valor, de vaso en vaso, en todos sus gloriosos hijos, y descendientes. Todos

dos estos dotes campearon con exelencia en el Real pecho del Infante Duque de Momblanch Don Martin; con que prendados los Barceloneses, apenas entendieron el acaso de la muerte del Señor Rey Don Juan, quando aclamaron à Don Martin.

El Infante Don Martin Duque de Momblanch aclamado Rey por la Ciudad de Barcelona, y Principado.

Congregaron el Consejo de Ciento los Conselleres, y determinaron siguiendo la antigua costumbre de Cataluña, fundada en la voluntad de los Serenissimos Condes antecedentes, y vniversal consentimiento de la Provincia, admitir por Conde de Barcelona, y Rey de los Reynos de la Corona al Infante Duque de Momblanch Don Martin, que aun se hallava en Sicilia; excluyendo las hijas del vltimo Rey Don Juan, como siempre se avia observado: participòse la deliberacion à la Junta de Braços del General de Cataluña, que se avia congregado en Barcelona para las assistencias que requerian las guerras de aquellos tiempos; y de comun acuerdo partieron los Conselleres de Barcelona à besar la mano à la Duquessa de Momblanch Muger del Infante, que avia quedado en Barcelona, participandole la deliberacion, y alentandola para que se tratasse como Reyna, ofreciendo mantenerle, y defenderle la Corona: admitiò con gusto el obsequio la nueva Reyna Doña Maria, y partiò personalmente à la Casa de la Ciudad para darles las gracias, y tratar de los oficios que se devian executar con los Reynos. (1)

(1) *Dietario de la Ciudad año 1396. y 1397. en el Archivo.*

Embaxadas de Barcelona à Aragô, y Valencia.

Embiò la Ciudad, y Principado sus Embaxadores à Zaragoça, y Valencia, alentando aquellos Reynos para seguir la deliberacion que avia tomado Cataluña: convinieron luego los Valencianos, y embiaron vna Galera para acompañar à las que embiava el Principado para participar al Duque el gusto con q le admitian Rey: no tan promptos los Aragoneses, pusieron en empeño à los Catalanes à mãtener en Zaragoça sus Embaxadores hasta la entera conclusion del hecho, y juramẽto de fidelidad de Aragõ, como expressamẽte lo dize la Reyna en carta de 5. de Junio 1398. traducida fielmente de Catalàn en Castellano: *Nos à sido muy grata la Embaxada que por Mossen Benito de Pont, y Pedro Dusay vuestros Ciudadanos nos aveys echo para instar, y proseguir, como dichos Embaxadores han instado, y proseguido virtuosamente, con gran modestia, prudencia, y esfuerço, hasta la total perfeccion del Sacramento de fidelidad, hecho nuevamente por los Aragoneses, &c. Con la presente hos damos las gracias quantas podemos de dichos servicios, y hos rogamos cordialmente querays continuarlos, como con grande loa vuestra teneys de costumbre, de tal manera que por ellos, y vuestra perseverancia se nos pueda dignamente dezir: veni amica mea, veni, & Coronaberis.* El Señor Rey Don Martin à 13. de Agosto 1397. con relevantes demostraciones de reconocido afecto fuè à la Casa de la Ciudad, à dar las gracias, y à tratar de defender la Corona. (2)

(2) *Archivo de la Ciudad de Bar. lib. diver. 6. fol. 339. Dietar. del año 1397. lib de deliberaciones del año 1397.*

Aviendo la Ciudad, y Principado saludado à la Duquessa, y participado la accion à los Reynos, llevaronla con gran Magestad al Palacio menor q se llama de la Condessa, y alli resolvieron embiar Embaxadores à Sicilia para suplicar al Infante viniesse luego à tomar la possession de los Reynos. Eran Conselleres de Barcelona estos años 1395. 1396. y 1397. los que con los Deputados van nõbrados à la fin del Capitulo letra *A*. que fieles, y prudentes governarõ empeño tan grande. Fueron nõbrados por el General de Cataluña, y Ciudad de Barcelona por Embaxadores al Duque de Momblanch, Hugo de Bages Obispo de Tortosa, Juan Folch de Cardona hijo del Conde de Cardona, Manuel de Rajadell, Ramon Zavall, y Pedro Grimau: partieron estos con tres Galeras Catalanas, y vna que avia embiado à Barcelona, Valencia con Gui-

Guillen Saèra, y Juan Mercader, para acompañar los Embaxadores del Principado, y suplicar al Infante en nombre de Valencia, fuesse de su mayor servicio acudir à estos Reynos.

Aviendose acudido à noticiar al Duque el estado destos Reynos, llamó la Duquessa, que ya se llamava Reyna, para que la aconsejassen, à Don Iñigo de Vallterra Arçobispo de Tarragona, à Bernardo de Pinòs, Bernardo Miquel, Guillen Pujadas, Guerao de Polcl, Bernardo Zatrilla, Miguel de Gurrèa, Francès de Aranda, y à otros Ciudadanos de Barcelona, à los quales se añadieron Hugo de Anglesola, y Roger de Moncada; y juntos estos en el Palacio menor, preguntoles la Duquessa, que aviendo entendido que la Reyna Doña Violante avia mal parido, y no obstante afirmava estàr en cinta, que devia executar para la quietud de los Reynos? Tratòse este lance en el Consejo de Ciento; y los Conselleres de la Reyna, y de la Ciudad deliberaron conformes, que el Arçobispo, Bernardo de Pinòs, y dos del Consejo de la Ciudad, electos por el mismo Consejo fuessen à preguntar à la Reyna Doña Violante si estava en cinta, dandoles la instruccion de lo que devian obrar en caso que respondiesse, lo estava. Respondiò la Reyna, que aunque avia tenido señales de Parto, no avia parido, y que estava preñada. Entonces le suplicaron que para el consuelo universal admitiesse quatro Matronas; que avia elegido la Ciudad para servirla, y assistirla, hasta que huviesse parido: admitiò la proposicion la Reyna con demostracion de agrado, y fuè llevada al Palacio mayor donde tenia su Posada la Reyna Doña Sibila, que se aposentò en el Monasterio, que llamavan de los Sacos. Fueron las Señoras elegidas para assistir à la Reyna, la Madre de Pedro Olivèr, la de Francisco Camòs, la de Bernardo Zapila, y otra cuyo nombre no he hallado; però el preñado se desvaneciò, y quedó la Provincia libre deste susto, y recelo, que podia dar motivo à grandes disgustos. (3)

(3) *Archivo de Barcelona Dietario deste año.*

Como el Proemio del nuevo Govierno son las quexas, instancias, y desahogo contra el antecedente; para satisfacer à los quexosos, los Consejeros de la Reyna deliberaron mandar prender à los que avian tenido mano en el Consejo del Rey Don Juan, y de la Reyna Doña Violante. Fueron puestos en las Carceles Reales por Bernardo Tous Veguer que exercìa la Jurisdicion, y Ramon de Vilanova, y Galceràn de Rosanes Alguaziles: Aymerich de Centellas, Ximen Perez de Arenòs, Aznàr Pardo, Juan Garrius, Pedro de Berga, Bernardo Calopa, Juan Desplà, Juan de Vallseca, Arnaldo Porta, y N. Carbonell: dieronse en confiança pena de veinte mil florines Hugo de Anglesola, y Francès de Pau; y Bernardo Margarit en pena de diez mil: fueron detenidos en sus Casas Guillen de Vallseca, y Pedro de Esplugues, y Fray Berenguer March Maestre de Montesa en Gerona; però serenòse el temporal por la venida del Rey, quedando reconciliados los animos con quedar privados de los cargos los Letrados. (4)

Prisiones de los que governavan en tiempo del Rey Don Juan.

(4) *Carbonell Coron. fol.* 207.

Por este tiempo el Conde de Foix Principe de Bearne, y Vizconde de Castellbó casado con la Infanta Doña Juana hija mayor del Rey Don Juan, pretendia por su Muger la Succession del Condado de Barcelona, y demàs Estados de la Corona; y viendo resuelta à Cataluña, y unidos los Reynos en admitir à la Corona al Duque de Momblanch Don Martin hermano del Rey Don Juan, juntò las fuerças de sus Estados, y con los socorros de los Grandes de Francia, determinò por las Armas entrar en la possession de Cataluña; y como en los principios suelen ser muy ruidosas las militares empresas, publicòse su grande

Conde de Foix pretensor à la Corona intenta la possession con las Armas.

po-

poder, y que la entrada se haria por Aragon, Puigcerdàn, Castellbò, y Valle de Andorra. Con esta noticia, juntó la Reyna sus Consejeros, y los de Barcelona, y dióse orden à fortificar las Plaças; y con mayor cuydado por ser el Conde tan gran Baron en Cataluña, que à mas del Vizcondado de Castellbó, era Señor de vna parte de la Ciudad de Vique, de Martorell, Castellvì de Rosanes, y de otros Lugares, con que era enemigo domestico: dióse orden à los Vizcondes de Rocabertì, y Evol, y à Hugo de Anglesola, que con la gente de Armas que se avia juntado en Cataluña, entrassen en Puigcerdàn; y de alli partiò con parte de las Tropas Hugo de Anglesola àzia Solsona para fortificarse en ella, ò en Pons, que se juzgava seria la primera empresa del de Foix desde Castellbó.

Prevenciones de la Reyna para resistir al de Foix.

No se fiava la Reyna de Gilaberto de Canet que tenia buenos Castillos en Cataluña, principalmente el de Besóra à tres leguas de Vique, porque era Governador de los Estados del Conde; por cuya ocasion, y porque se fortificava Martorell, ocuparon las Tropas de Barcelona esta Plaça, el Castillo de Castellvì, y los otros Lugares que tenia el Conde; y encargóse à Gilaberto de Castellet que entrasse à governar à Vique, al Vizconde de Roda partiesse à su govierno de Ruisellon, y al Veguer, y Consules de Puigcerdàn à ocupar el Castillo de Bellver: dióse orden à Asberto Zatrilla, à Bernardo Buçot, à Juan de Quintavall, y à Ramon Desplà, que eran de mayor experiēcia militar en Cataluña, que juntassen la Provincia para oponerse à la invasion que se recelava poderosa.

Llamó la Reyna à Parlamento General à los Catalanes para la defensa de los Reynos, y disponer la forma del govierno. Juntòse este celebre Congresso en Barcelona à los 5. de Agosto, y delante de todos mandó à Pedro de Benviure Secretario del Rey Don Juan que publicasse su Testamento: escusóse este, por no hallarse presente la Reyna Doña Violante, y otras personas, de que hablava el Rey en su Testamento: mandò no obstante que pena de la vida le leyesse: dexò con su proceder el Secretario vn notable exemplo de legalidad, pues cumpliendo con su oficio, no publicò el Testamento, si Sellado con dos Sellos le entregó en manos de la Reyna, que advertida cessó en la instancia, y no se publicò por entonces el Testamento.

Parlamento general de Catalanes en Barcelona.

Accion fiel, y atenta de vn Secretario.

Estando acordes los Aragoneses, embiò el Reyno por Embaxador al Doctor Ramon de Torrellas, y la Ciudad de Zaragoça al Doctor Sancho Asnares de Garden, à la Reyna, y Ciudad de Barcelona, para que concurriessen con los Catalanes en la execucion, y Consejo. Tenia el de Foix sus Embaxadores en Zaragoça para persuadir à los Aragoneses que admitiessen por su Reyna à la Infanta Doña Juana, los quales obraron tan finos, que no quisieron admitirles, leer su creencia, ni Cartas, hasta juntado todo el Reyno.

Embaxadores de Aragon à la Reyna, y Ciudad de Barcelona.

Embiò tambien el de Foix à Barcelona al Obispo de Pamias, el qual entrando en el Consejo de la Ciudad, propuso su Embaxada, representando los derechos de la Infanta por hija mayor del vltimo Rey, y que devia ser preferida al hermano, alegava la convencion del Matrimonio del Rey Don Juan con Mahalta hija del Conde de Armenaque, y Madre de la Infanta, en la qual prometió el Rey Don Pedro, que no quedando hijos varones deste casamiento, sucederian las hembras: representó la naturaleza del Conde en Cataluña, que de Vizconde de Castellbò avia sucedido à Foix, y Bearne: la de la Casa de Bearne, descendiente de los Serenissimos Condes de Barcelona, y de la de Moncada, à la qual con cariñosa correspondencia buscò para Señor la Provincia de Bearne en Gastón

Embaxada del de Foix, à la Ciudad de Barcelona para la pretension, mal despachado.

tòn de Moncada; y llegando segunda ocasion faltando la linea masculina, para casar la Princessa Maria decima tercia Vizcondessa, hallò en la misma Familia Señor en Guillen de Moncada: y la vnion, y assistencias de aquellos Principes en todas las guerras, y conquistas que avia gloriosamente logrado la Nacion Catalana.

Se respondiò al Embaxador: que admirava la Ciudad la novedad en la pretension del Conde, pues sabia bien, que en el Condado de Barcelona, y Reynos de la Corona se hallavan excluydas las hembras por todos los Testamentos de los Reyes, y vltimamente por el del Señor Rey Don Pedro: que la Infanta su Muger sabia bien que hallandose en Casa del Rey su Padre, y no teniendo hijo varon el Rey Don Juan, todos tenian por Primogenito al Infante Don Martin, venerandole ella, por tal: que la Ciudad sentia mucho el empeño del Conde, y que le huviessen tan mal aconsejado, por el afecto que le tenia por Catalàn, y descendiente de la Soberana Casa, y Familia de sus Serenissimos Condes, y no menos por la Ilustre Casa de Moncada; y assi que le rogava dexasse esta pretension que era contra Justicia, y contra la observancia de la Provincia. (5) Parece quedò convencido el Obispo, pues para desengañàr al Conde de Foix pidiò à Mathias Castellò Conseller segundo de Barcelona, que mandase darle traslado del Vinculo del Testamento del Rey Don Pedro; però estos oficios, y los que executò el Pontifice por sus Nuncios el Abad de Montaragón, y Simon de Prades, fueron de poco fruto con el Conde de Foix, pues à todos respondiò que queria entrar en su Vizcondado de Castellbò, y de alli proseguir su empeño con las Armas.

(5) *Archivo de la Ciudad de Barcelona Dietario deste tiempo libro de resoluciones. Zurita tom. 2. fol. 417. Abarca to. 2. fol. 156.*

Disponiase Cataluña à la defensa con mayor aliento, advertida de las levas, y movimientos del Exercito que prevenia el de Foix favorecido de toda la Francia, temiendo no se declarase aquel Rey, que hasta este tiempo no lo avia executado. Temia la Reyna, y la Provincia, de algunos naturales, que por parientes, y amigos del Conde, no faltassen à la devida obligacion de la Patria. Cargaron mas estas sospechas contra el Conde de Ampurias: decretòse en el Consejo el prenderle: executòse, y fuè llevado al Castillo de Castellvì de Rosanes: però entẽdiendose eran sin causa los recelos, y que se hallava libre de culpa, fuè puesto en libertad; cessando los vanos rezelos contra el Conde, y contra los demàs, pues todos los Catalanes vnidos defendieron la Corona à su Rey, al qual se devia por costumbre, y por Ley à que nunca se avia faltado.

Sospechas contra los parientes, y amigos del Conde de Foix.

Prision del Conde de Ampurias, y su libertad.

A. Conselleres de 1395. Juan Serra, Mathias Castellò, Damiàn Burgues, Pedro Gursai, Jayme Marquet. De 1396. Ramon de Marimon, Ferrer de Gualbes, Guerao de Palou, Ramon Sinell, Francisco Burgues. De 1397. Ramon Zavall, Francisco Tarrè, Ferrer de Marimon, Berenguer Morell, Bernardo Carbò. Deputados. Doctor Miguel de Sant Juan Canonigo de Gerona, Jayme March, Benito Gralla. Por muerte destos, el Doctor Alonso Torres Retor del Pino, Grao de Palou, Raymundo Desplà.

Conselleres de Barcelona de 1395. 1396. y 1397.

Deputados.

†

CAPI-

CAPITVLO II.

Oficios para detener al de Foix: Oposicion de Cataluña contra su Exercito: Vitorias del Conde de Pallàs: Dexa el de Foix à Cataluña: Entra en Aragon: Sitia à Barbastro: Siguele el Exercito Catalan: Buelve à Francia con grande perdida: Terremotos en Valencia hasta Tortosa: Fundacion de Agustinos de Torroella: Embia Cataluña socorro à Sicilia: Sugeta los Rebeldes: Domina el Rey la Isla: Nombra Consejeros el Duque para el Rey su Hijo: Parte à Cataluña: Llega à Marsella, de ella à Aviñon, y despues à Barcelona: Jura las Leyes, y Constituciones: Dà gracias à la Ciudad: Pide socorros para Cerdeña: Parte à Zaragoça: Creacion de Cardenales: Vitoria contra Moros: Martires de San Francisco, &c.

Entra el Conde de Foix à Cataluña con Exercito de Franceses: se le opone intrepido el de Pallàs con la gente del Principado.

DEspues de quietados los animos en las sospechas que tenian de los parientes, y amigos del Conde de Foix, solicitò Cataluña por medio del Vizconde de Roda, Berenguer de Cruilles, y Bartholomè Sirvent, apartar al Conde de Armenaque, del empeño de favorecer al de Foix; però no fue posible lograrlo, con que entrò el Conde en Cataluña por su Vizcondado de Castellbò con lucido, y numeroso Exercito Francès, y se detuvo ocho dias en Vallferrera del Vizcondado: diò providencia Cataluña à la defensa, y oposicion: nombròse General à Hugo de Anglesola, que dividiò la gente en las fronteras de Ruisellon, Cerdaña, y Pallàs.

Opusose à la copiosa inundacion intrepido el Conde de Pallàs con sus Vassallos, y con la gente que le avia embiado la Provincia: se derramaron los enemigos desde Castellbò por todo el Vizcondado, logrando el de Pallàs rencuentros favorables: en esta ocasion el Obispo de Vrgel Don Galceràn de Vilanova, su hermano Francisco, y Guerao de Guimerà con la gente del partido de Vrgel ocuparon à fuerça de sus Armas el fuerte Castillo de Adreny que era del Conde de Foix, para estorvar à los enemigos, y defender aquellos parages, de las surtidas de la guarnicion, que eran Soldados del de Foix. Passaron adelante los Franceses, y llegaron al Valle de Vilamur, que era del Conde de Cardona, y tomaron tres Fuerças de aquel Valle; y de alli por Taus que era del Conde de Foix, llegaron à Isona, que ocuparon por combate, y despues el Castillo de Llordà del Condado de Pallàs. Hazia cara al Exercito Francès, Guillen de Bellera en Rialp, y se mantuvo con notable valor; y para assegurarse, ocupó à Trem Hugo de Anglesola, y dividiò su Exercito por la Conca de Orcau, embiando à Riambao de Corbera con vn campo bolante à Conques; pero como se hallavan libres los passos desde Castellbó à Cerdaña, y Capsir, hizo el Conde de Foix algunas entradas por aquellos Lugares. Passó parte del Exercito del de Foix à Meyà, y Camarassa, y juntado todo su Exercito, atravesó el Segre, combatiò à Vernet, que defendió valiente Juan de Cardona; y no pudiendole ocupar, assediò à Camarassa; que no obstante la vigorosa defensa de Ramon de Espès su Governador, despues de muchos dias fue entrada, y fueron presos Bernardo de Monsonis, y Bernardo de Roda; siguiendo al vencedor los demàs de la guarnicion.

Pusose en Balaguer con su gente Hugo de Anglesola, y en Cervera el Conde de Vrgel con toda la Cavalleria del Principado, siguiendole Bernardo Buçot, que governava la Infanteria; y de allí saliò contra los Franceses, que corrian la tierra, y les venciò, y derrotò à

26. de Noviembre. Detuvose el de Vrgel en Cervera, aguardando al Vizconde de Rocaberti con la gente que governava, y à los Soldados de Ruissellon, y Cerdaña, con los quales llegò à Tarrega, donde se le agregò la gente de Vrgel; y entendiendo que el de Foix abandonava à Camarassa, decretò con su Exercito seguirle para darle la batalla: era el designio del de Foix, fortificarse en Monçon, ò Barbastro, para esperar los socorros de Francia: seguiale con su Exercito el de Vrgel que mandò à Hugo de Anglesola, que con ciento y cinquenta Cavallos fuesse picando à los enemigos molestandoles en la marcha.

Entra el de Foix en Aragon, y assedia à Barbastro.

Dexó el Conde de Foix à Cataluña, entró en Aragon, y puso Sitio à Barbastro: el de Vrgel que le seguia entró en Monçon, y de alli mandò à Fray Alemany de Foxà, y à otros Cavalleros Catalanes, que entrasen à defender à Barbastro, executandolo à vista de los enemigos, sin recibir daño; pero de alli adelante estrechò el assedio el de Foix, y no pudo entrar otro socorro en Barbastro.

Sin desamparar el assedio de Barbastro partiò el de Foix con toda su Cavalleria à Monçon; pero hallando la oposicion del de Vrgel, bolviò à estrechar à Barbastro; de tal forma, que les impedia el agua, por cuya falta se hallavan muy trabajados los de la Plaça: salieron estos para tomarla, y remediar su ahogo; y oponiendose los enemigos se travò vna fuerte escaramuza, con daño de vnos, y de otros; y fue muy valerosa accion poderse retirar seguros los de la Plaça: fue en este enquentro herido, y preso Bernardo de Corbera valiente Capitan de aquel tiempo.

Las Compañias de Cavallos, y de Infanteria que avia alistado Aragon para su defensa, ocuparon los Lugares importantes para estrechar à los assediadores de Barbastro; y el Arçobispo de Zaragoça con su gente ocupò à Sariñena; con que el Exercito del de Foix comensò à quedar estrechado, y padecer falta de viveres; y como los de Barbastro se defendian con valor, viose precisado à levantar el assedio, y à tomar el camino de Huesca, afiançado de poder mantenerse en los Arravales de aquella Ciudad. Advertido el Conde de Vrgel del designio del enemigo, embiò para que defendiessen à Huesca, ducientos y cinquenta Soldados Catalanes; y quedó por entonces en Monçon, juzgando no tener numero competente para dar la Batalla, porque tenia aun mucha parte dividida por las Plaças: advirtiendo però el camino que tomava el de Foix, deliberò à los 9. de Deziembre salir de Monçon con la Cavalleria, y seguir à los enemigos los quales no se atrevieron à provar fortuna en Huesca, y passaron por Montaragon à Bolèa; y de alli à Ayerve defendido de su Señor Pedro Jordàn de Vrrìes, en el qual lugar no se detuvieron, por seguirles incansable el Conde de Vrgel que yà se avia adelantado à Huesca, y por otra parte se hallavan en Exèa con algunas compañias el Arçobispo de Zaragoça, y Alonso Fernandez de Ixar, y en otros Lugares dividida la gente que governava el Governador de Aragon; de forma que se vieron obligados à retirarse por Navarra à Bearne, seguidos siempre del de Vrgel con el Exercito Catalan, en daño notable de los Franceses, que tambien lo passaron mal por las Tropas que acudian de la gente del Paìs; vengando vnos, y otros los daños que executaron los enemigos en la comarca de Marcuello.

Levanta el de Foix el assedio de Barbastro.

Retirase el Exercito del de Foix por Navarra à Bearne, seguido del Exercito Catalan.

Huvo de dexar à Aragon el Conde de Foix, no solo por la oposicion del Exercito Catalan, y de la gente Aragonesa, que aunque dividida la mas en los Presidios, impedia campear à su Exercito, sino tambien porque no pudieron passar

los

los ſocorros de Francia, que lo intentaron por Pallàs; però no ſe atrevieron à executarlo por la opoſicion del Conde de Pallàs, Roger Bernardo de Pallàs, Guillen de Bellera, Franciſco de Eril, Guerao de Guimerà, y del Obiſpo de Vrgel, que ſe hallavan con bien ordenadas tropas de los Paiſanos de aquellos diſtritos embaraçandoles el tranſito, no ſolo por eſta parte, ſi tambien à las otras partes de Exercito, que ſe dirigia la vna à entrar por Capſir, y la otra por el Valle de Andorra, hallando ocupados, y bien defendidos aquellos paſſos por el vigilante cuidado de la Nacion Catalana; con que ſin fruto, y con gran perdida huvo de bolverſe à ſus Eſtados el Conde de Foix, que tan alentado avia dado principio à ſu empeño.

Terremotos en Valencia haſta Tortoſa.

Eſte año padecieron Valencia, y Cataluña haſta Tortoſa vn cruel Terremoto, y deſde la hora de Tercia à la de Completas temblò tres vezes la tierra, cayeron en Valencia muchas Torres, Campanarios, y Caſas, y en Algezìra dos Fuentes dieron agua putrida de color de ceniza. (1)

(1) *Zurita tom. 2. lib. 10. cap. 61.*

Convento de Aguſtinos de Tarroella.

A los 19. de Julio por el Padre Fray Raymundo Durán, con aprobacion de la Villa, fue fundado el Convento de Aguſtinos de Tarroella de Mongrì, Obiſpado de Gerona. (2)

(2) *Maſſot. fol. 186.*

Aviendo llegado con felizidad los Embaxadores de Cataluña á Sicilia, inſtavan la venida del Duque de Momblanch; però no le pareciò acertado executarla, no aviendo del todo conſeguido dominar à Sicilia, aſſegurado que los que con tal afecto le llamavan à la Corona, ſe la ſabrìan bien defender, aunque auſente; y no lo errò pues no ſolo ſe defendieron eſtos Reynos, ſi tambien le remitieron tales ſocorros, que pudo dar glorioſo fin à la empreſa de Sicilia; participando deſta gloria Aragon, y Valencia, que tambien acudieron à eſte empeño: fue por Cabo de la gente Catalana Pedro de Ampurias, de la Aragoneſa Pedro Galcerán de Caſtro hijo de Galcerán de Pinós Catalan al qual ſiguieron tābien algunos Catalanes; y de la Valenciana Gilaberto de Centellas; los q̃ nōbran las hiſtorias que ſirvieron en eſta ocaſion van à la fin del cap. letra *A*.

Con eſtos ſocorros bolviò el Duque de Momblanch con mayor empeño contra los Rebeldes, y ganoles à fuerça de armas à Lentin, Calatagiron, Chaza, y Caſtro Juan, fuertes Preſidios de la Rebelion: fue admitido à la gracia del Duque, y de los Reyes ſus hijos, el Conde Nicolàs de Peralta, y fueronle reſtituìdos Calatabellota, y otros Eſtados: fue la ocaſion porque Pedro de Queralt con ſus tropas en los Prados de Sambuca derrotò à toda la gente que governava el Conde Nicolàs, muriendo la mayor parte; y parece que la neceſſidad le obligò à lo que devia la lealtad.

Por eſte tiempo Juan de Cruilles derrotò las tropas del Conde de San Phelipe, con priſion del miſmo Conde: Guitart de Mauleó, y Augerat de Lercha, rompieron à Don Fadrique de Aragon, y à Franciſco de Veintimilla, y fue eſte hecho priſionero: por otra parte Hugo de Santa Pau con ſolos ſeis cientos Cavallos, eſtrechó la guerra; y dexando los Rebeldes la campaña, ſe retiraron à algunos fuertes Caſtillos, que los fue ſujetando el Duque; y quedò apoderado de todas las Fuerças, y Lugares importantes de la Iſla: retiroſe de Sicilia con dos Galeras Artal de Alagon, juzgando con ellas lograr la fortuna de librar à ſu Muger, y hijo, que ſe hallavan dentro del Caſtillo de Yachi; però no lo conſiguió, porque ſe entregò al Duque: logrò el perdon en la perdìda, con la libertad de ſus prendas, y el Condado de Malta equivalente à de los Eſtados confiſcados; però bolviò preſto al vomito, y perdiolo todo, acabandose esta Casa en Sicilia.

Faltoles de todo punto el animo à los Rebeldes, retirados en los Castillos, y buscaron ocasion de ponerse à la obediencia de sus Reyes, lograndolo los que de veras lo solicitaron, por el apacible natural del Duque su Padre, que pagado de los servicios de Galceràn de Senmenat, le hizo merced del Lugar de Pelagonia.

Se à de advertir que aviendose de detener el Rey Don Martin en Sicilia, para que Cataluña pudiesse governarse en su nombre, embió poderes à la Reyna para que jurase en nombre suyo las Leyes, y Privilegios, y la eligió Lugarteniente General Governadora de la Corona: juró la Reyna por el Rey, y despues por sì à 25. de Setiembre deste año 1396. con aprobacion de la Provincia, fiada no solo en el juramento del Rey por procura hecha à la Reyna, si tambien en su Real Carta, en que ofrecia venir à ratificar el juramento: veanse el Dietario de la Ciudad deste año, y Protestas.

Asseguradas las dependencias de Sicilia, previno su viage el Duque para venir à Cataluña à tomar la possession del Condado de Barcelona, y Reynos de la Corona: dexó encomendado su hijo, y el Govierno de Sicilia à Guillen Ramon de Moncada Conde de Agosta: nombró por principales para el Consejo del Rey à Don Pedro Serra Obispo de Catania, que despues fue Cardenal, à Francès Zagarriga, y à Hugo de Santa-Pau. Dispuesto el Govierno Politico, y Militar, partiò de Sicilia, con las Galeras Catalanas, y las que tenia en la Isla, y llegò à Cerdeña, visitò Caller y Alguer, y à los 12. de Febrero partiò para Corcega para alentar, y favorecer à los que se hallavan en su obediencia: diò providencia à la seguridad de las Plaças; y nuevas fuerças à Vicentelo, y à Juan de Istria, primeros en defender la causa real: partiò à Alata, y de alli al Puerto de Segon, donde se detuvo hasta 25. de Febrero; de alli diò providencia à la defensa del Castillo de Longosardo, molestado de los Rebeldes, y embiò por Governador à Bernardo Torrellas à la Isla: partiò de Corcega, y llegò à Marsella, à la qual avia embiado el Papa à Antonio de Luna, y despues à Beltràn de Cañelles, para avisarle el estado destos Reynos, y pedirle llegase à Aviñon para cōferir el medio q̄ se devia abraçar para la vniō de la Santa Iglesia. Partiò el Duque, que yà se intitulava Rey, para Aviñon, y fue recibido con particulares, y magestuosas demostraciones de alegria: prestò el juramento al Papa por Cerdeña, y Corcega: consultose el medio para dar fin à la cisma, aprovole Benedicto, quiso el Rey tratarlo con Bonifacio, y con el Rey de Francia: embió por sus Embaxadores à Bonifacio, al Abad de San Cucufate del Vallès, y à Pedro de Queralt; y al Rey de Francia otro Cavallero Catalan, llamado Alberto Zatrilla; però no se concluyó la Paz de la Iglesia, como importava: despidiose el Rey, del Papa Benedicto, el qual le presentò vna crecida parte de la Cruz de nuestro Señor, y otras Reliquias: desfuesse à embarcar para Barcelona, à cuya Playa llegò à 11. de Mayo desembarcando en Badalona.

1397.

Passa el Rey por Aviñon

Llega el Rey, y desembarca en Badalona.

Embiole por sus Embaxadores la Ciudad de Barcelona la enorabuena del feliz viage; y admitiola cō agradecidas demostraciones de amor, señalando el dia para su Entrada: siguiose el General de Cataluña, y todos los particulares, gustosos por la venida de su Principe: llegaron à Badalona tambien Embaxadores de Aragon, suplicandole llegase à Zaragoça, proponiendole que no podia ser obedecido, nì vsar jurisdicion hasta aver jurado los fueros, ni menos podia ser jurado Señor, ni coronarse Rey antes deste juramento: hizieron la misma representa-

cion

cion los Embaxadores que tambien avian venido de Valencia: escusose con todos el Rey, por el cuidado que devia tener de Cataluña amenaçada del Conde de Foix: dieronse estas Embaxadas á 25. de Mayo; y el proprio dia con instrumento publico en presencia de Bernardo Galcerán de Pinós, Berenguer de Cruilles, Guerao Alemany de Cervellò, Ponce de Roda, Hugueto de de Santa-Pau, y de Francès de Aranda, hizieron requirimiento los Mensageros de Zaragoça; y al otro dia ante los mismos, y en presencia del Obispo de Tortosa, diò su respuesta el Rey, que aviendo jurado, y descansado en Barcelona, llegaria á Zaragoça para cumplir todo aquello que avian acostumbrado sus antecessores.

Entrada del Rey en Barcelona Juramentos.

A 27. de Mayo hizo el Rey su Entrada con la magestad, y grandeza que acostumbra recibir á sus Condes, Barcelona: jurò las Constituciones, y Privilegios, ratificò el juramento que avia prestado en su nombre la Reyna, y aposentose en el Palacio menor, que llamamos de la Condesa. (3) Despues del juramento en Barcelona, requirieron segunda vez al Rey los Aragoneses sobre lo mismo que le avian requerido; y asseguroles llegaria á Zaragoça en aviendo dado providencia á la defensa de Cataluña. Prestado el juramento de fidelidad por los Catalanes, entrò el Rey en la Sala del Consejo de Ciento de Barcelona, y con cariñosa, y elegante oracion le diò las gracias de la leal fineza con que se avia singularizado la Ciudad en su servicio, llamandole á la Corona, y conservandosela hallandose ausente. (4)

Don Martin Rey, y Conde XX.

(3) Archivo de la Ciudad de Barcelona Dietario deste año.

(4) Dietario de la Ciudad del año 1397. en el Archivo.

Mandò el Rey formar processo contra el Conde de Foix, y la Infanta su muger, acusados por el Procurador Fiscal de crimen læsæ Majestatis; y como á Vassallos rebeldes fueron condenados ausentes, y confiscados sus Estados de Cataluña, adjudicandose á la Corona Real el Vizcondado de Castellbò, y todas las Villas, y Lugares que posseìa el Conde en esta Provincia: publicose esta Real Sentencia hallandose el Rey en su Real Solio á los 28. de Junio. (5)

Sentencia contra el Conde de Foix, y su Muger.

(5) Real Arch. de Barcel. Archa 2. Grande.

Llamó el Rey à los Catalanes á Cortes para Perpiñan, despues de la buelta de Aragon: hallandose en Barcelona solicitó quanto pudo extinguir la cisma, però soliciitava favorecer á Benedicto; y porque se sospechava que el Rey de Castilla se conformava con el Rey de Francia para apartase de la obediencia de Benedicto, embiò á Castilla á Vidal de Blanes, y al Doctor Ramon de Francia, que fueron despachados con la suplica que hizo Castilla al Pontifice: señalose termino para que se diesse á la Iglesia verdadero Pastor. Creò Cardenales este año el Papa Benedicto á Don Pedro Serra Obispo de Catania, y á Don Pedro Boil; y despues en otra creacion á Don Berenguer de Anglesola Obispo de Gerona.

Don Pedro Serra, Don Pedro Boil, y Don Berenguer de Anglesola Cardenales.

Para estas dependencias, para assistir á la defensa de Cerdeña, Sicilia, y Cataluña, y para otras cosas particulares llegò á pedir consejo, y assistencias á la Ciudad: junto esta el Consejo de Ciento, sirvió Barcelona en quanto importò al Rey. (6) Partiò de Barcelona este mismo dia 13. de Agosto para San Feliu, detuvose alli algunos dias, nombrò Governador de Cerdeña á Roger de Moncada, diole Armada, assistencias de gente, y dinero, para passar á la Isla, y en el interim embiò poderes á Juan de Santa Coloma Lugarteniente de Governador para concordar, y firmar treguas con los Dorias, y el Juez de Arborèa. Partiò el Rey, de San Feliu para Zaragoça, á los vltimos de Setiembre, llegò á aquella Ciudad á 7. de Octubre, y jurò los Fueros, y costumbres el mismo dia: llamò á los Aragoneses á Cortes para la dicha Ciudad, y dispusose á celebrarlas.

(6) Archivo de la Ciudad lib. de Deliberac. dia 13. de Agosto.

(7) *Arch. Bar. Diet. deste Año. Archivo de de Barc. en lib. de Resol. deste año. Archivo de Val. n. Diet. d. d. Escolano hist. de Val. ib. 8. cap. vlt. num. 8.*

(8) *En el Arch. del Oficialato de Vique, visita de Don Pedro, Jayme Obispo de Vique. Domenech Flos Sanct. de Cat. pag. 2. fol. 157.*

Este año los Moros de Africa de Tedèlis entraron en el Lugar de Torreblanca del Reyno de Valencia: saquearonle, y robaron el Globo del Santissimo Sacramento, con las Sagradas Formas, llevandoscla à Tedèlis: aprestose Valencia para al recobro del Preciosissimo Tesoro; y la Ciudad de Barcelona, zelosa como siempre de la gloria de Dios, armò sus Galeras à cargo del Vizconde de Rocabertì, General desta empresa: partio este con la Armada Catalana, y Valenciana, encontró à la enemiga, fueron vencidos, y derrotados los Moros, y gloriosamente cobrado el Globo con las Sagradas Formas. (7)

Hallanse venerados en la Cathedral de Vique los Cuerpos de los Santos Martires de la Religion de San Francisco Fray Juan Lorenço de Zetina, y Fray Pedro de Dueñas, que padecieron en Granada à 19. de Mayo: trajeron sus Reliquias à Vique vnos Mercaderes Catalanes que se hallavan en Granada. (8)

A. *Pedro de Ampurias, Ponce de Alcalà, el Vizconde de Rocabertì, N. de Lluria, N. Juyà, Bernardo y Juan Margarit, Pedro de Vilaragut, Pedro Juan de Labia, N. de Conella, Pedro de Torroella, Pedro Zatrilla, Bernardo de San Feliu, N. Arañò, Roca de Ramañà, N. de Gallinès, Pedro de Bordils con Pedro Galceràn de Castro, el Bastardo de Pinòs su hermano, Berenguer de Copons, Pedro de Marlès, Jayme de Tagamanènt, Galceràn de Oluja, Fernàndo de Anvers, Sancho Luìs de Liori, Lope de Pueyo, y Ximenez de Liori.*

CAPITVLO III.

Cortes en Zaragoça: Juran al Rey de Sicilia: Rebelion en Sicilia: Embia Armada el Rey: Entrada y salida de las Tropas del de Foix en Aragon: Su muerte: Segunda Armada para Sicilia: Guerra contra los Africanos: Socorro de Napoles: Comocion en Aviñon contra el Papa: Defiendenle los Catalanes: Coronacion del Rey, y Reyna: Concordia con el heredero de Foix: Armada para Sicilia: Entrega de la Reyna Doña Violante: Passan los Catalanes à Chypre: Favores à Barcelona: Muerte del Principe, y Reyna de Sicilia: Casamiento del Rey: Vniversidad de Barcelona: Vandos en Sicilia: Libertad del Papa: De los S. Martires Fr. Jayme de Valencia, y Fr. Pedro Beteta, &c.

1398. Cortes en Zaragoça.

CElebrò el Rey Cortes à los Aragoneses, previno los animos con elegante, y docto Panegirico de las proesas de los Senerenissimos Reyes de Aragon, y Condes de Barcelona desde el Rey D. Pedro I. hasta el Segundo, y sus hijos, ponderando el valor, y assistencias de los Aragoneses: en estas Cortes fue jurado Principe, y sucessor en el Reyno de Aragon el Rey Don Martin de Sicilia: aun no concluìdas, llegò noticia de la rebelion del Conde de Agosta, y de otros Barones, con pretexto de no aver sido premiados como pretendian aver servido. Juzgava el Rey que con las Tropas Catalanas que avian quedàdo en Sicilia, y con las que dexó al partir de Barcelona cō orden de passar à aquella Isla, con algunos Cavalleros moços de la edad del Rey de Sicilia para criarse en su compañia, y para que se inclinassen à vivir en Sicilia, y defenderla, quedaria assegurada la Isla; però fue precisso embiar nuevo socorro. Partió en este tiempo con su gente, obedeciendo al Rey, Ramon de Bages, y llevó los Cavalleros que van nombrados à à la fin del Capitulo letra *A*.

Tuvo el Rey la noticia destos movimientos de Sicilia por N. de Gravolosa, que le embiò el Rey de Sicilia su hijo; y à mas de la gente que avia passado con Ramon de Bages, mandò passar à Sicilia à Luis de Rajadell con dineros para socorrer à la gente de guerra de aquel Rey, y à Bernardo de Cabrera que previniesse toda la Armada para supeditar à los comovidos.

Por este tiempo entraron algunas Compañias de apiè, y de acavallo del Conde de Foix en Aragon, y ganaron la Villa, y Castillo de Tiermas: mandò el Rey prevenirse el Conde de Vrgel, y el Marquès de Villena; y determinò salir en persona contra los Enemigos: acudieron las Tropas que se hallaron en Aragon promptas, con algunos Cavalleros Aragoneses: desampararon los Franceses el Castillo, y retiraronse à Francia; siendo esta la vltima empresa del de Foix, que muriò dentro pocos meses.

Parte la Armada del Rey para Sicilia.

Mas cuydado dava lo de Sicilia por las fuerças que tomava la Rebelion; con que mandó el Rey partiesse luego de Barcelona con la Armada Bernardo de Cabrera: nombròle por Capitanes de la gente de desembarco à Fr. Alemany de Foxà Comendador de Monçòn, Pedro de Cervellò, Juan Fernandez de Heredia, Dalmao Zacirera, Garcia de Garro, Berenguer de Llorach, Guerao Mallol, y Francès Zanoguera: passaron muestra en Barcelona à 25. de Março.

Llamò el Rey à Ramon de Bages Mariscal, y Governador de las Armas de Sicilia, à Cataluña; y mandò à su hijo el de Sicilia, que à Bernardo de Cabrera General de la Armada Catalana se diesse el cargo de Condestable de Sicilia, y que quedasse en Sicilia con titulo de Vicealmirante de toda la Armada Galceràn Marquet de la Familia Barcelonès, que dió mas Vitorias à sus Reyes, que tuvo varones en estas, y las antiguas centurias; però por causa de la continuacion de la guerra quedaron Ramon de Bages, y Galceràn Marquet, con sus cargos, y el honor de Condestable fué concedido à Don Jayme de Prades; prosiguiendo el de General Bernardo de Cabrera hasta la concordia de la Isla, que sucedió despues de la muerte, y confiscacion de hazienda del Conde de Agosta, por la reduccion al Real servicio de los Veintemillas, deudos, y aliados del Conde, por medio de Don Jayme de Prades, Ramon de Bages, y de Luis de Rajadell.

Aviendo embiado el Rey al Agosto del año antecedẽte al Pontifice á Frãcès de Fluvià para suplicarle concediesse la Cruzada contra los Moros de Africa, que infestavan las Costas de Cataluña, y Valencia, y concediendola el Papa por tres años, en este por el mes de Agosto se juntò Armada de Valencia, y Mallorca nombrados Generales el Vizconde de Rocabertì, de toda, y de la de Mallorca Hugo de Anglesola que muriò al embarcarse. Costeò la Africa, saqueò algunos Lugares particularmente à Tedèlis, sobrevino tempestad, huvo de retirarse con algun daño, y se reparò en Denia. (1)

(1) *Zurita tom. 2. fol. 429.*

Diò tales alientos al Rey de Sicilia la Armada Catalana, que no contento de la reduccion de la Isla, emprendiò socorrer à Luis de Anjou para conquistar à Napoles; y aunque no lo consiguiò, logró con los Navios Catalanes sacarle de peligros y con la Armada governada por Don Jayme de Prades librar al hijo Principe de Taranto, del Assedio en que se hallava en Castillo Nuevo; y à entrambos les assistió hasta guarnecerse en los Estados de la Proença.

Sucediò en este tiempo la comocion de Aviñon por los Cardenales Franceses, que batieron hasta el Palacio del Pontifice Benedicto, defẽdido de los Cardenales Catalanes, Ara-

Aragoneses, y Valencianos, con los Soldados de toda la Corona; y prosiguiera mas adelante el empeño de los Franceses, à no detenerles algunas Galeras, y Navios Catalanes, que con gente de la Provincia, llegaron para defender al Papa, avisados del peligro: diòse con estas fuerças medio à la quietud, y lugar para entrar en el Palacio del Papa los Embaxadores que embiava el Rey para tratar con los Cardenales del vando de Benedicto algun medio de concordia. Fueron los Embaxadores: el Abad de Ripoll, Guerao de Cervellò, Pedro Zaquan, Fr. Pedro Martì Ministro de toda la Provincia de Aragon de los Menores, y Pedro de Pons Secretario del Rey: passaron à Parìs con aprobacion de Benedicto, y bolvieron despachados à Aviñon; però el Papa estuvo siempre firme en no renunciar, y se malograron todos los oficios, y diligencias.

Los Catalanes defienden, y asseguran al Papa Benedicto.

1399. Diò principio à este año la celebre Coronacion del Rey Don Martin, y de la Reyna Doña Maria, que avia llegado el antecedente à Zaragoça; y se avia diferido por causa de la entrada del de Foix, Guerras de Sicilia, y empeños del Papa Benedicto: para esta ceremonia ostentosa embiò à Sicilia à buscar la Espada, que se creyó aver sido del Emperador Constantino, que se hallava en la Iglesia de San Pedro del Sacro Palacio de Palermo, y se cree ser esta la Espada que llamamos del Rey Don Martin, que juzgo es la que tiene la Cofadria de los Palleres de Barcelona, ó la de la Cathedral de dicha Ciudad: no hallo otra averiguacion que la relacion de Zurita tom. 2. fol. 431. cap. 69. y la voz comun: bien que equivocan esta algunos con la de San Martin, que se halla en San Agustin de Barcelona.

Espada del Rey Don Martin.

Diò principio à la solemnidad el Rey sentado en su Real Solio, en la Sala de su Palacio de la Aljaferìa, armando Cavalleros à Juan de Cardona su Almirante, à Pedro de Torrellas, y à Galceràn de Senmenat: encargó despues la Bandera Real à Antonio de Luna, y la de San Jorge à Berenguer March Maestre de Montesa. A este tan celebre acto concurrieron los mas de Cataluña, con las personas, y con grandes donativos todos los Comunes. (3) Saliò el Rey del Palacio para la Cathedral acompañado de todos estos Reynos: ivan delante de dos en dos los que avian de ser armados Cavalleros, y el vltimo el Marquès de Villena, al qual avia de dar el Rey titulo de Duque de Gandìa: tras destos venian las dos Banderas delante del Rey, y luego el Almirante Juan de Cardona con la espada desnuda, y despues à las espaldas del Rey, Pedro de Torrellas con el Estandarte Real, Hielmo, y Escudo; y entre estos dos, venia el Rey en vn Cavallo blanco, y junto al Rey à piè ivan los Mensageros de las Ciudades, Titulos, Barones, y Cavalleros: despues del Estandarte Real que llevava Pedro de Torrellas, seguian los Arçobispos, Obispos, y Abades que avian concurrido; y con este orden entrò el Rey en la Iglesia, y fuè Coronado. De los que llevaron las insignias, y vestiduras Reales, y de los que fueron armados Cavalleros, và la relacion à la fin del Capitulo letra *B*. Procediòse despues à la Coronacion de la Reyna con festiva, y magestuosa grandeza.

(3) *Archivo de Barcelona, Lerida, Gerona, Manresa, &c. Dietario deste año.*

Coronòse Martyr en el Empireo Fr. Jayme de Valencia hijo de Habito del Convento de la Merced de Barcelona; en cuya Ciudad se admirò la caridad que exercitò assistiendo mucho tiempo à los apestados, el don de Profecìa, sus muchos milagros, sus virtudes, y dones sobrenaturales: passó à Argel nombrado Redemptor, (llevandose por Compañero à Fr. Pedro Francès de apellido, y de Nacion que tambien padeciò Martyrio por el nonbre de Jesu-Christo en Tunez en otra Redempcion) donde Predicando la ver-

El Santo Martyr Fr. Jayme de Valécia del Orden de la Merced.

El S. Martyr Fr. Pedro Francès del Orden de la Merced.

verdadera Ley de Jesu-Christo, encendidos en colera los Moros, le quitaron la vida à pedradas, y à palos, despues de averle bañado à puñadas la boca en sangre. (4)

(4) *Bul. Ord. in Cath. Gener.* §. 12. *num.* 6. *Fr. Alonso Ramon hist. Gen. tom.* 1. *li.* 9. *c.* 6. *y* 7.

Por este mismo tiempo padeció Martyrio en Argel el Santo Fr. Pedro Bateta natural de Cuenca, hijo de Habito del Convento de la Merced de Barcelona, despues de averle robado los Moros el dinero de la Redempcion, y padecido muchos palos, y trabajos; pues persuadiendo à los Moros la Fè de Jesu-Christo, le cortaron las manos, y le dieron tantas cuchilladas, y golpes, que à vn mismo tiempo le cortaron los pies, y la cabeça para coronarse Martyr en el Empireo. (5)

El S. Martyr Fr. Pedro de Bateta de la misma Orden.

(5) *Bul. Ord.* §. 13. *num.* 7. *Fr. Alonso Ramon tom.* 1. *lib.* 9. *cap.* 10.

Avia en este tiempo Sucedido à los Estados de Foix, y Bearne Ariembao, casado con Isabel hermana del de Foix, el qual valiente defendiò aquellos Estados, del Rey de Francia, venciendo al Condestable de aquel Reyno, que avia entrado para ocuparles; y humilde supo obligar al Rey Don Martin à que le restituyesse los Estados de Cataluña, como se executò con reserva de Martorell, Castellvì, y de todas aquellas Baronìas: prestó el nuevo Conde de Foix el juramento de fidelidad por el Vizcondado de Castellbò, y por los Lugares que le concedieron como se halla en el Real Archivo de Barcelona en los papeles deste Reynado.

Tratòse confederacion con Castilla, Navarra, y Duque de Borgoña, y Matrimonio de la hija segunda deste con el Principe Don Pedro de Sicilia, y fue embiado à Borgoña para la conclusion, Guerao Alemany de Cervelló.

En este tiempo el Rey Ladislao de Napoles se hallava muy favorecido de la fortuna, por aver acabado de echar del Reyno à su Competidor, y Aliados, al qual Competidor favorecia nuestro Rey Don Martin, ocasion de nuevo aliento para los Sicilianos que se hallavan retirados, y fugitivos en Calabria, y en otras Provincias del Reyno de Napoles; atreviendose con esto, à juntar sus fuerças, y à tener varios tratados, é inteligencias con algunas Plaças de la Isla: de la qual novedad advertido el Rey Don Martin mandò partir à Sicilia la poderosa Armada de setenta velas, Vaxeles, Galeras, y Galeotas, la qual se hallava prevenida para sujetar los Infieles de Africa; y como en este tiempo se hallava en Sicilia el General Bernardo de Cabrera con la gente, persiguiendo à Bartholomè de Aragon que aun perseverava inobediente, (al qual ganò el Castillo de Cabo de Orlando, y otros) encargó el Rey su Armada à Pedro de Marradas, y à Berenguer de Tagamanent; y apenas llegaron estos à Sicilia, se reduxo toda la Isla, y se acabó la Rebelion, y la Guerra.

1400.

Queda concluìda la rebelion, y guerra de Sicilia.

Bolvió el Rey à Barcelona à los vltimos de Abril: llegaron à esta Ciudad los Embaxadores del Rey Luìs de Napoles à buscar à la Reyna Doña Violante sobrina del Rey la qual viviendo el Rey Don Juan su Padre avia sido desposada con el Rey Luìs, aviendo quedado en Barcelona por ocasion de la ocupacion de su Marido en las guerras de Napoles con su competidor Ladislao. Embiòla el Rey muy acompañada de Cavalleros Catalanes, y encargada à Don Jayme de Prades su Primo, vno de los primeros Sugetos de la Nacion Catalana de aquel tiempo, por sus gloriosos echos, à quien hallandose en Sicilia, por muerte de Ferrer de Abella celebrado Capitàn, le avia embiado el Rey su insignia de la Correa que solo la concedìa à los primeros, y muy señalados en echos insignes, y despues de aver conseguido grandes vitorias. Renunciò la Reyna Doña Violante los derechos que podia pretender à estos Estados, y Reynos, y diòle el Rey en adote ciento y sessenta mil florines.

Insignia de la Correa.

Concluìda la guerra de Sicilia, em-

emprendiò la mayor parte de los Catalanes que avian passado à aquella Isla con Ramon de Bages, y Bernardo de Cabrera, la defensa del Reyno de Chipre, combatido de los Turcos, contra los quales le defendieron alentados; pero nuestros antiguos Coronistas no han querido averiguar lo que obraron, quedando la Nacion privada deste exemplar de valor, que es descuydo sin disculpa. (6)

Los Catalanes defienden à Chipre.

(6) *Themich fol. 63.*

Movieronse por este tiempo crueles vandos en Aragon, y tomava cuerpo la rebelion de Cerdeña: por estos, y otros particulares motivos llegò el Rey para el consejo, y assistencias, à la Ciudad de Barcelona, y propuso en la gran Sala del Consejo de Ciento lo que conducìa para obviar los daños: satisfizole la Ciudad como siempre fiel acostumbra. (7)

(7) *Archivo de la Ciudad de Barcelona lib. de deliberaciones del año 1400 à 26. de Noviembre.*

1401. A 27. de Enero de este año con Privilegio dado en la Ciudad de Barcelona concediò el Rey à la Iglesia, y Convento de la Merced de dicha Ciudad, titulo, y prerogativa especial de Capilla suya Real, y à los Religiosos Conventuales nombre, y dignidad de Capellanes de su Real Palacio, domesticos, y familiares suyos, poniendoles à todos bajo su Real proteccion. Estas mismas prerogativas avia concedido el Rey D. Jayme el Conquistador à dicha Iglesia, y Convento desde el principio de la fundacion de su Orden de la Merced, y confirmado todos los Reyes de Aragon sus successores, hasta Phelipe III. el qual à 17. de Abril año 1622. con otro Real Privilegio dado en Aranjuèz, reconoció las gloriosas memorias del gran Rey Conquistador que ennobleció sus Estados con la preciosa joya de esta Orden, que continuò en ilustrarla con singularissima estimacion su successor Carlos II.

Este mismo titulo, y prerogativa avia concedido el mismo Rey Don Martin, à la Iglesia, y Convento de la Merced de Vique, y à sus Conventuales con Privilegio dado en Barcelona à 19. de Deziembre de 1400. (8)

(8) *Real Archi. de Barcelona, y Archivo de la Merced. Corbera Sãta Maria Socòs à fol. 77. ad 85.*

Sucedieron grandes disturbios, y movimientos en Francia, por querer negar la obediencia à Benedicto: llegaron de Parìs, el Vizconde de Roda, y otros embiados con salvo conduto, al Papa para concluìr el ajuste de los capitulos para la vnion de la Santa Iglesia; y para mas facilitarla embiò el Rey à Aviñon por su Embaxador à Guerao de Cervellò; però malograronse estos tratados. Se fundò el Hospital General de Santa Cruz en Barcelona à 17. de Abril, y se le agregaron los otros de Barcelona: vease el Dietario de la Ciudad.

Muriò el Principe de Sicilia Don Pedro hijo del Rey de Sicilia Don Martin, y nieto del Rey, que assegurava en su vida la Corona destos Reynos en la Real Familia, por la linea de varon de los Serenissimos Condes de Barcelona: mandó el Rey traer el Cadaver del nieto desde Sicilia à Poblet para que fuesse enterrado entre sus Mayores: siguiò al hijo la Reyna su Madre, dentro poco tiempo, dexãdo heredero de Sicilia à su Marido el Rey D. Martin; aunque no era menester, pues le llamavan las substituciones de los Reyes antecedentes, desdel primer Fadrique de la Real Familia de los Serenissimos Condes de Barcelona, y despues à 17. de Abril del año 1441. los demàs particulares de dicha Ciudad.

Muerte de la Reyna de Sicilia, y de su hijo Don Pedro.

Aviendo entendido el Rey la muerte de su Nuera la Reyna de Sicilia, mandò à Don Jayme de Prades, y à Ramon de Bages, que con la gente Catalana que pudiessen luego juntar, partiessen à Sicilia en las Galeras, y Vaxeles que se hallavan aprestados, como lo executaron, para oponerse à las novedades, temidas por la muerte de la Reyna.

Embiaron à Barcelona el Emperador, los Reyes de Francia, Ingalaterra, y Navarra, sus Embaxadores;

ses, para pedir al Rey casasse à su hijo con vna de las hijas de aquellos Principes: fue escogida la Infanta Doña Blanca hija del Rey de Navarra, por los parentescos, lengua, y semejança de las Naciones, y porque la juzgò el Rey mas à proposito, por su singular hermosura para moderar los divertimientos del hijo. No obstante dilatò la conclusion deste Matrimonio, la instancia del Rey Ladislao de Napoles, que solicitava con grande fervor el casamiento del Rey de Sicilia para su hermana Juana, proponiendo la consequencia de vnirse Napoles à la Corona de Aragon, por no tener succession Ladislao; para cuyos tratados fue por el Rey de Sicilia embiado à Napoles Luis de Rajadell, al qual solicitaron infundir recelos de Guerra contra Sicilia, sino se efectuava este Matrimonio; però el Rey Don Martin nuestro Rey jamàs quiso admitir el casamiento de Napoles para su hijo, porque hallava muy dudoso el derecho de Ladislao, y no queria empeñarse en nuevas Guerras, siempre constante en el casamiento de Navarra.

Concluyòse este Matrimonio, dispensò el Pontifice, y vino por esta ocasion el Cardenal Obispo de Catania Don Pedro Serra, que jurò las Capitulaciones cõ los que van nombrados à la fin del Capitulo letra *C*. Concertaronse, firmaronse, y fueron jurados en los Terminos de Aragon, y Navarra, entre Mallen que es de Aragon, y Cortes que es de Navarra; y dispusose el Rey para passar à Cortes, à visitar à la Infanta que se hallava en aquel lugar, y lo executò à 20. de Enero año 1402. en el
1402. qual lugar se hizo la entrega en presencia de lo mas calificado destos Reynos, y del de Navarra. Fue llevada à Valencia, y de allì à Sicilia, encargada à la Autoridad de Bernardo de Cabrera, que la entregò al Rey su Marido.

Vniversidad de Barcelona. Este año à los 12. de Abril erigiò el Rey Don Martin la Vniversidad de Barcelona, y en ella el Colegio de Medicina, y despues el de Artes: fue aprobada la Vniversidad por Benedicto XIII. en Aviñon à las nonas de Iulio año 7. de su Pontificado: año 1450. à 3. de Setiembre obtuvo laCiudad de Barcelona Real Privilegio del Serenissimo Señor Rey Alõso IV. para fundar la Vniversidad, y Estudio General de todas Artes, y Ciencias en la forma, y con los Privilegios Generales de Lerida, y Perpiñan: fue aprobada esta Vniversidad por Nicolao V. pridie Kalen. Octobris año 1450: fueron confirmados estos Privilegios à 13. de Junio 1510. y à 5. de Octubre de 1533. por la Reyna Doña Juana, y por el Emperador Carlos V. su hijo. (6)

(6) *Arch. de la Ciudad de Barcelona, y Ordin. de la Vniversidad. Privilegio de los Grados. Memoriales de Ciudad, Deputacion, y Vniversidad al Señor Rey. año 1681.*

Eran en este tiempo los Catalanes de los Estados de Athenas, y Neopatria temidos, estavan en paz con los vezinos, y à la obediencia del Rey: embiaron al Arçobispo de Athenas à estos Reynos para prevenirles de la guerra contra los Turcos, que se les acercava: assistiò el Arçobispo con los otros Vassallos à las fiestas, y entrega de la Infanta de Navarra al Rey, y à quanto se executò hasta el viage de Sicilia. 1403.

Movieronse porfiados Vandos en Sicilia entre Bernardo de Cabrera Conde de Modica, Ramon de Bages, y Ramon Xammar, de vna parte; y Juan Fernandez de Heredia, y Sancho Luis de Liori de otra, respeto del Govierno de Sicilia, y por governarlo todo el Conde de Modica; apartandose el Rey de los Consejeros que le avia dado el Rey su Padre, como del Cardenal Serra, de Don Jayme de Prades, y de los demas: diò tambien motivo à estos Vandos el casamiento de la hija mayor Iuana de la Casa de Peralta, y por la muerte desta el de la segunda, Margarita, la qual se hallava en poder de la Infanta Doña Leonor su Abuela, y de Iayme Ortal Castellano del Palacio mayor de Palermo, à los quales escriviò el Rey con disgusto de Cabrera. Con esto ivan sin orden las dependencias del Govierno, de que advertido el Rey previno varias vezes al hijo; y como aprovechasse poco, embiò à Sicilia à Guerao Ale- Vandos en Sicilia.

many de Cervellò Sugeto de la mayor autoridad, suposicion, y del mayor cariño del Rey, para que su hijo se governasse en todo por el parecer deste prudente Varon. Mandò al hijo que solo admitiesse en su Consejo ciertos Cavalleros Catalanes, y algunos Sicilianos, que fueron: Pedro de Queralt, Iuan de Cruìlles, Alemany de Foxà, Aymill de Perapértuza, Luìs de Rajadell, Gispert de Talamança, Vbert de la Grua, Thomas Ramon, Bartolomè Invenio, Gil de Pueyo, el Conde de Veintemilla, y los de la Casa de Moncada, de los quales encargò con particularidad, se sirviesse. Mandò tambien embiasse á Barcelona sus dos hijos naturales Don Fadrique, y Doña Violante, que tuvo de dos donzellas Sicilianas, á las quales mandò casar.

Procura el Rey el acierto en el govierno del Rey de Sicilia su hijo.

Proseguia Bernardo de Cabrera su empeño del casamiento de su hijo con la heredera de la Casa de Peralta, con disgusto del Rey; y por esta ocasion, y por respeto del govierno, se apartò Cabrera, juntò alguna Gente, y puso en division la Isla; de que sentido el Rey de Sicilia, le mandò processar, però todo se compuso por comprehender el Rey no tener tanta culpa Bernardo de Cabrera, como se le imputava.

En este tiempo tratavase de la vnion de la Iglesia, y de dar fin à la cisma; però sin la entera libertad del Papa Benedicto, que se hallava encerrado en su Palacio de Aviñon, y guardada su Persona por los Capitanes del Rey de Francia; de que sentido el Rey, embiò á Aviñon al Doctor Iuan de Valterra para escusarse con el Papa de no aver tratado de su libertad, y ofreciendole darsela con brevedad, como lo executò, mandando á Don Iayme de Prades su Condestable, à Iuan de Valterra que ya avia buelto de Aviñon, à Francisco de Blanes, grandes Letrados, y á Vidal de Blanes, que partiessen de Barcelona á Aviñon con algunas Galeras Catalanas para librar al Pontifice: llegaron los quatro à Aviñon, y no les dexaron entrar: requirieron al Governador, y protestaron de los daños en nombre del Rey: permitieronles ver al Papa, y residir en el Palacio tres dias: concertaron saliesse el Pontifice de su Palacio por vna casa contigua, que era del Dean de Aviñon: estavanle esperando en la calle los referidos con Francès de Pax, y sus criados: saliò el Pontifice con toda su familia, embarcòse en vn Barco prevenido, llegò à Castro-Reynaldo, á vna legua de Aviñon: saliò del Rio Rodano, donde le estava esperando el Cardenal de Pamplona con los Soldados que le avia entregado Don Iayme de Prades. Hallandose con libertad el Papa, embiò por Embaxadores à su competidor Ponifacio con diversos medios para la vnion de la Iglesia, à Don Pedro Rabau Obispo de Tomeras, à Don Francès Zagarriga Obispo de Lerida, al Abad de Sahagun, y à Fr. Beltran Rodolfo Religioso Menor, los quales despues del salvo conduto trataron con calor negocio tan importante.

Los Catalanes libran al Papa Benedicto.

A. Ramon de Bages General, Bernardo de Corbera, Iofre de Vilaragut, Arnaldo de Bañuls, Berenguer de Pau, Guillen de Montañans, Pedro de Bollas, Pedro de Roda, Pedro de Rapac, Berenguer Vives, Bernardo Vilaragut, Pedro Vilaragut, Berenguer Esquerrer, Pedro Rover, Arnaldo Aymerich, Berenguer Batlle, Martin de Vilalba, Nicolàs del Llupià, Bartolomè Aviñò, Iuan de Pineda, el Bastardo de Orcau, Alonso de Borja, Pedro Oliver, Guerao de Guimerà, el Bastardo Despalau, Gisperto Desponcs, y otros que refiere Tomich fol. 53.

Los Cavalleros que van de Cataluña à Sicilia.

B. El Conde de Prades, el Marques de Villena, el Conde de Denia, el Conde de Ampurias, el Conde de Vrgel, el Conde de Pallàs, Pedro de Ampurias, Iuan de Cardona, Hugo de Cardona, vn hijo del Conde de Pallàs, el Vizconde de Illa, el Alferez de Navarra, y Bernardo Galceran de Pinòs. Los que armò Cavalleros despues de la Coronacion. El Conde de Ampurias, el Maestre de Montesa, Pedro de Ampurias, Acart de Mur, Guillen Ramon de Iosa, Pedro, y Grao de Queralt, Iorge de Caramany, Iorge de Queralt, Pedro de Biure, Berenguer Doms,

Los que llevan las Insignias, y Vestiduras Reales.

Los Cavalleros armados despues de la coronació.

Riera

Riera de Foxà, Guerao Alemany de Toralla, Gilaberto de Besora, Antonio de Torrellas, Andres de Paguera, Manuel de Rajadell, Roger de Malla, Roger de Brull, Pedro de Cortit, Berenguer de Tagamanent, y otros que olvida la relacion.

Los que juran las Capitulaciones del matrimonio del Rey de Sicilia.

C. *El Arçobispo de Zaragoça, Jayme de Prades, Pedro de Fonollet, Berenguer Arnaldo de Cervellò, Pedro de Moncada, Guerao Alemany de Cervellò, Pedro de Moncada, Olfo de Proxita, Pedro de Cervellò, Pedro Torrellas, Iuan Desplà, Ramon Fiviller, Gil Ruiz de Liori, Miguel de Gurréa, y Iuan Ximenez Cerdan.*

CAPITULO IV.

Caso de la Torre Gironella: Nuestra Señora de Salgar, y Convento del Carmen: Fr. Matheo de Cardona: Sucessos de Sicilia: Reduccion de Corcega: Llega el de Sicilia à Barcelona: Noticias del Papa Benedicto, y de San Vicente Ferrer: Cortes en Perpiñan: Milagro de San Severo: Empeños de Sicilia: Muerte de la Reyna Sibila, de la Reyna Doña Maria, y del hijo del de Sicilia: Muerte del Papa, y eleccion de Gregorio: Assistencias del Rey: Empresa de Cerdeña: Muerte del de Vrgel, &c.

1404. ESte año dia Sabado vltimo dia de Mayo cayò repentinamente la gran Torre Gironellà de la Ciudad de Gerona, la mayor, mas grande, fuerte, y de mas circunferēcia de estos Reynos; pues la tenia tal como manifiestan los fundamentos antiguos. Sucediò esta ruina hallandose el tiempo sereno sin viento, lluvia, ni otro temporal: refierese que los Iudios de Gerona davan su dinero à vsura, durante la Torre Gironella, y quedaron burlados con su ruina. (1)

(1) *Lib. Antiguo de Antig. de Gerona. Boades lib. de los hechos de Catal. cap. 30. Archi. de Gerona, en las cubiertas del lib. Intitul. el Christiano. Otro libro del Convento de San Francisco de Gerona. P. Roig Re-*

Muchos años avian passado, desde la Invencion milagrosa de la Santa Imagen de la Virgen de Salgâr hallada à las riberas del Segre hasta quādo, para que fuesse venerada con mayor obsequio, la cōcediò el Archipreste de Ager Bernardo de Moncada à los Religiosos del Carmen; y este año fundaron cerca del lugar de la Invencion en el territorio de Salgar, su Convento, ò desierto, otra Thebaida de solitarios Varones: entre todos floreciò el P. Fr. Matheo de Cardona, ilustre en todas virtudes, y muy favorecido del Cielo con raras maravillas: tocavan por si las campanas quando entrava en el Convento de Manresa á donde llegò por sus dependencias, refierense otros muchos milagros, y mejorò de vida año 1628. (2)

sumen hist. fol. 175.

Nuestra Señora de Salgar, Convento del Carmen, y vida del venerable P. Fr. Matheo de Cardona.

Reduxose enteramente à la obediencia del Rey de Sicilia con sus Aliados, Bernardo de Cabrera Conde de Modica, y se puso en sus Reales manos; però respondiòle el Rey, que su Padre avia querido conocer de su causa, y que se presentasse en Barcelona; y era assi, porque el *Rey* Don Martin escriviò à su hijo le remitiesse el Processo fulminado contra el Conde, porque no le juzgava tan culpado como ponderavan. Esciviò lo que passava el Rey de Sicilia al *Rey*, el qual mandò quedasse en Sicilia Bernardo de Cabrera, porque su presencia importava en la Isla, y era necessaria su persona por los tratados de Paz que se prosseguian con los Sardos, en beneficio destos Reynos. Embiò el *Rey* para estas dependencias à Sicilia à Dalmao de Biert, y nombrò Governador de Cerdeña à Hugo de Rosanes, en lugar de Francisco Zagarriga, que avia mantenido el servicio del *Rey* en la Isla.

(2) *Corbera Cat. Ilust. fol. 456.*

Por este tiempo se reduxo à la obediencia del *Rey* la mayor parte de la Isla de Corcega por el Arte, y Valor de Vicentelo de Istria sobrino del Conde de la *Roca*, finissimo Vassallo desta Corona. Despues de aver favorecido à Valencia, y quietados los Vandos, el *Rey* celebrò Cortes à los Aragoneses en Araella, y de alli partiò à Cataluña, en la qual por este tiempo el Papa Benedicto con licencia del *Rey* prevenia armada para passar à Italia, y tratar de la vnion de la Iglesia: Armaronse en Barcelona algunos Navios, y Galeras, con buenas Compañias de Sol-

La mayor parte de Corcega se reduce à la obediencia del Rey.

dados de la Nacion Catalana: Armaronse dos grandes Galeras, ò Galeazas, que la vna era del Abad de Ripoll, governada por Galceran Marquet: Ivan en ella el Cardenal de Gerona, Martin Arpartil, y otros muchos de Barcelona, y en la otra, que era de Antich Almogaver Ciudadano de Barcelona, iva el Cardenal Serra Obispo de Catania con buenas Compañias.

Hallavase ya el Rey por este tiempo en Barcelona, disponiendo la Provincia à la convocacion de las Cortes, que desde el principio de su Reynado avia deliberado tener en Perpiñan, y aora las dilatava esperando al hijo que venia de Sicilia, à visitarle.

Este año por el mes de Enero par-
1405. tiò de Trapana el Rey Don Martin de Sicilia para Barcelona con su Armada, servido de Bernardo de Cabrera Conde de Modica, y de Don Jayme de Prades su Almirante, de Fr. Aleman de Foxà Comendador de Monçõ, de Ruiz de Liori, y de otros: llegò à Villafranca de Nissa, donde se hallavan el Papa Benedicto, y el Rey Luis de Napoles: Tratòse liga entre estos Reyes, però no tuvo efecto, por no averse participado al Rey de Francia, y por averse concluìdo sin la aprobacion del Rey, no obstante que en su nombre se hallava presente Galceran de Senmenat su Camarero mayor.

Llega el de Sicilia à Barcelona, jura los Privilegios, y se jurà primogenito.

Despedido el de Sicilia, del Papa, y Rey de Napoles, dirigiò su viage à Barcelona, recibido, y festejado con agasajos, que correspondian al amor, y respeto con que le venerava la Nacion, por successor del Padre, y por sus relevantes, y amables prendas: En Barcelona à 9. de Mayo fue jurado Primogenito, y jurò, y confirmò las Leyes, Privilegios, y Costumbres de la Patria; y por recelo de las novedades de Sicilia, bolviò à su Reyno, porque no cundiesse el daño; partiendo de Barcelona à 6. de Agosto.

Partiò por este tiempo el Papa Benedicto, de Nissa, para Zahona, Genova, y otras Ciudades de Italia, para tratar por su Persona, de la vnion de la Iglesia: Embarcòse en las Galeras Catalanas: Acompañaronle entre otros Cardenales el Cardenal Serra Obispo de Catania, el de Gerona Don Berenguer de Anglesola, y el Cardenal Obispo de Pamplona Don Miguel de Zalbà, que fue creado Cardenal del Titulo de San Jorge despues de la muerte de su Tio Don Martin de Zalbà Cardenal de dicho titulo.

San Vicente Ferrer del Orden de Predicadores.

Siguiò en esta ocasion à Benedicto, por ser su Confessor, San Vicente Ferrer que florecia en este tiempo con admirable doctrina, y virtud confirmada con raras maravillas, Clarin Evangelico, Angel embiado de Dios, llamado en aquel tiempo por el orbe Fr. Vicente Catalan, no porque lo fuesse por naturaleza, pues fue su Patria Valencia, (aunque originario de Cataluña) sino porque las Naciones, à todos los destos Reynos de la Corona llamavan Catalanes. (1) Favoreciò mucho à Cataluña este Santo; niño enseñado en Lerida, y Barcelona; mozo estudiando la Logica en las dos referidas Ciudades, y la Theologia en Lerida; recibiendo la doctrina de la sagrada Escritura, del celebre Varon Fr. Bernardo Castellet, y enseñando artes Letor en el Convento de Barcelona, à la qual, y à todo el Principado alentò con su saludable doctrina, asegurò con su espiritu profetico, fecundò con opimos frutos de santos Discipulos, y confirmò con raros prodigios, y maravillas. (2) Consiguiò el Premio eterno en Nantes de Bretaña à 5. de Abril de 1419. Omito la relacion de su santissima, y prodigiosa Vida, por ser muy notoria à todos por los Flos Sanctorum, y otras muchas Historias; però escriviendo de Cataluña (de la qual dexò profetizado el Santo, que seria en la Fè, y en el afecto à propagarla venturosa como escrive Don Gonzalo de Cespedes en sus Historias peregrinas tom. 1.) no puedo passar en silencio, como en vna de las muchissimas vezes que entrò el Santo en su amada Ciudad, (que assi llamava à Barcelona) viò junto à la Puerta por donde

(1) *Tarafa de Reg. hisp. lib. 1. Henricus 3. & Ioan. 2. ibi. Vincentius Catalanus Ordin. Predicatorum Theologus, Valentia oriundus. Alfonsus Borgia natione Catalanus, patria Valentinus, eisdē temporibus Papa creatur.*

(2) *Diago, y Iustiniano en la hist. de San Vicente.*

donde entrava vn resplandeciente Mancebo, que con vna espada en la vna mano, y vn escudo en la otra estava como haziẽdo centinela. Preguntóle el Santo, que hazia allì? Y respondiò el celeste Espiritu: que era el Custodio de Barcelona, que la estava guardando. Participò el Santo en el primer Sermon que predicò en la Ciudad, la maravilla, y la felizidad que logravan sus Ciudadanos, dando, y haziendoles dar gracias à Dios, y al Angel que les guardava. Por acuerdo del Prodigio llamarõla desde entonzes: *puerta del Angel*; mandando la Ciudad fabricar encima de la misma puerta, vnà Capilla consagrada al Angel Custodio Barcelonès, y que todos los años à 2. de Octubre se festejasse el Angel en dicha Capilla, y se celebrassen en ella quantas Missas se pudiesse, venerandole por vnò de los Tutelares de Barcelona; donde es tradicion el Prodigio, confirmado en vn altar de mas de ducientos años de antiguedad, de la Cathedral de Barcelona, dedicado al Angel Custodio, y à San Bernardino de Sena en la Capilla quarta en orden à mano izquierda al entrar por la puerta principal de la Iglesia, donde està pintado con pintura antiquissima el Prodigio en vno de los tablones à la parte del Evangelio; aviendo sido notable el descuydo de la Ciudad, y Cabildo en no tener notadà la maravilla en sus Archivos.

Patrocinio del Angel Custodio en Barcelona.

Celebrò este año las Cortes de Perpiñan el Rey, à las quales diò principio à 30. de Setiembre. Despues de tan repetidas prorrogaciones, à 26. de Enero de 1046. hizo el elegante, y docto Panegirico en credito de la Nacion Catalana, ponderando por mayor quanto tenemos referido hasta aora de las Proesas, felizes sucessos, y Vitorias de la Nacion; y es (3) como se sigue, aviendole traducido de Catalan en Castellano para la vniversal inteligencia.

(3) *Real Archi. de Barcelona Arca primera Grande.*

Gloriosa dicta sunt de te Psal. 86. *Buena Gente; Nos queriendo seguir la forma antigua, y acostumbrada por nuestros Predecessores en el principio de sus Cortes, que acostumbraron dezir algunas cosas para edificacion de sus Pueblos, hemos determinado hablar de la gloria del Principado de Cataluña; y premeditando esto nos ocurrieron vnas palabras de Isaias; que dize:* Clama, quid clamabo? Omnis caro fœnum, & omnis gloria eius quasi flos campi, exsicatum est fœnum, & cecidit flos. Isaiæ 40. *Nuestro Señor dixo al Profeta, clama: que clamarè? Respondiò nuestro Señor, clama, toda carne es heno, y toda la gloria como la flor del campo, en la qual secado el heno, cayò la flor; porque Nos viendo que nuestro Señor tenia en tan poco credito la Gloria del Mundo, no sabiamos de que hablar, pero que estando pensando esto, vinonos entre manos vn dicho de vn Santo Doctor grande, y aprovado por la Santa Madre Iglesia, que se nombra San Ceduli, de carmine Paschali, el qual en su primer libro nos dà regla, y motivo à nuestra duda diziendo: si los Gentiles han hecho libros de sus ficciones, y mil falsedades como refiere Ovidio en su Methamorphosis, y los Gigantes; y Centauros por crueldad se ponian en escritos de alabanças, y en Arcos triunfales, y Columnas por memoria de sus Batallas, como refiere Suetonio Tranquilio lib. 1. de Cesaribus cap. 12. y si de cosas no verdaderas, è impertinentes, è impossibles han querido tener la Trompeta de mentira por las alabanças de sus Amigos, como lo haze Homero en su Iliade; que devemos nosotros hazer, que somos Christianos, y seguimos la verdad, y vemoslo manifiesto, y oimos la voz de Dios todos los dias? No diremos las gracias que nuestro Señor à hecho à todos? No diremos las alabanças de aquellos que lo merecen? No publicaremos los meritos de aquellos que han virtuosamente trabajado? No dize el Eclesiastes?* Laudemus viros gloriosos, & Parentes nostros in generatione sua. Eccles. 44. *Alabemos los Varones gloriosos, y nuestros Padres en su generacion; y esto mismo acuerda el acto fuerte, grande, y notable que los Romanos antiguos guardavan en alentar, y encaminar à los hombres mozos à hazer actos virtuosos; como en las solemnes congregaciones que sus mayores hazian en Roma, los antiguos que en ellas residian publicavan los solemnes hechos de Armas,*

Proposiciõ del Rey D. Martin en las Cortes de Perpiñan.

y actos

y actos virtuosos que los Romanos avian hecho; de modo que los jovenes que lo ohian se alentavan fuertemente, deseando imitarles, y de hecho executavan muchos; y sobre esta costumbre clama Valerio Maximo diziendo, que no tenemos que apreciar el Estudio de Athenas, ni qualquier Estudio del Mundo, ni qualquier Universidad estraña puede ser preferida à la disciplina domestica de Roma, de la qual salieron muchos Camilos, Scipiones, Fabricios, Marcelos, y Fabios, y otros Emperadores, que fueron singulares, como lo refiere en su segundo libro, titulo primero; y Nos queriendo seguir este orden con vosotros, que soys una parte insigne, y poderosa de nuestros Dominios, no fictamente, no por engaño, ni por fabulas, ni por pintura, quia non sunt mihi loquelæ, neque sermones, sinò tan solamente para manifestar la gloria de Dios que ha obrado en Vosotros, no devemos callar la virtud, la gloria, y la Nobleza del Principado de Cataluña, y de los Catalanes, y assi podemos verificar la palabra por Nos comensada: Gloriosa dicta sunt de te, vbi supra. Noble Corte, y Noble Principado de Cataluña, y vosotros Catalanes: gloriosas cosas son dichas de vosotros, por las quales palabras se asseguran dos conclusiones muy particulares: Primeramente como la virtud muy excelente es claramente manifestada, quia gloriosa dicta sunt, segundo de la Gente fuerte, y valerosa por todo el Mundo nombrada, quia de te.

Dezimos primeramente como la virtud muy famosa es claramente demostrada: Quia gloriosa dicta sunt, es à saber gloriosas cosas son dichas, y deveys saber que segun dize Tullio lib. 2. Retoricę veteris, gloria est frequens de aliquo fama cum laude, gloria es la fama continua de alguno con honra, y entonces es dicha virtud gloriosa, quando por muchos es publicada, y manifestada, como la fama à pocos manifiesta no produce tanta gloria como la que es publica por todo el Mundo; por esto fue determinado por Gedeon que residia à la otra parte del Iordan; que llevassen grandes presentes à Iosuè diziendo: Audivimus famam potentiæ ejus, & cunctaquę fecit &c. Josuè cap. 9. Los de Gedeon oyendo la gloria, y vitoria que Iosuè avia conseguido, como avia vencido à los Reyes de la otra parte del Iordan, determinaron hazerle grandes presentes, diziendo hemos oìdo la fama de tu poder, y lo que has executado en las Tierras de la otra parte del Iordan, y assi se manifiesta como por publicar la fama, y continuarla se sigue gloria, y honra; pues quando los actos virtuosos son publicados à las Gentes mayor fama, y gloria se sigue, y consiguen aquellos que lo han todo executado, y por esto San Lucas haze testimonio de Iesu-Christo, diziendo: Et fama exijt per vniversam regionem de illo. Lucæ 4. Parece pues que como Iesu-Christo huviesse conseguido Vitorias, del Diablo, quando le tentò, y despues baxò à Galilea, su fama se aumentó por toda la Tierra, y en esto concuerda el Poeta: Quoniam famam extendere factis, hoc virtutis opus. Virgilius X. Æneid. Dize que dilatar la buena fama los hechos, procede de la virtud, y de la gloria, y assi mismo dize la Reyna Saba, que oyendo la fama de la gloria de Salomon dixo: Verus est sermo quem audiveram de fama tua, sequitur vicisti famam virtutibus 2. Paralip. 9. cap. Verdadera es la palabra que avia oìdo de tu fama, siguese, vencido has à la fama con tus virtudes: porque Nos hallamos, que los Catalanes entre cosas muy singulares han tenido gran fama por todo el Mundo; primeramente, que con gran lealtad han servido à su Señor; segundo, que con grande aliento han trabajado por su Valor; terceramente, que con grande liberalidad han manifestado su honor, y larguezá: del primero, clara, y manifiesta es à todo el Mundo la grande, y natural lealtad, y servicios de los Catalanes à su Señor natural, y solo por su natural bondad. Valerio en el tratado de su libro dize assi, que tenemos que buscar dichos, ni hechos de estraños, si de los nuestros podemos bastantemente hallar? Por lo que Nos dexamos alegaciones de Tito Livio, de Salustio, de Trogo Pompeo, de Eutropio, de Paulo Orosio, de Iulio Frontino, de Suetonio, de Iustino, de Lucano, y de Valerio; porque aunque estos diez ayan sido grandes Historicos, no nos hazen falta en el acto presente. Y bolviendo à nuestro proposito veamos que actos hizieron los nuestros: No fue grande el servicio de Roger de Lluria al Rey Pedro quando venciò la Arma-

de

da del Rey de Francia en el Puerto de Rosas? No fue grande el servicio de los Catalanes al Rey Pedro en el collado de Panisàs? Pues en aquella jornada solo assistieron Catalanes. No fue grande el servicio de Roger de Lluria al Rey Iayme nuestro Visabuelo quando desbaratò el poder del Rey Roberto de Napoles en Sicilia, y hizo prisionero al Principe su hijo, con notable gente, y lo llevò preso à Mecina, y despues tuvo à San Luis por rehenes, y por disposicion del Señor mudò los Prisioneros à esta parte en las Montañas de Prades, en el Castillo de Siurana? No fue grande el servicio de Bernardo de Cabrera hecho al Rey nuestro Padre, quando venciò la Armada Ginovesa en el Puerto del Conde, y quando rindiò à Alguèr, y despues de quinze dias tuvo batalla con el Iuez de Arborèa, y le venciò? Y por faltarnos tiempo dexamos los servicios de Boxadòs, y otros Catalanes al Señor Rey nuestro Abuelo en la guerra de Cerdeña, y assi mismo no cuydamos de referir los actos gloriosos, y virtuosos que el Principado de Cataluña, y los Catalanes hizieron al Señor Rey nuestro Padre en la grande assistēcia, y socorro que hizo para la defensa de los Reynos de Aragòn, y Valencia; cierto es pues que bien podemos aplicar à vosotros lo que dize San Iuan: Fuisti fidelis vsque ad mortem, & dabo tibi coronam gloriæ. Apocal. 2. Has sido fiel hasta la muerte, y por esto mereces corona de gloria. Segundamente dezimos que con grande aliento han trabajado por su valor. No queremos ocultar vna singular gracia que Dios à hecho à los Catalanes, pues podemos dezir que en todos los hechos de Armas, que se han hallado los Catalanes, se han demostrado en todos tiempos virtuosos, y valientes; sino mirad en todo lugar en que se han hallado Catalanes, y vereys de sus actos virtuosos que renombre hā dexado. Y para la brevedad queremos solo recitar dos hechos, porque si todos los quisieramos dezir, antes nos faltaria dia, que Historias para contar. No fue señalado el servicio que los Catalanes han hecho à la Santa Iglesia de Dios, y al Santo Padre en su libertad? Pues qualesquiera fuessen los actos antecedentes, à la fin los Catalanes le libraron, de que se sirviò Dios, y ellos ganaron fama, y alabança; y no devemos olvidar el singular acto, y servicio que nos hizieron en la Conquista de Sicilia, que por su aliento vinieron con Nos, que no eramos su Rey, ni por fuerça lo podiamos mandar, ni fueron movidos à venir por sueldo, ni estipendio que les diessemos, no por remuneracion que pudiessemos hazerles desto, pues todo nuestro Patrimonio aviamos vendido, y empeñado para el viage, y no les moviò la esperāça de retribucion que pudiessemos hazerles; mas solo su valor; y le manifestaron bien cierto, pues quien viò quan gloriosa fue su entrada, con quāta firmeza, y lealtad mantenian los sitios, y con quanta virtud vendian las fuerças de los Enemigos, y con quanto aliento venian à la cara de aquellos, quando venian à las manos en las Batallas! O quan gloriosa era aquella vista, que Nos viessemos à nuestra Nacion virtuosamente obrar! Pues podemos ser Testigo verdadero, que en los Combates de los Lugares, como vno de ellos por golpe de piedra caìa, el otro con grande aliento subia por la escalera de la qual el otro avia caìdo, otros que al instante que la bombarda avia muerto, ò herido à alguno, el otro presto se ponia en el lugar vacio para assaltar el Muro, de donde tirava la Bombarda: aunque viessen Padre, Hijo, ò Hermano, ò Primo, ò Pariente muerto, tampoco cuydavan del, como sino le conocieran; sabeys porque? Magnificavit eos in conspectu Regum, & dedit illis coronam gloriæ. Eccles. 5. Bien ha por su aliento nuestro Señor exaltado su fama, y delante de la presencia de los Reyes los ha coronado de corona de gloria. Terceramente dezimos que su liberalidad han manifestado con grande honor: qual Pueblo es en el Mundo que sea assi lleno de franquezas, y libertades, ni que sea assi liberal como vosotros? Pues hallamos que todos los Pueblos del Mundo, ò la mayor parte estàn sugetos à las Tasas, y Composiciones de sus Señores, y à los donativos de su gusto, menos vosotros que soys libres destas imposiciones; però vuestra liberalidad es tanta, que podemos dezir que jamàs nuestros Predecessores tuvieron necessidades que todo tiempo no ayan sido por vosotros socorridas; y en comprovacion desto, no tenemos sino referir la assistencia, que hizisteys al Santo Rey Iayme al qual por conquistar el Reyno de Mallorca disteys el quinto de vuestros bienes, quanta fue la assistencia de los Catalanes al Rey Pedro

dro nuestro quarto Abuelo en la guerra de los Franceses, que no solo expusieron sus vidas por él, mas entregaronle todos sus bienes para buscar dinero para mantener la Guerra? No tenemos que hablar de lexos sino ver la notable assistencia, y ayuda que hizisteys al Rey nuestro Padre en sus necessidades, singularmente en el hecho de la Vnion, y en la Guerra de Castilla, que en vna Corte, que tuvo en Tortosa le dieron por mantener la Guerra diez y siete cuentos de Moneda: bien se puede dezir de vuestra liberalidad: Compleverunt honorem Domini donis suis. Ecclesiast. 50. Cumplieron el honor de su Señor con sus dones. Quien quiere considerar vuestra gran lealtad con la qual aveys servido à vuestro Señor con vuestro grande Aliento, y Trabajo, hallarà vuestro valor, y liberalidad, mostrando vuestro grande honor; es claramente provada la primera parte de nuestra division, en la qual hemos dicho, que la virtud muy famosa es claramente publicada: Quoniam gloriosa dicta.

Dezimos segundamente en las Palabras por Nos empeçadas de la gente fuerte por todo el Mundo nombrada, de te, es à saber de ti: No entiēdas tu Principado de Cataluña, que las alabanças que hemos dicho, que las digamos de Gente estraña, ni fingida, ni que aya de venir, antes toda esta gracia, y bondad de te, es à saber de ti, como ponen los Gramaticos esta diccion tu, que es diccion demonstrativa de la cosa presente, y por esto nuestro Señor queriendose glorificar en su Pueblo dixo: Servus meus es tu Israel, & in te gloriabor. Isai. 49. Tu eres mi siervo Israel, y en ti me gloriarè, pues la mejor, y mas verdadera demostracion, que vno puede hazer, es quando con la vista se comprueva, y comunmente todos los del Mundo desean ver como se les dixo; y aunque nuestro Señor predicasse à sus Apostoles, no obstante manifestandoles la gloria de su Padre, le dixo San Phelipe movido de grande deseo de verle: Ostende nobis Patrem, & sufficit nobis. Ioan. 14. Señor enseñanos à tu Padre, y nos basta à nosotros; conque Nos queriendo satisfacer à vuestro deseo queremos manifestar ojo abierto, como la Gente de Cataluña fuerte, y valerosa es por todo el Mundo nombrada, pues partido el Mundo en quatro partes, es à saber Oriente, Occidente, Norte, y Medio dia: Quia omnis terra veritatem invocat. Esdre. 4. Toda la Tierra demuestra, ò manifiesta vuestra verdad. Primeramente si miramos al Norte no fue grande la fama, y renombre que el Conde de Barcelona, y los Catalanes dexaron en Alemania, librando à la Emperatriz, de aquel falso crimen? La qual accion ninguno la quiso emprender, antes fue desamparada de todos los suyos, y por el Conde de Barcelona, y Catalanes fue librada: se puede dezir dellos lo que la Santa Escritura: Suscitavi ab Aquilone, & vocavi nomē meum. Isa. 41. No fue grande la accion de los Catalanes en Levante, segun hallamos en algunas Historias quando Godofre de Bullon partiò à conquistar la Tierra Santa, donde hallamos que le siguieron el Conde de Ruisellon con grande numero de Ruyssellonеses? Y no fue grande el renombre de los otros hechos, que en Levante aveys hecho? Las Islas de Sicilia, Cerdeña, y Corcega dan testimonio, las quales eran del Imperio de Roma, y de los Africanos, que aunque las combatieron fuertemente, nunca las pudieron conservar, las quales oy en dia por la gracia de Dios baxo nuestro estandarte, y nombre nuestro son posseìdas, de que se puede dezir: Profecti sunt vt ingredirentur vsque ad Orientem, & invenerunt, Pascha. 1. Paralip. 4. Si miramos à la parte de Medio dia, los actos virtuosos que los Catalanes han hecho en conquistar las Islas de Mallorca, Menorca, y Ivissa, y los progressos que han logrado en Barberia, vemos claramente que han dexado grande renombre, conque bien se os puede atribuir lo que dize Hieremias: Venient á Meridie portantes sacrificium in domum Domini. Hieremiæ 17. Si miramos à la parte de Poniente el grande servicio, que vosotros hizisteys al Santo Rey Iayme en conquistar los Reynos de Valencia, y Murcia, cierto podemos dezir, que bien se ha exaltado vuestra virtud, y vuestro renombre, y en comprovacion desto podemos dezir: Honorabilis factus es in oculis meis, & gloriosus, ab Oriente ducam semen tuum, & ab Occidente congregabo te. Isai. 43. por lo que podemos dezir lo que dixo el Emperador Teodosio à los suyos, que no podia dar mejor don à los suyos que le avian defendido el Imperio contra los Tiranos, que estender, y manifestar su

virtud,

virtud, y fama por todo el Mundo, diziendoles. vuestra virtud es manifestada por la Fria Tanays, que es Rio de Tramuntana, ò Norte, y por la fogosa Libia, que es Region de Medio dia, por las secretas fuentes del Sol, que son en Levante, y por las Columnas de Hercules, que son en Poniente, y por vuestros meritos es vuestra virtud, gloria, y bondad por todo el Mundo eternamente publicada: parece que esta fue la bendicion que Dios diò à Abrahan, diziendole: Terra quam tibi dabo, & dilataberis ab Oriente ad Occidentem, Septentrionem, & Meridiem. Gen. 23. *Y assi queda provada la segunda parte, en que diximos de la Gente fuerte, y valerosa por todo el Mundo nombrada*, de te. *Y por conclusion Nos queremos referir un hecho muy virtuoso, quando el Rey nuestro Visabuelo embiò al Rey nuestro Abuelo à la conquista de Cerdeña, el qual tenia la Vandera nuestra Real, y le dixo estas palabras.* Hijo yo os entrego la Vandera nuestra antigua del Principado de Cataluña, la qual tiene vn singular Privilegio, que es justo que guardeys bien, el qual Privilegio no es en cosa falsificado, ni improvado, antes es puro, limpio, y sin falsedad, ni macula alguna, y sellado con sello de oro. Y es este, que en ningũ tiempo en el campo en que se ha hallado nuestra Vãdera Real ha sido vencida, ni desbaratada; y esto por gracia de nuestro Señor, y por la grande lealtad, y Naturaleza de nuestros Vassallos. *Por esta razon podemos aplicaros lo que dixo Iulio Cesar à los suyos viniendo de la conquista de Alemania: levantad, levantad vuestras Vanderas que soys dignos de la Señoria de Roma, como refiere Lucano lib. 1. bien podemos dezir à vosotros: levantad, levantad las Vanderas vuestras, que bien soys dignos de posseer el Principado de Cataluña; y assi se verifica la palabra por Nos empeçada, en que os diximos* gloriosa dicta sunt, *gloriosas cosas son dichas de ti. Por lo que Nos considerando que à largo tiempo que no ha avido Cortes particulares, ni se ha podido atender à las necessidades del Principado, y assi, por si tuerto, ò agravio fuesse hecho por el Rey nuestro Padre, por el Rey nuestro Hermano de gloriosa memoria, como por Nos, ò nuestros Ministros à alguno, ò al buen estado del Principado, para que podamos satisfacerles, y reintegrar la Iusticia que nos toca; por tanto hos rogamos, que como vuestra gran liberalidad ayeys con nuestros Predecessores exercitado, assi con Nos sea liberalmente demostrada, y sea servido nuestro Señor, que nos dè tanta gracia, que Nos podamos governar de tal forma, que sea en su servicio, y gloria, y beneficio vuestro, de modo que acà merescamos su Gracia, y allà su santa Gloria.* Amen. (4)

(4) Carbonell Coron. fol. 258.

Traslaciõ de S. Severo à Barcelona.

Hallandose en Barcelona el Rey, antes de passar à Perpiñan padeciendo en vna pierna que se avia quemado, y por Cangrenarsele la llaga, avia resuelto los Medicos, y Cirujanos cortarsela para alivio deste su mal, buscò remedio el buen Rey en el Patrocinio de nuestro Santo Obispo Severo, el qual à la noche se le apareciò, y con la señal de la Cruz sobre la Pierna, le sanò subitamente de la dolencia: agradecido el Rey al favor, instó la Traslacion del Santo Cuerpo à su Iglesia de Barcelona, y convino el Abad, y Convento con la devocion del Rey, que embiò à su Confessor Don Fr. Juan Obispo de Huesca, Pedro Guillen Jofre, y Ferrer Despujol Canonigos de Barcelona, Galceran de Senmenat su Camarero mayor, y Francisco Burgues, y Marco Turell Consejeros de Barcelona, à San Cucufate del Vallès, donde se veneravan las Santas Reliquias, para recibirlas, y assistir en su Real nombre: Recibieron el precioso Tesoro de manos del Abad, y Convento, con orden, y aprobacion del Romano Pontifice: sucediò la entrega à 4. de Agosto, y el mismo dia fueron acompañadas las Santas Reliquias con solemnissima Procession, de San Cucufate à Barcelona, assistiendo el Rey, su hijo el Rey de Sicilia, el Obispo de Barcelona Don Fr. Juan Armengol, y todos los Estados, Eclesiastico, y Secular, con los Conselleres de Barcelona: (5) ha quedado parte de las Reliquias en el Convento de San Cucufate, como dizen los Monges.

(5) Archivo de la Iglesia de Barcelona, Bula de Benedicto, num 401. y Estancia A. nu. 81. Instrum. Trãslat. penes Antoninum Font.

1406. Ardia Sicilia, hallandose ya el Rey Don Martin el Joven en ella, en porfiados Vandos, cuyos Capitanes eran el Conde de Modica de vna parte, y Sancho Ruiz de Liori de la otra, los quales tenian las Ciudades, y Villas principales divididas, y conmovidas por sus empeños, y llegó à tãto el encono de la emulacion de entrambos, que se travarõ de palabras à la presencia de su Rey, con poca atencion à la Magestad, el qual para castigarles, y quietar la Isla, mandò al Arçobispo de Palermo, à Sancho de Liori, y à Juan Fernandez de Heredia saliessen desterrados de la Isla; y despues al Conde de Modica por todo el mes de Março, que viniesse à Cataluña à presentarse delante el Rey su Padre, como lo executò obedeciendo al Real decreto.

Hallandose el Rey en las Cortes de Perpiñan, disponiendo con la Provincia la quietud de Sicilia, y castigo de las repetidas rebeliones de Cerdeña, embió à la Ciudad de Barcelona à su Cansiller, y Thesorero, paraque la Ciudad le aconsejasse como devia proceder en estas, y otras dependencias. (6)

(6) *Archivo de la Ciudad de Barcelona, lib. de deliberaciones deste año à 11. de Enero.*

Hallandose el Rey en Lerida, vino à visitarle el Rey de Navarra, y concertaron el matrimonio de la Infanta Doña Isabel hermana del Rey, con Don Jayme hijo mayor del Conde de Vrgel, que darà dilatado assumpto en los años siguientes.

A los 24. de Noviembre muriò en Barcelona la Reyna Doña Sibila de Forciá, y fue enterrada con Magestad Real en el Convento de Franciscos de Barcelona, al lado del Altar mayor, donde se halla aun su cadaver.

1407 A los 29. de Deziembre principio deste Año muriò la Reyna Doña Maria muger del Rey en Villareal, cerca Valencia, fue enterrado su Real cadaver en el Mauseolo de los Reyes, en la Iglesia de Poblet. Al Agosto avia muerto tambien el Principe Don Martin hijo vnico del Rey de Sicilia Dõ Martin, y Nieto de nuestro Rey Dõ Martin; cuyas honras funerales se celebraron como de Primogenito, del qual pendia la esperança de continuarse la Corona en la Real linea Masculina de los Serenissimos Condes de Barcelona, que avia permanecido desde Uvifredo primero, hasta el Rey Don Martin por espacio de 570. años, y en estos el Imperio de la Nacion Catalana; però parece, que ya se empeçava à desmoronar, y caer el hermoso, fuerte, y celebrado edificio de la Casa Real, que avia de dar presto en el suelo acabandose la gloria de la Nacion Catalana con la muerte de los dos Reyes vltimos de la linea Catalana Masculina: bien que favoreciendo el Cielo se levantò otro fuerte, è incontrastable Propugnaculo de la linea Catalana femenina, en el Rey Don Fernando primero, y sus magnanimos descendientes, bastante a conservar, y adelantar el credito, y vitoriosas Armas de la Nacion, como lo dirà el tiempo venidero. Muriò tambien la Infanta Doña Juana Condessa de Foix, que diò repetidos disgustos à estos Reynos por el empeño de suceder en ellos, cosa inusitada hasta entonces.

Por muerte del Papa Innocencio fue electo por los Cardenales de su vando el Cardenal de Venecia, que se llamò Gregorio, tratò luego de la vnion de la Iglesia: Concordaron los dos electos, Benedicto, y Gregorio las vistas en Sahona: partiò Benedicto de Marcella para Sahona aviendole embiado la Ciudad de Barcelona dos Galeras armadas, y defendidas de sus Ciudadanos para assegurar su viage, y el Rey de Sicilia con vna Galera à Don Jayme de Prades para assistirle en lo que importasse. (7) Hallandose el Papa en Sahona, no quiso llegar à esta Ciudad su competidor Gregorio: propusieronse varios medios, para librar la Iglesia, de tan dilatada Cisma; però fueron todos vanos, porque los Fautores de Gregorio, particularmente Ladislao
Rey de Napoles, apoderado de Ro- 1408
ma, proseguia su empeño con las Armas, lo que obligò à Benedicto à dexar à Italia, y passar la Curia Romana à Perpiñan, para la qual Villa llamò à Concilio General las Provincias, y Prelados que le obedecian

(7) *Zurita tomo 2. fol. 447. col. 4.*

llegò

llegò à Perpiñan con su Corte à 25. de Julio, y celebròse el Concilio con assistencia de ciento y veinte Prelados de los Reynos que le obedecian, de nueve Cardenales, de los quales quedaron siete durante el Concilio, siendo este de poco fruto para la vnion de la Iglesia.

Hallandose el Rey Don Martin de Sicilia asseguraro en su Reyno, emprendiò imitādo à sus gloriosos Progenitores librar à Cerdeña, de las repetidas Rebeliones, como avia limpiado à Sicilia, deste cōtagio; y viendo al Rey su Padre agravado de sus achaques, decretò esta empresa para si, con el beneplacito del Padre. Vino la ocasion, como pedia el lance, pues la parte de los Sardos que seguia la rebelion del vltimo Mariano Juez de Arborèa, se hallava disgustada con Branca Doria, que avia sucedido à los Estados de Mariano por Leonor de Arborèa su muger, hermana del Juez de Arborèa, y avian llamado à Aymerico Vizconde de Narbona, que casó con Beatriz de Arborea hermana, tambien del Juez de Arborèa; de forma que la parte de los Rebeldes se hallava muy dividida, y entre si discorde.

El Rey de Sicilia pretēde librar à Cerdeña, de las rebeliones.

Nombrò el Rey por este tiempo en lugar de Hugo de Rosanes à Marco de Monbuy, de los Capitanes de mayor nombre de la Nacion Catalana, Governador de Caller, y de la Gallura; permaneciēdo en su Govierno de Longosardo Pedro Romeo de Copons. El Rey de Sicilia para principio de su empresa, y conservar à Caller, embiò à Miguel de Marsilla su Camarero con algunas Compañias de Soldados, y determinò passar à Cataluña para verse con el Padre, y solicitar assistēcias para arrancar de raìz la zizaña de la rebelion: pareciòle mejor para executarlo, passar à Trapana, y nombrado Almirante à Sancho Ruiz de Liori en lugar de Don Jayme de Prades que avia passado à mejor vida, partiò para Cerdeña con diez Galeras defendidas de lo mejor de Sicilia, Catalanes, y Sicilianos: executólo, à los vltimos de Octubre, y llegò con felicidad à la Isla: desembarcando en Alguer tuvo ciertas noticias del Estado de la Isla, y conmocion de los Rebeldes contra Branca Doria; y pareciòle ocasion à proposito de reducirla toda, y de no moverse hasta averlo logrado.

Juzgaron importante esta resolucion los Consejeros del Rey, aplaudieronle su designio, y la deliberacion de participarla al Rey su Padre, como lo executò por medio de sus Embaxadores, Bernardo de Cabrera, y Gil Ruiz de Liori, suplicandole con eficacia le embiasse la Armada para los 15. del Mayo venidero, porque queria dar la Batalla à los Enemigos; como si fuesse aplazada: escriviò tambien el Rey de Sicilia à las Vniversidades, y Cavalleros de Cataluña, y de los otros Reynos, con el mismo empeño, que avia escrito al Rey su Padre.

Por el mes de Junio muriò Don Pedro Conde de Vrgel, al qual sucediò Don Jayme casado con la hermana del Rey la Infanta Doña Isabel: tuvo otros dos hijos el Conde, Thedeo, que muriò antes del Padre, y mayor que D. Jayme, y D. Juan, al qual heredò el Cōde en la Baronìa de Entença, y otros Estados. En otro lugar se hablarà de la muerte del hijo mayor del de Vrgel, que quitò la Corona al segundo, aunque era el que mas derecho tenia à ella por si, segun el sentir vniversal destos Reynos, aviendo de suceder la linea Masculina de los Serenissimos Condes de Barcelona, como lo disponian los Testamentos de todos los Serenissimos Reyes; y por su Muger la Infanta Doña Isabel, hermana del vltimo Rey Don Martin, aviendo de suceder la linea fèmenina: leàse Zurita, Abarca, Blancas, y los demás Autores. (1)

(1) Zurita tomo 2. fol. 451. Abarca tomo 2. fol. 165.

Profeta el Rey, de los venideros daños, aunque advertia la cōsequencia de dominar enteramente à Cerdeña: no quiso convenir con la voluntad del hijo, por no perderlo todo, y por ser muy cara Cerdeña à precio de la muerte del hijo en que vnicamente se fundava la humana esperança destos Reynos; però vencido la constancia del *Rey*, del empeño, y repetidas instancias del hijo, llamò à Cortes a los Catalanes en Barcelona, y le ofrecieron servir todos con sus haziendas, y Personas: executaronlo los Nobles determinando las Cortes se alistassen mil lanças, y que todas se pusiessen en manos de Cavalleros: no quedò Casa de medio nombre en Cataluña, que no concurriesse con fineza singular; ofreciendo las Vniversidades todas largos donativos: ponderalo Abarca *tom.2. fol.163.* con estas palabras. *Los Cavalleros fueron tantos, que no quedò Casa en Cataluña de la qual no huviesse alguno; porque fue tal el primor, y la atencion fiel de aquella Nacion (finissima con sus Principes) que en las Cortes Generales determinaron que de las mil lanças que pagavan para esta jornada, ninguna se pusiesse sino en la mano de hombre Noble, ò Cavallero del Principado:* Sobresaliò como acostumbra la Ciudad de Barcelona, sirviendo en esta ocasion con tres Vaxeles, y tres Galeras Armadas, y pagadas, defendidas de vn numeroso Tercio de sus Ciudadanos para el desembarco, à mas de la Guarnicion, y Marineros; y para mayor credito embiò por Cabo desta Gente à Iuan Desvalls su Conceller tercero, al qual favoreciò el *Rey* por la representacion de la Ciudad, con la Gracia de General de toda la Infanteria: siguieron à Barcelona los otros Comunes, que fuera dilatada relacion individuarlo. (9) Basta referir que de Galeras, Galeotas, Navios, y Barcos, se formò la Armada numerosa de ciento y cinquenta Vasos: fue electo por el *Rey*, General de la empresa cõ gusto de las Cortes, y disgusto de muchos que lo pretendian, Pedro de Torrellas: los nombres de las familias de Cataluña, que refiere Tomich testigo de vista que tambien passò à Cerdeña con esta Armada, van notados à la fin del Cap. letra. *A.*

Cortes en Barcelona.

(9) *Real Archivo de Barcelona, arca primera Grande. Carbonell fol.251. Archivo de la Ciudad de Barcelona. Dietario deste año. Memorial de la Ciudad para la Grandeza.*

1409. Cuydaron de juntar la Gente con diligencia en Barcelona Pedro de Torrellas, y Ramon de Torrellas su hermano, desdel principio de este año hasta el mes de Março; pero dilatóse la partida hasta los diez, y nueve de Mayo, por ocasion de las dilaciones que davã los que avian sido excluidos del Generalato; però todo lo allanò el apacible, y vigilante natural del Rey; partiò pues con prospero viento, de la Playa de Barcelona, la Armada Catalana, y llegò à Cerdeña, admitida del Rey de Sicilia, y de los Leales, como avia sido deseada.

A. *El Vizconde de Castellbo, Arenbao de Foix, Bernardo Galceran, y Pedro Galceran de Pinòs, el Vizconde de Orta, Giraldo, y Iuan de Maulleò, Raymundo Arnaldo de Rocarassa, el Señor de Luçà, el Conde de Cardona, Berenguer Arnaldo Folch de Cardona, Pedro de Cervellò, Guillen de Sò Vizconde de Evol, Galceran de Santa Pau, Luis de Abella, el Conde de Quirra, Ramon de Bages, Iuan de Bardaxi, Iuan, y Pedro de Moncada, Berenguer y Arnaldo Alemany de Cervellò, Icart, y Simon de Mur, Galceran de Crulles, N. Carròs, Iorge de Queralt, Blasco de Castellet, Antonio de Illa, Raymundo, y Bernardo de Paguera, Iorge de Caramany, Arnaldo de Foxà, Gispert de Guimerà con cinco hijos, Berenguer de Senmenat, Guillen de Montañans, Francì, y Iuan de Montañans, Berenguer de Pau, Luìs de Pontons, Roca de Romañà, Antonio Sempol de Tovia, Francisco, y Iuan de Vilarrasa, Riambao, y Iuan de Corbera, Bernardo de Bordils, Iayme Campllonch, Luìs de Requesens, Iuan Aymerich, Bernardo, Pedro, y Iuan de Vilaragut, Dalmacio de Rocabruna, Iofre, Pedro, y Francisco de Canedal, Pedro, y Iayme de Lloret, Manuel de Torrellas, Bernardo de Vildemany, Pedro Mates de Vilademany, Pedro de Gallinés, Francì, Iuan, Bernardo, y Berenguer de Vilamarì, Bernardo Santfelin, Pedro, y Guillen de Sant-Climent, Bartolomè de Palou, Berenguer de Mombui, Pedro Fontanèt, Guillen Masdovellas, Pedro, y Antonio Bertran, Iuan Zaplana, Antich Almogavar, Iuan Ianer, N. de Montargull, Luìs Aragall, Roger Iuan de Besora, Phelipe, y Bernardo de Areny, Iuan Dellò, N. Bellvalai, Iayme Alemany, y Alonso de Callàr, Bernardo Moncorp, Ramon de Boxadòs, Segur de Pertuza, Pedro Tomich, Ramon de Mallorques, Guerao Destorrent, Berenguer, Miguel, y Bernardo Darchs, Berenguer de San Esteve, Guillen Colomes, Miguel de*

Nombres de los Catalanes, y feudatarios, que passaron cõ la Armada à Cerdeña.

Sarrià

Sarrià con los cien hombres que embiò el Papa, Alvaro de Lluria. Vidal de Blanes, Bernardo de Vilaragut, Ximen Xauxo, y Pedro de Luna, Catalanes poblados en Sicilia, el Conde de Agosta, y todos los de la Casa de Moncada, Bernardo de Cabrera Conde de Modica, Bernardo, y Gilberto de Centellas, Nicolàs de Abella, Bernardo de Anglesola, Arnaldo de Santa Coloma, Artal de Peralta, Galderique de Queralt, todos los Foxans, Mombuis, Vilanovas, y otros de Sicilia.

CAPITULO V.

Vitorias en el Mar, y en Cerdeña: Sugetanse los Rebeldes: Muerte del de Sicilia: Llanto de Cataluña: Vitoria en Cerdeña: San Vicente Ferrer en Barcelona: Delibera 300. florines de oro la Ciudad para los pobres que siguen al Santo: Lleva con los Conselleres la noticia al Rey con aprobacion del Papa de la muerte del de Sicilia: Embaxada à Pisa: Casamiento del Rey: Dà à Barcelona el Condado de Ampurias: Defensa de Sicilia, y Cerdeña: Pretensores de la Corona: Arte del Rey: Estado de Aviñon: Vitorias en el Mar, y Cerdeña: Enfermedad, y muerte del Rey, &c.

REprimia el brillante ardor del ardiente coraçon del Rey de Sicilia, su primer Consejero Iuan de Cruïlles, deteniendole en empeñarse contra los Enemigos, hasta que llegasse la Armada de Cataluña, que à 19. de Mayo avia partido de Barcelona; però no pudo detenerle para que no embiasse sus Galeras en oposito de las Ginovesas, que venian en socorro de los Rebeldes. Fue el caso que entendiendo el Rey de Sicilia llegavan seys Galeras Reales muy pobladas de Soldados à desembarcar en la Isla para engrossar à los Enemigos, mandò à Francisco Coloma, que con diez Galeras ligeras partiesse à encontrar las Enemigas: obedeciò el Catalan, y con tan feliz aura, que surgir, encontrar, y vencerlas, parece fue todo à vn tiẽpo: encontròlas delante Linayre, acometiòlas, y rindiòlas à todas seys, con prision de su General N. de Spinola, y de los demàs Cabos, y Capitanes, que con las seys Galeras fueron presentados al Rey: el qual en castigo de tan repetidas rebeliones mãdò ahorcar à veynte y nueve Ginoveses, y à los otros les mandò guardar en los Castillos, y Plaças.

Arribò à Cerdeña la Catalana Armada, despues de conseguida esta Vitoria referida, con grande alegria del Rey de Sicilia, el qual, juntas las dos Catalanas Armadas, la que ya el Rey tenia consigo, y la que avia llegado de Cataluña, venia à tener ducientas Velas, tres mil Cavallos, y algo mas de ocho mil Infantes: despues de aver descansado algunos dias, partiò para San Luri, Presidio, y abrigo de la rebelion: quiso antes del arribo del Campo delante la Plaza, mandar salir algunas Compañias de Cavallos para batir la campaña de San Luri, bizarrìa que costò la vida à Bernardo de Paguera, y à Bernardino de Moncorp, cõ disgusto del Exercito, por averse perdido dos Varones Ilustres, sin que ni para que, no pudiendose lograr fruto de prevenir à los Enemigos tan numerosos, pues constava su Exercito de mas de veinte mil hombres.

Avia ya el Rey de Sicilia derrotado, y hecho prisionero en vn renquẽtro à Branca Doria, con que se hallava solo governando à los Rebeldes el Vizconde de Narbona assistido de Sardos, Ginoveses, y Franceses, en el numero referido; que despreciado con esplendor, y real animo, del Rey de Sicilia, con solos doze mil combatientes, decretò embestir à los Enemigos, motivado de la carta que avia escrito al Rey su Padre al salir de Sicilia: *Que iva à esta Guerra, por imitar las hazañas, y proesas de los Reyes sus predecessores, de gloriosa memoria*; y bien lo cũpliò, pues saliò de Caller à 26. de Iunio, sin estorvo del rigor del Sol del Estio, tal en aquel Païs, y caminò seys dias continuos hasta encontrar al Exercito contrario, el qual con la noticia de la venida del Rey, saliò de San Luri, y dispusose à la Batalla el Vizconde de Narbona: hallavanse enfren-

enfrente los dos Exercitos, quando el Rey de Sicilia comensò a ordenar su Exercito, y diò orden à Ramon de Bages, que con parte de la Gente ocupasse vn Montesuelo delante del Exercito enemigo, y luego diò señal para travarse la Batalla; que se emprendiò con tal valor, y corage, que en espacio de pocas horas fueron derrotados, y desechos los Enemigos, quedando en la Campaña cinco mil muertos, y el Estandarte por trofeo de la Vitoria; huyendo los demás ázia Monreal, seguidos de nuestra Cavalleria hasta encerrar en la Plaza, á los que lograron la fortuna de librarse. Costò esta vitoria pocas vidas de los nuestros: las mas señaladas fueron la de Juan Desvalls Conseller tercero de Barcelona General de la Infanteria, del Vizconde de Orta, de Pedro Galceran de Pinòs, y de Juan de Vilarrasa: diò esta Vitoria nuevo lustre, y esmalte à las glorias del Rey, y de la Nacion Catalana, dilatadas por el Orbe por la Fama desta insigne Hazaña. Fue el premio de la Vitoria la conquista del Castillo, y Villa de San-Luri, lograda à fuerça de Armas por Bernardo de Cabrera, y Bernardo Galceran de Pinòs, con muerte de mas de mil de los Enemigos: conseguida la Plaza, mandò levantar el Rey el Campo, y enterrar los que avian muerto en estas empresas, con piedad Catolica, è ilustre fausto Militar, en la Iglesia de dicha Villa, mandando esculpir las Armas de los muertos Vencedores, en sus Sepulcros.

Vitoria de San Luri.

Conquista del Castillo, y Villa de San Luri.

Acovardados los Rebeldes, y temerosos del castigo, acudieron à porfia à sugetarse à la devida obediencia, con las Plazas, y Castillos que ocupavan; y el Rey se retirò à Caller, para disponer el assedio de Oristan, vnico Presidio de la Inobediencia. Apenas llegò à aquella Ciudad, se hallò herido de vna pestilente calentura; y apenas libre, ò mejorado, vna travessura, segun se refiere, le quitò en quatro dias la vida. Succediò su muerte, y desgracia de la Nacion à 25. de Julio dia de nuestro Apostol San-Tiago. Muriò como muy Catholico, y con demostraciones dolorosas de aver ofendido à Dios, que le avia siẽpre favorecido. Ocasionò esta tragedia, tristissima fiesta de San-Tiago à todos sus Conmilitones, y buenos Vassallos: enterraronle en la Iglesia mayor entre los Gloriosos Heroes de su Nacion, que avian muerto en la Isla en las antecedentes Guerras, y se hallavan sus Cadaveres, por credito de la Nacion, en sumptuosos Sepulcros, esculpidas en las piedras sus Armas, y Divisas. Dexò heredero del Reyno de Sicilia, y Ducados de Athenas, Neopatria, y Tierras del Imperio de Oriente al Rey su Padre, y encargòle sus hijos naturales Don Fadrique, y Doña Violante, à los quales nombrò herederos en la hazienda de su Madre: fue muy largo en los Legados en sufragio de su Alma, y en recompensa de los servicios de sus Criados. (1)

Acuden los Rebeldes de Cerdeña à porfia à sujetarse al Rey cõ las Plaças.

Muerte del Rey Don Martin de Sicilia.

(1) *Real Archivo de Barcelona, Testamento del Rey D. Martin de Sicilia, entre los Testam. Real.*

Muerto el Pastor, dividiòse el Ganado, y muerto el Rey dividiòse el Exercito: quedò la menor parte en Cerdeña; y la mayor con la Armada bolviò à Cataluña: advirtiendo la ocasion los Rebeldes, que se hallavan encerrados en Oristan, salieron en numero de doze mil, contra los que avian quedado en Caller, reliquias del vitorioso Exercito: entendiendolo, Juan, y Pedro de Moncada, que governavan las Tropas que se hallavan en Caller, no quisieron ser cercados; y salieron de la Plaza con solos quatro cientos Cavallos, y corto numero de Infantes, àzia Oristan à encontrar à los Enemigos, que se les atravessaron en el passo, y obligaron à la Batalla: la qual huviera sucedido muy en daño de los nuestros, à no aver acudido diligente, y à buena ocasion Pedro de Torrellas con algunas Tropas de Cavallos, doblando el aliento à los que ya se hallavan en la Militar Palestra; y fue de modo que en breve lograron derrotar el Exercito enemigo, quedando muertos quatro mil, sin daño de los nuestros. Con esta Vitoria quedò quieta la Isla por entonces, y aliviada de tan contumazes Enemigos.

Segũda Vitoria de la Naciõ Catalana.

Digno

Digno de reflexion es el caso, y vivo exemplo de la devida obligacion de la comun defensa, poco practicada en este tiempo: no tuvo reparos, no esperò ordenes, ni malogrò el tiempo Pedro de Torrellas, para acudir à la defensa de los suyos, la qual logrò con la Vitoria, conservandoles, y lo que es mas, para el Rey la Isla.

Llegado à Barcelona San Vicente Ferrer. Limosna de la Ciudad à los Pobres.

Hallavase en este tiempo clarin Evangelico San Vicente Ferrer en Barcelona, à la qual favoreciò repetidas ocasiones, colmandola de favores, y raras maravillas: venia el Santo acompañado de multitud grande de Discipulos de todas lenguas, y Naciones: entre tantos hallavanse algunos Pobres, y mal arropados, ocasion que moviò la piedad de Barcelona à deliberar en el Consejo, trecientos florines de oro, para que se empleassen en la assistencia, y vestidos de la comitiva del Santo, con atencion à la necessidad, y estado de los menesterosos. (2)

(2) *Archivo de la Ciudad de Barcelona lib. de deliberaciones del Consejo año 1409. fol. 285.*

Continuavan por este tiempo aun las Cortes en Barcelona, y se hallava en ella todo lo Eclesiastico, Ilustre, y Noble del Principado, quando llegò la noticia de las Vitorias, y Conquistas del Rey Don Martin: celebraronse por el Rey su Padre, y toda la Corte, con rendidos obsequios à Dios, que liberal, y misericordioso las avia concedido: regosijòse, y alegròse Barcelona, y toda Cataluña con fiestas, saraos, y Militares alegrias, y triumfos, que presto se convirtieron en lagrimas, tristezas, dolor, y verdadero sentimiento, para exemplo de la inconstancia de las mundanas glorias, con el aviso de la temprana muerte del malogrado Principe, que se llevò consigo la mayor parte de la Militar gloria Catalana.

Hallavase en Barcelona el Papa Benedicto para tratar con el Rey, y las Cortes la forma del bien de la Iglesia, ò bien de mantener la suprema Silla: el qual advertido por los que avian llegado de Cerdeña, de la muerte del Rey de Sicilia, aviendolo conferido en las Cortes, determinò llevassen la triste nueva al Rey (que se hallava celebrando las Glorias del hijo de su Nacion) San Vicente Ferrer, y los Conselleres de Barcelona, juzgando que con el Celestial Espiritu del Santo, y representacion de tal Ciudad se templaria tan amarga, y violenta pildora: dieronsela, con la oblea de Catolicos, y bien formados discursos, fundados en la obligacion de sujetarse à la Voluntad Divina. Obrò la noticia lo que puede juzgarse en la perdida de vn hijo vnico, joven, querido por el natural vinculo, y por las relevantes prendas de Valor, y Prudencia: sintiòlo el Rey, como à Padre, que avia perdido à su vnico hijo: sintieronlo los Reynos, como à hijos que avian perdido su Padre, y Señor: y sintiòlo Cataluña como quien avia perdido mas que todos, pues avia perdido Padre, hijo, Rey, Señor, consuelo, aliento, y en esta perdida quanto avia ganado de Gloria, y estimacion por el Orbe, siendo al igual de la perdida las demostraciones de la Provincia, pues no se lee de otra que la igualasse en las demostraciones dolorosas por la falta de su Principe. Llegò esto à tal estremo que ivan Hombres, Mugeres, y Niños, llorando, y lamentandose por las calles, como si de todo punto se huviesse perdido la Patria. Refierelo Zurita, Abarca, y Espartil, y con estas razones Espartil, y Zurita: *Llegò esto à tanto grado de sentimiento, y tristeza, que los Catalanes hazian su duelo de manera, que publicavan, que aquel dia se perdiò toda su honra, y estimacion, y la prosperidad de su Nacion, que avia alcançado en los tiempos antiguos entre todas las Gentes.* Abarca: *En especial los Catalanes, entre publicos, è implacables suspiros vozeavan que aquel dia se avia perdido toda la honra, y Gloria, que por tantos siglos, entre todas las Gentes, avia ganado su Nacion.* (3)

Dasse noticia al Rey de la muerte de su vnico hijo. Su sentimiento, y de Cataluña.

(3) *Zurita tomo 2. lib. 10. cap. 88. Abarca tomo 2. fol. 164. cap. 3.*

Por la muerte del Rey de Sicilia quedò aquel Reyno encargado à la Reyna Doña Blanca su muger, por disposicion del Rey, à la qual nombrò por primeros Ministros, y Consejeros à Fr. Aleman de Foxà Comendamendador de Monçon, y Prior de Mecina, Luìs de Rajadell, Gabriel Faulò, y Bartolomè de Invenio, hasta que el Rey su Padre dispusiesse del Govierno: mandò tambien que en caso que la Reyna eligiesse por su morada à Catania, que la governasse Luìs de Rajadell.

Avia algunos meses que se hallavan congregados en el Concilio de Pisa los Prelados de los mas Reynos Christianos, para concluir con la Cisma: embiò el Rey por sus Embaxadores al Concilio el Arçobispo de Tarragona, Guerao de Cervello Governador de Cataluña, Esperandeu de Cardona Viceccanciller, Vidal de Blanes, y Pedro Basset; però no obstante sus oficios, se eligiò en el Concilio por Pontifice Fr. Pedro Philareto de la Orden de los Menores, que se nombrò Alexandro V. y fueron dados por Cismaticos Benedicto, y Gregorio.

Eleccio de Alexandro V. en el Concilio de Pisa.

Trataron los Primeros de Cataluña supuesto que se hallava el Rey sin succession, que por el consuelo vniversal, eligiesse Esposa proponiendoselo con zelo, y vivas instancias: escusóse algunas ocasiones, ya que no por su edad, pues era de poco mas de los cinquenta años, por sus achaques, è indisposiciones; y lo mas cierto, por desear Successor à Don Fadrique su Nieto, hijo natural del Rey Don Martin su hijo: tentò el animo de los mas Intrinsecos, con la atencion del muerto hijo, y que la edad de Fadrique les assegurava la succession, que se hallava dudosa en su debilitado natural; y parecia mejor acceptar al Nieto por Rey, que esperar al que avia de nacer. No aprovaron estas razones los Privados del Rey, ni las admitia con gusto la Nacion, aun congregada en las Cortes de Barcelona, y assi por la importuna porfia de la Nacion Catalana, condesendiò el Rey en casarse para consolarles, y eligiò Esposa à Doña Margarita de Prades, hija de Don Pedro de Prades, y de Juana de Cabrera, viviendo el Conde de Prades su Abuelo, de la familia Real. Celebraronse las Bodas en Barcelona, ò en la Casa de Campo de Bellesguart à 17. de Setiembre deste año.

Instan los Catalanes al Rey para que se case, y lo executa para cosuelo de sus Reynos.

Concediò el Rey à la Ciudad de Barcelona por el servicio de cinquenta mil florines para assistir à Cerdeña, y Sicilia, el Condado de Ampurias, que avia recaìdo en la Corona Real, y quedò la Ciudad Gondesa de Ampurias. (4)

(4) Archivo de la Ciudad de Barcelona. Dietar. deste año, y de las deliber. Rubrica de Bruniquer. De las cosas de la Ciudad. Zurita tomo 1. libro cap. 89.

Diò el Rey providencia à la defensa de Cerdeña, y embiò à aquella Isla à Guillen de Moncada con algunas Compañias de refuerço. Por los remedios que se aplicavan à la debilidad del Rey para alentarle à la Succession, fue en aumento la indisposicion, y se juzgò incapaz de tenerla, y poder consolar à los Reynos, que tan finamente la deseavan: bolò la fama de la noticia de la poca salud del Rey, y declararonse los Pretensores de la Corona: fue el primero Luìs Rey de Napoles, y Conde de la Proença, el qual con color del pesame de la muerte del Rey de Sicilia, embiò à Barcelona al Obispo de Cosserans, y otros Embaxadores; y en la realidad era para proponer al Rey los derechos de la Infanta Doña Violante su Muger, aviendo muerto la Infanta Doña Juana Condesa de Foix, hijas las dos del Rey Don Juan, à las quales avia sido preferido el Rey Don Martin por Varon. Suplicò el Obispo al Rey, diesse licencia à la Reyna Doña Violante su Sobrina, y à su hijo el Duque de Calabria para assistirle, y venir à residir en su Corte. Aunque estrañò el Rey la proposicion, por no parecerle bien la succession destos Reynos en Persona de la Casa Real de Francia, diò à entender en lo publico, que gustava se tratasse de los derechos, que tenian los de la Familia Real en la succession; però la intencion se cree era para dar motivo à que saliessen Pretensores, dilatando con los discursos el empeño del Rey Luìs; y lo mas cierto para que los Vassallos advirtiendo el numero, y division que avia de ser forçosa en daño de estos Reynos, se inclinassen à darle gusto en admitir à Don Fadrique su Nieto, empeño à que no pudieron jamas ajus-

Pretensores à la Corona.

ajustarse, por ser novedad muy contra el punto de las Naciones: saliò Guillen de Moncada con el Real beneplacito à favor de la Reyna Doña Violante, y haziendo la parte del Conde de Vrgel, Bernardo de Centellas, declaròse por el Duque de Gandìa Bernardo de Vilaritx que governava à Ribagorça: añadiò à estos pretensores el Rey al Infante Don Fernando de Castilla, para mayor frente, y tener suspensos los Vassallos, particularmente los Catalanes, que aun se hallavan en las Cortes de Barcelona; juzgando con esto facilitar su afecto de introducir à Don Fadrique su nieto à la Corona. (5)

(5) *Laurentius Valla de Rege Ferdinando.*

Hizo, y defendiò el Rey el derecho del Infante Don Fernando diziendo: devia preferirse à todos para excluìr à los otros pretensores que por el sentir vniversal tenian mas assegurado el derecho, y para facilitar la Corona para su nieto: para conseguirsela, obligò con ruegos, agazajos, y ofrecimientos à los Barones, Nobles, y à otros de Cataluña, juzgando alomenos poder alcançarle el Reyno de Sicilia; però no pudo con estos oficios vacilar la constancia Catalana, que juzgava indubitado el derecho del Conde de Vrgel, por ser el mas propinquo de la linea masculina, vnicamente llamada à la Succession por los antecedentes Reyes, y observada inviolablemente de los Reynos. Seguìan este sentir con Cataluña, los otros Reynos; y aunque el Rey no consiguiò su designio de poner la Corona en la Cabeça de su nieto, però con estas artes, y con defender el partido del Infante Don Fernando, atrajò algunos à este sentir, y se diò oìdo à la pretension del Infante, desviandose los animos aunque pocos, de la comun opinion que seguia al Conde de Vrgel favoreciendo su pretension. (6)

(6) *Lurentius Valla de Rege Ferdinando, Autor de este tiempo, al qual se deve dar fé.*

Defendìa no obstante el Rey la pretension de su nieto, y proseguia en agasajar à los Catalanes: proponiales la Succession de Sicilia, y que por el Rey su hijo se avia restaurado Cerdeña; y como aun no se convenciessen los Vassallos, tratò con el Papa que legitimasse al nieto, y le concediesse capacidad para suceder à los Reynos.

Quando mas ardìa la emulacion, y empeño, pidiò el Conde de Vrgel la Procuracion, y Governacion General, propria del Primogenito, y Succesor de la Corona, como sino tuviera contraria la voluntad del Rey, y le faltasse oposicion en los pretensores: convino el Rey con la instancia del Conde, añadiendole el puesto de Condestable, proprio de la Casa Real: firmòse el despacho de la gracia en Barcelona à 25. de Agosto, concediendole lo que pedia, y aun mas, pues se le diò poder de nombrar Viceregente General, cosa jamàs permitida, ni executada: con esta gracia juzgò el Rey assegurar el partido de su nieto, por creer, que el Conde en la administracion de su cargo disgustaria à los Grandes, Barones, y à otros de los Reynos, y le quitaria parte del sequito, y favor vniversal, y con esto hallaria mejor dispuestos los coraçones à obedecerle, y seguir su dictamen.

Como el Rey se hallava en Barcelona, no podia temerse novedad por la gracia concedida al Conde, pues no podia vsar de ella: temiasse en Aragon, y aunque se la avia concedido por quitarle el aplauso vniversal, temiò tambien aumentarle autoridad; y como esta
la avia de conseguir en Aragon, escriviò al Arçobispo de Zaragoça, y 1410.
al Governador de Aragon pusiessen estorvos en la execucion, y procurassen no fuesse el Conde admitido en aquel cargo, como lo executaron, juntando los Braços del Reyno. (7)

(7) *Laurentius Valla de Rege Ferdinando.*

Embaxadores del Infante D. Fernãdo de Castilla al Rey.

Llegaron á este tiempo à Barcelona Embaxadores del Infante D. Fernando con pretexto del pesame de la muerte del Rey de Sicilia; y en en la realidad para proponer al Rey, y à las Cortes de Cataluña los derechos del Infante.

Publicó el Rey querer passar en persona à Sicilia por el recelo de las novedades de aquella Isla, y por aver entrado en Palermo Bernardo de Cabrera Conde de Modica contra el Real orden que le avia embiado de que no saliesse de sus Estados, ni entrasse en alguna de las Ciudades Reales, porque juzgava al Conde à proposito para desempeñarse de qualquier empeño, aunque muy arduo.

En este tiempo se apartò el Condado del Venexino, de la obediencia de Benedicto, y el Governador Don Rodrigo de Luna se retiró á Aviñon, defendido del Vizconde de Evol Bernardo de Sò, que governava el Palacio Apostolico, y de Berenguer Boyl, que governava la Torre, y Puente de la Ciudad: los quales por disgustos particulares dieron ocasion à dividirse en vandos los Catalanes, y Aragoneses que se hallavan en defensa de la Plaça: à los quales reunió el vigilante cuydado de Benedicto, q̃ despues de la serenidad, assegurado de las Plaças del Condado partiò para Zaragoça, y de ella para Barcelona, despues de la eleccion del Cardenal Baltazar Cossa por la muerte de Alexandro, que se llamò Juan XXIII. para consultar con el Rey sobre las dependencias del empeño de mantener la Suprema Silla de la Iglesia, que proseguia: fuè hospedado fuera de los Muros de la Ciudad en vna Quinta que llamavan la Torre del Pla; en la qual se detuvo hasta la muerte del Rey.

Parte la Armada Catalana para Cerdeña en daño de sus Costas, y defensa de la Isla.

Antonio de Cardona, y Pedro de Moncada salieron en este tiempo de Barcelona, governando la Armada de algunas Galeras, y Naos, que avia mandado armar el Rey para Socorrer à Cerdeña: llegò esta Armada à Aguas Muertas, lograron bravo pillage, è hizieron notable daño en aquellas Costas, tomando algunos Navios, que llevávan gente de guerra à favor de los rebeldes de Cerdeña: apressurosse la Armada para llegar à Cerdeña à tiempo de poder assistir à Pedro de Torrellas, Lugarteniente, y Capitàn General de la Isla, que se hallava trabajado en la defensa, por el aliento q̃ avian tomado los enemigos en la muerte del Rey de Sicilia, no escarmentados de las derrotas antecedentes, singularmente de la ultima despues de la muerte del Rey: llegó la Armada como pedia el estado de la Isla; però para mantenerla, y no menos à las milicias que tenia Pedro Torrellas, huvo de dar la Investidura del Marquesado de Oristàn, y del Condado de Gociano, con poderes del Rey, à Leonardo Cubello por grande suma de dinero, bastante à mantener todo el peso de la guerra.

Gozava el Rey en este tiempo las delicias de la Campaña de Barcelona en la amenidad de Bellesguart, y à los vltimos de Mayo dexado aquel alegre Pensil, passó al Convento de Valldonzella, tambien fuera de los Muros de la Ciudad, donde le vino repentino accidente, que se conoció mortal à los 29. de dicho mes, ocasionado de los exquisitos, y estravagantes remedios, para incitar su inabilidad, è impotencia.

Acudieron llevados del suave vinculo de su obligado, y reconocido amor, los Conselleres de Barcelona, y lo mas calificado del Principado; y desesperando todos de la salud del Rey, hallandose presentes en su Real Retrete, Guillen de Moncada, y los Conselleres de Barcelona, las dos Condessas de Vrgel Suegra, y Nuera, le suplicaron declarasse por Successor en los Estados, al Conde, pues le constava ser el mas proximo, y propinquo de la linea masculina de los Serenissimos Condes de Barcelona Progenitores de entrambos, y ponderavan devia executarlo en descargo de su concienciencia para remedio de los daños que se temian en la division, no siendo servido declarar su Real animo. Con mayor ardor la Condessa Madre del Conde de Vrgel, en alta voz llegandole la mano al pecho le dixo, que la Succession de los Reynos era devida à su hijo, y que injustamente se la queria quitar con sus dilaciones; y entonces Guillen de Moncada, y vno de los Conselleres apartaron la Condessa, y la previnieron al respeto, y atencion devida à la Magestad. (8)

(8) *Laurentius Valla de Rege Ferdinando.*

Dieron lugar al descanso, y quietud del Rey los que se hallavan en su Real Camara, y despues à su tiempo entraron los Conselleres de Barcelona con Escrivanos Publicos, y le preguntaron si era de su Real agrado que se diesse la Succession al que constasse deversele legitimamente? à que respondiò que assi lo mandava; y se recibiò Escritura de la pregunta, y respuesta. Fuè esta accion de animo prevenido, y deliberado como consta del Testamento que se hallò despues de su muerte, recibido por Ramon Cescomes su Protonotario à los 2. de Deziembre año 1407. q̃ se halla en el Real Archivo de Barcelona, en el qual solo llama à su hijo, y à sus descendientes, y no à la linea Transversal: si en no declarar su animo juzgò se atenderia à la Persona de su nieto, fuè engaño del amor; lo cierto es, que todos los Catalanes, y Aragoneses le culpan por la division en que dexò los Reynos, y por la ocasion que diò de privar à la linea masculina, de la Corona, que jamàs avia sido excluìda por mas distante. Muriò à 31. de Mayo, fuè depositado en la Cathedral de Barcelona con la solẽnidad que referiremos en la muerte del Rey D. Juan II. vltimo de los que murieron en Barcelona, y tuvieron en ella su Corte: fuè despues trasladado à Poblet, al Sepulcro de sus Mayores: gran Rey si huviera declarado Successor, que por lo que le querian todos, huvieran admitido el que huviesse propuesto: acabòse en este Rey la linea masculina de Vvifredo I. y entrò la femenina: viviò 52. años, y Reynò 15. Los conocidos en este tiempo son los que se siguen: Bernardo Seguera, Pedro de Malarts, Bernardo Bartomeu, Guerao Manlloll, N. Llorach, N. Riambau, N. Bellafilla, N. Desbosch, N. de San Vicens.

CAPITVLO VI.

Encomio de los Serenissimos Condes de Barcelona, y Reyes de Aragon: Pretensores de la Corona, y resumen de sus derechos: Razon de la Eleccion: Estado infeliz de los Reynos: Buelven los Conselleres segunda, y tercera vez con orden de las Cortes para entender la voluntad del Rey, que siempre es vna, que se elija aquel al qual toca de derecho: Cessan las Cortes por la muerte del Rey: Eligen estos personas que representan la Provincia, &c.

MVriò el Magnanimo Rey Don Martin sin elegir Successor, llevòse tràs si la gloria de sus Ilustres Progenitores, que por tantos siglos desdel primer Vvifredo, sin averse jamàs interrũpido la Militar, y afortunada Varonia de los celebrados Condes de Barcelona, avìa en todos reynado con la Zelada por Corona, y con el azero por Real Purpura, dilatando sus glorias, y siempre victoriosos progressos, por los Mares, y Tierras de Assia, Africa, España, Francia, Ingalaterra, Italia, Islas Baleares, Sicilia, Cerdeña, Napoles, y mas apartados Climas, llegando con la lança en la mano à vna Prodigiosa Magestad de Conquistas, y Triunfos Catolicos, y Religiosos; proprio Solar de la Nobleza de sus Vassallos, llenando de riquezas, y militar gloria à los Reynos, y de frutos, y consuelos à la Iglesia.

Pareciò à la Nacion Catalana que por la muerte de su Principe avia

avia dado al trevés su fortuna, y mas lo confirmó, viendo excluìda en la eleccion la linea masculina de sus amados Señores, y elegida la femenina, cosa jamàs vista, ni practicada; de que advertido el Santo, y Apostolico Varon S. Vicente Ferrer, para consuelo de los Reynos, en el Sermon que hizo en Caspe despues de la eleccion, dió la razon, y motivos, en èl lo podrà ver el curioso. (1)

(1) *Diago hist. de S. Vicente lib. 1. ca. 23. Laurentius Valla de Rege Ferdinando. nu. 5.*

Solo devemos assegurarnos que Dios es quien quita, y dà las Coronas, y que esta eleccion fuè justo juìzio suyo, como tambien lo dixo el Santo al Conde de Vrgel, y que le avia excluìdo Dios por indigno de la Succession, por aver muerto à su hermano para suceder al Condado, y que esto le quitò los Reynos. (2)

(2) *Diago hist. de S. Vicente Ferrer fol. 322.*

Favoreció el Cielo con nuevas glorias, y repetidos triunfos à esta linea Catalana femenina, no siendo menos Ilustres, y Magnanimos los Reyes de ella que lo fueron los antiguos hasta el Rey Don Martin, de la linea masculina: y bolviò à renacer con el zelo brillante, y apacible ardor destos Militares Reyes, la Nacion Catalana, dilatandose à nuevos Mares, y Conquistas de poderosos Reynos, como veremos; aumentando sus glorias, hasta que dispuso la Suprema Magestad, que sin perdida, ni dañq de la Nacion se suspendiessen; ò se diesse al descanso, para poder mejor, y con nuevos alientos servir á su Rey, à mayor gloria de Dios, y dilatacion de su inefable nombre, para bolver à publicar sus divinas misericordias.

Nombranse los pretendientes de la Corona.

Avianse declarado pretensores de la Corona en vida del Rey Don Martin, con su aprobacion los Principes de su Sangre por entrambas lineas, masculina, y femenina, y prosiguieron su empeño con mayores veras despues de la muerte del Rey: fueron los mas principales por la linea masculina Don Fadrique hijo natural del Rey de Sicilia, y nieto del Rey Don Martin, al qual con la muerte del Abuelo le faltàron lados, y Abogados, y se atendiò poco à su pretension: el segundo el Conde de Prades, que por hallarse muy remoto, escusò las diligencias de pretendiente: el tercero Don Jayme Conde de Vrgel descendiente por linea de varon de Don Jayme Conde de Vrgel hijo legitimo del Rey Don Alonso III. y hermano del Rey Don Pedro III. casado con la Infanta Doña Isabel hermana del Rey Don Martin: el quarto el Duque de Gandìa Conde de Ribagorça descendiente por la misma linea de Don Pedro Conde de Ampurias, y Ribagorça hijo del Rey Don Jayme II. y hermano del Rey Don Alonso III. vn grado mas remoto que el Conde de Vrgel. Por la linea femenina prosiguieron en sus diligentes representaciones la Reyna Doña Violante de Napoles hija del Rey Don Juan I. y su hijo el Duque de Calabria, y el Infante Don Fernando hijo de la Reyna Doña Leonor de Castilla hija del Rey Don Pedro III. al qual dió la Corona San Vicente Ferrer seguido de los mas de los Electores, que sin dar razones, se conformaron en todo, y por todo con el parecer del Sãto. Consta del Processo original, todo lo obrado, y deducido en este hecho desde el principio hasta la Sentencia, y execucion, que se halla en el Real Archivo de Barcelona en la Arca 2. Grande; del qual sacaremos quanto se abrá de referir hasta el juramento del Rey Don Fernando; en este se hallan los votos del Obispo de Huesca, Bonifacio Ferrer, Bernardo de Gualbes, Berenguer de Bardaxì, y Francès de Aranda, como se siguen: *In omnibus, & per omnia adherere volo intentioni prædicti Domini Magistri Vincentij.*

Razones de dudar sobre el voto, y dictamen de San Vicente Ferrer.

Permitase para mayor inteligencia de lo que devemos referir, proponer algunas razones de dudar al Santo, y referir su respuesta, y solucion que la juzgo importante para el el comun beneficio destos Reynos: no podia ignorar S. Vicente que se hallavan excluìdas las hembras, y toda la linea femenina, de la Succession destos Reynos desde los primeros Condes de Barcelona; y despues de la vnion con Aragon por los Testamentos Reales desde la Reyna Doña Petronilla hasta el Rey Don Juan I. hermano del Rey Don Martin, y que, esta exclusiva se hallava assegurada con el comun consentimiento, y expressa voluntad del Principado, y de todos los Reynos, observada inviolablemente; de forma, que hallandose el Señor Rey Don Pedro III. sin hijo varon pretendiò le abilitassen à sus hijas para la Corona, y no lo pudo conseguir, hallando siempre constante oposicion en los Vassallos, por no averse practicado, y tener la voluntad de los Reyes antecedentes, y consentimiento de los Pueblos contrarios, como queda referido.

Mas fuerça dava à esta razon la exaltacion del Rey Don Martin à la Corona, tan presente à todos, que solo avian corrido quinze años, y se executò viviendo todos los Electores; pues la Ciudad de Barcelona primero, Cataluña, y los Reynos despues, la dieron al Duque de Momblanch Don Martin hermano del vltimo Rey Don Juan, por varon, excluyendo las Infantas Doña Juanà, y Doña Violante hijas del Rey Don Juan, que devian suceder pudiendose admitir las hembras à la Corona, despreciando las instancias de la Infanta Doña Juana, y del Conde de Foix su Marido, por no poder admitirse la linea femenina à la Succession destos Reynos, como queda referido.

Parece de lo ponderado deverse de derecho la Corona à la linea masculina, y de esta al que se hallase en grado mas propinquo al vltimo Rey; y como este era el Conde de Vrgel por descendiente del Rey Don Alonso III. Abuelo del Rey D. Martin, parece se le devia por la linea masculina, y aun pudiendo entrar la femenina, por su Muger la Infanta Doña Isabel hermana del Rey Don Martin.

Solució del Santo à las razones de dudar.

Adviertase la solucion del Santo, diziendo que el Conde de Vrgel se hizo indigno por aver muerto à su hermano por la Succession de sus Estados, con que se devia juzgar indigno de la de los Reynos, pues si huviesse vivido el hermano le avia de preferir, y esto es de derecho. Tiene esta solucion muy fuerte la replica, dexados los lugares del derecho Civil, y Municipal; si, no hallandose deducido, ni provado, ni aun sabido, ni sospechado el delito del Conde, podian conocer dèl los Juezes, y privarle de su derecho? Otra es la replica, supuesto que el Conde de Vrgel por la muerte del hermano devia excluirse de la Succession, aunque de la linea varonil, como se excluyò el Duque de Gandìa de la misma linea, que no avia delinquido, y se hallava capàz por descendiente del Rey Don Jayme II?

Dudase en la suposició de poder entrar la linea femenina, y solucion.

Quedese esto en este estado, y supongamos poder entrar la linea femenina: en esta parece aver de ser preferida la Reyna Doña Violante al Infante Don Fernando, porque se le devia la Corona antes que al Rey Don Martin, por hija del Rey Don Juan Primero, y aviendosela quitado se le devia bolver despues de su muerte; y siguiendo los grados, se hallava mas propinqua al Rey Don Juan, y aun al Rey Don Martin, que no el Infante Don Fernando, porque su Madre era hija del antecessor del Rey Don Martin, y el Infante era Sobrino; y aun valiendose de la representacion, y entrar el Infante en lugar de su Madre la Reyna Doña Leonor, parece se hallava mas apartado, por q̃ la Reyna Doña Leonor era hermana del Rey Don Juan, y la Reyna Doña Violante hija; aunque todos Sobrinos del Rey Don Martin el Infante, y la Reyna Doña Violante.

Omito

Omito la la question de la Prelacion del varon descendiente de hembra, y de la hembra descendiente de varon en la Succession, por ser muy dilatada, y fuera del intento, y tener hijo la Reyna Doña Violante. Voy à la solucion, y justa declaracion del Santo, de la qual diò la razon en su Sermon referido, diziendo: *averse elegido el Infante Don Fernando por el mejor, y mas à proposito para los Reynos, y como en caso muy especial para su consequencia, omitidas las reglas ordinarias*; y es cierto que parece fuè particular gracia, y voluntad Divina, (que sin duda la entendiò el Santo con su Espiritu Profetico) dar al Infante Don Fernando la Monarquia desta Corona en premio de los Reynos de Castilla, cuya Corona avia mantenido, y defendido en su Sobrino el Rey de Castilla, pudiendose Coronar Rey obligado de las afectuosas instancias de aquellos Pueblos.

Consta con evidencia aver sido esta eleccion de Dios, y que manifiestamente dispuso los medios, y quitò los estorvos para dar la Corona al Infante, ofuscando la prudencia humana; pues si esta lo huviera advertido, quedava excluìdo el Infante por la constancia destos Reynos en la exclusion de la linea femenina; supuesto, que quando dieron los Parlamentos el poder à los Electores avian de assegurar la Succession en la linea masculina, que siempre avia conservado; explicando en el poder, que viessen los Electores à qual de la linea varonil se devia la Corona, y no le devian dar absoluto, sino limitado en la linea varonil, ò no abilitar la femenina: no lo previnieron, por justo juizio de Dios: dieronles al poder absoluto, y sin reserva; conque pudieron justamente elegir el mas á proposito de entrambas lineas; y assi lo previno el Cielo para dar à esta Provincia vn Principe como el Rey Don Fernando, y favorecerla con su hijo el Magnanimo Rey Don Alonso; que le añadiò las dilatadas Provincias del Reyno de Napoles, al qual han seguido en valor, y gloria sus Augustos, y celebres descendientes desdel Señor Rey Don Fernando el Catolico, hasta nuestro amado Señor, y Monarca Carlos III. al qual quiera Dios assistirle, y favorecerle para renovar las antiguas glorias desta Catolica Monarquia, y para que buelva la Nacion Catalana à su primero, y antiguo esplendor, en gloria del Santissimo Nombre de Dios, y Exaltacion de su Santa Fè, como fieles, y constantes lo executaron nuestros antiguos Progenitores: peró la razon mas evidente de dar los Reynos al Rey Don Fernando yà se halla en el Sermon del Santo, y bien se dexan entẽder la eleccion, y motivos.

Circunstancia q̃ acredita ser de Dios la eleccion en el Infante Don Fernando.

Con la muerte del Rey Don Martin, por el sequito de los pretendientes se hallavan en suma confusion, y discordia los Reynos, amenaçados de consumirse en civiles disturbios: favoreciò en esto el Cielo á Cataluña para ser el Iris, y quietud de todos, como lo asseguran todos los Autores. Esto supuesto, bolvamos à ceñir la Historia: yà queda referida la respuesta del Rey Don Martin à los Conselleres de Barcelona, que de orden de las Cortes le preguntaron quien devia sucederle? Peró como en la Nacion Catalana es natural la dilacion; para assegurarse, y declararse, bolvieron segunda vez al Rey con orden de las Cortes los Conselleres, y otras personas elegidas; y hablando por todos Ferrer de Gualbes Conseller de la Ciudad, tuvo la misma respuesta; de la qual diò fee con publica Escritura Ramon Zescomes Protonotario del Rey, presentes el Obispo de Mallorca, Guerao Alemany de Cervellò Governador de Cataluña, Roger de Moncada Virrey de Mallorca, Pedro de Cervelló, Ramon de Senmenat, Francès de Aranda, Luìs Aguilò, y Guillen Ramon de Moncada.

Bol-

Bolvieron los Conselleres con su comitiva á las Cortes, y dieron relacion de la respuesta del Rey, y el Protonotario entregò la Escritura. Para mas assegurarse la Nacion en materia tan importante, fuè deliberado en las Cortes bolviessen tercera vez los mismos Sujetos con la misma pregunta al Rey, el vltimo dia de su vida; y de la respuesta mandaron recibiesse publica Escritura el Protonotario, la qual fuè la que avia dado en los dos dias antecedentes, y con esto se asseguró la Nacion Catalana de aver cumplido con lo que devia para el bien vniversal de los Reynos.

Goviérno de Cataluña en el interregno.

La muerte del Rey diò tragico fin à las Cortes de Barcelona; y antes de disgregarse, eligieron doze Sujetos de los tres Braços que componen el Principado, para que con el Governador de Cataluña Guerao Alemany de Cervellò, y los Conselleres de Barcelona Ferrer de Gualbes, Domingo Buçot, Berenguer Destorras, Juan Ros, y Bernardo Ballester, representassen la Provincia, y acudiessen à lo importante; haziendo las provisiones el Governador, y Conselleres en lo Militar, y Politico.

(?;?)

CAPITVLO VII.

Funerales honras del Rey Don Martin; Parlamento en Momblanch, que se muda à Barcelona: Competencias, y ajustes: Encomios de Cataluña: Estado de los Reynos: Concurso de todos al Parlamento de Cataluña: Acuden los Pretendientes por sus Embaxadores: Daseles audiencia: Guerras de Sicilia, y Cerdeña: Embaxadas al Parlamento: Empeños de Bernardo de Cabrera en Sicilia: Autoridad, y Privilegios de Cataluña: Division en Aragon: Vandos en Valencia: Discordias en Mallorca: Olvidan las passiones, afectos, è interesses los Catalanes, para remedio de la Monarquia: Medio del Parlamento, en que solicita la quietud en Aragon: Pide socorro el Governador de Cerdeña en el Parlamento, y se le embian: Parlamento General en Sicilia, conformanse todos en no apartarse de la Nacion Catalana, &c.

Aviendose prevenido lo que conducia al Govierno de Cataluña, y consequencia de los Reynos, se procediò à las sumptuosas honras funerales del Rey, como era de costumbre; y porque estas se continuavan por muchos dias con vniversal concurso de la Provincia en la Iglesia de Poblet, el Governador para la mejor comodidad de los que concurrian à las funerales demostraciones, (vltima fineza de los Vassallos) llamò à toda la Provincia à Parlamento General en Momblanch por hallarse tan vezino à Poblet; y es caso particular porque muerto el Rey no puede celebrarse Parlamento, pues necessita de su autoridad para congregarse; però en este caso pudo dispensar la Provncia aviendo dado poder en las Cortes para el govierno. Se congregò vltimo dia de Agosto; y porque Dios recto Juez avia disparado otra saeta contra Cataluña, del Arco de su Divina justicia,

Parlamento General en Momblách.

Mudase el Parlamento à Barcelona.

cia, que fuè el contagioso mal que infectò gran parte desta Provincia, se decretò en el Parlamento mudarle de Momblanch à Barcelona para 25. de Setiembre por lugar mas à proposito, y libre de la enfermedad.

Desdel referido dia se diò principio al Parlamento de Barcelona, y se prorrogò hasta 30. de dicho mes, en el qual començava à juntarse la Nobleza del Principado para vn hecho que juzgaron lograrle, siendo el empeño vnir los Reynos con el Principado para dar Principe à todos: los que se hallaron este dia juntos van à la fin del Capitulo letra *A*. Juntos los tres Braços del Principado en la Sala del Palacio mayor de Barcelona, hablò en nombre de la Provincia el Governador: *Representando el estado infeliz destos Reynos, la determinacion del Rey para que le Sucediesse el que tuviesse mayor derecho, que se podia esperar se obrasse con justicia sin aficion, ni parcialidad atendiendo al exemplo de los mayores, à su fidelidad, constancia, y valor, que avia dado tan gran renombre à la Nacion Catalana, aprovado, y exaltado generalmente por todo el Mundo; y para que este no pareciesse, que les rogava que discurriessen, y propusiessen los medios para la quietud, y conclusion* de dar Rey à los Reynos, *participandoles à todos lo que les parecia mas à proposito, y con la brevedad que pedia el estado presente.* Respondieron por el Estado Eclesiastico el Arçobispo de Tarragona, por el Militar el Conde de Cardona, y por el Real, que le componen las Villas, y Ciudades, el Conseller en Cap de Barcelona: *que todos deseavan acudir al servicio de Dios, bien universal del Principado, y Reynos, y à la quietud publica à mayor gloria de Dios, honra, y consequencia del Principado.*

Sucitóse reñida competencia entre el Estamento Militar, y las Vniversidades de Cataluña, queriendo estas se prosiguiesse el Parlamento en Barcelona; y la Nobleza, que se bolviesse à convocar para Momblanch: declaróse por todo el Estamento Bernardo Roger de Pallàs, protestando de nulidad de la mudanza del Parlamento à Barcelona: seguian este empeño el Vizconde de Illa, Berenguer Arnaldo de Cervelló, Guillen Hugo de Rocabertì, Pedro de Cervelló, Acart, y Luìs de Mur, Ramon de Paguera, Francès Caramany, Ramon Icart por si, y por el Conde de Prades, Guillen de Queralt por si, y por el Conde de Pallàs, Guillen de Tagamanent por si, y por el Conde de Modica, Jofre Gilaberto de Centellas, y los demàs: diò todo el Estamento poder para protestar, y continuar el disentimiento hasta conseguir trasladar el Parlamento de Barcelona à Momblanch, à Ramon de Senmenat, Guerao de Sanahuja, Gregorio Burguès, y Berenguer de Malla. Hallavanse empeñados los Nobles, y constantes las Vniversidades en la oposicion: el Estado Eclesiastico, que avia consentido en la mudanza del Parlamento à Barcelona, y devia ser el Iris de Paz, no quiso declararse por vno, ni otro partidó, declarando seguiria el mas vtil al bien publico. Pudo esta competencia dar motivo à la division, y ser estorvo de prosseguir en la empresa de tener Rey, y Cabeça que governasse los Reynos, y ser muy contra el bien publico; però favoreciò Dios à la Nacion, pues no obstante esta division, no la huvo en atender à quanto conducìa à la defensa de los Reynos, y à la justicia, y govierno del Principado.

Competencia entre el Estado Militar, y Vniversidades sob e bolver el Parlamé to à Momblanch, ò quedar en Barcelona.

Solo el Conde de Cardona, y Pedro de Moncada con los Cavalleros de su sequito, (que no era pequeño) seguìan à las Vniversidades, y defendìan la estancia del Parlamento en Barcelona, por la comodidad del lugar, y ser el espiritu, y coraçon de la Provincia: deducìan en contrario los del vando de Roger Bernardo de Pallàs, que Barcelona era

lugar

lugar sobradamente poderoso, y apartado de los Reynos, que el Parlamento devia ser en lugar libre, y cerca de los Reynos de Aragon, y Valencia, para participarles sus deliberaciones, y tener promptas las que les embiassen aquellos: añadian que Barcelona era muy Privilegiada, y siempre opuesta à las exempciones de la Nobleza, y que su autoridad, y poder igualava, sino excedìa al resto del Principado, y que si se empeñava en contradezir, seria de estorvo en prosseguir las justas deliberaciones del Parlamento, y que todos tenian experiencia de la intolerable, preheminencia, autoridad, y superioridad de los Conselleres de Barcelona en todos los Parlamentos de la Provincia; y quanto mayor se podia juzgar, celebrandose en Barcelona, donde tenian Privilegios de hazer decretos, formar estatutos, y promulgar pregones à su alvedrìo; y quanto excederìan en este tiempo, que se hallavan sin Rey? y pretendia la Ciudad ser el arbitro, cabeça, y fundamento de todos los Reynos.

Autoridad, y Privilegios de Barcelona.

Advirtiendo el daño que podria acarrear esta division el Estado Eclesiastico, el Arçobispo en su nombre, propuso se nombrassen arbitros por vno, y otro partido, y siguiessen todos lo que resolviessen los electos: ni esto tuvo efecto, porque todos se juzgavan empeñados à vno, ó otro sentir, y prosiguieron todos en sus protestas, sin poder dar vn passo en materia tan importante.

Oponianse à este sentir los Deputados de Cataluña, Conselleres de Barcelona, y los Sindicos de todas las Vniversidades, excepto Tortosa, que yà avia puesto su disentimiento en Momblanch: eran Deputados entonces Guerao de Palacols, y Ramon Desplà, y Conselleres Juan Desplà, Francisco Burguès, Luìs de Gualbes, Jayme de Vallterra, y Francisco de Camòs. Consta en la Ciudad libro deste año, engañandose Zurita en su relacion, y estos eligieron Sindico à Berenguer Oliver: el qual en nombre de la Ciudad, y de todas las Vniversidades de Cataluña, hizo sus protestas; y contradiccion à las proposiciones de los Nobles.

Dilaciones del Parlamento.

No obstante estos altercados se procedìa con toda quietud por el genio de la Nacion inclinada, y muy atenta al beneficio publico. Refierelo Zurita tom. 3. fol. 9. *Mas como Nacion atenta al bien publico, sabian deponer sus disenciones, y diferencias particulares; quando se tratava del bien publico.* P. Abarca Anal. tom. 2. fol. 166. *Però en tanta avenida de peligros no podemos negar à la Nacion Catalana la mayor alabança, porque se opuso à ellos la primera, supo nadar sobre las passiones de sus parcialidades, y diò con su exemplo, y autoridad la mano à los Aragoneses, y Valencianos que se anegavan.* Exemplo digno de imitarle, nos han dexado en esta ocasion nuestros Mayores, que como hombres se hallaron sujetos à sus particulares afectos; y favorecidos de Dios, supieron dominarles, y sujetarles al bien publico para que no diesse al trevès la fabrica fuerte, y hermosa de la Monarquia que avian fabricado: atentos al beneficio de la Patria, y sus dependencias, cedieron los Grandes, y Nobles al beneficio vniversal sus empeños, y se inclinaron al sentir comun de prosseguir el Parlamento en Barcelona, por su buen zelo, y por la autoridad de Roger de Moncada que les persuadiò à olvidar debates, y disputas, y atender à la conclusion del bien vniversal de la Corona, que pendia de su acierto, y vigilante zelo.

Queda el Parlamento en Barcelona por la autoridad de Roger de Moncada.

Concurrìan de todos los Reynos de la Corona, y estraños, para sus dependencias al Parlamento de Barcelona, como à Cabeça, y alma de la Monarquia, pues solo en Cataluña avia orden, y govierno: à èl acudieron los pretendientes, con la proposicion de sus derechos: à èl Sicilia, y Cerdeña para su defensa: el Rey

Concurren de todos los Reynos de la Corona, y Estraños para sus dependencias al Parlamento de Barcelona.

Rey de Navarra para la libertad de la Reyna de Sicilia su hija: y Aragon, y Valencia para su quietud, y forma de vnirse con el Principado.

Hallavase Aragon en la desgracia de los estados quando falta el Señor, consumido de la division, y sin forma de govierno, ni medio de admitirle; empeñado el Conde de Vrgel en ser obedecido como à Governador General nombrado por el Rey; y el Governador de aquel Reyno en impedirle la possession, y exercicio por orden secreta del Rey Don Martin, que pretendiò con esto embaraçirle el passo à la Corona. Fomentavan estos disturbios los Lunas, y Vrreas, antiguos emulos, divididos en Vandos: à favor del de Vrgel los de la Casa de Luna, y por este respeto contrarios los de la Familia de Vrrèa.

Divisiones en Aragon.

Infelìz era el estado del Reyno de Aragon, peró le excedia Valencia, dividida en dos inplacables vandos de los Centellas, y Vilaragudes; dividiendose todo el Reyno, Nobleza, y Pueblo para su ruina: favoreciò à los Vilaragudes afectos al govierno del Conde de Vrgel, el Governador Arnaldo Guillen de Bellera, y con su favor tuvieron à su alvedrìo el govierno de la Ciudad, que causava notable recelo à todo aquel Reyno consumido en su misma discordia.

Vandos en Valencia.

En Mallorca la misma discordia fué madre felìz de la concordia, porque hallandose divididos los Ciudadanos de la Ciudad de Mallorca, de los otros Isleños, à quienes llamavan Forenses (que en lo antecedente se oponian estos en la Junta General à quantó pretendian los Ciudadanos) paraque el Rey que se eligiesse no se inclinasse à vn partido en daño del otro, entibiaron el ardor de la aprehension, de que se devia la Corona al de Vrgel; y concordes votaron esperar la resolucion del Parlamento de Cataluña, governar en Paz el Reyno hasta el tiempo de vnirse en todo con aquella Provincia de la qual descendìan.

Discordias en Mallorca, compuestas con la vnió de esperar la resolucion del Parlamento.

En Cerdeña empeçaron à levantar cabeça los Rebeldes; y el Vizconde de Narbona sin temor al valor de nuestros antiguos Reyes, bolviò à molestar la Isla, y trabajarla en daño notable de la Corona.

Movimientos en Cerdeña.

Sicilia tambien se hallava como dividida, casi perdida: seguian vnos, y los menos, à la Reyna Doña Blança Viuda del Rey Don Martin, que governava aquel Reyno con voluntad del Rey Don Martin Padre del de Sicilia, y le mantenia en la Corona, y otros à Bernardo de Cabrera Conde de Modica que aspirava al dominio de la Isla, y possession de la Corona, como lo inferìan sus emulos, de su proceder.

Divisiones en Sicilia.

A todos estos daños, y disturbios se huvo de oponer el Parlamento de Cataluña, y dar forma para quietar à vnos, fomentar à otros, y conservar à todos vnidos à la Corona, para no entregarla dividida al Rey que resolviessen elegir, en desdoro del credito que avia conseguido la Nacion entre las demàs.

Diò principio el Parlamento de Cataluña al remedio de la Monarquia, donde estava el mayor daño: olvidaron los Catalanes sus passiones, afectos, interesses, su misma naturaleza, y aprehension de deverse la Corona al de Vrgel, natural de la Provincia por descendiente de sus Ilustres Señores, y por aver nacido en ella como sus mayores; y se expusieron à quitarsela por el bien vniversal; y siendo la fuente de la discordia de Aragon, y Valencia el exercicio de la Governacion General del Conde, embiaronle à suplicar, y pedir en nombre del Parlamento, por las atenciones que devia à la Provincia, fuesse servido no vsar de la Governacion General, y licenciar el Exercito que tenia, assegurandole que si importava para la defensa, y quietud de los Reynos, quedava à cuenta de Cataluña formar

Olvidan sus passiones, afectos, è interesses los Catalanes para remedio de la Monarquia.

Medio del Parlamento, con que se solicita la quietud en Aragon.

mar Exercitos, y embiarlos donde importassen para mantenerles en la devida obediencia: llevò esta embaxada en forma de requirimiento Ramon Zavall: diò esta embaxada notables recelos al Conde; pero como sus derechos mas que en la Justicia, los fundaua en el favor de su Patria, condesendiò con la propuesta, con que no vsasse de Lugarteniente de Governador de Cataluña Guerao Alemany de Cervellò, al qual tenia por sospechoso, como tan privado que fuè del Rey Don Martin: prosiguiò Cataluña despues sus oficios en vnir à Aragon, y Valencia como convenia, peró no se logrò por entonces.

Guerras en Cerdeña, y defensa de los Catalanes.

El Vizconde de Narbona Cabo de los Rebeldes de Cerdeña, desplegó sus Vanderas contra la Isla, y contra la Nacion Catalana, emprendiẽdo ocupar algunos Castillos: saliò al oposito el Governador de Cerdeña Pedro de Torrellas, y con gran valor con los Catalanes de la Isla, se opuso à la invasion; y para mas reforçar su Exercito, armò algunas Galeras con Soldados, y Marineros Catalanes: diò luego aviso al Parlamento de Cataluña, vnico Presidio de los Reynos, embiãdo à Ramon de Perellòs para pedir Socorros, y representar el estado de la Isla. En este tiempo, para que en Cataluña se advirtiesse quanto importava socorrer la Isla de Cerdeña, la Armada de Genova governada por Cassano de Doria junta con otra que governava Artal de Alagon, à viva fuerça ocupò el Castillo de Longosardo, aunque algo bien defendido: ganaron los Ginoveses vna Torre, è intentaron el combate del Burgo; quando advertido del caso llegò Berenguer Miquel en vna Galera Catalana, entrando con su gente en la Villa; y no pudiendo resistir al copioso numero de enemigos, se retirò con los suyos à vna Torre que llamavan de Santa Maria, donde se defendió; però le culparon de no averla mantenido hasta esperar el Socorro, como podia, pues no faltando aun viveres, pactò con los enemigos, malogrando el trabajo del Virrey, que llegò por mar, y tierra en su defensa quando yà estava entregada.

Pide el Governador de Cerdeña socorro al Parlamento, y se le embia.

A vista de la novedad, embiò Pedro de Torrellas à Jorge de Caramany al Parlamento de Cataluña, con la noticia deste sucesso, y de las Armadas de Genova, y Napoles, que ivan à combatir à Alguer, suplicandole le embiasse Armada, y dineros para pagar los Soldados del Exercito, y Soldados, y Marineros de la Armada, assegurandole que por todo el mes de Setiembre defenderìa la Isla; però que passado este tiempo peligrava, y que advirtiessen que aquella perdida tocava en lo mas vivo de su Nacion, y que era bien conservar, y defender Prenda que tan cara la avian comprado: no satisfecho el Virrey de Cerdeña desta representacion, embió tercera vez à Cataluña à Andrès de Biùre, y à Francès Zatrilla, los quales instaron, y consiguieron los socorros, con la representacion del peligro en que se hallavan los que avian defendido la Isla, y vengado las injurias echas por los enemigos à la Nacion Catalana, la qual, à Dios gracias, pudo mantener en este tiempo para los venideros Reyes, con su sangre, y hazienda, aun en este estado, aquella Isla.

Representaron estos Cavalleros al Parlamento de Cataluña en nombre de Pedro de Torrellas, las atenciones que se devian à Don Fadrique de Aragon nieto del Rey Don Martin, y que los Sicilianos le querian por Rey, y le avian instado para que se les embiasse; con esto encargaron, y recomendaron al Parlamento la Persona, y derechos de aquel Principe. En esta ocasion, aviendo sido preso Ramon de Torrellas, despues de la muerte del Rey, y puesto en la Carcel de Barcelona, y sacado de ella por la quietud publica à instancia de los Conselleres de Barcelona, se fuè encargada la Persona, y educacion

cacion del Conde de Luna Don Fadrique, y partiò à Segorve para assistirle en aquel Lugar, donde residia por entonces, en el qual consiguiò en parte lo que no avia podido alcançar el Rey D. Martin su Abuelo, que era la legitimacion, para suceder en los Reynos, lograndola del Papa Benedicto que vivia en Bellasguart à 20. de Agosto para poder suceder en la Isla de Sicilia, y adjacentes, si le competiesse aquel Reyno por concession de la Sede Apostolica, ò por Succession, sin perjuizio de la Santa Iglesia Romana.

Parlamento General en Sicilia, conformàse todos en no apartarse de la Nacion Catalana.

En Sicilia despues de la muerte del Rey Don Martin, determinò la Reyna con los principales de la Isla, juntar Parlamento General para que en èl se diesse orden al govierno de la Isla hasta que tuviesse Principe la Corona de Aragon, proponiendo no apartarse de la Nacion Catalana, y conformarse en el proposito, y firme voluntad de favorecer, honrar, y conservar la Nacion Catalana en su amistad, y vnion. Convinieron en esto los Estados Eclesiastico, Noble, y Real de Villas, y Ciudades de la Isla, y el mismo Bernardo de Cabrera, con que se diesse lugar, y tiempo de declararse Mecina, en la qual se conformaron todos para que se juntasse el Parlamento, y convinieron con Mecina las otras Ciudades, participando la determinacion à la Reyna, à Bernardo de Cabrera Conde de Modica, y à los Prelados, y Barones para que concurriessen en Mecina; però escusòse Bernardo de Cabrera de concurrir al Parlamento, pretẽdiendo que como Maestre Justicier estava à su cargo el govierno del Reyno, hasta aver elegido Rey.

Bernardo de Cabrera Maestre Justicier pretende impedir el Parlamẽto de Sicilia, y no lo logra.

Trajo à su opinion con arte, y fuerça, muchas Ciudades, y tierras de la Isla, y diò fomento à impedir el Parlamento de Mecina; y trasladandose despues à Tavormina, pretendiò, però no consiguiò, estorbarle. Juntaronse pues endicho Lugar la Reyna Governadora, y mucha parte de las Vniversidades, Prelados, y Nobles del Reyno, y congregados, formaron las Ordinaciones del Govierno en el interregno, y consiguiendo de la Reyna la renuncia de la Governacion, y Vicariato General de la Isla, eligieron ciertas personas de todos Estados para el Govierno, disponiendo que los ordenes, y decretos fuessen despachados en nombre del Rey de Sicilia, aunque no le tuviessen, y de la Reyna Vicaria del Reyno, y del Regimiento ordenado por el Parlamento: dispusieron que la Reyna entregasse los Castillos, y Plaças en poder de Mecina, y que juntos entendiessen en declarar Rey con que fuesse de la Casa Real de Aragon, eligierõ Capitàn General de todo el Reyno à Antonio de Moncada Conde de Adorno, y protestaron, y juraron que su intencion era defender, favorecer, honrar, y conservar la Nacion Catalana vnida en su amistad, como devian.

Oposicion de Bernardo de Cabrera al Parlamento de Sicilia, y à sus decretos.

Opusose al Parlamento, y à sus decretos, intrepido Bernardo de Cabrera, diziendo, que con color de vnirse con la Nacion Catalana, y favorecerla, tratavan de perseguirla, y dividirle à Sicilia, de su Corona: asseguravalo con la pretension de elegir Rey, y aficionarse à Don Fadrique hijo natural del Rey Don Martin de Sicilia, q̃ como tal, serìa excluìdo de la Corona de Cataluña, y de los otros Reynos, de los quales avian de separarse si le elegian: añadiò, que para assegurarse avian inducido con engaño à la Reyna à entregarles las Plaças, y que todo se obrava en agravio de Cataluña, y para separar aquel Reyno, de la Corona. Llamò à todos los Barones de la Nacion Catalana, congregò su gente de armas, y propusoles lo que se obrava en daño de la Nacion: dispusieronse à mantener la Isla, y ocupar las Ciudades, y Villas: seguianles Palermo, Trapana, y otras opuestas à Mecina; y con su autoridad, y poder apartò à otras muchas,

de

de la obediencia de la Reyna, y del sentir del Parlamento. Temiendo la Reyna perder à Zaragoça, proprio Patrimonio suyo, passò à aquella Ciudad para defenderla; però llegando Cabrera con sus Tropas, se apoderò de ella, obligando à la Reyna à retirarse al Castillo Marqueto, con el Almirante Sancho Ruiz de Liori: embistiò al Castillo, y le puso en notable estrechèz, por la falta de bastimentos: acudieron à defender la Reyna los Cavalleros de la Familia de Moncada, y los de su sequito con color de librarla de la opresion, esperando favor de Navarra, y Aragon, y no asseguràndose del todo del Parlamento de Cataluña por la mucha mano que tenia en el, Cabrera, aunque devieron acudir à èl por ser el vnico remedio de los Reynos de la Corona. (2) Añade Valla como hemos referido, que Bernardo de Cabrera, no para su Nacion, si para si quiso la Corona de Sicilia, y que para assegurarla, pretendiò casarse con la Reyna; però negandolo constante Cabrera, y purgandose desta calumnia que devia ser inventada por sus emulos, defendido de su mismo obrar, en el Parlamento de Cataluña quedò esta opinion poco acreditada, y comprovado el entero proceder del Conde de Modica.

(2) *Laurentius Valla de Rege Ferdinando.*

Credito assegurado de Bernardo de Cabrera.

A. El Arçobispo de Tarragona Don Pedro Zagarriga, el Obispo de Barcelona, y otros Prelados, el Conde de Cardona, el Vizconde de Illa, Roger Bernardo de Pallàs, Roger de Moncada, Berenguer Arnaldo de Cervellò, Bernardo de Forcià, Antonio de Cardona, Roger de Pinòs, y otros con los Sindicos de las Vniversidades.

Sujetos que se hallan dia 30. de Setiembre jũtos en el Parlamento.

†

CAPITVLO VIII.

Embaxadas de los Principes pretendientes al Parlamento: Su despacho, y respuesta: Eleccion de las personas: Accion de elegir Embaxadores para Aragon, y Valencia, y nominacion: Guerras, y concordias en Cataluña: Disturbios en Valencia desvanecidos por el Parlamento: Tratados, y diligencias para la vnion de los Reynos: Guerras en Cerdeña, y Sicilia: Libertad de la Reyna, y del Rey de Navarra: Acude à Barcelona: Diligencias del Parlamento, su justicia, y obrar atento de sus Embaxadores: Treguas entre el Obispo de Vrgel, y Conde de Pallàs: El Conde de Armenaque publica guerra, y se previene el Principado para su defensa: Embaxada del Papa al Parlamento: Intenta la Reyna Doña Violante de Napoles entrar en Cataluña, y se le impide la entrada: Convienen los de la Ciudad de Valencia con Barcelona: Barones, y Nobles de las otras Ciudades del Reyno de Valencia dàn motivo à nueva division, &c.

CONcurrieron al Parlamento de Barcelona, como à vnico Tribunal de los Reynos, los Principes que pretendian tener derecho à la Succession: embiò para este empeño primero que todos à Barcelona el Duque de Gandia à vn Cavallero de su Casa con carta, y representacion de su Justicia, pidiendola con gran calor, diziendo, *que qualquier dilacion, parecia era privarle de su Justicia;* Instando, y requiriendo al Parlamento lo declarassen con toda brevedad: recibiòse la carta à 2. de Setiembre, y no pareciò bien al Parlamento responder à la carta, en la audiencia que dieron al embiado à 30. de dicho mes: ni aun pudo lograr jamàs la respuesta por juzgar inconsiderada la Embaxada.

Embaxadores de los Pretendientes.

Embiò el Infante Don Fernando

do al Parlamento de Barcelona por sus Embaxadores, à Fernàn Gutierrez de Vega, y al Doctor Juan Gonçalez de Azevedo, con cartas muy afectuosas, y representacion atenta: difirieronles la audiencia publica hasta la venida de los otros pretendientes, para igualarles en el aprecio, y estimacion, propria atencion de la Nacion Catalana: detuvieronse los Embaxadores en Barcelona, esperando los de los otros Principes Competidores, atendiendo con vigilante cuydado à las deliberaciones del Parlamento.

Llegaron por Embaxadores del Conde de Vrgel à Barcelona à 24. de Setiembre el Obispo de Malta Fr. Juan Ximenez Religioso Menor, Dalmao de Queralt, el Doctor Mathias Vidal, y el Doctor Domingo Savarde. Por este proprio tiempo llegaron à Barcelona por Embaxadores del Rey de Francia, y de la Reyna Doña Violante, el Obispo de Santa Flor, el primer Presidente de Parìs, Henrico Marla, el Senescal de Carcasona, Roberto Caloz, y el Doctor Guillen de Vendello.

Diò el Parlamento Audiencia à los Embaxadores del de Francia, y Reyna Doña Violante à 11. de Octubre, y respondiò en nombre del Parlamento el Arçobispo de Tarragona: *que tratavan de vnir à los Reynos, y aviendolo conseguido, de comun acuerdo entendia Cataluña dar el derecho à quien perteneciesse por Justicia.* A 13. deste mes diò el Parlamento de Barcelona Audiencia à los Embaxadores del Conde de Vrgel, y se les diò la misma respuesta; y al postrero de este mes lograron la Audiencia los del Infante Don Fernando, que pretendìan informar al Parlamento, y suplicavan la determinacion: fueles respondido por el Arçobispo en nombre de la Nacion, *que Cataluña no deliberava tratar del derecho de la Succession sin los otros Reynos, y que entenderian con gran brevedad en el negocio, quando pudiessen comodamente.*

Respuesta del Parlamento.

Aviendo dado grata Audiencia el Parlamento de Cataluña á las Embaxadas de los Principes, deliberò poner en paz, y orden á Aragon, y Valencia, y disponerles à la vnion con el Parlamento de Cataluña, para el consuelo, y alivio de todos; rogandoles embiassen à Barcelona sus Embaxadores con poderes para la conclusion del empeño tan importante; y como el Parlamento se hallava tan ocupado en los intereses no solo de Cataluña, si de todos los Reynos, Provincias, y Principes pretendientes, deliberó dar poder à doze Personas de todos Estados, para que nombrassen Embaxadores para Aragon, y Valencia, y quedasse á su cargo quanto importasse à la vnion de los Reynos con el Principado, y à la Paz, consuelo, y defensa de ellos: los que nombraron van à la fin del Capitulo letra *A*.

En fuerça del poder fueron nombrados por las doze Personas, Embaxadores para Aragon, el Abad de Monserrate Fr. Marcos de Vilalba, Francisco Ferriol Canonigo de Vique, Ramon de Moncada, Pedro de Cervellò, Francisco Burgues, y Guillen Llobet; y electos para Valencia, el Abad de Santas Cruzes, Pedro Bosch Canonigo de Gerona, Gilaberto de Canet, Gregorio Burguès, Francisco Basset, y Francisco de Sanceloni.

Hechas estas elecciones, encargò el Parlamento, fiado de la doctrina, y rectitud de Francisco Basset, y de Pedro Basset, insignes letrados, la decision à la duda si podia tener voto, é intervenir en el Parlamento el Governador de Cataluña? Adviertanse los grandes gastos, y considerables sumas que empleó en esta ocasion la Nacion Catalana en la defensa, paz, y vnion de los Reynos, y en las solemnes, y numerosas Embaxadas para conseguirlo, (bien empleadas, como lo pedia el caso, y duda de obligada fidelidad, como culpables para la vanidad, fausto, è inutiles empleos.)

Mo-

Vandos, y divisiones en Cataluña.

Movieronse en este tiempo guerras en Cataluña por el Conde de Pallàs, contra el Obispo de Vrgel Don Galceràn de Vilanova, y se dividiò Lerida en dos vandos, fomentado el vno por Don Pedro de Cardona Obispo de aquella Ciudad, que acudiò al Parlamento à solicitar el remedio en la Tregua. Sucitose tambien division en el Parlamento, movida por los hombres que llamavan de Paraje vnidos con el Estamento Militar, pretendiendo por sus fines formar Braço aparte, en daño de las dependencias que se tratavan pues qualquier duda dilatava el empeño principal, y se oponia al bien publico, al qual todos se hallavan empeñados à defender; y por esta atencion sujetaron vnos, y otros sus diferencias al juizio del Parlamento, el qual nombrò al Arçobispo de Tarragona, al Obispo de Vique, y á Bernardo de San Amancio Canonigo de Barcelona por el Estado Eclesiastico; por el Militar, al Vizcõde de Castellbò, à Guillen Ramon de Moncada, y à Miquel de Rajadell; y por el Real à Francisco Basset, à Guillen Domẽge, y á Guillẽ Llobet; con q̃ concurriessen en la decision dos Conselleres de Barcelona, para declarar sobre la duda del Estado Militar, y quantas se ofreciessen, durante el Parlamento.

Pretendiò la Reyna Doña Margarita Viuda del Rey Don Martin, en fuerça del Privilegio de la Tenuta, proprio de Cataluña, mantener todos los bienes del Rey, y gozar de los frutos hasta que le fuesse pagado el adote, favoreciendola el Conde de Pradès, y Roger Bernardo de Pallàs; y como Cataluña avia de assistir à la defensa de Cerdeña, y de los otros Reynos, y sin estas rentas Reales no se podian mantener las Milicias, decretò el Parlamento, que se suspendiesse la instancia de la Reyna, y se contentase con la cobrança de los bienes que gozava en vida del Rey, hasta que se huviesse declarado el successor de la Corona.

Mas recelos dava al Parlamento la division de los Pueblos de Cataluña, empeñados en los vandos del Conde de Pallàs, y Obispo de Vrgel, en aquellas comarcas; y del Obispo de Lerida, y Sanson de Navès contra Ramon, y Pedro Cescomes, que revivieron; y porque para lo de Vrgel, juzgava el Parlamento ser empeño del Conde de Vrgel, bolver à juntar Tropas para poner en quietud sus Estados, y que para los vandos de Lerida importava embiar sugetos de valor, y experiencia para obviar los daños que padecia aquel distrito, de los Soldados de vno, y otro vando, decretò el Parlamento partiesse el Governador de Cataluña à poner en paz, ò tregua aquellos empeños. Acudiò tambien el Parlamento à poner en paz à Francisco de Vallgornera, y à Manuel de Rajadell, que dividian el Ampurdan por sus particulares disgustos.

Atiẽde Cataluña al alivio, y vnion de Aragon, y Valencia.

Quietados estos humores, que podian alterar la quietud, y vnion al bien publico del Principado, atendió al alivio, y vnion de Aragon, y Valencia: desde la congregacion del Parlamento de Barcelona, y antes de la partida de los Embaxadores de Cataluña se tratava de componer los vandos, y division de Valencia por medio de Don Hugo de Llupià y Bages Obispo de Valencia, que como Catalan seguia con zelo los dictamenes de su Patria: tratò de que se congregassen en Valencia los Prelados, Nobles, y Vniversidades para dar remedio à los vandos, y para que hallassen los Embaxadores de Cataluña aquel Reyno en estado de poder obrar en la vnion pretendida: llegaron estos, y con el Obispo, y Fray Romeo de Corbera Maestre de Montesa, solicitaron atendiesse aquel Reyno à las representaciones del Principado, y con grande trabajo bolvieron à vnir los divididos, y formaron el Parlamento en Valencia.

Lle-

Divisiones en Aragon concordadas por atencion al bien de la Monarquia.

Llegaron los Embaxadores de Cataluña à 4. de Deziembre al lugar de Pina de Aragon: salieronles à recibir el Arçobispo de Zaragoça, los Jurados, Governador, y toda la Nobleza, que passavan de mas de trescientos à Cavallo: entraron con esta ostentosa demostracion en Zaragoça, donde yà se hallava el Papa Benedicto, para poner en razon los enconos de los crueles vandos que afligian aquel Reyno: trataron los Embaxadores primero con el Papa, de la forma con que se devia obrar para la vnion de los Pueblos, para poner en paz los vandos de los Vrrèas, y Lunas, y consiguieronlo por tres años, firmadas con juramento las treguas. Concordaron tambien los vandos de Calatayud entre los Sayas, y Liñanes; y persuadieron à los Barones, y Nobles à sujetar sus afectos, y rendirles al beneficio comun, y que se atendiesse à juntar Parlamento, para conferirse con el de Barcelona: aunque tan divididos los Aragoneses, lograron este empeño el Papa, y Embaxadores por medio del Arçobispo de Zaragoça, del Governador de Aragon, del Justicia, y de Berenguer de Bardaxì.

Inquietudes en Cerdeña se sossiegan con el recurso al Parlamento.

En este tiempo peligrava Cerdeña, por desamparada de buena parte de los Catalanes, que para hallarse en la eleccion, bolvieron à Cataluña: para remediar esta novedad, y prevenir las que podrian suceder, embiò la Ciudad de Caller al Parlamento de Cataluña à Marco Jover, que desempeñò la confiança que avian hecho de su persona.

Vigilante Pedro de Torrellas Virrey de Cerdeña, con los que le avian quedado de la Nacion, bolvió à domar la rebelion, recuperò Lugares, y Plaças, castigó algunos para escarmiento de los demàs, y se opuso al Vizconde de Narbona que con nuevo, y reforçado socorro avia buelto à la Isla, y tenia cercado Oristàn, que socorriò Torrellas con algunas compañias, cuyos Capitanes fueron Jorge de Caramany, Ramon Rexach, y Pedro Beltran, obligando al Vizconde à sujetarse Vassallo desta Corona, y poner su justicia, (por las Plaças, que pretendia como heredero del Juez de Arborèa) en mano y arbitrio del Conde de Vrgel, y del Vizconde de Illa, à que le reduxo el arte, y valor de Pedro de Torrellas, sujetandole à la Nacion Catalana que avia ofendido: participaron ambos el Virrey, y Vizconde por sus mensageros la concordia, y compromisso al Parlamento de Cataluña, que la aprovó, y diò grata respuesta à la suplica del Virrey que pedia nuevo socorro de gente, y dinero, no siendo necessario embiarle por la tregua que se assentò esperando la sentencia de los Arbitros.

No aviendose quitado la causa, no pudieron cessar los efectos de la parcialidad de Lerida; y como era el tener en Tenencia algunos Castillos el Obispo, fue embiado por el Parlamento Luìs Averzo para que los depositasse en mano tercera, electa por el Parlamento. Para concluìr del todo la Paz entre el Obispo de Vrgel, y Conde de Pallàs, que toda via prosseguìan armados, y estos disturbios podian prender en toda la Provincia por hallarse vnas, y otras tierras vezinas à los Estados del Conde de Vrgel, que se temia no favoreciesse à vnà, ò à otra parte, siendo todo embaraço para los fines del Parlamento, embió este, à Juã Ciurana Prior de Tortosa, y à Juan Aymerich, al Conde de Pallàs, y al Obispo de Vrgel, y consiguieron alguna Tregua.

Por este tiempo se prevenian en Francia hasta quatro mil Cavallos para entrar en Cataluña, y publicava el Conde de Armenaque la guerra con mayores fuerças, que las que avia tenido reynando el Rey Don Juan: diò providencia à la defensa de Cataluña el Parlamento, asseguró las Fronteras de Russellon, Pallàs, y Cèrdaña, con la gente de aquella Comarca, y alistò tres mil Cavallos armados de las armas de aquellos tiempos: acudiò el de Vrgel por medio de su Confessor al Parlamento, ofreciendo sus fuerças en defensa de la Provincia; però como esta alistó los Soldados, mas contra los enemigos domesticos, y para quietar los vandos de todos los Reynos, (que para conseguirlo era bien hallarse armado,) estimò, però no admitiò el ofrecimiento del de Vrgel.

Requiere el Parlamento à los pretendientes que no pongan en turbació el Principado.

Requirió el Parlamento de Cataluña à todos los que competian por la Succession: *que no pusiessen en turbacion al Principado, ni emprendiessen cosa del echo, protestando que se satisfaceria del que pretendiesse proceder por via de las Armas.* Y por la sospecha de la entrada de los Franceses, dieron orden à Ramon Zagarriga Governador de Ruisellon, y Cerdaña, que tuviesse prompta su gente, y añadiesse algunas Compañias, y à Bernardo de Oms Alcayde del Castillo de Perpiñàn, que se assegurasse, y pusiesse en buena defensa; y con esto quedando assegurada la Provincia se procediò à declarar sobre las dudas sucitadas en el Parlamento, como se avia executado en el que tuvo la Reyna Doña Maria Muger del Rey Don Martin.

Divisiones en Sicilia fomentadas por los emulos de Bernardo de Cabrera.

En este tiempo proseguia dividida Sicilia en la parcialidad de la Reyna, y del Conde de Modica: iva este ocupando las Plaças armado, y con el Estandarte Real, siguiendole Arnaldo de Santa Coloma Capitàn de la gente de armas de la Reyna: los dos juntos representando la Persona Real que avia de ser elegida, fueron obedecidos generalmente, y dieron Paz, y quietud al Reyno; determinando los Sicilianos esperar la declaracion de Señor natural con toda quietud: descompusieron el orden los emulos de Bernardo de Cabrera, pesandoles que por su medio se consiguiesse fin tan importante, publicando que mas querian perder el Reyno, que salvarle por medio de Cabrera: acudiò este à los movimientos principalmente de Val de Noto, y quietóles, reduciendoles à la vnion de los otros Pueblos.

Hallavasse Bernardo de Cabrera en Catania, y la Reyna en el Castillo Marqueto de Zaragoça: los Ciudadanos desta embiaron à requerir al Conde de Modica que entrasse en la Ciudad, y que no executandolo, ellos se darian cobro: llegò à Zaragoça el Conde, y luego le prestaron la obediencia los Paysanos, y le instaron pusiesse Cerco al Castillo, en el qual se hallava la Reyna.

Dizen los que defienden al Conde, que se escusò desta propuesta, però impaciente el Pueblo se puso à expugnarle con grande encono, y con numero grande de Artilleria: en este estado los del vando de la Reyna eligieron para librarla, y ponerse al partido del Conde, à Juan de Moncada Sobrino de Antonio de Moncada Conde de Adorno General electo en el Parlamento. Juntò su gente Moncada contra el Real de Cabrera: acometióle, y ganò vn Puente, y tuvieron rezia, y reñida Batalla; peleando los de Cabrera con tal valor, que rechazaron à los contrarios, y rompieron el Puente.

En esta ocasion tenia prevenida Juan de Moncada vna Galera Catalana, cuyo Capitàn era Ramon de Torrellas, para que saliesse la Reyna, del Castillo; y para lograr la accion, y librarla, acometiò Moncada à la parte del Real enemigo, que se hallava à la otra parte del Castillo, y echando del puesto à los enemigos, entrò en el Castillo, librò del cerco à la Reyna, sirviendola hasta que entrò en la Galera, y de alli llegò à aposentarla en Palermo; porque, aunque avia jurado mantenerse para la Casa Real de Aragon, se puso en armas para obligar, ò tratar el Matrimonio de la Reyna con Nicolàs de Peralta, y elegirle Rey, diziendo segun refiere Zurita tom. 3. fol. 15.

que los Catalanes tuviessen su Rey, y los Sicilianos el suyo.

Quedando la Reyna assegurada, el Almirante de Sicilia Sancho Ruiz de Liori se juntó con Juan de Moncada para resistir à Cabrera, el qual justificò su causa, diziendo que dexaria sus empeños à la decision del Rey de Navarra Padre de la Reyna de Sicilia, del Parlamento de Cataluña, de los Conselleres de Barcelona, del Vizconde de Castellbó, y de Roger Bernardo de Pallàs; y en quanto à la Succession, prometiò sujetarse à la declaracion de la justicia que se hiziesse en estos Reynos.

1411. Embiò el Rey de Navarra à pedir salvo conduto al Parlamento de Cataluña, para venir à esta Provincia á tratar con el Parlamento, de la libertad de la Reyna de Sicilia su hija: embiósele por el Parlamento con Ramon Xammar: entrò el R. y en Barcelona à 29. de Deziembre: recibiòle la Ciudad con festiva demostracion, hizole el gasto, y aposentóle en la Casa de Guerao de Palou: de alli pidiò licencia al Parlamento para entrar á proponer su pretension; embiando con esta Embaxada al Vizconde de Castellbó: atenta la Nacion Catalana no permitiò la demostracion del Rey, si corrè Junta en el Parlamento, llegò à la Posada del Rey, el qual propuso la causa de su venida, y pidiò las assistencias à favor de su hija, que se las concediò liberal el Parlamento.

Venida del Rey de Navarra para tratar con el Parlamẽto de Barcelona la libertad de la Reyna de Sicilia su hija.

Embiò en este tiempo el Papa al Parlamento de Cataluña à Martin Moliner Dean de Barcelona, à Guillen Carbonell Canonigo de la misma Iglesia, y à Francisco Rovira Canonigo de Vique, solicitando socorros para Sicilia, defender la Reyna, y assegurar aquella Corona.

Embaxada del Papa al Parlamento.

Al Enero deste año en ausencia del Governador del Valle de Aran Arnaldo de Eril, entrò en aquel distrito vn Campo bolante de Franceses: mandaronle en el Parlamento partir luego contra aquellas Tropas, y lo executò con acierto, limpiando aquel Pais, de los que le molestavan.

En este tiempo llegò noticia al Parlamento que la Reyna Doña Violante de Napoles se dirigia à entrar en Cataluña, y avia enprendido su viage: embiòle orden al Vizcõde de Perellòs Governador de Ruissellon, para que le impidiesse la entrada por obviar las novedades que podria traher su presencia en estos Reynos por las dependencias que tenia en los que avian sido favorecidos del Rey Don Juan su Padre, y se executó con todo rigor el orden del Parlamento.

Intenta la Reyna Doña Violante de Napoles entrar en Cataluña, y se le impide la entrada.

Aunque por parte del Pontifice, y de los Embaxadores de Cataluña se avia puesto en buena forma Aragon, bolvió por este tiempo à turbarse, y dividirse con notable disgusto del Principado, que bolvió à poner sus oficios para reunirle, y obligarle à vna congregacion Vniversal, para poder tratar el Principado de lo que conducia á todos.

Ofendido tambien el Parlamento, mas de la temeridad de los vandos del Obispo de Vrgel, y Conde de Pallàs, que de los disturbios de Aragon, por este tiempo satisfizo á su justicia, contra los perturbadores del bien publico, que no obstante las Treguas concluidas, avian entrado en el Lugar de Aroles armados los Soldados del Obispo, dando ocasion al rompimiento, y à la entrada de los Franceses á favor del Conde: puso remedio, y diò castigo el Parlamento, mandando à los Vegueres de Lerida, y Pallàs, subiessen à oponerse à los Franceses, y vencidos, procediò el Governador de Cataluña contra los culpados. Mandò el Parlamento que la Persona del Obispo se pusiesse en poder del Arçobispo de Tarragona, los que se hallassen indiciados en la del Governador, que castigassen los Vegueres à los convencidos, y que se satisfaciessen los daños al Señor de Aroles, de

Quietanse los disturbios del Principado.

de la hazienda de los invasores del Lugar, con este exemplar quedando la Provincia en Paz.

Mucho mayor fuè el trabajo, y gastos de Cataluña para quietar, y vnir à Valencia, que avia tenido en lo de Aragon; al fin despues de varios debates, no desalentado el Obispo de Valencia, ni los Embaxadores de Cataluña, lograron del todo poner en paz los vandos, con palabra assegurada con juramento, que recibiò Benito de Vilaritg en nombre del Principado; y con esto pudieron los Valencianos juntarse en el Real, y lograron los Embaxadores dar su Embaxada, representando los insuportables gastos, y trabajos del Principado en mantenerse, oponerse à los Enemigos, conservar las Islas, y los oficios que ponia para la quietud, vnion, y consuelo de Aragon, y Valencia; pidiendoles que conviniessen con el Principado en empeño que era del bien publico de todos. Respondieron los Valencianos agradecidos, y nuevamente obligados al Principado, y asseguran do concurrir en quanto conduxesse al bien de la Corona: nombraron luego Sugetos para conferir con los Embaxadores de Cataluña, y lo executarō los que se hallavan en la Ciudad; però los Barones, y Nobles de las otras del Reyno se escusaron por la falta de poder de su Estado, y Vniversidades, que solo le tenian de assistir à la Audiencia, y proposicion de Cataluña; dando despues motivo à nueva division esta respuesta.

Convienen los de la Ciudad de Valēcia con Barcelona.

Barones, y Nobles de las otras Ciudades del Reyno de Valencia dàn motivo à nueva division.

Viendo los Padrinos de la Reyna Doña Violante de Napoles, que se hallava excluìda de poder llegar al Parlamento de Barcelona, presentaron al Parlamento vn memorial pidiendo fuessen excluìdos de intervenir en las deliberaciones ciertos sugetos, que les tenia por sospechosos: respondiò el Parlamento, *que se proveheria lo que conviniesse, y fuesse licito por justicia à su tiempo, y lugar*; obviando con esto, materia que podia dar motivos de disgusto, y division.

Instaron la Condessa de Ampurias, Vizconde de Illa, y otros en el Parlamento contra el Conde de Vrgel porque tenia en su poder à Elieta hermana de la Condessa viuda de Hugo de Anglesola, que se hallava casada con Jorge de Caramany, y à la hija de Elieta, y de Hugo de Anglesola, Madalena, con pretexto de quererla casar à disgusto de sus Parientes: respondiò el Conde que la tenia en su poder por aversela entregado Ponce de Ribellas Tutor de la Donzella; però que no obstante pondria el empeño à la determinacion del Parlamento, añadiendo algunas palabras, que ofendieron à la Conferencia, por parecerles eran de poco aprecio respeto de lo que obrava el Principado en defensa de la Corona.

A. El Arçobispo de Tarragona, el Obispo de Vique, Juan Ciurana Prior de Tortosa, Juan Amancio, el Conde de Cardona, Pedro de Cervellò, Dalmao Zacirera, Berenguer de Oms, Guillen Oliver Sindico de Barcelona, Bernardo Olsinellas de Lerida, Jayme Granella de Tortosa, y Pedro Garart de Perpiñàn.

Los Sujetos nombrados Embaxadores para Aragon, y Valencia.

(?;?)

CAPITVLO IX.

Consiguese la concordia de Aragon: Defiendese Cataluña, y defiende à Aragon, de Franceses: Competencias en Cataluña: Embaxada de Francia, y despacho: Estado de Cerdeña: Despide el Parlamento à los Embaxadores del Infante, y à Ramon de Torrellas: Embaxada de Sicilia: Division en Cataluña por la Presidencia: Embaxada de Valencia: Division en Aragon: Embaxada de Castilla: Muerte del Arçobispo de Zaragoça: Recurso de Antonio de Luna: Prorogacion à Tortosa: Parlamento en Alcañiz: Ordenes para la Junta de Tortosa: Disgustos, y division de Valencia: Embaxada à Alcañiz: Duplicadas respuestas à Castilla: Debates en Aragon, Valencia, y dudas en Cataluña: Sentencia contra los complices de la muerte del Arçobispo: Parlamento en Aragon: Muerte sentida de Pedro de Torrellas Virrey de Cerdeña: Se defiende el Valle de Aràn, de los Franceses: Al Conde de Vrgel, y Reyna Doña Violante no se les permite entrar en Barcelona: Daños en Aragon por los Soldados de Castilla, &c.

EL continuo desvelo de los Embaxadores de Cataluña consiguiò, que moderadas sus passiones, juntassen Parlamento los Aragoneses en Calatayud, y que se reduxessen à lo justo los partidos de Castro, y Gurrèa, y de los Heredias, y Lunas, hasta que el tiempo diesse lugar de decidir, y conocer de su Justicia.

Se defiende el Valle de Aràn, de los Franceses.

Mientras atendìan los Catalanes en assegurar las dependencias de Aragon, se vieron obligados à la defensa de Cataluña, amenaçada de los Franceses, con las Tropas de la Condessa de Comenje por el Valle de Aràn; y como avian embiado su Governador Arnaldo de Eril para la defensa de Aragon, de otras Tropas Francesas que desmandadas avian acudido à robar la Comarca de Barbastro, y este se hallasse en Barbastro con sugente electo Capitàn de aquel distrito, nombrò el Parlamento General contra la invasion Francesa en el Valle de Aràn à Francisco de Eril, para que le defendiesse con acierto.

Nuevas contiendas entre los Condes de Prades, y Cardona, sossegadas por el Parlamento.

Por el mes de Febrero se sucitaron nuevas contiendas entre los Condes de Prades, y Cardona seguidos de Roger, y Pedro de Moncada, de Bernardo de Forcià, y de otros Barones, y del Conde de Pallàs, al qual assistìan el Vizconde de Caner, Berenguer Arnaldo de Cervellò, Berenguer de Cabrera, y otros: atendiò vigilante el Parlamento à conciliarles, consiguiendolo con facilidad; y para la prompta expedicion de los negocios, y empeños, que podian nuevamente sucitarse, eligiò dicho Parlamento al Arçobispo de Tarragona, al Obispo de Vique, y à dos Canonigos por el Estado Eclesiastico; por el Militar al Conde de Cardona, à Roger Bernardo de Pallàs, à Berenguer de Oms, y à Berenguer de Copons; y por el Real à quatro Sindicos de las Ciudades principales: asseguraron estos el estado de la Provincia con la Tregua que mandaron guardar à todos los que intervenian en el Parlamento.

A siete de Febrero, instaron los Embaxadores del Rey de Francia al Parlamento, conviniesse con la venida de la Reyna Doña Violante à Barcelona, assegurandole que avia tomado su camino para esta Provincia: embiaron à dezir à la Reyna los del Parlamento que si resolvia venir à Cataluña, tuviesse por bien antes consultarles, avisarles, y esperar la respuesta; y para quitar sospechas, igualando los empeños, embiaron à requerir con escritura publica à la Reyna Doña Violante, y al Conde de Vrgel, que hallandose en Cataluña, escusassen entrar en Barcelona,

y

y quedassen fuera de la Ciudad à lo menos distantes vna jornada.

Finalmente para fincar el acierto en sus deliberaciones, resolviò el Parlamento, recibir juramento de todos sus individuos, prometiendo à Dios, que fiel, y lealmente aconsejarian en las materias que se propondrian, y que no revelarian las resoluciones, ni quanto se discurriesse en èl; y tambien decretaron no admitir al que escusasse prestar este juramento.

Buelven à dividirse en vandos los Valencianos.

Aunque los del Reyno de Valencia por las instancias del Obispo, y Embaxadores del Principado, avian quedado conformes en congregarse, bolvieron por este tiempo à dividirse en fieros vandos en daño de aquella Provincia, y del bien publico; y bolvieron los Embaxadores à tratar de apaciguarles.

Muerte sentida de Pedro de Torrellas Virrey de Cerdeña.

En este tiempo llegò su vltima hora à Pedro de Torrellas Virrey de Cerdeña, nombrò Lugarteniente à Juan de Corbera, y le encargò la firma de la concordia con el Vizconde de Narbona que se executò. Muriò tambien en vn reencuentro con vna partida de desmandados Rebeldes, Juan de Montañans Governador del Cabo de Caller: no sabiendo los de la Ciudad de Caller la nominacion de Lugarteniente hecha por el Virrey, nombraron por el interim Governador à Berenguer Carrós Conde de Quirra: la muerte de Pedro de Torrellas fue de grande sentimiento para Cataluña, afligida por la perdida de tal Varon, y à tiempo que importava su valor, y consejo para la defensa de la Isla.

Llegó en este tiempo el Conde de Vrgel al Monasterio de Valldonzella: recibiolo mal el Parlamento, que pidió executasse el orden de poner su estancia à vna jornada de Barcelona; y respondiò en este mismo tiempo à la representacion de los Embaxadores del Infante, que consistia en que si los otros Principes pretendientes se hallavan en el lugar en que se celebrava, que no podria dexar de presentarse, y concurrir con los demàs: que el Parlamento yà avia dado las ordenes, y que no juzgase cosa menos recta, justa, y atenta, de las deliberaciones del Parlamento, pues su vnico fin era vnir los Reynos para que juntos con el Principado pudiessen atender à los derechos de los pretendientes.

Bien juzgavan todos en aquella era, que hallandose Cataluña fuerte, con las armas en las manos, los Goviernos de las Islas en sus hijos, y naturales, finamente vnida en sus operaciones, y Aragon, y Valencia consumidos en sus civiles disturbios, podia sola dar la Corona, como lo executò en la muerte del Rey Don Juan; però como es tan amante, y fiel con su Rey, solo pretendiò obedecerle aunque muerto, siguiendo su vltima voluntad, que fue se diesse à quien se le devia por justicia: y atenta à este norte jamàs pudo tropezar en el escollo del amor proprio, ni del apassionado afecto: no obstante por su autoridad, concurrieron à ella los pretendientes como si sola huviesse de dar la Corona. Con esta aprehension se presentò en el Parlamento Ramon de Torrellas Tutor del Conde de Luna Don Fadrique, representando los derechos de su Pupilo, y asseguirandole que los Sicilianos le pedian por su Rey, aviendole legitimado el Papa, y que esta fue la intencion del Rey Don Martin su Abuelo; y si esto no les parecia bien, que se empeñase el Principado en la quietud de Sicilia, y que concordes la Reyna Doña Blanca, y Bernardo de Cabrera Conde de Modica depusiessen las armas. Respondieronle que embiarian Embaxadores para la quietud, y vnion de Sicilia con la Corona, como lo avian executado con los otros Reynos; (y lo cumplieron,) y que ellos solos no querian dar, ni quitar la Corona de los

Ramon de Torrellas Tutor del Conde Don Fadrique, representa al Parlamento los derechos de su Pupilo legitimado del Papa, y respuesta.

Rey-

Reynos, fino, vnidos con los demàs, darla al que se devia de justicia, que fue la intencion del Rey Don Martin à quien finos obedecian.

La Junta, y Parlamento, que consiguió Cataluña se congregasse en Aragon, aviendo elegido à Calatayud, adonde avian concurrido los Estados del Reyno, fue motivo de dividir en opiniones al Parlamento de Cataluña con la propuesta de formarse Parlamento General de los Reynos, y Principado, ventilando sobre el lugar, y Presidente, que avia de tener Cataluña, conviniendo en el Congreso General fuera de la Provincia: sentian vnos que van nombrados al fin del capitulo letra *A*. deverse esta Preheminencia à Guerao Alemany de Cervellò Governador de Cataluña, como à principal Ministro que quedava despues de la muerte del Rey por las Leyes de la Patria; y que en los interregnos representava la Magestad Real. Eran de dictamen encontrado los dos Estados Eclesiastico, y Real, y la major parte de la Nobleza, que se nombran al fin del capitulo letra *B*. Quedaron los de entrambas opiniones conformes en sujetarse al sentir de Guillen de Vallseca, por el credito de su entereza, y doctrina; però como no admitió el compromisso, ni quiso declarar sobre la duda, quedò en la misma division el Parlamento, y en mayor, pues aviendose vnido à los dos Estados, y à los Cavalleros que les seguian, el Vizconde de Rocabertì, y muchos Cavalleros del Ampurdan, dieron nuevo aliento à la exclusion del Governador, diziendo: que bien parecia que el Conde de Pallàs, y el Vizconde de Illa que fomentavan la contraria, ignoravan quantas eran las Familias de Cataluña que en este tiempo se hallavan dentro de la Provincia, que cierto llegavan à ocho cientas, y teniendo ellos de su sequito solos ciento y doze, no podian tener autoridad, ni poder para llamarse la mayor, y mas sana parte de la Nobleza Catalana.

Dictamenes opuestos en Cataluña à cerca del Presidente.

No obstante la fuerça desta razon, eligieron Presidente por Cataluña para la Congregacion General el Conde de Pallàs, y los de su sequito; al Governador, y los dos Estados con el residuo de la Nobleza, por la qual se declarò el Vizconde de Castellbó, que el lugar fuesse Alcañiz, y los Presidentes se declarassen por Justicia: no fue su dictamen seguido, y los deste vando eligieron ocho personas de todos Estados que van à la fin del capitulo letra *C*. con poder de elegir lugar, Presidentes, y Alcaydes para assegurar el puesto, no obstante el disentimiento de la parte del de Pallàs.

Yà en este tiempo se tratava del bien comun en el Parlamento de Valencia, y embiaron sus Embaxadores al de Cataluña para que assistiessen à lo que conducia al beneficio publico: les embiaron tābien al Parlamento de Aragon, en el qual avian elegido nueve sugetos para conferir con los Embaxadores del Principado la forma, lugar, y Presidentes del Parlamento General; y quedaron en todo conformes, menos en la eleccion de los sugetos que devian presidir.

Embaxadores del Parlamento de Valencia al de Cataluña.

Como Cataluña avia logrado la quietud, y vnion de los Reynos, y la convocacion de los Parlamentos por la vnion al bien publico, tambien con su division por la Presidencia diò motivos de dividirse Aragon, apartandose los sugetos, de su Parlamento: fue el primero el Obispo de Taraçona, siguiole el Arçobispo de Zaragoça, al qual matò Antonio de Luna fautor del Conde de Vrgel, del qual era contrario el Arçobispo: refieresse aver sucedido este horrendo delito en el lugar, ó termino llamado el Pueyo de Aranda: fue insigne Prelado, y obrava con zelo, quanto le parecia importava al bien publico,

Muerte violenta del Arçobispo de Zaragoça.

y este su buen zelo se refiere aver sido la ocasion de su muerte.

Embaxadores del Rey de Castilla, è Infante D. Fernando al Parlamento.

A 8. de Junio llegaron Embaxadores del Rey de Castilla, y del Infante Don Fernando à Barcelona: entregaron las cartas del Rey, e Infante al Parlamento en audiencia publica, y la declaracion de no pertenecer estos Reynos al de Castilla, sino al Infante, la acceptacion del Infante, è instancias para la possession, ù declaracion. Grave, y prudente respondiò à esta Embaxada el Principado, que creia que la succesion de los Reynos segun el derecho comun, y Leyes Municipales, no pedia addicion, ni acceptacion de herencia, no aviendo quedado electo heredero, y que no podia dar possession hasta que se declarase à quien pertenecia la Corona, y que esta declaracion no la pretendia executar solo el Principado, sino con el concurso General de los Reynos.

Despues desta Embaxada recurriò Antonio de Luna por medio de Pedro de Moncada, y por sus cartas al Parlamento de Cataluña, justificando su causa, y defendiendo la sacrilega accion de la muerte del Arçobispo culpandole de los disturbios del Reyno, y de otros particulares, como consta de la relacion, y cartas en el Real Archivo de Barcelona en las actas del Parlamento.

La muerte del Arçobispo dà nueva fuerça à los vandos de Aragon.

La muerte del Arçobispo diò nueva causa à los disturbios de Aragon, yà dividido con mayor encono en los vandos de Heredias, y Lunas, persiguiendose implacables enemigos: añadieronse al partido de los Heredias el Governador de Aragon, y Pedro Ximenez de Vrrèa que tuvieron varios enquentros, debilitando las fuerças del Reyno: no era mejor el estado de Valencia, porque el viento de la vanidad, y el furor de los odios particulares, levantaron tal tempestad, que casi diò al travès con la combatida nave de la Republica.

Para quietar el temporal, que corria en Aragon, y Valencia, y poder con diligente acierto serenar la borrasca, determinò el Parlamento de Cataluña, prorogarle, y mudarle de Barcelona à Tortosa vezina de entrambos Reynos: diose poder para la mudança, y provisiones importantes al Arçobispo de Tarragona, à los Conselleres de Barcelona, à los Syndicos de Tortosa, Gerona, y Perpiñan, y à Guillen de Vallseca, que era el espiritu que guiava el acierto de las operaciones del Parlamento: convinieron todos que el Governador, que representava la Magestad Real, que veneravan antes de elegida, como Ministro del successor, y su Teniente aprobase la prorogacion, y la decretase con la autoridad que le davan las Leyes de la Patria: firmaronse las Provisiones à 17. de Junio para 16. de Agosto, deviendo desde aquel dia concurrir en Tortosa los estados que formavan el Parlamento: al qual antes de dividirse, requiriò el Conde de Vrgel, para que mandase al Governador se abstuviese del exercicio de su cargo, que era la condicion con la qual avia ofrecido despues de la muerte del Rey abstenerse de la Governacion General, à Ramon Fiviller, y à Francisco Burguès Embaxadores del Parlamento, hallandose en Balaguer; però no se tomò resolucion sobre esta instancia, por las que mas afligian el estado de la Republica en los civiles disturbios de Aragon, y Valencia, ocasion de la prorogacion del Parlamento.

Mudase el Parlamento de Barcelona à Tortosa.

El Parlamento de Aragon se trasllada à Alcañiz.

Los Embaxadores de Cataluña desalentados de mantener el Parlamento de Aragon en Calatayud, passaron à Alcañiz, donde solicitaron se bolviese à juntar: dieron aviso à Cataluña, donde escrivieron los Prelados, Nobles, y Barones à los de Aragon para que continuassen su Parlamento, executandolo como amigos, y particulaculares, por averse licenciado el de Barcelona. Hallavanse en esta Ciudad Embiados del Reyno de Mallorca para assistir al Parlamento de Cataluña, Berenguer de Tagamanent, Arnaldo de Mur, y Jayme Alberti, los quales fueron electos en el Consejo General de la Isla, que siempre prosiguió vnida fielmente con Cataluña.

Consiguiose à 24. de Julio reducir los animos de los Aragoneses à la congregacion de Alcañiz, y por este tiempo à los Valencianos de la Ciudad con los del Reyno para elegir lugar à proposito vezino de Cataluña, y Aragon para celebrar su Parlamento, que con poco tiempo pudiesse lograr las noticias de los decretos de los de Tortosa, y Alcañiz.

Tardavan los Catalanes à llegar à Tortosa, y fueron muy pocos los que concurrieron al termino de la convocacion: estos para el acierto en el despacho dieron coadjutor al Governador, eligiendo conformes à Francisco Burguès, de cuya eleccion protestaron los del vando del Conde de Pallàs, y Vizconde de Illa; però no fue atendida la protesta por el Parlamento, y prosiguiò Francisco Burguès en el cargo que se le avia fiado. Llegaron en este estado à Tortosa Juan Desplà, Bernardo de Gualbes, Ramon Fiviller, y Bonanat Pera Syndicos de Barcelona, alentando à los dudosos para concurrir diligentes al Parlamento de Tortosa; aunque fue preciso embiar los ordenes, y pedir al Papa, obligase con precepto à los Prelados, y Cabildos: despacharonse los ordenes del Parlamento à los Cavalleros, y Barones que eran renitentes, y van nombrados à la fin del capitulo letra *D*, los quales todos obedecieron.

No pudo assistir el Arçobispo de Tarragona al Parlamento por hallarse empeñado à componer los disgustos de Ramon de Zagarriga su hermano Governador de Ruisellon, y Cerdaña, y de Juan de Vilamarì su primo, los quales tenian dividido à todo Ampurdan, y Ruisellon, siguiendo vnos à Zagarriga, y otros à Vilamarì; y hallandose estos vandos muy fuertes, y enconados, y no valiendo los suaves medios, embió la Ciudad de Barcelona à Pedro de San Climent por General, que con el Estandarte de Santa Eulalia, convocados los Pueblos de Cataluña, logró su quietud con el amago, y recelo de las fuerças del Principado.

Bolvieronse à travar las discordias del Reyno de Valencia, dividido en este tiempo en dos Parlamentos, por no averse concertado los que se hallavan juntos en la Ciudad, con los de afuera: mudaron los de la Ciudad su Congregacion à Trahiguera, disintieron los Cavalleros, y Barones, que se hallavan fuera de la Ciudad, y congregaronse en Vinaròs; y para vnirlos en vno, embiaron à los dos, los Embaxadores del Principado al Doctor Francisco Basset, y los del Parlamento de Aragon à Fray Iñigo de Alfáro Comendador de Ricla, que en dos meses no pudieron conseguir concordarles.

Discordias del Reyno de Valencia divididas en dos Parlamentos.

Embió el Parlamento de Tortosa al de Alcañiz à Asberto Zatrilla para dar principio à la conferencia de la eleccion, para la libertad del Obispo de Taraçona, preso por el Governador de Aragon, pidiendo se remitiesse al Papa, para concertar à los divididos Valencianos, y para poner paz entre la Guarnicion de Morella, y las Milicias que tenia el Principado en Tortosa para su resguardo. Consiguiò la quietud de Aragon, y lo que pendia de aquel Parlamento; però no la de Valencia, mas empeñada en sus disturbios; no pudiendose lograr los medios de la concordia propuestos por los Embaxadores del Principado, y por los del Reyno de Aragon.

Decretò el Parlamento de Tor-

Tortosa embiar à Valēcia à Fr. Phelipe Malla, y à Asberto Zatrilla; però no lograndose con estos oficios, fiaron el acierto de la Concordia en la santa erudicion de San Vicente Ferrer, (que se hallava en Castilla,) llamado para la quietud de su Patria, y tranquila vnion con el Principado, y Reyno de Aragon.

En este tiempo para assegurar al Parlamento de Alcañiz, y a los que concurrian deste à Tortosa, y deste à Alcañiz, alistaron muy buenas Compañias los Aragoneses en defensa del Castillo de la Plaza, y para mantener el transito, encargandolas à Guillen Ramon de Cervellò, y à Juan de Lluria, y el recinto de los Muros le fiaron del cuydado de Ramon de Mur, y de Fr. Iñigo Alfaro: avia ya el Cielo, favorable à la sinceridad, y buen zelo con que obrava Cataluña, vnido amorosamente los dictamenes de los dos Parlamentos de Aragon, y Cataluña, y solo se esperava concurriesse Valencia para entrar en los medios de la eleccion; però esta se hallava en el mismo estado, y con poca esperança de remedio.

Prevenciones para assegurar los de los Parlamētos de Tortosa, y Alcañiz.

Atentos los Catalanes al comun beneficio, despreciando vanidades de preeminencias, por aver suplicado el Parlamento de Alcañiz al de Tortosa eligiesse sugetos paraque pudiessen conferirse con los que el de Alcañiz eligiria, en el lugar, y puesto que los dos Parlamentos eligiessen, vsaron de cortesana gentileza, embiando luego al de Alcañiz al Conseller primero de Barcelona Juan Desplà, y à Berenguer de Tagamanēt Syndico de Mallorca, logrando estos con la cortesia, la atencion, que tal vez se huviera controvertido: fueron recibidos con raras demostraciones de afecto de los Aragoneses, y nombraron al Obispo de Huesca, à Juan de Luna, à Ximeno de Sayas, à Berenguer Bardaxì, al Doctor Juan de Funes, à Domingo Lanaya, y à Jayme de Pueyo, con los quales trataron de los medios proporcionados al fin de la eleccion con los Electos por el Principado.

Conferencias entre los Parlamentos de Tortosa, y Alcañiz.

Estava en este tiempo el Parlamento de Tortosa con grande recelo de las costas de Cataluña, y temor de las Armadas de Francia, y Napoles, por hallarse las del Principado empleadas en la defensa de Gerdeña, y Sicilia; però las guerras de Napoles quitaron estos recelos, y dieron otro empleo, y no muy de su gusto à los Franceses.

Suscitaronse los Vandos de Lerida por la muerte de Sanson de Navès, en vn reenquentro: dividiòse el Pueblo en los dos partidos: acudiò el Governador, y diò consuelo, y quietud à la Ciudad.

Entraron en este tiempo en Aragon diversas Compañias de gente de guerra de Castilla, contra el sequito de Antonio de Luna, y este prevenia recibir socorros de Gascuña: prevenido el Principado de los daños que se executavan en Aragon, por estos Soldados Castellanos, embiò por Embaxador al Rey de Castilla, y al Infante Don Fernando, à Ramon Zavall, requiriendoles: *Que mandassen salir la gente de armas que de Castilla avia entrado en Aragon, protestando, que el Principado proveeria en aquello, sino se remediasse.*

Daños en Aragō por los Soldados de Castilla.

Requiriò sobre este punto el Conde de Vrgel al Principado, diziendo que por su atencion avia licenciado las Tropas de Gente forastera: fuele respondido se avia dado providencia: y à la proposicion de defender la Patria, y reflexion de sus derechos, que se le estimava, y que no podian apartarse de la voluntad del Rey en la declaracion por justicia con el concurso de los Reynos.

Por esta respuesta congregò varias Compañias de gente el Conde de Vrgel, y pretendiò valerse de la Governacion General, oponiendosele los Parlamentos de Cataluña, y Aragon; y para quietarle, el de Cataluña bolviò à requerir al Infante Don Fernando por medio de Ponce de Perellòs, y de Guillen Domenge Embaxadores electos para este efecto, para que mandasse salir las Tropas de Castilla, del Reyno de Aragon: hallaronse en Antillon, diò grata respuesta; offreciò pagar los daños, y disculpóse con favorecer à los Parientes del Arçobispo contra los homicidas, representandoles sus derechos, concluyendo que remitiria sus Embaxadores al Parlamento de Cataluña para entrambas dependencias, y que executaria con justicia lo que pareceria importante.

Sentència contra los complices en la muerte del Arzobispo.

Diò en este tiempo sentencia el Juez Eclesiastico de Zaragoça contra los homicidas, y complices en la muerte del Arçobispo, y publicóse en el Parlamento de Cataluña à 24. de Octubre; y requiriò dicho Parlamento à los Condes de Vrgel, y Prades, desistiessen de juntar Tropas en daño de la Patria: obedeciò el de Prades, dexando sus differencias al arbitrio del Parlamento.

Pegóse el contagio de la division de Valencia à mucha parte de la Nobleza de Aragon, que seguia à Antonio de Luna: juntaronse estos en Mequinenza, fomentados del Castellan de Amposta, que para su resguardo fortificò con su sequito los Castillos de Aytona, Seròs, y Zandi: embiaron al Parlamento de Tortosa pidiendo no diesse credito al de Alcañiz, ofreciendo juntarse con Cataluña, y Valencia, para tratar de la succession; però como Cataluña solo procurava el acierto en la vnion, no admitiò esta instancia, y solo atendiò con desvelo, vnida con el Parlamento de Alcañiz, à la concordia de Valencia, que aun pretendia, dividida en dos Congregaciones, dar motivos à la dilacion, embiando cada qual sus Agentes al Parlamento de Tortosa, pretendiendo vna, y otra representar el Reyno; y los de Mequinenza con mayor ardor requirieron no se tratasse de la succession sin su concurso.

Los que sienten de verse la Presidencia à Guerao Alemany de Cervellò.

A. El Conde de Pallàs, el Vizconde de Illa, el Vizconde de Rocabertì, Bernardo de Cabrera, Roger Bernardo de Pallàs, Guerao, Guillen, y Vgo de Rocabertì, Berenguer Arnaldo de Cervello, Pedro de Cervellò, Acart, y Simon de Mur, Iofre Gilaberto de Cruilles, Ramon Cartellà, Ramon de Paguera, Antonio de Sò, Ramon de Bages, Pedro de Senmenat, Manuel de Rajadell, Luis de Requesens, Riambao, y Francès de Corbera, Berenguer, y Arnaldo de Oms, y otros.

Los que contradizè à los primeros.

B. El Conde de Cardona, el Conde de Prades, Berenguer Carròs Conde de Quirra, Antonio de Cardona, Roger, y Pedro de Moncada, Bernardo de Forcià, Francès de Vilanova, Bernardo Galceran de Pinòs, el Vizconde de Vilamùr, Guillen de Sò, Guillen Ramon de Moncada, Dalmao de Queralt, y otros.

Los nombrados para elegir lugar, y Presidente.

C. El Arçobispo de Tarragona, los Obispos de Vrgel, y Vique, los Abades de San Cucufate, Santas Cruzes, y San Iuan de las Abadessas, el Conde de Cardona, el Vizconde de Perellòs, Roger de Moncada, Berenguer de Ostalrich, Dalmao Zacirera, Asberto Zatrilla, Guillen Olivèr, Bonanat Pera, Gonzalo Garridell, Iuan de Ribas Altas, Matheo Ferràndell, y Bernardo de Perarnau.

Los que no quieren assistir al Parlamento de Tortosa.

D. El Conde de Pallàs, el Vizconde de Castellbò, el Conde de Cardona, Bernardo de Cabrera Vizconde de Cabrera, el Vizconde de Rocabertì, Roger de Moncada, Francisco de Caramany, Bernardo de Cruilles, Guerao de Cervià, Antonio de Sò, Berenguer Arnaldo de Cervellò, Bernardo de Forcià, Bernardo de Sinisterra, Acart de Mur, Berenguer Galceran de Pinòs, Iofre Gilaberto de Cruilles, Ramon de Paguera, Narciso Guillen de Bellera, Francisco de Eril, Pedro de Orcau, Guerao de Rocabertì, Guillen Ramon de Iosa, Gilaberto de Centellas, Guillen Ramon de Moncada: no fueron llamados el Conde de Prades, ni el Vizconde de Illa, ni el de Canet.

CAPI-

CAPITULO X.

Embaxada al Infante Don Fernando, y protesta para sacar los Castellanos, de Aragon: Eleccion de 24. Personas con poderes para executar lo importante: Llegan à Alcañiz los Embaxadores de Cataluña: Rompe Barcelona à los Franceses, y recupera à Castellvi: Estado de Cerdeña: Discordia en Aragon: Guerra en Valencia: Oficios de Cataluña: Embaxada de Francia: Abilitacion de Pretendientes, y carteles: Eleccion de nueve Electores: Protestas de Valencia; Dudas, y protestas en Cataluña: Recusanse algunos de los Electores: Convienen los dos Parlamentos de Cataluña, y Aragon: Eleccion de Alcaydes: Dissentimiento de Mequinenza, &c.

SVpo bien dissimular por su natural condicion la Nacion Catalana, las sospechas de que los Aragoneses gustavan de conservar las Tropas de Castilla en su Reyno con daño del comun, por el encono particular de los Vandos; y como era cito poner las Armas en mano del Conde de Vrgel, y exponerse à que no la justicia, sino la espada del vencedor diesse la Corona destos Reynos, en descredito del empeño de la Nacion, obediente à la vltima voluntad de su difunto Señor; sin formar quexas, ni darse por ofendida, ni menos prevenir al Parlamento de Aragon, bolviò tercera vez à instar al Infante Don Fernando con nuevos Embaxadores, que executasse aliviar à Aragon, de las Tropas de Castilla: eligiò para esta embaxada à Macian Despuig, que hallò al Infante en Mondejar: representòle el costoso empleo de Cataluña en defender las Islas, conservar, y vnir los Reynos, para llegar con quietud, y acierto al fin de la eleccion, que diferian, y ponian en contingencia las Armas de Castilla; requiriendole de palabra, y con escritura publica que dexò en su mano, que à no executarse promptamente la salida de las Tropas de Castilla, Cataluña obraria como reconociesse importava al biẽ, y quietud de la Corona. Respondiò el Infante con las razones antecedentes, remitiendose à lo que asseguraria los Embaxadores del Rey de Castilla, y suyos, que ya avian embiado à Cataluña; y con esta respuesta bolviò el Embaxador al Parlamento de Tortosa; y los Embaxadores de Castilla llegaron primero al Parlamento de Alcañiz, ò por juzgarle mas propicio, ò por temer la entereza, è independencia del Parlamento de Cataluña.

Embaxada al Infante Don Fernando, y protesta para que saque los Castellanos, de Aragon.

No malogrò tiempo el Principado, porque aviendo declarado por legitimo el Parlamento de Alcañiz, eligiò veinte y quatro Sugetos de su Parlamento, cuyos nombres van referidos à la fin del Capitulo letra *A.* para que todos los negocios que por la variedad de opiniones del Parlamento, no pudiessen decidirse, se remitiessen al arbitrio de los veinte y quatro; con que concurriesse la mayor parte en la decision, y desta huviesse quatro de cada Estado que la assegurassen; conque, aunque los diez y seis de los dos Estados Eclesiastico, y Militar vnanimes votassen, si no convenian quatro del Estado Real quedava indecisa la duda: nombraronse tambien Embaxadores para tratar los medios de la eleccion con los que eligiesse el Parlamento de Alcañiz, y resolvieron embiarles à aquel Parlamento sin otra prevencion, para no dilatar la confusion del empeño: los elegidos fueron el Arçobispo, Phelipe Malla, Guillen de Vallseca, Asberto Zatrilla, Juan Desplà, y Juan de Ribas altas: vnos y otros prestaron los juramentos acostumbrados, y llegaron estos à Alcañiz à 18. de Deziembre: corteses los Embaxadores de Castilla, les salieron à recibir fuera de la Villa, y à la entrada tres Cavalleros en nombre del Parlamento de Aragon, con la senzilla disculpa de no aver salido el Parlamento, porque se hallava junto, que pudo bien calificarla de somera el P. Abarca *tom. 2. fol 169. col.4.* como Paysano; y con ser tal la disculpa, si no fue admitida, fue dissimulada por los Catalanes, despreciando

Elige el Parlamento de Cataluña Sugetos para decidir las dudas.

Embaxadores de Cataluña à Alcañiz.

ciando quanto no era del bien universal de la Corona.

Otro dia por la mañana, visitaron juntos los principales que componian el Parlamento de Alcañiz, à los Embaxadores de Cataluña, bolviendo à repetir el error en la disculpa de su inadvertēcia, que advertido, hablando por todos el Arçobispo de Tarragona, confirmó la constancia, zelo, atencion, cortesia, y tolerancia Catalana, en su premeditada respuesta.

En este tiempo por la enfermedad de Guillen de Vallseca, fue electo por el Principado Embaxador en su lugar Berenguer Arnaldo de Cervelló. Entrò en este proprio tiempo Arnaldo de Santa Coloma Capitan del Vizconde de Castellbò con buen Exercito, llegò hasta Castellvì de Rosanes, y ocupó la Plaza: ofendida la Ciudad de Barcelona, congregò sus Gremios, y con los Paysanos de los Lugares Vezinos governados por el Veguer, y Galceran de Gualbes, embiòles al oposito de los Enemigos: formaron su Plaza de Armas en Martorell, de alli llamaron à los Pueblos de la Vegueria, que concurrieron promptos; y à expensas de la Ciudad, quedò formado Exercito igual, y superior en valor al de los Enemigos, pues consiguiò vitoria, entrò la Plaza à fuerça de sus brazos, y limpiò à Cataluña, de los Gascones que eran las Milicias del Vizconde.

Recupera Barcelona à Castellvì, y vence à los Franceses.

1412. Al principio deste año por recelos del Vizconde de Narbona (que parecia tomava aliento para emprender novedades en Cerdeña, viendo tan ocupada à Cataluña, y porque ya se juntavan Tropas contra las comarcas de Caller) eligieron los Catalanes por su Capitan General al Conde de Quirra, que se previno à la defensa; assegurando la del cabo de Lugodor su Governador Ramon de Cartellá: disparò el rayo de la Guerra de Cerdeña contra Nicolao Doria, juntóse este con la parte de los Catalanes, y con los de la Casa de Istria, fidelissima à la Corona, para defenderse del Vizconde, y de Cassano Doria: embiò al Parlamento de Cataluña la parte de los de Istria à Juan de Istria para pedir licencia de levantar Soldados para Cerdeña, por hallarse disminuido el numero de los Catalanes de la Isla, diziendo que vendrian de alli treinta mil florines: llegò el dinero à Barcelona en vna Galera Catalana, cuyo Capitan era Nicolàs Balboa: el aviso deste socorro que se prevenia en Barcelona, diò Treguas à los males de Cerdeña, pues receloso el Vizconde, embiò sus Embaxadores al Parlamento de Cataluña, sujetando las pretensiones que tenia contra Nicolàs Doria à la decision del Parlamento, que lo exceptò, y no faltaron en èl, Padrinos, y Abogados del Vizconde.

Disturbios en Valencia.

Ardia Valencia en sus civiles disturbios; y con guerra declarada el Governador Guillen de Bellera, y Bernardo de Centellas con medianas Tropas fomentavan la discordia, ocupando algunos Lugares, quitandoles vn Vando al otro, segun prevalecian las fuerzas; y para establecer al del Governador à quien favorecia el Conde de Vrgel, avia alistado este hasta quatrocientos de acavallo governados por Ramon de Perellòs vno de los Capitanes de mayor credito de la Nacion Catalana: su fin era dar favor à Burriana, que tenia estrechado Bernardo de Centellas con los Soldados que avia trahido de Castilla à su favor Juan Fernandez de Heredia. Como estas armas se hallassen cerca de Tortosa, requiriò el Parlamento por medio de Francisco de Eril, à Ramon de Perellòs, y à los que le seguian, dexasse la empressa, y se bolviesse: respondiò Perellòs, que no obedeceria si el Conde de Vrgel no se lo mandava.

Hallavanse en este tiempo vnidos los del vando de Centellas con los Aragoneses, y Castellanos que seguian à los Heredias: opusose à estos el Governador de Valencia: encontraronse los Campos entre el Grao, y el lugar de Morviedro: dieronse la batalla, que fue muy sangriengrienta: fueron los Valencianos vencidos, y muerto el Governador, con otros muchos de su Campo, quedando otros prisioneros: señalóse mucho Guillen de Vich Catalan, que seguia à los de Castilla.

Embaxada de Francia, y su respuesta.

Llegò por este tiempo Embaxada del Rey de Francia, y de la Reyna Doña Violante à los Parlamentos de Tortosa, y Alcañiz: respondiòse à los Embaxadores, que se executaria lo que fuesse de justicia; y al ofrecimiento de gente de Armas, que se comunicaria, y trataria.

Embiaron sus Embaxadores à Alcañiz las dos Congregaciones de Valencia: dudaron admitirles los Catalanes, y Aragoneses, no estando vnidos en vna. Desbaratò à la gente de Zaragoça Antonio de Luna sobre Exèa; y viendo el estado destos disturbios, è invasiones Francesas en Cataluña, añadiò el Principado à sus Tropas, dos mil hombres, mil Bacinetes, y mil Ballesteros; requiriendo al Conde de Vrgel diesse libertad, y bolviesse los bienes à Francisco, y à Juã de Vilamarì, y à Riambao de Corbera.

Discordia en Aragon, y oficios de Cataluña.

Eligieron à 6. de Febrero los del Parlamento de Alcañiz Sugetos con poder libre, y absoluto para tratar con los electos del Principado, y resolver conformes quanto conduzesse à la declaracion de Successores de la Corona: convinieron estos en que se eligiessen nueve Personas, tres de cada Reyno, para que con su decision se concluyesse la nominacion de Señor destos Reynos, y que el Tribunal deste juizio residiesse en Caspe hasta la conclusion: nombraron Capitanes para la defensa, y guarda de la Villa à Asberto Zatrilla Catalan, y à Pedro Martinez de Marcilla Aragonès: prestaron todos los elegidos para el nombramiento de las Personas, y Capitanes, los juramentos devidos en caso de tanta consequencia: prosiguieron en abilitar los Principes que podian pretender derechos à la Corona, citãdoles con publicos Carteles, para presentarse à fundar su justicia, hasta la difinitiva: abilitaron à Don Fadrique de Aragon Conde de Luna hijo del Rey Don Martin de Sicilia mandando darle Abogados, y Procuradores por su menor edad. Embiaron à los Principes, sus convocatorias. Fueron los abilitados, y llamados, el Primogenito del Rey Luìs, y Reyna Doña Violante, el Infante Don Fernando, el Conde de Vrgel, el Duque de Gandia, y el Conde de Luna; y admira el cuydado de no llamar à la Reyna Doña Violante, y à la Infanta Doña Isabel, vna hermana del Rey Don Martin, y otra hija del Rey Don Juan, por no dar lugar à que se admitiessen las hembras. Previnóse à los Competidores, que no entrassen en Caspe, que embiassen Agentes, y Abogados; y à los que se hallavan fuera destos Reynos, que no entrassen en ellos; y à los que se hallavan dentro, que no se acercassen à lasCongregaciones, de dos jornadas. Respeto de la division de Valencia ordenaron requerirlesque formassen vn Cuerpo vnido en vn Parlamẽto, porque no les admitirian divididos; y que quãdo quedassen conformes representando à todo el Reyno, serian admitidos sus Embaxadores, y Plenipotenciarios, en el estado en que se hallassen las dependencias, sin que por su concurso pudiesse revocarse cosa deliberada por los Catalanes, y Aragoneses.

Principes abilitados para la Corona.

Passaron los del Parlamento de Alcañiz à dar poder al Justicia, y Governador de Aragon para elegir los Sugetos que devian ser Juezes de la succession, siguiendo la forma que avian dado los Embaxadores del Principado à quien representava el Parlamento, y los Sugetos electos por el mismo Parlamento, para disponer este acto. Y como estos en su conferencia avian ya convenido en que se nombrassen por los Parlamentos nueve Sugetos, tres de Cataluña, tres de Aragon, y tres de Valencia, deforma, que todos nueve fuessen electos por vno, y otro Parlamento, deviendo concurrir los dos en la igualdad de aprobacion, dieron poder para esta nominacion los del Parlamento de Alcañiz al Justicia, y Gover-

Eleccion de nueve Electores.

Governador de Aragon, que la executaron, eligiendo nueve Sugetos, participandolo al Parlamento de Tortosa, que no aprovó la accion, porque conformandose con lo convenido, devia elegir el Parlamento las Personas, y no podia dar poder à otros, y suspendieron su eleccion, los Catalanes.

Protestas de Valencia.

Llegaron à este tiempo Embaxadores de los Valencianos que se hallavan Congregados en Morella, y protestaron no dever los Catalanes, y Aragoneses passar à la nominacion de Electores, ò Juezes sin la interessencia de las dos Congregaciones de Morella, y Vinaròs, ò alomenos de la Congregacion que no se opuso à concurrir con los Deputados por los Parlamentos de Aragon, y Cataluña: dezian que aviendo de concurrir Valencianos à la eleccion, devian ser electos por vna, y otra Congregacion, no todos por la de Vinaròs, como lo pretendia esta Congregacion.

Para dar vn corte à estas pretensiones, respondieron los del Parlamento de Alcañiz à los Valencianos, que pareceria bien que nombrassen vno de la Congregacion de Vinaròs, como Bonifacio Ferrer, señalada, y notable Persona de su Congregaciō; y los dos Valencianos que se devian elegir para llegar al numero de tres, al vno le nombrasse el Parlamento de Cataluña, y al otro el de Aragon, libremente, de vna, ò otra Congregacion; y para concluir con estos altercados, embiaron sus Embaxadores las dos Congregaciones de Valencia à los Parlamentos de Tortosa, y Alcañiz, para assistir à la nominacion de los nueve.

Convienen los Parlamentos de Cataluña, y Aragon.

Porque la oposicion de los Catalanes al poder que dieron los Aragoneses al Iusticia, y Governador, dilatava la conclusion de este acto, despues de varios argumentos resolviò el Parlamento de Cataluña dar poder à los veinte y quatro para que eligiessen, y fue cosa muy singular, que eligieron à los mismos nueve Sugetos que avian elegido el Governador, y Iusticia de Aragon, concediendo con esto el Cielo propicio conformidad en las dos Naciones: aprobaron la eleccion los Embaxadores de Valencia, y quedaron los Parlamentos conformes.

Nombres de los Electores que cōcurrierō en Caspe.

Fueron los electos para tan celebre, y nunca visto acto, por Cataluña Don Pedro Zagarriga Arçobispo de Tarragona, Guillen de Vallseca, y Bernardo de Gualbes insignes Letrados: por Aragon Dō Domingo Ram Obispo de Huesca, Berenguer de Bardaxì, y Francès de Aranda Donado de la Cartuxa: y por Valencia Bonifacio Ferrer General de la Cartuxa, S. Vicente Ferrer, y Ginès Rabaça; publicòse la nominacion à 14. de Março, como consta del Processo, y fue ratificada por todos los Parlamentos con alegria, y jubilo vniversal de la Corona, assegurada en la entereza, y grande opinion de los electos.

Eligen Alcaydes para el Castillo de Caspe.

Fueron elegidos Alcaydes del Castillo de Caspe por Cataluña Ramon Fiviller, por Aragon Domingo Lanaya, y por Valencia Guillen Zaera; y se conformaron, vnidas las dos Congregaciones de Valencia en concurrir con los Parlamentos de Cataluña, y Aragon, en vn Parlamento que representasse todos los Estados del Reyno.

Recusanse algunos de los Electores por sospechosos; Dando por nula la eleccion de estos Sugetos.

Publicados los Iuezes, ò arbitros de la Corona, ò antes, como refiere Zurita los Embaxadores de Francia, y de la Reyna Doña Violante dieron por sospechosos à Bonifacio Ferrer, y à Francès de Aranda por enemigos del Rey de Francia, al Obispo de Huesca por aver defendido antes à vno de los Competidores, y à Berenguer de Bardaxì por recibir pensiones, de otro: dieronles tambien por sospechosos à los mismos, algunos Nobles del Parlamento de Tortosa, cuyos nombres van à la fin del Capitulo letra *B*. Presentaron su dissentimiento à 23. de Março, però no se atendiò à esta instancia por juzgarse apassionada.

A este tiempo llegaron Embaxadores de la Congregacion de Mequinenza, en la qual estavan congregados mucha parte de los Barones, y

No-

Dissenti- iento de , Congre- acion de Iequinen- a-

Nobles de Aragon, à los quales presidia el Castellan de Amposta: protestaron de quanto se avia executado, dieron por inutil la junta de Alcañiz, faltando en ella tan Ilustre, y numerosa parte del Reyno, y suplicavan que el Parlamento de Cataluña embiasse sus Embaxadores à la junta de Mequinenza, y que conformes eligirian los medios importantes à declarar la succession: respondiò el Parlamento de Tortosa que siempre avia tenido por legitimo el de Alcañiz, y que devia persistir con èl en lo decretado.

Nombran- e los 24. ugetos electos para lecidir las liferencias lel Parlamento.

A. El Arçobispo de Tarragona, los Obispos de Barcelona, y Vrgel, los Abades de Monserrat, y San Cucufate, Narciso Astruch Arcediano de Tarragona, Phelipe Malla Arcediano de Panadès, y Pedro Bosch Canonigo de Gerona, por el estado Eclesiastico. Por el Militar el Conde de Cardona, y por su ausencia Berenguer de Copons, el Vizconde de Illa, Guillen Ramō de Moncada, Pedro de Cervellò, Ramon de Bages, Galzeran de Rosanes, Luìs de Requesens, Dalmao Zacirera. Por el Real, Iuan Desplà, Bernardo de Gualbes, y Ramon Fiviller Sindicos de Barcelona, Francisco Samalò, y Guillen Domenge de Gerona, Gonzalo Garridell de Tortosa, Pedro Grimau, y Iuan *de Ribasaltas de Perpiñan.*

Nombrāse os que del Parlamēto leTortosa, lieron nula a eleccion le algunos le los Elecores de Aragon, y valecia por ospechosos.

B. El Obispo de Vrgel, el Conde de Cardona, el Conde de Prades, el Vizconde de Illa, el Vizconde de Evol, Antonio de Cardona, Berenguer Carròs en su nombre, y del Conde de Quirra, Guillen Ramon de Moncada, Iorge de Queralt, Guillen, y Iuan de Espès, Pedro, y Arnaldo de Orcau, Bernardo de Forcià, Pedro de Moncada, Francisco de Vilanova, Galceran de Rosanes, Dalmao Zacirera, y otros muchos que no se nombran.

CAPITVLO XI.

Eleccion de Sugetos para tratar, y concordar con los Pretendientes, despues de la declaracion: Prevencion de armas en Cataluña contra Francia: Paz en los vandos: Reusa la Reyna Doña Violante de Napoles, y de Francia remitir à Caspe Embaxadores: Embia la de Aragon, y todos los Pretendientes sus Embaxadores, y Letrados: Dissentimiento de algunos Nobles contra la nominacion de los Iuezes: Eleccion en Caspe à favor del Infante Don Fernando: Publicacion, su forma, y sermon de San Vicente Ferrer para consuelo de los Pueblos: Estado, y defensa de Sicilia, y Cerdeña, &c.

NO podia en este tiempo dar alivio à su apassionado, y adolorido animo la Nacion Catalana, porque la muerte del vltimo Rey Don Martin la tuvo en continuos recelos del acierto en elegir successor, que conservasse el credito de la Nacion, y la defendiesse, y mantuviesse en los dilatados Reynos, y Provincias que avia consagrado su valor à sus Invictos Heroes, y Señores, desdel primero Uvifredo hasta el Rey Don Martin: temia en la discordia su ruìna, y perder à sus Naturales, esparcidos por tan dilatados Reynos, y Provincias; y para assegurarse, y assegurarlos, antes que se passasse à la declaracion de successor de la Corona, decretò el Parlamento de Tortosa elegir seys Sugetos con poder bastante para obligar à los Principes à la Paz, y vnion despues de la nominacion; y que antes de passar à esto, prometiessen sugetarse à la declaracion sin ofensa de comun, ni particular, antes, ni despues, por las aficiones, y execuciones à favor de los excluìdos, quedando conformes, y sugetos al sentir de los Electos para la declaracion de justicia: juzgando grande este empeño, y ser muchos los Pretendientes, eligieron otros seys Sugetos para este efecto, los mismos congregados en el Parlamento de Tortosa,

Eligē el Parlamento sugetos para cōcordar los Pretendientes despues de la declaracion.

Tortosa, vnos, y otros Compromissarios: fueron los Obispos de Vrgel, y Barcelona, el Conde de Cardona, Ramon de Bages, Iuan Desplà, y Pedro Grimau, el Obispo de Gerona, Narciso Astruch Arcediano de Tarragona, Guillen Ramon de Moncada, Berenguer de Oms, Francisco de Sanseloni, Gonzalo Garridell: Executada esta vtil, y atenta diligencia prorogòsse el Parlamento de Tortosa à Momblanch; però hallando inconveniente, pareciò acertado quedar en Tortosa hasta la declaracion.

Recusa el de Francia, y la Reyna Doña Violãte de Napoles remitir sus Embaxadores à Caspe donde acuden los de los otros Pretendientes.

Iuntos los Electores en Caspe, y los que avian de assistir por los Reynos, y Principado, no quisieron comparecer en Caspe los Embaxadores de Francia, y de la Reyna Doña Violante de Napoles, por la recusacion que avian propuesto de los quatro electos, sino que desde Barcelona embiaron à Caspe paraque se decidiesse sobre las sospechas, sugetandose al juizio de los cinco dados por capazes; però la Reyna Doña Violante de Aragon, embiò à favor de su Nieto el Duque de Calabria à Juan Alçamora, à Bernardo de Bosch, y à Bernardo de Gallac, que defendieron sus derechos.

En este medio, Gines Rabaça electo para declarar successor à la Corona por parte de Valencia, segun el sentir comun, para escusarse de empeño tan grande, y por temor de lo venidero, atendiendo à lo presente, se fingiò demente, ò le turbò el juizio la gravedad del empeño: empeñandose su mismo hierno Francisco de Perellòs à presentar Memorial ante los Juezes paraque diessen licencia al suegro de no hallarse à la declaracion por su incapacidad; y fue admitida, y decretada la Instancia, y electo en lugar de Rabaça, Pedro Beltran insigne Letrado.

Los Parlamentos de Cataluña, Aragon, y Valencia, viendo que ya avian passado treinta dias, en los quales los Juezes avian visto, y oìdo en audiencias publicas, y secretas los derechos de los Pretendientes por relacion de sus Embaxadores, determinaron dar Abogados al Conde de Luna Don Fadrique, para que le defendiessen su justicia. Nombrò el Parlamento de Tortosa à Pedro de Cervellò, Bonanat Pera, Pedro Bassèr, y Francès Amella, estos tres vltimos Letrados, y por Procurador à Romeo Palau.

Aunque requerido el Conde de Vrgel por Guillen de Montoliu Embaxador de los Parlamentos de Cataluña, y Aragon, avia reusado embiar Embaxadores, y Letrados à Caspe; però en esta ocasiõ no solo les embiò, sino tambien en nombre de su muger la Infanta Doña Isabel, declarandola Successora, en caso que pudiessen concurrir las hembras: los Embaxadores, y Letrados fueron Don Fr. Juan Ximenez Obispo de Malta, Fr. Juan Nadal Dominico, Antonio de Cardona hermano del Conde de Cardona, Francisco de Vilanova, Esperandeu de Cardona, Arnaldo Albertì, Bernardo Roca: por la Infanta Doña Isabel, Guerao de Ardevol, y Pedro Ferrer: por la Reyna Doña Violante de Napoles, que reusò embiar à Caspe, no obstante la Embaxada de los Parlamentos, cuyo Embaxador fue Bernardo de Monlaurò, assistiò la Reyna Doña Violante de Aragon por sus Embaxadores como queda referido.

En este tiempo muriò el Duque de Gandìa Conde de Ribagorza, y por su muerte se declararon dos Pretendientes, su hijo el Duque de Gandìa, y el Conde de Prades su hermano: embiaron sus Embaxadores à Caspe, que fueron Fr. Juan de Monçò, Artal de Eril, Bernardo de Vilarig, Pedro Navarro, Francisco Blanch, Pedro de Fals, y por el Conde de Prades, Ramon Icart: por el Infante Don Fernando assistian en Caspe, amàs de los Embaxadores Castellanos, los nombrados por esta Provincia, Domingo Mascò, Miguel de Navès, Juan de Sariñena.

Iuan Cortit Cavallero Catalan con su sequito ocupò el Lugar de la Guardiolada, con su fuerça, que era de la Religion de San Iuan; empeñandose vnos en mantenerse, y los de San Iuan con su sequito en cobrar

la

la fuerça: embiò orden, y poder para poner en paz, y dividir à los que componian estos vandos, el Parlamento de Cataluña, consiguiendose la quietud.

Por este tiempo embió el Parlamento de Cataluña al Conde de Cardona, y à Francisco de Sanceloni al Conde de Vrgel, para que, executada la eleccion, quedasse en paz, y amigo de los otros Competidores, si fuesse excluìdo; y los otros electos executaron estos mismos oficios con los demàs Pretendientes; y por los recelos de la conservacion de sus Leyes, Privilegios, y costumbres, (que à precio de copiosos raudales de Sangre, y Tesoros avia conseguido el valor, y liberalidad de sus Mayores, tan asseguradas en el felìz govierno de sus Principes desde el primer Vvifredo hasta el Rey Don Martin, que como Catalanes, en todo conformaron con ellos) embiò la Provincia de Cataluña al Parlamento de Aragon à Narciso Astruc Arcediano de Tarragona, para que Aragon concurriesse con Cataluña en dar la forma que se devia tomar para assegurar del todo los dichos Privilegios, y libertades; añadiendo nuevas, y mas fuertes clausulas al Juramento venidero del electo Rey, por la atencion que hasta este tiempo siempre avìan posseìdo la Corona hijos, ò hermanos de los Reyes de la Linea varonil del primer Conde de Barcelona, y en el estado presente se hallavan remotos, assi los de la linea masculina, como femenina, y los vnos naturalizados en otros Reynos de diferentes Leyes, y costumbres, y los otros, aunque Catalanes, apartados del Tronco, y no obligados, como los antiguos Reyes; y tambien para que eligiessen Sugetos, que con los que avia embiado Cataluña antes de la declaracion, diessen medio à la concordia, y paz en beneficio comun entre los Principes abilitados para la Succession de la Corona, y eligiessen medios para assegurarla.

Pretende Cataluña assegurar sus Leyes, y Privilegios.

Respondieron prudentes los Aragoneses, que estos empeños se podian fiar à la entereza de los que avian elegido para la declaracion, q̃ podrian assi comodar la sentencia, proponer las cargas, y obligaciones de la dignidad al Principe à cuyo favor se declarasse; y fuè bien admitida esta opinion en el Parlamento de Tortosa, que à 22. de Junio se prorogò à Momblanch para 20. de Julio, y acudieron todos los Embaxadores à Caspe para assistir à la declaracion.

Por este tiempo avia juntado numeroso Exercito el Rey de Francia à favor de la Reyna Doña Violante, y antes de llegar à Cataluña embiò à requerir al Vizconde de Illa, y à Ramon Zagarriga Governador de Ruìssellon, le diessen passo libre, assegurando la quietud, y buen trato en el Paìs, pues solo la intencion era defender à la Reyna, y cuydar no se opusiesse la tirania, y fuerça à la justicia de su pretension. Respondiò el Governador, que participaria las instancias al Parlamento de Cataluña, y à los Conselleres de Barcelona, y executaria el orden que le remitiessen. Recibida esta noticia, embiò el Parlamento, y Ciudad de Barcelona à requerir à la Reyna Doña Violante que no entrasse en el Principado, mandò al Governador de Ruìssellon reforçar las Plaças, y juntar sus Tropas, y con buena parte de Exercito embiò al Vizconde de Perellòs, y Roda General de aquellas Fronteras, para que las defendiesse. Requirió tambien á los Parlamentos de Cataluña, y Aragon el Conde de Vendosme Embaxador de Francia, para que mandasse salir la gente estrangera, de Aragon, que avia entrado, ofreciendo ayudarles para limpiarle, representando se devia guardar en todo igualdad: la respuesta de esta Embaxada fuè muy cariñosa, y agradecida; peró quedò en terminos de agradecer, y no de obrar.

No se permite entrar en Cataluña la Reyna Doña Violante.

En este tiempo con poder de nu-

numeroso concurso de Nobles del Principado, presentaron sus disentimientos al Parlamento de Cataluña Galcerán de Rosanes, y Marco de Aviñon, contra la eleccion de los nueve Juezes, por ilegitima, inusitada, y contra la deliberacion del Parlamento; y no se declaró sobre este punto, antes bien passaron los nueve à su declaracion, encerrados en el Castillo de Caspe, executada dia 24. de Junio de este año; dando el concurso de la mayor parte, la Corona desta Monarquia, y declarado por San Vicente Ferrer deverse al Infante Don Fernando como varon mas propinquo al Rey Don Martin, y mas à proposito para governarla. El Obispo de Huesca, Bonifacio Ferrer, Bernardo de Gualbes, Berenguer de Bardaxì, y Francès de Aranda conformaron en todo con el voto del Santo, sin añadir razon, como queda referido, quedando Rey el Infante con el sufragio de los seis votos. El Arçobispo de Tarragona dixo deverse la Corona al Conde de Vrgel, ó al Duque de Gandia como varones de la linea masculina de los Serenissimos Condes de Barcelona, y Reyes de Aragon, nunca excluìda, y que de estos elegia al que se juzgasse mas à proposito para la Republica. Guillen de Vallseca fortificando las razones del Arçobispo con los Testamentos de los antecedentes Reyes, y vniversal consentimiento de los Pueblos, añadiò deverse à los dos mas propinquos de la linea masculina, y que tenia por mas à proposito al Conde de Vrgel. Pedro Beltràn politico se escusó de dar su voto, con el pretexto de no hallarse, como devia, informado. Aunque San Vicente Ferrer, como refieren las Historias con su Espiritu Profetico, y Santidad elevada diò la Corona al Rey Don Fernando, lo cierto es, que se la diò tambien vnicamente Bernardo de Gualbes, pues sino huviesse votado à favor del Infante, no podia ser electo, por faltarle los votos de Cataluña, siendo preciso en la nominacion concurrir los mas votos, mientras concurriessen de todos los Reynos, y Principado, como consta del Processo.

Disentimiento contra la eleccion de los Electores.

Cede la eleccion en el Infante Don Fernando.

San Vicente Ferrer, y Bernardo de Gualbes dàn la Corona al Infante Don Fernando.

Dia 25. presentes Ramon Fiviller, Domingo Lanaya, y Guillen Zaera, Alcaydes de Caspe, por seis Escrivanos del Principado, y Reynos se recibiò publico instrumento de la declaracion, y guardòse el secreto hasta 28. de Julio, dia señalado para la publicacion de la Sentencia. Para este solemnissimo acto se dispuso rico, y eminente Teatro junto à la Iglesia, y en èl vn Altar rico, y maravillosamente adornado, y cerca del en vn escaño los nueve Electores, al medio el Arçobispo, y mas apartados à la diestra, y siniestra, mediando vn cancel, en dos lineas de escaños los Embaxadores del Principado, y Reynos, mas abaxo los Alcaydes, y Capitanes, y en otros Tablados los Embaxadores de los Principes. Celebrò Missa de Pontifical el Obispo de Huesca, predicò San Vicente Ferrer, concluìdo el Sermon publicòse la Sentencia à favor del Infante Don Fernando, fuè aclamado Rey, entonóse el *Te Deum*, rindiendo à Dios los coraçones en devidos obsequios; y al lado del Altar levantaron los Alcaydes el Estandarte Real por el nuevo Rey Don Fernando. Fuè la eleccion aplaudida de algunos, y estrañada de los mas por ver excluìda la linea masculina de los Serenissimos Condes de Barcelona, y electa la femenina, y llamado vn Principe forastero à competencia de los naturales. Para consolar à los Pueblos, dia de San Pedro, y San Pablo bolviò à Predicar en el proprio lugar San Vicente: sus razones van en su Sermon, que refieren Diago, Blancas, Zurita, Abarca, y todas las Historias Catalanas, Aragonesas, y Valencianas: como lo he referido, y quanto se à escrito tocante à la eleccion, se halla en el Archivo Real de Barcelona en el ori-

Se recibe instrumento de la declaracion.

Publicase la Sentencia. Sermon de San Vicente Ferrer.

original Processo, y actos del Parlamento.

De proposito se à atrassado la Relacion del estado de Sicilia, y Cerdeña para mayor claridad de los procedimientos de la declaracion de Rey en Caspe: bolvamos à las Islas, que con harto afan mantenia Cataluña: aviamos dexado à la Reyna Doña Blanca en Palermo, y à Bernardo de Cabrera ofreciendo sujetarse à la decision de Cataluña, la qual prometió al Rey de Navarra defender à Sicilia, y à su hija, embiar armada, y Embaxadores para la tranquilidad de aquellos Estados: en este medio avian buelto los disturbios al estado primero, la Reyna desde Palermo fomentava à los de su sequito, y Bernardo de Cabrera rindiò à Xaca, entró en ella, y los Barones del vando de la Reyna escalaron à Catania, y no la consiguieron, con que ardìa Sicilia en sangrienta guerra; no como antes vnida contra la Nacion Catalana, si dividida entre si misma para perderse, y perder aquel Reyno. Hallandose tan enconados los empeños llegò la Armada de Cataluña con los Embaxadores, cuyos nombres no he podido hallar, sino es de Ramon de Torrellas, ni menos la noticia del numero de Vaxeles, y Galeras; tal fue el descuydo de aquellos tiempos: llegó pues la Armada à Trapana, y en este tiempo hallandose Cabrera en Alcamo, juntó su Exercito, y partiò à Palermo, para con vna interpresa conseguir la prision de la Reyna, de la qual, segun afirmava, pendìa la quietud de la Isla, porque se hallava sujeta al govierno de los enemigos de Cabrera, y de la Nacion Catalana, como lo comprovava en el casamiento que solicitava para separar la Isla, de la Corona. Llegò el aviso, ò el rumor à la Reyna, y prevenida, salvò con la fuga su Persona en vna Galera Catalana de la Armada; y con la noticia que los Embaxadores del Principado avian tomado tierra en Trapana donde se hallavan, les diò aviso, y les esperò en la Galera detenida delante Palermo: llegaron los Embaxadores, entraron en la Galera de la Reyna, participaronle su instruccion de dar remedio à los males que afligìan à Sicilia, aconsejaronla salir à tierra, y entrar al Castillo de Solanto, al qual el Alcayde entregò en poder de los Embaxadores, y estos le pusieron en buena defensa, con la guarnicion de Soldados Catalanes; quedando en defensa de la Reyna, y de la Plaça el mismo Ramon de Torrellas. Hallandose yà la Reyna assistida de la Nacion Catalana, ofreció poner todas sus pretensiones, y quiebras con el Maestre Justicier Bernardo de Cabrera, en manos, y al arbitrio de los Embaxadores del Principado, por la atencion devida à la Nacion Catalana en consequencia de aquellos Estados.

Inquietudes en Sicilia.

Llega la Armada Catalana à Sicilia con los Embaxadores à la Reyna.

Librase de la prision la Reyna saliendo de Palermo.

Recibe la Reyna los Embaxadores, y la ponen en defensa.

Ofrece la Reyna poner sus dependencias en manos, y al arbitrio de los Embaxadores del Principado.

Entendiendolo los Barones del sequito de la Reyna, que eran Antonio Matheo, Juan, y Pedro de Moncada, Galcerán de Santa Pau, el Conde de Veintemilla, Henrico Rufo, Sancho Ruiz de Liori, Juan de la Balba, y otros, llegaron à Solanto, y conformes prometieron olvidar disgustos, y sujetarse en todo à la decision de los Embaxadores del Principado: sucedieron estos tratados à 15. de Febrero.

A este mismo tiempo, llegò à Solanto Archimbao de Foix con Artal de Luna que seguian à Bernardo de Cabrera, y tambien ofrecieron dexar sus pretensiones al juizio de los Embaxadores: embiò vn Legado el Papa con tres Galeras à Sicilia para cobrar el Censo, y con la pretension de aver recaido la Isla, por la muerte del Rey Don Martin, à la Sede Apostolica: acogieronle en Mecina, dieronle la obediencia algunos Pueblos; y sospecharon todos ser estos movimientos contra la Nacion Catalana, la qual por estos recelos concurrìa con anelo à la concordia, para hallarse vnida en su defensa.

Acudieron los del vando de la Reyna otra vez à Solanto, y se apartaron por medio de los Embaxadores: entendiendo el otro vando de Cabrera que avian llegado sus contrarios à Solanto, acudieron quando yà estavan apartados, evitandose el lance de la batalla; però aunque propusieron medios para la concordia entrambos partidos à los Embaxadores, como no pudieron allanarse las dificultades, quedó Sicilia en el mismo estado, bien que defendida por Bernardo de Cabrera, y por los de su vando, que fieles conservaron la Isla à la Nacion Catalana: estas son las palabras de Zurita Coronista Aragonès tom. 3. lib. 11. cap. 76. fol. 59. columna 4. *Era cierto que el Maestre Justicier por su gran valor sostuvo las cosas de aquella Isla, de manera que se conservò aquel Reyno, y la Nacion Catalana por su causa, que fuera del todo destruìda, si muriera de una muy grave dolencia; que le sobrevino, y fueron desterrados los Barones Catalanes, que le fueron contrarios, con los quales por medio de los Embaxadores del Principado queria assentar buena concordia, y no quiso tratar de medios de paz con los Barones Sicilianos, que avia condenado el Rey Don Martin de Sicilia.*

Cerdeña se hallava quieta por las Treguas con el Vizconde de Narbona; però durò poco esta quietud, porque Nicolàs Doria fiel à la Corona pretendiò aver rompido la Tregua el Vizconde por aver ocupado alguna parte del Real Patrimonio: con esto bolvieron à las armas, poniendose el Vizconde con su gente en Macomel, acampada, y el Conde de Quirra con los Catalanes en su Frontera de Oristàn; pero como se hallava la Nacion disminuìda, y los enemigos numerosos, pretendiò el Vizconde ocupar à Alguer por escalada, y fuè rechaçado con valor de los defensores; deviendose esta defensa al valor de Juan Bartomeu Capitàn de una Galera del Principado, que con la guarnicion de ella pudo lograr la gloria de la defensa.

Buelvese à las armas en Cerdeña.

Por el aviso de estos movimientos, embiaron los Deputados de Cataluña la gente que tenian alistada, à Cerdeña, eligiendo General à Acart de Mur, el qual con el Conde de Quirra logrò la suerte de conservar la Isla à la Corona, que tambien la asseguró el Conde con el casamiento de la hija del Marquès de Oristan, declarandose por este respeto à favor de la Nacion Catalana: embió el Conde à Cataluña para pedir licencia al Parlamento à Jayme Veguer, y à Pedro Ravanera, para poder efectuar su casamiento, pues con el, añadia fuerças à las de la Nacion Catalana.

Asseguraße Cerdeña vnida à la Corona.

CAPITVLO XII.

Noticias de la Eleccion: Prevenciones para el alivio de Cataluña: Parabien al nuevo Rey, y instancias i Forma del bien venido: Licenciase el Parlamento, &c.

PVblicada la Sentencia de la Succession, despacharon con la noticia al Parlamento de Tortosa los Embaxadores del Principado à Melchor de Gualbes, admirando à todo el Parlamento la declaracion; y como temia los disgustos, y males que podian suceder, admitieron conformes, como era de su obligacion, la declaracion de los nueve; y con fiel zelo, diligentes los que componian el Parlamento cuydaron quitar los motivos de quexas al electo, y de disgustos à la Provincia en su Politico govierno. Para lograr estos fines, instó luego el Parlamento à Galceràn de Rosanes, à Marco de Aviñon, à los de su sequito que revocassen el disentimiento que avian puesto à la eleccion de los Juezes, y se conformassen con la nominacion, y sentencia dada por ellos, executandose como lo solicitó el Parlamento.

Admitese la declaracion en el Parlamento,

Echa

Echa esta diligencia, condolido del estado en que quedava el Conde de Vrgel, privado de la Corona que á comun juizio se le devia, pretendió consolarle, y aconsejarle no se expusiesse à evidente ruina, y admitiesse la eleccion, supuesto que se avia executado, de libre voluntad de los Reynos, y Principado; assegurandole obraria la Provincia con el nuevo Rey, quanto conduxesse à sus consequencias, cuydando se le compensassen los gastos que le tenian atrassado; però advirtiendole, que si queria intentar novedades, y no sujetarse à la Sentencia de los nueve, le dexaria el Principado en su error, se le opondria con sus fuerças, y se apartaria de quanto fuesse à su favor, pues esto era obligacion de su connatural fidelidad. Embiò el Parlamento al Conde de Vrgel para estos oficios à Galcerán de Rosanes intimo, y fiel amigo del Conde, el qual cumpliò con entrambas obligaciones de lealtad, y amistad.

Pretende el Parlamento consolar, y aconsejar al Conde de Vrgel.

Aviendo el Parlamento prevenido lo que conducìa al bien publico con sus naturales, atendió à assegurarle con el Infante Don Fernando nuevo Rey declarado, para el comun, y particulares: para este efecto yà se hallavan electos Embaxadores para dar el parabien al Principe los mismos que fueron electos para assistir en Caspe, que fueron, el Obispo de Gerona, el Arcediano de Tarragona, Narciso Astruc, Guillen Ramon de Moncada, Berenguer de Oms, Francès Sanceloni, y Gonzalo Garridell: embiòles orden è instruccion, el Parlamento, para partir à la devida reverencia, y obsequio del Rey, mandandoles en la instruccion, con prevencion atenta, lo que precisamente devian executar, y fuè: que echa reverencia al Rey, solo se detuviessen con èl, dièz dias, suplicandole que en quanto al Govierno, y Familia de la Casa Real se conformasse en todo con el orden, y costumbres de los Serenissimos Reyes antecessores, que viniesse al Principado, que tuviesse su Consejo de Naturales de la Provincia, que en los oficios de jurisdicion se executassen las Leyes de la Tierra; y que le suplicassen con atenta inspeccion, y prudente advertencia, olvidasse los actos antecedentes à la eleccion, las aficiones de los individuos de la Provincia à los Pretendientes, los oficios, artes, y diligencias executadas à favor de los otros, y que jamàs se pudiesse inquirir, ni hazer Processo por lo que se avia executado en el interregno, que jurasse las Leyes, libertades, Privilegios, y costumbres de la Patria, cuydasse no se introduxesse novedad; y vltimamente, atento que el Conde de Vrgel avia proseguido la Causa de la Succession por consejo de los primeros Letrados destos Reynos, suplicassen le tuviesse el Rey por recomendado, y obrasse à su favor como lo pedia el vinculo de su Sangre; mandando expressamente en la conclusion de la instruccion, que no hablassen, ni intercediessen por otro de los Pretendientes, sino solo por el Conde de Vrgel: tal era el cuydado de Cataluña, por lo que avia comprehendido; y para que no se perdiesse tan notable Principe.

Instruccion del Parlamento à los Embaxadores al Rey.

Executadas estas prudentes diligencias, decretò el Parlamento su conclusion, pues yà se avia executado el acto para que fuè congregado: opusieronse à esta acertada deliberacion, muchos Nobles aficionados al Conde de Vrgel, instando se prosiguiesse en Momblanch, supuesto se avia prorrogado para aquella Villa; però fuè reprovada esta instancia, y se diò licencia à los que le componian para bolver à sus Casas: hizose esta declaracion à 5. de Julio: todo consta de los actos del Parlamento en el Real Archivo, y lo lo refiere bien Zurita tom. 3. fol. 73.

Los que dissintieron son los que se siguen. Pedro Gallinès, Berenguer de Oms, Riambao de Corbera, Galceràn de Rosanes, Dalmao de Castellbisbal, Roger Bernardo de Pallàs, Marco de Aviñò, Jayme de Taga manent, y Ponce de Malla.

Con que se disgregò el Parlamento, y bolvieronse todos à sus Casas; dexando en este estado la Relacion para proseguirla en el nuevo Reynado del Electo.

LIBRO

LIBRO XV. DE LOS ANALES DE CATALUÑA.

CONTIENE LO SUCEDIDO EN EL REYNADO DEL REY, Y CONDE DON Fernando Primero, desde el año 1412. hasta el de 1416.

CAPITVLO I.

Llegan los Embaxadores à dar el bien venido al Rey Don Fernando: Temor, y recelo de los Reynos: Llega el Rey à Zaragoça: Assegura à Cerdeña, y à Sicilia: Embaxadas para la concordia del de Vrgel: Jura el Rey en Lerida: Quexas del Principado: Satisfacion del Rey: Ajustado con el de Vrgel: Jura segunda vez, y tercera vez en Barcelona: Cortes, y Juramento de fidelidad: Asseguranse las Leyes: Nueva concordia con el de Vrgel, que no admite, &c.

1412. DIMOS fin al Capitulo antecedente, y Libro con el de la linea masculina de los Serenissimos Condes de Barcelona en el Rey Don Martin, y principio de la linea femenina en la eleccion del Rey Don Fernando I. en Caspe: darèmos principio à este Libro, y Capitulo con las Militares glorias del Rey electo, verdadera, y legitima Rama de tan elevado Arbol.

Electo pues el Rey Don Fernando Primero, y electos los Embaxadores, con la instruccion referida en el Capitulo antecedente llegaron à la raya de Aragon para entrar en Castilla; y aviendo entrado el Rey en el Reyno, partieron à la reverencia del Rey, y á cumplir con su instruccion; però siguiendo la costumbre antigua del Principado, no entraron en Castilla, esperando al Rey à la raya de Aragon; hizieronle la cortesia sin desmontar de cavallo, y añade el P. Abarça: *tanta es la la formalidad que guardan en sus Puntos, y Fueros: se estuvieron firmes sin pisar, ni passar la raya, entrando dentro de Castilla los Embaxadores de Aragon, y Valencia.* Fueron bien recibidos, y assegurados en lo que pedian: Galceràn de Rosanes bolviò al Conde de Vrgel, que le hallò de otro dictamen; y desecho el Parlamento, se concluyó empeño tan grande, y dilatado.

Fuè celebrada la noticia de la declaracion à favor del Infante por lo general en Aragon, en Valencia no tanto, y mucho menos en Cataluña, es de Zurita tom. 3. fol. 74. Llegò el Rey à Zaragoça assistido de los Aragoneses, y de los Embaxadores del Principado, y Reynos; però obedeciendo la instruccion, passados los diez dias pidieron licencia los del Principado. Jurò los Fueros, celebrò Cortes, y entendiò en assegurar à Cerdeña, aunque quedó defendida, y assegurada con el prompto socorro del Principado de Cataluña, governado por Acart de Mur, que obligò al Vizconde de Narbona à assegurarse, y à los Ginoveses à reducirse à buena paz, y confederacion, entendiendo que yà la Corona tenia Rey que sabria defenderla.

Embiò orden el Rey à Berenguer Carròs Conde de Quirra General del Cabo de Caller, para proseguir la guerra contra los que no quisiessen reducirse; y nombrò Governador de Alguer à Alberto Zatrilla, vno de los mayores Soldados de la Nacion Catalana.

Dà el Rey forma al govierno de Sicilia.

Dispuesto el Govierno de Cerdeña, diò forma el Rey al de Sicilia, que aun se hallava dividida en vandos, y encontrados dictamenes de los mismos Catalanes; bien que en este tiempo prevalecìan los que favorecìan à la Reyna Viuda del Rey Don Martin de Sicilia; por la prision del Conde de Modica Bernardo de Cabrera en vn reèquentro passando con poca guardia à reconocer su Campo que se hallava delante Palermo. Eligiò su Lugarteniente General à la Reyna Doña Blanca, embiòle por Embaxadores, con poder de disponer el Govierno, nombrar Consejeros, firmar Pazes, declarar Guerras, y obrar quanto importasse à la quietud de la Isla, à Fr. Romeo de Corbera Maestre de Montesa, à Pedro Alonso de Escalante, à Bonanat Pera, y à Lorenço Rodò, que como Catalanes serian admitidos de vno, y otro vando. Diòseles instruccion para recibir en su nombre el juramento de fidelidad, poner Alcaydes en las Plaças, pedir la Persona del Conde de Modica; y si la Isla, ò la mayor parte obedecìa à la Reyna, les previno le participassen el orden, y nombrassen Consejeros en numero de diez y ocho, nueve Catalanes, y nueve Sicilianos; y si pareciesse ser muchos, reduxessen el numero à doze, seis Catalanes, y en estos fuessen comprehẽdidos los Embaxadores, y seis Sicilianos; però con esta atencion, que siguiesse la Reyna lo que le aconsejarìan estos Consejeros, con que concurriessen en la deliberacion alomenos cinco Catalanes: y executados estos ordenes mandò à los Embaxadores entregar los poderes à la Reyna: consiguiòse todo con particular acierto, hallandose solo repugnancia en la entrega del de Modica; y no hallando obedecida à la Reyna, les diò ordenes, que no importò executarse.

Solicita Cataluña que el Conde de Vrgel dè la obediencia al Rey, y no lo logra.

Aunque instado por Cataluña por medio de Galceràn de Rosanes, el Conde de Vrgel para que admitiesse la declaracion, y diesse la obediencia al Rey, diferìa con aparentes pretextos la accion en sentimiento grande de la Provincia, que la obligò à embiarle segunda Embaxada, eligiendo à Don Galceràn de Vilanova Obispo de Vrgel, y à Guillen Ramon de Moncada, ambos de su aficion; para reiterar las mismas instancias: despachòles el Conde con dezir, responderìa por medio de Embaxada; como lo executò por medio de Ponce de Perellòs à los

Deputados de Cataluña, la qual fuè en suma; que no ignoravan que viviendo el Rey Don Martin de comun sentir pertenecia à la Casa de Vrgel la succesion de los Reynos, que muchos Letrados afirmavan ser de justicia, que por defender la accion avia consumido muchos tesoros, y que se hallava exausto; peró que si lograva enmienda, y que su Casa bolviesse al esplendor del tiempo del Rey Don Martin, haria lo que devia, y que de otra forma eligiria otro medio. Llegò esta noticia al Rey por medio del mismo Ponce de Perellòs, al qual con el Abad de Valladolid embiò al Conde ofreciendole su favor, la recompensa que pedia, y tenerle por muy recomendado: diole seguridad para èl, y los que gustase, mientras no se hallasen culpados en la muerte del Arçobispo de Zaragoça. La respuesta del Conde fuè, que le placia hazer lo que se le proponia, quando quedasse assegurado de la satisfaciòn, y enmienda de los empeños que avia contraìdo, y que executado, cumpliria con su obligacion porque despues no queria pedir mas, sino servir al Rey.

Agasaja el Rey al Conde de Vrgel, y no se dà por entendido.

Coligiò el Rey de la respuesta el animo del de Vrgel, y decretò obligarle con las armas à la obediencia, desconfiado de los medios suaves: saliò de Zaragoça para Lerida, con dos mil Castellanos que se hallavan en Aragon à favor del vando de los Heredias, ò por favorecer al mismo Rey antes de la eleccion, y siguieron à estos buen numero de Aragoneses, que no se declara: caminando el Rey para Lerida, passò parte de su Exercito à correr las campañas de Balaguer: ocuparon quatro Lugares, oponiendose el Conde muy lentamente, entreteniendo à sus enemigos con debiles empresas, para dar tiempo à los socorros que esperava de Gascuña, juzgando adelantar su causa, ò morir en el empeño, como con viveza le instava la Condesa su madre, rogandole se arriesgase por el Reyno que era suyo de derecho, y justicia: proponiale el exemplo, y constancia de sus Mayores, que conservandose con las armas obligaria al Rey à dexar la tierra, que nunca reconociò, sino Señor natural, varon, y successor de aquellos esclarecidos Principes, que fueron los primeros Condes de Barcelona; que no era justo rendirse hasta morir en la demanda, sino como Principe, y como Cavallero, por su derecho, y justicia. (2) Añadieronse à las instancias de la Condesa, las suplicas, y requirimientos de Antonio de Luna declarado por el Conde, que se hallava con muchas Compañias de Gascones, y algunos Aragoneses de su sequito, corriendo las campañas de Jaca, y Huesca, con daño de aquellos Pueblos.

Pretende el Rey con las armas, que de la obediencia el Conde.

Instancias de la Condesa al hijo para continuar el empeño con las armas.

(2) Laurentius Valla de Rege Ferdinando. Zurita tom. 3. li. 12. c. 5.

Bien juzgava el Conde que desamparado de Cataluña, que vnida seguia al Rey por deuda de su fiel obligacion contenida en el poder que diò à los Electores, no podia hallarse con fuerças para oponerse à las del Rey; y para dar tiempo à las fuerças estrangeras que esperava, determinò embiarle sus Embaxadores para la concordia.

En este medio entrò el Rey en Lerida, jurò las Leyes, Privilegios, y costumbres del Principado, como sus antecessores; pero no le prestaron el juramento de fidelidad, ni en comun, ni en particular, ni los feudatarios: transfundiose el disgusto por Cataluña toda, desta entrada del Rey con Tropas Estrangeras, en Provincia que no lo avia visto otra vez: sintió que no se procediesse por el curso ordinario con el Conde, y assi representò al Rey: *Que tenian por nuevo, y por gran disfavor, que yà que se huviesse de forçar al Conde con Guerra à reducirle à la razon, y justicia, se sirviesse de Compañias de gente de Armas de Castilla, y no entendiesse que para castigar al Conde bastavan las Leyes, y poder del Principado, aunque passasen los Montes las Compañias*

Jura el Rey en Lerida, y disgusto de Cataluña.

Rias de Gastones: es de Zurita tom. 3. lib. 12. cap. 6.

Infundieron aliento estas quexosas representaciones en el animo del Conde para embiar al Rey sus Procuradores, Ponce, y Ramon de Perellòs, Francisco de Vilanova, y Dalmao de Zacirera, con poderes de concluìr la concordia, y executar el juramento de fidelidad, que prestaron al Rey en nombre del Conde dia 28. de Octubre en la Iglesia de Lerida. Executado este solemne acto, embiò el Rey à su Secretario con Ramon de Perellós, y Francisco de Vilanova, al Conde para que ratificase el juramento que avian prestado sus Procuradores: hallaronle en Sort; y aunque con atentas suplicas, y fervorosas instancias le persuadieron aprobase lo executado, no pudieron conseguirlo, respondiendoles temerario que no le hablassen mas de esta accion. Dos opiniones encontradas citan los Autores en la relacion desta dependencia: Zurita por la de Galician de Tarba refiere, que luego que el Conde embió sus Mensageros al Rey les revocò el poder: y Alvar Garcìa de Santa Maria Autor de aquel tiempo, que los Embaxadores del Conde prestaron el juramento contra la instruccion, porque el Rey les dixo que prestasen la obediencia antes de tratar de los otros medios, que de otra forma no podria escusarse de proceder contra el Conde como Vassallo inobediente: favoreciò, y agasajò sumamente el Rey à los Embaxadores del Conde, mandando al Abad de Valladolid su gran Privado, les hospedase: luego entrò en el tratado de la concordia, y enmienda que pedia el Conde: quiso oìr à los principales que tenia à su lado Castellanos, y Aragoneses, y todos concordes aconsejaron al Rey se conformase con lo que pedia el Conde; y que para mas assegurarse de su gracia, y amistad, (de la qual pretendian los amigos de novedades introducirle sospechas,) casase uno de sus hijos con la hija mayor del Conde, pues era Señora digna por todos lados de qualquier gran Principe: dudoso quedò el Rey, y suspenso desta propuesta; però à instancias del Abad de Valladolid aprobó el sentir de sus Consejeros, y le publicó à todos los Prelados, Nobles que se hallavan presentes, y à todo su Consejo de Estado, que aplaudieron, y agradecieron la accion, añadiendo: *Que se devia executar para assegurar al Conde, que recibiesse merced de su mano, y para que no diesse lugar, que hombre que tan gran deudo avia con èl, y que era casado con su Tia, se perdiesse, antes quedase en el Reyno en su gracia, y merced.*

Los Procuradores del Conde dan la obediencia al Rey, y prestan el juramento, q̃ no quiere ratificar el Conde.

Favor del Rey al Conde de Vrgel, no admitido.

Despachò el Rey muy contento à los Embaxadores del Conde con esta noticia, y satisfizo à las quexas del Principado, dando orden à las Compañias de Castilla para que saliessen de estos Reynos; y decretò su viage para Tortosa, à dar la obediencia al Papa Benedicto, tratar de las dependencias de Sicilia, y de lo que conducia à la quietud publica: ignorava el Rey quan estraño se hallava el Conde de Vrgel, y apartado de concordia que no le diesse la Corona; que à aver entendido el poco fruto que avia conseguido su Secretario, es cierto no licenciara sus tropas, y emprendiera otro viage.

Llegó el Rey à Tortosa, recibido con afectuosas demostraciones del Papa: concediòle las investiduras de Sicilia, y Cerdeña, como las avian tenido sus antecessores; y prestò el juramento de fidelidad à 21. de Noviembre.

Llamò el Rey à los Catalanes à Cortes para Barcelona señalando el dia 15. de Deziembre, y para prestarle el juramento el de 20. partiò de Tortosa à Barcelona, recibido con festiva demostracion como es costumbre: llegò à la Cathedral, prestò el juramento de mantener,

Jura el Rey tres vezes los Privilegios de Cataluña.

tener, y defender las Leyes, Privilegios, y costumbres de la Iglesia, y juró los Privilegios en la gran Sala.

Congregaronse las Cortes, y en la primera cession suplicaron jurase tercera vez los Privilegios, Leyes, y costumbres de la Patria. Respondiò el Rey que para mayor contento de sus subditos hazia aquel juramento tercera vez. Añade el P.

1413. Abarca tom. 2. fol. 177. *Passò el Rey à Barcelona, en cuyas Cortes jurò tercera vez sus Fueros, quando à èl no le avian jurado, ni una por su Conde.* Zurita tom. 3. lib. 12. cap. 9. *Jurò tres vezes à los Catalanes sus Constituciones, y Privilegios, antes que ellos huviessen prestado el juramento de fidelidad; tan recatados estavan en esta nueva succesion, que no se hiziesse novedad en daño, y perjuizio de la libertad, lo que antes no se vsò tan estrechamente.*

Don Fernando I. Rey, y Conde de Barcelona XXI.

Aviendo jurado en las Cortes, fue el Rey jurado en ellas, por Conde de Barcelona, y le prestaron el juramento de fidelidad: juró en Barcelona por las Islas de Cerdeña, Corcega, Sicilia, Mallorca, y Menorca; diò de nuevo, poder à la Reyna Doña Blanca para el Virreynato de Sicilia: embiò à la Isla à Fray Romeo de Corbera, à Lorenço Rodò, y à Pedro Alonso Desflor, para recibir el juramento de fidelidad de los Comunes, y Barones; fue jurado en las Cortes el Principe Don Alonso Duque de Gerona por Primogenito, y successor à 30. de Março; celebraronse en el Refectorio del Convento de Santa Cathalina Martir: diose en estas Cortes providencia y particularmente à la observancia de las Leyes, exaccion de los derechos de la Generalidad, y de la Ciudad de Barcelona; llamó à las Leyes: *Las Santas Leyes de la Tierra*: añadió à las penas señaladas por el Rey Don Jayme II. la condenacion en gastos; y que se publicassen todos los años por Navidad: hizo Constitucion que el Rey, Reyna, Primogenito, è Infantes pagassen los derechos de la Generalidad, porque dize la Constitucion: *Es cosa evidente que redunda en vtilidad, y honra de vuestra Real Corona*, (3) es traducido de Catalan.

Cortes en Barcelona.

No obstante estas evidentes demostraciones de afecto à las Leyes de Cataluña, no podia esta olvidar la linea masculina de sus Serenissimos Principes, refierelo Zurita lib. 12. cap. 9. tom. 3. *Reducian à la memoria los curiosos de la antiguedad, aver entrado à la possession de aquellos estados, no sucediendo por linea de Varon de los Condes de Barcelona, lo que no se avia visto desdel tiempo del primer Vvifredo, y aviendo quatro que sucedian del legitimamente, sin aver faltado Varon; però en opinion de los que consideravan sabia, y prudentemente, aquello era lo que mas convino para la vnion, y estados que se juntaron con el Principado de Cataluña, y por el sosiego vniversal de la tierra.* Esta prudente consideracion obligò à los animos de Cataluña à servir, y respetar al Rey que Dios les avia concedido, juzgandole el mas aproposito para su Monarquia.

(3) *Real Arch. Arca 1. grande. Ferdin. I. Cortes de Barcelona año 1413. Constit. de Catal lib 4. tit. 25. de drets del General. Arch. de la Deputacion processo de estas Cortes.*

Gracias del Rey al Conde de Vrgel, poco apreciadas.

Durante las Cortes de Barcelona embiò el Conde de Vrgel al Rey segunda vez à Ramon de Perellós, y à Francisco de Vilanova, pidiendo varias gracias antes de ratificar el juramento de fidelidad prestado por sus Embaxadores: parecieronle muy extraordinarias al Rey, que dezia no dever pagar las costas de aver declarado à su favor los Electores, sino que por gracia queria beneficiar al Conde; però no obstante, à instancias de sus Consejeros inclinados à reducir al Conde à la obediencia del Rey, (al qual proponian devia abraçar qualquier medio por quitar la ocasion de que se perdiesse tal Cavallero, y Casa, que era la primera de los Reynos,) condecendiò con quanto pedia el Conde, confirmó la deliberacion de casar à su hijo el Infante Don Henrique con la hija del Conde, hizole gracia al dicho Conde del Ducado de Momblanch, para sì, y sus descendientes, y que se intitulasse Duque de Momblanch, y Conde de Vrgel; y por los gastos le prometiò dar cinquenta mil Florines, y todos los años dos mil Florines de renta à la Condesa Muger del Conde, y Tia del Rey, y otros dos mil à la Condesa Madre del Conde por sus gastos particulares.

Con estas gracias se despidieron del Rey los Embaxadores, y partieron muy alegres, y satisfechos para el Conde, en cuyo animo obstinado hizo poco efecto la liberalidad del Rey.

CAPITVLO II.

Fundaciones de San Geronimo de la Murtra, Casa de Dios, y de nuestra Señora de Linares: Decreta la Guerra el de Vrgel: Sucessos desta Guerra: Varios choques, reenquentros, y avançes: Protesso en Cataluña contra el Conde: Guerras en Aragon, de los parciales del Conde de Vrgel: Prosigue la Guerra en Cataluña, hasta quedar estrechado Balaguer, de forma que solicitò, y no consigue pactos el de Vrgel: Alianças del de Vrgel con el hijo segundo de Ingalaterra: Se aparta el Inglès, de la Aliança: Delibera la Corte fulminar processo de crimen de lesa Magestad contra el Conde: Emprende el de Vrgel ocupar à Lerida, y se à de retirar: Derrota de los enemigos, y buelta de los Ingleses à Francia: Embaxadas al Rey de diferentes Principes: Prevalece el dictamen de Ramon de Bagès Catalan: Pregon que manda hazer el Rey.

BEltran Nicolau Cavallero de Barcelona, que supo dar esmalte de eminentes virtudes à su Nobleza, sobresaliendo la caridad, y misericordia con los Pobres, fundò el Convento de San Geronimo del Monte Olivete de Religiosos Geronimos, en la Parroquia de San Pedro de Ribas, con autoridad Apostolica: passado algun tiempo por justas causas mejoraron de puesto los Religiosos, y trasladaronse al Convento, y celebre Santuario de San Geronimo de la Murtra, à poco mas de vna legua de Barcelona al levante, donde fabricaron el ilustre Convento, que oy permanece: hallase celebrado por la milagrosa, y prodigiosissima Imagen de vn Santo Christo, venerado en vna hermosa Capilla antes de entrar en la Iglesia, verdadero, y celeste antidoto contra todos los males: hallase enriquecido con preciosas Reliquias, y à producido eminentes hijos en santidad, y letras, que fuera dilatar este volumen referirlos. (1)

San Geronimo de la Murtra.

(1) Archivo de San Geronimo Bulla Bened. 13. 6. August. 1413. Signença hist. de San Geronimo de la Murtra, lib. 3. cap. 2.

En este proprio tiempo el mismo Beltran Nicolau tenia edificado otro Monasterio de la Orden de San Agustin en vna Casa de Campo suya, llamada Castellnou de la Parroquia de San Pedro del Gornal, entre el Arbos, y Vendrell, que ya avia fundado año 1410. con aprobacion Apostolica; y como fuesse dicho lugar esteril, con beneplacito del fundador fue trasladado el Convento año 1414. al lugar en que se halla en la Parroquia de Gelida, baxo la invocacion de nuestra Señora de Gracia, continuando el titulo de Casa de Dios, que le diò el Fundador en su primera fundacion. (2)

Casa de Dios Convento de Agustinos.

(2) P. Masset fol. 155.

Fundaron los Religiosos Dominicos favorecidos del Duque de Gandìa Conde de Ribagorça, y de la Villa de Benavarre de dicho Condado, el Convento de nuestra Señora de Linares. (3)

Convento de Linares.

(3) Diago hist. de la Prov. de Aragon, Orden de S. Domingo.

Fueron de poco fruto los afectuosos oficios de Cataluña, y la liberal atencion del Rey para proseguir la quietud del Conde de Vrgel, porque su temeridad, ò su pecado le arrastravan al precipicio; y no

Emprende la guerra el Conde de Vrgel contra el Rey.

no obstante el desengaño de Cataluña, firme en no seguir, y obedecer à su Rey, y persuadido de sus mayores amigos emprendiò la guerra, no queriendo aprovar la concordia, ni admitir las gracias del Rey. No hallando favor en la Patria, le buscò en los Reynos estraños, sin advertir quan vanos son los socorros forasteros, y distantes en oposito de las fuerças promptas, y prevenidas: sirva de exemplo à los presentes, y venideros la fiel atencion de nuestros Mayores, que aunque juzgaron por el de Vrgel la justicia, y le deseavan Señor (declarado el Infante Don Fernando Rey,) le favorecieron para conservarle, y exaltarle en la linea de Vassallo, y le dexaron en su error quando se declaró contra el Rey; favorecido para la Corona, y desechado por la Corona quando la pretendió ocupar.

Aliança del de Vrgel con el hijo segundo de Ingalaterra.

Siguiendo su empeño el de Vrgel, despreciada la concordia con el Rey, y Principado, admitiò la forastera amistad: confederose con el Duque de Clarencia hijo segundo del Rey de Ingalaterra, y con los Cabos que se hallavan en Burdeus por aquel Rey: ofrecieron estos entrar por varias partes en Aragon, y Cataluña; y el Conde les diò algunas pagas firmando la aliança con buenos pactos.

En este tiempo alguna gente de Aragon, que seguia al de Vrgel, y se hallava à la parte de Navarra, ocupò el Castillo de Trasmos, à las faldas de Moncayo; por cuya ocasion recelose el Rey de la amistad del Rey de Navarra, le embió por su Embaxador à Berenguer Esquerrer para assegurarle, ù descubrir sus fines à favor del de Vrgel: rindiò por este tiempo el Castillo de Montaragon Antonio de Luna principal aliado del de Vrgel, y este embiò à Francia veinte mil florines para el sueldo de las levas: por la muerte del Rey de Ingalaterra se apartò de la aliança el Duque de Clarencia, dexando en muy debil estado las dependencias del Conde; que ha aver cumplido el Inglès, peligrava el estado destos Reynos.

Se aparta el Inglès de la aliança.

No obstante la falta de los socorros del de Ingalaterra, emprendió el Conde la guerra contra Cataluña; y desde Balaguer, mandò fortificar sus Castillos por medio de Juan de Meca Cavallero de su Casa, y saliò por sus Capitanes à correr las vezinas campañas: diò el Rey el Govierno de la Ciudad de Lerida à Riambao de Corbera, que desbaratò valiente los fines de sus contrarios: acudieron à Balaguer algunas compañias de Gascones, que de la Ciudad hazian sus surtidas, ocupando à Albesa, de la qual salian à devastar aquel Paìs.

Continua la guerra, y se defiende el Rey por medio de Cataluña.

Eligió el Rey à Guillen Ramon de Montoliu para que con su gente se fortificase en Cervera, para impedir dilatarse los enemigos: viendo el Conde las prevenciones del Rey, embiò à Gascuña al hermano de Ramon Berenguer de Fluvià con competente suma de dineros para conseguir nuevas levas à favor de su causa.

Cundiò el mal en Aragon, particularmente en Zaragoça, donde el Pueblo alterado clamava que no avian procedido rectamente en la declaracion, llegando à tal estado que llamavan al Conde Rey de Aragon: movido destos disturbios, y de la guerra que mantenia el Conde en Cataluña, hallandose aun congregados los Catalanes en las Cortes de Barcelona, propusoles el Rey la inobediencia del Conde, quanto avia executado para reducirle, y que no obstante se declarava contra su persona, y contra la Patria, pidiendoles se procediesse segun las Leyes: deliberò la Corte se fulminase processo contra el Conde de crimen læsæ Majestatis, segun las Constituciones de Cataluña, y confiscarle, y ocuparle sus Estados: y para la execucion embiò al Governa-

Delibera la Corte fulminar processo de crimen læsæ Majestatis contra el Conde.

vernador de Cataluña Guerao Alemany de Cervellò con seiscientos Cavallos; y como yà se hallavan en defensa, no pudieron ocuparse. Sentido el Principado, mandò juntar, y apercebir sus gentes para proseguir abiertamente la guerra contra el Conde, juzgandose ofendido de su dureza: nombró Procurador Fiscal à Francisco de Eril, el qual saliendo de Tarrega con Jorge de Caramany, y muy buenas compañias, cerca Margalef diò en vna zelada de docientos Cavallos del de Vrgel, y de mucha parte de su Infanteria, y fueron destrozados, y seguidos hasta Torragrosa, donde se retirò Eril; y aviendo tomado otro camino Jorge de Caramany, pretendiendo entrar à Torragrosa, siguiò la misma fortuna, muy en daño de los que governava: Capitaneava el Exercito del de Vrgel, Ramon Berenguer de Fluvià. (4)

(4) *Real Arch. Arca 1. y 2. Zurita tom. 3. lib. 12. cap. 14.*

Entrò en este tiempo en Aragon Antonio de Luna con sus Gascones, y los que se le juntaron de Aragon, y puso en notable confusion aquel Reyno: acudió desde Barcelona el Rey como pudo à la defensa del Reyno, y al mismo tiempo à la de Cataluña, que era mas facil por no atender el de Vrgel à sus proprios amigos: ocasion que moviò à los Condes de Pallàs y Cardona, à mirar por sì, y à defender sus Estados; armandose el de Pallàs para impedir los socorros forasteros al de Vrgel, que en este tiempo acampava por aquella parte de Cataluña.

Emprende el de Vrgel ocupar à Lerida, y se à de retirar.

Emprendiò el Conde de Vrgel ocupar à Lerida, tuvo aviso el Governador Riambao de Corbera, y previnose à la defensa: llegò el Conde con su Exercito à escalar el Convento de San Hilario: defendieronle el Governador, y Francisco de San Climent: otro dia llegaron al Conde socorros de gente de Balaguer, y emprendiò combatir el Castillo, que governava Guillen de Masdovellas; però hallandole en buena defensa, no se atreviò à la empresa: à 27. de Junio Artal de Alagon, Ramon Berenguer de Fluvià, y Pedro Cortit, Capitanes del Conde combatieron la Ciudad por espacio de cinco horas, y fueron rechazados con valor de los defensores: dexada esta empresa rompieron los Molinos, talaron la campaña, quemaron algunos Lugares, y se reforçaron con la gente que les sobrevino de Francia, governada por Bernardo de Coarasa, y Aymerico de Comenge.

Derrota de los enemigos, y buelta de los Ingleses à Francia.

Hallavase muy fuerte en Aragon Antonio de Luna por los socorros de Ingleses, y Franceses, y avia ocupado algunas Plaças, y Castillos: embiò el Rey à Castilla à pedir socorros contra estos enemigos, y llegaron muy à tiempo, pues vnidos con los que defendian la causa del Rey en Aragon, lograron derrotar à los enemigos junto Alcolèa, y que los Ingleses que avian de passar por Aragon à Cataluña, se detuviessen en Loarre, y de allì por los Montes se bolviessen à Francia, dexando en mal estado las dependencias del de Vrgel en Aragon, y Cataluña.

Fortificase en Balaguer el Conde para su ruina.

Ciego en su error el Conde de Vrgel, con la noticia de la derrota de sus Gascones, è Ingleses, y de la retirada de los que se hallavan en Loarre, pudiendose mantener en la campaña con el exercito que conservava, y esperar los socorros de sus Aliados, eligió encerrarse en Balaguer para dar al travès con su fortuna, y Estados en medio de vna Provincia declaradamente enemiga de sus intentos, y sin esperança de los socorros que podia recibir armado en la campaña.

Queda Sicilia fielmente vnida à la Corona.

En este tiempo Bernardo de Cruilles Procurador del Conde de Modicà hizo juramento en manos del Rey, y ofreció el homenage por el Conde; y el Rey mandò darle libertad, y à instancias del Principado,

cipado, que siempre à sido Padre de sus valientes, y nobles hijos, orden para que viniesse à Cataluña, como lo executó; quedando Sicilia quieta, y fielmente vnida à la Corona.

A los vltimos de Julio concluyò el Rey las Cortes de Barcelona, partiò à Monserrate à besar la mano à la Virgen, y de alli emprendiò personalmente la guerra contra el Conde: de Monserrate partiò à Igualada, donde le esperava el exercito, llegando à ponerse en breves dias delante de Balaguer, que en aquel tiempo era muy fuerte por sus fossos, Murallas, Torres, y Alcaçar: al assentar el Campo hizieron vna salida los de la Plaça sin daño considerable de vnos, y otros: assentòse el Campo, è hizieronse algunas surtidas, y destacamentos contra los Lugares del Conde.

Parte el Rey con el Exercito contra Balaguer.

Llegò à este tiempo à servir al Rey el Duque de Gandìa Conde de Ribagorça, que avia pretendido, y no sin fundamento, la Corona, con trescientos de acavallo muy lucidos, y bien armados; y dia 24. de Agosto le diò orden el Rey, que con sus Tropas passasse el Rio, y se alojasse cerca de vn Convento fuera de la Ciudad que era de Predicadores; mandando à Bernardo de Centellas, y à Pedro Maça q̃ se incorporassen con el Duque, llevando sus Tropas, que eran numerosas. Salieron de la Ciudad, al oposito algunas Compañias de Cavalleria, è Infanteria Inglesa, y Gascona, cargandoles de forma, que peligraron perderse del todo; y aunque perecieron muchos, lograron ocupar el puesto los que quedaron: para mantenerle acudieron Guerao Alemany, Berenguer, Arnaldo, y Pedro de Cervellò, Antonio de Cardona, y Ramon de Bages, con seiscientos de acavallo, que conservaron, y defendieron el Puesto, de los mayores peligros, hasta la conclusion del Assedio. Quedò con esta accion circuido Balaguer, quedando el Duque de Gandìa en dicho lugar con los referidos, y parte de las Tropas Catalanas; Bernardo de Centellas, Gil Ruìz de Liòri, Alvaro de Avila, y Pedro Alonso de Escalante con Tropas parte Catalanas, y algunas Castellanas en el Monasterio de Monjas en frente del Alcaçar; y el Adelantado Mayor de Castilla, que con los otros Castellanos avia venido à servir al Rey, ocupò con seiscientas lanças, cerca de la Ciudad, vn valle à la esquina opuesta al Alcaçar. Prosiguiòse el Assedio algunos dias con pequeñas facciones: destas se passò al combate de los Muros, y Ciudad, con las Maquinas de aquellos tiẽpos, à las quales en continuas salidas descomponian con valor los cercados, muy en daño de los sitiadores; però llegandose por las continuas tareas à cansar los cercados, trocòse la suerte por el nuevo aliento que cobraron los que combatian la Plaça; y alentados estos, como turbados los otros, juzgaron conformes no poder mantenerse en la defensa mucho tiempo.

Assedio de Balaguer.

Reconociendo el Conde, aunque tarde, el peligro, viendo tardavan los Socorros de Francia, acordò embiar à solicitarles à Manaut de Favars Capitàn Francès con buena suma de dineros para alentarles à la prompta venida, y salir con estas fuerças de la Jaula en que le tenia su error: para executar este orden salieron Favars por la Puerta de la Juderìa, y la Guarnicion de Balaguer por la Puerta de Lerida dando tal rebato à los del vezino quartel, que les descompuso, tomò algunas azemilas, y matò à muchos de aquellos Soldados, dando lugar à Favars de salvarse con el dinero, y passarse à Francia para no bolver à España, ni con gente, ni sin ella: atiendase de quien se à de fiar, y cuydado con los que solo sirven por el interès.

Hallandose el Rey sobre Balaguer, embiò por sus Embaxadores el Rey Ladislao de Napoles à Ramon de Torrellas, y à Ricart Mariscò para tratar confederacion con aquel Rey: llegó tambien à este tiem-

Embaxadas al Rey, de diferentes Principes.

tiempo Embaxada del Rey Carlos de Francia, para confederarse con el nuestro en defensa de sus Reynos oppressos de las Armas Inglesas, y de los Populares tumultos; y vltimamente solicitò la misma confederacion el Duque de Ayorch por sus Embaxadores: despachòles el Rey à todos con cariñosas demostraciones, cumplido agradecimiento, y deseo de concurrir al favor de entrambos, aunque tan empeñado en defender sus proprios Estados.

Prosiguiòse el Assedio de Balaguer lentamente, oprimido el numeroso Exercito de su mismo peso: llegavan con dificultad los viveres, y no como pedia la necessidad de los trabajos: fomentavan las dilaciones las embidias, y antipatia de las Naciones; motivos todos para dividir en opiniones à los mismos Consejeros del Rey, por no faltar algunos que aun deseavan la Corona para el Conde.

Apretòse despues Balaguer con fiereza, combatido con los ingenios, y batido por la parte de Dalmata, del Alcaçar, y de la parte de las Torres, en daño notable de los cercados, que aun mantenian constantes sus defensas. En este estado se hallava Balaguer, quando el Rey mandó partir parte de su Campo à combatir algunos Lugares del Conde: que parte se defendieron, parte se entregaron, y parte se mantuvieron à su obediencia; y no se atrevieron à tentar las Plaças, y Lugares de la Montaña por su fortaleza, y por hallarse en buena defensa. Estrechòse el Assedio en este tiẽpo, despues de passados dos meses de multiplicados trabajos, y fieras baterias, de forma que yá no podian salir de la Plaça sin dar en las manos de los opugnadores; peró intrepidos los Cercados, no solo se defendian de los enemigos, però salian repetidas ocasiones à buscarles en sus estancias, entrando à 4. de Setiembre en las del Duque de Gandìa haziendo veinte prisioneros.

Llamò à Consejo el Rey à los principales Cabos de su Exercito para obviar los daños de las surtidas, y buscar modo de avanzar sus trabajos, y baterias: eran del Consejo del Rey los que vàn nombrados à la fin del Capitulo letra *A*. Los quales divididos en opiniones, como de diferentes Naciones, y animos, pusieron en mayor suspension el animo del Rey: añadiòse la voz comun, y noticia particular que llegò al Rey, de que el Inglès tenia junto yà en Gascuña poderoso Exercito para socorrer al Conde: bolvieronse à dividir en encontrados pareceres Catalanes, y Castellanos, añadiendo nuevas dudas al indeterminado animo del Rey: dezian los Catalanes que sobrando Soldados en el Real Exercito, se devia dividir, quedando parte para prosseguir el Assedio, y embiando el residuo à oponerse al enemigo, que ocupandole los passos, no era facil adelantarse para el socorro, pudiendo el Rey llamar mas gente de la Provincia, que la hallaria prompta en su servicio: al contrario discurrian los Señores Castellanos, que lo mas acertado era levantar el Assedio, partir à encontrar al Exercito forastero, que derrotado, con la vitoria se seguiria el rendimiento de la Plaça, pues siempre se avia juzgado peligroso ponerse en medio de las dos fuerças de la Plaça, y socorro. Hallavase en el Consejo Ramon de Bages, el mas anciano Capitàn de la Nacion Catalana, que fuè el Iris de la Paz destos contrarios dictamenes, y ponderando exemplares fuè de sentir prosiguiesse el Assedio, se embiasse alguna parte de Cavalleria à reconocer los Enemigos, que se les tuviesse en arma continua, lograsse los descuydos de la ordenança frequentes en el alojarse, mandasse retirar los viveres de los Lugares por donde avia de passar el Exercito forastero; y con el aviso, y noticia cierta del numero, y calidad de gente, se podia executar lo que pareciesse vtil,

Pareceres diversos en el Consejo de Guerra.

Prevalece el dictamen de Ramon de Bages Catalan.

vtil, embiando mejores Tropas, ò saliendo junto el Exercito à la oposicion: fue admitido de todos este sentir, y aprovado del Rey, executandose muy en credito de la Nacion Catalana.

Para apartar los defensores de Balaguer de la aficion del Conde, y disminuirle las fuerças, mandò el Rey pregonar, que admitiria en su Gracia à los Cercados que quisiessen salir de la Plaça, como no fuessen culpados en la muerte del Arçobispo de Zaragoça; y para que no fiassen su libertad en el rigor de la cercania del Invierno, mandò edificar casas en los quarteles, paraque comprehendiessen no se apartaria hasta averse reducido el Conde à su obediencia, el qual solicitò el remedio del daño que le acarreava esta novedad, però fue de poco fruto. No dieron treguas estas politicas diligencias à las Militares, antes con mayor aliento se prosiguieron estas: encaminòse vna fuerte Bateria al Palacio donde residia la Condessa; y de tal consequencia, que la obligò à pedir al Rey la suspendiesse, prosiguiendo las que amenazava contra la Ciudad; y compassivo del trabajo de su afligida Tia concediò el Rey quanto se le avia pedido en su nombre: premiòle el Cielo la accion piadosa, librandole de vna bala disparada de vn cañon, pues passando sobre su cabeza, quedò libre del mortal peligro.

Pregon que manda hazer el Rey.

En este tiempo Ramon Berenguer de Fluvià saliò de la Plaza à tratar por medio de Pedro Maça la libertad del Conde, y de la Plaza: opusose à la proposicion en el Consejo del Rey el Governador de Cataluña Guerao Alemany de Cervellò, assegurando que la platica era solo para diversion, tomar aliento, y dar treguas al trabajo de los cercados, para esperar los socorros: conformandose el Rey con este sentir, respondiò à la Embaxada que el Conde, y los suyos se entregassen a su merced, y gracia, prosiguiendo con esta repulsa la opugnacion, y defensa con renovado aliento, y fuerças.

Repulsa à la Proposicion del Conde.

A. Cabos Catalanes. *El Duque de Gandia, el Conde de Cardona, el Conde de Modica, Guerao Alemany, Berenguer Arnaldo, y Pedro de Cervellò, Bernardo de Centellas, Antonio de Cardona, Ramon de Bagès, Henrique de Villena.* Aragoneses que tambien se llamavan Catalanes. *Gil Ruiz de Liòri, Pedro Maça de Liçana, Iuan de Liana, Berenguer de Bardaxì, Iuan Fernandez de Ixar.* Cabos Castellanos *Iuan Hurtado de Mendoça, Diego Gomez de Sandoval, Alvaro de Avila, Pedro Nuñez de Guzman, Pedro Alonso de Escalante, Alvaro Ruìz de Escobàr, Gonzalo Rodriguez de Ledesma.*

CAPITULO III.

Prosiguen los sucessos del Assedio de Balaguer: Valor, y constancia de vencidos, y vencedores: Entregase à la merced del Rey el Conde: Entra el Rey en Balaguer: Embia al Conde à Lerida: Condenale à carcel perpetua, y confiscacion de hazienda: Condena à confiscacion de bienes à la Condessa Madre: Passan al Conde à Castilla: Relacion de sus sucessos: Vidas de los Sãtos F. Iofre de Blanes, F. Antonio Fuster, y F. Pedro Cerdà: Venida del Vizconde de Narbona, &c.

Ofendidos los opugnadores, de la constancia de los defensores, irritados estos del teson, y empeño de aquellos, salian vnos, y otros à encontrarse en la campaña, acometiendose todos los dias con notable aliento, è igual fortuna: fuera dilatar la relacion referir los sucessos, y escaramuzas sucedidas entre sitiados, y sitiadores: el agua que llegava à vn molino de la Ciudad, supieronla bien defender los cercados, quedando en varios enquentros teñida de la sangre de vnos, y otros: en vna destas escaramuzas, travaronse de palabras los defensores con los opugnadores; diziendo los Ingleses, y Franceses à los Catalanes opugnadores, que sino huviessen tenido el favor de los Castellanos, les havrian sacado de sus lineas, y que huvieran salido à pelear con ellos: colericos los Catalanes, respondieron que solos entrarian à ocu-

Hecho singular de los Catalanes, y Aragoneses q̃ apre- cia el Rey,

partes la estacada que tenian delante la Torre sobre la Juderia, que era su mayor defensa: empeñados en esta arriesgada, y atrevida empresa, á 7. de Octubre eligieron entre si, solos quarenta para lograr su empeño, que fue el mayor del assedio, y consiguieron la Vitoria que merecia su valor; del qual aficionado el Rey, mandò à las Tropas de Jayme, y Juan de Luna, y de Alvaro Rodriguez de Escobar, les fuessen à socorrer para proseguir la Vitoria: los nombres de los principales van à la fin del Capitulo letra. *A.*

Desde 11. de Octubre hasta 20. de dicho mes se combatiò, y defendiò el Alcazar de la Condessa de Vrgel con particular valor, logrando la Vitoria Luìs Carbò con sus Gentes, al qual se concediò la Tenencia, y Govierno: con esta perdida descaecieron de animo los de Balaguer, y salieron muchos Catalanes, comprehendidos en estos los Aragoneses, à ponerse à la obediencia del Rey, del qual fueron admitidos con demostracion cariñosa.

Pide pactos el Conde, y no les concede el Rey.

En este tiempo advertido de su temeridad el Conde, desconfiando de sus fuerças, desengañado de la esperança vana de los socorros Estrangeros, y desamparado de muchos de los suyos, parte muertos, y parte recogidos de la benignidad del Rey, instado por los Ciudadanos de Balaguer, que finos le suplicavan no quisiesse perderse, y perderles, emprendiò dar algun alivio á su contraria fortuna: mandò salir con Ramon Berenguer de Fluvià quatro Cavalleros, y quatro Ciudadanos para tratar de mejorarla con la entrega de la Plaza; però el Rey advertido por los antecedentes, y con recelo de lo venidero, no quisó admitir otros pactos que la entrega del Conde, y de la Ciudad à su Real clemencia. Por esta exclusiva bolviòsse á la opugnacion, y à 27. de Octubre saliò de la Plaza la Infanta Doña Isabel: saliò à recibirla, y hablarle el Duque de Gandia: però bolviò con la misma respuesta; y el Rey para assegurarse de la Persona del Conde, mandò cercar de tapia el recinto de la Ciudad executandose en seys dias, porque no se juzgava seguro en su Reyno sino con assegurarse de la Persona del Conde. Bolviò à 29. de Octubre á mover el animo del Rey la Infanta, y no consiguiendolo, à 30. ofreciò que el Conde se pondria con los suyos à su merced, mientras los assegurasse: admitiendolo el Rey, saliò de la Ciudad el Conde, besóle la mano, pidiò perdon de los actos antecedentes, y el Rey le asseguró la vida, y confirmò no desterrarle destos Reynos, y mandò llevarle al Castillo de Lerida con escolta de docientos y cinquenta Cavallos; y à 5. de Noviembre entrò el Rey triunfante en Balaguer: llegò despues à Lerida, fulminò el Processo contra el Conde, convencido de crimen de lesa Magestad, por aver intentado con las Armas ocupar la Corona, no obstante la declaracion de Caspe con la voluntad de los Reynos, y aprobacion del Conde que avia reconocido al Rey, y prestadole el juramento de fidelidad; y porque se llamava Rey de Aragon; y siendo esto contra las Leyes de la Patria, passando à la sentencia, le condenò como reo de lesa Magestad, á custodia, y carcel perpetua por satisfacer à la justicia, y quietud de los Reynos, aunque pudiera condenarle à pena de muerte natural. Fueron confiscados los Estados, y bienes del Conde, y adjudicados á la Corona Real. Consintieron, y aprobaron la declaracion los que componian el Consejo del Rey, y aun el Arçobispo de Tarragona, que tuvo por legitimo successor de la Corona al Conde: los que assistieron à la conclusion desta causa van à la fin del Capitulo letra *B.* Executòse este acto à 29. de Noviembre en el Castillo de Lerida: passados algunos dias fue declarado contra la Condessa Margarita de Monferrat Madre del Conde, y fueron confiscados sus bienes: lo referido en estos Capitulos desde la declaracion del Rey hasta la sentencia contra el Conde, consta en el Real Archivo de

(3.) *Real Archivo de Barcelona, libro 3. de la Corte del Sello secreto de Vadillò del año 1413. y del siguiñte fol. 142.*

Processos contra el Conde, y Cõdessa Arca 2. Grande.

de Barcelona, por carta del Rey à San Vicente Ferrer, y por los processos contra el Conde, y Condessa. (3)

Admiraron al Orbe estas dependencias, y son muy dignas de reflexion, para exemplo del afecto, y voluntaria obediencia à las leyes de la Nacion Catalana; pues no obstante su afecto al Conde, por natural, y descendiente por linea varonil de sus antiquissimos Principes, y la aprehension de deversele la Corona, admirandole excluìdo por los Electores, sugetò sus juizios à la declaracion, siguiò la fuerça de la decision, desamparò al Conde, y à su proprio dictamen que es mas dificil; y solo se halla averle seguido hasta lo vltimo, de personas conocidas en la Provincia, Ramon Berenguer de Fluvià, Andres Barutell, Dalmao de Palau, Pedro Gravalosa, Antonio de Luna, y Garcì Lopez de Sessè, siendo estos dos vltimos, Aragoneses.

Amor de los Catalanes à las Leyes.

Por el camino de Lerida segun algunos, y como sienten otros quando fue llevado el Conde à Castilla, encontrò à San Vicente Ferrer, y le dixo el Conde: *Maldito hipocrita por vuestros interesses particulares me aveys quitado el Reyno contra la justicia*, y respondiòle el Santo, *vos Conde soys el mal hombre, que tal dia matasteys à vuestro proprio hermano, y no avia Dios de permitir que vn hombre de tan mala conciencia Reynasse en Aragon*, hizieron estas palabras, tal aprehencion en el animo turbado del Conde, viendo manifiesto lo que juzgava tan oculto, que emendò los errores, y vicios de su vida passada, sirviendole la adversidad, de camino real para la enmienda, y penitencia. (4)

(4) *Diago Vida de San Vicẽte Ferrer fol. 322. M. Justiniano en la Vida del Santo.*

Passado algun tiempo receloso el Rey que no obrasse la lastima lo que no avia executado la aficion, viendo que destos Reynos concurrian muy à menudo de todos estados à visitar en su prision al Conde, y que publicavan su verdadera aficion, para tenerle mas assegurado, mandò llevarle à Vreña de Castilla, y passando por Zaragoça renovò las lastimas de su afligido coraçon. Refierelo Abarca *tomo 2. fol. 180. Tan lastimosa fue la entrada, y tan otro el triunfo del Conde Don Iayme de Aragon en la Corte de los Reynos de sus Abuelos, y que fueran suyos si la mesura no pesara con tan delicado tiento los atomos de la Justicia, ò si la de Dios no quisiera castigar la codicia, ò violencia del Tragico Principe.*

Passa el Conde preso à Castilla.

Quedaron del infeliz Conde, y de la Infanta Doña Isabel quatro hijos, que los amò, y favoreciò como à Padre el Rey Don Alonso, acomodandolos como pedia su Real esplendor: Doña Isabel que casò con el Infante Don Pedro de Portugal, Doña Leonor con Ramon de Vrsino Conde de Nola, y Doña Juana con el Conde de Foix, y despues con el de Prades, muerto el de Foix, no pudiendo lograr favorecer à la vltima Doña Catalina, que muriò en tierna edad: Tuvo el Conde, ò grande pertinacia, que doran por constancia, ò mucha paciencia, pues no solicitò en veinte años de carcel, su alivio, en la clemencia, y magnanimo coraçon del Rey Don Alonso, al qual fue connatural como el valor, la liberalidad; y es constante fue grande la entereza en el Conde, pues teniendole con buena custodia en Vreña, quiso mas assegurarla el Rey Don Alonso, passandole al Castillo de Mora, de alli al Alcazar de Madrid, y buelto à Vreña, trasladarle al Castillo de Xativa por los recelos, que en Castilla no levantassen aquel Principe cautivo, brillante antorcha para arrojar fuego de discordias en los Reynos desta Corona. (5)

El Rey Dõ Alonso casa las hijas del Conde cõ Ilustres Principes.

(5) *Abarca tomo 2. fol. 180.*

Assegurado el Rey de los Estados del Conde de Vrgel, y de su Persona llegò à Barcelona el Vizcõde de Narbona, de allì passò à Lerida para tratar con el Rey de sus particulares interesses muy importantes à la quietud de Cerdeña, que se avia logrado con el socorro que avia embiado à la Isla el Parlamento de Cataluña.

1414. Este año bolò al nido Avecilla Celeste el Beato Iofre de Blanes de la Ilustre Familia deste apellido, naciò en Barcelona, y entrò à la Religion

El Sãto Iofre de Blanes del Orden de Predicadores.

gion de Santo Domingo en el Convento desta Ciudad: Insigne en letras, y virtud; confirmada con raras maravillas, Clarin sonoro de la Ley Evangelica, conmiliton de San Vicente Ferrer, favorecido frequentemente de la Virgen nuestra Señora: reposa su Santo Cuerpo en su Convento de Barcelona.

El Sãto Fr. Antonio Fuster del Orden de Predicadores.

Floreciò tambien por este tiempo el Santo Varon Fr. Antonio Fuster, Predicador Apostolico, y vno de los primeros Discipulos de San Vicente: fue muy admirable su vida, pusò en paz por orden del Rey Don Martin los vandos de Viquc, assistiendolo Bernardo Despujol Canonigo, Berenguer Desprunèrs, y Iayme Roca: conciliò à los Cabos que eran, de vna parte; Ponce de Medalla, y Pedro Iuan de Altarriba; y de otra Gilaberto, Nicolàs Sala, y Francisco Prats: consta en el Real Archivo:(6) no hallo el dia de su muerte, ni de que lugar de Cataluña fue natural.

(6) *Real Arch. de Barcelona lib. 18. de las Gracias del Rey Don Martin fol. 179.*

El Sãto Fr. Pedro Cerdà de la Orden de Predicadores.

Por este tiempo ilustrò à Cataluña el bienaventurado Fr. Pedro Cerdà de la Orden de Predicadores, natural de Colibre, y hijo de aquel Convento: fue Discipulo de San Vicente, obrò el Señor por su medio en la vida, y muerte deste su siervo raros prodigios: muriò en Graus de Ribagorza, tocaron por si mismas las Campanas: acudiò el Pueblo al lugar en que se hallava el Santo Cuerpo, y admiraronle cercado de resplandor: acuden à su Sepulcro para remedio de sus males los enfermos, y logran la salud por su medio: hallase venerado en la Iglesia de nuestra Señora de la Peña donde se resan las antifonas que refiere Domenech, con oracion propria. Fue su transito año 1422. (7)

(7) *Diago hist. de los Discipulos de San Vicẽte à fol. 493. Domenech Flos Sant. de Catal. à fol. 48.*

Nõbres de los que ganarõ la mayor defensa de Balaguer.

A. Guillen de Montañans, Luìs de Vilarrasa, Iayme Cerdà, Iuan de Sessé, Lorenço de Heredia, Beltran Coscò, Miguel de Torrellas, Luìs Vidal de Tagamanent, N. Ospital, Luìs Aguilò, Leonardo de Vallseca, Lope de Aguero, Iuan de Vrrìes.

Nombres de los que aprubõ la sentencia del Rey cõtra el Conde de Vrgel.

B. Don Pedro Zagarriga Arçobispo de Tarragona, Don Francisco Climent Obispo de Barcelona, Don Alonso Obispo de Leon, el Conde de Cardona, Roger Bernardo de Pallàs, el Vizconde de Illa, Berenguer de Hostalrich, Guerao Alemany, Berenguer Arnaldo, y Pedro de Cervellò, Francès de Aranda, Olfo de Proxita, Berenguer de Oms, Pedro de Senmenat, Berenguer de Bardaxì, Iuan Despes Tesorero General, Ferrer de Gualbes, N. de Gralla, Francès de Eril, el Conde de Modica, Don Henrique de Villena, Bernardo de Centellas, y otros.

CAPITULO IV.

Coronacion de los Reyes en Zaragoça: Assistencia de Catalanes: Embaxada de Sicilia: Concordia con el de Narbona: Vistas con el Papa: Del Santo Martyr Fr. Pedro Malasanch: Prision de la Condesa de Vrgel: Tratados con Antonio de Luna: Cortes que no se concluyen en Momblanch: Matrimonio tratado, y desecho del Infante Don Iuan: Concluìdo el del Principe, y la Infanta de Castilla: Favores à la Condesa de Vrgel: Vistas con el Papa, y Emperador en Perpiñan: Requestas: Niegase la obediencia à Benedicto: Fundacion del Carmen de Viquc: Disgustos en Barcelona, y muerte del Rey, &c.

EL fin de la Guerra con el Conde de Vrgel diò quietud al Rey para recibir la Corona en Zaragoça, partiò de Lerida por Enero, y fue Coronado por el Arçobispo de Tarragona segun la Bula concedida al Rey Don Pedro primero de Cataluña, y segundo de Aragon, à 11. de Febrero; y la Reyna su Muger à 14. de dicho mes: assistieron al Rey los Catalanes que van notados à la fin del Capitulo letra *A.*

Llegò por este tiempo Embaxada de Sicilia, por la qual pedìa la Isla vno de los hijos del Rey, para serlo de Sicilia, y consolaronse con admitir al Infante Don Iuan por Lugarteniente. Tambien otra Embaxada del Emperador Segismundo para tratar de la vnion de la Iglesia, y conclusion de la cisma.

Firmóse la Concordia con el Vizconde de Narbona, el qual vendiò al Rey los Estados que tenia en Cerdeña por ciento y cinquenta y tres mil

mil florines de oro, quitando con esta compra las ocasiones de los levantamientos de Cerdeña: embiò el Rey para tomar la possession de los Estados del Vizconde en la Isla à Bernardo de Oms, y à Alvaro de Avila.

Partiò de Zaragoça el Rey à Morella à visitar al Papa para conferir los medios à proposito para la vnion de la Santa Iglesia vniversal.

Del Santo Martyr Fr. Pedro Malasanch.

A 25. de Mayo naciò martyr para el Cielo el Sãto Fr. Pedro Malasanch nacido en Lerida de nobilissimo linage: avia quedado de tierna edad sin padres, y oyendo predicar quanto convenia huir de la confusion, y tropel de las cosas del mundo, el que deseava acertar por el camino de su salvacion, hizo como otro Antonio; y repartiendo la parte de la herencia, que de sus Padres le avia quedado, con los demas hermanos suyos, y dando lo que le pareciò, à Pobres, entrò en la Religion de la Merced, tomando el Habito en el Convento de Zaragoça. Caminò tan aventajadamente en el camino de la virtud, que en pocos dias, sus sus obras heroicas le dieron à conocer por consumado en la perfeccion, haziendo el Señor por èl, aun en vida muchas maravillas, y milagros, lo que obligò à su Religion à embiarle à la Africa Redemptor: embarcòse en Barcelona en vn Navio Ginovès, iva con prospero viage ocupado en santas oraciones, y coloquios espirituales, y en el golfo fue presa la embarcacion por dos Galeras de Turcos de diferentes naciones, con los quales no valian las salvas guardas, y cartas del Rey de Argel, y Alcayde de Oran. Robaronle el dinero destinado para la libertad de los Cautivos, que era mucho; y atandole à vn palo, mandaron à vna esquadra de crueles cossarios que le cubriessen de saetas, que le quitaron la vida: fue arrojado su Santo cuerpo en el mar, sin dexarnos la menor Reliquia paraque pudiera sér venerado en los santuarios de Cataluña. (1)

(1) *Fr. Alonso Ramon hist. de la Merced tom. 1. lib. 10. c. 13. Bargas Cor. de la Merced lib. 2. cap. 13. Rojas Cadena de exẽp. y milag. fol. 455.*

Por este tiempo fue acusada la Condesa Madre del Conde de Vrgel, de solicitar la libertad de su hijo, y la muerte del Rey con veneno; aunque se tuvo por falsa la informacion, solicitò Cataluña que se averiguasse, y executasse la justicia segun las Leyes. Mandò el Rey partir al Infante Don Juan desde Barcelona à Lerida donde residia la Condesa, con orden de prenderla, el qual se executò, poniendola en vn Castillo: refieren algunos que entrò las dos hijas en vn Convento; però es equivocacion, porque Doña Leonor ya estava sirviendo à Dios en el desierto, de la qual referiremos à su tiempo su santa, y penitente vida; y la que entrò en el Convento fue sola la hija segunda.

Hallò medios para tratar de reducirse à la gracia del Rey, y cobrar sus Estados Antonio de Luna, que diò tal fomento à la ruina del de Vrgel: fue el principal medianero Guillen de Moncada su Sobrino, logrando que pudiesse entrar en Cataluña Antonio de Luna con ciertas condiciones, quedando la conclusion para las Cortes decretadas del Rey para Momblanch: ofreciò el Rey por este proprio tiempo estar à juizio de las Cortes de Cataluña con el Conde de Foix, prometiendole bolver à Castellvì, Martorell, y los otros Estados que avian confiscado, al Conde de Foix Matheo, y à la Infanta Doña Juana, que eran de la Casa de Moncada como Principes de Bearne, y Condes de Foix, si se declarasse invalida la confiscacion; y si procediesse, ofreciò darle decente recompensa, con pretexto de remuneracion: Solicitavan por el Conde de Foix esta declaracion, ò remuneracion Ramon Arnaldo, y Beltran de Casanova.

Cortes de Catalanes en Momblanch.

Passò el Rey à Momblanch à celebrar Cortes à los Catalanes al principio de Octubre: agradeciòles los trabajos, sustos, tesoros, y sangre que avian fieles, y liberales derramado en la conservacion de Sicilia, y Cerdeña, y en la vnion, y conservacion de los Reynos de la Corona: pidiòles ochenta mil florines para la defensa de las Islas: fue la respues-

ta

ta la representacion de lo que avia empleado el Principado, y el debil estado del comun, y particulares: ofrecieron buscar medios, però en el intermedio, se propusieron en las Cortes varios negocios, querelas, y particulares pretensiones en daño de la instancia del Rey, que se diferia por las dilaciones que se davan à las resoluciones de las otras proposiciones: diòse por sentido el Rey de la dilacion, con palabras de hiel para estos Reynos: respondiò por las Cortes Ramon Desplá Conseller primero de Barcelona, como devia responder segun las palabras que avia dicho el Rey, salvado el respeto, y fidelidad, y esto es de Zurita *tom.* 3. *lib.*12. *cap.*44. el P. Abarca *tom.*2. *fol.* 181. *Los Catalanes echavan menos aquella popular humanidad, y generosa confiança, con que fueron siempre honrados, y acariciados de los otros Reyes, desaçonósse tanto Don Fernando con estas espinas, y dificultades, que permitiò à su melancolia el declararse con palabras de mucha hiel para todos sus Vassallos, por los quales respondiò Ramon Desplà primer Consejero de Barcelona con tanta modestia, como entereza, y verdad.* Tomich que se hallò en ellas refiere *cap.* 46. estas palabras fielmente traducidas de Catalan: *En las quales Cortes assistieron Prelados, Nobles, Barones, Cavalleros, Ciudades, y Villas del Principado; los quales pidieron algunos Capitulos que no quiso el Rey conceder, y sobre dichos Capitulos dixo el Rey algunas Palabras en presencia de las Cortes, harto cargosas à los Reynos, y Principado, las quales no quiero referir; però al Rey respondiò Ramon Desplà Sindico, y Conseller primero de Barcelona, como se devia, segun las Reales palabras, guardandole toda lealtad.*

Sentido el Rey de las dilaciones prorrumpe en palabras pesadas, à que respõde el Conseller.

Quedaron desazonados los animos, de las palabras del Rey, que quedò mal satisfecho de la dilacion del servicio; y assi como inutiles, se dividieron las Cortes, emprendiendo el Rey el viage para Valencia para verse con el Pontifice: la ocasion verdadera de dilatar los Catalanes el servicio, y romperse las Cortes refiere Zurita en el lugar citado: *Vna de las cosas de que mas gravemente mostravan sentirse los Catalanes, era por poner el Rey por principales tratadores de aquellas Cortes, Personas que no eran naturales destos Reynos, sino de Castilla.*

En este tiempo por orden del Papa se juntaron en Tortosa todos los Rabinos destos Reynos para ser amonestados á convertirse: huvo varias disputas, y se convirtieron muchos, y muchos mas por la predicacion de San Vicente Ferrer.

1415. Este año se tratò Matrimonio entre la Reyna Doña Iuana Segunda de Napoles, y el Infante Don Iuan hijo del Rey, que embiò por sus Embaxadores á la Reyna al Señor D. Domingo Ram Obispo de Huesca, á Olfo de Proxita, y á Francisco Amella, y partiò el Infante à su govierno de Sicilia. Embiò tambien en este tiempo el Rey por sus Embaxadores al Rey de Ingalaterra à Phelipe Malla, Iuan Fabra, y Berenguer Claver para tratar de la Paz de la Iglesia, y del matrimonio de la Infanta Doña Maria su hija con aquel Rey.

Celebròse el matrimonio, antes concertado, del Principe Don Alonso Duque de Gerona, cõ Doña Maria Infanta de Castilla, dieronle en adote 240. mil doblones, (2) y deshizose el matrimonio del Infante Don Iuan tratado con la Reyna de Napoles; y por la noticia que llegò al Rey que la Infanta Doña Isabel Condesa de Vrgel tratava de embiar á sus dos hijas mayores à la Duquessa de Berri casada con Iuan hermano del Rey de Francia, por ser muy parienta del Conde de Vrgel, embiò à la Infanta à Ramon de Ampurias, pidiendole que viniesse bien à que sus dos hijas quedassen con la Reyna su muger, ofreciendole mirar por ellas como prendas de la Real sangre, de forma que quedasse contenta, que lo contrario seria en descredito suyo: agradeciò la Infanta el Real favor, y embiò sus hijas à la Reyna, ofreciendo no sacar destos Reynos à las otras dos, assegurada de la fina voluntad del Rey.

(2) *Real Arch. de Barcelona Regist. Regina Maria.*

Concertaronse las vistas del Emperador

perador, y del Rey con el Papa Benedicto para Perpiñan: llegò el Rey à aquella Villa à los primeros dias de Setiembre, assistido de lo Noble del Principado: los nombres de algunos van à la fin del Cap. letra *B.* Llegò muy fatigado del viage, y de su indisposicion, aposentandose en la casa de Bernardo de Villacorba: vino à Perpiñan el Emperador, entrando à 19. de Setiembre: confiriò con el Rey, y juntos los dos con el Pontifice el modo de dar Paz à la Iglesia: no aprobò el Papa las propuestas: bolviòse disgustado el Emperador, y declarado para vnir los Principes Christianos contra Benedicto, y sus Fautores, manifestando sospechas del Rey, porque se publicava tener los Reynos por la industria, y favor del Papa; y parece lo entendia assi el Pontifice, pues à los requirimientos presentados por orden del Rey para que renunciasse al Pontificado, como avian comprehendido ser del servicio de Dios, y bien de su Santa Iglesia: respondiò el Papa: *A mi que te hize, embias al desierto!* Partiò el Papa con sus Cardenales, de Perpiñan, con fin de passar à Cerdeña; però quedaronse en Peniscola: al salir de Perpiñan, ò al llegar à Colibre, fue requerido el Papa bolviesse à Perpiñan: respondiò que no convenia, y prosiguiò su viage, embarcandose en Colibre, dexando disgustado al Rey, que sumamente deseava la Paz de la Iglesia.

Vistas del Rey, y Emperador cõ el Papa en Perpiñan.

Recelavase el Rey de las amenazas del Pontifice, con temor del Processo que intentava fulminar hasta proceder à privarle de los Reynos, que juzgava aver conseguido por sus buenos oficios: aunque lo confessava el Rey viendose precisado à quitarle la obediencia, para assegurarse solicitò confederacion con el Emperador, Rey de Castilla, y con otros Principes, con pretexto de librarse de las obligaciones que confessava dever al Papa: embiò para la confederacion embaxadas à estos Principes; però el Papa constante en no admitir el medio de la renunciacion, afiançado en el sequito de los Estados Eclesiastico, y Militar destos Reynos, passò sin recelo de lo que podrian obrar los Reyes, desde Peniscola à llamar à los de su obediencia à Perpiñan para celebrar Concilio, y dar forma al Estado de la Iglesia, ò à su seguridad. Por otra parte conformes los Reyes, y concluìda la Concordia, con los Capitulos, de negar la obediencia à Benedicto, dar por nulas las Provisiones executadas desde su salida de Perpiñan, de concurrir la nacion Española con las otras que ya se hallavan congregadas en Constancia, y que el Rey de Aragon ocupasse las rentas de la Camara Apostolica, se apartaron de la obediencia de Benedicto, y se sugetaron à la declaracion del Concilio de Constancia.

Llàma el Papa à Cõcilio.

Llegaron à este tiempo Embaxadores del Rey de Ingalaterra à Perpiñan mas para tratar del Matrimonio de la Infanta Doña Maria, que de la vnion de la Iglesia; però la Infanta se declarò en no gustar de admitir aquel Matrimonio.

Hallavase el Rey en este tiempo en Perpiñan gravado de su enfermedad, y con poca esperança de remedio, por cuya ocasion el Principe Don Alonso executò los procedimientos contra Benedicto: fuele embiado vltimo requirimiento para que renunciasse: respondiò lo trataria con los Prelados de su obediencia: à vista de su proceder, Vispera de Navidad se despacharon las Convocatorias à los Prelados destos Reynos para que assistiessen al Concilio General de Constancia; y decretòse en el Real Consejo que el dia de la Epifania del siguiente año se celebrasse el auto Publico de quitar la obediencia à Benedicto, como se avia ajustado entre el Rey, y los otros Principes: embiò orden el Principe à Fr. Romeo de Corbera Maestre de Montesa, insigne Capitan en aquella era, para que no favoreciesse à Benedicto, ni permitiesse à los de su Orden assistirle; y aun no assegurado el Consejo, mandò à Iuan Escrivà Lugarteniente de Governador de Valencia cuydar que no se forti-

Vltimo requirimiẽto al Papa Benedicto paraque renuncie.

ficassen

ficassen los Castillos, y Plazas de la Orden de Montesa; y vltimamente paraque no se levantasse algun Vracan por la parte de Francia en tiempo tan desecho, y con la noticia de la enfermedad del Rey, en su nombre fue embiado por Embaxador à Narbona Iuan de Abella, para que no diessen favor à Antonio de Luna, y à otros de su sequito, de los quales se temia que moverian la tempestad; y si pudiesse lograrse los prendiessen, y remitiessen al Rey.

Convento del Carmẽ de Vique

Se fundò en Vique el Convẽto del Carmẽ favorecido de la Ciudad, era muy capaz, y hermoso edificio (3) antes de las guerras del año de 1640.

(3) *Corbera Catal. Ilust. fol.* 457.

1416.

Este año en Perpiñan à 6. de Enero se publicò la separacion destos Reynos, de la obediencia de Benedicto, el qual se hallava por este tiempo tambien en Perpiñan por la congregacion de su Concilio; y no obstante que le avian assegurado el Rey, la Villa, y los mas Nobles del Principado, partiò à Colibre, y bolviò à Peniscola sin atender à los requirimientos del Rey, que llevò Pedro Basset. (4)

(4) *Real Arch. de Barcelona, regist. de los sucessos desta cisma.*

Niegan estos Reynos la obediencia al Papa Benedicto.

No obstante su indisposicion, partio el Rey de Perpiñan, para Barcelona: llegò fatigado de su dolencia à aquella Ciudad, con animo de conseguir lo que no avia logrado en las Cortes de Momblanch: hallandose en Barcelona, y aviendo la Ciudad puesto vn derecho, ò imposicion sobre las carnes que cortavan en las carnicerias, mandò el Rey à los de su Familia no pagar esta imposicion, ni otras por lo que avriàn menester para la Casa Real: llegò el comprador del Rey à pedir carne, y solo pagò el precio sin la imposicion: no lo permitieron los que cortavan la carne, y resueltos, no se la quisieron entregar: pretendiò el comprador tomarla por fuerça, resistieron todos los que se hallavan presentes: partierõ algunos à dar aviso à la Ciudad, de la novedad, llegò el Conseller quarto Galceran Carbò à la carniceria, y hallò ya en ella vn Alguazil con orden del Rey que mandava dar la carne à su comprador, y añadiò el Ministro que sino mataria al cortante: entonces respondiò el Conceller, y dixo à los Oficiales, que vendian la carne: à los que no querran pagar la imposicion dadles buenas cuchilladas, y mueran: partiò el Alguazil à participar al Rey el empeño, del qual quedò muy disgustado: juntòse luego el Consejo de Ciento; y mandò pregonar, que todos sin excepcion pagassen la Imposicion pena de la vida al que tomasse la carne sin quererla pagar: otro dia bolviòse à juntar el Consejo, y determinò que los Conselleres con doze del Consejo fuessen con embaxada al Rey, à representarle la fuerça de sus Privilegios. Eran Conselleres, Martin Turell, Juan Fiviller, Arnaldo Destorrents, Galceran Carbò, y Juan Bussot: fingiòsse el Conseller en Cap Martin Turell indispuesto, y quedò precisado Juan Fiviller Conseller Segundo à dar la embaxada. Entraron à representar al Rey el derecho de las Imposiciones de la Ciudad, sus Privilegios que avia jurado; y no quedò satisfecho el Rey.

Empeño del Rey cõ la Ciudad, y cede el Rey.

Embiòles à llamar otro dia, estuvo en todos los dias que passaron estos debates siempre junto el Consejo de Ciento, resolvieron partiesse à hablar al Rey Juan Fiviller con los otros electos: llegaron à Palacio, aviendo antes hecho su Testamento Juan Fiviller, como si partiesse à morir. Aviendo llegado à Palacio, preguntò el que estava de Guardia si era Juan Fiviller el que pedia audiencia, que tenia orden de no dexar entrar à otro. Respondiò Juan Fiviller que era el Conseller de Barcelona: tres vezes replicò la Guardia del Rey si era Iuan Fiviller, y otras tantas respondiò Fiviller que era el Conseller de Barcelona: entrò à dar aviso al Rey de la constancia del Conseller el que tenia el orden, y respondiò el Rey, *dezidle que entre, que bien se descubre quien es con la porfia.* Entrò solo el Conseller, besò la mano al Rey, el qual le dixo con enojo: *Porque adorays, à quien obligays como Vassallo, con Imposiciones? Yo no soy Rey, vosotros lo soys, y Superiores al Rey,* mons-

Constancia de Iuan Fiviller Conseller segũdo de Barcelona.

monstruosidad por cierto grande que el Rey contribuya à sus Subditos; y concluyò que juzgava no tener que responder sino vna cosa, que la dixesse para refutarla: Respondiò el Conseller: *Vnica es la respuesta, ò Rey, però de grande importancia: Ya sabe V. Magestad que con juramento nos à prometido, y se à obligado à conservar nuestros Privilegios, sin contravenir à alguno de ellos: esto mismo prometieron los Señores Reyes passados, y lo cumplieron: viendo aora que V. Magestad no los quiere imitar, sino condenar, irritando lo prometido, y rompiendo el juramento, quedamos admirados lastimandonos de V. Magestad, y de nosotros mismos; de V. Magestad por la injusticia, de nosotros por la injuria; y assi con igualdad deseamos se atienda à la decencia de las acciones Reales, y à nuestra vtilidad: no ha de estrañar V. Magestad que amonestemos, y roguemos à nuestro Principe por esta observancia, pues assi se ocurre à los detrimentos del decoro de V. Magestad, y à nuestro sossiego: lo que comencè à dezir, vaya por dicho à favor de nuestra justicia: Las Imposiciones son de la Republica, no de V. Magestad: con esta condicion avemos recebido por Rey à V. Magestad, con juramento interpuesto para la firmeza, y consiguientemente con mayor equidad, y derecho (hablando con vuestra buena gracia) altercamos, que V. Magestad: lo que toca à lo decoroso de la accion Real, V. Magestad lo consultarà, lo que es mio, y de mis Colegas doy por assentado, y cierto, y digo que advierta V. Magestad que aunque con el mayor conato se contradiga á nuestra justicia, antes concederemos à V. Magestad nuestras vidas, que esta libertad: no puede esperarnos muerte mas honesta, y mas Gloriosa que la que viene por la libertad, ornamento, y ampliacion de la Patria, ni seremos menos celebrados, ya difuntos, por nuestros Ciudadanos, que lo fueron los Athenienses, y Romanos de los suyos: Y lo que mas es, que se nos propone para con Dios premio como de Martires, porque Martires son los que assisten à la verdad, y à la [illegible]: Mire V. Magestad estos proced[illegible]os en que han de parar, paraque no se consulte contra la Innocencia de vuestra Ciudad, è incolumidad de vuestros Vassallos*: Lleno de enojo el Rey bolviose á los de su Corte, y dixo: que con capa de justicia pretendia la Ciudad cosas perniciosas: enfadòse de la ponderacion de Martyres, Athenienses, y Romanos: tratò de sobervios á los Catalanes, concluyendo que no era pedir imposiciones, sino amenazarle su intento: mandó retirar al Conseller en otro aposento para tomar resolucion: consultóla con Guerao Alemany de Cervelló, Bernardo de Cabrera, y Guillermo Raymundo de Moncada, que como buenos Consejeros templaron la colera del Rey, y conservaron los Privilegios de la Patria: tomada resolucion, mandó llamar al Conseller, y le habló en esta manera: *No temas, vive, paraque digas à tus Colegas que vuestras Imposiciones quedan con su firmeza, y que cediendo yo en esta contienda os quedays con la vitoria, però no con el Triunfo.* Llegó despues a Casa de la Ciudad Bernardo de Gualbes Vicecansiller del Rey, por orden del Consejo Real, y entrando en el Consejo de Ciento, pagò todo lo que se devia de la imposicion, porque aun el Rey se hallava renitente en pagar: he sacado lo referido, de los libros de la Ciudad, confirmado por las Historias. (4) Partió el Rey en vna litera, de la Ciudad sin publicar la partida, embióle esta, embaxada suplicandole no saliesse de Cataluña disgustado, però prosiguió su camino hasta Igualada.

(4) *Archivo de la Ciudad de Barcelona Dietar. deste año libro de resoluciones del Consejo de Ciento deste año. Laurencio Valla de R. Ferdinando.*

Antes deste sucesso avia procurado el Principe Don Alonso, que governava por la enfermedad de su Padre, castigar à vn delinquente particular, sin guardar la forma dispuesta por las Leyes, y Constituciones de Cataluña: acudieron los Deputados al Principe, como es costumbre, y hallandole firme en su proposito, se arrojaron, ò empeñaron à dezirle: *Aun no està seca la tinta de la declaracion de la Corona, y ya se borran nuestras Leyes, y Costumbres?* Cuyas palabras ponderadas al Rey por sus Consejeros, fueron gran parte de moderarle, y encubrir su enojo. (5) Eran los Deputados Fr. Marco de Vilalba Abad de Monserrate, Gilaberto de Centellas, Juan Ros, Doctor Juan Prades Prior de Tortosa, Guillen

(5) *Zurita tomo 3. lib. 12. cap. 59. Abarca tomo 2. fol. 183. col. 4.*

de Rajadell, Francisco de Sanceloni.

Hallandose el Rey en Igualada se le aumentó la enfermedad maligna, de la qual adolecia, y llegando la noticia á Barcelona, deliberò el Consejo de Ciento embiar á Juan Fiviller, para assistirle, el qual le sirvió, y assistió como avia á su Patria: curavale las llagas de su contagioso mal, y aun le chupó la podre, y ediondèz destas mismas llagas; peró no pudo darle la vida, que es de Dios: pagado el Rey desta accion, le nombrò en su Codicilo Albacea mayor, y le encargò la Persona del Principe, el cuydado de sus hijos, y Reynos. (6) No refieren este testamento los Historiadores de Aragon, sino otro que dizen hizó en Perpiñan; pero Tomich que es de aquel tiempo *fol.* 71. tambiẽ refiere averle dispuesto, y firmado en Igualada. Muriò el Rey á 2. de Abril deste año á los 37. años de su edad, y 4. de su Reynado: mandóse sepultar en Pobler, adonde fue llevado su cadaver con la funeral pompa acostumbrada. Quedaron del Rey quatro hijos, el Principe D. Alonso, los Infantes D. Juan, D. Henrique, y D. Pedro, aviendo antes de la muerte del Rey, muerto en Castilla el Infante Don Sancho: eligiò heredero al Principe, y á sus legitimos descendientes: substituyòle sus hermanos por orden: y en falta destos substituyò los hijos de las Infantas Doña Maria, y Doña Leonor, excluyendolas de la succession: nombró Albaceas en el Testamento que firmó en Perpiñan á la Reyna Doña Leonor su Muger, al Arçobispo de Toledo, á su Confessor, á Bernardo de Gualbes, y á su Secretario: mucho de lo referido, y otras particularidades, sus Ordinaciones, y Decretos se hallã en el Archivo Real de Barcelona, en los Registros de su Reynado: fue muy honesto, pio, y liberal, y muy atento á la obligacion de la Corona. Los Cavalleros de su estimacion fueron, Berenguer de Requesens, Galcerã de Pinòs, Oliver de Termens, Aymar Despès, Asberto Despalau, Pedro de San Climent, N. Severò, Ramon Homanova, y Galceran de Sarriá.

(6) *Archivo de la Ciudad Testamento del Rey Don Fernando. Roman funer. de la Deputaciõ. Cr'sis de Catal. del P. Marcillo fol. 55.*

Catalanes que assistiẽ al Rey en la Coronacion.

A. El Duque de Gandia, el Conde de Cardona, el Vizconde de Illa, Bernardo de Cabrera Conde de Modica, Pedro Phelipe de Castro, y Pinòs, Berenguer Arnaldo, Guerao Alemany, y Pedro de Cervellò, Iuan de Ixar, Pedro de Orta, Artal de Alagon, Berenguer de Centellas, Guillen Ramon de Moncada, Pedro Maça, el Conde de Quirra, Antonio de Cardona, Ramon Galceran de Pinòs, Ramõ de Bages, Bernardo de Cruilles, Ramon Xammar, Berenguer de Oms, Francì de Eril, Ramon de Ampurias, Luìs de Pontons, y otros.

Nombres de algunos que assistieron al Rey en Perpiñan.

B. El Conde de Cardona, Arnaldo Roger de Pallàs, el Vizconde de Rocabertì, el Vizconde de Evol, el Vizconde de Perellòs, y Roda, Bernardo de Cabrera Conde de Modica, Guillen Ramon de Moncada, Bernardo Galceran, y Ramon Galceran de Pinòs, Ramon de Cardona, Guerao Alemany de Cervellò, Francisco de Eril, Guerao de Santa Pau, Bernardo de Cruilles, Galceran, y Iofre Gilaberto de Cruilles, N. Mosser, Luìs de Abella, Ramon de Bages, Ramon Xammar, Berenguer de Oms, Bernardo, y Iofre de Vilarig, Bernardo, y Raymundo Rexach, Bernardo de Vilagut, Guillen de Blanes, Riambao de Corbera, Pedro Galceran de Cartellà, N. de Labia, Ferrer de Zavadell, N. de Rocabruna, Berenguer de Sant Esteve, N. de Gallinès, Ponce, y Alonso Descallar, Berenguer Barutell, N. de Astarsu, Asberto Zatrilla, Iuan de Monbui, Luìs de Claramunt, Pedro Vives, N. de Tort, Bernardo de Illa, Llupià de Clayrà, Massià Despuig, N. de Ribera. De las Familias Catalanas pobladas en Valencia, Aymerich de Centellas, Olfo, y Iuan de Proxità. Sicilianos de origen, Berenguer de Vilaragut, Iuan de Vilanova, N. de Corella, Iuan de Castellar, Luìs Carbonell, N. de Marradas, N. Sacau, Ponce Desponès, N. de Passadoras, N. de Mirò, N. de Valeriola, y otros. Prelados. *El Arçobispo de Tarragona, Obispo de Barcelona, Obispo de Vique, Obispo de Elna, Obispo de Gerona, Abad de Ripoll, Abad de Pobler, Abad de Monserrate, Abad de San Cucufate, Abad de Santas Cruzes, Abad de Amer, Abad de Arles, Abad de Bañolas, Abad de Cuxà, Abad de la Real, Abad de San Ginès, Abad de la Portella, Abad de Roda, Abad de Roses, Prior de San Pol, y otros.*

LI-

LIBRO XVI. DE LOS ANALES DE CATALUÑA.

CONTIENE LO SUCEDIDO EN EL REYNADO DEL REY, Y CONDE DON Alonso IV. y desde el año 1416. hasta el de 1458.

CAPITVLO I.

Funerales honras en Poblet : Parlamento , y juramento del Rey en Barcelona : Embaxada à Sicilia : Venida del Infante Don Juan: Muerte del Rey Luis de Napoles : Tratado de confederacion : Movimientos en Cerdeña: Encomios de Phelipe de Malla: Declaracion, y Eleccion del Pontifice Martino : Muerte de la Reyna de Chipre : Disgusto con los Embaxadores: Su venida : Disgustos , y Embaxadas por el orden de la Casa Real : Tratados con Don Pedro de Luna : Casamiento en Castilla : Solicita el Papa la libertad del de Vrgel : Venerable Fr. Antonio Quexal , y del Santo Martyr Fr. Severino : Obras de Fr. Jayme Amer : Imagen de Nuestra Señora de Gracia : Cortes en San Cucufate : Viage à Cerdeña , y Sicilia : Sucessos de Napoles : Vida de Fr. Segrian : Vitoria Naval , y Treguas , &c.

PARTIò el Principe Don Alonso despuès de la muerte del Rey à celebrar las Funerales pompas en Poblet , servido de los tres Estados del Principado , y Reynos , à 22. de Abril ; y concluìdas , llegò à Barcelona por consulta del Arçobispo de Tarragona , de Guerao Alemany de Cervelló , y de Berenguer de Bardaxì , sus primeros Consejeros: llamò à los Catalanes à Parlamento , y en la Sala Grande del Palacio Mayor del Rey, hizo el Jura-

Don Alonso IV. Rey, y Conde de Barcelona, XXII.

ramento de mantener, y defender las Leyes, Privilegios, y costumbres del Principado, y prestaronle el Juramento de fidelidad los Catalanes, Jurandole Conde de Barcelona. (1)

(1) Carbonell Coron. fol. 223. Thomich fol. 72. Zurita tom. 3. lib. 12. cap. 64.

Embiò por sus Embaxadores para assistir al Concilio de Constancia al Conde de Cardona, al Doctor Phelipe de Malla Canonigo, y Arcedjano de Barcelona, al Doctor Miguel de Navès, à Fr. Antonio Quexal General de la Merced, à Ramon Xammar, y à Esperandeu de Cardona. Embiò tambien por su Embaxador à Sicilia à Antonio de Cardona con orden que en su nombre recibiesse el Juramento de fidelidad à la Isla, y bolviesse à estos Reynos el Infante Don Juan, porque los Sicilianos se avian declarado en admitirle Rey; y que Cardona con Don Domingo Ram Obispo de Lerida, antes de Huesca, quedassen al govierno de la Isla: bolvieron los Castillos que avian ocupado, à Bernardo de Cabrera, y el Infante obedeció al Real Decreto, en que le avia mandado bolviesse à Cataluña.

Aviendo dado el Rey sus poderes à los Embaxadores, juntaronse algunos Prelados de Cataluña aficionados à Benedicto en Barcelona, que fueron, el Cardenal de Tolosa, el Arçobispo de Tarragona, los Obispos de Barcelona, Vique, Elna, Vrgel, Gerona, y Tortosa, Fr. Romeo de Corbera Maestre de Montesa, los Abades de Ripoll, San Cucufate, Monserrate, Santas Cruzes, Bañolas, Estany, Solsona, y de San Pedro de Roda; y estos à 15. de Julio passaron à llamar à todos los destos Reynos, y propusieron al Rey que diesse audiencia à Benedicto, le bolviesse la obediencia, y les participasse los motivos de embiar embaxada al Concilio de Constancia; quedando desengañados de poder valer à Benedicto con la bien fundada respuesta del Rey.

Rendido à los ordenes del Rey el Infante Don Iuan que governava Sicilia, quedando por Virreyes de la Isla el Obispo de Lerida, y Antonio de Cardona, mandó à su General Ramon de Perellós armar tres Galeras Catalanas à 18. de Agosto, y partiò con ellas de Sicilia, llegando à la Playa de Morviedro à 18. de Setiembre, y embiò à Barcelona à dar noticia al Rey de su arribo, que admirado de la prompta obediencia, escriviòle el Rey se detuviesse hasta segundo orden.

Muriò en este tiempo Luìs Rey de Napoles, fueron echados los Frãceses, del Reyno, y tratò la Reyna Doña Violante de Aragon Madre del Rey Luìs confederarse con el Rey, por medio de Ramon de Caldès, y de Fr. Pedro Beltràn, Embaxadores para la concordia.

Al principio del año, bolviò el Vizconde de Narbona à la guerra de Cerdeña, con pretexto de no averle cumplido los Capitulos de la concordia: embiò orden el Rey al Conde de Quirra su Virrey para firmar Treguas con los Capitanes del Vizconde por quinze meses, dando con esto, tiempo à la satisfacion que pretendìa el Vizconde. 1417.

Buelven las guerras en Cerdeña.

En este tiempo el hermano del Duque de Genova con algunos Vassos desembarcò su gente en Corcega, y cercò à Cinercha defendida del Conde Vicentelo de Istria: apretaron los Ginoveses la Plaça, acudieron à socorrerla Ramon de Torrellas, y Bernardo Martì con dos Galeras; peró por ser tantos los enemigos, abandonò la Plaça el Conde, y se fortificó en otro Lugar vezino: llegò à este tiempo Juan de Istria con vna Galeota, y tres Galeras, y juntos Catalanes, y Corços dieron sobre los Ginoveses, rompiendoles, y quedando muchos muertos en la Palestra, rendida Artilleria, y Bagaje, logrando los nuestros la vitoria cumplida. No dexaron los Capitanes del Vizconde de prosseguir la guerra, no obstante que se tratava de la concordia: consiguiòse despuès la Tre-

Vitoria contra los Ginoveses.

Tregua, por la noticia que tuvo en las vistas de aver muerto Valor de Ligia, y su hijo Bernardo que eran los Cabos del Vizconde, à manos de sus Vassallos: embiò el Rey orden à 19. de Julio à Luìs de Pontons Governador de Caller, y à Bartholomè Miralles, principal Capitàn de la Nacion Catalana, para que dilatasse la conclusion de la concordia con el Vizconde, para poder assegurarse de lo que conducia à la quietud de la Isla.

Tratase en el Concilio de Constancia de nuevo Pōtifice.

Llegò el tiempo de tratar en el Concilio de Constancia de la eleccion de nuevo Pontifice: declaróse primero Cismatico Benedicto à 27. de Julio: sucitosse contienda entre los nuestros Embaxadores, y los de Ingalaterra, y Castilla por la precedencia, y luego otra mayor, queriendo el Rey de Romanos excluìr los Cardenales, de la eleccion de Pōtifice, y concederla al Concilio: la recta, y Santa intencion de los Cardenales diò solucion à esta duda, permitiendo que por esta vez sola se eligiessen por el Concilio los mas señalados varones de las Naciones que avian concurrido, y que estos con el Sacro Colegio de los Cardenales eligiessen Pontifice, con condicion que el electo deviesse tener en su eleccion las dos partes de los votos de los Cardenales, y de los varones nombrados por el Concilio: despues de otras varias dificultades, convinieron conformes las Naciones en elegir Electores: por los Reynos de la Corona de Aragon, fuè electo Phelipe Malla Canonigo, y Arcediano de Barcelona, que dexò grandissima opinion de virtud, y letras en el Concilio, y con su erudicion fuè el principal para que se diesse feliz conclusion à negocio tan importante: executóse la eleccion de personas à 4. de Noviembre, y à 8. de dicho mes se publicaron los electos, y entraron en Conclave, y saliò en pocos dias electo Pontifice por aclamacion, y voto de todos, el Cardenal Colona, que se llamò Martino, y fuè el V. deste nombre: vestido de Pontifical, con los Padres del Concilio, en Procession llegò à la Iglesia à admirar la celestial Doctrina del insigne varon Phelipe Malla, que predicò, electo por el Concilio, con aplauso vniversal de todas las Naciones: llegò pocos dias antes de la eleccion à Constancia Massian Despuig, embiado del Rey para componer las diferencias de sus Embaxadores con los de las otras Naciones: mucho se fiava en aquel tiempo à los Catalanes: consiguieron los Embaxadores del Rey, del Pontifice, remission de los feudos de Sicilia, y Cerdeña por cinco años, no pudiendola conseguir perpetua, ni las decimas de los Reynos, y eleccion del Maestrazgo de Montesa que pretendia el Rey.

El Cardenal Colona electo Pontifice en Constancia.

El Venerable P. F. Antonio Quexal Catalàn del Ordē de la Merced.

El V. P. Fr. Antonio Quexal natural de Tarragona de Noble Linaje, desde que tuvo vso de razon fuè inclinado al exercicio de las letras, y à la compostura, y circumspeccion, que vn mozo Christiano, y virtuoso deve tener: resolviòse à despreciar el mundo para servir à Dios en la Religion de la Merced tomando el habito en el Convento de Barcelona, donde aprovechò tanto en los literarios exercicios, que regentò Cathedras en las Vniversidades de Lerida, y Huesca, llamado para Cathedratico de Parìs; però mas se adelantò en la virtud, que le mereciò el Generalato de su Religion, pues su oracion de dia, y noche era continua, quedando muchas vezes en profunda suspencion, ó extacìs, tan fuera de si, que era menester mucho para bolverle: su pobreza tan singular, que jamàs se le advirtiò mas de vn habito, y este muchas vezes roto, y maltratado: su penitencia tan continua, que jamàs se desnudó para dormir, ni admitió dispensacion de la constitucion de su Orden, ni aun en las muchas, y peligrosas enfermedades que tuvo; siendo sus disciplinas muy continuas, sus cilicios doblados, y bien asperos,

los

los quales denotava el color quebrado de su rostro: sus lagrimas continuas eran de admiracion, despreciador de si mismo, y de muchas Dignidades que le ofrecieron Principes, y Reyes, esmeróse en la caridad con los Cautivos, solicitando su fervoroso amor el que en el govierno de su Religion, que duró poco mas de 10. años, se diesse libertad à 1400. Muriò en Constancia, estando congregado el Concilio, con vniversal sentimiento de aquellos Santissimos, y Reverendissimos Padres, que todos entrañablemente le amavan. Fué depositado su Cadaver en la Iglesia de Predicadores de San Pedro Martyr de aquella Ciudad con assistencia del Emperador Sigismundo, de los Padres del Concilio, Embaxadores, y Principes: las maravillas que sucedieron en su muerte no causaron novedad à quien conocia su vida: gozó de arrobos, y extasis entre coloquios dulcissimos, y tiernos con el Señor que le esperava para premiarle, vióse su pobre cama rodeada de luz resplandeciente, y celestial, oyeronle hablar los que le assistian, clara, y distinctamente con Dios, y su Madre, y con algunos Santos à quienes tuvo en vida por tutelares, profetizò la hora de su dichoso transito, obra Dios por el muchos milagros: su Cuerpo despuès de 200. años estava tan entero, y de color tan sano como quando vivia en esta vida transitoria, y sin duda habrà continuado Dios esta maravilla. (2)

(2) *Fray Alonso Ramon hist. de la Merced lib. 10. à cap. 1. ad. 8. Bullar. Ord. §. 15. nu. 1. Bergas Cor. de la Merced lib. 2. cap. 11. Zumel in vitis Patr. Ord. fol. 107. Concilium Constantiense ses. 22. Severino Vinio Canonigo de Colonia en los tomos de sus Concilios Generales, y Provinciales tom. 4.*

La Santa Reyna de Chipre Leonor.

Bolò à la Patria celeste la Santa Reyna de Chipre Doña Leonor de Aragon, desde la terrena de Barcelona, llena de grandes meritos, y virtudes, sobresaliendo la piedad con los Pobres, fuè enterrada en San Francisco de Barcelona: hallavase al lado del Evangelio en la Capilla mayor su incorrupto Cuerpo, con otros Principes de la Real Familia: ahora tràs el Altar mayor de dicha Iglesia. (3)

(3) *Carbonell, Coron. fol. 214.*

Quedó el Rey disgustado con los Embaxadores que avia embiado à Constancia, con color que olvidavan el bien de la Corona, atendiendo à sus particulares; però à la verdad por no aver salido la eleccion à su gusto; no obstante la mandò notificar à Benedicto con amorosas instancias, para que se sujetasse al nuevo Pontifice: respondiò à la instancia Benedicto que diesse licencia el Rey para llegar à Peniscola, hasta seis Prelados, deseando deliberar con su sentir lo que seria de mayor servicio de Dios: desde Barcelona passó el Rey à Valencia: diò lugar à los Arçobispos de Tarragona, y Zaragoça, y à los Obispos de Tortosa, y Taraçona que llegassen à Benicarlò, para entrar si importasse en Peniscola à saber la intencion de Benedicto; y decretó su viage à Sicilia temiendo alguna novedad por la eleccion del Pontifice.

Mandó al principio deste año el Rey partir de Constancia sus Embaxadores, bolver de Benicarlò los Prelados à sus residencias, solicitando con los Cardenales, y Prelados que assistian à Don Pedro de Luna, antes Benedicto, llegasse à Castellòn para tratar de la Paz de la Iglesia; però fuè de poco fruto esta conferencia, porque permanecian constantes en defender el derecho de Don Pedro, y dudaron de la eleccion de Martino V. representando razones en defensa de su empeño. Con este motivo, y para que el Pontifice revocasse algunas gracias concedidas à particulares destos Reynos, y le concediesse las que avia solicitado por medio de sus Embaxadores, embiò el Rey à Constancia por su Agente à Jorge de Ornós, que hallò al Pontifice firme en no condesender con las suplicas del Rey, instando la prision de Don Pedro de Luna, que difiriò el Rey, respondiendo al Papa que el mismo guardaria el Castillo de Peniscola, y seria Carcelero de Don Pedro de Luna. 1418.

Por este tiempo estando el Rey

en

en Valencia, como era costumbre de sus Invictos Progenitores, dispuso el orden, y oficios de su Casa Real; y como en ella avian siempre tenido tanta parte los Catalanes, quedaron disgustados desta nueva ordenança; porque entravan en algunos cargos los Estrangeros, contra la costumbre antiquissima. Juntaronse los Barones, Nobles, Ciudades, y Villas del Principado à Parlamento en Molin de Rey, y determinaron embiarle Embaxadores por el Estado Militar, y por la Ciudad de Barcelona, suplicandole siguiesse la forma de sus Antecessores en la eleccion de los oficios de su Real Familia: los nombrados Embaxadores de la Nobleza, fueron los Cõdes de Pallàs, y Modica, el Vizconde de Illa, Ramon de Moncada, Galceràn de Santa Pau, Bernardo de Forcià, Pedro de Senmenat, Ramon de Rexach, Guerao de Palau, y N. de Ribera. Embaxadores de Barcelona, Ramon Despès, Juan Fiviller, Juan Ros, y Bonanat Pera. Solicitó el Rey por medio de sus Ministros no tuviesse efecto esta Embaxada, però los medios dieron mayor fuerça al empeño de la Nacion, porque convinieron con ella las Ciudades de Zaragoça, y Valencia, ofreciendo tambien embiar los suyos. Por la noticia que llegó al Rey, de que, no obstante sus diligencias, llegavan los Embaxadores de los Barones, y de Barcelona à Valencia, embiòles para prevenirles, y assegurarles antes de la entrada en Valencia à Luis de Xulve, que en su Real Real Familia solo tenia tres, ó quatro Castellanos Oficiales suyos manteniendoles por no tener otro refugio, que avian sido criados del Rey su Padre, y parecìa mal desecharles; y en quanto al orden de su Familia Real, le darìa con muy buen consejo, como convenìa segun su Arbitrio. No satisfecho aun de estorvar esta Embaxada, embiò despues à Ramon Xammar, y à Juan de Ribas Altas, (que avian sido embiados antes de partir los Embaxadores para suplicar al Rey con no menor demonstracion fuesse de su Real servicio dar otra forma al govierno de su Real Familia) para requirir como lo executaron, à los Embaxadores que no continuassen su viaje, porque aquella Embaxada no era del Real servicio, ni en honor del Principado, y que eran sin fundamento las vozes esparcidas de grillos, y rigores; y que para acertar en lo que se proponia, tomava consejo el Rey de Prelados, Nobles, Ciudadanos, y de los mejores Letrados destos Reynos, como ellos mismos lo avian visto. No obrando estas instancias, constantes los Embaxadores en llegar al Rey, siguiendo el orden de sus Principales, llegaron à Valencia, pidieron Audiencia, y respondió el Rey la cõcederìa. Embiò à llamar los de Barcelona, advirtiendoles, que à ellos daria Audiencia solos, però no con los de los Barones, que no podìan congregarse sin su licencia: procediendo à representaciones, y dilaciones de parte del Rey: vltimamente llegaron juntos à besarle la mano, y Ramon Desplà en nombre de todos dixo que tenia orden de la Ciudad de no referir su Embaxada sino vnida con los del Estado Militar; y que no gustando su Magestad, le suplicava, le diesse licencia para partir: habló al Rey el Maestre de Montesa en nombre de los Embaxadores, refiriendole q̃ la representacion de la Ciudad era para suplicarle bolviesse à Cataluña à celebrar Cortes: admitiò el Rey la proposicion, y por el mismo Maestre les respondiò que las congregaria por el Setiembre, ò lo mas dilatado, por Navidad; y que si en ellas se huviesse de tratar de la defensa de las Islas, las celebraria en Barcelona, ó Tortosa; si de las Fronteras de Francia, en Perpiñan; si de las dependencias de Aragon, en Cervera; y con esta respuesta bolvieron à Barcelona los Embaxadores.

Embaxadas al Rey por la Ciudad de Barcelona, y Estamento Militar, para q̃ no aparte los Catalanes, de su Real Familia.

Solicita el Rey no se llegue à dar la Embaxada.

Habla al Rey el Maestre de Montesa en nombre de la Ciudad, y responde.

Quedaron los de los Barones, y no

No refieren su Embaxada los de los Barones.

no refirieron su Embaxada con color de esperar à otros que tardavan, recelosos de ofender al Rey: el qual porque en este tiempo publicaron algunos de los congregados en Molin de Rey pretender delante del Veger, referir algunas injurias contra los Consejeros del Rey, (4) y porque con esto se fomentavan los vandos del Conde de Modica con Ramon de Torrellas, mandò al Veguer prender à algunos: de estas Embaxadas no se halla otra demostracion que la revocacion de Alvaro de Garavito, de Bayle General de Aragon, y de Luis Vidal, de Justicia Criminal de Valencia; bien que Carbonell refiere aver el Rey condesendido con la representacion desta Provincia, (5) y lo proprio afirma Bernardino Corio Autor de aquel tiempo que lo assegura en el servicio de la grande Armada que ofreciò Cataluña al Rey para defender à Sicilia, Corcega, y Cerdeña, con la qual passó à aquellas Islas, y despues à Napoles; y parece dificil que apartasse el Rey, de su servicio, à los pobres que avian bien servido à su Padre.

(4) *Archivo de Barcelona Dietario, y libro de resoluciones del Consejo.*

(5) *Carbonell Coron. fol. 223. col. 4. Zurita tom. 3. lib. 12. cap. 68. Abarca to. 2. fol. 185. Tomich fol. 72.*

El S. Martir Fr. Severino del Orden de la Merced.

El Santo Fr. Severino insigne Theologo natural de Paris, tomò el Habito de la Merced en Perpiñan, aventajandose en todo genero de virtudes: en la tercera Redempcion que executò en Argel, por aver reducido à nuestra Santa Fè Catolica à vn Alfaquì le empalaron; y viendole muerto los Moros executaron en el Santo Cuerpo muchas crueldades, y vltimamente le quemaron privandonos à Cataluña de la preciosidad de sus Santas Reliquias. (6)

(6) *Fr. Alonso Ramon Cor. de la Merced. tom. 1. lib. 10. cap. 23. Bnl. Ord. §. 16. num. 2.*

Llegó à este tiempo à Barcelona el Cardenal Pisano Legado à Latère, partiò à encontrar al Rey, y tratòse de la concordia con Don Pedro de Luna: ofreciòle el Rey grandes mercedes para que diesse la obediencia al Pontifice electo; però no se pudo conseguir. Congregó el Legado en Lerida à los Prelados destos Reynos, y decretòse que sirviessen al Rey con sesenta mil florines: hallavase Embaxador del Rey en la Curia Romana Don Dalmao Mur Obispo de Gerona, que despues fuè Arçobispo de Tarragona, solicitando la gracia para el Rey de los Castillos de Monçòn, y Peniscola.

Casò el Rey à su hermana la Infanta Doña Maria con el Rey de Castilla à 20. de Octubre; y Pedro de Moncada con la Armada de Galeras passò à las Costas de Africa, saltò en Tierra, combatiò à Argel, y no le pudo rendir.

Este año solicitò el Pontifice la
libertad del Conde de Vrgel, però 1419.
no la consiguiò, y se celebrò el Matrimonio del Infante Don Juan Duque de Momblanch hermano del Rey con la Reyna Doña Blanca Viuda del Rey Don Martin de Sicilia, heredera del Reyno de Navarra. Tuvo Cortes el Rey à los Catalanes en el Imperial Monasterio de San Cucufate del Vallès: ofreciòle el Principado numerosa Armada de Naves, y Galeras, para passar à Cerdeña, y Sicilia. (7)

Cortes en S. Cucufate.

(7) *Real Archi. de Barcelona Arca primera grande. Archivo de la Deput. Processo destas Cortes.*

Ilustrò à Cataluña su Patria, y al Convento de la Merced de Barcelona, cuyo hijo fuè, Fr. Jayme de Amer, exemplo de penitentes, compendio de virtudes, favorecido de Dios en muerte, y vida, que gozandola en este tiempo à favor de los proximos la mejorò en la eterna año de 1426. (8)

El Venerable P. Fr. Jayme Amer de la Merced.

(8) *Corbera Santa Maria Socòs fo. 96.*

Es, y à sido Mineral de Divinos favores Cataluña, y manifestòles el Cielo en la Invencion de la Santa Imagen de Nuestra Señora de Gracia, sucedida junto vn Pino, que aun dura, distante vn tiro de piedra de la Iglesia que le fuè Consagrada este año, con aprobacion del Pontifice Martino V. y Bula dada en Barcelona por su Legado à los Idus de Febrero deste año: el lugar desta maravilla, y Iglesia està en la Parroquia de Santa Engracia de las Alujas. (9)

N. Señora de Gracia.

(9) *Camòs Jardin de Maria fol. 387.*

Man-

Mandò dar los ordenes el Rey para que se hallase prevenida la Armada: concluìdas las Cortes llegò à Barcelona, nombrò Capitanes de sus Galeras à Nicolàs de Valldaura, à Pedro de Centellas, Francisco de Belluìs, Nicolas Jofre, Juan Eslava, Juan de Bardaxì, y à Juan Pardo de laCasta: embiò los ordenes à Cerdeña al Virrey Juan deCorbera Electo por muerte de Acart de Mur, y à los Cabos Artal de Luna Conde de Calatabellota, à Simon de Moncada, y à Leonardo Cubells, avisandoles de su designio, y viage para la Isla: diò el mismo aviso à Antonio de Cardona, à Martin de Torres, à Fernan Velazquez, y à los otros Cabos de Sicilia: passó despues á Tortosa, y llamò la gente del Principado, y Reynos para todo el mes de Março del año 1420. y aviendo llegado á la Armada, salió de los Alfaquès con veinte y quatro Galeras, y seis Galeazas á 7. de Mayo: llegó à 9. á Mallorca, y tambien á aquella Isla las Naves Catalanas con numerosa Nobleza de Cataluña, y de los Reynos de Aragon, y Valencia; de donde se hizo á la vela la Armada para Cerdeña, provando el Rey en su primera navegacion los peligros do navegar, favoreciendole Dios para tomar Puerto en Cerdeña libre de los rigores del Mar.

Parte el Rey à Cerdeña con su Armada, y se sujeta toda la Isla à su obediencia.

1420.

A su entrada en la Isla, se sugetò Terranova, y se rindieron Longosardo, y Sacer, quedando la Isla toda sugeta á la obediencia del Rey; que para assegurarla, pagò á Pedro Ramon de Mombruna Procurador de Guillen de Tineris Padre, y Administrador del Vizconde de Narbona que avia sucedido al de la concordia, los cien mil florines que se le devian por residuo del precio de la venta de sus Lugares de Cerdeña: executaronse estos hechos hasta 17. de Agosto. Dexò el Rey en Barcelona á su Muger la Reyna Doña Maria su Lugarteniente en Cataluña, y lo fue hasta el año 1429. y despues, del año 1431. hasta 1454. consta de los Archivos Real, de la Deputacion, y de Barcelona.

En este tiempo llegò á Cerdeña Antonio Carrafa disfraçado como de la familia de Garcia Asnar de Añon Aragones Cortesano en Roma, el qual saliò de aquella Ciudad para seguir à Carrafa en esta empresa, logrando hablar al Rey: representole la necessidad de la Reyna de Napoles, ofreciole el Reyno en la adopcion, le asseguró por orden de la Reyna, que se hallava sin hijos, y apartada de su Marido, (el qual estava yá en Francia, trocando el terreno, y temporal Reyno lleno de disgustos, por el eterno en la Religion de S. Francisco, en la qual le consiguiò por sus elevados meritos mediante la divina gracia,) y ponderole la gloria de libertador de tan gran Señora, oprimida de las fuerças Francesas del Conde de la Proença Duque de Anjou antiguo competidor del Reyno: respondiò el Rey á la Embaxada, assegurando al Embaxador embiaria socorro á la Reyna: propuso la Embaxada á la comprehension de sus Consejeros, que le disuadieron la empresa, y con mayor viveza quando llegò Embaxada del Rey Luìs contra la Reyna: pareciendoles acertado defender lo proprio, y no buscar lo ageno, llamando contra sì las fuerças de Francia.

Embaxada de la Reyna de Napoles al Rey ofreciendole el Reyno en la adopció que acceptò.

Ofrece el Rey socorros à la Reyna de Napoles contra el Duque de Anjou.

No obstante el prudente sentir de sus Consejeros, aficionado à favorecer à la Reyna, pidiendo à los Embaxadores del Rey Luìs, que se apartase de la amistad de los Ginoveses, les diò à comprehender que no gustava assistirle en su empeño: ofreciò al punto al Embaxador de la Reyna partir à defenderla, acceptò la adopcion, entrega y possession del Ducado de Calabria, y Castillos de Napoles, y diò poder à sus Embaxadores, que embiò à la Reyna para que la confirmase: fueron los electos Ramon de Perellós, Dr. Mar-

Martin de Torres Virrey de Sicilia, Antonio de Cardona, Fernan Velazquez, y el Doctor Juan Ansalon Juez de Sicilia: partieron estos de Cerdeña con doze Galeras Catalanas, y tres de la Reyna governadas por el dicho Ramon de Perellós, Juan de Moncada, y Bernardo de Centellas: llegaron à Sicilia, y entraron en Napoles à 6. de Setiembre, llevando algunas Naves cargadas de municiones: despues de cinco dias del arribo, mandó la Reyna entregar el Castillo Nuevo de Napoles à Ramon de Perellòs, que puso en èl guarnicion de Soldados Catalanes; bolviendo à ocupar la Nacion las Provincias que avia antes dominado.

Llega el socorro del Rey à Napoles.

Passó la Reyna à la adopcion del Rey, tenerle por hijo, y elegirle su successor en el Reyno: admitieron en su nombre los Embaxadores la adopcion, y succesion: juraronla y confirmaronla los Barones del Reyno: quedò por Virrey, y Capitan General Ramon de Perellòs, y jurò los Privilegios: jurò la Ciudad de Napoles al Rey por successor despues de los dias de la Reyna, siendo este el titulo que tienen los Reyes de Aragon, y Condes de Barcelona para el Reyno de Napoles, suponiendo la infeudacion Pontificia: retirose el competidor Luìs, del assedio de Napoles, y acogiòse en Aversa, que se le entregó vilmente.

Adopcion del Rey en hijo, y es electo successor del Reyno.

Levanta el Rey Luìs el assedio de Napoles.

Mientras prospera la fortuna favorecia al Rey en Napoles, passó contra sus enemigos à Calbi Lugar principal de la Isla de Corcega: puso assedio à la Ciudad de Bonifacio, la qual socorrieron los Ginoveses despues de dilatada pelea por mar, y tierra, que durò desdel rayar del Sol hasta su ocaso, quedando los Ginoveses vfanos de aver socorrido la Plaça, aunque con daño de entrambas armadas; y el Rey llamado de su empeño de añadir Napoles à su Corona, partiò para Sicilia à alentar los que peleavan en Napoles.

Floreciò por este tiempo en virtud, y raras maravillas el Santo Varon Fray Segrian en el Convento de San Francisco de Lerida, donde manifiesta el Señor sus misericordias por medio deste Santo Varon. (10)

El Santo Fr. Segrian del Orden de S. Francisco.

Llegó à los principios deste año el Rey con su Armada à Sicilia; y de Palermo passó à Mecina, para disponer su passaje à Italia. Quanto referirèmos del Reynado del Rey Don Alonso se halla en el Real Archivo de Barcelona en los Registros de su tiempo, y lo refieren Bartholomeo Faccio, Leonardo Aretino, Pontano, Antonio de Bolonia, y Bernardino Corio con individuacion, como Italianos no sospechosos, à los quales seguiremos en la relacion de los hechos deste Reynado. Solicitando el Rey con diligencia el passage del socorro à Napoles, embiò la Reyna à solicitarle, y los aficionados à Francia à ponerla en recelos de la assistencia, y favor del Rey, suponiendo ser de contrario sentir sus Consejeros: imprimieronse estas razones ponderadas con fingido zelo, en el vario, è inconstante natural de la Reyna, de forma que la empeñaron à buscar à su enemigo para reconciliarse, y à su parecer assegurar sus Estados.

(10.) *Rodolfo hist. de la Relig. de S. Francisco f. 128. Fr. Bart de Pisa lib. de Conf. Fruto 8. pag. 21. Domenech Flos Sanct. de Cat. f. 61.*

1421.

Los afectos à Francia ponen en recelo à la Reyna de Napoles contra el Rey.

Mientras se hallava la Reyna Juana suspensa por estos tratados, llegaron à Iscla quatro Galeras Catalanas armadas de Soldados de nuestra Nacion que asseguraron à la Reyna la venida del Rey con el residuo de la Armada: con esta noticia quietose la Reyna Juana, y mudò de dictamen confirmandose en la amistad del Rey; el qual para què antes de su arribo à Napoles se emprendiesse la guerra, nombró por su Virrey en Calabria à Juan Fernandez de Ixar con orden de avançar con las Tropas Catalanas, y las que pudiesse recoger de los que seguian à la Reyna: executò el orden del Rey con acierto el Virrey,

Quietase la Reyna con el arribo de las Galeras Catalanas, y noticia de la idea del Rey.

rey, entregò por combate à Melito, reduxo à Nicostrato, y domino todo el Val de Crate, vitorioso de la parte Anjovina.

Tuvieron en este tiempo noticia los Embaxadores del Rey, de las conferencias de la Reyna con el Rey Luìs Duque de Anjou, y embiaron à suplicarle diesse prisa à su viage: prudente, y prevenido con esta noticia quiso assegurarse de la facilidad de la Reyna, y con su aprobacion nombró Capitan de la guerra contra el Rey Luìs à Baccio de Monte de Perosa, por ser gran Soldado, de mucho sequito, y enemigo del Duque de Milàn, y de Esforcia Cabo de la parte Francesa: cumplió el electo con el concepto que avia formado el Rey, de su valor: entró diligente en el Reyno, y à pesar de los enemigos en la tierra de Labor, rindiò à Marigliano, entrò vencedor en Napoles, saliò à la conquista de Castelamar que estrechava aquella Ciudad, y consiguiola por combate, quedando devastada, y saqueada la Plaça, y libre Napoles de los sustos de su guarnicion: el Papa que favorecia à los Franceses, embioles socorro de mil Cavallos governados por Tarsalio de Labelo, que no satisfizo al empeño de quien le embiava, pagando despues con la vida su poca fé, ò desgracia.

Desafia nuestro Rey al Rey Luìs Duque de Anjou.

Antes del viage del Rey à Napoles embiò à desafiar à su enemigo el Rey Luìs refiriendole el empeño que avia abraçado de defender la Reyna, y el Reyno que le pertenecia, no solo por la adopcion, si por legitimo successor, y descendiente del Rey Don Pedro el Grande, y de la Reyna Doña Constança que posseyeron aquellos Estados, y los defendieron con la sangre, y tesoro de Cataluña, como queda referido, y que por ellos pertenecian à la Casa Real de Aragon: respondiò ofendido al reto el Rey Luìs llevado de su dolor, que su ambicion, y codicia, no su derecho empeñavan al Rey en desposseerle del Reyno, que era suyo por concession Apostolica.

Entra el Rey en Napoles recibido como à Señor.

Llegó el Rey à Napoles despues de la respuesta del desafio con su armada tan numerosa, que refieren los citados Autores que de sola la Nobleza destos Reynos, assistieron mil y quinientos, sin los Capitanes, y Cabos de Exercito, y Armada: sirvieron tambien en esta guerra voluntarios muchos Cavalleros Castellanos: entró en Napoles el Rey, recibido como hijo de la Reyna, y de los Napolitanos como à Señor: propuso el Pontifice por su Legado medios de paz, que salieron vanos, y dispusose el Rey à la conquista determinado à limpiar el Reyno, de sus enemigos.

CAPITVLO II.

Vitoria contra Ginoveses: Cerco de la Cerra: Cortes en Barcelona: Armada para Napoles: Del Santo Martir Fray Pedro Cerverò, y del Cardenal Fray Christoval Amerio Catalanes, de la Merced: Vitorias en Napoles: Sospechas de la Reyna: Confirma el Papa la adopcion: Los recelos de la Reyna: Guerra: Prision del Canciller: Peligro del Rey, y retirada de los nuestros: Entrega de la Capilla Real de Barcelona al Prior de la Merced: Principio del Regente de Cataluña: Socorros de Sicilia con la Armada de Cataluña: Gana el Rey à Napoles, Iscla, y revòca la adopcion la Reyna: Llama, y adopta al de Anjou: Entra, y saquea à Marsella nuestra Armada: Disturbios de Castilla: Muerte de Don Pedro de Luna, y otra eleccion, &c.

A Maestrado el Rey en la militar disciplina, assegurado en la maxima, que quien domina el Mar es dominante en la tierra, mandò à Romeo de Corbera Maestre de Montesa vno de los primeros Capitanes deste tiempo, que con diez Ga-

Galeras partiesse à encontrar las Ginovesas governadas por Bautista de Campo Fregoso, hermano del Duque de Genova, que avia partido à encontrar nuestra Armada: encontraronse en la Fos de Riza, quedaron vencedoras nuestras Galeras, presas cinco de las enemigas con su General, vna à fondo, y escaparon dos.

Vitoria en el Mar contra Ginoveses.

Infundiò tanto temor esta vitoria en los Ginoveses, que les obligò à entregarse al Duque de Milàn, para que les defendiesse: sucedio esta batalla à los v'timos de Octubre, y à 2. de Noviembre entrò en en Genova la gente del de Milàn à la possesion de las Plaças de la Republica.

Fue grande credito de nuestra Nacion el Cerco de la Cerra, Plaça importante, y la apretava el Rey: intentò socorrerla Esforcia, y fue obligado à retirarse: entregose la Plaça al Legado del Papa, y este la entregó al Rey, y se concluyò la tregua para tratar de la paz de Italia, yà dividida en los vandos de los dos competidores del Reyno de Napoles.

1422. Este año la Reyna D. Maria, à quien en ausencia avia nombrado el Rey su Lugarteniente General, celebrò Cortes à los Catalanes en Barcelona para assistir à las Islas, y engrosar el Exercito del Rey en Napoles: acudiò la Provincia como pedia el empeño: en estas Cortes se erigiò el puesto de Regente la Real Cancilleria: no es ordinario, sino en lugar de Vice-Canciller; y de los dos es vno el cargo, y es el Regente como en subsidio del Vice-Canciller, que preside en su Sala. (1)

Cortes en Barcelona.

(1) *Zurita del Rey Don Alonso. Real Arch. de Barcel. Arca 1. grande. Const. 2. tit. de la Real Audiencia. Bosch tit. de hon. de Cat. fol. 282.*

El Santo Fray Pedro Cerveró natural de Perpiñan, con otros cuyo numero se ignora, padeciò martirio en Granada, donde asaèteado le quitaron la vida los Moros en odio de la Fè Catolica, en que fortalecia à los Christianos Cautivos, para cuya Redempcion le avia destinado su Religion de la Merced: fue gran Ministro del Evangelio, lo que compruevan las muchas conversiones que hizo en el Reyno de Granada. (2)

El Santo Martir Fray Pedro Cerveiò Catalan del Orden de la Merced.

Decretò la Corte armar poderosa armada de treinta Vasos, Vaxeles, y Galeras, mas para suplicar al Rey viniesse à estos Reynos que para empeñarle en la guerra de Napoles: eligiò General al Conde de Cardona, que la previno, y à su tiempo darà alegre, y feliz materia à la historia. (3)

(2) *Corb. Santa Maria Socòs. fol. 88. Rojas Cadena de Exem. y mil. f. 456.*

Mientras el Rey prevenia socorros, tratava de la confederacion con el Papa el Duque de Milàn, y mientras se discurria en Roma, se entregaron à la Reyna, Aversa, y Castelamar, à donde partiò el Rey, para librarse del contagio que afligia à Napoles. Mandò à la Catalana Armada partir á combatir á Sorrento, y Malfa, que obedecian al Duque de Milán: saltaron en tierra los Soldados, ocuparon por combate á Vico, y dieron sobre Sorrento, y hallandose nuestro Exercito combatiendo la Plaça, se le entregaron Malfa, y Massa: mandaron nuestros Generales partir la mayor parte de la Armada á la Isla de Proxìta, y ocuparon á fuerça de sus armas la Ciudad; por la qual vitoria descaècidos de animo los de Sorrento, entregaron su Plaça con favorables, y militares pactos. Estas vitorias del Rey, introduxeron sospechas en el delicado natural de la Reyna, y dieron motivo á la discordia, que presto fue guerra declarada.

(3) *Arch. Real de la Deputacion, y de Barcelona, processo destas Cortes.*

Avia acudido la Reyna á Castelamar, mas para explorar los designios del Rey, que para obrar conforme en la libertad del Reyno; y aviendo residido algun tiempo en aquella Plaça, passaron los dos á Gaeta, donde á soplos del Gran Senescal de Napoles se encendiò el fuego de la ira, y odio de la Reyna contra la persona del Rey, el qual con prudente artificio dissimulandolo

Dissimula el Rey el odio de la Reyna de Napoles.

dolo por su salud, solicitava la amistad de los Barones del Reyno, para assegurarse; y para mejor fundar sus derechos al Reyno, solicitò, y consiguiò del Papa la aprobacion, y confirmacion de la adopcion, y del derecho de suceder à las Provincias del Reyno de Napoles despues de los dias de la Reyna. Por este tiempo Esforcia Cabo de la parte Anjovina se confederò con arte con Braccio Capitan de la Reyna: agasajaronle, y fue admitido de todos los Catalanes, y aun introducido à la familiaridad del Rey, que fiado en su valor, no atendiò, ù despreciò la hypocrita amistad de su enemigo antiguo, ò tal vez juzgando importava esta aparente amistad, que diò motivo al Duque de Cessa, y à otros Barones de la tierra de Labor para reducirse à la obediencia de la Reyna; peró como perseverava aun grande numero por el Duque de Anjou, atendiò à confortarles el gran Senescal para que continuassen en la inobediencia, y mantener aquel partido, solicitando no se hallase debil para oponerse al Rey si la Reyna mudava de dictamen, como lo asseguarava en su industria, y en el vario natural de la Reyna; ó bien para que este partido hallandose con fuerças pudiesse reducir al Rey al estado en que se hallava el Rey Jacobo de la Marca Marido de la Reyna: esto discurria la malicia, ò prudencia humana; però fue do otro parecer la divina sabiduria.

El Cardenal Fr. Christoval Amerio Catalan del Orden de la Merced.

Pocos años antes del presente por eminente en virtud, y letras fue creado Cardenal del titulo de Santa Cruz en Gerusalen por Benedicto XIII. el Padre Maestro Fray Christoval Amerio del Orden de la Merced Catalan de Nacion; y fue despues confirmado por Martino V. (4)

1423. Este año llegaron los recelos à descubierta guerra, efecto de la industria del gran Senescal, el qual con las sospechas introduxo el odio en la Reyna contra el Rey, y Nacion Catalana: solicitò con las mismas artes atraher al Papa, y Duque de Milàn à favorecer su encono, sucediò en estas turbulencias, que el Rey partiò de Gaeta para Aversa, y de esta para Napoles, dando orden para que la Reyna desde Gaeta partiesse por Mar à Napoles, y fuesse llevada al Castillo, donde tenia su Estancia el Rey: infirieron deste orden el Canciller, y sus Aliados, ser el designio del Rey, assegurado de la persona de la Reyna ocupar el estado, y añadieron recelos à los que afligian à su turbado coraçon: con esta aprehension, llegando à Napoles no quiso entrar en los Castillos Nuevo, y del Ovo entregados al Rey, y aposentose en el Capuano, que aun conservava. No dandose por entendido el Rey, de la accion, y para mayor dissimulo mandò à los suyos servir à la Reyna, y alegrar al Pueblo con Justas, Torneos, Representaciones, Bayles, y otras fiestas proprias de la Nacion Catalana: acudiendo muy à menudo à visitar, y servir à la Reyna; peró como los animos se hallavan opuestos, en los mismos agasajos manifestaron su division, porque con orden del Rey la palestra de los militares, y vrbanos divertimientos era las Corrèas, y quiso la Reyna se mudassen à la Carbonera.

(4) P. Murillo Franc. hist. del Pilar de Zaragoça c.38.f.318. D. Vincencio Blasco de Lanuza An. Eccl. lib.4. fol. 418. Corb. Santa Maria Socòs cap. 40. Alduino en las vidas de los Papas.

Real Capilla de Barcelona.

A 28. de Enero deseoso el Rey Don Alonso, de que su Capilla Real de Barcelona gozase vn perfecto, y cabal govierno, y personas de todo zelo, que en lo temporal, y espiritual la administrassen, escriviò hallandose en Napoles, mandar entregarla al Prior, y Convento de Santa Eulalia del Real Orden de la Merced de la Ciudad de Barcelona: moviolo la consideracion de las singulares prerogativas, y excelencias de dicho Convento, que entre otras inumerables son ser fundacion de los Serenissimos Señores Reyes de Aragon, origen, cabeça,

cabeça, y principio de todo el Real Orden, y fecundo mineral de todo genero de virtudes como assegura el mismo Rey Don Alonso; y assi Don Alonso Arçobispo de Zaragoça, y Canciller, por comission Real vnió, è incorporò la Real Capilla, y todas sus dependencias con dicho Convento, quedando el Prior condecorado con el titulo de Retor de la Capilla Real, Capellàn Mayor de su Magestad, y los Religiosos sus Capellanes, cuyo Prelado Ordinario es su Magestad, con jurisdicion temporal, y espiritual privative à todos los Ordinarios, como assi queda declarado con la Sentencia de Contencion proferida en 13. de Enero año 1708. por el Canciller de Cataluña el Doctor Don Lorenço Thomàs y Costa. (5)

(5) *Privil. Reg. Alfonsi 28. Janua. 423. Real Arch. de Barcel. y de la Merced.*

Ni los obsequios del Rey, ni las fiestas de sus Vassallos quietaron la turbacion de animo de la Reyna, porque las juzgava arte para lograr la ocasion de sacarla de Napoles, y traherla à Cataluña, que yà aborrecia, como avia apreciado su defensa en el socorro contra su antiguo enemigo. En este tiempo, que era à los primeros de Abril, diò aviso al Rey su Secretario, que se hallava en Roma, de la conjuracion contra su Real Persona, en la qual concurria Esforcia, el Gran Canciller, y otros, para executarla: embiò la Reyna al Gran Canciller à suplicar al Rey se sirviesse llegar à visitarla por cosas de mucha importancia. Al llegar el Canciller mandóle el Rey prender, y partió armado de su valor à Cavallo al Castillo Capuano: avisada la Reyna de la prision del Canciller quiso apercebirse à la defensa; y entrando el Rey en el Castillo morada de la Reyna, saliò la Guarnicion armada à embarazarle la entrada; y peligrara el Rey, à no defenderle Guillen Ramon de Moncada, y Juan de Bardaxì, que quedaron mal heridos, y muerto Alvaro de Garavito. Viendo el Rey la oposicion, recogió los suyos, saliendo al Mercado, y mādando pregonar pena de la vida, que no se moviessen los Ciudadanos de sus Casas, ni los Soldados de sus Quarteles, quedando la Reyna encerrada en su Castillo Capuano: de aqui embiò à llamar à Esforcia para librarse del peligro, y el Rey yà empeñado en que no saliesse del Castillo la Reyna, llamò sus Tropas, y embiò orden à los Lugares de su obediencia para juntar algunas Compañias, à las quales, y à las de sus Naturales comandò para Casanova Lugar enfrente del Castillo, que era abitacion de la Reyna, para estorvarle el socorro, que le llevasse Esforcia; mandando para la seguridad de su gente circuir el lugar con hondo fosso, y disponer varias minas. Los Principales Napolitanos temiendo à la Reyna, y à Esforcia, que les juzgavan enemigos de la Nacion Catalana, y de la Casa Real de Aragon, y recelosos del poder del Rey, y de la Nacion que dominava las Islas, y se hallava armada en el Reyno, juzgando declarada la guerra, y aver de quedar à la discrecion del vencedor, prudentes trataron con el Rey, y Reyna de concordia, que abraçava el Rey por dar tiempo à la Armada que venia de Cataluña à expensas del Principado, ideando con ella dominar el Reyno, y passar à Cataluña, para favorecer à sus hermanos empeñados en los disturbios de Castilla; peró la Reyna no admitió otra concordia que bolver à Reynar, y governar como solia antes; quedando con esta resolucion empeñados ambos partidos al arbitrio de la guerra.

Pretenden los Napolitanos Principales concordar al Rey con la Reyna, y esta no admite la concordia.

Llegò el Campo que conducia Esforcia à favor de la Reyna, delante del lugar que ocupava nuestro pequeño Exercito governado por su General Bernardo de Centellas: travose la batalla, fue vencedor el enemigo, no obstante las hazañas de Bernardo de Centellas, de Juan de Moncada, y de Ximen Perez de

Vitoria del partido de la Reyna contra nuestro Rey.

de Corella, los quales pudieron assegurar la retirada; peró no librar à mas de ducientos de los nuestros, que murieron, ni librarse el mismo General de ser prisionero, siguiendole en la misma desgracia Juan, y Ramon de Moncada, Ramon de Perellòs, Don Fadrique Henriquez, Ximen Perez de Corella; y Juan de Bardaxì; quedando Esforcia con esta vitoria apoderado de la Ciudad, y el Rey con los Catalanes encerrado en los Castillos Nuevo, y del Ovo. Saliò el mismo dia de la batalla, Esforcia, de la Ciudad, publicando que Juanot de Pertuza, aunque Catalan, le avia ofrecido la Ciudad de Aversa, que governava.

Entra Esforcia en Napoles, y el Rey queda encerrado en dos Castillos.

El peligro del Rey, y del residuo de la Nacion Catalana cercada de sus enemigos, queda à la comprehension de quien sabe lo que es, però el Cielo liberal, y propicio al valor de nuestro Rey, y Nacion, en premio de su constancia, embioles à Gilaberto de Centellas con vna Nave cargada de armas, y viveres, al qual siguió Bernardo de Cabrera Conde de Modica, acompañado de grande numero de Ilustres Catalanes, y Sicilianos llevados de Sicilia à impulsos de su amor, y fidelidad, los quales fueron, como precursores de la Armada Catalana de treinta Vasos, entre Vaxeles, y Galeras, que governada por el Conde de Cardona, avia llegado à Gaeta. En esta Ciudad entendiò el Conde el ahogo del Rey, y de la Catalana fineza: llegò con la Armada à Napoles; y pagado el Rey del servicio del Principado, y alentado de tan numeroso sequito, tratò de castigar à los rebeldes, y recobrar la Ciudad que le avia quitado la malicia. Hallavanse los enemigos fortificados en la Plaça de las Corrèas delante del Real Castillo, para impedir la salida à los nuestros; però hallaron el desengaño en su ruina obligados à desampàrar su fuerte, y buscar la defensa en las Murallas, Torres, y Calles de la Ciudad, siendo luego hechados de las primeras Calles, por los Catalanes: los quales embistiendo por tres partes, el Rey por la Marina, los Condes de Cardona, y Pallàs por la de tierra à vna parte, y el Infante Don Pedro à la otra, dando treguas la noche al rigor del combate, que renovò el dia en las mismas Calles de la Ciudad, abrasandola con fuego por diversas partes, quedaron triunfantes de sus enemigos, no obstante su valiente, y constante defensa; viendo Esforcia la Ciudad ocupada, con valor notable sacò à la Reyna, del Castillo Capuano, librandola del peligro, y assegurandola en Aversa, quedando despues el Castillo rendido, y el Rey dueño de toda la Ciudad, y de sus fuerças.

Socorre al Rey la Armada Catalana.

Conquista de la Ciudad de Napoles con sus Castillos.

Entregò Juanot de Pertuza, que aunque Catalan sirviò à la Reyna, la Ciudad de Aversa: entrò la Reyna en ella; y por consejo de Esforcia, embiò à llamar al Duque de Anjou, y diò todos los prisioneros de la Batalla antecedente por la libertad del Gran Canciller: revocó la adopcion del Rey, y adoptò al Duque de Anjou, y le eligiò successor de Napoles.

La Reyna en Aversa revóca la adopcion del Rey, adoptando al de Anjou.

Desde este tiempo, por acercarse al nuestro, y no ser grande el credito de antiguedades, avista de la Nobleza que de tantos siglos en adelante adquiriò, y conservó la Nacion Catalana, avia resuelto sòlo referir los nombres de los Varones que executaron los actos venideros, no de los que concurrieron, para no dilatar el volumen, y tambien porque de este tiempo lo hallaràn en los Privilegios de las Vniversidades, y particulares; però veòme obligado con instancias à referir los nombres de los que podrè averiguar concurrieron en los sucessos que se siguen, y es precìso executarlo para consuelo de muchos.

Aviendo el Rey sugetado à Napoles, intentó dominar la Isla de de Iscla, que era padrastro de Napoles, llegò à ella con su Armada, entrò en la Ciudad por combate, rindiendose con buenos pactos el Castillo; y hallandose tan superior à los enemigos, decretò bolver à Cataluña para solicitar desde aqui algun medio à las turbaciones de Castilla: eligiò General para proseguir la guerra en Italia à su hermano el Infante Don Pedro, soliciò à Braccio de Montonse para que acompañase su hermano en el govierno de las Armas: escusóse estè por entonces por la empresa de la Ciudad del Aguila; y remitiole quatro Capitanes de su escuela, mientras se desembaraçava de aquella empresa.

Por medio de los Ginoveses, enemigos de los Catalanes por las dependencias de Cerdeña, y Corcega, se confederaron contra el Rey, y contra la Nacion, el Duque de Milàn, y el de Anjou; y el de Milàn por su vanagloria de librar à Italia, del dominio Catalan, como dezia.

A los primeros de Octubre prevenida la Armada para bolver el Rey à estos Reynos, presentaronse delante de Napoles el Duque de Anjou, y Esforcia con buen Exercito: saliò el nuestro de la Ciudad, travaron algunas escaramuzas, y bolvieron à Aversa de donde avian salido, partiendo el Rey para Gaeta, de donde emprendiò el viage para nuestras costas à 15. de Octubre; però obligado de cruel borrasca bolviò à Gaeta: recogiose la Armada en la Isla de Ponça, à la qual llegando el Rey con animo de assaltar à Marsella, diò orden al Conde de Cardona, que governava las Naves, y à las Galeras que governava el Rey que le esperassen en las Pomas de Marsella: llegó primero el Rey, y no encontrando al Conde, determinó sin esperar las Naves con las Galeras solas, combatir à Marsella; però llegando las Naves assegurò su empresa. Es Marsella Ciudad muy fuerte por su sitio, y mas por sus Torres, y Baluartes, cerrado el Puerto en su estrecha entrada con vna gruessa cadena de hierro: al descubrir nuestra Armada amarraron vna Nave à la entradà del Puerto, aferrada por el arbol à vna Torre con otra cadena: mandò el Rey à quatro Galeras Catalanas dar principio al combate, para desaferrar, y apartar la Nave; y no pudiendolo conseguir, desembarcaron su gente, que eran quatro Compañias, y atacaron la Torre, que se rindió con pacto de entregarse entrado el lugar: embistiò al Puerto primero Juan de Corbera con su Galera, y entraron los nuestros por tierra en el Muelle, tomaron vn Navio, con este otros dos, logrando rendir quantos Vasos que se hallavan en el Puerto: dominado este por á dentro, y por á fuera con las Galeras, emprendieron romper la cadena defendida con valor de los de Marsella. En medio desta batalla faltava el dia, quando fue de parecer el Conde de Cardona se difiriesse el combate para el rayar del Sol al siguiente dia: fue de contrario dictamen Juan de Corbera, fiado en el valor de sus Naturales, y en la esperança del saco, que sabrian bien executar: aprovò el Rey su parecer, renovóse el conflito, rompieron la cadena, entraron al Puerto, ocuparon la Playa, retiraron á los de la Ciudad, siguieronles hasta ocuparla, pegaron fuego en muchas partes della, saquèaronla reservadas las Iglesias, y las mugeres que se hallavan todas recogidas en ellas: mandò el Rey poner guardas para defensa de lo sacro, y de la honestidad de las mugeres: consiguiò hallar al Cuerpo de San Luis Obispo de Tolosa, y vn Caliz, y Patena en que celebrava el Santo Sacrificio de la Missa: llevaronse los Catalanes la Cadena del Puerto, y la Aldava de la Puerta de la Torre del Puerto en acuerdo de la vitoria. Presentose

Conquista y saco de Marsella.

fenóse la cadena á la Iglesia Cathedral de Valencia, donde desembarcó el Rey para hallarse cerca de Castilla, y la Aldava al Convento de la Merced de Barcelona, al qual era muy aficionado el Rey, y está en la Puerta principal de dicho Convento. Executados estos obsequios representó el Rey al Legado del Papa como avia sacado de Marsella el Cuerpo de San Luìs Obispo de Tolosa, y pidió licencia para depositar sus Santas Reliquias en la Iglesia de sus Reynos, que pareciesse bien al Legado, el qual eligiò la Iglesia Mayor de Valencia, donde se venera: sucediò esta vitoria à 19. de Noviembre: quedò algun tiempo el Rey en Valencia atendiendo à la quietud de Castilla.

Muerte de Don Pedro de Luna, y otra elecció. Murió Don Pedro de Luna que fue antes de su deposicion Benedicto XIII. eligieron los Cardenales que permanecìan con Benedicto, con temeridad notable, en Pontifice à Gil Sanchez de Muñòz Canonigo de Barcelona, que todo el tiempo que perseveraron en su error se llamó Clemente VIII. creó Cardenales, no sin nota del Rey que lo toleró.

Embiò el Rey por sus Embaxadores à Castilla à Don Dalmao de Mur Arçobispo de Tarragona, al Doctor Pedro Basset Bayle General de Cataluña, y à Pedro Pardo de la Casta, en respuesta de la Embaxada de aquel Rey, y para noticiarle que segun las Leyes destos Reynos la Infanta Doña Catalina su hermana no podia ser sacada de ellos, contra su voluntad: embiò otra Embaxada el de Castilla al Rey para que mandasse remitirle los Cavalleros Castellanos que se avian acogido à estos Reynos, y tuvo la misma exclusiva que en la pretension de la Infanta Doña Catalina.

El afecto de hermano, por la prision del Infante Don Henrique arrancó de Napoles al Rey, servido de los mejores Cabos, y Milicias de nuestra Nacion; dexando los demàs con las Plaças al arbitrio de sus enemigos, error que le pagaron Rey, y Vassallos. Por la muerte del Duque de Gandìa sin hijos legitimos, pretendió el Rey que el Ducado, y Condado de Ribagorça bolviessen à la Corona: resuelto à hazer merced de estos Estados al Infante Don Juan, lo dilató por los empeños de Castilla contra el Infante Don Henrique, exponiendo Napoles, y sus Provincias para favorecerle.

CAPITVLO III.

Conquistas de Gaeta, y Napoles por la Reyna: Disturbios de Castilla, y Embaxadas: Pretensiones à los Estados del Conde de Prades: Compromisso à favor del Navarro: Recelos del de Vrgel: Guerra de Castilla: Muerte del Rey de Navarra: Sucede el Infante Don Juan: Socorro de Napoles: Conquistas en Genova: Tratados con Milan: De Don Francisco Climent: Passan al de Vrgel à Xativa: Concordia de Milàn: Conquista de los Querquens: Tesorero de Cataluña: Guerras de Castilla: Fundacion del Convento de Jesus de Barcelona: Fr. Geronimo Prats, Fr. Juan Jover, Fr. Jayme Aymerich, Fr. Diego de Amerio, y Fr. Jacobo de San Laurencio: Vida de Valentino de Mur: Cortes en Tortosa: Sucessos de las guerras de Castilla: Derechos de Mompeller, y Estados de Francia: Vida de Doña Leonor de Aragon, &c.

CON la partida del Rey respiraron sus enemigos, y aun no hallandose con animo de acometer à los pocos Catalanes que avia dexado el Rey en las Plaças, y al orden del Infante Don Pedro, la Reyna, y el Duque de Anjou se confederaron con el Duque de Milàn, y Señorìa de Genova por medio del Papa, para echar à la Nacion Catalana, de Italia, y era facil por su [illegible] estado. Emprendieron los co- 1424.

ligados para dar principio à su designio la conquista de Gaeta, y la consiguieron con pactos de guerra, y passaron al Assedio de Napoles, saliendo à escaramuza los de la Ciudad, con nuestros naturales, mas para conferir con los enemigos el modo de la entrega, que para pelear; de que ofendido el Infante Don Pedro quiso pegar fuego à Napoles, y que perecielle al incendio de su ira tan bella Ciudad; però cuerdos los Consules apartaron al Infante deste temerario sentir, y salvaron la Ciudad, que fuè entrada por gusto de sos Ciudadaños, dexando à la discrecion de los enemigos à los Catalanes, de los quales (no atendiendo à acudir al cuerpo de su pequeño Exercito) fueron presos algunos, y entre estos Juan de Moncada, corriendo la misma fortuna los Napolitanos afectos al Rey; al qual solo quedàron los dos Castillos Nuevo, y del Ovo, defendidos de la Nacion Catalana que se retirò à ellos.

Entrega de la Ciudad de Napoles al Duque de Anjou retirados los Catalanes en los Castillos.

Olvidado el Rey de la empresa de Napoles, solo atendiò à los disturbios de Castilla, y à la libertad del hermano; y para conseguirla con medios suaves, bolviò à embiar à Castilla al Arçobispo de Tarragona, y Justicia de Aragon, pidiendo se viessen los dos Reyes para concertarse; que lo difiriò, ò se escusò con aparente pretexto el de Castilla. Con esta noticia la Reyna de Aragon por recelos de la guerra entre marido, y hermano, embiò à Castilla à Ramon de Caldès para solicitar los medios de la concordia, y para cobrar del de Castilla parte de su adote, que aun le devia; y queriendo partir la Reyna à verse con su hermana para concertarlos, no lo permitiò el Rey despachando los Embaxadores que avian venido de Castilla con algunas proposiciones, con resolucion de no responder à ellas antes de tomar consejo de algunos Sugetos notables de sus Reynos, que avia llamado. Hallandose su Magestad en Barcelona mantuvo vnas Justas Reales en la Plaça del Borne à 6. de Agosto: llevava delante el hielmo Real el Conde de Cardona, y el Escudo el Vizconde de Rocabertì.

Solicita el Rey con el de Castilla la libertad de su hermano.

Este año por la muerte del Conde de Prades Baron de Entença, huvo grande quiebra en Cataluña, entre el Conde de Cardona, y Conde de Modica por la succession, à la qual diò la quietud la muerte del Duque de Gandia sin hijos, que à vivir huviera sido grande el empeño, y quedò pacifico possessor de aquellos Estados el Conde de Cardona por razon de la Condessa hija de Don Pedro de Prades al qual pertenecian.

1425.

Los Reyes de Castilla, y Aragon comprometieron sus diferencias al juizio del Rey de Navarra; y temiendo el Rey, que el de Castilla, y su sequito con la libertad del de Vrgel no bolviessen al competidor à estos Reynos, solicitò, y consiguiò sacarle de Vreña, y ponerle en el Castillo de Castro Torafe, encargado à personas bien vistas; y para dividir las fuerças del de Castilla atrajo à su opinion algunas Ciudades, y Nobles de aquellos Reynos, con el hermoso, y paliado pretexto del bien publico, y del remedio del govierno del Reyno; que à dado al traste con los mas elevados esta Polilla Politica: cuydado no la introduzgan los Estrangeros, y no la atiendan los naturales.

Aviendo el Rey confirmado sus Aliados de Castilla en su opinion, congregò su Exercito, y passò à mover descubiertamente la guerra: requiriò al Infante Don Juan su hermano para que viniesse à servirle, y residir en su Corte: remitiò cartas à las Ciudades, Grandes, y Nobles de Castilla, refiriendo las causas de la guerra: respondieron el de Castilla, y Estados de aquel Reyno al Rey con requerirle por sus Embaxadores, dexasse la empresa de entrar armado en Castilla, pues seria daño de todos por la obligacion de defenderse,

Pretende el Rey entrar armado en Castilla.

se,

se, y que seria acertado el medio del compromisso. Respondiò el Rey al requirimiento, por medio de Guillen de Montañans su Mariscal General, y de Jofre Artigues Regente la Real Cancilleria, que tenia su Exercito entre Taraçona, Alagòn, y Borja. Antes de entrar en Castilla embiò el Rey, Bernardo de Gallac à Don Alvaro de Luna que governava al Rey, y Reyno, ofreciendole las Villas de Borja, y Magallòn, si conseguìa del de Castilla la libertad del Infante Don Henrique, y para requerir al Infante Don Juan que viniesse à visitarle, el qual lo executò con licencia del Rey de Castilla; però Don Alvaro de Luna, ò no quiso, ò no pudo conseguir la libertad del Infante Don Henrique.

Muerte del Rey Carlos de Navarra, y consequencias.

Muriò à 7. de Setiembre el Rey Carlos de Navarra, y sucediòle el Infante Don Juan, por la Reyna Doña Blanca su Muger hija del de Navarra, que con poder del Rey, y de los Grandes, y Nobles de Castilla, diò fin por entonces à la guerra, paz à los Reynos, libertad al Infante D. Henrique, y restitucion de sus Estados con algunas condiciones, asseguradas por las principales Ciudades, Prelados, y Nobles destos Reynos. Quedó algo disgustado el Rey de Castilla, y las Ciudades principales de aquellos Reynos con el Rey de Navarra porque no avia dividido su Exercito el Rey despues de la concordia: à 29. de Noviembre diò possession el Rey al de Navarra del Condado de Ribagorça, del qual le avia hecho merced, despues de la muerte del Duque de Gandìa Conde de aquel Estado.

Por este tiempo los del vando de los Fregosos tomaron fuerças contra el Duque de Milàn, en beneficio del Rey, y de la Nacion Catalana, estrechada en los Castillos de Napoles: acudiòles Sicilia con algunas Naves de bastimentos, y algunos Soldados, y mejorò su fortuna la Armada Real governada por Don Fadrique de Aragon hijo del Rey Don Martin de Sicilia, que llegò à Napoles con veinte y cinco Galeras Catalanas, con gente para socorro del Infante Don Pedro. La accion primera desta Armada fuè el Bombardeo de Napoles, y sin adelantarse à mas, dexando Governador del Castillo Nuevo, y Virrey de Napoles à Dalmao de Zacirera, entrò el Infante Don Pedro en la Armada, partiendo para el Estado de Genova à socorrer à los Fregosos: ocupò à Sigestre distante treinta millas de Genova, ganò por combate à Rapal Plaza importante, embiando el aviso destas vitorias al Rey por Bernardo de Cabrera.

Quedan socorridos los Catalanes retirados en los Castillos de Napoles.

Dalmao de Zacirera Virrey de Napoles.

Vitorias en Genova.

Teniendo yà el Duque de Milàn las Catalanas Armas, deliberó confederarse con el Rey, ofreciòle la Ciudad de Bonifacio principal de Corcega, y las Plaças que tenian los Ginoveses, por medio de sus Embaxadores: aprovò el Rey la proposicion, y para concluir la Aliança embiò con sus poderes al Duque por Embaxadores à Juan de Corbera, y à Andrès de Biure.

Favoreció à Barcelona el Ilustre Varon Don Francisco Climent Patriarca de Jerusalen, y Administrador de la Iglesia Cathedral de Barcelona, dispuso las Constituciones Generales desta Iglesia, y prosiguió su fabrica desdel Coro à la puerta: muriò año 1430. està enterrado en la Capilla de San Clemente, que mandò edificar. (1)

(1) *Diago Condes de Bar. fol. 307. col. 4.*

1426.

En la relacion de los civiles disturbios, y guerras de Castilla sigo à Zurita tom. 3. por el mas verdadero, erudito, y diligente Coronista. Embiò el Rey este año à su Secretario al de Castilla, con color de darle gracias por la libertad del Infante Don Henrique; y à la verdad, era para la vnion, y confederacion del Rey de Navarra con el Infante Don Henrique para defenderse del Condestable Don Alvaro de Luna, y para que diesse licencia al Rey de assegurarse de la Persona del Conde de de Vrgel en estos Reynos, porque temia alguna novedad contra ellos, fomentada de los Señores Castellanos sus enemigos, Y como era esta instancia la mayor de su estado, con secreta negociacion emprendiò lograrla con el Alcayde Pedro Alonso de Escalante, su Muger, è hijos, que todos avian hecho homenaje al Rey de guardar la Persona del Conde; valiendose de Berenguer Mercader, que supo entablarla, y lograrla con beneplacito del de Castilla, aunque renitente, obligado de las disculpas, è instancias del Rey; el qual aviendolo conseguido, mandò le llevassen al Castillo de Xativa, donde acabò sus dias.

Và preso el de Vrgel al Castillo de Xativa donde muere.

Aprovó el Rey la Liga que avia concluìdo el Infante Don Pedro con los Florentinos, y diòle orden que embiasse las Galeras Catalanas, que necessitavan de Soldados, governadas por N. de Busquets, y N. Pujadas, para que bien armadas pudiessen bolver à Napoles.

Llegaron à Pisa Bernardo de Cabrera, y Juan de Biure, assentaron la Paz, y confederacion con el Duque de Milàn el qual embiò sus poderes: llegò à Puerto Pisano el Infante Don Pedro, y dentro de la Galera de Bernardo de Vilamarì concluyeron la Aliança vnos, y otros Embaxadores. Convinieron que el Rey assistiesse al Duque para defender los Estados de Genova, que vno, y otro pudiessen levantar Soldados en entrambos Estados: ofreció el Duque entregar al Rey la Ciudad de Bonifacio, y las Plaças ocupadas de los Ginoveses en Corcega, y mandó á sus Capitanes entregar Portoveneris, y Lerici, Plaças de la Ribera de Genova: à 7. de Março los vezinos destas Plaças prestaron sacramento de fidelidad al Rey, quedò por Governador de Lerici Luis Spilles Catalàn, y de las dos Fortalezas de Portoveneris, Juan de Castellbisbal, y Juan de Cerda.

Asseguradas las Plaças, bolviò el Infante con Armada à Sicilia, de alli passò à costear la Africa con buenos progressos, llegò à la Isla de los Querquens, assaltò la Ciudad, ocupòla, llevandose cautivos quantos Moros no supieron ocultarse en los Montes, y bolviò à invernar à Sicilia.

Conquista de los Querquens.

Para la discordia de Castilla concluyeron concordia el Rey de Navarra, el Infante Don Henrique, y otros Grandes contra el vando, ò la Persona de Don Alvaro de Luna favorecido del Rey de Castilla, con tales protestas, sacramentos, è invectivas, que por no ser de nuestro intento escusaremos la relacion.

Ofreció el Duque de Milàn à los Embaxadores del Rey, que se hallavan en Lombardia, grandes assistencias si lograssen la confederacion del Rey con el Rey de Romanos Segismundo, y prosiguiessen la empresa de dominar enteramente las Provincias del Reyno de Napoles; però el Rey no juzgando assegurado al Duque aun en su Estado, dilatava con arte empeñarse en la Aliança.

Hallandose en Valencia el Rey Don Alonso, à 30. de Enero erigiò el Puesto de Tesorero particular de Cataluña, con nombre de Regente la Tesoreria, ò alomenos se le diò principio por nuestras Leyes, y de consentimiento de las Cortes. (2) El Tesorero General, aunque es de Cataluña, y de Constitucion, es muy antiguo, y de los primeros Reyes vniversal à toda la Corona, y en su lugar se erigiò el particular de Cataluña, (3) siendo admitido por Constitucion el General.

(2) *Prag. Real Alfonsi 30. Juan. 1426. Const. de Cat. vol. 1. tit. de Offici de Teforer.*

Tesorero de Cataluña.

(3) *Const. 1. tit. de Offici de Tesorer.*

1427.

Los disturbios civiles de Castilla con abierta guerra dàn dilatado assumpto à las historias: prevaleciò el vando de los Infantes de Aragon al de Don Alvaro de Luna, y tuvo Cortes el Rey à los Aragoneses, decretando celebrarlas à los Valencianos, para dar calor al vando de sus hermanos en Castilla, y otras particularidades.

Llegado à Barcelona vn Religioso

Convento de Jesvs de Menores de Barcelona.

(4) *Gonçaga Cor. de Menores fol. 1099. Diago Condes de Bar. fol. 308.*

gioso Compañero de San Bernardino de Sena, obligada la Ciudad de sus Sermones, fundó el Convento de Menores de Jesvs, fuera de sus Muros, con aprobacion del Rey, el qual al llegar à Barcelona puso la primera piedra, concluyendose el edificio año 1429. (4)

1428. Este año padeciò el Duque de Anjou los disfavores de la Reyna, que avia tolerado el Rey, y para assegurarse entrò armado en Calabria, y la reduxo à su obediencia; por cuya ocasion, y odio con el gran Senescal favorecido de la Reyna, suplicaron al Rey el Principe de Taranto, y otros Barones, bolviesse por su Persona à proseguir la guerra de Napoles.

Deseava el Rey (para assegurarse) Paz con los Ginoveses, y consiguiòla por el zelo, y autoridad de Bernardo de Cabrera, y Andrès de Biure sus Embaxadores, sin tratar del Duque de Milàn, por ser amigo de guerra, y novedades; y firmòse este año Paz, y Aliança entre los Reyes de Aragon, Castilla, y Navarra: firmòla por el de Aragon el de Navarra, y embiò el de Castilla à Zaragoça donde se hallava el Rey al Doctor Diego Gonçalez de Toledo, para que la ratificase.

(5) *Arch. de Bar Diet. de los años 1418. y 1429.*

Este año, y el siguiente padeciò Barcelona dilatado Terremoto, cayeron algunas casas: con grandes penitencias, y devotas Processiones se consiguiò el remedio, de la misericordia divina. (5)

El V. P. Fr. Jayme Aymerich Catalàn del Orden de la Merced.

(6) *Bul. Ord. in Cath. Gen. §. 17. num. 1. Bargas Cor. de la Merced l. 2. c. 13 Zumel in Vitis Patr. Ord. f. 112. Nadal Gaver. in sua Coron. f. 22.*

Passó à mejor vida à 23. de Deziembre el Venerable Padre Fr. Jayme Aymerich natural de Barcelona, è hijo de Habito del Convento, General de la Merced, lleno de virtudes, à quien favoreciò Dios con la noticia de la hora de su muerte, que fuè tan exemplar como avia sido su vida; muriò en el Convento de Valencia con grande opinion de Santo. (6)

El Venerable P. Fray Diego de Amerio Catalàn del Orden de la Merced.

En el mesmo dia, mes, y año, muriò en Barcelona el Venerable Padre Fr. Diego de Amerio Catalàn, fuè espejo de humildad, abstinencia, y mortificacion, castigando severissimamente su cuerpo, profetizò la hora de su muerte, apreciado siempre, no solo en la Religion, sino fuera de ella por Varon de inculpable vida, sencillo, y puro sin mancha de malicia, ni engaño, rico de la doctrina del espiritu, y lleno de los dones de la Sabiduria del Cielo, zelador de la honra de Dios, y de los aumentos de su Orden, que los logrò crecidos en los años de su govierno. (7)

(7) *Fr. Alonso Ramon Cor. de la Merced. to. 2. à fol. 1. ad 10.*

El V. P. Fr. Jacobo de San Laurencio del Orden de la Merced.

Muy cerca de este año muriò en Barcelona el V. P. Fr. Jacobo de San Laurencio natural de Roma, hijo de Habito del Convento de la Merced de Barcelona, venerado por su virtud, y letras, del Pontifice, y Principes, visitandole aquel en vna ocasion en vna celda, en Roma, donde le hallò incado de rodillas leyendo la Sagrada Escritura, que era su continuo estudio: obrò el Señor muchas maravillas por su Predicacion: aparecióse le San Ramon Nonat à la hora de la muerte, en que tuvo vn extasis maravilloso, y despues entregó su alma à su Criador. (8)

(8) *Fray Alonso Ramon tom. 1. lib. 10. cap. 16.*

Solicitava ratificase el Rey la concordia con Castilla su Embaxador, però dilatòlo hasta llegar à Barcelona, donde se declarò en no quererla admitir: prosiguiò sus inteligencias con los Señores de Castilla mal contentos, y el de Castilla los solicitó con los disgustados de Aragon, como el Arçobispo de Zaragoça que era Castellano, el Conde de Luna, y otros, dando motivo à la prision del Arçobispo que muriò en su reclusion, à la del Justicia de Aragon, Jurado en Cap de Zaragoça, y à la de otros Ciudadanos de aquella Ciudad, que se avìan declarado por el Rey de Castilla, queriendo obligar al Rey à la ratificacion de la concordia, dando fomento à los movimientos de aquel Reyno, q̃ quietò el Rey con la libertad del Jurado, y Ciudadanos, obligado de la Prudẽte, y fiel representacion de Zaragoça.

Vino

Vino à Barcelona Maciàn Rexach embiado por el Rey de Francia pidiendo socorro al Rey, contra los Ingleses, que se apoderavan del Reyno: respondiò el Rey à esta Embaxada por el mismo Embaxador, del qual como Catalàn podia fiar, dandole por compañero à Juan de Olzina su Secretario, mandandoles assegurassen al Rey de Francia de su favor, si le entregava la Baronia de Mompeller, los Estados de Carcasona, Bellcayre, y otros del Llenguadoch, que eran proprios, vnos de los antiguos Condes de Barcelona, y Mompeller de los Condes de Barcelona, y Reyes de Aragon despues de la vnion, y los tenia ocupados el Francès, no pudiendose separar de la Corona.

Embaxada del de Francia al Rey, y su respuesta.

Hallandose los Reyes de Aragon, y Navarra en Arìza para entrar armados en Castilla, fueron requeridos por aquel Rey que escusassen el empeño, que seria en daño de todos los Reynos: noticiaron los dos Reyes por medio de sus Embaxadores al de Castilla de los motivos de la guerra, para quedar en Paz, si se executava lo que pedian, con color, ò realidad, en consequencias del Reyno, y suyas: no quiso admitirles el Castellano Rey, y bolviendo con esta noticia, prosiguieron sus marchas de Aragon, y Navarra hasta encontrar el Exercito Castellano; librando à vnos, y otros del empeño de la Batalla, el zelò, y aplicacion de la Reyna Doña Maria, y del Cardenal Pedro de Foix Legado del Papa para la Paz de los Reyes. Però aunque se logrò apartar los Exercitos, no se consiguiò la Paz; antes divididos dieron materia de compassion por los daños executados en aquel Reyno, que quiso compensar el de Castilla en su entrada en Aragon; si bien como exalacion, que se desvanece facilmente, bolvió à su Reyno, executadas algunas hostilidades en Cetìna, y su Vega.

Guerras cõtra Castilla.

Para el remedio de tanto mal mandò el Rey congregar Cortes Generales, tuvolas à los Catalanes en Tortosa, à fin de que las Cortes aprobassen su Justicia en la guerra que avia emprendido contra Castilla: embiò el Rey de Castilla sus Embaxadores à las Cortes para justificar su causa, y culpar la del Rey: el qual con deseo de proseguir la guerra asségurò las Fronteras de Valencia, eligiendo Capitàn General à Romeo de Corbera Maestre de Montesa, y partiò para las Fronteras de Aragon contra Castilla, substituyendo en las Cortes del Principado à la Reyna Lugarteniente: ocupò à Deza, y los Castillos de Boemediano, Ciria, Baronia, Seron, y Ciguela, dexandolos bien defendidos; y para mas justificar sus empeños embiò à assegurar al de Castilla por Juan de Luna, Guillen de Vich, y el Doctor Ramon Despapiol sus Embaxadores, que estava prompto à abraçar la concordia con los medios justos, y honestos sobre las proposiciones del Obispo de Palencia, y del Señor de Almaçàn: diò el de Castilla su respuesta por escrito, y no se consiguiò la Paz.

Cortes en Tortosa.

Proseguìan las Cortes en Aragon, y Valencia, y el Rey bolvió à continuar las de Cataluña en Tortosa, donde se discurria de la justicia desta guerra, y de las assistencias para mantenerla. El Exercito del Rey se hallava en Castilla, ò entrò en Castilla, venciò al de los Castellanos en el Campo de Araviana, donde setenta años antes avian conseguido otra vitoria los nuestros en el Reynado del Rey Don Pedro III.

Vitoria contra los Castellanos en el Campo de Araviana.

Al mismo tiempo que el Rey celebrava Cortes à los Catalanes en Tortosa, celebrava Concilio en Tarragona el Cardenal de Foix Legado del Papa, para dar fin à la Cisma, y reducir à la vnion de la Iglesia al Canonigo de Barcelona Muñòz, llamado Clemente VIII, y Cardenales que le seguian: decretòse en el Concilio quedar obligado el Canonigo Muñòz à renunciar su eleccion como invalida: obedeciò este Antipapa,

Renuncia el Antipapa Muñòz dando fin à la Cisma de la Iglesia.

pa, y libremente se reduxo à la vnion de la Iglesia: fuè electo Obispo de Mallorca, siguieronle los Cardenales, menos dos creados por Benedicto, que no quisieron renunciar el Cardenalato: fueron puestos en prision, y perseveraron en su pertinacia; concluyendose con esto las reliquias de la cisma, que por tantos años avia trabajado à la Iglesia. A 9. de Abril se diò principio al Retablo de Alabastro de Tarragona.

Retablo de Tarragona.

1430.

Apartòse de la Corte del Rey, y de su servicio el Conde de Luna: representòle su error el Rey, y embiòle orden, y seguridad para llegar à Tortosa: escusòse el Conde por medio de N. de Bellera, por lo que le avia referido Hugo de Mur, que el Rey le queria prender: bolviòle à assegurar su Magestad, y à inducirle à su obediencia, embiandole à Galceràn de Requesens; y no pudiendo reducirle, se le fulminò Processo, poniendo el Conde en defensa sus Lugares: mandò el Rey ocuparle los que tenia en Valencia. Concluyeronse las Cortes de Aragon, y Valencia, pero no las de Cataluña, porque las Cortes publicaron no tener derecho el Rey para la guerra de Castilla.

Autoridad de las Cortes de Cataluña por la guerra contra Castilla.

Procediò el Rey de Castilla à privar al Rey de Navarra, è Infante Don Henrique de los Estados que posseìa en Castilla; y el Conde de Luna propuso algunos medios para reducirse à la obediencia del Rey, el qual para que no se perdiesse, convino con quanto se le propuso por parte del Conde, exepto en la pretension de la Isla de Ivissa, ofreciendole en su lugar à Colibre; peró ni aun con esto pudo librarle del precipicio el Rey, porque temerario se confederó con la Reyna de Napoles, y con los mayores emulos desta Corona. Eligiò el Rey para castigarle vna congregacion de varios Sugetos de las Cortes de Tortosa, por cuyo consejo procediòse à ocuparle los Estados, y mandar à los Alcaydes de las Plaças las entregassen, eximiendoles del juramento de fidelidad, prestado al Conde, el qual se apoderó de algunas en la Frontera de Castilla.

Vino Embaxada del Rey de Portugal para tratar las Pazes con el Rey de Castilla, y dar descanso à los Reynos de España.

Este año consiguió la Corona de su Penitente vida Doña Leonor hermana del de Vrgel, que aviendo despreciado la grandeza de su Estado, passó à Penitente, y solitaria vida en la Hermita de San Juan del Bosque de Momblanch: viòla subir al Cielo cortejada de Angeles el Santo Varon Fr. Marginet, muriò à los 51. años de su edad, està Sepultada en Poblet, donde se refiere su penitencia.

Doña Leonor de Vrgel.

Padeciò por la Fè, y diò su vida en vn Leño, à fuerça de las saetas, vibradas de Infiel Arco en Tunez, Fr. Geronimo de Prats, Catalàn de la Orden de la Merced: Corbera Historia de Santa Maria Socòs refiere aver sucedido su Martyrio año 1431. (9)

El S. Martir Fr. Geronimo de Prats.

(9) *Fr. Alonso Ramon hist. de la Mer. lib. 11. c 10. Bul. O. d. in Cath. Gen. §. 18. num. 5.*

Dexada su Muger en Malon, passó con su Cuñada Valentina de Mur de la Ilustre Familia de este apellido en Cataluña, el Conde de Luna à Castilla, recibido, y favorecido de aquel Rey: viviò Valentina despues de Viuda de Carlos de Guevara muy santamente, fuè Religiosa, y Abadessa del Convento de Santa Clara de Tordesillas, con grande exemplo, y muriò con comun opinion de santidad. (10)

Sor Valentina de Mur.

(10) *Zurita tom. 3. l. 13. c. 60.*

El Santo Fr. Juan Jover natural de Cataluña bolviendo de Tunez de redemir 124. Cautivos fuè cautivado de Cossarios, que despuès de varios tormentos le ataron à vn palo siendo asaeteado de los Barbaros, logrando con esto la deseada Corona de su Martyrio. (11)

El S. M. Fr. Juan Jover Catalàn del Orden de la Merced.

(11) *Bullar Ord. B. M. de Mercede §. 18. num. 4.*

CAPI-

CAPITVLO IV.

Repugnancia de Cataluña à la guerra contra Castilla : Embaxada , y requirimiento : Embaxadas à Castilla , y Portugal : Aliançás , y Embaxadas: Guerras de Castilla : Embaxadas, Treguas, fuerças, y Reputacion de la Nacion Catalana en Levante : Pazes con el Soldàn : Instancias al Rey para la empresa de Napoles: Passa à los Gerbes, Vitoria, y Conquista : Muerte del Papa: Eleccion de Eugenio : Embaxadas del Rey: Passa con su Armada à Napoles : Defensa de la Primacia de Tarragona : Tratados de Pazes: Concordia con la Reyna , y Coronacion del Emperador, &c.

HAllandose la Reyna Presidiendo en las Cortes de Tortosa, se tomaron algunas resoluciones contrarias á la intencion del Rey, entre ellas el embiar en nombre del Principado á requerir al Rey de Castilla para que desistiesse de la guerra que tenia con el Rey , interponiendose para la confederacion , y declarandose que no executandola , tomaria el Principado el empeño de la guerra : refiere Zurita que pareciendo al Rey que se hallava en Cariñena, no ser de consequencia esta deliberacion , y las otras impertinentes, embiò à las Cortes á Galceràn de Requesens, para informar de su intencion à los mas notables , y mandar à sus Ministros solicitassen estorvarlas, ó dilatarlas; pero la Reyna Doña Juana Muger del Rey Don Juan II. refiere en el Razonamiento que hizo en Casa de la Ciudad de Barcelona, que se executò este requirimiento , ponderando el valor , y acierto deste empeño. (1)

(1) *Reyna Doña Juana propos. à la Ciudad. Archivo de la Ciudad lib. y diario de los sucessos de la guerra del tiempo del Rey D. Juan. Zurita tom. 3. lib. 13. fol. 195.*

Embió despues el de Castilla al Rey sus Embaxadores para requerirle que escusase la guerra, y no favoreciesse à los Vassallos que avian tomado las Armas contra su Persona , y Reynos ; y no satisfechos los Embaxadores de aver referido su Embaxada al Rey , embiaron con vn Rey de Armas sus instrucciones al Parlamento, ò Cortes de Tortosa, con aprobacion del Rey, permitiendoles libremente passar à las Cortes , embiando orden à la Reyna Presidente que consultase la respuesta que se devia dar à los Embaxadores , con los Ministros , y con las Cortes , congregando para el acierto algunas notables Personas de los tres Estados que las componian ; de que se infiere averse executado el requirimiento de Cataluña al de Castilla para que no se juzgasse vana la Embaxada de aquel Rey á las Cortes. Hizieron la misma representacion los Embaxadores al Rey de Navarra : respondiòles el Rey por todos , que embiaria à Castilla sus Embaxadores con la resolucion ; pero todo su empeño era solicitar le sirviesse el Principado para prosseguir la guerra.

Instavan al Rey los Embaxadores del de Portugal para la conclusion de la paz , para dilatar el termino de la tregua ; però todo era muy contra su designio : nuevamente disgustado por causa de las gracias que avia hecho el de Castilla de los Estados que posseìan en aquellos Reynos el Rey de Navarra , y sus Aliados, decretò para la recompensa desheredar al Conde de Luna , y acabar de ocuparle lo que posseìa en estos Reynos : para lograrlo solicitò con calor el favor de Cataluña , y que tomase resolucion favorable en las Cortes para prosseguir la Guerra; però como en esto le era tan contraria la Nacion Catalana , y sentia mal deste empeño , dilatava con arte resolverse : para lograr la resolucion como le importava al Rey para sus designios , embió otro sugeto à las Cortes , tambien Catalan , y de los primeros de su Consejo , llamado Ramon de Perellòs, con orden de ofrecer à las Cortes ma-

Constancia Catalana en no aprovar la guerra contra Castilla por ser en daño de estos Reynos.

mayores exempciones, y libertades, para mas obligarles à prosseguir la guerra contra Castilla: en tales ancias ardia el animo apasionado del Rey, sentido del agravio hecho à su hermano, y dependientes; peró como ni aun con esto vacilase la constancia Catalana, siempre opuesta à esta guerra, juzgandola en daño de los Reynos, y le faltasse al Rey justificado pretexto, resolvió sujetar sus diferencias, y las del Navarro con el Rey de Castilla, al arbitrio del de Portugal.

Fray Antonio de Fano Confessor del Rey, y Nicolàs Aymerich Paborde de Ivissa concluyeron las pazes, y confederacion del Papa Martino con el Rey: el qual embiò à Ingalaterra por Embaxadores à Jayme Pelegrì Vice-Canceller, y à Luìs de Falcès Mayordomo; y à Borgoña à Juan de Almesquera para tratar confederacion con el Rey de Ingalaterra, y con el Duque de Borgoña, solicitando la firmeza de la del Duque de Milàn en defensa de los Reynos, è Islas: todos estos Oficios se dirigian à assegurarse destos Principes para proseguir la guerra de Castilla, que continuavan el Rey de Navarra, y el Infante Don Henrique, no aviendo obrado el compromisso de Portugal, que no declarò aquel Rey.

Firmadas las Alianças, saliò el Rey, de Valencia para entrar en Castilla à favor de sus hermanos: embió antes à Juan Martorell con vna Galera al Rey Moro de Granada, para que prosiguiesse en favorecer à la Infanta Doña Catalina que se hallava en el Castillo de Segura; peró ni estas prevenciones, ni los socorros de Valencia, y Aragon asseguravan al Rey el feliz acierto de la guerra, mientras no acabase de vencer la dureza de los Catalanes, y aversion que tenian à esta guerra. Considerando el Rey, que privado de las assistencias del Principado, (que siempre fueron grandes) no podia prosseguir esta guerra, encargò à la Reyna, y à los de su Consejo, executar con calor, zelo, y diligencia quanto juzgassen importava para conseguirlas, y emprendiò su viage por Cariñena para favorecer à sus hermanos que instavan el socorro; y para executarle, juntandose con el Rey de Navarra, y la gente de aquel Reyno con la de Aragon, determinò su entrada con hostilidad en Castilla.

Llegaron à Cariñena donde residian los Reyes, los Embaxadores del Conde de Foix ofreciendo Alianҫa, y favor al Rey para esta guerra: respondiòles el Rey que embiaria Embaxador con la respuesta eligiendo à Luìs de Aguilò su Camarero Mayor.

A 22. de Mayo antes de entrar en Castilla, embiò el Rey por sus Embaxadores al de Castilla, à Don Domingo Ram Obispo de Lerida, à Ramon de Perellós, y à Guillen de Vich del Consejo de Estado, y de su mayor confiança, para proponer tregua con ciertos pactos, à fin de dar lugar al tratado de las pazes: llegaron à Castilla, dieron su Embaxada al Rey, y eligiò Sugetos para la conferencia con nuestros Embaxadores: repitieronse quexas, dieronse descargos, buscaronse medios, discurrieronse enmiendas, hallaronse arbitrios, y forma de assegurar, y satisfacer à todos; peró no se consiguieron las pazes, si empero quedaron convenidos para lograrlas en vna dilatada tregua por cinco años, la qual firmaron por parte del Rey los Cavalleros destos Reynos que van à la fin del capitulo letra *A*, ratificandolas el Rey, y el Rey de Navarra su hermano. Eligieron los Reyes de Castilla, y Aragon siete Sugetos cada qual de sus Reynos, para Juezes, y conservadores de las pazes, que fueron los destos Reynos, Don Domingo Ram Obispo de Lerida creado Cardenal del titulo de S. Cosme, y S. Damian, Don Alonso de Borja Obispo de Va-

Treguas con Castilla.

Valencia, Ramon de Perellós, Berenguer de Bardaxì, Pedro de Peralta, Ruy Garcia de Villalpando, y Pasqual de Oteiza: si se avia de fiar la resolucion à vno solo, eligiò el Rey à D. Domingo Ram, si à dos à Berenguer de Bardaxì, si à tres, añadiò à Ramon de Perellós, si à quatro à Guillen de Vich, nombrando Zurita por primero à Berenguer de Bardaxì.

De Albera, Campo del Rey, donde jurò, y ratificò las treguas, partiò à Valencia, y entregòsele el Castillo de Peniscola. En este tiempo siendo Gran Maestre de la Religion de San Juan Fray Antonio de Fluviá, era grande el credito, y muchas las fuerças, y poderosas las Armadas de la Nacion Catalana en el Levante, dilatado su comercio, y temido su valor por cuyo respeto, se firmò amistad, y confederacion entre el Rey, y el Soldán de Babilonia, y el Rey de Xaraf: estas amistades asseguraron el comercio, y navegacion de la Nacion al Gran Cayro, y à todo Egypto, aumentandose de autoridad, y fuerças el Consulado de Alexandria Tribunal de la Nacion que residia en Levante, y passava á sus dilatadas Provincias, y espiritu que dava aliento á las Plaças, y Armadas que mantenia la Nacion Catalana: firmaronse estas pazes, y Aliancas en nombre del Rey por Rafael Ferrer, y Luis Sirvent de Barcelona, sus Embaxadores, y por los del Soldán, á 9. de Junio año 1431. presentes Fray Antonio de Fluviá Gran Maestre de Rodas, Fray Ramon Roger
1431. de Eril, Fray N. Draper, Fray Luis de Mur Senescal del Maestre, Fray Garcia de Torras Bailio de Correnc, y Fray Juan de Vilafranca Alcayde de Rodas todos Catalanes, firmandose las Escrituras en el Castillo de Rodas. (3)

Instava al Rey el Principe de Taranto en este tiempo, que bolviesse à Italia á proseguir su empeño de dominar las Provincias del Reyno de Napoles: estava prompto para servirle grande numero de los Barones del Reyno; y para prevenirse, de Valencia passó el Rey á Cataluña, solicitando desde Lerida las assistencias del Principado, que le hallò bien dispuesto para esta empresa, que juzgava justa, como apartado de favorecer la de Castilla: para mayor seguridad embiò à su Confessor á los Barones de su sequito, empeñandoles mas en su servicio con las gracias, y favores ofrecidos por orden del Rey.

Dalmao Zacirera Virrey de Napoles, que conservó el Reyno, y defendiò valiente las Plaças que avian quedado por el Rey, con valor defendió lo adquirido, y con arte, y humanidad Catalana atrahia voluntades, que es la mas assegurada conquista: supo obligar la del Gran Senescal primer Ministro de la Reyna Juana, y atraherle al servicio del Rey, al qual yà se inclinavan el Papa, y Reyna de Napoles, instando conformes al Rey para que passase à proseguir su empresa: decretò darles gusto, y respondiòles que por complacerles, muy promptamente pondria en orden su pasaje. Vigilante el Virrey añadiendo fuerças à las Reales, tratava en este tiempo con diligente cuidado de concluir las Aliancas con Ingalaterra, Borgoña, y Foix, y el Rey por medio de la Reyna Doña Violante que residia en Barcelona, procuró treguas con el Duque de Anjou, y dar algun medio à las pretensiones de entrambos, dando poder à Fray Gilaberto de Monsoriu Clavero de Montesa para firmarlas. Con prudente ardid solicitava el Rey por sì, y por medio del Virrey estas treguas, y Aliancas, para que le juzgassen apartado de continuar su empresa de Napoles, satisfecho de mantener lo adquirido; y para mas deslumbrar à sus emulos, publicó el viage para las costas de Africa, embiando aviso á Sicilia, que despues passaria

Dalmao Zacirera Virrey de Napoles.

(3) Zurita tom. 3. lib. 13. cap. 70.

ria à visitar aquella Isla celebrando antes Cortes en Barcelona à 18. de Agosto cuya Proposicion traducida de Catalán en Castellano, es como se sigue.

Proposicion del Rey D. Alonso en las Cortes de Barcelona.

NOS considerando que casi no es possible que alguno pueda obrar bien, assi de Oficio, como de Govierno, si primero no sabe aquellas cosas, que le tocan saber por su cargo; y considerando que la mayor carga que tenemos por ser Rey vuestro es el hecho de la Justicia; como de aquella tenga mas obligacion el Rey de dar quenta, y razon à Dios que de otra cosa; y sabiendo que lo mas que mantiene la cosa publica es la Justicia, y su administracion, como de ella se sigan infinitos bienes, paz, y concordia entre los Vassallos, y defensa à cada qual de lo que le pertenece, por la qual el amor de los Subditos al Señor toma grande aumento, y su lealtad no solo es preservada, si tambien aumentada; por estas dependencias largo tiempo aviamos pensado, y deliberado poner la Justicia en devida forma, y estado en nuestros Reynos, y en este Principado; mas por varias ocupaciones que nos han sobrevenido no lo hemos podido executar, y hemos esperado tiempo, y sazon paraque lo pudiessemos hazer, como ahora le tenemos; y por esta razon hemos llamado, y juntado à vosotros en esta Corte à fin que con vosotros podamos mandar disponer, y ordenar la Justicia entre vosotros à mayor servicio de Dios, y descargo nuestro, y utilidad de la cosa publica. Y como todas las cosas se goviernen por exemplos, y los miembros dependan de la cabeça, y deven tomar exemplo de ella, Nos queremos empezar en Nos primeramente. Por tanto si algunos se tienen por agraviados de Nos por inadvertencia, ù de nuestros Ministros por ignorancia, ò malicia, pues de Nos estamos ciertos que no hemos obrado por malicia, y de ellos lo ignoramos, hasta que de otro modo nos hallemos bien informados, en tal caso estamos promptos, y os ofrecemos hazer Justicia de Nos, y de ellos, la qual entendemos executar tan cumplida, y plenamente como no podriamos al presente explicar. (4)

(4) Carb. Coro. fol. 255.

Magnanimo, y Sabio el Rey disponia los medios para el fin de su empresa, quando la muerte del Papa Martino V. pudo malograr sus premeditados, y advertidos designios, respeto de la guerra de Italia movida por parte de los Colonas disgustados de la eleccion de Eugenio IV. favorecido de los Ursinos sus enemigos; però la Reyna Juana, y el Gran Senescal, embiando sus Tropas al Pontifice, lograron mantenerle, y que prevaleciesse à sus emulos los Colonas, assegurando las diligencias del Rey para lograr una empresa de tantas consequencias.

De Lerida passó el Rey à Barcelona, y à los primeros de Febrero à Poblet para trasladar el Real Cadaver de su Padre al Sepulcro que avia mandado labrar igual à los de los Reyes sus antecessores, y buelto à Barcelona embiò por su Embaxador à Jayme Pelegrì al Duque de Milàn para firmar nueva concordia, porque se devian al Rey 28. mil florines de las Galeras que le servian al Duque, siguiendo la que avian firmado Bernardo de Corbera, y Andrès de Biure. 1432.

Juntò el Rey su Armada de 26. Galeras, y nueve Naves, servido de Cataluña, y con mayor demostracion de Barcelona, que en el Dietario de la Ciudad, y en un antiguo manuscrito de aquel tiempo que tengo en mi poder se refiere aver sido muy grande; imitandola las otras Universidades de Cataluña: partiò el Rey desta Playa à 23. de Mayo (5) publicando la guerra contra el de Tunez, poco creìda de los advertidos: dexò por su Lugarteniente en Cataluña à la Reyna Doña Maria su muger, surcò la Armada el salobre elemento, llegando por Cerdeña à Sicilia, de donde, engrossada con los Navios Catalanes, y otros de aquella Isla, que llegavan à sesenta, partiò à la em-

(5) Arch. de la Ciud. Diet. deste año. Archivo de Tort. 2. lib. instum. à fol. 116. Real Arch. de Barcel. Arca 1. grande.

presa que avia publicado do Tunez: llegò à la Isla de Gerbes la mayor de Berberia, ocupò el Puente, y Muelle que media entre la tierra firme, y la Isla: prevenido el socorro por el Rey de Tunez, escrivió al Rey le esperasse: pagò su vanidad el Moro, dexando su Exercito derrotado en la campaña, para assegurar su persona con infame huìda: quedaron los Moros muertos, ò esclavos: ganòse la Tienda del Rey, todo el bagaje, y veinte y dos Piezas de Artilleria, y quedò toda la Isla à la obediencia del Rey: los pocos que se refieren de los Capitanes desta empresa van à la fin letra *B.* con los nombres de los que eran Conselleres de Barcelona, que con zelo la lograron por el notable servicio de la Ciudad.

Conquista de Gerbes, y vitoria.

Diò esta vitoria gran opinion al Rey, y credito à la Nacion, que pudo mas alentada passar á Sicilia para conseguir à Napoles; y afiançado en la amistad del Papa que en este tiempo avia mudado el Concilio de Basilèa à Ferrara, embiòle el Rey à su Confessor, y à Marco Pujadas por sus Embaxadores, para suplicarle le concediesse la investidura de Napoles con las condiciones propuestas al principio de su Pontificado.

Descompuso los ardides, y trazas del Rey para conseguir las Provincias de Napoles la muerte del Gran Senescal executada por orden de la Reyna, recelosa de su poder, y Aliançes; però solicitò bolverlas à reunir, y para executarlo, y lograr sus diligencias, determinò invernar con su Armada entre las Islas de Proxita, Iscla, y Lipari para acudir à sus dependientes prompto quando importasse; prosiguiendo las Cortes que tenia el Rey en Barcelona para conseguir la Armada solicitando la Reyna los socorros.

Bolvieron á los civiles disturbios el Rey de Castilla, y los Infantes de Aragon en daño de aquellos Reynos, y pretendiò usar de la Primacia el Arçobispo de Toledo, entrando con Cruz alta en Taraçona: defendiò los derechos de Tarragona el Obispo de Taraçona Don Juan de Valtierra Catalan, requiriendo al Arçobispo, por medio de su Vicario General Berenguer Fuster, por ser aquel Obispado sufraganeo de Tarragona, aunque agregado al Arçobispado de Zaragoça despues de su ereccion: fue electo en este tiempo Arçobispo de Zaragoça Don Dalmao de Mur, que como Catalan supo bien defender la Primacia de Tarragona, y su Dignidad, en fuerça de los Estatutos Provinciales de Tarragona, y de la evocacion de la causa à Roma en tiempo del Papa Juan XXII. (6)

Primacia de Tarragona defendida contra Toledo.

(6) Zurita tom. 3. lib. 14. cap. 8.

Con la noticia de la ida del Rey, y designio de invernar las Armadas en las Islas referidas, suplicole la Reyna que mientras ella viviesse no entrase en Napoles, y que la assistiesse con su Armada, ofreciendole revocar los favores executados con el Duque de Anjou, y assegurar su primera adopcion. Pretendiendo el Rey informarse de la intencion de la Reyna, y de su Consejo, embiò à la Reyna por sus Embaxadores à Gisberto Desfar, y y à Arnaldo Sans con instruccion de ofrecer su favor à la Reyna, y tratar con los Grandes, Barones, Ministros, y Regimiento de Napoles, (que avia atraìdo à la aficion del Rey el desvelo del Virrey Gil Zacirera, que juzgo hijo de Dalmao Zacirera antiguo Virrey) de la forma de proseguir su empresa, y particularmente de conseguir assistencias, mas de dinero, que de gentes, del Principe de Salerno, que los podia bien ofrecer; embiandole el Rey para mas empeñarle en su servicio à Matheo Pujadas con poder para ofrecerle algunos Estados, y recuperarle otros que possehia el partido Anjovino.

Hallandose el Rey en Mecina, solicitando aprobase el Papa la donacion

nacion del Reyno, para que el Papa lo executasse con gracia, y voluntad de la Reyna, deliberò embiar à la Reyna por sus Embaxadores, à Gil Zacirera Virrey de Napoles, à Nicolàs Especial, à Gisberto Desfar, y al Doctor Bautista Platamon Juez de la gran Corte de Napoles, suplicandole revocasse la Adopcion del Duque de Anjou, que no la pudo executar en daño de la primera, ni los Barones del Reyno podian apartarse del homenage prestado al Rey de su libre, y firme voluntad, al qual no podia dañar, como de ningun valor el que prestaron al Duque de Anjou.

Aunque la Reyna assentìa à las proposiciones del Rey, receloso de la inconstancia, esperançado del afecto de los Barones del Reyno, afiançó en ellos el feliz logro de la empresa; y para tenerlos estrechamente vnidos à su voluntad, por la confiança que tenia del Duque de Cessa, embiòle à Andrès de Biure, y à Bernardo Albertì con poderes para que el Duque tratasse de la confederacion de los otros Barones con el Rey, y assegurada, y concluìda por medio del Duque, decretò su passaje à Iscla para de allì dirigirle à Napoles: consiguiòse tambien por medio de los Embaxadores la concordia con la Reyna, aprobando las proposiciones del Rey, el qual en Mecina se embarcò para Iscla.

1433. Llegò à desembarcar el Rey en Iscla, à donde acudieron al devido obsequio los Barones que avian ofrecido servirle, y los que siempre le avian obedecido. Para dar noticia al Pontifice destos felizes sucessos, y suplicarle la concession de la Investidura, embiòle à su Confessor, y à Matheo Pujadas: para executar la vrbanidad de participar al Emperador Segismundo que se hallava en Sena, su arribo al Reyno, y la concordia con la Reyna: embiòle por su Embaxador à Andrès de Biure, con orden que despuès passase à Milàn, Venecia, y Florencia para tratar confederacion con el Duque, y aquellas Republicas, y solicitar las vistas del Rey con el Emperador: de este modo solicitava el Rey amigos para sujetar à los enemigos: atencion verdaderamente sabia, y politica.

Obligado de las representaciones del Rey, con animo de lograr la Paz de Italia, embiòle por su Nuncio el Papa al Obispo de Concordia, ofreciendole la Investidura, con condicion de que saliesse del Reyno, y quedassen conformes con el Duque de Anjou à desampararle los dos; y que aprobaria la concordia con la Reyna, guardandole el secreto, que solo le permitia fiar con la Bula de la Investidura; de la fiel atencion, y confiança que tenia el Papa, de la Ciudad de Barcelona, que le sabria guardar mientras viviesse la Reyna: propuso tambien el Nuncio que se opusiesse el Rey al Emperador contra el Concilio de Basilèa, en defensa del Papa, para mudarle à Ferrara. Però no siendo del Real agrado esta vltima proposicion quedò rompida la concordia con el Papa, y se confirmò la del Rey con el Emperador en defensa del Concilio de Basilèa, al qual embiò el Rey por sus Embaxadores à Berenguer de Oms su Camarero, y à Andrès de Biure. Credito de Barcelona.

Por este tiempo quedaron conformes el Papa, y el Emperador; y vino bien el Papa en Coronarle en Roma; y para que assistiessen à la solemnidad, embiò à Roma à 28. de Mayo el Rey por sus Embaxadores à Ramon de Perellòs, Bernardo de Corbera, Bernardo Albert, y Bautista Platamon Napolitano: por este tiempo desvelado el Rey en su empresa, solicitava por trato, que no se logrò, ocupar à Gaeta.

A. Ramon de Corbera Maestre de Montesa, el Castellan de Amposta, el Prior de Cataluña, los Condes de Pallàs, y Cardona, los Vizcondes de Roda, Evol, y Vilamùr, Guillen Ramon de Moncada, Berenguer Arnaldo Cavalleros que firman las Treguas.

do de Cervellò, Bernardo de Pinòs, Phelipe de Castro, Ramon de Cardona, Artal de Alagon, Ximeno de Vrrèa, Juan de Luna, Berenguer de Bardaxì, Juan Fernandez de Heredia, Pedro Maça, Aymerich de Centellas, Juan de Bardaxì, Pedro de Moncada, Berenguer de Vilaragut, Ramon de Perellòs, Juan de Proxita, Galvan de Villena, Pedro Pardo, Juan de Vilarig, Guillen de Vich, Juan, y Lope de Gurrèa, Phelipe de Vrries, y Juan Cerdàn.

Capitanes en la conquista de Gerbes, y Conselleres de Barcelona. *B. Ramon de Perellòs, N. Fontcuberta, N. Roca, N. Monsoriu, N. de Ebum, Francisco Belvei, Juan de Salt, Ximen Perez de Corella, Juan Lopez de Gurrèa, Conde de Veintemilla. Conselleres de Barcelona, Juan Busſot, Baltasar de Gualbes, Galcerán de Vallseca, Miguel de Montañans, Francisco Llobet.*

CAPITVLO V.

Liga contra el Rey, y Nacion Catalana: Vida de los Cardenales Fr. Juan de Casanova, y otro: Tregua con la Reyna Juana: Muerte del de Vrgel: Alboroto en Roma: Elige Vicario la Reyna al Duque de Anjou: Empeño de Quiñones: Muerte del de Villena: De Fr. Marginet: Muerte de la Reyna: Sitio de Gaeta: Vitoria de Ginoveses: Prision del Rey: Cortes generales: Servicios: Llega à Napoles la Duquessa de Anjou: Libertad del Rey: Vida de Fr. Miguel Pagès: De Fr. Bartholomè Blanch: Cession del Condado de Ampurias: Prosigue la guerra de Napoles favorable: San Antonio de Barcelona: De Fr. Fernando Vileta, &c.

CORrespondiò mal el Emperador Segismundo Coronado por el Pontifice, à las finezas del Rey, pues no aviendo atendido este à la amistad del Papa, ni à sus particulares intereſſes para seguir los dictamenes del Emperador, firmó este Liga con Milàn, Genova, y Venecia, y con el mismo Pontifice para echar al Rey, y Nacion Catalana, de Italia, motivo por el qual se declarò el Rey à favor de los Prelados, congregados en Basilèa: y como no solo emprendiò que se declarassen apartarse de la obediencia del Papa Eugenio, sino passar á eleccion de nuevo Pontifice, propuso el Rey por medio de sus Embaxadores á los de Basilèa, para aquella Dignidad al Cardenal de Foix, á Don Fr. Juan de Casanova Cardenal de San Sixto, y Obispo de Elna, y al Cardenal Don Domingo Ram Obispo de Lerida.

Fuè admirada la doctrina, è inculpable vida en aquel siglo de Fr. Juan de Casanova, natural de Barcelona, è hijo del Convento de Predicadores de dicha Ciudad: por la fama de su doctrina fuè electo Maestro del Sacro Palacio, despues Obispo de Elna, y creado Cardenal: muriò cerca los años del Señor de 1436. hallase su Cadaver enterrado en el Claustro de Santa Catalina Martyr de Barcelona. Otro Fr. Juan de Casanova huvo mas antiguo de la misma Provincia, tambien Cardenal, y Obispo de Elna, antes de Bossa, este muriò en Florencia, y està enterrado en la Iglesia de Predicadores de Santa Maria de Novella. (1) — Los Cardenales llamados Fr. Juan de Casanova del Orden de Predicadores.

(1) *Diago Condes de Bar. fol. 308.*

La concordia con la Reyna Juana se conmutò en dilatada Tregua por dièz años, y partiò el Rey, de Iscla para Sicilia con deliberado intento de bolver à Cataluña: llegó à Marsella, donde recibiò Bula del Papa que le concedìa cien mil florines de las rentas de los Eclesiasticos de sus Reynos, para emplearles à favor de la Iglesia: con esta gracia passó à Berberia con su Armada, llegò á Tripol, y entrò dentro de tierra, por cinquenta millas devastando aquellos Infieles Pueblos. (2) Esto no se halla en Faccio, ni en otro Autor de aquellos tiempos.

(2) *Real Arch. de Bar. Reg. D. Alfonso IV. y entre las Bulas Apostolicas.*

Muriò este año en Xativa Don Jayme Conde de Vrgel; y el Rey pas- — Muerte del Conde de Vrgel.

passados algunos años en el de 1448. se concertò con sus hijas, y con Doña Sicilia su hermana, por medio del Conde de Prades.

1434. Este año sucediò el Alboroto de Roma, librandose el Pontifice, y assegurandose en Florencia: ofreciòle el Rey su favor, y no admitiò las proposiciones del Concilio de Basilea en daño del Papa.

Siguiendo el impulso de su inconstante animo la Reyna Juana pretendìa apartarse de la amistad del Rey, y nombrar Vicario de todo el Reyno de Napoles al Duque de Anjou; de la qual novedad informado el Rey, que se hallava en Sicilia, asseguró, y confirmò la amistad, y confederacion con el Principe de Taranto, y Barones de su sequito, para que bien prevenidos defendiessen à Taranto, del poderoso Exercito del Duque de Anjou, el qual despuès retirado en Calabria, murió en el mes de Noviembre, y fuè enterrado en Cozencia, con extraordinario sentimiento de la Reyna Doña Violante de Aragon su Madre, y de la Reyna Juana de Napoles.

Sucediò la empresa de Suero de Quiñones de defender el passo cerca el Puente de Orbigo, donde concurrieron à oponersele muchos Cavalleros Catalanes, y de otros Reynos: los Catalanes fueron, Juan Camòs, Bernardo de Requesens, Riambao de Corbera, Francisco Desvall, Jofre Jardì, y el desgraciado Albert de Claramunt, que quedò muerto en la Palestra, vengandole despuès Gutierre Quixada, que matò à Suero de Quiñones.

El Cardenal Don Fr. Fernando Vileta Religioso Servita.

Floreciò en este tiempo el eminente Varon Don Fr. Fernando Vileta Cardenal creado por Eugenio IV. y Religioso Servita: fuè venerada su doctrina en el Concilio de Florencia, y trabajò con zelo Catolico para la vnion de la Iglesia Griega: fuè natural de Barcelona.

Marquès de Villena.

Murió Don Henrique, Marquès de Villena, tenido por vno de los mas sabios del mundo: tuvo vna de las mayores Librerias de todas ciencias que ha avido en España: despues de su muerte fueron quemados muchos libros de Astronomia, y Alquimia, como si fueran de Nigromancia, acabóse en èl la celebrada Linea Varonil de los Serenissimos Condes de Barcelona, que permaneciò mas de seiscientos años desde el I. Vvifredo sin faltar Varon legitimo. (3)

(3) *Zurita tom. 3. lib. 14. cap. 22.*

Santo Varon Fr. Marginet del Orden de S. Bernardo.

Muriò tambien el Santo, y Penitente Varon Fr. Pedro Marginet Catalàn de Nacion natural de Valclarà hijo de Habito de Poblet: apartòse del Convento, llamòle Dios à Penitencia, fuè admirada en aquel siglo, fué perseguido del comun enemigo, y muy favorecido de Dios, que obrò por su medio raras maravillas: apareciòle el Demonio en traje de Jumento, echòle la Correa al cuello, entregòle à los que cuydavan de las Cavallerizas, con orden de hazerle trabajar mucho, y darle poco que comer, advirtiendoles que no le quitassen la Correa: sirviò mucho tiempo: fingiò inchazon en el cuello, y que se ahogava, quitaronle la Correa, y desapareciò. Assistió el Santo Varon à Doña Leonor hermana del Conde de Vrgel con buenas, y advertidas platicas en su Penitente vida, y viòla subir al Cielo: despues de su muerte obra el Señor por su medio muchos prodigios, fuè desenterrado, saliendo grande fragancia de su Cadaver, que ahora se halla en la Capilla de San Salvador de Poblet en vn Armario. (4)

(4) *Archivo de Poblet lib. de antig. manuscrito. Domenech Flos Sanct. de Cat. lib. 2. fol. 15.*

El Santo Martyr Fr. Anselmo Turmeda de San Francisco.

Ilustró la Villa de Momblanch Fr. Anselmo Turmeda Religioso Menor de los Claustrales natural de dicha Villa, Compañero del Santo Varon Fr. Marginet en las vanidades, è imitador en el arrepentimiento, muriendo por la confession de la Fè en Argel: compuso el librillo manual de varias penitencias, y consejos santos.

Fr. Don Berenguer de Blanca Comendador de S. Antonio de Cervera,

vera, fundò la Iglesia, y Encomienda de San Antonio de Barcelona, consta de las escrituras de la Encomienda de Cervera.

Muerte de la Reyna Juana de Napoles.

A 2. de Febrero año 1435. muriò la Reyna Juana de Napoles, y el Rey avisado mandò passar al Reyno algunas de las Tropas que tenia en Sicilia, para juntarse con las del Principe de Taranto para dar aliento à sus confederados; y deseando hallarse libre de otras guerras, para

1435. el feliz logro de la conquista de Napoles solicitò nueva concordia con Castilla, y con el Duque de Milàn, viendo que avia mejorado su Causa con las muertes de la Reyna, y del Duque de Anjou, particularmente de la Reyna, que por arte de sus Ministros avia concebido notable odio à la Nacion Catalana. Atentos los Consejeros del Rey à assegurar la empresa, no obstante que la juzgavan mas facil, le aconsejaron la buelta á Cataluña para reforçar la Armada, y conseguir dineros, pues le faltavan: no atendiò el Rey à estas proposiciones, empeñado con los Amigos á entrar por su Persona en el Reyno; con que prevenida la Armada, se dispuso para el viage.

Mientras el Rey se prevenìa, para assegurarle sus Amigos por trato ocuparon el Castillo de Capua, que entregò Juan Caramancino, que le governava. Con este feliz sucesso apresurò el Rey su viaje, embarcandose en Mecina, llegò à Iscla, y deliberò por mar, y tierra el Assedio de Gaeta Plaça la mas importante del Reyno, llegando à circuìr la Ciudad, y disponer sus lineas: con este aviso los que governavan Napoles buscaron el remedio en la diversion, que no consiguieron, porque se defendiò bien Capua, à la qual combatieron para apartar al Rey, de Gaeta.

Hallavase yà Gaeta en los vltimos periodos, quando Francisco Espinola que la governava embiò al Duque de Milán, y Señorìa de Genova para el prompto socorro, el qual previnieron diligentes. Llegaron al Campo del Rey los Infantes sus hermanos, con deseo de proseguir la guerra de Castilla; y ocupado en el Cerco de Gaeta, tratòse de dilatar la Tregua para escusar segundo empeño con Castilla, hallandose tan ocupado en Italia.

Los de Gaeta solo tenian viveres para dièz dias, del qual estado avisados los Ginoveses, se dispusieron con su Armada al socorro: era la Armada de doze Naves muy grãdes, dos Galeras, y vna Galeota: resolviò el Rey salir à encontrarla con catorze Naves, y onze Galeras: entró en vna Nave, y partiò contra la Enemiga: delante de Terracina estando à vista las dos Armadas, embiò à dezir al Rey, el General de Genova: *que no queria combatir con su Magestad, y que le suplicava no le estorbasse socorrer à los suyos que tanto padecian en Gaeta.* Respondiò à la Embaxada el Rey: *que no cuydasse del socorro.* Con esta exclusiva, dispusieronse las Armadas à la Naval Batalla, que travada con valiente esfuerço, pelearon desde la mañana à la tarde del dia 5. de Agosto: quedaron vencedores los Enemigos, y vencidos los nuestros con prision del Rey, del de Navarra, y del Infante Don Henrique, y otros de Cataluña que vàn notados á la fin del Capitulo letra *A.* y perdida de treze Naves; y perdiera la vida el Rey de Navarra à no defenderla Rodrigo de Rebolledo. Entregaron los Ginoveses al Rey, y sus hermanos al Duque de Milàn, el qual les sirviò como á huespedes, y Amigos, no tratandoles como prisioneros, y los demàs fueron llevados à Genova; verdad, es que con estos fuè llevado el Rey de Navarra, y despues entregado al de Milàn.

Batalla Naval.

No diò gusto al Papa, ni à Venecia esta Vitoria de los Ginoveses, por recelo del Duque de Milàn, al qual embiò el Papa vn Cardenal, pidiendole la libertad de los Reyes, y que fuesse medio de con-

conſeguir la Paz de Italia. Entrò el Rey en Milan, agaſajado como vencedor, recibiòle el Duque con atencion cariñoſa, y apoſentóle con *Real* Grandeza: llegò de parte de la *Rey*na á hablar al *Rey* un *Rey* de Armas, y le dixo el *Rey*, *dirás à mi Muger que estè alegre, que yo vine à mi propria Casa*: No errò el diſcurſo, pues en ella conſiguiò vencido lo que no huviera logrado tal vez felizmẽte vencedor, que fue la confederacion, y liga eſtrecha para conquiſtar à Napoles, la libertad de ſu Real Perſona, y de los otros Priſioneros, y el favor para lograr ſu empreſa: firmóſe eſta confederacion à 5. de Octubre, quedando guardado el ſecreto haſta ſu tiempo; però no pudo el magnanimo corazon del *Rey*, dexar de participar à eſtos Reynos ſus buenos ſucceſſos en general, para moderarles el dolor de la deſgracia antecedente. Fue preludio de la Concordia la libertad del Rey de Navarra, embiado à eſtos Reynos con cartas, en las quales aſſegurava aver permitido el Cielo la deſgracia para que ſe advirtieſſe deverſele los proſperos ſucceſſos que de ella ſe ſeguirian; y que el Rey de Navarra referiria, los Tratados, y dependencias en que ſe hallava ocupado.

Al llegar à Barcelona la noticia del infeliz ſuceſſo del Rey, y de la Armada, llamò la *Reyna* para Monçon à Cortes Generales al Principado, y Reynos, y con atencion a la deſgracia, empeñados al remedio admitieron, y aprobaron la convocacion por aquella ocaſion tan ſolamente, con la proteſta de no dañar al Principado, que ſolo podia llamarle el Rey, y tenerlas ſu Mageſtad, ò el Primogenito: (6) repreſentò la Reyna el eſtado de los Reynos con la Priſion del Rey, pidiò aſsiſtencias para defenderle, y librarle: ofreciò el Obiſpo de Barcelona Don Simon Salvador en nombre del Principado, aſſiſtencias, y Armada para conſeguir la libertad del Rey, y defender à Sicilia, y à Cerdeña que peligravan.

(6) *Mieres col. 10. Reg. Mar. à nn. 26. ad 31. Boſch tit. de honor de Catal. fol. 524. Calicio extra Cur. p. 6.*

Cortes en Monçon.

Por eſte tiempo, llegò à Napoles la Duqueſſa de Anjou muger de Reyner, que avia ſucedido al Duque de Anjou ſu padre: avianle embiado à *Reyner*, los Napolitanos que governavan deſpues de la muerte de la *Reyna*, ſus Embaxadores paraque partieſſe à Napoles; però por ſer priſionero del Duque de Borgoña, embiò la Duqueſſa, que fue admitida por *Reyna*, y Señora de aquellos Eſtados, reduciendoſe à ſu obediencia toda la Calabria.

La Duqueſſa de Anjou admitida por Reyna de Napoles.

Capua, que ſe mantenia por el *Rey*, ſe hallava oprimida de las enemigas Armas: eſtrechava el cerco Juan de Caldòra; y eſtando en peligro la Plaça, el Conde de Veintemilla que la defendia, buſcò ſu alivio en la diverſion, lograndola por medio del Conde de Pontadera, y por eſte reducir à Caldòra à la obediencia del *Rey*.

1436.

Eſte año en fuerça de la Concordia, concediò la libertad el Duque de Milan al *Rey*, y à los Infantes: para proſeguir la conquiſta, viendoſe ya con Armada, y fuerças, embiò el *Rey* al *Reyno* al Principe de Taranto, al Duque de Seſſa, y diò orden al Infante Don Pedro que partieſſe con la Armada à alentar ſus dependientes: llegò à Iscla, y de ella à Gaeta, que ſe la entregaron los que la governavan. Ofendidos los Ginoveſes de la Concordia del Duque con el *Rey*, y de ſus buenos progreſſos, ſe rebelaron, y negaron la obediencia al Duque de Milan, matando à ſu Lugarteniente, firmando liga con el Duque de Anjou, entrando en ella el Papa, y Venecia: tal era el furor de aquella Nacion contra la Catalana; no obſtante por ſetenta mil ducados concedieron libertad à los Priſioneros que tenian de la Vitoria antecedente.

Entregaſe al Rey Gaeta.

Iluſtrò al Principado, y à Manreſa ſu Patria el Santo Varon Fr. Miguel Pagès Dominico, otro Taumaturgo por los innumerables prodigios, reſidiò en ſu Convento de Manreſa haſta eſte año, de allì paſsó à Caſtres de la Proença para gloria de Dios, y provecho de aquel Paìs, el qual conſiguiò, y conſigue por ſu me-

El Sãto Fr. Miguel Pagès del Orden de Predicadores.

medio soberanos favores, fue su dichoso transito en dicha Villa, ignoro el año. (7)

(7) Arch. del Convento de Manresa. Diago hist. de la Provincia de Arag. Surio de los Var. Ilust. Domenech Flos Sanct. de Catal. p. 2 fol. 52. Fr. Bartholomè Blãch.

Passò al eterno descanso Fr. Bartholomè Blanch Catalan, de la Ordẽ de la Merced, eminente en todas virtudes, particularmente en el zelo de la honra de Dios, y observancia Religiosa, y prodigio de caridad, muy docto en los Sagrados Canones, venerado en Roma de Eugenio IV. y Cardenales. (8)

(8) Corbera hist. de Santa Maria Socòs fol. 96. Rojas Cadena de exemplos, y milagros fol. 459.

Bolvieron de Cataluña al principio deste año Bernardo Cabrera, y Andrès de Biure, que fueron embiados del Rey para las assistencias, y entender el estado destos Reynos; hallaron al Rey en Portoveneris, y le refirieron las diligencias que se executavan para socorrerle.

A los 18. de Enero refiere Zurita *tom. 3. cap. 31. lib. 14.* que hizo gracia el Rey al Infante Don Henrique su hermano à quien llamaron el Infante Fortuna, del Condado de Ampurias, con el reconocimiento devido al Conde de Barcelona Señor soberano, en la forma que le reconocen los otros Barones de Cataluña; però creo se equivòca, porque este año aun le posseìa la Ciudad de Barcelona, pues consta de sus libros, que liberal, y agradecida à los Reales favores, particularmente al Privilegio del Regimiento, concedido por el Rey en el Castillo nuevo de Napoles à 7. de Octubre año 1455. acceptado à 30. de Enero año 1456. con deliberacion del Consejo de Ciento le cediò año 1457. haziendo donativo al Rey de los 50. mil florines por los quales le posseìa. (9)

(9) Archivo de Barcelona lib. Encarnado 3. fol. 188 Dietario, y lib. de deliberaciones del año 1457.

Condado de Ampurias cedido al Rey.

A 20. de Enero embiò el Infante Don Pedro al Rey à Ramon de Perellòs su General del Mar con las Galeras para passar à Gaeta, en la qual fue grande el alborozo por su entrada.

Confirmò este año el Rey, ò diò nuevo Privilegio de su Lugarteniente General de Cataluña à la Reyna, y participava Napoles de los aprietos de la guerra, descõfiada de mantenerse; y para alentarla ofreciò Jacobo Caldòra, si se mantenian por todo el Abril, salir de la Ciudad, y juntar Exercito tal, que pudiessen conseguir no solo la defensa de Napoles, sino echar toda la Nacion Catalana de todo el Reyno: partiò empeñado à juntarle de sus parciales; però el sucesso no correspondiò al empeño como veremos.

Saliò Caldòra, primero à solicitar los socorros de la Provincia de Abruzo: resistieronle las Ciudades de Pena, Thiéte, y Santangelo, fomentadas por el Infante Don Pedro, el qual las atrajo à la obediencia del Rey: assegurada aquella Provincia, passò el Infante à ocupar à Terracina siendo del Estado de la Iglesia, y lo consiguiò, con harto disgusto del Rey, y de los de su Consejo, que eran el Obispo de Lerida, Gilaberto de Centellas, Ramon de Perellòs, Bernardo de Corbera, y Andrès de Biure, que como Catalanes no querian oponersele. Solicitò el Rey varios tratados con los Barones, y Ciudades, inclinandosele algunos: disgustóse el Papa por la conquista de Terracina; y aunque por medio del Obispo de Lerida le embiò el Rey satisfacion, no depuso el enojo, ni dexò de declararsele contrario à la pretension del Reyno. Aunque escusò el Rey por los medios possibles el rompimiento con el Papa, però viendole constante, mãdò salir à sus Vassallos, de Roma, y no obstante embiò à Fr. Bernardo Serra su Limoznero para solicitar la Concordia, à la qual diò grata atencion el Papa, conque el Rey desistiesse de la Guerra, y sugetasse su justicia à la decision de Roma, y siendo esta condicion contra la intencion del Rey, embió este al mismo Religioso al Concilio de Basilèa, assegurandole embiaria sus Embaxadores, quedando con esto en todo discordes el Papa, y el Rey.

Queda para el Rey la Provincia de Abruço.

Conquista de Terracina.

A. N. Pallars, Francisco de Eril, Ramon Boyl, N. de Ribelles, y su hermano, N. Foncuberta, N. Francì, N. Desvalls, Gibert de Monsorìu, N. de Baruttell, tres hermanos Solers, dos Siscars, dos Montaguts, Manuel de Guimerà, Ramon de Senmenat, Juan de Ol-

Nombres de los Catalanes prisioneros de los Ginoveses.

sina

sina, Salvador Cubells, Francisco de Monbui, Guillen Ramon de Moncada, Antonio de Cardona, Vn hijo de Gilaberto de Centellas, Nicolàs Especial.

CAPITVLO VI.

Esperanças del Rey: Alianças, y Guerras entre los Napolitanos: Instancias por la amistad del Papa: Cortes Generales en Monçõ: Servicio, y Armada de Cataluña: Cortes en Tortosa: Queda la Reyna Lugarteniente: Embaxada al Rey, y del Rey al Papa: No se concluye la Paz: Arte del Rey con el Papa, y Concilio de Basiléa: Conquistas del Rey: Llega la Armada Catalana: General, el Conde de Modica: Assiste à los Castellanos de Napoles: Interpresa no lograda: Passa la Armada contra Genova: Pazes con Castilla: Embia Cataluña refuerço à su Armada: Pide el Rey otra: Guerras del Rey, y del Legado del Papa: Vitorias del Rey: Llega el Duque de Anjou: Vitoria del Legado, y quexas del Rey por averfele rompido las Treguas, &c.

ESperava el Rey con la Armada de Cataluña, y con los socorros de los Reynos, salir en Persona à la Conquista de Napoles, y entretenia su gente governada por el Infante Don Pedro, en sujetar los Lugares de Calabria que seguian al Duque de Anjou; però sucediendo la rebelion de Iosia de Aquaviva principal Baron Napolitano vnido con Jacobo Caldòra, quedaron algo desvanecidas las bien fundadas esperanças del Rey, por los levantamientos que fomentaron estos en Abruzo, y por la Guerra que emprendieron contra el Principe de Taranto el primero de los Napolitanos que seguian el partido del Rey; y empeñado este en defenderle, porque se defendia à si mismo, embiò al Infante Don Pedro, y à Ramon Ortafà, paraque juntos partiessen à defender al de Taranto. Por este tiempo llegò à Clusa Francisco Picino con la gente de Lombardìa, socorriòla el Rey con dineros, y se empeñaron todos à oponerse à Caldòra, que avia ganado à Labelo, por faltarle el agua, y estorvaronle conseguir à Barleta, y Venoza obligandole à firmar Treguas, y à retirarse à Abruzo.

No olvidava el Rey en los Militares sudores conciliar el animo del Papa, executando quanto parecia importante para suavizarle; però como con estos oficios no pudo borrar la aprehension recelosa, que avia concebido el Papa de la confederacion del Rey con el Duque de Milan, fue vana la negociacion, y particularmente desviada por las continuas instancias del Duque de Anjou, y de sus amigos que tenia delante el Papa; inclinado mas à favorecerles, que al Rey.

Hallavanse congregados en las Cortes de Monçon el Principado, Reynos de Aragon, Valencia, y Mallorca, para tratar del socorro del Rey, y del Govierno de los Estados; quando los de Cataluña siempre apassionados, y finos amantes de sus Señores, con zelo de conservar la Monarquia que tanto les avia costado Conquistar, previniendo à los demàs, sin dilacion alguna, ni querer atender à otra cosa publica, ni particular por si, como podrian en Cortes particulares ofrecieron luego cien mil florines para armar Galeras, y Vaxeles, y formar Armada numerosa, en socorro del Rey, nombrando por General à Bernardo Juan de Cabrera Conde de Modica, con aprobacion del Rey, que llegò despues. Por este tan liberal, y prompto servicio quedò la Reyna muy agradecida, y mudò las Cortes de comunes en particulares, assignando Tortosa para las de Cataluña à 31. de Março. (1) Llegò en este tiempo el Rey de Navarra Lugarteniente, y Vicario de Aragon, y Valencia con poder de celebrar, y continuar las Cortes, que no pudo por estar ya divididas, quedando la Reyna con su Lugartenencia de Cataluña, y Presidencia de sus Cortes para proseguir solo las del Principado.

Donativo de Cataluña.

(1) *Abarca tomo 2. cap. 3. fol. 202. Zurita tomo 3. fol. 228.*

A los primeros de Abril embiò al Rey el de Navarra, à Bernardo Albert Procurador Real de Ruisellon para infor-

informarle de las Personas, y medios que avia empleado en las Cortes de Aragon, y de lo que juzgava importante proponer para su Real servicio. Firmaronse en este tiempo las Pazes del Rey, y del de Navarra con el de Castilla, con ciertos pactos que no importan à nuestra Historia.

Mientras se aprestava la Armada en Barcelona para la conquista de Napoles, y guerra contra los Ginoveses, respondiò el Rey al Papa por su Confessor al requirimiento de salir del Reyno, con la representacion de la justicia que le assistia en la possession del Reyno que de derecho era suyo, con la atencion avia obrado à favor, y respeto de la Iglesia desamparando su causa para proseguir la Guerra en Berberia contra los enemigos Infieles; y vltimamente con quexas del proceder del Legado, que obrava no como de Paz, sino como Capitan de Guerra, y justificandose por el atentado de aver sus Soldados ocupado à Terracina, pidiendo, y suplicando se le concediesse la confirmacion de la Investidura del Reyno, solicitando en todo perseverar en el respeto, y obediencia devida à la Santa Sede, y escusar qualquier quiebra con el supremo Pastor; y como en esta era se hallassen tan encontrados los Padres del Concilio de Basilèa con el Papa, para atraherles el Rey à su intencion, y para evitar la guerra de la Iglesia, ofreciò à los de Basilèa sugetarles Roma con las tierras de la Iglesia, si le embiavan sujeto con los poderes importantes; y al Papa por medio de Fr. Bernardo Serra, que daria orden à los Prelados, Oficiales, y Clerigos naturales de sus Reynos, para bolver à la residencia de Roma.

Con este arte conciliava los animos divididos del Papa, y Concilio de Basilèa, y con mayor ganava voluntades en el Reyno, que se le agregavan por su arte, y mas por sus vencedoras Armas que con aura feliz corrian por la Provincia de Abruzo, y por el rumor de la Armada Catalana que ya avia partido, y la esperava paraque vnida con la que ya tenia, pudiesse lograr la entera possession del Reyno. Mejoròsele la causa al Rey por la obediencia que le rindieron los Condes de Nola, y Caserta, atrahido el primero por el casamiento de Doña Leonor hija del Conde de Vrgel, y obligado el segundo del de Juana hija del Marquès de Girachi; juntandosele por este medio grandes Barones: saliò de Capua el Rey para el assedio de Marchinisi, que se le rindiò à 30. de Noviembre: de allí passò à Scaphata, y la ocupò, ganando despues Castelamar, y los Castillos de tierra de Labor. Entregòsele voluntaria Salerno con su Principado, Cava Ciudad importante, y las Costas del Ducado de Amalfi. De allì passò à Soma, à tiempo que ya avia llegado la Armada Catalana numerosa de Galeras, y Vaxeles, cuyo numero se ignora por el descuydo de nuestros mayores, que aunque pudieron formarla, olvidaron señalar el numero de Vasos, y Soldados: la ocasion pedia no ser mediana pues el empeño era no solo assistir al Rey, si tambien con declarada Guerra en nombre del Principado vengarse de los Ginoveses. (2) Quedó el Rey con parte de la Armada, y embió las Galeras al Infante Don Pedro, para presidiar con su gente los Castillos de Napoles; lo qual executado, bolvieron las Galeras al Rey con el Infante, y Conde de Modica Bernardo Juan de Cabrera à 22. de Deziembre, al qual dió el despacho de General de la Catalana Armada, como lo avia ya executado la Provincia, y suplicado al Rey.

Rindense al Rey muchas Plazas del Reyno de Napoles.

Llega la Armada al Reyno.

(2) *Archivo de la Ciudad, Diet. deste año, y del de 1457. y Processo destas Cortes. Zurita tomo 3. lib. 14. cap. 39.*

A 24. de dicho mes puso el Rey guarnicion Catalana en Castelamar, mandando al Infante Don Pedro, y al Conde de Modica que con las Galeras, ocupassen el Mar, y costas del Areny à dos leguas de distancia de Napoles, porque avia dispuesto ocupar aquel lugar por su Plaza de Armas para ganar la Ciudad de Napoles.

Llegò el Rey con nuestro Exercito al lugar destinado, y como tenia tratado con algunos principales Ciudada-

Ponese el Rey con Exercito delante de Napoles, y se retira.

dadanos de Napoles, que le entregassen la Ciudad, se puso delante de ella con el Exercito, y diò orden al Conde de Modica que con la Armada ocupasse el Puerto; però como por el tiempo contrario no pudiessen llegar las Galeras el dia señalado, no tuvo lugar la Interpresa; ni se executò despues, por averse descubierto el trato, por cuya ocasion fueron presos los principales complices; y desesperando el Rey de la empresa, diò licencia à la Armada de Cataluña, mientras disponia la forma de ganar à Napoles, para passar à Genova, y devastar aquella Ribera.

1437. Este año confirmò el Rey las Pazes con Castilla, mandò al Cardenal de Tarragona, Obispos de Barcelona, Vique, Valencia, y Huesca, partir al Concilio de Basilèa; aviendo antes embiado por sus Embaxadores al Arçobispo de Palermo, Obispo de Catania, Don Fr. Bernardo Serra, y al Doctor Juan de Palomar: embiò à Cataluña à Berenguer de Oms Virrey de Mallorca, para ciertas dependencias, y con especialidad para solicitar partir algunos Vasos que se acabavan de Armar, para aumentar la Armada, y para que la Condessa de Foix viuda del Conde, bolviesse à Cataluña, que por hija del Conde de Vrgel no gustava se hallasse fuera destos Reynos: venia en vna Galera Berenguer de Oms, afortunado pues supo salvarse perdiendose la Galera por tempestad, à la entrada del Rodano.

Insta la Reyna en las Cortes otra Armada, ò refuerço contra Genova.

Aun proseguian las Cortes de Cataluña, è instava la Reyna en nombre del Rey que la Provincia empeñada en dos Guerras, como eran la de Napoles, y Genova, previniesse otra Armada para la de Genova, ò que reforçasse la que tenia en Italia para resistir à la Ginovesa, sin malograr la empresa de Napoles: buscaronse medios, y embiaronse algunas embarcaciones, y gente à expensas del Principado.

Entrò por este tiempo en Napoles el Patriarca de Alexandria Legado del Papa, alentòse la parte Anjovina, tuvieron algunos encuentros con la del Rey, y ocupò Antonio de Caldòra Virrey de Napoles, por el Duque de Anjou el Valle de San Severino, y parecia emprenderse, la guerra con empeño, motivo que obligò al Rey à mandar al Infante Don Pedro que passasse à Sicilia à reforçar su Armada. El Patriarca declarado enemigo del Rey, hallandose con numeroso Exercito de la Iglesia, y del vando Anjovino, determinò oponerse armado à todas las empresas del Rey, el qual por este tiempo desde 15. de Mayo tenia su Campo sobre la Cerra de donde partiò à Capua, y desde essa à Tiano para conferir los medios de la defensa contra las fuerças Enemigas donde, siendo varios los pareceres, quedò indeterminado el Rey hasta recibir la noticia del sentir del Duque de Milan.

El Legado del Papa se opone à las empresas del Rey.

Mientras discurrian los Consejeros del Rey, el Legado tratava de vnir sus Tropas con las de los Napolitanos: hallavanse las vnas à la vna parte, y las otras à la otra del Rio Volturno, tratando fabricar Puentes para poder juntarse, quando el que governava nuestro pequeño Exercito, (al qual no pudieron juntarse las Tropas de los Barones del Reyno que seguiã al Rey) acometiò al Exercito de los Napolitanos, à vista de la parte del Legado, y le deshizo, y derrotò cõ perdida de todo su Real, Armas, y Cavallos, quedando la mayor parte de los Soldados Prisioneros: refierese esta Vitoria con variedad en las Historias, y en conformidad de no nombrar al General Vencedor.

Vitoria cõtra los Napolitanos.

El Exercito del Patriarca, despues de ocupadas algunas Plazas entrò en Napoles à persuadir à los que seguian al Rey se apartassen de aquella, que dezia errada opinion; y Caldòra Virrey de Napoles, junto à Pescára fue derrotado, y vencido por el Duque de Atri, y algunas Tropas del Rey, con prision de ducientos Cavallos, y siete cientos Infantes de los Enemigos. Vengò el Legado à Caldòra con la derrota que diò al Principe de Taranto, y (que-

El Legado derrota al Principe de Taranto, y queda prisionero.

(quedando prisionero con algunas de sus Tropas baxó de Montefalcolo) passando dicho Legado à oponerse al Real Exercito, que se hallava en Icaphata, rompiendo algunas Compañias adelantadas; y por la noticia de la venida del Rey, levantò su Campo con culpable diligencia, assegurandole en Salerno, donde le tuvo cercado el Rey.

El de Taranto se aparta de la obediencia del Rey.

Passados algunos dias, à los vltimos de Setiembre partió el Rey à Gaeta, alojó su Exercito en los contornos de Capua, y Gaeta, y dió poder al Conde de Nola para tratar con el Legado de la libertad del Principe de Taranto, que no consiguió, porque mudando de opinion el Principe, y el Conde de Caserta, se apartaron de la obediencia del Rey, y passaron al Vando contrario, inducidos de las instancias del Legado, saliendo vanas las diligencias. Viendose el Rey desamparado del Vando de los Vrzinos por la accion del de Taranto, trató consiliar los animos de la parte Colona, atrayendo á su obediencia al Principe de Salerno cabeza de la Familia, obligado de grandes gracias, y soberanos favores.

Empeñado el Rey en la guerra, y empleado en la negociacion, no podia olvidar la importancia de obligar con rendido obsequio al Pontifice à la concordia; conque, aunque favorecia al Consilio de Basilèa, no desistia de suplicar al Pontifice le confirmasse la Investidura del Reyno, ofreciendole socorros para cobrar las Tierras de la Iglesia, que tenian ocupadas los Enemigos; teniendo como en equilibrio los Tratados con el Papa, y con los Prelados de Basilèa, consiguiendo destos letras paraque el Legado le bolviesse las Plazas ocupadas, y del Papa las vistas con el Legado para lograr las Treguas, que se concertaron por todo el mes de Março venidero.

No cumplió el Legado, porque las avia firmado con animo de descuydar, ò divertir al Rey; conque sin atender à la pena impuesta al que las rompiesse de ducientos mil ducados, aviendose à los vltimos de Agosto juntado con Jacobo Caldòra, partió à Tierra de Labor, donde se hallava el Rey sin recelo, descuydado de tal proceder; y acometiendole con su gente le puso en notable peligro. Refieren las Historias Italianas de aquel tiempo, que se movió el Legado à instancias de la Duquessa de Anjou, que le instò el socorro de Aversa, cercada por el Rey, y en estado de rendirse: y que à no detener su Campo el Legado para descansar en Caviano, huviera hallado descuydado al Rey, logrando prenderle; però por la detencion pudo librarse, aunque con daño de su gente, que fue derrotada, y mucha parte prisionera pudiendo la demàs acogerse en Capua, aunque seguida de los Enemigos.

Firma el Legado treguas con animo de divertir al Rey, que se ve despues en peligro, y derrotada su gente.

Embiò el Rey à Angelo de Monfort, y al P. M. Fr. Bernardo Serra al Papa, para representarle la injusticia del atentado, suplicando la revocacion del Legado, y la paga de la pena de los ducientos mil ducados, por aver rompido la Tregua. Despues desta desgracia, partiò Caldòra à Abruzo à levantar nueva gente para bolver a tierra de Labor, y diò orden el Rey à las Tropas que estavan en la Marca que estorvassen los designios del Enemigo. El Legado contento con la Vitoria, partiò à Andria, recibido del Principe de Taranto con festiva demostracion, però con recelos de ser preso, por vn rumor que se moviò en el Pueblo: partiò à socorrer el Castillo de Trana, cercado por nuestro Exercito; y no consiguiendole, se detuvo entre Molfeta, y Juvenazo, dividiendo su Campo en aquella comarca; de la qual partiò à Venecia, y de esta à Ferrara, à encontrar al Pontifice, porque sus Tropas le desamparavan; y para poder apresurar su viaje, y evitar el peligro de perderse dexò su recamara, que llegò à poder de Caldòra, y no la quiso restituir, aunque de valor de mas de quarenta mil ducados: sucediò todo hasta el Mayo.

Embaxada al Papa còtra el Legado.

1438.

Llegò entonces à Napoles Reyner

Llega à Napoles Reyner Duque de Anjou recibido cō aplausos.

ner Duque de Anjou, libre de la prision del Duque de Borgoña, partiendo a recibirle Caldòra, para conferir los medios de oponerse al Rey, que ya se hallava favorecido de los Barones del Reyno, y bueltos á su servicio el Principe de Taranto, y el Conde de Caserta.

No obstante, hallando Caldòra al Conde Francisco Esforcia con el Duque, resolvieron entrar en Napoles, donde fue recibido el Duque como Rey que tomava possession de su Reyno, cobrando aliento sus parciales, tales que mudavan de aficion con la variedad de sucessos, inclinandose al vencedor. Presto lo fue el Rey, sujetando con su Exercito de solos diez mil Soldados los Lugares de Abruzo, pues como iva passando, todos se le ivan rindiendo.

Rindense al Rey muchos Lugares de la Provincia de Abruzo.

Viendo Caldòra ocupados sus Lugares, y la Provincia de que mas fiava, partiò con su Exercito al Lugar de Casa Candidela vezino al Real Exercito, y puesto al trance de la Batalla: persuadiòla al Rey el Principe de Taranto, assegurandole con la Vitoria la ruina de sus Enemigos; pero aconsejado de los nuestros, que eran de su Consejo, á vencer con la paciencia, y dilacion al Enemigo, fundados que en la Vitoria rendia á vn Capitan, en la dilacion conseguia debilitar al Enemigo, y con la perdida de la Batalla perdia el Reyno, decretò esperar al Enemigo en sus Estancias; por cuya detencion obligado Caldòra por la falta de viveres, y desamparo de los suyos, propuso varios tratados para dar la obediencia al Rey; peró como no se admitieron, se apartò quanto pudo dentro de la misma Provincia de Abruzo.

Pretende Caldòra dar la obediencia al Rey cō tratados que no se admiten.

CAPITULO VII.

Movimientos de Esforcia: Trances del Rey: Sus Conquistas: Desafio del Duque de Anjou, admitido del Rey, y no acude el de Anjou al plazo: Conquistas, y Cerco de Napoles: Muerte del Infante Don Pedro: Alça el Rey el cerco: Guerras, y Vitorias de Cataluña contra Franceses: Varias empresas: Perdida del Castillo Nuevo: Tratados con el Papa, y Duque de Milan: Varias empresas: Salida del Duque, de Napoles: Conquistas: Desafio: Peligro de nuestro Exercito: Tratos con Caldòra, y felizes Conquistas, &c.

POr este tiempo el Conde Francisco Esforcia con color de la Guerra contra su enemigo Aquaviva, tenia vn buen pie de Exercito: aun no declarado contra el Rey, y sin declararse dexò la empresa de la Marca contra Aquaviva, y Francisco Picinino, y assentò su Campo delante Amatrice, Ciudad que obedecia al Rey: el qual atento á los movimientos de Esforcia dudoso amigo, paraque no se declarasse enemigo mandò á Nicolo Picinino declarado enemigo de Esforcia emprender la Guerra contra la gente, y tierras que posseìa Esforcia en la Marca, juzgando divertirle si tenia intencion de declararse contra el Rey, para acudir á defender sus interesses proprios: por otra parte seguia el Rey á Caldòra en el Abruzo, y le tenia en estado de rendirle, ò apartarle de la Provincia para poder enteramente dominarla: sucedieron estos progressos hasta 8. de Julio.

Ofreciò favores á los Picininos el Rey para mas obligarles á oponerse á los designios de Esforcia, en este tiempo de Agosto ya manifiestos, pues obligò á los Ciudadanos de Amatrice á entregarle mil y quinientos ducados, instando despues que quitassen de su Ciudad las Insignias, y Real divisa: temiendo el Rey que este enemigo no le estorvasse el concluìr con Caldòra, y ocupar Abruço que era lo summo de de las consequencias del estado del Rey, y le facilitava la conquista de la Ciudad de Napoles, resolviò embiarle Mensageros para divertirle de la guerra que emprendia: à los quales, aun juzgando que el Rey no le conocia, respondiò que era su Amigo, y que no pretendia ofenderle, que lo que avia executado con aquella Ciudad, era justa vengança, porque avia recogido à sus Enemigos.

No satisfizo esta respuesta, por contraria à lo que se executava; con que el Rey con los medios ordinarios de agasajos, y ofrecimientos solicitò la amistad de Esforcia, y en caso que no se pudiesse conseguir, determinò reducir à Celano, y al Condado de Albi, y aumentado de fuerças oponerse à Esforcia, que no podia mantenerse mucho en la Campaña, porque era requerido, y llamado del Duque de Milan, al qual devia obedecer.

Conquista el Rey muchos Castillos, y Plazas.

Consiguiò con felicidad el Rey la Ciudad de Salmona, los Condados de Albi, y Celano, y à fuerça de sus Armas conquistò muchos Castillos que posseìa Caldòra; y à 19. de Agosto avisado que el Duque de Anjou se avia juntado con Caldòra, y que con numeroso Exercito venia à impedirle sus progressos, puso su Campo junto à Picino para esperarle. No juzgava el Rey tan aumentado de Tropas al Duque como viò, y juzgandole desigual, embiò à llamar al Infante Don Pedro, y al Principe de Taranto, que estavan con su gente divididos por los Montes: los quales acudiendo diligentes à juntarse con el Real Exercito, pudieron presentarse à los Enemigos, y no escusar el trance de la Batalla. Viendo el Duque de Anjou à nuestro Exercito dispuesto al conflito, embiòle al Rey vn Araldo con vn guante desafiandole para la Batalla: aceptola el Rey, tomò el guante, y respondiòle, que no aviendo de ser cuerpo à cuerpo, y duelo particular, sino Campaña de Exercito à Exercito, el desafiado devia elegir lugar y dia, y assi que elegia por lugar la Tierra de Labor, y por dia el dia nueve de Setiembre, partiendo luego con su Exercito à esperar al Duque en el lugar señalado, donde le esperò hasta el dia diez, y no compareciendo partiò al Assedio de Arpadio. Pareciòle mas acertado al Duque entrar en Abruzo, y reducir aquella Provincia, que la Batalla en el Campo de Labor, escusandose de aventurar su Persona, y empresa de la possesion del Reyno.

Desafia el de Anjou al Rey para la Batalla, y admite.

No comparece el Duque de Anjou en el lugar de la Batalla.

Ganado por fuerça de Armas Arpadio, conquistò à fuerça de su valor el Rey a Grañano, y a Scaphata, reduxo à su servicio al Conde de Montorio, firmò treguas con el de Sanseverino, y passò con la Armada, y Exercito al Assedio de la Ciudad de Napoles. Ocupò el Exercito los puestos, y formò sus lineas, y la Armada tomò la linea delante del Puerto: hallandose fortificado el Exercito, saliendo el Infante D. Pedro de su quartel contra vna surtida de los Enemigos, fue herido de vn tiro de Bombarda en la cabeça, quedando muerto en la campaña: recogieron el Cadaver los nuestros, entrandole en la estancia del Rey, el qual sentido de la desgracia, no pudo hablar de dolor; però este no fue superior al valor de su corazon, pues obediente à los divinos decretos, buelto en si dixo: *Dios te perdone hermano, que yo esperava de ti otros plazeres:* alentò, y consolò à los Soldados en la perdida, agasajandoles con dividirles los bienes del difunto Principe, como herederos de su valor, y esfuerço; però ni aun con esto pudo moderar el justo sentimiento, y bien sentidas lagrimas de los Vassallos commilitones del Infante.

Assedio de la Ciudad de Napoles.

Muerte del Infante Dō Pedro.

Prosiguiò el assedio ofendido el Rey, por espacio de treinta dias, hallandose la Plaza en los vltimos ahogos de la hambre: prevenian en esta ocasion el Duque de Anjou, y Caldòra el socorro, y solicitava el Rey que los Barones de su vando acudiessen al Exercito para impedirle la entrada, y defender sus lineas; però no acudiendo, fue preciso levantar el assedio, por no hallarse, con pocas fuerças, circuìdo de los Enemigos de

Es socorrido Napoles, y el Rey levanta el assedio.

de la Ciudad, y socorro, y partir à Capua, entrando el Duque de Anjou en Napoles, libre mas por falta de los Napolitanos que seguian al Rey, que por el arte, y Armas del Duque.

De Capua partiò el Rey á invernar en Gaeta, y à 12. de Deziembre embiò al Duque de Milan por su Embaxador Berẽguer Mercader con la relacion del sucesso de Napoles, y de la causa que le obligò á levantar el Assedio.

Dos vezes entran los Frãceses en Ruisellon, se retiran con poco credito.

En este tiempo Alexandro de Borbon, Ponton de Contralla, y Rodrigo de Villandrando Capitanes Franceses, à los quales llamavan roteros, entraron con numeroso Exercito en Ruisellon, y emprendieron combatir el Castillo de Salsas: opusose la Provincia à la invasion, librò á Salsas, y obligò á retirarse los Franceses con poco credito. (1) Embiò el Principado el aviso del sucesso, al Rey, y la noticia de la prevencion de los Enemigos para entrar con mayores fuerças el año siguiente, suplicandole fuesse servido venir à defenderle: respondiò el Rey, entendiendo que por arte del Duque de Anjou, para sacarle de Italià avian sucedido aquellos movimientos, que no podia por entonces dexar de proseguir el empeño de ocupar lo que faltava de las Provincias del Reyno de Napoles.

(1) *Bosch tit. de honor de Cat. fol.* 60.

1439. Bolvieron los Franceses reforçados de gente à entrar en Ruisellon este año, y bolvieron los que supieron librarse de las manos de Cataluña, escarmentados à Francia, (2) no atreviendose en muchos años à otra prueva como veremos. Refieren las Historias de Aragon, que prevenia sus fuerças el Reyno para assistir à Cataluña, que por entonces no fueron menester, porque se retiraron los Franceses à Castilla llamados de aquel Rey, para ocupacion mas justa, porque el Rey de Castilla se quiso valer destas Armas contra las que empuñavan sus Vassallos en daño de la Corona. (3) Este año se diò principio al Muelle de Barcelona, y se concluyò el lienço del Muro de la Ribera.

(2) *Bosch fol.* 60.

(3) *Abarca tomo* 2. *fol.* 107. *Zurita tomo* 3. *fol.* 254. *y* 255.

Muelle de Barcelona.

Proseguia el Rey en aplicar medios, y obligar con promesas al Conde de Esforcia paraque se declarasse en su servicio, però politico quedò indiferente, esperando los sucessos para declararse à favor del Vencedor. El Duque de Anjou en Abruço recobrò las Plazas que avia sujetado el Rey, el qual para compensar las perdidas con mayores ganancias, saliò con su Exercito de Gaeta por la primavera, y passando à Capua, conquistò Villa, y Castillo de Caviano: dirigiò su Campo despues al assedio de Pomiliano, el qual despues de algunos avanzes se le sujetò con otros siete Castillos, y para assegurarse de toda la Provincia de Labor, bolviò á Capua, y puso su Exercito en Pontecorvo. Hallandose en este lugar, embiaron á buscar los Ciudadanos de Caviano al Duque de Anjou, que llegò puntual con sus Tropas, y ocupò la Villa, però no pudo rendir el Castillo; de la qual accion avisado el Rey, llegò puntual, entró su gente dentro del Castillo, recobró la Villa desamparada de sus Naturales, y bolviò para descansar, à Gaeta.

Instava al Rey el Duque de Milan para que mandasse salir sus Embaxadores, de Basilèa, y apartasse los naturales destos Reynos, de aquella Congregacion, ofreciendo dar el mismo orden à los suyos: pesando el Rey los interesses, desviò al Duque de su opinion, convencido de las razones del Rey, siendo la mas fundada, que quedarian solos los Franceses, y depondrian al Pontifice eligiendo à otro, con grande daño, y escandalo de la Iglesia; y assi conformes en mantener la Congregacion de Basilèa, embiaron à ella, por sus Embaxadores al Cardenal Don Domingo Ram Arçobispo de Tarragona, y al Arçobispo de Milan.

Dexadas las Armas, solicitò el Pontifice con la negociacion dar paz a Italia, y componer el Rey con el Duque de Anjou; pero como todos pretendian la Corona, quedò impossibilitada la Concordia, y porque el Duque fundava su derecho delante del Papa en vna obligacion que

Solicita el Papa dar paz à Italia, y componer al Rey con el Duque de Anjou.

que avia firmado el Rey à la Reyna, que si en algun tiempo empeñava las Armas contra su Persona, y Estado quedasse inabil para la succession, y tuviesse como por renunciado su derecho de la adopcion. Embiòle el Rey por sus Embaxadores à Dō Alonso de Borja Obispo de Valēcia, à Berenguer de Fontcuberta, y à Berēguer Mercader para satisfacerle, y borrarle la aprehension que avia formado de las razones del Duque, con la evidencia del justo proceder del Rey en su defensa, y de sus Amigos, no aviendolas dirigido en daño de la Reyna, ni del Estado; y paraque el Papa desistiesse, ò moderasse su aficion à favor del Duque, solicitò el Rey con el Duque de Milan favorecer con mayor calor, y empeño à la Congregacion de Basilèa, que era el contrapeso de las operaciones del Pontifice.

Los Napolitanos de la Ciudad, y Anjovinos estrechan el Castillo nuevo de Napoles.

Estrechavan los Napolitanos de la Ciudad, y los Anjovinos con su Exercito al Castillo Nuevo de Napoles governado por Arnaldo Sans, que invencible Capitan le defendia con los Catalanes con extremado valor; conque viendole el Rey empeñado en la defensa, y assegurado que jamàs le entregaria, antes perderia la vida con los suyos, no hallandose con poder para socorrerle como devia, por el numero, y forma de los Enemigos que le estrechavan por mar, y tierra, mandò à Guillen Ramon de Moncada, y à Ramon Boyl entrar en el Castillo con poder de concertarse con el Duque de Anjou sobre la entrega del Castillo, quando viniesse el caso de impossibilidad de defenderle, con animo de no perder la Guarnicion.

Socorre el Rey al Castillo nuevo.

Llegò el dia 28. de Julio quando los Enemigos al vltimo de tres avances ganaron la Torre de San Salvador del Castillo nuevo; y avisado el Rey partiò àzia Capua, à juntar su Exercito para socorrerle con socorro Real, y entretanto mandò partir cinco Galeras Catalanas à socorrerle de vituallas, y lo lograron à pesar de los Enemigos. Llegò despues con su Exercito à vista de las fortificaciones enemigas, y viendolas tambien dispuestas, y asseguradas, dudò por entonces del socorro, que ya avia de ser dominarles con la Vitoria; y como ya el Castillo se hallava socorrido de viveres, determinò esperar seys Galeras, y vna Nave, Catalanas, cuyos Capitanes eran, de la Nave N. Bastida, y de las Galeras Gilaberto de Mōsoriu, y Galceran de Requesens, y la Armada de Riambao de Corbera, ocupada en los mares de Salerno con buenos sucessos en aquellas costas. No obstando los hechos de guerra, continuavan las platicas de Concordia, que juzgandolas en daño de los interesses del Rey, las mandò romper para no dilatar los progressos de la guerra.

Apretavan por el mes de Agosto tan fieramente los Enemigos al Castillo, que le tenian en estado desesperado, y por faltar las vituallas embiaron à pedir socorro al Rey, el qual impossibilitado por ocasion de las mayores fuerças de los Enemigos, embiò à mandar à los defensores que no pudiendo mas defenderse se pactassen con los Enemigos, porque mas apreciava sus Personas, que la Plaza. No obstante continuaron en defenderse, y el Rey por su Persona por mar, y tierra intentò socorrerle, però saliendo vanas todas las pruevas, y diligencias, se apartò de la empresa, y diò orden à los del Castillo que luego pactassen, como lo executaron llevandose quanto pudieron sacar, y con los pactos de honor militar entregaron à los Enemigos el Castillo (4) à 24. de Agosto. Embiò el Rey à Cataluña à participar la razon que le obligò à mandar entregarle, y pedir se alentassen para socorrerle en el empeño de dominar la Ciudad principal, que lo juzgava facil manteniendo el Castillo del Ovo, Gaeta, y Iscla, que no podian dexar de tener en continuos ahogos aquel grande Pueblo de Napoles.

(4) *Real Arch. de Barcelona Regist. Reg. Alphonsi. Regist. diversorum.*

Rindese el Castillo nuevo con buenos pactos por orden del Rey.

Pide assistencias el Rey à Cataluña para dominar la Ciudad de Napoles.

Repartiò el Rey sus Tropas en Abruço, y Labor, y partiò con vn Campo bolante àzia el Principado, contra los de San Severino; de aqui

par-

Conquistas, y entrega de Plaças al Rey.

partiò al Assedio de Salerno, que ocupò con gloria grande de su Nombre, passò contra Aymerico de San Severino, que se puso à su obediencia con todos los Señores de su casa, en aumento, y credito de la parte del Rey. Defendiò el Rey despues deste succesSo à los vltimos de Setiembre el passo, embarazando à Caldòra juntarse con el Duque de Anjou en el esguazo del Volturno. Tratavan en este tiempo los del Castillo de la Cerra entregarle al Rey, que le diò motivo esta platica para no alojarse en aquella Campaña por evitar los daños, y passar con su Campo à la Mascaria determinado de concluir la Tregua con el Papa por dos años, para mas libre, y desembarazado proseguir su empresa contra sus Enemigos, de los quales muriò en este tiempo Jacobo Caldòra Duque de Bari, vno de los primeros del Reyno, y fue su muerte à los 15. de Noviembre: omito referir los disturbios Civiles de Castilla, porque jamas pareció justo à Cataluña fomentarlos.

A los vltimos de Noviembre entregaron la Cerra al Principe de Taranto, movidos los Naturales del mal tratamiento de Antonelo, que la posseìa, y el Rey partiò al assedio de Aversa, que estrechò. Con deseos de socorrerla, requiriò el Duque Reyner à Antonio Caldòra hijo, y successor de Jacobo, paraque fuesse à juntarse con sus Tropas para socorrerla: dilatólo con pretexto de falta

1440. de dineros; y buscando ocasion de concertarse con el Rey, lo fue de no poder cumplir sus deseos el Duque, y de quedar la Plaza en la vltima desesperacion, y tambien el mismo Duque, determinado de dexar el Reyno, y embarcarse en dos Naves Ginovesas con su muger, hijos, y familia para Florencia à solicitar los socorros del Papa Eugenio; y lo huviera executado, à no detenerle el iman del llanto de los afligidos Ciudadanos de Napoles.

Desesperada de socorro Aversa se entregò con buenos pactos al Rey, à los 17. de Enero, aviẽdo salido antes disfraçado à la noche Reyner cõ corto sequito, de Napoles, para vnirse cõ Antonio Caldòra, y le aprovechò la noche, y el arte, para librarse de nuestra guarniciõ de Baiano, y de los que encontrò en el camino, fingiendose Catalanes los que le acompañavan, que ivan à ocupar à Somonte por interpresa, siendo facil porque todos en Italia hablavan el Catalan. Quando el Rey entendiò este arriesgado disfraz dixo: *Menester es, que cada vno haga su dever, pues se à desencadenado el Leon*: Quedando assegurado el Duque, se despidiò de los Napolitanos que le avian seguido, encargandoles la Ciudad, y partiò à la Ciudad del Aguila à encontrar à Caldòra.

Entregase Aversa al Rey cõ buenos pactos.

Mientras como fugitivo traspassava hielos, y malezas el de Anjou, continuava el Rey sus progressos, ganando con Aura feliz Amigos, Pueblos, Ciudades, y Castillos; teniendo los suyos en el vltimo estado el de Aversa apretada por el Exercito governado por Ramon Boyl, y impossibilitada de socorros. Mientras prosseguia Boyl el Assedio del Castillo de Aversa se entregò al Rey la Ciudad de Amatrice de la Montaña de Abruzo: tenia ya el Rey en tal estado su empeño, que le juzgava assegurado, si el Duque de Milan no entrava en la liga de los Venecianos, y Florentinos, como se lo persuadian los Enemigos del Rey, particularmente dando lugar la conquista del Castillo de Aversa, para emprender la de Napoles.

Resuelto el Rey à conquistar la gran Ciudad de Napoles, fin de su empresa, previno que los Napolitanos de su sequito se armassen, y al Conde de Lauria, y à Antonio de Centellas que pusiessen en orden sus Tropas, mandando à los vltimos de Marzo pagar su Exercito. Saliò de Capua al Assedio de Napoles, rindiósele Montefusculo, passò à la Guardia, de ella, à Ampalda, y desta à Peloza con todo su Campo, à donde à 29. de Junio llegò vn Trompeta del Duque de Anjou, por el qual desafiava el Duque al Rey cuerpo à cuerpo à singular Batalla, ò con vna

Segũdo desafio del de Anjou, no admitido del Rey.

Esquadra, ò bien con Exercito, para que el vencedor lograsse con la vitoria la Corona de aquellas fertiles, y dilatadas Provincias. Respondiò por el mismo Trompeta el Rey: *Que no seria de buen sesso, ni juizio, siendo ya suyo casi todo el Reyno, arriesgarlo à la ventura de una Batalla, pues el oficio de buen Capitan era vencer, y no pelear*. Por esta exclusiva desesperado el Duque, dia 30. de Junio acometiò al Campo Real, dando principio al combate el mismo Duque; y es cierto peligrara nuestro Exercito si Antonio Caldòra huviesse querido pelear, escusandose por el numero de los nuestros, y à la verdad porque queria mudar partido arrimandose al mas seguro: desamparado el Duque del de Caldòra bolviòse triste, y confuso à Napoles; però los Caldòras no se atrevieron a declararse por el *Rey*, teniendo sus Soldados aficionados al Duque.

Apartados los Enemigos passò el Rey con su Exercito azia Gancèlo, passaron varios disgustos entre el Duque de Anjou, y Caldòra de quexas, y satisfaciones: llegò el empeño à assegurarse el Duque de la Persona de Caldòra; però obligado de la alteracion de los Soldados, le concediò la libertad, que la logrò para tratar de reducirse à la obediencia del *Rey*, el qual consiguiò con estos tratados el Castillo de Aversa, Plaza importante para conseguir à Napoles, y despues à Salerno, y Maralon, dominando con estas vitorias toda la Provincia de Labor, excepto Napoles, y Puçol, que ya podian poco mantenerse, ocupadas todas las Plazas, y passos.

Queda dueño el Rey de toda la Provincia de Labor excepto Napoles, y Puçol.

Passaron en Basilèa à elegir Pontifice à Amadèo de Saboya, que se llamò Felix: no quiso reconocerlo el *Rey*, y mandò à sus Embaxadores salir de Basilèa, por no faltar al verdadero Pastor, no obstante embiò su Embaxada à Felix para tratar de sus interesses, en caso fuesse admitido como à verdadero Pastor, obligandose à favorecerle si le concedia la Investidura de Napoles: hazia estas mismas diligencias con el Papa Eugenio, à fin de acogerse al mas seguro partido, sin declararse por ninguno. Solicitò concordia con el *Rey*, el Duque de Anjou, conque adoptasse à su hijo Juan, porque no tenia el *Rey* hijos legitimos: no admitiò la proposicion diziendo el *Rey*: *huviera sido buen Capitan de mi Enemigo, si le dexàra el Reyno que avia conquistado con el Arte, y la fuerça?* Y para mas confirmarse en su razon, y assegurar el estado para si, en daño de su Enemigo, rindieronse al *Rey* Montefusculo, y Benavento, Plazas importantes que posseian sus Enemigos.

Eligẽ Pontifice los de Basilèa, y no le reconoce el Rey.

Concordia del de Anjou no admitida del Rey.

CAPITVLO VIII.

Entrada contra las Tierras de Esforcia: Vitoria en Bressano: Embaxada al de Milan, y de Florencia al Rey: Sus vitorias, conquistas, y aliançasde Fr. Nadal Gaver: Principio de la Tabla de Depositos de Barcelona: Confederacion para sacar al Rey, y Nacion Catalana, de Italia: Valor del Rey: Assedio de Napoles: Conquistas de Plazas: Avances: Reencuentros, y Vitorias hasta la entrada en Napoles: Principio de la observancia de Monte Casino en Monserrate: Acuerdo de las Vitorias Catalanas en las Puertas de Napoles: Se hallan en la Ciudad de Barcelona: Estado de los Catalanes de Grecia: Hospital de Barcelona, &c.

LA entrega de Benavento diò grande opinion al *Rey*, facilitòle la entera conquista del *Reyno*, la obediencia de los Caldòras, la Concordia con el Papa, y desaliento à los Ginoveses, y demàs Confederados con el Duque de Anjou de poder mantenerle: con el aliento destas Vitorias, emprendiò entrar con hostilidad en los Lugares que posseìan en el *Reyno* los de la Casa de Esforcia. Nicolo Picinino consiguiò grande vitoria en el Bressano, del Conde Francisco Esforcia, dexando aquellas Tropas derrotadas, y deshechas. Tuvo varias conferencias el *Rey* por medio de sus Embaxadores con el Duque de Milan, para asseguraxle

1441.

guarle en su Estado, y concederle á Iscla para tener Puerto en el Reyno; y para quitarle los recelos de las platicas que tenia con el Pontifice. Llegaron Embaxadores de Florencia al Rey para tratar de la Concordia con el Papa, y los Esforcias: respondiòles agradecido, que embiaria la resolucion por sus Embaxadores, y lo diferia por avisado que el obsequio solo era arte fingido de sus Enemigos.

Partiò el Rey, de Aversa á dar aliento á los suyos que tenian bloqueada la Ciudad de Cayasa, que se le rindiò luego por la Autoridad de su Persona: y prosiguiò la Guerra contra los Lugares de los de Esforcia, que socorridos del Papa, obligaron al Rey á tomar el camino de Pescara para esperar los socorros de Nicolo Picinino.

(1) *Libro de resoluciones. Archivo de Barcelona Diet. deste año.*

Tabla de Barcelona.

Se diò principio á la Tabla de Barcelona, lugar de los depositos, y Erario de la Ciudad. (1). En este tiempo para confirmar en su obediencia al Principe de Taranto, partiò el Rey á Bari, reduxo al Conde de Avellino, á sus Vassallos, y á los de Miguel de Atendùlis, talò las campañas de Apici, y Arcazio, sugetò con pactos á Padula, Perra, Pulcina, Mirabela, Cassano, Montella, Bañolo, Sabiniano, Panno, y Monteleon, y ocupò la Vrzara buena Plaza á discrecion, y á su arbitrio. De aqui passò á talar los campos de Troya, en la qual se encerraron todos los Capitanes del vando de Esforcia: presentóles la Batalla el Rey delante de la misma Plaza, y no admitiendola, assentò su Real entre Troya, y Vrzara á dos millas de Troya; y pareciendoles el siguiente dia al rayar del Sol, que faltava valor en los nuestros para el conflito, fundados en la retirada, salieron de la Plaza dispuestos á la Batalla, de que avisado el Rey, recibiòles en medio del camino, y allí se travaron los dos Exercitos. Presto conocieron su error los Enemigos, que para mejorarse, buscaron defensa en las Murallas de Troya, però no obstante su abrigo, fueron vencidos, y deshechos delante de ellas, quedando la mayor parte Prisioneros. Diò nuevo animo al Rey esta Vitoria para emprender la conquista de Bicari, que fue entrado, y puesto á saco por el grande valor de Luìs Despuig Maestre de Montesa. Prosiguiò sus progressos entrando en Biseli, y diò orden á sus Capitanes, divididos por las Provincias, que llegassen á juntarsele para emprender el viage de Roma, aviendosele mejorado el partido por la reduccion de casi toda la Provincia de Calabria, que embarazava antes la empresa de otras conquistas.

Liga cōtra el Rey, y Nacion Catalana.

Embidiosos los emulos del Rey de tan grandes Vitorias, firmaron Confederacion, el Papa, Venecianos, Florentinos, Ginoveses, y todos los Potentados de Italia, con animo no solo de oponersele á la conquista de Napoles, sino tambien de echarle de Italia, y á toda la Nacion Catalana, a la qual todas aquellas Potencias aborrecian, ofendidas de sus Militares glorias, colorando su embidia en la comun defensa, contra los daños, y licencias militares de la Nacion, ponderados para atraher á los Pueblos.

Embiò el Papa á favor de los Aliados por Legado al Cardenal de Taranto con Exercito de diez mil hombres, para juntarse con los demás llegò á Albi, que le diò la obediencia, y el Rey con invencible animo, como sino tuviera Enemigos, prosiguiò sus Conquistas, sujetandosele, hasta llegar á poner su Campo delante de Napoles, Baordo, Pignateli, y Antonio Spinela con sus Estados, y la Isla de Capri. Llegando nuestro Exercito á la vista de Napoles, mandò el Rey assentar su Real en Campo Viejo á los 17. de Noviembre: alli recibiò aviso de las escusas que dava el Duque de Milan por la conclusion del Casamiento de su hija con el Conde Francisco Esforcia, admitiò la proposicion de las Pazes con el Conde, y con los otros confederados, respondiò agradecido á los favores que avia recibido del Duque por medio de su ordinario Embaxador, advirtiendole que no devia soli-

ſolicitar la concluſion de las Pazes, que aunque ſe concluyeſſen, no las juzgava firmes, y que ſe alentaſſe, porque eſperava ſin las Pazes, ni amiſtad de los confederados, lograr la entera Conquiſta del Reyno de Napoles, que juſtamente le tocava; y para conſeguirla procurò aumentar ſus fuerças ſolicitando partieſſe la Armada que le avia ofrecido la Ciudad de Barcelona, y Principado de Cataluña, amàs de la que tenian en Italia, y los ſocorros deſtos Reynos, y Islas, pidiendo eſtuvieſſen todos prevenidos à la Primavera del ſiguiente año para la entera conquiſta de aquel Reyno.

Deſde Campo Viejo formava ſus lineas, y mandava fabricar ſus fuerças el Rey para la circunvalacion de Napoles, firmò Treguas con el Legado del Papa, y ſe reduxeron al Rey los pocos Lugares que avian quedado en Calabria en poder de los Enemigos, hallandoſe cō mayores alientos de proſeguir el Aſſedio de Napoles. Aviendo eſte de ſer dilatado, por la fortaleza, y conſtància de aquellos Ciudadanos, dexando preſidiadas las lineas, y fuerças, partiò el Rey con parte de ſus Tropas à combatir à Puçol, vezino de Napoles para mas eſtrecharle, aviendo dexado en ſu Campo de Napoles al Infante Don Fernando ſu hijo natural. Al llegar delante Puçol, fortificò el Rey ſus quarteles, defendidos con ondo foſſo, y fuertes Baluartes, y medias lunas, como otra ſegunda Plaça: formò ſus Ataques, diſpuſo las Baterìas, empeçando à combatir la Ciudad con ſu Exercito por parte de Tierra, y con la Armada por parte de Mar: juzgando los cercados impoſſible el ſocorro, y padeciendo los ordinarios ahogos admitieron al Rey, abriendole las Puertas à 21. de Deziembre; dandole lugar la Vitoria para bolver triunfante à las lineas del Aſſedio de Napoles.

Rendimiēto de Puçol.

Omito referir los ſuceſſos eſtravagantes de los diſturbios de Caſtilla ſucedidos eſte año, aunque algunos particulares deſta Provincia ſiguieron en ellos al Rey de Navarra, è Infante Don Henrique hermanos del Rey, porque jamàs Cataluña los quiſo.

1442.

Eſte año aficionado el Rey à la exemplar, è inculpable vida de los Monges de Montecaſino, principal Convento de la Orden de San Benito, ſolicitò que la Sāta Caſa de Monſerrate ſe governaſſe con las Leyes de aquel Convento; y aprobandolo los Monges Catalanes, vinieron à Monſerrate à inſtancias del Rey, el Abad Fr. Antonio de Aviñó con otros ſeys Monges de aquel Santuario, para inſtruir à los Catalanes en la obſervancia de Montecaſino, entrando en aquella Camara Angelica el ſagrado Inſtituto, que obſerva. (2)

El Convento de Monſerrate governado cō las leyes del de Monteċaſino.

(2) Archivo de Monſerrate lib. Antiq. Manuſcri. num. 89. Argayz Perla de Catal. fol. 94.

Hallavanſe en eſte tiempo los Pobres Catalanes de las Provincias de Atica, Beocia, y Acaya perſeguidos de las fuerças crueles de los Turcos, defendiendoſe con valor, aunque deſiguales al numero, y poder enemigo, deſeſperados de ſocorro, olvidados de ſu Rey, y Nacion metida en las guerras de Italia, y diſturbios de Caſtilla fomentados por el Rey, y ſus hermanos; no pudiendole eſperar de alguno de los Principes Chriſtianos empeñados todos en ſus particulares guerras, ni menos del Papa moleſtado del Antipapa, ſiendo eſto la cauſa de perderſe aquellos Pueblos Catolicos, como veremos, con laſtima, y deſcredito.

Perdida de las Provincias de Atica, Beocia, y Acaya.

Eſtava circuido Napoles deſde 17. de Noviembre del año 1441. haſta 25. de Deziembre del preſente, y en el ahogo que puede juzgarſe de vna Ciudad tan Popular, deſpues de año entero de eſtrecho Aſſedio: refieren las Hiſtorias Italianas que jamàs avia llegado à tal eſtado; però el amor que tenian los naturales al Duque de Anjou, y odio à nueſtra Nacion, les mantenia en ſu deſeſperado eſtado, abandonando vidas, y haziendas, determinados de perderſe antes que entregar ſu libertad con la Patria. Quanto mayor era la neceſſidad, mas cuydava el Rey de eſtrechar la Plaça, para obligarla à buſcar ſu clemencia; però jamàs dayan ſeñas de admitir

Continua rigurofo el aſſedio de Napoles.

mitir su gracia, por cuya ocasion avanzò à la Torre de Octavo, que se le rindiò en tres dias de combate, y discurriò por los Lugares de la Tierra de Labor, que es la Provincia de Napoles, assegurandola. Dispuso en varias estancias su Campo, para mas estrechar el assedio; à vna parte de la Ciudad governando por su Persona; y el Infante Don Fernando los puestos, que divididos avia fortificado en la otra.

Estrechado assi el assedio, y encargado todo al Infante Don Fernando, partiò el Rey con parte de sus Tropas desde las lineas à desalojar à los Enemigos, de vn collado que avian fortificado muy cerca de Campo Viejo, lograndolo con acierto, y poca perdida: de allì passò à Gaeta, y à 12. de Febrero mandò partir la Armada, y la gente que avia sacado de los quarteles del assedio de Napoles para combatir à Sorrento, Massa, y Vico, que aun se conservavan por el de Anjou en aquella Provincia. Hallandose el Rey en Gaeta, bolviò de Milan Juan Zaburgada Embaxador del Rey, con la proposicion de las Pazes con los Ginoveses, con condicion que el Rey diesse al Duque, ò à los Ginoveses la Isla de Cerdeña: respondiò el Rey al Duque por el mismo Embaxador que esto no dependia de su voluntad, porque por las Leyes, y Constituciones de Cataluña, y por la vnion de los Reynos de la Corona estava prohibida la enagenacion, y que estava obligado con juramento à no permitirla; y quitada esta condicion diò poder al Duque de tratar las Pazes. Diò tal razon el Rey para assegurar que no podia enagenar à Cerdeña, que fuera muy notada, y admirada en este tiempo, en que escrivo lo referido: favorezcanos Dios para imitar el valor, y constancia de nuestros mayores en defender, y conservar la Corona entera para nuestro Rey, y Señor. Estas son las palabras del Rey dignas de mayor exordio, y recomendacion: *Que la division de Cerdeña le estava prohibida por las Leyes de la Corona, por la religion del juramento, y por la entereza de sus Vassallos, que no tolerarian tan injusto desconsuelo sin peligros, y disturbios.* (3) A 16. de Março hallandose el Rey en Puçol le dieron la obediencia los vezinos de Capri, y Anacapri; y à 31. de dicho mes aviendose acabado de fortificar la Bastida de Picifalcon para impedir mejor el transito, y salida de Napoles, partiò para el assedio de Vico, y llegando allì la Armada de ochenta vasos, no atreviendose à tolerar los cercados los trabajos del assedio por mar, y tierra, se entregaron al Rey; sujetando despues à Massa, rindiendosele Gulionizo, y estrechando à Sorrento por Mar, y Tierra.

(3) *Zurita tom. 3 fol. 273. Abarca tõ. 2. fol. 211.*

Entrega de Vico.

Mantuvose Napoles tan dilatado tiempo, por los socorros de viveres, y municiones de guerra que entravan por Mar los Ginoveses, y Proençales; però aumentada nuestra Armada con los vasos de refresco que llegaron de Barcelona, quedaron impossibilitados aun estos debiles alivios, y quedò la Ciudad en la vltima miseria. Refiere el Summo Pontifice Pio II. Autor de aquel tiempo aver perecido al cruel cuchillo de la hãbre dentro de la Ciudad, cerca de treinta mil Personas; (4) però ni aun estas lastimas moderavan la desesperada pertinacia de los que quedaron vivos. Avia muchos en el Campo del Rey, que lastimados de la fatal desgracia de la Patria, solicitavan librarla de la vltima ruina; y aunque deseavan que el Rey ocupasse la Ciudad, no gustavan la consiguiesse por combate, con recelos de que no quedaria, aun sombra de la rara maravilla de su primero esplendor, y buscavan los medios de reducirla.

(4) *Pio 2. en su Cosmog. descrip. Europa cap. 65.*

Llegaron al Campo del Rey, llevados de la hambre dos Oficiales de Napoles, que tenian cargo del Formal, que es vna Azequia grande, que entra en la Ciudad por vna mina fabricada desde la Fuente, donde se toma el Agua que sirve de regalo, y provecho à los Napolitanos, discurriendo grande parte de la Poblacion: refirieron estos que seria facil la entrada de la Ciudad por la mina de la Azequia, entraron algunos Cata-

Dos Oficiales de Napoles dã la traza al Rey para entrar en la Ciudad.

talanes, y Aragoneses para la prueva, que no pareciò dificil: conferia el Rey con los que le ofrecieron la traça; y sospechando los Napolitanos del Campo el motivo de las conferencias, avisaron à la Ciudad que se pretendia entrarla por las Minas. Por esta noticia, diò orden el de Anjou à la guarda de los passos, y Minas que davan al Formal, paraque estuviessen con cuydado, y multiplicaronse las Postas, y Rondas por aquel distrito: el vltimo dia de Mayo, dia del Santissimo Sacramento, vn Napolitano del Campo embiò noticia à la Ciudad, como dezia el Rey, que antes de quinze horas estaria dentro de la Plaça. Juzgò el Duque de Anjou que pretendia el Rey con estas palabras aumentar rezelos à los cercados; però no despreciando el aviso, mandò reconocer los reparos, Canceles, y el transito de la Azequia, duplicando las Guardas de los Pozos. Dia primero de Junio saliò el Rey, de Aversa, bolviò à sus lineas del Assedio; y disponiendose al combate de la Ciudad, comandò seyscientos Soldados Catalanes, y algunos Italianos, governados por Pedro Martinez, Juan Carraffa, y Mafeo Genaro, que guiados por los Maestros de la Azequia, entrassen por las Minas à desembocar, y salir de los Pozos à la Ciudad: solo pudieron lograrlo quarenta, que subiendo del pozo de vn Sastre llamado Citelo, entraron en su casa situada cerca de la Torre de Santa Sofia, donde, sin rumor esperaron la ocasion de obrar: juzgando el Rey que todos los comandados à entrar en las Minas se hallavan dentro de la Ciudad, la avanzò, y se le diò combate por la parte de San Juan à Carbonara, peleando vnos, y otros Assediados, y Assediadores con braveza notable.

Combate por la parte de Carbonara.

Por el ruìdo del combate los quarenta encerrados en la casa del Sastre con valor, ò desesperacion saliendo de su estancia, llegaron à la Torre de Santa Sofia: hallaronla defendida de pocos Soldados: embistieronles fuertes, ganaron la Torre, desamparandola su guarnicion. Escalaron por aquella parte los nuestros del Campo, los Muros de la Ciudad, y entrando algunos vnidos con los quarenta, prosiguieron su glorioso empeño: opusoseles el Duque de Anjou con docientos Soldados, arrojaronse los nuestros à la vezina Puerta de Santa Sofia, donde se mantuvieron, y defendieron de los Anjovinos, y Napolitanos que acudian. (5) Estas son sin duda las Puertas de Napoles que fueron por Trofeo traìdas à Barcelona. Combatian en este tiempo à la misera Ciudad por la puerta de San Genaro, Ramon Boyl, Ximen Perez de Corella, y Lope de Vrrèa con parte de nuestras Tropas: entrò Pedro de Cardona con quinientos Catalanes, dominado el Muro por la calle mas principal, llamada la Maestra; Boyl con los que comãdava peleò intrepido contra los Ginoveses que defendian la Puerta de San Genaro, los quales fueron vencidos, y obligados à retirarse à Castelnovo. En este tiempo el Duque de Anjou peleava contra los nuestros que avian ocupado, Torre, y Puente de Santa Sofia, ò Puerta cerca Santa Sofia: llegò allì con sus quinientos hombres Pedro de Cardona, y no pudiendole resistir el Duque de Anjou, aunque avia concurrido en su socorro la mas lucida gente de la Ciudad, se retirò con los que pudieron lograrlo al Castillo nuevo: abriò Cardona las Puertas de Santa Sofia al Exercito: entrò todo por ellas, saqueò la Ciudad, salvando las Personas, y honra de las mugeres, como lo avia mandado el Rey, el qual à pocas horas de la Militar licencia, mandò pena de la vida, que no passase adelante, saliendo por su Persona assistido de lo Noble de su Exercito, para obligar à los Soldados à la devida obediencia, però aun con esta diligencia, durò el saco mas de quatro horas despues del orden, por las distancias de tan grande Ciudad.

Quarentá Soldados ganan la Torre de Santa Sofia.

(5) *Angelo de Constança del Reynado de Alf. lib. 18.*

Puertas de Santa Sofia de Napoles.

Retirase el Duque de Anjou al Castillo nuevo, y los nuestros entrã en la Ciudad.

Saco de Napoles.

Quietados los Soldados, llamò à los Ciudadanos, los quales juzgandole enemigo, le hallaron amoroso Padre, haziẽdoles beneficios, y favores tes olvidado de agravios: restituirles quanto se les avia tomado, y solo perdieron lo que pudieron los nuestros esconder, que no fue poco. Sucediò esta Conquista á 27. de Mayo año 1442. A 4. de Junio en la Iglesia mayor de Napoles prestaron al Rey juramento de fidelidad los Syndicos de muchas Plaças. A 27. llegò con vna embarcacion, la noticia à Barcelona, que se celebrò como merecia la Vitoria. (6) Diò el aviso la Ciudad á la Reyna que estava en Zaragoça, como refiere el Dietario.

(6) *Archivo de Barcelona Diet. deste año, y creo es lo cierto aunque varià los Autores en el dia del Rēdimiento.*

Para acuerdo de la hazaña cargaron los Catalanes con las Puertas de Santa Sofia de Napoles, que eran del Portal que primero ocupò, y defendiò nuestra Nacion, y por el qual entrò todo el Exercito en aquella casi immensa Ciudad: ofrecieronlas à la Ciudad de Barcelona, de la qual avia salido la Armada para la Conquista, y de ella, y de Cataluña el nervio principal de gente, y dineros para conseguirla. (7) Refiere Viladamor, y vn antiguo manuscrito del Doctor Gamis del Real Consejo, que entrò por esta Puerta el Conseller de Barcelona Galceran Destorrents, primero con la gente de la Ciudad, y que por esto entregò el Rey las Puertas: guardavanse estas Puertas en la oficina en que se fabrica la Artilleria en la Rambla, y ahora en nuestro tiempo en la Casa del Sitjar. Admira que hallandose estas en Barcelona no aya Autor de los que refieren estas hazañas que aya hecho memoria deste deposito, siendo costumbre de la Nacion Catalana llevarse las Puertas de las Plaças conquistadas, como lo refiere Lucio Marineo Siculo *de Rebus Hispaniæ lib.* 10. *Cap. Non omitam*; y aviendose perdido con el tiempo las de las antiguas Conquistas, permanezcan las de Napoles, como de la vltima, y mas gloriosa de la Nacion Catalana. O inescrutables juizios de Dios! Que aviendo con tan copiosos raudales de Sangre, y Tesoros añadido tan preciosas piedras à la Corona de sus Principes en otros tantos Reynos cōquistados por la Nacion Catalana, se halle ahora en ellos como estraña la misma Nacion, quedando solo para acuerdo de lo que à sido, los dos Consulados de Napoles, y Palermo. El Rey Don Alonso fundò la Vniversidad de Gerona: consta del Privilegio en la Ciudad referida.

(7) *Tomich fol. 72. Carbonell Corom. à fol. 224.*

Vniversidad de Gerona.

Credito, y gloria fue de Cataluña el celebre, y doctissimo Maestro el venerable Padre Fr. Nadal Gaver, General por este tiempo del Orden de la Merced electo en Barcelona su Patria donde tomò el Habito, floreciendo glorioso en muchas maravillosas obras, espejo de mortificacion, y penitencia, è insigne en el exercicio de las virtudes, con que passò à mejor vida año 1474. en el primer Convento de su Orden. (8)

(8) *Fr. Alonso Ramō Hist. de la Merced tom. 2. lib. 11. à c. 15. ad 18. Zumel in vit. Patrū ord p. 115. Bargas Coron. de la Merced. tō. 1. l. 2. c. 17. Bul Ord. in Cath. Gener. §. 20. num. 1.*

CAPITVLO IX.

Sale de Napoles el Duque de Anjou: Entreganse los Castillos al Rey: Vitoria contra los Caldòras: Conquistas, y diversos tratados de Paz: Muerte de la Reyna de Navarra: Principio de los disgustos de aquel Rey con su hijo el Principe Don Carlos: Entra el Rey en Napoles, triunfante: Iuran successor al Infante Don Fernando: Pazes con el Papa que concede la Investidura del Reyno: Varias vitorias: Venta del Lugar de Borja: Aliançàs con el Duque de Bossina, y Genova, y Paz con Tributo: Disgustos del Marquès de Cotron, &c.

DEspues de entrada Napoles, embarcòse el Duque de Anjou, y con dos Navios Ginoveses llegò à desembarcar en Puerto Pisano, y passò à Florencia à visitar al Papa, dexando encargado el Castillo nuevo à Antonio Calvo Ginoves; y el Rey ya assegurado en Napoles, emprendiò, para quedarlo del todo, la conquista de los Castillos: entregòsele el Capuano, por medio de Juan Carraffa en trueque, ò rescate de la muger, y hijos de Juan Cossa su Alcayde.

Sale de Napoles el Duque de Anjou.

Apretò luego el assedio de los Cas-

Castillos nuevo, y Santelmo, dexandolos bien circuìdos, y presidiada Napoles de Soldados de nuestra Nacion, saliò à Campaña contra los Caldòras, y Esforcias, para desterrar con la Vitoria en estos, á todos sus Enemigos. Llegò con el Exercito à Isernia, que obedeciò à Antonio Caldòra, y se mejorò reduciendose à la obediencia del Rey: el qual se avançò puntual á la Conquista de Carpenone principal Plaça de los Caldòras, y deposito de todas sus riquezas: al llegar nuestro Campo delante de la Plaça, desesperando el Governador Antonio Real, de la defensa, pidiò dos dias de Treguas: concedieronsele para dar el aviso, que llevò el mismo Governador á Antonio Caldòra del mal estado de la Plaça, y del feliz de las fuerças del Rey. Despreciadas estas, de Caldòra, deliberò con su gente, y la que tenia vnida de Esforcia, dar la Batalla al Rey, para defender la Plaça, y por las consequencias que se seguian á su partido, de la Vitoria. Saliò resuelto Caldòra à ponerse delante Saxano, ò Sessano, casi à vista del Exercito Real, en el qual los mas fueron de parecer de escusar la Batalla, por ser muy superior el Enemigo: pidiò entonces su sentir el Rey à Juan de Veintemilla, que respondiò: *A no estar V. Magestad presente no dudara de acometer à los Enemigos assegurado de la Vitoria; però como va tanto en la vida de V. Magestad, no me atrevo à aconsejar.* Sobraròn estas palabras para el magnanimo coraçon del Rey, que armandose luego, mandò dar la seña de la Batalla. Hallandose los dos Exercitos en frente, mediando vn arroyo, dispuso su Campo el Rey en esta forma: diò la vanguardia à los Esquadrones que governavan Pedro, y Alonso de Cardona, y Guillen Ramon de Moncada: la retaguardia à Ramon Boyl, y à Lope Ximenez de Vrrèa; quedando el Rey con el resto de su Campo para acudir quando importasse: mandò à los Soldados que avian quedado en Sessano, estar prevenidos para el primer orden: detenianse los Enemigos delante del Arroyo, passaronle las Tropas de los Cardonas, y de Guillen Ramon de Moncada, travando con gran aliento la Batalla. Apretavales los Enemigos superiores en numero: envistiò entonces por otro lado la retaguardia de Ramon Boyl, y Lope de Vrrèa, peleando con valor sin declararse la Vitoria. A este tiempo diòse orden à los Soldados de reten en Sessano, para envestir el Bagage enemigo, executandole tan puntuales como buenos Catalanes, que quedò antes robado, y desbalijado, que pudiesse socorrerle la Cavalleria que embiò Caldòra. Viendo el Rey travada por tres partes la Batalla, inclinada à favor de los que avian tomado el Bagage enemigo, acometiò por su Persona con el resto del Exercito con tal valor, en los Enemigos, que llegar, vencer, y derrotarles fue todo en vn tiempo. Salvóse con la fuga Esforcia, quedò prisionero Antonio Caldòra, y consiguiò el Rey cumplidissima Vitoria, mayor con la grandeza de animo en el perdon, y libertad que concediò à Caldòra, vencedor invicto de si, y de sus Enemigos: sucediò esta hazaña à 6. de Julio, y este dia partiò el Rey al Vasto Aymon, y alli se le rindieron Ortona, y Francavila; y passando à Pescara, la Ciudad de Andria, y el Conde de San Valentin.

Sale à Campaña el Rey contra los Caldòras, y Esforcias.

Batalla entre el Exercito del Rey, y de Caldòra.

Vitoria del Rey contra Caldòra, concedele perdon, y libertad.

En este tiempo por medio del Duque de Milan pretendiò el Conde Francisco Esforcia concertarse con el Rey: tratava desta Concordia Iñigo de Guevara con el Conde, y la adelantò sobrado, con poco gusto del Rey: el qual, ò para dilatarla, ò deshazerla, embiò al mismo Guevara, y à Ferrer Ram Viceconsiller al Duque de Milan, para saber su intencion, declarandose el Rey en favorecer à Nicolo Picinino, al qual, despues de varias consultas, y tratados, le diò titulo, y conduta de General, señalandole quatro mil Cavallos, y dos mil Infantes, prefiriendole al Conde Esforcia, que quedò disgustado, y prosiguiò à oponerse a los progressos del Rey.

Par-

Conquistas en Abruzo, y Pulla.

Partiò para la Provincia de Abruzo despues destos tratados el Rey, y se le sugetaron todas las Plaças, confirmóse la cōfederacion cō el Duque de Milan, y passò el Rey à la Provincia de Pulla para conquistar los Lugares que desta Provincia obedeciaū al Conde Esforcia, los quales, y los que de Calabria seguian al de Anjou dieron la obediencia, y bolviò à Napoles, dōde le preveniā los triunfos de su prospera fortuna en las Vitorias, mas de los afectos, que de las Plaças conseguidas por su mas que humana clemencia, y agasajo.

Entrega de los Castillos Nuevo, y de Santelmo.

Añadiò nueva gloria à este triunfo la entrega de los Castillos nuevo, y de San Telmo, que por orden del Duque puso en poder del Rey Juan Cossa, por la gracia del perdon de los que avian servido al Duque en las guerras antecedentes. Consiguiòse tambien à la fin deste año la Tregua con el Papa, que fue consuelo de Italia, y mayor de los Cardenales afectos al Rey.

1443. Vandos en Navarra.

Por la muerte de la Reyna de Navarra, dividióse para su ruina aquel Reyno en dos encontrados vandos; y como este fuego prendiò en lo venidero en Cataluña de modo que la abrasó, y casi consumiò, serà importante referir el origen destas discordias, y civiles disturbios. De la Reyna de Navarra casada con el Infante Don Juan naciò el Principe Don Carlos à quien la Reyna en su vltimo Testamento avia llamado su heredero vniversal, y successor en el Reyno de Navarra, y Ducado de Nemurs en Francia, y le avia rogado que por el honor del Rey su Padre (aunque legitimamēte se podia nombrar Rey,) no tomasse el titulo, sino es con aprobacion del Padre. Guardavale esta atencion el Principe, no admitiendo la Corona viviendo el Padre; però este con su casamiento concluido con Juana hija del Almirante de Castilla, descompuso las respetosas atenciones del hijo, y dividiò el Reyno en Civiles disturbios; declarado por el Principe para darle la possession del Reyno el sequito de los de Beamonte; y los de Agramonte con Pieres Peralta para impedirla, manteniendo al Rey en el Govierno. Estas guerras, y disgustos trajo de Navarra el Rey Don Juan à Cataluña despues de la muerte del Rey Don Alonso su hermano, los quales sucessos descriviremos à su tiempo.

Entrada del Rey triunfante en Napoles.

Trataronse las Pazes con el Papa por medio del Duque de Milan, y el Rey entrò triunfante vencedor en Napoles à 26. de Febrero, mas de los corazones, que de las Ciudades, y Plaças, conquistados à fuerza de agasajos, y liberalidad: acompañaron al Rey en esta ostentosa, y obsequiosa demostracion de Napoles los Barones, y Cavalleros de la parte vencida, y de la suya vencedora sin distincion; con disgusto del Principe de Taranto, que pretendia excluir los vencidos, deste honor: llamò à vnos, y à otros el Rey, quedando castigada la vanidad de aquel Principe.

El Infante Don Fernando jurado successor del Reyno de Napoles en el Parlamēto General.

Agradecido el estado de los Nobles à las finezas del Rey, lisongearonle, y sirvieron con la accion de su mayor aprecio, en el Parlamento General que avia congregado, suplicandole eligiesse successor, y diesse el caracter de Duque de Calabria al Infante Don Fernando su hijo, como se executò, y fue jurado por las Cortes, ò Parlamento.

Avia embiado el Rey à su Secretario Luìs Cescases al intruso Felix, entreteniendole en este tiempo con proposiciones de confederacion, mientras se tratava la Paz, que solicitava con el Pontifice Eugenio; y para su cōclusion embiò a Francisco Sicart su Camarero al Duque de Milan para participarle las condiciones de la Concordia, que aprobadas, la concluyò el Rey con alegria muy particular del Papa, Rey, y Duque.

El Pontifice Eugenio concede al Rey la Investidura de Napoles.

Assistiò el Rey a defender, y recobrar las Tierras de la Iglesia; y concediòle el Papa la Investidura del Reyno con la aprobacion de la adopcion hecha por la Reyna Juana II. à favor del Rey, y la Bula de legitimacion, y capacidad para poderle suceder en el Reyno de Napoles el Infante Don Fernando su hijo; y le dispu-

dispuso el Rey para passar à la Marca à favor de la Iglesia contra Francisco Esforcia, con recelo del Duque de Milan, que no queria ver à su Hierno, echado de la Marca. Concertaronse Treguas con la Señoria de Genova, y el Rey embiò al Duque de Milan, y Señoria de Venecia à participarles la obligacion que avia contraìdo en las Pazes con el Papa, de bolver à la Iglesia las Tierras que tenia en la Marca.

Retiràse el Conde de Esforcia cō su Exercito.

Juntado su Exercito, llegò à los confines de la Marca el Rey à encontrar à Nicolo Picinino, que guerreava en aquella Provincia contra el Conde Esforcia: hizo adelantar à Juan de Liria para llevar el orden à Picinino de juntarse los dos Exercitos para dar la Batalla al Conde Esforcia: passaron los Exercitos en busca del Conde, alojado entre Tolentino, y Sanseverino, cerca del Rio de Potença; y llegando à vna jornada los Exercitos, levantò su Campo el Conde Esforcia à la noche, sin tocar Trompetas, y fuesse retirando hasta salir de la Marca. Concertòse el Conde Esforcia con el Duque de Milan, y este embiò à participarlo al Rey, y à pedirle tratasse al Conde como à su hijo, lo que causò notable duda en el Consejo del Rey, por no referir el Duque la forma de la Concordia; però sin embarazo desste aviso, ò requirimiento del Duque, prosiguiò el Rey la guerra contra el Conde hasta lograr la entera conquista, y libertad de los Lugares de la Marca. Diò esto motivo al Duque ya receloso de la potencia del Rey, para buscar aliados, firmando confederacion, y liga con Venecia, Florencia, y Bolonia, con expressa condicion de no admitir à la aliāza Personas de mayor dignidad, para excluir al Papa, y al Rey: el qual embiò por este tiempo al Duque por Embaxadores à Juan de Lanuza, y à Matheo Malferit, para justificarse en la obligacion de la empresa contra Esforcia, executando el Rey los actos de summission, y respeto, devidos solo à su proprio Padre, y cumpliendo con el Pontifice en proseguir la guerra.

Prosigue la guerra el Rey à favor de la Iglesia.

Despues de algunos dias que se detuvo el Rey sobre Rocacontrada, esperando se la entregaria Roberto de Sanseverino su Governador, passò su Campo à orillas del Rio Metro à quien llamaron Metauro, à cinco millas de Fava, à donde se avia recogido el Conde Francisco Esforcia: corriò todo aquel Paìs, y sugetò todo el Condado. Llegaron allì Embaxadores del de Milan, pidiendo treguas para los Ginoveses, y Pazes para el Conde Esforcia: satisfizo el Rey con su carta remitida al de Milan, à las razones que ponderaron los Embaxadores en su nombre. De Metauro mudò estancia el Rey passando à Cornaldo à 19. de Setiembre, y de allì al Assedio de Fermo, de la qual Plaça saliò con la guarnicion Alexandro Esforcia, y con gran aliento diò sobre el Real Exercito, pagando su atrevimiento con muerte de muchos de los suyos, y retirada poco decorosa, à la Plaça: juntòse aqui al Rey el Exercito de la Iglesia, y partieron al Castillo de las Palmas, y de allì à 3. de Octubre à Marano, donde sucediò la rebelion de Troilo de Muro, y Pedro Brunoro, vno Cuñado, y otro amigo del Conde Esforcia, del qual inducidos avian determinado levantarse con sus Tropas que llegavan à quatro mil hombres, en ocasion que pudiessen lograr algun hecho notable contra la Real Persona: descubriòse la trama por vnas cartas que se tomaron del Conde para estos Capitanes, que fueron luego presos, y llevados à Napoles, y de allì al Castillo de Xativa en Valencia. De Marano partiò à Asculi, y por el rigor del Invierno no se detuvo à opugnarle: dexò en la Marca con el Exercito de la Iglesia à Nicolo Picinino para oponerse à las invasiones de los Coligados; y recobradas Toramo, y Civitela, que el Conde avia ocupado en Abruzo, dividido su Exercito en sus estancias, y puestas en defensa las Tierras conquistadas, encargadas con la gente al vigilante, y militar cuydado de Juan Antonio Vrsino, de Jayme Montañans, ò Montañò, y de Pablo de

Assedio de Fermo.

Buelve el Rey à Napoles triūfante.

de Sangro, bolviò con nuevos realces de militar gloria à Napoles, de donde embiò socorros à Picinino para poder mantener aquella Provincia de la Marca à la obediencia de la Iglesia. No desistia el de Milan de requerir al Rey por las dependencias desta guerra, y vltimamente por medio de su Cansiller, al qual à 8. de Noviembre despachò el Rey assegurando al Duque que estas guerras no le darian daño, ni molestia en sus Estados, y que no faltaria à los respetos le devia como hijo, y amigo, aviendo hallado en su favor agasajos de Padre.

Assegura el Rey al Duque de Milan no faltarle à los respetos devidos.

Embiò despues el Rey por sus Embaxadores al Rey de Castilla à Juan de Ixar, y à Berenguer Mercader para requerirle que echasse de sus Reynos à los Ginoveses; y repitiẽdo esta instancia embiò à Luìs Despuig para solicitar la vnion de la Iglesia, y otras cosas particulares.

A 11. de Julio, Don Dalmao de Mur Arçobispo de Tarragona, el Obispo D. Simon Salvador, y Cabildo de Barcelona, los Conselleres de dicha Ciudad, Juan Llull, Ramon Zavall, Francisco Llobet, Antonio de Vilatorta, Juan Juñent, Fr. Nicolàs Quiles de los Menores, y Leonor de Cervellò, Albacèas, y Testamentarios del Testamento de la Reyna Doña Violante muger del Rey Don Juan primero nuestro, vendieron por veinte mil Florines las Villas de Borja, y Magallon al Rey. (1)

Borja, y Magallon vendidos al Rey.

(1) *Real Arch. de Barcelona, y de la Ciudad Reg. deste año.*

1444. Este año à 19. de Febrero los Condes Georgio, y Pablo, Embaxadores del Duque de Bossina, Señor que dominava desde la Misia al Ponto Euxino, firmaron confederacion con el Rey en nombre de aquel Principe: ofreciòle el Rey defenderle de qualquier Enemigo, y el Duque se le hizo Vassallo, entregandole sus Provincias con el tributo que pagava antes al Turco, obligandose à servir al Rey quando tuviesse guerra, con mil Cavallos, y otras condiciones de mucho honor para el Rey, y credito de la Nacion.

El Duque de Bossina hecho vassallo, y tributario del Rey.

Logròse otra confederacion no de menos credito, por medio de Barthomè Faccio, insigne Letrado, gran Cavallero, y verdadero Historiador, y fue la de Genova con el Rey, y Nacion Catalana, que aun estava declarada con su Armada cõtra Genova: ofreciò el Comun de Genova presentar al Rey todos los años vna fuente de oro, ò vna copa redonda ancha dos palmos de cana, de Napoles, en señal de honor, y de verdadero reconocimiento, y benevolencia: firmòse la Escritura à 7. de Abril, y vna, y otra confederacion en el Castillo nuevo de Napoles.

Reconocimiento de Genova al Rey.

Estando el Rey tan seguro en el Reyno de Napoles, pretendiò assegurarle para su hijo Don Fernando, con el casamiento de vna de las hijas del Rey Carlos de Francia, eligiendo por Embaxador à aquel Reyno para pedir vna de las Infantas para Don Fernando, à Guillen Ramon de Moncada gran Senescal de Sicilia; però antes de su partida desvanecieronse todas las disposiciones por sobrevenirle al Rey tal enfermedad, que puso en gran peligro su vida.

Enfermedad peligrosa del Rey.

Los Catalanes, Aragoneses, y demàs Españoles vassallos del Rey, temiendo lo que podia suceder, asseguravan sus Personas, y bienes en la defensa de las Plaças, y Castillos; y parte de los Barones Napolitanos se disponia à emprender novedades contra el bien Publico: el Principe de Taranto, y Antonio Caldòra partieron à toda prissa à sus Estados: mejorò el Rey, y dentro seys dias ya sin peligro, le quitò al Reyno, siendo el Iris que serenò la borrasca, su perfecta salud; y de la tranquilidad del estado, la dissimulacion de las novedades executadas en su enfermedad.

Recobrado el Rey resolviò no tratar del casamiento de Francia, y casar su hijo con Isabel de Claramonte hija del Conde de Convertino, y Sobrina del Principe de Taranto, quitandole con este matrimonio las sospechas que tenia el Principe, pudiendo entender quanto podia fiar de la voluntad del Rey: concediòle el Papa la legitimacion de su hijo Don Fernando, y capacidad para su-

ſucèder en el Reyno, à los 15. de Julio.

Partiò à Milan Nicolo Picinino dexando en la Marca à ſu hijo Franciſco governando el Exercito de la Igleſia, y Real contra el Conde Esforcia: viendo el Conde el Rebaño ſin Paſtor, y el Exercito ſin Capitan, deſpreciando al joven Picinino, acometiòle con ſus Tropas, deshaziendo las nueſtras con priſion del General: Coſtòle la vida à Nicolo Picinino el aviſo deſta deſgracia: tal fue el disguſto, que en pocos dias concluyò con los de ſu vida. Fue de igual ſentimiento eſta deſgracia al Papa, y al Rey, y manifeſtò ſu ſentimiento el Duque de Milan en las funerales pompas, iguales à las de los mayores Reyes.

Deſecho nueſtro Exercito por las tropas del Cōde Esforcia, y priſionero el General.

Deſpues de la muerte de Nicolo Picinino, el Conde Esforcia diò libertad al hijo, embiandole al Duque de Milan, y emprendiò la entrada por la Marca, deſtruyendo, y robando aquella Provincia: ofendido el Rey, deſtas vitorias, mandò diſponer ſu Exercito para ſalir en Perſona contra el Conde. Entre los que ſeguian al Rey, è ivan à juntarſele, eſtava Antonio de Centellas Marquès de Cotron, Conde de Goliſano, hijo del valiente, y afortunado Capitan Gilaberto de Centellas, el qual avia obrado en eſtas guerras finiſimamente, y ocupado con ſus Armas, y Soldados pagados à ſu ſueldo, la mayor parte de Calabria, y tenia pueſta ſu gente de guarnicion en las Plaças: iva en eſta ocaſion à ſervir al Rey con trecientos Cavallos, y fue aviſado por algunos amigos que el Rey le queria mandar matar, y caſar à ſu muger la Marqueſa con Iñigo de Avalos favorecido del Rey. Pudo tanto eſta aprehenſion, que luego publicando ſu partida para Napoles, bolviò à Calabria para aſſegurarſe en ſus Plaças: mādòle ſeguir el Rey advertido de la novedad, y no conſiguiò le alcançaſſen. Eſte acaſo deſviò al Rey por entonces de la guerra contra Esforcia, y mandò à ſus Capitanes la emprendieſſen en Calabria contra Centellas, el qual ofendido

Daños de Esforcia en la Marca, à q̄ ſe opone cō Exercito el Rey.

Guerra en Calabria contra Antonio de Centellas Marquès de Cotron.

por las ſoſpechas que tenia del Rey confirmandolas en el deſprecio de ſus ſervicios; arrojado eſcriviò al Rey: *Que lo que avia ganado con las Armas defenderia con ellas haſta la muerte.* De las quales palabras mas ofendido el Rey decretò por ſu Perſona hazerle la guerra, partiendo para Calabria.

Proſiguiendo el Rey ſu camino para Calabria, hallādoſe con ſu Campo en el Lugar de Caſalnuevo à 26. de Setiembre, firmaron concordia con el Rey el Duque de Genova, y Bernabè Adorno General de la Señoria, ofreciendole eſtos el dominio de la Ciudad, y Eſtado, preſtarle juramento de fidelidad, y levantar las Vanderas con las Inſignias de las celebradas Barras, y aſſi lo juraron prometiendoles el Rey treinta mil ducados pueſtos en Sena. Paſsò de Caſalnuevo à la Cluſa, dando los ordenes para la guerra contra los Caſtillos, y Lugares del Marquès de Cotron; y aviendo cobrado à Lucerano, y Rocabernalda, llegò à Belcaſtro, recibido de los Naturales.

Conquiſtas en Calabria.

De allì embiò à Franciſco Gilaberto de Centellas al Marquès ofreciendole ſeguridad de ſu Perſona, y ſu gracia, conque le entregaſſe las Plaças que tenia ocupadas: no obraron eſtos oficios del Rey con el Marquès, por la eſperança del ſocorro de Venecia: difiriò la reſpueſta entreteniendo al Menſagero con aparentes, y paliadas dilaciones.

CAPI-

CAPITVLO X.

Casamiento de la Condessa de Foix con el hijo del de Prades : Guerras de Antonio de Centellas : Tratados de Pazes: Guerras de Milan: Disturbios de Castilla : Muerte del Infante Don Henrique, y de las Reynas de Castilla, y Portugal: Guerra en la Marca: Desgracias en Oriente: Tratase la Paz de Italia: Escusa el Rey dominar à Genova, y la defiende: Assistencias à Milan: Requestas, y tratados : Muerte del Papa Eugenio, y creacion de Nicolao, que solicita la Paz: Executase con Esforcia: Tratados con el de Milan: Su muerte: Testamento en que nombra al Rey heredero : Arte de tomar la possession, &c.

ESte año se concertò el matrimonio de Doña Juana Viuda del Conde de Foix, y hija del de Vrgel con Juan Ramon Folch hijo del Conde de Prades: deste matrimonio naciò Iuan Ramon Folch Condestable de Aragon, y primer Duque de Cardona.

1445. Como salieron infructiferas las gracias, y promesas que hizo el Rey à Antonio de Centellas Marquès de Cotron, por medio de Francisco Gilaberto de Centellas, de vna misma familia, perseverando el Marquès en su desesperado proposito de poder conservar las Plaças contra el Rey, no queriendo jamàs admitir gracias aviendo de entregar Plaças, que le avian costado tantos sudores, y hazienda, assediò el Rey à Cotron, à donde le llegò embaxada del Duque de Milan, pidiendole dexasse de proseguir la guerra contra Antonio de Centellas: Respondiò el Rey con la atencion devida, escusando su autoridad, y honor en la forçosa execucion que emprendia : instò con segunda embaxada el Duque los favores de Milicias, y assistencias en defensa de su Estado amenaçado del Conde Francisco Esforcia: asseguróle el Rey en quanto importasse para su defensa, ya desembaraçado de la guerra del Marquès, ocupado Cotron, y todo aquel Estado, y obligado à vivir con su muger, y familia en la Ciudad de Napoles, con lustre desigual al esplendor de su sangre, y grandeza de su estado que le avia ocupado el Rey.

Quedan en poder del Rey los Estados del Marquès.

Embiò el Rey al Pontifice à Berenguer de Eril su Almirante, y à Bautista Platamon para que se executassen los Capitulos de las Pazes de Terracina, como avian quedado conformes el Rey, y Cardenàl Legado, y logrando quanto deseava el Rey: travóse por este tiempo fuerte guerra entre el Duque de Milan favorecido del Rey, y el Conde Francisco Esforcia, con varios sucessos.

Guerra entre el Duquè de Milan, y Esforcia.

Marte ayrado contra los Reynos de Castilla, les eligiò Palestra de sus malevolos influxos, contrarios à Rey, y Vassallos, divididos como Enemigos. Herido en la Batalla de Olmedo, muriò en Calatayud à 15. de Iulio el Infante Don Henrique hermano del Rey, dexando à su muger la Infanta Doña Beatriz en Cinta, la qual à los 11. de Noviembre pariò vn hijo à quien nombrò Henrique, y se llamò Fortuna, como su Padre, llamandole el Infante Fortuna: tambien fue traìdo el Cadaver del Infante Don Henrique à Poblet, hallandose ahora en el Panteon de los Reyes, el primero al lado de la Epistola, encerradas sus cenizas en vna ostentosa vrna de marmol, igual con los Reyes, y Reynas.

Muerte del Infante D. Henrique.

Celebraronse en Napoles las bodas del Duque de Calabria, y las funerales pompas del Infante Don Pedro, y llegaron las funestas noticias de las desgraciadas muertes del Infante Don Henrique, y Reynas de Castilla, y Portugal, sentidas del Rey como de hermano, y hermanas muy de su cariño. Partiò de Napoles à Abruzo, y de alli tomò la via de la Marca para proseguir la guerra contra el Conde Esforcia, que avia buelto à ocupar la mayor parte; y pareciendole mas acertado que prosiguiessen la guerra el Cardenal Patriarca de Aquileya, y el Marquès de Girachi, aviendo dado los ordenes, partiò à Adria, en la qual se detuvo

Muerte del Infante D. Henrique, y Reynas de Castilla, y Portugal.

tuvo hasta primeros de Noviembre, con disgusto del Duque, que comprehendia dever el Rey por su Persona proseguir la guerra, por indicios, y razones que tenia de la poca confiança de los Cabos: al qual satisfizo el Rey mas que con las razones, y avisos, con bolver à proseguir la guerra. Aviendo pues llegado à Abruzo, passò à Asculi, y ocupado, le entregò à la Iglesia, y aviendo entrado parte de la gente de la Iglesia en la Marca, no pudo proseguir la guerra porque no quisieron pelear contra Esforcia, por mas que lo instasse el Rey: el qual advertido del proceder de los Capitanes, quiso averiguarlo antes con su gente, que por su Persona, partiendo para Venafra, y de allì à Napoles; cobrando los suyos vnidos con los de la Iglesia la mayor parte de la Marca, y sujetandola à la obediencia de la Iglesia.

Prosigue el Rey la guerra contra Esforcia en la Marca.

1446. Este año Amurates gran Turco desbaratò à Thomas Paleologo hermano de Constantino Emperador del Oriente, y ocupò el Istmo de Corintho, y deshizo las Guarniciones de aquellos confines, bolviendo à peligrar nuestras Provincias de la Boecia, y Atica; però no se moviò el Rey à favorecerles, empeñado en las guerras de Italia, y Castilla: donde se encendieron con mayor vigor, por el sequito del Rey de Navarra Don Iuan declarado contra el Principe Don Carlos su hijo; (como veremos en Cataluña) siendo Castilla en este tiempo, como Cataluña en el venidero, Teatro de tragedias, y de lastimas, para quedar exemplo de lo que puede el odio entre sugetos quanto mas intrinsecos, y estrechados con el vinculo de la sangre.

Peligros de las Provincias de Boecia, y Atica.

Mandò el Rey à sus Embaxadores Berenguer de Eril, y Bautista Platamon que procurassen conferir con el Papa los medios para conseguir la Paz vniversal de Italia; y fue embiado al Rey por el Papa, Alonso Covarrubias Prothonotario Apostolico, pidiendo al Rey embiasse Plenipotenciario à Sena, donde avian concurrido los de los Principes de Italia. Para este efecto embiò à Bautista Platamon, disponiendo embiar socorros al Papa para defenderle, y tratando prevenir su Exercito, por si no se concluìa la Paz; porque siempre es importante hallarse armado, y prevenido para conseguirla gloriosa; no siendo facil hallar medio para las restituciones de Plaças que pedìa el Rey al Conde Francisco Esforcia, contra quien proseguia los empeños de la guerra à favor de la Iglesia, y del Duque de Milan.

En este tiempo fue derrotado el Duque en sus Tropas, por las Venecianas en el territorio de Cremona; por cuya ocasion, y para dividir las fuerças de sus Enemigos, instava al Rey emprendiesse dominar enteramente à Genova: el qual se escusò, juzgando que este empeño estorbaria la Paz vniversal de Italia, con dezir: *Que ya sabia el Duque quan aborrecido era el nombre del Señorìo de los Reyes de Aragon, y de la Nacion Catalana en aquella Comunidad de Genova, y que mas lo seria si aceptava aquella empresa, que se devia mas considerar*; y no queriendole exponer al arbitrio de sus Enemigos, embiòle à Iñigo de Avalos para defenderle; mandando passar su Exercito à Lombardìa, despues de la noticia de averse apoderado los Venecianos del Condado de Cremona.

Derrota de las Tropas del Duque de Milan.

Hallavanse en esta ocasion los Catalanes governados por Ramon de Ortafà dentro de Genova, defendiendola, y assistiendo à aquella Republica con ocho Galeras: assi se avia mudado el tiempo.

Los Catalanes assisten à Genova.

Antes del passage del Real Exercito, que avia determinado el Rey governar, embiò mil y quinientos Soldados al Duque, è instò al Papa para que diesse la conducta de la gente de la Iglesia vnida con la del Rey, à Reynaldo Vrsino, para mover guerra contra los Florentinos en Toscana, mandando armar quinze Galeras, y despues otras quinze para divertir los Venecianos, obligandoles à defender sus Costas, y Tierras: executadas estas prevenciones, participolas al Duque de Milan, ofreciendole, sino las juzgava bastantes, embiar

biar ſu hijo el Duque de Calabria, con todo el Exercito, quedandoſe èl en Napoles para acudir à las aſſiſtencias de todos; pero movido vltimamente de los rieſgos de Genova, è inſtancias del Papa, y Duque de Milàn embiò à Genova dos Galeras, y vna Galeota con dinero, para añadir refuerço de gente à la Catalana que ſe hallava en Genova, y para ſocorrer las ocho Galeras que reſidian yà antes en ſu defenſa, partiendo con el reſiduo de ſu Exercito, de Napoles para defender ſus Amigos.

El Duque de Borgoña embia al Rey el Tuſon, y correſponde con ſu diviſa.

Embiò al Rey el Duque de Borgoña el Tuſon de Oro, y retornòle el Rey el favor con ſu Diviſa de la Eſtola, y Jarra.

A 13. de Noviembre eſtando acampado en Preſençano, deſde alli embiò à requirir al Duque que deſiſtieſſe de los tratados de Paz con los Venecianos, Florentinos, y con el Conde Eſforcia, porque ſaldrian en daño de la Autoridad del Pontifice, y en deſcredito de la empreſa que avia abraçado en defenderle: partió para acercarſe à Roma, deteniendoſe por el camino, eſperando las Tropas que tenia en Lombardìa: llegò à Ceprano à 11. de Deziembre, paſſó por comodidad à aſſentar ſu Campo en el Boſque de Cervara, adonde llegaron Embaxadores de los Florentinos para mover platicas de Paz, que las admitiò guſtoſo el Rey para apartarles de los Venecianos, y del Conde Eſforcia.

1447. Quedò diſguſtado el Rey con el Marquès de Ferrara, porque impidiò el paſſo à la gente del Papa, y ſuya que embiava en ſocorro del de Milàn: embiòle à requerir para que le concedieſſe libre como eſtava obligado; y à vn miſmo tiempo deſpachò à Matheo Malferit, y à Carrafelo Carrafa à Florencia, para concluir la aliança con aquella Republica.

A 23. de Febrero muriò el Pontifice Eugenio, y à 6. de Março fuè electo el Cardenal de Bolonia, que ſe llamó Nicolao V. embiòle el Rey para darle la obediencia, à Guillen Ramon de Moncada, al Conde de Fundi, y otros: el Papa embió al Cardenal Morinenſe, y el Rey à Matheo Malferit, y à Carrafelo Carrafa, à Ferrara para tratar la Paz vniverſal con los Plenipotenciarios de las otras Potencias.

El Conde Eſforcia, y el Duque de Vrbino dàn la obediencia al Rey.

A contemplacion del Duque de Milàn recibiò el Rey baxo ſu Proteccion al Conde Franciſco Eſforcia, y al Duque de Vrbino, à los quales avia reducido à ſu gracia el Duque de Milàn: fuè à dar la obediencia al Rey en nombre de los dos, Conde, y Duque, Alexandro Eſforcia Conde de Cotiñola, recibido con demoſtracion Mageſtuoſa, admitiendo las Perſonas, y Eſtados de ſus Principales baxo ſu Soberano Patrocinio.

Reſuelve el Duque de Milan entregar la Ciudad de Aſti à Luìs Delfin de Francia, y muda de dictamen por conſejo del Rey.

Hallavaſſe el Rey à 2. de Março en Tibuli, donde ſe detuvo mucho tiempo para eſtar vezino al Papa, Venecia, y Florencia, y para no faltar puntual donde importaſſe ſu preſencia. Llegó à eſte Lugar la noticia que el Duque de Milan avia deliberado entregar la Ciudad de Aſti à Luìs Delfin de Francia; y atendiendo el Rey à los inconvenientes de Eſtado, perſuadiò por ſus cartas al Duque ſe apartaſſe de aquel dictamen, pues prenderia el fuego en toda Italia, porque con eſta Plaça tendria abierta la Puerta el Francès para conquiſtar à Genova, y deſpuès no juzgava al miſmo Duque ſeguro en Lombardìa; porque los Catalanes que tenia en ſu ſervicio ſiempre ſerian enemigos de los Franceſes, y quedando divididos, dividirìan ſu Eſtado para conſumirle ſiendo miſerable teatro de las militares licencias. Eſtas, y otras razones bien fundadas, con la diſcreta energìa del Rey, ſuſpendieron la execucion de los deſignios del de Milàn, el qual à 12. de Mayo pidiò al Rey le embiaſſe vna perſona del mayor credito, y mayor confiança, para conferir materias que pedian toda atencion. Juzgandolas mayores el Rey de lo que las ponderava el Duque, embiòle à Luìs Despuig, en quien concurrian las prendas que podia desear el Duque, y era el mas favorecido del Rey.

Apenas llegò à Milan este Cavallero, y hablò al Duque, quando en la primera conferencia le descubriò su animo, y desabrochò todo su pecho; declarandole el Duque, que estava resuelto à entregar todos sus Estados al Rey, reservandose los Castillos de Milàn, y Pavìa, embiando el Rey Sujetos para governarlos: participada al Rey la voluntad del Duque, encargò esta obligacion à Luìs de San Severino, y luego inmediatamente al mismo Luìs Despuig. Hallavasse yà en aquellos Estados vn buen Exercito de Catalanes, governado por Ramon Boyl Virrey de Abruço, con el qual pudo Luìs Despuig mantener en la Lombardìa el nombre, y Autoridad del Rey.

El Duque de Milàn dà todos sus Estados al Rey, menos los Castillos de Milàn, y Pavìa.

Se discurria, però en vano, en Ferrara para conseguir la Paz vniversal; y no lograndose bolviò el Duque de Milàn mas declarado à favor del Rey, no solo à querer ocupasse lo ofrecido, si tambien à q̃ luego tomasse possession del Govierno Vniversal, Militar, y Politico, de todo su Estado, sin reserva. Embiò à participar al Rey esta deliberacion por vn Cavallero Catalàn, del qual fiava el Duque, llamado Luìs Cescases: retornò el Rey la respuesta al Duque con el mismo Cescases, y con Luìs Despuig, escusandosse admitir por entonces la ofrecida Gracia, aunque de tanto honor, por no aumentar enemigos, ni ocasionar rabiosos zelos al Conde Esforcia, que juzgava suceder en los Estados del Duque por su muger hija del mismo Duque; pero no obstante, llevò instruccion secreta Luìs Despuig, de admitir en nombre del Rey el govierno entero de aquel Estado, si el Duque estuviesse constante en su parecer: buen exemplo à los Principes para moderar la ambicion.

Ofrece el Duque de Milàn al Rey todo su Estado sin reserva.

Aconsejava fiel, y verdadero amigo el Rey al Duque, que atendiesse à la conservacion de su Estado, y no le expusiesse antes de tiempo al arbitrio de la Guerra, previniendole la division de Italia, bien vnida contra la Nacion Catalana por el odio que le avia acarreado su Potencia, siendo necessario fundarla mas para emprender, y admitir nuevos Dominios. (1)

(1) *Zurita tom. 3. à fol. 306.*

Mientras el Rey proponia dilaciones para prevenir mayores fuerças, à mayores empeños, llegò su hora al Duque de Milàn, que diò fin à su vida, y à estos tratados, à los 13. de Agosto; aviendo à 12. firmado su Testamento, en el qual eligiò al Rey, heredero vniversal de todo el Ducado de Milàn, y de todas sus Tierras, Ciudades, y Castillos, mandando à sus Vassallos, y Capitanes executar, y obedeçer esta su vltima voluntad. Testificò, y recibiò el Testamento Jacobo Becheto Secretario del Duque en el Castillo de Portu-Jovis.

Titulo porque el Estado de Milàn pertenece à los Serenissimos Condes de Barcelona, y Reyes de Aragon, supuesto ser feudo Imperial.

Por la muerte del Duque dividiòse Milàn en dos opuestos vandos, de Barcescos, y Esforceses: pusosse el Pueblo en Arma, y las emplearon contra los Catalanes, salvandose solo los que pudieron recogerse al Castillo con Ramon Boyl: llegada la noticia al Rey destos disturbios, partiò de Tibuli para Milàn à defender à sus Parciales, tomãdo el camino de Toscana; pero dudosò al prosseguirle por ser mas corto el viage por Lombardìa, dexò encargado el Govierno de Napoles à su hijo Don Fernando, y embiò à llamar à Juan de Olzina, à Matheo Pujadas, y à Ximen Perez de Corrella para darles las ordenes importantes al acierto del govierno del Reyno en su ausencia; y continuando su viage, llegò à Passarano del Territorio de Roma à 25. de Agosto, deteniendose alli para resolver como se devia empeñar en prosseguir su legitimo derecho

Vandos en Milàn.

recho

fecho à aquellos Eſtados: eligiò el Rey el medio de la negociacion, y amagos, antes que declararſe à tomar la poſſeſſion con las Armas, por no llamar contra ſi las de todos los Principes de Europa, receloſos de que con el dominio de tantos Reynos, no aſpiraſſe al vniverſal, en daño de ſus Eſtados. Confirmòſe en eſte ſentir, con la noticia de la opoſicion que avia hallado en Milàn el Conde Franciſco Esforcia, no tanto por cumplir con la voluntad del Duque en admitir al Rey, quanto para quedar libres de todos con favor de los Venecianos, y Florentinos, porque los Ginoveſes yà ſe avian declarado à favor del Rey.

CAPITVLO XI.

Gitanos en Barcelona: Embaxadas à Milàn, y al Papa: Proſigue la guerra contra los Florentinos: Embaxada à Sena, que concede el paſſo, y duda aſſiſtir al Rey: Varias conquiſtas: Concordia de Milàn: Aſſedio de Pomblin: Aſſiſtencias de Cataluña: Vitoria contra los Florentinos: Retirada del Rey: Tratados, y concluſion de Pazes: Renuncia del Antipapa Felix: Pone el Rey las Plaças en poder de Catalanes: Vniverſidad de Barcelona: Alianças, y favor contra Turcos: Vitorias en Cerdeña, y Cercega: Guerras del Principe Don Carlos: Servicios de Catalanes: Guerras, priſion, y Pazes del Principe Don Carlos: Perdida de Athenas: Nace el Infante Don Fernando: Entra el Pueblo en el govierno de la Ciudad de Barcelona: Aguſtinos de Caſtellò: De Fr. Mauricio Proeta, y Fr. Franciſco Planes, &c.

A 11. de Junio entraron en Barcelona vn Duque, vn Conde, y grande multitud de Egipcios, à quienes llamavan Gitanos, retirandoſe de aquella Provincia ocupada de Mahometanos, para conſervar la Fè dividieronſe por Eſpaña, y deſtos deſciendenlos Gitanos.

A vltimos de Agoſto continuando ſu viage à Toſcana el Rey, llegò à aſſentar ſu Campo cerca de Caſtellacià: de alli embiò por ſus Embaxadores à la Ciudad de Milán, à Luis Deſpuig, à Matheo Malferit, à Carrafelo Carrafa, y à Guini Forès Barzizio, para que con Ramon Boyl General de la gente Catalana que ſe hallava en Milán, dieſſen el peſame à aquella Vniverſidad, por la muerte del Duque, aſſegurandola del Real Patrocinio, que le experimentarìa contra los que quiſieſſen perturbar la quietud, y bien publico de aquella Ciudad, y Provincia, no pretendiendo valerſe del derecho de Señor, y heredero del Duque, ſino con ſu buena gracia, y para librarles de ſus enemigos.

Embia el Rey el peſame por la muerte del Duque à la Ciudad de Milàn, aſſegurandola de ſu proteccion.

Mandò tambien el Rey à eſtos Embaxadores repreſentar el juſto ſentimiento, de aver tratado à ſus Tropas Auxiliares como enemigas, deviendoles valer el derecho de hoſpitalidad, aunque fueran de contraria Ley; y vltimamente encargòles que procuraſſen copia del Teſtamento del Duque, para aſſegurar ſu pretenſion à los Eſtados de Lombardìa. No obrò en los animos de los Milaneſes eſta afectuoſa, ò politica demoſtracion del Rey, empeñados à governarſe por ſi, y formar Republica. Entendiendo el Rey eſta deliberacion en Montepolo, partiò à poner ſu Campo à orillas del Rio Farzo; y por averſe yà juntado los Exercitos de los Venecianos, y Florentinos, y ocupado algunos Lugares que pretendìa el Rey, por aver ſido de Milàn, embiò deſde allì à Juan Olzina, y à Gimen Perez de Corella, al Papa pidiendole aſſiſtencias de dinero para pagar las Tropas que tenia en la Marca, y levantando ſu Campo, paſſò à los Terminos de Sena, à cuyo Comun embiò à Luìs Deſpuig yà buelto de Milàn, y à Bautiſta Platamon, los quales conſiguieron el paſſo libre al Real Exercito

cito por las Tierras de aquel Comun.

Eſtava detenido el Rey en el Lugar de Sarciano, y con la noticia de la facilidad del tranſito, paſſó à Zùrita, y de allí à Campo Petrozo, con animo de emprender la guerra contra Pomblin, para poder valerſe de la Armada, y acarrear con ella los Viveres deſde Sicilia, que era lo mas importante para proſſeguir la guerra contra Florencia, logrando por eſte camino la empreſa de Lombardìa.

Combate de Monte-caſtelo.

A 22. de Noviembre empeçò el combate de Montecaſtelo, que durò mucho tiempo; y hallandoſe el Rey en los Ataques deſta Plaça, ſe movieron tratados de concordia con el Conde Franciſco Esforcia, al qual concedia el Eſtado de Milàn, preſtandole el Juramento de fidelidad, y haziendoſe ſu Vaſſallo, y tambien ſe tratò concordia con los Milaneſes; però como no ſe lograſſen vnos, ni otros tratados, proſiguió el Rey la guerra con hoſtilidad contra los Lugares de los Florentinos.

1448. Al principio deſte año puſo ſu Campo el Rey junto el Boſque de Caſtellon de Peſcara, rindiòſele la Villa con otros Caſtillos, y deliberò bolver contra el Señor de Pomblin, en vengança de la inteligencia que tenia con los Florentinos. Embiaron por eſte tiempo al Rey los Milaneſes en nombre de ſu Comun à Juan Homodeo, y à Jacobo Trivulcio, ſuplicandole fueſſen admitidos baxo ſu Proteccion, ofreciendo poner en ſu Eſcudo las Armas Reales con las de Milàn, contribuir cierta cantidad cada año, y diez mil eſcudos al mes todo el tiempo de la guerra contra los Florentinos, y demàs Aliados, quedando convenidos en la diviſion de las Tierras que ſe conquiſtaſſen, quedando por el Rey la parte del Adda àzia Venecia, Padua, Vicencia, Verona, Trevizo, con todos los Caſtillos vezinos; y del Adda àzia Milàn por el Comun de aquella Ciudad. Aprobò el Rey eſtas Propoſiciones, admitiendo à Milàn baxo ſu Patrocinio por entonces.

Rendimiento de los Milaneſes, admitidos del Rey baxo ſu patrocinio.

Partiò deſpues al Bareſco de Aguaviva, avançando ſus Tropas mas adentro de la Toſcana, y fuè vltimamente à aſſentar ſu Campo ſobre Pomblin à los primeros de Junio, embiando à Sena para que quedaſſe abaſtecido ſu Campo; però como los Florentinos avian yà prevenido à los de Sena para que no embiaſſen vitualllas al Campo del Rey, ſolo pudo lograr que no las dieſſen à vnos, ni à otros. Deſtacò de ſu Exercito el Rey quatro mil Cavallos para la defenſa de Milàn, y el Enemigo ſe fuè acercando à Pomblin, donde tenia el Rey ſu Armada, ſurta en el Puerto, de diez Galeras ligeras, quatro grandes, y cinco Naves. Llegò à eſte tiempo nuevo ſocorro de Cataluña, todo de Balleſteros, parte naturales Catalanes, y parte Valencianos; y aviſado el Rey de que los Florentinos embiavan quatro Galeras con vituallas à Portobarato, mandò ſalir al opoſito ſeis Galeras, vna Galeaça, y tres Naves, las quales alcançando à las enemigas, rindieron à dos, pudiendo las otras dos recogerſe en Liorna; pero aviendo muerto la mayor parte de ſu gente, entraron nueſtras Galeras vitorioſas con las dos Galeotas de remolque en el Puerto de Pomblin, y ganaron la Iſla del Lilio. Retiraronſe los enemigos advertidos del movimiento de nueſtro Exercito, para darles la Batalla, y quedò deſembaraçado para dar el combate à Pomblin, que aviendolo ſufrido con valor, obligò à retirarſe los nueſtros cerca de Caſtellon de Peſcara, y deſpues à Cidonia, para mejorar de eſtancia.

Aſſedio de Pomblin levantado.

De aqui el Rey embiò el Conde Concentayna, y Juan de Miravall, al Duque de Calabria para q̃ le embiaſſe toda la Armada à Civitavecha, donde arribò à medio Octubre: partiò el Rey por Mar à Gaeta, llegando el Exercito à ſus alojamientos de Napoles. Señalaronſe en

eſta

esta guerra, Pedro de Cardona, Berenguer de Eril, y Galeoto de Bardaxi: à 11. de Octubre diò aviso al Rey, Luìs Despuig del estado de las dependencias de Lombardìa, y el pesame de aver levantado el Assedio de Pomblin.

Este año, y el antecedente tomaron cuerpo los disturbios de Castilla
1449. por la competencia de aquel Rey con el Principe su hijo: empeñòse en fomentarlos el Rey de Navarra assistido de Aragoneses, y Navarros; pero no de Catalanes, los quales continuavan su empeño de no aprobar aquella guerra. Al principio de Febrero decretò el Rey assegurar à Parma, y despues por medio del Cardenal Patriarca de Aquileya defender à Milàn, y sus Plaças, y recuperar à Pavìa, con las que obedecian al Conde Francisco Esforcia, pagando los Milaneses cien mil escudos cada año. Concluyòse esta concordia à 27. de Março, y luego à 8. de Abril hallandose el Rey en Napoles embiò à Venecia para tratar Pazes con aquella Republica, à Luìs Despuig, y à Matheo Malferit, los quales ofrecieron de orden del Rey entrar en el Tratado, con que interviniessen en aquella Platica los Plenipotenciarios de Milàn, quedasse Parma libre, y se revocasse el derecho de cinco por ciento que avian impuesto los Venecianos agraviados de ciertas represalias, sobre las mercadurìas de los Catalanes, y Sicilianos. Tratòse Paz con los Florentinos, que no se concluyò; pero si la de los Venecianos, y Milaneses à parte: dudò el Rey entrar en ella, y admitiò la conferencia con el Conde Francisco Esforcia: diò grata Audiencia al tratado de Pazes con los Florentinos, y agradeciò el buen animo del Duque de Saboya que solicitava confederacion, y Aliança.

Disturbios en Castilla.

Concordia, y varios tratados de pazes.

A 11. de Mayo reconocido el Antipapa Felix, diò la obediencia al verdadero Pontifice Nicolao, y quedò Cardenal, y Obispo de Sabina, y Legado, y Vicario General de la Santa Sede en toda Alemania.

Por el Noviembre passaron los Florentinos su Campo al assedio de Castellon de Pescara: partiò à socorrerle nuestro Exercito, y por Mar Bernardo de Vilamarì General de la Armada con todas las Galeras, y Navios que la componian.

Assedio de Castellon de Pescara por los Florentinos.

Este año se concluyò la Paz con los Florentinos, y Venecianos, y el Rey puso todas las Plaças de las Provincias del Reyno de Napoles en poder de Catalanes, ignoro la causa: refiere Zurita, de vn Autor de aquel tiempo, que no nombra, que quitò el Rey hasta el govierno de la Barleta à Landolfo Marramaldo, que avia treinta y quatro años que le posseìa. 1450.

Pazes con los Florentinos, y Venecianos.

A los 3. de Setiembre el Rey concediò el Privilegio à la Ciudad de Barcelona, para que su Estudio fuesse Vniversidad, y Estudio General, y pudiesse la Ciudad fundar sus Cathedras, disponer los Colegios, y quanto conduce à la formacion de vna celebre Vniversidad, cediendo todo el govierno, y direccion el Rey. (1)

Vniversidad de Barcelona.

(1) *Archivo de Bar. Privil. Reg. Alf. 3. Septemb. 1450. Ordinaciones de la Vniversidad.*

Gozava este año alguna quietud Italia por las Pazes con Venecianos, y Florentinos; pero no podia desampararla el Rey por la poca seguridad de los Ginoveses, y aun de los Milaneses, por cuyos recelos, 1451.
y obligacion de mantenerse armado en Napoles, no podia assistir à aquellos pobres Catalanes que se hallavan en el Imperio Griego, en Athenas, y Neopatria, yà casi en las manos del Turco, que avia ocupado sus Fronteras: para defenderles el Rey, y ver si podia recobrar lo perdido, convino con la Aliança que le ofreciò Demetrio Paleologo Despoto de la Romania, y Morèa, por medio del Conde Atanasio Lascaris, en la qual le prometiò servirle el Despoto con seis mil Cavallos, y con la Infanteria que pudiesse recoger, quando passasse el Rey à deten-

fender aquellos Estados; si el Rey queria emprenderla por parte de Albania; ofreciendo el Despoto proseguir la guerra por los Estados de la Romania; pero este Principe viò, y fue causa de la destruccion del Imperio Griego, porque el favor que pretendiò del Rey, solo le solicitò para pelear contra el Emperador su hermano, y no para defender las tierras proprias, y del Rey, entregando vilmente su Patria al Infiel Enemigo, añadiendole fuerças en las que malogrò contra el Emperador su hermano, con animo de apoderarse del Imperio: el qual Dios Justo Juèz en castigo de entrambos, entregò à los Turcos, ó permitiò le ocupassen para escarmiento de Infieles.

Con mayor acierto se efectuò la concordia con Jorge Castrioto Señor de Croya inexpugnable Muro del Pueblo Christiano, que aunque por ella no consiguiò el Rey la defensa de sus Provincias de Athenas, Neopatria, y Beotia, por hallarse Albania muy distante, à lo menos logrò la del Pueblo Christiano, y estorvar al Turco sus progressos, detenido en el Ilirico, con valor notable por nuestra Nacion, que passó alli de orden del Rey, como veremos, y por las Tropas invencibles de Escanderbey: el qual ofreció para el resguardo poner su Persona, Estado, y Plaças à la obediencia del Lugarteniente que embiasse el Rey, prestarle el homenage, ser su Vassallo, y pagar el feudo que dava por año al Gran Turco. Defendieron los Catalanes muchos años aquellos Estados, y fuè muy importante esta confederacion aun despues de muerto el Rey: buscavanle, y buscava el Rey Alianças para defender la Christiandad, tan trabajada de los Turcos, y con esta atencion admitiò à Arenito Connonevili, Conde en Albania, desposseìdo de la Musaquia por el Turco, y que pretendìa pertenecerle hasta Belgrado: no he hallàdo los efectos desta Aliança.

Alianças del Rey para defensa de la Christiandad cótra los Turcos.

Hizo reconocimiento al Rey à 28. de Mayo el Señor de Pomblin, prometiò presentarle todos los años à èl, y sus Successores, vn vaso de oro de valor de 500. florines. Antonio de la Roca fuè à suplicar al Rey, favoreciesse à Corcega, y embiasse Capitàn que la governasse: executòlo con deseo de arrancar la raiz de los movimientos de Cerdeña: passó con su Armada à esta Isla, y felizmente dominò, y castigò la Rebelion.

Quedando quieta, y obediente Cerdeña, passò inmediatamente à Corcega, dominò la mayor parte de los Lugares que se avian levantado; y no aviendo concluìdo la empresa bolviò al empeño de Italia, pero antes premió con liberalidad Real à los Condes Pablo, y Antonio de la Roca, y à Vicentelo de Istria, concediendoles ricos feudos en la Isla: dexò en ella por su Governador à Jayme de Besora, eralo de Cerdeña Galceràn Mercader, que mantuvo la Isla en tranquilidad admirable, porque cessaron los vandos, y las armas que alteravan aquel Paìs, sujetandose los fautores Guillen Hugo de Rocabertì, y Leonardo Cubelo al juìzio, y sentencia del Real Consejo. Embarcòse el Rey, y llegò à Napoles, en ocasion q̃ los Florentinos favorecìan al Conde Esforcia en la empresa de Milàn, requirieronles el Rey, y la Señoria de Venecia para que desistiessen de esta Aliança.

Passa el Rey à Cerdeña, y la domina; despues à Corcega, dominando la mayor parte de los Lugares levantados, y buelve à Napoles.

Es tradicion en Barcelona, que este año celebrandose Congregacion General de toda la Familia Cismontana de la Regular Observancia de San Francisco en el Convento de Jesvs de dicha Ciudad, se apareció en forma de fuego el Espiritu Santo sobre el Convento, pareciendo que se abrasava al celebrarse la eleccion: refiere este prodigio el Illustrissimo Gonzaga en su Coronica tratando del Convento de Jesvs de Barcelona.

Sucediò el rompimiento, y declarada guerra del Rey de Navarra,

Y

Guerra del Rey de Navarra con el Principe D. Carlos su hijo favorecido de Castilla.

y del Principe Don Carlos su hijo, al qual favorecia el Rey de Castilla: prosiguiòse hasta 23. de Octubre en el qual dia firmaron las Pazes, las juraron el Rey, y Principe, el Rey en manos de Fr. Pablo Plagat Confessor del Principe, haziendo en manos de Juan de Cardona las ceremonias del pleyto, y homenage segun el vso de aquel tiempo; però fueron poco constantes estas amistades, pues sin advertirse motivo, bolvieron al rompimiento, juntando sus Exercitos para pelear Padre, y hijo; quedando el Padre vencedor, y el hijo vencido, y preso delante Ayvar.

Motivo del Parlamento General en Cataluña.

Estava congregado en Barcelona el Principado de Cataluña à Parlamento General, para tratar de assistir al Rey contra los Florentinos; y para bolverle à estos Reynos, (assegurada Italia,) ofreciò el Parlamento quatro cientos mil florines, que eran duscientas y veinte mil libras moneda de Barcelona, ofreciendo la paga dos meses despues que huviesse llegado su Mageftad al Principado, llevaron el aviso à Napoles Fr. Beltràn Abad de Ripoll, y Francisco Desplà.

Convento de Agustinos de Castellon, VV. PP. Fr. Mauricio Proeta, y Fr. Francisco Planes, Agustinos.

Fundòse el Convento de Agustinos de Castellòn, aunque solo se halla la fundacion desdel año 1526. lease Massot fol. 186. deste Convento fueron hijos los Venerables PP. Fr. Mauricio Proeta natural de Ampurias, y Fr. Francisco Planes de San Vicente de Rus Obispado de Solsona, exemplo de Penitentes, prodigios de la gracia, Ilustres en milagros que autenticados Refiere el P. M. Massot à fol. 187.

A 20. de Deziembre embiò agradecida la Ciudad de Barcelona al Rey vna Imagen de Santa Eulalia de Plata, y vn Vaso del mismo metal para lavarse.

1452. Este año los Principes de Castilla, y Viana se confederaron contra el Rey de Navarra, y el Rey de Castilla solicitò la Paz, y verdadera concordia con nuestro Rey: el qual hallandose en Napoles à 14. de Enero, mandò partir à Castilla para concertarla, al Conde de Concentayna, à Galceràn de Requesens Governador de Cataluña, y à Ferrer de Lanuza Justicia de Aragon; y como deseasse sumamente la Paz assi en España, como en Italia para passar desembaraçado de la guerra contra Christianos, à defender los Catalanes de aquellas Provincias, y divertir al Turco por la parte de Ilirico, ò Albania, añadiò à los tres, à Bartholomè de Reus su Secretario, con orden de quitar todas las causas de la guerra, y las de odios, y enemistades particulares, para la permanencia de la Paz.

Detenia los tratados, el empeño del Rey de Navarra contra el Principe Don Carlos su hijo, que fuè llevado para mayor custodia, del Castillo de Mallèn donde le tenia preso, al de Monroy, con disgusto de los Aragoneses, los quales con los Navarros trataron con todo empeño de la concordia de Padre, è hijo, preludio de la Paz vniversal de España. Diò grata audiencia à estos tratados el Rey de Navarra por ocasion de los recelos del Rey, y Principe de Castilla, que alistava grande Exercito contra Navarra; y concluyòse el ajuste, y Paz en Monroy à 13. de Mayo con las acostumbradas condiciones de perdones, olvidos, y restituciones de prisioneros, y haziendas; pero como, aunque juraron los Capitulos Padre è hijo, el Rey de Navarra procurasse adelantar su partido, difiriendo la libertad del hijo, y este tambien procurasse avançar el suyo con el favor del Rey de Castilla, y del Principe Don Henrique, fueron poco durables las Pazes.

Pazes poco durables.

Dilatava nuestro Rey Don Alonso venir à estos Reynos, para conservar con su presencia la Paz de Italia, fomentar los socorros para sus Estados de la Grecia, y disponerse à passar por su persona à favorecer aquellos afligidos Pueblos, afiançado

çado del valor, y prudencia de la Reyna, y Rey de Navarra, que governavan estos Reynos, y no menos del zelo, y lealtad de los Consejeros que les avian destinado, que eran el Arçobispo de Zaragoça Don Dalmao de Mur, finamente vnido con ellos, el Obispo de Barcelona Don Jayme Gerardo, el Abad de Ripoll Beltran de Mancione, à quien llama Zurita Samaso, Roger de Cartellà, Don Juan Ramon Folch de Cardona Conde de Prades, Arnaldo de Vilademany, Luis de Castellvì, Francisco Despla, Bartholomè Maull, Juan de Bages Vice-Canciller, aviendo nombrado el Rey en lugar de este para assistir al Consejo de Cataluña, Vice-Canciller al Doctor Ramon de Palomar.

Coronacion del Emperador Federico, y su Matrimonio.

Celebròse la Coronacion del Emperador Federico en Roma, y su Matrimonio con Doña Leonor Sobrina del Rey, en Napoles: mientras Roma, y Napoles celebravan ostentosas demostraciones de Jubilos, España se abrasava en civiles disturbios, y el Gran Turco Mahomet con innumerable Exercito prosseguia sus conquistas contra aquellos pobres Catalanes de la Atica, y Beocia, desamparados de todo favor humano, olvidados de su Rey, y de los naturales desta Provincia, y perseguidos de los Griegos Cismaticos.

Guerra contra los Catalanes de la Atica, y Beocia, vencidos de los Turcos.

Defendieron los Catalanes hasta este tiempo sus Plaças con valor notable; pero superados de la multitud, quedaron victimas del furor Mahometano: retiraronse los que lograron librarse de los sangrientos estragos de las otras Plaças, à su Capital Athenas: llegó el Infiel Enemigo à Assediarla: defendieronse valientes en todos los avanços, con daño notable de los Turcos: los quales obstinados, continuaron hasta entrar con furor militar en la Plaça, quedando muertos los defensores, exemplo de la Catolica constancia: de la qual apurado el Infiel Mahomet, en vengança de tan gloriosa defensa, con brutal rabia, no pudiendo con los hombres, que yà se hallavan trasladados en el Cielo brillantes Astros, (como devemos piamente juzgarlo), vengativo con los Edificios, Solar de tan Ilustres Heroes, les mandò derribar, y assolar hasta los cimientos, quedando la grāde Athenas derruida hasta sus fundamentos; no quedando aun señales de lo que avia sido, siendo gloria de la Nacion Catalana por su constante defensa, aunque el Enemigo la 1453. pretendia escarmiento: refierenlo los Anales de los Turcos, y nuestros Autores. (1) No hallo fundamento assegurado para cōfirmar las relaciones que han venido del valor de los que salvaron las vidas, logrando evitar los estragos, retirados en las Montañas que refieren bolvieron à rehazerse, oponiendose à los Turcos, obligandoles á señalarles Tierras dentro del Assia, donde pudiessen vivir con su Ley, y Costumbres.

Assedio de Athenas, y su perdida cruel, y ruina.

(1) *Zurita tom. 3. fol. 10. Abarca to. 2. à fol. 63.*

Nacimiento del Infante Don Fernando, que fuè Rey de Aragon.

A los 10. de Março en la Villa de Sòs en Aragon naciò el Infante Don Fernando hijo del Rey de Navarra, y de la Reyna Doña Juana, el qual fuè Rey de Aragon, y Conde de Barcelona por la muerte del Principe Don Carlos, como veremos.

Pretension del Pueblo de Barcelona à entrar al govierno de la Ciudad.

Renaciò del antecedente, y tomò fuerças en este año la pretension del Pueblo de Barcelona á entrar en el Govierno de la Casa de la Ciudad, que naciò, y tuvo su principio año 1387. Reynando el Rey Don Juan I. y aviendo con buenas razones, y mas con la Autoridad Real suspendido esta pretension, bolviò este año à renovarla con mayores veras, fomentado de buena parte de los Nobles Ciudadanos que componian el regimiento de la Ciudad, y entravan, ó concurrian á Conselleres, y Consejo de Ciento: estava dividida por esta ocasion la Ciudad en dos vandos encontrados, vnos que pretendian entrasse el Pueblo, y los llamavan la parte de la Busca, y los que querian excluirle, de la

Biga.

Biga: por cuya ocasion el Governador de Cataluña Galceràn de Requesens con orden del Rey, mudò el Regimiento de la Ciudad, y los de la Biga se escusaron entrar en el nuevo Govierno, admitiendo los de la Busca, la nueva forma que diò el Rey. Eran Conselleres en este año Francisco Carbò, Miguel Desplá, Juan de Gualbes, Phelipe de Ferreras, y Jayme Casavasses, los quales con el Governador obraron con particular afecto en concordar estas encontradas opiniones; y de consentimiento, y gusto de todos embiaron Embaxadores al Rey, el qual con su Real Privilegio mandò entrar en el Regimiento de la Ciudad los Mercaderes, Capitanes de Naves, Vaxeles, y Galeras, Artistas, y Oficiales, en fin à todo el Pueblo por sus grados, quedando consolada Barcelona, y concordes los animos, antes divididos en sus opiniones: esta forma de govierno mudó el Rey Don Fernando el Catolico, y diò la forma con que se govierna la Ciudad. (3)

(3) *Archivo de la Ciudad Privil. del Señor Rey Don Alonso año 1454. y 1455. del Señor Rey D. Fernando año 1490. y 1498. Dietario de la Ciudad año 1454. Carbonell Coron. fol. 227. Arch. Civit. lib vers. 3. fol. 188.*

CAPITULO XII.

Libertad del Principe Don Carlos: Bautismo del Infante Don Fernando: Guerra contra Florentinos: Varias conquistas: Socorros, y Vitorias: Perdida de Constantinopla: Prosigue la guerra de los Florentinos, y del Conde Esforcia, q̃ gana algunas Plaças à los Venecianos: Embaxada del Papa: Respuesta: Otra instancia, y consultas: Defiende el Rey à Grecia: Prosigue la Guerra de Florencia: Armadas contra Turcos: Socorros de Albania: Pazes de Venecianos: Vitorias en Albania: Entrada, y derrota de Ginoveses: Vitoria de Escanderbey: Tratados con Castilla, &c.

CONsiguiò la libertad este año el Principe Don Carlos, y pusole el Rey su Padre en poder, y baxo la sombra de las Cortes de Aragon. Celebròse en Zaragoça el Bautismo del Infante Don Fernando: los tratados de Pazes, y Guerras de Castilla, en los nuevos movimientos del Principe Don Carlos, favorecido del Principe de Castilla, que sucedieron este año, omito referir por no aver concurrido en ellos Cataluña, ni por parte del Rey de Navarra, ni del Principe; aunque solicitò las Pazes, dando aliento, y animo à la Reyna Doña Maria, para partir de Barcelona à Castilla para reduzir à la quietud feliz aquellos Reynos, que lo executò, consiguiendo que el Rey de Navarra comprometiesse sus diferencias á su arbitrio, y del Rey de Castilla.

Bolvamos á Italia á encontrar al Rey empeñado en la guerra contra los Florentinos, que este año se emprendiò con encono: nombró para executarla, por su General al Duque de Calabria su hijo, assistido de seis mil Cavallos, y veinte mil Infantes: entrò el Duque en Toscana, conquistò el fuerte Castillo de Foyano, y otros dos menores, rompiendo el socorro que conducia Astor de Faença: mejorò su Campo en la Marina de aquel Paìs, assentòle delante de Aquaviva, y gustoso de la estancia apacible, prosiguiò la guerra todo el Estio, sujetàdo los Lugares Maritimos. Acudieron los Florentinos al Rey de Fràcia, y à Reyner Duque de Anjou, los quales requirieron por sus Embaxadores al Rey que desistiesse de la empresa: valeroso respondiò al requirimiento que en la Primavera venidera la proseguiria por su Persona; y para assegurar los progressos del Duque su hijo contra las auxiliares Tropas de Francia, para quando llegassen, mandò partir á las costas de Toscana su Real Armada governada por Antonio de Olzina, el qual llegò à Vada Plaça maritima, desembarcò su gente, combatiòla, ganó la Villa, y la Fortaleza, quedando aquel districo à la obediencia del Rey, el qual mandó entregar la Plaça al govierno de Berenguer de Pontons, vno de los Capita-

Continua la guerra contra los Florentinos.

Acuden los Florentinos al de Francia, y de Anjou, que pretenden desista el Rey, y no lo consiguen.

Rendimiento de Vada Plaça Maritima.

pitanes de mayor credito de la Nacion Catalana.

Padecia falta de viveres nuestro Campo, embiò el Duque para conseguirlos del Rey, à Francisco Zanoguera Tesorero de Napoles: acudiò à la necessidad N. de Carbonell con su Nave, y otras Saetias que llevavan ocho mil Tumbanos de trigo, y muchos quintales de harina: diò orden el Rey para mantener su Exercito à Jorge de Ortafà Virrey de Cerdeña, que embiasse al Campo del Duque las provisiones que pedia la necessidad, las quales llegando promptas, mejoraron de estado al Campo, pudiendose mantener para prosseguir la guerra. Fortificòse Vada en el Invierno, y avisó el Rey, declarando su animo à Luis Despuig, intimo, y muy favorecido, que se hallava en el Campo del Duque para aconsejarle, assegurandolè que passaria en Persona à socorrerle contra las fuerças que añadian los Aliados de los Florentinos á las que tenian al oposito de nuestro Exercito. Fuè vno prometer, y cumplir el Rey, pues con buenas Tropas, que diligente mandó alistàr en Napoles se dispuso para llegar al Campo del Duque, á tiempo que mas acertado huviera sido dar Treguas à esta guerra, y acudir á la defensa de Constantinopla, fieramente estrechada de Mahomet, y entrada indignamente por olvidada, y no favorecida de los Principes Christianos, empeñados en inutil guerra por sus interesses particulares, y odios que devian moderar, atentos à la defensa de la Iglesia, y nombre Christiano perseguido de la desmedida potencia que avia permitido el Cielo à los Turcos, en castigo justo de los agravios, y ofensas del Pueblo Catolico. Acabò en Constantinopla el Imperio de Oriente, tuvo su oriente, y el de la Fè en Constantino hijo de Elena, y su ocaso en otro Constantino hijo de otra Elena: adviertan los hijos de la Iglesia la obligacion de defender su Santa Madre, y noten los daños de la division del Pueblo Christiano, que son las armas del enemigo comun para perseguirla, y los laços, y cadenas de la esclavitud del fiel Rebaño.

Prevenciones de socorros para el Campo del Duque logradas.

Perdida de Constantinopla.

Acaba en Constantinopla el Imperio del los Catalanes en Oriente.

No escarmentados los Principes, y Republicas, de los justos castigos que avia executado la Divina Justicia en el Imperio de Oriente, y como despreciando, ó no advirtiendo el açote, y alfange desembaynado en la mano de los Barbaros, proseguian en sus empeños, y sangrientas guerras. El Rey sentido de los Florentinos, embió parte de la gente que avia levantado para engrossar el Exercito del Duque: antes de llegar à vnirse con èl, embió tambien à Roma à dar aviso al Papa, de su designio, y á procurar que Segismundo Malatesta sirviesse en està empresa: embiò à mandar à Bernardo de Vilamarì Generalissimo de la Armada Real, que discurriesse por la Marina de Pisa, atento solo à conservar Vada, por ser de suma importancia para adelantar los progressos de la guerra: para aumentar la Armada, embiòle las Galeras de N. Grageda, de Roger de Esparça, y la de Bernardo de Requesens; pero advirtiendo era muy superior à la Enemiga, mandò à Bernardo de Requesens partir à Corcega con parte de la Armada, para defender los de la Isla que le obedecian, de los enemigos, executandose con acierto, y vitoria de los nuestros; y bastò la otra parte de la Armada para defender las Costas de las Reales Provincias de Italia, y escarmentar à las contrarias.

Defiende la Armada Catalana à Corcega, y Provincias de Italia.

Campeavà en este tiempo el Conde Esforcia contra los Venecianos, ganòles el fuerte Castillo de Guede: confortò, y diò nuevo aliento el Rey à los Venecianos por medio de Luis Despuig, assegurandoles que cuydaria emendar el tiempo que avia tardado en favorecerles: pidiòles reforçassen su Exercito, mientras el suyo se hallava en Toscana. Obrava el Rey con tal calor

en

en esta guerra, solo para obligar à los Florentinos à pedir la Paz que deseava concederles; porque es cierto se hallava justamente lastimado de los daños de la Republica Christiana, aborreciendo el prosseguir esta guerra, empeñando su Autoridad con los Venecianos, è instado convinieron en que embiasse sus Embaxadores, con salvo conduto à Florencia, para apartarla de la temeridad de seguir à Esforcia, y aficionarla à la Paz General que solicitava.

Embaxada del Papa solicitando la Paz entre los Principes Christianos para dar contra el Turco, y respuesta del Rey.

Embiò el Pontifice Embaxada al Rey, afligido de los daños de su ovejas, y de los progressos enemigos, para que dexadas las Armas, vnidas entre si con verdadero vinculo de amistad las Potencias Christianas, se coligassen contra el Barbaro Turco, que permitiendolo Dios dilatava todos los años sus conquistas. Respondiò el Rey à esta Embaxada en lo perteneciente à la Paz, que la deseava, y que para conseguirla prosseguia la guerra contra los Florentinos por enemistad que tenia con el Conde Francisco Esforcia. En quanto à los daños que procedian de la division que avia ocasionado las vitorias del Turco, respondiò, que entre los Principes Christianos solo el se avia opuesto à los Infieles, aviendo para esto sustentado su Armada de Galeras en Levante con buenos progressos, peró no tales que pudiessen compensar las perdidas: que en esta empresa ninguno le avia ayudado, y que sin assistencias de su Santidad no podia empeñarse á mantener la guerra contra el Turco enemigo tan poderoso.

Prosiguiò Bernardo de Vilamarì la Fortificacion de Vada, y mudò su Campo en este tiempo el Duque, de Tumulo à Portillano, para apartarse de los ayres inficionados de aquel distrito: saliò el Rey de Napoles para vnirse con el Campo del Duque de Calabria à 11. de Agosto: perdióse en este tiempo Foyano por ocasion del disgusto de la Guarnicion con los Paysanos: abrieron estos vna puerta à los enemigos, y pagaron el error todos, que igualmente fueron robados, y saqueados.

Perdida de Foyano.

Governava Castellon de Pescara vezino de Foyano, Juan de Liria, al tiempo desta desgracia, quando diligente dió providencia à assegurar no solo sus Plaças, sino tambien las vezinas que posseìa el Rey, abasteciendo Vilamarì con su Armada, todas las Plaças Maritimas, que juzgò de peligro. Estava el Rey con su Exercito acampado en el Bosque de Vairano, quando bolviò el Pontifice por su Legado el Cardenal de Fermo à solicitar al Rey desistiesse de la guerra contra Toscana, y se dedicasse à la empresa de la Paz vniversal, aconsejandole como devia obrar para impedir las conquistas del Turco, y dar medio vtil para defender las Fronteras de la Christiandad, que se estrechavan. Para satisfacer al Pontifice à estas tan importantes proposiciones, embiòle el Rey su Secretario Bartholomè de Reus con su consulta, y parecer para executar la oposicion devida contra lar armas Mahometanas. Partiò el Embaxador para Roma à los 8. de Setiembre, y entregó la consulta al Papa, que contenia el error grande de los Principes Christianos que perdieron Constantinopla, por no socorrerla, siendo aquella Plaça el lugar mas à proposito para detener al Turco, y aun para derrotarle; y que para enmienda de este error, importàva emplear las fuerças vnidas del Pueblo Christiano en oposito del Turco en las Fronteras donde se hallava sobervio por la vitoria, y no dividirlas en partes, que solo entretendrian, y no evitarian la ruina de la Christiandad, singularmente si el enemigo determinava passar à Italia, (como lo publicava) yà casi anegada en sus civiles disturbios: que importava vnir la Italia con la Vngria, Alemania, y demàs Provin-

Segunda Embaxada del Papa al Rey para lo mismo.

Embaxada del Rey al Papa con la respuesta.

cias para empeñarse la guerra contra el enemigo, entrado en la Tracia por las Fronteras de Vngria: que la Alemania favoreciesse à Ladislao Rey de Vngria, el Papa à los Venecianos, para mantenerse en la Morèa, è Islas del Negroponto: que conducia à lo sumo del empeño contra los Turcos el assistir à Escanderbey, al qual avia yà embiado el Rey algunas Tropas Catalanas, para que con la diversion por la parte del Ilirico, desviasse al Turco de los progressos de la Grecia, y le embargasse el passo del Golfo de Venecia: advertia tambien al Papa que se devia socorrer Leonardo Tocco, Nieto de Juan de Veintemilla Despoto de Arta, que avia dado aviso de que los Turcos corrian la Macedonia, y Thesalia, y que se hallavan vezinos à sus Estados, impossibilitado à defenderles sin grandes socorros, y que se perderian como los de Athenas, Neopatria, y Beocia, sino le favorecia el Rey: y vltimamente suplicava al Papa no dilatasse dar calor à los Christianos, para que alentados con su amor de Padre, y assistencias devidas, acudiessen à la comun defensa.

Emprende el Rey la defensa de los Principes Griegos contra Turcos.

De las propuestas passó el Rey à la execucion resuelto à la defensa de los Principes Griegos que mantenian todo el peso de la guerra contra la furia formidable de los Turcos: embiòles algunas Tropas; y para hallarse con mayores fuerças contra el Conde Esforcia, y sus Aliados, admitió la confederacion del Duque de Orleans que pretendia à Milàn por su Madre Valentina hija de Juan Galeaço Vizconde, primer Duque de Milàn.

Fueròn varios los progressos de lar Armas Reales, y Florentinas: detuvosse el Rey cerca San Victor Abadia de Monte Casino, con color de remediar la novedad de no querer los Barones recoger el Exercito del Duque de Calabria: passó à San Jorge, y alli entendió aver cedido Sena à su determinacion, y concedido el passo, y favor: entendiòse que los Florentinos passavan à Vada, embiò à socorrerla el Rey con la Galera de Vguet del Pas. Adoleciò el Rey en este tiempo de terciana continua, que le durò muchos dias, obligandole à retirarse à Fontana del Copo, dexando su Campo en Campolatro: determinó despuès embiarle à juntarse con el Duque de Calabria; pero dava mas reputacion à la empresa la presencia del Rey, que ambos Campos, como lo comprovó la experiencia, pues por su ausencia fuè desamparada Vada, y conquistado Pontevico por el Conde Esforcia, no obstante el arte, y valor de Bernardo de Vilamarì, del qual se tuvo el Rey por muy servido, y de los demas de la Armada Catalana.

Desamparo de Vada, y el Conde de Esforcia cōquista Pontevico.

Despuès de retirado el Duque con su Exercito à los Lugares que obedecian al Rey, su Magestad nombrò à Vilamarì Governador de Rossellon, y Cerdaña por muerte de Bernardo Albert: mandòle partir con ocho Galeras à Levante para socorrer los Griegos; y à Juan de Navès vno de los mas diestros, y valientes Capitanes de la Nacion Catalana con el residuo de la Armada para socorrer las Tierras de los Venecianos en el Imperio de Oriente, con orden de juntarse con la Armada que tenia en aquellos Estados la Republica, y vltimamente decretò embiar Virrey, y Capitan General à Albania en Socorro de Escanderbey, añadiendo fuerças à las que tenia en aquella Provincia contra los Turcos. Dieronse estos ordenes al principio de Noviembre, aliviado yà el Rey de su accidente.

Socorro del Rey para Levante.

Embió el Rey à proponer los medios importantes para conseguir la Paz vniversal de Italia al Papa, y encargò à Luis Despuig su gran Privado admitiesse al Duque de Ferrara, y à Manfredo, y Gisberto de Corregio à la confederacion con el Rey, con que se pusiessen baxo de su conduta, y servicio: solicitó tambien

bien

bien en este tiempo la Paz de España con la concordia del Rey de Navarra, y Principe su hijo: consiguiò Treguas la Reyna de Aragon para los Reynos de Aragon, Castilla, y Navarra.

1454. Este año à 9. de Adril se publicaron las Pazes de la Republica de Venecia, y del Conde Esforcia, y ratificólas el Rey à 12. de Mayo con ciertas condiciones, y eligiò Virrey, y Capitán General de Albania à Ramon de Ortafà, de los mas diestros Capitanes de la Nacion Catalana: passó à aquella Provincia con buen numero de su Nacion, y algunos Italianos en la Armada Catalana para defender las Plaças, y Castillos de aquel Estado: diò buenas assistencias à Escanderbey, y à los Capitanes Albaneses por sus servicios, y quedó aquella Provincia por muchos años bien defendida por el valor de Escanderbey, de Ramon de Ortafà, y de la Nacion Catalana. Diò licencia Escanderbey à Ortafá para poder batir moneda para el comercio de aquella Provincia, hizola esculpiendo en ella la Cruz de San Jorge, divisa antiquissima del Principado de Cataluña: fueron celebradas las vitorias que consiguieron contra los enemigos en los años que conservaron aquella Frontera: devemos à nuestros Mayores el descuydo ordinario en referirlas, aviendo peleado desde este año hasta el de 1467. contra todo el poder de los Turcos.

Glorias de Cataluña en Albania.

A la fin de Junio mandò el Rey al Duque de Calabria dexar à Toscana, y bolver á Napoles, obligado de los daños del Exercito por el ayre cõtagioso de aquella Region: mandò para assegurarle en la retirada, acudir las Tropas del Duque de Vrbino, de Napolion, y Roberto Vrzino, de Diomedes Carrafa, y de Francisco Zanoguera, con orden de bolver à sus estancias en llegando el Duque à los confines del Reyno.

Buelta del Duque de Calabria à Napoles.

Don Ramon de Riusech, por otro nombre de Centellas Conde de Oliva, (que yà en este tiempo se llamavan algunos Don; pero no con Privilegio como veremos á su tiempo) salió con quatro Galeras Catalanas, de Napoles: fuè discurriendo por las costas de Pomblin, y Elva, para pelear contra las Naves Ginovesas que encontrasse, porque yà se declarava el Rey contra aquella Republica: diez y seis Naves grandes, y vn Balener Ginovès, llegaron de Poniente para recibir dos Naves mercantiles, y quemar dos Naos grandes que avia mandado fabricar el Rey, que se hallavan en el Puerto de Napoles: llegando pusilanimes, y no atreviendose à executar su designio, embiaron à pedir diez Galeras de refuerço à Genova, pero vn temporal las avia apartado de aquellas costas, llevandolas por el mar de Italia, y assi pudo el Rey con esta fortuna reparar el Muelle de Napoles, y fortificarle bien, en defensa de las Naves; y para la vengança del atrevimiento, armar catorze Galeras, con las quales à 11. de Octubre partiò el General Bernardo de Vilamarì, aviendo buelto de Levante, à encontrar la Armada enemiga: passó á Iscla, y llegó à Ponça: juntaronsele las Galeras de Don Ramon de Riusech, encontraron las diez Ginovesas, dieron en ellas, ganaron vna, huyeron tres, encallaron en Terracina, y los que libraron las vidas, perdieron la libertad, prisioneros de los Paysanos de la comarca. Prosiguieron la vitoria nuestras Galeras contra las seis que quedavan, ganaronlas con vna Galeota que se les avia agregado, logrando nuestra Nacion vna celebrada vitoria, y cobrando aliento para molestar las costas de Genova, y correr las de Proença con declarada guerra contra el Duque de Anjou su Señor.

Vitoria de Catalanes contra Ginoveses.

Conquistó el Turco la Servia, y el valiente Escanderbey con nuestras Tropas consiguiò celebradissima vitoria contra los Turcos: no hallo declarado el numero de los muertos, y esclavos.

A

A 14, de Agosto diò orden el Rey à Francisco Sicart Virrey de Calabria, que procurasse prender à Don Antonio de Centellas Marquès de Cotron, por algunas novedades que fomentava en aquella Provincia: confirmó el Rey la concordia de Castilla, y Navarra, que avia conseguido la Reyna por las Treguas: prosiguió en adelantar las Pazes: sucedieron varios tratados que no son de nuestro assumpto.

Si peró advertir que fueron muy celebrados en las guerras de estos tiempos: *Bernardo de Vilaragut, Bernardo de Casasans, Guillen de Vilademuls, Guillen Crexell, Bernardo de Guimerà*, y segun los Privilegios, y registros q̃ se han podido reconocer en el Real Archivo de Barcelona, se señalaron en las guerras de Italia en este Reynado. *El Conde de Pallàs, Luìs de Montagut, Luìs de Paguera, Juan de Castellbisbal, Berenguer de Oms, Juan de Maldà, Guillen Marco de Cervellò, Martin Saus, Francisco Gilaberto de Centellas, Pedro de Vilafranca, Geraldo de Queralt, Berenguer de Eril, Bernardo de Requesens, Berenguer de Mompalàu, Luìs de Perellòs, Guillen Ramon de Moncada, y su Primogenito, Juan Thomàs de Moncada, Alonso de Cardona, Francisco de Balaguer, Francisco Sunyer, Juan de Torrellas, Juan Zabastida, Juan de Claramunt, Miguel Gener, Andrès de Biure, Bernardo Albert, Pedro Rossell, Francisco Solèr, Antonio de Caramany, Ramon de Vich, Pedro Descallar, Juan de Gualbes, Guillermo de Belloch, Salvador Santafé, Bartholomè Forment, Francisco Romeu, Ramon Ollers, Antonio de Vilatorta, Pedro Juan de Gurb, Antonio Serradell, Pedro de Malferit, Miguel Bru, Ponce Descallar, Juan de Pau, Jayme Olivèr, Gilaberto de Llupià, Andrès Capdevila, Juan Sellent, Lucas de Bonet, Pedro de Vilarasa, Dalmao de Monsoriu, Jayme de Pelegrì, Juan de Flos, Guillen Nabot, Pedro Vendrell, Juan Serdà, Guillen Pou, Jayme de Bellera, Pedro Desbrull, Gabriel Zaplana, Juan de Prades, Gregorio de Junquers, Pablo de Surèda, Francisco Despujol, Pedro Desplà, Lope Desperò, Juan Serra, Ramon de Perellòs, Bernardo de Zanoguera, Bernardo Juan de Cirèra, Melchor Mates, Pedro de Bosalù, Guillen de Vich, Jayme Puig, Manuel de Rajadell, Jayme de Besòra, Antonio Ferrer, Jayme Alemany, Gaspar de Bages, Roderico Olivera, Pedro de Sitges, Felix Miralpeix, Juan de Montbuy, Francisco Destorrent, Pedro Roig, Francisco Gil, Antonio Ribalta, Guillen Scales, Miguel Sayol, Pedro Mostalla, Francisco Selva, Nicolàs Augustì, Pedro Feliu, Pedro Santolaria, Ponce de Santa Creu, Bernardo Terrassa, Galceràn Martorell, Bernardo Gilaberto Zaplana, Juan de Copons, Antonio Guasch, Dalmao Bou, Pablo Messeguer, Andrès Pol, Juan Lombart, Lorenço Perull, Juan de Vallgornèra, Antonio de Fluvià, Andrès Català, Juan Gallart, N. Montoliu, Bernardo de Llar, Ramon de Ribas, y otros.*

Nombranse algunos de los Catalanes que se señalaròn en las guerras de Italia, y conquista de Napoles.

CAPITVLO XIII.

Guerras de Corcega: Treguas, y Paz de Italia: Es elegido Papa Calixto III. Embaxada del Rey: Buelve la guerra de Italia: Guerra del Rey Don Juan con sus hijos: Encomios de Miguel de Epila: Varios Matrimonios: Guerras de Genova: Embaxada de Castilla, y del Rey al Papa: Insta el de Foix el Processo contra el Principe Don Carlos: Guerras contra Ginoveses: Assistencias de Cataluña, y Barcelona: Guerras de Navarra: Vitorias de Catalanes en Italia: Treguas en Navarra: Convento de Agustinos de Lerida: Del Santo Varon Fr. Pablo: Iglesia del Milagro: Muerte del Rey, y Testamento: Sucede el Rey Don Juan à estos Reynos: Don Fernando à Napoles, y le assegura, &c.

AL principio deste año embiò el Rey à D. Berenguer de Eril su Almirante assistido de las Armadas de Vilamarì, y de Juan de San Climent, al govierno de Corcega para prosseguir la guerra contra los Ginove- 1455.

novefes, y para ocupar la Ciudad de Bonifacio de aquella Isla, q̃ avia ofrecido entregar Luis de Campo Fregoso su Governador al mismo Almirante. Concluyòse à 26. de Enero la Paz de los Florentinos, y Conde de Esforcia con el Rey, el qual aprovò la Liga de los Venecianos, Florentinos, y Duque de Milàn antes Conde Esforcia, dexando lugar para entrar en ella los Ginoveses, Duque de Modena, y Marquès de Este: reservòse el Rey proseguir sus derechos contra el Duque de Milàn, admitido en el Estado, y contra los Ginoveses: prometieron todos los Aliados defender la Santa Sede, y su Autoridad, y emplear todas sus fuerças contra los Turcos.

Pazes con los Florentinos, y Cõde Esforcia.

A 21. de Abril en Napoles se executó la prision de Don Antonio de Centellas por orden del Rey: el mismo dia llegó aviso, y orden à Francisco Sicart Virrey de Calabria para ocupar los Lugares, y fuerças de Centellas, que lo executó puntual, mandando salir de Girachi à la Marquesa muger de Don Antonio, y à sus hijos, dando orden para partir á Cosencia.

Prision de Don Antonio de Centellas.

A 24. de Março muriò el Pontifice Nicolao, y à 8. de Abril saliò electo Don Alonso de Borja Cardenal de Valencia, el qual tomò nombre de Calixto III. Canonizò á San Vicente Ferrer, luego ofreció à Dios perseguir con guerra continua à los Turcos, y defender la Iglesia: mandó armar diez Galeras, nombrando General á Jayme de Vilaragut. Celebròse la solemnidad de la Coronacion à 20. de Abril, embiòle la obediencia, y parabien el Rey con la mas solemne, ostentosa, y autorizada Embaxada que se avia visto: fueron los Embaxadores Don Arnaldo Roger de Pallàs Patriarca de Alexandria, y Obispo de Vrgel, el Arçobispo de Tarragona, Don Juan de Veintemilla Conde de Girachi, Honorato Gaetano Conde de Fundi, el Arçobispo de Salerno, Don Juan Ramon Folch de Cardona Conde de Prades, el Arçobispo de Napoles, Don Guillen Ramon de Moncada Conde de Adorno, Luis Despuig Maestre de Montesa, Don Carlos de Luna, y Peralta Conde de Calatabellota, el Obispo de Taraçona, N. de Centellas Conde de Oliva, el Obispo de Tricarico, Juan Solèr Canonigo de Lerida, y Pedro de Vilarasa Dean de Valencia; però correspondiò poco el Papa al afecto del Rey, y à algunos favores que avia recibido quando Vassallo, como veremos.

Muerte del Pontifice Nicolao, eleccion à favor de D. Alonso de Borja, y Embaxada del Rey al nuevo Põtifice.

Rompió la Paz de Italia el Conde Jacobo Picinino de Aragon, favorecido del Rey, porque el Pontifice no quiso pagarle sus Tropas, y darle conduta en nombre de la Iglesia; y aunque el Rey instó con fervor le assistiesse el Papa, ofreciendo contribuyr por su parte para que el Conde passasse à Dalmacia contra los Turcos, no quiso jamàs condescender à estas instancias. Disgustado de la repulsa el Conde, passó con sus Tropas al Territorio de Sena, pidiendo á aquella Republica la paga de cierta suma que avia quedado deviendo la Republica à Nicolo Picinino su Padre; y dilatando Sena la paga, emprendió el Conde la guerra contra los Seneses: declaròse à favor de estos el Papa, y el Rey à favor del Conde, bolviendose à perturbar la Italia. Quexòse el Papa del Rey por este favor, y por dilatar la guerra contra Turcos: satisfizole suplicandole que concurriessen los otros Aliados, y su Santidad con las assistencias que avia ofrecido en su voto, ponderando la importancia de admitir en su gracia al Conde Picinino; pero como esto no pudiesse lograrse, embiò el Rey, à Tristan de Queralt, y Juan de Margarit, con doze mil ducados de socorro, al Conde; y à Matheo Malferit à Sena para persuadirla à la concordia con el Conde; pero instados del Papa menospreciaronla los Seneses, y prosiguieron la guerra contra amigos, y enemigos, en daño

Rompimiẽto de la Paz en Italia.

de

de los Vassallos del Rey, el que en parte lo tolerò; emendòlo despues, cediendo sus particulares interesses al beneficio comun de la Paz de Italia, y de la vnion para la guerra contra los Turcos. Decretó emprenderla el Rey con aprobacion de su Consejo, no solo con las Tropas Catalanas que tenia en Albania deteniendo los progressos del Turco, deviendosse á ellas la libertad de aquella Provincia, y de las vezinas, como escriven Zurita, Abarca, y demàs Analistàs, sino tambien con el poder de todos sus Estados. A instancias del Rey logróse la Paz entre los de Sena, y Picinino, admitieron en su gracia el Papa, y el Rey, à los de Sena, y sosegóse el temporal.

Alianças del Rey de Navarra para quitar la herencia al Principe D. Carlos su hijo.

Hallandose en Barcelona el Rey de Navarra como Lugarteniente General de Cataluña, declarado enemigo de su hijo, è hija la Infanta Doña Blanca, porque juzgava que favorecìa à su hermano, firmò Alianças con el Conde de Foix, para desheredar al Principe, del Reyno, que era de su misma Madre, con varios pactos jurados en manos de Bernardo de Foix, prosiguiendo la guerra como contra el mayor enemigo.

Miguel de Epila.

Por Noviembre aviendo presentado el Pontifice à Don Arnaldo Roger de Pallàs Patriarca de Alexandrìa, y Obispo de Vrgel, el Obispado de Monreal en Sicilia, suplicò el Rey al Papa diesse el de Vrgel al Doctor Miguel de Epila gran Theologo, de rara virtud, y exemplo; y como ni esta, ni otras Prelacìas quiso jamàs admitir, fuè electo Don Jayme de Cardona, el qual fuè despuès Cardenal.

1456. Al Principio de este año se celebraron los matrimonios de los nietos del Rey, hijos del Duque de Calabria, Don Alonso, y Doña Leonor, con Hipolita, y Esforcia Marià hijos del Duque de Milàn, quedando asseguradas las Pazes con el Vinculo de la Sangre. Embiò el Rey à Bernardo de Vilamarì con la Armada Catalana à Genova en socorro de Pedro de Campofregoso Duque de Genova, trabajado entonzes de sus enemigos: llegò nuestra Armada à tiempo que pudo lograr la vitoria, y conservar al Duque en el estado, del qual querìàn deponerle. Prosiguiò Vilamarì los tratados del feudo de Genova, y admitió à la obediencia del Rey à Juan Philipo de Flisco con sus Lugares, con obligacion de no firmar Pazes, ni Treguas el Rey con los Ginoveses, antes de ser reintegrado Juan Philipo en sus honores antiguos, que possèìa en la Republica. Diò Sentencia el Rey sobre las diferencias de los de Sena, y del Conde Picinino, dexando en paz las dos parcialidades: embiò à Galceràn de Torrellas à la Morèa, y tratava prevenirse contra los Turcos.

Nuestra Armada en defensa del Duque de Genova.

Llegaron embaxadores del Rey de Castilla à Napoles para tratar de Aliaça, y confederacion, con gusto, y grata acceptacion del Rey, el qual en este tiempo yà deseavà venir à España, no tanto obligado del servicio de Cataluña, quanto disgustado con el Rey de Navarra su hermano, por no aver abraçado el medio de la concordia con el Principe su hijo, ò la que proponian las Cortes de Cataluña, y aver faltado à sus comissiones, no aviendo executado lo que conducia al Real servicio; pero antes de su partida, y de executar la empresa ofrecida contra los Turcos, para lograr con certeza la paz de Italia, y que apartado de aquellas Provincias no se diesse ocasion à novedades, suplicò al Pontifice por medio del Conde de Concentayna, le concediesse la Investidura del Reyno de Napoles, como la tenìa de sus antecessores: diò tales escusas el Pontifice à esta justificadà instancia, que en ellas descubriò su animo apartado de los interesses del Rey, y de condesender à su instancia.

Antes de partir à Cataluña el Rey pide la Investidura de Napoles al Pontifice, y se escusa.

Instavan al vltimo dia de Marzo

ço en la Corte de Navarra Juan de Rocafort, y Beltràn de Samper Embaxadores del Conde de Foix para que se formasse Processo contra el Principe Don Carlos, y la Infanta Doña Blanca: prorogò la instancia el Rey de Navarra hasta el Abril, no executandose hasta el siguiente año.

Estava nuevamente empeñado el Rey contra los Ginoveses: bolvieronse à congregar las Cortes de Cataluña, ofreciò la Provincia grande servicio de Naves, nombrò General de ellas à Pedro Juan de San Climent: la Ciudad de Barcelona sola sirviò en esta guerra con quatro Naves, dos Galeras, y vn Vaxel, bien armados, y por su General nombrò al Conseller en Cap Pedro Serra, el qual partiò el año siguiente à juntarse con la Armada que governava Bernardo de Vilamarì. (1)

(1) *Real Arch. de Barcel. Arca 1. grande. Arch. de la Ciudad de Bar. Diet. deste año. Memorial de la Grandeza.*

Proseguìa la guerra en Navarra con disgusto del Rey, por tenerla en estos Reynos, deseando quitar los motivos; y para lograrlo, participò al Rey de Navarra que era su voluntad, que depusiesse las diferencias con su hijo, en sus manos, como lo avia ofrecido el Principe; declarandose que en caso de renitencia, le privaria de la Governacion destos Reynos, y favoreceria al Principe con todo afecto; pero viendo el Principe q̃ su Padre prosseguìa, y buscava favor en Francia, y por el el Conde de Foix, no hallandose con fuer-
1457.
ças para defenderse, partiò llamado del Rey à Napoles, y de alli embiò el Rey à Pamplona à Rodrigo Vidal para solicitar Treguas en Navarra, y proponer medios de concordia à aquellos Vassallos, y à los que estavan à la obediencia del Principe.

Concordia en Navarra.

Embiò tambien à Barcelona al Rey de Navarra su hermano, y al Conde de Foix, à Luis Despuig Maestre de Montesa, para que el de Navarra dexasse todas sus pretensiones en manos del Rey, y tomasse forma de concordia con el Conde, y todo se executò segun la instruccion del Maestrè, y de Rodrigo Vidal, con gusto del Reyno de Navarra, y consuelo particular del Rey.

Permanecia constante nuestra Armada governada por Bernardo de Vilamarì, para la defensa del Duque de Genova; pero por no aver cumplido lo que avia ofrecido al Rey, emprendiò la guerra contra la Republica, con fin de restituir al govierno al Conde Juan Philipo de Flisco, à Bernabè, y Rafael Adorno, quitandole à los Fregosos por aver faltado à su obligacion. Mandò armar veinte Galeras añadiendolas à la Armada de Vilamarì, el qual con este refuerço devastò la Ribera de Genova discurriẽdo por aquellos Lugares, è impidiò la entrada à la Ciudad por el mar, circuyendola tambien por tierra con la gente que le llegò de Toscana, y Lombardìa, y con la que pudo emplear de las Galeras. Llegaron las Naos governadas por Pedro Iuan de San Climent, las Galeras de Galceràn de Requesens, de Vidal de Vilanova, las Naos, Galeras, y Vaxel de la Ciudad de Barcelona, governadas por Pedro Serra Conseller primero de la Ciudad: con todo este poder prosiguiò Vilamarì la guerra contra los Lugares, y fuerças de los Fregosos, y tuvo en grande aprieto à la Ciudad de Genova. Con deseos el Rey de proseguir esta guerra hasta reintegrar los Fliscos, y Adornos, al govierno de la Republica, mandò hallandose en el Castillo de la Torre de Octavo à 22. de Julio, armar todas las Galeras en sus Dominios de Italia que llamavan de buena boya, y embiò orden à la Ciudad de Barcelona para que à su cuenta se armassen quantas Naos, y Galeras pudiessen, y se hallassen en estado de armarse en las Ataraçanas de la Ciudad: instò à Vilamarì que prosiguiesse la guerra con valor, assegurado que le remitiria tales fuerças que le conseguirian la vitoria, sin que pudiessen disputarla las que prevenian los Enemigos.

Guerra contra Genova, y Fregosos, à favor de Fliscos, y Adornos.

Partiò Vilamarì del Campo de Genova al Assedio de la Ciudad de Noli: rindiòse al valor constante de la Nacion Catalana, logrando despues las conquistas de Camugiò, y Recho, Plaças fuertes de la Republica: passò Vilamarì à estrechar à Genova con estas fuerças añadidas à las que quedaron sobre dicha Ciudad, con grande deseo de ocuparla, comun à todos los nuestros; pero no correspondiò el sucesso à la esperança, porque los cercados resistieron con animo, y sufrieron repetidos assaltos, y combates por tierra, y por mar, quedando los nuestros obligados à retirarse, desengañados del movimiento que juzgavan à su favor dentro la Plaça, por la parte que favorecìa à los Fliscos. La constante defensa de Genova aunque de disgusto por el Rey, le empeñò mas en estrecharla, no tanto por su interès, quanto por el bien de la Ciudad, que le juzgava assegurado en introduzir en su govierno à los Fliscos, y Adornos: embiò al Campo nuevos socorros, y à la Armada de Vilamarì, las Galeras, y Naves que se avian podido armar, embiando à alentar al Conde Juan Phelipo de Flisco, y à los Adornos, para prosseguir la empresa, como se continuò hasta todo el mes de Deziembre; no omitiendo las armas, y negociacion, con recelos de que los cercados no llamassen à Francia, y no se apoderasse de aquella Republica en daño de los Reynos de Italia, despues de la muerte del Rey.

Assedio de Genova, y su constante defensa

1458. Concluyò las Treguas de Navarra Luis Despuig, y se revocaron los Processos contra el Principe Don Carlos, y contra la Infanta Doña Blanca su hermana. Tratòse de los Matrimonios del Infante Don Alonso, y Doña Isabel hermanos del Rey de Castilla con Doña Leonor, y el Infante Don Fernando hijos del de Navarra; però no se concluyeron.

Este año hallo noticias del Convento de Agustinos de Nuestra Señora de Gracia de la Ciudad de Lerida, que suponen ser Fundacion de San Paulino año del Señor 397. Se advierte este año celebrado en este Convento, Capitulo Provincial, suponiendolo reedificado: fuè derribado año 1643. y en nuestro tiempo han fundado los Religiosos dentro la Ciudad. En este Convento succediò aquel prodigio, que assegura el respeto devido à los difuntos: estavan en la Iglesia dos Licenciados velando à vno que avian de enterrar al siguiente dia: dixo vno al otro, q̃ apostamos que no te atreves à quitar tres pelos de la barba deste muerto? asseguro executarlo el atrevido Mozo, y llegando al feretro arrancò vno, haziendo movimiento el muerto: bolviò, no obstante, à arrancarle otro, è hizo mayor movimiẽto el Cadaver, y al querer arrancarle el tercer pelo, levantòse el Difunto, tomò vna Burxìa de bronze, y tiròla al atrevido, el qual huyendo àzia la Sacristìa, al entrar en ella se agarrò su sotana de vn clavo, y juzgando q̃ le detenìa el muerto, cayò de repente, y acabò sus dias para escarmiento de atrevidos: à sido este Convento fecunda Madre de Ilustres hijos en santidad, y letras, y con admiracion del bienaventurado Fr. Juan Exarch natural de la misma Ciudad. (2)

Convento de Agustinos de Lerida.

El Santo Fr. Juan Exarch del Orden de S. Agustin.

(2) *P. Masset fol. 247.*

El Santo Varon Fr. Pablo fuè de Nacion Catalàn, ignorasse el Apellido, y Lugar de su oriente, fuè Religioso Francisco, eminente Theologo, pero mas eminente en virtud, y zelo de la gloria del Señor: matòle Confessando en el mismo Confessionario, vn mal hombre, porque avia negado la absolucion à su Amiga, no hallandola dispuesta à dexar la amistad: fuè su feliz ocaso, y oriente para la gloria en Perpiñàn este año. (3)

El S. Fr. Pablo del Orden de San Francisco.

(3) *Coron. de S. Francisco. Domenech Flos Sanct. de Cat. lib. 2. fol. 61.*

Edificòse la Iglesia de Nuestra Señora del Milagro de la Parroquia de Reyner, que es aora del Obispado de Solsona, por el

Nuestra Señora del Milagro.

el favor que concediò la Virgen á aquel Obispado, librandole del contagio que le aflixìa. Apareciò la Virgen en el lugar de la Iglesia à dos dichosos Pastorcillos en forma de vna hermosa Zagaleja con vna Cruz en la mano: previno à los Pastores los daños que amenazavan à esta Provincia sino se enmendava, y pedía à Dios misericordia por su medio: dichas estas palabras puso la Virgen la Cruz en la mano hizquierda del Pastorcillo mayor llamado Jayme Sirosa, y desapareciendo la Virgen Nuestra Señora, recibióse informacion por el Obispo de Vrgel, y edificòse la Iglesia. (3)

(3) *Archivo de N. Señora del Milagro. Camòs Jardin de Maria fol.* 375.

Proseguìa con felicidad el Rey la guerra por su General Bernardo de Vilamarì contra los Ginoveses, quando por el mes de Abril entrò en Italia socorro Francès para obligar à levantar el Assedio de Genova: governava las Tropas Francesas Juan Duque de Lorena, hijo del de Anjou; però aunque causó algunos recelos, no podía estorvar la entrada de nuestras Armas en Genova, à no suceder la enfermedad, y muerte del Rey, obligando à nuestro Campo à bolver à Napoles, para assegurar la quietud del Reyno.

Muerte del Rey en Napoles.

Muriò el Rey en el Castillo del Ovo à 27. de Junio, aviendo cumplido con las obligaciones de Catolico Principe, à los 64. años de su edad, y 24. de su Reynado; aviendo dispuesto su Testamento sin noticia de la disposicion del Rey su Padre por no llegar à tiempo el Testamento que avia mandado à Jayme Garcìa Archivèro del Real Archivo de Barcelona remitir à Arnaldo de Fonolleda su Protonotario, que se hallava en Napoles: assistieron al firmar el Testamento Don Fray Juan Garcìa Obispo de Mallorca Confessor del Rey, Don Juan Solèr Obispo de Barcelona Nuncio del Papa, y Don Juan Fernandez electo Arçobispo de Napoles, los quales fueron sus Albacèas: mandò depositarse en San Pedro Martyr de Napoles, y Sepultarse en Poblet al entrar en la Iglesia, desnudo baxo la tierra, y con sola vna lossa encima para ser pisado de todos: executòse esta voluntad del Rey solo el año 1671. consiguiendolo de los Napolitanos Don Pedro de Aragon; y con dispensacion del Pontifice Clemente X. despues de año entero del entierro segun la disposicion del Testamento, fué subido el Cadaver à vna de las Vrnas Reales de aquel Ilustre Templo. Mandó fundar muchas Capillas en Napoles: dexò sessenta mil libras para mantener la Armada contra los Turcos: dexò Successor en el Reyno de Napoles à su hijo natural Don Fernando, y en el Condado de Barcelona, y demàs Reynos de la corona al Rey de Navarra Don Juan su hermano. Manifestóse antés de su muerte por muchos dias vn terrible Cometa desde el Signo de Leon à Cancro, ò entre la Region destos Signos.

Entierro del Rey en Poblet.

Es muy ponderable, y digno de reflexcion que el Rey en su Testamento olvidasse del todo à la Reyna Doña Maria su Muger, siendo tan exelente Princessa. Acabò el Rey Don Alonso el Grande, el Magnanimo, el liberal, el Sabio, el Prudente, y todo por Excelencia; y para la evidencia, à mas de lo referido, se puede bien confirmar con vna Catolica, y pia exortacion que hizo à vn Criado suyo, llamado Gabriel Surrenti, disponiendole à bien morir: *Como và Gabriel? los Medicos dizen no peligras, buena es la assistencia, y confiança en los Medicos, pero mejor en Dios, del qual pende la salud, vida, y salvacion, y assi antes de todo ponte en sus manos. y si le has ofendido, ahora pidele perdon assistido de los Divinos Sacramentos, y se que lo haràs con devocion, porque se tu buen modo de vivir, y con esto entregate à la Divina voluntad, que solo sabe si te conviene vivir* en *en este mundo engañoso, y lleno de miserias, y no temas à la muerte, porque es vida à los que mueren bien, pues van à recibir el premio de sus buenas obras en la Gloria con Jesus: y te asseguro que la muerte es principio de la vida, pues esta yà no se halla sujeta à dolores, trabajos, y miserias; y sepas que la muerte, es fin de pecar, y Nuestro Señor solo tiene en su mano la vida, y muerte, y assi dexemonos todos à su Divina voluntad, que en la nuestra ha dexado el obrar, y obrando bien tenemos assegurada buena muerte, assi se passa de mortalidad à inmortalidad, si bien es menester estar siempre prevenidos; y para que lo estemos no ha querido supiessemos el dia, ni hora, y devemonos acordar de muchos que viven sanos, y repentinamente mueren, y al contrario de otros que los Medicos desesperavan de su salud, y aun viven: bien vès tu Gabriel, que soy Rey de grandes Reynos, y Provincias, con autoridad, credito, Magestad, y riquezas, y pueden juzgar algunos que no pienso en aquella hora: mal cumpliria si aguardasse disponer de todo lo que Dios me ha encargado, para aquel corto tiempo, y creeme que no ay lugar para ello, y por esso todos los dias pienso que soy mortal, y que no se la hora, y que no me llevarè deste mundo sino las buenas obras; pues èl, es todo vanidad:* y dicho esto confessò, y comulgò el enfermo presente el Rey, que bolviò à dezirle: *hijo mio Gabriel, quantas gracias deves dar à Dios que te ha dado tiempo de recibir los Santos Sacramentos? Creo estàs contento de mis palabras, añado que deves estar constante en la Santa Fè Catolica, y te estimarè creas que lo que te he dicho, ha sido por bien de tu alma, y assi devemos creer que Diòs hizo al hombre à su imagen, y que esta similitud es de la alma: y que podemos desear como dexar el cuerpo, que es tierra? y que la alma vaya libre à gozar del que es semejante? donde estarà llena del Espiritu Santo, participando eternamente de la Divinidad en compañia de la Virgen Nuestra Señora, Angeles, y Santos: y como el semblante desee à su semejante, assi quiere Dios le deseemos unidos con nuestro Señor, y Criador; y esto no puede ser perfectamente sino por la muerte: O inefable bondad de Dios que ha dado poder à los que en el creen, de ser hijos suyos! y somos tales que tememos morir: y cree que si Dios no lo prohibiera, abriamos de desear la muerte, porque nos viessemos unidos con nuestro Criador, en el qual vieramos, y veremos puridad, simplicidad, eternidad, y deydad, con aquella altissima contemplacion en compañia de los Santos. Cierto es que la muerte nos dà temor, porque no pensamos lo que es, y que en lo temporal es un instante, y no advertimos que à de ser; y que sea en la flor de la edad, à vezes importa poco, solo sea en gracia de Dios, y no menos que vivir cien años es un punto, y menos, respeto de la eternidad; y el deseo de larga vida solo es dilatar los trabajos, porque aunque te halles muy favorecido, con muchos amigos, riquezas, y señorios, esto lo tienes con embidia, disgustos, trabajo, malas voluntades, dolores, y enfermedades; con que lo seguro es dexarte à la Divina voluntad, alegrandote quando Dios te llame, y dile aora conmigo:* in manus tuas Domine commendo spiritum meum, redemisti me Domine Deus veritatis, *y espera en la Passion de Nuestro Señor, que todos tus parientes quedan à mi cargo, y Dios te guarde.* (4) Muriò en fin el Sabio, y valiente Rey Don Alonso, y dexò de si eterna memoria à los venideros siglos. Nunca pueden quedar bastantemente ponderadas sus relevantes prendas. En las virtudes de Rey, fuè tan cabal, como se vieron executadas en el acto de Reynar, y por ellas fuè aclamado el mayor Principe de aquellos tiẽpos, y no serà poco puedan imitarle en los venideros, porque no serà facil conseguir aquel magnanimo y generoso animo, que

(4) *Antonio de Bolonia de dictis, & factis Regis Alfonsi, del qual se à traducido de Latin en Castellano. Pedro Miguel Carbonell Coroni. de España fol. 228. col. 4. del qual se à traducido de Catalàn.*

que en Italia particularmente (que lo pesan todo) se dezia, que desde Carlos el Grande, ò Carlo Magno, no avia avido Principe tan cabal en el mundo, teniendo à vn tiempo lo valiente, severo, grave, justo, magnanimo, con lo pio, clemente, largo, y sumamente liberal: de las quales virtudes quedó viva la memoria no solo en Italia, y España, si en Europa, Assia, y Africa, dexando à los successores claro exemplo, y modelo para tener digno lugar en el Templo de la Fama, è inmortalidad; pudiendole á boca llena llamar Principe de principes, y espejo terso, y cristalino para los aciertos Politicos, y Militares, logrados con la aplicacion continua en el estudio de las letras Divinas, y humanas, exercicio de las cosas publicas, y echos de armas; de que deve quedar viva en los animos de todos aquella luz de verdadera honra, y mayor gloria que se pudo adquirir, digna de mayores elogios; pues despues de aver expuesto su Real Persona à tantos peligros, por mar, y tierra, conseguido con tantos trabajos, y sudores las mejores, y mas fertiles Provincias de Italia, assistido, y favorecido à todos sus Amigos, y Aliados, supo, no olvidando el cuydado, y obligacion de Rey, despreciar lo caduco, y solicitar lo eterno, è inmortal, siendo su trato de las cosas Divinas, y su Real Palacio Escuela, y Vniversidad de Varones doctissimos, leyendose à todas horas las doctrinas de mayor edificacion, y provecho, estimando los meritos de los Ilustres Heroes, y sintiendo mucho perderles, como lo manifestó con dolorosas demostraciones en la muerte de Bartholomè Faccio, que sucedió al Noviembre del antecedente año.

Confessó como tan Catolico, los Reynos, y Vitorias averlos conseguido de Dios por medio de los Santos Tutelares: agradecido à la Virgen nuestra Señora de la Merced, de la qual fuè muy devoto, consagròle Iglesia, y Convento de su Orden con Titulo de N. Señora de la Paz en el lugar llamado Campo Viejo, donde tenia assiento su Campo en la conquista de aquella grande Ciudad de Napoles: mandò edificar Capilla à nuestro Santo Tutelar San Jorge en la Boca del Pozo por el qual entraron nuestros Paysanos en la referida conquista, otra dedicada al glorioso Arcangel San Miguel Tutelar de las Milicias Catolicas, y otra Consagró à San Pedro, y San Pablo en el lugar de Sessano donde consiguiò la insigne Vitoria contra Antonio Caldòra; y cuydadoso de la defensa del Pueblo Christiano, mandó se librassen sessenta mil ducados para assistir al Armamento de las Galeras destinadas para aumento de la Armada de Levante contra Turcos, è hizo otras gracias particulares.

Viendo el Infante Don Fernando la disposicion de su Padre el Rey Don Alonso, y que le avia elegido successor en el Reyno de Napoles, considerò q̃ assegurar el feliz sucesso, y mãtenerse en el Reyno pendia vnicamente de quedar favorecido del Papa que le juzgava propicio, y no olvidado de aver sido Vassallo del Rey; pero advirtiendo que se hallava de otro dictamen, y segun la voz corriente mas afecto à su sangre, que al Rey; y à sus consequencias, para ver si le podria obligar determinò embiarle Embaxada dandole noticias de la muerte del Rey, (aunque antes yà le tenia escrito) acordandole las antiguas obligaciones con la Carta que se sigue traducida de Catalàn en Castellano.

Muy Santo Padre.

ESTOS dias en la mayor turbacion, y fuerça del grave dolor, y sentimiento escrivì à V. Santidad dandole aviso del fallecimiento del Rey mi Padre de gloriosa memoria, tan brevemente como en carta escrita entre las mismas lagrimas. Aora buelto algun tanto sobre mi, dexando à parte mi llanto, aviso à V. Santidad que vn dia

dia antes que passasse desta vida me mandò, que à todas las cosas prefiriesse la gracia, y estimacion de V. Santidad, y de la Santa Madre la Iglesia, y que con ella en ningun tiempo, ni manera contendiesse, afirmando que siempre sucedia mal à los que la contrastavan, y resistian. Dexado aparte que por el mandamiento del Rey, y por contemplacion de la Autoridad de V. Santidad lo devo hazer assi, particularmente me induce, y obliga aquello que no puedo olvidar desde mi niñez; V. Santidad me fuè dado como del Cielo por Norte, y Maestro, pues juntamente partimos de España, y como por hado, que es la Divina voluntad, me fuè concedido que vn Navio nos llevasse à los dos à Italia, à V. Santidad que avia de ser Summo Pontifice, y à mi, Rey; assi por disposicion, y mandamiento de mi Padre, y por la voluntad de Dios fuy entregado à V. Santidad, y quiero ser suyo hasta la muerte; por esso suplico muy humildemente à V. Santidad que correspondiendo à este amor, me reciba por su hijo; ò por mejor dezir, aviendome yà recibido tantos dias antes, me confirme, y tenga en su gracia, porque yo de aqui à delante obrarè de suerte que no pueda V. Beatitud desear de mi, ni mayor obediencia, ni mas inclinada devocion. De Napoles dia primero de Julio.

No hizo otro efecto este rendido, y humilde obsequio en el coraçon del Pontifice, que declararse contrario de la Succession de Don Fernando, publicando que no le concederia la Investidura, dando con esto, motivo á los contrarios encubiertos del Rey Don Alonso de declararse, y à los que no lo eran, de dudar, y no exponerse; con el color vnos, y otros, que no le concedia el Papa la Investidura, siendo echura afectuosamente favorecida del Rey Don Alonso. No obstante hallavanse los Catalanes, y los Napolitanos confusos, y con cuydado de penetrar los pensamientos del Papa, que le inducian à novedad tal como apartarse de las obligaciones, de que era acreedor Don Fernando por el Rey su Padre. Movieronse con el referido pretexto Juan Antonio de Vrsino, Baucio Principe de Taranto, y Don Antonio de Centellas Marquès de Cotron, y Girachi, agregando à su partido algunas Ciudades, y muchos particulares, queriendo dar opositor de merito, y justicia (assegurada à Don Fernando,) como el Principe Don Carlos, que se hallava entonces en Napoles favorecido en vida del Rey Don Alonso su Tio, y apartado del Rey Don Juan de Navarra su Padre: con el qual tuvieron estos Barones varias conferencias, assegurando al Principe la Corona de Napoles por la estimacion, y afecto del Pueblo al cortès, y humano trato que veneravan en sus acciones.

Empeçò despues de la muerte del Rey, à intentar este afortunado Principe D. Carlos introducirse en los Reynos de la Corona, particularmente en el de Napoles, donde se hallava obligado de las instancias de algunos Barones del Reyno, y de la mayor parte de los Catalanes, Aragoneses, y demàs Vassallos Españoles del Rey, que sentian se dividiesse, y apartasse desta Corona, piedra que avia costado tanta sangre, y tesoro labrarla. Fomentava esta instancia averse declarado el Papa contrario al nuevo Rey Don Fernando, publicando no le concederìa la investidura del Reyno, ni le permitirìa la Succession, no por el pretexto, y fundamento de la Nacion Catalana, si para exaltar à su Sobrino Pedro Luìs de Borja Duque de Espoleto, por cuya ocasion fuè de poco, ò ningun fruto el obsequio del Duque de Calabria Don Fernando, participandole la muerte de su Padre, y suplicandole favor, y buena correspondencia. Aunque no pudo Don Fernando obligar al Pontifice, cuerdo supo burlar al Principe, hallandole dudoso en declararse á la empresa de la Succession del Reyno: supole obligar con

Pretende introducirse el Principe Don Carlos en el Reyno de Napoles.

Burla el nuevo Rey D. Fernando de Napoles al Principe Don Carlos sacandole de Napoles.

con agasajos, atraher con promessas, y assegurar con dadivas, concediendole los dièz mil escudos al año, que le avia consignado su Padre por sus Alimentos; y motivandole temores, le empeñò en la deliberacion de dexarle el Reyno, y passarse à Sicilia, como lo executò, desamparando à los que le amavan, y deseavan.

Llegò à Sicilia el mal aconsejado Principe, fuè recibido como à tal en Palermo: de alli escriviò al Principado de Cataluña, Ciudad de Barcelona, Reynos de Aragon, y Valencia, y Ciudades Capitales, pidiendoles intercediessen con el Rey su Padre para que, olvidados disgustos, pudiesse venir à estos Reynos: fueron los Embaxadores del Principe, Don Juan de Aragon su hermano Arçobispo de Zaragoça, Juan de Monreal, y Pedro de Russia.

Intenta el nuevo Rey de Napoles defenderse del otro competidor, que es el Duque de Lorena hijo del de Anjou.

Aviendo apartado del Reyno el Rey Don Fernando vn competidor en el Principe Don Carlos, buscò amistades para defenderse del Duque de Lorena hijo del de Anjou, que se hallava en Italia como hemos visto: la primera fuè del Duque de Milàn, renunciandole el feudo, y ofreciendole todos los Estados que avian sido del Conde Esforcia su Padre; y advirtiendo el animo del Papa que era exaltar à su Sobrino, para moderarle, embiòle à Arnaldo Sans Castellano del Castillo Nuevo de Napoles, al qual el Papa no quiso admitir, como era costumbre en Palacio, diziendo no seria capàz porque llevava humos de Rey; no obstante diò Audiencia al Embaxador, y no admitiò la Carta del Rey Don Fernando, porque avia tomado el Titulo de Rey: respondiò quexoso contra el hijo, y declarò el animo contra su Padre el Rey Don Alonso, y concluyò ser Napoles Patrimonio de la Iglesia. Embiò despues Letras à Napoles, y à toda la Christiandad, declarando lo referido, y fulminando Censuras contra los que diessen la obediencia à Don Fernando, y absolviendo à los que la huviessen prestado. No satisfecho de las armas espirituales, empuñò las temporales: buscò favor en el Conde de Vrbino, solicitòle en el Conde Jacobo Picinino, y mandò à su Sobrino Pedro Luis de Borja juntar Exercito para entrar en el Reyno de Napoles. Desengañado el Rey Don Fernando de conseguir del Papa favor para mantenerse en el Reyno, y advertido de los aprestos de Guerra, juntò su Exercito, y partiò al oposito de sus enemigos, assentando su Real delante de Capua.

El Papa es contrario al Rey Don Fernando.

El nuevo Rey junta Exercito para entrar en su Reyno.

El Principe de Taranto, el Marquès de Cotron, y los otros Barones Catalanes, y Napolitanos, embiaron à requerir al Rey D. Juan llegasse à Napoles à tomar la possession del Reyno, y el Rey Don Fernando le embiò la noticia de la muerte, y disposicion vltima de su Padre, suplicandole la aprobasse, y le favoreciesse contra sus enemigos, por Jayme March, y Miguel Pera. Respondiò al Rey D. Fernando, el Rey, que era su gusto, y servicio que recibiesse la Corona de Napoles, y à los Barones, que le obedeciessen, porque le permitia suceder en el Reyno, y le favoreceria para mantenerle.

El Rey Don Juan sucessor en la Corona ofrece assistir al nuevo Rey de Napoles, y solicita le obedescan.

En este tiempo, hallandose Don Fernando con su Exercito delante Capua, embiò à representar al Papa, y Colegio de Cardenales la razon que le assistia para ocupar, y defender à Napoles. Juntò Parlamento General en Capua, fuè en èl recibido, y jurado por Rey: embiò el Parlamento en nombre del Reyno, Embaxada al Papa para la aprobacion, y para apelar de las Letras que avia despachado: fueron recibidos en Roma como Embaxadores los Embiados: dieron por sospechoso al Papa, que enfermò de la vltima enfermedad, sucediendo su muerte à 3. de Agosto.

Parlamento General en Capua donde es jurado el nuevo Rey.

Atendiò el Rey Don Fernando

à

á buscar favor en la Señoria de Venecia, y á informar à su Tio nuestro Rey Don Juan por medio de Luis Despuig. Fuè electo Pontifice en lugar de Calixto el Cardenal Eneas Silvio que se llamò Pio II. en su Coronacion, natural de Sena, del qual à sacado mucha parte de los sucessos de Italia del Reynado del Señor Rey Don Alonso, que los refiere fiel, y atento en su Cosmographia en la Descripcion de Europa cap. 65. Favoreciò el Pontifice al Rey D. Fernando, mandò Coronarle, concediòle la Investidura del Reyno, y revocó los Edictos de su antecessor Calixto.

Con esto queda concluido el Segundo Tomo de los Anales; aviendo delineado, y trabajado lo referido, dirigiendolo todo à mayor servicio, y consequencia del Rey nuestro Señor (que Dios prospere) credito, y vtilidad de la Nacion Catalana; sujetandolo todo con rendido afecto al recto sentir, y correccion de nuestra Santa Madre la Iglesia Catolica Romana.

FIN.

INDICE

GENERAL ALFABETICO DE LAS

COSAS PARTICVLARES, ECLESIASTICAS, Y SECVLARES, DE los Sucessos, y nombres de las Familias que concurrieron en las operaciones, contenidos en este Tomo Segundo: por los numeros de las Paginas, y Columnas, designadas las Paginas por la Letra P. *y las Columnas por la Letra* C.

A

Indice

Beren-

General Alfabetico de las cosas particulares.

Ar-

Asse-

B

General Alfabetico de las cosas particulares.

Be-

Braço

C

Juan

Casa-

à

Ber-

Con-

Con-

D

Divi-

E

Elo-

Em-

F

Felix

G

N.

General Alfabetico de las cosas particulares.

H

I

L

Don

General Alfabetico de las cosas particulares.

M

Fe-

Ra-

Pedro

N

O

P

rali-

Fran-

Q

Ram-

General Alfabetico de las cosas particulares.

R

Riba-

S

San-

Sin-

T

Terre-

V

Fran-

General Alfabetico de las cosas particulares.

Indice

Ber-

Indice

FIN.

Lightning Source UK Ltd.
Milton Keynes UK
UKHW020244300921
391412UK00002B/109

9 780353 708341